唐 研 究

Journal of Tang Studies

第二十八卷

Volume XXVIII

主編　葉煒

二〇二三·北京

Peking University Press

Beijing　2023

圖書在版編目(CIP)數據

唐研究. 第二十八卷/葉煒主編.—北京：北京大學出版社，2023.3
（唐研究）
ISBN 978-7-301-33985-5

Ⅰ.①唐… Ⅱ.①葉… Ⅲ.①中國歷史－唐代－文集 Ⅳ.①K242.07-53

中國國家版本館CIP數據核字（2023）第080162號

書　　　　名	唐研究（第二十八卷） TANG YANJIU（DI-ERSHIBA JUAN）
著作責任者	葉　煒　主編
責任編輯	張　晗
標準書號	ISBN 978-7-301-33985-5
出版發行	北京大學出版社
地　　　　址	北京市海淀區成府路205號　100871
網　　　　址	http://www.pup.cn　新浪微博:@北京大學出版社
電子信箱	dianjiwenhua@126.com
電　　　　話	郵購部 010-62752015　發行部 010-62750672　編輯部 010-62767315
印 刷 者	北京鑫海金澳膠印有限公司
經 銷 者	新華書店 787毫米×1092毫米　16開本　47.5印張　775千字 2023年3月第1版　2023年3月第1次印刷
定　　　　價	158.00元

未經許可，不得以任何方式複製或抄襲本書之部分或全部內容。
版權所有，侵權必究
舉報電話：010-62752024　電子信箱：fd@pup.pku.edu.cn
圖書如有印裝質量問題，請與出版部聯繫，電話：010-62756370

主辦單位：唐研究基金會
　　　　　北京大學中國古代史研究中心
創刊主編：榮新江
主　　編：葉　煒
編　　委：（以拼音字母爲序）

　　　　陳懷宇　陳志遠　赤木崇敏　方誠峰　馮培紅
　　　　傅　揚　雷　聞　李　軍　李鵬飛　劉　屹
　　　　柳浚炯　仇鹿鳴　沈睿文　史　睿　孫英剛
　　　　唐　雯　王　静　魏　斌　吴　羽　夏　炎
　　　　游自勇　余　欣　張小貴　張小艷　趙　晶

　　　　　　　　　※　　　※　　　※

Founding Chief Editor：Rong Xinjiang
Chief Editor：Ye Wei
Editors：

　　　　AKAGI Takatoshi　Chen Huaiyu　Chen Zhiyuan
　　　　Fang Chengfeng　Feng Peihong　Fu Yang　Lei Wen
　　　　Li Jun　Li Pengfei　Liu Yi　Liu Junjiong
　　　　Qiu Luming　Shen Ruiwen　Shi Rui　Sun Yinggang
　　　　Tang Wen　Wang Jing　Wei Bin　Wu Yu　Xia Yan
　　　　You Ziyong　Yu Xin　Zhang Xiaogui　Zhang Xiaoyan
　　　　Zhao Jing

目　　録

專欄　文本製作與書籍文化　……………………　史睿、郭津嵩　策劃

卷子裝與中古書籍史　………………………………………　于　溯（ 3 ）

《宋書·五行志》日食紀事探源　……………………………　郭津嵩（ 29 ）

從雅言到方音：中古寫本所見讀書音的文化分層　………　史　睿（ 47 ）

《律相感通傳》文本形態的變遷　……………………………　陳志遠（ 67 ）

入唐日僧最澄、空海攜歸碑銘輯考　………………………　劉慧婷（101）

唐紀傳體《國史》再研討：從書籍史的角度出發　…………　唐　雯（141）

《唐月令》小史　………………………………………………　王天然（171）

歐陽脩《五代史記》版本補考　………………………………　郭立暄（195）

宋《四朝國史藝文志》鈎摭　…………………………………　馬　楠（231）

唐宋彩選與官制知識的傳播
　　——以劉攽《漢官儀彩選》爲例　………………………　章名未（251）

論　文

南來北轉：隋及唐初江南僧衆北移長安的行止地圖　……　宛　盈（275）

再論唐武德、貞觀年間的佛教政策　………………………　武海龍（309）

唐代法詵華嚴學及其歷史地位　……………………………　郭曉冬（331）

9—11世紀的燕雲佛教與禪宗
　　——以薊州盤山碑刻爲綫索　…………………………　聶　靖（365）

職官與墓誌：隋代墓葬官爵等級制度研究　………………　李嘉妍（393）

論唐代均田制的等級性及制度屬性　………………………　劉玉峰（453）

唐律同罪異罰法理與身份制　………………………………　高明士（481）

從"家庭户"到"納税户":論南北朝至唐前期"户"的内涵變動 ⋯ 高　濱(525)

從河源到赤嶺:論唐高宗時期吐蕃在隴右的東擴 ⋯⋯⋯⋯⋯⋯ 胡　康(547)

杜甫天寶六載應制舉説獻疑

　　——兼説獻賦前後杜詩之内涵與繫年 ⋯⋯⋯⋯⋯⋯⋯⋯ 李煜東(579)

再論唐睿宗朝政局

　　——以政事堂與御史臺爲中心 ⋯⋯⋯⋯⋯⋯⋯⋯⋯⋯⋯ 姚魯元(601)

北京大學圖書館 2022 年入藏唐代碑刻拓本文獻目録 ⋯⋯⋯⋯⋯ 楊楠楠(627)

書　評

The Writ of the Three Sovereigns:

　　From Local Lore to Institutional Daoism ⋯⋯⋯⋯⋯⋯⋯ 吴楊　李翔(655)

《成都下同仁路——佛教造像坑及城市生活遺址發掘報告》 ⋯⋯ 趙　川(663)

《日本古代律令制と中國文明》 ⋯⋯⋯⋯⋯⋯⋯⋯⋯⋯⋯⋯⋯ 趙　晶(671)

從職官志到公文書——《盛唐政治制度研究》再版新讀 ⋯⋯⋯ 謝守華(687)

《唐代宮廷防衛制度研究》 ⋯⋯⋯⋯⋯⋯⋯⋯⋯⋯⋯⋯⋯⋯⋯ 王　静(699)

《武則天研究》 ⋯⋯⋯⋯⋯⋯⋯⋯⋯⋯⋯⋯⋯⋯⋯⋯⋯⋯⋯⋯ 董海鵬(707)

文化大視野與學術新創造——讀《唐代文學的文化視野》 ⋯⋯ 吴夏平(717)

2022 年唐史研究書目 ⋯⋯⋯⋯⋯⋯⋯⋯⋯⋯⋯⋯⋯⋯⋯⋯⋯⋯⋯(735)

第二十八卷作者研究或學習單位及文章索引 ⋯⋯⋯⋯⋯⋯⋯⋯⋯(743)

《唐研究》簡介及稿約 ⋯⋯⋯⋯⋯⋯⋯⋯⋯⋯⋯⋯⋯⋯⋯⋯⋯⋯(745)

投稿須知 ⋯⋯⋯⋯⋯⋯⋯⋯⋯⋯⋯⋯⋯⋯⋯⋯⋯⋯⋯⋯⋯⋯⋯(747)

Contents

Special Theme ················· **Guest Editors: Shi Rui, Guo Jinsong**

Scroll and the History of Early Medieval Chinese Books ············· Yu Su(3)

Tracing the Sources for the Solar Eclipses in the
    "Treaties on the Five Phases" in the *Songshu* ············· Guo Jinsong(29)

From Conventional Pronunciation to Dialects
    —the cultural hierarchy seen in the phonetic signs preserved
        in medieval manuscripts ················· Shi Rui(47)

The Textual History of the Records of *Miraculous Responses and*
    Manifestations of the Vinaya ················· Chen Zhiyuan(67)

A Study of Inscriptions Carried by Japanese Monks Saichō and
    Kūkai from Tang China ················· Liu Huiting(101)

A Restudy of the Official *Reign History* of Tang Based on the
    Perspective of History of Books ················· Tang Wen(141)

A Little History of *Tang Yueling* ················· Wang Tianran(171)

A Supplementary Research on the Editions of Ouyang Xiu's
    Historical Records of Five Dynasties ················· Guo Lixuan(195)

Extracting *Treatise on the Classics and other Writings of Reign*
    History of Four Emperors from *Treatise on the Classics*
    and other Writings of History of the Song ················· Ma Nan(231)

A Study on the Spread of Bureaucratic Knowledge in "Caixuan"
　　(Game of Promotion) in the Tang and Song Dynasty with
　　an Emphasis on *Hanguanyi Caixuan* Designed
　　by Liu Ban ·· Zhang Mingwei(251)

Articles

Looking South, Heading North: Trail Map of the South-to-North Sanghas
　　in Chang'an during Sui and Early Tang Periods ············· Wan Ying(275)
A Research on the Buddhist Policy during the Years of Wude
　　and Zhenguan in the Tang Dynasty ······················ Wu Hailong(309)
Fashen's Thought about Huayan School in the Tang Dynasty and
　　Its Historical Status ······································ Guo Xiaodong(331)
Buddhism in the Yan and Yun Regions and Zen during the 9–11th
　　Centuries: A Study Based on the Inscriptions at Mount Pan
　　·· Nie Jing(365)
Official and Epigraph: A Study on the Hierarchy of Titles of
　　Official and Nobility in Sui Dynasty Tombs ················ Li Jiayan(393)
On the Hierarchy and Institutional Attribute of the
　　Equal-field System in the Tang Dynasty ················ Liu Yufeng(453)
The Legal Theory of Punishing the Same Crime Differently in the
　　Tang Law and the System of Status ···················· Kao Ming-shih(481)
From Family Household to Taxpaying Household: A Study on the
　　Transformation of Connotation of "Household" from the
　　Southern and Northern Dynasties to the Tang Dynasty ············ Gao Bin(525)
From the Source of the Yellow River to the Red Mountain
　　—A research on the eastward expansion of Tibetan in western area
　　of the Long Mountain during the regin of Tang Gaozong ······ Hu Kang(547)
A Query about Du Fu's Participation in the Decree Examination
　　in the Sixth Year of Tianbao

Contents

—Concurrently discussing the Connotation and Chronology of
Du Fu's Poems before and after the offering
of poetic expositions ·· Li Yudong(579)

The Political Situation in Emperor Ruizong's Period of the Tang Dynasty:
Centered on Zhengshitang and Yushitai ························ Yao Luyuan(601)

Reviews ·· (653)

New Publications ·· (735)
Contributors ··· (743)

Introduction to the *Journal of Tang Studies* ································· (745)
Note from the Editor ··· (747)

專　欄
文本製作與書籍文化

史睿、郭津嵩　策劃

卷子裝與中古書籍史*

于 溯

對於書籍而言,製作材料、裝幀形制和複製方式是描述其物質形態的三個主要指標。這三個指標的變動,不僅會改變書籍本身的面貌,還有可能重塑依托於書籍的知識生産和知識傳播方式。本文關注的重點就是卷子這種裝幀對中古時期的知識和閱讀産生的影響。

所謂卷子,其基本設計思路非常簡單,就是把書寫材料捲起來。因爲簡單,卷子也是最早出現的書籍形制[1]。莎草紙卷在公元前 3000 年的古埃及已經投入使用[2],一直到古希臘羅馬晚期,它都是地中海世界書籍的常規形制[3]。中國的卷子裝伴隨簡册出現,後來則演變爲紙卷,與簡、紙同期還有少量帛卷行世。雖然本文的議題限於中國中古時期,但在不同文明、不同時期、不同材質的卷子中,一些設計元素是普遍存在的,這些共性是卷子裝的基礎,因此在文中也會有所涉及。

古書的物質形態是中國傳統書册制度的研究議題,而物質形態對文本與閱讀的影響,則屬於晚近興起於歐美的書籍史研究範疇。前者的成果奠定了我們對卷子的基本認識:多紙粘連成卷、展開長度無定、卷尾往往有軸、相對於册頁裝

---

* 本文爲中央高校基本科研業務費專項資金資助項目(Supported by the Fundamental Research Funds for the Central Universities),項目編號:010114370122。

[1] 見基思·休斯敦著,尹玉岩、邵慧敏譯《書的大歷史:六千年的演化與變遷》,生活·讀書·新知三聯書店,2020 年,223 頁。

[2] 弗雷德里克·巴比耶著,劉陽等譯《書籍的歷史》,廣西師範大學出版社,2005 年,19 頁。

[3] William A. Johnson, "The Ancient Book", Roger S. Bagnall, ed., *The Oxford Handbook of Papyrology*, Oxford University Press, 2009, p.256. 赫爾穆特·施耐德著,張魏譯《古希臘羅馬技術史》,上海三聯書店,2018 年,149 頁。

捲舒不便[4]。但顯然,書册制度語境中的卷子或者卷軸特指紙卷,由此中國書籍制度分爲簡册制度、卷軸制度和板本制度[5],書籍史也因之常被切分爲"簡牘時代""卷軸時代"和"刻本時代",三個制度/時代的命名方式從材質到形制到複製技術各不一致,實際上體現了一種複合標準[6],在這樣的標準下,卷子裝無法成爲一個獨立的討論對象。書籍史從興起之日起,關注重點就在印刷書,或者説,研究的切入點是書籍的複製技術和複製能力。當書籍史的研究對象擴展到中國書籍後,這個特點並没有改變[7]。因此,卷子裝和内容、閲讀之間的關係,是過去的書册制度和書籍史研究都不太關注的話題。與此不同,由於卷軸畫是中國古典繪畫的一個重要形式,美術史研究反而對卷子有更爲深入的探索,卷子作爲藝術的媒介,被認爲關乎創作與觀看方式、作品與環境及觀衆(讀者)的關係以及展示和保存作品的形式[8]。如果書籍史的觸角可以伸向卷子裝,這些正是我們接下來應該思考的問題。

一、卷子設計的人體工程學問題

東漢初年,學者桓譚把他的《新論》獻給光武帝,皇帝閲讀時不滿於書卷過大,命人將大部分篇目析爲兩卷[9]。劉宋孝武帝時,徐爰負責裝潢皇家所藏法

---

[4] 關於卷軸制度,可參葉德輝《書林清話》卷一"書之稱卷"條,中華書局,1957年,12—13頁;島田翰《書册裝潢考》,收氏著《古文舊書考》,上海古籍出版社,2014年,8—16頁;馬衡《中國書籍制度變遷之研究》,收氏著《凡將齋金石叢稿》,中華書局,1977年,268—272頁;余嘉錫《書册制度補考》,收《余嘉錫論學雜著》,中華書局,2007年,543—544頁。

[5] 金鶚《漢唐以來書籍制度考》,載阮元輯《詁經精舍文集》卷一一,《叢書集成初編》本,中華書局,1985年,新1版,339—340頁。

[6] 如曹樸(曹伯韓)《國學常識》即主此分期,文光書店,1943年,72—74頁。此書自問世迄今已發行30多個版本,影響巨大。又趙萬里《中國印本書籍發展簡史》,《文物參考資料》1952年第4期。文獻學教材採取這一分期方案者甚多,兹不更舉。

[7] 中國書籍史研究所關心的議題,可參 Cynthia J. Brokaw(包筠雅), "On the History of the Book in China", Cynthia J. Brokaw and Kai-wing Chow ed., *Printing and Book Culture in Late Imperial China*, University of California Press, 2005, pp. 3–54.

[8] 參巫鴻《手卷:移動的畫面》,收氏著《全球景觀中的中國古代藝術》,生活·讀書·新知三聯書店,2017年,149頁。

[9] 《後漢書》卷二八上《桓譚傳》章懷注,中華書局,1965年,961頁;余嘉錫《目録學發微》,《目録學發微 古書通例》,中華書局,2007年,37頁。

書,他以數十紙爲卷,導致"披視不便"[10]。在古羅馬,一位年邁的元老院成員在閱讀紙草卷時不慎脫手,那個卷子太大,以至於他伸手去抓時失去平衡,竟致摔傷身亡[11]。這些記載都關注到了卷子設計的人體工程學問題。人體工程學即物的造型與人的使用情境的匹配,往往是物品被設計成這樣而非那樣的本質性原因,不符合人體工程學要求的設計,總是會被迅速淘汰的。

簡册、紙帛卷的縱高都有定制[12],因此,卷子的人體工程學問題可以約化爲捲起時的直徑問題,或者展開時的長度問題。展開長度必須有一個規範區間,因爲"過短則不能自爲一軸,過長則不便捲舒"[13]。但適合讀者使用的長度區間到底在哪裏,不同材質的卷子長度區間是否一樣,這些問題還没有得到解决。而且,在適用卷長這個問題裏,卷子祇是變量之一,另一個變量是讀者的使用方式。在中古時期,人們會手持書籍閱讀,也會將書放在書案上閱讀[14],佛教講經還會用一種特殊的經架來放置佛典[15]。不同的閱讀方式是否會影響卷子的

---

[10] 張彥遠纂輯,劉石校理《法書要録校理》卷二《宋中書侍郎虞龢論書表》,中華書局,2021年,48頁。

[11] 《書籍的歷史》,21—22頁。

[12] 簡牘書册的縱向長度在東漢逐漸制度化,形成法律文件三尺(漢尺一尺約23厘米)、儒家經典二尺四寸、皇帝詔書一尺一寸、普通書籍一尺的四個標準值;漢代布帛幅寬二尺二寸,出土帛書實測縱高(即布帛幅寬)則有48厘米、24厘米兩種。關於以上數據的歷代記載和近人討論,詳見程鵬萬《簡牘帛書格式研究》,2017年,上海古籍出版社,79—113頁、261—262頁。紙卷的縱高,潘吉星根據敦煌寫經樣本測量得晉紙有235—240毫米、260—270毫米大小兩種;六朝紙有240—245毫米、255—265毫米大小兩種,隋唐紙有250—260毫米、265—275毫米大小兩種。見潘吉星《敦煌石室寫經紙的研究》,《文物》1966年第3期。榮新江指出,敦煌寫經普通書籍縱高以26厘米最常見,官府文書則達到30厘米。見氏著《敦煌學十八講》,北京大學出版社,2001年,341頁。

[13] 《目録學發微》,36頁。

[14] 書案作爲閱讀承具在簡册時代已經出現,並一直延續使用到紙卷時代,詳見邢義田《伏几案而書:再論中國古代的書寫姿勢》(訂補稿),收氏著《今塵集》卷三,聯經出版事業股份有限公司,2021年,151—156頁。

[15] 參郭俊葉《敦煌壁畫中的經架——兼議莫高窟第156窟前室室頂南側壁畫題材》,《文物》2011年第10期;揚之水《與正倉院的七次約會》,上海書畫出版社,2021年,31—33頁。郭文認爲經架僅用於佛教的講經場合;揚之水則找到了一處與講經無關的材料,即楊炯的《卧讀書架賦》。不過,這篇賦提到的書架能够使人卧讀,且書架基座是"兩足",這些信息和經架的形態無法對應,應該是另外一種東西。實際上,明代學者孫能傳曾經指出,楊炯的卧讀書架可能與陸雲《與兄平原書》中提到的曹操遺物"書車,作欹案,以卧視書"相類(見孫能傳《剡溪漫筆》卷五,中國書店影印本,1987年),這個說法有一定道理。如此,這種卧讀書架其實就是書案的一種變體,而且案正是兩足的。至於經架,從現有圖像、文獻記載,以及被唐代僧人稱爲"經架"看,應該是宗教用品無疑。

圖1　波林羅和他的經架
北齊乾明元年(560)曇始造像碑座 晉城博物館藏[16]

設計,這個問題也没有得到關注和解決。

儘管變量很多,幸運的是,簡(圖2)、紙(圖3—9)卷及其閱讀場景在早期藝術品(及其摹本)中都能看到。出現在這些場景中的卷子都非常細小,如果捲起,一個人可以輕鬆地單手持握,包括婦女和兒童。

圖2　左:子夏像 西漢海昏侯墓出土衣鏡背板　右:東漢畫像磚 四川省博物館藏[17]

---

[16] 圖片來自揚之水《與正倉院的七次約會》,34頁。按《大方等陀羅尼經》:"若有比丘欲求此法,於其夢中上於高座,轉於般若,見如是者,即是波林羅。"轉於般若,即開講《般若經》,造像反映的正是波林羅講《般若經》的場景。值得注意的是,龐貝遺址也出土過閱讀紙草文書使用的書架,見 Susan Wood, "Literacy and Luxury in the Early Empire: a papyrus-roll winder from Pompeii", *Memoirs of the American Academy in Rome*, Vol. 46 (2001), pp. 23–40。

[17] 朱鳳瀚主編《海昏侯簡牘初論》,北京大學出版社,2021年,彩圖18;《中國畫像磚全集·四川畫像磚》,四川美術出版社,2006年,115頁,圖156。

圖3　唐人摹(東晉)顧愷之《女史箴圖》(局部)　大英博物館藏

圖4　宋人摹(北齊)楊子華《北齊校書圖》(局部)　美國波士頓美術館藏

圖 5　（傳）（隋）展子虔《授經圖》臺北故宫博物院藏

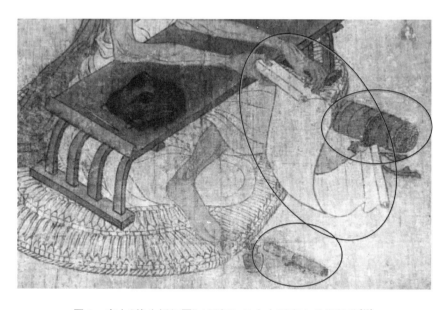

圖 6　唐人《伏生授經圖》（局部）日本大阪市立美術館藏[18]

---

〔18〕 圖片來自 https://twitter.com/WhatsMuseum/status/1526406163385896961，訪問時間：2022 年 11 月 7 日。

图7　(唐)孙位《高逸图卷》(局部)上海博物馆藏

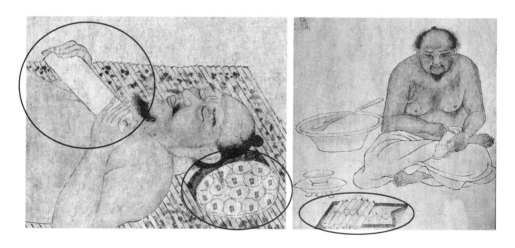

图8　(传)(唐)陆曜《六逸图卷》(局部)　故宫博物院藏

圖9　（南唐）衛賢《高士圖》（局部）故宫博物院藏

圖3、圖7、圖8中出現的卷子都配備了書軸,圖3的卷子還束了帶。軸、帶都不是卷子裝的必須元件,但是配了這些元件的卷子更可以確定是完備的書籍,而不是單紙或者書籍的半成品,所以這三張圖可以增强此前的判斷,即書卷的長度大體要保證捲起後單手可以握住。

圖4、圖6、圖9中出現了書案,但出現在書案場景中的卷子並不比其他圖像中的卷子更大。如圖像所呈現的,中古時期的書案案面較窄[19]。《顏氏家訓》形容邋遢讀書人的几案,"或有狼籍几案,分散部帙,多爲童幼婢妾之所點污,風雨蟲鼠之所毁傷"[20]。狹窄几案如果再攤開幾部粗大卷子,場景會比顏之推描述的更糟;加之卷子是容易滚動的圓柱體,攤開的粗大卷子如果一端滑落几案則

[19]　考古資料也可以證明這一點,如南京江寧趙史崗東晋墓 M1 所出陶案,案面長102厘米,寬24厘米,高19厘米;南京郭家山東晋温嶠家族墓 M10 所出陶案,案面長148厘米,寬36厘米,高28.8厘米。雖然目前出土的中古書案衹有明器,但從案面長度看,它們的大小應與實用物相彷彿。以上分見江蘇省文物管理委員會《南京近郊六朝墓的清理》,《考古學報》1957年第1期;南京市博物館《南京市郭家山東晋温氏家族墓》,《文物》2008年第6期;南京市博物館編《六朝風采》,文物出版社,2004年,圖版251。

[20]　顏之推撰,王利器集解《顏氏家訓集解·治家》,中華書局,1993年,55頁。

更容易撕扯折損,這些原因可能導致在有書案的時代人們仍不願意製作大卷子。此外,大卷子還會加劇翻檢的困難,這也是書案無法解決的。所以書案的最大作用可能還是解放雙手、固定卷面,以及擴大卷子的呈現面而已,它並没有刺激卷子形態産生變化。

有意思的是,西方古典時期的藝術品中呈現的卷子和中國的情況基本一樣,太粗的書卷是看不到的(圖10)[21]。圖像資料常會遮蔽現實的多樣性,但同時它們也呈現了現實的"理想"狀態,古羅馬人有"大書即大惡"的觀念[22],羅馬繪畫中的卷子即便不能代表所有實物,却也充分吻合普遍觀念。

因此,可持握應該就是卷子這種書籍裝幀的人體工程學要求,而這種要求在不同文明中不會有太大區别。人手持握圓柱體的極限是直徑9厘米,3—4厘米則最適合着力抓握[23]。敦煌卷子普遍直徑在1寸左右[24],正好落在手握舒適的範圍内,可見儘管像敦煌卷子這樣主題過於集中、特殊性稍強的樣本,它們總體上也仍然保持了常規尺寸[25]。

---

[21] 德國古典學家 Theodor Birt 梳理了埃及、希臘、羅馬一直到中世紀藝術品上出現的卷子圖像,可參。Theodor Birt, *Die Buchrolle in der Kunst*, Leipzig, 1907. 另,有一件堪稱反例的圖像,首見於 Christoph Brouwer and Jakob Masen, *Antiquitatum et Annalium Trevirensium*, Liége: Jo. Mathiæ Hovii, 1671, vol. 1, p. 105. 它繪了在諾伊馬根(Neumagen,今屬德國)發現的一件浮雕(浮雕當時已被毁),上有成架的粗大卷子。這件繪畫亦見於 H. L. 皮納著,康慨譯《古典時期的圖書世界》,浙江大學出版社,2011年,38頁;約翰·威利斯·克拉克著,黄瑶譯《藏書的藝術》,四川人民出版社,2021年,39頁。但是,很早就有學者指出,圖像再現的浮雕上没有任何銘文信息顯示架上的是書卷,根據那些卷子大小,它們更可能是布匹。見 A. Brinkmann, "Ein verschollenes Relief aus Neumagen", *Bonner Jahrbücher: Jahrbücher des Vereins von Altertumsfreunden im Rheinlande*, Bd. 114/115(1906), pp. 461–469。

[22] 《古典時期的圖書世界》,33頁。

[23] 劉莎、李明《包裝設計教程》,中國美術學院出版社,2012年,29頁;孫遠波主編《人因工程基礎與設計》,北京理工大學出版社,2010年,122頁。

[24] 榮新江《敦煌學十八講》,344頁。

[25] 需要指出的是,斯坦因在《西域考古記》中描述他從一位年輕僧人手中得到的一個卷子高10英寸("about 10 inches high"),從王道士處得到的第一捆經卷高9.5—10.5英寸("from about 9.5 to 10.5 inches in height"),這些數據和我們對唐紙的認知是一致的。但是《西域考古記》的一些中譯本將這兩處"卷高"翻譯成了"直徑",希望讀者留意。Aurel Stein, *Serindia: Detailed Report of Explorations in Central Asia and Westernmost China*, The Clarendon Press, 1921, p. 802, p. 809.

圖 10　左:龐貝壁畫中帶有書籤的卷子 意大利那不勒斯國家考古博物館藏
右:龐貝壁畫中持卷的女子和兒童 意大利龐貝遺址

當然,人們還是會因爲某些特殊需要去製作大卷子。最常見的是宗教需要,古埃及書卷較長者多是《亡靈書》[26],猶太教的《托拉》按教義規定必須抄寫在248片羊皮紙縫製的單卷上[27](圖11),敦煌佛經最長者展開可以超過30米。唐代寫經紙的厚度區間是0.05—0.14毫米[28],以大曆九年(774)一份3017.52厘米長的《金剛般若經》(S.4052)爲例,可以估算出它的直徑:

$$A1 = 0.05\pi$$
$$An = (0.05 + 0.05 \times 2(n-1))\pi$$

---

[26]　弗雷德里克·G.凱尼恩著,蘇傑譯《古希臘羅馬的圖書與讀者》,浙江大學出版社,2012年,112頁。*The Oxford Handbook of Papyrology*, p.21.

[27]　徐新《猶太文化史》(第二版),北京大學出版社,2011年,202頁。

[28]　Mariannem Harders-Steinhäuser, "Mikroskopische Untersuchung einiger früher, ostasiatischer Tun-huang-Papiere", *Das Papier*, BD.23 No.3 (1968), SS210–216. 潘吉星《中國造紙技術史稿》使用了這個説法(文物出版社,1997年)。戴仁(Jean-Pierre Drège)對1000份敦煌卷子樣本進行了測量,數據大體與Harders-Steinhäuser 吻合。Jean-Pierre Drège, "Papiers de Dunhuang. Essai d'analyse morphologique des manuscrits chinois datés", *T'oung Pao*, Second Series, Vol. 67, Livr. 3/5 (1981), pp. 305–360.

$$(A1 + An)n/2 = 30175.2$$

$$n \approx 438.3$$

$$d = 0.05 \times 2n = 43.8 (\text{mm})$$

同理可算出紙厚達到0.14毫米時,它的直徑是73.34毫米。考慮到此卷卷首有殘損(不過外圈紙對直徑的增益有限),再加上捲起時紙間的縫隙以及書軸,實際的直徑還要大一點,但作爲敦煌最大卷之一,它也衹是逼近手握能力的上限。對很多宗教卷子而言,便於閱讀並不是首要要求,甚至有些文本本不是用來閱讀的,比如《亡靈書》就是隨葬品。佛經承載着抄寫製作者的虔敬與功德,宣講供養有時還要考慮配合宗教場合的莊嚴與隆重,所以"大"自有其意義;如果需要講讀,則可能有其他輔助,比如前文提到的經架。猶太教也重視讀經儀式,因爲儀式上通常要選讀兩三段經文,所以大部分教會堂會備至少三部《托拉》,以避免現場來回翻滾卷子,這也是解決大卷子閱讀不便的一個辦法[29]。

圖11　猶太會堂使用的《托拉》巨卷[30]

非宗教文獻也會有製作大卷子的需求。唐代薛保遜爲科考行卷"好行巨編","自號金剛杵"[31]——金剛杵既是對"巨編"形態的比擬,也是對其力量的隱

---

[29]　http://www.equiptoserve.org/etspedia/猶太文化/妥拉卷軸,訪問時間:2022年11月7日。

[30]　圖片來自https://en.wikipedia.org/wiki/Torah,訪問時間:2022年11月7日。

[31]　王定保著,陶紹清校證《唐摭言校證》卷一二,中華書局,2021年,527頁。

喻,如果薛保遜把他的行卷作品製作成兩卷,就達不到他想要的那種視覺衝擊力。不過,儘管存在種種特殊需求,總體上説宏編長卷並非書籍常態,薛保遜的卷子被記述者稱爲"巨編",正説明一卷"應該"有多大,在時人心目中是有一個標準的。

　　以上討論了卷子設計中的卷長問題。需要補充的是,如果卷子配備了書軸,那麽爲了滿足可持握的要求,書軸必然不會太粗。圖3、圖7、圖8中的書軸正是如此,而敦煌所出的書軸實物,如斯坦因所描述的,也是"細小的軸"[32]。細軸有很大的弊端,它會讓卷子産生更多的摺痕,加重每次開合對紙張的損傷,所以後人重裝敦煌卷子都會選配粗軸(圖12)。但儘管這種缺陷的原理非常簡單,在實踐中也容易被觀察到,細軸仍然流行於中古時代,這也説明對當時人而言,人體工程學的要求是在先的。

圖12　大英圖書館爲敦煌卷子配置的空心粗紙軸與原裝木軸對比[33]

　　在《典論》中,曹丕稱贊他的父親"雖在軍旅,手不釋卷"[34]。這是成語"手不釋卷"目前已知最早的用例,它在魏晉迅速流行起來,韋昭《吴書》謂魯肅"雖

---

　　[32]　奧雷爾·斯坦因撰,中國社會科學院考古研究所主持翻譯《西域考古圖記》(修訂版)第三卷,廣西師範大學出版社,2019年,33頁。
　　[33]　參看大英圖書館"法華經手稿數字化"項目的研究(https://blogs.bl.uk/collectioncare/south-asia/訪問時間:2022年11月7日)。爲了解決書軸過細對卷子的傷害,項目爲這批敦煌卷子統一配置了直徑5.5厘米(針對10米以下經卷)和3.5厘米(針對10米以上經卷)兩種空心紙筒做書軸。
　　[34]　《三國志》卷二《文帝紀》,中華書局,1982年,90頁。

在軍陳,手不釋卷"〔35〕。虞溥《江表傳》記載孫權評論光武帝也是"當兵馬之務,手不釋卷"〔36〕。《晉書》描述《喪服》體量,説"《喪服》一卷,卷不盈握"〔37〕。通過書和手的關係來説明書籍體量和閱讀嗜好,是一個有鮮明卷子時代特色的表述方式。由於人體工程學設計,卷子尤其是紙卷普遍易持便攜,這也使閱讀可以經常發生在無書案甚至移動的、不穩定的環境中,如曹操這樣的手不釋卷者,以及圖5、圖7展現的那樣。在李密著名的牛角掛書事迹裏,他就是在移動中一手持卷閱讀的:

> 乘一黄牛,被以蒲韉,仍將《漢書》一帙掛於角上,一手捉牛引,一手翻卷書讀之。尚書令、越國公楊素見於道,從後按轡躡之,既及,問曰:"何處書生,耽學若此?"密識越公,乃下牛再拜,自言姓名。又問所讀書,答曰:《項羽傳》。越公奇之,與語大悦〔38〕。

二、卷的内外矛盾

卷不僅是書籍的物質載體,也是書籍的内容單位。在前一個身份上,它需要滿足人體工程學要求,在後一個身份上,它要保證内容的完整。但同時持有兩個身份,有時是難以協調的,在光武帝讀《新論》的例子裏,内容要求就讓位給了人體工程學要求。

一卷的尺寸無法滿足一卷的内容,這應該是隨着文化的發達逐漸出現的問題——《史記》平均一篇衹有4000多字,《漢書》已經達到了7700多字。而這個問題還會因書寫材質的變化而加劇,因爲紙卷比簡册更加柔軟脆弱,更容易飄動折損,所以更不適合做太大。在魏晉南北朝到唐初產出的13種正史中,没有一個單卷能超過兩萬字,但是,《漢書》的《匈奴傳》有23691字,《王莽傳》有37645字,《五行志》達到了48217字。紙代替簡,不僅讓卷質量輕了,也讓卷字數少了,至少相對於簡書的巔峰時代而言。

---

〔35〕《三國志》卷五四《周瑜傳》裴注引,1273頁。
〔36〕《三國志》卷五四《吕蒙傳》裴注引,1275頁。
〔37〕《晉書》卷一九《禮志上》,中華書局,1974年,581頁。
〔38〕《舊唐書》卷五三《李密傳》,中華書局,1975年,2207頁。

反過來説,因爲紙質地輕薄,一卷也不宜太短。因此紙卷時代的到來很可能同時帶來兩個現象,一是單卷字數相對於簡册時代更加平均,二是爲了追求這種平均,合卷與析卷的情況增多。這兩個推測都有迹可循,以下是中古正史各卷字數離散係數的統計[39]:

圖表 1　中古正史卷字數離散係數

書名	史記	漢書	三國志	後漢書	宋書	南齊書	魏書	北齊書	周書	隋書	梁書	陳書	晋書	五代史志	南史	北史
離散係數	0.70	0.85	0.42	0.34	0.48	0.45	0.38	0.40	0.30	0.34	0.58	0.49	0.33	0.26	0.27	0.28

(本文以"圖表"展示所做統計結果,下同。)

離散係數(卷字標準差/卷字平均數)越大,説明卷字波動越大,上表顯示這個係數到《三國志》發生了巨大變化。如果把這個變化可視化,那就是《史記》或《漢書》放在那裏是一堆粗細極爲參差的卷子,而《三國志》以下任一種史書各卷粗細都要比《史》《漢》平均得多。

紙卷時代比簡册時代更強的析合卷意願仍可通過紀傳史來捕捉。《史》《漢》都是一傳題對應一卷,但南北朝以後諸史都有一傳題析爲多卷的情況。有的史書還保留了在編撰過程中析卷不斷調整的痕迹,比如《舊唐書》有的傳被分爲幾卷,各卷都有獨立卷號;有的傳雖然被分爲幾卷,却共享一個卷號。除了以上這些作者自析卷的情況外,注者也會將原書析卷,以調節加入注文造成的卷字不平衡。以日藏唐鈔本《漢書·揚雄傳上》(顔師古注本)爲例,此卷從卷首到卷尾有 121 個逐漸減小的水印,這説明卷子曾在捲起狀態下浸了水,捲起的圈數就是 121 圈,結合卷長數據,可以算出捲起直徑區間 $d \in (3.654, 7.248)$(單位:厘米)[40]。這個數據可以驗證《揚雄傳》加注後析爲兩卷的合理性。在析卷的過

---

[39]　統計排除了諸史中表、殘卷以及後人增補卷。凡自注每 4 字以 1 字計。

[40]　7.248 厘米是書軸達到最大直徑,即書軸直徑等於卷子直徑時的數值,它衹表示區間的上限,在實際中是不可能的。又此卷卷首亦略有殘損,以字數計,殘損不超過兩紙。

程中,書籍的原篇目順序也可能被改變,比如李善注《文選》就調整了蕭統的原作品排序[41]。

圖13　日本兵庫縣上野淳一藏《漢書·揚雄傳上》抄本（27.4cm×1388.3cm）[41]

　　紀傳史中的帝紀性質特殊,所以傳統上不合紀[43],像《漢書》的《惠帝紀》祇有834字,《高后紀》祇有1661字,也都獨立成篇。儘管中古王朝史在結構設計上深受《漢書》影響,但《晋書》已經將字數少的帝紀合卷處理,《舊唐書》甚至出現了"一卷半"皇帝,即有些皇帝的材料做成兩卷嫌短,做成一卷過長,於是拆出一部分與人合卷,剩下的部分單獨成卷。這樣損有餘而補不足,反映在視覺效果上,就是《漢書》834字的《惠帝紀》卷子和37645字的《王莽傳》卷子放在一起的巨大反差很難再看到了。

　　卷長的物理限制導致的析合卷在希臘羅馬紙草中同樣存在,比如菲洛德摩斯(約前110—前40)圖書館的卷子若超過15米就有可能被抄工析爲兩卷[44],老普林尼(23—79)的3卷書也因尺寸原因重新析爲6卷[45],可見析合卷是卷子裝必然引發的一種書籍史現象。中國的紙張與竹簡、莎草紙、羊皮紙等東西方其他常見卷子材質相比更爲輕薄,更容易爲外力損壞,所以理論上說,紙卷要面對更緊張的内外矛盾,規劃卷長在紙卷書籍製作中也扮演着更爲重要的角色。

[41]　見黄偉豪《〈文選〉姐妹篇及其分卷分合問題》,《文學遺産》,2013年第4期。
[42]　圖版拼合自大阪市立美術館編《唐鈔本》,同朋社,1981年,44、57、58頁。
[43]　有兩种比較特殊的情況,一是《三國志》的《三少帝紀》,因是廢帝,所以合併處理。二是南北史帝紀合卷,這是因爲二史是通史的緣故。《魏書》亦有合紀,即卷一一《廢出三帝紀》,性質與《三國志·三少帝紀》同。
[44]　William A. Johnson, *Bookrolls and Scribes in Oxyrhynchus*, University of Toronto Press, 2004, p. 148.
[45]　William A. Johnson, "The Ancient Book", *The Oxford Handbook of Papyrology*, p. 264.

三、卷與書籍結構的成立

　　分卷或再析卷可以調和卷的物理長度與文本長度之間的矛盾,於是卷子裝也可以容納體量龐大的著作,就像《伊利亞特》和《奧德賽》這兩首長詩都被寫定者切分成了 24 卷。著作分卷後,各卷在物理形態上是獨立的,爲了不讓連續的內容被一個個卷子割裂,有的作者會在卷首回顧前卷内容,再引出本卷内容,比如古希臘歷史學家波利比烏斯(約前 200—前 118)在他的《通史》第二卷開頭寫道:"在前面的那一卷中,首先,我叙述了……現在我將試圖概述那些緊隨其後的事件。"狄奥多羅斯(約前 89/90—前 30)在其《希臘史綱》第十一章開頭寫道:"前面的第十章,叙述該年的重要紀事……本章我們要提出歷史的發展方向……"〔46〕這些文字如同繩索,將後一卷繫在前一卷上,由此諸卷間的串聯關係也凸顯出來。書籍史名家羅傑·夏蒂埃認爲,對閱讀而言,卷子裝與册頁裝抄本的不同在於,前者培育了從頭到尾連續、綫性閱讀文本的習慣,而後者則使讀者可以跳讀選讀〔47〕。那麽,《通史》和《希臘史綱》的例子更可以進一步表明,在西方古典著作中,即使是多卷本卷子,綫性閱讀也可以得到保障。

　　和《荷馬史詩》《通史》《希臘史綱》展示的串聯諸卷的書籍結構不同,中國中古時期流通的多卷本,尤其是大體量多卷本著作多是通過並聯諸卷來架構的。所謂並聯諸卷,可以理解爲一種模塊化的書籍設計方案:修撰者使用多個功能獨立的内容單元搭建成書,每個内容單元都是一個模塊卷。模塊卷可以靈活追加、更換或移除,而無論追加、更換還是移除,都不影響其他模塊卷的功能,也不影

---

〔46〕 波利比烏斯著,楊之涵譯《通史》,上海三聯書店,2021 年,上册 100 頁。狄奥多羅斯著,席代岳譯《希臘史綱》,文化發展出版社,2019 年,686 頁。關於《通史》《希臘史綱》以及其他各類西方古典書籍的分卷和卷間勾連,見 Carolyn Higbie, "Divide and Edit: A Brief History of Book Divisions", *Harvard Studies in Classical Philology*, Vol. 105 (2010), pp. 1–31。

〔47〕 Roger Chartier, "Languages, Books, and Reading from the Printed Word to the Digital Text", *Critical Inquiry*, Vol. 31, No. 1 (Autumn 2004), p. 151. 另可參 Peter Stallybrass, "Books and Scrolls: Navigating the Bible", Jennifer Andersen and Elizabeth Sauer (ed.), *Books and Readers in Early Modern England: Material Studies*, University of Pennsylvania Press, 2002, pp. 46–48。

全書的成立[48]。在這種書籍結構中,模塊卷之間是鬆耦合的,因此不需要《通史》和《希臘史綱》的那種銜接段落。紀傳史就屬於典型的模塊化書種,它的各篇有獨立主題,且主題可以靈活增删,一如模塊之插拔。除了紀傳史之外,類書以及和類書一樣依據某種主題搭建起來的書籍,如按照五禮搭建的禮議、按州地搭建的州譜和地志、類聚式醫方、總集等,也都屬於模塊化書種。

模塊化設計的一個特點是結構清晰,模塊依設計者給出的既定邏輯搭建,而非無序堆疊。所以,模塊化書籍的分卷一般擁有主題性卷題,全書有層次分明的目録,這使它很容易與祇有卷號而無實際卷題的多卷本著作(如《荷馬史詩》或《論語》《孟子》等中國早期經典)區别開來[49]。模塊化設計的另一個特點是可擴展性,通過追加新模塊,書籍理論上可以實現無限擴容,這給大卷帙書籍的製作提供了路徑。

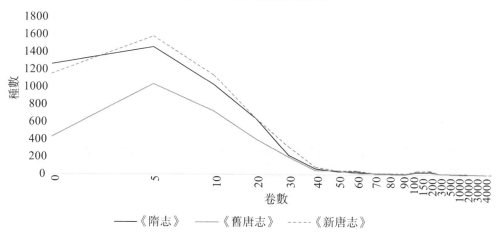

圖表2 中古書籍的卷帙分布

圖表2《隋書・經籍志》(下簡稱《隋志》)、《舊唐書・經籍志》(下簡稱《舊唐志》)、《新唐書・藝文志》(下簡稱《新唐志》)共計13050個圖書著録項(《隋

---

[48] 模塊化(modularity)是20世紀後半葉以來爲多種學科使用的分析概念,在中古時期的知識生産過程中,模塊化是一個非常值得注意的現象,除了本文討論的書籍内容單元的模塊化、卷子裝物理形態上的模塊化外,這個時期的文本書寫策略也呈現出很強的模塊化特徵,詳拙文《隱蔽的網絡:中古文獻中的模塊化書寫》,《古典文獻研究》第25輯上,鳳凰出版社,2022年,6—16頁。
[49] 很有意思的是,《荷馬史詩》的很多中譯本被譯者"强行"擬出了各卷卷題,這正能看出傳統模塊化卷子觀的影響力。

志》通計亡書)進行了統計和分析,可以看出,在中古書籍世界占統治地位的是20卷以下的小書,它們在《隋志》中占到了90.4%,在《舊唐志》中占86.1%,在《新唐志》中占87.3%。百卷以上的書極爲稀少,在《隋志》中僅占1.7%,在《舊唐志》中占2.8%,在《新唐志》中占2.4%。小卷帙書主題分散,但百卷以上大書的主題相當集中,主要包括經部的禮類[50],史部的正史、起居注、儀注和譜系類,子部的醫方和類書類,以及集部的總集類。這個主題分布情況和上文提到的模塊化書種高度重合。圖表3是三史志中最大的十部書,它們都是500卷以上的特大書,從主題分布看,《四海類聚方》顧名思義是分類編輯的醫方,《三教珠英》《文思博要》《皇覽》《華林遍略》《策府》是類書,《文館詞林》是依文體分類的總集,《總集境内十八州譜》和《括地志》分别是依諸州分題的譜牒和地理書,《陳尚書雜儀注》當是依五禮分題的儀注,它們全部屬於模塊化書種。可見當時製作這種規模的書籍,模塊化是唯一的方式。

圖表3　《隋志》《舊唐志》《新唐志》中體量最大的十部書[51]

排序	書名	時代	發起人或責任人	卷帙
1	四海類聚方	隋	煬帝	2600
2	三教珠英	唐	武則天	1300
3	文思博要	唐	太宗	1200
4	文館詞林	唐	高宗	1000
5	總集境内十八州譜	梁	武帝	690
6	皇覽	曹魏	文帝	680
7	華林遍略	梁	武帝	620
8	策府	唐	張大素	582
9	陳尚書雜儀注	陳	不著撰人	550
10	括地志	唐	魏王李泰	550

---

[50] 這些書有一部分在兩《唐志》中被歸入史部儀注類。

[51] 按《新唐志》著録《開元起居注》3682卷,然據《舊唐書·于休烈傳》,3682卷實爲唐史館總藏書卷數,《開元起居注》僅爲其中一種,《新唐志》著録有誤,故《開元起居注》不計入圖表3。説見朱希祖《漢唐宋起居注考》,載氏著《中國史學通論 史館論議》,中華書局,2012年,92—94頁;李南暉《唐修國史研究》,中山大學出版社,2022年,127頁。

模塊化設計支持多綫程並行開發，即不同模塊可由不同特長的開發者分別開發，因此是一種高效率的生産方案。對書籍製作而言，多綫程也就是集體作業的編纂方式。集體作業節約了書籍生産的時間成本，但對人員組織和物資供應能力提出很高要求，因此在中古時期，卷帙較大的模塊化書籍往往由官方角色發起和組織，圖表3列出的10種巨著，除了張大素的《策府》情況不詳外[52]，其他9種都可以確定其官修背景。從某種程度上説，模塊化設計方案激發了中古帝王的修書熱情，他們衹要搭建平臺、組織人員、分包任務，通常就能快速獲得宣示其文化建設成就的皇皇鉅著。

　　在模塊化設計中，模塊具有獨立功能，因此一個模塊可以在不同系統中重複使用。比如製作紀傳史、類書都可以再利用舊有同類書籍的内容單元，極端者如《南史》《北史》基本就是利用舊有模塊生産的。模塊的這個特性，同樣可以提升書籍製作的效率。

　　由於模塊本身的功能獨立性，在中古時期，人們有將書籍的一個模塊視爲獨立一書的傾向，所以當時稱引史傳習慣單稱篇名，像潘岳自述"嘗讀《汲黯傳》"，劉杳引據《漢書》故實，徑稱"《張安世傳》曰……"，李白詩序云"余時繫尋陽獄中，正讀《留侯傳》"[53]，唐詩中更有《讀庚太子傳》《讀留侯傳》《讀諸葛武侯傳書懷贈長安崔少府叔封昆季》等諸多讀史詩，擬題鮮少加《史》《漢》《三國志》字樣[54]。也因爲具備獨立功能，單篇史傳的閲讀有時會被與特定動機捆綁。讀《霍光傳》意味着覬覦最高權力[55]，讀《項羽傳》意味嚮往英雄志業，因此夏侯湛爲族人作傳，特別强調"讀《項羽傳》及兵書"[56]，楊素也是因爲李密讀《項羽傳》而對其青眼有加。

　　以上我們討論的是書籍内容結構的模塊化設計。實際上，對多卷本書而言，每個單卷也是一個實體的模塊，它同樣具有功能獨立性，亦即可以被單獨抽出閲

---

[52]　張大素，張公瑾子，唐高宗龍朔中歷東臺舍人，兼修國史，傳見《新唐書》卷八九。

[53]　《文選》卷一六《閑居賦序》，180頁。《梁書》卷五〇《劉杳傳》，中華書局，1973年，716頁。《全唐詩》卷一七七李白《送張秀才謁高中丞》，1806頁。

[54]　《全唐詩》卷五三八，6142頁；卷六七九，7782頁；卷一六八，1735頁。

[55]　《後漢書》卷七八《宦者傳》，2533頁。

[56]　《三國志》卷九《夏侯淵傳》裴注引夏侯湛《夏侯榮序》，273頁。

讀。牛角上明明掛了一帙書,楊素卻完全不覺得李密是在讀《漢書》而進度恰到《項羽傳》,在他的潛意識裏,或者在這個故事的記述者的潛意識裏,《項羽傳》就是李密的特定閱讀目標。這種潛意識,正基於模塊化書籍抽卷閱讀的普遍性。因此與《荷馬史詩》要求的綫性閱讀不同,模塊化多卷本書籍支持選讀。羅傑·夏蒂埃對卷子裝、册頁裝所培育的閱讀習慣的結論,應該修正爲綫性結構的卷子裝培育了綫性的閱讀習慣,而模塊化的卷子裝培育了模塊化的閱讀習慣。

如果閱讀可以是模塊化的,那麼書籍流通就可以是模塊化的。余嘉錫先生發現古書有"本是全書,後人於其中抄出一部分,以便誦讀"現象[57],其實就包括了模塊化流通情況在内。漢光武帝賜竇融《外屬圖》《五宗》《外戚世家》《魏其侯列傳》,漢明帝賜王景《山海經》《河渠書》《禹貢圖》,這裏涉及的《史記》四傳就是獨立流通的書籍模塊。沈約撰《晉書》,其中第五帙被人偷走,這一帙《晉書》也成了一組獨立流通的書籍模塊[58]。祖珽以《華林遍略》數帙"質錢樗蒲"[59],書籍模塊可以直接交易,更體現出模塊化流通和閱讀的常態性。理論上説,書籍卷帙過大會影響其流通能力,但對模塊化書籍而言,分散流通其實提供給了大書另一種在知識世界產生影響的方式。

在模塊化書籍中,卷仍然保持了載體單元和内容單元的統一性;或者應該説,這種統一性作爲卷的初始特徵,孕育了模塊化書籍設計方案,而前者又因後者獲得了延續。《荷馬史詩》所體現出來的那種過長文字與有限載體間的矛盾、爲解决這一矛盾而使用的分卷方案對於文本連貫性的破壞,在模塊化卷子裝書籍中並没有那麼突出。也就是説,如果模塊化設計成爲大書生産的常規方案,人們尋求更大容量載體的需求就没有那麼迫切了。這可能就是中國的册頁裝相比於西方更晚出現的原因之一。

四、卷與四部

在中古時期,不同部類的大卷帙書籍是在不同的時間點集中產生的。經部

---

[57]《目録學發微 古書通例》,268頁。
[58]《宋書》卷一〇〇《自序》,中華書局,1974年,2466頁。
[59]《北齊書》卷三九《祖珽傳》,中華書局,1972年,515頁。

的禮論禮議類文獻從南朝開始興盛，大型總集的興起也在梁代以後。子部則於曹魏出現了千餘篇的大類書《皇覽》，這個體量在當時是十分驚人的[60]；史部則在漢代已有《史記》（130 卷）、《漢書》（100 卷）、《東觀漢記》（143 卷）三史，截止到西晉，謝承（130 卷）、薛瑩（100 卷）、司馬彪（83 卷）、華嶠（97 卷）書也已完成。類書和紀傳史在魏晉率先積累了一批大書，這是理解四部產生的一個綫索。

圖表 4 《七略》（上）和《中經新簿》（下）的圖書分類體系

六藝	諸子	詩賦	兵書	術數	方技

甲	乙				丙				丁			
六藝	小學	古諸子家	近世子家	兵書	兵家	術數	史記	舊事	皇覽簿	雜事	詩賦	圖贊	汲冢書

四部的產生，一般認爲始於西晉官藏目錄《中經新簿》（下簡稱《新簿》）。《新簿》是太康年間（280—289）皇家藏書校理工程的一項成果[61]，和後來的四部目錄相比，它尚有兩個"缺陷"，一是一級目錄沒有名字，祇以甲乙標識；二是二級分類比較混雜，尤其是丙丁部。對於丙丁部究竟是依什麼主題立部的，今人時有討論[62]；不過，正如余嘉錫先生指出的，《新簿》的製作者本來就不是要嚴

---

[60] 《三國志》卷二《文帝紀》："又使諸儒撰集經傳，隨類相從，凡千餘篇，號曰《皇覽》。"又卷二三《楊俊傳》裴注引《魏略》："魏有天下，拜象散騎侍郎，遷爲常侍，封列侯。受詔撰《皇覽》，使象領秘書監。象從延康元年始撰集，數歲成，藏於秘府，合四十餘部，部有數十篇，通合八百餘萬字。"88 頁、664 頁。如果做一個比較，《文選》白文約 258000 字，《皇覽》體量相當於 30 多部《文選》。

[61] 阮孝緒《七錄序》："晉領秘書監荀勗，因魏《中經》，更著《新簿》，雖分爲十有餘卷，而總以四部別之。"《廣弘明集》卷三，T52, no. 2103, p. 109a4 – 5。根據《北堂書鈔》卷五七引《晉太康起居注》："秘書丞桓石綏啓校定四部之書，詔遣郎中四人各掌一部。"可知此次校書具體發生在太康年間。《書鈔》此條又見《初學記》卷一二、《唐六典》卷一〇引《晉書》、《太平御覽》卷二三三，惟《六帖》卷二一引此條云出《晉太原起居注》，原當作康，形近致訛；《太平御覽》卷二三四引此條云出《晉太元起居注》，或其底本作太原，據音臆改致誤。

[62] 參辛德勇《中國古典目錄學中史部之演化軌迹述略》，《中國典籍與文化》，2006 年第 1 期；聶溦萌《從丙部到史部——漢唐之間目錄學史部的形成》，《中國史研究》，2015 年第 3 期。

格按主題劃分四部,否則不至於取不出一級目録的名字[63]。在圖書校理工程中,《新簿》這樣的目録是隨校隨編,到最後階段纔能定稿,但部類劃分是工程一開始就要確定的,因爲書籍要按部類分派給校理人員。按《晋太康起居注》:"秘書丞桓石綏啓校定四部之書,詔遣郎中四人各掌一部。"既然這次校書安排四人各掌一部[64],這4個"部"就有任務包的性質。成爲後世校書典範的劉向,當初也是分了4個任務包作業,不同的是劉向自爲校書骨幹,他祇是把少量自己做不了的任務分了3包[65];而太康校書没有骨幹,其時面臨的校理任務有十萬卷之多[66],具體負責的四位郎中承擔的工作量應該是均衡的,這樣安排也優化了時間成本,不至於像劉向那樣花費二十多年[67]。工作量均衡分配,當然仍要儘量保證同主題書不打散,統歸一人負責;但一人完全可以承擔多種主題。因此在這種分配原則下,書籍的二級目録保持了主題性,而本質是任務包的一級目録則是主題被平均主義原則調劑後的樣子。四郎中校理圖書的同時,可能也各自編纂他們所負責部類的目録[68],最後他們的四份目録合在一起(在卷子裝時代,這種"合"就是將四組卷子堆在一起)就得到了"雖分爲十有餘卷,而總以四部別之"的《新簿》[69],這

---

[63] 《目録學發微》,156頁。

[64] 同注61。

[65] 《漢書》卷三〇《藝文志》,中華書局,1962年,1701頁。

[66] 《北堂書鈔》卷一〇一引《荀勖讓樂事表》:"臣掌著作,又知秘書,今覆校錯誤,十萬餘卷書,不可倉卒,復兼他職,必有廢頓者也。"

[67] 《北堂書鈔》卷一〇四引《風俗通義》:"劉向爲孝成皇帝典校書籍,二十餘年,皆先書竹,爲易刊定,可繕寫者,以上素也。"王利器校注《風俗通義校注·佚文》,中華書局,1981年,494頁。按太康校書也擬仿照劉向的程序,《晋書》卷三九《荀勖傳》云"俄領秘書監,與中書令張華依劉向《別録》,整理記籍",1154頁。依劉向《別録》意味着校理謄寫後還要做叙録,可見這次校書規劃的工程量非常大,祇不過叙録最後没有按預期完成。

[68] 左思曾參與《中經新簿》的編纂,考見張固也《古典目録學研究》,華中師範大學出版社,2014年,3頁。按《初學記》卷二一引王隱《晋書》:"左思專思《三都賦》,絕人倫之事,自以所見不博,求爲秘書郎,著《中經》。"可知左思正是四郎中之一,而秘書郎也承擔撰寫《中經新簿》的任務。中華書局,2004年,298頁。

[69] 阮孝緒《七録序》,見《廣弘明集》卷三。《隋書·經籍志序》略同。按對於這句話,姚名達理解爲《中經新簿》祇分四部大類,每卷不更寫二級分類信息,這是不準確的。阮孝緒强調《新簿》十有餘卷而祇是四部書目,是因爲在他的時代,四部目録一般就分4卷,個別著録項豐富的就分作40卷。前者如《宋元徽四年四部目録》《梁天監六年四部書目》《梁東宫四部目録》《梁文德殿四部書目》,後者如殷淳《四部書大目》。圖書目録按部分卷是自《七略》以來的傳統,十幾卷從卷帙上看完全不像四部目録,所以阮孝緒特爲説明。另外,《中經新簿》按小類分卷,也説明它的小類纔是目録學意義上的分類。

也就是爲什麽甲乙丙丁四部雖然没有特別的主題意義,却仍然呈現在《新簿》的結構裏。

校書的工作量,與書籍卷帙有關,也與整理難度有關。甲乙部擁有秦漢以來積累而得的衆多經子書,丙部擁有魏晉以來爆發的大書,前者單書小而書多,後者單書大而書少,故可得相垺。《皇覽》奉敕官修,寫校裝潢質量自屬上佳,又自編成之日起就安放在秘府[70],存藏狀況也好,因此易於校理。汲冢書"竹書數十車","多燼簡斷札,文既殘缺,不復詮次","漆書皆科斗字",整理要求"校綴次第,尋考指歸,而以今文寫之"[71]。體量並不算小,整理難度極高,所以大書較多的歷史類書籍與《皇覽》併部,比與汲冢書併部更得均衡。

在工作量干預下形成的甲乙丙丁四部,無法反映當時的知識體系,但却影響了後來的知識體系。晉元帝時李充整理皇家藏書,用《新簿》點對江左庫藏[72],由此保留了四部框架;他又將二級目録調整爲"以類相從"[73],由此四部成爲真正目録學意義上的圖書分類。兩晉南北朝官書管理制度的延續性保護了四分法,使其成爲皇家藏書標配,中古時期的四部分類法,其實有一個先定四分、再純潔化的過程。

《新簿》四部和《七略》六部儘管性質不同,但《新簿》甲乙丁三部尚保留了與老六部的某種對應關係(圖表4),唯獨丙部,它的所有小類在《七略》系統都不是目録項,可以說丙部是真正誕生於中古時期的新部類。在傳統的學術史叙事中,丙部的興起常被等同於史學的興起,但從前面的梳理看,這種看法有很大風險。不僅没有《皇覽》就不會有丙部,而且幾種大卷帙後漢史如果没有恰巧趕在太康前問世,史書也未必進入丙部。胡應麟早就指出,史書在《新簿》的時代

---

[70] 《三國志》卷二三《楊俊傳》裴注引《魏略》,664頁。

[71] 《晉書》卷五一《束晳傳》,1432頁。按傳又詳列汲冢書整理出來的文獻目録,並云"大凡七十五篇,七篇簡書折壞"。75+7篇數量並不多,也不能裝滿"數十車",既然已有書單,則75+7應該是别除燼簡斷札、經整理後能確認其内容的篇目數。

[72] 《隋書》卷三二《經籍志序》:"東晉之初,漸更鳩聚。著作郎李充,以勘舊簿校之,其見存者,但有三千一十四卷。"中華書局,1973年,906頁。

[73] 《文選》卷四六《王文憲集序》李善注引臧榮緒《晉書》,唐修《晉書·李充傳》略同。《宋尤袤刻本文選》,國家圖書館出版社,2017年,第12册46頁。

並不多[74]。其實直到《隋志》,史部書仍是四部中最少的,它們的特殊性在於卷帙大(圖表5)。所以與其說是史學,不如說是大書徹底破壞了《七略》體系,從而將目錄學推入四部時代。

圖表5　上:《隋志》中四部書籍的平均卷數統計(通計亡書)

下:《隋志》中50卷以上書的四部分布

	部	卷	卷/部
經	1007	7766	7.71
史	866	17026	19.66
子	1710	16618	9.72
集	1278	13637	10.67

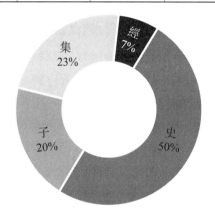

五、結論和餘論

作爲一種裝幀形態,卷子裝深刻影響了中古書籍的結構和內容。當帝紀也因卷子的尺寸被拆分時,我們看到書籍的物理形態甚至可以在一定程度上消解皇帝的神聖性。模塊化的卷子裝書籍設計方案,刺激了中古大書的生產,也改變了書籍的生產、閱讀、流通方式。模塊化大書又促成了四部分類法的誕生,從而改變了人們的知識結構。大書在流傳能力上有天然的缺陷,但模塊式大書的模塊式流傳,讓大書擁有了另一種在中古知識世界發生影響的方式。同時,模塊化

---

[74] 胡應麟《經籍會通》卷二,《少室山房筆叢》,上海書店,2009年,498頁。

設計在一定程度上緩解了書籍內容不斷加大而載體有限的矛盾，延遲了册頁裝時代的到來。

相比簡册、紙張、雕版印刷以及宋以後的各種册頁裝幀，卷子裝看上去是最不具備文明獨特性的物質文獻話題。很多中國中古時期卷子擁有的特點或現象，包括前文提到的人體工程學要求、析合卷、書籤，以及諸如單面書寫、書名題於卷末、可以裝置書軸且書軸兩端可以鑲嵌裝飾、書卷可以用各色織帶束縛、可以裝入各色書帙中、卷子背面可能有學童塗鴉、書卷可能由專業抄工計費書寫等等，同樣見於希臘羅馬紙草[75]。不過正因如此，古典學、紙草學可以爲中國中古卷子研究的展開提供豐富信息。比如卷子長度與内容關係問題，有紙草學者猜測，書籍製作者有可能根據内容性質安排卷長，浪漫詩卷精緻小巧，不朽之史則厚重可觀[76]。有學者指出，亞歷山大里亞的學者們在寫定古代抒情長詩時就是因爲受到紙草卷長度的約束，所以重新定義並限定了抒情詩的體裁樣式[77]。還有學者認爲，卷子長度的限制導致一個作家的作品無法寫進一個單卷裏，因此一部作品的大受歡迎並不能讓這位作者的其他作品一起不朽，故而很多古典時期的作家祇留下寥寥幾部作品，其他悉數亡佚[78]。關於卷子裝到册頁裝的變革，有古典學者指出，當册頁裝時代到來後，罕僻之書有不會被轉移到册頁本的危險，裝幀的變革導致了這些書籍的亡佚[79]。這些議題都涉及了卷子裝的書籍史，雖其結論未必可行於中國中古卷子世界，但視角都頗具啓發。

同時，通盤考量不同文明的卷子裝，也能發現中國中古卷子的真正特點。希臘羅馬卷子雖然同樣可以裝配華麗的書軸和繫帶，但這些部件僅起裝飾作用。而中國中古卷子的籤、軸、帙、帶組成了一個可視化序列，將卷子所屬的圖書分類、所屬書籍和自身卷號凸顯出來，目錄學元素被放進了裝幀中。在這種可視化努力下，卷子既是一個獨立的模塊，又是一個系統中的模塊。

---

[75] 《古希臘羅馬的圖書與讀者》，127、130、168 頁。《藏書的藝術》，32—33 頁。*The Oxford Handbook of Papyrology*, p. 21.

[76] *Bookrolls and Scribes in Oxyrhynchus*, p. 151.

[77] 克勞德·伽拉姆著，劉保雲譯《古希臘抒情詩，一種不存在的體裁？》，《西方古典學輯刊第三輯：蘇格拉底的申辯》，復旦大學出版社，2021 年，275 頁。

[78] 《古希臘羅馬的圖書與讀者》，134 頁。

[79] L. D. 雷諾兹、N. G. 威爾遜著，蘇傑譯《抄工與學者》，北京大學出版社，2021 年，45 頁。

最後還應補充的是,雖然本文研究的是中古紙卷時代的卷子裝,但這個時期卷子裝的很多特點,仍然繼承自簡册卷子。長期以來,對簡册與紙卷的關注基本來自不同學科的學者,由此形成的學科分野和學者知識構成反過來又强化了竹卷和紙卷的切割,儘管就裝幀研究而言,這種切割不僅並無必要,而且會削弱對二者關聯的關注——甚至還可能引發某種誤導,比如有學者認爲卷子裝是公元1世紀時隨佛教的傳播從西方經印度傳入中國的[80],可能就是所見參考書很少將竹卷和紙卷放在一起討論的緣故。總之,卷子的起源、存放方式、"書"的觀念、分卷和全書的關係、書題的位置和大小題的書寫順序等等本文未及討論的卷子裝書籍史的問題,都需要進一步置於包括簡、紙在内的卷子時代整體背景中加以觀照。

Scroll and the History of Early Medieval Chinese Books

Yu Su

In early medieval China, books were rolled up in scrolls. Scroll is simple and ergonomic. It also had profound influence on structure, content, cataloguing and reading method of books. These further affected the production and dissemination of knowledge in early medieval China.

---

[80] Thomas Forrest Kelly, *The Role of the Scroll: An Illustrated Introduction to Scrolls in the Middle Ages*. W. W. Norton & Company, 2019, p.10.

《宋書·五行志》日食紀事探源

郭津嵩

中古史書的《天文》《五行》等志中包含有豐富的天象紀事,描述某一時間一個或多個天體所呈現的特殊視覺形態或位置關係。這些天象紀事通常附有與之相配合的占辭和事應。占辭對天象徵兆意義做出解讀,事應則列舉應驗徵兆解讀的政治事件。以往對此類材料的研究和利用,可以分爲兩大類。第一類是將史書中的天象紀事看作古人留下的觀測數據,加以分析,用來探索超新星遺迹、地球自轉的長期變化等現代科學問題,或是爲天文學史的基礎研究提供證據[1]。第二類是將天象及其占驗用作政治史的素材,研究政治勢力如何藉助天文徵兆,進行政治宣傳和合法性的論述[2]。

這兩類研究的成立,都高度依賴對於天象紀事和占驗的"可靠性"所做的認定。第一類研究必須確定史志中描述的天象可以視爲天文觀測的忠實記録,否則將無法用作科學數據[3]。第二類研究雖然不必要求對天象的描述符合實測——出於僞造的天象同樣有可能産生政治上的影響,但却需要認爲有關天象的報告和解讀發生在紀事所注明的時間,否則無法與當時的政治事件建立聯繫。

---

[1] 可參看莊威鳳主編《中國古代天象記録的研究與應用》中對此類研究的回顧和總結。中國科學技術出版社,2013年。

[2] 此類研究中最具代表性的是張嘉鳳、黄一農《天文對中國古代政治的影響——以漢相翟方進自殺爲例》,《清華學報》1990年第2期。近年則有胡鴻《星空中的華夷秩序——兩漢至南北朝時期有關華夷的星占言説》,《文史》2014年第1輯;王爾《"長安系士人"的聚散與東漢建武政治的變遷——從"二〈賦〉"説起》,《中國史研究》2019年第4期;邱靖嘉《"依分野而命國":中古時期的王朝國號與政治文化》,《唐研究》第25卷,北京大學出版社,2020年;等等。也有一些涉及星占的政治史研究主要採用傳記、碑志等文獻而不依賴《天文》等志,則另當別論。

[3] 莊威鳳《實録和正史中天象記録的可靠性》,莊威鳳主編《中國古代天象記録的研究與應用》第八章第一節,376—393頁。

兩種可靠性的内涵不盡相同,但其基底却是相通的。兩者都建立在一個更基本的假設之上,即史志中的天象紀事是在國家天文機構長期連續的觀測和記錄實踐中積累下來的,是從太史的原始記錄輾轉進入正史的,其可靠性來源於注記制度的穩定性。

筆者希望通過對天象紀事更深入的分析,重新審視上述兩種可靠性的認定。本文是以《宋書·五行志》(以下稱《宋志》)所載日食紀事爲例所做的初步嘗試。《宋志》中的日食雖然有很大一部分應該來源於曹魏至劉宋的太史記錄,但通過文獻比勘和現代天文回推進行甄別,並利用現存中古曆法進行驗算後發現,也有相當數量的條目出自修史者利用曆法推步結果所做的增補。修撰過程中積極和系統性的整理、擴充在多大程度上塑造了史書中的天象紀事,是研究者至今尚未充分考慮的問題。本文通過驗算發現的在曆法推算因素下產生的繫年錯誤現象,也是此前研究和校勘工作中所從未注意的。

一、問題的提出:不可見日食及其意義

日食是一種較爲特殊的天象。利用其天文特徵,可以非常肯定地指出史書中的某些日食記述並非出自實測。由於月面遮蔽日光的投影祇能覆蓋地球表面的很小一部分,每次日食都有其特定的可見區域,而非如月食,在其發生時處在夜晚的任何地理位置理論上都能觀察到。近年來,劉次沅等學者在以現代天文推算對歷代天象紀事進行系統校驗的過程中,檢出了相當數量的不可見日食的記述[4]。如果是其他類型的差誤,尚可用傳抄致訛來解釋;但如果在記述的日期確有日食,而在中國或當時的都城無法觀察到,那該條目便很有可能是古人用曆法推算出來的。祇要所用曆法中的交食周期或交點年、交點月(曆法中稱爲"陰陽曆")足够準確,就可以判斷是否有日食發生。至於日食是否在中國可見,則需要對月亮視差有精密的把握,纔能加以判斷,對古人來說是很困難的。交食計算自從東漢時期進入曆法,到隋唐以前,都完全不考慮視差,祇能通過合朔加

---

[4] 劉次沅《中國古代常規日食記録的整理分析》,《時間頻率學報》2006 年第 2 期,155—157 頁。參看劉次沅《諸史天象記録考證》中的各史日食部分,中華書局,2015 年。

時是否在白晝來排除一部分不可見日食。隋唐曆法雖然加入了視差的計算,但較粗疏。曆法推算有日食,而實際不可見的情形仍然經常發生,當時稱爲"應食不食"。這種情況要到晚唐宣明曆以後纔逐漸得到改善。

天象年代和文獻年代最早的不可見日食,大概要數《續漢書·五行志》所記建寧三年三月丙寅晦(170.5.3)日食[5]。經檢證,當日確有日食,但中國不可見[6]。該條下有"梁相以聞"等字,謂梁國相見日食而奏聞,蓋應在次條四年三月辛酉朔(171.4.23)日食下,誤植於此。《後漢書·靈帝紀》亦載該日食,疑爲范曄據《志》補入[7]。案,《志》劉昭注從東漢人伏無忌的《古今注》中録出多條日食紀事,其中建武元年正月庚午朔及四年五月乙卯晦兩條,劉次沅、馬莉萍亦定爲不可見日食[8]。但《志》記有建武二年正月甲子朔(26.2.6)及建武三年五月乙卯晦(27.7.22)兩次日食,中國皆可見。蓋《古今注》所記亦此二事,其後一條唯"三年"誤爲"四年";前一條除年份訛誤外,日名亦不同,則是後人查長曆所改,並非不可見日食。

至《宋書·五行志》所記魏、晉、劉宋日食,不可見者達19條之多(詳下),"已成常態"[9]。此後自《魏書·天象志》至兩《唐書·天文志》,不可見日食的數量愈爲可觀,而以《隋書·天文志》尤甚。根據劉次沅的證認和按朝代的分期統計,南朝日食紀事中,檢出可見日食25條,不可見日食則有12條;北朝可見日食51條,不可見日食29條,其中僅北周時期便有不可見日食14條;隋代可見日食6條,不可見日食亦有6條;唐代可見日食71條,不可見日食29條[10]。南北朝隋唐時期日食紀事中,不可見日食的比例可以達到三分之一左右。這就意味着,中古史志日食紀事出於曆法推算的情況是大量存在的。

此前的研究者當然也認識到不可見日食意味着天象紀事中包含有曆法推算

---

[5] 《續漢書·五行志六》,《後漢書》,中華書局,1965年,3369頁。

[6] 本文對日食是否發生及可見範圍的確定,主要依據美國航空航天局(NASA)"五千年日食目録"(Five Millennium Catalog of Solar Eclipses)提供的數據和圖示。

[7] 《後漢書》卷八《孝靈帝紀》,331頁。

[8] 《續漢書·五行志六》,《後漢書》,3357—3358頁;劉次沅、馬莉萍《春秋至兩晉日食記録統計分析》,《時間頻率學報》2015年第2期,122頁。

[9] 劉次沅《兩漢魏晉天象記録統計分析》,《時間頻率學報》2015年第3期,184頁。

[10] 劉次沅、馬莉萍《中國古代天象記録:文獻、統計與校勘》,三秦出版社,2021年,9—11頁。

的成分。如劉次沅説,史志中的不可見日食"顯然是不精確的計算結果"。而對其産生機制則是這樣解釋的:"大約當時(筆者按,指東漢以後)已有常規的日食預報,指導朝廷的救護禮。實際上未見到日食,原始文獻中應記下'當食不食'或'陰雲不見',但在編纂史書時往往省略掉了。"按,在日食條目下注出"當食不食""雲陰不見"等文字,集中見於《宋志》[11],中古時期未必有這樣的制度和習慣,甚至日食預報可能也是在南北朝以後纔逐漸形成常規。祇有對於北周、隋等時期不可見日食特别多的情況,劉次沅推測"可能是編史時補算的"[12]。

是"預報"還是"補算",對於理解天象紀事的性質,意義大有不同。如果不可見日食是當時太史的預推,那就更加確認了史書中的天象淵源有自,産生於穩定的注記制度,也意味着可見日食和其他天象紀事仍然可靠。但如果不可見日食反映的是修志時按照計算所進行的增補,那麽連剩下的那些可見日食是否來自太史記録,也要打上問號,因爲許多可見日食也是可以用曆法算出來的。考慮到日食在星占中的重要地位,如果日食尚且不能保證記録的完整和可靠,那麽其他各類天象紀事是否反映當時的實測,也不得不受到懷疑。我們對於中古天象紀事性質的認定,可能因此發生整體性的動摇。

因此,不可見日食究竟如何進入史書,是很值得探討的問題,也的確存在一些可供分析的綫索。比如《宋志》中三國時期的日食紀事有兩條下殘存標注"《紀》無"二字,謂該條日食爲《三國志》曹魏帝紀(以下稱《魏紀》)所無[13]。這提示《魏紀》是三國時期日食紀事的主要文獻來源[14]。《宋志》三國時期的18條日食中,9條見於《魏紀》,另有1條自注見於《吴曆》[15],餘下8條無文獻來源可考。恰此8條日期多有差誤,且有4條爲不可見日食。而來源可考的10

---

[11] 《宋史》卷五二《天文志五》,中華書局,1985年,1081—1086頁。參看劉次沅《〈宋史·天文志〉天象記録統計分析》,《自然科學史研究》2012年第1期,15頁。

[12] 劉次沅、馬莉萍《中國古代天象記録》,11—13頁。

[13] 《宋書》卷三四《五行志五》,中華書局,1974年,1011頁。

[14] 劉次沅等也指出《宋書·天文志》《五行志》有關部分與《魏紀》中的天象紀事整體上"相當一致",有"傳承關係"。見劉次沅、馬莉萍《春秋至兩晋日食記録統計分析》,124頁。

[15] 案,《吴曆》爲孫吴胡冲所撰史書,著録見於《舊唐書》卷四六《經籍志上》,中華書局,1975年,1996頁;《新唐書》卷五八《藝文志二》,中華書局,1975年,1464頁。《三國志·吴書》裴注多有徵引。

條日食,除1條爲誤衍之外,其餘皆證實爲可見日食,且日期準確[16]。綜合來看,毋寧説來源不明的8條日食更像是修志時根據曆法回推補入的,而恐怕不是在《魏紀》《吴曆》之外,另有三國時的天文記録可以依據。又如《晉書·天文志》中的日食紀事,明顯承襲《宋志》,但增加了14條《宋志》所無的日食,包括三國時期2條,兩晉時期12條[17]。14條中有11條無法驗證爲可見日食。劉次沅等注意到,《晉書》帝紀與《天文志》中爲《宋志》所無的日食紀事,多有錯誤。但他們堅持認爲,唐代修《晉書》時還能見到南朝所未見的魏晉史官記録,祇是這些記録在流傳過程中産生了錯誤[18]。考慮到魏晉至隋唐間檔案和文獻散失的一般情況,這種假設讓人難以置信。認爲《晉書》多出的日食出自後人的補綴,更加合理。

爲了進一步確定史書中不可見日食的記述怎樣産生,還應該利用現存的中古曆法對其進行分析。就《宋志》而言,其紀事所涵蓋的年代中,很大一部分是景初曆行用的時期(魏明帝景初元年至宋文帝元嘉二十二年)。在此期間,太史如果預報日食,當用景初曆。但南朝修史時,如果對日食進行回推,則應該使用更爲晚近也更爲精密的元嘉曆或大明曆。三種曆法恰好都載於《宋書·曆志》中[19]。如果確定《宋志》中不可見的和其他可疑的日食條目,爲此三種曆法中的某一種推算所得,便可獲得關於其來源的直接證據。

二、《宋志》日食的初步甄别與驗算

從上述想法出發,筆者對《宋志》日食紀事重新進行了整理和分析。基本思路是,儘量篩選出日食紀事中有可能並非出自實測記録,而是得自計算的條目,

---

[16] 《魏紀》《宋志》皆有黄初五年十一月戊申晦一條,該日無日食,疑是黄初三年十一月庚申晦日食的衍訛。見《三國志》卷二《魏書·文帝紀》,中華書局,1982年,82、84頁;《宋書》卷三四《五行志五》,1011頁。
[17] 《晉書》卷一二《天文志中》,中華書局,1974年,337—341頁。
[18] 劉次沅、馬莉萍《春秋至兩晉日食記録統計分析》,124—126頁。
[19] 《宋書》舊刻本皆以卷一一爲《律志》(包含《志序》),卷一二、一三爲《曆志》上、下。點校本改爲《律曆志》上、中、下,不妥。本文稱引從舊本。又景初曆亦載於《晉書·律曆志下》。

然後用景初、元嘉、大明三種曆法進行檢驗，以期確定這些紀事如果確爲推步所得，究竟是用何種方法計算的。

首先，將《宋志》中全部84個日食條目與基於現代天文推算的日食表進行了重新比對，初步判定其中19條爲不可見日食。不可見日食約占總數的五分之一强。日食是否發生及可見範圍以美國航空航天局（NASA）"五千年日食目録"提供的數據和圖示爲準，同時參考了朱文鑫、張培瑜、劉次沅的證認結果或日食表[20]。部分明顯訛誤的條目，則參考朱文鑫和劉次沅的意見，對其文字進行更定之後，再判定是否爲不可見日食。劉次沅等學者校改日食紀事中文字訛誤的原則，是盡可能通過僅改一字（個别情況下改二字），使錯訛條目的年、月、日名干支等信息可以對應到實有日食（包括可見和不可見）發生的日期[21]。爲了增加可供驗算的樣本條目數量，筆者將文字更定的標準適當放寬。比如正始三年四月戊戌朔（242.5.17）條，劉次沅《諸史天象記録考證》（以下簡稱"劉《考》"）祇注明該日無食，而未作校改[22]。筆者則將其暫更定爲同年五月戊辰（二日，242.6.16），則有不可見日食。當然，此種更定並不是文獻學意義上的校勘，其目的僅僅是爲了篩選出試探性的檢證樣本。事實上，在後續的驗算過程中，筆者還發現了一些更爲複雜和隱晦的訛衍情況，並不能通過簡單的文字校訂加以改正，下文另有詳論。本文初步判定的不可見日食比劉次沅《諸史天象記録考證》要多2條，日期分別爲太興元年四月丁丑朔（318.5.16）和昇明二年九月乙巳朔（478.10.12）。這主要是因爲可見日食的證認標準略有不同。劉次沅的標準似乎是在現代中國疆域內任意地點可見，即認定爲可見[23]。而上述兩次日食皆僅在北方小部分區域有可能看到很小的食分。在張培瑜的《中國十三歷史名城

---

[20] 朱文鑫《歷代日食考》，商務印書館，1934年，44—49、52—54頁；張培瑜《三千五百年曆日天象》，大象出版社，1997年，1005—1012頁；劉次沅《諸史天象記録考證》，116—120頁。

[21] 劉次沅、馬莉萍《春秋至兩晉日食記録統計分析》，127頁。

[22] 劉次沅《諸史天象記録考證》，116頁。

[23] 劉次沅在1980年代研究兩漢以前日食時提出觀測地點不限於都城，否則某些日食描述無法得到驗證，此後便將日食可見的判斷範圍擴大到整個中國。《續漢書·天文志》中的確存在注明都城以外觀測地點的日食記録，且範圍很大，但漢以後情況未必相同。參看劉次沅《兩漢以前的古代大食分日食記録》，《天體物理學報》1985年第4期，284—290頁；邢鋼、石雲里《漢代日食記録的可靠性分析——兼用日食對漢代曆法的精度進行校驗》，《中國科技史雜誌》2005年第2期，114—115頁。

可見日食表》中,前一次日食僅在北京和大同分別可以觀測到 0.11 和 0.05 的食分,後一次則在十三處地點皆不可見。認爲它們經由實測記錄進入南朝史書,是不切實際的。這 19 條不可見日食出自推算的嫌疑最大,故首先列爲核驗的對象。

復次,筆者嘗試將《宋志》日食紀事與可能是其取材對象或可能與之同源的文獻記載相比勘,將彼此相出入的條目也列入驗算的範圍。其一,前已指出,《宋志》三國時期的日食條目,應以《魏紀》爲首要文獻來源,而《魏紀》所記接近於實測記錄。兩相出入的條目,則可懷疑是修史者以曆法推算爲依據所作的增刪。對勘的結果,《宋志》較《魏紀》增加日食 9 條,除去注明見於《吳曆》的 1 條,尚有 8 條;此外《魏紀》中另有 1 條爲《宋志》所未收。出、入共計 9 條。其二,考慮到《宋志》兩次明確引用王隱,包括一次對"日中有若飛鵲者"徵象之解說,似可推測王隱《晉書》是《宋志》兩晉天文變異的來源之一。可惜該書現存佚文中毫無關於日食的信息。至於唐修《晉書》帝紀中的日食條目,與同書《天文志》高度一致[24]。兩者都經過唐人的系統增補,將《宋志》中的紀事全數吸收,因而對於考察《宋志》的去取已無價值。不過,《開元占經》卷九、卷十引何法盛《晉中興書·懸象說》佚文尚存 7 條日食,其中 2 條爲《宋志》所未收,包括 1 條不可見日食。其三,《宋志》劉宋時期的 4 條不可見日食,全部見於《宋書》帝紀,則該書帝紀中的日食紀事似乎亦經增補。不過,志中另有 2 條可見日食是帝紀中所未收的。綜上,《宋志》與《魏紀》《晉中興書》和《宋書》帝紀等關聯文獻相出入的日食條目共計有 13 條。疑爲《宋志》撰者所增入者 10 條,其中 5 條不可見日食在前一步驟中已經列入核驗對象,尚餘可見日食 5 條;疑爲《宋志》撰者所剔除者 3 條,其中可見日食 2 條,不可見日食 1 條。

通過上述兩個步驟,共篩選出 27 條疑似爲《宋志》據推步增刪的日食條目。疑似爲《宋志》補入者 24 條,疑似剔除者 3 條。

接下來,筆者用景初、元嘉、大明三種曆法對這些條目進行驗算。此處簡單介紹一下三種曆法及其用來判定日食能否發生的交會算法。首先是景初曆。

---

[24] 劉次沅也指出,《晉書》帝紀中的天象記錄"以日食爲主,但天文等志未載的獨立記錄極少"。見劉次沅《兩漢魏晉天象記錄統計分析》,183 頁。

《晉書·律曆志中》云:"至〔魏〕明帝景初元年,尚書郎楊偉造景初曆。表上,帝遂改正朔,施行偉曆,以建丑之月爲正,改其年三月爲孟夏。"[25]關於明帝改正朔一事,《三國志·魏書·明帝紀》云:"〔景初元年〕三月,定曆、改年,爲孟夏四月。……改太和曆曰景初曆。"[26]按,太和曆又見《三國志·魏書·高堂隆傳》注引《魏略》:"太史上漢曆不及天時,因更推步弦望朔晦,爲太和曆。……乃詔使隆與尚書郎楊偉、太史待詔駱禄參共推校。偉、禄是太史,隆故據舊曆。更相劾奏,紛紜數歲。偉稱禄得日蝕而月晦不盡,隆不得日蝕而月晦盡。詔從太史。"[27]綜合來看,"改太和曆曰景初曆"應謂景初曆是楊偉在他本就支持的太和曆基礎上改作而成。值得注意的是,楊偉認爲太和曆的長處恰在於能"得日蝕"。而我們今天尚能見到的景初曆,也的確在交食計算方面頗爲用心。比如推求"日蝕虧起角"(日食虧缺起始方位)和日食食分大小的方法,目前所知皆首見於景初曆。然而筆者的驗算却發現,景初曆的交會算法存在比較大的缺陷,在其行用時期的大部分時間都無法實現預報日食的功能。

元嘉曆由何承天於宋文帝元嘉二十年撰成奏上並開始施用,經過一番討論和改訂之後,於二十二年正式頒行[28]。元嘉曆的特點是能通過頗爲簡易的常數和算法構造,達到比較高的精密程度,顯示出撰者的匠心巧思[29]。就交會算法而言,元嘉曆本文有"推合朔月食術"承自景初曆[30]。後又由著作令史吳癸參照漢末劉洪的乾象曆,爲其補作"月行陰陽法",即以交點月周期爲核心的交食算法[31]。

大明曆由祖冲之於宋孝武帝大明六年撰成奏上,一度受到寵臣戴法興的反

---

[25] 《晉書》卷一七,503頁。
[26] 《三國志》卷三,108頁。標點有改動。
[27] 《三國志》卷二五,709頁。標點有改動。
[28] 《宋書》卷一二《曆志上》末載"有司奏:'……宋二十二年,普用元嘉曆。'詔可",264頁。而同書卷一三《曆志下》引元嘉二十年何承天奏上尚書云:"今既改用元嘉曆,漏刻與先不同,宜應改革。"285頁。因知二十年時元嘉曆雖尚未"普用",但已開始施行。
[29] 比如元嘉曆的交食周期,就被認爲是東漢劉洪以來同一精度範圍內"最簡要"者。見陳美東《古曆新探》,遼寧教育出版社,1995年,247頁。
[30] 《宋書》卷一三《曆志下》,276—277頁。
[31] 《宋書》卷一三《曆志下》,286—288頁。

對。雖然孝武帝對這部曆法頗感興趣,但終於"未及施"[32]。一直到梁武帝天監九年,經過祖沖之子祖暅的一再推動和改訂,纔得以頒行[33]。然而應該注意,大明曆在尚未行用之時,已經有所流布。《宋書·曆志》在天監九年之前早已修成,故其中所收,仍爲祖沖之舊本。又據《南齊書·祖沖之傳》,齊武帝長子蕭長懋(文惠太子)曾"見〔祖〕沖之曆法,啓世祖施行"[34]。祖沖之撰曆時尚年輕,後在南齊仍頗活躍,大明曆未成國家曆法而見行於世,或許也是他本人有意傳布的結果。

三種曆法計算日食的基本原理並無差別,都是通過判斷合朔時日月距離黄白交點是否足夠近。判斷的標準也基本相同,景初曆、元嘉曆皆以距離黄白交點小於14.55度爲交食發生的條件,是爲"交限"或"食限";大明曆則將此數稍稍放寬,相當於取交限爲15.19度。景初曆和元嘉曆本文使用交點年的一半作爲交會周期,計算合朔在其中的位置;而吴癸所補"月行陰陽法"和大明曆則是通過計算合朔在"陰陽曆"(交點月周期)中的位置來判斷是否發生交會。這兩種方法本質亦是相通的。此外應該注意的是,三種曆法皆以"交會"與"月蝕"對舉,顯示製曆者深知用他們的曆法並不能準確計算日食,而衹能計算日食發生的基本條件是否滿足。僅從這種情況來考慮,魏晉南朝是否已有常規日食預報,本身就是存在疑問的。

三、驗算結果及分析

三種曆法對24條疑似增補日食(包括不可見日食)的驗算結果見下表(表1)。疑似剔除日食留待後文再做討論。由於不考慮視差,三種曆法對於日食是否發生都衹有兩個判斷條件:一、是否入交限;二、加時是否在白晝(否則有日食也觀察不到)。唐代一行在《大衍曆議·日蝕議》論《小雅·十月之交》日食云:"開元曆定交分四萬三千四百二十九,入蝕限,加時在晝。"[35]可見隋唐以後雖然引入視差,但仍以是否入交限、加時是否在晝爲回推日食的判斷條件。表中

---

[32]《宋書》卷一三《曆志下》,317頁。
[33]《隋書》卷一七《律曆志中》,中華書局,1973年,416—417頁。
[34]《南齊書》卷五二《文學傳》,中華書局,1972年,906頁。
[35]《新唐書》卷二七下《曆志三下》引,625頁。

用"交在晝""交在夜"及"不交"等，簡化地表示計算結果是否滿足這兩種條件。

表 1

編號	日期	現代驗證	景初曆	元嘉曆	大明曆	説明
1	正始元年七月戊申朔（240.8.5）	可見	交在晝	交在夜	交在晝	《魏紀》無
2	正始三年五月戊辰（242.6.15）	不可見	交在晝	交在夜	交在晝	《魏紀》無；原作四月戊戌朔
3	正始六年三月庚戌（245.5.13）	不可見	交在晝	交在晝	交在晝	《魏紀》無；原作四月壬子
4	正始六年十月戊申朔（245.11.7）	可見	不交	交在晝	交在晝	《魏紀》無；原作戊寅朔
5	正始九年二月乙丑朔（248.3.13）	不可見	不交	交在夜	交在夜	《魏紀》無；原作正月乙未朔
6	嘉平元年二月己未（249.3.2）	不可見	不交	交在夜	交在晝	《魏紀》無
7	甘露四年七月戊子朔（259.8.6）	不可見	不交	交在夜	交在晝	《魏紀》無
8	景元三年十一月己亥朔（262.11.29）	可見	交在晝	交在晝	交在晝	《魏紀》無；原作三月
9	永康元年四月辛卯朔（300.5.5）	不可見	交在夜	交在夜	交在夜	
10	光熙元年正月戊子朔（306.1.31）	不可見	不交	交在晝	交在晝	
11	光熙元年十二月壬午朔（307.1.20）	不可見	不交	交在夜	交在夜	
12	永嘉元年十一月戊申（307.12.11）	不可見	不交	交在夜	交在夜	
13	永嘉二年五月甲辰朔（308.6.5）	不可見	不交	交在晝	交在晝	原作正月丙午朔

續　表

編號	日期	現代驗證	景初曆	元嘉曆	大明曆	説明
14	永嘉六年二月壬子朔（312.3.24）	不可見	不交	交在夜	交在晝	
15	太興元年四月丁丑朔（318.5.16）	不可見	交在晝	交在晝	交在夜	
16	咸康二年十月己未朔（336.11.20）	不可見	交在晝	不交	交在晝	原作元年十月乙未朔
17	咸康八年正月己未朔（342.2.22）	不可見	不交	交在夜	交在夜	亦見《晉中興書》[36]
18	永和七年正月丁酉朔（351.2.13）	不可見	交在夜	交在夜	交在夜	
19	景平二年二月癸巳朔（424.3.17）	不可見	不交	交在夜	交在夜	
20	元嘉六年五月壬辰朔（429.6.18）	不可見	不交	交在夜	交在晝	
21	元嘉十二年正月己未朔（435.2.14）	可見	不交	交在夜	交在晝	《宋紀》無，原作乙未
22	元嘉三十年七月辛丑朔（453.8.20）	不可見	不交	交在夜	交在夜	
23	泰始四年四月丙子朔（468.5.8）	可見	不交	交在晝	交在晝	《宋紀》無，原作八月
24	昇明二年九月乙巳朔（478.10.12）	不可見	不交	交在晝	交在晝	

　　表1列出的驗算結果説明了什麽，又提示了什麽新的問題？首先可以明確的是，景初曆交會計算的精度存在嚴重的缺陷，在頒行之後很短的時間内（十年左右），就由於誤差過大，而已基本無法實現預報日食的功能。在疑似增補的24

---

[36]《開元占經》卷九引，國家圖書館藏清抄本，葉七反。

條日食中,景初曆能够推得的祇有6條,半數集中在正始時期。由於曹魏中後期至劉宋前期實際施用的曆法都是景初曆,因此依據曆法推算的日食預報記録進入《宋志》的可能性至此基本排除。《宋志》中的不可見日食應該主要是南朝修史者在舊有記録基礎上增補的結果。

那麽增補發生在何時?使用的又是元嘉曆和大明曆中的哪一種?尤可注意的是,元嘉曆的撰者何承天恰恰也是最初編纂劉宋國史之人。《宋書·自序》云:"宋故著作郎何承天始撰《宋書》……其所撰志,唯《天文》《律曆》,自此外,悉委奉朝請山謙之。"[37] 而《志序》云:"《天文》《五行》,自馬彪以後,無復記録。何書自黄初之始,徐志肇義熙之元。今以魏接漢,式遵何氏。"[38] 案,"何"即何承天;"徐"則是徐爰,曾於宋孝武帝大明年間在何承天、蘇寶生等人撰述的基礎上續修國史。由此可見,《宋志》兼收曹魏以來的天象,直接承續何承天的修志體例。那麽,設想何承天曾用自創的元嘉曆推算日食,而亦爲《宋志》所繼承,似乎顯得頗爲合理。然而,我們的驗算結果却並不支持此種設想。在疑似增補的24條日食中,元嘉曆僅得8條,而大明曆得15條,明顯更優。

可是,仍有8條日食(表中第5、9、11、12、17、18、19、22條),三種曆法皆無法推得。此8條多爲可見範圍與中國經度相差甚遠的日食,故元嘉、大明二曆往往算得交在夜。這些日食既不能觀測到,又不能用曆法推得,却出現在史書中,如何解釋?細細審之,發現這些條目的繫年多有疑問,若將其向前或向後移動一年,基本上都能找到另外一次可以用曆法推得的日食。比如表1第5條,《志》文日期原作"正始九年正月乙未朔"(248.2.12),該日無日食,劉《考》未提出校改意見。筆者曾考慮可以改作"二月乙丑朔",則有不可見日食,但元嘉、大明二曆皆推得交在夜。然而轉换思路後意識到,此條實與表中第6條爲同一次日食之"重出"。推算者實際上算得的是嘉平元年二月己未朔的日食,但在繫年時却誤繫在前一年正始九年。《宋志》收録此條時,又以長曆校正,遂將"二月己未朔"改爲"正月乙未朔"。此條與原有的正確記録相疊加,遂形成特殊的重出現象。這種現象,尤其是跨越兩個年號,文字差異較大,很難理解爲一般文獻流傳過程

---

[37] 《宋書》卷一○○《自序》,2467頁。
[38] 《宋書》卷一一《志序》,204—205頁。

所產生的訛誤,祇能在修史者增補條目的過程中產生。而在有曆法推算因素的前提下,則更能得到合理的説明[39]。

用曆法回推天象,必然涉及年數的累計和年份的换算,在其過程中的確容易出現一年的偏差。可能造成錯誤的原因之一是"算上"和"算外"兩種計法的混淆。在曆法計算過程中,年份是用某個元點以來的累計年數,即"積年",來表示的。比如《宋書·曆志上》景初曆的上元積年記作:"壬辰元以來,至景初元年丁巳,歲積四千四十六算上。"[40]從壬辰至丁巳,相距祇有4045年,是爲算外;而若將丁巳年自身計入,作4046年,則爲算上。《曆志下》大明曆的上元積年記作:"上元甲子至宋大明七年癸卯,五萬一千九百三十九年算外。"[41]設想推算者使用的抄本將此數記作51940年算上。而當他推得嘉平元年二月日食,在計算過程中並不知道這一年的年號紀年,祇知道自上元至該年積51725年算外[42]。他將兩數相減,得215年,便比嘉平元年(249)到大明七年(463)之間的實際年數多出1年。如果從大明七年往前推215年,得到的便是正始九年。此外,古人缺乏類似公元紀年這樣的絶對年代標尺,也增加了在將積年换算成年號紀年過程中出現訛誤的可能性。

前述8個無法用曆法推得的條目,用繫年有誤的思路重新審視,疑難都可以得到化解。而表1中的第16條,亦可視爲繫年錯誤。下面將這9條日食的繫年修正結果列爲表2。

---

[39] 案,西漢前期日食,亦有重出現象,《漢書》卷二七下之下《五行志下之下》,中華書局,1962年,1500—1503頁。其具體成因尚待進一步研究。參看劉次沅、馬莉萍《朱文鑫〈歷代日食考〉研究》,《時間頻率學報》2008年第1期,76—79頁。又《魏書·天象志》二、三兩卷有數十個月、五星紀事較實際天象提前一年。點校者認爲"必是雜抄《宋志》而於宋、魏紀年的比定有誤",中華書局,1974年,2422頁校勘記21。參看劉次沅《北魏太安至皇興時期天象記録的年代問題》,《自然科學史研究》2011年第3期。皆與此處所述現象不盡相同。

[40] 《宋書》卷一二《曆志上》,233頁。

[41] 《宋書》卷一三《曆志下》,291頁。

[42] 曆法推步過程中實際使用的是以算外計的積年數。

表 2

編號	原日期	修正日期	現代驗證	景初曆	元嘉曆	大明曆
5/6	正始九年正月乙未朔(248.3.13)	嘉平元年二月己未朔(249.3.2)＊	不可見	不交	交在夜	交在晝
9	永康元年四月辛卯朔(300.5.5)	永寧元年閏三月丙戌朔(301.4.25)＊	可見	不交	交在晝	交在晝
11/10	光熙元年十二月壬午朔(307.1.20)	光熙元年正月戊子朔(306.1.31)＊	不可見	不交	交在晝	交在晝
12	永嘉元年十一月戊申朔(307.12.11)	永嘉二年十一月壬寅朔(308.11.30)	可見	不交	交在夜	交在晝
16	咸康元年十月乙未朔(335.11.2)	咸康二年十月己未朔(336.11.20)	不可見	交在晝	不交	交在晝
17	咸康八年正月己未朔(342.2.22)	建元元年正月癸丑朔(343.2.11)	不可見	不交	交在夜	交在晝
18	永和七年正月丁酉朔(351.2.13)	永和八年正月辛卯朔(352.2.2)	不可見	不交	交在晝	交在晝
19	景平二年二月癸巳朔(424.3.17)	景平三年二月丁亥朔(425.3.6)	可見	不交	交在晝	交在晝
22	元嘉三十年七月辛丑朔(453.8.20)	孝建元年七月丙申朔(454.8.10)＊	可見	不交	交在晝	交在晝

（＊表示"重出"條目，即修正後的日期在《宋志》中也記有日食。第 18 條雖在《宋志》中不重出，但在《晉書·天文志中》中重出[43]。）

全部 9 組條目，修正前後的日期都恰好差 12 個月。其中大部分都是在月份不變、年份後推一年的情況下對應到了可以推算的日食。稍顯特殊的是前三組。三組皆重出，即修正前後的日期都見於《宋志》本文。第 5/6 條上文已有解説。此處再討論一下第 11/10 條，修正前後的兩個日期分别爲光熙元年十二月和正月，看似在同一年，但由於該年有閏，兩個日期仍然差 12 個月。該年景初曆閏八

---

[43] 《晉書》卷一二《天文志中》，340 頁。

月,元嘉曆和大明曆皆閏十一月。可是,這個在形式上同年不同月的差誤,是如何在繫年換算中産生的呢？情形應該是這樣的:首先,推算者使用的曆法在計算過程中應該是以十一月爲年始;其次,推算者算得日食發生在該年自十一月起的第三個月;再次,推算者進行繫年,將該年誤繫爲光熙二年,然後查長曆確定月份;而他所用的長曆光熙元年閏十一月,從十一月起的第三個月爲十二月,而非二年正月。如果上述推測成立的話,我們可以得到三點認識:第一,雖然該次不可見日食用元嘉、大明兩曆都可以推得,但是元嘉曆在推算中是以正月爲年始的,因此推算者使用的應該是大明曆。第二,月份的確定是在繫年後查長曆完成的。如果在計算日食的同時也推步該年朔閏,在此例中就不會受到閏月影響了。第三,推算者使用的長曆是用大明曆或元嘉曆回推的,而非建立在該年代實際使用的景初曆基礎上。

相比之下,第9條的情形更容易理解。這次可見日食發生在閏三月,而誤繫的永康元年無閏,查長曆便得到四月。值得注意的是,永寧元年景初曆閏三月,而元嘉曆閏七月,大明曆閏五月。所以閏三月朔這個日期很可能來源於比較原始的記録,而非較晚的長曆。除了天象本身是否發生之外,史志天象紀事中的朔閏信息,如果利用古曆進行驗算,也可能爲文本製作和流變的細緻分析提供綫索。

第5/6、11/10兩組另有一層特殊意義:其正確日期對應的仍然是不可見日食。如果我們關於重出條目形成機制的推測成立的話,不可見日食的重出顯示着《宋志》日食部分的文本可能經歷過不止一次的依據推步的增補:某個推算者算出不可見日食並得到正確的繫年;另一個推算者算出同一次日食,但繫年失誤,由此纔形成重出。更可注意的是第6條嘉平元年二月日食祇有大明曆可以推得。這似乎意味着兩次推算所用的都是大明曆。無獨有偶,第17條紀事亦見於《晋中興書》佚文,且修正後對應的不可見日食也仍然祇有大明曆可以推得。《晋中興書》的撰者何法盛在宋孝武帝時與沈伯玉、謝超宗"校書東宫",而祖沖之則在當時曾"直華林學省",兩人完全可能有來往[44]。前已指出,大明曆雖未在祖沖之生前頒行,但有所流布。何法盛或其合作者得見大明曆並以之回推天

---

[44]《宋書》卷一〇〇《自序》,2465頁;《南齊書》卷五二《文學傳》,903頁。

象,亦不足怪。由此看來,比較可能的情形是,在何承天之後、沈約之前,已經有一些修史者和天文家使用大明曆進行了魏晉日食的回推,回推及繫年結果或正或誤。而在沈約及其合作者將這些結果收進《宋志》(或許同時又加入了他們自己的推算)時,形成了重出現象。如前所論,魏晉以來沿用的景初曆,其精度不足以在較長時間間隔外推算日食。而自元嘉、大明二曆相繼問世,修史者和天文家意識到,他們獲得了可以較爲有效地驗證和補綴歷史日食的新工具,從而紛紛嘗試,也是可以理解的。

上述 9 個疑難條目得到處理之後,我們對疑似爲《宋志》增補的日食條目的核驗便有了更爲明確的整體結果。由於表 1 中第 5、6 條和第 10、11 條皆判定爲重出,疑似增補的日食減少爲 22 條。景初曆祇能推得其中的 6 條,元嘉曆得 12 條,大明曆得 21 條,祇有大明曆基本上全部符合。由此我們可以更加確定地指出:《宋志》的日食紀事絶不僅僅來源於太史的記録,而是經過南朝修史者依據曆法推步所做的系統性增補。考慮到可見日食很難分辨是否出自推算,實際增補的分量應該比我們所篩選的樣本更大,或許可以達到 30% 以上。增補的最主要依據應該是祖冲之的《大明曆》。這説明今天從《宋志》中所能察知的增補並非出自"始撰《宋書》"又通曉曆法的何承天,而是發生在大明六年祖冲之撰成大明曆之後。

最後討論一下疑似爲《宋志》所剔除的三個日食條目,請見表 3。

表 3

編號	日期	現代驗證	景初曆	元嘉曆	大明曆	説明
25	正始五年四月丙辰朔（244.5.24）	可見	不交	不交	不交	見《魏紀》
26	建興五年十一月先晦二日丙子（317.12.20）	無食	不交	不交	不交	見《晉中興書》[45];疑繫年誤
27	咸和六年三月壬戌朔（331.4.24）	可見	不交	交在夜	交在晝	見《晉中興書》[46]

[45]《開元占經》卷九引,葉七反。
[46]《開元占經》卷九引,葉四正。

雖然篩選出的此類條目很少,但還是能加深我們對《宋志》去取標準的認識。先看表中第25條。案,《魏紀》所載11條日食紀事,9條皆爲《宋志》所收。2條未收者,其一記作"正始四年五月丁丑朔",實則丁丑爲望日,時有月食,而誤記作日食;另一條即此正始五年四月日食。此條本爲可靠記錄,《宋志》所以未收,必是因用曆法驗算,算得不交之故。第26、27兩條見於《晋中興書》。該書佚文所載日食,多見收於《宋志》。第26條記作"先晦二日丙子",與日食原理不合,故爲修史者所剔除。疑此條本應指建興四年十二月乙卯朔日食,但繫年時誤後置一年,又產生進一步訛舛,纔成如此面貌。第27條爲可見日食,且可用大明曆推得,《宋志》無由捨去,可能是漏收。可以對比的是,被《宋志》剔除的第26、27兩條,甚至實爲月食的正始四年五月一條,皆爲《晋書·天文志》所收。總的來看,《宋志》撰者引入曆法推步,並非祇爲補缺增廣,也對他們認爲不可靠的條目進行了核驗和清理。雖然不免於疏誤,其態度和方法,與其他史志相比,可能仍算是較爲審慎的。

結　語

本文經過論證,確定《宋書·五行志》中的不可見日食基本上都不可能是史官預報的記錄,而是出自南朝修史者利用大明曆回推所做的增補。由於可見日食難以分辨是實測還是推算,實際的增補條目更多於不可見日食的數量。修史者不僅依據計算增補了一批條目,同時也對此前文獻中可能不準確的紀事進行了檢驗和裁汰,體現出比較慎重的態度和方法。可見這些修史者引入曆法推步,並非有意"作僞",而是將其視爲整理既有文獻記錄,補充其中殘缺的一種有效工具。而對於今天的研究者來説,此種現象的揭示意味着必須用審慎、懷疑的眼光對看似穩定、連續、完整的天象"記録"傳統重新加以分析和批判,從史書文獻源流和史學修撰實踐的角度加以更深入的研究。本文發現的曆法推算條件下的繫年錯誤現象,也提示我們,在相關史志文本的校勘中,必須採取新的眼光、新的標準。

Tracing the Sources for the Solar Eclipses in the "Treaties on the Five Phases" in the *Songshu*

Guo Jinsong

"Treaties on Astrology" 天文志 and "Treasties on the Five Phases" 五行志 and the like in medieval Chinese historical works commonly include rich accounts of astronomical events, including solar eclipses. Historians have strongly believed in the authenticity of these accounts as results of continuous observation and record-keeping. Some eclipses are identified as not observable in China and thus must have been noted down based on calculation. They have been understood as mostly prediction results that were kept together with observational records. By testing unobservable and other suspicious eclipse jottings, dated to the third through the fifth centuries and found in the "Treaties on the Five Phases" in the *Songshu* 宋書, against reenacted calculations using procedures found in the three major calendars in the same period, one discovers that these eclipses were most probably calculated by the Daming Calendar 大明曆 composed in 462. That means they were not predictions that had been handed down, but were computed backwardly by later astronomers and historians. One further finds out that some items were misplaced in time, usually by a year, in the process of the retrospective calculation. These discoveries urge historians and critical editors to reevaluate the nature of astronomical content in medieval Chinese histories and to update the methods for working on accounts of celestial events in those texts.

從雅言到方音：中古寫本所見讀書音的文化分層*

史　睿

　　讀書語音的問題，是中國古代書籍史的重要研究領域。蓋中國古人尤其重視書籍的朗讀和背誦，這既是國人文化習得的必經之途，也是顯示文化修養的重要形式：學童自幼藉由誦讀經典，學習文字的正音、基本的文句和文法，乃至深刻的義理；文人學士則以誦讀典籍或自己的作品，標榜風雅，顯示經典文化内化的功力，以至求得文化身份的認同。此問題雖然重要，但要研究中古時代的讀書音及其文化卻往往苦無資料。傳世文獻對於讀書音的概況有所描述，但主要限於某些規則和個案，而敦煌吐魯番寫本和日本所藏唐寫本中所見各類讀書音的痕迹恰好爲我們提供了豐富的案例和細節，如果將兩者結合考察，則中古讀書及其文化分層問題的研究或可有所推進。筆者雖然學力不逮，但願爲前驅。平田昌司《文化制度和漢語史》提出的思路給予筆者很大啓發。[1]

一、知音真賞之間的默契

　　中古史有關讀書知音真賞最爲著名的典故，見於《梁書・王筠傳》，其辭云：
　　　　尚書令沈約，當世辭宗，每見筠文，諮嗟吟詠，以爲不逮也。嘗謂筠："昔蔡伯喈見王仲宣稱曰：'王公之孫也，吾家書籍，悉當相與。'僕雖不敏，請附斯言。自謝朓諸賢零落已後，平生意好，殆將都絶，不謂疲暮，復逢於

---

* 本文爲全國高等院校古籍整理研究工作委員會科研項目"法藏敦煌文獻重新整理研究與編目"階段性成果。

[1] 平田昌司《文化制度和漢語史》，北京大學出版社，2016 年，尤其是前言 1—9 頁、第一章 1—3 頁、第二章 7—13 頁、第六章 110—116 頁。

君。"約於郊居宅造閣齋,筠爲草木十詠,書之於壁,皆直寫文詞,不加篇題。約謂人云:"此詩指物呈形,無假題署。"約製《郊居賦》,構思積時,猶未都畢,乃要筠示其草,筠讀至"雌霓(五激反)連蜷",約撫掌欣抃曰:"僕嘗恐人呼爲霓(五鷄反)。"次至"墜石碨星",及"冰懸垝而帶坻"。筠皆擊節稱贊。約曰:"知音者希,真賞殆絶,所以相要,政在此數句耳。"〔2〕

沈約《郊居賦》"雌霓連蜷"句,今《梁書·沈約傳》所引作"駕雌蜺之連卷,泛天江之悠永","霓"與"蜺"同〔3〕。"霓"字如讀本字爲平聲齊韻之五鷄反,則此句平仄不諧,如讀入聲屑韻之五激反,則聲韻起伏有致。"霓"或"蜺"都有平聲和入聲兩種讀音,而意義不變,所以本句中讀作入聲字,不是文義的要求,純粹是協調聲韻之需。如所周知,沈約總結前代周顒、謝靈運及同時代王融、謝朓等人詩文講求聲韻相諧的觀點,大力倡導四聲八病之說,《郊居賦》又是其得意之作,故尤其強調聲韻平仄〔4〕。沈約之所以稱王筠爲知音真賞,正是因爲王筠熟知四聲八病之說,能讀出沈約寫作《郊居賦》時預想的正確讀音。王筠之見賞於沈約,亦猶任昉之見知於王儉。《南史·任昉傳》載:

> 永明初,衛將軍王儉領丹陽尹,復引爲主簿。儉每見其文,必三復殷勤,以爲當時無輩,曰:"自傅季友以來,始復見於任子。若孔門是用,其入室升堂。"於是令昉作一文,及見,曰:"正得吾腹中之欲。"乃出自作文,令昉點正,昉因定數位。儉拊几嘆曰:"後世誰知子定吾文!"其見知如此。〔5〕

沈約聽到王筠《郊居賦》的正確讀音時,大約會像王儉一樣贊嘆"正得吾腹中之欲"吧。沈約的四聲八病之說是通過他的一系列詩賦作品和《四聲譜》《宋文章

---

〔2〕《梁書》卷三三《王筠傳》,中華書局,1973年,485頁。

〔3〕《梁書》卷一三《沈約傳》,240頁。按沈約出示王筠者爲《郊居賦》草稿,容或與定本不同。

〔4〕《南史》卷四八《陸厥傳》云:"約論四聲,妙有詮辯,而諸賦亦往往與聲韻乖。"中華書局,1975年,1197頁。一則沈約以詩見長,而任昉以文見長,時人稱"任筆沈詩",《南史》卷五九《任昉傳》,1455頁。然《郊居賦》不同別賦,爲沈約晚年之傑作,特所留意。

〔5〕《南史》卷五九《任昉傳》,1453頁。

志》等著作廣泛傳播的,又與當時文士往還書信論聲韻之事者,今或尚存[6]。《梁書》本傳云沈約有"《宋文章志》三十卷,文集一百卷,皆行於世。又撰《四聲譜》,以爲在昔詞人,累千載而不寤,而獨得胸衿,窮其妙旨,自謂入神之作"[7]。加之沈約位高權重,故四聲説能够風靡天下。蕭子顯云:沈約、謝朓、王融,以氣類相推,"文皆用宫商,以平上去入爲四聲,以此制韻,不可增減,世呼爲永明體"[8]。南北文士風從影響,爭效永明之體,兼著論贊成其説。南朝從理論上響應沈約者有王融、鍾嶸、劉勰、王斌、劉滔等人,王融作《知音論》而未備,鍾嶸《詩品序》、劉勰《文心雕龍·聲律》涉及四聲説[9],而劉滔亦有專論,王斌著有《五格四聲論》[10];北朝士人有常景、陽休之、李概(季節)、劉善經等人贊同沈約聲病學説,常景著有《四聲贊》,陽休之著有《韻略》、李概著有《音譜决疑》、劉善經著有《四聲指歸》[11],此皆與沈約同時或稍晚之文士。

沈約、王筠讀"霓"爲入聲之事著於典籍,對於後世影響極大,以致於宋代詩人誤以爲霓字衹有入聲的讀音而不能讀平聲。司馬光《范景仁傳》云:

又用參知政事王公薦,召試學士院。詩用"彩霓"字,學士以沈約《郊居

---

[6] 沈約、陸厥論聲韻書札見《南齊書》卷五二《文學·陸厥傳》,中華書局,1972年,898—900頁;《南史》卷四八《陸厥傳》,1195—1197頁。北朝士人甄琛有《礦四聲》批評沈約,約有《答甄公論》反駁。《礦四聲》見《魏書》卷六八《甄琛傳》,中華書局,1974年,1516頁。又空海撰,盧盛江校考《文鏡秘府論彙校彙考》天卷所引甄琛之説或本自此論,中華書局,2006年,285頁;《答甄公論》見《文鏡秘府論彙校彙考》,303頁。

[7] 《梁書》卷一三《沈約傳》,243頁。

[8] 《南齊書》卷五二《文學·陸厥傳》,898頁。又《梁書》卷四九《文學》上《庾肩吾傳》云:"齊永明中,文士王融、謝朓、沈約文章始用四聲,以爲新變。"690頁。

[9] 鍾嶸著,陳延傑注《詩品注》,人民文學出版社,1961年,4—5頁;又見《文鏡秘府論彙校彙考》,273頁。劉勰著,周振甫注《文心雕龍注釋》,人民文學出版社,1981年,364—374頁;又見《文鏡秘府論彙校彙考》,256—257頁。王融欲作《知音論》,亦見《詩品注》,5頁;《文鏡秘府論彙校彙考》,273頁。

[10] 劉善經《四聲指歸》屢引劉滔論四聲之説,見於《文鏡秘府論彙校彙考》,213—214頁。王斌《五格四聲論》(簡稱《四聲論》),見於《南史》卷四八《王斌傳》,1197頁;《文鏡秘府論彙校彙考》,285—286頁;孫猛《日本國見在書目録詳考》,上海古籍出版社,2015年,532—534頁。

[11] 常景《四聲贊》,見於空海《文鏡秘府論》天卷,《文鏡秘府論彙校彙考》,316—317頁;常景在北朝文學史的地位,又見隋劉善經《四聲論》引《後魏文苑序》,見《文鏡秘府論彙校彙考》,247頁。又《魏書》卷八二《常景傳》"史臣曰:常景以文義見宗,著美當代,覽其遺稿,可稱尚哉",1808頁。陽休之《韻略》、李概《音譜决疑》、劉善經《四聲指歸》,見於陸法言《切韻序》、《隋書·經籍志》《日本國見在書目録》及空海《文鏡秘府論》。

賦》"雌霓連蜷",讀"霓"爲入聲,謂景仁爲失韻,由是除館閣校勘。殊不知約賦但取聲律便美,非"霓"不可讀爲平聲也。當時有學者皆爲景仁積鬱,而景仁處之晏然,不自辯。[12]

宋代學士院主試官因爲誤讀《梁書》的典故,將范鎮(字景仁)的詩判定爲失韻,可見這是當時常常發生的誤解。爲了糾正這個錯誤,南宋毛晃《增修互注禮部韻略》在"霓"字條目下將司馬光《范景仁傳》相關文字收入,以提醒讀者霓字本讀平聲。其後增補編者毛晃之子毛居正又云:"韻中此類甚多,凡一字有兩音或三音,而義同者,皆可通用。經史子集所用,或諧聲,或協韻,或釋文音義,略舉一二而不盡載,但義同者皆可通用。"[13]説明毛居正能夠正確理解"霓"字的諧聲功能及其讀音規則,而且正確地將這一規則推及經史子集各類典籍。

周祖謨云:"協韻之方式有二:一曰聲音相協,一曰音調相協。所謂聲音相協者,即音韻不切,轉從方言以取協。如下之讀户,馬之讀姥,是例。所謂音調相協者,即四聲不和,乃移聲讀之,以求相應。如古之讀故,圃之讀布,是例。"[14]沈約、王筠之例則屬於音調相協一類。此類變化字音以求音調相協的知識在齊梁時代是較爲高級的知識,僅在接受四聲八病説的文人群體之内流傳。較之其他正音之學,強調文學作品聲韻協調的學問顯然不僅僅是精通音韻,而且對於文學作品的聲律之美具有極高的追求。沈約云:

  欲使宮羽相變,低昂互節,若前有浮聲,則後須切響。一簡之内,音韻盡殊;兩句之中,輕重悉異。妙達此旨,始可言文。[15]

這是齊梁時代聲韻説最爲基本的表達,劉勰總結爲低昂、浮切、輕重、飛沉等對應的概念,梁代蕭統、蕭綱、蕭繹等文學集團均奉行四聲八病之説。直至唐代前期纔從消極防範的聲病説演變爲逐漸嚴密的聲韻格律法,適用於近體詩和駢

---

[12] 司馬光著,李文澤編《司馬光集》,四川大學出版社,2010年,1386頁。

[13] 毛晃增注,毛居正重增《增修互注禮部韻略》卷一,《中華再造善本·金元編》,國家圖書館出版社,2005年,葉三十八 a。

[14] 周祖謨《騫公〈楚辭音〉之協韻説與楚音》,原載《圖書月刊》(重慶)第2卷第5期,1942年,此據同作者《問學集》,中華書局,1966年,174頁。

[15] 《宋書》卷六七《謝靈運傳論》,中華書局,1974年,1779頁。

文[16],見於文獻者有崔融《唐朝新定詩體》、王昌齡《詩格》、元兢《詩髓腦》等[17]。在南朝齊梁至唐初的百餘年間,追求釋文聲律之美,熟知聲病規律,而不藉助任何文字或符號的提示,讀書發音聲調相協,有如沈約、王筠一般默契者,可謂少之又少。"知音者希,真賞殆絕",永明(483—493)以下,殆至盛唐,當爲實情。故空海云:"顒(周顒)、約(沈約)已降,兢(元兢)、融(崔融)以往,聲譜之論鬱起,病犯之名争興;家製格式,人談疾累;徒競文華,空事拘檢;靈感沈秘,雕弊寔繁。竊疑正聲之已失,爲當時運之使然。"[18]其實文人作詩作文,非有詩格詩式(即空海所云格式)之類文獻查檢,不能無病;同樣,誦讀詩文作品,也需要旁注讀音,或另據音義之書方可無誤。

中古時期,不僅文學作品,四部典籍皆有讀音不正的問題。南宋王觀國《群經音辨後序》在引述沈約、王筠事例之後表達了自己的意見:"嗚呼,《郊居賦》一篇無甚高論,尚病世俗不能辨其音,況群經乎。約欲正音,徒留意於詞章,含宮咀商,惡睹五經之微奧,是宜梁武不甚遵用,涕唾視之,又何足怪夫。"[19]他注意到儒家經典難讀之字多於詩賦,並進一步批評沈約僅僅留意詩文詞章的讀音,欲求正音應當優先關注儒家經典。

二、朱點標識的雅言異讀

前述沈約、王筠之間的讀書音律默契的事例,史書所載極爲罕見,而在寫本上也是不着痕迹。他們不僅崇尚正音雅言,而且追求讀書韻律的美感,由此建立的音韻規則,肇端於魏晋,興盛於齊梁,規範於景龍、開元之際,南北朝時期僅有很小的讀書群體能够共享這樣的知識,唐代則擴展到追求科名的文士。至於更爲廣大的讀書文士群體,若得讀書發音不誤,不僅需要將常見文字正音熟記於心,而且需要熟練掌握各種雅言中的異讀字音。常見文字正音有字書、韻書可以檢索,而異讀字音則無法從以上兩類書籍中得到解答。爲此,即使具有良好教育

---

[16] 周振甫《文心雕龍注釋》聲律篇説明,370—374頁。
[17] 《文鏡秘府論彙校彙考》天卷,84、110、156—157頁。
[18] 《文鏡秘府論彙校彙考》西卷,887頁。
[19] 王觀國《群經音辨後序》,賈昌朝《群經音辨》卷七,《四部叢刊續編》本,商務印書館,1934年,葉十二b。

修養者也需要有各種標注於寫本的記號或旁注,其中尤其高級者則爲朱筆點發之學。所謂朱筆點發,就是在異讀文字上加以朱點,首先提示讀者所點之字需要注意異讀問題,其次,讀者可根據朱點在文字四角的位置確定平上去入的發音,再根據異讀規則,如輕重、清濁、韻等、急緩、讀破等,再加修訂[20]。先秦時代文字尚少,經籍多用假借,加之方音各不相同,故常有一字多音的現象,陸德明引鄭玄云:

> 其始書之也,倉卒無其字,或以音類比方,假借爲之,趣於近之而已,受之者非一邦之人,人用其鄉音,同言異字,同字異言,於茲遂生矣。[21]

殆至南朝齊梁時代,士人爲了區分字義,自爲凡例,更增加了很多異讀,甚至以此炫耀,作爲士族文化認同的標識,以區別於寒門讀書之音。因爲這類文字異讀越來越多,僅憑記憶難於避免讀錯,於是發明了以朱筆加點於異讀之字以爲標誌的辦法。

南朝士人典籍文字異讀的凡例,多爲口傳心授,遵從家法,《顏氏家訓》云:

> 江南學士讀《左傳》,口相傳述,自爲凡例,軍自敗曰敗,打破人軍曰敗。諸記傳未見補敗反,徐仙民讀《左傳》,唯一處有此音,又不言自敗、敗人之別,此爲穿鑿耳。[22]

徐邈(字仙民,343—397年),乃晉代學士,當時尚無此種爲不同字義或詞性賦音的辦法,故其《左傳音》中無此凡例,而南朝學士逐漸形成爲義賦音的讀書之法,增加義例,形成傳統。《晉書·儒林傳》云:"〔徐邈〕雖不口傳章句,然開釋文義,標明指趣,撰正《五經》音訓,學者宗之。"[23]所謂"學者宗之",不僅晉代,後來如顏之推者也曾反復引用其説,影響力從中可見一斑。南朝學士此類創製讀音的例子尚多,見於《顏氏家訓》者就有以下三例:

> 夫物體自有精粗,精粗謂之好惡;人心有所去取,去取謂之好惡。此音

---

[20] 《顏氏家訓·音辭》云:"逮鄭玄注六經,高誘解《吕覽》《淮南》,許慎造《説文》,劉熹製《釋名》,始有譬況假借以證音字耳。而古語與今殊别,其間輕重、清濁,猶未可曉;加以内言外言、急言徐言、讀若之類,益使人疑。"王利器撰《顏氏家訓集解(增補本)》卷七《音辭》,中華書局,1993年,529頁。

[21] 陸德明《經典釋文》卷一《叙録》,上海古籍出版社,1985年,6頁。

[22] 《顏氏家訓集解(增補本)》卷七《音辭》,562頁。

[23] 《晉書》卷九一《儒林·孫邈傳》,中華書局,1974年,2356頁。

見於葛洪、徐邈。而河北學士讀《尚書》云"好生惡殺"。是爲一論物體,一就人情,殊不通矣。[24]

案:諸字書,焉者鳥名,或云語詞,皆音於愆反。自葛洪《要用字苑》分焉字音訓:若訓何訓安,當音於愆反,"於焉逍遥","於焉嘉客","焉用佞","焉得仁"之類是也;若送句及助詞,當音矣愆反,"故稱龍焉","故稱血焉","有民人焉","有社稷焉","托始焉爾","晋、鄭焉依"之類是也。江南至今行此分別,昭然易曉;而河北混同一音,雖依古讀,不可行於今也。[25]

邪者,未定之詞。《左傳》曰:"不知天之棄魯邪?抑魯君有罪於鬼神邪?"《莊子》云:"天邪地邪?"《漢書》云:"是邪非邪?"之類是也。而北人即呼爲也,亦爲誤矣。難者曰:"《繫辭》云:'乾坤,《易》之門户邪?'此又爲未定辭乎?"答曰:"何爲不爾!上先標問,下方列德以析之耳。"[26]

三例之中,顏氏兩次提及葛洪,葛洪的異讀分析,應記載於《要用字苑》中;而徐邈則當載於所撰《五經音訓》之中,兩人都是東西晋之際長於雅言的學者,他們開創的異讀凡例在中古語言史和書籍史上具有重要的意義。葛洪、徐邈的凡例雖然造成了很多異讀,但是確實爲誦讀者提供了理解文本的便捷方法。當讀者確定某字的讀音,便馬上可以將此讀音與所讀之字多個義項中的特定意義建立起聯繫。可見這種異讀的發明,實在與作爲文字與文化習得的誦讀分不開。如果我們不能理解誦讀在文士習得中的作用,我們便難以理解兩晋之際葛氏、徐氏等人區分異讀的價值,也就無法理解爲什麽他們的這種努力爲後世學者所宗仰和繼承。

這種新的義例,隨着南北交流(包括人的往來和書籍的交流)增多,尤其是南北朝末期江南學士進入河北、關中地區,江南新創的讀書音也隨之北來。如《顏氏家訓》云:

璵璠,魯人寶玉,當音餘煩,江南皆音藩屏之藩。岐山當音爲奇,江南皆呼爲神祇之祇。江陵陷没,此音被於關中,不知二者何所承案。以吾淺學,

---

[24] 《顏氏家訓集解(增補本)》卷七《音辭》,557頁。
[25] 《顏氏家訓集解(增補本)》卷七《音辭》,559頁。
[26] 《顏氏家訓集解(增補本)》卷七《音辭》,561頁。"析"原作"折",蓋寫本木旁、扌旁不分,據文義當作分析之"析",作"折"誤。

未之前聞也。[27]

與顏之推同時代的陸德明在其《經典釋文》中已經將這類異讀凡例寫入書中，《經典釋文·序録》云：

> 河北江南，最爲鉅異。……夫質有精粗，謂之好惡（並如字。）；心有愛憎，稱爲好惡（上呼報反，下烏路反。）。當體即云名譽（音預），論情則曰毀譽（音餘。）。及夫自敗（薄邁反。）、敗他（補邁反。）之殊，自壞（乎怪反。）、壞撤（音怪。）之異，此等或近代始分，或古已爲别，相仍積習，有自來矣。[28]

周祖謨云："以四聲區分字義，遠自漢始，至晉宋以後，經師爲書作音，推波逐瀾，分辨更嚴，至陸德明《經典釋文》，乃集其大成。後之傳《文選》、《史》、《漢》之學者，論音定義，亦莫不宗之。如公孫羅《文選音決》、劉伯莊《史記音義》、司馬貞《史記索隱》、張守節《史記正義》、顏師古《漢書集注》、何超《晉書音義》，皆是也。及其傳習日久，學者濡染已深，凡點書，遇一字數音，隨音分義者，皆以朱筆點發，以表其字宜讀某聲。"[29]由此可知，中古時期閱讀典籍時"遇一字數音，隨音分義者，皆以朱筆點發，以表其字宜讀某聲"，解決一字多義多音的問題，而且能夠使用此法者，多是"傳習日久，濡染已深"的學者。又鑒於"若斯清濁，實亦難分，博學碩才，乃有甄異，此例極廣，不可具言"[30]，故需在寫本上朱筆標出方致不誤。

至於以朱筆標記讀音的辦法，開元年間張守節《史記正義》"發字例"云：

> 古書字少，假借蓋多。字或數音，觀義點發，皆依平上去入。若發平聲，每從寅起。又一字三四音者，同聲異唤，一處共發，恐難辨别。故略舉四十二字，如字初音者皆爲正字，不須點發。[31]

張守節所謂寅位，即左下角，根據唐代年神方位圖可以考知。此左下角位置爲平聲，左上角至右下角依次當爲上聲、去聲、入聲。周祖謨總結爲"若發平聲，則自

---

[27] 《顏氏家訓集解（增補本）》卷七《音辭》，545頁。
[28] 《經典釋文》卷一《叙録》，9—10頁。陸氏此條所論與《顏氏家訓·音辭篇》舉例相同，後又爲張守節《史記正義·論音例》所繼承，《史記》，中華書局，1950年，附録15—16頁。
[29] 周祖謨《四聲别義釋例》，原載《輔仁學誌》第13卷第1、第2合期，1942年，此據同作者《問學集》，91頁。
[30] 張守節《史記正義·論音例》，《史記》，附録16頁。
[31] 張守節《史記正義·發字例》，《史記》，附録16頁。

左下始,上則左上,去則右上,入則右下。至宋人復易點爲圈,以求明晰,斯即所謂圈發之法。"〔32〕朱筆點音的規則又見李匡文《資暇集》,其略云:

> 稷下有諺曰:"學識何如觀點書。"書之難,不唯句度、義理,兼在知字之正音借音。若某字以朱發平聲,即爲某字,發上聲變爲某字;去、入,又改爲某字,轉平、上、去、入易耳,知合發不發爲難,不可盡條舉之。〔33〕

所謂合發不發,是指能否辨析此字是否具有異讀,若其字本無異讀而以朱筆點發則誤。這點較之判斷一般一字多音的異讀字更爲艱難。

中古時期以朱筆標記注音的記載見於以下諸例,陸德明《禮記音義》云:

> "毋不敬",音無。《説文》云:"止之詞,其字從女,内有一畫,象有姦之形,禁止之勿令姦。古人云毋,猶今人言莫也。"案"毋"字與"父母"字不同,俗本多亂,讀者皆朱點"母"字以作"無"音,非也。後放此,疑者特復音之。〔34〕

俗本誤"毋"爲"母",蓋"母"字常用,兩字字形極爲相近,書者稍不留神即會誤寫。讀者至此往往不改其字,而以朱筆點其左下角,讀爲"無"字之音,此不僅標示讀音,更兼具校勘功能。雖然陸德明力辨其非,然後世仍然沿用。《資暇集》卷上"字辨"條云:

> "毋有"字,其畫盡通也,父母字中有兩點。劉伯莊《〔史記〕音義》云"凡非父母字之'母',皆呼爲無字",是也,義見字書。……陸德明已有論矣,學者幸以三隅反焉,可不起予乎?〔35〕

唐初學者劉伯莊《史記音義》今不可見,其所見《史記》俗本往往誤"毋"爲"母",故立"凡非'父母'字之'母',皆呼爲無字"的凡例。其辦法當是如陸德明所云在"母"字左下角加朱點,發平聲。又,顏師古《匡謬正俗》云:

> "副貳"之字,"副"字本爲"福"字,從"衣""畐"聲。今俗呼一襲爲一福

---

〔32〕 周祖謨《四聲別義釋例》,原載《輔仁學誌》第 13 卷第 1、第 2 合期,1942 年,此據同作者《問學集》,91 頁。石塚晴通《敦煌の加點本》指出點發規則共有五種,池田温主編《講座敦煌 5 敦煌漢文文獻》,大東出版社,1992 年,238—261 頁。

〔33〕 李匡文《資暇集》卷上"字辨"條,中華書局,2012 年,167 頁。

〔34〕 陸德明《經典釋文》卷一一《禮記音義一》,635 頁。

〔35〕 李匡文《資暇集》卷上"字辨"條,167 頁。

衣,蓋取其充備之意,非以覆蔽形體爲名也。然而書史假借,遂以"副"字代之。"副"本音普力反,義訓剖劈,字或作"疈"。《詩》云"不坼不副",《周禮》有"疈辜",並其正義也。後之學者不知有"福"字,翻以"副貳"爲正體、"副坼"爲假借,讀《詩》"不坼不副"乃以朱點發"副"字,已乖本音。又張平子《西京賦》云"仰福帝居",《東京賦》云"順時服而設福",並爲副貳,傳寫訛舛,"衣"轉爲"示",讀者便呼爲"福祿"之"福",失之遠矣。[36]

此條"副"字音普利反,入聲,讀如辟,剖劈之義,讀《詩經·生民》"不坼不副",本當讀如辟,《經典釋文》作"孚逼反",音同;讀者朱筆點作去聲則失其含義。

而此類朱點,尚可於敦煌寫本典籍中獲見。20世紀30年代,王重民曾往法國調查敦煌寫本,曾親自目驗《漢書》《文選》寫本上的朱筆標音。王重民云:

〔《文選》〕乙卷無句讀,然點識四聲,則與羅卷及甲卷同,可知其點識之意,尤偏重於四聲。《顔氏家訓·音辭篇》云:"江南學士讀《左傳》,口相傳述,自爲凡例。軍自敗曰敗,打破人軍曰敗,(自注云補敗反,以《釋文》證之,疑是補邁反之誤。)諸記傳未見補敗反,徐仙民讀《左傳》,唯一處有此音,又不言自敗、敗人之别"。《經典釋文·叙録》云:"河北江南,最爲鉅異。夫質有精粗,謂之好惡;(並如字。)心有愛憎,稱爲好惡。(上乎報反,下烏路反。)當體即云名譽,(音預。)論情則曰毁譽。(音餘。)及夫自敗、(薄邁反。)敗他(補邁反。)之殊,自壞、(乎怪反。)壞撤(音怪。)之異,此等或近代始分,或古已爲別,相仍積習,有自來矣。"然則顔氏所嗤爲穿鑿,陸氏已採用而不疑。蓋自五馬渡江,中原板蕩,北雜胡音,南亂傖語,久而久之,音讀之分,遂以長江爲界。漸及陳隋,南北之交通已繁,學術之合流斯啓,於是聰明俊達之士,乃又謀所以統一之方。陸氏《釋文》,遂集經讀之大成;法言《切韻》,斯成四聲之總匯;曹憲之"文選學",即在此潮流中,攝二家之長,爲別一支派者也。巴黎所藏敦煌卷子,別有《文選音》殘卷,(伯二八三三)或用反切,或用直音,或亦僅標四聲,以明音讀者。如陸士衡《漢高祖功臣

---

[36] 顔師古著,劉曉東平議《匡謬正俗平議》卷六"副"字條,山東大學出版社,1999年,169—170頁。

頌》:"慶雲應輝",應下注一"去"字,謂應讀去聲是也。因知此三卷朱筆點識,其用與音義相同,羅氏雖未言之,余則敢斷言而無疑也。顏氏謂"江南學士,口相傳述,自爲凡例",其法如何,今不得知,而此種點識方法,凡例已見於紙上,吾人尚得窺知一二。兹以羅卷《恩倖傳論》爲例:"傅説去爲殷相",説、相二字並點去聲,而"因此相沿"之相則讀如字。"晋朝王石",朝字點平聲,"陪奉朝夕"則讀如字。"九重隩絶",重字點平聲,"以爲權不得重"則讀如字。更證以甲乙兩卷,《東武吟》"心思歷涼温",思點入聲;"棄席思君幄",則讀如字。《恩倖傳論》"曾不知鼠憑社貴",曾點平聲;《演連珠》"盗跖挾曾史之情",則讀如字。其例甚多,不勝枚舉。又今之點識四聲,爲加圈於字之四角;此卷則用點不用圈,而點在字之中央。其稍偏左右上下以標某聲者,非細辨不能明。此亦爲前人所未見,因附識之。(一九三七年四月八日)[37]

王重民又云:

> 魏晋六朝時代,頗重音讀。其作音之法,每點識四聲,以示字義,余已發凡於跋《文選》殘卷中,今亦可於此卷覘之。顏氏《叙例》云:"字或難識,兼有借音,義指所由,不可暫闕。今則各於其下,隨即翻音,至如衆所共曉,無煩翰墨。"此卷中於衆所共曉者,亦識四聲,則由朱墨較翻音爲便易。其難識及借音者,亦同此法。如"鄉善稱弟",師古曰:"鄉讀曰嚮,弟音悌",卷子本則鄉點中央,弟點左上角。蘇林曰:"弟,順也",是卷子本與師古注,並依蘇義作音也。若斯之類,不勝枚舉。[38]

王重民觀察到法藏敦煌文獻中的這幾個例子非常重要,筆者沿着王先生這個思路,繼續在敦煌文獻中搜尋相同案例,目前在英藏敦煌文件注意到《周易》(S.6162)、《毛詩音隱》(S.10)、《隸古定尚書》(S.799)、《晋書》S.1393、《漢書》(S.2053)、《兔園策府》(S.614)等典籍亦有朱筆點音現象。

此外,又有既以朱筆點音,又標注反切的寫本,S.3663《文選》是其著例。此卷寫本凡是疑難文字,讀者皆在行間標注反切,而多音異讀文字則以朱筆點音,

---

[37] 王重民《敦煌古籍叙録》,中華書局,1979年,318—319頁。
[38] 王重民《敦煌古籍叙録》,80頁。

末有朱筆"鄭家爲景點訖"的題記。我們可以從中發現無論點音還是注反切,皆非抄手所爲,而是讀者所爲,反切文字與《文選》正文筆迹有明顯差異,絕非出自一手,而朱筆點記則有鄭家題記爲證,筆迹亦與抄手不同。讀者注反切和朱筆點音針對的對象不同,祇有多音異讀文字方用朱點。另外,此卷所注反切多在《文選》李善注和五臣注之外,說明讀者的識讀疑難字的水平較低,與李善注和五臣注所面向的讀者相比,這件寫本的讀者顯然需要標注更多文字讀音方可通讀。雖然從語音學的角度看,這件寫本爲今人提供了更多的資料,但就其讀者的文化位階而言,則遠低於李善注和五臣注面向的讀者。這可能是唐代的《文選》及其注本讀者中較爲普遍的水平,爲我們了解同類書籍的不同文化層次的讀者及其閱讀需求和行爲提供了重要資料。

張守節《史記正義》作者將六朝複雜的異讀朱筆標注歸納爲四十二個字例(實際保存三十九個字例),這也是目前所知最早將這類朱點標音規則加以整理的文獻。如果取張守節的字例與敦煌吐魯番文獻及日本所藏唐寫本上的朱筆點音實物相比較,發現一致性比較強。

寫本上的朱點除了標注讀音,還用來標注本草書上的藥性,見陶弘景《本草集注》序例,羅振玉云:

> 隱居述諸病主藥曰:"惟冷熱須明,今以朱點爲熱,墨點爲冷,無點者是平",以省於煩注也,《證類》本引此書,乃作"惟冷熱須明,今依本經、別錄注於本條之下"云云,而注中則曰"今詳唐本,以朱點爲熱,墨點爲冷,無點爲平"。[39]

此則後世《本草集注》凡早期寫本加朱點者,後皆改爲直接注明藥性文字,說明朱點僅在少數使用者群體中流行,不易成爲公共知識。而且朱點容易在抄寫過程中遺漏,敦煌寫本亦有此例。金毓黻云:"寫本《官品令》之眉,有'朱點者是清官'六字,以《唐志》與寫本互校……寫本中所加朱點,或有漏誤,如武職事官之中郎將、郎將、府率等,亦爲清官,而寫本無點,知其多有遺漏矣。"[40]

---

[39] 羅振玉《雪堂校刊群書叙錄》卷下,臺北文華出版公司、臺北大通書局,1968年,318頁。
[40] 金毓黻《敦煌寫本唐天寶官品令考釋》,《說文月刊》第3卷第10號,此據王重民《敦煌古籍叙錄》,140頁。

朱筆標誌讀音之法，雖然便利，但其前提是讀者對於南朝以來形成的各種複雜的異讀凡例非常熟悉，又掌握朱筆標音於文字四角與四聲對應的規則，能夠掌握以上知識者，往往多有飽學之士。在敦煌藏經洞中，具有朱筆點音的書籍爲數不多，其中最爲精美的寫本多集中在五經、正史和總集等類別，例如《周易》《古文尚書》《毛詩》《史記》《漢書》《晉書》《文選》等。其中《漢書》學、《文選》學是中古時代兩種以書名學的學問，內涵豐富，且互有關聯，是構成南北朝士族學問的核心內容。敦煌所出最爲精美的朱筆點音集中見於以上經典典籍，説明這種類型的讀書音標注方法，主要流行於士族學士之中。但是有一類朱點注音寫本並非依據張守節所云標注於文字的四角，而僅僅在文字中間的部分隨意加點，其功能限於標識文字有異讀，而沒有進一步標示平上去入的功能，這樣的寫本較之標注在文字四角的方法較爲低級。從書籍類別觀察，這種在文字中間位置加朱點的標音方法有向下傳遞的迹象，例如在曆日寫本中也偶爾出現這樣的朱點，我猜測做類似標注的讀者可能在其他書籍中曾經讀到同樣的標注，他會將閱讀記憶移植到日常所用書籍當中。我們在英國圖書館所藏斯坦因收集品發現新的朱點標音現象，其印本文獻 P.9《後晉開運四年（945）雷延美刻觀音像》周邊的裱襯紙原爲曆日寫本，在這件曆日寫本中有"霜降"一詞，降字上有明顯的朱點，這個朱點應該是屬於上述後一類的標音形式，這是經典典籍之外所發現的少數朱點標音的案例。

　　鑒於這種方法在傳抄時極易發生錯誤和脱漏，又必須具備豐富的經典異讀知識，故難於從士族學士向一般寒門學士傳播。爲了補充這種方法的不足，傳抄者往往將朱點記號改爲確定的反切注音，以避免發生遺漏和誤記，這樣就與魏晉六朝以來常見的音義之書的形態和功能統一起來。

三、音義的盛行

　　張金泉、許建平指出，敦煌音義寫卷是敦煌遺書中最先受到注重的一種，如 P.2494《楚辭音》、P.2823《文選音》、S.2729《毛詩音》等，早在 20 年代已經是學者研究的熱門論題,認爲是填補空缺的重要文獻[41]。

以往學者皆認爲音義本是古人爲通讀一書的難字注音釋義之作,集音韻、訓詁、校勘於一身[42]。但是音義與韻書的功能本不相同,周祖謨云:"原書音之作,每與韻書不同:若《切韻》者流,乃論南北是非古今通塞者也;音義之作,則取便誦習,爲童蒙而設,其方言殊語自與韻書不契。"[43]關於音義的功能,陸德明《經典釋文叙録》表述最爲明晰:"書音之用,本示童蒙,前儒或用假借字爲音,更令學者疑昧。余今所撰,務從易識,援引衆訓,讀者但取其意義,亦不全寫舊文。"[44]

魏晉南北朝隋唐時期音義紛紜的原因,是因爲各家所據經典文本不同,文字異讀凡例不同,讀書正音不同,故注音之書極爲繁複,往往一部經典有多家音義,這些音義有的形成了文本,有的僅限於口頭流傳。

音義書中一類爲音隱,即將文字注音書於寫本背面,閱讀寫本正面經典中的疑難文字,不得正音時,反轉過來,可見背面對應位置書寫的本字注音和訓解,不必另覓同書音義寫本,極爲方便。《顔氏家訓》卷六《書證》云:

> 又問:"《東宫舊事》'六色罽縜',是何等物?當作何音?"答曰:"案:《説文》云:'莙,牛藻也,讀若威。'《音隱》:'塢瑰反。'"

此《音隱》即《説文音隱》。《隋書經籍志》《日本國見在書目録》等書上著録多種音隱。王觀國《群經音辨後序》云:

> 漢唐《藝文志》箋注之書有曰音隱,有曰音略,有曰音義,有曰音訓,有曰音鈔,有曰釋音,是其於音未必能辨。[45]

司馬貞《史記索隱後序》:

> 然古今爲注解者絶省,《音義》亦希。始後漢延篤,乃有《音義》一卷,又

---

[41] 張金泉《敦煌音義匯考前言》,張金泉、許建平著《敦煌音義匯考》,杭州大學出版社,1996年,1頁。

[42] 張金泉《敦煌音義匯考前言》,張金泉、許建平著《敦煌音義匯考》,2頁。

[43] 周祖謨《論〈文選音〉殘卷之作者及其方言》,原載《輔仁學誌》第8卷第1期,1939年,此據周祖謨《問學集》,189頁。

[44] 吴承仕《經籍舊音序録》,同作者著、中華書局編輯部整理《經籍舊音序録 經籍舊音辨證》,中華書局,1986年,11頁。

[45] 王觀國《群經音辨後序》,賈昌朝《群經音辨》卷七,葉十四b—十五a。

别有《音隱》五卷,不記作者何人,近代鮮有二家之本。

敦煌所出寫本中有 S.10《毛詩音隱》,最爲精美,潘重規、寧可等學者皆有詳論。

四、以方音代正讀

以上各種講求正音讀書的傳統在中古社會中主要限定在一定人群之内,一般是具有士族文化身份的文士,或是追求士族文化身份認同的文士,他們關於讀書音的知識通過口傳和文本傳承,中古時代的韻書、字書、音義書(包括佛道教一切經的音義書)和各類典籍附見的符號和標注加以記錄,通過教學、考試、集會、儀式、交聘等方式得到强化,六朝以來的吉凶儀式和隋唐以來的科舉考試(包括選官考試),將這一傳統和相關知識向文化較低的社會層級傳遞。但是更多的社會讀書群體則無意講求讀書正音的内在需要和外在條件,就會自覺不自覺使用本地方音代替正音來誦讀典籍。敦煌、吐魯番等地所出典籍常以方音字代替正字,表示當地以方音讀書,例子很多。

榮新江詳細梳理了前輩學者利用敦煌吐魯番文獻研究方音問題的學術史,他指出羅常培先生所撰《唐五代西北方音》使用漢藏對音資料和當代西北地區語言調查資料,遺憾的是羅先生並没有區分作爲雅言的長安音和作爲方言的河西音[46]。邵榮芬、松尾良樹、張金泉利用敦煌出土的俗文學材料,來補充或訂正羅先生的結論[47]。此後高田時雄利用更多的漢藏對音資料研究這一問題,著爲《敦煌資料所見之中國語言歷史的研究——九、十世紀的河西方言》,補充了新的漢藏對音資料以及于闐文、粟特文轉寫漢字資料。他依據敦煌的歷史和各本的方言特徵,認爲這些資料可分爲兩類,第一類是《金剛經》(Vol. 72b +

---

[46] 羅常培《唐五代西北方音》,國立中央研究院歷史語言研究所,1933 年。

[47] 邵榮芬《敦煌俗文學作品中的别字異文和唐五代西北方音》,《中國語文》1963 年第 3 期,193—217 頁;松尾良樹《音韻資料としての〈太公家教〉——異文と押韻》,《アジア・アフリカ言語文化研究》第 17 号,1979 年,213–225 頁;同作者《敦煌寫本に於ける別字——〈韓擒虎話本〉斯 2144 を中心に》,《アジア・アフリカ言語文化研究》第 18 号,1979 年,246—258 頁;張金泉《唐民間詩韻》,《1983 年全國敦煌學術討論會文集・文史遺書編》下,甘肅人民出版社,1987 年,251—297 頁。

Vol. 73 + C. 129)、《阿彌陀經》(Ch. 77. ii. 3 = C. 130)、《天地八陽神咒經》(P. t. 1258)、《觀音經》(P. t. 1239)、《寒食篇》(P. t. 1230)、《雜抄》(P. t. 1238)接近此類,屬於以長安語音爲基礎的方言,代表了唐朝的標準語音(雅言);第二類是《菩提達磨禅師觀門》(P. t. 1228)、《道安法師念佛贊》(P. t. 1253)、《般若心經》(P. t. 448)、《妙法蓮華經普門品》(音注本,P. t. 1262)近之,屬於包括敦煌在内的河西方言;而《千字文》(P. 3419 = P. t. 1046)、《大乘中宗見解》(Ch. 9. ii. 17 = C. 93)則具有獨自的特徵[48]。于闐語對音《金剛經》(ch. 00120)也屬於第二類的語音資料,托馬斯1937年首先提出此爲漢語對音資料[49],中國學者張清常1946年着手解讀,1963年發表論文,歸納出一些中古漢語語音特徵[50],此後恩默瑞克和蒲立本綜合各家的研究成果,總結了此卷所記録的河西方音的特徵[51]。

高田進一步解釋了造成這兩類典籍讀書音差異的歷史原因,即在吐蕃統治敦煌以前,由於唐朝完善行政制度的貫徹和頻繁的人員往來,敦煌地區的文獻是以長安標準語音爲規範的。787年吐蕃占領敦煌以後,一方面由於異族的統治使唐朝的規範意識淡薄,一方面受藏語的影響,本地方言漸漸占據主導地位[52]。前述第二類藏文對音和這件于闐語對音《金剛經》恰好記録了晚唐五代敦煌地區的語音演變現象。如所周知,佛經的誦讀不能依靠音義書解決全部的問題,還是需要誦讀者自身的語音記憶。于闐語藏語對音資料記録的讀書音變遷也反映了不同文化層級的僧侶使用不同的讀書音,有些使用雅言,有些使用方

---

[48] 榮新江、鄧文寬《有關敦博本禪籍的幾個問題》,《敦煌學輯刊》1994年2期,5—16頁。

[49] F. W. Thomas, A Buddhist Chinese Text in Brāhmī Script, *Zeitschrift der Deutschen Morgenländischen Gesellschaft*, Vol. 91 (n.F. 16), No. 1 (1937), pp. 1–48.

[50] 張清常《唐五代西北方音一項參考材料——天城梵書金剛經對音殘卷》,《内蒙古大學學報》1963年2期,此據同作者《語言學論文集》,商務印書館,1993年,63—85頁。

[51] Ronald E. Emmerick and Edwin G. Pulleyblank, *A Chinese Text in Central Asian Branmi Script: New Evidence for the Pronunciation of Late Middle Chinese and Khotanese*, Roma, Isttuto Italiano per il Medio Ed Estremo Oriente, 1993.

[52] 高田時雄《敦煌資料による中國語史の研究:九・十世紀の河西方言》,創文社,1988年。參看 Takata Tokio, "Le dialecte chinois de la région du Hexi', *Cahiers d' Extrême-Asie*, No. 3, 1987, pp. 93-102;梁海星譯《九—十世紀河西地區漢語方言考》,《中國敦煌吐魯番學會研究通訊》1990年第1期,45—50頁。

音。敦煌吐魯番出土漢語方言文獻主要集中於通俗文學和宣教典籍,例如變文、講經文、學郎詩、《壇經》等,它們往往用於口頭講唱,其傳播途徑和性質與典籍有別,多由記錄口語而成,主要不是經由抄寫傳播。多語言與漢語的對音文獻則主要集中於典籍,例如佛經、《千字文》和部分詩集,它們與通俗文學和宣教典籍之間的方言發音規則顯示出高度的一致性。我們由此知道某些書籍雖然沒有任何特殊方音假借字出現,但在誦讀時同樣是使用方言的。

此外,創作願文和詩歌的晚唐五代敦煌文人群體也有利用方言的傾向,從其作品的方言假借字中可以發現這一狀況,我們相信這也是方言誦讀典籍的直接表現。正是因爲在他們誦讀典籍時有着清晰的方言語音記憶,這種語音記憶甚至超過他們對於正字字形的記憶,所以纔在作品出表現爲多用方言假借的情況[53]。

五、讀書音文化分層現象探析

本文初步分析了寫本時代的四類讀書音。首先,最爲高級的是讀者不憑藉任何寫本上的注解或符號,即可達到"知音真賞"水平,發出完全符合詩文聲律的讀音。這又必然是由熟知詩文音韻規則的士人之間達成的默契,他們全力追求文學的聲韻之美,故能自如地駕馭詩文最美妙和諧的讀法。其次,則是在文本的異讀文字上加朱點標誌讀音,這種方法也須對南朝以來各種異讀凡例了如指掌方能運用。朱筆標音之法,創自南朝,在唐代高級寫本中普遍應用,在文獻記載和出土寫本中均有其痕迹。主要應用於經籍寫本,以及六朝以來形成的《漢書》學和《文選》學寫本,較之不需標注的"知音真賞"略遜一籌,但是也需要具備豐富的音讀、訓解和校勘知識方可運用。再次,則爲直接標注反切的音義書(亦可稱爲書音),陸德明明確指出此類注音書籍的功能是爲了某部具體的典籍而作,方便童蒙誦讀此部經典時能夠正確發音。這種簡便易用的注音方法不需讀者有豐厚的知識儲備,祇需掌握反切規則即可使用。較之朱筆注音,這種方法使

---

[53] 相關研究參考黎新第《入聲在唐五代西北方音中應已趨向消失——敦煌寫本願文與詩集殘卷之別字異文所見》,《語言研究》2012年3期,35—41頁。

用的範圍更爲廣泛,主要是庶民教養所讀的各類典籍,其邊界可由歷代書目中著錄的或文獻中引用的音義書所規定。最爲低級的一層,是不顧及正音的讀書法,這種方法當然不需任何的注解和符號,任由讀者按照自己的方言誦讀典籍。這類方法往往普遍存在於各地百姓的日常閱讀之中,他們不像士族文士那樣追求文學作品的聲韻之美,或嚴守洛陽詠爲基礎發音的雅言讀音,不需要以正讀的雅言作爲自己身份認同或文化内化的外在標識。這種讀書音在文本中是以方言借字的形式留下痕迹,今天學者通過外族語言與漢語的對音關係,可以推導出唐五代時期西北方音的特徵,從而確定敦煌吐魯番出土典籍中方音借字的規律。我們可以藉由這種規律,發現一批以方音誦讀的典籍,既包括通常意義的正經正典,也有通俗文學作品、宗教勸導作品等類。

關於語音差異的文化分層問題,中古時代的典籍雖然鮮有記載,但是俗字往往與方音共同使用,所以我們可以從俗字使用的文化分層加以推測。顏元孫《干禄字書序》云:

所謂俗者,例皆淺近。惟籍帳、文案、券契、藥方,非涉雅言,用亦無爽,儻能改革,善不可加。

所謂通者,相承久遠。可以施表奏、箋啓、尺牘、判狀,固免詆訶。若須作文言及選曹銓試,兼擇正體,用之尤佳。

所謂正者,並有憑據。可以施著述、文章、對策、碑碣,將爲允當。進士考試,理宜必遵正體,明經對策,貴合經注本文。碑書多作八分,任别詢舊則。

日常僅僅使用籍帳、文案、券契、藥方等類文獻的群體,其文化層級比較低下,所書所讀在於應付基本日常生活和社會交往功能,他們多不在意文字和讀音的正俗,也没有機會和條件學習正音、正字,故其筆下所書之字和口中所發之音皆屬俗俚。平常撰寫表奏、箋啓、尺牘、判狀者,則身份當爲官吏,其進身之階無非科舉與銓選二途,而科舉作文作詩,銓選察言察書,皆需有一定程度的正音、正字之學,職此之故,他們至少要會使用通行文字和大致雅正的語音。而希圖立德、立功、立言之士,或經由進士考試躋身高官之列者,或自爲著述以期達於不朽之域,則講求正音、正字,完全掌握韻書、字書所見雅言標準讀音之外,更要明瞭典籍文字異讀的各類規則,使用反切、點發的方法標注異讀及疑難之字,甚而達到知音真賞的最高水平。

以上四級讀書音的分層，大致可以對應中古時期四等不同的讀書主體，也可以用於觀察他們所讀的典籍範圍及深度，從而勾勒出中國中古閱讀史的輪廓。

From Conventional Pronunciation to Dialects
—the cultural hierarchy seen in the phonetic signs
preserved in medieval manuscripts

Shi Rui

Reading pronunciation is an important domain in the study of book history of premodern China. The premodern Chinese paid special attention to reciting and memorizing of books. This was an important way to get educated and manifest their cultural accomplishment. Phonetic characters and signs preserved in manuscripts of Dunhuang, central Asia and Japan reveal the cultural hierarchy of pronunciation. The men of letters of the Southern Dynasties shared the new knowledge of phonology. They could indicate the pronunciation without any help. They belonged to the first level. Most members of superior clans belonged to the second level. They used red spot beside the character to indicate the variant pronunciation. This was aimed at consolidating their cultural distinction from the lower-class clans. The lower-class clans might wrongly pronounce these characters. The red signs are important for modern scholars to study ancient phonology and textual criticism. Common learners belonged to the third level. They studied the pronunciation with the help of "phonetic instruction" (音義). These instructions use "direct pronunciation" 直音 and "fanqie" 反切 to state the correct pronunciation. "Direct pronunciation" states the pronunciation with another character with the same pronunciation. "Fanqie" shows the pronunciation by giving two characters, the first showed the initial and the second showed the same final. The function of the phonetic instruction is different from rhyme dictionary or red spot. The quality of these instructions also varies. Folk people belonged to the fourth level. They often replaced the standard character with another character in accordance with their dialects. This is similar to the phenomenon of transliteration from one language to another. These four levels roughly correspond to four groups of readers in medieval China. It also enables modern scholars to have a glimpse of the range and depth of the reading of these four groups.

《律相感通傳》文本形態的變遷

陳志遠

引　言

20 世紀初期日本編纂的《大正新修大藏經》(以下簡稱《大正藏》)因其彙校宋元諸本藏經,收經完備等諸多優點,出版以來一直爲學術界所青睞。特別是新世紀以來,以《大正藏》爲底本的 CBETA、SAT 等電子檢索迅速普及,《大正藏》已經成爲學術界引用的標準版本[1]。

然而值得注意的是,《大正藏》是受到歐洲近代學術刺激,從而以博涉、精校爲原則編纂的藏經,在均一的外表之下,其實掩蓋了文本從誕生到收入藏經漫長而曲折的過程。作爲藏經主體的翻譯佛經,是對東亞地區歷代藏經的繼承,但對部類區分做了調整。中土僧人的撰述作品,則在歷代藏經中一直位於微妙的邊緣,或以寫本、刻本獨立流通,或附藏以行,或最終許可入藏,文本的流通背後都有各類人群,出於各種動機在推動。

筆者研究道宣的思想,對他最晚年的作品《律相感通傳》發生了濃厚的興趣。全書一萬餘字,開頭有道宣自序,叙述了自己"近以今年(乾封二年,667)二月末,數感天人"的經歷,道宣將幾位天人和自己的對話記録下來,並援引了干寶《搜神記》、王琰《冥祥記》等靈驗故事集爲這一行爲辯護。書中的第一部分題爲"初問佛事",可以分爲 30 組問答,内容涉及神州域内的塔寺、聖僧有關的靈

---

[1] 關於《大正藏》及其電子檢索的概説書,參見《新編大藏経:成立と変遷》,法藏館,2020年。也可參考李富華、何梅《漢文佛教大藏經研究》,宗教文化出版社,2003 年,612—626 頁。

驗故事,第二部分題爲"已後論(諸)律相",是 9 組關於戒律的討論,其中天人既肯定了道宣的律學成就,又在反復辯難之後,迫使道宣對早年的律學觀點做了修改。爲下文討論的方便,我們將全書做了分節,參見附表。

對作品的文字稍加校勘,就會發現《大正藏》所收《律相感通傳》(T1898)還有一個大致相同的平行文本,即《道宣律師感通錄》(T2107)。順着校勘記提示的綫索,核查二者各自的底本,可以將刊本歸納爲日本和朝鮮兩系。又據《可洪音義》《法苑珠林》等書引文,可以嘗試復原唐寫本之舊貌。從寫本到刊本,最終入藏,該作品的文本呈現出較大的流動性,這種流動性部分由於道宣晚年作品未定草的性質所致,也反映了上文指出的文本背後各類人群的興趣和動機。

學界對《律相感通傳》[2]曾有一些研究,藤善真澄最早指出兩本的平行關係,並對該書成書年代做了正確的考訂;劉苑如對書中天人對話的體裁,以及個別的感應故事做了分析;陳金華利用此本考證了中天竺僧人釋迦蜜多羅參禮五臺山的事迹,這對了解道宣創作此書的背景甚有裨益;李沛的碩士論文對該書思想內容多有闡發,還提供了校注本,特別是將《法苑珠林》的引文作爲參校本之一,爲前人所未及[3]。

本文大致沿成書年代向上追溯,全面考察《律相感通傳》的文本變遷過程,以期在前人研究基礎上繼續推進。

一、日本刊本

1. 中野氏刊本

《大正藏》所收《律相感通傳》(T1898),據校勘記可知底本是《大日本續藏

---

[2] 由於該作品在各刊本、寫本中標題各異,如無特別說明,本文統一採用《律相感通傳》作爲標題。

[3] 藤善真澄《道宣伝の研究》,京都大学学術出版会,2002 年,372—376 頁;劉苑如《神遇:論〈律相感通傳〉中前世今生的跨界書寫》,《清華學報》新 43 卷第 1 期(2013 年),127—170 頁;陳金華《竺醫與漢藥偶遇而引起的一場化學爆炸:獅子國僧釋迦密多羅 667 年參訪五臺山意義新見》,收入釋妙江等編《五臺山信仰多文化、跨宗教的性格以及國際性影響力——第二次五臺山研討會論文集》,新文豐出版公司,2018 年,18—28 頁;李沛《〈律相感通傳〉研究》,西北大學碩士論文,2021 年。

經》,即《卍續藏》[4]。《卍續藏》中這一文獻的編號是 X1091[5],但未標示其所據的底本。另查日本所藏漢籍數據庫[6],國立國會圖書館藏有中野宗左衛門刊本,全書已經電子化,可以下載。對比可知中野本就是《卍續藏》所據底本。換言之,中野本、《卍續藏》《大正藏》三個版本存在繼承關係。

中野本首題爲"律相感通傳",次行題"唐乾封二年仲春,終南山沙門釋道宣撰"。全書開頭冠以"河南龍山沙門慧淑"的序,時間是"享保戊戌歲(1718)三月既望日"(簡稱"慧淑序"),卷尾附《重刻感通傳異本校訂》(簡稱"校勘記"),之後是"金峰後學沙門慈元"的校勘跋語(簡稱"慈元跋"),時間是"享保三歲次戊戌春三月望日"。中野本的卷末又有兩行牌記:"京極通五條橋詰町/中野宗左衛門"。

關於刊刻的緣起,慧淑序云:

> 是傳傳於本邦尚矣,惜其印本未免有魚魯之謬。近有僧高淳元者,得諸本對校,將欲重梓行之,來謁予序。昔大慧禪師常讀是傳,往往以傳中事自奉示人,蓋追仰大師也。今或有不信是傳,輒生誣謗者,所謂欲踰日月,多見其不知量也。是傳之行,固不俟予言。但佳元好學萠志於扶宗,故爲言之。其讀是傳者,庶幾有增尊信矣。[7]

此處涉及日本佛教史和印刷史上的人物,筆者並非專家,僅能就知識所及略做稽考。中野氏是江戶時期京都的著名書商,據《慶長以來書賈集覽》,該家族初代中野市右衛門(中野道伴)、中野小左衛門(中野道也)兄弟在京都開設書店刊刻古書,中野宗左衛門事迹無考,但知其刻有《莊子注疏解經》(1661)、《性理字義》(1670)、《古今八卦大全》(1671)、《草訣辨疑》(1682)、《倭語連聲集》(1737)等書[8]。

校勘的執行者"僧高淳元",應當就是跋語中的"慈元"。其人自稱金峰後

---

[4] 釋道宣《律相感通傳》,《大正藏》第 1898 號,第 45 册,874 頁上欄校勘記 2。

[5] 《卍續藏》第 105 册,新文豐出版公司,1994 年,79—95 頁。

[6] 全國漢籍データベース http://kanji.zinbun.kyoto-u.ac.jp/kanseki,訪問時間,2022 年 12 月 1 日。

[7] 釋道宣《律相感通傳》,《大正藏》第 1898 號,第 45 册,874 頁上欄—中欄。

[8] 井上和雄編《慶長以來書賈集覽》,彙文堂,1916 年,60—62 頁。關於中野氏的解說,得到蘇枕書、張美僑兩位的指點,謹此致謝。

學,"金峰"蓋指金峰山寺。該寺位於奈良,平安時代末期,受到末法思想的影響,藤原道長曾在此地埋經,爲經冢之最早作例[9],江户初期净土宗僧人袋中(1552—1639)在奈良創立念佛寺,其中所蒐集的經本,部分即來自金峰山寺一切經,其書寫年代也可以追溯至平安末期[10]。慈元在金峰山寺修學,或許因此對前代典籍有特別的興趣。

關於校勘的方法,慈元跋云:

> 右校訂四本,以示其異。雖竭愚誠,尚恐有所漏,然皆鑒取捨於四本,考援引於諸典,無敢以臆斷妄改易者矣。至舊刻字畫僞誤而今歸正,則不錄也。讀者須知。[11]

從慈元的校勘記中可以看到,其所利用的底本稱爲"舊本",確實存在較多的訛誤,以致難以卒讀,用於參校的有三個版本,稱爲"麗本"、"古本"(或作"古抄本")、"一本"。三本之中,可考者祇有麗本,即高麗再雕藏所收本,題作《道宣律師感通錄》[12],且待下文詳細討論。至於古本、一本所指爲何,藏於何處,尚待進一步考察[13]。

2.《卍續藏》《大正藏》本

《卍續藏》和《大正藏》繼承了中野本的主體部分以及序跋,但對校勘記做了調整。中野本的校勘記位於正文之後,《卍續藏》則在正文相應文字旁加點,校勘記書於正文天頭之上,《大正藏》一概以簡略的符號表示。例如標題"律相感

---

[9] 村田みお《金字經の思想的系譜:中國六朝期から日本平安期まで》,《東方學報》88(2013),181 頁。

[10] 三宅徹誠《袋中蒐集一切經來歷現况》,《国際仏教学大学院大学研究紀要》12(2008),27—55 頁。

[11] 釋道宣《律相感通傳》,《大正藏》第 1898 號,第 45 册,882 頁上欄。

[12] 高麗藏有初雕、再雕兩本,均收錄《道宣律師感通錄》。筆者斷言中野本所據爲再雕藏本,理由詳見下文。

[13] 《卍續藏》收錄《釋門歸敬儀護法記》一卷,底本不詳。卷尾一本亦有慈元題記,云:"旹享保二年(1717)歲次丁酉八月二十四日,以東山泉涌寺雲林院所藏本謄寫之畢,并以大鳥山傳錄本校讎訂正,猶有未盡處,俟後來善本出而補之。伏願由此微功,三寶先(=光?)顯,群生蒙益。"《卍續藏》第 105 册,176 頁下欄。此本刊刻年代既與《律相感通傳》極爲接近,或許可以爲慈元所利用的經本來源提供重要綫索。又案,泉涌寺的創建者俊芿律師曾經入宋求法,該寺可能成爲律宗典籍流傳的重要據點。關於泉涌寺與宋代佛教的聯繫,參見西谷功《南宋・鎌倉仏教文化史論》,勉誠出版,2018 年。

通傳",《卍續藏》的校勘記作:"麗本題號作道宣律師律感通錄。"〔14〕《大正藏》的校勘記則作:

> 律相感通傳＝道宣律師律感通録ぃ【原】,校者曰:原本冠注曰:麗本題號作道宣律師律感通錄云云。以下與麗本校異,以ぃ譜表之。〔15〕

前文指出,中野本校勘的方法首先是"鑒取捨於四本",四個本子中所據的底本即"舊本",存在較多訛誤,校勘者認爲麗本等三個本子比舊本合理,從而校改舊本的地方,這類校勘記《大正藏》全部刪掉了。校勘者給出"古抄本"或"一本"的異文,《大正藏》校勘記以片假名的ィ來表示。校勘者用理校的方法認爲某字疑作某,《大正藏》校勘記以片假名カ來表示。

值得注意的是,中野本校勘記中還有一些學術性的考訂,不全屬於校勘範疇,《卍續藏》做了不同程度的減省,《大正藏》則將這類案語盡數刊落。僅舉三例:

(1)"《搜神錄》述晉故中牟令蘇韶",中野本校勘記:引《搜神記》,今考本邦印刻本無載此事,蓋以彼書多有異本故也。《卍續藏》校勘記:今考本邦印刻本無載此事,蓋以搜神記有異本故也。

(2)"故沈隱侯著論也",中野本校勘記:沈隱侯論者,即《究竟慈悲論》也,載《廣弘明集》卷三十,而今所引語中,"容色已衰"已下,校彼大異,不知何故,後哲更辨焉。《卍續藏》校勘記:侯論者,即《究竟慈悲論》也,載《廣弘明》卷三十,而今所引語中,校彼有異,後哲更辨焉。

(3)"去葉糵麥許",中野本校勘記:舊許作已後二字,於義無通,今依《六物圖》所引改之。《卍續藏》校勘記:糵麥許麗作橫表已後。〔16〕

中野本的校勘者核查了前兩條文字中涉及的引文干寶《搜神記》和沈約《究竟慈悲論》,最後一條則是根據北宋元照《佛制比丘六物圖》(T1900)的引文對正文加以校改。正合慈元跋所説"考援引於諸典"的原則。這類校勘記其實最能反映江戶學僧的知識素養,但我們看到《卍續藏》的校勘記已經做了不同程度的改寫

---

〔14〕 釋道宣《律相感通傳》,《卍續藏》第105册,79頁下欄。
〔15〕 釋道宣《律相感通傳》,《大正藏》第1898號,第45册,874頁上欄校勘記3。
〔16〕 釋道宣《律相感通傳》中野氏刊本葉一正,葉二十正,葉二十一背,"律相感通傳校異"葉一正,葉四正,叶四背;參見《卍續藏》第105册,79頁下欄,90頁下欄,91頁上欄。

和簡省,《大正藏》則全部刪略。因此,從中野本到《卍續藏》,再到《大正藏》,書中的信息依次減少。

最後需要指出,中野本以麗本校勘舊本,祇給出了比較重要的異文,遠非全部,對兩本中比較大段的出入亦無標示,討論詳見下文。

3. 藏經書院本

日本在明治三十八年至大正元年(1905—1912)編纂《卍續藏》之時,曾經廣泛地搜集各寺院所藏寫本、刻本。這些經本有的通過購買的方式,也有於寺院抄錄的方式,彙集到京都的藏經書院文庫。這批文獻現已歸入京都大學附屬圖書館,幸運的是《律相感通傳》業已由該機構全文電子化,可以下載[17]。

圖 1　藏經書院 A 本

圖 2　藏經書院 B 本(中野本 + 過錄校勘記)

藏經書院文庫有兩个《律相感通傳》刊本,其中之一申請號爲"藏/4/リ/5"(简稱 A 本)。此本爲日本古活字版,但無任何刊記。將之與中野本文字校勘可知,該本實爲中野本所據之"舊本"。

藏經書院所藏另一刊本申請號爲"藏/4/リ/6"(简稱 B 本)。此本也是中野氏刊本。特別的是,正文的天頭上有朱筆眉批,係過錄書末的校勘記。經過比對,這些眉批與《卍續藏》的校勘記文字、位置基本一致,例如上文所引第 2 條校勘記,《卍續藏》將中野本校勘記中的"沈隱侯論"寫成了"侯論",語意不通,其實繼承自藏經書院此本。另外,封底上有"明治卅五年(1902)十一月"簽條,這

---

[17] 京都大学貴重資料デジタルアーカイブ・藏経書院文庫 https://rmda.kulib.kyoto-u.ac.jp/collection/zokyo,訪問時間:2022 年 12 月 1 日。

正是《卍續藏》開雕的前夕。因此可以確定,該本就是《卍續藏》本的底稿。

二、朝鮮刊本

朝鮮半島開雕大藏經,概而言之,有兩次大的文化工程,即所謂高麗初雕藏和再雕藏。今日所存初雕、再雕藏經,都有題名《道宣律師感通錄》的作品。本節結合高麗藏雕造的過程和文本内證,對這一作品入藏的緣由做一推測。

高麗初雕藏始於顯宗二年(1011),完成於顯宗二十年(1029)[18],這一部分稱爲初刻版,其底本當爲北宋太平興國八年(983)刊雕完成的開寶藏初雕藏本(《開元錄》所録480帙、5048卷)。此後文宗朝至宣宗四年(1087),又開啓了初雕藏本的續刻,這一部分應當包含北宋咸平、熙寧年間開寶藏的續刻部分,據義天《寄日本國諸法師求集教藏疏》記載:"《開元釋教録》智昇所撰,《貞元續開元釋教録》圓照所撰,兩本所收經律論等,泊大宋新翻經論,總計六千來卷,並已雕鏤施行訖。"[19]可知高麗藏初雕本的續刻部分,新增經目的一個重要來源是《貞元續開元釋教録》。此後經板彙集到符仁寺,高宗十九年(1232)蒙古軍隊入侵,毀於戰火,唯有印本的零本散存於日本、韓國諸地[20]。

高麗藏再雕本始於高宗二十年(1236),完成於高宗三十八年(1251)。擔任這一編纂工程總編輯的僧人守其,撰有《高麗國新雕大藏校正別録》三十卷。據此書可知,再雕藏本的底本是所謂"國本",即高麗藏初雕本,用以參校的則是所謂"宋本"(即北宋頒賜的開寶藏)以及"丹本"(即契丹藏)[21]。守其的這些校

---

[18] 李富華、何梅《漢文佛教大藏經研究》,119—120頁。

[19] 釋義天《大覺國師文集》卷一四,東國大學校佛典刊行委員會編《韓國佛教全書》第4册,東國大學校出版部,1979—2001年,522頁上段。

[20] 本節對高麗藏開雕過程的解說,參考池麗梅《〈續高僧傳〉的文本演變——七至十三世紀》,《漢語佛學評論》第4輯,上海古籍出版社,2014年,235—238頁。

[21] 李富華、何梅《漢文佛教大藏經研究》,122—123頁。先行研究參見 Buswell, Robert E., Jr. "Sugi's Collation Notes to the Koryŏ Buddhist Canon and Their Significance for Buddhist Textual Criticism." In *Scripture:Canon::Text:Context— Essays Honoring Lewis R. Lancaster*, edited by Richard K. Payne, Berkeley, CA: Institute of Buddhist Studies and BDK America, 2014, pp.57-118. 此條由 George Keyworth 教授檢示,筆者暫未獲見。

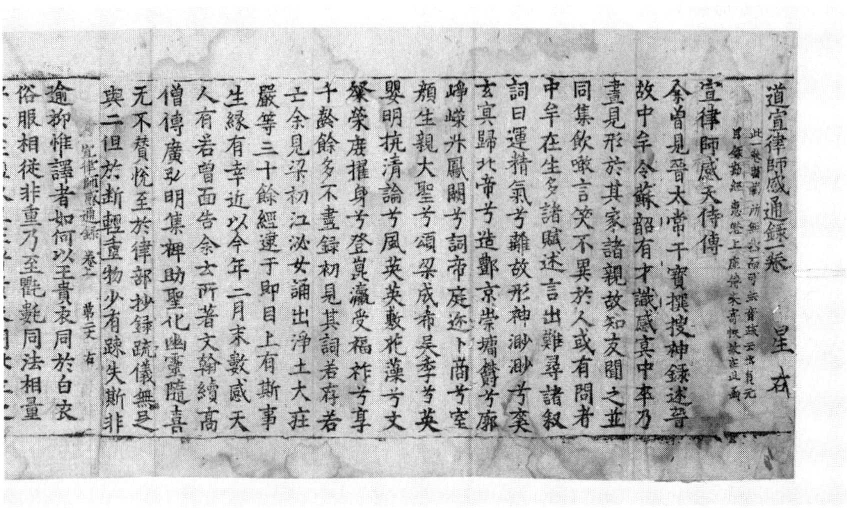

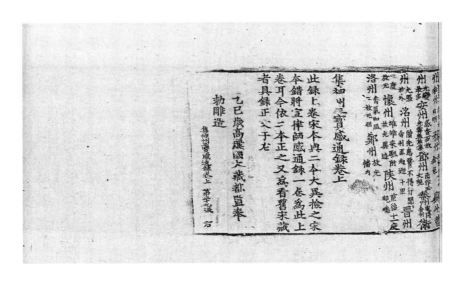

圖3　高麗藏初雕本《道宣律師感通録》卷首

圖4　高麗藏再雕本《集神州三寶感通録》卷上守其校正

語也散見於各卷,是考察高麗初雕、再雕兩本,以及開寶藏、契丹藏原始形態的重要資料。

1. 高麗藏初雕本

高麗藏初雕本《道宣律師感通録》(K1070),印本現存日本南禪寺。該本千字文帙號原爲"右",墨筆塗改爲"星"。標題左側有雙行小注:

> 此一卷書藏所無,然而《可洪音疏》云:"出《貞元目録》,勘經惠澄上座傳來寄帙。"故在此函。

其中"書"字疑爲"舊"字形訛,是說此前藏經没有收録該作品,而五代僧人可洪的音義書根據《貞元目録》得知此經的存在,並從惠澄上座處得到經本。根據筆者的判斷,藏經的編輯者並未得見可洪施以音注的文本,而祇是依據可洪對這一藏外作品的歸類,將之置於"右"字函,這一點下文再展開。

那麽,這一刊記出自何人之手?換言之,《道宣律師感通録》的入藏,是高麗藏初雕本的編輯者所爲,還是開寶藏的續刻本已然如此呢?我們留意到在高麗藏再雕本《集神州三寶感通録》卷上末尾,有這樣一段校語:

> 此録上卷,宋本與二本大異。檢之宋本錯將《宣律師感通録》一卷,爲此上卷耳。今依二本正之,又爲看舊宋藏者,具録正文於左。

這段話爲考察該作品入藏過程提示了重要綫索。守其指出,開寶藏本《集神州三寶感通録》卷上,與高麗藏初雕和契丹藏所收本差異很大,原因是開寶本卷上錯收了《道宣律師感通録》。這提示我們,高麗藏初雕本《道宣律師感通録》很可能是從錯簡的開寶本《集神州三寶感通録》卷上輯出單行的。守其又說高麗藏初雕本《集神州三寶感通録》卷上與開寶本不同,没有錯簡,其合理的解釋祇能是,高麗藏初雕本的編輯者從其他渠道獲得了正確的《集神州三寶感通録》卷上文本,很可能是契丹藏。

開寶藏祇有12卷印本存世,契丹藏存世文本主要見於應縣木塔佛像胎藏經、豐潤天宫寺塔出土小字佛經以及北京房山雲居寺遼金刻經,其中均無《集神州三寶感通録》。爲了證實守其的描述以及上述兩點假說,我們需要尋找一些旁證。

第一,我們知道開寶藏有兩個覆刻本,除了高麗藏,還有趙城金藏。趙城金藏開雕的緣起是金代山西潞州長子縣崔法珍斷臂出家,募集資金,雕印年代是金熙宗皇統九年(1149)至世宗大定十三年(1173),一般認爲,趙城金藏的主體比較忠實地反映了開寶藏的面貌。1933—1934年,支那内學院蔣唯心兩度至山西趙城廣勝寺調查該藏經,撰成《金藏雕印始末考》,並有"廣勝寺大藏經簡目"。當時正值日軍占領山西,經八路軍奮力搶救,經本輾轉入藏國家圖書館,此即《中華大藏經(漢文部分)》之底本,現已全部電子化。據蔣氏調查結果,當時全藏共有4957卷,國圖現存共4813卷,此外有流落民間者,也有散藏於各地方圖書館[22]。

遺憾的是,國圖所藏金藏本《集神州三寶感通録》,恰好缺少卷上。但蔣唯心在"廣勝寺大藏經簡目"的"右"字函案語説:"全存,麗目此帙另有《宣律師感通録》一卷,金檢本藏《三寶感通録》卷上已載此文,故不另出。"[23]這説明金藏本《集神州三寶感通録》卷上也有錯簡,與守其所云開寶本形態相同。這卷經本可能在運送過程中遺失,或許仍在其他收藏機構,且待日後調查。

此外還有一個證據,這就是北宋惟白的《大藏經綱目指要録》。此書成立於崇寧三年(1104),是惟白在婺州(今浙江省金華市)金華山智者禪寺閲藏的記録。從閲藏時間上推測,學界普遍認爲惟白閲讀的是開寶藏[24]。該書的體例是逐卷記録入藏的每部經典的内容概要,其中"右"字函《三寶感通録》條,卷上的記録是:"宣律師戒行修潔,道心純明,以故感天人侍奉,遂問佛法中事,及此靈迹之處,前後顯應有此録。"[25]這顯然是對《道宣律師感通録》内容的概括,從而充分證明了,開寶藏本《集神州三寶感通録》卷上,確實存在錯簡。

第二,高麗藏初雕本《道宣律師感通録》凡遇"敬""殷""弘"等宋代避諱字,皆缺末筆。而且在標題與道宣自序之間,加入了一行"宣律師感天侍傳"。這種疊床架屋的標題格式,強烈暗示初雕藏本的正標題可能是編輯者後加的,聯繫惟白"感天人侍奉"的概括,"宣律師感天侍傳"可能纔是錯簡的開寶本《集神州三寶感通録》卷上原有的標題[26]。

第三,高麗藏初雕本《集神州三寶感通録》的卷中、卷下,也避宋諱,但卷上均不避諱。每紙版心,卷上作"感通録卷上",卷中/下則作"集神州三寶感通録卷中/下"。這些均表明卷上與卷中/下有不同的來源,最有可能的就是在高麗藏初雕本續刻的過程中,根據契丹本補入了正確的《集神州三寶感通録》卷上。

---

[22] 關於趙城金藏的發現及流散,參見李富華主編《金藏:目録還原及研究》,中華書局,2012年。
[23] 李富華主編《金藏:目録還原及研究》,183頁。
[24] 李富華、何梅《漢文佛教大藏經研究》,79—80頁。
[25] 惟白撰,夏志前點校《大藏經綱目指要録》卷八,上海古籍出版社,2020年,852頁。
[26] "感天侍傳",又見於覺岸《釋氏稽古略》卷三:"天神降靈不一,傳流問答,律師集之,題曰《感天侍應傳》。"(《大正藏》第2037號,第49册,818頁上欄)這一標題確曾流行過。

2. 高麗藏再雕本

高麗藏再雕本《道宣律師感通録》,經板現存韓國海印寺,印本數次印刷,《大正藏》所收本即據以爲底本。

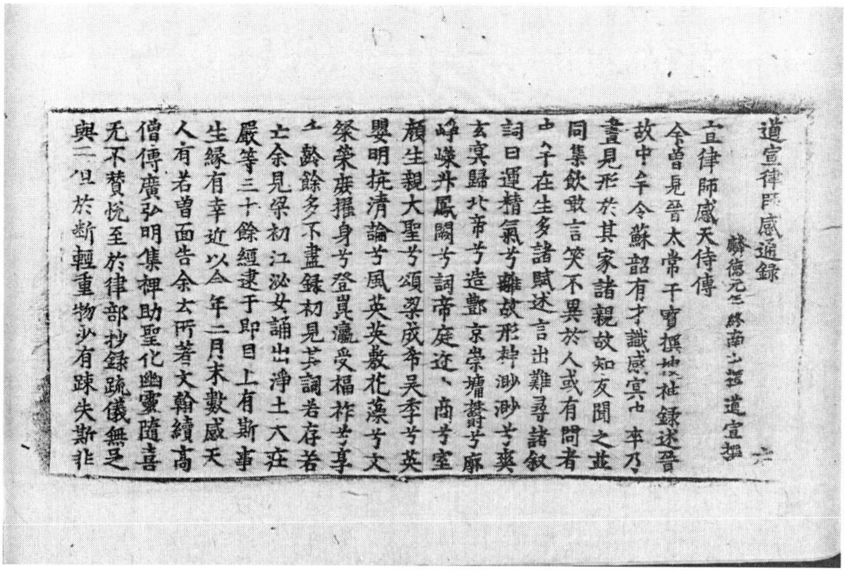
道宣律師感通録
麟德元年終南山釋道宣撰
宣律師感天侍傳
余曾見晉太常干寶撰搜神録述晉
故中牟令蘇韶有才識咸寧中卒乃
晝見形於其家諸親故知友聞之並
同集飲𫗴言笑不異於人或有問者
中牟在生多諸賦述言出難尋諸叙
詞曰運精氣兮離故形神渺渺兮爽
玄冥歸北帝兮造酆京崇墉鬱兮廓
崢嶸升鳳闕兮謁帝庭迩、商兮室
顔生親大聖兮頌孔成希吴季兮英
嬰明抗清論兮風英英敷花藻兮文
粲粲庶擢身兮登崑瀛受福祚兮享
千齡餘多不盡録初見其詞若存若
亡余見梁初江泌女誦出淨土大莊
嚴等三十餘經逮于即日上有斯事
生緣有幸近以今年二月末數感天
人有若曾面告余以所著文翰續高
僧傳廣弘明集裨助聖化幽靈隨喜
无不賛悦至於律部抄録疏儀無乏
與二但於斷輕重物少有踈失斯非

圖 5　高麗藏再雕本《道宣律師感通録》卷首

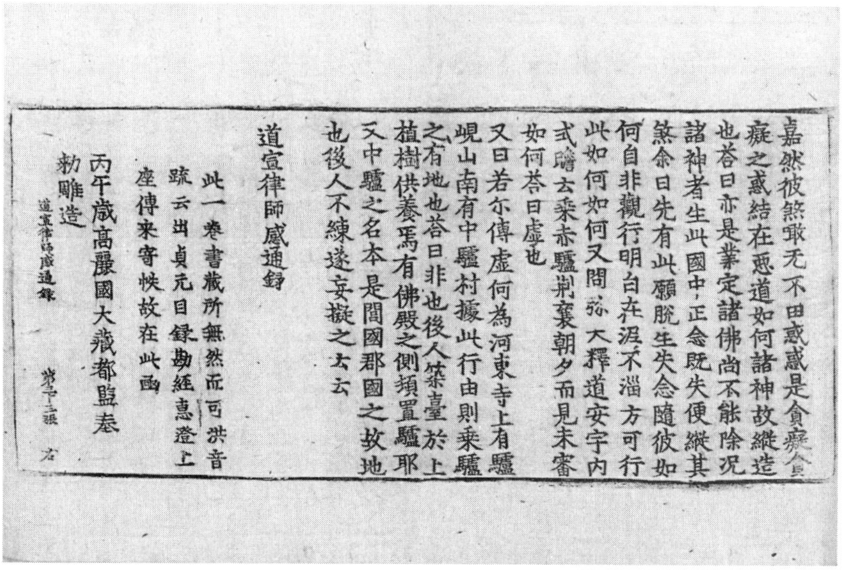
嘉然彼煞衆无不由惑惑是貪
癡之惑結在惡道如何諸神故縱造
也荅曰亦是業定諸佛尚不能除况
諸神者生此國中，正念既失便縱其
煞余曰先有此願脱生失念隨彼如
何自非觀行明白在涅不淄方可行
此如何如何又問弥天釋道安宇内
式瞻云乘赤驢荆襄朝夕而見未審
如何荅曰虚也
又曰若尔傳虚何為河東寺上有驢
峴山南有中驢村據此行由則乘驢
之有地也荅曰非也後人築臺於上
植樹供養焉有佛殿之側預置驢耶
又中驢之名本是閻國郡國之故地
也後人不練遂妄擬之云云
道宣律師感通録
此一卷書藏所無然而可洪音
疏云出貞元目録勘經惠澄上
座傳來寄帙故在此函
丙午歲高麗國大藏都監奉
勅雕造
道宣律師感通録　第二十三張　右

圖 6　高麗藏再雕本《道宣律師感通録》卷尾

再雕藏本的版式、標題、千字文帙號與初雕藏本完全相同,不同的是上引刊記"此一卷書藏所無"云云,被移置到全書最後,並有"丙午歲(1246)高麗國大藏都監奉敕雕造"題記。標題與"宣律師感天侍傳"之間,多了"麟德元年(664)終南山釋道宣撰"。

麟德元年這個年份,與中野本的乾封二年不同,提前了三年,這一差異曾令研究者困惑。藤善真澄指出,書中提及了中天竺僧人釋迦蜜多羅參禮五臺山,時當乾封二年,言"今夏在彼",二者符合;此外,他根據守其校語,推測麟德元年的題號是後人從開寶本《集神州三寶感通錄》卷上一起移錄過來的[27]。這一假設與筆者上文的論證思路一致,但藤善氏著論之時未能獲見高麗藏初雕本,故結論仍需稍作修正。

對校兩本,我們發現再雕藏本不再避宋諱,文字也與初雕藏本存在一些差異。這些異文顯然不是初雕藏本經過了校改,而是另有來源。前文談到,高麗藏再雕本是以新獲得的開寶藏和契丹藏校合而成的,而根據守其的描述,契丹藏本《集神州三寶感通錄》卷上沒有錯簡,那麽合理的解釋是,再雕藏本所依據的開寶藏本卷上仍然存在錯簡,但文本發生了變化。

關於開寶藏的前後變化,池麗梅考察《續高僧傳》文本變遷時曾經指出,"開寶藏仿佛是有生命的,它一直在持續性的成長和變化。這種變化不僅體現在它內含的經典集成的組成結構在日益擴大,甚至其中的某些典籍内容並未因爲進入刊本時代或因爲官版藏經的權威性而停止變化",她認爲《指要錄》和高麗藏初雕本反映了開寶藏初期(約983—1073)的形態,而高麗藏再雕本和金藏,則反映了開寶藏後期(1108)增補續刻的形態[28]。筆者推測,《道宣律師感通錄》初雕與再雕的文字差異,也反映了開寶藏的這種變化。

简單總結一下本文的假説:

①開寶藏初刻本《集神州三寶感通錄》卷上,以"宣律師感天侍傳"的標題,收錄了今本《道宣律師感通錄》的内容。

②高麗藏初雕本的編輯者發現了這個問題,遂將卷上部分輯出單行,冠以

---

[27] 藤善真澄《道宣伝の研究》,372—376頁。
[28] 池麗梅《〈續高僧傳〉的文本演變——七至十三世紀》,253—254頁。

"道宣律師感通録"的標題,並援引《可洪音義》的歸類方法,將之置於《集神州三寶感通録》的同一函,即千字文"右"字函。或許同時,或許稍晚的編輯者,根據契丹藏或其他文本來源,補刻了《集神州三寶感通録》的卷上部分。

③後期開寶藏《集神州三寶感通録》卷上,仍然延續了初期開寶本的錯簡形態,但文字有所改動。

④高麗藏再雕本的編輯者守其發現了同樣的問題,以同樣的處理方式再次將後期開寶藏本《集神州三寶感通録》卷上輯出單行,並且錯誤地將《集神州三寶感通録》標題下的撰作年代"麟德元年"移置於《道宣律師感通録》的標題之下。

由於史料的缺乏,不明之處甚多,筆者也祇能根據蛛絲馬迹做此推測,結論當否,以俟方家。

3. 與中野本的關係

上文指出,中野氏刊本校勘記中所説的麗本,是指高麗藏再雕本,而非初雕藏本。對比高麗藏初雕本和再雕藏本,共有十餘處異文。例如中野本正文"檢春申是周代六國時也",檢高麗藏再雕本"春申"二字作"春申君",初雕藏本作"春甲若",而中野本校勘記云"申下麗有君字",與前者符合。

中野本在利用高麗藏再雕本校勘時,還忽略了兩個系統文本存在較大出入的段落。比較重要的有如下幾處:

①道宣自序"中牟在生,多諸賦述,言出難尋,請叙死生之事,可得聞耶?"詔曰:"何得有隱?"索紙筆著《死生篇》,其詞曰",高麗本脱落了畫綫部分共22字,造成文意不連貫。

②【A-05】師子國僧巡禮清凉山,"智猛長大,具爲太常韋卿説之。請其臺處依本置寺,遂奏周王,名三會寺。至隋大業中,廢入大寺,因被廢毀,配入菩提寺。今菩提寺西堂佛首……",高麗本脱落了畫綫部分共23字。

③【B-02】禁絶絹衣,"余讀《智度論》,見佛著麤布僧伽梨,因懷在心,何得乖此?及聽律後,便見蠶衣卧具,縱得已成,並斬壞塗埵,由此重增景仰。古昔周朝老僧,咸著大布衣,一生服一,補者咸布,乃至重二三斤者。復見西來梵僧,咸著布甎,具問,答曰:'五天竺國,無著蠶衣'",高麗本脱落了畫綫部分共65字。

④【A-14】荆州河東寺,共640字,高麗本無此條。

⑤【A-15】荆州河東寺臚臺,此條中野本是以道宣向天人請問道安在荆州、

襄陽兩地騎驢往返,河東寺有驢臺一事,天人給出兩説,前説以爲真,後説以爲假,最後説“此事兩本所説各異,故備録之”〔29〕。高麗本相關内容位於全書最末,且衹保留了後説,“答曰虚也”。

前三條脱落的字數爲22字或65字,是22的倍數或與之接近,而我們知道,高麗本的底本開寶藏的版式是每行14字,因此脱落不會是從開寶到高麗本的過程中發生的,頗疑開寶藏所據的寫本每行22字,上板時整行脱落。今檢敦煌遺書P.2094卷首爲靈驗記及真言陀羅尼,後爲《金剛經》本文。其中經文部分每行16—17字,《持誦金剛經靈驗功德記》,每行20—22字。該卷抄寫於公元908年,接近開寶藏開雕的年代〔30〕,可見當時抄本中靈驗記類作品行款與抄經不同,且字數恰爲22字左右。

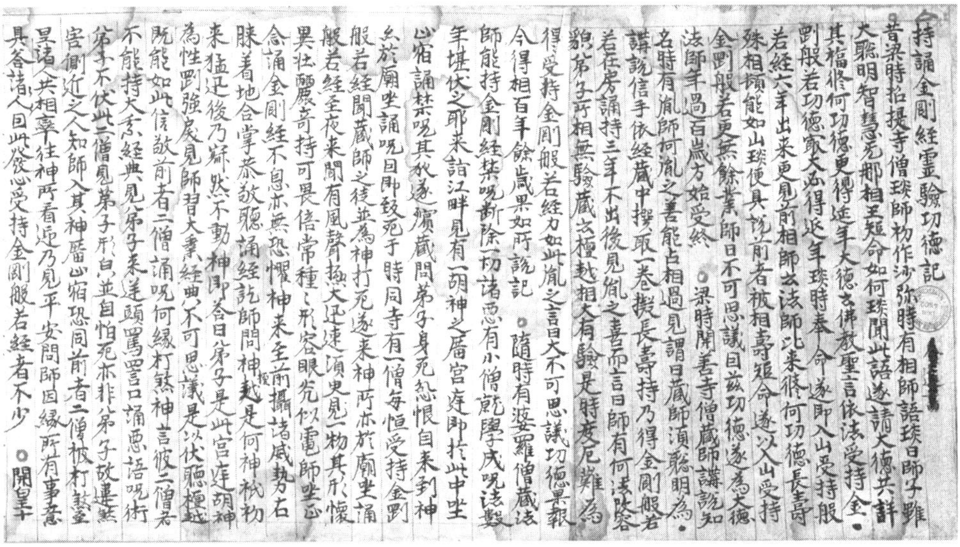
持誦金剛經靈驗功德記
昔梁時招提寺僧琰師初作沙弥時有相師語琰曰師子雖
大聰明智慧[illegible]相壽短命如何琰聞此語遂請大德共詳
其福脩何功德更得延年大德云佛教聖言依法受持金
剛般若功德最大必得延年琰時奉命遂即入山受持般
若經六年出來更見前相師云法師比來脩何功德長壽
殊相頓能如山琰便具説前者被相壽短命遂以入山受持
金剛般若更無餘業師曰不可思議由茲功德遂爲大德
法師年過百歲方始受終 ◦梁時開善寺僧藏師講説知
名時有胤師何胤之善能占相過見謂曰藏師須聰明爲
講説信手依經藏中搜取一卷擬長壽持乃得金剛般若
若住房誦持三年不出後見胤之善而言曰師有何法陰
貌弟子所相無驗藏云極越相大有驗是時更尼難爲
得受持金剛般若經力如此胤之言曰大不可思議功德果報
今得相百年餘歲果如所説記 ◦隋時有婆羅僧藏法
師能持金剛經禁呪斷除一切諸惡有小僧就學戒呪法數
年堪伏之邪來詣江畔見有一廟神之廟宫庭即於此中坐
止宿誦禁呪其夜遂煩藏問弟子身死怨恨自來到神
廟於廟坐誦呪曰即致死于時同寺有一僧每恒受持金剛
般若經聞藏師之徒並爲神打死遂來神所亦於廟坐誦
般若經至夜來聞有風聲極大迅速須臾見一物其形慄
異壯麗奇持可畏倍常種種形容眼光似電師坐正
念誦金剛經不息亦無恐懼神來至前攝諸威勢右
膝着地合掌恭敬聽誦經訖師問神擬越是何神祇初
來猛迅後乃寂然不動神即答曰弟子是此宫庭胡神
爲性剛強夜見師習大乘經典不可思議是以伏聽擁越
既能如此信敬前者二僧誦呪何緣打煞神言彼二僧若
不能持大乘經典見弟子來逆頭罵詈口誦惡語呪術
弟子不伏此二僧見弟子形自並自怕死亦非弟子故煞
害側近之人知師入其神廟止宿恐同前者二僧被打煞
是諸人共相率往神所看師乃見平安問師因緣所有事意
具答諸人因此發心受持金剛般若經者不少 ◦開皇年

圖7　敦煌遺書P.2094《持誦金剛經靈驗功德記》

後兩條内容均與荆襄地區有關,荆州河東寺條的缺失不能簡單理解爲傳抄脱漏,河東寺驢臺一條的位置顯然是不自然的,與上一條末尾以“如何如何”加以連接,語意並不連貫,但是天人的回答衹保留後説,有其合理性。因爲全書的

〔29〕釋道宣《律相感通傳》,《大正藏》第1898號,第45册,878頁上欄—中欄。

〔30〕關於這件寫本的抄寫年代及録文,參見楊寶玉《敦煌本佛教靈驗記校注並研究》,甘肅人民出版社,2009年,239—257頁。

體例是道宣向天人決疑,全書的每一組問答裏,天人給出的都是唯一確定的答案。真僞兩説並存,與體例不合。

另外,道安驢臺事見於較早成立的《續高僧傳·羅雲傳》,其中記述:"安公乘赤驢從上明往襄州檀溪,一夕返覆,檢校兩寺,並四層三所,人今重之,名爲驢廟,此廟即繫驢處也。"[31]而《律相感通傳》最重要的目的,正是在道宣的晚年,以天人神啓的形式,對其早年的著作加以修訂。参以《法苑珠林》本條的引文,也祇保留後説,認爲此事傳虛。

由此可以判斷,高麗本所據底本,雖然存在一些傳抄中的脱漏和訛誤,而其現存部分的異文,則代表了文本較早形態。這一點如果對比唐代音義書和類書,會看得更清楚。

三、唐寫本形態推測

《律相感通傳》無寫本存世,上節討論高麗本的底本來源,對開寶藏所據寫本形態做了一些推測。衆所周知,開寶藏(正藏480函)是北宋初年在成都開雕的,因此由開寶本《集神州三寶感通録》的錯簡,以及高麗藏初雕本《道宣律師感通録》的文字脱落,都可以推測晚唐五代巴蜀地區的文本形態。

我們還可以從另外兩個角度,嘗試復原《律相感通傳》在唐代不同時期和地域的寫本形態。

1. 《法苑珠林》引文

道世撰《法苑珠林》一百卷,爲唐前佛教文獻輯佚之淵藪。該書完成於總章元年(668),亦即道宣圓寂之次年。道世與道宣,同隨智首學律,又同隸屬於西明寺。道宣死後,其遺作都保存在西明寺[32]。一直到唐末,"京室西明寺有宣律師舊院,多藏毗尼教迹",還吸引了出身江南的僧人玄暢來此學習[33]。另一方面,類書在流傳過程中顯示出較強的文本惰性,文本形態相對穩定。因此可以説,《法

---

[31] 釋道宣撰,郭紹林點校《續高僧傳》卷九《羅雲傳》,中華書局,2014年,301頁。
[32] 關於《法苑珠林》的研究,參見川口義照《中國仏教における經録研究》,法藏館,2000年。
[33] 釋贊寧撰,范祥雍點校《宋高僧傳》卷一七《玄暢傳》,中華書局,1987年,430頁。

苑珠林》的引文幾乎可以反映《律相感通傳》脱稿後不久長安寫經的原始樣貌。

在復原工作開始之前，首先需要考慮類書的體例。《法苑珠林》延續了《經律異相》等佛教類書的體例，將佛教經論分類抄撰，同時開創了一個新的體例，即在每一主題之下，配以相關題材的靈驗記。遵循這一編纂原則，《法苑珠林》抄録《律相感通傳》便祇含有問佛事部分的靈驗記，而完全没有論律相的相關文字。此外，引文的順序也根據所屬的主題重新編排。我們將引文的條目及其在《法苑珠林》中的卷次、條目列爲表1。

《法苑珠林》的引文包括問佛事部分的29組問答，分布在卷一四《敬佛篇·觀佛部》、卷三五《燃燈篇》、卷三八《敬塔篇》、卷三九《伽藍篇》等處，唯獨缺少【A-29】苟蒨向天書經事。這一條的故事情節是綿州巴縣人苟蒨由於持守戒律，受到信奉外道的村人的欺壓。苟蒨於是向天書寫《金剛經》，書經之處可以避雨。這則故事的缺失，或許是由於敘事主題没有合適的歸類，而不能斷定是後世的加工。

卷三八《敬塔篇》收録了【A-21】至【A-23】關於阿育王塔的三組問答，【A-26】關於諸神造舍利塔形制不同的討論以及【A-30】鼓山竹林寺的靈驗記，這些文字接在《宣師住持感應》〔34〕的一段長引文之後，並未標明出自《宣律師感通記》。此係出於疏誤，還是兩書文字有重疊，目前難以確定，姑且存疑。

《法苑珠林》引文的文字，與高麗藏再雕本接近。上述高麗本與中野本存在較大出入的【A-15】荆州河東寺艫臺事，《法苑珠林》引文與高麗本相同，也祇有後説，認爲此事傳虚。此外尚有一處關鍵異文值得稍做分析。

【A-28】《法苑珠林》引文：

> 如五戒中一戒五神，五戒便有二十五神。一戒破，五神去，餘者仍在。如大僧受戒，戒有二百五十神，亦戒戒之中，感得二百五十，防衛比丘。若毁一重戒，但二百五十神去，餘者常隨。〔35〕

高麗藏再雕本：

> 余答云：見五戒中一戒五神，未知大戒如何？答：僧之受戒，有二百五十

---

〔34〕 宋、元、明三本作"宣律師住持感應傳"。
〔35〕 《法苑珠林》卷一四《敬佛篇·觀佛部》，釋道世撰，周叔迦、蘇晋仁校注《法苑珠林校注》，中華書局，2006年，505頁。

神。若毀一重戒,唯一神去,則二百五十神恒隨戒者。[36]

中野本:

> 余云:見五戒中一戒五神,未知大戒如何?答云:僧之受戒,有二百五十神。若毀一重戒,唯一神不在,則二百四十九神恒隨犯戒者。[37]

據《法苑珠林》的引文,比照在家優婆塞五戒各有五戒神的原理,五戒全受,則有 $5 \times 5 = 25$ 戒神;那麼僧人受具足戒二百五十條,則有 $250 \times 250 = 62,500$ 戒神。每一戒感得的戒神是250個,因此若破一戒,則有 $62,500 - 250 = 62225$ 戒神。

高麗本、中野本的文字,首先在形式上改成了道宣與天人對話,戒神的數量也不同。據中野本,具足戒的每一戒條,祇感得一個戒神,受具足戒的僧人,當有 $250 \times 1 = 250$ 戒神,若破一戒,則有 $250 - 1 = 249$ 戒神。

五戒各有五戒神,護衛受戒者,這一思想見於六朝時期的佛經,如劉宋智嚴譯《四天王經》:"遣諸善神,營護其身,隨戒多少。若持一戒,令五神護之;五戒具者,令二十五神營衛門戶。"[38] 而受具足戒者所感戒神數目,佛經中沒有定説,屬於道宣的創造。從《法苑珠林》的引文,到中野本的説法,二者的邏輯不同,高麗本的説法難於索解,或許正反映了過渡期的形態[39]。

表1 《法苑珠林》引文對照表

編號	條目	法苑珠林
序		
A-01	多寶寺石佛	
A-02	多寶寺隸書	
A-03	高四土臺	14-敬佛篇·觀佛部
A-04	高四土臺—秦穆公污穢佛像、復建周穆王舊寺	
A-05	清涼山來源、師子國僧巡禮清涼山 *	
A-06	清涼山位置	

[36] 釋道宣《道宣律師感通錄》,《大正藏》第2107號,第52冊,439頁下欄。
[37] 釋道宣《律相感通傳》,《大正藏》第1898號,第45冊,879頁中欄。
[38] 釋智嚴、釋寶雲譯《佛説四天王經》,《大正藏》第590號,第15冊,118頁中欄。
[39] 關於戒神觀念的思想源流,參見池平紀子《佛・道における五戒の受持と二十五神の守護について》,《東方學》第116號(2006),55—73頁。

續　表

編號	條目	法苑珠林
A-07	五臺山大孚靈鷲寺*	14-敬佛篇·觀佛部
A-08	劉薩訶瑞像	
A-09	龍光寺瑞像	
A-10	羅什譯經及破戒事	
A-11	顯際寺古像	
A-12	壇臺山磚塔,慈烏川石像	
A-13	大明寺栴檀像	
A-14	河東寺	39-伽藍篇
A-15	河東寺鑪臺	39-伽藍篇
A-16	三學山寺佛燈	35-燃燈篇
A-17	相思寺篆銘	14-敬佛篇·觀佛部
A-18	靈龕寺	
A-19	北山石窟	
A-20	終南山七佛潤	
A-21	諸阿育王舍利塔:大石、武擔、雒縣*	38-敬塔篇
A-22	阿育王塔*	
A-23	阿育王塔	
A-24	釋迦佛生年	14-敬佛篇·觀佛部
A-25	阿育王第四女瑞像	
A-26	鬼神造塔豐儉不同	38-敬塔篇
A-27	七識各有神	14-敬佛篇·觀佛部
A-28	二百五十戒各有神	
A-29	苟藊向天書經	未收
A-30	鼓山竹林寺	38-敬塔篇
B-01	律師爲僧祐轉世,報命將終	
B-02	禁絕絹衣	

續　表

編號	條目	法苑珠林
B-03	三衣破緣而縫	
B-04	坐具不得置於左肩	
B-05	縫衣葉爲北方權制	
B-06	戒壇攸關佛法興廢	
B-07	戒壇左繞之由	
B-08	請出祇洹寺圖	
B-09	天竺侮慢大乘，諸神護衛之	

最後需要指出，《法苑珠林》抄引【A-05】、【A-07】關於巡禮五臺山的條目時，加入了道宣死後的新材料，例如，中野本：

去歲長年師子國僧，九十九夏，三果人也。聞斯聖迹，跣行至此，尋清凉山，國家供送。今夏在彼，所願應遂也。

《法苑珠林》：

去歲長年是師子國僧，年九十九夏，是三果阿那含人。聞斯勝迹躬至禮拜。又請奏欲往北代清凉山文殊師利菩薩坐處。皇帝聞喜，敕給驛馬内使及弟子官佐二十餘人，在處供給，諸官人弟子等並乘官馬。唯長年一人少小已來，精誠苦行不乘雜畜。既到代州清凉山，即肘行膝步而上，至中臺佛堂，即是文殊廟堂，從下至上可行三十餘里。山石勁利，入肉到骨，無血乳出，至於七日。五體投地，布面在土，不起不食。七日滿已，忽起踊躍，指撝四方，上下空界。具見文殊師利菩薩，聖僧羅漢。從者道俗數十人，有見不見。復有一蟒蛇，身長數里，從北而來，直向長年。長年見喜，銜師脚過，變爲僧形。諸人懼怕，皆悉四散，唯長年一人，心不驚動。種種靈應，不可具述。所請遂願，還返京都。今現化度安置。或請内受戒，或巡歷諸山。[40]

釋迦蜜多羅巡禮五臺山，是在乾封二年六月，是年十月，道宣圓寂。道宣没有機

---

[40] 釋道宣《律相感通傳》，《大正藏》第1898號，第45册，876頁中欄。《法苑珠林》卷一四《敬佛篇·觀佛部》，周叔迦、蘇晋仁《法苑珠林校注》，496頁。

會得知釋迦蜜多羅巡禮的細節,所以祇説"所願應遂"。道世所述諸多靈驗,不可能是《律相感通傳》的原文,祇能理解爲根據新獲的信息增補所致。

2. 可洪《隨函録》音注

可洪撰《新集藏經音義隨函録》(簡稱《可洪音義》),是五代時期僧人可洪在河中府(今山西省南部)方山延祚寺閲藏所作的音義書。根據高田時雄的研究,此書之撰作始於後唐長興二年(931),完成於後晋天福五年(940)。收録的範圍"依《開元目録》見入藏大小乘經律論傳七目,總一千七十六部,五千四十八卷,四百八十帙,所撰諸經音義共一十五册"[41]。

可洪所利用的藏經,是其所在的方山延祚寺所藏的寫本藏經,該寺位於河中府蒲州方山山麓。方山又稱栢梯山,山上又有栢梯寺藏有藏經,書中常稱"下方延祚藏""上方栢梯藏"者是也。此外還有"長水藏""麻谷藏""千佛藏""渾家藏""陝府經"等稱謂,可以考證其地理分布範圍,大致涵蓋山西省南部、河南省西北部以及陝西省部分地區[42]。换言之,《可洪音義》所反映的,是唐末五代時期北方地區流行的寫本面貌。

據上引序文,可洪音義的收經目録,比較嚴格地遵循了《開元録·入藏録》的卷數和千字文帙號,也因此與契丹藏的目録編排相近。除此之外,可洪還根據智昇以後的目録做了一些補充,比較重要的是《貞元釋教録》和從梵撰《一切經源品次録》。從梵生平不詳,南唐僧人恒安曾訪得《品次録》,《續貞元録》小注云:"趙郡業律沙門從梵,自大中九年乙亥歲(855)止咸通元年庚辰歲(860),依《貞元·入藏録》集。"[43]

《可洪音義》卷二六"右"字函云:"《東夏三寶感通録》等三集十卷同帙(《開元録》是二集九卷,新添《宣律師感通録》)。"《開元釋教録·入藏録》本無千字文帙號,這一編排方式是在會昌滅佛以後産生的[44]。對照《開元録》和《可洪音

---

[41] 釋可洪《新集藏經音義隨函録》卷一,《高麗大藏經》第 34 册,新文豐出版公司,1982 年,630 頁 a4-7.

[42] 高田時雄《可洪隨函録と行瑫隨函音疏》,同氏編《中國語史の資料と方法》,京都大學人文科學研究所,1994 年,122—123 頁。

[43] 釋恒安《貞元續開元釋教録》,《大正藏》第 2158 號,第 55 册,1049 頁上欄。

[44] 參見方廣錩《中國寫本大藏經研究》,上海古籍出版社,2006 年,477—513 頁。

義》目錄可知,"右"字函原有的入藏作品二集九卷,當指《集神州三寶感通錄》三卷和《集沙門不應拜俗事》六卷。

新補入的《宣律師感通錄》,題下小注云:"上下合卷,出《貞元目錄》,勘經惠澄上座傳來寄帙。"[45] 至此我們看到,這段文字正是高麗初雕、再雕藏本刊記所抄錄的。所謂上下合卷,當指"初問佛事"和"後論諸律相"兩部分合抄爲一卷。檢《貞元錄·入藏錄》不載此書,實際的出處是《貞元續開元釋教錄》[46]。勘經惠澄上座,生平全然無考。

根據《可洪音義》給出的關鍵詞,我們嘗試復原了這些詞在《律相感通傳》中的位置,列爲表2。

表2 《可洪音義》字詞對應表[47]

字詞	出處	原文	段落	擬題
鑽鑿			彥悰序	
愾然			彥悰序	
潛慟			彥悰序	
湮訛			彥悰序	
搜尋			彥悰序	
蕭秔			彥悰序	
中卒	p0874b16	咸寧中卒	【序】	
著生	p0874b20	索紙筆著死生篇	【序】	
宵眇	p0874b20	神眇眇兮爽玄冥	【序】	
造鄳	p0874b21	歸北帝兮造鄳京	【序】	
崇墉	p0874b21	崇墉巀兮廊崢嶸	【序】	
崢嶸	p0874b22	崇墉巀兮廊崢嶸	【序】	
抗清	p0874b24	抗清論兮風英英	【序】	

---

[45] 釋可洪《新集藏經音義隨函錄》卷二六,《高麗大藏經》第35册,546頁a4—5。"貞"字,CBETA 誤錄爲"真",今據高麗本改正。此條由賢世法師指出,謹此致謝。

[46] 釋圓照《貞元續開元釋教錄》卷三:"釋氏道宣《感通記》一卷。"《大正藏》第2156號,第55册,769頁中欄。

[47] 《可洪音義》諸異體字統改爲通行寫法;《可洪音義》之關鍵詞與《律相感通傳》存在異文時,用下劃綫標示;無對應詞但可根據上下文語意補出時,用〔 〕括注,出處一欄加*號標記。

續　表

字詞	出處	原文	段落	擬題
華藻	p0874b24	敷**華藻**兮文璨榮	【序】	
璨榮	p0874b24	敷華藻兮文**璨榮**	【序】	
庶擢	p0874b24	**庶擢**身兮登崑瀛	【序】	
崑瀛	p0874b25	庶擢身兮登**崑瀛**	【序】	
享千齡	p0874b25	受祚福兮**享千齡**	【序】	
江泌	p0874b26	梁初**江泌**女誦出	【序】	
所著	p0874b29	**所著**文翰	【序】	
裨助	p0874b29 – c01	**裨助**聖化	【序】	
名璠	p0874c15	（性）王**名璠**	【序】	
鎚試	p0874c19	乃至火燒**鎚試**	【序】	
闞澤	p0874c19	**闞澤**張昱（之徒）	【序】	
張昱	p0874c19	闞澤**張昱**（之徒）	【序】	
諧允	p0874c21	答對**諧允**	【序】	
擁肉	p0874c24	前事**擁隔**	【序】	
旌異	p0875a24	**旌異**述（異）	【序】	
瘥彼				
石函	p0879b04	在**石函**中	【A–26】	鬼神造塔豐儉不同
陿陋	p0879b05	**陿陋**若此	【A–26】	鬼神造塔豐儉不同
極壯	p0877b06	下層**極壯**	【A–12】	玉華宮
窯塼	p0877b07	三十餘**窯塼**	【A–12】	玉華宮
所擒	p0877b12	爲石勒**所擒**	【A–12】	玉華宮
鄮縣	p0878c11	長干塔、**鄮縣**塔	【A–22】	長干寺、鄮縣阿育王塔
摽掘	p0878c13	因**摽掘**獲	【A–22】	長干寺、鄮縣阿育王塔
鰻鱺	p0878c20	井中**鰻鱺**魚護塔神也	【A–22】	長干寺、鄮縣阿育王塔
劉向	p0878c25	楊雄、**劉向**尋於藏書	【A–23】	衡山南阿育王塔
湘江	p0879a01	東流入**湘江**	【A–23】	衡山南阿育王塔
橘柚	p0879a03	**橘柚**楊梅之屬	【A–23】	衡山南阿育王塔
篆書	p0879a05 – 06	**篆書**可識	【A–23】	衡山南阿育王塔

續　表

字詞	出處	原文	段落	擬題
冤冤	p0879a28	(令諸)冤魂	【A-25】	阿育王第四女瑞像
洎隋	p0879a29	〔洎〕隋主載隆	【A-25】	阿育王第四女瑞像
番禾	p0876c06	番和縣山裂像出	【A-08】	涼州番和縣瑞像
佯怖	p0876c13	菩薩佯怖勸化	【A-08】	涼州番和縣瑞像
孑遺	p0876c24	無一孑遺	【A-08】	涼州番和縣瑞像
嶲州	p0875b16	去嶲州二千餘里	【A-01】	益州成都多寶寺石佛
賈人	p0875b16-17 *	〔賈人〕往往有至彼者	【A-01】	益州成都多寶寺石佛
肘脛	p0875b19	其髑髏骨肘脛悉龜大	【A-01】	益州成都多寶寺石佛
吞併	p0875c06	吞併之日	【A-01】	益州成都多寶寺石佛
篆隸	p0875c06	此國篆隸諸書	【A-01】	益州成都多寶寺石佛
茫[48]	p0875c07	猶有茫昧	【A-01】	益州成都多寶寺石佛
收薄				
賂遺	p0877b28	賂遺使人	【A-13】	荊州大明寺栴檀像
玄奘	p0877a05	玄奘法師傳云	【A-09】	建康龍光寺瑞像
沁州	p0878b25	沁州北山	【A-19】	沁州北山石窟
高悝	p0879a22	楊都高悝	【A-25】	阿育王第四女瑞像—舉例
涪州	p0878b07	涪州相思寺側	【A-17】	涪州相思寺篆銘
循州	p0878b17	南海循州	【A-18】	循州興寧縣靈龕寺
蒼頡	p0875c09	倉頡造書臺	【A-03】	長安西高四土臺
莊飾	p0875b29	莊嚴閻浮	【A-02】	益州成都多寶寺隸書
基趾	p0875c24-25	基址見存	【A-04】	長安西高四土臺
殆非	p0875c26	殆非佛神爲之耶	【A-04】	長安西高四土臺
愊然	p0875c29-p0876a01 *	〔公又大怖〕	【A-04】	長安西高四土臺
三牲	p0876a01	宰三牲以祭之	【A-04】	長安西高四土臺
死喪				
鄗京	p0876b04	鄗京之東南	【A-04】	長安西高四土臺
大孚	p0876b14	大孚靈鷲寺	【A-07】	五臺山
姓費	p0874c28	云姓費氏	【序】	輕重物
氍毹	p0874c04	乃至氍毹	【序】	輕重物

[48] 此處疑有脫字，音義云："上莫郎反"，知"茫"爲上字，當有下字。

續　表

字詞	出處	原文	段落	擬題
而縫	p0880a08	三衣破緣**而縫**	【B-03】	三衣破緣而縫
畦壃	p0880a13	稻田之**塍疆**也	【B-03】	三衣破緣而縫
穬麦	p0880a14	去葉**穬麥**許	【B-03】	三衣破緣而縫
㩧手	p0880a20	更增半**㩧手**	【B-04】	坐具
盉袋	p0880b03	又加**鉢袋**於上	【B-04】	坐具
右膊	p0880b06	鉢袋絡**左膊**	【B-04】	坐具
搭於	p0880b08	**搭於**左肩	【B-04】	坐具
揩摸	p0880b10	亦是聖之**楷摸**焉	【B-04】	坐具
草屣	p0880b14	至於**革屣**	【B-04】	坐具
綱系	p0880b15	拭刮**綱系**	【B-04】	坐具
褌袴	p0880b18	**裙袴**尤多	【B-04】	坐具
鯉臊	p0880b18	人見猶有厭其**腥臊**	【B-04】	坐具
施絇	p0880b23	（去緣四）指**施鉤**	【B-04】	坐具
頞鞞	p0880c03	**頞鞞**比丘	【B-04】	坐具
挈壺	p0881a06	**挈壺**掌漏刻之官	【B-04】	坐具
履雖	p0881a08	**履雖**貴不可以居上	【B-04】	坐具
弘軌	p0881a11	三藏之**弘軌**也	【B-04】	坐具
曓於				
夏桀	p0879a10	**夏桀**時生天	【A-24】	釋迦佛生年
王𪗌				
訊問	p0879b21	村人**怪問**	【A-29】	苟蒨向天書經
捔試				
縑纊	p0880a03	内假**縑纊**	【B-02】	絹衣
渝州	p0881b16	江左**渝州**（已下）	【B-06】	戒壇

　　我們驚訝地發現，可洪所據的文本，與現存諸本差異極大。首先，各組問答的排列方式完全不同，似乎遵循另外的邏輯。例如道宣自序中費姓天人關於《量處輕重儀》涉及輕重物的討論，從序中抽出，被移置到"問佛事"的各條之後；【A-26】鬼神造塔豐儉不同、【A-12】玉華宮南檀臺山塼塔、【A-22】長干寺、鄧縣阿育王塔、【A-23】衡山南阿育王塔、【A-25】阿育王第四女瑞像，這些與阿育王

塔和造像有關的靈驗記被歸納到一起，置於"問佛事"的開頭。

其次，一些關鍵詞在《律相感通傳》中没有對應，今本文字中有"云云"之類的表達，從關鍵詞所處的位置推測，或許可洪所見的本子，在今本"云云"所省略的地方，尚存有全文。另一方面，關鍵詞所涉及的條目，衹占全書一半不到，固然可以認爲剩餘的條目没有疑難，不需要解釋，但筆者認爲更可能是可洪所見的本子經過了一些删節。簡言之，可洪所據的文本，較之今本有增有删。

最後，我們注意到在道宣自序之前，還有一段序文，題"西京弘福寺釋彦悰製"。可洪對其中的若干關鍵詞做了音注。彦悰爲《律相感通傳》作序，他書不載，但可以找到一條旁證。

彦悰其人生卒年不詳，在高宗朝沙門拜君親的爭議風波中，他與道宣是護法力量的中堅，與道宣密切配合[49]。所撰《大慈恩寺三藏法師傳》，完稿於垂拱四年（688），是爲其活動的下限。在《慈恩傳》卷十，彦悰援引道宣感通天人的對話，對玄奘的譯業和修行加以肯定：

> 法師亡後，西明寺上座道宣律師有感神之德，至乾封年中見有神現，自云："弟子是韋將軍諸天之子，主領鬼神。如來欲入涅槃，敕弟子護持贍部遺法，比見師戒行清嚴，留心律部，四方有疑皆來諮决，所制輕重，時有乖錯。師年壽漸促，文記不正，便誤後人，以是故來示師佛意。"因指宣所出律抄及《輕重儀》僻謬之處，皆令改正。宣聞之，悚慄悲喜，因問經、律、論等種種疑妨，神皆爲决之。又問古來傳法之僧德位高下，並亦問法師。神答曰："自古諸師解行互有短長，而不一準，且如奘師一人，九生已來備修福慧兩業，生生之中多聞博洽，聰慧辯才，於贍部洲支那國常爲第一，福德亦然。其所翻譯，文質相兼，無違梵本。由善業力，今見生睹史多天慈氏内衆，聞法悟解，更不來人間。既從彌勒問法，悟解得聖。"宣受神語已，辭别而還。宣因録入著記數卷，見在西明寺藏矣。據此而言，自非法師高才懿德，乃神明知之，

---

[49] 釋智昇《開元釋教録》卷八："龍朔二年壬戌（662）有詔令拜君親，恐傷國化，令百司遍議。於時沙門道宣等共上書啓聞於朝廷，衆議異端所司進入，聖躬親覽下敕罷之。悰恐後代無聞，故纂斯事并前代故事及先賢答對，名爲《集沙門不拜俗議》，傳之後代，永作楷模，牆壍法城，玄風不墜也。"《大正藏》第2154號，第55册，563頁上欄。

豈凡情所測。[50]

玄奘轉生兜率天以及九生以來備修福慧的説法,不見於今存各版本的《律相感通傳》。但我們注意到今本【A-10】是關於羅什譯經和破戒問題的討論,這印證了彦悰所説,道宣與天人的對話,包含了"古來傳法之僧德位高下"的内容,並且全書内容有數卷之多。總之,作爲道宣同時之人,彦悰不僅熟知道宣晚年冥感天人的事跡,也看到了西明寺中所藏道宣與天人對話的記録。

這些對話記録,是否即是《律相感通傳》,下文再做討論。此處祇提出彦悰序中有"蕭稂"一詞[51],雖無上下文,但一般的用法是寓指蕪雜的文字,所謂"搴其蕭稂"。因此筆者認爲,可洪所據的文本,以及上文談到的道世所引文本,可能都是從道宣與天人對話的原始記録中刪定而成。

可洪所據本至少得到彦悰的首肯,並爲之撰序。這個獨特的文本一度流行於五代時期北方地區,後代不見影響。儘管高麗藏援引了可洪的説法,但卻没有參考他所依據的文本。

四、目録學考察

上文從文本的標題、千字文帙號、篇章結構、文字等方面,檢討了《律相感通傳》文本從唐寫本到日、韓刊本的多種形態。本節勾稽零散記録,對該作品做目録學的考察,藉此全面梳理文本的流傳過程。關於内外典籍目録中道宣作品的著録,學界曾有一些研究[52],本文對個别細節再做一些修正,重點關注造成此書題目多歧的原因,以及"律相感通傳"得名的來源。

1. "住持感應記"及其節本

道宣生前所撰《大唐内典録》,其中兩處著録了自己的作品。此書撰成於麟

---

[50] 釋慧立、釋彦悰《大慈恩寺三藏法師傳》卷一○,孫毓棠、謝方點校《大慈恩寺三藏法師傳 釋迦方志》,中華書局,2000年,223—224頁。這段文字高麗藏與江南系統藏經多有異文,本文從麗本。

[51] 釋可洪《新集藏經音義隨函録》卷二六,《高麗大藏經》第35册,546頁a7。

[52] 參見劉林魁《〈廣弘明集〉研究》,中國社會科學出版社,2011年,19—31頁。大内文雄編《唐·南山道宣著作序文訳註》,法藏館,2019年,346—354頁。

德元年,選擇這一年上進目録,大概是由於此年二月玄奘圓寂,不久高宗下敕:"有玉華寺奘法師既亡,其翻經之事且停。已翻成者,準舊例官爲抄寫;自餘未翻者,總付慈恩寺守掌,勿令損失。其奘師弟子及同翻經,先非玉華寺僧者,宜各放還本寺。"[53]這標誌着一個翻譯工程的終結,恰好得以整理有唐一代新譯佛經。

《大唐内典録》著録道宣作品,分别在卷五和卷十。卷十《歷代道俗述作注解録》著録了 10 部 100 餘卷作品,卷五《皇朝傳譯佛經録》則著録了 18 部 110 餘卷作品,《行事删補律儀》以及《釋門亡物輕重儀》等 4 部,或許對應卷十著録的《删補律相雜儀》,但卷數無法湊足二十卷。此外多出的《注戒本》《注羯磨》,以及《釋氏譜略》《聖迹見在圖贊》《佛法東漸圖贊》,除最後一種,大多流傳至今,分别對應《大正藏》所收《四分律比丘含注戒本》(T1806)、《四分律删補隨機羯磨》(T1808)、《釋迦氏譜》(T2041)以及日本所傳寫本殘卷《畫圖贊文》[54]。此時《律相感通傳》尚未創作,自然不會收録。

道世撰《法苑珠林》,成書於總章元年,即道宣死後次年。該書卷一百《傳記篇·雜集部》著録道宣作品 22 部 117 卷,主體部分全部繼承了《大唐内典録》卷五,增補的四部作品分别是:"《西明寺録》一卷;《感通記》一卷;《祇洹圖》二卷;《遺法住持感應》七卷。"[55]這四部作品大體上都是道宣最晚年的作品。《西明寺録》今佚,相關記載也很少,撰作年代不詳[56]。《感通記》則是指本文討論的《律相感通傳》。宋以前諸書徵引,大多以此作爲標題。《祇洹圖》乃指《中天竺舍衛國祇洹寺圖經》(T1899),成立年代也在乾封二年[57]。關於《遺法住持感應》七卷,篠原亨一先生曾經做過研究,《法苑珠林》保留了其書序文以及若干引

---

[53] 釋慧立、釋彦悰《大慈恩寺三藏法師傳》卷一〇,孫毓棠、謝方點校《大慈恩寺三藏法師傳 釋迦方志》,225 頁。

[54] 《畫圖贊文》在日本有二殘本,大東急紀念文庫存卷二六,兵庫縣白鶴美術館存卷二七,此書實爲道宣所撰《聖迹見在圖贊》,參見定源《日藏唐抄本〈畫圖贊文〉及其作者考述》,《域外漢籍研究集刊》第 15 輯,中華書局,2017 年,303—347 頁。

[55] 釋道世撰,周叔迦、蘇晋仁校注《法苑珠林校注》卷一〇〇《傳記篇·雜集部》,2883 頁。

[56] 參見馮國棟《唐宋亡佚佛教經録叢考》,氏著《佛教文獻與佛教文學》,宗教文化出版社,2011 年,59—61 頁。

[57] 參見王大偉、陳憲良《唐代道宣著作兩種校釋》,四川大學出版社,2018 年。

文[58]。序文交待了道宣於乾封二年感通天人的經過：

> （前略）於是律師既承靈屬，扶疾筆受，隨聞隨錄，合成十卷。律師憂報將盡，復慮天人將還，筆路蒼茫，無暇餘事，文字亦復疏略，但究聖意，不存文式。所有要略住持教迹不决者，並問除疑，以啓心惑，合有三千八百條，勒成十篇：一叙結集儀式，二叙天女偈頌，三叙付囑舍利，四叙付囑衣鉢，五叙付囑經像，六叙付囑佛物，七叙結集前後，第八第九（此二不成，闕於名字），十叙住持聖迹。
>
> 律師既親對冥傳，躬受遺詰，隨出隨欣，耳目雖倦，不覺勞苦，但恨知之不早，文義不周。今依天人所説，不違三藏教旨，即皆編錄。雖聞天授，還同佛説。始從二月，迄至六月，日別來授，無時暫閑。至初冬十月三日，律師氣力漸微，香旛遍空。天人聖眾同時發言，從兜率天來請律師。律師端坐，一心合掌，斂容而卒。臨終，道俗百有餘人，皆見香華迎往升空。
>
> 律師是余同學，升壇之日，同師受業。雖行殊薰莸，好集無二，若見若聞，隨理隨事，捃摭衆記，簡略要集，編錄條章，並存遺法，住持利益也。[59]

由此看來，道宣晚年在醞釀一個頗爲宏大的寫作計劃，在乾封二年二月到六月這數月之間，以天人對話的形式記錄下來的文字，共有 3800 條，十卷之多，並且給出了各篇的主題。據《宋高僧傳》本傳，道宣卒於當年十月[60]。在道宣死後，這些記錄由道世做了改定。這個巨大的文本庫，可能起初没有標題，唐宋諸家目錄記載與此冥感經歷有關的若干著作，標題、卷數各不相同，原因正在於此。

智昇於開元十八年（730）撰《開元釋教錄·入藏錄》，祇著錄了道宣作品 8 部 81 卷，比道世的著錄要少，甚至比道宣自己著錄的也少。圓照於貞元十年（794）撰《貞元續開元釋教錄》，曾提請"《京師西明寺錄》三卷；釋氏道宣《感通記》一卷；《開中創立戒壇圖經》一卷"[61]編入大藏。這就是上文談到的，可洪

---

[58] Koichi Shinohara, "The Kaṣāya Robe of the Past Buddha Kāśyapa in the Miraculous Instruction Given to the Vinaya Master Daoxuan (596—667)," *Chung-Hwa Buddhist Journal*, No. 13. 2 (2000), pp. 299–367.

[59] 釋道世撰，周叔迦、蘇晋仁校注《法苑珠林校注》卷一〇《千佛篇·納妃部·灌帶部》，343—344 頁。

[60] 釋贊寧撰，范祥雍點校《宋高僧傳》卷一四《道宣傳》，329 頁。

[61] 釋圓照《貞元續開元釋教錄》卷三，《大正藏》第 2156 號，第 55 册，769 頁中欄。

得知此書存在的信息來源。然而,六年以後,貞元十六年編成的《貞元釋教錄·入藏錄》並未採納這一建議,仍然維持了《開元釋教錄》的入藏經目。這造成《律相感通傳》在有唐一代都未能獲准入藏。

佛教目錄之外,世俗史書《舊唐書·經籍志》著錄了道宣作品6部88卷。值得注意的是其中的"《通惑決疑錄》二卷",劉林魁認爲這是《廣弘明集》卷六、七《列代王臣滯惑解》的單行本[62]。這不失爲一種合理的猜測,但"決疑"二字似乎仍難落實。聯繫本文上引道宣與天人對話"所有要略住持教迹不決者,並問除疑,以啓心惑"的描述,筆者推測這或許也是從數千條對話記錄中擇取刪定的文本。

2.《律相感通傳》之得名

進入宋代,元照撰《芝園遺編》著錄的道宣作品驟然增多至百餘部。造成這一現象的原因一是增補了道宣解釋經論的作品,比較典型的例子是《妙法蓮華經弘傳序》,前代不見著錄[63],二是元照撰錄並非實見目錄,而是從各書記載摘引而來,同書異名者重複著錄,屢見不鮮。與本文討論直接相關的作品有如下幾種:

《律相感通傳》一卷,乾封二年製。見行。

《結集正教住持遺法儀》六卷,杭州祥符賢聖藏有本。

《感通記》十卷,未見。

《付囑儀》十卷。《宋僧傳》云:從天人口傳偈頌,號《付囑儀》。未見。

《終南山靈感傳》二卷。乾封二年,於靈感寺撰。見行。[64]

上文談到,本書在唐代諸家著錄中,題作《感通記》。開寶藏錯簡的《集神州三寶感通錄》卷上題作《宣律師感天侍傳》,可洪音義、高麗藏初雕本的標題是《(道)宣律師感通錄》。圓仁的求法目錄中,也著錄《感通傳》一卷[65]。元照目錄第一

---

[62] 參見劉林魁《〈廣弘明集〉研究》,19—20頁。

[63] 此書見於最澄目錄,天台山隋塔有石刻本,參見桐谷征一《中國天台山碑刻法華經初探》,房山石經博物館編《石經研究》第1輯,北京燕山出版社,2017年,29—82頁。桐谷氏將刻經斷爲唐初,此點值得商榷,筆者擬另文討論。

[64] 釋元照《芝園遺編》卷三,《卍續藏》第105册,572頁下欄—573頁上欄。

[65] 釋圓仁《入唐新求聖教目錄》:"《感通傳》一卷(道宣)。"《大正藏》第2167號,第55册,1086頁下欄。

次出現了《律相感通傳》的標題。

"律相感通"分别突出了此書問佛事(=感通)與論律相兩部分的内容,較之前的舊題更加合理。乾道九年(1173),行霆撰《重編諸天傳》談及韋馱天,言"律師述《靈威要略》,并《律相》《感通》二傳,備載其實"[66]。此處"律相、感通二傳",或是望文生義,未必親見其書[67],但可以證明在宋代江南,"律相感通"這一標題開始流行。日本刊本系統均以此爲題,其來源或可追溯至宋代的江南地區。

此外,《結集正教住持遺法儀》六卷,藏於杭州的大中祥符寺,所謂"祥符賢聖藏",當指該寺藏經中的賢聖撰集部分。元照早年在此寺參學,利用這裏的藏書自在情理之中。從"結集正教住持遺法"這些提法來看,正是上文介紹的道宣《住持感應記》中的篇目。《感通記》十卷,元照未見;《付囑儀》十卷,乃從贊寧《宋高僧傳》轉引;《終南山靈感傳》二卷,很可能來自《義天録》[68]。這些書都指向乾封二年道宣感通天人的經歷,都可以認爲是《住持感應記》的别題或其删節本。

3.《律相感通傳》與大慧宗杲

元照目録以後,《佛祖統紀》《釋氏稽古略》等佛教史書也都著録了道宣的若干著作,類皆輾轉抄撮,《新唐書·藝文志》著録唐初釋教作品,先行研究已指出多據《大唐内典録》和《續高僧傳》[69],無煩考辨。

本節最後對中野本慧淑序提到的《律相感通傳》與兩宋之際名僧大慧宗杲(1089—1163)的關係略做考釋。《大慧普覺禪師普説》記載大慧宗杲曾爲盧時用説:

---

[66] 釋行霆《重編諸天傳》卷二,《卍續藏》第150册,271頁下欄。此書是鏡庵行霆在神焕所著《諸天傳》基礎上增補重訂而成,除《卍續藏》所收本,現存最早的版本是寬文元年(1661)中野是誰刊刻本。參見林鳴宇《宋代天台教学の研究——〈金光明經〉の研究史を中心として》,山喜房佛書林,2003年,731—745頁。

[67] 此外,"靈威"當爲"靈感"之訛,即指道宣所居之靈感寺。"要略"之語,見於《住持感應記》序"所有要略住持教迹不决者"。《靈威(感)要略》,當亦爲《住持感應記》之别名。

[68] 釋義天《新編諸宗教藏總録》卷二:"《南山靈感傳》二卷,道宣述。"《大正藏》第2184號,第55册,1174頁中欄。

[69] 會谷佳光《宋代書籍聚散考:新唐書藝文志釋氏類の研究》第二章《釋氏類と大唐内典録·續高僧傳》,汲古書院,2004年,55—89頁。

> 我初到衡陽，諸處道友送得千百貫錢來，自家遣兩箇侍者去嶽山、潙山諸處齋僧一巡。衡陽人初不知有齋僧之説，有來問妙喜者，對他道："祇是把錢雇和尚喫飯。"過得幾時，因普説方與他説齋僧功德，後來稍稍知歸向。唐時有箇宣律師，佛滅度後持得二百五十戒無缺犯者，惟宣律師一人而已，爲他持戒殊勝，戒光直透天宫，感得韋馱天神，每日供天厨食。因問天神："你何人耶？"曰："非常人也。因修五戒十善，果感爲天神。"宣因問數十件事，一一答之，又問："世間功德，何者最大？"曰："齋僧功德最大。"[70]

《大慧普覺禪師年譜》將此條繫於紹興十一年辛酉（1141）[71]。是年，宗杲因與張九成議論朝政獲罪，被流放到衡州。在此期間，曾引用道宣感通天人的問答，説明齋僧之功德。此説在今本《律相感通傳》中没有嚴格對應的文字，儘管文中確曾提到韋將軍童真梵行，得爲天人，以及供養聖僧賓頭盧的方法。

大慧宗杲對道宣的引用，被江户學僧得知，可能還有一個中介，這就是無著道忠的《禪林象器箋》。該書卷五《靈像門》彙集了有關"韋天將軍"的各種文獻，其中包含大慧宗杲的語録。此或爲中野本僧淑序之所據。

結　語

以上考察了《律相感通傳》從寫本到刻本的各種形態。乾封二年，時距道宣圓寂僅有數月，他以天人感通的形式，記録下幾千條對話。這批材料尚未定稿，也没有固定的標題，寫本藏於西明寺。道宣死後，道世和彦悰分別參與了相關作品的整理，全帙雖已不存，然而尚可從《法苑珠林》和《可洪音義》中的引用加以復原。

《律相感通傳》得以編入《高麗大藏經》，出於一個偶然的機緣，這就是高麗藏所據開寶藏本《集神州三寶感通録》卷上存在錯簡。初雕和再雕藏本的編輯者，兩次將這一錯簡部分抽出，冠以"道宣律師感通録"的標題。

在宋代江南地區，出現了題爲"律相感通傳"的新文本，此本經由大慧宗杲

---

[70] 《大慧普覺禪師普説》卷一，《卍正藏》第59册，新文豐出版公司，1980年，816頁上欄。
[71] 《大慧普覺禪師年譜》，《嘉興大藏經》第1册，新文豐出版公司，1987年，802頁上欄。

的提倡,爲日本僧人所知。日本刊本系統最早可追溯至江户初期的中野氏刊本,其所據底本應當是這一新形態。20世紀初,《律相感通傳》終於相繼編入《卍續藏》和《大正藏》。

這一文本的複雜形態提示我們,在考察佛教文獻版本時,需要基於唐宋之際東亞世界各地區(中原、契丹、朝鮮半島、日本)藏經版本系統的整體判斷,以及對寫本與刻本形態差異的充分體察。隨着刊本藏經和敦煌寫本、日本古寫經的逐步電子化,這一工作對於普通的古籍整理者也成爲可能。

附表　《律相感通傳》分段

編號	地點	條目	《大正藏》出處(T45, no. 1898)
自序			p. 874, b12–p. 875, a28
A–01	益州成都	多寶寺石佛	p. 875, a29–b25
A–02	同	多寶寺隸書	p. 875, b25–c8
A–03	長安西	高四土臺	p. 875, c8–13
A–04	同	高四土臺—秦穆公污穢佛像、復建周穆王舊寺	p. 875, c13–p. 876, a15
A–05	五臺縣	清涼山來源、師子國僧巡禮清涼山	p. 876, a15–b7
A–06	同	清涼山位置	p. 876, b7–13
A–07	同	五臺山大孚靈鷲寺	p. 876, b13–c5
A–08	涼州番和縣	劉薩訶瑞像	p. 876, c5–27
A–09	建康	龍光寺瑞像	p. 876, c27–p. 877, a16
A–10	同	羅什譯經及破戒事	p. 877, a16–28
A–11	坊州	顯際寺古像	p. 877, a28–b5
A–12	玉華宮南	壇臺山磚塔,慈烏川石像	p. 877, b5–23
A–13	荆州江陵	大明寺栴檀像	p. 877, b23–c11
A–14	荆州江陵	河東寺	p. 877, c11–p. 878, a20
A–15	荆州江陵	河東寺艣臺	p. 878, a20–b1
A–16	簡州	三學山寺佛燈	p. 878, b1–6
A–17	涪州	相思寺篆銘	p. 878, b6–17
A–18	循州興寧縣	靈龕寺	p. 878, b17–25

續　表

編號	地點	條目	《大正藏》出處（T45, no.1898）
A-19	沁州	北山石窟	p. 878, b25-27
A-20	渭州	終南山七佛澗	p. 878, b28-c1
A-21	益州	諸阿育王舍利塔：大石、武擔、雒縣	p. 878, c1-10
A-22	建康、鄮縣	阿育王塔	p. 878, c10-22
A-23	衡山南	阿育王塔	p. 878, c22-p. 879, a8
A-24		釋迦佛生年	p. 879, a8-16
A-25		阿育王第四女瑞像	p. 879, a16-29
A-26		鬼神造塔豐儉不同	p. 879, a29-b7
A-27		七識各有神	p. 879, b7-12
A-28		二百五十戒各有神	p. 879, b12-16
A-29	綿州巴西縣	苟蒨向天書經	p. 879, b16-28
A-30	相州	鼓山竹林寺	p. 879, b28-c4
B-01		律師爲僧祐轉世，報命將終	p. 879, c4-17
B-02		禁絶絹衣	p. 879, c17-p. 880, a7
B-03		三衣破緣而縫	p. 880, a7-17
B-04		坐具不得置於左肩	p. 880, a17-p. 881, a21
B-05		縫衣葉爲北方權制	p. 881, a21-29
B-06		戒壇攸關佛法興廢	p. 881, a29-b29
B-07		戒壇左繞之由	p. 881, b29-c9
B-08		請出祇洹寺圖	p. 881, c9-10
B-09		天竺侮慢大乘，諸神護衛之	p. 881, c11-p. 882, a17

The Textual History of the Records of *Miraculous Responses and Manifestations of the Vinaya*

Chen Zhiyuan

Records of Miraculous Responses and Manifestations of the Vinaya 律相感通傳 (hereafter *GTZ*) was compiled in 667, several months before Daoxuan 道宣 passed away. The edition collected in the Taisho Tripitaka 大正藏 (T1898) was based on the Nakano Sozaemon edition printed in 1718. The Nakano edition is a collation of multiple texts. They include the Second Goryeo Tripitaka edition 高麗藏再雕本, a manuscript, and two woodblock prints. The Taisho text under the title of *Records of the Miraculous Responses of Vinaya Master Daoxuan* 道宣律師感通錄 (T2107) is identical to *GTZ* and based on the Second Goryeo Tripitaka edition. According to the colophon of the First Goryeo Tripitaka edition 高麗藏初雕本, the Kaibao Tripitaka edition 開寶藏本 of *the Records of the Miraculous Responses of the Three Treasures in China* 集神州三寶感通錄 had mistakenly collected *GTZ* in its first fascicle. The editors of the First Goryeo Tripitaka extracted this part and placed it under the label character *you* 右 according to the classification of *Kehong's Phonetic and Semantic Dictionary* 可洪音義. Sugi 守其, the editor of the Second Goryeo Tripitaka also discovered and recorded this error. Kehong 可洪 knew the existence of *GTZ* via *The Sequel to the Catalogue of Buddhist Teachings compiled in the Kaiyuan Era, expanded in the Zhenyuan Era* 貞元續開元釋教錄, and acquired the manuscript from Huicheng 惠澄, the head seat who oversaw the collation of Buddhist texts. This manuscript contained a preface by Yancong 彥悰 and deviated from other editions in structure. This testifies to an alternative system of manuscripts circulated in northern China during the late Tang and the Five Dynasties. In addition, most stories in *GTZ* were quoted in the encyclopedic *Pearl-forest of the Dharma Garden* 法苑珠林. This indicates that during the last years of Daoxuan, he embarked on an ambitious project of recording conversations between heavenly beings and humans. The work was stored in Ximing Temple 西明寺 and revised by Daoshi 道世 and Yancong 彥悰. Still, this project was not finished and it partially explains why there are alternative titles and the number of scrolls of *GTZ* in different catalogues compiled in the Tang-Song era.

入唐日僧最澄、空海攜歸碑銘輯考*

劉慧婷

一、引言

"入唐八家"是日本遣唐使中請回唐代佛教文物文獻最爲傑出的代表。在唐求法旅程中,他們不僅與唐土的僧侶文士有着密切的交流,還請回大量的佛教經律章疏等内典文獻、法器道具及外典若干,這些文獻大多著録在其回國上奏天皇的"請來目録"(或稱"將來目録")中。作爲中國古典目録學的重要組成部分,入唐日僧求法目録反映了中古時期文獻的諸種形態,展現了佛教東傳與繁榮發展的盛况,實爲不可多得的史料依據。日僧攜歸的唐代文物文獻中載録碑銘衆多,八家目録中六家(最澄、空海、圓仁、惠運、圓珍、宗叡)皆有碑銘著録。此外,最澄、空海、圓仁、圓珍的文集、行記中還涉及自唐土攜歸碑文多篇。本文着眼於對最澄和空海攜歸碑銘的考察,圓仁、惠運、圓珍、宗叡四位日僧攜歸碑文的具體情况將另作專文探討。

圍繞最澄、空海攜歸石刻文獻的考察,學界主要先行研究成果如下。後藤昭雄指出日本平安時期創作的碑文遺存比較貧乏,其中空海的《沙門勝道歷山水瑩玄珠碑》《大和州益田池碑銘》《大唐神都青龍寺故三朝國師灌頂阿闍梨惠果和尚之碑》三篇碑文是最爲傑出的代表,創作構思與規範正是源於自唐朝請回的諸篇碑銘,空海《秘密漫荼羅教付法傳》和後世編纂的《真言付法傳》對唐土碑

---

* 本文係國家社會科學基金重大項目"日韓所藏中國古逸文獻整理與研究"(項目號:20&ZD273)階段性成果。

文内容也時有引用[1]。伊吹敦留意到最澄《内證佛法相承血脈譜》中與禪宗相關的三種碑文,指出《寶林傳》雖成書於最澄入唐之前,但由於最澄將來目錄中並無記載,《血脈譜》《寶林傳》二者可能分別基於共同的碑銘來源而編寫[2]。孫猛《漢籍東傳與〈日本國見在書目錄〉》對9世紀漢籍東傳史料曾作一梳理,其中特別述及最澄、空海歸國後獻納的書法搨本[3]、真迹,惜因《日本國見在書目錄》並無著錄而未予展開詳細考證[4]。史睿《唐代書法文化的東傳——以空海、最澄爲中心》着眼於最澄和空海攜歸的書法文獻,文章指出,二人因入唐際遇的差异,在所獲書法文獻類别方面亦有所區别,空海所獲多爲法書真迹或摹本,而最澄所獲皆爲石刻法帖拓本[5]。

根據筆者掌握的資料統計,最澄和空海的請來目錄及個人文集中載録碑銘細目除去重複計有30種,其中間有未見中國傳世史籍記載者。由於此批文獻的綜合探討尚未見專論,今以兩位求法僧攜歸碑銘爲研究主體,結合傳世文獻試作考述[6]。《天台山智者大師墳裏碑》相關史事及撰者生平未見可據之典,暫作存目處理,期盼今後珍稀拓本、抄本或相關資料再現於世,敬希方家採摭遺珠,厘析始末。

---

[1] 後藤昭雄《入唐僧の將來したもの——讚と碑文》,後藤祥子等編《論集平安文学2 東アジアの中の平安文学》,勉誠社,1995年,16—30頁;此據作者《平安朝漢詩文の文体と語彙》,勉誠出版,2017年,71—85頁。

[2] 伊吹敦《最澄が傳えた初期禪宗文獻について》,《禪文化研究所紀要》第23號,1997年,181—182頁。

[3] 關於"搨本"與"石摺""拓"字的考察,參閲史睿《唐代書法文化的東傳——以空海、最澄爲中心》,《敦煌學》第36期,南華大學敦煌學研究中心,2020年,93頁。史睿指出,《比叡山最澄和尚法門道具等目錄》中的"石摺","即是石搨,摺爲搨之誤字。唐代尚無作椎拓的拓字,祇有作摹搨的搨字。椎拓作爲一種複製文字或圖案的技術,唐代尚不普及,人們將其視爲傳統摹搨的一種特例,因爲從石頭上摹下來,故稱之爲'石搨'。其後石搨稱爲合文的'拓'字,恰好與開拓的拓字形相同,於是此字又增加一個'搨'音。"

[4] 孫猛《日本國見在書目錄詳考》,上海古籍出版社,2015年,2156—2157頁。

[5] 史睿《唐代書法文化的東傳——以空海、最澄爲中心》,《敦煌學》第36期,79—104頁。

[6] 按:本文以神道碑、紀功碑、墓誌銘、塔銘等碑刻文獻爲主要考察對象,統以"碑銘"泛稱,摹刻書迹的刻帖拓本不在考察範圍。

二、攜歸碑銘輯考

(一) 最澄篇

最澄攜歸文獻見於《傳教大師將來台州録》(《台州録》,爲簡便表述,以下括號内爲本文省稱)、《傳教大師將來越州録》(《越州録》)、《比叡山最澄和尚法門道具等目録》(《比叡目》)。其中,《台州録》著録碑銘8種,《越州録》著録碑銘3種。《比叡目》著録"天台雜碑並傳等壹帙""天台雜文章安碑等壹帙"〔7〕,其中細目未見記載,推測可能爲據《台州録》《越州録》中所録有關天台宗智顗、灌頂等人之碑銘、傳記各彙爲一帙者。此外,"書法目録"部分著録當時流存之唐及唐前石刻書法拓本13種,包括《趙模千字文》《大唐聖教序》《真草千字文》《天后聖教碑》《台州龍興寺碑》《潤州牛頭山第六祖師碑》《王義之十八帖》《開元神武皇帝書法》(鵝鴒)、《歐陽詢書法》《王獻之書法》《褚遂良集》一枚、《安西内出碑》《梁武帝評書》,其中碑銘4種——《大唐聖教序》《天后聖教碑》《台州龍興寺碑》《潤州牛頭山第六祖師碑》。史睿考證《比叡目》所録大唐石揭《安西内出碑》雖以"碑"爲題,"實則當爲刻帖",進而判斷"《安西内出碑》實即王義之《安西帖》,然非今《淳化閣帖》卷八中的《一昨得安西六日問帖》,當是見於褚遂良《右軍書録》和張彦遠《右軍書記》的《安西復問帖》",全文見於張彦遠《右軍書記》,安西指安西將軍庾冀〔8〕。故而此碑不在本文討論範圍之内。三種求法目録共著録碑銘15種。此外,最澄《天台法華宗學生式問答》在叙述祖師行業時大量徵引唐土碑銘原文,除去與求法目録相合者,另有《荆州玉泉寺碑》《天台國清寺智者禪師碑文》2種;最澄《内證佛法相承血脈譜》之《達磨大師付法相承師師血脈譜》對《達磨碑頌》《慧可和上碑銘》《信大師碑銘》《道璿碑銘》亦有引用,知其亦曾攜4種碑文歸日,總計21種。

1.《天台山智者大師墳裹碑》一卷(慈力居士馬確撰)(五紙)(《台州録》)

按:智者大師,即智顗,後世將其尊爲中土天台宗第四祖。石、文皆佚,碑銘

---

〔7〕 佚名《比叡山最澄和尚法門道具等目録》,佛書刊行會編《大日本佛教全書》第2卷,1914年,14頁。

〔8〕 史睿《唐代書法文化的東傳——以空海、最澄爲中心》,《敦煌學》第36期,94—95頁。

無考。

2.《天台山智者大師贊》一卷(三紙)(《台州録》)

按:《寶刻叢編》卷一三《兩浙東路·台州》引《復齋碑録》著録"《唐天台禪林寺智者大師畫像贊》,唐顔真卿撰、侄顔頵正書、男汝玉篆額,大和四年(830)冬季月建",同卷又引《諸道石刻録》著録"《唐智者大師畫像贊》,唐顔真卿撰,沙門行昉八分書"[9]。行昉,生平未詳。《輿地紀勝》卷一二《台州·碑記》並見著録《禪林寺智者大師畫贊》,注云"在天台縣,唐大曆(766—779)中顔真卿文"[10]。最澄入唐時間在804—805年,推測攜歸者可能爲沙門行昉八分書本。周琦首次揭櫫《天台智者大師畫贊》逸文,並記云:"日本友人書後題識:'原本者日本國天台宗魚山大原寺藏版也。一九八二年三月,爲日中友好佛教音樂研究訪中團天台山參拜作製之略用本也,日本國京都市龍京區大原魚山富光院内,梵唄研究探聲會。'"[11]陳尚君先生將此贊輯入《全唐詩續拾》卷一八。朱關田《顔真卿年譜》將此文創作時間繫於唐代宗大曆三年,時年六十歲的顔真卿在吉州别駕任上受法源大師之請而撰[12]。

顔真卿存世文章見於《全唐文》卷三三六至卷三四四,凡112篇,其中碑銘類52篇;《唐文拾遺》卷一九補輯11篇,其中碑銘類2篇;《全唐文補編》卷五二補輯3篇,其中碑銘類1篇;《全唐文再補》卷三補輯墓誌銘1篇;《全唐文又再補》卷四補輯碑銘1篇;《全唐文補遺》第三、第六、第八輯補輯碑銘4篇。《全唐詩》卷一五二存其詩9題10首,卷七八八存殘句21聯;《全唐詩補逸》卷一七補輯殘句1聯;《全唐詩續補遺》卷三補輯殘句1聯。

3.《天台山智者大師墳前左碑》一卷(會稽上皇山人萬齊融述)(五紙)(《台州録》)

按:萬齊融,越州人,生平見《舊唐書》卷一九〇、《新唐書》卷一〇四、《唐詩

---

[9] 陳思《寶刻叢編》卷一三,《石刻史料新編》第1輯第24册,新文豐出版公司,1982年,18292頁。

[10] 王象之《輿地紀勝》卷一二,中華書局,1992年,700頁。

[11] 周琦《天台山發現一批唐代中日文化交流史料》,《東南文化》1990年第6期《天台山文化專號》,237—238頁。

[12] 劉子瑞主編,朱關田等編著《顔真卿書法全集》,天津人民美術出版社,2009年,2183頁。

紀事》卷二二、《全唐文》卷三三五。李菁指出《全唐文》萬齊融小傳所云"官秘書省正字,出爲崑山令"當誤,"或先由秘省正字出爲涇縣令,再由涇縣令移崑山縣令,並官終於此。《唐五代文學編年史·初盛唐卷》'唐玄宗天寶四載'據齊融《法華寺戒壇院碑》及李頎詩《寄萬齊融》,考天寶三載齊融已在崑山令任上,可從,其爲涇縣令當在開元後期"[13]。此碑於其他史籍中未見流傳,石、文皆佚。

據《寶刻叢編》卷一三引《集古錄目》《諸道石刻錄》《復齋碑錄》,萬齊融所撰碑文尚有《唐法華寺玄儼律師碑》(《全唐文》題作《法華寺戒壇院碑》)、《唐龍泉寺常住田碑》(今佚)、《唐阿育王寺常住田記》(《全唐文》題作《阿育王寺常住田碑》)。《宋高僧傳》卷八《唐越州雲門寺道亮傳》載萬齊融亦曾爲道亮撰作碑銘。據《法華寺戒壇院碑》"及瞻斯拱木,已十有餘秋。私念生涯,自憐何極。庶依神理,敢作銘云"[14]及《宋高僧傳》卷一四《唐越州法華山寺玄儼傳》"天寶十五載歲次景申,萬齊融述《頌德碑》焉"[15],可知此碑爲自天寶三載(744)十一月七日玄儼圓寂十餘年後萬齊融所作,《寶刻叢編》所載立碑時間當與撰文年代一致,據此推測天寶十五年萬齊融尚在世。雖無法確考萬齊融生卒年,但可據此文撰作時間大致了解萬齊融所處時代及智者大師碑的成立年代。

又,梁肅《越州開元寺律和尚塔碑銘並序》云:"由是與少保充國陸公象先、賀賓客知章、李北海邕、徐中書安貞、褚諫議庭誨及涇縣令萬齊融爲儒釋之遊,莫逆之友"[16],據知萬齊融與下述《曇一律師碑銘》傳主曇一交往甚善。

4.《天台山智者大師墳前右碑》一卷(龍泉寺崙(崟)法師述)(五紙)(《台州錄》)

按:原石今亡,疑存逸文。最澄《台州錄》著錄"《般舟三昧行法》一卷",下記"已上疏並義等,一十四部四十一卷,開元二十二年(734),龍泉寺崟法師與僧道謀,所書智者大師墳前右柱碑上,雖有名目,然梁本未得"[17]。遵式《天台教

---

[13] 李菁《舊唐書文苑傳箋證》卷二,周祖譔主編《歷代文苑傳箋證》第2冊,鳳凰出版社,2012年,387頁。
[14] 董誥等編《全唐文》卷三三五,中華書局,1983年,3393頁。
[15] 贊寧撰,范祥雍點校《宋高僧傳》,中華書局,1987年,344頁。
[16] 《全唐文》卷五二〇,5288頁。
[17] 《大正藏》第55冊,1057頁上。

觀目録·序》云:"唐開元岑法師於智者墳前刻石柱,云《大智度論疏》二十卷。嘗詢諸先達,未見其文。"[18]是知岑法師刻此碑之時不晚於開元二十二年,《台州録》所署"崙"當爲"岑"之誤。

最澄在《天台法華宗學生式問答》卷六叙述智者大師傳法行事時曾徵引《隋故天台佛隴大修禪寺智者大師墓塔石柱誌文》:"序云:'大師姓陳氏,名智顗,字德安,近世之得道者也。隋煬帝以國之重,案地持經,目之爲智者。後人尊崇其德,但以法號稱焉。'乃至云:'身長七尺,目有雙瞳。'乃至云:'以《普賢》《法華》二經爲依止。次第由是,慧解生焉。聞大蘇山慧思禪師,六根清净,八禪具足,於是四事服勤,五時精至。三觀既融,一相斯得。故能目通净土,身現靈山,化有證會,咸從印可。'乃至云:'金陵曲學,宗藏法印。大師已後,來居上首。具出世眼,禪門一啓,覺路四通。法雷所震,大變聾俗。宿學擊節,先達發蒙。惜日出而星收,恨池深而華大者,不可一二詳。'乃至云:'恭惟大師名言所筌,稱謂斯絶。持凡心以測聖,若挹虚空;引俗議以談真,如驚河漢。强名曰道,請試論之。'"[19]頗疑即此墳前右碑逸文。

道振《龍興寺造上方閣畫法華感應記》云:"貞元之時有智通法師,近朝供奉,聰惠天假其靈,善談《涅槃》真文,制《六波羅蜜疏》,流於地(世)也。……時有智岑,善講天台教門,深遠妙源,精義尤博,誓爲佛使,行化人間,來亦於此,知山靈秀,景勝處幽,名僧繼踵。"[20]此碑立於唐大和七年(833),今在山西澤州硤石山青蓮寺觀音閣檐下。《全唐文》卷九一九並見收録,題爲《福岩禪院讀法華經姓名記》。據此推測,岑法師有可能指唐代智岑禪師,精於天台教理,曾遊歷硤石山。

5.《天台山第六祖荆溪和尚碑》一卷(校書郎安定肅撰)(五紙)(《台州録》)

按:荆溪和尚,即湛然,梁肅爲其俗家弟子。與後世將自龍樹至湛然視爲天台九祖傳法世系不同,最澄將湛然記爲天台第六祖,且在《越州録》中著録《祭第六祖荆溪和上文》一卷。事實上這並非最澄一時誤記或手民之誤,而是其以智

---

[18] 遵式《天竺别集》卷上,《卍新續藏》第57册,23頁中。
[19] 比叡山專修院附屬叡山學院編《傳教大師全集》卷一,比叡山圖書刊行所,1927年,376—377頁。
[20] 胡聘之《山右石刻叢編》卷九,《石刻史料新編》第1輯第20册,15112頁。

顗爲天台宗初祖,並未將龍樹、慧文及慧思三人排列在内的緣故。關於"第六祖"之説,池麗梅考察梁肅"校書郎"的頭銜是在建中元年(780)至貞元五年(789)獲得,進而指出最澄將來本的原本是梁肅在還没有失去校書郎這個頭銜時,即在貞元五年之前就已成書並抄寫出來。據此推測,湛然的碑文於貞元五年之前在天台山地區就已被稱爲"天台山第六祖荆溪和尚碑"。也就是説,到789年爲止,將荆溪湛然作爲第六祖的祖統説已經確立。而後世所謂的九祖説晚至13世紀纔見於文獻記載(《天台九祖傳》成立的1208年)[21]。正如湯用彤曾據梁肅《天台禪林寺碑》所載"左溪門人之上首,今湛然禪師,行高識遠,超悟辯達"指出,"皎然之碑(指《蘇州支硎山報恩寺大和尚碑》)顯謂道遵得左溪之法眼,而梁肅則謂左溪付法荆溪。後天台宗人,以龍樹至湛然爲天台九祖,蓋在梁肅而其説始確定也"[22]。

最澄《内證佛法相承血脈譜》之《天台圓教菩薩戒相承師師血脈譜》存有是碑逸文:

> 謹案《唐台州國清寺故荆溪大師碑銘》云:"公諱湛然,字某,俗姓戚氏,世居晉陵之荆溪,尊其教,因以爲號。以教言之,則龍樹之裔孫,智者之五世孫,左溪朗公之法子也。"[23]

又《天台法華宗学生式問答》卷七並云:

> 問曰:"第八傳戒師湛然大師德行何如?"
>
> 答曰:"謹案《唐台州國清寺故荆溪大師碑銘》曰:'道有相有用,成之者性也'乃至'浩蕩塵劫,悠然大空,獨有法言,垂之無窮'。"[24]

此碑全文未見中國古今文集載録,中土久佚,可據最澄引文爲《全唐文》再作補遺。關於此碑狀況與内容的考察,詳參池麗梅《湛然の事迹を伝える唐代資料》[25]。池麗梅指出,傳至日本者屬於碑石正面的碑銘,而《宋高僧傳》《隆興佛

---

[21] 池麗梅《湛然の事迹を伝える唐代資料》,《韓國佛教學 SEMINAR》第10號,2005年,225—226頁。

[22] 湯用彤《隋唐佛教史稿》,中華書局,2016年,140頁。

[23] 《傳教大師全集》卷一,235—236頁。

[24] 《傳教大師全集》卷一,393—394頁。

[25] 《韓國佛教學 SEMINAR》第10號,2005年,207—235頁。

教編年通論》和《釋門正統》中基於梁肅述及荆溪和尚的相關文字屬於碑陰文,並未流傳到日本。

崔恭《唐右補闕梁肅文集序》論及梁肅釋家碑銘創作云:"歸根復命,一以貫之,作《心印銘》;住一乘,明法體,作《三如來畫贊》;知法要,識權實,作《天台山禪林寺碑》;達教源,周境智,作《荆溪大師碑》。大教之所由,佛日之未忘,蓋盡於此矣。若以神道設教,化源旁濟,作《泗州開元寺僧伽和尚塔銘》;言僧事,齊律儀,作《過海和尚塔銘》《幽公碑銘》。釋氏制作,無以抗敵。大法將滅,人鮮知之,唱和之者或寡矣。故公之文章,粹美深遠,無人能到。"[26]再就梁肅存世文章而言,《全唐文》卷五二〇至五二二收録梁肅所撰碑銘28篇,《全唐文補編》卷五四補輯碑文1篇,《唐代墓誌彙編》《全唐文補遺》第一輯補輯墓誌銘1篇,《全唐文又再補》卷四補輯碑文1篇。韓中慧將梁肅文集中存世篇目數量確定爲106篇[27]。

6.《天台智者大師佛隴道場記》一卷(安定梁肅撰)(九紙)(《台州録》)

按:常盤大定記云:"〔天台〕山中有十二處智者大師修禪的道場……國清寺於唐朝會昌中(845)被廢,咸通八年(867)重建,宋朝大中祥符元年(1008)改名爲大慈,明朝洪武十七年(1384),毁於風雨。德興年間重建,今又歸於荒廢。據說廢滅時,是真覺寺的住持把唐碑移到真覺寺裏的。"[28]此篇碑文即常盤大定所見存於天台山佛隴真覺寺的《台州隋故智者大師修禪道場碑銘》。圓珍求法目録中,《福州温州台州求得經律論疏記外書等目録》著録"《修禪道場碑銘》一卷(梁補闕撰,日本先來,隨身)"[29],《日本比丘圓珍入唐求法目録》《智證大師請來目録》著録"《天台山修禪道場碑文》一卷"[30],後者特注"梁氏"。碑文云:"天台山西南隅一峰曰'佛隴',蓋智者大師現身得道之所。前佛大教,重光之

---

[26] 《全唐文》卷四八〇,4904頁。

[27] 韓中慧《中唐梁肅〈梁補闕集〉版本及存佚篇數考》,《古籍整理研究學刊》2020年第6期,40—47頁。

[28] 參見常盤大定、關野貞著《"支那"文化史迹解説》第6卷,法藏館,1939年,20頁;中譯本參見常盤大定、關野貞著,洪晨暉譯《晚清民國時期中國名勝古迹圖集》第6卷,中國畫報出版社,2019年,35頁。

[29] 《大正藏》第55册,1094頁下。

[30] 《大正藏》第55册,1099頁中、1105頁上。

地。陳朝崇之,置寺曰'修禪'。及隋建國清,廢'修禪'之號,號爲'道場'。"[31] 是知"佛隴""修禪""道場"爲智者大師修行處所之異稱,最澄與圓珍目録所載實指同一碑文。

此碑《寶刻叢編》卷一三引《復齋碑録》、《墨池編》卷六、《金石文字記》卷六、《平津讀碑記》續記、《兩浙金石志》卷二、《寰宇訪碑録》卷四、《金石萃編》卷一〇六皆有著録。碑文見於《唐文粹》卷六一、《全唐文》卷五二〇、《金石萃編》卷一〇六、《天台山方外志》卷二三、《台州金石録》卷一。胡可先據今天台山智者塔院(1982年更名)所立唐碑録文並對校上述五種傳本,指出"梁肅的原稿應接近於《全唐文》所載情況,但在流傳過程中也出現了錯訛"[32]。在撰文與立碑時間方面,經胡先生考訂,此文係梁肅遵湛然大師之命所作,撰於建中元年至三年(780—782),貞元九年(793)梁肅卒,直至元和六年(811)立碑,題署"右補闕翰林學士"爲梁肅終官。由於最澄入唐時間在此碑成立之前,筆者推測最澄所獲爲傳抄之寫本,而圓珍所獲既有可能爲抄本,亦有可能爲據石碑傳拓之本。

《内證佛法相承血脈譜》之《天台法華宗相承師師血脈譜》中有"齊高之世慧文大師""天竺靈山聽衆陳朝南岳慧思大師""天竺靈山聽衆隋朝天台山智者大師""國清寺灌頂大師""國清寺智威大師""天宮寺慧威大師""左溪玄朗大師""荆溪湛然大師"八位高僧傳記,除慧思傳外,諸傳並引《佛隴道場記》[33],知最澄確曾攜此碑本归日並據之撰寫本宗譜系類著述。相關研究可參閱常盤大定、關野貞《"支那"文化史迹解説》第六卷之"唐修禪道場碑"部分[34]、池麗梅《梁肅撰〈台州隋故智者大師修禪道場碑〉研究序説》[35]。

7.《天台山國清寺碑》一卷(李邕撰)(七紙)(《台州録》)

按:碑文見《全唐文》卷二六二,朱關田考證此碑約撰於唐開元二十五年[36]。李邕,兩唐書有傳。《舊唐書》本傳末云:"初,邕早擅才名,尤長碑頌。雖

---

[31] 《全唐文》卷五二〇,5286頁。
[32] 胡可先《〈台州隋故智者大師修禪道場碑銘〉事實考證與價值論衡》,《浙江社會科學》2015年第7期,124頁。
[33] 《傳教大師全集》卷一,224—227頁。
[34] 常盤大定、關野貞著《"支那"文化史迹解説》第六卷,21—24頁。
[35] 《南都佛教》第88號,2006年,69—89頁。
[36] 朱關田《唐代書法家年譜》卷三《李邕年譜》,江蘇教育出版社,2001年,184頁。

貶職在外，中朝衣冠及天下寺觀，多齎持金帛，往求其文。前後所製，凡數百首，受納餽遺，亦至鉅萬。時議以爲自古鬻文獲財，未有如邕者。有文集七十卷。其《張韓公行狀》《洪州放生池碑》《批韋巨源謚議》，文士推重之。"[37]同書《張廷珪傳》云："廷珪素與陳州刺史李邕親善，屢上表薦之，邕所撰碑碣之文，必請廷珪八分書之。廷珪既善楷隸，甚爲時人所重。"[38]據知邕與張廷珪交好，二人合作撰書之碑碣在當時頗受推重。

關於李邕傳世詩文，《舊唐書》本傳、《新唐書·藝文志》均著錄《李邕集》七十卷。李廓撰《李岐墓誌》中云："考邕，皇朝北海郡太守，贈秘書監，有文集一百八卷行於代。"[39]邕集《通志·藝文略》《國史經籍志》著錄，《宋史·藝文志》不著錄，今佚。《四庫全書總目》著錄明無錫曹荃刊《李北海集》六卷、附錄一卷，係明人採摭《文苑英華》等書輯佚而成，已非邕集原貌。

《全唐文》卷二六二至二六五收錄李邕所撰碑銘31篇，《唐文拾遺》卷一六收錄碑文2篇。其中，《靈岩寺碑並序》殘存二石，《全唐文》僅錄其一，《全唐文補編》卷三六重錄並補；《全唐文》中《雲麾將軍碑》僅錄二百四十三字，《全唐文補編》卷三六亦重錄並補。此外，《全唐文補編》補輯神塔碑1篇；《唐代墓誌彙編》大曆〇六〇、《全唐文補遺》第三輯補輯墓誌1篇；《全唐文補遺》第三輯補輯墓誌1篇；《河洛墓刻拾零》《初果集》補輯墓誌1篇，《響堂山石窟碑刻題記總錄二》補輯造像記1篇。以上爲李邕存世碑文的大致情況，共計39篇。此外，《舊唐書·李邕傳》《寶刻叢編》《金石錄》載錄李邕撰作碑文存目共計24篇。據《宋高僧傳》卷八《唐溫州龍興寺玄覺傳》、卷一四《唐京兆西明寺道宣傳》《唐京師崇聖寺文綱傳》，李邕亦曾爲三位傳主撰碑，惜碑文今佚。從以上李邕撰碑可知，釋教類碑銘頗豐。除碑文外，李邕存世文章尚有《全唐文》卷二六一所錄22題23篇，《唐文拾遺》卷一六補輯6篇，《全唐文補編》卷三六補輯3篇，總計32篇。再就詩作而言，《全唐詩》卷一一五收錄4首，《全唐詩外編·補全唐詩》補輯2題3首，《全唐詩續拾》卷一二補輯4題5首。

---

[37]《舊唐書》卷一九〇中《文苑傳中·李邕傳》，中華書局，1975年，5043頁。

[38]《舊唐書》卷一〇一《張廷珪傳》，3154頁。

[39] 陳長安主編《隋唐五代墓誌彙編》洛陽卷第12冊，天津古籍出版社，1991年，119頁。

又,唐代有二人名李邕,一爲李善之子,一爲李淵曾孫嗣虢王。據《新唐志》,題李邕所著者尚有《狄仁傑傳》三卷、《金谷園記》一卷,《直齋書録解題》《宋史·藝文志》並著録(《狄仁傑傳》作《狄梁公家傳》)。《資治通鑑考異》以爲,"世有《狄梁公傳》,云李邕撰,其辭鄙誕,殆非邕所爲"[40]。

8.《天台山國清寺石泉碑》一卷(五紙)(《台州録》)

按:《天台法華宗學生式問答》卷六直引此碑全文,題作《天台山國清寺石泉水碑》,署銜爲"朝議郎行前左領軍衛兵曹參軍薛蓁撰",全文如下:

井者清也,可以潔萬物,參左鬼右而列其次,巽下坎上而定其位。井泉之義遠哉,伯益所以觀像也。寔利九壤,允備五材。喻善流惡,靡得關矣。國清寺兜率臺下石泉水者,故普明禪師所啓也。先時以中厨之井,前邇於靈溪上方之院。後蔓於神岳,疏闊數里,縈迴百轉。瀑布彌遥,難可以刳木引;深泉不測,詎可以鑿山通。遂使趁馱者奉漿,首蓬不暇;頂謁者療渴,指梅莫愈。厥天之泉,可謂銀漢哉。於是禪師憫之,目想窈冥之水,杖扣硋磄之石。錚然石開,皎然泉涌。飲漱者雲合,贊嘆者雷動。評金人之撞地,笑耿恭之刺山。澄徹涵空,潋灩平岸。但挈瓶而坐挹,無勞引綆;非抱甕之爲蔽,轉覺忘機。累日止之而不溢,連宵汲之而不耗。有同天造臨海,潜合溪流,人鑿盆城,暗通江水,可謂靈也。於是構以華宇,承平鏤梁,不籍銀牀,自成玉甃。徙仙桃以垂綬,植梧桐而布珪。或浮三色之光,彩凝欂棟;或變五雲之露,珠亂罘罳。誠清净之所也。每至三夏毒暑,八宏炎赫,則氣含霜雪,殿漂風寒。當旅楹而顳顬御時,至閑堦而祝融迴轡。及窮冬酷烈,而巨海嚴凝,頗類湯井,有如潜□。炎氣上散,出檻成雲。野雪飛來,到軒爲雨。皆能變時景,而無疾癘也。倚歟。大旱靡損,積雪不增。若有貪華女人,愛火童,負穢澆濫,則蹙縮將空;真僧精誠,則齋淪復涌。此至潔不可穢也。若使樓觀潤澤,草樹滋茂。澄輝而寧射谷鮒,潛動而時戲鉢龍。法侶生洗腸之想,寮寀發濯纓之興。豈獨神宮之水,地圖標靈。帝臺之漿,山經書美。邑宰河南獨孤,因圓智珠以炤人,猛智劍以利物。丞韓子休、尉河南于廣成、濮陽吴宴、吴郡摇

---

[40] 司馬光《資治通鑑考異》卷一一,《四部叢刊初編》史部第31册(上海涵芬樓景印宋刊本),上海書店,1989年,葉九背。

務廣,光耀連璧,文清擲金,並有助修飾,樂之無倦。寺主智通,空修一法,道自彌天。上座慧琮,精練五門,心常挂月,共贊嘆不足。托痛鄙成文表奇,净土埵改以無易。鏤功貞石,俾拂劫長存,豈非禪而。銘曰:禪師弘益,居此桐柏。心相寒泉,杖扣貞石。鏡開泉涌,水碎石圻。廣纔一丈,深孕數尺。人吏咨嗟,僧徒濫滌。擬淡伴善,蠲痾殄疫。上列高棟,傍陰峻壁。山翠常凝,月華時白。倚欸靈奇,念兹在兹。夏類水井,冬冰湯池。澄瀾不易,利物隨時。拂劫無限,陵谷難移。用紀厥功,琬琰鏤之。[41]

此碑建於天寶十一載十月五日。《天台山記》載:"〔國清寺〕上方兜率臺,臺東有石壇,中有泉,昔普明禪師將錫杖琢開,名錫杖泉。"[42]所謂"錫杖泉"即指此石泉,相傳由普明禪師開啟。普明,傳見《續高僧傳》卷一九《唐天台山國清寺釋普明傳》,師從智顗。撰者薛蓁,頗疑即"薛蓁"。《唐代墓誌彙編》收錄《唐故朝散大夫守太子右庶子任城縣開國男息彭城劉府君(劉穎)墓銘並序》,末並署"左領軍衛兵曹參軍薛蓁撰"[43],應與此石泉碑同出薛蓁之筆。據《新唐書·宰相世系表》,薛蓁爲薛氏西祖房瑚之後代,膳部郎中薛温之子薛昭的重孫[44]。此文未見中國古今文集載錄,中土久佚,可據之爲《全唐文》再作補遺。

9.《章安大師碑文》一卷(常州弘善(業)寺釋法宣撰)(八紙)(《越州録》)

按:章安大師,即天台宗第五祖釋灌頂,傳見《續高僧傳》卷一九《唐天台山國清寺釋灌頂傳》、《弘贊法華傳》卷三《唐天台山國清寺釋灌頂》。《續高僧傳》云:"弟子光英,後生標俊,優柔教義,與國清寺衆,僉共紀其行,樹其碑於寺之門,常州弘善寺沙門法宣爲文,其詞甚麗,見於別集。"[45]本傳載灌頂圓寂於貞觀六年(632)八月七日,此碑撰文及成立年代當在此後,具體年月未詳。

碑文中土久佚,《天台法華宗學生式問答》卷七叙灌頂行狀時徵引法宣製贊文云:"三月能語,早歲出家。杖攓裂石,言踊白沙。香流愈病,鐘擊摧邪。智晞

---

[41]《傳教大師全集》卷一,381—384頁。
[42]《大正藏》第51册,1054頁中。
[43] 周紹良主編《唐代墓誌彙編》天寶○八三,上海古籍出版社,1992年,1590頁。
[44]《新唐書》卷七三下《宰相世系表三下》,中華書局,1975年,3026頁。
[45] 道宣撰,蘇小華校注《續高僧傳校注》,上海古籍出版社,2021年,548頁。

所睹,推驗無差。"〔46〕此贊之前並節引靈漢法銑撰《灌頂傳》記叙生平行業:"靈漢法銑《灌頂傳》云:'生始三月,欲爲立名。思量未定,母夜稱佛法僧名,乃口敷,音句清辨。'又云:'年七歲,還爲拯公弟子。内外兼綜,才藻驚新。'又云:'嘗於佛隴講授之暇,攜引學徒,以石爲塔,别須二石,用構塔户。弟子先英,車運一石,咸疑厚大,更欲傍求。頂以杖撝之,颯然驚裂,遂爲兩段,厚薄均平,用施塔户,宛如人造。若觀若講,常依《法華》。'乃至'智者辯才,雲行雨施。能受能演,唯頂一人。又樂安南嶺地曰:"安州碧樹青溪,流泉伏溺,人徑不通。"頂留連愛玩,顧而言曰:"若使斯地夷坦,當來此講經。"曾未浹旬,白砂遍踊,平如玉鏡,恐爽前願。乃就彼講《法華經》《金光明》,以答冥意。嘗於章安攝静寺,講《涅槃經》。值海賊上鈔,道俗奔走。頂搥鐘就講,顏無懼色。賊徒靡旝詣寺,忽見兵旗耀日,持弓執戟,人皆丈餘,雄悍奮發。群賊之睹,一時驚散。初村人於法龍,去山三十餘里,染患將絶,衆治不愈。其子奔馳,入山祈救,頂爲轉《法華經》,燒白檀香,病者遥聞香氣入鼻,應時痊復。有同學智晞,顗之親度,清亮有名,以貞觀元年卒,臨終云:"吾生兜率矣。見先師智者,寶座行列,皆悉有人,唯一座獨空,云:'却後六年,灌頂法師昇此説法。'"焚香驗旨,即慈氏降迎。計歲論期,晞言不謬。'"〔47〕上述灌頂事迹與贊文内容一一相合,且最澄於傳首示云:"灌頂行德,傳碑甚多,今舉一兩示未聞"〔48〕,據知法宣所撰碑誌銘文即爲最澄所引贊文部分,推測其所撰碑序當與法銑《灌頂傳》引文語意相近,弟子名"先英"者,當即《續高僧傳》之"光英","先""光"二字形近,應有一誤。法銑此文未見中國古今文集載録,中土久佚,可據之爲《全唐文》再作補遺。

唐段成式《寺塔記》載:"常樂坊趙景公寺,隋開皇三年置。本曰弘善寺,十八年改焉。"〔49〕是知弘善寺位於京師常樂坊。《續高僧傳》卷一二《唐常州弘業寺釋道慶傳》云:"同寺沙門法宣曰:余與伊人,言忘道狎。……千行徒洒,百身寧贖;未能抑筆,聊書短銘……"〔50〕又,卷一四《唐蘇州武丘山釋智琰傳》云:

---

〔46〕《傳教大師全集》卷一,392—393頁。
〔47〕《傳教大師全集》卷一,391—392頁。
〔48〕《傳教大師全集》卷一,391頁。
〔49〕《大正藏》第51册,1023頁上。
〔50〕《續高僧傳校注》,334頁。

"常州弘業寺沙門法宣曰:'余與法師昔同京縣,狎道華年。……愧披文於色絲,終寄言於貞石。'乃與寺主智峰等,共樹高碑,在於寺宇。"[51]核《大正藏》與《磧砂藏》本《續高僧傳》卷一九均記作"常州弘善寺沙門法宣"[52],"弘善寺"當爲"弘業寺"之訛,以"業"爲"善",蓋爲傳寫之誤。

法宣存世文章見於《唐文拾遺》卷四九、《全唐文補編》卷五,共輯録銘文 2 篇,碑誌逸文 1 篇。又,《續高僧傳》載法宣亦曾爲慧曠(卷一〇《隋丹陽攝山釋慧曠傳》)、慧隆(卷一二《隋丹陽彭城寺釋慧隆傳》)撰寫碑文,惜未見傳存。

陳尚君先生指出,《全唐詩》卷八〇八將慧宣、法宣分列,實際上慧宣、法宣與《廣弘明集》卷三〇下所記"唐釋僧宣"爲同一人,皆指法宣[53]。《全唐詩》卷八〇八存其詩 4 題 5 首及殘句 1 聯。此外,法宣著述尚有《大般涅槃經音儀(義)》一卷(見於《台州録》;《天台宗章疏》著録《涅槃音義》一卷,當同)、《涅槃疏鈔》一卷(見於《天台宗章疏》)。

10.《剡山石城寺彌勒石像碑》一卷(《越州録》)

按:楊明照指出,《藝文類聚》卷七六收録此文,題作《剡縣石城寺彌勒石像碑銘》,但僅爲節引;全文見於《會稽掇英總集》卷一六,題作《梁建安王造剡山石城寺石像碑》;建安王即蕭偉,據《梁書》卷二《武帝紀中》,蕭偉於天監十七年(518)三月丙申改封爲南平王,碑文云石像於天監十五年(516)三月十五日妝畫云畢,"是舍人此文,作於石像落成之後蕭偉尚未改封之前,即天監十五年三月至十七年三月兩年中也"[54]。小野勝年指出,此彌勒石佛像的營造發愿於僧護,僧淑承繼其業而未就,終在梁武帝的敕令下由建安王蕭偉與僧祐發起建成;日本入宋僧奝然《入宋求法巡禮行並瑞像造立記》記載其曾於太平興國八年(983)十月十一日"到新昌縣,礼南山澄照大師三生所製百尺弥勒石像,梵容奇特,靈閣巍我"[55],是知北宋時僧護—僧淑—僧祐的造佛事迹已被僧護—僧

---

[51] 《續高僧傳校注》,370 頁。
[52] 《大正藏》第 50 册,585 頁中;《磧砂大藏經》第 99 册,綫裝書局,2004 年,530 頁上。
[53] 傅璇琮主編《唐才子傳校箋》第 5 册《補正》,中華書局,1995 年,122—124 頁;後以《法宣其人》爲題收入陳尚君《貞石詮唐》,復旦大學出版社,2016 年,308—309 頁。
[54] 楊明照《文心雕龍校注拾遺·附録》,上海古籍出版社,1982 年,804—809 頁。
[55] 引文參據山口修《〈奝然入宋求法巡礼行並瑞像造立記〉考》,《仏教大学仏教学会紀要》創刊號,1993 年,5 頁。

祐—道宣的三世轉生所替代[56]。

撰者劉勰存世著作有《文心雕龍》《滅惑論》，傳見《梁書》，中云："勰爲文長於佛理，京師寺塔及名僧碑誌，必請勰製文。"[57]潘重規考察劉勰所撰碑文見於史籍記載者尚有《鐘山定林上寺碑銘》一卷、《建初寺初創碑銘》一卷、《僧柔法師碑銘》一卷（《出三藏記集》卷一二《法集雜記銘目録》著録）；《高僧傳》卷八《釋僧柔傳》、卷一一《釋僧祐傳》、卷一二《釋超辯傳》亦載劉勰曾爲三人撰作碑文，超辯碑銘成於永明十年（492）、僧柔碑銘成於延興元年（494）、僧祐碑銘成於天監十七年（518）。潘先生通過查檢《高僧傳》與《續高僧傳》指出，爲高僧立碑撰文者皆爲一代著名文士，由此推測"永明十年以前，彥和文學已成，文名已著"[58]。

11.《瓦官寺維摩碑》一卷（《越州録》）

按：《文苑英華》卷八五七題《潤州江寧縣瓦棺寺維摩詰畫像碑》，《金陵梵刹志》卷二一題《潤州瓦官寺維摩詰畫像碑》，二書均署元黄之作；《全唐文》卷二六六題《潤州江寧縣瓦棺寺維摩詰畫像碑》，署黄元之作。"元黄之"當爲"黄元之"之訛。黄元之，生卒年不詳，約生活於唐睿宗在位期間（710—712）。《全唐文》僅存其文 1 篇，即此文。其著尚有《金陵地記》一卷（見《崇文總目》卷四、《通志·藝文略》著録），今佚。何劍平師曾結合此碑對黄元之的維摩信仰予以考察，指出其信仰中增益了謙讓和忠孝兩項儒家內容，反映出當時中土佛教信奉者"集儒家孝悌、佛教修持、道教宗旨於一身"，這一自覺追求三教思想共通性的普遍現象正是南北朝時期以來社會信仰習慣的延續[59]。

12.《大唐聖教序》（《比叡目》）

按：《大唐聖教序》包括《大唐三藏聖教序》與《皇太子臣治述聖記》，前者爲貞觀二十二年唐太宗李世民撰，後者由時爲太子的李治於六月撰成。《大唐聖

---

[56] 關於石城寺及此彌勒石像的歷史建置與沿革可參見小野勝年《新昌·石城寺とその弥勒像——江南巨大石仏の史的遍歷》，《佛教藝術》第 163 號，1985 年，11—27 頁；中譯本參見小野勝年著，梁少膺譯《新昌石城寺及其彌勒像——江南大佛的歷史性巡視》，《佛學研究》，1997 年，124—131 頁。

[57] 《梁書》卷五〇《劉勰傳》，中華書局，1973 年，712 頁。

[58] 潘重規《劉勰文藝思想以佛學爲根柢辨》，戶田浩曉等著，曹順慶編《文心同雕集》，成都出版社，1990 年，78—94 頁。

[59] 何劍平《中國中古維摩詰信仰研究》，巴蜀書社，2009 年，577—582 頁。

教序》石刻現存四種:其一爲《雁塔聖教序並記》,《序》與《記》分別刻於高宗永徽四年(653)十月十五日和十二月二十一日,立爲二碑,褚遂良正書,刻工萬文韶鐫,今存西安大雁塔底層南側門洞東西兩側;其二爲王行滿正書《招提寺聖教序》,沈道元刻,顯慶二年(657)十二月十五日立於河南偃師招提寺,今存偃師市商城博物館;其三爲《同州聖教序並記》,亦署褚遂良書,龍朔三年(663)六月立於同州,今存西安碑林,由於此本成於褚遂良逝世之後五年,就其與雁塔本的關係而言,學界大致存在兩種意見,一是此本爲後人據褚遂良生前所寫副本而刻[60],二是後人據褚遂良雁塔本摹刻[61];其四爲沙門懷仁集王羲之行書而刻,世稱《懷仁集王聖教序》,唐咸亨三年(672)十二月立,今存西安碑林[62]。《聖教序並記》全文見於《續高僧傳》卷四《釋玄奘傳》、《廣弘明集》卷二二、《全唐文》卷一○。最澄在《比叡目》中將《大唐聖教序》與《天后聖教碑》並立,《天后聖教碑》似當指《招提寺聖教序》,此目爲懷仁本或王行滿本的可能性可以排除,推測應爲褚遂良本,即既有可能爲雁塔本單刻《序》文,亦可能分別拓得雁塔本《序》《記》而於此目中略言《記》文部分,還有可能爲《序》《記》合刻之同州本。

《舊唐書‧經籍志》著錄《太宗文皇帝集》三十卷,《新唐書‧藝文志》《通志‧藝文略》作四十卷,今佚。唐太宗傳世文章見於《全唐文》卷四至卷一○,凡273篇;《唐文拾遺》卷一補輯36篇。《全唐文補編》卷二補輯60篇,其中3篇雖見於《全唐文》,但文字上多有補正,此外移正《唐文拾遺》卷一誤收於高祖名下者1篇,碑銘類補入3篇。《全唐文又再補》補輯1篇。《全唐詩》卷一存其詩87題99首及殘句3聯,其中6首一作董思恭詩;《全唐詩續補遺》卷一補輯1首;《全唐詩續拾》卷二補輯9題10首,其中2首較《全唐詩》文字多有補正。

《舊唐書‧經籍志》著錄《高宗大帝集》八十六卷,《新唐書‧藝文志》《通志‧藝文略》並見著錄,今佚。唐高宗傳世文章見於《全唐文》卷一一至卷一五,凡153篇,其中碑銘類尚有6篇;《唐文拾遺》卷一補輯39篇;《全唐文補編》卷

---

[60] 如盧桂蘭《〈同州聖教序〉碑之再研究》,《文博》1997年第4期,53—56、60頁。

[61] 如荒金大琳《雁塔聖教序から生まれた同州聖教序》,《別府大学紀要》第51號,2010年,1—20頁。

[62] 有關《大唐聖教序》四種石刻的考察及石本與敦煌抄本關係的研究可參閱盧芳玉、薩仁高娃《〈大唐三藏聖教序〉考》,《敦煌吐魯番研究》第17卷,上海古籍出版社,2017年,143—155頁。

六補輯34篇,其中碑銘類1篇。《全唐詩》卷二存詩7題8首及七言殘句1句,《全唐詩續拾》卷七因《全唐詩》所收殘句及《守歲》一詩有缺文而重録,並補輯石刻1首。

13.《天后聖教碑》(《比叡目》)

按:此蓋爲王行滿正書《招提寺聖教序》,沈道元刻,顯慶二年十二月十五日立於河南偃師招提寺,今存偃師市商城博物館。盧芳玉、薩仁高娃揭示顯慶二年至永徽四年短短四年時間裏,東都洛陽再立聖教序碑的緣由:"此舉與武則天的干政恐有千絲萬縷的聯繫。顯慶年間武氏實際上已掌握了朝政,爲了登上僅一步之遥的寶座,她力倡佛教,大建佛寺,自稱是彌勒佛轉世,又指使沙門懷義等造《大雲經疏》爲自己造勢。此時的東都洛陽就是武氏爲避開關中舊族勢力而開拓自己領域的地方……她還在洛陽修建佛寺,(順治)《偃師縣志》載招提寺即唐時所建。在招提寺建立這樣一塊宣揚佛教的碑刻,自然在情理之中。"經作者考察,"書人王行滿,兩《唐書》無載,碑結銜爲'門下録事',門下録事是門下省屬官,掌出納文奏,從八品上。據《寶刻類編》所載,王行滿書碑還有貞觀十二年《寶良碑》(于志寧撰)、永徽六年(655)《陳良碑》(于志寧撰)、顯慶元年《齊國夫人石氏造浮圖銘》(許敬宗撰),惜皆佚,存世拓本僅有唐永徽六年三月十四日《韓仲良碑》,也是于志寧撰文,現在陝西省富平縣。可見王行滿書法在當時極負盛名,惜後世評價不高,至有'如病瘻痹,麻木不仁'"。[63]

14.《台州龍興寺碑》(《比叡目》)

按:石、文皆佚。《歷代崇道記》云:"景龍元年(707),敕天下州郡並令置景龍觀。二年改爲中興觀。三年改爲龍興觀。"[64]《寶刻叢編》卷五《京西北路下·陳州》引《集古録目》云:"唐龍興寺碑。唐兵部侍郎修文館學士張説撰,吏部侍郎修文館學士盧藏用八分。中宗初復位,天下州郡皆置龍興寺一所,此碑以景龍四年五月立。"[65]據此推測中宗時台州當置有龍興寺,並有碑刻,惜傳世文獻暫未見唐代台州龍興寺有碑刻行世。圓珍《行歷抄》記載該寺寺名及變遷情

---

[63] 盧芳玉、薩仁高娃《〈大唐三藏聖教序〉考》,《敦煌吐魯番研究》第17卷,151頁。
[64] 杜光庭《歷代崇道記》,張繼禹主編《中華道藏》第45册,華夏出版社,2014年,63頁上。
[65] 陳思《寶刻叢編》卷五,《石刻史料新編》第1輯第24册,18158頁。

況：大中七年（853）十一月"二十六日，上〔台州〕開元寺。略看綱維。寺主明秀具狀報州。此開元寺者，本龍興寺基。貞元（785—804）年末，陸淳郎中屈天台道邃和尚於此寺講《止觀》。日本國比叡大師從明州（浙江寧波）轉□到此臨海縣，至止龍興寺，參見和尚，聽讀《止觀》，正此地也。拆寺已後，於龍興寺基起開元寺，更不置龍興寺。"[66] 據知龍興寺始建於景龍元年（707），初名景龍觀，後改稱中興觀（708），又易爲龍興寺（709），開元年間（713—741）拆寺重建改稱開元寺。又，據《嘉定赤城志》，南宋時先後更名爲景德寺、崇寧寺、天寧寺、廣孝寺、報恩光孝寺，元代復改稱天寧寺，至民國年間仍稱天寧。鄭薦平、周琦據《行歷抄》《嘉定赤城志》《台州府志·金石考》等考證，台州龍興寺即台州開元寺（今天寧寺），係日本僧最澄、圓珍來唐求法的活動場所，宋時日僧成尋亦曾寓居此寺，清咸豐年間，台州臨海城關巾子山曾出土一塊龍興寺塔磚，後爲宋世犖所藏，今下落不明，"今天寧寺遺址爲臨海市貨運站，近年將天寧寺遷至巾子山南山殿，易神祠爲古刹，修葺一新"[67]。

15.《潤州牛頭山第六祖師碑》（《比叡目》）

按：碑主係牛頭宗第六祖慧忠（一作惠忠），師從慧威，傳見《宋高僧傳》卷一九《唐昇州莊嚴寺惠忠傳》，卒於大曆四年六月十六日，碑文今佚。

16.《荆州玉泉寺碑》（《天台法華宗學生式問答》卷六）

按：此碑由皇甫毗撰作。皇甫毗，隋仁壽（601—604）中任當陽令。全文見於《國清百録》卷四、《續古文苑》卷一六、《全隋文》卷二八，署"當陽縣令皇甫毗撰"，撰文時間當在仁壽年間。最澄在《天台法華宗學生式問答》卷六徵引此碑部分序文，推測曾攜此碑文歸日。卞孝萱先生結合此碑與《荆南節度使江陵尹裴公重修玉泉關廟記》《唐荆州玉泉寺恒景傳》考證玉泉寺位於當陽縣覆船山，元稹詩《玉泉道中作》"非游玉泉寺口吻，當是因公出差經過當陽縣覆船山下之作"[68]。

---

[66] 白化文、李鼎霞校注《行歷抄校注》，花山文藝出版社，2004年，5頁。
[67] 參見鄭薦平、周琦《揭開台州龍興寺的千古之謎》，《東南文化·天台山文化專號》，東南文化雜誌社，1990年，86—87頁。
[68] 卞孝萱《元稹年譜》，齊魯書社，1980年，235頁。

17.《天台國清寺智者禪師碑文》(《天台法華宗學生式問答》卷六)

按:此碑由柳䛒撰於隋大業元年(605)十一月,見於《國清百錄》卷四、《釋文紀》卷四〇、《全隋文》卷一二。最澄在《天台法華宗學生式問答》卷六徵引此碑部分原文,推測曾攜此碑文歸日。

柳䛒,字顧言,傳見《北史》《隋書》。本傳載其著有《法華玄宗》二十卷、《晋王北伐記》十五卷,又"有《集》十卷,行於世"[69],《隋書·經籍志》著錄《秘書監柳䛒集》五卷,《日本國見在書目錄》《舊唐書·經籍志》《新唐書·藝文志》均著錄《柳顧言集》十卷,惜皆亡佚。柳䛒存世文章見於《全隋文》卷一二,除本碑外,尚有文3篇。又,《北史》卷八三載《晋王歸藩賦序》一篇,今佚。《先秦漢魏晋南北朝詩·隋詩》卷五輯其詩5首。

18.《達磨和上碑文》(《内證佛法相承血脈譜》)

按:最澄《内證佛法相承血脈譜》之《達磨大師付法相承師師血脈譜》直接引用《達磨碑頌》,知其確曾攜達磨碑文歸日。《日本比丘圓珍入唐求法目錄》著錄"《達磨和上碑文》一本",《智證大師請來目錄》著錄"《菩提達磨碑文》一本(梁武)"。達磨,一作"達摩"。關口真大指出,唐代以前,其名多用"摩"字;宋代以後,"磨"字的使用逐漸增多[70]。關口氏着意將長期以來被世人混用的二者區分開來,認爲應該將6世紀初從印度來到中國的真實人物菩提達摩(Bodhidharma)略稱爲"達摩",而把9世紀初禪宗產生後宗派思想信仰上的達磨寫作"達磨"[71]。氏著姊妹篇《達摩大師の研究》和《達磨の研究》分別討論了二者的差異和佛教思想上的淵源關係。

20世紀以來,學界大多將達磨碑文視爲後人僞撰而托名梁武帝之作,以宇井伯壽、陳垣、關口真大、柳田聖山、石井公成等學者爲代表,憾未就碑文的具體

---

[69] 李延壽《北史》卷八三《柳䛒傳》,中華書局,1974年,2801頁;魏徵、令狐德棻《隋書》卷五八《柳䛒傳》,中華書局,1973年,1424頁。

[70] 關口真大《達磨の研究》第二章《達磨傳の研究》,岩波書店,1967年,53頁。

[71] 關口真大《達摩大師の研究》第五章《達摩と達磨》,春秋社,1969年,443—459頁。

寫作時間、多次刻立地點和相關資料來源展開詳細而充分的探討[72]。紀華傳撰專文彌補了這一懸而未決的問題,其《菩提達摩碑文考釋》一文根據現存佛教文獻和考古資料等比對推斷,達摩碑文至少應刻過四次:其一是最早立於少林寺者,據神會《南陽和尚問答雜徵義》載:"梁武帝造碑文,見在少林寺。"今未見流傳。其二是立於熊耳山空相寺(今河南省三門峽市陝州區西李村鄉)者,此爲達摩去世後的埋葬之地,碑末署云:"梁大同二年歲次丙辰十二月十五日,發心弟子洪遠施石,並合山同立。"溫玉成《傳爲達摩葬地的熊耳山空相寺勘察記》較早介紹空相寺碑本,頗具史料價值[73]。其三是立於二祖山元符寺(今河北省邯鄲市成安縣)者,元和十二年(817)由李朝正等重建,1935 年出土,陳垣《釋氏疑年錄》曾據之評價"其文體亦不類梁時風格,當是中唐人假托"[74]。其四是元至正七年(1347)於少林寺(今河南省登封市少林寺)再次重建者。經紀氏考證,熊耳山碑文並非原刻,與今存之少林寺碑文相同,當爲同一系統,且認同溫玉成提出的"《菩提達摩大師頌並序》,約作於明萬曆間,該碑顯係利用宋金舊碑重刊"的觀點;而二祖山碑文則與《寶林傳》(見《宋藏遺珍》)所載碑文較爲接近。小島岱山曾對各本予以錄文,包括熊耳山達摩碑文、二祖山達摩碑文、少林寺達摩碑文、敦煌寫卷 P.2460 達摩碑斷片、《寶林傳》卷八、《全唐文》卷九九八所收二祖山達摩碑背面所刻李朝正述碑陰文[75]。紀華傳進一步考察碑文在歷史文獻中的流傳與轉引情況,認爲《寶林傳》所載碑文對後世影響最大。據達摩碑文記載,大師卒於梁大同二年(536),二祖山碑文爲唐元和十二年(817)李朝正重建,《寶林傳》撰成於貞元十七年(801),已全文收錄此碑文,是知達摩碑文在 9 世紀

---

[72] 宇井伯壽《禪宗史研究》,岩波書店,1942 年(1939 年初版),10 頁;陳垣《釋氏疑年錄》,中華書局,1964 年,38 頁;關口真大《達磨の研究》,岩波書店,1967 年,47 頁;柳田聖山《初期禪宗史書の研究》,法藏館,1967 年初版;此據《柳田聖山集》第六卷《初期禪宗史書の研究》,法藏館,2000 年,321—322 頁;石井公成《梁武帝撰〈菩提達摩碑文〉の再檢討(一)》,《駒澤短期大學研究紀要》第 28 號,2000 年 3 月,171—189 頁;石井公成《梁武帝撰〈菩提達摩碑文〉の再檢討(二)》,《駒澤短期大学佛教論集》第 6 號,2000 年 10 月,39—54 頁。

[73] 溫玉成《中國佛教與考古》,宗教文化出版社,2009 年,394—397 頁(原載《中國文物報》1994 年 11 月 3 日)。

[74] 陳垣《釋氏疑年錄》,38 頁。

[75] 小島岱山《菩提達摩石碑碑文並參考資料》,《世界宗教研究》2001 年第 1 期,127—134 頁。

初已很流行[76]。關於《寶林傳》，賈晉華從日本學者柳田聖山懷疑《寶林傳》所題作者智炬"僅是馬祖道一某位弟子的化名"這一假説出發，考證該弟子應是章敬懷暉[77]。就此碑産生年代而言，由於碑文作者對浄覺的《楞伽師資記》《心經注》有所參考，紀華傳推斷産生時間應在開元十六年以後；《南陽和尚問答雜徵義》有"梁武帝造碑文，見在少林寺"的記載，則時間下限應在此書結集之前，即不晚於開元二十年。再就撰碑者而論，紀氏否定了柳田聖山的神會撰述説和小島岱山的梁武帝撰述説，而認同陳垣的中唐人假托梁武帝撰述説和石井公成的"達摩碑文與八世紀初的北宗禪的各種傾向一致，或者説把它們展開了一些"這一觀點，指出該碑是北宗弟子爲藉助皇帝的力量提高禪宗地位、擴大禪門影響而建[78]。伊吹敦指出，《寶林傳》的成立時間雖然在最澄入唐之前（801），但在其將來目録中完全看不到對該書的提及，故而最澄在撰述《血脈譜》時使用的碑文應該與《寶林傳》所記載的碑文屬於同一史源，但並非出自《寶林傳》[79]。由於最澄赴唐時二祖山碑尚未建成，推知所據當爲少林寺碑拓或流傳抄本。

圓仁《日本國承和五年入唐求法目録》著録"《大唐部（韶）州雙峰山曹溪寶林傳》十卷一帙（會稽沙門靈徹字明泳序）"[80]，圓珍《慈覺大師在唐送進録》著録"《曹溪寶林傳》十帖（二帖）"、《入唐新求聖教目録》著録"《大唐韶州雙峰山曹溪寶林傳》一卷（會稽沙門靈徹）"[81]，是知二人皆曾攜《寶林傳》歸日。圓珍求法目録中所載攜歸之本若屬唐拓，有可能出自少林寺原碑或二祖山元符寺碑；如爲唐鈔，則可能據流傳抄本獲取。

19.《慧可和上碑銘》(《内證佛法相承血脈譜》)

按：最澄《内證佛法相承血脈譜》之《達磨大師付法相承師師血脈譜》直接引用《慧可和上碑銘》，推測其曾攜此碑文歸日。《日本比丘圓珍入唐求法目録》《智證大師請來目録》並見著録"可和尚碑文"，且後者小注"琳"，似以釋法琳爲

---

[76] 紀華傳《菩提達摩碑文考釋》，《世界宗教研究》2002 年第 4 期，19—29 頁。
[77] 賈晉華《〈寶林傳〉著者及編撰目的考述》，《文獻》2011 年第 2 期，131—139 頁。
[78] 紀華傳《菩提達摩碑文考釋》，《世界宗教研究》2002 年第 4 期，24—27 頁。
[79] 伊吹敦《最澄が傳えた初期禪宗文獻について》，《禪文化研究所紀要》第 23 號，1997 年，181—182 頁。
[80] 《大正藏》第 55 册，1075 頁下。
[81] 《大正藏》第 55 册，1077 頁下、1086 頁下。

是碑撰人。可和尚,即禪宗東土二祖慧可。《寶林傳》卷八收録慧可大師碑文,並云"唐内供奉沙門法琳撰"[82]。陳垣指出:"法琳見《續高僧傳》二十四,又有唐彦悰撰《法琳别傳》。法琳未聞掌内殿道場,何云内供奉。據贊寧《僧史略》,内供奉授僧,始自唐肅宗,唐初何能有内供奉沙門,此謬之顯然者。且法琳著述存於今者,尚有《破邪論》《辯正論》等,其風格絶與可大師碑文不類。碑又有'東山之法,於是流焉'之句。因東土四祖信與五祖忍,並曾住蘄州東山寺,後人始目其法爲東山法門。四祖卒於永徽二年,五祖卒於高宗上元二年(675),琳先以貞觀十四年卒,何能於二祖碑預有東山法門之語,此皆不足信者也。"[83]柳田聖山指出此碑在《神會語録》中並未談及,而是首次出現於《歷代法寶記》中,同樣認爲法琳撰碑文並非史實[84]。柳田氏認爲此碑出現於《歷代法寶記》成立後的推測顯然難以成立,其下限可以定在《歷代法寶記》撰作之年(775—779),上限雖難以確考,但《續高僧傳》中《慧可傳》既未述及慧可碑文,推測此碑最早成立時間當在道宣撰作之後,即麟德二年(665)以後。總之,可以確定此碑文爲後人僞托法琳之名而撰。陳尚君先生認同陳垣觀點,暫存此碑於《全唐文又再補》卷一法琳名下。

《全唐文》卷九〇三存法琳文 12 篇;《唐文拾遺》卷四九補輯 3 篇;《全唐文補編》卷三補輯 4 篇;《全唐詩續拾》卷一存其詩 5 首。

20.《信大師碑銘》(《内證佛法相承血脈譜》)

按:信大師,即禪宗東土第四祖道信。最澄《内證佛法相承血脈譜》中《達磨大師付法相承師師血脈譜》之黄梅東山弘忍和上小傳注云"《信大師碑銘》亦具載傳衣所由"[85],據知曾攜此碑文歸日。《日本比丘圓珍入唐求法目録》《智證大師請來目録》並見著録道信碑銘兩部——《信禪師碑文》《杜正倫送雙峰山信禪師碑文》,且《智證大師請來目録》中《信禪師碑文》目並注"杜正倫",似是同碑而存二本。《續高僧傳》卷二一《蘄州雙峰山釋道信傳》記道信卒於永徽二年

---

[82] 題智炬集《雙峰山曹侯溪寶林傳》卷八,《影印宋藏遺珍》,民國二十四年(1935)北京三時學社據山西趙城廣勝寺藏經影印本,葉二十九背。
[83] 陳垣《中國佛教史籍概論》,上海書店出版社,2005 年,86—87 頁。
[84] 柳田聖山《初期禪宗史書の研究》,法藏館,2000 年,323 頁。
[85] 《傳教大師全集》卷一,210 頁。

閏九月四日。《傳法寶紀》云:"永徽二年八月,命弟子山側造龕,門人知將化畢……春秋七十二。後三年四月八日,石戶自開,容貌儼如生日。門人遂加漆布,更不敢閉,刊石勒碑,中書令杜正倫撰文頌德。"[86]《歷代法寶記》載圓寂時間爲"永徽二年潤(閏)九月二十四日",中書令杜正倫爲撰碑文[87]。碑文今佚。柳田聖山指出,敦煌寫卷 P.3559《導凡聖悟解脱宗修心要論》云:"初菩提達摩,以此學傳慧可,慧可傳僧璨,僧璨傳道信,道信(傳)大師弘忍,弘忍傳法如,法如傳弟子道秀等。是道信有杜正倫作碑文。此文忍師弟子承所聞傳。"[88]浄覺在《注般若波羅蜜多心經》(柳田聖山據敦煌寫經 S.4556 及向達手抄敦煌縣博物館藏 77 號寫經校本)中對杜正倫碑亦有引用:"真如性浄,非三際之有殊;正覺道成,無一法之可得也。"[89]那麽浄覺所引題杜正倫撰碑文,有可能是史籍所載其爲道信而撰。然而,《宗鏡録》卷六對杜正倫碑文亦有引用,柳田聖山對諸種文獻所引碑文是否爲同一篇文獻以及撰者的歷史真實性提出疑慮——據《續高僧傳》卷二二《智首傳》,道宣與杜正倫皆參與了智首的葬禮,推測二人應當相識,但在《道信傳》中,道宣並未對杜正倫及其撰作之碑文有任何記載[90]。據此,該碑的真僞值得商榷。

杜正倫,傳見《舊唐書》卷七〇、《新唐書》卷一〇六,有《杜正倫集》十卷、《春坊要録》四卷、《百行章》一卷、《文筆要决》一卷,前二種今佚,後二種見存。《全唐文》卷一五〇存其文 3 篇,《唐文拾遺》卷一五補輯 1 篇,《全唐文補編》卷七補輯 1 篇。《全唐詩》卷三三存其詩 2 首。又,《輿地碑記目》卷二"興國軍碑記"著録杜正倫撰《唐白岩寺記》,碑文今佚。皎然《蘇州支硎山報恩寺大和尚碑》云:"天台去世,教傳章安。章安傳縉雲,縉雲傳東陽,東陽傳左溪。自龍樹已還,至天台四祖,事具諫議大夫杜正倫《傳教記》。"[91]是知杜正倫還撰有《傳教記》,記文亦佚。

---

[86] 《初期禪宗史書の研究》,566 頁。
[87] 《大正藏》第 51 册,182 頁上。
[88] 《初期禪宗史書の研究》,79 頁。
[89] 《初期禪宗史書の研究》,608 頁。
[90] 《初期禪宗史書の研究》,82—84 頁。
[91] 《全唐文》卷九一八,9566 頁。

杜正倫顯慶二年"拜中書令,兼太子賓客、弘文館學士,進封襄陽縣公。三年,坐與中書令李義府不協,出爲橫州刺史,仍削其封邑。尋卒"[92]。假使《舊唐書》所記杜正倫拜中書令時間可信,其撰碑時間當在顯慶二年至三年間,即道信卒後六至七年,而道宣《續高僧傳》實則成書於麟德二年[93],若杜正倫撰碑文已成,必當爲道宣記述,柳田聖山所疑確是。故筆者頗疑此碑同題梁武帝書達磨碑、題法琳撰慧可碑情況相似,皆爲禪宗門徒托名杜正倫所撰,撰立時間不當早於《續高僧傳》成書時間。

21.《道璿碑銘》(《内證佛法相承血脈譜》)

按:最澄在《内證佛法相承血脈譜》中將道璿列入《達磨大師付法相承師師血脈譜》,並引《道璿碑銘》云:"昔三藏菩提達磨,天竺東來,至於漢地。傳禪法於慧可,可傳僧璨,璨傳道信,信傳弘忍,忍傳神秀,秀傳普寂,寂即我律師所事和上也。本在嵩山流傳禪法,人衆多歸,故有敕請入東都,常在華嚴寺傳法,故曰華嚴尊者。"[94]神秀—普寂—道璿—行表—最澄的禪教師承關係由此彰顯。道璿,傳見《元亨釋書》卷一六、《本朝高僧傳》卷二,原爲唐東都大福先寺沙門,後經日僧普照、榮叡迎請東渡傳戒,敕住大安寺西唐院。此碑全文今佚,僅殘存部分逸文,可據最澄引文爲《全唐文》再作補遺。

(二) 空海篇

空海《請越州節度使求内外經書啓》云:"伏願顧彼遺命,愍此遠涉,三教之中,經、律、論、疏、傳記,乃至詩賦、碑銘、卜醫、五明,所攝之教,可以發蒙濟物者,多少流傳遠方。"[95]其中特列碑銘一項。空海攜歸文物文獻見於《御請來目録》,其中著録的"《大唐大興善寺大辨正大廣智三藏表答碑》六卷"[96]涉及不空碑銘2種,分別由飛錫和嚴郢撰文。此外,由空海親自編纂的《秘密漫荼羅教付法傳》(下簡稱《付法傳》)和後世彙編的空海詩文集《遍照發揮性靈集》、書信集《高野雜筆集》中涉及自唐土攜歸碑文8種——《付法傳》對《金剛智三藏碑》

---

[92]《舊唐書》卷七〇《杜正倫傳》,2543頁。
[93]《中國佛教史籍概論》,23頁。
[94]《傳教大師全集》卷一,212頁。
[95] 渡邊照宏、宮坂宥勝校注《三教指歸·性靈集》,岩波書店,1969年,277頁。
[96]《大正藏》第55册,1064頁中。

《金剛智三藏塔銘》《不空三藏碑》多有引述；《遍照發揮性靈集》卷二收入空海親撰《大唐神都青龍寺故三朝國師灌頂阿闍梨惠果和尚之碑》；同書卷四《奉獻雜書迹狀》記空海於弘仁二年(811)獻與天皇《不空三藏碑》一卷、《岸和尚碑》一鋪，《獻梵字並雜文表》記其於弘仁五年獻上草書《曇一律師碑銘》一卷、《大廣智三藏影贊》一卷；《高野雜筆集》卷下寄與左大將公的一封書信中載有《一行阿闍梨碑文》。除去與求法目錄相合者，總計9種。

22.《大唐故大德開府儀同三司試鴻臚卿肅國公大興善寺大廣智三藏和上之碑》(收入《御請來目錄》所錄《大唐大興善寺大辨正大廣智三藏表答碑》中)

按：圓照《大唐貞元續開元釋教錄》卷中著錄《贈司空大辨正廣智不空三藏碑表集》七卷與《肅宗制旨碑表集》一卷、《代宗制旨碑表集》一卷、《景雲先天開元天寶誥制集》三卷(碑表狀附見)，凡四部共十二卷，同歸一帙。《御請來目錄》著錄《大唐大興善寺大辨正大廣智三藏表答碑》六卷，即圓照所編《代宗朝贈司空大辨正廣智三藏和上表制集》(下簡稱《表制集》)，其中著錄不空碑文兩種，此即其一。

該碑由飛錫撰文，結銜題署"敕檢校千福安國兩塔院法華道場沙門"，於大曆九年七月六日立，歷代碑誌目錄未見著錄，中土久佚，僅保存在日藏文獻《表制集》中[97]。《付法傳》卷二"不空小傳"首以"案《貞元新定釋教錄》及《大辨正三藏表制集》等云"[98]標明文獻所出，隨後依照時間發展順序巧妙糅合《貞元新定釋教目錄》(下簡稱《貞元錄》)中的不空小傳和《表制集》中的飛錫《碑》原文敘寫傳主生平，由此見出空海在著作中對唐土攜歸碑文的靈活運用。

飛錫，傳見《宋高僧傳》卷三《唐大聖千福寺飛錫傳》，存世文章見於《全唐文》卷九一六，凡2篇，皆屬碑銘；《全唐文補編》卷四八補輯包括本碑在內的飛錫文5篇。存世文章之外，史載飛錫著述如下：碑文方面，《宋高僧傳》載慧忠卒於大曆十年十二月九日，"譯經沙門飛錫爲碑紀德"[99]。詩歌方面，《寶刻叢

---

[97] 關於學界對《表制集》的研究可參閱金程宇《中日〈不空表制集〉文獻學研究述評》，程章燦主編《古典文獻研究》第16輯，鳳凰出版社，2013年，203—216頁。

[98] 密教文化研究所弘法大師著作研究會《定本弘法大師全集》第1卷，高野山大學密教文化研究所，1991年，84頁。

[99] 《宋高僧傳》卷九《唐均州武當山慧忠傳》，207頁。

編》卷八引《京兆金石録》著録飛錫撰《唐僧本行詩》;頌贊方面,《歷代名畫記》卷三《記兩京外州寺觀畫壁》載"〔千福寺〕北廊堂内南岳《智顗思大禪師》、《法華七祖及弟子影》","弟子壽王主簿韓幹敬貌,遺法弟子沙門飛錫撰頌並書"[100]。輔助譯經方面,慧琳《一切經音義》卷三五載廣德二年(764)"三藏大廣智不空於長安大興善寺譯出《佛頂尊勝念誦供養法》一卷二十紙,沙門飛錫筆授,此第八譯也"[101];《貞元録》卷一五載永泰元年(765)飛錫位列《仁王護國般若波羅蜜多經》第四譯證義大德之一,大曆四年飛錫位列《虛空藏菩薩所問經》第五譯證義大德之一,又曾參譯不空新譯《大乘密嚴經》。飛錫尚撰有《念佛三昧寶王論》三卷、《無上深妙禪門傳集法寶》一卷、《誓往生净土文》一卷。

23.《唐贈司空大興善寺大辨正廣智不空三藏和上影贊》(收入《御請來目録》所録《大唐大興善寺大辨正大廣智三藏表答碑》中,並見於《遍照發揮性靈集》卷四《獻梵字並雜文表》)

按:《奉獻雜書迹狀》中記空海獻與嵯峨天皇"《大廣智三藏影贊》一卷",全文見於《代宗朝贈司空大辨正廣智三藏和上表制集》卷四,署銜爲"灌頂弟子紫閣山草堂寺苾芻飛錫撰(並書)",歷代碑誌目録未見著録,中土久佚,《全唐文補編》卷四八輯録。

24.《不空三藏碑》一卷(收入《御請來目録》所録《大唐大興善寺大辨正大廣智三藏表答碑》中,並見於《遍照發揮性靈集》卷四《奉獻雜書迹狀》)

按:此碑《惠運律師書目録》(題"《不空三藏碑》一卷")、圓珍《福州温州台州求得經律論疏記外書等目録》(題"《唐大興善寺大辨正廣智三藏國師碑》一卷,嚴郢大夫撰,隨")並見著録。碑文由御史大夫嚴郢撰,徐浩正書,建中二年(781)十一月十五日建。嚴郢,傳見《新唐書》卷一四五。徐浩,傳見《舊唐書》卷一三七、《新唐書》卷一六〇。石碑原立於長安大興善寺,今存西安碑林。《寶刻叢編》卷七引《集古録目》、《金石録》卷八、《通志·金石略》、《墨池編》卷六、《關中金石記》卷四、《金石文字記》卷四、《平津讀碑記》卷七、《來齋金石考略》卷下、《寰宇訪碑録》卷四、《授堂金石文字續跋》卷五、《雍州金石記》卷八皆有著

---

[100] 張彦遠著,俞劍華注釋《歷代名畫記》,上海人民美術出版社,1964年,66頁。
[101] 《大正藏》第54册,544頁上。

錄。全文見於《代宗朝贈司空大辨正廣智三藏和上表制集》卷六、《唐文粹》卷六二、《佛祖歷代通載》卷一四、《全唐文》卷三七二、《金石萃編》卷一○二。就書風而言，楊守敬評徐浩書《不空和尚碑》《大證禪師碑》"體近平實，無矯健不群之致"[102]。又，入宋日僧成尋記其於熙寧六年（1073）三月"買《不空三藏碑》二本，各百廿文，《大證禪師碑》百卅文，《大達法師碑》百五十文"[103]，據知此碑文宋代復東傳日本。相關研究可參閱勝又俊教《不空三藏の碑文について》[104]、大柴清圓《弘法大師による真言密教の正統性の証明——中国碑林博物館所藏〈不空三藏碑〉を通して 付〈不空三藏碑〉翻刻・訳注》[105]。最澄《内證佛法相承血脈譜》之《胎藏金剛兩曼荼羅相承師師血脈譜》據《表制集》本節引此碑，由於其將來目錄未見著錄，而《傳教大師消息》中記載大同四年（809）八月二十四日最澄曾向空海修書借閱《大唐大興善寺大辨正大廣智三藏表答碑》三卷[106]，推測其可能根據自空海處借閱之本引用此文。

嚴郛存世作品見於《全唐文》卷三七二，收錄文章4題5篇，《全唐文補編》卷五二補輯不空影贊並序1篇，《邙洛碑誌三百種》二○一補輯墓誌1篇。

25.《金剛智三藏碑》一卷（《付法傳》《惠運律師書目錄》）

按：《宋高僧傳》載灌頂弟子中書侍郎杜鴻漸曾爲金剛智"述碑紀德"[107]，碑文今佚。日僧榮海編《類聚八祖傳》中保存了部分題杜鴻漸述《三藏和尚記》逸文，其中所叙"用不空鈎菩薩法，於所住寺當院廊舍内，起四肘壇，畫菩薩像於其壇上"[108]云云，與《宋高僧傳》内容相近。岩崎日出男指出，現存題杜鴻漸撰逸文在文章的修辭和用字上與《宋高僧傳》雖有相似之處，但並不是參考《宋高僧傳》後創作於日本的偽作。空海在《付法傳》卷一第五祖金剛智傳部分曾叙傳

---

[102] 楊守敬《學書邇言》，謝承仁主編《楊守敬集》第8冊，湖北人民出版社，1988年，484頁。
[103] 成尋著，王麗萍校點《新校參天台五臺山記》，上海古籍出版社，2009年，639—640頁。
[104] 《密教学研究》創刊號，1969年，97—113頁。
[105] 《高野山大学大学院紀要》第10號，2008年，1—23頁。
[106] 《傳教大師全集》卷五，453頁。
[107] 《宋高僧傳》卷一《唐洛陽廣福寺金剛智傳》，6頁。
[108] 參見榮海《類聚八祖傳》卷三，《續真言宗全書》第33卷，高野山大学出版部，2008年，71頁上。逸文輯本參見岩崎日出男《杜鴻漸撰述〈金剛智三藏和尚記〉の逸文について》，福井文雅博士古稀・退職記念論集刊行會編《福井文雅博士古稀記念論集：アジア文化の思想と儀礼》，春秋社，2005年，663—679頁。

主結壇祈雨、公主還魂二事,並分別記云"事具在大廣福寺南中門西邊和上碑銘中""具如碑上"[109],其引述"大廣福寺南中門西邊和上碑銘"的文字與現存題杜鴻漸撰逸文、《宋高僧傳》確有相合事迹。岩崎日出男推測,《付法傳》所述碑文的形成時間當在圓照《貞元錄》完成的貞元十一年以後(按:《貞元錄》實於貞元十六年成書,此處岩崎氏所記當誤)至空海在唐期間(804—806)兩個時間節點之間,杜鴻漸於大曆四年去世,而《三藏和尚記》對大曆十四年代宗廟號的記錄與杜鴻漸卒年相抵牾,那麼杜鴻漸與《三藏和尚記》及"大廣福寺南中門西邊和上碑銘"三者之間的關係還有待結合其他文獻進一步探討。筆者推測,《付法傳》所云"大廣福寺南中門西邊和上碑銘""具如碑上"很有可能指代此碑,由於原石亡佚,姑且存疑備考。《付法傳》所引"大廣福寺南中門西邊和上碑銘"雖暫無傳世碑文對勘,但一定程度上保存了有關金剛智事迹的唐代石刻史料面貌,頗具遺存價值。《惠運律師書目錄》並見著錄《金剛三藏碑》一卷,應即指金剛智三藏碑。由此可見,惠運入唐求法時特別留意瞻禮和攜回祖師碑銘,並在求法目錄中明確著錄,彰顯出密宗第五祖金剛智在日本真言宗僧侶心目中的重要祖師地位。

杜鴻漸,傳見《舊唐書》卷一〇八、《新唐書》卷一二六,曾受封衛國公,官拜宰相,篤信佛教,晚年病中令僧爲其剃髮,臨終時"遺命其子依胡法塔葬,不爲封樹,冀類緇流"[110]。存世文章見於《全唐文》卷三六四,凡3篇,其中碑銘1篇;《唐文拾遺》卷二一補輯2篇;《全唐文補編》卷四二補輯1篇。《全唐詩》卷七九五存殘句1聯。

26.《金剛智三藏塔銘》(《付法傳》《行歷抄》)

按:圓照《大唐貞元續開元釋教錄》卷中著錄《東京大廣福寺金剛三藏塔銘并序》,注云:"右混倫翁撰並書。洎先朝贈開府儀同三司,諡大弘教三藏,如前

---

[109] 按:"廣"原作"薦"。運敞考云:"'薦'字當作'廣',蓋中古以來本朝學者傳誤。呼金剛智爲薦福和尚,而不知薦福寺在西京,一混以爲在東都,故至見適有作'廣'字者輒刊爲'薦'字,殆似難可改張。然薦福寺在西京者明矣,且又愚之所閱古本《表制集》、宋本、明本《高僧傳》、朝鮮本《貞元錄》皆在東都者爲廣福寺(廣福寺在兩京,薦福獨在西京),則非'薦'字者決焉,學者幸勿固執矣。"今統以"廣"爲正。參見運敞《秘密漫荼羅教付法傳纂解》卷一下,《續真言宗全書》第32卷,35頁下。

[110] 《舊唐書》卷一〇八《杜鴻漸傳》,3284頁。

卷及後大廣智三藏本集中廣説。"[111]又見同書卷下"入藏録"《八十八卷貞元新集古今制令碑表記録》著録。全文見於《貞元録》卷一四《總集羣經録上之十四》,題《大唐東京大廣福寺故金剛三藏塔銘並序》,原石於天寶二年二月二十七日立在洛陽奉先寺西岡。《御請來目録》中著録"《貞元新定釋〔教〕目録》卅卷(圓照律師撰)"[112],據知空海曾攜歸一部《貞元録》。

空海在《付法傳》卷一金剛智小傳中時常有選擇地徵引《金剛智三藏塔銘》叙寫傳主生平,又全文抄録混倫翁所撰銘文部分,並在段末附以小字注云"其序具載本傳"[113],意爲混倫翁撰金剛智《塔銘》序文詳見《貞元録》金剛智本傳,推知空海在唐所獲《金剛智三藏塔銘》當爲抄本,即《貞元録》載録之本。三善清行《天台宗延曆寺座主圓珍傳》記圓珍於"大中十年(856)正月十三日,與圓覺等迴至龍門西岡,尋三藏金剛智阿闍梨墳塔,遂獲禮拜,兼抄塔銘"[114],據知圓珍亦曾獲金剛智塔銘抄本歸日,此本亦未見其求法目録著録。

混倫翁存世文章目前僅見此1篇,暫未見詩作傳世。《全唐文補編》卷三五據《大正藏》本《貞元録》輯録此文。

27.《大唐神都青龍寺故三朝國師灌頂阿闍梨惠果和尚之碑》(《遍照發揮性靈集》卷二、《惠運律師書目録》)

按:惠果,長安青龍寺密宗高僧,師從不空三藏,傳見《付法傳》,空海爲其付法弟子。此碑於唐元和元年正月由空海撰作並書寫,碑文後收入《遍照發揮性靈集》卷二,輯入《全唐文補編》卷六九。空海既爲此碑撰文者和書碑者,推測其攜歸日本既有親筆稿本,亦有拓本,惜今無傳世。在《付法傳》卷二"惠果小傳"中,空海對此篇碑文亦有一定程度的運用,但因碑銘和傳記的文體之别而呈現出不同筆法[115]。其後日僧惠運入唐時亦攜歸此篇碑文,見於《惠運律師書目録》著録(題《惠果和尚碑》一卷),文獻形態可能爲抄本或拓本。相關研究有金水敏

---

[111]《大正藏》第55册,765頁上。
[112]《大正藏》第55册,1064頁上。
[113]《定本弘法大師全集》第1卷,78頁。
[114]《行歷抄校注》,156頁。
[115] 參見拙文《傳記書寫與譜系構造:空海〈秘密漫荼羅教付法傳〉初探》,程章燦主編《古典文獻研究》第25輯上卷,鳳凰出版社,2022年,149—152頁。

《〈惠果和尚之碑文〉所收〈大儀後序〉について》[116]、《〈惠果和尚之碑文〉所收字書樣抜書について》[117]、高柳健太郎《空海撰〈惠果碑文〉における〈法界宮〉の典拠について》[118]等。

空海存世詩文見於《聾瞽指歸》《三教指歸》《遍照發揮性靈集》《高野雜筆集》，其中碑銘類尚有《沙門勝道歷山水瑩玄珠碑並序》《大和州益田池碑銘並序》2篇，皆爲歸日後所作。此爲空海在唐撰書之碑文，在中日文化交流史上頗具文獻價值。

28.《岸和尚碑》一鋪(《遍照發揮性靈集》卷四《奉獻雜書迹狀》)

按：岸和尚，即道岸，唐中宗深信重之，曾爲其撰《林光宮道岸法師像贊》。《宋高僧傳》卷一四《唐光州道岸傳》云："以開元五年歲次丁巳八月十日滅度於會稽龍興道場。……弟子龍興寺、慧武寺主義海、都維那道融、大禹寺懷則、大善寺道超、齊明寺思一、雲明寺慧周、洪邑寺懷瑩、香嚴寺懷彥、平原寺道綱、湖州大雲寺子瑀、興國寺慧纂等，秀稟珪璋，器承磨琢，荷導蒙之力，懷栝羽之恩，思播芳塵，必題貞石，乃請禮部侍郎姚弈爲碑紀德。"[119]據知立碑時間爲開元五年八月十日以後，碑文今佚。前述萬齊融撰《唐法華寺玄儼律師碑》中，碑主僧玄儼爲道岸上足。

姚弈(一作姚奕)，傳見《舊唐書》卷九六、《新唐書》卷一二四，附於其父姚崇傳後，開元中任睢陽太守、太僕卿，於開元末授禮部侍郎、尚書右丞，後坐貶，出爲永陽太守。據《寶刻叢編》卷四引《訪碑録》，姚奕撰有《唐陳州刺史陶公碑》序文，郁賢皓指出《大唐故銀青光禄大夫使持節陳州諸軍事陳州刺史上柱國陶府君(禹)墓誌銘並序》墓主陶禹即此陳州刺史陶公，爲姚崇婿、陶大舉子[120]。《金石録》卷五著録姚奕尚撰有《唐高行先生徐公碑》序文。

---

[116] 《高山寺典籍文書綜合調査団研究報告論集(平成十二年度)》第20號，2001年，75—79頁。
[117] 《高山寺典籍文書綜合調査団研究報告論集(平成十三年度)》第21號，2002年，65—70頁。
[118] 《印度學佛教學研究》第138號，2016年，27—30頁。
[119] 《宋高僧傳》，337—338頁。
[120] 郁賢皓《唐刺史考全編》卷六〇，安徽大學出版社，2000年，860頁。

29.《曇一律師碑銘》一卷(草書)(《遍照發揮性靈集》卷四《獻梵字並雜文表》)

按:曇一律師,傳見《宋高僧傳》卷一四《唐會稽開元寺曇一傳》,中云:"以大曆六年十一月十七日遷化於寺之律院,報齡八十,僧臘六十一。即以明年十一月二十四日遷座於泰望山,從先和尚之塋也。……門人越州妙喜寺常照、建法寺清源、湖州龍興寺神玩、宣州隱静寺道昂、杭州龍興寺義賓、台州國清寺湛然、蘇州開元寺辯秀、潤州棲霞寺昭亮、常州龍興寺法俊等,早發童蒙,咸承訓誘。……時會稽徐公浩素敦鄉里之舊,爲碑頌德焉,大曆十一年也。"[121]此碑由梁肅撰文,徐浩書碑,全文見於《會稽掇英總集》卷一七(題作《開元寺律和尚塔碑銘並序》)、《佛祖歷代通載》卷一四(卷一目錄題作《曇一律師碑》)、《唐文粹》卷六二、《全唐文》卷五二〇(以上二書均題作《越州開元寺律和尚塔碑銘並序》)、《(雍正)浙江通志》卷二六五(題作《越州開元寺律和尚塔碑並序》),然碑文載其滅度時間爲"大曆六年十二月七日",與《宋高僧傳》之"十一月十七日"文字相近,二者當有一訛。又,據《舊唐書》,會稽縣屬越州管轄[122],故會稽開元寺應即爲越州開元寺。

30.《一行阿闍梨碑文》(《高野雜筆集》卷下、《真言付法傳》)

按:一行阿闍梨,傳見《舊唐書》卷一九一《方伎》、《宋高僧傳》卷五《唐中岳嵩陽寺一行傳》。《舊唐書》載:"上爲一行製碑文,親書於石。"[123]《高野雜筆集》云:"其一行阿闍梨碑文者,大唐玄宗皇帝所製,空海在唐日上大使訖,今聞其本奉進太上皇。"[124]全文今僅見録於《真言付法傳》中,銘文並見最澄《内證佛法相承血脈譜》之《胎藏金剛兩曼荼羅相承師師血脈譜》徵引。《寶刻叢編》卷八《京兆府中·萬年縣》引《集古録目》著録《唐一行禪師塔碑》,並云:"唐明皇撰並八分書。一行本姓張氏名遂,後爲沙門,謚曰大慧,碑以開元十六年立。"[125]《類編長安志》云:"碑以開元十六年立銅人原塔側。今灞橋東

---

[121] 《宋高僧傳》,354—355 頁。
[122] 《舊唐書》卷四〇《地理志三》,1589 頁。
[123] 《舊唐書》卷一九一《一行傳》,5113 頁。
[124] 《定本弘法大師全集》第 7 卷,高野山大学密教文化研究所,1992 年,121 頁。
[125] 陳思《寶刻叢編》卷八,《石刻史料新編》第 1 輯第 24 册,18222 頁。

原上。"[126]

唐玄宗傳世文章見於《全唐文》卷二〇至卷四一,凡933篇,其中碑銘類10篇;《唐文拾遺》卷二至卷四補輯219篇;《全唐文補編》卷二四、卷二五補輯151篇,碑銘類收録2篇;《全唐文再補》卷二補輯《大慧禪師一行碑銘並序》,即本碑;《全唐文又再補》卷三補輯12篇;王育成補輯1篇[127]。此外,《舊唐書》載"玄宗親製遺愛碑於蜀以寵之"[128],《六藝之一録》卷七二題作《劍南節度崔圓遺愛碑》,碑文今佚。玄宗存世詩詞見於《全唐詩》卷三、卷八八九,凡64首及殘句4聯;《全唐詩逸》卷上補輯2首;《全唐詩外編·補全唐詩》補輯1首,《全唐詩續補遺》卷三補輯3首(其中2首疑出後人依托);《全唐詩續拾》卷一四補輯5首。

三、碑銘流傳析論

最澄和空海攜歸碑銘來自大唐東西二京和地方諸州,分布範圍廣泛,獲取方式多樣。不僅直觀展現了釋家教迹遺存的諸多面向,生動反映了碑銘所在地區的人文風物,而且藉由抄寫與摹揭兩種渠道,彰顯出書法家和抄寫者的唐風書藝,堪稱大唐文明的活化石。從入唐日僧求法目録和文集行記的載録中,瞻禮者不辭辛苦、虔誠參訪的身影躍然紙上,再現在今人面前。

(一)孜孜尋訪,珍藏釋家教迹

依照功用和內容,最澄和空海攜歸碑銘可以分爲高僧碑誌文、寺院弘教碑和佛教史迹碑三類。據上述筆者掌握的資料統計,高僧碑誌文共計21通,數量最多,占據總數絶大部分,包括禪宗高僧碑銘5通:《達磨和上碑文》《慧可和上碑銘》《信大師碑銘》《道璿碑銘》《潤州牛頭山第六祖師碑》;律宗高僧碑銘2通:《岸和尚碑》《曇一律師碑銘》;天台宗高僧碑銘7通:《天台山智者大師墳裏碑》《天台山智者大師贊》《天台山智者大師墳前左碑》《天台山智者大師墳前右碑》《天台山國清寺智者禪師碑文》《章安大師碑文》《天台山第六祖荊溪和尚碑》;

---

[126] 駱天驤撰,黃永年點校《類編長安志》卷一〇,中華書局,1990年,313頁。

[127] 王育成《唐玄宗投龍銅簡考述》,《弘道》第10期,香港道教學院,2001年,86—91頁。

[128] 《舊唐書》卷一〇八《崔圓傳》,3279頁。

密宗高僧碑銘7通:《金剛智三藏碑》《金剛智三藏塔銘》《大唐故大德開府儀同三司試鴻臚卿肅國公大興善寺大廣智三藏和上之碑》《唐贈司空大興善寺大辨正廣智不空三藏和上影贊》《不空三藏碑》《惠果和尚碑》《一行阿闍梨碑文》。寺院弘教碑包括《天台智者大師佛隴道場記》《天台山國清寺碑》《大唐聖教序》《天后聖教碑》《台州龍興寺碑》《荊州玉泉寺碑》,共計6通。佛教史迹碑包括《天台山國清寺石泉碑》《剡山石城寺彌勒石像碑》《瓦官寺維摩碑》,共計3通。

以上二人攜歸碑銘中,石文俱存者5通(第6、12、13、18、24目),石亡文存者14通(第2、7、8、10、11、16、17、19、22、23、26、27、29、30目),石亡逸文殘存者3通(第5、9、21目),石亡疑存逸文者2通(第4、25目),石文俱亡者6通(第1、3、14、15、20、28目)。其中,《大唐故大德開府儀同三司試鴻臚卿肅國公大興善寺大廣智三藏和上之碑》《唐贈司空大興善寺大辨正廣智不空三藏和上影贊》僅存於日藏漢籍《表制集》中,《大唐東京大廣福寺故金剛三藏塔銘並序》僅存於日本古寫經和《高麗藏》本《貞元錄》中,頗爲稀見。此外,尤其值得重視的是7通佚存日本漢籍中的碑銘文獻,即《天台山智者大師贊》《章安大師碑文》《天台山第六祖荊溪和尚碑》《天台山國清寺石泉水碑》《道璿碑銘》《惠果和尚碑》《一行阿闍梨碑文》。雖然其中三種僅殘存部分逸文,但它們對推進天台宗、禪宗和密宗研究有重要價值,更是中日文化交流史上極爲珍貴的歷史資料。《章安大師碑文》《天台山第六祖荊溪和尚碑》《道璿碑銘》《天台山國清寺石泉水碑》四文還可爲《全唐文》再作補遺,頗具輯佚價值。

(二)瞻禮聖地,遍覽山川盛景

石碑在歷史上的矗立地點一定程度上能夠反映日僧入唐的瞻禮足迹。比如台、越兩州是最澄求法的主要勝地,所獲碑刻文獻大半由其親身參訪兩州遺迹所得,如《天台山智者大師墳裏碑》《天台山智者大師贊》《天台山智者大師墳前左碑》《天台山智者大師墳前右碑》《天台山第六祖荊溪和尚碑》《天台智者大師佛隴道場記》《天台山國清寺碑》《天台山國清寺石泉碑》《天台國清寺智者禪師碑文》《章安大師碑文》10通碑銘皆取自天台山;《比叡目》所載《台州龍興寺碑》和《越州錄》所載《剡山石城寺彌勒石像碑》2通碑銘亦分別出自台州和越州,表明其應該到訪過台州龍興寺和越州剡山石城寺。而《瓦官寺維摩碑》《潤州牛頭山第六祖師碑》二碑地處潤州,與越州相隔杭州、湖州、常州三州,《荊州玉泉寺碑》

地處山南東道,《大唐聖教序》《天后聖教碑》地處京畿道,與江南東道相隔更遠,最澄未曾到達潤州、荆州和兩京求法,此5通碑銘極有可能是自他人處或轉抄、或購得、或受贈之本。這表明中唐時期即使潤州、荆州、長安等地與台、越二州相隔遥遠,碑刻依然可以通過摹搨和傳抄實現流傳的可能。4通禪宗高僧碑銘豎立地點未詳,既然最澄有機會獲見碑文内容,而兩部將來目録中皆未見記載,推測所獲之本爲傳抄所得的可能性較大。

空海入唐時在福州登岸,後入兩京,歸國前曾停留越州會稽。所得9通碑銘中,《金剛智三藏碑》《金剛智三藏塔銘》分别立於洛陽的大廣福寺和奉先寺西崗,飛錫、嚴郢二人所撰兩種《不空三藏碑》《惠果和尚碑》《一行阿闍梨碑文》分别立於長安的少陵原、大興善寺、青龍寺和銅人之原,《岸和尚碑》《曇一律師碑銘》分别立於越州會稽的龍興寺和開元寺,《不空三藏影贊》豎立地點不詳。其中,見於《奉獻雜書迹狀》一文記載者2通,可以確定爲空海瞻禮原石並摹搨取得。另外7通既皆立於洛陽和長安,推測空海亦不難獲得石刻拓本或抄本。

綜上,台越聖地和兩京諸寺是兩位日僧求法的主要地區,沿途寶刹林立,吸引他們駐足停留,虔誠參拜,瞻禮聖迹。一些高僧的碑銘曾不止一次通過摹搨和抄寫東傳日本,如最澄和圓珍兩度攜歸《天台智者大師佛隴道場記》《達磨和上碑文》《可和尚碑文》《信禪師碑文》,空海和惠運兩度攜歸《金剛三藏碑》《惠果和尚碑》,空海和圓珍兩度攜歸《金剛智三藏塔銘》,空海、惠運、圓珍三度攜歸嚴郢撰《不空三藏碑》等。這些多次獲得攜歸的碑銘,其傳主均是中國天台宗、禪宗和密教的祖師,自然受到入唐日僧的特别重視和禮敬尊崇。

(三) 抄寫摹搨,彰顯大唐書風

就碑銘流傳的方式與形制而言,由於入唐日僧攜歸的碑銘原本幾乎都已散佚無存,對今人而言,當時他們是通過抄寫還是摹搨而得,或者説所獲究竟是抄本還是拓本不甚明朗,但藉由求法目録附注和僧人文集等相關記載可以推測部分碑文的流傳面貌。

比如,最澄《台州録》中著録的《天台智者大師佛隴道場記》一卷與圓珍求法目録中著録的《天台山修禪道場碑文》一卷實爲梁肅所撰同碑異名文獻。經胡可先生考訂,梁肅撰文時間爲建中元年至三年(780—782),而行滿立碑時間爲元和六年[129]。最澄入唐時間在延曆二十三年至二十四年(804—805),據此可以推測所獲之本應爲尚未上石的寫本;圓珍入唐時間在仁壽三年(853)至天安二年(858),彼時碑石已立,據《智證大師請來目錄》記載,包括此碑之十七本十五卷皆爲自"天台山並兩浙諸州傳得"[130],既然圓珍曾親訪天台山,所獲既可能爲拓本,也可能爲抄本。最澄《台州錄》與《越州錄》著錄碑銘11種,其中9種並記紙數(篇幅在五紙至九紙不等),雖然有以帖本形式剪裱成卷的可能,但如果確屬保存書風的石刻拓本,《比叡目》中的《書法目錄》應該特別予以列入以示祖師聖迹,但《比叡目》却並未著錄其中的任何一種,由此可以推想這些攜歸的天台碑文很可能皆爲抄本;而《比叡目》中《書法目錄》部分著錄的《大唐聖教序》《天后聖教碑》《台州龍興寺碑》《潤州牛頭山第六祖師碑》4通碑銘明確注以"大唐石摺",史睿指出,"所謂石摺,即是石搨,摺爲搨之誤字"[131],據知傳本爲唐拓本。

唐代文獻的流傳形態以抄本爲主,碑刻作爲特殊的文獻類型使得傳抄之外,以摹搨方式促進文本流通成爲可能。但就部分載有獲取方式的碑文條目而言,抄寫仍然是最主要的流通途徑。個中原因推測有二:一是大型碑刻的整幅傳拓紙張不易獲取,而抄寫對於紙張大小的限制較小,更便於書寫、攜帶和保存;二是部分碑文並非求取者親見,而是從他人處輾轉獲見,如他人並未將拓本直接贈予,或他人所獲亦爲抄本,據之轉抄亦不失爲保存文本的一種便捷之法[132]。相應地,抄本依據的底本樣態也有石本、拓本和寫本三種類型——石本當然即是前來瞻禮者親睹之原碑,拓本爲求法日僧從他人處有可能獲見之本,而寫本則既有可能是碑文創作者的親筆稿本(比如空海《惠果和尚碑》),也有可能是他人據石本、拓本或寫本(文集或單行本)所抄,又被求法僧再次傳抄。正如榮新江先生指出:"一方碑銘建立以後,就不斷有人抄寫,反復被人抄寫。石碑立於一個固

---

[129] 胡可先《〈台州隋故智者大師修禪道場碑銘〉事實考證與價值論衡》,《浙江社會科學》2015年第7期,124—126頁。

[130] 《大正藏》第55册,1105頁上。

[131] 史睿《唐代書法文化的東傳——以空海、最澄爲中心》,《敦煌學》第36期,93頁。

[132] 參閱榮新江《石碑的力量——從敦煌寫本看碑誌的抄寫與流傳》,榮新江主編《唐研究》第23卷,北京大學出版社,2017年,307—324頁。

定的地方,本身的文字祇有前來瞻禮的人纔能讀到。而碑文一旦被抄録下來,就會輾轉流傳,一抄再抄,成爲一件文學作品,或者成爲一篇歷史文獻,被重複抄寫,被珍藏閲讀。"[133]

再就拓本的形制而言,史睿曾指出空海《奉獻雜書迹狀》中所記《岸和尚碑》所謂"一鋪"指整幅拓片,"空海《與本國使請共歸啓》云:'兼圖胎藏大曼荼羅一鋪,金剛界九會大曼荼羅一鋪(並七幅,丈五尺。)',可知此曼荼羅皆是長一丈五尺、寬約七尺的整幅圖畫,而碑刻的整幅拓本與之尺幅相近,故均可以鋪爲單位。鑒於唐代所産之紙罕有大幅,一般傳拓皆用標準大小的紙張拼接而成,再剪裱爲卷軸,敦煌藏經洞出土的唐太宗《溫泉銘》拓本即是顯例"[134]。筆者十分贊同史先生推測此碑爲整拓的觀點,但對"鋪"的理解稍存異議。日僧請來目録中時有對曼荼羅圖像和高僧真影的著録,比如空海《御請來目録》著録"大毗盧遮那大悲胎藏大曼荼羅一鋪(七幅,一丈六尺)""大悲胎藏三昧耶略曼荼羅一鋪(三幅)""金剛智阿闍梨影一鋪(三幅)""善無畏三藏影一鋪(三幅)""大廣智阿闍梨影一鋪(三幅)""一行禪師影一鋪(三幅)"[135],圓仁《入唐新求聖教目録》著録"青龍寺義真和尚真影一鋪(一幅,綵色)""南岳思大和尚示先生骨影一鋪(三幅,綵色)""天台大師感得聖像影一鋪(三幅,綵色)"[136],圓珍《福州溫州台州求得經律論疏記外書等目録》著録"泗州和上變像一鋪(苗)"[137];敦煌文獻中,P.3425號寫卷抄有《金光明變相一鋪銘》,日本白鶴美術館則藏有《天成四年敬造藥師琉璃光如來一鋪功德記》[138]。從上述文獻可以看出,"鋪"在古代是計數畫像的量詞[139]。就内容而言,既可以用於計量密教曼荼羅圖畫,也可以用於計量人物影像;再就數量而言,一鋪既可以祇包含一幅圖像,也可以涵蓋幾幅

---

[133] 榮新江《石碑的力量——從敦煌寫本看碑誌的抄寫與流傳》,《唐研究》第23卷,319頁。
[134] 史睿《唐代書法文化的東傳——以空海、最澄爲中心》,《敦煌學》第36期,92頁。
[135] 《大正藏》第55册,1064頁中。
[136] 《大正藏》第55册,1084頁下、1087頁上。
[137] 《大正藏》第55册,1093頁上。
[138] 鄭炳林、鄭怡楠輯釋《敦煌碑銘贊輯釋》(增訂本),上海古籍出版社,2019年,1422—1424頁、1604—1606頁。
[139] 關於"鋪"這一術語的含義及其在佛經變相中的運用研究可參閲白化文《什麼是變文》,周紹良、白化文編《敦煌變文論文録》上册,上海古籍出版社,1982年,439—442頁。

主題相同的系列圖像。"《岸和尚碑》一鋪"明確以"鋪"爲計量單位,雖然石文均已不存,但可以推測此碑應配有僧道岸真影,這種聖僧碑銘與肖像並現的碑文頗爲稀見。鑒於空海將其與《德宗皇帝真迹》一卷、《歐陽詢真迹》一卷、《張誼真迹》一卷、《大王諸舍帖》一卷、《不空三藏碑》一卷、徐侍郎《寶林寺詩》一卷、釋令起《八分書》一帖,謂之行草一卷、鳥獸飛白一卷並列,且以"雜書迹"總稱,亦可間接印證此碑當屬唐拓。空海以"一卷"計量《不空三藏碑》,而以"一鋪"計量《岸和尚碑》,同爲拓本,後者或許正因附有高僧肖像而與前者有别。現存的石刻肖像畫拓本以日本東福寺栗棘庵所藏初祖達磨至六祖慧能的六幅宋拓以及2020年現身西泠印社春拍的二祖慧可至六祖慧能的五幅宋拓禪宗祖師圖爲最早[140]。若此推測成立,空海對《岸和尚碑》的著録是唐拓高僧肖像並碑銘東傳日本的較早記載,具有珍貴的史料價值。空海《獻梵字並雜文表》記其於弘仁五年(814)獻上《曇一律師碑銘》一卷,特别注明"草書",正是爲了突出碑銘的俊逸書風,推知所獻亦當爲唐拓而非唐抄。

四、餘論

石刻遺存是中國歷史文物遺迹的重要組成部分,日本入唐求法僧侣的宗教身份促使他們更多地關注佛教史上高僧大德的記傳碑誌、中土名寺的弘教碑誌和佛教聖地的史迹碑誌三類碑銘文獻。碑銘的特殊文本承載形制使得這一文獻的傳播兼具文本内容、實物遺存和書法風尚三重文化基因。就文本内容而言,墓碑和塔銘是承載高僧畢生光輝行業的真實記録,中土高僧傳記常常將其作爲人物生平的重要資料加以取材和利用;寺院弘教碑記載了佛寺的歷史沿革、宗派傳承以及名僧弘法的德業行實,是了解各寺各派發展興盛的原始文獻;佛教史迹碑往往記録佛教聖地的山川盛景和靈驗事迹,是後人口耳相傳和踏足尋訪的魅力名片。就實物遺存而言,通過摹搨的方式將文獻轉載於紙張某種程度上可以保存碑石的原初形態,個别附有高僧肖像的石刻拓本能够真實再現歷史人物的風

---

[140] 參見楊柳《記高山寺舊藏南宋整紙拓本〈禪宗祖師頂相圖〉》,《西泠印社二〇二〇年春季拍賣會:古籍善本·金石碑帖專場》,50—55頁。

采神韻,爲瞻仰中土僧人的卓越風姿和生平事迹提供一手資料。再就書法風尚而言,部分碑銘因出自名家之筆而頗受世人矚目,如褚遂良書《雁塔聖教序》、王行滿書《招提寺聖教序》、徐浩書《不空三藏碑》《曇一律師碑銘》、空海書《惠果和尚碑》等,這些名家所書碑刻拓本的東傳對日本書道的形成和發展影響深遠,比如空海即結合自唐土攜歸的書學技法文獻和碑刻、墨迹等法書名作總結書藝精髓,成爲日本書道史上一顆璀璨的明星[141];而傳抄之本雖然無法保存碑刻的原初面貌,却能通過書寫者本人的手迹反映當時抄寫習慣和唐人書風,由日僧親筆抄寫者更能顯示當時异國人士的漢文學養和書道風格,折射出大唐文化的魅力風采和中日兩國的書藝交融。

從入唐日僧求法目録可以發現,這些碑銘被歸屬於佛教經律論和梵漢真言儀軌等内典之外的"雜"文,常與傳記、頌贊、詩文等釋家撰述比鄰著録。正是這些中土撰述保存了唐及唐前的衆多佛教史事,爲日僧了解中國佛教文化的傳播與發展史提供了寶貴的歷史資料。再就日僧對唐土碑銘的運用而言,如前所述,後藤昭雄曾指出,中土的碑文與贊文兩種文體東傳日本後,推動了同類文體的創作。比如空海的三篇碑文事實上正是通過研習中國碑文先序後銘、駢散相間的行文結構和語言運用進而展開創作的[142]。其中《大唐神都青龍寺故三朝國師灌頂阿闍梨惠果和尚之碑》作於唐土,其後惠運入唐時亦曾攜歸日本,是諸篇攜歸碑銘中唯一一通由日本僧人撰文並書而立於唐土的石刻名作,惜原石不存,無法再睹此碑風貌。除創作同類文章之外,求法日僧在歸國弘法時,常常依托自唐土攜歸的傳記、碑銘等文獻編纂本宗譜系,比如空海《付法傳》直接引用《金剛智三藏碑》《金剛智三藏塔銘》、《不空三藏碑》(飛錫、嚴郢兩種)、《惠果和尚碑文》構造真言密教的祖師譜系[143];最澄在《内證佛法相承血脈譜》中引用《達磨碑頌》《慧可和尚碑銘》《信大師碑銘》《道璿碑銘》等構造《達磨大師付法相承師師

---

[141] 關於空海傳承唐代書藝技法的研究詳參史睿《唐代書法文化的東傳——以空海、最澄爲中心》,《敦煌學》第 36 期,79—104 頁。

[142] 後藤昭雄《入唐僧の將來したもの——讚と碑文》,收入作者《平安朝漢詩文の文体と語彙》,71—85 頁。關於空海碑銘創作的研究可參看樓正豪《論日僧空海的碑銘寫作》,《浙江海洋大學學報》2019 年第 5 期,49—55 頁。

[143] 參見拙文《傳記書寫與譜系構造:空海〈秘密漫荼羅教付法傳〉初探》,《古典文獻研究》第 25 輯上卷,138—155 頁。

血脈譜》,引用《佛隴道場記》構造《天台法華宗相承師師血脈譜》,引用《唐台州國清寺故荆溪大師碑銘》構造《天台圓教菩薩戒相承師師血脈譜》,引用《一行碑銘》《不空三藏和尚當院碑》構造《胎藏金剛兩曼荼羅相承師師血脈譜》。此外,最澄還在《天台法華宗學生式問答》卷六中引用《天台國清寺智者禪師塔銘序》《台州國清寺隋故智者大師修禪道場碑銘序》《隋故天台佛隴大修禪寺智者大師墓塔石柱誌文序》《荆州玉泉寺碑序》《天台國清寺智者禪師碑序》《天台山國清寺石泉水碑》叙述智者大師傳法行業及國清寺聖迹。碑銘以其文物的可信性和文獻的可讀性為以最澄、空海為代表的入唐求法僧歸國弘法提供了較為真實可靠的人物傳記資料和佛教聖地記録,二人歸國後分別建立了日本佛教天台宗和真言宗。由於最澄開創的天台密教主張將天台圓教、密教、禪宗、律宗四宗集於一體,唐土諸宗祖師的聖迹資料自然為其所重;而空海開創的真言密教強調"密勝顯劣",故特重大日如來一脈密教祖師的正宗地位,二人攜歸碑銘數目和種類自然有所差别。正是通過構建自唐土傳法的正宗譜系,兩位開宗祖師的受法權威得以凸顯,教祖地位由此確立,其間碑銘發揮的重要作用不容忽視。

日僧參訪唐土時禮拜高僧大德墓塔遺迹和寶刹聖地,並留意將碑銘文本摹揭、抄寫,與内典文獻一同攜歸。諸種唐拓、唐抄碑銘是見證漢文化東傳的一批珍貴的古代文物文獻遺存,在碑銘寫作、書藝流布與佛事弘傳方面推動了唐代中日文化交流與友好往來,同時有力地促進了佛教在日本的開宗立派與傳播發展。

(附記:本文寫作過程中,恩師金程宇、何劍平兩位先生悉心指導,匡正良多,評審專家也為本文提供了諸多寶貴的修改意見和建議,謹致以衷心的感謝。)

A Study of Inscriptions Carried by Japanese Monks Saichō and Kūkai from Tang China

Liu Huiting

Saichō and Kūkai carried numerous cultural relics and literature from Tang China to Japan including many inscriptions. According to we have collected, there are in total 30 inscriptions and some of them have not been recorded in preserved Chinese books. This reflects the rubbings and manuscripts of stone inscriptions were widely circulated and valued by Japanese monks in the Tang Dynasty. These rubbings and manuscripts are precious heritage. They manifest the eastern spreading of Chinese culture. They also show the cultural exchange and friendly intercourse between China and Japan. These include composition of inscription, spread of calligraphy and propaganda of Buddhism. Last but not least, these activities promoted the establishment and dissemination of Buddhism in Japan.

唐紀傳體《國史》再研討：從書籍史的角度出發

唐 雯

作爲唐代最基本的材料，《舊唐書》對於研究者的意義毋庸贅言，然而當我們日常不假思索地使用其所提供的材料時，往往會忽略一個顯而易見的常識，即這部基石性的正史本身是層累構造而成的，其各個部分實際上不僅有着不同的的來源，其生成過程亦是相當複雜。而這些問題其實關係到我們如何去評估《舊唐書》史料的立場與真實性，對於我們理解這部史料本身甚至唐代歷史本身都有著重要意義。雖然這一問題從晁公武到錢大昕、趙翼，以及金毓黻、杜希德和謝保成等前輩學者都有過討論[1]，形成了有關《舊唐書》史源的常識，即代宗朝之前的本紀承襲韋述等所編國史，之後則來源於各朝實錄，而文宗之後，再無實錄，依靠的是賈緯所作《唐年補錄》及五代時期搜集到的各類材料，而列傳的情況與本紀類似，實錄本傳、行狀、碑誌、家傳等都是其重要的史料來源。雖然我們往往以此常識作爲討論與利用《舊唐書》的基點之一，同時這些判斷在宏觀層面大端是正確的，但如果深入到更具體的細部，則會發現既有的結論是有偏差的。職是之故，近年來，筆者試圖以實證的角度重新離析《舊唐書》史源[2]，而其本身複雜的生成歷史更是一個重要却未被充分討論的話題。而這兩個話題都無法繞開對唐代當時韋述等所編纂的紀傳體國史（下簡稱《國史》）的討論——

---

[1] 晁公武撰，孫猛校證《郡齋讀書志校證》卷五："《唐書》二百卷，右石晋劉昫、張昭遠等撰，因韋述《舊史》增損以成。"上海古籍出版社，2006年，192—193頁。趙翼著，王樹民校證《廿二史札記校證》卷一六，中華書局，1984年，342—349頁。金毓黻《中國史學史》，河北教育出版社，2003年第2版，119—120頁。杜希德撰，黃寶華譯《唐代官修史籍考》，上海古籍出版社，2010年，175—182頁。謝保成《隋唐五代史學》，商務印書館，2007年，391—396頁。

[2] 參唐雯《〈舊唐書〉中晚唐人物列傳史源辨析——以〈順宗實錄〉八傳爲中心》，《中華文史論叢》2022年第2期；唐雯《〈舊唐書〉列傳史源辨析之一——以傳世傳記類材料爲中心》，《中國中古史研究》第8卷，中西書局，2020年。

畢竟《舊唐書》整體吸納了這部僅僅涵蓋半部唐代史的紀傳體國史,五代史臣之後的編纂都在此基礎上展開。而其本身在唐代當時便有着漫長的生成史,是歷代史官接續修撰的產物。而其主體部分編纂於安史之亂前,所依據的史料歷經戰亂之後其實已有相當部分是五代史臣以及北宋的史官無法看到的了。因此從《舊唐書》中將其辨析出來,對於我們理解《舊唐書》史料價值以及編纂過程自然有着極其重要的意義,而這一工作的前提則是徹底釐清《國史》本身的來龍去脈。

關於《國史》的研究,可以追溯自清代,趙翼曾在《廿二史札記》中梳理過其形成過程,不過他誤認了《唐曆》和《續唐曆》的性質,將二者與《國史》混爲一談[3]。這個重要而基本的問題也同樣引起了國外學者的關注,蒲立本、杜希德都曾探討過國史的修撰過程,杜希德試圖勾勒出安史亂前各部國史之間的淵源關係[4],蒲立本甚至在《舊唐書》中辨析出了柳芳所增補的《國史》內容,他認爲玄宗本紀、玄宗時代的人物傳記以及書志的某些段落及外族傳的部分都出於柳芳的手筆[5]。這些討論基於《舊唐書》《史通》《崇文總目》所載錄的相關材料展開叙述,雖然初步廓清《國史》歷朝撰修的背景與過程,但仍舊遺留下一個重要的問題,即這部國史的下限在哪裏,而這關係到我們如何來區分《舊唐書》中哪些部分是唐人的手筆,而哪些部分又出於五代人的增補。實際上大約在杜氏討論這一問題的同時或稍早,國内學者也已經注意到了這一問題,賈憲保沿着趙翼、吕思勉、黄永年已經提出的《舊唐書》中保存了大量唐人用語這一思路,在《舊唐書》中錄得大量唐人習慣用語,其時間跨度一直持續到大中時代;同時又根據《譚賓錄》與《舊唐書》對應傳記的大量雷同,認爲《國史》一直續修到了晚唐時代,已經具有現在《舊唐書》的大部分内容,五代史臣祇是在此基礎上稍作增補[6]。但是這一説法顯然與《舊唐書》執筆者之一賈緯以及宋初親見過《國

---

[3] 《廿二史札記校證》卷一六《唐實録國史凡兩次散失》,344—345頁。
[4] 杜希德著,黃寶華譯《唐代官修史籍考》,142—165頁。
[5] 蒲立本著,馬建霞譯《〈資治通鑑考異〉與730—763年間歷史的史料淵源》,收入馮立君主編《中國與域外》第3期,社會科學文獻出版社,2018年,35—59頁。
[6] 賈憲保《從〈舊唐書〉〈譚賓錄〉中考索唐國史》,收入《古代文獻研究集林》第1集,陝西師範大學出版社,1989年,141—165頁。

史》的史官胡旦的説法是矛盾的,二人都明確説過一百三十卷的紀傳體《國史》止於代宗朝[7]。另一方面,僅僅憑着《舊唐書》中晚唐部分存在着唐人用語也不能得出《國史》延續至晚唐的結論。因爲賈緯、張昭遠等《舊唐書》的實際執筆者本身即出生於唐末梁初,又皆仕宦後唐[8],對於唐有着天然的認同。而唐代文獻被引入《舊唐書》之時也往往保有其原始面貌,其中留存唐人用語亦屬常事,因此賈文所指出的幾點雖極有啓發,但仍不能視爲定論。有鑒於此,李南暉在既有的研究基礎上重新梳理了《國史》的撰修經過,並着重討論了《國史》的下限。他認爲吳兢之後,韋述、柳芳續撰到乾元之際,成一百十二卷,而于休烈、令狐峘添爲一百十四卷,至元和初年,裴垍等最終把《國史》續至一百三十卷,而此後修訂或許仍在繼續,但不再添入定本,可能以散在的稿本形式留存到宋代[9]。李氏新出的專著中重申了這一結論,並作了更爲細膩的考證[10],大抵代表了學界對於《國史》的最新認識,成爲相當一部分研究的起點[11]。但是李氏的結論,尤其是關於開元以後《國史》各個部分的形成過程以及聚訟紛紜的下限問題,是否能成爲定論,仍有推敲的餘地。如果我們引入書籍史的角度重新審視這一話題,也許會有新的發現。

一、篳路藍縷:從貞觀到咸亨

有關《國史》最初的編纂,最早的記載見諸於劉知幾《史通·古今正史》:

貞觀初,姚思廉始撰紀傳,粗成三十卷,至顯慶元年(656),太尉長孫無

---

[7] 修訂本《舊五代史》卷一三一《賈緯傳》,中華書局,2015年,2009頁;《五代會要》卷一八《前代史》,上海古籍出版社,1978,298頁;《麟臺故事校證》卷三下《國史》,中華書局,2000年,313頁。
[8] 《舊五代史》卷一三一《賈緯傳》,2008頁;《宋史》卷二六三《張昭傳》,中華書局,1985年,9085頁。
[9] 李南暉《唐紀傳體國史修撰考略》,《文獻》2003年第1期。
[10] 李南暉《唐修國史研究》,中山大學出版社,2022年,32—65頁。
[11] 如温志拔《〈太平御覽〉引〈唐書〉爲國史〈唐書〉考論》,《中國典籍與文化》2020年第3期。據賈文結論認爲《太平御覽》所引《唐書》全部爲《國史》。胡康《後突厥汗國末期史事新證——基於史源學的考察》認爲《舊唐書·突厥傳》所述開元二十年至天寶元年的歷史係令狐峘依據顔真卿《康阿義屈達干神道碑》寫成。《學術月刊》,2022年第1期。

忌與于志寧、令狐德棻、著作郎劉胤之、楊仁卿、起居郎顧胤等,因其舊作,綴以後事,復爲五十卷,雖云繁雜,時有可觀。[12]

貞觀十四年(640),太宗謂房玄齡曰:"……不知自古當代國史,何因不令帝王親見之?"對曰:"國史既善惡必書,庶幾人主不爲非法。止應畏有忤旨,故不得見也。"太宗曰:"朕意殊不同古人。今欲自看國史者……卿可撰錄進來。"玄齡等遂刪略國史爲編年體,撰《高祖》、《太宗實錄》各二十卷,表上之。[13]

《史通·古今正史》的這段話是《國史》修撰討論中的基幹史料,但如果結合《貞觀政要》中有關實錄和《國史》關係的記載,我們會發現《國史》的修撰甚至比實錄更早——在貞觀十四年太宗提出要看實錄以後,房玄齡將包括紀傳體史書在內的國史刪略爲編年體,完成了唐代最初的兩部實錄。杜希德由此認爲紀傳體《國史》是實錄的史源[14],這未必是後來實錄編纂的全部真相,但考慮到紀傳體史書在此時早已成熟,而實錄這一史體剛剛出現於南朝這一事實[15],我們或許可以認爲紀傳體史書,尤其是列傳的修撰未必需要等到實錄的完成。

姚思廉撰成的三十卷,至高宗時代,在長孫無忌的領銜下,令狐德棻等史官續寫了五十卷,記武德、貞觀二朝事,於顯慶元年奏上,總八十卷[16],藏於內府[17],這表明八十卷的《國史》是自成體系的完整國史,與宋代兩三代修一部國史並無二致。這是《國史》成立的第一階段。

正因爲如此,這一階段的《國史》是一部已經完成了的史著,可以相信其本

[12] 劉知幾撰,浦起龍通釋《史通通釋》卷一二《古今正史》,上海古籍出版社,1978年,373—374頁。
[13] 吳兢撰,謝保成集校《貞觀政要集校》卷七,中華書局,2003年,391頁。
[14] 杜希德著,黃寶華譯《唐代官修史籍考》,110頁注16。
[15] 據《隋書》卷三三《經籍志二》,此前實錄僅有兩部《梁皇帝實錄》,分別爲周興嗣所撰,記武帝事的三卷本和謝吳所撰,記元帝事的五卷本,960—961頁。
[16] 《舊唐書》卷六五《長孫無忌傳》、《舊唐書》卷七三《顧胤傳》(2455頁、2600頁)、《唐會要》卷六三《史館上》(上海古籍出版社,2006年,1289—1290頁)《宋本冊府元龜》卷五五四《國史部·恩獎》、卷五五六《國史部·採撰第二》(中華書局,1989年,1557頁、1572頁)皆作"八十一"卷,所多一卷蓋爲目錄。賈憲保《從〈舊唐書〉〈譚賓錄〉中考索唐國史》認爲這八十卷國史是編年體,無據,今不取。
[17] 《唐會要》卷六三《史館上》,1290頁;《宋本冊府元龜》卷五五四《國史部·恩獎》、卷五五六《國史部·採撰第二》,1557頁、1572頁。

身在列傳的分合上應該有着比較成熟的考量,即置於同卷的人物都有其内在邏輯關聯,或以同職,或以同類;而同卷人物大致以卒年先後爲次。如果我們跳過《舊唐書》中相對固定的后妃傳和"開國群雄傳",會發現從卷五七裴寂、劉文静傳開始,一直到卷七六太宗諸子傳,以及卷七九祖孝孫等傳,這些卷中多數傳主卒年皆在貞觀末以前,且分卷邏輯比較清晰。如卷五七和卷五八中裴寂、劉文静、唐儉、長孫順德、劉弘基、殷嶠、劉政會、柴紹、武士彠九篇主傳[18],除武士彠外皆係貞觀十七年圖形凌煙閣的功臣[19],除唐儉和劉弘基卒於高宗朝外,其餘皆卒於高宗即位前。據《舊唐書·許敬宗傳》載劉文静原與下一卷長孫順德同卷[20],因此在最初令狐德棻等所撰《國史》中,《舊唐書》今天的卷五七、五八中除劉弘基外很可能是合爲一卷的,甚至卷五九起首的卒於貞觀二年的屈突通也是包含在此卷之中,而《武士彠傳》的位置則可能經過了許敬宗的調整(説見下)。而卷五七裴、劉之後的附傳依據的是武德九年所定功臣實封差第,其中的樊興、公孫武達皆卒於高宗永徽年間,而《錢九隴傳》明確係許敬宗所撰[21],因此這批附傳應係後世史官填入,並作了一定的整合,比如裴寂和劉文静傳的位置可能即是吴兢等因爲玄宗時代強調太原元從的地位而刻意前置[22]。但無論如何,這兩卷所體現出的内在邏輯仍舊昭示着最初的編纂者曾有過比較系統的考量。因此雖然我們不能直接認爲《舊唐書》中卒於貞觀末年之前的人物傳記皆出於這一階段的國史,但相信有相當一部分是出於令狐等史官的手筆。

令狐德棻等所撰《國史》雖已成書上奏,但太宗之後的國史仍舊需要續寫下去。《史通·古今正史》在叙述了太宗時期的《國史》撰作之後接着寫道:

> 龍朔中(661—664),(許)敬宗又以太子少師總統史任,更增前作,混成百卷。如《高宗本紀》及永徽名臣、四夷等傳多是其所造。又起草十志,未

---

[18] 分别見《舊唐書》卷五七、卷五八,2285—2289 頁、2289—2294 頁、2305—2307 頁、2308—2309 頁、2309—2311 頁、2311—2312 頁、2312—2313 頁、2314—2315 頁、2316 頁,本段論述依據未經注明者皆本於此二卷。

[19] 《宋本册府元龜》卷一三三《帝王部·褒功第二》,137 頁。

[20] 《舊唐書》卷八二《許敬宗傳》,2764 頁。

[21] 《舊唐書》卷八二《許敬宗傳》,2765 頁。

[22] 仇鹿鳴《隱没與改篡——〈舊唐書〉唐開國紀事表微》,《唐研究》第 25 卷,北京大學出版社,2020 年,147—172 頁。

半而終。……其後左史李仁實續撰《于志寧》、《許敬宗》、《李義府》等傳，載言記事，見推直筆，惜其短歲，功業未終。[23]

許敬宗自顯慶元年（656）監修國史，咸亨元年（669）致仕[24]，前後"總統史任"十三年，將原先八十卷的《國史》增修到了一百卷。在例行的增續紀傳之外，許氏最大的貢獻便是新創了十志。李南暉認爲"草創未半的十志似乎並不包括在新增的二十卷中"，因爲"單是志書的篇幅已不止二十卷"[25]。不過筆者認爲這一論斷似不能成立，因爲《舊唐書》十志實際上經過了後代史臣的不斷修撰，不能以現在的篇幅推論初創時的面貌。

不過劉知幾謂其撰寫"未半而終"，却已然有了十篇這一明確的數目，這如何理解？也許可以有兩方面的解釋，首先志的篇目往往先於内容的撰寫。我們或許可以《隋志》作一對比。劉知幾《史通》記梁陳等五代史成書情况曰："始以貞觀三年創造，至十八年方就，合爲五代紀傳并目錄，凡二百五十二卷。書成，下於史閣，唯有十志，斷爲三十卷，尋擬續奏，未有其文。又詔左僕射于志寧、太史令李淳風、著作郎韋安仁、符璽郎李延壽同撰，其先撰史人唯令狐德棻重預其事。太宗崩後，刊勒始成，其篇第雖編入《隋書》，其實别行，俗呼爲《五代史志》。"[26]從劉知幾的表達來看，五代史志雖尚未修成，却已經確立了十志，並斷爲三十卷，直到高宗時期，《五代史志》方纔最終完成。同樣的，在《舊唐書》開修之前，趙瑩在上奏中也早已明確了各志的篇目[27]，因此無論許敬宗在既定的"十志"中填入了多少内容——即使是不著一字——也不妨礙十志的篇目已經成立。

而從《舊書》現有的十一篇志來看，除《經籍志》序中明確記載了天寶以後歷次圖書之聚散，並明言以開元所修《群書四部録》爲藍本[28]，因此爲五代史臣所作無疑外，其餘各志，恰爲十篇，《禮儀》《音樂》《曆》《天文》《五行》《地理》《職

---

[23]《史通通釋》卷一二《古今正史》，374頁。
[24]《舊唐書》卷八二《許敬宗傳》，2673、2674頁。
[25] 李南暉《唐修國史研究》，36頁。
[26]《史通通釋》卷一二《古今正史》，371頁。
[27]《五代會要》卷一八《前代史》，上海古籍出版社，1978，296—297頁。
[28]《舊唐書》卷四六《經籍志上》，1962—1963頁。

官》《輿服》《食貨》《刑法》十志記事皆始於高祖,其高祖、太宗及高宗咸亨元年以前所占比例頗大。以《音樂志一》爲例,該卷共記事27條,咸亨元年以前記事占11條,約百分之四十;《曆志》三卷,前兩卷分別爲傅仁均在高祖受隋禪後所造《戊寅曆》以及高宗麟德二年李淳風所上《麟德曆》,比例爲三分之二。因此可以認爲《舊唐書》除《經籍志》以外十志應即是許敬宗草創,並撰寫了部分内容,當然這些内容在五十年後的劉知幾眼裏自然是一個未完待續的狀態了。

十志以外,《高宗本紀》固不待言,許敬宗所完成的傳記,在《舊唐書》中也有着不少綫索,最著名的便是其《舊書》本傳所載他掌國史時"記事阿曲"的幾件事:

> 初,虞世基與敬宗父善心同爲宇文化及所害,封德彝時爲内史舍人,備見其事,因謂人曰:"世基被誅,世南匍匐而請代;善心之死,敬宗舞蹈以求生。"人以爲口實,敬宗深銜之,及爲德彝立傳,盛加其罪惡。
>
> 敬宗嫁女與左監門大將軍錢九隴,本皇家隸人,敬宗貪財與婚,乃爲九隴曲敘門閥,妄加功績,並升與劉文靜、長孫順德同卷。
>
> 敬宗爲子娶尉遲寶琳孫女爲妻,多得賂遺,及作寶琳父敬德傳,悉爲隱諸過咎。太宗作《威鳳賦》以賜長孫無忌,敬宗改云賜敬德。
>
> 白州人龐孝泰,蠻酋凡品,率兵從征高麗,賊知其懦,襲破之。敬宗又納其寶貨,稱孝泰頻破賊徒,斬獲數萬,漢將驍健者,唯蘇定方與龐孝泰耳,曹繼叔、劉伯英皆出其下。[29]

這段文字明確了許敬宗曾經撰寫過封德彝、錢九隴、尉遲敬德、龐孝泰四傳。

封德彝,名倫,以字行,其傳在《舊唐書》卷六三,文末有這樣一段:

> 初,倫數從太宗征討,特蒙顧遇。以建成、元吉之故,數進忠款,太宗以爲至誠,前後賞賜以萬計。而倫潛持兩端,陰附建成。時高祖將行廢立,猶豫未決,謀之於倫,倫固諫而止。然所爲秘隱,時人莫知,事具《建成傳》。卒後數年,太宗方知其事。十七年,治書侍御史唐臨追劾倫曰:"臣聞事君之義,盡命不渝;爲臣之節,歲寒無貳。苟虧其道,罪不容誅。倫位望鼎司,恩隆胙土,無心報效,乃肆奸謀,熒惑儲藩,獎成元惡,置於常典,理合誅夷。但

---

[29]《舊唐書》卷八二《許敬宗傳》,2763—2764頁。

苞藏之狀,死而後發,猥加褒贈,未正嚴科。罪惡既彰,宜加貶黜,豈可仍疇爵邑,尚列臺槐,此而不懲,將何沮勸?"太宗令百官詳議,民部尚書唐儉等議:"倫罪暴身後,恩結生前,所歷衆官,不可追奪,請降贈改謚。"詔從之,於是改謚繆,黜其贈官,削所食實封。[30]

封倫卒於貞觀元年,理論上此前國史應已有傳,是否因其身後風波而改作,不得而知,不過這一段話極其詳盡地引用了唐臨的彈劾文字,非《舊唐書》本傳常例,或許正是所謂"盛加其罪惡"。

更爲有名的是錢九隴和尉遲敬德二傳,《錢九隴傳》今附於卷五七《劉文静傳》後,與其他武德九年所定功臣同列,據《舊唐書·許敬宗傳》,他原與劉文静、長孫順德同傳,即側身於凌煙閣功臣行列之中。雖然在《舊唐書》中,《錢傳》的位置已有調整,但其傳記仍被保留了下來。《尉遲敬德傳》中爭議的焦點在於《威鳳賦》的歸屬。此賦是太宗賜給長孫無忌的[31],但是許敬宗居然將它移花接木到了《尉遲敬德傳》中,這也是後來高宗對其不滿的因素之一[32]。在今天的《舊唐書》中,此賦已經移入《長孫無忌傳》中,這應該是後來的史臣移改的結果。

至於龐孝泰,《舊唐書》中已没有他的傳記,甚至没有他的任何材料,可見許敬宗所作的内容在此後又經過了删改。

對於已完成的《國史》傳記,許敬宗也可能作了修改。上文已提及卷五七、五八中九位傳主,祇有武士彠並非凌煙閣功臣,他居此卷,顯然意味着地位的抬昇。考武士彠卒於貞觀九年,傳應入令狐《國史》,其在開國時功業有限,高祖朝官位僅至工部尚書,地位遠遜凌煙閣功臣,考慮到主持國史修撰的長孫無忌與武后的關係以及時論對於許敬宗將隸人出身的錢九隴與劉文静、長孫順德同傳的不滿,令狐《國史》應不會將武士彠置於凌煙閣功臣同卷之中。同樣扞格也出現在下一卷中,這卷起首的人物是凌煙閣功臣屈突通。屈卒於貞觀二年,幾乎是所有凌煙閣功臣中最早的,却與歸降的許紹等置於同卷[33],顯然歸類不倫。與屈

---

[30] 《舊唐書》卷六三《封倫傳》,2397—2398頁。
[31] 《舊唐書》卷六五《長孫無忌傳》,2448頁。
[32] 《唐會要》卷六三《史館上》,1290頁。
[33] 《舊唐書》卷五九《屈突通傳》,2319—2322頁。

突通同卷的又有與武士彠同樣在起兵前結納高祖的姜謩,也許我們可以大膽推論,在令狐德棻《國史》中,武士彠原應與姜謩同卷,之所以在《舊唐書》中被附於凌煙閣功臣傳末,應該便是許敬宗為阿附武后而調整的結果,因為卷五八末的史臣曰明確指出:"武士彠首參起義,例封功臣,無戡難之勞,有因人之迹,載竊他傳,過為褒詞。慮當武后之朝,佞出敬宗之筆,凡涉虛美,削而不書。"[34]由此我們可以知道,這篇《武士彠傳》原來有更多誇飾之詞,後來史官認為這些都出於許敬宗的虛美,因此大刀闊斧,悉數刪削,方有今天的面貌。不過史官們似乎並沒有注意到凌煙閣功臣列傳中武士彠存在的違和,今天的我們方纔得以推知許敬宗所撰國史的一鱗半爪。

《舊唐書》中所謂"永徽名臣"並不容易分辨,如果以卒於永徽至許敬宗致仕的咸亨年間為限斷,上文已經分析過的卷五十七至卷七六中,有卒於永徽二年的薛萬徹,傳記被接續在卒於貞觀二十年的《張亮傳》之後[35];卒於乾封元年的令狐德棻傳記[36],不出意外,應該也是出於許氏的手筆。當然更多的傳記則在卷七六之後。這部分中,大約有卷七七、卷七八除于志寧外的主傳人物,卷八一崔敦禮、盧承慶、劉祥道三人,卷八三郭孝恪、張儉、蘇定方,卷八五唐臨。這些人物皆卒於永徽至乾封間,而其身份多為高宗前期將相,符合所謂"永徽名臣"的身份,除去明確出自李仁實之手的于志寧和李義府傳[37],其他傳記有可能出於許敬宗手筆。除此之外,卷八〇的褚遂良、韓瑗、來濟、上官儀,雖皆卒於咸亨以前,但四人皆因反對武后而死,當時未必會為其立傳,故其傳應非出於許敬宗之手。從上述篇卷分布來看,疑似出自許敬宗手筆的各傳除卷七七、七八為相對完整的兩卷外,其他皆分散於各卷前半部分,這或與許氏撰作這些傳記之時,去傳主薨卒之時未遠,所依據的各類材料亦是隨得隨錄,綴輯於令狐《國史》之後,尚未有明確的合傳體例,而今天《舊唐書》所呈現出的列傳分合大抵出於後人的重新整合。

許敬宗另外所撰的四夷傳,應是《舊唐書》中《南蠻》《西戎》《東夷》《北狄》

---

[34]《舊唐書》卷五八《武士彠傳》,2318頁。
[35]《舊唐書》卷六九《薛萬徹傳》,2517—2519頁。
[36]《舊唐書》卷七三《令狐德棻傳》,2559頁。
[37]《史通通釋》卷一二《古今正史》,373頁。

等少數民族傳記的合稱,其下限當亦止於咸亨元年。考《舊唐書·南蠻傳》中《林邑》《婆利》《盤盤》《陀洹》《墮和羅》《墮婆登》《東謝蠻》《西趙蠻》,《西戎傳》中《泥婆羅》《吐谷渾》《焉耆》,《東夷傳》中《倭國》,《北狄傳》中《鐵勒》《霫》《烏羅渾》各傳記事皆止於咸亨之前,《突厥傳》兩卷,咸亨之前記事亦占一半以上篇幅,其他各傳,雖比例稍輕,但其唐初記事,亦當出許敬宗之手。更重要的是,四夷傳的存在提示我們合傳在此時也已部分成立,《舊唐書》中《外戚》《良吏》《酷吏》《忠義》《孝友》《儒學》《文苑》《方伎》《隱逸》《列女》各篇合傳中皆有卒於咸亨以前人物之傳記,是否亦是許氏所作,尚無確證,但無論如何許氏手中,紀志傳具足的《國史》結構已經成立了。

咸亨三年八月,許敬宗去世。第二年,高宗便歷數他所撰國史中有關太宗事迹的種種闕漏與不實,遂命宰相劉仁軌等改訂國史,李仁實因此爲劉引薦而專掌其事,但李仁實很快便卒於任[38],不過此次短暫的修史至少完成了于志寧、許敬宗、李義府三篇傳記[39]。《舊唐書》中許敬宗與李義府合傳,二人傳記所述多不法陰事,疑二傳即二人去世不久李仁實所作。這是《國史》修撰的第二階段。

二、新朝新史:武后時期的《唐書》

李仁實以後,高宗後期的歷史似乎並未見有持續的修撰,直到武后長壽年中,方纔看到牛鳳及撰成了新的《唐書》:

> 至長壽中(692—694),春官侍郎牛鳳及又斷自武德,終于弘道,撰爲《唐書》百有十卷。鳳及以暗聾不才,而輒議一代大典,凡所撰録,皆素責私家行狀,而世人叙事,罕能自遠……既而悉收姚、許諸本,欲使其書獨行,由是皇家舊事,殘缺殆盡。[40]

這部長壽年間牛鳳及所修《唐書》記事從武德至高宗去世的弘道元年(684),實質上是武周爲李唐皇朝所修的前代史。此書一百一十卷,相較於許敬宗等所編

---

[38]《唐會要》卷六三《史館上》,1290—1291頁。
[39]《史通通釋》卷一二《古今正史》,373頁。
[40]《史通通釋》卷一二《古今正史》,373—374頁。

纂的一百卷出頭的《國史》稍多十卷,而記事下限則從咸亨稍後延長至高宗去世。雖然没有明確的記載牛《書》直接襲用了姚許《國史》,但既然已經有這樣一部體裁相同,記事範圍基本重合的史書,牛《書》祇需要在史事的叙述上採用武周的立場,對姚許《國史》稍作增删,再補入咸亨以後的記事便可完成。雖然劉知幾對這部《唐書》深致不滿,但無論如何,在牛鳳及的主持下,高宗朝後十四年的歷史藉此機緣得以補足。

這部新朝所編的前代史雖然在李唐復辟之後便失去了合法性,但它無疑完整地記述了高祖、太宗、高宗三朝歷史,此後的史官仍不能無視它的存在。在《舊唐書》中,我們仍舊能夠看到牛鳳及《唐書》的痕迹:《高宗紀》在龍朔二年(662)六月記皇子旭輪誕後一月,即"以東宫誕育滿月,大赦天下,賜酺三日"[41]。這裏"東宫"指的是便是皇子旭輪,也就是睿宗,而睿宗在嗣聖元年(684)繼中宗後立爲帝,"及革命,改國號爲周,降帝爲皇嗣,令依舊名輪,徙居東宫,其具儀一比皇太子"[42]。至聖曆元年,中宗自房陵還後,改封相王。因此睿宗號爲東宫,在天授元年(690)至聖曆元年(698)間,祇有完成於長壽中(692—694)的牛鳳及的《唐書》方纔可能稱睿宗爲東宫,因此《高宗紀》此條無意中保留的稱謂反映了其史源[43]。在列傳中,我們同樣也能夠看到卒於咸亨至永淳間的人物,如李淳風、李敬玄、薛仁貴,其傳分别在卷七九、卷八一、卷八三中,接於咸亨前去世的人物傳之後。各篇志中亦有這一時間段内的記事,但總體來看,《舊唐書》中這部分内容並不太多,雖然不排除是後來史臣删略的結果,但其本身僅一百一十卷,較許敬宗、李仁實所續之書所增不及十卷。牛鳳及《唐書》本身是武后朝眼花繚亂的政治表演中的一幕,增續内容當然不是其重點所在。

在牛鳳及《唐書》完成並推行後十年,武后又一次改修了《唐書》。長安三年,劉知幾奉詔與朱敬則、司封郎中徐堅、左拾遺吴兢等更撰《唐書》[44]。這部

―――――――――
[41]《舊唐書》卷四《高宗紀》,83頁。
[42]《舊唐書》卷七《睿宗紀》,152頁。
[43] 參唐雯《〈舊唐書·高宗紀〉"東宫誕育彌月"條與唐國史史源》,《中華文史論叢》2017年第2期。
[44]《史通通釋》卷一二《古今正史》,373—374頁;《宋本册府元龜》卷五五六《國史部·採撰第二》,1572頁。

《唐書》是對牛鳳及《唐書》的修正,其目的仍在於應對中宗被立爲太子以後,李唐皇朝必然復辟的新形勢[45]。從劉知幾"勒成八十卷"的表達來看,這部《唐書》應該在牛《書》一百一十卷的基礎上删去了三十卷,記事範圍也仍不出牛《書》範圍,這部書很可能成了中宗至開元時代《國史》修撰的基礎(説見下)。

三、舊朝新史:後武周時代的《國史》修撰

(一) 吴兢的國史與《唐書》

中宗復位標誌着李唐王朝的復興,作爲政治宣傳手段之一的國史自然也需要轉移到新的立場上來。武后時期牛鳳及所編的《唐書》,雖然有着從高祖到高宗所有完整的記事,但在新的歷史環境下,當然也免不了被廢棄的命運。與此同時,新的唐書又開始修撰了。

(劉)知幾長安中累遷左史,兼修國史。擢拜鳳閣舍人,修史如故。景龍初,再轉太子中允,依舊修國史。時侍中韋巨源紀處訥、中書令楊再思、兵部尚書宗楚客、中書侍郎蕭至忠並監修國史,知幾以監修者多,甚爲國史之弊。蕭至忠又嘗責知幾著述無課,知幾於是求罷史任,奏記於至忠曰:"……夫言監者,蓋總領之義耳。如創紀編年,則年有斷限;草傳敘事,則事有豐約。或可略而不略,或應書而不書,此失刊削之例也。屬詞比事,勞逸宜均;揮鉛奮墨,勤惰須等。某帙某篇,付之此職;某紀某傳,歸之此官。此銓配之理也。……"知幾自負史才,常慨時無知己,乃委國史於著作郎吴兢。[46]

〔開元〕十四年七月十六日,太子左庶子吴兢上奏曰:"臣往者長安、景龍之歲以左拾遺起居郎兼修國史,時有武三思、張易之、張昌宗、紀處訥、宗楚客、韋溫等相次監領其職,三思等立性邪佞,不循憲章,苟飾虛詞,殊非直筆。"[47]

---

[45] 參唐雯《"信史"背後——以武后對歷史書寫的政治操控爲中心》,《中華文史論叢》2017年第3期。
[46] 《舊唐書》卷一〇二《劉知幾傳》,3168、3171頁。
[47] 《唐會要》卷六三《史館上》,1296頁。

這兩段引文表明中宗時代,國史的監修非但沒有中輟,反而出現了多頭並立的局面,可見朝廷對於此事之重視。而從畫綫文字來看,其所修的内容正是有紀有傳的紀傳體國史,而吳兢謂武三思、二張與中宗時代的紀處訥、宗楚客等人相次監修國史,似乎提示我們中宗時代國史很可能是以武后長安年間改撰的八十卷《唐書》爲基礎續修下去的。雖然實際執筆的劉知幾、吳兢等在宗楚客等人的多頭領導下修撰頗爲艱難,但這部紀傳體國史應該是當日史官們的重要工作内容之一,而吳兢在劉知幾之後承擔了重要的責任。雖然吳兢的上奏主要是想表達他在史館工作之餘别撰了《唐書》,但是他作爲史官仍需承擔官修國史的責任,儘管他本人對這部由這些臭名昭著的人物監修的國史表達了最大的不滿。

在表達了對官修國史的不滿之後,吳兢接着寫道:

"臣愚以爲國史之作,在乎善惡必書。遂潛心積思,别撰《唐書》九十八卷,《唐春秋》三十卷,用藏於私室,雖綿歷二十餘年,尚刊削未就。但微臣私門凶釁,頃歲以丁憂去官,自此便停知史事,竊惟帝載王言,所書至重,倘有廢絶,實深憂懼,於是彌綸舊紀,重加删緝,雖文則不工,而事皆從實,斷自隋大業十三年,迄於開元十四年春三月,即皇家一代之典,盡在於斯矣。既將撰成此書於私家,不敢不奏,又卷軸稍廣,繕寫甚難,特望給臣楷書手三數人,並紙墨等,至絶筆之日,當送上史館。"於是敕兢就集賢院修成其書。俄又令就史館。及兢遷荆州司馬,其書未能就。兢所修草本,兢亦自將。上令中使往荆州取得五十餘卷,其紀事疏略,不堪行用。[48]

這段文字中提到的《唐書》九十八卷,《新唐書·吴兢傳》將它視作吴兢因爲武三思等領銜監修不得志而私撰的著作,並特意強調其"未就",顯然即是根據本段文字概括而來[49],歷來並無疑義,但李南暉却提出了不同的觀點,他認爲這部史書並非吴兢私修,而是他在史官任上"承包"了官修國史的修撰任務,最終形成了這部半官半私的史書,也即韋述在《集賢注記》中所謂的"吴兢《唐書》一百一十卷",並認爲韋述在此基礎上增修了國史[50]。不過筆者仍舊認爲《新唐書》

---

[48] 《唐會要》卷六三《史館上》,1296—1297頁。
[49] 《新唐書》卷一三二《吴兢傳》,4529頁。
[50] 李南暉《唐修國史研究》,41—43頁、50頁。

吴兢"私撰"《唐書》的説法更爲合理一些,試分疏如下:

首先,結合幾段引文,我們知道,吴兢"别撰"《唐書》是由於其不滿於武三思等權臣所監修的國史記事不實,所謂别撰,相對的顯然是史館中正在修的官書,因此這部"唐書"一開始即脱離了歷任監修官的控制,祇能"藏於私室""撰成此書於私家",故而也没有官給的紙墨、書手,祇能希望通過奏請來獲得。

其次,吴兢開元十四年的上奏稱此書的修撰已"綿歷二十餘年",那麽其始撰大約即是中宗即位前後,與武三思等在長安末改修《唐書》一致。據上引《劉知幾傳》及《史通》,長安末至神龍年間的修史,劉知幾其實是主要的撰作者之一,並不存在吴兢"承包"的情况,而吴兢亦不可能將成於衆手的集體著作在上奏中直接認作自己的私人著作。

再次,大約在景雲二年(711),宋之問曾寫信給吴兢請求他代爲查閲"國史及高明所撰《唐史春秋》等六處"[51],這裏明確將國史與吴兢自撰的《唐史春秋》並提,表明史館自有官修國史,與後來吴兢自言的《唐書》無關。

因此吴兢上奏所稱九十八卷《唐書》仍應從《新唐書》所解理解爲私撰唐書,而在開元時代的史館中則存有另一部由吴兢主導修撰的官修《唐書》:

> 史館舊有令狐德棻所撰《國史》及《唐書》,皆爲紀傳之體。令狐斷自貞觀,牛鳳及迄於永淳。吴長垣(兢)在史職,又别撰《唐書》一百一十卷,下至開元之初,韋述綴緝二部,益以垂拱後事,别欲勒成紀傳之書。蕭令嵩欲早就,奏賈登、李鋭、太常博士褚思光助之,又奏陸善經、梁令瓚入院。歲餘不就。張始興(九齡)爲相,薦起居舍人李融專司其事,諫議尹愔入館爲史官,未施功而罷。[52]

考蕭嵩爲中書令在開元十七年六月至二十年十二月[53],而韋述知史官事恰在開元十八年[54],上一年吴兢剛剛被貶荆州,韋述此時入館,大抵代司其職。因此《集賢注記》記載的應是他初入史館時所見到的《國史》情况,無論是吴兢自陳

---

[51] 《文苑英華》卷六九一宋之問《在桂州與修史學士吴兢書》,中華書局,1966年,3565頁。
[52] 韋述撰,陶敏輯《集賢註記》卷中,中華書局,2015年,251頁。
[53] 《新唐書》卷六二《宰相表》中,1678—1688頁。
[54] 《舊唐書》卷一〇二《韋述傳》,3184頁。

的九十八卷,後來從荆州取回的五十餘卷[55],都與此一百一十卷《唐書》的卷數不合,叙事下限也與吳兢自陳的開元十四年不合——開元十四年吳兢上奏後,玄宗特令其"就集賢院修成其書",豈有四年以後,記事僅及開元初之理,因此這顯然是另一部吳兢參與撰寫的唐書,也就是留存在史館的職務作品[56]。

因此吳兢所撰作的紀傳體史書應有兩部,一是其參與撰寫的官修國史,此書以武后末年八十卷《唐書》爲藍本,經過了中宗、睿宗朝的接續修撰,至玄宗時代已經續撰至開元初年。一是吳兢在開元十四年上奏時提到的私撰九十八卷,此本在開元十七年被吳兢帶至荆州之後,又被取回五十餘卷,至天寶八年(749),吳兢去世後,其子又奏上八十餘卷[57]。如果這兩批稿本無重複的話,吳兢最後完成的書稿大約在一百四五十卷。值得注意的是,從荆州取回的草本,被指"紀事疏略,不堪行用",這一略顯失望的評價也暗示着吳兢私修這部《唐書》最終没有被國史系統整體吸收,而真正成爲藍本的是其留在史館中的職務作品。

(二)韋述的功績

《國史》經過自貞觀初以來的歷次屢敗屢戰式的修撰之後,終於交到了韋述手中。在上引《集賢注記》中,韋述自陳了他所參與的國史編纂,這段記載是我們今天討論《國史》修撰最重要的材料之一。我們看到韋述在集賢院中所看到的紀傳體史書有這樣三部,一是長孫無忌領銜,令狐德棻所撰八十卷《國史》,另一部則是牛鳳及所撰的一百十卷的《唐書》,第三部則是吳兢所作的一百一十卷《唐書》。這三部官修紀傳體國史,上文我們都已經作了詳細的闡釋,需要進一步討論的是,爲何韋述僅僅"綴緝二部"?所綴輯的又究竟是哪兩部呢?李南暉認爲二部是指令狐德棻和牛鳳及之書[58],筆者認爲並非如此。牛鳳及與令狐《國史》雖立場有不同,但記事的上下限除了高宗後期以外都是重合的,因此牛鳳及《唐書》其實可以覆蓋掉令狐國史。而吳兢一百一十卷《唐書》記事已及開

---

[55] 《舊唐書》卷一〇二《吳兢傳》則謂"中書令蕭嵩監修國史,奏取兢所撰《國史》,得六十五卷",卷數稍有不同。

[56] 這一觀點杜希德提出過假設,他即認爲這"可能是在世紀初年編纂的已廢棄的官修史書,或者是吳兢在720年代後期在史館編纂的一種較長的本子",《唐代官修史籍考》,156頁注62。不過從上引宋之問所求國史來看,國史應未被廢棄,衹是處於一種未完待續的狀態。

[57] 《舊唐書》卷一〇二《吳兢傳》,3182頁。

[58] 李南暉《唐修國史研究》,50頁。

元之初,顯然超出了另外兩部史書的記事範圍,韋述取這兩部國史,顯然可以貫通唐初至開元初的全部歷史。值得注意的是,韋述特別强調了他"益以垂拱後事",這表明之前的兩部國史記事並不包括垂拱前後開始的武后實際當政的這段歷史。不過我們回到當時的歷史情境中去倒也不難理解。因爲牛、吴所修皆是"唐書",而始於垂拱終於長安的武周時代並不屬於李唐的歷史,因此本不應包括其中。但到了開元時代,武周不再被視爲一個特别的時代,這段時代的歷史當然需要加以補撰,因此韋述的工作便是從這部分内容開始的。不過雖然作爲監修國史的蕭嵩希望在其主持下能迅速完成一部没有斷裂的紀傳體國史,然而一直到張九齡開元二十二年繼任中書令之後,這一工作也並未完成。

韋述最終的工作成果如何,在其本傳裏有這樣一段表述:

> 述在書府四十年,居史職二十年,嗜學著書,手不釋卷。國史自令狐德棻至於吴兢,雖累有修撰,竟未成一家之言。至述始定類例,補遺續闕,勒成國史一百一十三卷,並史例一卷,事簡而記詳,雅有良史之才。[59]

在韋述二十年的史館生涯中,他對於國史做了發凡起例的工作,這部整合了牛鳳及與吴兢兩部《唐書》的新國史在他手中達到了一百一十三卷,"並《史例》一卷"。《崇文總目》載此書卷數爲一百十二卷,那麽《史例》一卷是包含在一百一十三卷中的。值得注意的是,牛、吴兩部《唐書》皆爲一百一十卷,而據上引《集賢注記》,韋述增補了武后時期的記事。韋述是否將記事延續到開元中後期,似乎未有明證。但是韋述以開元十八年兼史職,如以二十年計,天寶九年尚在史館任上。吴兢天寶八年去世,嗣後其子進上兢所撰唐史八十餘卷,應即前文所述私撰《唐書》的一部分,下限至少應及於開元十四年,因此韋述仍有可能利用這部分材料將記事延至開元中後期,甚至天寶初年。那麽韋述在增補了武后以及開元時期的内容後居然僅僅增加了兩卷正文,這近乎不可想象的結果或許暗示着他在增補的同時對此前的國史作了大幅的删削。事實上,我們從《舊唐書》中可以發現删減的痕迹。以宰相爲例,除了唐末因爲史料缺損而没有爲每一位宰相立傳以外,從玄宗至文宗各朝,宰相一般都有專傳,但在高宗至睿宗各朝,《舊唐書》中没有傳記的宰相並不少見。以《唐會要》卷一所載各朝宰相數(不含使相)

---

[59]《舊唐書》卷一〇二《韋述傳》,3184頁。

爲基準,高宗朝共 47 位宰相,缺載 9 位,武后朝宰相 78 人,缺載 21 位,中宗朝宰相 38 人,缺載 9 位,睿宗朝宰相 25 人,缺載 2 位。從比例來説,武后朝缺載最多,中宗朝次之,再次爲高宗朝。《舊唐書》中如此大規模的缺載,應該有韋述爲省篇幅而刻意删減的原因。也衹有對牛、吴二書作一定的删削和壓縮,方纔在將記事下限拉長的同時,基本保持了卷數的穩定。

當然删減之外,韋述做得更多的是增續。首先增續的當然是武后時代的記事。從列傳來説,《舊唐書》中,從卷八七《裴炎傳》開始,傳主卒年已入武后時代,這大抵可視作韋述大規模增補吴兢書的起點,其下限則到卷一〇三《郭虔瓘傳》等傳,因爲這一卷及此前各卷的多數傳主皆卒於天寶前,去掉其中少數卒於中宗睿宗朝的人物的傳記,多數應出於韋述的增補。需要特别討論的是卷一〇七《玄宗諸子傳》,諸王傳記的撰寫無需等到他們全部去世,衹需依據諸王的自然排行先立篇目,在他們去世之後填入具體内容即可,而玄宗諸子中最早去世的是開元五年夭折的夏悼王,開元二十五年,太子瑛等三王被殺,因此韋述是有可能在開元年間即創設玄宗諸子傳的。

(三)柳芳的續撰

安史之亂中,興慶宮史館被焚,損毁了大量原始檔案及已修成的史書,史館中《國史》一百零六卷也在被焚毁之列,所幸韋述預先將《國史》副本一百一十三卷藏於家,在至德二年收復長安後呈上[60]。但是獻書並没有洗刷他此前陷賊的罪名,韋述很快便被遠貶渝州,不久即在貶所不食而卒[61]。續撰《國史》的重任因此落到了繼任者柳芳的身上:

> 芳,肅宗朝史官,與同職韋述受詔添修吴兢所撰《國史》,殺青未竟而述亡,芳緒述凡例,勒成《國史》一百三十卷。上自高祖,下止乾元,而叙天寶後事,絶無倫類,取捨非工,不爲史氏所稱。……上元中坐事徙黔中,遇内官高力士亦貶巫州,遇諸途。芳以所疑禁中事,咨於力士。力士説開元、天寶中時政事,芳隨口志之。又以《國史》已成,經於奏御,不可復改,乃别撰《唐

---

[60] 《舊唐書》卷一四九《于休烈傳》,4008 頁。
[61] 《舊唐書》卷一〇二《韋述傳》,3184 頁。

曆》四十卷,以力士所傳,載於年曆之下。[62]
這段文字中關於《國史》的記載都十分明確:其一,此書卷數爲一百三十卷,與五代賈緯、宋代胡旦以及《崇文總目》所著録卷數一致[63]。其二,此書記事的下限在肅宗乾元年間,其三,此書"經於奏御,不可復改",柳芳不得不"別撰《唐曆》"以記録高力士口授内容。因此杜希德即直接在《唐代官修史籍考》中吸收了前兩點的結論,不過他認爲此書何時呈上朝廷尚不清楚[64]。其實《國史》的下限止於乾元,而柳芳緊接着在上元年間即遭外貶,如果我們將其外貶的時間定在上元末的話,那麽《國史》的上奏祇能在上元年間,即 760 年 5 月至 761 年 10 月之間。

然而細讀這些看似明明白白的信息,却會發現這條記載的矛盾之處:首先,《崇文總目》寫明"至德乾元以後",肅代朝的史官有增修,因此北宋人看到的《國史》終稿是一百三十卷,爲何中間狀態的柳芳《國史》也是一百三十卷?因此李南暉即認爲柳芳《國史》應包含在韋述一百十三卷(含目録一卷)之内,而柳芳之後的史官將《國史》增續到一百三十卷[65]。李氏非常敏鋭地發現了其中的矛盾,不過因爲有關柳芳《國史》別無其他記載,因此他的觀點也没有直接證據,不足以否定《舊唐書》的記載。在缺乏材料的情況下,我們祇能從這條記載的史源出發來驗證其記載是否可靠。

筆者認爲,從《舊唐書》所記載的《國史》卷數以及起止信息來看,其最早的源頭應該是柳芳奏進《國史》時必然會有的上表。列明所進圖書的内容卷數是這一類上表的格套,最典型如司馬光《進資治通鑑表》即云其書"上起戰國,下終五代,凡一千三百六十二年,修成二百九十四卷;略舉事目,年經國緯,以備檢尋,爲目録三十卷;又參考群書,評其同異,俾歸一塗,爲考異三十卷"[66]。而上表作爲原始檔案又成爲此後史書修撰的依憑,在其行文中往往會表述爲"表上",

---

[62] 《舊唐書》卷一四九《柳登傳》附柳芳事迹,4030 頁。
[63] 《舊五代史》卷一三一《賈緯傳》,1728 頁;《麟臺故事校證》卷三下《國史》,313 頁。
[64] 杜希德《唐代官修史籍考》,160 頁。
[65] 李南暉《唐紀傳體國史修撰考略》,《文獻》2003 年第 1 期。在氏著《唐修國史研究》中,他對柳芳的貢獻着墨甚少,未明確提及此觀點,但從其所撰國史修撰傳承表(64 頁)可知,他仍舊將柳芳所撰部分包含在韋述所撰一百十三卷中。
[66] 《資治通鑑》,中華書局,1956 年,9607—9608 頁。

如《册府元龜》卷五五四:"長孫無忌爲太尉,受詔與史官同續修《貞觀實録》,永徽五年閏五月畢功,詣闕表上之,起貞觀十五年,至二十三年五月,勒成二十卷。"[67] 長孫無忌原表已不存,但《册府》中這條疑似《高宗實録》的文字所記録的圖書信息應即是從上表中録得。另外,記事止於肅宗第二個年號乾元這一看上去絕不合理的時間點亦不是五代史臣能够臆造出來的,因爲以賈緯爲代表的五代史臣所見到的《國史》記事已經止於代宗,乾元這個柳芳《國史》的終結點事實上已經不存在了,而它能够被記録,祇能是來源於唐代的原始材料。因此柳芳傳記中有關國史的信息應即來自於當時奏進《國史》時的上表。

另一方面,有關《國史》最重要的記載——《崇文總目》的解題也證明了柳芳《國史》本來便是一百三十卷:

> 《唐書》一百三十卷,唐韋述撰。初,吳兢撰《唐史》自創業迄於開元凡一百一十卷,述因兢舊本更加筆削,刊去《酷吏傳》,爲紀、志、列傳一百一十二卷。至德乾元以後,史官于休烈又增《肅宗紀》二卷,而史官令狐峘等復於紀、志、傳後隨篇增緝而不加卷帙。今書一百三十卷,其十六卷未詳撰人名氏。[68]

從這段材料裏,我們可以看到"至德乾元以後",令狐峘等在原先的"紀、志、傳後隨篇增緝而不加卷帙",這就意味着令狐雖然在既已完成的紀、志、傳後增入新的内容,但並未打破韋述、柳芳《國史》的原有結構和分卷,因此北宋人所見的一百三十卷本韋述《國史》雖然已有肅代以後史官的增補,但並未在内容上增加卷數,因此亦可證明原本即是一百三十卷。

其次,因爲乾元祇是肅宗第二個年號,下距代宗即位尚有兩年,這顯然不符合一部完整史書的斷限規律,柳芳所增續的《國史》爲何止於乾元這一尷尬的時間點?李南暉雖然注意到了這一點,但並没有給出明確的解釋,其實上引《崇文總目》解題正是解開這一問題的關鍵所在:

我們看到至德乾元以後,史官于休烈增修了《肅宗紀》兩卷,也就是説柳芳《國史》並不包括《肅宗紀》,他所續的本紀終於玄宗。那麽乾元末有關玄宗的大

---

[67] 《宋本册府元龜》卷五五四《國史部·恩獎》,1557頁。
[68] 《崇文總目》卷三,《文淵閣四庫全書》本,第674册,29—30頁。

事是什麽,我們不妨看一下《舊唐書·玄宗紀》。在玄宗上元二年四月崩於乾元殿之前,《玄宗紀》的記事是"乾元三年七月丁未,移幸西内之甘露殿。時閹宦李輔國離間肅宗,故移居西内。高力士、陳玄禮等遷謫,上皇寖不自懌"[69]。乾元三年閏四月己卯,肅宗已改元上元,作爲本紀特取不再行用的年號,究竟是技術層面的原因還是另有其深意,不得而知,但顯然應該出於當時人之手。而當上奏後的《國史》被史官記録的時候,其記事的起止時間顯然祇能根據最直觀的本紀來判斷,如果將上元二年玄宗的最終崩逝視爲後世史臣的添補的話,乾元三年便是全書本紀的最後一條記事,因此自然而然地被記作了"下止乾元"。乾元三年玄宗移居西内事件無疑標誌着一代君王政治生涯的最終謝幕,柳芳《國史》以此作爲玄宗時代的終結是非常合理的。值得注意的是,幾乎在奏上《國史》的同時,柳芳便"坐事徙黔中",是否因其直書玄宗被徙,史無明證,但此條記載之分量不言自明。

那麽柳芳除了續成《玄宗紀》以外,還做了多少工作? 杜希德認爲《崇文總目》中記載的十六卷即出自柳芳的手筆,但並没有給出證據[70]。李南暉則不同意這一觀點,認爲這十六卷是出於更晚時代的史官之手[71]。筆者同意杜希德的觀點,試作分疏如下:

細讀上引《崇文總目》的這段解題,我們發現以"至德乾元以後"爲界,可以分爲前後兩段,前段表達了韋述如何在吴兢《唐史》的基礎上進行筆削的過程,而後段則記録了肅宗史官于休烈和代宗朝史官令狐峘在"至德乾元以後"的工作。前半部分詳細地講到吴兢《唐書》的起止和卷數以及韋述在吴書基礎上筆削的成果,蒲立本懷疑這一段其實是抄録自韋述《唐書》的"前言",即"史例"部分[72],筆者完全同意這一觀點,試進一步申説如下:首先《舊唐書·韋述傳》云其"勒成《國史》一百一十三卷,並《史例》一卷",《崇文總目》所著録的既是韋述《國史》,那麽理應包含《史例》。撰寫書目解題最直接的材料來源便是該書本身的序説、凡例,韋述《史例》中言及《國史》成書過程是題中應有之意。其次,這段

---

[69]《舊唐書》卷九《玄宗紀下》,235 頁。
[70] 杜希德《唐代官修史籍考》,165 頁注 113。
[71] 李南暉《唐修國史研究》,57—58 頁。
[72] 蒲立本著,馬建霞譯《〈資治通鑑考異〉與 730—763 年間歷史的史料淵源》,41 頁。

中有關吳兢《唐書》的部分，與韋述《集賢注記》的表達極爲近似，而未見諸其他文獻，應亦出自韋述手筆。再次，其卷數《崇文總目》謂"紀、志、列傳一百一十二卷"，顯就正文而言，而此時《國史》全書實際已被增續至一百三十卷，所謂一百一十二卷在正文中已無着落，因此這個卷數顯然是抄自文獻而非目驗所得，來源應該即是《史例》。此亦可從側面證明《解題》未參酌《舊唐書》韋述本傳的一百十三卷之説。最後，解題云韋述刊去《酷吏傳》，刊去之事，如非文獻記載，北宋人是無從由《國史》本身去判斷的，而此事不見於現存其他文獻，最可能的來源仍應是韋述《史例》中的夫子之道。因此解題的這一部分應即本於韋述《國史·史例》。

解題的後半部分記錄了肅宗以後各篇各卷的作者，這顯然不可能出自韋《序》。這裏的焦點即在於"未詳撰人名氏"的十六卷究竟出自誰之手。其實如果從書籍史的角度去考慮的話，也許會有新的認識。古書一般在每卷卷題下都會有作者題銜。《崇文總目》所著錄的是北宋秘閣實際的藏書，解題作者必切實翻覽過此書，這裏特別指出于休烈作《肅宗紀》兩卷，並且指出令狐峘等"隨篇增緝而不加卷帙"，這些都不見於其他文獻，最有可能是依據《國史》原書中篇卷下的題名。值得注意的是，這裏完全没有提到柳芳的名字，這其實並不合理，因爲我們知道是柳芳最後續成並奏進了《國史》，全書中必然有一部分是出於他的手筆。如果仔細辨析北宋人所見的一百三十卷《國史》各部分歸屬的話，可以發現，如前所述，一百十二卷是韋述所撰，如加上《史例》一卷，則韋述所撰有一百十三卷，這部分應有韋述題署，加上"未詳撰人名氏"的十六卷，則爲一百二十九卷。所缺一卷，或爲韋述特意指出刊去了的《酷吏傳》。《舊唐書·酷吏傳》共兩卷，始於武后時期的來俊臣，止於死於寶應元年的敬羽，天寶以後人物除敬羽外僅有死於上元元年的毛若虛。雖然此前研究皆因爲毛若虛與敬羽的存在，認爲《酷吏傳》爲肅代以後史臣重新纂輯[73]，但考慮到完整的《酷吏傳》曾經的確存在過，並不能排除柳芳續修之時將韋述所作此傳重新納入其中，並將其增續到貶

---

[73] 賈憲保和池田温、李南暉皆認爲《舊唐書·酷吏傳》完全承襲了《國史·酷吏傳》；池田温觀點見《論韓琬〈御史台記〉》，收入氏著《唐研究論文選集》，中國社會科學出版社，1999年，362頁，李南暉觀點見氏著《唐修國史研究》，87頁。

於天寶十四年的羅希奭,而毛、敬二傳更像是令狐峘等史臣"隨篇增緝"的結果。因此如果加上《酷吏傳》的話,《國史》恰一百三十卷。

從以上的分析我們可以看到,柳芳最後續成的這部《國史》與此前長孫無忌所上的《武德貞觀兩朝史》一樣,是一部完整的《國史》,而從前文所引《集賢注記》,韋述謂蕭嵩"欲早就",顯然也是希望在其任上能完成一部涵蓋玄宗以前各朝的完整國史。因此,李南暉認爲唐代没有像宋人那樣形成兩三代即通修一部紀傳體國史的定例[74],這一觀點並不恰切。無論是《武德貞觀兩朝史》也好,牛鳳及《唐書》也好,柳芳最終奏上的《國史》也好,甚至蕭嵩希望完成的史書也好,全部都是涵蓋某段歷史時期的完整的紀傳體國史,之所以我們看到牛《書》對姚、許諸書的替換以及武后末年到開元年間國史反復的改修祇是因爲李唐王朝實際被武周時代切成了兩段,改朝換代,相關的國史祇能不斷廢棄和改修,因此直到開元年間方纔在此前國史、《唐書》基礎上再次重修國史。而安史之亂與玄宗的謝幕毫無疑問標誌着舊時代的落幕,因此柳芳的《國史》實際上有着歷史終結的意味。

四、安史之亂後史官的續撰

安史之亂終結了玄宗時代,但是唐代的歷史並没有因爲玄宗時代的終結而終結,兩京收復以後,史官們仍舊需要將國史修撰下去。《崇文總目》記録了于休烈和令狐峘等肅代史官的工作,但《國史》的下限究竟止於何時,始終是研究者最爲關心的問題之一,但無論是認爲《國史》下限及於晚唐,還是認爲止於元和間,都没有對解題中"隨篇增緝,不加卷帙"八字作更多的解釋,而筆者認爲此八字正是理解柳芳之後史官續作的關鍵所在。這八個字表明,令狐峘等史官所作的增補祇是在一百三十卷《國史》原始結構上增入内容,這樣的話,考慮到卷軸雖可添紙,但畢竟有所限制,因此所增入的内容並不會特别多。從這個角度出發,我們会發現《舊唐書》仍舊保留着"隨篇增緝"的痕跡,如上文所論及的《酷吏傳》兩卷最末所附入的毛若虚、敬羽二傳即是最爲典型的"隨篇增緝"。另外卷

---

[74] 李南暉《唐修國史研究》,57—58頁。

一〇二,主傳人物分別是馬懷素、褚無量、劉子玄(知幾)、徐堅、元行冲、吳兢、韋述,顯然這是一篇玄宗時代著名學者以及史官的合傳。除了韋述以外,其餘諸人皆卒於天寶八年以前,其傳記應該已入韋述、柳芳《國史》;而韋述本人卒於至德二年,至廣德二年追贈右散騎常侍[75],其傳應該是代宗朝史官以類相從添入《吳兢傳》之後。與之一道添入的是《蕭穎士傳》,雖然卷一九〇《文苑傳》亦有《蕭穎士傳》,但基本皆根據筆記小説所載軼事改寫,唯此處附傳稱其卒於乾元初,李華所作《蕭穎士文集序》亦未提及,當有更爲原始的材料來源,應據《韋述傳》中"蘭陵蕭穎士以爲譙周、陳壽之流"連累而及。由"隨篇增緝"這一角度出發,我們或許可以解釋一些解題與其他記載的矛盾以及《舊唐書》部分人物傳記奇怪的排列順序:

其一,關於于休烈所撰《肅宗紀》兩卷。這裏有兩個問題,一是這兩卷是否算在一百三十卷中;二是五代賈緯、宋初胡旦都明確表示《國史》的下限至於代宗[76],爲何解題没有提到《代宗紀》的情況。李南暉將此歸因於《崇文總目》本身措辭的不嚴謹[77]。考于休烈於收復長安之前以太常少卿兼修國史,直至代宗即位仍掌國史,《肅宗紀》大抵即撰於代宗即位之後至其大曆七年去世以前[78]。此時《國史》早已呈上,《柳芳傳》中特別强調"《國史》經於奏御,不可復改",而安史之亂初定後的國史完全可以另起爐竈重修一部完整的國史,于休烈的《肅宗紀》可能是最早完成的部分,它以獨立成卷的形式存在於一百三十卷《國史》之外,雖有卷軸之實,但並未插入原本一百三十卷之中從而打亂原書卷次,因此,此處的"《肅宗紀》二卷"之"卷"或許應當理解爲物質性的卷軸之"卷",而非内容性的篇卷之"卷"。

第二個問題或許可以從《舊唐書·肅宗紀》的篇幅尋得解答。此卷内容不多,是否能撐起兩個整卷值得懷疑,令狐峘在紀志傳後"隨篇增緝",所謂紀的增緝應該即指在《肅宗紀》後繼續添寫,因此《代宗紀》可能接寫在《肅宗紀》的第

---

[75] 《舊唐書》卷一〇二《韋述傳》,第3185頁。
[76] 《舊五代史》卷一三一《賈緯傳》,1728頁;《五代會要》卷一八《前代史》,298頁;《麟臺故事校證》卷三下《國史》,313頁。
[77] 李南暉《唐修國史研究》,59頁。
[78] 《舊唐書》卷一四九《于休烈傳》,4007—4009頁。

二卷之後。而從解題撰者的角度而言，此段旨在說明各部分撰人，《肅宗紀》呈現在解題作者面前的是署于休烈之名的完整卷軸，令狐峘等添寫於後，遂與紀傳一起表達爲"隨篇增緝"而未着意突出《代宗紀》之有無。

其二，《舊唐書》卷一〇六李林甫、楊國忠傳後出現了張暐、王琚、王毛仲等玄宗先天政變功臣的傳記，同時在《王毛仲傳》下附錄了陳玄禮的傳記。除去原本就具有時代終結意味的《玄宗諸子傳》，本卷是開天時代人物列傳的最後一篇，將李林甫、楊國忠置於當時《國史》的終卷，無論從時代意義上，還是從兩人的歷史評價而言都是合適的。而張暐、王琚、王毛仲分別於天寶五年和開元十九年去世，時間都在李、楊之前，無論從傳主性質還是從生卒年而言都不應該出現在這裏。這一矛盾仍舊可從令狐峘等的"隨篇增緝"來理解。本卷《王琚傳》的末尾記其"寶應元年，贈太子少保"，而《陳玄禮傳》則記其上元元年八月致仕，證明這兩篇傳記皆肅、代以後所作。可能的原因便是令狐峘等肅代史官因王琚和陳玄禮的褒贈和致仕補作了玄宗朝功臣的傳記，將其添續在李、楊這一玄宗朝傳記的終卷之後。

其三，在處於玄宗朝人物壓軸位置的《玄宗諸子傳》後，《舊唐書》卷一〇九却出現了以唐初至開元前蕃將爲主體的合傳。本卷的傳主依次是馮盎、阿史那社爾、契苾何力、黑齒常之、李多祚、李嗣業、白孝德，七人分别卒於貞觀二十年、永徽六年、儀鳳二年、垂拱三年、景龍元年、乾元二年、大曆十四年。從個人去世的時間上來看，從馮盎至李多祚各篇傳記應該早已存在於此前的《國史》中。事實上卒於大中八年的契苾何力五代孫契苾通墓誌中即稱其家族"族系源流，載在《國史》"，而叙何力"在貞觀初，髪齒尚幼，率部落千餘帳，效款內附。太宗嘉之，授左領軍將軍。後以征討有勞，尚臨洮縣主，爲葱嶺道副大總管。忠烈義勇，存乎本傳"〔79〕，也證明了《國史》中原有《契苾何力傳》，同時從其在本卷中處於中間位置可以看出，它並非是肅代史臣"隨篇增緝"的結果，而是早已存在於韋述、柳芳所完成的《國史》之中。那麽這一卷爲何會出現在《玄宗諸子傳》和卒於安史之亂以後的韋見素、崔圓傳之後？也許我們仍舊需要從肅代史臣添續國史

---

〔79〕 契苾通墓誌，拓片刊《隋唐五代墓誌彙編》陝西第四册，天津古籍出版社，1991年，137頁，錄文收入《全唐文補遺》第1册，三秦出版社，1994年，358頁。

的方式與理念去理解。我們看到卷一〇九的最後兩篇傳記分別是李嗣業、白孝德,二人皆安史亂後武將,與同卷其他傳主年輩相隔玄遠,顯然出於後來的添修。而這卷之所以會出現在這裏,一個可能的原因是令狐峘等已將原本位置較前的本卷移至玄宗諸子傳後,作爲繼續添修武將的傳記的依托。而下兩卷傳主人物分別是:李光弼、王思禮、鄧景山、辛雲京(以上卷一一〇),崔光遠、房琯、張鎬、高適、暢璀(以上卷一一二)。李光弼、王思禮是平亂功臣,鄧景山、辛雲京與卷一一二第一篇的傳主崔光遠亦皆武將領節鎮,與其後文官出身的房琯、張鎬、高適諸傳之間有明顯的斷裂。而令狐峘所撰《代宗實錄》中没有房琯傳[80],如其已在《國史》中爲房琯立傳,不應《實錄》缺載,畢竟兩種傳記彼此借用增删都是情理中事。因此,至少令狐峘所補撰的《國史》並不包括房琯傳,那麽本卷的《崔光遠傳》實際上與上述武將的傳記一樣原本皆可能直接接續在《李多祚傳》之後,而五代史臣將其重新分卷,遂形成今日之面貌。如果這一推論成立,則李、楊傳後增補的玄宗時代的傳記、《玄宗諸子傳》作爲續撰文官傳記的依托,與《馮盎》等傳一樣形成了令狐峘等"隨篇增緝"的基礎。

  這一添續工作究竟什麽時候結束?這大致決定了《國史》的下限所在。《舊唐書·郭子儀傳》有"史臣裴垍曰",此前學者一般都認爲是《國史》本傳後的傳論,裴垍自元和四年以中書侍郎同平章事加集賢院大學士、監修國史,至五年中風,六年去世,其負責史館工作僅在此一兩年内,故《郭子儀傳》論當寫於這段時間内;而卷一三四《馬燧傳》"史臣曰"爲《譚賓録》所抄録,因此二傳應屬於《國史》的一部分[81],因此李南暉認爲《國史》的續寫約終於元和時期[82]。筆者同意元和時期是國史修撰的一個重要節點,因爲《國史》本紀部分止於代宗,而《代宗紀》的撰寫最早亦需等到德宗時代。如果説《代宗紀》與其他本紀一樣是以令狐峘《代宗實録》爲藍本的話,那麽需等到元和三年令狐峘子丕奏上其父遺作方纔得以開始撰作。那麽《國史》的續寫是否還能往後追溯?這也許需要從《舊唐

---

 [80] 《宋本册府元龜》卷五六二《國史部·疏繆》:"至元和二年,其(令狐峘)子丕爲太僕寺丞,進峘所撰《代宗實録》四十卷,詔付史館,贈峘工部尚書。叙事用捨不當,而又多於漏略。名臣如房琯不立傳,直疏如顔真卿略而不載。"1612頁。
 [81] 參賈憲保《從〈舊唐書〉〈譚賓録〉中考索唐國史》。
 [82] 李南暉《唐修國史研究》,62—64頁。

書》列傳中去尋找綫索。

《舊唐書》中的唐人用語雖然未必能作爲唐人撰寫的證據,但各篇傳記中所保存的數字記日也許可以成爲《國史》的標記物。唐代史館所編纂的材料,除了實録之外比較大宗的還有起居注、時政記以及始於柳芳《唐曆》的日曆。時政記情况不詳,但起居注和《唐曆》以及承續《唐曆》的日曆,其記日的方式都是干支+數字記日[83],如果考慮到大量公文書中的日期也是數字而非干支,我們應該可以將數字記日視作較干支記日的實録更爲原始的材料。而至《舊唐書》編寫的後晉,晚唐以前以數字記日的原始材料是否能够比較完整地保存下來是值得懷疑的。即使它們被保存了下來,五代史臣也不太可能捨棄已經過系統化修撰的、較爲便用的實録,去採録這些相對更爲原始的材料。因此如果剔除掉可能來源於行狀、碑誌等材料的生卒月日以及傳記中所引表章書記等原始文獻中所包含的數字記日,那些出現在《舊唐書》在安史之亂後、文宗朝之前的列傳中的叙事過程中的數字記日提示我們,它們可能依據的是五代已經看不到的更爲原始的材料,而這些傳記很可能出自唐代史官之手。

《舊唐書》安史之亂後至文宗朝存有數字記日的共有凉王璿、李光弼、魯炅、來瑱、僕固懷恩、田承嗣、顔真卿、田悦、朱滔、張茂昭、李晟、馬燧、渾瑊、李愿、李愬、吴元濟、田弘正、裴度、渾鎬、王庭湊、李訓共二十一人的傳記。馬燧已確知《國史》有傳,從側面證明了數字記日作爲標誌物是有效的。這些傳記中,時代最晚的是李訓,衆所周知,他在甘露之變後隨即被誅殺。如果《李訓傳》的確没有參考宣宗大中八年方纔奏上的《文宗實録》的話,那麽這篇傳記應完成於甘露之變後至大中八年以前。

其他一些没有干支記日的傳記,如卒於貞元五年的李泌的傳記,記述其事迹的《鄴侯外傳》稱李泌"軍謀相業載如國史"[84],而唐人所作的《鄴侯外傳》本身亦與《舊唐書·李泌傳》有着千絲萬縷的關係,研究者已認爲其可能參考過《國

---

[83] 參朱希祖《漢唐宋起居注考》,《國學季刊》1930年第4期。《唐曆》今存佚文亦多數字記日者,如《資治通鑑》卷二〇四《唐紀二十》永昌元年八月乙未條《考異》引《唐曆》:"七月二十四日,張楚金絞死;八月二十一日,郭正一絞死。"6460頁。知此類書皆有數字記日。

[84] 《太平廣記》卷三八《李泌》,中華書局,1961年,241頁。

史》本傳〔85〕。同樣李漢所作韓愈文集序稱"先生諱愈,字退之,官至吏部侍郎,餘在國史本傳"〔86〕。雖然唐代"國史"並不特指韋述《國史》,但"本傳"一詞確實無法視爲實錄所附小傳的統稱,因此李南暉認爲《國史》中原即有《韓愈傳》〔87〕,可從。這些傳記與上述傳記一樣,都在大中八年之前,也就是《文宗實錄》完成之前,這一時點可能是《國史》的"隨篇增緝"的下限。

但是即使"隨篇增緝"可以在卷軸之後不斷添紙,但終歸會有其限度,這就決定了添續的內容不可能過多,因此將《舊唐書》中肅宗至文宗的傳記皆視作唐代《國史》中原有的傳記,顯然是違背書籍史規律的。上述傳中有數字記日的人物,無論是李光弼、李晟、馬燧,還是顔真卿、裴度、李訓,還是明確《國史》有傳的郭子儀、李泌,都是一時重臣,顯然中唐的史官們在新作傳記的時候,會傾向於爲重臣作傳。而蔣乂所作《宰輔錄》之類的著作〔88〕,顯然也爲之後相關人物傳記的撰寫提供了直接的材料。而另一個反例便是甄濟的事迹,甄濟安史之亂時義不受僞官,亂後爲肅宗表彰,"授館於三司治所,令從賊官囚慚拜之",終襄州節度判官〔89〕。雖然有着肅宗時代的榮光,但他去世以後甚至未被最原始的記注所記錄〔90〕,在《國史》中自然也不會有他的傳記。元和八年,元稹因此專程與韓愈寫信,希望他能"編此義烈,以蒸蒸於來世耳"。今天《舊唐書·忠義傳》有甄濟的傳記,其末云"元和中,襄州節度使袁滋奏其節行,詔……可贈秘書少監"〔91〕。據韓愈的答書,元稹寫信時甄濟已經追贈〔92〕,但在國史中並無痕迹,韓愈答書認爲甄濟的確當入國史系統,然而今天我們所看到的《舊唐書·甄濟

---

〔85〕 羅寧、武麗霞《〈鄭侯家傳〉與〈鄭侯外傳〉考》,《四川大學學報》,2010 年第 4 期,收入氏著《漢唐小説與傳記論考》,419—439 頁。
〔86〕《唐文粹》卷九二李漢《唐吏部侍郎昌黎先生韓愈文集序》,《中華再造善本》影印國圖藏南宋紹興九年臨安府刻本,二十七葉至二十九葉。
〔87〕 李南暉《唐修國史研究》,63 頁。
〔88〕《舊唐書》卷一四九《蔣乂傳》,4028 頁。
〔89〕《文苑英華》卷六九〇元稹《與史館韓郎中書》,3556 頁。
〔90〕《文苑英華》卷六九〇元稹《與史館韓郎中書》:"若甄生……及亂則延頸承刃,分死不回,不以不顯而廢忠,不以必誅而從亂,參合古今之士,蓋萬一焉。稹嘗讀注記,缺而未書,謹備所聞,蓋欲執事者編此義烈,以蒸蒸於來世耳。"3556 頁。
〔91〕《舊唐書》卷一八七下《甄濟傳》,
〔92〕《唐文粹》卷八二《答元稹侍御書》,葉十七。

傳》全文極短,除去上引詔書,不到三百字,其性質更類接續於褒贈詔書之後的實録本傳。考《忠義傳》序稱:"即如安金藏剖腹以明皇嗣,段秀實挺笏而擊元凶,張巡、姚誾之守城,杲卿、真卿之罵賊,又愈於金藏。秀實等各見本傳。今採夏侯端、李憕已下,附於此篇。"[93]夏侯端和李憕分別是《忠義傳》卷上和卷下的第一篇,《忠義傳》最後一位人物是卒於唐末的辛讜,因此從這段序文來看,《忠義傳》全篇應該都是五代史臣的手筆,因此《甄濟傳》應該取自《憲宗實録》本傳。這從側面證明了如甄濟這樣官位不顯的人物,是無法在《國史》中擁有一席之地的。

五、結語

題韋述所撰的一百三十卷《國史》,其實是貞觀以來歷代史臣接續努力的結果:雖然太宗高宗時代令狐德棻、許敬宗等續成的一百餘卷《國史》至武周時期被禁,武后立場的牛鳳及《唐書》亦在李唐復辟後廢置,它們却依然進入了韋述《國史》,成爲武德至高宗時代記事的藍本。與此前的觀點不同,韋述所依據的吴兢《唐書》應該是吴氏所參與編纂的官修國史而非其私撰,而這構成了後武后時代直到開元初年的記事。韋述本人則增入了武后時代的記事以及開元天寶時期的歷史,而此書最終在柳芳手中完成了下止於玄宗退出歷史舞台的乾元三年的一百三十卷國史。此後的史官在一百三十卷《國史》的基礎上在既有篇卷後不斷添紙增續,却並没有再增加卷數,這一過程可能持續到唐代史館系統尚能運作的宣宗中期。《國史》的生成過程如果用圖表的形式表示的話,大致如下(實綫箭頭表示有明確承襲關係,虛綫箭頭表示可能有承襲關係)。

---

[93]《舊唐書》卷一八七上《忠義傳》序,4864頁。

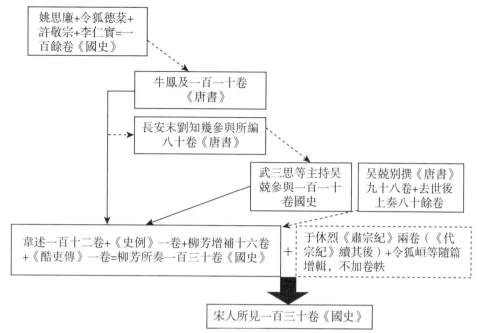

《國史》的漫長生成過程以及其本身的材料來源提示我們,《舊唐書》所包含的内容事實上比我們理解的更為原始,也因此有着更高的史料價值,而如何在《舊唐書》中更清晰地分辨出《國史》,從而復原《舊唐書》的編纂過程,並且重新衡量五代史臣所作的工作將是一個更大也更有意義的課題。

A Restudy of the Official *Reign History* of Tang Based on the Perspective of History of Books

Tang Wen

As the most important source of the *Jiutangshu*, the compilation of the annal-biographical *Reign History* or *Guoshi* 國史 has always attracted the attention of researchers. Still the topic has several controversial questions. These include the nature of *Tangshu* of Wu Jing 吳兢, the contribution of Liu Fang 柳芳, the continued compilation during the post-An Shi Rebellion period, and when the book ended. This paper suggests that Wu Jing's *Tangshu* integrated by Wei Shu 韋述 is an official revision of *Tangshu* compiled by Wu Jing rather than a private work. Liu Fang continued the compilation and increased the previous 112 volumes completed by Wei Shu to 130 volumes. During the post-An Shi Rebellion period, no new volumes were added. But compilers added additional content to the original volumes until the late Tang. However, these additional contents are mainly biographies of significant officials and generals and they are only a small portion of biographies of *Jiutangshu*. The additional content might also lead to the disorder of some volumes in *Jiutangshu*.

《唐月令》小史

王天然

本文聚焦於《唐月令》生命軌迹中的重要片段，探討了唐開天之際《唐月令》經注的形成過程，北宋前期至明晚期該書日漸隱没的趨勢，以及清道光間學者恢復亡書的努力。這些嘗試，旨在勾勒《唐月令》一書的生命歷程及其與外部世界產生的連結。

一、逐步形成的過程

《唐月令》删定、注解及李林甫等上表進御時間，史無明文。緣此，該書的形成問題由來已久，前賢早有關注，然尚存未盡之義。本文將在已有成果基礎上重作梳理，嘗試復原《唐月令》的形成過程。清人成蓉鏡《跋唐月令》較早關注此問題，且觀點頗具啓發性，爲方便討論，現將成氏之說主體列出：

> 此書經注非一時所成。《新唐書·曆志》，開元九年，詔僧一行作新曆，推太衍數立術以應之。十五年，草成而一行卒。《資治通鑑·唐玄宗紀》，開元十六年八月乙巳，特進張說上《開元大衍曆》[1]，行之。……然則《唐月令》所據者乃《麟德曆》，用是知明皇刊定經文在開元十六年八月以前也。匪直此也，《初學記》署"光禄大夫行右散騎常侍集賢院學士副知院事東海郡開國公徐堅等奉敕撰"。……而其所稱日躔中星，復與《唐月令》無異。據此則《初學記》之成，後於《唐月令》可知。《舊唐書》徐堅列傳，稱堅開元

---

[1] 成氏原文作"特進張說進上元大衍曆"，今據《資治通鑑》徑改。詳見《資治通鑑》卷二一三《唐紀二十九》，中華書局，1956年，6782頁。

十三年再遷左散騎常侍。其年,玄宗改麗正書院爲集賢院,以堅爲學士,副張説知院事。累封東海郡公,特加光禄大夫。《資治通鑑》綴堅副知院事於十三年四月丙辰,然則明皇刊定《月令》成於開元十三年四月以前可知矣。

　　進注表署"集賢院學士尚書左僕射兼右相吏部尚書李林甫等注解",考《舊唐書·玄宗本紀》,天寶元年八月壬辰,吏部尚書兼右相李林甫加尚書左僕射,以是知注之成在天寶元年八月以後也。《本紀》又云,天寶五載正月乙亥,敕大小縣令並准畿官吏三選聽集,《禮記·月令》改爲《時令》。蓋斯時《月令注》既成,故頒行於縣令〔2〕。然則李林甫等之注成於天寶五載以前又可知矣。《新唐書》陳希烈本傳,開元十九年遷門下侍郎,天寶五載,進同中書門下平章事。進注表第署"門下侍郎陳希烈",而不云"同中書門下平章事",亦其證也。抑更有進焉,《初學記》成於《唐月令》之後,所引《月令》其注語多用鄭玄、高誘説,設是時李林甫等注已成,斷無棄此不引而遠徵高、鄭者,以是益知經注之非一時所成矣。〔3〕

由上引可見,成蓉鏡認爲《唐月令》用《麟德曆》,故判定該書經文成於開元十六年(728)八月《大衍曆》進上之前。又據《初學記》所引《月令》日躔中星(即太陽運動之次及昏旦中天之宿)與《唐月令》無異〔4〕,以及徐堅結銜,推斷《唐月令》成文時間在開元十三年四月前。然而此説討論起點有誤〔5〕,《唐月令》日躔中星實據《大衍曆》而非《麟德曆》〔6〕,故該書經文形成時間無法繫於開元十六年八月前。

　　對於《唐月令》注文形成時間的判定,成氏曾有修訂。《跋唐月令》的較早版本《唐月令注跋》,曾附於茆泮林《唐月令注續補遺》後,收入《鶴壽堂叢書》。此

---

〔2〕 按,兩事雖繫於一時,但"三選聽集"恐與《月令》改稱無關,成氏此説略嫌穿鑿。

〔3〕 成蓉鏡《心巢文録》卷下,《叢書集成續編》第139册,上海書店出版社,1994年,410—411頁。按,原文"玄宗"作"元宗"、"鄭玄"作"鄭元",蓋避清諱,今逕改。

〔4〕 《初學記》個别之處日躔中星與《唐月令》小異,成氏此説稍有不確。

〔5〕 成蓉鏡之誤,趙永磊先生有詳細分析:成氏推算立秋日躔宿度不精,且不顧《麟德曆》衆多節氣日躔宿度與《唐月令》不合;而成氏《月令日躔議》又據一行《日度議》推定開元十二年冬至日在斗九度半,亦不確,是其所論《大衍曆》日躔中星也有問題。詳見趙永磊《曆術、時令、郊社制度與〈唐月令〉》,《文史》2018年第4輯,148—151頁。

〔6〕 詳見劉次沅《西安碑林的〈唐月令〉刻石及其天象記録》,《中國科技史料》1997年第1期,92—93頁;趙永磊《曆術、時令、郊社制度與〈唐月令〉》,147—151頁。

跋以注文作於開元二十二年後、二十四年十一月前,該說致誤之由,蓋將《進御刪定禮記月令表》(以下簡稱《進月令表》)李林甫銜名之"吏部尚書",誤讀爲開元二十二年五月出任宰相時的"禮部尚書"〔7〕。《跋唐月令》顯然修訂了此說,注文形成於天寶元年(742)八月後、天寶五載前的意見更趨合理,但還可進一步精確。

即使成蓉鏡對《唐月令》經注形成時間的判定均有問題,然將經注分别看待,指出"經注非一時所成",仍屬卓識。在此基本認識之上,現做進一步考察。

(一) 經文的形成

《唐月令》經文的形成時間,成氏開元十六年八月、十三年四月前之說既不可信,趙永磊先生據《唐月令》用《大衍曆》、日躔中星與《初學記》所引《月令》略近、附益開元時郊社制度,提出經文約在開元十五年至二十六年之間形成〔8〕。此說主要由三個方面綜合考量,更趨周密,較成氏之說也更爲可信,但本文的看法還是略有不同。

《初學記》成書時間,主要有開元十三年五月(《南部新書》)、十四年三月(《承明集》)、十五年五月(《唐會要》)、十六年正月(《玉海》引《集賢注記》)四說〔9〕。此書署名徐堅,不及張説。張説開元十四年四月罷相,十五年二月致仕,十六年二月兼集賢殿學士,專文史之任〔10〕。則四說之中,以十五年五月、十六年正月兩說合理。而《集賢注記》作者韋述即《初學記》分撰者之一,十六年正月說最爲可信〔11〕。但這一時間,可能無法作爲唐玄宗刪定《月令》的起始坐標。

〔7〕 詳見成蓉鏡《唐月令注跋》,王士濂《鶴壽堂叢書》本,葉二反。本文據"大學數字圖書館國際合作計劃"公布之清華大學圖書館藏本。

〔8〕 詳見趙永磊《曆術、時令、郊社制度與〈唐月令〉》,139—162頁。《唐月令》成文時間,趙文提要與正文中的幾處表述不盡相同,爲方便討論,今取文章最後"餘論"部分帶有總結性質的意見,趙氏表述的差異,請參見原文。

〔9〕 李玲玲先生已將四說列出,詳見李玲玲《張説與〈初學記〉》,《中國典籍與文化》2009年第4期,104頁。

〔10〕 《資治通鑑》卷二一三《唐紀二十九》,6771—6772、6777、6782頁。

〔11〕 李玲玲先生對成書四說皆有分析,並以張説貶官作爲《初學記》成書時間參照,頗可參考。詳見李玲玲《張説與〈初學記〉》,101—104頁。唯本文以張説罷相、致仕或在開元十四年四月至十六年二月之間,且以《集賢注記》所載最爲可信,故與李文"《初學記》的完成年份,十四與十五年的可能性最大"的結論不盡相同。

《初學記》所引《月令》日躔中星文本,應當放入開元十四年"改撰《禮記》"之議的背景中理解。

《舊唐書·禮儀志》云:"〔開元〕十四年,通事舍人王嵒上疏,請改撰《禮記》,削去舊文,而以今事編之。詔付集賢院學士詳議。右丞相張説奏曰:'《禮記》漢朝所編,遂爲歷代不刊之典。今去聖久遠,恐難改易。今之五禮儀注,貞觀、顯慶兩度所修,前後頗有不同,其中或未折衷。望與學士等更討論古今,刪改行用。'制從之。……名曰《大唐開元禮》。二十年九月,頒所司行用焉。"[12] 經過討論,王嵒的意見雖未被原樣採納,但却成爲折衷貞觀、顯慶禮,撰成《開元禮》的直接契機。且此議甫起,便產生影響。從成書時間看,《初學記》稍後於王嵒上疏,其中對《禮記·月令》日躔中星的改寫,大概就是"改撰《禮記》"思路的延續。一行《大衍曆》雖遲至開元十六年八月方由張説進上[13],然十五年一行卒前已草成,館臣編撰《初學記》時當有利用條件。而《初學記》據《大衍曆》改寫日躔中星,一方面是"以今事編之",但另一方面還是屬於引用《月令》時的隨文修改,這與唐玄宗全面刪定《月令》當非一事[14]。兩者雖然可能有脈絡上的聯繫,但不能混淆,它們之間的差異,也需要强調。

本文認爲,全面刪定《月令》的時間當在開元晚期,有以下諸事值得留意。其一,開元二十五年,"太常博士王璵上疏請立青帝壇以迎春,從之"[15]。其二,同年十月,"制自今立春親迎春於東郊"[16]。此制的具體内容爲"自今已後,每年立春之日,朕當帥公卿親迎春於東郊。其後夏及秋,常以孟月朔於正殿讀時令,

---

[12] 《舊唐書》卷二一《禮儀志一》,中華書局,1975年,818—819頁。
[13] 開元十六年八月乙巳,"特進張説上《開元大衍曆》"。詳見《資治通鑑》卷二一三《唐紀二十九》,6782頁。
[14] 趙永磊先生引開元十五年太常博士錢嘉會上議"準《月令》及《祠令》,九月農功畢,大享五帝於明堂",以引文"更近於《唐月令》,而非《禮記·月令》。據此,《唐月令》在《初學記》撰定之時已發軔改定",詳見《曆術、時令、郊社制度與〈唐月令〉》,142頁。按,錢嘉會上議中"大享五帝於明堂"之"於明堂"雖與《唐月令》"大享帝於明堂"更爲接近,然"五帝"二字却不盡相同。《禮記·月令》鄭注云"言大饗者,遍祭五帝也",《唐月令》李注則云"謂祀昊天於明堂,五方帝、五官從祀",可見二者對"大享"的解釋不同,李注反映的是《開元禮》對大唐前禮(《貞觀禮》)與後禮(《顯慶禮》)並用的結果。相較而言,錢嘉會奏議實與鄭注相符,而與《開元禮》及《唐月令》李注不同,錢説似乎仍是基於鄭注對《月令》的理解、轉述。
[15] 《資治通鑑》卷二一四《唐紀三十》,6830—6831頁。
[16] 《資治通鑑》卷二一四《唐紀三十》,6831頁。

禮官即修撰儀注。既爲常式,乃是常禮,務從省便,無使勞煩也"〔17〕。其三,二十六年正月丁丑,唐玄宗"親迎氣於東郊,祀青帝"〔18〕。其四,同年四月朔,"命太常卿韋縚,每月進《月令》一篇。是後每孟月朔日,上御宣政殿,側置一榻,東西置案。令韋縚坐而讀之,諸司官長,每升殿列坐聽焉,歲餘罷之"〔19〕。其五,與讀時令同時,下敕云"朕仰稽古訓,思致人和,爰發繇衷之旨,以行順時之政。……猶慮吏有煩苛,人或冤滯,是爽和平之氣,殊乖敬授之心。其天下見繫囚徒,及事發應推身不禁者放。即遣使分往諸道,量事疏決,及宣布時令"〔20〕。李林甫後來在《進月令表》中言"陛下懸法授人,順時設教"〔21〕,正與此處"朕仰稽古訓……以行順時之政"云云相應,也就是館臣注解時所虔奉的"綸旨"。

綜上,唐玄宗決意刪定《禮記·月令》全篇,當與開元二十五、二十六年立青帝壇、立春親迎氣、命每月進《月令》、宣政殿讀時令、遣使宣布時令等一系列事件存在更爲直接的關係〔22〕,其中尤與進《月令》、讀時令密切相連。實行讀時令之制,首先需要宣讀的文本,這種需求直接促成了《唐月令》的誕生。以韋縚自二十六年四月起每月進《月令》一篇推測,《唐月令》全文大概形成於二十七年三月。由此,便也可以理解《開元禮》所載讀十二月令、讀五時令之文,爲何與《唐月令》不同〔23〕,正因開元二十年《開元禮》成書之時,尚無全面刪定《月令》

---

〔17〕 董誥等編《全唐文》卷二四《迎春東郊制》,中華書局,1983年,275頁。

〔18〕 《舊唐書》卷九《玄宗本紀》,209頁。

〔19〕 《唐會要》卷二六《讀時令》,中華書局,1960年,491—492頁。

〔20〕 《册府元龜》卷八五《帝王部·赦宥四》,中華書局,1960年,1014頁。

〔21〕 詳見唐開成石經《禮記》卷首,本文據日本京都大學人文科學研究所藏整拓之全文影像。"陛下懸法授人"唐石經已損,今據"國際敦煌項目(IDP)"公布之S.621《御删定禮記月令》殘卷彩色圖版補。《經義考》《全唐文》《登科記考》作"昭代敬天勤民"(朱彝尊《經義考》卷一四九,嘉慶秀水朱氏重修本,葉三反,本文據日本國立國會圖書館公布之全文影像;董誥等編《全唐文》卷三四五《進御刊定禮記月令表》,3508頁;徐松撰,趙守儼點校《登科記考》,中華書局,1984年,311頁)、茆泮林《唐月令注》作"昭代敬天勤人"(《續修四庫全書》第885册,上海古籍出版社,2002年,112頁),皆沿襲明人臆測,説詳下文。

〔22〕 牛來穎先生早已敏鋭指出:"開元月令删定的緣起可能與開元二十六年四月一日的《始讀時令推恩敕》有關。"此説頗具啓發。詳見牛來穎《時令秩序與唐宋律令制度——以〈天聖令〉爲中心》,載《中國社會科學院敦煌學研究回顧與前瞻學術研討會論文集》,上海古籍出版社,2012年,291頁。

〔23〕 《大唐開元禮》卷九九至一〇二爲皇帝於明堂讀十二月令,卷一〇三爲皇帝於明堂及太極殿讀五時令,所載文本基本尚在《禮記·月令》框架之內。詳見蕭嵩等撰《大唐開元禮》,光緒十二年(1886)公善堂刻本,本文據汲古書院影印本,1972年。

之事。

(二) 注文的形成

注文形成的時間，成氏天寶元年八月後、天寶五載前之説，略近於事實。據《進月令表》所列注解者銜名，還可進一步縮小進表的時間範圍，而注文的形成應與進表前後相繼。現將注者列出，以便討論：

> 乃命集賢院學士尚書左僕射兼右相吏部尚書李林甫、門下侍郎陳希烈、中書侍郎徐安貞、直學士起居舍人劉光謙、宣城郡司馬齊光乂、河南府倉曹參軍陸善經、修撰官家令寺丞兼知太史監事史元晏、待制官安定郡別駕梁令瓚等爲之注解。[24]

其一，李林甫。成氏已言天寶元年八月，李林甫加尚書左僕射，又知"尋進階特進，四載秋見在任"[25]。天寶四載《石臺孝經》後，李銜名爲"特進行尚書左僕射兼右相吏部尚書集賢院學士修國史上柱國晉國公臣林甫"，《進月令表》獨無"特進"[26]。故進表當在天寶元年八月後、天寶四載前，不應遲至成氏説中的天寶五載。

其二，陳希烈。天寶元年二月，改黃門侍郎爲門下侍郎[27]。且天寶二年二月四日，陳希烈兼崇玄館學士[28]，而表文銜名無此職，故進表當在天寶元年二月後、二年二月四日前。

其三，徐安貞，天寶初卒[29]。五載恐難稱爲天寶初，亦可知進表不應遲至

---

[24] 詳見唐石經《禮記》卷首。其中"宣城郡司馬"之"郡"字已損，S. 621、《全唐文》作"郡"，《登科記考》作"□"，《經義考》、茆泮林《唐月令注》作"大"。唐石經該字殘形作"󰀀"，非"大"字，《經義考》、茆氏乃沿襲明人臆測，説詳下文。《全唐文》蓋推理補"郡"字，今據 S. 621 補。

[25] 嚴耕望《唐僕尚丞郎表》，中華書局，1986 年，330 頁。嚴氏據《授李林甫特進制》及《石臺孝經》後題名推知。

[26] 唐石經《禮記》卷首"御刪定禮記月令第一"下題"集賢院學士尚書左僕射兼右相吏部尚書修國史上柱國晉國公臣林甫等奉敕注"，則進表獨無"特進"銜。

[27] 《舊唐書》卷九《玄宗紀下》載天寶元年二月丙申，"又黃門侍郎爲門下侍郎"，215 頁。此處的時間，《舊唐書》卷四三《職官志》所記異辭，云"天寶二年改爲門下侍郎"，1843 頁。然《通典》、《唐會要》皆以天寶元年改爲門下侍郎，詳見《通典》卷二一，中華書局，1988 年，550 頁；《唐會要》卷五四，930 頁。蓋天寶元年集中改稱，二年恐誤。

[28] 詳見《唐會要》卷六四《崇元(玄)館》，1122 頁。《新唐書》卷二二三上《陳希烈傳》"天寶元年，有神降丹鳳門"後亦載"俄兼崇玄館大學士"，中華書局，1975 年，6350 頁。

[29] 詳見《舊唐書》卷一九〇中《徐安貞傳》，5036 頁。

此年。

其四，劉光謙。韋執誼《翰林院故事》云："玄宗以四隩大同，萬樞委積，詔敕文誥悉由中書，或慮當劇而不周，務速而時滯，宜有偏掌，列於宮中。承導邇言，以通密命。由是始選朝官有詞藝學識者，入居翰林，供奉別旨。於是中書舍人呂向、諫議大夫尹愔首充焉。雖有密近之殊，然亦未定名。制詔書敕，猶或分在集賢。時中書舍人張九齡、中書侍郎徐安貞等，迭居其職，皆被恩遇。至二十六年，始以翰林供奉改稱學士，由是遂建學士，俾專内命，太常少卿張垍、起居舍人劉光謙等首居之，而集賢所掌於是罷息。"[30] 李肇《翰林志》又云："玄宗初改爲翰林待詔，張説、陸堅、張九齡、徐安貞相繼爲之，改爲翰林供奉。開元二十六年，劉光謹、張垍乃爲學士，始别建學士院於翰林院之南。"[31] 然《職官分紀》卷一五引《集賢記注》云："劉光謙，開元二十九年以習藝館内入院校理。"[32] 據韋述所記，劉光謙二十九年方入集賢院，且僅爲集賢校理；而《翰林院故事》言劉以起居舍人爲翰林學士，《翰林志》直謂劉爲翰林學士在二十六年，可見史料間有明顯齟齬。

岑仲勉先生已發現其間矛盾："按校理之職務，下於學士，是開元二十六年光謙斷未官至起居舍人，彼爲此官，乃約爲天寶五載，《故事》祗謂二十六年改供奉爲學士，非光謙即於是歲自起居入充學士也。"[33] 岑氏以劉爲起居舍人約在天寶五載，恐稍晚於實際，但對《翰林院故事》的解釋已切中肯綮。唯《翰林院故事》所言"太常少卿張垍、起居舍人劉光謙等首居之"，"首居之"的含義還需進一步說明。

所謂"首居之"，一方面當然可以理解爲翰林供奉改稱學士後，二人最先出

---

[30] 韋執誼《翰林院故事》，鮑廷博輯《知不足齋叢書》第5册，中華書局，1999年，49頁。按，原文"玄宗"作"元宗"，蓋避清諱，今逕改。

[31] 李肇《翰林志》，鮑廷博輯《知不足齋叢書》第5册，39頁。按，原文"玄宗"亦作"元宗"，今逕改；"謹"蓋"謙"之誤。

[32] 孫逢吉《職官分紀》，中華書局，1988年，382頁。傅璇琮先生據《玉海》卷一六五引文，於"内"下增"教"字，作"習藝館内教"。詳見傅璇琮《唐翰林學士傳論》，遼海出版社，2005年，197頁。另，韋述此書多作"注記"，亦有如《職官分紀》引作"記注"者。

[33] 岑仲勉《翰林學士壁記注補》，載《郎官石柱題名新考訂（外三種）》，中華書局，2004年，206—207頁。

任;但另一方面,亦指改稱之後二人題名居首。韋執誼此處的表述應與翰林院壁記題名對讀,方能準確理解。壁記題名自吕向始,劉光謙、張垍前僅列吕向、尹愔,題作"吕向,自中人充供奉""尹愔,自大諫充供奉",即《翰林院故事》所謂"入居翰林,供奉别旨。於是中書舍人吕向、諫議大夫尹愔首充焉",皆二十六年改稱翰林學士前之例。而劉光謙題作"自起人充,累改司中又充",張垍題作"自太常卿充",且劉張之下題名所充也再無"供奉"二字[34]。可見,韋執誼稱二人"首居之"確爲實録,此説與《集賢注記》也本無矛盾。然李肇《翰林志》徑以劉二十六年爲翰林學士,極易誤導後人,從而得出劉光謙參與注解《唐月令》至遲在開元二十六年之前的判斷[35]。與李肇説相較,《集賢注記》更可信據[36]。因開元十三年改集賢院之初,韋述即爲直學士[37],《集賢注記》乃當時人記同院之事,確屬"事皆親睹"[38]。現在我們看破了李肇之誤,更應確信劉以集賢院直學士起居舍人的身份出現在進表中,應在二十九年之後。

其五,齊光乂,銜名有"宣城郡司馬"。天寶元年二月,天下諸州改爲郡[39],故進表當在此後。

其六,陸善經,進表中爲集賢院直學士河南府倉曹參軍。《新唐書·藝文志》"《六典》三十卷"條下云"張九齡知院,加陸善經"[40]。《舊唐書·禮儀志》載開元二十七年四月議禘祫禮,"令集賢學士陸善經等更加詳覈"[41]。故虞萬里先生指出:"九齡薦陸當在十八至二十四年内。……《月令》之撰,必在二十四年以後。陸以集賢院直學士,於《唐六典》修成之後,又預《唐月令》注解事。……二

---

[34] 韋執誼《翰林院故事》,鮑廷博輯《知不足齋叢書》第5册,50頁。
[35] 詳見牛來穎《時令秩序與唐宋律令制度——以〈天聖令〉爲中心》,283頁。
[36] 傅璇琮先生即據韋述所記,認爲"劉光謙於開元二十九年入院爲校理,祇不過習藝館内教,不可能已爲起居舍人";然傅氏以《翰林院故事》之説不確,則對韋執誼所記仍有誤讀。詳見傅璇琮《唐翰林學士傳論》,197—198頁。
[37] 《舊唐書》卷一〇二《韋述傳》載"中書令張説專集賢院事,引述爲直學士",3183頁;《唐會要》卷六四《集賢院》載開元十三年"左補闕韋述……並直學士",1119頁。
[38] 詳見韋述撰,陶敏輯校《集賢注記》,中華書局,2015年,205頁。
[39] 詳見《舊唐書》卷九《玄宗紀下》,215頁。
[40] 《新唐書》卷五八《藝文志二》,1477頁。
[41] 《舊唐書》卷二六《禮儀志六》,999頁。《唐會要》卷一三《禘祫上》亦云"中書令李林甫,又令集賢學士陸善經更加詳覈",306頁。

十七年陸氏由集賢院直學士遷爲學士，階進一級。"[42] 若不參考進表中其他館臣情況，虞氏如此條理史料，頗爲順暢。然一旦綜合考慮，便會發現疑義：據上文李林甫、陳希烈、劉光謙、齊光乂諸條考量進表時間，可暫時寬泛劃作開元末、天寶初，故陸善經在這一時段内應爲集賢院直學士，爲何史料又稱陸在開元二十七年已爲集賢學士[43]？

或許有兩種可能。一是陸善經曾有短暫的貶官經歷。森野繁夫先生認爲陸在開元末年出任河南府倉曹參軍，而天寶初復入集賢院[44]，姑備一説。

二是若非貶官，就需要對開元二十七年"集賢學士"之稱作出解釋。集賢學士、直學士在定制之初，即有明確區别。《舊唐書·玄宗本紀》載開元十三年："夏四月丁巳，改集仙殿爲集賢殿，麗正殿書院改集賢殿書院；内五品已上爲學士，六品已下爲直學士。"[45]《唐六典》卷九"集賢殿書院"條下同[46]。但在實際中，屢見"直學士"稱"學士"例。如唐玄宗朝之劉鍊，兩《唐書》皆云爲右補闕，集賢殿(院)學士[47]；于休烈，《舊唐書》載"累遷右補闕、起居郎、集賢殿學士"[48]。唐憲宗時，韋弘景"拜左拾遺，充集賢殿學士"[49]；庚敬休"遷右拾遺、集賢學士"[50]。唐文宗時，周墀"累遷至起居郎。墀能爲古文，有史才，文宗重

---

[42] 虞萬里《唐陸善經行歷索隱》，《中華文史論叢》第 64 輯，上海古籍出版社，2000 年，173—174 頁。此文另可參虞萬里《榆枋齋學術論集》，江蘇古籍出版社，2001 年。

[43] 牛來穎先生即揭出《舊唐書·禮儀志》之文，判斷陸善經參與注解《唐月令》應在開元二十七年之前，並認爲進表中的八人歷官時間不同步，可能是先後進入編纂集體。詳見牛來穎《時令秩序與唐宋律令制度——以〈天聖令〉爲中心》，283—285 頁。這一推測良有以也，然問題在於，即便先後預事，進表之時也應署諸人時任之官。换言之，《唐月令》注義容有形成之過程，但進書表文的撰寫一般不會遷延太久，也無由按注者預事之初官職署名。

[44] 森野繁夫云："開元の末に河南府の倉曹參軍として外に出たが、天宝の初頃に、復び集賢院に入つたというのが。"森野繁夫《陸善經〈文選注〉について》，《中國中世文學研究》第 21 號，1991 年，40 頁。需要注意的是，此文未揭出陸善經開元二十七年爲"集賢學士"之史料，也未明言外任爲左遷。

[45] 《舊唐書》卷八《玄宗紀上》，188 頁。《唐會要》卷六四《集賢院》亦載"乃下詔曰：仙者捕影之流，朕所不取；賢者濟治之具，當務其實。院内五品已上爲學士，六品已下爲直學士"，1119 頁。

[46] 詳見李林甫等撰，陳仲夫點校《唐六典》，中華書局，1992 年，279 頁。

[47] 詳見《舊唐書》卷一〇二《劉鍊傳》，3174 頁；《新唐書》卷一三二《劉鍊傳》，4523 頁。

[48] 《舊唐書》卷一四九《于休烈傳》，4007 頁。

[49] 《舊唐書》卷一五七《韋弘景傳》，4152 頁。

[50] 《舊唐書》卷一八七下《忠義下·庚敬休傳》，4913 頁。

之,補集賢學士"[51]。唐昭宗時,陸扆"遷左拾遺,兼集賢學士"[52];杜德祥,以考功員外郎集賢殿學士爲工部郎中知制誥[53]。以上諸人供職"集賢學士"之初,官皆在六品以下,按制當稱"集賢直學士",然皆稱"學士",並未析言,其中雖有脱文奪字的可能,但這種現象難以用文本錯訛的思路一概而論。

元和四年(809),裴垍曾奏請准《六典》,"登朝官五品已上爲學士,六品已下爲直學士;自非登朝官,不問品秩,並爲校理;其餘名目一切勒停。……仍永爲常式"[54]。由此可見,集賢院學士、直學士、校理等名目繁多,蓋往往混言,故裴垍乃有此請。北宋沈括《夢溪筆談》在回顧唐人故事時亦云:"集賢院記開元故事,校書官許稱學士。"[55] 此處的開元故事,還可從唐宣宗時"三館學士,不避行臺"事中,略窺一二。集賢校理楊收道與三院御史遇,不避被辱。集賢殿大學士馬植就此奏言:"開元中,麗正殿賜酒,大學士張説以下十八人不知先舉者,説以學士德行相先,遂同舉酒。今緘辱收與大學士等,請斥之。"[56] 開元十三年,張説以下十八人或爲學士,或爲直學士,或爲侍講學士[57],本有區別;然以"德行相先"故,又有不作區別的一面,這是初置集賢院時便形成的傳統。由此反觀《舊唐書》開元二十七年"令集賢學士陸善經等更加詳覈",便不能據此判定陸已果然爲集賢學士,可見此條史料不與進表銜名相抵牾。

以上所列兩種可能,因貶官説尚缺乏更爲有力的證據,本文傾向後者。陸善經爲河南府倉曹參軍,未必如森野繁夫先生所言開元末年曾有外任經歷,陸長期在集賢院編撰書籍,僅以此官充選直學士耳。而天寶五載八月,陸已爲國子司

---

[51] 《舊唐書》卷一七六《周墀傳》,4571頁。杜牧所撰《唐故東川節度使檢校右僕射兼御史大夫贈司徒周公墓誌銘》亦云:"自留守府監察真拜御史、集賢殿學士。" 杜牧撰,陳允吉校點《樊川文集》,上海古籍出版社,2009年,120頁。

[52] 《舊唐書》卷一七九《陸扆傳》,4668頁。

[53] 《舊唐書》卷二〇上《昭宗紀》,758頁。

[54] 《舊唐書》卷一四八《裴垍傳》,3990頁。

[55] 或將"集賢院記"與《集賢注記》聯繫,詳見:胡道靜《夢溪筆談補證稿》,上海人民出版社,2011年,285頁;沈括撰,金良年點校《夢溪筆談》,中華書局,2015年,10頁。

[56] 《新唐書》卷一八四《馬植傳》,5392頁。張説等同舉酒事,亦載《大唐新語》卷七《識量》。詳見劉肅撰,許德楠、李鼎霞點校《大唐新語》,中華書局,1984年,103頁。

[57] 詳見《唐會要》卷六四《集賢院》,1119頁。

業[58]，則進入天寶後，升擢可謂速矣。

其七，史元晏。天寶元年十月三日，改太史局爲太史監[59]。史元晏銜名有"知太史監事"，則進表當在天寶元年十月三日後。

其八，梁令瓚，銜名有"安定郡別駕"，故進表當在天寶元年二月後，所據與上文齊光乂條同。

綜上，《進月令表》的成文時間當在天寶元年十月三日後、二年二月四日前，此表即因注解《唐月令》而作，注文的形成應與進表前後相繼，故進表之時也就大致可以視爲注成之日。

（三）逐步的改造

《唐會要》載天寶"二年三月，《禮·月令》篇宜冠衆篇之首，餘舊次之"[60]。可見，進表的時間下限恰在《月令》置於《禮記》之首前一月，二者時間如此接近當非偶然。蓋李林甫於天寶元年十月三日至二年二月四日，這四個月之間上表，同時將《唐月令》經注進呈，至此《唐月令》經注文本方全部完成。隨後，因經文爲"御刪定"之故，天寶二年三月《月令》升爲《禮記》首篇，實乃皇帝權威的顯示。今可見國家圖書館藏敦煌遺書殘片 BD09522 所存《禮記》篇目，即以《月令》爲首，據遺書另面"王鼎封筒"殘字推測，大約爲歸義軍時期墨迹[61]。該實物反映了天寶二年通過行政手段使《月令》爲冠之後，社會日常生活中《禮記》文本結構發生的真實改變。

天寶五載正月二十三日，又下詔曰："《禮記》垂訓，篇目攸殊，或未盡於通體，是有乖於大義。借如堯命四子，所授惟時；周分六官，曾不繫月。先王行令，蓋取於

---

[58] 詳見虞萬里《唐陸善經行歷索隱》，178 頁。

[59] 詳見《唐會要》卷四四《太史局》，795 頁。《舊唐書》卷三六《天文志》亦云"天寶元年，又改爲太史監"，1335 頁。

[60] 《唐會要》卷七五《貢舉上》，1374 頁。

[61] BD09522 號殘片據"國際敦煌項目（IDP）"公布之彩色圖版。需要注意的是，殘片中《禮記》篇名上之"弟/第某"之數實爲卷數而非篇數，例如"弟一月令"指卷一首《月令》、"弟六曾子問"指卷六首《曾子問》、"弟十二雜記"指卷十二首《雜記》、"弟十八奔喪"指卷十八首《奔喪》。故除去《月令》升至全書之首外，其他篇目次很可能與今本無異。殘片另面封筒殘字拼合後可辨出"沙州官告國信判官將仕郎試大理評事王鼎狀謹封"二十一字。又知 P. 3438 一面存"王鼎四狀"，BD09522 未必即 P. 3438 之封筒，然結合 P. 3438，"王鼎封筒"當爲歸義軍時期墨迹，而《禮記》篇目書寫時間蓋與之接近而略早。

斯。苟分至之可言,何弦望之足舉。其《禮記·月令》,宜改爲《時令》。"[62] 這與《進月令表》述古後所言"斯皆月令之宗旨"已有明顯不同,更加强調"時"的概念,即無論堯命四子所授,抑或《周禮》六官所分,皆不言"月"。詔書藉"先王行令"之法,將《月令》進一步改爲《時令》。究其原因,仍與"讀時令"的現實制度密切相關。此制乃於每孟月讀一時之令,即三月之令連讀[63],而《月令》之"月"無法與"讀時令"制度中"時"的概念相符合。

以開元二十五、二十六年立青帝壇、立春親迎氣、命每月進《月令》、宣政殿讀時令、遣使宣布時令諸事爲起始,在唐玄宗主導下全面删定《禮記·月令》,删定本經文大概形成於二十七年三月。此後,宰相李林甫領集賢院學士、直學士、修撰官、待制官凡八人,爲删定本撰注,注文大致形成於天寶元年十月三日後、二年二月四日前。注解成文後,李林甫即作《進月令表》,删定本經注隨表進呈,《唐月令》就此誕生。隨後,天寶二年三月《月令》升爲《禮記》首篇,天寶五載正月《月令》又改爲《時令》。至此,唐玄宗主導、集賢院群臣預事,逐步完成了對經典文本、闡釋、篇序與名稱的改造,這在經籍史中頗爲獨特,《唐月令》的誕生並非一蹴而就,皇權對經典的改造確乎步步爲營。

二、日漸隱没的趨勢

(一) 隱没的徵兆

《唐月令》隱没的徵兆,早在北宋前期就已顯現。如《文獻通考》引《宋三朝國史藝文志》云:"初,《禮記》'月令篇第六'即鄭注,唐明皇改黜舊文,附益時事,號'御删月令',升爲首篇,集賢院別爲之注。厥後學者傳之,而釋文、義疏皆本鄭注,遂有別注小疏者,詞頗卑鄙。淳化初,判國子監李至請復行鄭注,詔兩制、三館、秘

---

[62]《唐會要》卷七七《貢舉下》,1410頁。按,原文"何弦望之足舉"之"何"作"河",今據清武英殿聚珍本《唐會要》卷七七《貢舉下》葉十四反(國家圖書館藏,善本書號A03631)逕改。另《文苑英華》卷四三三《安養百姓及諸改革制》"借"作"昔"。中華書局,1966年,2191頁,今兩存。

[63] 吴麗娛先生曾指出"月令"與"時令"之別。詳見吴麗娛《改撰〈禮記〉:〈大唐開元禮〉的創作更新》,載浙江大學古籍研究所編《禮學與中國傳統文化——慶祝沈文倬先生九十華誕國際學術研討會論文集》,中華書局,2006年,276頁。

閣集議,史館修撰韓丕、張佖、胡旦條陳唐本之失,請如至奏;餘皆請且如舊,以便宣讀時令。"[64] 可見早在宋太宗時,李至便請復行《月令》鄭注,然終因宣讀時令之故作罷。又如《續資治通鑑長編》載大中祥符八年(1015)九月己未,"龍圖閣待制孫奭上言:'伏以《禮記》舊《月令》一篇,後漢司農鄭康成、盧、馬之徒本而爲注,又作《周官》及《儀禮》注,並列學官,故《三禮》俱以鄭爲主,而《月令》一篇卷第五、篇第六,漢、魏而下,傳授不絶。唐陸德明撰《釋文》,孔穎達撰《正義》,篇卷第次,皆仍舊貫。洎唐李林甫作相,乃抉摘微瑕,蔑棄先典。明皇因附益時事,改易舊文,謂之《御删定月令》,林甫等爲注解,仍升其篇卷,冠於《禮記》,誠非古也。當今大興儒業,博考前經,宜復舊規,式昭前訓。臣謹繕寫鄭注《月令》一本,伏望付國子監雕印頒行。'詔禮儀院與兩制詳定以聞。既而翰林學士晁迥等言:'若廢林甫之新文,用康成之舊注,則國家四時祭祀,並須更改。詳究事理,故難輕議。伏請依舊用李林甫所注《月令》。'從之"[65]。孫奭批評《唐月令》蔑棄先典、改易舊文,升爲《禮記》首篇"誠非古也",力求恢復《月令》經注。但晁迥認爲國家四時祭祀以《唐月令》爲據,無法遽改。可見,在適用於現實的"時令"文本出現之前,《唐月令》的地位難以撼動。但李至、孫奭這類聲音的出現,已啓《唐月令》隱没之端。

到二十年後的景祐二年(1035),在賈昌朝再次請求下,鄭注《月令》復入《禮記》第六,李林甫所注自爲《唐月令》別行。一方面恢復了《禮記》舊貌,而另一方面《唐月令》仍備作"讀時令"的文本[66]。景祐三年,賈昌朝與丁度、李淑等人,"採國朝律曆、典禮、百度、昏曉中星、祠祀配侑,歲時施行,約《唐月令》爲《時令》一卷,以備宣讀"[67],"讀時令"的文本纔有了改變。至此宋《時令》即《國朝時令》,正式取代了《唐月令》,這也意味着後者的隱没成爲必然。

---

[64] 馬端臨著,上海師範大學古籍研究所、華東師範大學古籍研究所點校《文獻通考》卷一八一《經籍考八》,中華書局,2011年,5358—5359頁。按,標點略有調整。

[65] 李燾《續資治通鑑長編》卷八五《真宗》,中華書局,2004年,1950頁。

[66] 詳見《續資治通鑑長編》卷一一六《仁宗》,2723頁。

[67] 詳見晁公武《昭德先生郡齋讀書志》卷一二"國朝時令十二卷"條,清汪士鐘藝芸書舍刊二十卷本,葉十正,國家圖書館藏,善本書號02835。按,"百"蓋"日"字形近之訛。《宋會要輯稿·儀制一》載景祐"四年三月二十七日詔,五月朔行入閤之儀……先是詔《國朝時令》委編修官約《唐月令》撰定,以備宣讀。於是賈昌朝等採國朝律歷、典禮、日度、昏曉中星、及祠祀配侑諸事,當以歲時施行者,改定爲一篇上之。遂詔因入閤行其禮"。徐松輯《宋會要輯稿》,中華書局,1957年,1853頁。

至南宋初葉,時人對唐玄宗改易經典,則有十分激烈的批評。晁公武云:"議者謂經禮三百,曲禮三千,毋不敬,一言足以蔽之,故先儒以爲首。孝明肆情變亂,甚無謂也,其罪大矣。"[68] 晁公武較其五世祖晁迥的議論已有明顯不同,《國朝時令》的編定使宋人擺脱了對《唐月令》的依賴,而這種評價的變化,也預示着《唐月令》即將面臨的命運。

(二) 遺忘的發生

晁公武《郡齋讀書志》卷二著録"石經禮記二十卷""唐月令一卷"。前者爲蜀石經拓本,"首之以《月令》,題曰'御删定',蓋明皇也;林甫等注,蓋李林甫也。其餘篇第仍舊"[69],是後蜀廣政石經遵循唐開成石經舊制[70],取《唐月令》且爲《禮記》首篇。又蜀石經附刻注文,此本爲收入《禮記》之經注本。後者云"唐明皇帝删定,李林甫等注"[71],則是單行之經注本。

由上引可知,雖然經歷了兩宋之際慘痛的書厄,總集本、單行本《唐月令》經注[72],南渡之後均有存世。稍後於晁志,淳熙元年(1174)羅泌《書唐月令》亦云:"中見斗南於世家獲唐板《五經》,首帙爲貺,其本既《禮記》以爲先,而以《月令》冠篇,《曲禮》次之。《月令》之篇,則於每月分節與中氣,而異言之。……此即《唐志》'御定禮記月令一卷'者。"[73] 所謂"唐板《五經》",蓋始刻於後唐的國子監刊本,即爲人熟知的五代監本[74]。這些證據都説明,實物形態的《唐月

---

[68] 晁公武《昭德先生郡齋讀書志》卷二,葉六正。
[69] 晁公武《昭德先生郡齋讀書志》卷二,葉六正。
[70] 唐、蜀石經《禮記》的繼承關係,説詳王天然《三件未著録蜀石經殘拓考略》,《出土文獻研究》第21輯,中西書局,2022年。
[71] 晁公武《昭德先生郡齋讀書志》卷二,葉七反。
[72] 此處"總集本"指收入《禮記》卷首之本,"總集"之稱,使用余嘉錫《古書單篇別行之例》説。詳見余嘉錫《古書通例》,中華書局,2009年,266頁。
[73] 羅泌《路史·餘論》卷六,明嘉靖洪梗刻本,葉十六反—葉十七正,國家圖書館藏,善本書號02441。
[74] 五代監本今已不可見,但後晋開運丙午(946)九月十一日田敏《國子監重刊書序》云"唯《月令》是前朝删定,以丙丁爲景丁;又以治音直吏反,與雉同音,改雉爲野雞;以虎爲武。今《月令》石經、印本並仍舊",則五代監本《禮記》所刊確爲《唐月令》。詳見清席氏釀華艸堂影宋抄本《五經文字》卷首,據《國家圖書館藏稀見字書四種》影印本,中華書局,2015年,8頁。田敏序文及其價值,顧永新先生已有揭示。詳見顧永新《〈五經文字〉〈九經字樣〉石經系統和刻本系統研究》,北京大學《儒藏》編纂與研究中心編《儒家典籍與思想研究》第13輯,北京大學出版社,2021年,3—6頁。

令》書本並未佚失,但同時也有證據表明,此書的内容正在被人遺忘。

唐柳宗元曾作《時令論》,此處的"時令"正是《唐月令》。劉曉東先生已指出"前人不明白這點,注釋者一一以原《禮記·月令》相較,遂多不合",並將這類舊注列出,如"此一句,在《禮記》乃孟夏,非仲夏"等,凡六條[75]。查檢吴文治先生的彙校成果,宋蜀刻本《新刊增廣百家詳補注唐柳先生文》、廖瑩中世綵堂刻本《河東先生集》有此六條注文,而元建刻本《增廣注釋音辯唐柳先生集》並無這些注文[76]。蜀刻"百家注本"早於廖本,且吴氏推測蜀刻可能略早於慶元六年(1200)成書的魏仲舉"五百家注本",而元建刻本的前身又"可能是《柳集》集注本中最早的一種"[77]。綜上,本文認爲這些未署名的舊注,蓋出自南宋編纂"百家注"者之手,形成時間略早於南宋寧宗慶元六年。此外,元建刻本於篇題《時令論上》注云:"論《禮記·月令》。"[78]大概在最早的集注本中,編者已不明柳文"時令"所指。可見,南宋前期《唐月令》經注俱在,但遺忘已經悄然發生。

(三)活力的喪失

時至明萬曆間,《唐月令》注文大概僅有内閣所藏蜀石經孤本[79],已在散亡邊緣。《唐月令》經文存於開成石經中,由於原石尚存,故拓本較多,但也有文字殘損的問題。蓋因嘉靖三十四年(1555)關中地震,唐石經部分損毁,自此拓本便多缺字。萬曆十六年(1588),西安府縣三學學官、生員修整石經,另於小石補刻缺字[80]。此後便出現了一種補字本,即將明人補字一一剪下,綴於石經缺損

---

[75] 劉曉東《讀〈時令論〉書後》,載梁超然、謝漢强主編《國際柳宗元研究擷英——'93 柳宗元國際學術討論會論文選》,廣西人民出版社,1994 年,91—92 頁。

[76] 詳見吴文治《柳宗元詩文十九種善本異文彙錄》,黄山書社,2004 年,42—43 頁。

[77] 詳見吴文治《談談〈柳宗元集〉的版本問題》,《零陵學院學報》2002 年第 5 期,3—4 頁。

[78] 《增廣注釋音辯唐柳先生集》卷三,《四部叢刊》初編影印本,葉六反。

[79] 明萬曆三十三年(1605),孫能傳、張萱等所編《内閣藏書目錄》卷四載"《禮記》十四册全,成都石經"。詳見《明代書目題跋叢刊》,書目文獻出版社,1994 年,526 頁。

[80] 《周禮補缺》末刻"萬曆戊子西安府學訓導薛繼愚,生員王堯典。張尚德刻",《儀禮補缺》末刻"大明萬曆戊子春三月吉補經,府學官葉時榮,蜀綿州人。生員王堯典、王汝魁。鐫字匠卜大臣",《禮記補缺》末刻"咸寧學訓導管繹如,生員鄭承恩。卜大慶鑴"等。詳見蘆桂蘭《唐"開成石經"補字概述》,西安碑林博物館編《碑林集刊(三)》,陝西人民美術出版社,1995 年,93—94 頁。本文同時參考"中國金石總錄"所收西北民族大學圖書館藏《石經補缺》拓片。

之處[81]。這樣剪裱後的拓本,表面看似文字完整,其實已非唐石經原貌[82]。其中《唐月令》經明人修補後,便出現不少問題[83]。現以卷首李林甫《進月令表》爲例,將唐石經原石及原拓與敦煌 S.621《御删定禮記月令》殘卷、南宋羅泌《書唐月令》引文、明萬曆《禮記補缺》、《西安碑林全集》所收唐石經補字本對比[84],擇要列爲表 1 如下。

表 1

唐石經原石、原拓	S.621	羅泌引文	明《禮記補缺》	唐石經補字本
□星見殊	中星見□	中星見殊	日星	日星見殊
□□作沴	闕	水旱作沴	百工	百工作沴
允屬□□	允屬欽明	無	宜更	允屬宜更
□□□□□(末字尚存殘筆,非"民",蓋"人"字)	陛下懸法授人	無	昭代敬天勤民("民"闕末筆)	昭代敬天勤民("民"闕末筆)
□□□□,□□□言("言"前之字尚存殘筆,非"敷",蓋"形"字)	顧兹□□,□用刑言("兹"後之字僅存左半,蓋"幼"字)	無	是以有/皇極之敷	是以有皇極之敷言

---

[81] 即錢大昕所云:"若明人補刊闕字,則别爲一石,不與本文相淆。而世俗裝潢者,欲經文完具,乃取明刻翦割連綴之,遂不復識别。"詳見錢大昕《潛研堂金石文跋尾》,陳文和主編《嘉定錢大昕全集(增訂本)》第 6 册,鳳凰出版社,2016 年,201 頁。

[82] 後人引用此類補本,又使明人的某些臆改輾轉沿誤,如上文已述《經義考》等書所引《進月令表》之文。有些補字本在剪裱過程中還有誤綴的情況,如下文表 1 所列《西安碑林全集》本,"宣城□司馬"中的缺字補作"降",便是將《禮記補缺》前文"親降聖謨"之"降"字誤綴於此處。

[83] 概言之,明人於李林甫表文補字多憑臆測,經文補字或參照《月令》或據推理,皆不可輕信。本人對此已重新復原,詳見《〈唐月令〉疏證》,待刊。

[84] 唐石經原石據本人所攝照片,原拓據日本京都大學人文科學研究所藏整拓,表中涉及唐石經殘形時,比較原石照片與拓片,擇取較清晰者;敦煌殘卷 S.621 據"國際敦煌項目(IDP)"公布之彩色圖版;羅泌《書唐月令》據國家圖書館藏明嘉靖洪梗刻本;《禮記補缺》據"中國金石總録"拓片;唐石經補字本據高峽主編《西安碑林全集》影印本,廣東經濟出版社、海天出版社,1999 年。

《唐月令》小史

續　表

唐石經原石、原拓	S.621	羅泌引文	明《禮記補缺》	唐石經補字本
宣城▨司馬齊光乂（"城"後之字尚存殘筆，非"大"，蓋"郡"字）	宣城郡司馬齊光人	無	大	宣城降司馬齊光乂
極思□▨（末字尚存殘筆，非"有"，蓋"精"字）	極思研精	無	何有	極思何有
謬承□▨之寄（"之"前之字尚存殘筆，非"筆"，蓋"論"字）	謬承討論之寄	無	載筆	謬承載筆之寄
學淺□□	學淺難周	無	無能	學淺無能
空塵□▨（末字尚存殘筆，非"意"，蓋"鑒"字）	空塵聖鑒	無	聖意	空塵聖意

由表1可見，明人所補或盡失原意，或轉為不辭，幾無可取〔85〕。這些補字多憑臆測，顯然缺乏文本依據。此次修補號稱"文義斷闕者稽群書補之"〔86〕，內閣中也尚存《唐月令》經注全本，但在外間恐怕已非常罕見，以致唐石經殘損後竟無他本可據。此時的《唐月令》雖非亡書，但實際上已喪失活力。該書無可避免的隱沒趨勢，在其脫離了"讀時令"制度的那一刻便已注定。

---

〔85〕如補"□星見殊"為"日星"，原文中天星宿之意盡失；又如補"□□□□，□□形言"為"是以有皇極之敷言"，句式不協；再如補"宣城郡司"為"宣城大司馬"，更是不倫。

〔86〕詳見明萬曆十七年王鶴所撰《重修孔廟石經記》，《中國西北地區歷代石刻彙編》第8冊，天津古籍出版社，2000年，125頁。

三、恢復佚文的努力

(一) 清人的輯佚

明萬曆之後,藏於内閣的《唐月令》經注本也隨蜀石經拓本的散佚而亡失了,清人已無法見到注文,經文則因刻入唐石經,大體得以保留。至道光時,有學者致力於恢復李注,主要有《十種古逸書》所收茆泮林輯本《唐月令注》《唐月令注補遺》(以下簡稱"茆本")[87],以及《漢學堂叢書》《黄氏逸書考》所謂黄奭輯本《唐明皇月令注解》(以下簡稱"黄本")[88]。

茆本卷首有泮林識語,落款時間爲"道光丁亥二月既望",即道光七年(1827)。此外,茆氏還撰成《唐月令續考》《唐月令注續補遺》,其中又有成蓉鏡案語及《唐月令注跋》,均收入《鶴壽堂叢書》。茆、成二人交遊[89],於此書多有切磋,前述成氏對《唐月令》成書問題的討論,便是在茆氏輯佚成果基礎上完成的。

黄奭年輩小於茆泮林[90],從事輯佚事業亦晚於茆氏。阮元《高密遺書序》曾言黄奭從學江藩並致力鉤沉逸書事,"子屏老病卒,獨學又十餘年,日事搜討"[91]。江藩卒於道光十年[92],由此可見黄本晚於茆本。

進一步比較二本,便可發現黄本幾乎與茆本一致,其中有四點值得注意。第

---

[87] 本文茆本據《續修四庫全書》第 885 册影印本,以下不再一一出注。

[88] 冀淑英先生云"黄奭在世時,全書並未正式編印行世,黄氏逝世後,書版亦歷滄桑,屢經易手,又重編補刊,因此書名不一,子目復有增益,實則《漢學堂叢書》與《黄氏逸書考》都是以黄奭輯逸書道光原版爲基礎,經過補刊的不同印本",清晰解釋了黄氏叢書的情况。詳見《冀淑英文集》,北京圖書館出版社,2004 年,133 頁。本文黄本據《續修四庫全書》第 1211 册影印《黄氏逸書考》本,以下不再一一出注。

[89] 茆泮林《清儒學案》有傳,附於"心巢交遊"。詳見徐世昌等編,沈芝盈、梁運華點校《清儒學案》卷一八〇,中華書局,2008 年,6979 頁。

[90] 《清儒學案》茆泮林傳,未言其生卒年,現稍作考察。茆纂《宋孫莘老先生年譜》卷前,道光二十五年左輝春序云"茆君齒近七十",則生年約在乾隆四十一年(1776)稍後。詳見四川大學古籍整理研究所編《儒藏·史部》第 58 册,四川大學出版社,2007 年,511—512 頁。又據成蓉鏡《心巢文録》卷下《跋茆輯伏侯古今注》,可知茆氏卒於道光二十八年。詳見《叢書集成續編》第 139 册,411 頁。

[91] 黄奭編《端綺集》卷二一,《叢書集成續編》第 105 册,新文豐出版公司,1989 年,508 頁。

[92] 詳見漆永祥《江藩與〈漢學師承記〉研究》,上海古籍出版社,2006 年,36—38 頁。

一，茆本所録《唐月令》經文，間雜《禮記·月令》。如三月經文"是月也，命工師，令百工審五庫之量"，"工師"爲《月令》文，《唐月令》作"有司"。又如十二月"乃命同姓之邦，共寢廟之芻豢"，此爲《月令》文，《唐月令》無。茆本雜以《月令》處，黄本全同。第二，茆本引《唐月令》經文有誤，黄本亦誤。如七月"食稻與魚，其器廉以深"，二本"稻"皆誤作"酒"。又如十二月"日在須女"，二本"須"皆誤作"虚"。第三，茆本所輯注文偶有未言出處之例，黄本亦無出處。如七月注文"秋陰氣出"云云，二本皆未言出處。又如十二月注文"大寒爲十二月中氣"，二本亦無出處。第四，茆本注文有拼合而成者，黄本全同。如茆本四月注文"雩者，祭天祈雨之名。爲將大雩，先習盛樂。自韜韗至柷敔皆作，故曰盛樂"，《太平御覽》卷一一引作"雩者，祭天祈雨之名。大雩，爲用盛樂也"，卷二一引作"爲將大雩，先習盛樂。自韜韗至祝敔皆作，曰盛樂"〔93〕。可見，茆本此注爲拼合《御覽》引文而成，黄本則全同。

綜上，黄本當襲自茆本。黄奭以輯佚名家，然此書並非出自其手。還需說明的是，黄本正月"謂樂器之聲"、二月"觀其禮也"、十二月"《春秋傳》曰"三條注文不見於茆氏《唐月令注》，而見於《唐月令注補遺》，可見黄本乃襲取二者而成，並無逾越茆本的輯佚成果。

（二）茆本的特點

由以上考察可知，清人恢復《唐月令》注文之功，當歸於茆泮林，現對茆氏輯佚的特點略作分析。

首先，茆泮林輯佚所用皆爲常見書。茆氏《唐月令考》後有識語云："泮林素好事，因留意於唐人類書、宋人類書中求之，果所在多有，而《太平御覽》一書引涉《唐月令》之迹尤顯。……更採《白帖》《歲華紀麗》及《事類賦》諸書注中引涉《唐月令》與鄭注不同者，亦間有依鄭注竄改者，併《唐月令》經文一併録之。"〔94〕茆本注文下基本列有出處，不過《太平御覽》《歲華紀麗》《事類賦注》《玉海》《白帖》《通典》《文獻通考》《路史》《五經文字》等〔95〕，並無稀見之書。若進一步考察，

---

〔93〕《太平御覽》，中華書局，1960年，55、100頁。
〔94〕《續修四庫全書》第885册，115頁。
〔95〕此後的《唐月令注續補遺》，又利用了《内經素問》王冰注，詳見王士濂《鶴壽堂叢書》。

可知這些書籍中也没有稀見版本。如茆氏自言《歲華紀麗》爲"汲古閣校本"。茆本正月"昏昴中,曉心中"注文下云"汲古閣校本《歲華紀麗》一引經'正月之節',缺'之節'二字;引注脱'爲人君'以下二語"。今檢明崇禎毛氏汲古閣本《歲華紀麗》,確如茆氏所言[96]。又如茆氏所用《白帖》,蓋《白孔六帖》系統之本。正月注文"無用牝,爲傷生生之類也。(《白帖》)",《白氏六帖事類集》卷二〇"犧牲"引作"爲傷任生之類"[97],而《白孔六帖》卷六八"犧牲"引作"爲傷生生之類"[98]。由此推測茆氏所用當爲白孔合刻本。此外,茆本卷前《進月令表》也未用唐石經拓本,很可能是轉録朱彝尊《經義考》引文[99]。綜上,茆泮林所用皆爲常見書,書籍版本亦非稀見。

其次,茆本有拼合佚文的特點。如三月注文"蠶器,謂薄、槌、蘧、筐之類。季春吉祀,皇后享先蠶。先蠶,天駟也。享先蠶而後躬桑,示率先天下也",《太平御覽》卷一八引作"蠶器,謂薄、捝、鈎、筐之類",卷八二五略同,卷八二五另有"季春吉祀,皇后享先蠶。先蠶,天駟。享先蠶而後躬桑,示率先天下也"[100]。可見,此條佚文乃拼合《太平御覽》不同位置的引文而成。又如十月注文"川賦魚鹽蜃蛤之類,澤賦萑蒲之類",《白孔六帖》卷三"冬"下引作"川賦魚鹽蛤,澤賦萑蒲"[101],《歲華紀麗》卷四引作"水賦虫魚之類,澤賦萑蒲之類"[102]。可見,此條佚文爲拼合兩書引文而成。

最後,茆泮林輯佚還有運用推理的特點。如五月注文"謂陰陽始興,身尚静,味尚薄"下,案語云"'陽'當作'氣'"。此處便爲茆氏據理推測《太平御覽》卷二一《時序部六》引文有誤。今檢清嘉慶張海鵬刻本、鮑崇城刻本《御覽》均作"陰

---

[96] 詳見韓鄂《歲華紀麗》卷一,明崇禎毛氏汲古閣《津逮秘書》本,葉五反,國家圖書館藏,善本書號 A02842。

[97] 詳見白居易《白氏六帖事類集》帖册五,葉三十二反,文物出版社影印南宋刻本,1987 年。

[98] 明刻本《唐宋白孔六帖》(卷六八,葉七反,國家圖書館藏,善本書號 08977)、四庫本《白孔六帖》(《景印文淵閣四庫全書》第 892 册,臺灣商務印書館,2008 年,136 頁)皆如是。

[99] 通校《經義考》《全唐文》《登科記考》、茆本《進月令表》,茆本與《經義考》最爲接近。

[100] 《太平御覽》,91、3675 頁。

[101] 明刻本《唐宋白孔六帖》卷三,葉二十九反;四庫本《白孔六帖》,《景印文淵閣四庫全書》第 891 册,54 頁。

[102] 韓鄂《歲華紀麗》卷四,葉二反。

陽"[103]，而静嘉堂文庫所藏黄丕烈舊藏宋刻本正作"陰氣"[104]。此例説明茆氏無法直接利用宋刻本，僅能見到當時的常見版本[105]，此爲茆本的局限。然正因受制於用書條件，茆本並不以利用稀見材料爲特色，而是擅長施展推理之法。使用此法，一方面頗能體現茆氏識見，如"陰氣"之例；但另一方面，也隱藏着致誤的風險。

例如正月注文"木生數三，成數八。《尚書·洪範》曰'三曰木'"下，案語云"與前編'其數九'引《御覽》注合。竊意此依鄭注，'成數八'下當有'但言八者，舉其成數'字。《御覽》注無末一語，疑引《書》亦是原注，并補"[106]。S.621 此注作"木生數三，成數八。但言八者，舉其成數"，可見確實如茆氏的推理，"成數八"後有"但言八者，舉其成數"。但茆氏進一步"疑引《書》亦是原注"，則不確。可見推理一旦過度，便極易産生誤判。

四、結語

唐玄宗於開天之際主導的改造《月令》活動，並非一蹴而就。《月令》篇幅不大，但從開元二十六年四月開始全面删定經文，到注文撰成進上，前後大約歷時五年。此後《唐月令》進入《禮記》内部，在文本與結構上改變了經典原貌，自唐天寶至宋景祐，産生了近乎三百年的持久影響。《唐月令》由誕生到隱没，始終與"讀時令"之制相浮沉。北宋前期到明晚期，一旦失去現實制度的生存土壤，該書便日漸隱没。雖然實物形態的書本尚存，但遺忘滋長、活力殆盡，《唐月令》早已不亡而亡。入清以後注文散失，經文因與開成石經《禮記》牽連而大體保留。則此書以改造《禮記》爲務，却又仰仗《禮記》而存。清道光間，學者茆泮林致力於恢復注文。茆氏輯佚所用皆常見書，並有拼合佚文、運用推理的特點，其成果局限與識見並存，今日利用需作辨析。而這種復活佚文、重唤記憶的努力，又使《唐月令》轉爲亡而不亡之書。

---

[103] 張刻本據國家圖書館藏本，善本書號 A02835；鮑刻本據"大學數字圖書館國際合作計劃"公布之清華大學圖書館藏本。

[104] 此本據日本静嘉堂文庫公布之全文影像。

[105] 另有證據表明，茆氏所用《御覽》當爲鮑崇城本。

[106] 茆泮林《唐月令注續補遺》，王士濂《鶴壽堂叢書》本，葉一正。

《唐月令》的生命史還折射出書籍之間的競爭與共存。即使在《唐月令》最具影響力的天寶至景祐時期,《禮記·月令》及鄭注仍與之並行於世。如敦煌遺書中既有上文所述 S.621《唐月令》經注殘卷,亦有 S.2590《月令》鄭注殘卷,王重民先生以後者爲中唐寫本[107],故可知《唐月令》成書後在敦煌地區兩者皆有流傳。又如,葉夢得《石林燕語》卷八云:"監本《禮記·月令》,唐明皇刪定,李林甫所注也。端拱中,李至判國子監,嘗請復古本……後復數有言者,終以朝廷祭祀、儀制等,多本唐注,故至今不能改,而私本則用鄭注。"[108] 由此可見,北宋時雖然官方監本採用《唐月令》經注,但鄭注《月令》仍賴私本流傳不廢。換言之,在唐中後期至北宋前期的官方石經、國子監刻本之外,主要以傳抄爲形式的私本領域,爲《月令》及鄭注提供了容身之所,使兩書在競爭互斥的同時得以共存。

(附記:本文修改過程中,先後得到虞萬里、牛來穎、趙永磊、史睿、劉麗、瞿艷丹、張曉舟諸位師友的鼓勵與指教,謹此致以衷心感謝。)

A Little History of *Tang Yueling*

Wang Tianran

This article studies the birth, disappearance and resurrection of *Tang Yueling* 唐月令 or *Tang Proceedings of Government in Different Months* and its connection with the circumstances. The article suggests that Emperor Xuanzong 玄宗's decision to edit the *Liji Yueling* 禮記月令 or *Proceedings of Government in Different Months* of

---

[107] 詳見王重民《敦煌古籍叙録》,中華書局,1979 年,46 頁。
[108] 葉夢得撰,宇文紹奕考異,侯忠義點校《石林燕語》,中華書局,1984 年,116—117 頁。按,此處亦載端拱中李至判國子監嘗請復《月令》而未果,然據《宋史》李至本傳"淳化五年,兼判國子監"(《宋史》卷二六六《李至傳》,中華書局,1985 年,9177 頁),則端拱時李至尚非判監,此條記載不甚準確。又文中"至今"之"今",似不應理解爲葉氏撰寫筆記之時。類似的記載還見於《六經奧論》卷五,"今《禮記》之《月令》私本皆用鄭注,監本《月令》乃唐明皇刪定、李林甫所注。端拱中,李至判國子監,嘗請復古文本,以朝廷祭祀、儀制等多本唐注,故至今不能改"(《通志堂經解》第 16 册,江蘇廣陵古籍刻印社,1996 年,556 頁)。文中之"今"同樣不能理解爲所謂鄭樵之時,"監本"亦不能視爲南宋監本。

Book of Rites was directly related to a series of events in the 25th and 26th years of Kaiyuan 開元二十五、二十六年 (737—738). The text of the *Tang Yueling* was completed in the third month of the 27th year of Kaiyuan. The annotation was completed within the tenth month of the first year of Tianbao 天寶元年(742) and the second month of the second year of Tianbao. In the third month of the second year of Tianbao, the text was added to the first chapter of the *Liji*. *Yueling* was changed to *Proceedings of Government in Different Time* or "*Shiling* 時令" in the first month of the fifth year of Tianbao. Under the leadership of the emperor, officials of the Academy of Scholarly Worthies(Jixian Yuan 集賢院) completed the transformation of the classic text, interpretation, order of contents and names. Once the system of "reading *Shiling*" was changed, the influence of the book gradually declined from the Northern Song Dynasty to the Ming Dynasty. In the Qing Dynasty, the annotation was lost and scholar Mao Panlin 茆泮林 was committed to restoring it. His work has both limitations and insights and needs to be discriminated. The history of *Tang Yueling* also reflects the competition and coexistence between *Tang Yueling* and *Liji Yueling*. In addition to the official stone scriptures and the block-printed editions in the era from the middle and late Tang Dynasty to the early Northern Song Dynasty, the private edition mainly took the form of transcription and provided a shelter for *Yueling* and the annotation of Zheng Xuan 鄭玄.

歐陽脩《五代史記》版本補考

郭立暄

歐陽脩《五代史記》(以下或簡稱"歐《史》"),宋、元以來傳世版本頗多,清人已做過不少校勘工作。20 世紀 60、70 年代,中華書局將此書列入點校本"二十四史",先由柴德賡先生負責,後因故改由華東師範大學整理組負責點校。當時學者限於條件,對該書宋、元本多未能利用,點校本的質量也受到影響。近年,此書的版本研究取得很大進展。陳尚君、仇鹿鳴、唐雯推出此書新修訂本,由中華書局出版。唐雯《〈五代史記〉宋元本溯源》一文對歐《史》從稿本到宋元版本的關係作了梳理[1];魯明《點校本〈新五代史〉修訂本初稿芻議》一文從點校本形成的角度,對是書源流作了更加細密不苟的補充[2]。通過上述學者具有獨創性的實踐與論述,是書版本的源頭部分的問題已大致解決。

不過,歐《史》版本綫索複雜,儘管研究推進明顯,其間仍存在局部盲點。本文擬從歐《史》元本入手作調查,進一步探討其源流關係。其中或有不當,敬請同道批評指正。

一、宋丙本

據晁公武《郡齋讀書志》記載,《五代史記》是在歐陽脩去世後,朝廷取以付國子監刊行的。尾崎康引《玉海》卷四六"熙寧五年八月十一日,詔其家上之。十年五月庚申,詔藏秘閣"一條,認為《五代史記》刻於熙寧十年(1077)之後不

---

[1] 唐雯《〈五代史記〉宋元本溯源》,《文史》2017 年第 2 輯,135—156 頁。
[2] 魯明《點校本〈新五代史〉修訂本初稿芻議》,《中國典籍與文化》2019 年第 2 期,11—24 頁。

久。唐雯大體同意這一判定,又提出詔藏秘閣的歐《史》定本按例當經過官方校勘,與奏上之稿本已有不同。竊以爲這條意見對弄清文本源流很有貢獻,不能簡單看作是對尾崎氏論述的細節補充。唐雯又提出元宗文書院本可能出自作者稿本系統,這些觀點,在其參與的中華書局《新五代史》修訂本中已有體現。

《五代史記》宋本,有南宋初期刊前期修補本,今藏於臺北"國家圖書館",唐雯稱爲"宋丙本";有南宋中期撫州本,今藏北京中國國家圖書館,唐雯稱爲"宋甲本"。《新五代史》修訂組也採用這一簡稱。爲保持討論的延續性,本文沿用這一稱法。

歐《史》自北宋成稿、付刊後,在流傳過程中,存在甲、乙兩種文本形態。至元代,甲系統的代表爲元宗文書院本,乙系統的代表爲元建刻十行本(説詳後)。在宋代,宋建刻十行本肯定屬於乙系統;至於宋甲本,唐雯認爲其"曾經過細密的校勘"〔3〕,但又提出"此本極爲忠實地保存了北宋刻本的面貌,因此上述校改應承襲自其祖本"〔4〕。筆者同意前一結論,對後一推測則心存疑慮。宋甲本文字並不相對一致地屬於甲、乙兩個系統之一,更像是南宋前期校勘後新衍生的文本。要弄清這一點,還需更多證據,姑且擱置。在此要重點討論的是宋丙本。

宋丙本半葉十二行,行二十二字。版心下或有刻工名:原版刻工郎和、陳用、陳忠、屠适,補版刻工付先、安上、華元。原版刻工陳用、陳忠及補版刻工華元、付先曾參與北宋末南宋初刻《史記》,陳忠又見於北宋末南宋初刻《漢書》原版,尾崎康推測此本即覆刻北宋本〔5〕。這一推論,體現出尾崎氏對正史版刻的高度敏感性。北宋末南宋初刻《史記》《漢書》一般被認爲是北宋監本的翻版,《五代史記》與該本由同一批刻工刊成,同一批刻工修補,書版很可能與《史記》《漢書》一同放置,其出自北宋監本的可能性確實存在。

宋丙本有誤字倒字〔6〕,元建刻十行本同其誤,二者當屬同一系統。元宗文書院本與宋丙本每多不同,二者蓋屬不同系統。卷二四《郭崇韜傳》記同光三年

---

〔3〕 唐雯《〈五代史記〉宋元本溯源》,《文史》2017 年第 2 輯,144 頁。
〔4〕 同上注。
〔5〕 尾崎康著,喬秀岩、王鏗編譯《正史宋元版之研究》,中華書局,2018 年,18 頁。
〔6〕 如卷三三《夏魯奇傳》"從周德威攻劉守光於幽州",宋丙本"德"誤"從";"守光將單廷珪、元行欽以驍勇自負",宋丙本"廷"誤"延"。

(925)夏,洛陽酷熱多雨,唐莊宗思起高樓避暑,宦官説:"郭崇韜眉目不伸,常爲租庸惜財用,陛下雖欲有作,其可得乎?"元宗文書院本作"雖欲",宋丙本、元建刻十行本同作"欲雖";《安重誨傳》説安氏"雖其盡忠勞力,時有補益,而恃功矜寵,威福自出",元宗文書院本作"勞力",宋丙本、元建刻十行本同作"勞心"。

筆者抽取卷一五《唐明宗家人傳》,將宋丙本與元宗文書院本、元建刻十行本對校(詳表1)。後者有百衲本據以影印,習見易得,惟經編者描改,爲免滋疑惑,將百衲本附入,凡有描改者注"修"字,以備參考。

表1　宋丙本與兩種元刻本異同表(卷一五)

葉	行	元宗文書院本	元建刻本	百衲本	宋丙本
一	十	曹氏、夏氏皆不見其世家	宗	家(修)	家
二	五	曹氏謂王氏曰:我素多病	爲	謂(修)	爲
二	後六	明宗遣乳媪將兒往來秦府	狀元	將兒(修)	將兒
三	一	帝驚,問其故,妃曰:小兒處偶得命	曰	曰	曰
三	五	太后乃與帝俱焚死	燔	燔	燔
三	後五	明宗與我約爲弟兄	無爲字	無爲字	無爲字
五	後三	父敗則待罪於君,君赦己則終喪而事之	無君字	無君字	無君字
六	二	爾軍政之餘,習何事	事業	事業	事
七	七	見者震懾	皆震懾	皆震懾	震懾
八	二	初,從榮尚忌宋王從厚賢於己	常	常	常
八	三	而懼不得爲嗣	不爲	不爲	不爲
八	後二	義誠有子在秦王府,未敢決其謀	不	不	不
八	後六	奈何以子故懷顧望	懷望	懷望	懷顧望
八	後七	漢瓊曰:賤命不足惜	漢瓊	漢瓊	漢瓊
八	後八	宮人相顧號泣	宮中	宮中	宮中
九	一	數救我於危窘	無於字	無於字	無於字
九	五	從榮兵出,與陟、蠻並轡耳語	無與字	無與字	無與字
九	後六	後六日而明宗崩	帝	宗(修)	宗
九	後九	而性倜儻,輕財好士	施	施	施
十	後六	嘗誣親吏薛仁嗣等爲盜	無等字	無等字	無等字

由上表可知，宋丙本文字多與元宗文書院本（甲系統）不同，而與元建刻十行本（乙系統）高度接近。元建刻本有誤字，如"將兒"作"狀元"之類（百衲本已改正），宋丙本往往不誤。這一情況在其他卷次也同樣出現。按照元建刻十行本《晉書》的通例，元建本《五代史記》是南宋中期建刻十行本的翻版。據此可以認爲，《五代史記》南宋中期建刻本與宋丙本同屬乙系統，但校勘不精，增添了不少訛誤。與之相比，宋丙本錯誤更少，是乙系統更好的文本代表。而宋丙本，可能出自北宋國子監本，應受到學者更多的重視。

二、元宗文書院本

元大德九路刻本諸史中，《五代史記》爲元宗文書院刻本。此本每半葉十行，行二十二字，細黑口，左右雙邊，雙魚尾。版心上列字數，版心下或有"宗文""宗"等字樣。版片明代歸入南京國子監，傳世印本雖不少，元刻元印本似已不存。今以所見各家印本，按其補版層次先後，列舉如下：

（一）早印本甲【明前期印本】

元版刻工有沈亨、趙仁壽、匋士中、陳乂、景先、子明、方午、若虛、盛之、季子等。已經明代修補，卷二九第七葉、卷三一第五葉（刻工名"王德明"）、卷四十第四至五葉、卷四七第十二葉、卷四八第四至五葉、卷五十四第十一葉、卷五六第五葉、卷五八第三至四葉、第二三至二十四葉、卷六十第二十四葉、卷六七第十葉審爲明前期補版。目錄後無徐無黨識語一條。卷四《唐莊宗紀》第二葉（元版）第三至四行留白，爲局部修補導致文字脫失。卷六三第十二葉（"將者"至"魏王曰"計四百四十字）闕版。

是帙卷五九第一葉脫失，已經補抄。附有書籤兩條：一題"五代史，元刊，二十本"，鈐有"恬裕齋藏"朱文方印；一題"五代史記，元刊，二十本"。鈐有"鐵琴銅劍樓"白文長方印。知爲常熟瞿氏舊藏。瞿氏《鐵琴銅劍樓藏書目錄》卷八著錄之"元刊本"蓋即此[7]。今藏中國國家圖書館（書號03388）。《中華再造善

---

[7] 瞿鏞編纂《鐵琴銅劍樓藏書目錄》卷八著錄此條云："此元時宗文書院刻本，明萬曆間余有丁校刻南雍本即從此出。義門何氏謂勝於汲古本也。"（原斷句有誤，筆者已改正）上海古籍出版社，2000年，218頁。

本》宋元編據此影印。

(二) 早印本乙【明前期印本】

元版、明補版狀況與甲本略同,而刷印更晚。目錄後無徐無黨識語一條。卷四第二葉(元版)第三至四行留白。卷六三第十二葉("將者"至"魏王曰"計四百四十字)闕版,而以第十三葉早期異版填入,導致第十三葉("美後世"至"庶幾惑者")文字重複。卷二九第七葉,此爲原版(版心下有"宗文"字樣),甲本爲明前期補版(刻工名"王德明"),文字有別。

是帙卷五九第一葉元版尚存,惜卷六至九、卷六七至七四有缺失,已補寫完足。其他各卷間有缺葉,亦經補抄。今藏上海圖書館(書號773883-92)。

(三) 晚印本【明嘉靖八至十年修補印本】

此本增入明嘉靖南京國子監補版。在全書771版中,版心上方署有"嘉靖八年補刊""嘉靖九年補刊""嘉靖十年補刊"字樣者共計157版,占全書的百分之二十。亦有少數明前期補版,版心上方未標年款,文字與原版有別:

卷二第一葉十行"雍州"下注,明前期印本原版"惟京師則書"(圖1左),嘉靖印本補版"則書"下衍"之"字(圖1右)。

圖1　元宗文書院刻本《五代史記》卷二第一葉(局部)

(左爲早印本,注文作"則書"[元版];右爲晚印本,注文作"則書之"[明前期補版])

明前期印本已經補版,有脱誤,嘉靖印本沿用補版,間有補正:

卷四七第十二葉,明前期印本甲爲明補版,版心上下粗黑口;嘉靖修補印本仍用此補版,版心上下改爲白口。《皇甫遇傳》"是時歲除,出帝與近臣飲酒過量,得疾,不能出征",明前期印本甲"不能"誤"石能"(五行),嘉靖印本改正。

此本目錄後,嘉靖印本增入徐無黨識語一條,爲明前期印本所無:

> 徐無黨曰:凡諸國名號,《梁本紀》自封梁王以後始稱梁,《唐本紀》自封晉王以後始稱晉,自建國號唐以後始稱唐,各從其實也。自傳而下,於未封王建國之前,或稱梁、稱晉、稱唐者,史官從後而追書也。唐嘗稱晉,而石敬瑭又稱晉,李昪又稱唐;劉龑已稱漢,而劉旻又稱漢;王建已稱蜀,而孟知祥又稱蜀。石晉自爲一代,不待别而可知;唐、漢、蜀則加東、南、前、後,以别其世家。梁初嘗封沛、東平,南唐初嘗稱齊,三號當時已不顯著,故皆略而不道。五代亂世,名號交雜而不常,史家撰述,隨事爲文,要於理通事見而已,覽者得以詳焉。

卷四第二葉(明前期補版)第三至四行,較之早印本,此本補入了以下畫綫部分文字:

> 明年,僖宗即位,以謂前太原節度使李葉遇沙陀有恩,而葉已死,乃以其子鈞爲靈武<u>節度使、宣慰沙陀六州三部落使,(六州三部落,皆不見其名處,據《唐書》除使有此語爾。)</u>以招緝之。拜克用大<u>同軍防禦使</u>。

早印本卷六三第十二葉("將者"至"魏王曰"計四百四十字)闕版,此嘉靖印本已補刻完足。卷二九第七葉,此爲原版(版心下無"宗文"字樣),同早印本乙。

晚印本有挖改失誤。比如卷五四《馮道傳》"周兵反,犯京師,隱帝已崩,太祖謂漢大臣必行推戴,及見道,道殊無意。太祖素拜道,因不得已拜之,道受之如平時",元宗文書院刻早印本作"拜",晚印本挖改爲"不拜"。此句説郭威藉行禮試探,馮道坦然接受,以示無推戴意。下文既有"道受之如平時",則作"拜"是。這一明嘉靖修版形成的訛誤,後來不但爲南監本、北監本沿襲,也導致毛本、殿本因誤而誤。

是帙今藏上海圖書館(書號21588-603)。

上海圖書館另藏另外兩種嘉靖修補印本,刷印較此更晚。因其並未提供更多有校勘價值的異文,不復贅述。

三、明南監本

明萬曆五年(1577),南京國子監重刻此書。卷端題"大明南京國子監祭酒余有丁、司業周子義校刊",正文版心上方鐫"萬曆四年刊""萬曆五年刊"字樣。書版後歸入《二十一史》。

南監本末有萬曆丁丑(五年,1577)四月既望句吳周子義識語云:

> 南雍故藏史刻,歲久刓闕,至不可句。侍御胡君捐所部贖鍰,畀梓人重刻之。余因集古本、閩本並監本參校同異,凡是正睽違闕遺數千百字,俾綴學論世者有考焉。侍御名秉性,豫之信陽人,蓋確持風裁而雅嗜填索者。

周氏所謂"集古本、閩本並監本參校同異",其中監本當指舊監本。明代的監本諸史,先有南監利用宋元舊版修補而成的遞修本,即舊監本;至明中期,舊版多闕失漫漶,遂有萬曆南監重刊本。從源流角度來說,萬曆重刊本當以舊監本為底本,參校他本而成。具體到歐《史》,萬曆重刊本出自元宗文書院刻本。問題在於,宗文書院本現存至少有三種印次,萬曆重刊本所據的底本究竟是哪一種?

上文列舉元宗文書院刊傳世印本的幾處關鍵性異文,取對南監本,往往與晚印本【明嘉靖八至十年修補印本】相符:

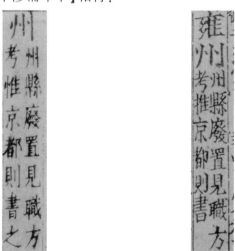

圖2 《五代史記》卷二第一葉"雍州"下注(局部)

(左為明萬曆南監本,注文作"則書之";右為明汪文盛本,注文作"則書")

目録後,南監本有徐無黨識語一條。卷二第一葉十行"雍州"下注,南監本作"惟京師則書之"(圖2左)。卷四第二葉"乃以其子鈞爲靈武"下文字無缺。卷六十三第十二葉("將者"至"魏王曰"計四百四十字),南監本文字完足。

以上四條關鍵性異文,南監本均與元宗文書院刻晚印本相同。

宗文本嘉靖補版間有文字改動,往往爲南監本沿襲:

宗文本卷四第三葉五行"三月,又敗趙璋、尚讓於良天坡,橫尸三十里",早印本作"良天坡",嘉靖印本挖改作"良田坡"[8]。南監本作"良田坡"。宗文本卷五第三葉五行"四月,克洺州。八月,圍邢州,降其節度使閻寶。梁張筠弃相州、戴思遠弃滄州而逃,遂取二州,貝州人殺梁守將張源德,以城降"。早印本作"貝州人",嘉靖印本擠刻作"而貝州人"[9]。南監本作"而貝州人"。

宗文本卷四七第十三葉,早印本爲明補版,《皇甫遇傳》"方晉兵之降虜也,士卒初不知,及使解甲,哭聲震天",明前期印本甲"及使"誤作"友使"(八行),嘉靖印本誤改爲"反使"。所見南監本作"及使","及"爲"反"字加刻一點,當是南監初印本作"反",後據別本校正。

宗文本卷四八第四葉,早印本爲明補版,《楊思權傳》"臣以赤心奉殿下,殿下事成,願不以防禦、團練使處臣",脫"成"字(後三行)。嘉靖印本仍用補版,"殿下事"作"俟後事成",或據宋丙本改[10]。南監本作"俟後事成"。

由此推知,南監本所據底本爲元宗文書院刻嘉靖八至十年修補印本。

所見有南監刻後印本,卷一第七至八葉爲補版,版心上方有"順治十五年刊"字樣。版心下方原有萬曆刻工名,多已削去,偶有遺留(如卷七第二葉"戴谷")。

四、宋建刻十行本、元翻本與百衲本

《五代史記》宋版,傅增湘曾記載一部,並有識語:

宋慶元五年刊元明遞修本,十行十八字,白口,左右雙欄,欄外或有耳記

---

[8] 宋甲本作"良天坡",宋丙本(補版)、元建本作"良田坡"。

[9] 宋甲本、宋丙本(補版)、元建本均有"而"字。

[10] 宋丙本(補版)作"俟後事成"。

篇名,或無耳衹記篇名、人名,或不記,頗不一律。海虞瞿氏、北京圖書館、江南圖書館及吾家雙鑑樓均有之。余本補刊頗多,紙色不一,後印入百衲本《二十四史》。卷十八末有"慶元五年魯郡曾三異校定"一行,然適爲補刊之葉。[11]

按傅氏所提及之海虞瞿氏、北京圖書館、江南圖書館藏本,其實均爲元翻本(説詳後)。而傅氏自藏原本不可見,已印入《二十四史》[12],據涵芬樓影印本判斷,其本亦屬元翻[13]。傅氏精鑒推當時第一,於此書猶有剩義。此書宋元本之易混淆,於此可見一斑。

此書有宋建刻十行本,日本學者尾崎康先生將其列入南宋中期建安刊十史。不過,他又提出《五代史記》真宋本今已不存[14],從完本意義上而言,此說大致可從。不過,其結論仍有局部修正的空間。近年筆者調查發現,中國國家圖書館藏有一部元刻元印本(書號06593),其目錄之第六至二十葉由他本配補,而這個配本,經筆者審定,確屬宋建本,且有可能是中外學者久覓不得的宋建刻十行本。

現將所見宋建本及元翻本情況分記如下:

(一) 宋建刻本

此配入之第六至二十葉,行款爲半葉十行,行十八字。其中宋諱如目錄卷一七"出帝子延煦"之"煦"字,卷二十"熙讓"之"讓"字,"世宗貞惠皇后劉氏"之"貞"字,卷四十"李茂貞"之"貞"字,此本缺筆,元翻本不缺筆。卷二六"張延朗"之"朗"字、卷四一"趙匡凝"之"匡"字,此本與元翻本均缺筆。此本敬避缺筆謹嚴,且字體峭厲,當係宋建刻十行本。

元刻元印本目錄第一至五葉爲元翻本,第五葉末行"高祖子重信"(圖3右)

---

[11] 傅增湘訂補,傅熹年整理《藏園訂補郘亭知見傳本書目》卷四,傅氏補記,中華書局,1993年,42頁。

[12] 百衲本《五代史記》内封面題:"上海涵芬樓借江安傅氏雙鑑樓藏宋慶元本景印。"

[13] 傅增湘所藏本卷一八末爲元版,而百衲本該葉爲元刻原版,可見張元濟是以傅藏本爲主,補版處曾另取元刻早印本配補,且有描潤。魯明《點校本〈新五代史〉修訂本初稿芻議》文對補配過程有詳細論述。

[14] 尾崎康著,陳捷譯《以正史爲中心的宋元版本研究》第二章第三節:"《晉書》和《五代史記》也均有同樣版式的本子,收藏者分別著録爲宋慶元刊本。但是這兩部書可以肯定是元代覆刻本。"北京大學出版社,1993年,56頁。

下,原有"重乂、重英/重進、重睿/重杲"三行。與之相接之第六葉宋版首行爲"高祖叔父萬友"(圖3左),脱去"重乂,重英"以下三行。此是宋本與元翻本目録部分排版不盡相同所致。二者正文排版是否相符,目前缺乏實物證據。考慮到二者有相同行款,筆者認爲,《五代史記》宋建刻正文與元翻本排版一致的可能性是存在的。

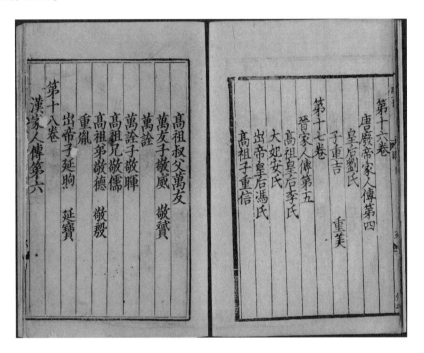

圖3　左爲宋建刻本目録第六葉,右爲元翻本之第五葉

目録第二十葉卷七十四"四夷附録第三"一行,"四"字爲宋本原有,"夷附録第三"五字係從元翻本割補黏附(圖4)。反面"奚、吐渾"以下七行同屬元翻本。

真宋本尚有十五葉殘存於世。這一點,尚未有學者指出,在此特予説明。

(二) 元翻本

元刻本從宋建本翻出,行款相同,目録排版稍異。傳世印本尚多,魯明最先注意到臺灣"國家圖書館"所藏元翻本的兩種明修補本[15]。限於論題,未作印本先後的論述。筆者對元建刻存世印本逐件作了比對,今按其補版層次先後,列

---

[15] 魯明《點校本〈新五代史〉修訂本初稿芻議》,《中國典籍與文化》2019年第2期,13頁。

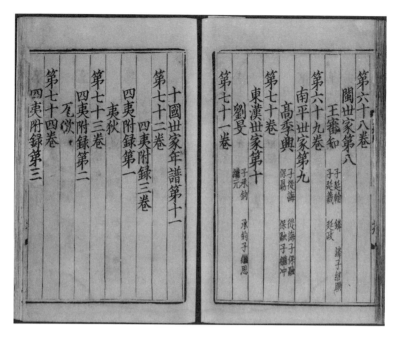

圖4　殘存之宋建刻本目録第十九至二十葉

（末行"夷附録第三"五字係從元翻本割補）

舉如下：

1. 元刻元印本

此元建刻本，半葉十行，行十八字。元刻原版字迹清晰，爲初印本。卷五七末有"魯郡曾三異校定"字樣。卷九至二一配元建刻明修本，卷六一至七十配明抄本。目録第六至二十葉審爲宋刻十行本，説詳前。此元印本及以下各種明修本目録後均無徐無黨識語一條。

此本與元宗文書院刊本文字差異較大，其獨有異文爲後出明修補本及若干明代版本繼承，這類異文構成與宗文本對峙的另一系統。比如：卷一七《延煦延寶傳》"頃王從珂自焚於洛陽，玉璽不知所在，疑已焚之"，宗文本系統均作"王從珂"，建本系統均作"潞王從珂"。張元濟以作"潞王從珂"者爲勝[16]，陳尚君以

---

[16] 張元濟著，王紹曾整理《百衲本〈新五代史〉校勘記》晉家人傳第五，此條有校者批："殿【無'潞'字】誤。按廢帝從珂初封潞王。"商務印書館，2004年，32頁。

作"王從珂"者爲優[17]。

卷四三《王敬堯傳》稱敬堯"沈勇有力,善用鐵槍,重三十斤",宗文本以下各印本均作"三十斤",建本以下各印本均作"二十斤"。

卷五一《范延光傳》:

> 明宗問延光馬數幾何? 對曰:"騎軍三萬五千。"明宗撫髀嘆曰:"吾兵間四十年,自太祖在太原時,馬數不過七千,莊宗取河北,與梁家戰河上,馬纔萬匹。今有馬三萬五千而不能一天下,吾老矣,馬多奈何!"延光因曰:"臣嘗計,一馬之費,可養步卒五人,三萬五千匹馬,十五萬兵之食也。"明宗曰:"肥戰馬而瘠吾人,此吾所愧也!"

下畫綫句,建本以下各印本均作"三萬五千",宗文本以下各印本均作"三萬"。這條異文在兩可之間,張元濟校至此處,曾反覆權衡,躊躇難定[18]。

鈐有"建安楊氏傳家圖書""毛鳳苞印""子晉氏""在在處處有神物護持""毛表""奏叔""海虞毛表奏叔圖書記""稽瑞樓""鐵琴銅劍樓""紹基秘笈""菰里瞿鏞""綏珊經眼"等印。今藏中國國家圖書館(書號06593)。

是帙附有常熟瞿氏藏書籤云:"《五代史》,宋刊,十六本",並有"瞿氏鑒藏金石記"白文長方印。見載於瞿氏《鐵琴銅劍樓宋本書影》史部十三及《鐵琴銅劍樓書影識語》卷二,定爲"宋刊本";又見於《鐵琴銅劍樓藏書目錄》卷八,定爲"宋刊本"。均未確。

中國國家圖書館藏目著録此本,定爲"宋慶元刻本(卷九至二十一配明刻本,卷六十一至七十配明抄本,他卷缺葉配元刻本及另一明刻本)"[19]。按:該目一向以鑒定準確著稱,但該條是一例外。刊刻時間、配補版本、缺葉配補諸項,幾乎完全錯誤。經查其所配版本、缺葉配補版本均爲元建刻明修本。

---

[17] 陳尚君、仇鹿鳴、唐雯修訂本《新五代史》卷一七,校記十三:"按本書卷七《唐本紀》、《舊五代史》卷四六《唐末帝紀上》,從珂本姓王。又本書卷八《晉本紀》:'[天福元年十二月乙酉]追降王從珂爲庶人。'徐無黨注:'"王從珂",從晉人本語。'"中華書局,2015年,218頁。此條較之張元濟校,舉證更扎實可信。

[18] 《百衲本〈新五代史〉校勘記》雜傳第三十九,此條有校者批:"上文云'有馬三萬五千',則此'五千'字爲應有。但下文云'十五萬兵之食'(上文云'一馬之費可養步卒五人'),則此'五千'字不應有。"91頁。

[19] 《北京圖書館古籍善本書目》史部,書目文獻出版社,1989年,248頁。

2. 元刻明修本【甲本】

此本存三十八卷(卷十至二八、五一至五八、六四至七四),共計八册。其中多屬元版,惟多漫漶,刷印時似未加修飾。明補版僅發現兩葉,爲卷七十四第七至八葉,定爲明修本。各卷末刻有"魯郡曾三異校定"字樣(詳表2)。

表 2　元建刻各種印本刊記情況表

卷次	刊記	甲本	乙本	丙本	丁本	戊本
卷十八末	慶元五年魯郡曾三異校定	元版	明補版	明補版	明補版	明補版
卷二十三末	魯郡曾三異校定	缺	缺	明補版	明補版	補抄
卷五十七末	魯郡曾三異校定	元版	缺	元版	元版	元版

鈐有"京師圖書館收藏之印"等印。今藏中國國家圖書館(書號A00798)。

是帙爲清内閣舊藏,附有"國立北平圖書館圖書展覽會"表格一頁,其中"版刻"項題:"宋監本元明修補"。見載於《舊京書影》史部,定爲"宋刻元明修補殘本"[20];又見於《北京圖書館古籍善本書目》,定爲"宋刻明修本"。均未確。

3. 元刻明修本【乙本】

此種所見僅有前述瞿藏元印本(書號06593)所配之明修本,存十三卷:卷九至二一。較之甲本,此種增入明補版(上下粗黑口)。這一次補版錯誤不少,多屬校勘態度粗率所致。

此種印本明補版葉版心下或刻有"丁亥"字樣,或陰文或陽文,間有刻工名禾、文等。該種版片在晚出之丙本、丁本、戊本中多被沿用,其出現位置如下(見表3):

表 3　四種元刻明修本中署"丁亥"之明補版的出現位置

卷	葉	乙本	丙本	丁本	戊本
一	六	缺	丁亥	丁亥	丁亥
十	三	丁亥	丁亥	丁亥	丁亥

---

[20] 倉石武四郎編《舊京書影》,人民文學出版社,2011年,261—262頁。

續　表

卷	葉	乙本	丙本	丁本	戊本
十三	二	丁亥(禾)	丁亥(禾)	丁亥(禾)	丁亥(禾)
十三	三	丁亥(禾)	丁亥(禾)	丁亥(禾)	丁亥(禾)
十四	六	丁亥(禾)	丁亥(禾)	丁亥(禾)	丁亥(禾)
十四	七	丁亥(禾)	丁亥(禾)	丁亥(禾)	丁亥(禾)
二十一	一	丁亥(禾)	丁亥(文)	丁亥(文)	丁亥(文)
二十四	四	缺	丁亥(文)	丁亥(文)	補抄
二十七	六	缺	丁亥	丁亥	丁亥
二十八	十八	缺	丁亥(文)	丁亥(文)	丁亥(文)
三十	十一	缺	丁亥	丁亥	丁亥
三十九	十六	缺	丁亥(禾)	丁亥(禾)	丁亥(禾)
四十三	十一	缺	丁亥	丁亥	丁亥
四十七	十五	缺	丁亥	丁亥	丁亥
四十八	十一	缺	丁亥	丁亥	丁亥
五十四	六	缺	丁亥	丁亥	丁亥
五十四	七	缺	丁亥	丁亥	丁亥
六十三	十一	缺	早期補版	丁亥	丁亥
七十一	六	缺	丁亥	丁亥	丁亥
七十一	七	缺	丁亥	丁亥	丁亥

結合字體風格，疑此丁亥爲明成化三年(1467)。依據這一判斷，則明補版時間不晚於成化三年。

4. 元刻明修本【丙本】

此本對乙本明補版之脱誤有所改正，例如：

元建本卷九，第三葉後一行，"六月庚戌，祭蝗於皋門"，乙本明補版"皋"誤"皇"；第三葉後十行"戊戌，齊州刺史楊承祚奔於青州"，明補版"齊州"下因轉葉而衍一"州"字；第七葉六行"己丑，李守貞爲行營都部署"，明補版脱"己丑"

二字;卷七十四第七葉一行"至五代時,吐蕃已微弱",乙本明補版脱"蕃"字。以上諸條,丙本均已補正。

該次修補有通過擠刻增字者(見表4注"擠"字者),有改字者(見表4注"改"字者),改動處總量很大,且非如乙本以無心之失爲主,而是另有所據。其所改往往與元宗文書院刻本相合。由此推斷,本次補版完成後,學者曾據另一系統的宋元版本校改文字。

表4 元宗文書院刻早印本與元建刻明修本文字差異表(卷一四)

元宗文書院刻早印本			元建刻明修本				
葉	行		葉	行	甲本	乙本	丙本
一	後一	遲明,太祖還軍	一	後一	還	還	還軍(擠)
一	後五	大將軍李存信等勸太祖亡入北邊	一	後六	大將	大將	大將軍(擠)
一	後十	一失其守,誰能從公	二	三	肯	肯	肯
二	一	太祖大悟乃止	二	三	而	而	乃(改)
二	六	歲嘗馳歸省其母至三四,人皆稱其孝	二	十	省	肖("省"字誤刻)	歸省(擠)
二	八	而以嫡母劉氏爲皇太妃。太妃往謝太后	二	後二	太妃	太妃	皇太妃太妃(擠)
二	十	莊宗滅梁入洛,使人迎太后歸洛	二	後四	汴	汴	洛(改)
二	後一	七月,太后崩,謚曰貞簡	二	後六	薨	薨	薨
三	九	乃出劉叟示建豐	三	後八	及	及	乃(改)
三	後五	同光二年四月己卯,皇帝御文明殿,遣使册劉氏爲皇后	四	六	癸未	癸未	四月己卯(擠)
三	後六	皇后受册,乘重翟車	四	七	翟車	翟車	重翟車(擠)
四	六	會明年滹沱大水	四	後九	滹沱河	滹沱河	滹沱河
四	後九	乃預借明年夏、秋租税	五	後四	供	供	借(改)

續 表

元宗文書院刻早印本			元建刻明修本				
葉	行		葉	行	甲本	乙本	丙本
五	二	縣吏畏恐,亡竄山谷	五	後八	畏懼	畏懼	畏懼
五	後一	軍士離散,所失太半	六	九	亡	亡	亡
五	後七	郭從謙反,莊宗中流矢,傷甚	六	後七	謙	謙(改)	謙(改)
五	後八	后令宦者進飱酪	六	後八	宦官	宦官	宦官
六	一	在道因與存渥奸	七	一	無因字	無因字	因(擠)
六	五	莊宗遇弒,後宮皆散走	七	六	散走	散走	散散走(改)
六	八	後嫁契丹突厥李贊華	七	十	突欲	突欲	突厥(改)
六	十	而韓淑妃、伊德妃皆居於太原	七	後二	居	居	居
七	八	太祖大怒,詬而笞之	八	後八	擊笞	擊笞	擊笞
七	後八	而克恭橫暴多不法	九	後一	克恭橫暴不法	克恭橫暴不法	克恭橫暴不法
八	八	屬張承業與克寧曰:以亞子累公等	十	四	屬	屬	累(改)
八	後六	養子存顥,存實干克寧曰	十	後五	于	告(改)	告(改)
八	後七	人生富貴,當自取之	十	後六	自當	自當	當自(改)
八	後十	存顥等各遣其妻入説孟氏數以迫克寧	十	後八	孟氏孟氏	孟氏孟氏	孟氏孟氏
九	九	蓋存霸、存渥、存紀與莊宗同母	十一	後一	同母也	同母也	同母也
九	後七	存乂過千郎家,酒酣,攘臂號泣	十一	後十	千郎	千郎	千郎家(擠)
九	後八	莊宗大怒,以兵圍其第而族之	十二	二	誅	誅	誅
十一	後七	期以一天下而制四夷	十四	十	四方	四方	四方
十二	二	所在盜賊亡聚山林(擠)	十四	後六	聚	聚	亡聚(擠)

鈐有"博尔濟吉特瑞誥收藏""鳳倫秘笈""瑞誥收藏精槧秘笈記""西拉木棱瑞誥收藏書籍""允之審定""南海謝小韞詠雪樓讀書評画之印""鳳倫審定謝小韞侍""南海謝小韞""季魯氏藏""抱蜀子"等印。今藏臺北"國家圖書館"（書號01563）。

是帙有瑞誥手書題識，云此書"實元覆宋本也"。此説良是。《"國立中央圖書館"善本題跋真迹》史部著録，定爲"宋慶元五年曾三異校刊元明修補本"[21]，未確。《"國立中央圖書館"善本書目》史部改定爲"元覆宋慶元五年曾三異校刊元明遞修本"[22]。

5. 元刻明修本【丁本】

此種印本補版情況與丙本略近，而漫漶過之。所見有兩部：

（1）丁丙舊藏本

此本有缺葉：卷一第七葉，卷二第三、六葉，卷三第一至二葉，卷四第八葉，卷五第二葉，卷十九第三葉，卷二十一第十二至十四葉，卷四十一第三葉，卷五十一第十一葉，卷五十七第十至十四葉，卷五十八第十八至三十七葉等。卷五十八末爲第三十八葉，挖改爲第"十八"葉。

鈐有"曹炎印""彬疾""虞山埜老""詩禮傳家""嘉惠藝林""嘉惠堂藏閱書""八千卷樓""八千卷樓所藏""善本書室""八千卷樓丁氏藏書印""江蘇弟一圖書館善本書之印記"等印。今藏南京圖書館（書號112093）。

是帙卷一末有朱筆題識云："戊戌正月二十四日，用葉石君所藏舊監板本子對讀。"卷七十四末有朱筆題識云："崇禎戊寅臘月廿三日收藏。"書前黏附丁丙撰書志稿一葉。丁氏《善本書室藏書志》卷六著録，定爲"宋慶元刊本"[23]；又見於柳氏《盋山書影》，列爲"宋本"[24]；又見於《第二批國家珍貴古籍名録圖録》第02668號，定爲"宋刻元明遞修本"。均未確。

---

[21]《"國立中央圖書館"善本題跋真迹》，臺北"國立中央圖書館"，1982年，381頁。
[22]《"國立中央圖書館"善本書目》，臺北"國立中央圖書館"，1986年，126頁。
[23] 丁丙《善本書室藏書志》卷六第十七葉載此書，並稱"其黑口之葉，則元時補也"。其説未確，黑口者實爲明補版。清光緒二十七年錢塘丁氏刻本。
[24] 柳詒徵《盋山書影》宋本第一輯。民國十七年（1928）柳氏石印本。

（2）朱鼎煦舊藏本

此本有缺葉[25]，又有多處葉面錯裝[26]，刷印較丁丙舊藏本稍晚，無明正德補版，仍歸入丁本。

鈐有"蕭山朱鼎煦收藏書籍""別宥齋""朱家""朱別宥收藏記""蕭山朱氏""鼎煦""鄲卿""蕭山朱氏別宥齋藏書印""別宥""鄲卿心賞""鼎煦小印""朱鼎煦印"等印。今藏寧波天一閣博物館（書號0476）。

是帙見載於朱氏《別宥齋藏書目錄》，定爲"宋慶元五年刻元明補版本"[27]；又見於《天一閣博物館藏古籍普查目錄》，定爲"宋慶元刻元明遞修本"。均未確。

6. 元刻明修本【戊本】

此種印本卷二五第十四葉、卷五五第四葉、卷六三第七葉等有明正德六年（1511）補版，版心下方有刻工名：劉景福、黄世隆、葉文昭等。

劉景福又見於元刻明修本《十三經注疏》之《儀禮圖》《孝經注疏》《爾雅注疏》明正德六年補版；黄世隆又見於元刻明修本《十三經注疏》之《附釋音周禮注疏》《附釋音禮記注疏》《孝經注疏》明正德六年補版；元刻明修本《十三經注疏》之《附釋音尚書注疏》《附釋音周禮注疏》《儀禮圖》《附釋音禮記注疏》《論語注疏解經》明正德十二年補版有文昭，當即此葉文昭。由此可見，明正德前後，元建刻《五代史記》版與元刻《十三經注疏》版曾由同一批福建刻工從事修補。已知《十三經注疏》版藏福州府學，則此書版片亦貯存於福州府學。

是帙補抄葉極多，當係書版闕壞未補所致。又有版片斷裂以致錯拼者：卷九第三葉（起句爲"八年春正月，契丹於越使烏多奧來"），丙本書版完好，丁本書版從縱向第五字橫向斷裂，此戊本則誤以本葉下半與卷五第二葉（起句爲"攻梁大安，晋"）上半拼接，卷五第二葉爲補抄。

---

[25] 卷二第三葉，卷四第七、第九至十葉，卷六第七至八葉，卷二一第十四葉，卷五一第七至八、十至十一葉，卷五四第四葉，卷六五第一至四葉等缺葉。

[26] 如卷一第七葉誤入第十葉位置，卷一第十葉誤入卷三第四葉位置，卷二第六葉誤入卷五第九葉位置，卷三第四葉誤入卷五第二葉位置，卷四第六葉誤入卷二第六葉位置，卷四第八葉誤入卷六第二葉位置。

[27] 天一閣博物館編《別宥齋藏書目錄》，寧波出版社，2008年，78頁。

鈐有"顧廣圻印""應陛手校印""甲子丙寅韓德均錢潤文夫婦兩度攜書避難記""韓繩夫印""价藩"等印。今藏臺北"國家圖書館"（書號01562）。

卷末有題黄丕烈朱筆一跋，審爲僞作。又有韓應陛手跋云：

> （此本）末有黄蕘圃跋語，細審筆迹恐不然。但此書當係元翻宋刻本……書板口下方往往有"丁亥"字，陰陽文不定。按寶慶三年、元至元廿四年、至正七年俱係丁亥，寶慶三年上距慶元五年凡廿八年。

韓氏既稱此爲元翻宋本，則此"丁亥"補版必非寶慶三年。審其字體，亦非元至元、至正，蓋刻於明成化三年，上文已有説。《韓氏讀有用書齋書目》著録，定爲"元繙宋本"[28]。《"國立中央圖書館"善本題跋真迹》史部著録，定爲"宋慶元五年曾三異校刊元明修補本"[29]，未確。《"國立中央圖書館"善本書目》史部改定爲"元覆宋慶元五年曾三異校刊元明遞修本"[30]。

（三）百衲本

百衲本據元建本影印，其主體是傅增湘所藏元建刻早印本，又用其他印次的本子配補。值得注意的是，張元濟對底本文字二百六十餘處作了描潤修改。這一辦法固然修改了部分底本脱誤，但也容易造成後人對版本源流理解的混亂。試舉其中最極端的一條如下：

> 卷五七《段希堯傳》"高祖惶惑，不知所爲。<u>希堯勸高祖斬其亂首，乃止。高祖將舉兵於太原，與其賓佐謀</u>，希堯以爲不可"，建本系統各本脱去下畫綫二十四字（圖5左），宗文本系統各印本均有之。百衲本據元建本影印，此處校修添入二十三字，脱"於"字（圖5右）。[31]

元建刻明修補諸印本均脱此二十四字，元宗文書院本、明南監本不脱，明汪文盛本不脱，北監本、毛本、清殿本也不脱。百衲本的補寫書手刻意摹仿底本筆意，務求與上下文風格渾然一體，讀者非細校很難發現。若以百衲本作爲元建本代用品對勘，會影響學者對元明版本繼承關係的判斷。

---

[28] 封文權編《韓氏讀有用書齋書目》第十二葉，民國二十三年（1934）瑞安陳氏襄殷堂排印本。
[29] 《"國立中央圖書館"善本題跋真迹》，79頁。
[30] 《"國立中央圖書館"善本書目》，126頁。
[31] 《百衲本〈新五代史〉校勘記》雜傳第四十五，此條注"修"，校語仍脱"於"字，蓋校者偶誤。頁107。

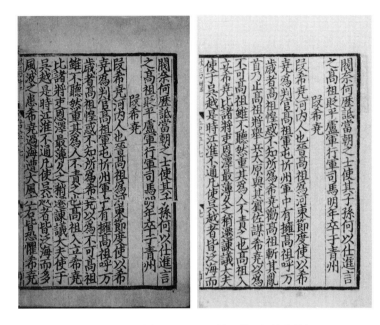

圖5 《五代史記》卷五十七第七葉《段希堯傳》
(左爲元建刻初印本,脱去二十四字;右爲民國涵芬樓影印本,校修添入二十三字)

五、明汪文盛本與明抄本

明汪文盛刊本半葉十二行,行二十二字,小字雙行二十七字。卷端題"宋歐陽脩譔,徐無黨注,明汪文盛、高瀔、傅汝舟校"。目録後無徐無黨識語。

文盛字希周,崇陽人。正德六年(1511)進士。嘉靖初,歷福州知府,遷浙江、陝西副使,皆督學校。擢雲南按察使。十五年冬,廷議將討安南,拜右僉都御史,巡撫其地。遷大理卿。傳見《明史·毛伯溫傳》下[32]。汪氏刻有《兩漢書》《五代史記》《儀禮注疏》等書,卷端有高瀔、傅汝舟校刊字樣,款式古雅,成於其福州任上。學者考定汪氏任福州知府在嘉靖三年至五年間[33],此本蓋刊於彼時。

汪本的來源,前人莫衷一是。有歸爲元建刻十行本的,也有歸於元宗文書院

---

[32] 張廷玉等撰《明史》卷一九八《汪文盛傳》,中華書局,1974年,5242頁。
[33] 李開升《〈儀禮注疏〉陳鳳梧本、汪文盛本補考》,《文史》2015年第2輯,278頁。

本的。兩種説法都可在汪本中找到相應證據：

（一）汪本從元宗文書院本

卷二第一葉"雍州"下注，汪文盛本作"惟京師則書"，不衍"之"字（圖2右）。"之"字出於宗文本明前期修補者的偶然失誤，汪本此處繼承元宗文書院刻早印本。

卷十五《明宗侄從璨傳》"明宗幸汴州，以從璨爲大内皇城使。<u>嘗於會節園飲，酒酣，戲登御榻，重誨奏其事，</u>貶房州司户參軍，賜死"。汪本脱去畫綫二十二字，恰當元宗文書院刊本第九葉後十行。

卷六三《前蜀世家》，汪本有如下一段文字：

> 六年，以王承休爲天雄節度使。天雄軍，秦州也。承休以宦者得幸，爲宣徽使，承休妻嚴氏，有絶色，衍通之。是時，唐莊宗滅梁，蜀人皆懼。莊宗遣李嚴聘蜀，衍與俱朝上清，而蜀都士庶，簾帷珠翠，夾道不絶。嚴見其人物富盛，而衍驕淫，歸乃獻策伐蜀。明年，唐魏王繼岌、郭崇韜伐蜀。是歲，衍改元曰咸康。衍自立，歲常獵於子來山。是歲，又幸彭州陽平化、漢州三學山。以王承休妻嚴氏故，十月，幸秦州，群臣切諫，衍不聽。行至梓潼，大風發屋拔木，太史曰：<u>此貪狼風也，當有敗軍殺此我家物也，何用獻爲</u>？

自"此貪狼風也，當有敗軍殺"以下，至"此我家物也，何用獻爲"之前，元宗文書院刻早印本脱去四百四十字，恰當宗文本第十一葉，明嘉靖九年印本始爲補入，後出之南監本、北監本、毛本遂皆不脱。明汪文盛本脱字正同，知此篇出自元宗文書院刻早印本，汪氏變更行款，而聯次已脱之文。

汪本卷六整卷與宗文本關係密切（見表5）：

表5　明汪文盛本文字異同表之一（卷六）

葉	行	元宗文書院刻早印本	明汪文盛本	元建本
二	十	即拜天平軍節度使、蕃漢馬步軍副總管	副總管	副都總管
二	後二	嗣源爲前鋒擊敗梁軍，追至中都	擊敗	擊
二	後八	遣嗣源以千騎先至汴，攻封丘門	汴	汴州
四	八	見時朝廷衰弱之甚	見時	是時

續　表

葉	行	元宗文書院刻早印本	明汪文盛本	元建本
四	十	己亥,契丹寇邊	寇	犯
五	三	此書以著買宴,見君臣之失	失	失矣
五	三	盧臺軍亂,殺其將烏震	軍亂	亂
五	後二	辛丑,德音釋輕繋囚	輕	無輕字
七	後四	於此始求之,見事緩而無恩	無恩	無恩也
八	六	不命將名,直以樞密使往	將	府
十	八	詔武德司宮中無得掃雪	無得掃雪	無掃雪
十	後八	爲國家者有不足懼者五	國家	國
十	後十	四人遷業深可畏	人	民

以上證據支持汪本出元宗文本之説。

(二) 汪本從元建刻十行本

汪本小字夾注中,既有徐無黨注,也有曾三異注。如卷一《梁本紀》"七月,遣氏叔琮、康懷英攻匡凝,取其泌、隨、鄧三州"句下,汪本有小字夾注:"曾三異校定曰:三異案,《唐書·地理志》:唐州,天祐三年朱全忠徙治泌陽,表更名泌州。則是天祐二年唐州舊名猶在,至三年始更爲泌。光化之初,未嘗有泌州之名。今書爲泌,則誤也。"符合元建刻十行本的特點,而元宗文書院本無曾注。

卷四《唐本紀》"巢脱身走,克用追之,一日夜馳二百里",元建刻初印本作"二百里",修補本改作"三百里"。按宋甲本、宋丙本均作"二百里"。汪本乃作"三百里",是繼承了元建本修補之誤。

卷三九《王鎔傳》"正抱、匡威皆失國無聊,相與登城西高閣,顧覽山川,泫然而泣,乃與匡威謀劫鎔而代之",元建刻初印本作"劫而代之",修補本擠刻作"劫鎔而代之",汪本作"劫鎔而代之"。

同卷《羅紹威傳》"魏博自田承嗣始有牙軍,牙軍歲久益驕,至紹威時已二百年,父子世相婚姻以自固結"。元建刻初印本作"自結"(第七葉後三行,原版),遞修本擠刻作"自固結"(補版),汪文盛本作"自固結"。此處反映魏博牙軍勢力内情,作"自固結"是。

又,"紹威新立,幽州劉仁恭以兵十萬攻魏,屠貝州,紹威求救於梁,大敗燕軍於内黄",元建刻初印本作"十萬"(圖6左),遞修本補版作"六十萬"(圖6中),汪文盛本作"六十萬"(圖6右)。

對於劉仁恭攻魏一次性可調動軍隊之數量,所見宋本均作"十萬",元宗文本也作"十萬",元建刻明代修補本忽然出現"六十萬"的記載。無論從當時幽州藩鎮能實際掌控的兵力,還是從劉仁恭軍事行動目標達成的實際需要來看,"六十萬"這一數字都誇張到令人難以置信,當出於建刻獨有的補版失誤。而汪文盛本也作"六十萬",説明此卷中必定有一部分出自元建刻修補本。

圖6　《五代史記》卷三十九《羅紹威傳》(局部)

(左爲元建刻初印本[百衲本影印],作"十萬"[原版];
中爲元建刻明遞修本,作"六十萬"(補版);右爲明汪文盛本,作"六十萬")

僅對勘元建刻初印本,汪文盛本文字顯得較爲遊移,與元建本關係若合若離。單純作數量統計,會發現繼承元宗文本的地方也不少。但結合元建刻明修補本比較,便會發現汪本的文字有了更統一的指向。下面將元建本卷十八至二十一的文字改動列表,並注出明修本補版致衍、擠刻(擠)、挖改(改)等修改痕迹,作爲汪本的參照(附表6)。

表6　明汪文盛本異同表之二(卷十八至二十一)

卷	葉	行	元宗文書院刻早印本	明汪文盛本	元建刻本 初印本	元建刻本 明修本
十八	一	六	封魏國夫人,生隱皇帝	帝	帝	帝
十八	一	後八	周高祖起兵嚮京師	兵兵	兵	兵兵(補版致衍)
十八	三	後三	寡人此來,所恃者以公三十年舊相	所恃	恃	所恃(擠)
十八	四	一	以都押衙鞏庭美、教練使楊溫守徐州	牙	牙	牙
十九	二	後三	遇瑀,欣然歸之,時年十三	時年	年	時年(擠)
十九	二	後七	瑀官至太子左贊善大夫	右	右	右
十九	三	五	實動于(予)懷	勤	勤	勤
二十	二	九	太祖舉兵,漢誅太祖家屬,后見殺	漢誅太祖家屬,后見殺	漢誅其族	漢誅太祖家屬,后見殺(擠)
二十	三	八	后以帝不宜親行,切諫止之	切	功	切(改)
二一	二	一	昭宗召翔與李振升延喜樓勞之,拜翔太府卿	拜翔	拜	拜翔(擠)
二一	二	五	太祖遽麾翔出,翔亦佯醉去	翔亦	亦	翔亦(擠)
二一	五	八	唐寶者,陝州陝人也	陝州陝人	陝人	陝州陝人(擠)
二一	七	六	少從黃巢,巢敗降梁	巢敗	敗	巢敗(擠)
二一	九	後三	乃以龐師古代珍、存代唐寶以攻溥,溥敗碭山	溥敗	破	溥敗(擠)

續　表

卷	葉	行	元宗文書院刻早印本	明汪文盛本	元建刻本 初印本	元建刻本 明修本
二一	九	後八	堅圍勿戰	壁	圍	壁（改）
二一	十二	後六	歲餘，召爲左金吾衛大將軍，充金吾街仗使	衛	街	衛（改）
二一	十二	後九	復拜襄州防禦使，遷河陽節度使	相州	相州	相州

以上例證支持汪本出元建刻【明修本】之説。

汪文盛是明嘉靖初年具有聲望的刊刻者，其隨意改動底本的可能性不大。汪本之所以出現這樣的文字面貌，祇有一种可能，即汪刻底本由兩種元刻拼合而成：一爲元宗文書院刻早印本，一爲元建刻明修本。通過通校全書七十四卷，筆者統計了汪文盛本的兩種文字走向，發現來自元宗文本與來自元建本的卷數大致是一半對一半。

汪刻傳世有初印本，卷四五第一葉止於"嘗有言全義於太祖者"句"嘗有"二字，第二葉（"言全義"至"趙在"）與第三葉（"禮反"至"使程"）前後顛倒，蓋手民錯裝，致使張全義、朱友謙二傳局部文字混淆。[34] 稍後印本此兩葉已經乙正。

汪刻有誤字[35]，有脱字[36]，又有字句可通而獨異於各本者[37]。以上各類情況產生的異文合計達一百八十餘處。

---

[34]　中國國家圖書館藏有明嘉靖汪文盛刻本（書號08008），此兩葉錯裝，符合初印本之特徵。

[35]　卷六《唐本紀六》"因引鐘飲醽，奮檛馳騎"，"引鐘飲醽"誤"舉鍾飲醋"；卷一七《晉家人傳》"去建州數十里外得地五十餘頃"，"五十"誤"二十"；卷五〇《王峻傳》"因請命近臣録禁中事付史館"，"事"誤"書"。卷二五《元行欽傳》"行欽瞋目直視曰：先皇帝何負於爾！""瞋目"誤"瞑目"，更與文意截然相反。

[36]　卷三八《張承業傳》"自貞簡太后、韓德妃、伊淑妃及諸公子在晉陽者"，"公子"作"公"；卷三九《王鎔傳》"判官周式，辯士也，對曰"，脱"對曰"二字；卷四二《王師範傳》"梁太祖自鳳翔東還，遣朱友寧攻師範，友寧戰死"，脱"友寧攻師範"五字；卷六七《吳越世家》末，脱去夾注"鏐世興滅，諸書皆同，蓋自唐乾寧二年爲鎮海、鎮東軍節度使兼有兩浙，至皇朝太平興國三年國除，凡八十四年"四十四字。

[37]　如卷三八"孰知其啓明宗之二心者，自紹宏始也"，"二心"汪本作"異心"；卷三九《劉守光傳》"今日俎上肉耳"，"耳"汪本作"矣"。

汪文盛刻書一向頗受藏書家推許。杭世駿對明版大體持批判態度,却於汪刻《兩漢書》有恕辭。[38]周星詒《傳忠堂書目》著録汪刻《五代史記》,有識語云:"以上各史悉皆善本,可補正他刻處極多。"[39]所謂"以上各史",指《傳目》在此種前羅列的多種正史宋元本,由此可見其對汪本的偏愛與回護。曾見一汪本,有周星詒手跋云:

> 歐陽公《五代史》,今通行者惟汲古閣本。西莊光禄嘗糾其脱落謬誤數十事,非善本也。丙寅歲(同治五年,1866),得嘉靖刻本於福州,以校毛本,此爲擅勝。其與西莊所正合者十得其九。睹《晋(唐太祖)家人傳》"圍其第而族之"此"族"作"誅"、《克讓傳》"進至滑橋"此作"追至渭橋"諸條,是知西莊亦未見此本也。宋本希覯,則此爲最佳本矣。卷中遇宋諱往往缺筆,又多作《説文》字體,當亦從宋槧出也。汪刻前、後《漢書》世極稱之,而鮮及此者,知少流傳矣。[40]

按周説可商。汪本並非直接出自宋本,而是出自兩種元刻。它固然吸取了二者優點,誤字仍不少。需要指出,汪氏用其古怪而自以爲是的操作手法,終於將原來分屬兩個系統的文本徹底混合,使之成爲你中有我、我中有你的大雜燴。説它是"最佳本",殊非事實。

汪文盛本的錯字曾對後出的衍生著作産生負面影響。清人李調元輯《全五代詩》第十五卷王朴傳稱"周世宗鎮壇州,辟掌書記。即位,遷北郭郎中,獻《平邊策》"[41]。"北郭郎中"一職罕見。元宗文本《五代史記》卷三一《王朴傳》"世宗即位,遷比部郎中","比部"汪本誤"北郭",别本均作"比部"。蓋李氏輯此書時,所據《五代史記》爲汪本,遂牽連而誤。

---

[38] 杭世駿《道古堂文集》卷一八《欣託齋藏書記》云:"宋刻《兩漢書》,板縮而行密,字畫活脱,注有遺落,可以補入,此真所謂宋字也。汪文盛猶得其遺意。元大德板幅廣而行疏,鍾人傑、陳明卿董稍縮小之,今人錯呼爲宋字,拘板不靈,而紙墨之神氣薄矣。"葉十二,清乾隆五十五至五十七年黄甲書院刻本。此段文字經葉德輝《書林清話》、張舜徽《中國古代史籍校讀法》等著作先後引述,已深入人心。

[39] 周星詒《傳忠堂書目》卷二,葉三。《邈園叢書》本。

[40] 此本今藏中國國家圖書館(書號12477)。

[41] 李調元輯《函海》,清乾隆刊嘉慶印本。

此書另有明抄本[42]，上述一百八十餘處異文，大致與汪本同。卷四五《朱漢賓傳》末"漢賓罷爲上將軍，遂與太子少保致仕"句"保致仕"三字、"好施惠，人頗愛之"句"人頗愛"三字，汪文盛本書版脫去一塊，形成方形的留白（圖7左），別本無此缺憾；明抄本缺字正同，而位置錯落（圖7右），可知出自汪刻。

圖7 《五代史記》卷四十五《朱漢賓傳》末

（左爲明汪文盛刊本，右爲明抄本）

同卷"嘗有"下接"禮反"（圖8），"使程"下接"言全義"，與汪刻初印本第二、三葉錯簡者正同，知其所據即刻初印本。

圖8 《五代史記》明抄本卷四十五第一至二葉

（左七行"嘗有"下接"禮反"）

---

[42] 此本今藏中國國家圖書館（書號03819）。

六、北監本

北京國子監刻本半葉十行,行二十一字,版心上方鎸"萬曆二十八年刊"。北監刻《二十一史》過去被學者認爲是南監本的翻版,比如丁丙曾説:"(北監《二十一史》)皆從南監本繕寫刊刻,雖行款較爲整齊,究不如南監之近古,且少譌字。"〔43〕這一説法爲後人繼承,王欣夫評價明代監本:"南雍所藏四部版片,《南雍經籍志》所載很詳,而印行不多,仍不能滿足學者的要求。所以北京國子監復據南監本重刻,祇成《十三經》和《二十一史》……它祇據南監本重刻,不過整齊了行款,没有據其它善本校勘,故論其内容,反不如南雍本遠甚。"〔44〕便是丁説的翻版。此説至今轉述紛紛,已成坊間套語。

丁説若屬實,則南、北監本文字當無大差異,至少應屬於同一版本系統。但就本書而言,這一看法完全不符合事實。通過校勘發現,北監本中有部分卷次,文字與南監本接近,而在另一部分卷次中文字差異很大。

卷四七《皇甫遇傳》"遇戒彦超曰:'今日之勢,戰與走爾,戰尚或生,走則死也。等死,死戰,猶足以報國。'"元宗文書院刻早印本作"等死",晚印本【明嘉靖八至十年修補印本】挖改爲"我等",不及早印本爲佳。北監本作"我等",且无挖改痕迹。別本均作"等死"。據此筆者懷疑,北監本中與南監本系統文字接近的卷次,其所據可能是元宗文書院刻晚印本。

另一些卷次文字接近元建本。試將北監本與兩種元刻卷七十四異同列如下(表7):

---

〔43〕 丁丙《善本書室藏書志》卷六《明北監二十一史》,清光緒二十七年錢塘丁氏刻本,葉二十三。
〔44〕 王欣夫《文獻學講義》第三章第七節《南北監的修版和重刻》,上海古籍出版社,2005年,122頁。

表7　北監本與兩種元刻異同表一（卷七十四）

葉	行	元宗文書院刻早印本	南監本	北監本	元建本 初印本	元建本 明修本
一	後二	常採北山麝香、仁參賂劉守光以自託	託	托	話	托（改）
二	六	其大姓有慕容、拓拔、赫連等族	大姓	大姓有	大姓有	大姓有
二	後三	承福等乃自五臺山入處中國	五臺山	五臺山	五臺	五臺山（擠）
二	後九	是歲大熱，吐渾多病死	病	疾	疾	疾
三	五	又有吐渾何戛剌來朝	朝	朝貢	朝貢	朝貢
三	六	不知爲生、熟渾	渾	吐渾	吐渾	吐渾
三	七	後爲奚、契丹所攻	奚契丹	契丹	契丹	契丹
三	八	其別部散居陰山者，自號達靼	其別部	別部	別部	別部
三	後四	明宗召達靼入契丹界，以張軍勢	召	詔	詔	詔
六	後一	今涼州漢人皆其戍兵子孫也	兵	人	人	人
七	二	乃奏起師厚爲左衛將軍，已而拜河西節度使	河西	西河	河西	西河
七	後十	其國地、君世、俗物，見於唐著矣	俗物	物俗	物俗	物俗
八	九	莊宗遣司農卿鄭璠持節册仁美爲英義可汗	鄭璠	鄭璠	鄭璠	鄭璠
八	後一	權知國事王仁裕遣李阿山等來	來	來朝	來朝	來朝
十	七	沙州西曰仲雲族，其牙帳居胡盧磧	仲雲	仲雲	仲雲	仲雲
十	十	地無水而常寒多雪	常	嘗	嘗	嘗
十一	九	高麗，本扶餘之別種也	扶餘	扶餘人	扶餘人	扶餘人
十二	後三	同光元年，新羅國王金朴英遣使來朝貢	使	使者	使者	使者

　　在有些局部，北監初印本有文字挖改，從排版字數可推定其原貌接近元建刻明修本，後據宗文本系統的本子改易（見表8）：

表 8　北監本與兩種元刻異同表二(卷七十四)

葉	行	元宗文書院刻早印本	南監本	北監本		元建本	
				今本	原本	初印本	明修本
三	後六	蓋唐常役屬之	常	常（挖改排疏）	常常	常常	常常
三	後十	其人喜盜竊而多壽,往往至百五六十歲	至	至（擠）	无至字	无至字	无至字
五	二	而喜玉、折思、殺牛三族聞建武擊破野雞族	喜玉折思	喜玉折思（挖改排疏）	喜玉折思□	喜玉折思	喜玉折思□
六	七	明宗問孫超等世家	孫超等	孫超等（擠）	孫超	孫超	孫超
六	後九	師厚敝衣蓬首,日候峻出	候	候（改）	後	後	後
七	四	又自安國鎮至涼州,立三州以控扼諸羌	安國鎮	安國鎮（擠）	安國	安國	安國
八	後四	其地出玉、氂牛、綠野馬、獨峰駝	氂牛	氂牛（擠）	氂	氂	氂
十三	八	南詔大喜,遣人隨龜年等求公主	龜年等	龜年等（擠）	龜年	龜年	龜年

從這些部分可見,北監本與元建刻明修本高度一致。

北監本這種文字形式,與汪文盛本接近。可以推定,北監本也是由兩種本子——元宗文書院刻明嘉靖修補本、元建刻明修補本——拼合而成。這種做法,本質上與汪文盛如出一轍。但北監本用以拼合的兩種元刻卷次與汪本不同,因此可以認定,這次拼合工作是由北監校刊者獨立完成,與汪文盛無關。

北監本是否參考過南監本呢？版本中是有這方面證據的,試舉例說明：

卷二一《葛從周傳》"潞州馮霸殺晉守將李克恭以降梁","李克恭"元建刻十行本及其修補印本、明汪文盛本均作"李克脩",元宗文本及其修補印本也作"李克脩",南監本作"李克恭"。北監本原作"李克脩",後改爲"李克恭"。克脩因受李克用公開折辱,於大順元年(890)三月卒。克用遂表其弟決勝軍使克恭爲昭義留後[45]。再後有馮霸殺晉守將事。南監本是。此處北監本當是借鑒南監本而作了挖改。

北監本所見有三種印本:一初印本,卷端題"皇明詹事府少詹事兼翰林院侍讀學士暫掌國子監事臣敖文禎、承德郎右春坊右中允管國子監司業事臣黄汝良等奉敕重校刊";一明崇禎重修印本,卷端校刊者銜名,已經挖改,將上述二行改爲小字,"校"字避熹宗諱改"較",增刻"皇明朝列大夫國子監祭酒臣吴士元、承德郎司業仍加俸一級臣黄錦等奉旨重修"三行;一清康熙二十五年(1686)重修印本,卷端明人校刊銜名一概挖去留白,版心上挖改作"康熙二十五年重修",目録首葉改刻"康熙二十五年國子監祭酒臣常錫布、祭酒加一級臣翁叔元、司業臣宋古渾,司業加一級臣達鼐、司業臣彭定求、學正臣王默、典籍臣程大畢奉旨重校脩"三行。

崇禎印本有修補致誤,如卷六十八《王延政傳》"周世宗時,從效遣牙將蔡仲興爲商人",北監初印本作"牙將",崇禎印本修版誤作"牙臧",康熙印本仍其誤。

七、毛氏汲古閣本與殿本

明末毛氏汲古閣刻《十七史》本,此書卷端刻有"琴川毛鳳苞氏審定宋本"木記,標榜其來源爲珍貴的宋本。這一説法羌無徵驗。相反,有大量的證據表明毛本與北監本關係緊密;此書刻入清乾隆武英殿刊《二十四史》,殿本的文字同樣與北監本高度一致。在此並作説明。

北監本經過崇禎、康熙二次修補重印,產生了新的脱誤。根據這些脱誤,可推定毛本、殿本之底本所屬印次。

卷一五《秦王從榮傳》"乃召侍衛指揮使康義誠,謀於竹林之下"。"召"毛

---

[45] 本書卷一《梁本紀》説:"河東叛將馮霸殺潞州守將李克恭來降,遣葛從周入潞州";《舊五代史》卷二五《唐武皇紀上》、《資治通鑑》卷二五八《唐紀七十四》皆記李克脩卒於大順元年(890)三月。説詳陳尚君、仇鹿鳴、唐雯修訂本《新五代史》卷二一,校記六,252頁。

本、殿本同,殿本《考證》云:"監本'召'譌'盈',今改正。"這裏校者所稱"監本"專指北監本,北監刊初印本作"召",崇禎印本修版誤改"盈"。知殿本所據北監本已屬後印。

卷五四《李琪傳》"是時,樞密使安重誨專權用事,重誨前騶過御史臺門,殿直馬延誤衝之,重誨即臺門斬延而後奏"。"誤衝"二字,毛本同,殿本作"議論"。殿本《考證》於此條注:"'議論'一本作'誤衝'",僅僅羅列異文,未作按斷。劉光蕡輯《五代史校勘札記》於此條校云:

> 按監本、鄂本、南昌本俱作"誤衝"。《通鑑》"安重誨恃恩驕橫,殿直馬延誤衝前導,斬之馬前"。蓋議論不至斬,"誤衝"是。[46]

劉氏此說是。惟此說僅援據監本、鄂本、南昌本,猶未究其朔。實則是書北監刊初印本作"誤衝",崇禎印本修版誤改"議論",康熙印本仍其誤。

卷五五《馬胤孫傳》"臨喪赴鎮,臣子之忠也",北監刊初印本"忠"字上半模糊,崇禎修本誤補作"思",康熙修本仍之。毛本補作"道",蓋所據底本模糊,校者以己意擬之。雖文從字順,實非原貌。元宗文本、元建本均作"忠",是。殿本作"道",或是校者以底本作"思"不通,從毛本改。

由是推知,毛本所據爲北監刊初印本,殿本所據爲崇禎以後修補印本。

卷四一《鍾傳傳》"乃自率兵圍其城,城中夜光起,諸將請急攻之",殿本《考證》云:"【北】監本闕'城中夜火起諸將'七字,今加入。"筆者所持北監本"城中"二字猶在,僅脫五字;崇禎修本此處補刻"城中夜火起諸將"七字;康熙二十五年修本則補刻"城中夜光起諸將"七字,字體與崇禎修本所補字形有別,疑是前補字脫落後再補。殿本所據北監本有七字脫失留白,或印在崇禎五年之後、康熙二十五年之前。

毛氏汲古閣刻本繼承了底本文字,未進行系統校勘。自崇禎刻成後,至清乾隆年間,毛刻印本通行天下,成爲學者首選讀本。何焯曾手校毛本,原本無可蹤迹。乾隆乙丑(十年,1745)姚世鈺曾傳録一本。檢何氏《義門讀書記》卷二十九

---

[46] 《五代史校勘札記》卷五四末葉,清光緒十七年陝甘味經書院刊本。此書有光緒十七年劉光蕡識語云:"〔《札記》〕味經書院諸生肄業所得也……其校史謹遵武英殿本,遇他本之異同,各家之是非,均作識於其旁。"則《札記》成於衆手。

《五代史》,毛本中何氏校跋多未收入。今據姚傳本[47],移録何氏跋如下:

康熙甲申(四十三年,1704)冬日,從虞山錢曾【遵】王先生長子楚殷借得宗伯東澗翁所閲《五代史記》,因而傳之。此書乃宗伯壯年閲本,未爲精密,然視他人則眉目井然具矣。余亦少有增損,殊以妄作自懼云。焯記。

毛氏所刊《十七史》,此書最多訛。宗伯所閲則萬曆四年祭酒周子義南雍刊本,毛本不逮也。余舊曾閲汪文盛刊本,亦有脱誤,在南雍本下。

庚寅(康熙四十九年,1710)九月,學徒蔣生子遵以汪本、毛本互較,增改毛本脱誤處凡百餘字。《張彥澤傳》中"李筠"誤"李崧",賴汪本得改正。子遵向學之勤尤可佳,並志之。

根據何氏的評價,毛本校勘不精,不但不如南監本,且不如汪文盛本。

何焯並非唯一詬病毛本的清代學者。王鳴盛撰有《歐史脱文誤字》一文,列舉通行本脱誤一百三十三條,其矛頭所向主要是毛本。平心而論,何氏、王氏指出的脱誤,有些並不始於毛本,而是從北監本就開始出錯。這裏列舉三條毛本獨有脱誤,以見其梗概:

卷三《梁本紀》三"五月庚申,宣義軍節度使王彥章爲北面行營招討使,<u>取德勝南城。秋八月</u>,段凝爲北面行營招討使。先鋒將康延孝叛降於唐",毛本脱去下畫綫十八字。何焯校出,有批云:"書'取德勝南城',見彥章方立功而反見罷。梁主賞罰倒置,所以速亡。"[48]王鳴盛批此條云:"本是彥章有功,反用凝代之,脱此,似彥章未嘗受代者,校勘不精,誤人如此。"[49]北監本、殿本均不脱。

卷三二《死節傳》論贊"五代之亂,三人者,或出於軍卒,或出於僞國之臣",毛本脱去"或出於軍卒"五字。何焯校出。王鳴盛批此條云:"《死節》共祇三人,軍卒謂王彥章、裴約,僞臣謂劉仁贍也,脱去則不可讀。"[50]北監本、殿本均不脱。

卷三四《鄭遨傳》"遨之節高矣,遭亂世不污於榮利",毛本脱"不"字,北監

---

[47] 明崇禎毛氏汲古閣刻本《五代史》,清姚世鈺過録何焯校並跋。今藏上海圖書館(書號847873-78)。

[48] 何焯著,崔高維點校,《義門讀書記》卷二九,中華書局,1987年,490頁。

[49] 王鳴盛《十七史商榷》卷九八,葉一,清乾隆五十二年洞涇草堂原刻本。

[50] 王鳴盛《十七史商榷》卷九八,葉四。

本、殿本均不脱。何焯失校此條,王鳴盛校出。

殿本大致爲北監本的翻版,編纂者所用底本又非初印,而是崇禎以後修補增添錯誤的後印本。其每卷末附有名爲《考證》的校勘記,條目寥寥,從中可見編纂者取校的是與之屬於同一系統的北監本、毛本,間或取校南監本[51]。雖對北監本有所改進,但其校勘並不充分,局部又生出新的誤字[52]。較之毛本,殿本確有優勝,但祇算是與盲人鬥明、跛人鬥捷,勝之不足以言勇。從整體而言看,殿本文字内容並不出色。其成爲權威文本,很大程度上是由於政治權力的加持。因此,很難對之作出過高評價。

《四庫全書》據殿本繕録,卷末附《考證》。毛本、殿本、《四庫全書》本等同屬北監本系統,與南監本迥不相同,構成一個小系統。

結　語

本文採用刻印結合追踪的方法,通過對《五代史記》兩種元刊本印次差異的充分調查,得出如下結論:自北宋以來,歐《史》文本並列存在甲、乙兩個系統,文字互有特點。兩個版本系統在明、清兩代都有發展,也都想借鑒對方的優點,進而取代對方,結果没有成功。該書的整個版本史,可以概括爲"兩條路綫的鬥爭",即甲、乙兩個文本系統競爭與糾纏的歷史。其版本流變呈現爲二龍出水的立體形態,而非在此之前通常認爲的一字長蛇。

推進歐《史》版本源流的考察、加深對諸本優劣的理解固然很重要,却並非本文的唯一目的。筆者選取這一案例的動因在於,該書版本流變有一定特殊性:兩種元刊本對後來明清版本有深刻影響。但這些影響更多基於明代修補,而非元代初印本,中間還有不爲人知的異本拼合。學者校勘此書,往往利用元刻早印本(有習見易得的影印本),不太關注其他明代修補印本。通常情况下,這樣做已

---

[51]　卷一八《漢家人傳》末句夾注:"傳先贗而後信,亦便於述事爾。"殿本《考證》云:"'述'監本訛'實',今從南本改正。"按北監本、毛本"述"誤"實",南監本不誤。今殿本不誤,蓋其底本誤"實",從南監本校正。

[52]　卷三三《張敬達傳》"九月,契丹耶律德光自鴈門入,旌旗相屬五十餘里",殿本"五十"誤"五千"。

可收提綱挈領之功。但由於歐《史》文本對應的錯位,這種做法竟全然無效。

汪文盛本是一個容易被忽視的環節,此本款式古雅,在收藏界很受追捧。但在傳統認定的版本體系中,它的地位很尷尬,仿佛孤星寥落地懸浮於以南、北監本爲中心的架構之外。學者使用通行的方法校勘,會發現其文字歸屬極富跳躍性,好像英國作家 J. K. 羅琳女士筆下魁地奇賽中的"金色飛賊"般難以捉摸。弄清兩種元刻的印次及文本變化,汪本潛伏在字面之下的版本關聯纔能得以顯現。

北監本是另一個被埋没的重要環節。南監、北監的並存,是明朝政治採取南北兩京制的產物。對於二者的關係,清代後期以來,學者已形成某些固定話語,給人強烈的心理暗示。但從印本證實,就歐《史》而言,這一話語竟屬附會之説、影響之談。北監本並非南監本的翻版,而是花費很大氣力,獨立完成的另一個文本(順便在此提出疑問:北監學者在刊刻正經正史書籍時,會不會存在與南監學者爭競之心?這當是一個有意思的話題,可留待日後繼續考察)。

以上是歐《史》版本中三處重要的關隘。要想破解這三個難點,如果不從印本的角度進行校勘,便無法得其門而入。衹有使用刻印結合考察的方法,纔能將元刊與明清版本之間的缺環逐一填補,使之繩貫珠聯,無少外逸;纔能使關係文本走向的異文得到合理解讀;纔能最終走出版本的迷局。這是歐《史》版本帶給我們研究方法上的啓發,也是這一個案最吸引人的地方。

A Supplementary Research on the Editions of Ouyang Xiu's *Historical Records of Five Dynasties*

Guo Lixuan

The preserved editions of *Historical Records of Five Dynasties* or *Wudaishiji* 五代史記 have complicated relationships. Although its Song editions underwent thorough investigations, scholars have paid inadequate attention to Yuan, Ming and Qing editions. By tracking the engraved blocks and printed editions, this paper reexamines two Yuan editions and draws new conclusions. Since the Northern Song Dynasty, there are two lines of development of editions of this book, each with distinct characters. In the Yuan Dynasty, the representative of line A was the Zongwen

Academy 宗文書院 edition, and the representative of system B was the ten-line Fujian edition 建刻十行本. Both editions went through intricate repair processes in the Ming Dynasty, and their repairs and changes tried to absorb the advantages of each other. In the Ming Dynasty, there were Wang Wensheng edition 汪文盛本, Nanjing Imperial Academy edition 南監本 and Beijing Imperial Academy edition 北監本. The Wang Wensheng edition and Beijing Imperial Academy edition combined the two Yuan editions. The Nanjing Imperial Academy edition inherited the text of system A. In the late Ming Dynasty and Qing Dynasty, Mao Jin's Jigu Pavilion edition 毛晋汲古閣本 and Wuying Hall edition 武英殿本 directly inherited the Beijing Imperial Academy edition. The whole history of editions of Ouyang Xiu's *Records* could be concluded as a history of competition and entanglement between system A and B.

宋《四朝國史藝文志》鈎摭

马　楠

緒　論

馬楠《離析〈宋史藝文志〉》一文通過分析《宋史·藝文志》（下文簡稱《宋志》）著録之分類、題署、卷帙特徵，逐一辨析其《國史藝文志》（簡稱《國史志》）來源，在此基礎上討論了《宋志》的編纂過程：《宋志》著録書近十二萬卷，是以著録書近八萬卷的《中興國史藝文志》（簡稱《中興志》）爲藍本，在各二級目録補入三朝、兩朝、四朝《國史藝文志》（簡稱《三朝志》《兩朝志》《四朝志》）。《宋史》諸志、會要，如《五行志》《禮志》《職官志》等，可在各門目之下從建隆元年起依次續入，但《藝文志》則是各二級目録下以作者時代生卒先後爲次，起先秦兩漢、終南宋嘉定，在操作上最爲合理的辦法是選取著録書籍最多的《中興志》作爲基礎，補入其他《國史志》。

《中興志》著録書78405卷，基本全部保存在《宋史·藝文志》119972卷之中，約占65%；在《宋志》各二級目録中，《中興志》大多呈現出貫穿首尾的特徵；趙士煒輯得《中興館閣書目》19042卷，《續目》680卷[1]，也基本全部體現在《宋志》之中。此前研究《中興館閣書目》《續目》及以二者爲基礎編修的《中興志》，前輩學者往往採用輯佚的思路；而根據上述結論，我們可以採用剔除的思路，即從《宋志》中拆解、離析出《四朝志》與《三朝志》《兩朝志》內容，《中興志》

---

[1] 趙士煒《中興館閣書目輯考》，《宋元明清書目題跋叢刊》第一册影印1933年《古逸書録叢輯》本，中華書局，2006年，444頁。趙士煒《中興館閣續書目輯考》，《宋元明清書目題跋叢刊》第一册影印1933年《古逸書録叢輯》本，中華書局，2006年，449頁。

便可以彰顯出來。

《離析〈宋史藝文志〉》也論及,《三朝志》《兩朝志》與《中興志》反映館閣、秘省實際藏書,著録時段起先秦,迄真宗、英宗與寧宗,其中先秦至北宋前期書籍存在大量重合,許多著述北宋尚存完帙或篇卷尚多,《宋志》著録仍與《中興志》相同,可見以《中興志》爲藍本、以其他《國史藝文志》加以補充修訂的工作並没有很好地貫徹執行。而《四朝志》是南宋孝宗時期館臣依據實録、會要、《續資治通鑑長編》(以下簡稱《長編》)等文獻中修書、獻書、進呈、頒行記録及名臣行狀、碑傳的著述記録編纂而成,是追溯神哲徽欽四朝當有之書,性質與著録館閣、秘省實藏的《三朝志》《兩朝志》《中興志》並不相同。也因爲《四朝志》"溯其當有""空張虛簿"的性質,其所著録集中在神哲徽欽四朝,與《中興志》著録的南宋秘省實藏北宋後期著述也少有重合[2]。根據《四朝志》著録 25254 卷書的集中時段和標誌性特徵,《四朝志》可從《宋志》中勾稽出大半,這是本文的主要工作。

一、基本型

《文獻通考》云《四朝志》"凡一千四百四十三部,二萬五千二百五十四卷"[3],且備言各二級目録所載部、卷,可列表如下:

表1

易	書	詩	禮	樂	春秋	論語	孟子	孝經	經解	小學
37/219	12/120	21/328	25/367	21/310	36/375	13/78	9/92	6/5[4]	4/195	22/277
正史	編年[5]	雜史	史鈔	故事	職官	傳記	儀注	刑法	目録	譜牒
13/1167	24/1210	24/1073	3/33	64/920	12/132	53/522	55/3773	112/17300	6/30	16/79

---

[2] 以上參看馬楠《離析〈宋史藝文志〉》,《唐宋官私目録研究》,中西書局,2020 年,135—180 頁。

[3] 馬端臨撰,上海師範大學古籍研究所、華東師範大學古籍研究所點校《文獻通考》卷一七四《經籍考》,中華書局,2011 年,5209 頁。

[4] 孝經類 6 部而有 5 卷,當以吉觀國《孝經新義》一部(卷亡),計部數而不計卷數。

[5] 《文獻通考》卷一九一《經籍考》編年云"宋敏求《武宗》以下,元入雜史門,今附此",5558 頁。同書卷一九五《經籍考》雜史云"内《唐武宗實録》以下六部入實録門,不重具",5648 頁。

續 表

地理	霸史								
42/677	0/0								
儒家	道家	（釋家）	（道書）	法家	名家	墨家	縱橫家	農家	雜家	小説家
24/197	9/32	10/?	20/?	0/0	0/0	0/0	0/0	19/33	17/95	46/412
天文	五行	蓍龜	曆法	兵書	雜藝術	類事	醫書		
39/246	134/392	0/0	53/243	97/828	13/29	16/514	36/209		
楚辭	別集	總集	文史						
0/0	251/6849	62/514	18/140						

二級目録中著録書籍卷帙最多的顯然是史部儀注類、刑法類與集部別集類，符合我們對《四朝志》性質的判斷，即《四朝志》是南宋孝宗時期館臣依據實録等文獻中修書、獻書、進呈、頒行記録編纂而成，儀注、刑法正是官修書的主要種類，實録中所附名臣碑狀，篇末也會交待傳主著述情況。

另外需要指出的是，《宋志》經部至史部傳記類皆有"不著録"部分，補贅了元時所見南宋館閣書與宋代著述，"著録"部分以《中興志》爲基礎，三朝、兩朝、四朝三種《國史志》的補入也相對細緻，基本按照作者生卒先後排序，很難看出明顯的四種《國史志》銜接痕迹。也正是從史部後半，即儀注、刑法類開始，"不著録"部分消失，三種《國史志》的補入也開始粗略草率。上面提到的儀注類、刑法類、別集類之下三種《國史志》出現了成組補入的現象，相對容易離析拆分；三者補入方法也各有不同，提示我們《宋志》在編纂工作後期存在各二級目録分頭並進的可能。

因此，我們將經部至史部前半各二級目録編纂方式稱作基本型，其特點是以《中興志》作爲編纂基礎，作者生卒先後也因此從先秦至寧宗，貫穿首尾，爲三朝、兩朝、四朝三種《國史志》依作者次序補入提供了基本框架（參圖1）。

舉例來説，經部易類因馮椅《厚齋易學》引用《中興館閣書目》、胡一桂《周易本義啓蒙翼傳》引用《中興志》，《中興志》著録情況最爲明晰[6]。比對《宋志》

---

[6] 參看谷繼明《宋〈中興國史藝文志〉易類復原》，《經學文獻研究集刊》第18輯，上海書店出版社，2017年，133—149頁。

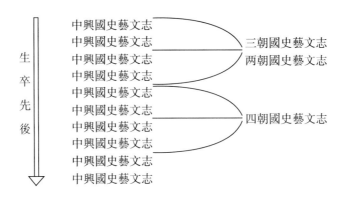

圖 1

易類,顯然可見《中興志》貫穿《宋志》首尾,決定了該二級目錄著録書籍的前後關係。

其中哲宗、徽宗部分有:

【易類】耿南仲《易解義》十卷

【易類】安泳《周易解義》一部(卷亡)

【易類】陳瓘《了齋易説》一卷

【易類】鄒浩《繫辭纂義》二卷

【易類】張根《易解》九卷[7]

耿南仲與陳瓘、鄒浩、張根書皆見於《厚齋易學》引《中興書目》,亦見於《周易本義啓蒙翼傳》,出自《中興志》無疑。之間的安泳《周易解義》一部,據《宋會要輯稿·崇儒》"〔宣和〕七年八月二十九日詔:新知虢州安泳進《周易解義》,特賜進士出身"[8],但知"進《周易解義》",不知卷數,故云"一部""卷亡"。故而,安泳《周易解義》當出自《四朝志》,陳瓘卒於宣和六年[9],可能是將安泳書補入陳瓘書前後的原因。

---

[7] 下文引《宋史·藝文志》均出自《宋史》卷一五五至卷一六二,中華書局,1985年,5031—5414頁。

[8] 劉琳、刁忠民、舒大剛、尹波等校點《宋會要輯稿·崇儒五》"獻書升秩",上海古籍出版社,2014年,2851頁。

[9] 《宋史》卷三四五《陳瓘傳》,10964頁。

二、變化型

　　上文將《宋志》二級目錄編纂方式中,以《中興志》貫穿首尾,依作者生卒先後補入三朝、兩朝、四朝《國史志》,稱作基本型。基本型反映了工作初始階段,根據《藝文志》結構特點設計的編纂方式,也就是袁桷所謂"《藝文志》自元豐後,該載未盡,宜以今世所行書籍備載。舊制,進呈者入書目,亦當以《館閣書目》爲主,分類補入"[10]。而從史部後半開始,《三朝志》《兩朝志》出現許多三級類目,打亂了既定的編纂方式,工作方法也在基本型之上產生了調整,我們稱之爲變化型。下文以《四朝志》卷帙最集中的儀注類、刑法類、別集類爲例,討論《宋志》如何將四種《國史志》"合爲一志";同時也可見出,《宋志》在編纂過程後期可能存在各二級目錄分頭並進的情況[11]。

　　(一)《宋志》史部儀注類中的《四朝志》

　　《文獻通考》云儀注類"《宋四朝志》:五十五部,三千七百七十三卷"[12],每部平均在 68 卷以上,應當不乏百卷以上的著述。儀注類《三朝志》31 部、129 卷,《兩朝志》21 部、439 卷,《中興志》94 部、1607 卷,總和小於《四朝志》的 55 部、3773 卷;甚至《宋志》儀注類不過 3438 卷,也不足《四朝志》之數,不知元代史官如何刪減省併。

　　《宋志》從儀注類開始編次較爲混亂,根據時代順序可分爲以下九組[13],如圖 2:

---

[10]　《清容居士集》卷四一《修遼金宋史搜訪遺書條列事狀》,《四部叢刊》景印元刊本,葉四〇b。

[11]　第二部分寫作受到陳智超《解開〈宋會要〉之謎》(增訂本)第十四章的啓發,研究出版社,2022 年,108—161 頁。

[12]　《文獻通考》卷一八七《經籍考》,5476 頁。

[13]　如朱熹《釋奠儀式》一卷,又《四家禮範》五卷、《家禮》一卷,以一家、三部、七卷計。

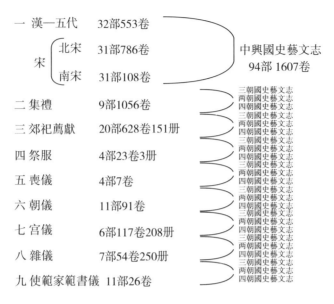

圖 2

1.《中興志》組

第一組共 94 部、1450 卷,可以認爲基本出自《中興志》(94 部、1607 卷)。

第一組從漢代直至南宋。其中漢至五代部分起衛宏《漢舊儀》,終陳致雍諸書。陳致雍諸書後混入《政和五禮新儀》、朱熹《二十家古今祭禮》二書,《政和五禮新儀》見於《中興目》[14],朱熹書爲南宋著述,祇可能出自《中興志》。二書之後就是宋初杜衍《四時祭享儀》,終吴仁傑《廟制罪言》《郊祀贅説》,著録兩宋禮書。

漢至五代部分,衛宏《漢舊儀》三卷、應劭《漢官儀》一卷,既見於《崇文目》,也同樣見於《中興志》,而具有標誌意義的是:

【儀注 一】〔蕭嵩〕《開元禮儀鏡》五卷

【中興目】蕭嵩《開元禮儀鏡》五卷　　【崇文目禮類】《開元禮義鑒》一百卷

《崇文總目》蕭嵩《開元禮》一百五十卷以下,有《開元禮義鑒》一百卷,云蕭嵩

---

[14]《玉海》卷六九《禮儀》"政和五禮新儀"條:"《書目》二百四十卷,鄭居中等撰二百二十卷,御製序一卷,御筆指揮九卷,御製冠禮十卷,合二百四十卷,又目録六卷在外。"《玉海(合璧本)》,大化書局,1977 年,1362—1363 頁。

"既定《開元禮》,又以禮家名物繁夥,更取歷代沿革,隨文釋義,與禮並行"〔15〕。《玉海》云《禮儀鏡》"《書目》止第一至第五,五卷"〔16〕,而《宋志》正作五卷,而非北宋前期尚存的百卷完帙,可判斷出自《中興志》。

而陳致雍諸書《宋志》別集類重出,存在不同的《國史志》來源:

【儀注一】陳致雍《曲臺奏議集》,又《州縣祭禮儀》《五禮儀鏡》六卷、《寢祀儀》一卷

【別集】陳致雍《曲臺奏議集》二十卷

《玉海》引《中興書目》:"《曲臺奏議集》上下兩卷,五代唐祕書監陳致雍撰,徐鍇序。《五禮儀鏡》六卷,致雍撰,止有嘉、軍、凶三禮儀,疑非全書。"又《直齋書錄解題》:"《新定寢祀禮》一卷,不知作者。《中興館閣書目》有此書,云前後有序,題太常博士陳致雍撰集。今此本亦前後有序,意其是也。致雍,晉江人,及仕本朝。"〔17〕可見《宋志》儀注類此條出自《中興志》,而《宋志》別集類重出之《曲臺奏議集》爲二十卷,與《崇文目》分類、卷帙相合,當出自《三朝志》或《兩朝志》。

兩宋部分起杜衍《四時祭享儀》,終吳仁傑《廟制罪言》《郊祀贅說》,著錄兩宋禮書,同樣出自《中興志》。北宋部分開頭杜衍《四時祭享儀》一卷、劉溫叟《開寶通禮》二百卷,見於《直齋》等書著錄,可見南宋末年其書尚存。神哲徽欽四朝部分,如:

【儀注一】《諸州釋奠文宣王儀注》一卷(元豐間重修)

【儀注一】《釋奠祭器圖》及《諸州軍釋奠儀注》一卷(崇寧中頒行)

【儀注一】《宣和重修鹵簿圖記》三十五卷(蔡攸等撰)

《玉海》云"《書目》有元豐放行《諸州釋奠儀注》一卷";又云"其《釋奠元聖文宣王廟儀注》及《祭器圖》,令崇文院摹印,下禮院頒諸路。《書目》有崇寧頒行一卷";又云"《宣和重修鹵簿圖記》。《書目》三十五卷:初王欽若三卷,宋綬十卷。

---

〔15〕《文獻通考》卷一八七《經籍考》引,5479頁。本文引《崇文總目》參照《粵雅堂叢書》本錢東垣等輯《崇文總目》五卷補遺一卷附錄一卷,《宋元明清書目題跋叢刊》第一冊,中華書局,2006年。

〔16〕《玉海》卷六九《禮儀》,1356頁。

〔17〕《玉海》卷六九《禮儀》,1361頁。徐小蠻、顧美華點校《直齋書錄解題》卷六,上海古籍出版社,2015年,186頁。

宣和别爲一書,益號詳備,三十三卷,目錄二卷"[18]。也全部與《中興目》吻合。

2.《三朝志》《兩朝志》《四朝志》組

第二組至第九組是以儀注的細分類目(如集禮、郊祀、祭服、喪服)分組編排,更接近於《宋史·五行志》《禮志》及會要在各類各門之下,依時序續入的編纂方式。如果這一判斷不誤,那麼可以認爲,第二組至第九組中神哲徽欽時的著述一定屬於《四朝志》。

第二組起潘徽《江都集禮》,終《大觀新編禮書吉禮》,凡 9 部,可稱爲"集禮"組。第一部爲潘徽《江都集禮》一百四卷,同於《崇文目》;而《宋志》經部禮類有《江都集禮圖》五十卷,與《中興館閣續書目》相合。因此儀注第二組可以排除出自《中興志》的可能[19]。第二組中黄廉《大禮式》二十卷,何洵直、蔡確《禮文》三十卷,《唐吉凶禮儀禮圖》三卷[20],龐元英《五禮新編》五十卷,《大觀禮書賓軍等四禮》五百五卷看詳十二卷,《大觀新編禮書吉禮》二百三十二卷看詳十七卷,凡 6 部、669 卷應當出自《四朝志》。

第三組起歐陽脩《太常禮院祀儀》,終張諤《熙寧新定祈賽式》,凡 20 部,可稱爲"郊祀薦獻"組,"一部""卷亡""若干册"等標誌性特徵往往可見。其中陳繹《南郊附式條貫》一卷、向宗儒《南郊式》十卷、陳旸《北郊祀典》三十卷、蔣猷《夏祭敕令格式》一部(卷亡)、《明堂祫饗大禮令式》三百九十三卷(元豐間)、《明堂大饗視朔頒朔布政儀範敕令格式》一部(宣和初,卷亡)、馮宗道《景靈宫供奉敕令格式》六十卷、《景靈宫四孟朝獻》二卷、《諸陵薦獻禮文儀令格式並例》一百五十一册(紹聖間,卷亡)、張諤《熙寧新定祈賽式》二卷[21],凡 10 部、498 卷

---

[18] 《玉海》卷一一三《學校》,2172 頁。同書卷五六《藝文》,1118 頁。同書卷八〇《車服》,1541 頁。

[19] 《文獻通考》卷一八七引《崇文總目》"凡一百二十卷,今亡闕,僅存一百四卷",5479 頁。《玉海》卷三九《藝文》:"《崇文總目》一百四卷(《續書目》五十卷)。"776 頁。

[20] 《唐吉凶禮儀禮圖》見於《秘書省續編到四庫闕書目》,可能是哲宗、徽宗時所見佚書。

[21] 其中蔣猷《夏祭敕令格式》一部(卷亡),見《宋會要輯稿·刑法一》格令:"〔政和七年〕五月二十七日,禮制局編修《夏祭敕令格式》頒行。"8243 頁。馮宗道《景靈宫供奉敕令格式》六十卷,見《續資治通鑒長編》卷三二九,元豐五年六月辛丑"入内供奉官馮宗道上《景靈宫供奉敕令格式》六十卷",中華書局,2004 年,7939 頁。又《宋會要輯稿·刑法一》格令:"〔元豐五年九月〕二十二日,入内供奉官馮宗道上《景靈(官)〔宫〕供奉敕令格式》六十卷。"8224 頁。《景靈宫四孟朝獻》二卷,見《長編》卷三三〇,元豐五年十月"丙辰,修定景靈宫儀注所上《景靈宫四孟朝獻儀》二卷、《看詳》十三卷,《大禮前天興殿儀》一卷、《看詳》十八卷。從之",7949 頁。

(另151册)應當出自《四朝志》。

第四組起張傑《春秋車服圖》,終《祭服圖》,凡4部,可稱爲"祭服"組。前兩部見於《崇文目》。後兩部《祭服制度》十六卷、《祭服圖》三册(卷亡),與《大觀吉禮》同進,均爲《政和五禮新儀》前身。即後兩部16卷(另3册)應當出自《四朝志》。

第五組起《五服志》,終《喪服加減》,凡4部,可稱爲"喪服"組。其中第一、二、四部皆見於《崇文目》,第三部劉筠《五服年月("年月"一作"用")敕》一卷見於《秘目》,但應爲真宗、仁宗時書。

第六組起李至《正辭録》,終《閤門令》,凡11部,除《正辭録》以外[22],可稱爲"朝會"組。其中《朝會儀注》一卷(元豐間)、《大禮前天興殿儀》二卷(元豐間)、葉均《徽號册寶儀注》一卷[23],凡3部,4卷應當出自《四朝志》。

第七組起《蜀坤儀令》,終高中《六尚供奉式》,凡6部,可稱爲"宮儀"組。衹有第一部《蜀坤儀令》一卷見於《崇文目》,以下5部:《皇后册禮儀範》八册(大觀間,卷亡)、《帝系后妃吉禮並目録》一百一十卷(重和元年)、王巖叟《中宮儀範》一部(卷亡)、王與之《祭鼎儀範》六卷、高中《六尚供奉式》二百册(卷亡)[24],凡117卷(另208册)當出自《四朝志》。

第八組起王叡《雜録》,終《諸蕃進貢令式》,凡7部,可稱爲"雜儀"組。王叡《雜録》五卷見《崇文目》,張直方、李詠兩種《打毬儀》時代不詳。其他4部:《營造法式》二百五十册(元祐間,卷亡)、高麗《入貢儀式條令》三十卷(元豐間)、《高麗女真排辨式》一卷(元豐間)、《諸蕃進貢令式》十六卷(董氈、鬼章一,闍婆一,占城一,層檀一,大食一,勿巡一,注輦一,羅、龍、方、張、石蕃一,于闐、拂菻

---

[22]《宋史》卷九八《禮志》:"舊制,郊廟祝文稱嗣皇帝,諸祭稱皇帝。著作局準《開元禮》全稱帝號。真宗以兼秘書監李至請,改從舊制。又諸祭祝辭皆臨事撰進,多違典禮,乃命至增撰舊辭八十四首,爲《正辭録》三卷。"2427頁。

[23]《大禮前天興殿儀》詳前注。葉均爲神宗元豐時人,見《宋史》卷四四三《文苑傳》楊傑,13102頁。《徽號册寶儀注》當即《宋史》卷一〇八《禮志》時享"[元豐]六年十一月,帝親祠南郊。前期三日,奉仁宗、英宗徽號册寶於太廟",2595頁。

[24] 王與之《祭鼎儀範》六卷,見《宋會要輯稿·禮五一》"祭蕭鼎":"大觀元年十一月十四日,鄭居中等言:'……乞修爲祭鼎儀範,時出而用之。今修成《鼎書》十七卷、《祭鼎儀範》六卷,乞頒降每歲祀鼎常典,付有司施行。'"1904頁。高中《六尚供奉式》,見《宋會要輯稿·職官一九》:"政和元年十一月十七日,殿中監高伸等言,准詔編定《六尚供奉式》,今已成書。"3552頁。

一,交州一,龜兹、回鶻一,伊州、西州、沙州一,三佛齊一,丹眉流一,大食陀婆離一,俞盧和地一),凡47卷(另250册)當出自《四朝志》。

第九組起王晉《使範》,終鄭餘慶《書儀》,凡11部,可稱爲"使範家範書儀"組。本組諸書基本見於《崇文目》《秘目》,司馬光《家範》四卷可能出自《四朝志》。

綜上,儀注類先排入《中興志》(第一組),第二至九組按照細分類目補入《三朝志》《兩朝志》與《四朝志》,之所以採用這種方式,很有可能是因爲《三朝志》《兩朝志》儀注類以下本身就分三級目録。其中可認定屬於《四朝志》的有30部、1339卷(另612册)。

(二)《宋志》史部刑法類中之《四朝志》

據《文獻通考》,刑法類《三朝志》43部、694卷,《兩朝志》34部、377卷,《中興志》94部、3930卷,而《四朝志》達到了驚人的17300卷。事實上,《宋志》刑法類著録7955卷,尚不足《四朝志》之半;而《文獻通考》載《四朝志》共25254卷,儀注類3773卷,刑法類17300卷,别集類6849卷,僅此三類就已超過了25254卷之數,卷帙統計方法也可存疑。

與《宋志》儀注細分類目下補入《三朝志》《兩朝志》《四朝志》不同,《宋志》刑法可以簡單劃分爲《三朝志》《兩朝志》組、《四朝志》組和《中興志》組,如圖3[25]:

《宋志》刑法類編排方式最接近《宋史·律曆志》,即錢大昕所謂"此志惟總序一篇,乃元史臣之筆,自一卷至三卷(卷六八至卷七〇),本之《三朝史》;四卷至九卷(卷七一至卷七六),本之《兩朝史》;十卷至十三卷(卷七七至卷八〇),本之《四朝史》;十四卷以後(卷八一至八四),本之《中興史》。四史體裁,本未畫一,史臣彙爲一志,初未鎔範,故首尾絶不相應"[26]。

《宋志》刑法類既然以《三朝志》《兩朝志》《四朝志》《中興志》依次抄入,又

---

[25] 《中興志》組前兩部爲劉次莊《青囊本旨論》一卷、王晉《使範》一卷,前者《宋志》五行類重出,後者上儀注類重出。兩部與刑法並無關係,疑元代史官之誤。又《中興志》組第八部爲《八行八刑條》一卷(大觀元年御製),據《玉海》卷六六《詔令》:"《淳熙書目》自《御製八行八刑條》至《刑統賦解》六十一家,定著一千五百三十七卷。《續目》二十三家一千九百三十九卷"(1308頁),部數與卷帙也基本相合。

[26] 錢大昕《廿二史考異》卷六八,鳳凰出版社,2016年,1160頁。

```
                    ┌ 律十二卷
  一 三朝兩朝志組    │ ……
  65部 1034卷       └ 孫奭律音義一卷

                    ┌ 王誨群牧司編十二卷
  二 四朝志組        │ ……
  81部 7886卷       └ 薛昂神霄宮使司法令一部（卷亡）
  2784册

                    ┌ 劉次莊青囊本旨論一卷
                    │ 王晉使範一卷
                    │ 和凝疑獄集三卷
  三 中興志組        │ ……
  71部 2844卷       │ 嘉定編修吏部條法總類五十卷
                    │ ……
                    └ 編類諸路茶鹽敕令格式目録一卷
```

圖 3

《四朝志》性質特殊，並非神哲徽欽秘省藏書，也就是説，《三朝志》《兩朝志》組可以和《中興志》組有重出，《四朝志》組可以和《中興志》組有重出[27]，但《三朝志》《兩朝志》組和《四朝志》組不重出[28]。

《三朝志》《兩朝志》組與《中興志》組重出如：

【刑法 一 三朝兩朝志組】《開寶長定格》三卷

【刑法 三 中興志組】盧多遜《長定格》三卷

【刑法 一 三朝兩朝志組】吳奎《嘉祐録令》十卷，又《驛令》三卷

【刑法 三 中興志組】張方平《嘉祐驛令》三卷，又《嘉祐禄令》十卷

【刑法 一 三朝兩朝志組】孫奭《律音義》一卷

【刑法 三 中興志組】孫奭《律令釋文》一卷

《嘉祐驛令》《禄令》，《玉海》《直齋》皆云張方平上[29]。又《玉海》引"《書目》：

---

[27] 如《四朝志》組鄭居中《政和新修學法》一百三十卷，與《中興志》組鄭居中《學制書》一百三十卷重出。

[28] 需要注意的是《四朝志》組有賈昌朝《慶曆編敕》律學、武學敕式共二卷，似乎與《三朝志》《兩朝志》組賈昌朝《慶曆編敕》十二卷總例一卷重出。但前者限於律學、武學，應當爲神宗時期重新摘編，《四朝志》組下一部就是《武學敕令格式》一卷（元豐間），據《宋會要輯稿·刑法一》在元豐三年六月十八日，8224 頁。

[29] 《玉海》卷六六《詔令》，1313 頁。《直齋書録解題》，224 頁。

《律令釋文》一卷,天聖中,孫奭等撰"[30]。可證第三組確係《中興志》組。

如上述推論不誤,那麽《四朝志》組,起王誨《群牧司編》,終薛昂《神霄宫使司法令》,凡81部、7886卷(另2784册),就是相對完整的《四朝國史藝文志》刑法類了。

《宋志》刑法類中,"一部""卷亡""若干册"等具有標誌性特點的著録全部見於《四朝志》組。最典型的例子如:

【刑法 二 四朝志組】《六曹條貫》及看詳三千六百九十四册(元祐間,卷亡)

【刑法 二 四朝志組】《六曹敕令格式》一千卷(元祐初)

據《長編》元祐元年八月:"司馬光劄子:……近據中書門下後省修成《尚書六曹條貫》,共計三千六百九十四册,寺監在外;又據編修諸司敕式所申修到敕令格式一千餘卷册。雖有官吏强力勤敏者,恐不能遍觀而詳覽,况於備記而必行之?"[31]後一種當作"一千餘卷册"。

《四朝志》組排列非常嚴謹整飭,以熙寧、元豐、元祐、建中靖國、崇寧、大觀、政和、宣和爲序,某一年號内部也基本按照時序排列。如熙寧部分年代可考的條目:王誨《群牧司編》十二卷,在熙寧三年五月;張稚圭《大宗正司條》六卷,在五年二月;沈立《新修審官西院條貫》十卷又總例一卷,在熙寧五年十二月;《支賜式》十二卷,在六年八月;陳繹《熙寧編三司式》四百卷,在七年三月;李承之《禮房條例》並目録十九册,在八年二月;《諸敕式》二十四卷,在九年九月;《諸敕令格式》十二卷,在十年二月;又《諸敕格式》三十卷,在十年十一月[32]。這一點可

---

[30] 《玉海》卷六六《詔令》,1312頁。

[31] 《長編》卷三八五,元祐元年八月丁酉,9380頁。

[32] 王誨《群牧司編》,當作"編敕",見《長編》卷二一一,熙寧三年五月庚戌,5137頁。張稚圭《大宗正司條》,當作"大宗正司編修條例"或"條貫",見《長編》卷二三〇,熙寧五年二月甲寅,5589頁;又《宋會要輯稿·刑法一》格分,8220頁。沈立《新修審官西院條貫》,見《長編》卷二四一,熙寧五年十二月庚辰,作"新修審官西院敕";又《宋會要輯稿·刑法一》作《新(條)[修]本院條貫》十卷、經例一卷;《宋會要輯稿·職官一一》"審官西院"作《新修本院條貫》十卷、總領一卷,8220、3308頁。《支賜式》,見《長編》卷二四六,熙寧六年八月乙亥,5989頁。陳繹《熙寧編三司式》,當作"三司敕式",見《長編》卷二五一,熙寧七年三月乙巳,6112頁。李承之《禮房條例》並目録,見《長編》卷二六〇,熙寧八年二月己丑,6348頁。《諸敕式》二十四卷,當作"諸司敕式",在九年九月二十五日,《宋會要輯稿·刑法一》,8222頁。《諸敕令格式》十二卷,當作"諸司敕令格式",見《長編》卷二八〇,熙寧十年二月戊申,6874頁;又《宋會要輯稿·刑法一》,8222頁。《諸敕格式》三十卷,當作"敕令格式",見《長編》卷二八五,熙寧十年十一月辛亥,6987頁;又《宋會要輯稿·刑法一》,8222頁。

以支持我們對於《四朝志》依據實錄等文獻中修書、獻書、進呈、頒行記錄編纂的觀點。

(三)《宋志》集部別集類中之《四朝志》

《宋志》往往會將作者不詳的著述排在二級目錄或三級目錄最末,小注"不知作者"或(以上若干種)"並不知作者"。按照此種體例,集部別集類的編纂框架《中興志》可分爲漢至唐、五代、宋代、僧道女子四部分;在四部分基礎上,根據作者生卒年代、著作體裁又可細分若干組,也就是《三朝志》《兩朝志》《四朝志》補入的内容,可圖示如下:

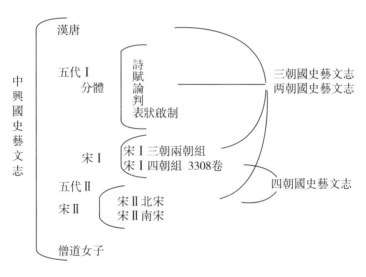

圖4

其中,(1)漢唐組終於皮氏《玉笥集》一卷(不知作者)、黃滔《莆陽黃御史集》二卷、《黃寺丞詩》一卷(不著名,題唐人)、蘆中詩二卷(不知作者)四部。另外漢唐組在《則天中興集》十卷又別集一卷之下,混入宋代太宗至徽宗御集。(2)五代Ⅰ組起李琪《金門集》十卷,終湯筠《戎機集》五卷。(3)五代Ⅰ組以下,分詩、賦、論、判、表狀啓制等文體排入各類著述("論"最末混入《九證心戒》、杜嗣先《兔園策》),《崇文目》別集類同樣也存在按文體分組的特點:別集三、四爲詩,別集五爲賦,別集六、七爲啓狀表制等。再驗以著述成書時間最晚不過宋初,可以認爲該組同樣與《三朝志》《兩朝志》存在密切關係。該組制集部分最後是《金臺倚馬集》《擬狀制集》至《蓬壺集》《忘機子》共7部,小注"並不知作者"。

(4)宋Ⅰ組,起《張昭嘉善集》,終《唐恪文集》《譚世勣文集》[33],宋Ⅰ組僅包含北宋九朝,我們認爲其來源是《三朝志》《兩朝志》與《四朝志》,也就是其中神哲徽欽四朝的内容屬於《四朝志》,詳下。(5)五代Ⅱ組起竇夢證《東堂集》,終《李建勳集》。五代Ⅱ組與下宋Ⅱ組之間又有杜田、薛蒼舒、洪興祖等注杜甫詩共4部。(6)宋Ⅱ組起《范質集》,終《江漢編》(不知作者),貫穿北宋、南宋,也混有唐人作品。宋Ⅱ組北宋部分依然有其他三種《國史志》補入的内容。(7)僧道女子組起《晋惠遠廬山集》,終《許氏詩》(許彦國母)。最後又混入楊吉《登瀛集》《劉京集》2部。

總之,《宋志》别集類依然以《中興志》貫穿首尾,如漢人集中第一、第三部爲《董仲舒集》一卷、《劉向集》五卷,見於《玉海》所引《書目》;唐人集中發首爲《唐太宗詩》一卷、《玄宗詩》一卷,見於《玉海》所引《中興書目》[34];而宋Ⅱ組後半主要是南宋著述。可見《中興志》别集類依然是《宋志》的編纂基礎。

如分析不誤,宋Ⅰ組來源是《三朝志》《兩朝志》與《四朝志》;宋Ⅱ組則以《中興志》爲基礎,北宋部分補入或合併了其他三種《國史志》,因此,宋Ⅰ組中神哲徽欽四朝的内容屬於《四朝志》,也就是起趙抃《成都古今集》,終《唐恪文集》《譚世勣文集》凡107部、3308卷,來自《四朝志》。

宋Ⅰ組神哲徽欽四朝部分的特點,可以説是較爲嚴謹地按照作者卒年順序排列,符合據實録中名臣碑傳摘録的情况;卷帙多爲整數,與《東都事略》《宋史》本傳等文獻往往相合;宋Ⅰ組四朝部分作者與宋Ⅱ組多有重出,相較而言,宋Ⅰ組四朝部分呈現出"虚張空簿""溯其當有"的面貌,而宋Ⅱ組相關著録則更接近南宋據館閣實藏登載的面貌。下面詳細説明:

1. 基本據卒年編次

宋Ⅰ組四朝部分基本按照作者卒年先後爲序;首先是卒於元豐年間的趙抃、宋敏求;次卒於元祐年間的龔鼎臣、程師孟等;次卒於紹聖年間的喬執中、趙仲亥、李之純等;次卒於徽宗初年的王存、蔣之奇等;次卒於宣和、靖康年間的游酢、劉安世、唐恪等。特別是元祐段中出現了鄧綰(元祐元年卒)、劉彝、趙世繁、張

---

[33] 此下又有孫希廣《樵漁論》三卷,屬於宋Ⅰ抑或五代Ⅱ組未詳。
[34] 《玉海》卷五五《藝文》,1089、1091頁。卷二八《聖文》,581、582頁。

詵(二年正月丁丑卒)、韓絳(三年三月丙辰卒)、龐元英、李常(五年二月丁酉卒)、孫覺(五年二月戊戌卒)、吕公孺(五年三月壬辰卒)、熊本(六年九月辛亥卒)、傅堯俞(六年十一月辛丑卒)、葉康直(六年十二月丙寅卒)、李承之(六年十二月戊辰卒)、盧秉(七年十二月乙卯卒)的整齊編次[35]。宣和段中也出現了葉焕《繼明集》(宣和四年四月上)[36]、趙仲御(宣和四年五月贈太傅、郇王)[37]、李長民《汴都賦》(宣和四年六月二十九日上)[38]、鮑慎由、游酢(宣和五年卒)、劉安世(宣和七年卒)的整齊編次[39]。

雖然宋Ⅰ組四朝部分有吕惠卿混入元豐段,王洙、田况混入元祐段等現象[40],但綜觀《宋志》,宋Ⅰ組四朝部分在别集中依然是編纂最爲嚴謹的一組。

2. 與傳記資料多合

宋Ⅰ組四朝部分與《東都事略》《宋史》本傳、《長編》《宋會要輯稿》多合,多爲碑傳所載著述之"完帙"。

如趙承幹文集:

【别集 宋Ⅰ】《承幹文集》十卷

對應《長編》元豐六年五月己卯"舒州防禦使克敦進父保静軍節度使、蕭國公承幹文集十卷",又《宋會要輯稿·崇儒》亦云"元豐六年五月四日,舒州防禦使克敦進父保静軍節度使、蕭國公承幹文集十卷"[41]。可見趙承幹文集題作"承幹文集",恐怕是《四朝志》本就實録等文獻採入,未必是元代史臣妄改。

更多的是與《東都事略》、《宋史》本傳相合:

【别集 宋Ⅰ】宋敏求《書闈前後集》《西垣制詞》《文集》四十八卷

---

[35] 昌彼得、王德毅、程元敏、侯俊德編《宋人傳記資料索引》,鼎文書局,1984 年,3736 頁。《長編》卷三九四,9610 頁。卷四〇九,9953 頁。卷四三八,10553 頁。卷四三九,10585 頁。卷四六六,11135 頁。卷四六八,11172、11183 頁。卷四七九,11402 頁。

[36] 《宋會要輯稿·崇儒五》獻書升秩,2851 頁;又見《玉海》卷一二八《官制》:"宣和四年四月,葉焕上《繼明集論》,總六十五卷。"2454 頁。

[37] 《宋會要輯稿·帝系三》追封王,81 頁。

[38] 《玉海》卷一六《地理》:"宣和四年六月二十九日,李長民上《廣汴都賦》。"352 頁。

[39] 《宋人傳記資料索引》,2765、3938 頁。

[40] 王洙卒於嘉祐二年九月甲戌,田况卒於嘉祐八年二月乙酉,《長編》卷一八六,4490 頁,卷一九八,4790 頁。

[41] 《長編》卷三三五,8063 頁。《宋會要輯稿·崇儒五》獻書升秩,2850 頁。

【東都事略】著《書闈前後集》《西垣制辭》《文集》凡四十八卷。[42]

宋敏求諸集與一般藝文志分著各書卷數體例不合,顯然來源於傳記材料。而《東都事略》可以確認是《四朝國史》的文獻來源之一。

又如:

【别集 宋Ⅰ】《楊繪文集》八十卷

【東都事略】有集八十卷　【宋史】爲文立就,有集八十卷[43]

【别集 宋Ⅰ】《田况文集》三十卷

【東都事略】有奏議三十卷　【宋史】有奏議二十卷[44]

【别集 宋Ⅰ】《孔文仲文集》五十卷

【東都事略】有文集五十卷　【宋史】有文集五十卷[45]

【别集 宋Ⅰ】《蔡肇文集》三十卷

【東都事略】有文集三十卷[46]

【别集 宋Ⅰ】《鮑慎由文集》五十卷

【東都事略】有文集五十卷[47]

3. 呈現出"溯其當有"面貌:

比對宋Ⅰ組四朝部分與宋Ⅱ組重出情况,宋Ⅱ組更接近於南宋時"舉其實存",宋Ⅰ組四朝部分則呈現出"虛張空簿""溯其當有"的面貌。

表2

宋Ⅰ組四朝部分	宋Ⅱ組
田况文集三十卷	田况策論十卷
宋敏求書闈前後集 西垣制詞 文集四十八卷	宋敏求東觀絶筆二十卷
程師孟文集二十卷 又奏議十五卷	程師孟長樂集一卷

---

[42]　《東都事略》卷五七《宋敏求傳》,南宋紹熙四川眉山程舍人宅刊本,葉三b。
[43]　《東都事略》卷九二《楊繪傳》,葉二a。《宋史》卷三二二《楊繪傳》,10450頁。
[44]　《東都事略》卷七〇《田况傳》,葉五a。《宋史》卷二九二《田况傳》,9783頁。
[45]　《東都事略》卷九四《孔文仲傳》,葉一a。《宋史》卷三四四《孔文仲傳》,10933頁。
[46]　《東都事略》卷一一六《蔡肇傳》,葉五a。
[47]　《東都事略》卷一一六《鮑由傳》,葉六a。

續　表

宋Ⅰ組四朝部分	宋Ⅱ組
楊繪文集八十卷	楊繪諫疏七卷
蔣之奇荆溪前後集八十九卷 又别集九卷 北扉集九卷 西樞集四卷 厄言集五卷 芻言五十篇	蔣之奇集一卷
吕惠卿文集一百卷 又奏議一百七十卷	吕惠卿集五十卷
蔡肇文集三十卷	蔡肇集六卷 又詩三卷
張商英文集一百卷	張商英集十三卷
劉安世文集二十卷	劉安世元城盡言集十三卷

當然宋Ⅱ組也不能認爲全無《四朝志》補入：如龔鼎臣墓志銘稱"公有《東原集》五十卷、《諫草》三卷、《周易補注》三卷、《中説注》十卷、《編年》《官制圖》各一卷"[48]，對應宋Ⅰ組四朝部分有龔鼎臣《諫草》三卷，宋Ⅱ組則有《龔鼎臣集》五十卷。《東都事略》云張方平"有《樂全集》四十卷、《玉堂集》二十卷"[49]，對應宋Ⅰ組四朝部分有張方平《玉堂集》二十卷，宋Ⅱ組有《張方平集》四十卷，又進策九卷。又如宋Ⅱ組的王回集十卷，《文獻通考》云"侯官三王之文，蓋宗師歐公者也。其大家正氣，當與曾、蘇相上下，故南豐推服其文，而深悲其早世。然晁、陳二家書録，並不收入，《四朝國史藝文志》僅有王深父集，才十卷，則止有曾序所言之半，而子直、容季之文無傳焉，亦不能知其卷帙之多少，可惜也"，明確指出見於《四朝志》[50]。

總結《宋志》别集類的編纂思路，大約是先據《中興志》大致分爲漢唐、五代、宋代、僧道女子四組，在漢唐、五代組補入《三朝志》《兩朝志》，宋代組補入《三朝志》《兩朝志》《四朝志》；但可能由於《三朝志》《兩朝志》包含按文體細分的三級目録，加之别集類涉及作者較多、時代難於判定，導致編纂過程中屢次偏離預設方案，最終呈現出時代先後、作品體裁都較爲混亂的面貌。

[48] 劉摯《忠肅集》卷一三《正議大夫致仕龔公墓誌銘》，中華書局，2002年，266頁。
[49] 《東都事略》卷七四《張方平傳》，葉四a。
[50] 《文獻通考》卷二三五《經籍考》，6428頁。

三、總結

《宋志》經部與史部前半編纂工作較爲細緻,當以《中興志》爲基礎,前三種《國史志》基本按照作者生卒先後補入,較好地將四種《國史志》混爲一體。而從史部後半開始,工作逐漸粗率,每每呈現出三種《國朝志》成組補入的現象,編纂工作存在分頭並進的可能。以《四朝志》卷帙最爲集中的史部儀注類、刑法類、集部別集類爲例:儀注類在排入《中興志》後,按細分類目分爲八組,各組補入《三朝志》《兩朝志》與《四朝志》;刑法類順次排入四種《國史志》;別集類則以《中興志》爲基礎,大致分作漢唐、五代、宋代、僧道女子四組,在漢唐、五代組補入《三朝志》《兩朝志》,宋代組補入《三朝志》《兩朝志》與《四朝志》。

根據《四朝志》特徵,本文輯出《四朝志》儀注、刑法、別集類條目218部,共12533卷(另3396册)。《三朝志》《兩朝志》諸多條目與《中興志》重合,許多著述北宋尚存完帙而南宋已殘缺不全,但《宋志》中仍然體現出編纂基礎《中興志》的面貌。相較之下,《四朝志》時代特點和著録特徵較爲明顯,更因其"溯其當有"的性質,與著録南宋館閣實際藏書的《中興志》重合較少,在《宋志》中也相對顯豁。

Extracting *Treatise on the Classics and other Writings of Reign History of Four Emperors* from *Treatise on the Classics and other Writings of History of the Song*

Ma Nan

Treatise on the Classics and other Writings of Reign History of Four Emperors or *Sichaoguoshiyiwenzhi* 四朝國史藝文志 was compiled during the reign of Emperor Xiaozong 孝宗 of Southern Song Dynasty. The four emperors are Emperor Shenzong 神宗, Zhezong 哲宗, Huizong 徽宗, Qinzong 欽宗. The treatise was compiled based on records about the compilation, offering and promulgation of books from "veritable records" and "essential documents and regulations". It recorded books that appeared during the reign of these four emperors. It was different to the same treatise of *Reign History* of other emperors since the latter recorded Imperial collection of books. *The Treatise on the Classics and other Writings of History of Song* or *Songshiyiwenzhi* 宋史藝文志 was based on the *Treatise of Reign History of Revitalization* and supplemented with treatises of *Reign History* of other emperors. According to the time frame and characteristics of the *Treatise on the Classics and other Writings of Reign History of Four Emperors*, most texts could be recovered. *The Treatise of History of Song* was compiled meticulously in the Branch of Classics and the first half of the Branch of Histories. The second half of the Branch of Histories and other Branches were compiled inattentively and the compilation structure also underwent changes.

唐宋彩選與官制知識的傳播

——以劉攽《漢官儀彩選》爲例*

章名未

　　遊戲是一種以娛樂爲目的的活動,但這一活動與嚴肅性、知識性,並不必然排斥。20世紀文化學者赫伊津哈對於遊戲有極高的評價,他認爲人類的文化即處在"遊戲狀態下"。廣義來說,古代的神裁法、典禮儀式,今天的奧運會等各種比賽,甚至戰爭,皆可置於"遊戲"的討論範疇内。正如赫伊津哈所説:"遊戲概念比嚴肅性更高一層。因爲嚴肅性力圖排除遊戲,而遊戲却能很好地包容嚴肅性。"[1]

　　遊戲與知識之間也有密切聯繫。稍作思考便能想到"益智類"遊戲,它們通常與文字密切相關,英文稱爲"puzzle",翻譯過來又與謎語、拼圖同詞。它們大多將現有知識作爲内容,編排一種形式使之成爲可競争、可對抗的活動。相比於普通的閱讀活動,這種形式顯然更爲有趣,更有利於知識的傳播,正所謂"寓教於樂"。

　　不過遊戲與知識間的流向並不是單一的,甚至有時遊戲也會塑造新知。本文討論的便是中國古代史中一個遊戲與知識互動的案例。唐宋時期興起了一種

---

* 此書南宋紹興九年臨安府刻本自題爲《漢官儀》,本文採用《郡齋讀書志》《通志·藝文略》所録書名《漢官儀彩選》,以突出文本的遊戲性質,避免與應劭《漢官儀》相混淆。另,"彩選"一作"采選",本文統作"彩選"。參劉攽《漢官儀》三卷,中國國家圖書館藏南宋紹興九年臨安府刻本影印,"中華再造善本",北京圖書館出版社,2002年;晁公武撰,孫猛校證《郡齋讀書志校證》,上海古籍出版社,1990年,696頁;鄭樵撰,王樹民點校《通志二十略》,中華書局,1995年,1712頁。《漢官儀彩選》整理本見章名未《官制與遊戲之間:從〈漢官儀彩選〉到〈西漢會要·班序〉》附録四,北京大學博士學位論文,2020年6月。

[1] 約翰·赫伊津哈著,多人譯《遊戲的人》,中國美術學院出版社,1996年,48頁。

模擬做官的文人遊戲,稱爲彩選,是明清百官鐸、升官圖的前身。這種遊戲大多根據本朝官制編排而成,是對現實任官制度和仕宦生涯的一種曲折呈現。其中也有一些彩選遊戲是以前朝官制爲基礎編訂的,劉攽所作《漢官儀彩選》便是其中一部。它取材於《漢書》,通過對史料加以重新編排,構擬出一套西漢職官的升遷序列。然而,劉攽以今擬古的"遊戲"之作,竟得到不少宋人的重視,成爲他們認識和想象西漢制度的依憑,並在後世產生持續的影響。

一、唐宋彩選與現實制度的關係

彩選遊戲流行於唐宋時期,所謂"彩"即指骰子點數,"選"即指選官,是一種根據骰子點數決定官號升降的文人遊戲[2]。正如清人趙翼所述:"開列大小官位於紙上,以明瓊擲之,計點數之多寡,以定升降。"[3]現今唐宋彩選僅留下劉攽《漢官儀彩選》一部,從這一文本來看,遊戲者從"選舉"條開始,每一輪先擲骰子,然後根據職官條目下對應的點數說明,進行官號遷轉以及籌金收付。局終以一份官號列表判定勝負,官號高者爲勝[4]。由於涉及較多職官信息,唐宋彩選一般爲書册形式,在遊戲中需不停翻閱。明清時也有這類選官題材的骰子戲,但形制大爲簡潔,清時已簡化爲一張圖紙,稱爲升官圖。故可以說唐宋彩選是明清

---

[2] 案《通志·藝文略》"彩選"條下還有選佛、選仙圖,見鄭樵撰,王樹民點校《通志二十略》,1713 頁。朱南銑概括:"采選一詞之爲義,有廣有狹,狹則選官,廣兼仙佛。"見《説續古逸叢書影宋本漢官儀》,《圖書季刊》,1940 年第 4 期,566 頁。本文僅討論選官題材的彩選遊戲,關於選佛圖,May-Ying Mary Ngai 的博士學位論文對於目前僅存的選佛圖文本——明代蕅益智旭所著《選佛圖》進行了詳盡的文本解讀和遊戲復原。參見 Ngai, May-ying Mary, "From Entertainment to Enlightenment: a study of a cross-cultural religious boardgame with an emphasis on the Table of Buddha Selection designed by Ouyi Zhixu of the late Ming dynasty". PhD diss., University of British Columbia, 2011。

[3] 趙翼《陔餘叢考》卷三三"升官圖"條,中華書局,2019 年,913 頁。

[4] 關於這一遊戲的基本玩法可參見朱亦文《升官發財:劉攽〈漢官儀〉的趣味》,《史原》論壇,2022 年 2 月 23 日。https://shiyuan1970.wordpress.com/2022/02/23/xuexunfeb22/#more-3085. 感謝北京大學王竣同學示知此文,謹致謝忱。

百官鐸、升官圖的前身[5]。

　　彩選遊戲的產生具有很强的現實針對性。一般認爲,彩選遊戲產生於唐後期,李郃《骰子選格》是見於著録的最早的彩選著作,也是唯一一部唐代彩選著作,宋人也將彩選起源繫於此書。關於彩選起源,宋人主要有以下三種説法：

　　(1)唐李郃爲賀州刺史,與妓人葉茂蓮江行,因撰《骰子選》,謂之葉子。咸通以來,天下尚之。[6]

　　(2)彩選序曰,唐之衰,任官失序而廉恥路斷。李賀州郃譏之,耻當時職任,用投子之數,均班爵賞,謂之彩選,言其無實,惟彩勝而已。本朝劉蒙叟、陳堯佐雖各有損益,而大抵取法。及趙明遠削唐雜任之門,盡以今制,專以進士爲目,時慶歷中也。元豐末官制行,朱昌國又以寄禄新格爲名。[7]

　　(3)李郃除賀州,人言不熟臺閣,故著《骰子選格》。[8]

三條材料皆指出《骰子選格》成書於李郃任賀州刺史時。案李郃唐史無傳,不過由出土墓志可知,他任賀州刺史在開成五年至會昌二年(840—842)[9]。對於成書原因,三條材料説法不一：材料(1)認爲彩選即葉子戲,因葉姓女子而得名；材料(2)認爲源於對現實中任官失序的不滿；材料(3)則認爲目的在於向州府官

---

[5] 清人多將升官圖的傳統溯至明末倪元璐《百官鐸》,又進而溯至唐宋彩選,如清代梁章鉅云:"或問,升官圖仿於何時？按此圖相傳爲房鴻寶所作,前人謂之選格,亦謂之百官鐸……其實此戲自唐時即有之。"梁章鉅撰,陳鐵民點校《浪迹叢談》卷六"升官圖"條,中華書局,1981年,98頁。目前,卜永堅《遊戲官場:升官圖與中國官制文化》是研究升官圖的唯一專著,書中對於民國時期上海三興書社版升官圖進行了解讀和玩法復原。Carole Morgan, "The Chinese Game of Shengguan tu",也復原了清代某升官圖。宋秉仁長文《升官圖遊戲沿革考》梳理了從彩選到升官圖的發展過程,史料搜集較爲全面。參見卜永堅《遊戲官場:升官圖與中國官制文化》,中華書局(香港),2010年；宋秉仁《升官圖遊戲沿革考》,《臺灣師大歷史學報》第33期,2005年6月；Carole Morgan, "The Chinese Game of Shengguan tu", *Journal of the American Oriental Society*, Vol. 124, No. 3(2004), pp 517–532。

[6] 《太平廣記》卷一三六《徵應二》"李郃"條引《感定録》,中華書局,1961年,978頁。案,"郃"當爲"郃"字形訛。

[7] 高承撰,李果訂,金圓、許沛藻點校《事物紀原》卷九《博弈嬉戲部》,中華書局,1989年,491頁。

[8] 錢易撰,黃壽成點校《南部新書》乙卷,中華書局,2002年,20頁。

[9] 《李郃墓誌》:"[開成]五年十一月除賀州刺史。……會昌二年十二月十五日歿於賀州刺史宅。"拓片、録文及考釋見中國社科院考古研究所編著《偃師杏園唐墓》,科學出版社,2001年,332—335頁。相關討論又見胡可先《新出土〈李郃墓誌銘〉發隱》,《中國典籍與文化》,2003年第1期。

員傳播中央官制。三種説法雖然各異,但並不互斥,相反恰能説明彩選的三個特徵:其一,彩選作爲遊戲,與當時流行的棋類、葉子戲等性質接近[10]。其二,彩選以現實制度爲基礎,可寓有諷刺、批判之意,甚至作者會根據制度的實際變化對遊戲内容做出調整,因而具有較强的知識性。其三,由於這種知識性,彩選可以成爲遊戲者了解和熟悉官僚制度的途徑。

材料(2)將李郃作彩選歸於現實中的"任官失序"不無原因。李郃爲大和元年(827)狀元,大和二年應能直言極諫科,因友生劉蕡對詔譏切宦官,左右欲害之,李郃爲之上疏解難而爲世人稱道,兩《唐書》中李郃事迹也僅附記於《劉蕡傳》下[11]。不過由墓誌可知,李郃其後任河南府參軍,稍遷監察御史。居官未滿一年,大和九年便被貶爲端州員外司户,研究者認爲這可能與牛李黨爭有關[12]。直至開成三年(838),"天子以投荒冤殁者動念,詔量移朗州司馬"。開成五年,李郃任賀州刺史,直至會昌三年(843),殁於刺史宅第,年四十五歲。試想以李郃不平則鳴的個性,在十餘年浮沉後作彩選遊戲譏評官場無序不無可能[13]。

房千里與李郃同爲大和元年進士[14],撰有《骰子選格序》,其中亦表達了對

---

[10] 葉子,宋時既指旋風葉,又指葉子戲。後者是唐代中葉流行的一種骰子戲,宋時已逐漸不傳。唐時彩選"以葉子寫之,因以爲名",明清時又多稱紙牌爲葉子戲,因而造成三者混淆。總之,葉子戲與明清紙牌並非一物,與彩選也並不完全相同。案《通志·藝文略》所録,唐五代葉子戲較之宋代彩選似更簡易。相關史料參見歐陽修《歸田録》卷二,李逸安點校《歐陽修全集》卷一二七,中華書局,2001年,1937頁;《通志·藝文略》"葉子格"條,《通志二十略》,1713頁。關於葉子戲與彩選的討論,參見宋秉仁《升官圖遊戲沿革考》,32—34頁。

[11] 《舊唐書》卷一九〇下《文苑下·劉蕡傳》,中華書局,1975年,5077頁;《新唐書》卷一七八《劉蕡傳》,中華書局,1975年,5305—5306頁。

[12] 《偃師杏園唐墓》,332頁;胡可先《新出土〈李郃墓誌銘〉發隱》,《中國典籍與文化》,2003年第1期。

[13] 宋秉仁討論《骰子選格》的成書時間時,似未見李郃墓誌,因此將其任賀州刺史時間繫於大和四、五年,認爲李郃作彩選與劉蕡事"極有關連",並認爲《事物紀原》所引《彩選序》即他人爲李郃書所撰之序。今按墓誌李郃任賀州刺史時距劉蕡一事已至少十二年,作彩選或與貶官、黨爭關聯更大。而《事物紀原》所引序文或爲宋代彩選著作追述唐代緣起亦未可知。參見宋秉仁《升官圖遊戲沿革考》,29—30頁。

[14] 《新唐書》卷五八《藝文二》有房千里《投荒雜録》一卷,注云:"字鵠舉,大和初進士第,高州刺史。"1485頁。《登科記考》繫之於大和元年,見徐松撰,孟二冬補正《登科記考補正》卷二〇"大和元年丁未"條,中華書局,2019年,737頁。案,一般認爲房序即爲李郃《骰子選格》序言,然序文對於李郃隻字未提。從時間來看,房千里開成三年所見彩選應該也非李郃《骰子選格》。二者關係還有待討論。

於選任制度的不滿。序文云:"古之序班位,列爵禄,非獨以理萬民總百事,且用以別白賢不肖。……後代衰微,升於上者不必賢,沈於下者不必愚。"顯然,現實中的選任若超出了規則和理性就如擲骰子一般純屬偶然了,故云"所謂不繫賢不肖,但卜其偶不偶耳","非人也,命也"〔15〕。

不論是出於諷刺還是傳播知識的目的,對於現實的模仿恰恰是遊戲的趣味性所在,越貼近現實,便越有代入感。彩選遊戲者也將現實官制與遊戲中的制度設定相對照,甚至以此評價彩選文本的優劣。

南宋時陸游曾有一本彩選格,今僅可見跋文:

(1)紹興甲戌七月三日,子宅過此,彩選畢景。丙子二月五日,同季思訪務觀雲門山草堂,復爲此戲。子宅記。

(2)紹興十九年正月十有七日,友人王仲言父自京江來,以是書爲贈。酕醄庵記。

(3)官制,左右丞不爲平章事,自侍郎拜者,皆躐遷尚書,此書蓋失之。

子宅、季思下世,忽已數年。予今年六十有七,覽此太息。然予方從事金丹。丹成,長生不死,直餘事耳。後五百年,過雲門草堂故址,思昔作彩戲,豈非夢耶?紹熙元年上元日,放翁書,去子宅題字時三十年矣。〔16〕

這段文字至少包含了三次題跋,前後跨度長達四十年。由跋語(2)可知,紹興十九年(1149)王明清之父王銍將此書贈與陸游,陸游記下了這一事件。此後,紹興甲戌即二十四年(1154),子宅過陸游處,二人彩選整日。兩年後,子宅又與司馬伋一同到雲門山草堂拜訪陸游,三人又一同彩選,子宅作跋語(1)。最後,紹熙元年(1190),子宅、司馬伋皆已去世數年,距子宅題跋語(1)也已過去三十四年,陸游在上元節作跋語(3)回憶故友。

由跋文可知,此書至少先後爲王銍、陸游二人所有,參與遊戲者至少有陸游、子宅、司馬伋三人,而遊戲内容令人數次遊玩,終日不倦,可見其趣味性。不過對

---

〔15〕 房千里《骰子選格序》,《文苑英華》卷三七八《雜文二八·雜製作》,中華書局,1966年,1931頁。

〔16〕 點校者提示,季思即司馬伋,王仲言即王明清,其父爲王銍。見陸游《跋〈彩選〉》,《渭南文集校注》卷二七,錢仲聯、馬亞中主編《陸游全集校注》,浙江古籍出版社,2015年,198頁。文中序號爲筆者所加。

於此書,陸游評道"官制,左右丞不爲平章事,自侍郎拜者,皆躐遷尚書,此書蓋失之"。按這一制度應爲元豐改制前官制。《春明退朝錄》載:"唐制,宰相不兼尚書左、右丞,蓋僕射常爲宰相,而丞轄留省中領事。元和中,韋貫之爲右丞、平章事,不久而遷中書侍郎。"[17]《宋宰輔編年錄》載:"本朝宰相,有以侍郎爲之,而無左右丞爲之者。"[18]據田志光統計,元豐改制前初次拜相的三十九人中有三十五人本官爲六部尚書或侍郎,其中又以本官爲侍郎者最多[19]。陸游所見的彩選文本在宰相本官的設計上應與現實官制有所偏差,他因而認爲"此書蓋失之"。

這一彩選文本作者不明,或爲北宋著作一直流傳至南宋,或爲南宋時人的復古之作,或即爲王銍所作亦未可知。至陸游得此書時,距書中所載官制的實際運行時代已至少67年。顯然,南宋遊戲者們將這一遊戲與北宋官制的貼合程度視爲趣味性所在。從這方面來說,此書或在其他制度設計上皆與現實較爲貼合,因此纔一直流傳並受到青睞。可見,彩選的現實性應是創作者與受衆的共同追求,這也是彩選文本能夠承載制度知識的前提和原因。

正如陸游所戲彩選爲元豐改制前制度,宋代彩選不斷推陳出新,有一時制度便有一時之彩選,從中甚至能夠看到北宋官制改革的草蛇灰綫。按《通志・藝文略》"藝術類"下有"彩選"條,所載唐宋彩選書目最多,共十四種,其中選官體裁的有十一種,如下:

> 《骰子選格》,三卷。唐李郃撰。《漢官儀彩選》,三卷。《新修彩選》,一卷。宋朝劉蒙叟撰。《文班彩選格》,三卷。楊億撰。《宋朝文武彩選》,三卷。尹洙撰。又,二卷。張訪撰。《春秋彩選》,一卷。《新定彩選》,一卷。趙明遠撰。《刪繁彩選》,一卷。《元豐官制彩選》,一卷。《慶歷彩選圖》,一卷。[20]

又《却掃編》云:

> 彩選格起於唐李郃,本朝踵之者,有趙明遠、尹師魯。元豐官制行,有宋

---

[17] 宋敏求撰,誠剛點校《春明退朝錄》卷中,中華書局,1980年,22頁。
[18] 徐自明撰,王瑞來校補《宋宰輔編年錄校補》卷七,熙寧二年十月丙申,中華書局,1986年,409頁。
[19] 田志光《北宋前期宰相本官與兼官制度考論》,《社會科學》,2020年第5期。
[20] 鄭樵撰,王樹民點校《通志二十略・藝文略》"彩選"條,1712—1713頁。

保國,皆取一時官制爲之。[21]

可惜上述彩選著作除劉攽《漢官儀彩選》三卷外,皆已不傳。不過藉由上述有限的著錄信息,我們大致能梳理出如下的時代綫索。

首先,由上引《南部新書》所言"人言不熟臺閣,故著《骰子選格》"推測,李郃《骰子選格》三卷應是依唐代後期中央官制而作的。北宋前期,劉蒙叟、陳堯佐所著彩選"雖各有損益,而大抵取法",推測可能是在李郃《骰子彩選》所載官制的基礎上有所修改,劉蒙叟《新修彩選》僅一卷,較之李書三卷大爲減少。

隨後,慶曆年間趙明遠取消了雜任入仕的規則,"專以進士爲目",故在《直齋書録解題》及《宋史·藝文志》中,此書又著録爲《進士彩選》或《皇宋進士彩選》一卷[22]。至於此書時代,材料(2)云"時慶曆中也",《直齋書録解題》云"此元豐未改官制時遷轉格例也"[23],推測應爲慶曆後、元豐前之制。尹洙於慶曆七年(1047)去世,所著三卷本彩選也不會晚於這一時間。此外,《通志》著録的《慶曆彩選圖》一卷,由書名判斷應也與慶曆新政有關,但無更多證據。

元豐官制頒行,相關彩選著作至少有兩本。朱昌國彩選以《寄禄新格》爲名,應採自元豐官制。《却掃編》所載宋保國彩選也應與元豐官制有關,可惜不載書名,而《通志》所載《元豐官制彩選》一卷不録撰者,二者是否即爲一書已不可考。宋保國爲宋祁之子,曾集《華嚴經解》"使人三至"請序於王安石,王安石以詩酬謝並回信[24]。二人書信僅此一封,交往不深。關於此書,宋保國與蘇軾還有一番答問,言語之中對於王安石頗爲推崇[25],他以元豐《寄禄新格》作彩選,應爲揚舉而非諷刺之意。

---

[21] 徐度《却掃編》卷下,見朱凱、姜漢椿整理《却掃編》,大象出版社,2019年,280—281頁。

[22] 陳振孫撰,徐小蠻、顧美華點校《直齋書録解題》卷一四,上海古籍出版社,2015年,421頁;《宋史》卷二〇七《藝文志六》,中華書局,1985年,5290頁。

[23] 陳振孫撰,徐小蠻、顧美華點校《直齋書録解題》卷一四,421頁。

[24] 王安石《酬宋廷評請序〈經解〉》《答宋保國書》,分見王安石《臨川先生文集》卷二七、卷七八,王水照主編《王安石全集》,復旦大學出版社,2016年,561、1394頁。劉成國將此事繫於元豐三年,參見劉成國《王安石年譜長編》卷七,中華書局,2018年,2055頁。

[25] 蘇軾問爲何"《華嚴》有八十卷,今獨解其一",宋保國答:"公謂我此佛語深妙,其餘皆菩薩語爾。"事見蘇軾《跋王氏〈華嚴經解〉》,李之亮箋注《蘇軾文集編年箋注》卷六六,巴蜀書社,2011年,56—57頁。孔凡禮將此事繫於元豐八年,參見孔凡禮《蘇軾年譜》卷二四,中華書局,1998年,693—694頁。

北宋末年有王慎修《宣和彩選》[26]，今見胡定庵跋語云：

> 宣和間文物備具，濰人王慎修思永博學知故實，出入京師，從貴勝遊。嘗倣趙明遠裒類作《彩選圖》，以縉紳之升降，詔旨之予奪，寓於戲博間。[27]

此書應是根據宋徽宗宣和時期官制而作的。此時的官制經過調整與震蕩，"文物備具"，大概這也是此書的創作動機。

此外，橫向來看，宋代獨特的官制結構也爲彩選遊戲提供了天然素材。諸家彩選中不乏考究者，將豐富的品位結構一一投射到遊戲之中，展現出"一時官制"的立體面貌。如有詩云"排銜累職甚分明，除罷皆由彩色行"[28]，從"排銜累職"可見這一彩選應表現了若干位階。又有"已貴翻投裔，將薨却上天"[29]，可見不僅有官職遷轉，至少還包括流放等刑罰。《讀書附志》中著錄的佚名《彩選集》四卷，有如下門類："此集尤詳，且悉曰階官、曰職名、曰科目、曰賞格、曰服色、曰俸給、曰爵邑謚法之類，無一不備。"[30]一般彩選著作的篇幅爲一卷至三卷，此書有四卷，應較爲全面地展示了宋代官制圖景。另外，彩選還有文武之分，有單獨的文官彩選，如《通志》載楊億撰有《文班彩選格》，還有文武彩選，如尹洙、張訪皆撰有《宋朝文武彩選》。詩中所謂"須臾文换武，俄頃後馳先"[31]，描述的也是彩選中文武换官的情形，可與之相印證。

綜上，不論彩選因何起源，"咸通以來，天下尚之"[32]。彩選在唐宋文人中的流傳度及它與現實官制的密切聯繫，客觀上起到了傳播官制知識的作用。南宋沈作喆即稱，彩選"雖戲事，亦可以廣見聞"[33]。由是我們能夠看到，在北宋

---

[26] 《宋史·藝文志》中有王慎修《宣和彩選》一卷，5290頁。《遂初堂書目》有同名書籍，但不錄撰者、卷數，推測應爲一書，見尤袤《遂初堂書目》卷一，《叢書集成初編》本，中華書局，1985年，24頁。

[27] 胡定庵《跋〈彩選圖〉》，程敏政輯撰，何慶善、于石點校《新安文獻志》卷二三《題跋》，黃山書社，2004年，513頁。

[28] 許棐《升官圖》，《梅屋集》卷四，明汲古閣影宋鈔本，頁五—頁六。

[29] 孔平仲《選官圖口號》，吳之振等選，管庭芬等補《宋詩鈔·平仲清江集鈔》，中華書局，1986年，512頁。

[30] 趙希弁《讀書附志》，"《彩選集》四卷"條，見晁公武撰，孫猛校證《郡齋讀書志校證》，1157—1158頁。

[31] 孔平仲《選官圖口號》，吳之振等選，管庭芬等補《宋詩鈔·平仲清江集鈔》，512頁。

[32] 《太平廣記》卷一三六《徵應二》"李郃"條引《感定錄》，978頁。

[33] 沈作喆撰，俞鋼、蕭光偉整理《寓簡》卷七，大象出版社，2019年，62頁。

官制改革的推進與反復中,宋代士人饒有趣味地以彩選模仿新舊制度,其中不乏楊億、尹洙等善文辭者,其揚舉、娛樂意味要遠大於諷刺,甚至可以説彩選成了新興的官制知識傳播載體。

值得一提的是,現實中宋代有一類官制文本與彩選類似,稱爲"百官圖"。最早"天聖元年,王欽若謂平時百官叙進有常法,爲《叙遷圖》以獻,冀便省覽"[34],後景祐三年(1036)范仲淹又進《景祐百官圖》,"指其次第,曰:'如此爲序遷,如此爲不次,如此則公,如此則私,不可不察也。'"[35]慶曆中,太常博士萬當世又作《文武百官圖》二卷:"採本朝合班儀、新令文、《具員故事》等,分門引類,載階勛、爵邑、品秩、俸禄之要爲上卷;以天聖中左僕射、平章事王欽若所撰《遷叙圖》及合班儀、封爵俸禄例爲下卷。"[36]此書上卷將本朝制度法令分門別類,歸爲階勛、爵邑、品秩、俸禄等門類,下卷則載王欽若所撰《遷叙圖》、合班儀、及封爵俸禄條例。

這種將官制條文或史料分類編纂的撰作方式與彩選文本相同,如王慎修即仿趙明遠"哀類"而作《宣和彩選》,萬當世《百官圖》卷上諸門類也與《讀書附志》所載《彩選格》四卷多有相似。按王欽若上《叙遷圖》在仁宗十三歲即位之初,范仲淹上《百官圖》在吕夷簡用人偏私之時,皆意在使君主瞭解叙遷之"常法"。朱熹云:"'誨爾序爵。'人主此事亦不可不知。假如有人已做侍御史,宰相驟擢作侍從,雖官品高,然侍御史却緊要。爲人主者,便須知把他擢作侍從,如何不把做諫議大夫之類。"[37]可見,宋代官員叙遷時的明升暗降,有時君主也難以察覺,所謂"常法"並不易掌握。百官圖便可"冀便省覽",令君主一目了然。從中可見,這樣一種彙總各種職官信息,又在視覺上整齊呈現、通俗易懂的參考書,對時人而言是很有幫助的。彩選遊戲也是這樣一種呈現,且早於百官圖出現,或許在唐末宋初也發揮了類似的效用。因此,雖然後世看來彩選與職官類著作體

---

[34] 王應麟撰,武秀成、趙庶洋校證《玉海藝文校證(修訂本)》卷二二《圖》"景祐百官圖"條,鳳凰出版社,2017年,1071頁。

[35] 事見李燾《續資治通鑑長編》卷一一八,景祐三年五月丙戌條,中華書局,2004年,2783—2784頁。

[36] 王應麟撰,武秀成、趙庶洋校證《玉海藝文校正(修訂本)》卷二二《圖》"慶曆百官圖"條,1074頁。

[37] 黎靖德編,王星賢點校《朱子語類》卷一二九,中華書局,1986年,3086頁。

裁不同,但從呈現形式及當時作用來看,可能有"同工"之妙。

二、劉攽《漢官儀彩選》與構建的漢官知識

上文可見,唐宋彩選大多以本朝制度爲素材,然而還有一種較爲特殊的情况,即取材於前朝制度的彩選遊戲。精研遊戲史的朱南銑概括道,彩選"復有本朝與前朝之分,一藉時事,一憑書卷"[38]。這一概括十分精當,本朝彩選"藉時事",取材於一時制度之條文而作,而前朝彩選需"憑書卷",即憑當時所見之官制史料編創而成。這意味着作者不僅要掌握前朝官制知識,還要將它們編爲遊戲規則,這无疑需要更多巧思。

今日僅見兩部前朝彩選著作,一爲《春秋彩選》一卷,一爲劉攽《漢官儀彩選》三卷,皆著錄於《通志》[39]。兩書的命運截然不同,《春秋彩選》不著撰者,亦已不傳,而劉攽《漢官儀彩選》是唯一流傳下來的彩選著作[40]。這不僅是偶然的幸運,也因爲《漢官儀彩選》在諸家彩選中尤爲别緻,一問世便引起時人關注並産生影響。此書的編纂過程可從劉攽自序中了解:

> 吾幼年時集西漢士大夫升遷故事爲博戲,仲原父爲之序,書遂流行。及後四十五六年,予年六十爲亳州守,得舊書閲之,惜其少年讀書未能精熟,未盡善也。因復增損之,然後該備。……漢之仕官異於今居官者,輒累歲不數數遷徙,故亦變改戲彩,令其相似。[41]

由序文可知,《漢官儀彩選》的編纂有兩個環節:首先,集"西漢士大夫升遷故事",其次是"變改戲彩,令其相似"。所謂"西漢士大夫升遷故事",朱南銑已指出"大抵職官取自《漢書·百官表》,升黜語取自列傳"[42]。换言之,《漢官儀彩

---

[38] 朱南銑《説續古逸叢書影宋本漢官儀》,566 頁。

[39] 鄭樵撰、王樹民點校《通志二十略·藝文略》"彩選"條,1712 頁。

[40] 關於劉攽《漢官儀》書名、作者、成書時代、版本及玩法的探討,參見朱南銑《説續古逸叢書影宋本漢官儀》,564—569 頁;中華再造善本工程編纂出版委員會編著《中華再造善本總目提要·唐宋編》,國家圖書館出版社,2013 年,400 頁;劉明《宋本〈漢官儀〉鑒賞》,《收藏家》,2018 年 11 月。

[41] 劉攽《漢官儀》卷下"書漢官儀後",宋紹興九年臨安府本影印,"中華再造善本",頁二。

[42] 朱南銑《説續古逸叢書影宋本漢官儀》,《圖書季刊》,1940 年第 4 期。

選》所載升遷故事大多是真實發生過的西漢案例,因此此書也可視爲基於《漢書》的類書,這是真實的一面。而構造的一面,則是因爲西漢遷轉不頻繁,故劉攽參照"今居官"例"變改"西漢遷轉規則。今翻檢可見,劉攽對於一些升遷故事的結果進行了改撰,或設定了一些規則性遷轉。例如在很多官職條目中,設定五彩爲"守",四彩爲"告歸",三彩爲"病",二彩"坐法免""以過免"或是"下獄",而不採用《漢書》具體案例,因此書中五彩以下的彩文多有重複。這些規則性彩文,僅用來填充官職條目,起到增加遷轉頻次、保證遊戲公平的作用,無所謂歷史真實。因此,書中升遷故事雖源自《漢書》,但是經過了劉攽有意改訂,且改訂目的是爲了符合時人的遊戲趣味,令漢官如宋官一般頻頻遷轉,而並不是爲還原漢制原貌,不能視爲職官類著作。

更爲重要的是,劉攽在"變改"漢制的過程中還創造了新的"知識":《漢官儀彩選》卷下的官序表被宋人看作是反映西漢班序的文本。彩選遊戲局終以官高者取勝,筆者推測這一比較官號高下、判斷勝負的依據應是班序。不過唐宋彩選僅見《漢官儀彩選》一部,更無其他材料,僅可推論之。首先,現實制度中,唐後期以來從朝位抽象而來的班序逐漸成爲梳理、比較各種官號的等級手段,特別是宋代,出現了合班之制〔43〕。所謂合班,就是"把各職類、各官號合爲一班,共同排序"〔44〕,是宋代官員多重身份的綜合體現。上文所引萬當世《文武百官圖》下卷亦爲叙遷圖、合班之制與封爵俸禄條的組合書寫。彩選遊戲局終以合班之制判定遊戲者勝負,應是同理。而合班之制這種官號單一序列的書寫方式,没有重疊,没有並列,"突破了類别與層級界限,對身份各異的官員統一進行排隊"〔45〕,也恰符合彩選遊戲勝負判定的需求。房千里《骰子選格序》開篇即有"古之序班位,列爵禄"云云,文末又稱"因條所置進身職官遷黜之目,爲

---

〔43〕 閻步克將作爲等級手段的朝位歸納爲"涵蓋性"與"大排隊"兩個特點,指出班序在官品失效時挺身而出,發揮等級作用,與官階之間存在着一種"相輔相成"的關係。關於班序的討論,參見閻步克《中國古代官階制度引論》,北京大學出版社,2010年,200—211頁;任石《北宋朝會儀制研究:以文臣身份等級爲中心》,北京大學博士學位論文,2016年6月;任石《分層安排:北宋元豐改制前文官班位初探》,《中國史研究》,2018年第2期。

〔44〕 參見閻步克《中國古代官階制度引論》,207頁。

〔45〕 任石《分層安排:北宋元豐改制前文官班位初探》,《中國史研究》,2018年第2期。

《骰子選格序》"〔46〕。房千里似在序中羅列了遊戲設置的遷轉職官條目,今宛委山堂本《説郛》中收録有《骰子選格》一卷〔47〕,先引房序,後有一列表題爲《選格秩例》,列舉了自"侍中"至"縣尉"六十八個官號,而無遷轉説明。在篇幅上《説郛》所載的一卷本與諸家著録的三卷本並不相符,僅憑這一列表也是無法遊戲的,推測這一列表很可能與劉攽官序表性質相似,也是局終比較高下的依據。

顯然《漢書》中並没有這樣一份官序列表,故劉攽將遊戲中出現的各個官號依次排列,形成了一份含有一百二十五個官號的列表。這份官號列表在今見版本中並没有題名,我們暫稱之爲官序表〔48〕。表後有《條例》對於享有其他身份、待遇者的班序進行補充説明。如第一條爲:"相國賜入朝不趨、劍履上殿,即位在諸侯王上;如諸侯王有功及號祭酒,即復居相國上。"其下劉攽注曰:"此非典,直以意高下耳。"可見這一條例並非西漢制度,僅爲區分勝負的遊戲設定。《條例》中還有"諸官均者,列侯勝關内侯,關内侯勝未賜爵者。又均,以先封者勝","諸爵尊而官卑者,從爵"等規定〔49〕。若翻檢《慶元條法事類》卷四《官職雜壓》所引《職制令》,在"爲官職雜壓之序"的官號列表後,也有補充説明的條例,如"諸資政殿學士曾任執政官者,班序雜壓並在六曹尚書之上","諸雜壓高下相妨者,先以差遣;差遣同,或高者序官"等〔50〕,《漢官儀彩選》的官序表及條例從内容及形式皆與之類似。

當宋人閲讀劉攽編排的西漢官序表及條例時,他們可能想到:其一,它是彩

---

〔46〕 房千里《骰子選格序》,《文苑英華》卷三七八,1931頁。

〔47〕 《説郛》弓一〇二,宛委山堂本。見陶宗儀等編《説郛三種》,上海古籍出版社,1988年,4688—4689頁。案,此書版刻情况複雜,所録房千里《序》有所節略。關於作者,卷目中題爲"李邵",正文中題爲"唐房千星","邵""星"應分别爲"邵""里"之訛。

〔48〕 劉攽《漢官儀》卷下,宋紹興九年臨安府本,"中華再造善本",頁四四—頁四五。劉攽還設計了"遷資""降資"的相關規定,即將遊戲中的其他身份、賞罰事件折算爲"資",加減本官官序之上,以便進行最終比較。《遷資》下有題注云:"此非典,備局終計官序耳。"即《遷資》下諸項規定並非西漢典制,衹是用於局終計算官序。而《遷資》中對於本官官序的微調又可與表中諸官號次序相對應,因此可稱這一官號列表爲"官序表"。

〔49〕 劉攽《漢官儀》,宋紹興九年臨安府刻本,"中華再造善本",頁四五—頁四六。

〔50〕 謝深甫等撰,戴建國點校《慶元條法事類》卷四《職制門一·官品雜壓》,見楊一凡、田濤主編《中國珍稀法律典籍續編》第一册,黑龍江人民出版社,2002年,23—26頁。

選中用以評判勝負的文本,根據遊戲常識這一文本應該是班序;其二,官序表與條例的書寫形式與本朝合班之制頗爲類似。因此這一文本雖未題名,但它可能十分貼近宋人對於西漢班序的想象。

而劉攽及劉敞的身份似乎又加强了這一班序知識的權威性。彩選文本雖是一類共同的體裁,但每部著作又具有獨立性,展現出鮮明的時代和作者(authorship)特徵。大概很多彩選文本僅題爲"彩選格",如李郃《骰子選格》即意同《彩選格》,又如前引《讀書附志》所載《彩選格》四卷,及王慎修《彩選格》。著録時則多以朝代、年號加以區分,形成"某某彩選"之名,這也可以解釋諸家目録中同書不同名的情況。在宋人筆記中則更加隨意地以作者指代彩選著作,如前引《事物紀原》《却掃編》所列劉蒙叟、趙明遠、朱昌國等諸家彩選。可見對彩選著作而言,作者及時代具有重要的識別度。

劉攽及兄劉敞、兄子劉奉世並稱"三劉",皆是宋代最具代表性的史學——尤其是漢史研究者。劉敞曾"進讀《史記》",劉攽"預司馬光修《資治通鑑》,專職漢史",劉奉世"最精《漢書》學",其中又以劉攽治漢史最爲著名,今有三劉《漢書刊誤》存世[51]。而劉攽個性諧謔,《宋史》評價"不修威儀,喜諧謔,數用以招怨悔,終不能改"[52],《直齋》還著録有劉攽《芍藥譜》一卷[53],可見其文趣與雅興。

劉攽十四五歲從學劉敞時一時興起而作《漢官儀彩選》,六十歲時又加以修訂。《却掃編》云:"初貢父之爲是書也,年甫十四五,方從其兄原父爲學,怪其數日程課稍稽,視其所爲,則得是書。大喜,因爲序冠之,而以爲己作。貢父晚年復稍增而自題其後,今其書盛行於世。"[54]由劉攽的年代推算,初版應在景祐三或四年(1036 或 1037),修訂版應在元豐五年(1082)。前引劉攽自序亦云,初版之

---

[51] 並見《宋史》卷三一九,10383—10390 頁。關於劉攽事迹及著作,見顔中其《劉攽年譜》,劉乃和、宋衍申主編《〈資治通鑑〉叢論》,河南人民出版社,1985 年,323—361 頁。三劉討論參見葛付柳《宋代墨莊劉氏家族論》第三章至第五章,光明日報出版社,2009 年。《三劉漢書刊誤》討論參見馬清源《〈漢書〉三劉校語研究》,北京大學碩士論文,2012 年;《漢書宋人校語之原貌與轉變:以宋祁、三劉校語爲主》,《文史》,2014 年第 1 期。

[52] 《宋史》卷三一九《劉攽傳》,10388 頁。

[53] 陳振孫撰,徐小蠻整理《直齋書録解題》卷一〇農家類,299 頁。

[54] 徐度《却掃編》卷下,281 頁。

書"仲原父"即劉敞爲之序。一些書目中《漢官儀彩選》也被著錄在劉敞名下,如晁公武《郡齋讀書志》及其後的《宋史・藝文志》等〔55〕,這可能與初版的流行有關。不過今所見南宋紹興九年臨安府刻本有劉攽自序,明確記述此書初版、再版過程,可打消後人對於著者及成書時間的疑問。不論是劉攽還是劉敞,當時皆有很高聲望,在這樣一類看重作者身份的遊戲文本中,這種聲望無疑增強了《漢官儀彩選》及所載官序表的權威性。

《漢官儀彩選》流傳頗廣,且宋人多將其中內容視爲可靠的西漢官制知識。上引《却掃編》即評論此書"博戲中最爲雅馴",稱"其書盛行於世"〔56〕,劉攽序中亦自稱"書遂流行",可見此書在當時的接受和流傳。南宋沈作喆《寓簡》亦云:"劉原父以《漢官儀》爲彩選,可以溫故,使後生識漢家憲令,有益學者。"〔57〕認爲此書有助於學子了解漢代制度。

南宋人徐天麟編纂《西漢會要》時,甚至將劉攽所創官序表引至《班序》一節〔58〕。關於此書的編纂,徐天麟自序云:

  輒仿唐及國朝會要……專以班固《漢書》本文編次,其或典《史記》,互有發明,間取一二以附益之。〔59〕

徐天麟此書作於嘉定四年,開前朝編纂會要之先,這與唐宋會要的編纂方法有本質不同,《西漢會要》實際也是一本基於《漢書》的類書,頗類當朝彩選與前朝彩選的區別。

徐天麟出身與劉攽也有不少相似。他也是臨江人,其父徐得之著有《左氏國紀》《史記年紀》,徐得之兄徐夢莘寫就《三朝北盟會編》,兄、弟、叔侄三人仿佛北宋臨江"三劉"之翻版。時人亦將他們並提,周必大爲徐天麟另一本著作《漢兵本末》作序時,開篇即云:"臨江自三劉有功漢史,其學盛行。今徐筠孟堅既爲《漢官考》四卷,徐天麟仲祥又惜司馬遷、班固不爲兵志,於是究極本末,類成一

---

〔55〕 晁公武撰,孫猛校證《郡齋讀書志校證》,696 頁;《宋史》卷二〇七《藝文志六》,5290 頁。
〔56〕 徐度《却掃編》卷下,281 頁。
〔57〕 沈作喆撰,俞鋼、蕭光偉整理《寓簡》卷七,62 頁。
〔58〕 參見章名未《〈西漢會要・班序〉來源考》(待刊)。
〔59〕 徐天麟《西漢會要序》,見《西漢會要》書前,宋嘉定八年建寧郡齋刻元明遞修本影印,"中華再造善本",北京圖書館出版社,2004 年。

書。"〔60〕嘉定八年(1215),《西漢會要》開刊,李訥《序》亦云:"本朝公是、公非二先生是正西漢,所謂《三劉漢書》,與所著《東漢刊誤》《漢官儀》並傳於世。今奏院公父子、叔侄、兄弟一門儒業之盛,先是有《漢官考》鋟行廣右,其視二班、三劉一家之學,可謂有功於漢史俱深矣。"〔61〕公非先生即劉攽,李訥將徐天麟與"三劉"並提,認爲皆有"一家之學","有功於漢史俱深"。值得注意的是,在列舉有功於漢史的著作時,李訥並沒有遺漏《漢官儀彩選》,他將此書與《三劉漢書》《東漢刊誤》並舉,可見遊戲文本的性質並不影響時人對此書史學價值的認可。徐天麟也可能懷着這樣的看法,既有對於官序表內容的認可,也有對於作者劉攽的追崇,將之引入了《西漢會要》。

此後,官序表又被林駉所編《新箋決科古今源流至論》引用。《源流至論》是一部專爲科舉策論而作的類書〔62〕。在《漢班序圖》一節,林駉也引用了劉攽官序表,並在表末明確注明"以上劉敞《漢官儀彩選》"〔63〕。忽略劉攽、劉敞的淆訛,顯然林駉十分清楚這一文本的來源與性質。由表後討論可以看出,林駉認爲這一文本反映的是西漢初年的班序情況,還將之與本朝雜壓相比較,其中也反映出他掌握的西漢官制知識的有限性。

若縱觀這份官序表在兩宋的流傳,從《漢官儀彩選》景祐年間(1036—1037)初版成書,到劉攽元豐五年(1082)的修訂再版,再到南宋嘉定四年(1211)《西漢會要》的引入〔64〕,寶慶、紹定年間(1225—1233)林駉在《源流至論》中的引用和

---

〔60〕 周必大《〈漢兵本末〉序》,曾棗莊主編《宋代序跋全編》卷三三,齊魯書社,2015年,888頁。
〔61〕 李訥《西漢會要序》,"中華再造善本"《西漢會要》書前。
〔62〕 林駉《古今源流至論·後集》卷五,元延祐四年圓沙書院刻本影印,"中華再造善本",北京圖書館出版社,2005年。關於此書版本情況及所載制度內容與道學關係的研究,參見魏希德著,胡永光譯《義旨之爭:南宋科舉規範之折衝》第六章及附錄一,浙江大學出版社,2015年,201—219、289—293頁;王楠《〈新箋決科古今源流至論〉研究》第一章第二節,西南交通大學碩士學位論文,2020年5月,8—32頁。
〔63〕 林駉《古今源流至論·後集》卷五《漢班序圖》,元延祐四年圓沙書院刻本影印,"中華再造善本",頁三—頁五。
〔64〕 案徐天麟《進〈西漢會要〉表》及《錄白省札》,嘉定四年徐天麟進書,故成書時間不晚於此。"中華再造善本"《西漢會要》書前。

討論[65],前後歷時近二百年。至《西漢會要》《源流至論》成書的南宋寧宗、理宗時期,這份官序表已經走出了彩選文本,超越了遊戲的語境,進入會要體史書與科舉類書之中。可見它逐漸成爲宋人對於西漢班序的認識,由此,也進一步影響了後人的認識。

三、彩選的簡化與彩選語境的消失

彩選在兩宋之後即走向衰落。李清照酷愛博戲,曾對於諸家博戲作如下總結:

> 長行、葉子……世無傳者。打揭……賭快之類,皆鄙俚不經見。藏酒……近漸廢絶。選仙……無所施人智巧。大小象戲、弈棋,又惟可容二人。獨彩選、打馬,特爲閨房雅戲。嘗恨彩選叢繁,勞於檢閲,故能通者少,難遇勍敵。打馬簡要,而苦無文彩。[66]

由李清照所舉諸家遊戲之失,也可看出宋代彩選的特點:流傳較廣,内容並不鄙陋俚俗,遊戲者可施展巧智,且遊戲人數不限於兩人,這些特點也可在《漢官儀彩選》中一一印證。李清照認爲僅彩選、打馬可稱爲"雅戲",彩選的文趣較之打馬更爲突出。但是,彩選遊戲規則較爲複雜,又對於文本過分依賴,這也造成了操作上的不便,降低了遊戲的趣味性。雖然無從得知其他彩選的情形,但在《漢官儀彩選》中這一點已體現得十分明顯:每一輪,遊戲者都要根據所擲骰子點數查看所任官條目中的説明,並根據説明跳轉到下個職官條目,方可完成一輪遷轉。遊戲者不可能全文背誦,故全過程也無法脱離書籍而進行。可見,彩選的文本性也成爲其弊端,限制了傳播範圍和受衆群體,李清照也難逢對手。

---

[65] 案,此書有前集、後集、續集、别集各十卷,除了别集爲黃履翁所作之外,其他三集皆爲林駧所作。李裕民指出林駧三集成書於寶慶元年(1225)後不久。張赫進一步認爲,不晚於黃履翁作别集序之紹定六年(1233)。見李裕民《四庫提要訂誤(增訂本)》卷三,《源流至論》條,中華書局,2005年,297—298頁;張赫《〈新箋決科古今源流至論〉研究》,河北大學碩士學位論文,2010年12月,23頁。

[66] 李清照《打馬圖經序》,徐培均點校《李清照集箋注》卷三,上海古籍出版社,2017年,367頁。

唐宋時期具有作者身份的彩選著作多爲書籍形式，一般卷帙不過三四卷，通常合爲一册，便於攜帶，遊山玩水、飯後茶余皆可遊戲。比如王鞏《聞見近録》所載志怪故事，道士"留一書封緘甚密"，"啓之，乃彩選一册"〔67〕，又宋人王令《彩選示王聖美葛子明》"忽作簿上籍，共出名外仕"〔68〕，皆可見彩選的書册形態。上引陸游例也可説明彩選書籍在文人間的流傳與遞藏，且每次遊戲皆需用到書本，纔會留下多人多次的題跋。王慎修作《宣和彩選》後："其季子嶼抱遺書請序於靈石山謝仍景思，嘆思永官止於一命，壽不登於三秩，幸此書傳世而行遠也。"〔69〕可見當時彩選書籍請序、出版、流傳的過程，傳世之意義也與其他著作無異。彩選需要翻檢的特點應自誕生之日起便已具有，甚至影響到書籍的裝幀形式。案歐陽脩所云，李邰《骰子選格》採用的並非唐代慣用的卷軸裝："凡文字有備檢用者，卷難數卷舒，故以葉子寫之，如吴彩鸞《唐韻》、李邰《彩選》之類是也。骰子格本備檢用，故亦以葉子寫之，因以爲名。"〔70〕

　　當然宋代也有以圖出現的彩選文本，如詩中所云"環合官圖展"〔71〕。這類形制簡單的選官圖，在兩宋時很可能已經批量生産，如宋末周密在《武林舊事·小經紀》中便記有"選官圖"〔72〕，《西湖老人繁勝録》記"京都有四百十四行"其中便有"選官圖"〔73〕。可見，此時已有專門售賣選官圖的商人以及商會，已是較爲成熟的行業。推測這些"小經紀"售賣的即是商業化的選官圖，由書坊批量生産。它們不見著録、作者失載，當有别於由文人創作的書册形態的彩選著作。

　　明清時流行的升官圖更似這種商業化的選官圖，參與創作、遊戲的文人越來

---

〔67〕 王鞏《聞見近録》"張文懿與道士"條，見王鞏撰，張其凡、張睿點校《清虚雜著三編》，中華書局，2017年，228頁。

〔68〕 王令撰，沈文倬校點《王令集》卷七，上海古籍出版社，1980年，114—115頁。

〔69〕 胡定庵《跋〈彩選圖〉》，程敏政輯撰，何慶善、于石點校《新安文獻志》卷二三《題跋》，513頁。案，"仍"爲"伋"之譌。謝伋與司馬伋亦相識，"紹興末，謝景思守括蒼，司馬季思佐之，皆名伋。"見陸游撰《跋〈彩選〉》，《老學庵筆記》卷八，錢仲聯、馬亞中主編《陸游全集校注》，334頁。

〔70〕 歐陽脩《歸田録》卷二，見李逸安點校《歐陽脩全集》卷一二七，1937頁。案，旋風葉是從卷軸裝到册頁裝的過渡形式，關於它的具體形制及與龍鱗裝、經折裝的關係，討論繁多，兹不贅及。

〔71〕 孔平仲《選官圖口號》，《宋詩鈔·平仲清江集鈔》，512頁。

〔72〕 周密撰，楊瑞點校《武林舊事》卷六《小經紀》，浙江古籍出版社，2015年，143頁。

〔73〕 西湖老人《西湖老人繁勝録》"諸行市"條，見孟元老等著《東京夢華録（外四種）》，古典文學出版社，1956年，126頁。

越少,而向社會中的小吏甚至婦孺下沉,它更爲平民化、通俗化,甚至與賭博混爲一談。此時,大部分彩選文本亡佚,時人對於彩選的討論大多根據房千里、歐陽脩、李清照等人記載,而非自身體驗。此時《漢官儀彩選》文本俱全,按照其中説明仍可進行遊戲。雖然如此,但失去了彩選流行的大環境,此書已少有人問津。如明人唐寅云:"其法具在,時亦不尚。"不過仍肯定其中價值:"劉敞之撰《漢官儀則》則列右官名以見師師之列,不無意義寓於其中。"〔74〕稍晚的胡應麟,已有"彩選格久不傳""葉子彩選之戲今絶不可考"的判斷。胡應麟還認識到彩選與升官圖有較大不同,他根據李清照"彩選叢繁""難遇勍敵"之語,推斷"則此戲政未易言,非若今官制之易",又指出李清照所謂"質魯任命"的選仙、選佛圖,"詳之正與今選官圖類,蓋與彩選形制相似而實不同也"〔75〕。可見明清時流行的升官圖已作較多簡化,遊戲者不需要太多技巧及太高文化水平,這甚至反過來改變了時人對於唐宋彩選的看法。謝肇淛便認爲"唐李郃有《骰子選格》,宋劉蒙叟、楊億等有彩選格,即今升官圖也,諸戲之中最爲俚俗,不知尹洙、張訪諸公何以爲之,不一而足"〔76〕。宋時的"最爲雅馴",此時已變爲"最爲俚俗",可見雖同爲選官遊戲,但相比於彩選,大多數升官圖的知識性與文人性皆有所降低,以至於俚俗,可謂"形制相似而實不同"。

此時也存在文人創作的升官圖游戲,希望寓前朝官職知識於其中,祇是這樣的著作鳳毛麟角,在編纂時,明清時人也試圖在前朝正史的基礎上分類編排,與劉敞的方法無二。清人梁章鉅云:"余亡友李蘭卿曾手創一圖,取明史中職官,盡入其中,分各途各班,以定進取,極爲精覈。余曾慫恿其鏤板以行,自分手外宦後,此局遂疏,今無從復問矣。"〔77〕可見雖然精心製作,但並未刊刻及流傳。有些僅爲一時起意,不知是否付諸實踐,清初劉廷獻云:"予欲取兩漢、魏晉、南北朝、隋唐、宋元選舉職官,各爲升官圖一紙、升官圖説一册。"〔78〕清末李慈銘是爲

---

〔74〕 唐寅《〈譜雙〉序》,陳書良、周柳燕箋注《唐伯虎集箋注》卷五,中華書局,2020年,714頁。

〔75〕 胡應麟《六赤打葉子》,《少室山房筆叢・續乙部》卷二五,上海書店出版社,2009年,248頁。

〔76〕 謝肇淛《五雜組》卷六《人部二》,上海書店出版社,2009年,121頁。

〔77〕 梁章鉅撰,陳鐵民點校《浪迹叢談》卷六"升官圖"條,98頁。

〔78〕 劉獻廷撰,汪北平、夏志和點校《廣陽雜記》卷四,中華書局,1957年,171頁。

數不多曾遊戲《漢官儀彩選》的學者,他還兩番興起,試圖仿製《唐升官圖》和《周官》,但也終未成書。同治十二年正月二十二日,李慈銘在日記中寫道:

> 近日以手指皺裂,不能校書,且心氣忽忽,時若虛耗,憚於讀經,因審閱雜書。且以其暇欲仿劉貢父《漢官彩選格》,爲《唐升官圖》,以消遣閒寂,爲讀史者之助。[79]

李慈銘認爲《漢官儀彩選》能在消遣之餘達到"爲讀史者之助"的目的,因此希望以唐代官制仿製升官圖。在他看來,這要從真正的"唐代一書"出發,而在手頭無書的情況下,則需先對本朝升官圖進行校改,一番審讀已不覺終日。這一過程頗費心思,雖爲養病之餘事,李慈銘仍自省"此真飽食之博弈,群居之小慧,不特玩物喪志而已。嗣當切戒,勿再爲之"[80]。

不過兩年後,李慈銘夜間彩選大勝後,再次心血來潮欲仿作周代升官圖,名之曰《周官》:"劉貢父以此事爲《漢官儀》行之固佳,予欲試以《周官》爲之,其黜陟雖無可考,然依卿大夫士命數,亦可得其大略。"相較於漢唐制度,以周官古制爲彩選顯然難度更大,李慈銘認爲周代命數能夠反映周官遷轉,並希望這樣一部著作能夠承載周官知識,"以教子弟,較勝於王褘之《周官急救》"。因此也列出了長長的參考書單:"當採莊氏存與《周官表》、胡氏秉虔《儀禮釋官》二書,參以《內外傳》及顧棟高《春秋大事表》、程廷祚《春秋職官考略》。"在參考書單後,李慈銘自云:"黜陟既不易考,縱爲之,亦難工。"[81]

可見,儘管時代有所變異,但《漢官儀彩選》仍不乏知音,認可作爲漢史參考書的作用。陸心源藏有此書影宋鈔本,云:"攽與兄敞皆熟精《漢書》,此雖適情之作,而西京職官之制度大備,可以資讀《漢書》者之參考。"[82]明清時人嘗試創作彩選時,也大多延續劉攽的方法及思路,祇是相比於社會中形形色色的升官圖紙,這類精心編排、寓教於樂的著作僅爲涓流,鮮有成書及流傳者。在士人生

---

[79] 李慈銘《桃花聖解盦日記庚集》,《越縵堂日記》第八冊,廣陵書社,2004年,5635—5636頁。

[80] 同上。

[81] 並見李慈銘《桃花聖解盦日記庚集》,《越縵堂日記》第九冊,6432—6433頁。

[82] 陸心源編,許靜波點校《皕宋樓藏書志》卷五二《子部·藝術類》"漢官儀三卷"條,浙江古籍出版社,2016年,904頁。

活中,彩選的地位已遠不如圍棋、象棋,在社會層面也再没有傳播、流行開來,成爲小衆中的小衆遊戲。

小　結

　　唐宋彩選多採取本朝官制,意在譏諷朝廷選官失序,但客觀上却起到了傳播官制知識的功用。宋代豐富的身份管理手段、歷時性的官制調整,也爲彩選的設計提供了天然便利,促成了彩選遊戲的勃興。因此,彩選可謂是唐宋時期新興的官制知識載體。其中《漢官儀彩選》是以西漢官制爲題材的前朝彩選著作,雖不乏西漢史事,但目的在於模仿宋代叙遷,故多有改創。書中用以評判局終勝負的官序表,成爲時人對於西漢班序的共同想象,進而被引入會要體史書及科舉類書之中。明清時期,彩選遊戲被形制更爲簡潔的升官圖取代。雖然《漢官儀彩選》一書仍存,但鮮有人問津。而被視爲西漢班序"知識"的《漢官儀彩選》官序表,在會要及科舉類書中一直流傳。在失去了彩選的歷史語境後,它在西漢官制的研究語境中又難以被解釋,成爲一個史料謎團。

　　在現代學術視野下,彩選遊戲文本與我們熟知的官制研究著作不可同日而語。但回到"前現代"語境中,彩選文本是對於一時官制的再現,在材料選取、編纂方法以及呈現方式上,皆與官制研究著作有着相通之處。彩選的作者大多從本朝條例或前朝正史中,挑選並彙總相關信息,按照他們對於前朝官制的理解,分門别類,編訂成書,具有鮮明的作者主體性與時代性特徵。唐宋彩選的創作者與參與者多爲士人精英,作者在編纂時態度嚴謹,受衆亦將之視爲具有學術價值的著作,以至與現實制度相勾連,將其中内容視爲官制知識。因此,從當時的歷史處境看,這些遊戲文本與其他學術著作之間,或許並不存在今人認爲的絶對界限,也同樣具有傳播官制知識的作用。

　　"在不同的文化地區和不同的時間段中,人們判斷事物是否可靠的標準總是在不斷地發生變化。"[83]本文便是希望在唐宋彩選的語境之下,理解《漢官儀彩

---

[83] John Ziman, *Reliable Knowledge*, Cambridge,1978. 轉引自彼得·伯克著,陳志宏、王婉妮譯《知識社會史(上卷):從古登堡到狄德羅》第九章,浙江大學出版社,2016年,224頁。

選》官序表這一遊戲文本被知識化的原因,再現彩選在官制知識構建與傳播中的歷史作用。

(附記:本爲寫作過程中,承蒙郭津嵩先生賜教並提示相關著作。文中部分内容曾在 2021 年 5 月 20 日舉行的"古代知識的多元共生:文化史青年學人工作坊"中報告,楊光、張亮諸位先生亦有指正,在此一併致謝。)

A Study on the Spread of Bureaucratic Knowledge in "Caixuan" (Game of Promotion) in the Tang and Song Dynasty with an Emphasis on *Hanguanyi Caixuan* Designed by Liu Ban

Zhang Mingwei

"Caixuan" (彩選) is a Chinese board game using dices to get promotions of official ranks, just like Monopoly. It is thought to have originated in the Tang, and was popular in the Song. To imitate and satire the real life of an official, most "caixuan" adopted real bureaucratic rules. This not only entertained players but also effectively brought the spread of the official knowledge. *Hanguanyi Caixuan* 漢官儀彩選 designed by Liu Ban 劉攽 focuses on Western Han official promotions. Although based on *Hanshu* 漢書, most setting of promotions in this game were arranged under the principles of the Song. However, some parts of it were still acknowledged as real rules of the Western Han. Moreover, *Hanguanyi Caixuan* gained greater influence because it was quoted by later digests of government institutions.

論 文

南來北轉：隋及唐初江南僧衆
北移長安的行止地圖

宛　盈

　　隋及唐初是南北佛教由殊異歸於融合的關鍵階段，統一王朝的都城長安吐故納新，逐漸聚集起全國的佛教精英，江南僧衆的北移是長安佛教整合新貌的重要進程。江南僧衆初入隋都，未能在國寺大興善寺樹立穩固的力量；而日嚴寺所鄰曲江與廣陵曲江在風景情思上遥相呼應，檀越楊廣選擇在都城東南重現江南勝景，江南僧衆的群體影響力以此爲中心積蓄。文帝、煬帝權力過渡之際，都城西南建立起新的國家寺院——二禪定寺，再度徵召了一批江南高僧北移，群體力量逐漸在都城寺院體系中顯現出來。然而，隋代江南僧衆北移集聚的寺院偏處都城空間的東南隅和西南隅，尚未深入到都城的核心地區。直到唐初，經歷了隋代南北統合和隋唐之際的離亂混雜，南來僧衆逐漸散布於長安空間的繁華地帶，藉由空間上的雜糅，融入到長安人群、長安社會之中。

　　前人研究多聚焦於南朝佛教新義的北傳，尚未將江南僧衆的行止踪迹落實於長安空間中進行探究[1]。江南僧衆北移長安後在何種寺院環境中居止行

---

[1]　雖從都城空間角度研論隋唐之際南北佛教融合之專文較少，但亦有前人成果對本文頗有啓發。如湯用彤《隋唐佛教史稿》已關注到隋唐佛教勢力之消長與寺院空間的興衰變化齊驅並行，中華書局，2016 年，4—18 頁；榮新江《從王府到寺觀——隋唐長安佛道神聖空間的營造》從隋唐都城整體考量，指出長安城内的神聖空間被拱手讓給佛教、道教，這一格局延續下來深遠地影響了長安政治社會的面貌，收入陳金華、孫英剛主編《神聖空間：中古宗教中的空間因素》，復旦大學出版社，10—22 頁；孫英剛《從"衆"到"寺"——隋唐長安佛教中心的成立》揭示了隋文帝於新都建立"衆"之佛教組織從而構建長安佛教寺院體系的過渡策略，其間僧衆分聚、權力沉浮等合力形成的樣態，奠定了南北朝到隋唐時期長安佛教空間演化的基礎格局，榮新江主編《唐研究》第 19 卷，北京大學出版社，2013 年，5—39 頁；聶靖《隋仁壽年間大興城的寺院與僧團》則通過定位隋仁壽年間分舍利建塔諸沙門之駐錫地，展現大興城佛教勢力在地理空間中的表現，《佛學研究》2017 年第 2 期，123—145 頁。

動? 這些寺院在長安空間中的分布情況和地位如何? 江南僧衆與其依止寺院呈現出怎樣的關係? 本文試圖跳出單純透過佛教學説分析南北統合的視角,轉而將人物置於都城空間中,構塑江南僧衆北移長安的行止地圖,觀察江南僧衆的生存狀態和移動選擇,以求在義理、學派之外,清晰生動地展現隋及唐初江南佛教進入長安的真實情態。

一、國寺興善:江南學僧初來

南北重歸統一之後,如果長安方面吸納江南僧衆,重新整合佛教資源,國家會率先將江南僧衆安置於何處? 相對地,江南僧衆北移長安傾向於選擇依止何地? 首先從政教意義上考量,開皇二年(582),文帝敕令營建新都,自謂"吾以大興公成帝業"[2],因而"城曰大興城,殿曰大興殿,門曰大興門,縣曰大興縣,園林池沼,其號並同,寺曰大興善也"[3]。在隋朝興造新都的整體規劃中,設有冠以"大興"之名的一系列都城核心地標,形成文帝帝業的政治象徵體系,大興善寺成爲其中佛教方面的代表。隋文帝在北周時代開始積蓄的宗教資源,包括大陟岵寺僧衆,被一併移至新都大興善寺,國家性佛教活動也集中至此[4]。大興善寺的動態代表國家意志和全國佛教的風向,在都城寺院體系中地位至高。

從都城空間上觀察,大興善寺占據了新都最重要的神聖空間,落址於靖善坊,對佛教在都城社會中的傳揚大有裨益。宇文愷依卦擇選,認爲靖善坊高坡乃"九五貴位,不欲常人居之"[5],故以國寺大興善寺鎮之。這又使興善殿宇得以竦峙於城區高崗之上,地勢居高臨下,在都城空間中製造出非凡的神聖感。而佛教内部擇選國寺位置時,則注重大興善寺在京城坊里中的區位優越性。《續高

---

[2] 《隋書》卷三《煬帝紀》,中華書局,2019 年,68 頁。
[3] 道宣撰,郭紹林點校《續高僧傳》卷二《闍那崛多傳》,中華書局,2014 年,39 頁。參看費長房《歷代三寶紀》卷一二,《大正新修大藏經》(後文簡寫爲《大正藏》)第 49 册,102 頁。
[4] 早在北周大象二年(580)滅佛餘波未盡之時,以大冢宰名義統治北周的楊堅就下令擇選沙門中"名實灼然,聲望可嘉者"一百二十人,在大陟岵寺爲國行道。見道宣《廣弘明集》卷一○,《大正藏》第 52 册,157 頁。參陳金華《北朝菩薩僧考——北周、隋改朝之際一個特異的佛門體制》,《佛學研究》2017 年第 2 期,108—122 頁。
[5] 李吉甫《元和郡縣圖志》卷一"京兆府"條,中華書局,1983 年,1—2 頁。

僧傳·靈藏傳》載：

> 移都南阜，任選形勝而置國寺。藏以朝寄惟重，佛法攸憑，乃擇京都中會路均近遠，於遵（靖）善坊天衢之左而置寺焉，今之大興善是也。[6]

靖善坊西臨朱雀大街南北通衢，北依延平門—延興門東西大道，無論來去何處均很便利；京都民衆於此地帶熙來攘往，無疑有利於佛教在都城社會影響力的深入。

從社會影響上來看，大興善寺通過營造恢弘氣象進一步放大神聖感受，增强佛教對都城居民的吸引力。大興善寺盡一坊之地，面積在29萬平方米左右，是隋都大興規模最爲弘闊的敕立寺院[7]。法琳《辯正論》如此描述興善盛景：

> 京師造大興善寺，大啓靈塔，廣置天宫，像設憑虚，梅梁架迥。璧璫曜彩，玉額含暉，畫栱承雲，丹爐捧日，和風寶鐸，雨潤珠簾。林開七覺之花，池漾八功之水。召六大德及四海名僧，常有三百許人，四事供養。[8]

宏偉的國立寺刹建立後，文帝不斷延請名僧，協力施行國家主導的佛教政策和佛教活動。大興善寺雲集的四海高僧一切所需皆由官府供給，財力優裕，備受倚重。以上種種意味着，若想真正在隋都社會中發揚江南佛教，江南僧衆深入大興善寺系統是極爲關鍵的一步。换言之，江南僧衆在大興善寺占據何等位置，是檢驗其在新都宗教體系中地位和融合狀況的重要標準。

開皇前半（581—589），南北尚未統一，大興善寺僅住有少數遊歷南朝的僧人。博陵曇遷率先爲國寺興善引入南學新風。曇遷出身定州，學於鄴下，因逢周武平齊，與諸僧結伴逃迹金陵，住揚都道場寺[9]。曇遷與慧曉、智璀等"江表僧望"交遊甚深，並在南朝獲取真諦新譯《攝大乘論》；隋建立後，曇遷攜江南攝論新學渡江，"將欲弘演未聞，被之家國"，在新舊義理交集的彭城，於慕聖寺率先弘傳《攝論》，"攝論北土創開，自此始也"。賀若弼攜家屬從曇遷受戒，延請曇遷

---

[6]《續高僧傳》卷二二《靈藏傳》，835頁。

[7] 參何歲利《唐長安城考古筆記》所計唐長安城里坊的規模資料（靖善坊長525米、寬562米），陝西師範大學出版社，2018年。本文將大興善寺面積計爲29萬平方米左右。

[8] 法琳《辯正論》卷三，《大正藏》第52册，509頁。

[9] 關於曇遷詳細而深入的研究，參見 Chen Jinhua, *Monks and Monarchs, Kinship and Kingship: Tanqian in Sui Buddhism and Politics*, Boston: Cheng & Tsui Co, 2002。

返江都開善寺弘《攝論》,徐州官庶又請北還開講。隋文帝詔請曇遷攜弟子入京,並於大興殿親謁,敕召爲"六大德"之一,於大興善寺安置。其時"京室學僧,多傳荒遠",因曇遷初辟《攝論》之學,京師受業者千數,於關中北學之中另開生面[10]。

隋平南陳後,隋文帝雖然有意以大興善寺爲中心招攬江南義學重僧,但此時隋室的號召力有限,響應者寥寥。最終爲文帝所用的江南僧人,更善於唱唄儀式,並不真正屬於掌握江南佛教義學話語權的核心群體。也就是説,雖然統一開啓了江南義解佛教的北移,開始有江南佛僧被召入大興善寺,但江南佛教北移新都的成果還非常有限。

自江南北移的義解僧中,最重要的人物是攝論宗師道尼。道尼隨真諦譯出《攝論》,是真諦付囑的親傳弟子之一,因創弘《攝論》新義而騰譽建康;開皇十年,隋文下敕追召道尼及弟子智光等入京,住大興善寺。道宣在僧傳中甚至稱,真諦所傳《攝論》之學自道尼北移長安後,"南中無復講主,雖云敷説,蓋無取矣"[11]。道尼師徒爲何能在南北統一後首先進入大興善寺,並於北學占優的大興都城創講《攝論》新學?陳金華先生在追溯曇遷的學術背景時,已注意到曇遷曾與真諦三大門徒法泰、道尼、曹毗同處金陵,又據曇遷與曹毗弟子僧榮的親近關係、曇遷與法泰弟子靖嵩曾在北歸後同處彭城,推想曇遷的攝論學問部分來源於他在金陵與攝論學派群體的交往聯絡[12]。而轉換觀察角度,道尼師徒作爲南朝《攝論》新學的重要一脈,得以在統一後北上且徑直進入興善系統,或許正是遊學金陵、宣揚攝論之學的曇遷在其中擔當了至關重要的牽引角色。

曇遷、道尼一系之外,大興善寺慧遠門下也有部分學僧在周武滅法時暫且南奔陳國,不過多數在隋朝肇始就已立即回歸鄉壤,且對南朝義學缺乏留意,祇有慧遷自南返北,跟從慧遠住大興善寺,懷北地之"故業",將南朝之"新聞"帶入興善系統[13]。興善系統中還有"三國論師"僧粲,遊學河北、江南、關中,涉歷齊、

---

[10] 《續高僧傳》卷一八《曇遷傳》,662—663頁。

[11] 《續高僧傳》卷二八《智光傳》,1104頁;《續高僧傳》卷一《法泰傳》,26頁。

[12] Chen Jinhua, *Monks and Monarchs, Kinship and Kingship: Tanqian in Sui Buddhism and Politics*, pp. 31-32.

[13] 《續高僧傳》卷一二《慧遷傳》,422頁。

陳、周三國,其弟子僧粲十歲即於江都傳講,僧鳳則爲蕭梁皇室後裔[14]。又有法粲,爲陳朝高僧慧哲的傳燈弟子之一,與曇遷並見於大興善寺所置"十大德"之列[15]。

雖然江南本土義學僧北移興善者較少,但文帝本人特別爲大興善寺招納了江南的經唄僧師,這也是由大興善寺的規模和地位決定的。《長安志》記興善寺殿"崇廣爲京城之最",建造規制極高,"號曰大興佛殿,制度與太廟同"[16];《續高僧傳》稱"興善大殿,鋪基十畝,櫨扇高大,非卒搖鼓"[17]。據王貴祥先生對大興善寺的復原研究,大興善寺殿基約合5千餘平方米(約是故宫太和殿的兩倍以上),推想興善寺殿作爲隋大興城最高等級的佛殿,在尺寸規模上與唐乾元殿不相上下,達到隋唐時代最高規格建築的體量[18]。如此宏廣的殿堂中,興善國寺需要承擔爲國念誦的重大儀式,勢必需要最優的唱經導引之僧。

大興善寺原有道英、神爽以聲梵馳名,雖然"引衆繞旋,行次窗門,聲聒衝擊,皆爲動震"[19],頗具聲量威勢,但缺乏在唱導中機動應變的能力:

時西京興善,官供尋常,唱導之士,人分羽翼。其中高者,則慧寧、廣壽、法達、寶岩,哮吼之勢有餘,機變之能未顯。人世可觀,故不廣也。[20]

國寺唱誦僧不能盡善盡美,在群英薈集的國都中難以使衆人全然誠服,《續高僧傳》甚至直言"京室雖富,聲業甚貧"[21]。因此,隋文帝在徵召曇遷的詔書中特意提出攜"能轉梵音者"入京的期望[22]。

平陳後,隋文帝徵召江南法稱至大興善寺,法稱"誦諸經聲,清響動衆",是陳國舉朝供奉的領唱高僧,文帝别敕於禁中正殿爲法稱常置經座,"日别差讀經,

---

[14] 《續高僧傳》卷九《僧粲傳》,330頁。
[15] 慧哲乃高僧興皇朗公和陳國大僧正寶瓊之徒,是南朝重僧,揚都人呼之爲"象王哲"。
[16] 宋敏求《長安志》卷七"靖善坊"條,三秦出版社,2013年,260頁。
[17] 《續高僧傳》卷三一《慧常傳》,1258頁。
[18] 王貴祥推測大興善寺大殿是"一座面廣13間,通面闊345唐尺,通進深170唐尺的大型木構殿堂",《唐長安靖善坊大興善寺大殿及寺院布局初探》,《中國建築史論彙刊》2014年第2期,69—75頁。
[19] 《續高僧傳》卷三一《慧常傳》,1258頁。
[20] 《續高僧傳》卷三一《立身傳》,1254頁。
[21] 《續高僧傳》卷三一《法琰傳》,1259頁。
[22] 《續高僧傳》卷一八《曇遷傳》,659頁。

聲聲不絕"[23]。《續高僧傳》記隋文帝"每日登殿,座列七僧,轉讀衆經,及開理義,帝目覽萬機,而耳餐正法",法稱等當即預列。隋文帝治國理政時,轉經講義之聲常伴身側,法稱兼爲文帝"叙論正義,開納帝心",關係近密。與法稱同入長安的白雲經師亦駐錫於大興善寺。慧皎《高僧傳》有"經師""唱導"二科之分,"經師"之謂偏指轉讀、梵唄,"唱導"則指宣唱、導引,白雲經師當能於轉讀,所長與法稱相補。由此,帝都大興善寺雄遠殿閣間的念誦佛聲中,又增廣了江南風格的清辯導引之音,與北地系統的梵唱交相呼應,一定程度上爲長安佛教彌補了一隅缺欠。

開皇二十年間是南僧初來的階段,國寺興善延納了部分自江南北移新都的僧衆。不過,從整體來看,在大興善寺常住的三百餘僧中,絕大多數高僧還是出身、就學於北朝,部分來自天竺、西域,又特以隋初北方法師慧遠、曇延、曇遷及諸師門下弟子爲重,在寺内形成三大系統;相較之下,自江南來者寥寥可數,勢力相對微薄[24]。從出身經歷和修行體系來看,開皇六大德中的洛陽慧遠、魏郡慧藏、清河僧休、濟陽寶鎮、汲郡洪遵五位均屬北朝佛教高僧——北地高僧占據國寺僧衆群體的絕對優勢。

興善南僧不僅數量較少,且許多僅是南遊之僧,或暫避陳國、隋興則返,或涉歷各地、經停多國,究其學脈則仍多根植於北土,缺乏江左佛教傳統的根本性培養。即使是其中最具代表性和話語權的曇遷,仍爲北學出身,而曇遷北返隋都弘法時便有"王公宰輔,冠蓋相望"[25],背後又離不開賀若弼家族等關隴貴族的支持。道尼僧徒於大興善寺講弘的攝論學問固然沿襲了真諦、智愷的南朝法脈,但在以北方佛教爲重的興善系統中,還需本在北方根基深厚的曇遷提供契機與支援[26]。

隋文帝儘管爲大興善寺引入了些許江南因素,却深受北朝注重修行功德的信仰模式影響,更看重唱唄和瑞像,江南本生的中堅義學僧群並未由此大批進入

---

[23] 《續高僧傳》卷三一《法稱傳》,1244 頁。
[24] 大興善寺住僧情況的具體統計,參山崎宏《隋唐佛教史の研究》,法藏館,1967 年,51—58 頁。
[25] 《續高僧傳》卷一八《曇遷傳》,663 頁。
[26] 關於曇遷根植於北方的師承背景和家族紐帶,參見 Chen Jinhua, *Monks and Monarchs, Kinship and Kingship: Tanqian in Sui Buddhism and Politics*, Chapter One, pp. 11–48。

大興善寺。興善系統尚未具備真正出身自江南佛教核心區域、南學根脈傳統深厚的僧群力量,這使得大興善寺難以成爲統一政權真正意義上集大成的全國佛教中心。同時,擁有遊學江南經歷的少數僧人也難以將"正統"的南朝新義大力發揚於京壤。江南僧衆並未在隋都國寺樹立穩固的力量,不免顯得身單力薄,更不必説與北朝僧衆形成分庭抗禮之勢。

在都城整體空間中,靖善坊興善寺正是居民聚居的繁華城區至人迹稀疏的近郊的過渡地帶。據《長安志》載:

> 自興善寺以南四坊,東西盡郭,雖時有居者,煙火不接,耕墾種植,阡陌相連。[27]

江南僧衆雖未真正深入京都國寺系統,但就在大興善寺以南地廣人稀的都城東南隅和西南隅,江南佛教北移長安的主要接容所、江左諸僧嶄露鋒芒的陣地建立起來。

二、曲池日嚴:江南勝景再現

江南僧衆北移隋都的新局面在曲池日嚴寺打開。晉王楊廣早在鎮藩揚越期間,就曾有計劃地在江都慧日道場網羅江南僧衆;開皇后期,楊廣的佛教政策重心開始向北延展,在大興城東南營造起日嚴寺,將江南僧衆及其他江南佛教資源集中收攏於此。日嚴寺遂成爲都城集聚江南僧衆的中心。

王亞榮先生《日嚴寺考——兼論隋代南方佛教義學的北傳》一文強調了日嚴寺的特殊性在於它是京城衆刹中唯一一處聚集南僧的寺院,通過解析日嚴寺義學名德的學派宗風,王亞榮先生認爲南方學僧在日嚴寺的聚集"實際標誌着佛教歷史上南北朝時代的結束",即江南佛教北移新都成於日嚴寺[28]。日嚴寺在江南佛教北移進程中的重要地位已被肯定,本文亦當首先梳明基本史實。

關於日嚴寺何時建造,《長安志》載:

---

[27]《長安志》卷七"開明坊"條,260頁。
[28] 王亞榮《日嚴寺考——兼論隋代南方佛教義學的北傳》,《中華佛學學報》1999年第12期,191頁。

> 〔青龍坊〕西南隅廢日嚴寺。隋煬帝爲晉王,仁壽元年(601),施營第材木所造,因廣召名僧以居之。貞觀六年(632)廢。[29]

而據吉藏《净名玄論》及《續高僧傳·智矩傳》《續高僧傳·慧頵傳》:

> 金陵沙門釋吉藏,陪從太尉公晉王,至長安縣芙蓉曲水日嚴精舍[30]。

> 開皇十九年更移關壤,敕住京都之日嚴寺,供由晉國,教問隆繁,置以華房,朋以明德,一期俊傑,並是四海搜揚。[31]

> 開皇末年,被召京師。於時晉王開信,盛延大德,同至日嚴,並海内杞梓,遞互相師。[32]

吉藏義疏爲當時自述,當不誤;慧頵是《續高僧傳》撰者道宣奉教二十年的南來親師,二人駐於日嚴寺,可信度頗高。可知日嚴寺應當建造於開皇年間楊廣封藩晉王時期,而非仁壽年間皇太子時期。《長安志》"仁壽元年"的記載有誤,《唐兩京城坊考》及後世載論也多襲此生誤。聶靖認爲較可靠的年代定位是建寺於開皇末,此説較爲妥帖[33]。加之《寶臺經藏願文》中提及將次藏分送至江都慧日道場及京師日嚴寺[34],從楊廣所署戒名"總持"判斷,願文在開皇十一年十一月楊廣受菩薩戒後書寫[35]。日嚴寺的營建應大致在晉王開皇十年冬鎮揚越後不久就有所規劃,至開皇末期正式着力建設。

依據日嚴寺出身的道宣追憶,唐高祖於武德七年(624)廢日嚴寺[36],《長安

---

[29] 《長安志》卷八"青龍坊"條,294頁。
[30] 吉藏《净名玄論》卷一,《大正藏》第38册,853頁。
[31] 《續高僧傳》卷一一《智矩》,375頁。
[32] 《續高僧傳》卷一四《慧頵傳》,485頁。
[33] 聶靖《隋仁壽年間大興城的寺院與僧團》,129頁。花塚久義猜測楊廣藉開皇十九年二月入京朝覲之機建造日嚴寺,參《日嚴寺の建立について》,《印度學佛教學研究》第30卷第2期,1981—1982年,673—674頁。而費長房於開皇十七年撰成、進上的《歷代三寶紀》中已出現"日嚴寺沙門釋彦琮"之署名,但聶靖指出《歷代三寶紀》後世竄入改筆處甚多,不可以此爲日嚴寺建造時間至晚不過開皇十七年之據。
[34] 楊廣《寶臺經藏願文》,見道宣《廣弘明集》卷二二,《大正藏》第52册,246—247頁。
[35] 王光照推測楊廣"寶臺經藏"的建立,起於開皇十年隋對江左豪族的平叛戰爭,大概迄於開皇十四五年楊廣"朝覲"京師之際而完成。見王光照《隋晉王楊廣"寶臺經藏"建置述論》,榮新江主編《唐研究》第7卷,北京大學出版社,2001年,7頁。如果寶臺經藏北移京師日嚴寺果真是在楊廣朝覲之際所爲,那麼日嚴寺的建立則早於開皇十四五年。
[36] 道宣《集神州三寶感通録》卷一,《大正藏》第52册,405頁。

志》和《唐兩京城坊考》"日嚴寺貞觀六年(632)廢"之説誤[37]。正因爲日嚴寺僅存續二十餘年,唐初即廢,掩藏在隋唐長安衆多名寺中,受到的關注相對較少。另一方面,學界將"日嚴寺是江南佛教北移最重要的陣地"當作理所當然的結論,而對於日嚴寺憑藉什麼條件成爲長安城内承納江南佛教北移的中心,未及展開和深入。

日嚴寺,立於隋大興城東南青龍坊之西南隅,南與京城南界曲池坊相鄰,東南接臨曲江池。此地與市民聚居的都城西北方相距甚遠,不似城區中心坊里的寺院一般人流來往稠密,不過勝在幽静,坊内還有獨孤皇后爲其外祖所立普耀寺,於坊内東南隅與日嚴相對。日嚴寺的東南方向,曲池坊内東北隅又有天寶寺,寺内彌勒閣崇一百五十尺,與日嚴塔閣相望[38]。曲江水流自都城東南向西北依次流經天寶、普耀和日嚴三寺。

值得注意的是,日嚴寺在都城空間中獨有的位置及其周邊的山水美景正是其引納江南僧衆的重要條件。以往學者在觀察隋唐長安的寺觀與園林時,易於忽略偏居一隅的日嚴寺;在探討日嚴寺時,又往往忽略其在都城所處空間的特殊性。實際上,日嚴寺南臨曲池,周邊環境秀麗優美,頗有江南風格。曲池形勝,南與芙蓉園相連。芙蓉園即秦之宜春苑,漢時稱宜春下苑,《漢書·元帝紀》顔師古注曰:"宜春下苑即今京城東南隅曲江池是。"[39]

"曲江"這一地點的命名,甚至都與江南深有淵源。廣陵早有曲江,指今揚州市南的長江段落,因江流屈曲得名,西漢枚乘《七發》已見"往觀濤乎廣陵之曲江"之句[40]。唐人王榮《曲江池賦》言"帝里佳境,咸京舊池,遠取曲江之號,近侔靈沼之規"[41],意指"曲江"是自廣陵移徙而來的"僑置"地名。《太平寰宇

---

[37] 《長安志》卷八"青龍坊"條,294頁;《唐兩京城坊考》卷三"青龍坊"條,中華書局,1985年,81頁。小野勝年在《中國隋唐長安寺院史料集成·史料篇》中未列"武德七年"説史料,但在《解説篇》中已予以糾正,法藏館,2011年,141、111頁。

[38] 《長安志》卷八"青龍坊""曲池坊"條,294—295頁。

[39] 班固撰,顔師古注《漢書》卷九《元帝紀》,中華書局,1962年,282頁。

[40] 枚乘《七發》,收於蕭統編,李善注《文選》卷三四,中華書局,1977年,482頁。廣陵觀濤是揚州著名景觀,李白詩《送當塗趙少府赴長蘆》云:"我來揚都市,送客回輕舠。因誇楚太子,便睹廣陵濤。"收於《李太白全集》卷一六,中華書局,1977年,763頁。

[41] 王榮《曲江池賦》,收於《全唐文》卷七七〇,中華書局,1983年,8027頁。

記》則直稱"曲江"之名源於廣陵之江:

> 曲江池。漢武帝所造,名爲宜春苑。其水曲折,有似廣陵之江,故名之。[42]

而庾信仕南朝時所作《春賦》,開篇即是"宜春苑中春已歸,披香殿里作春衣"之句[43],可見江南士人對於此處空間亦有憧憬和想象。日嚴寺所臨曲江與廣陵曲江雖在地域上南北相隔,但在風景情思上却遥相呼應。

因爲新都的曲江本源於廣陵,傾向於壓抑江南的隋文帝,抱有對大興城東南的曲江之地或有江東王氣的忌憚,《雍録》記載了宇文愷營建大興城時對城東南隅的特別布置:

> 隋營京城,宇文愷以其地在京城東南隅,地高不便,故闕此地不爲居人坊巷,而鑿之爲池,以厭勝之。又會黄渠水自城外南來,可以穿城而入,故隋世遂從城外包之入城爲芙蓉池,且爲芙蓉園也。[44]

《隋唐嘉話》載:"京城南隅芙蓉園者,本名曲江園,隋文帝以曲名不正,詔改之。"[45]孫英剛先生就此指出,終隋唐二代,曲江池常與南朝慣常宣揚的祥瑞兆應"黄旗紫蓋"、金陵王氣密切相聯,隋文帝興建大興城之初深受術數思想影響,宇文愷鑿掘長安東南隅、隋文下詔改名"芙蓉"均是厭勝曲池東南王氣的舉措,代表着對南方政權的壓制[46]。

而煬帝深受江南文化薰染,對都城東南隅空間的認識和利用與文帝不同。楊廣特別選擇在曲池園林周邊營造日嚴寺,藉用的正是曲池與江南特殊的關聯。南朝集聚審美趣味的園林,爲王侯貴族、政府官僚、僧侶道士等各類群體提供了良好的社交場所,楊廣受南朝文藝沙龍影響,以主倡者的姿態促生新的文化社交[47]。隋文帝對建康故城文化抱有刻意疏離甚至貶抑的傾向,使江南僧衆融入大興城内寺院相對困難,於是楊廣在大興城創設出將園林景象與南朝建康式"文藝沙龍"結合的空間,使日嚴寺得以承載起江南佛教從地方性的江都慧日道

---

[42] 樂史《太平寰宇記》卷二五《關西道》"長安縣"條,中華書局,2007年,530頁。
[43] 庾信撰,倪璠注《庾子山集注》卷一,中華書局,1980年,74頁。
[44] 程大昌《雍録》卷六"唐曲江"條,中華書局,2002年,132頁。
[45] 劉餗《隋唐嘉話》,中華書局,1979年,2頁。
[46] 孫英剛《神文時代:讖緯、術數與中古政治研究》,上海古籍出版社,2015年,73—81頁。
[47] 妹尾達彦著,高兵兵等譯《隋唐長安與東亞比較都城史》,西北大學出版社,2019年,419—420、428頁。

場北移京輦的重任。

江都廣陵曲江與大興日嚴曲江的關聯,是楊廣在隋都引入江南風尚的紐帶,也能喚起江南僧衆北移隋都後對空間環境的親近感。或緣於此,日嚴寺雖在青龍坊,但隋時南來駐錫日嚴的僧人在自述經歷時,往往稱日嚴寺爲"曲池日嚴"而非"青龍日嚴"。如道宣追憶自叙"余本住京師曲池日嚴寺",其著述中凡見日嚴寺,則稱"曲池日嚴"[48];吉藏則自稱至"長安縣芙蓉曲水日嚴精舍"[49]。可見,日嚴寺與曲江池的組合相輔相成、相得益彰,在北移的江南僧衆人心中構成了整體性的記憶和印象,甚至是他們身在異鄉的寄托。

關於曲池日嚴的風情物景記載較少,但曲江近旁靜覺寺的風景却被歷史牢牢銘記,因爲靜覺寺所在正爲日後大慈恩寺所繼承,慈恩勝景千餘年來始終是隋唐長安的名片。貞觀二十二年,皇太子李治爲母文德皇后追福,令所司"於京城内舊廢寺妙選一所","仍令映帶林泉,務盡形勝",有司詳擇勝地建立大慈恩寺,"遂於宮城南晉昌里,面曲池,依净覺故伽藍而營建焉"[50]。

與日嚴寺同時共存的隋寺靜覺,乃大興善寺僧琨於開皇年間修造。僧琨"性沉審,善音調",道宣評其爲"新學之宗匠";其師南郡亡名,"世襲衣冠,稱爲望族",曾深爲梁元帝禮待——可見僧琨深受江南風脈熏陶[51]。雖然大興善寺後亦有池臺園林,但習慣於江南山水之美的僧人没有停止在長安尋找更好的依止之所。僧琨於曲池附近修造靜覺寺,在都城東南創造了義學高僧、名士文客集會交遊的新場所,僧衆常在此處暢叙幽情,"每臨水映竹,體物賦詩,頗有篇什云"[52]。《續高僧傳·法周傳》也勾畫了隋時曲池靜覺寺周邊諸僧在園林間歡聚談議、文會賦詩的場景:

---

[48] 《集神州三寶感通録》卷上,《大正藏》第 52 册,405 頁;道世《法苑珠林》卷一四,《大正藏》第 53 册,390 頁;《法苑珠林》卷三八,《大正藏》第 53 册,586 頁。

[49] 吉藏《净名玄論》卷一序文,《大正藏》第 38 册,853 頁。

[50] 慧立、彦悰《大慈恩寺三藏法師傳》卷七,中華書局,2000 年,149 頁。季愛民已據此條史料考訂靜覺寺故址在晉昌坊而非曲池坊,見《隋唐兩京寺觀叢考》,《中國歷史地理論叢》2011 年第 2 輯,100 頁。

[51] 《續高僧傳》卷七《亡名傳》,244 頁;《歷代三寶紀》卷一二載"大興善寺沙門成都釋僧琨集《論場》一部",可知僧琨駐錫於大興善寺,《大正藏》第 49 册,106 頁。

[52] 《續高僧傳》卷七《亡名傳》,244 頁。

〔法周〕初住曲池之静覺寺,林竹叢萃,蓮沼盤遊,縱達一方,用爲自得。京華時偶形相義學如周者可有十人,同氣相求,數來歡聚,偃仰茂林,賦詠風月,時即號之爲"曲池十智"也。[53]

隋時僧衆飽享的曲池麗景,前承漢時司馬相如"臨曲江之隑州兮,望南山之參差""觀衆樹之翕薆兮,覽竹林之榛榛"之賦[54],後接唐時《景龍文館記》所言"青林重複,綠水彌漫,帝城勝景也"[55]。南陳名士阮卓聘隋,"隋主夙聞卓名,乃遣河東薛道衡、瑯琊顔之推等,與卓談讌賦詩"[56],阮卓也在芙蓉池畔寫下"春色映澄陂,涵泳且相隨,未上龍門路,聊戲芙蓉池"等句[57]。都城曲江諸寺鄰望終南,有水澤亭臺、花繁竹茂,文士僧衆在其中詩文聚會的場景,又與《南史·徐湛之傳》描繪的廣陵曲江園林景象何其相似:

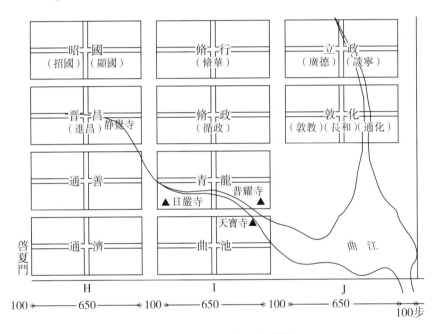

圖 1　曲江與周邊坊里寺院[58]

[53]　《續高僧傳》卷二八《法周傳》,1102 頁。

[54]　《史記》卷一一七《司馬相如傳》,中華書局,1982 年,3055 頁。

[55]　武平一《景龍文館記》卷二《春日侍宴芙蓉園應制》,中華書局,2015 年,62 頁。

[56]　《陳書》卷三四《阮卓傳》,中華書局,1972 年,472 頁。

[57]　徐堅《初學記》卷三〇,中華書局,1962 年,743 頁。參孫俊《隋唐長安曲江池新考》,《史林》2018 年第 5 期,46 頁。

[58]　底圖出自平岡武夫《唐代の長安と洛陽 地圖篇》圖版一"長安城圖(一)",同朋舍,1985 年。

廣陵舊有高樓,湛之更修整之,南望鍾山。城北有陂澤,水物豐盛,湛之更起風亭、月觀、吹臺、琴室,果竹繁茂,花藥成行。招集文士,盡遊玩之適。時有沙門釋惠休善屬文,湛之與之甚厚。[59]

長安(大興)城東南的曲池江水,向西北一路流經曲池坊(東北隅天寶寺)、青龍坊(東南隅普耀寺、西南隅日嚴寺)、晋昌坊(静覺寺—大慈恩寺),隋唐佛寺串聯起都城東南空間的勝景。雖然對於日嚴寺秀麗風景的具象描繪已湮滅在長安寺院的興廢盛衰之中,但通過對日嚴寺周邊同時期静覺寺風景的還原,也可窺知"帝里佳境"莫過於曲池日嚴,常可引起無數清韻詩情。

妹尾達彥先生在"建康—大興—洛陽"的主題研究中,特别强調"帝都的風景"對群體感情的影響——漢魏孕育的中原古代文化與長江下游流域的傳統文化相遇融合,又廣泛滲透着佛教因素,園林爲共有的感情活動提供場合和機會,其中的文藝活動構成江南文化的精髓與温床,使南朝建康文衆産生了所謂的風景意識,並由此生發同仁意識和作爲南朝人的文化共識[60]。東晋南朝的都城建康地處長江下游地帶,温潤的自然環境和秀綺的景色孕育出江南佛教義學豐茂、富於詩性審美的獨特風尚。從曲池"風景"的角度思考,就大可理解楊廣主持江南僧衆北移時,爲何要特别在都城製造林池清秀、寺塔掩映的佛教空間。開皇后期,日嚴寺逐漸集聚起智脱、法澄、道莊、法論、辯義、智矩、明舜、法侃、吉藏、慧顗、慧乘、曇諧、立身、善權、慧常、法琰、道宣等懷抱江南義學新風的英彦俊髦。他們在都城中講論辯義,闡揚南朝新學;導引唱唄,傳布南朝新聲;著述箋疏,存續南朝新論,並在都城培養新一代學僧。北移日嚴的江南僧衆的諸種活動,都應當放置於都城東南隅的勝景中予以想像和理解。

除自然景觀外,楊廣在南朝治域搜羅的諸多瑞物寶像也被送至京師,充實日嚴寺的寶物收藏。如揚都長干寺塔舍利被發取出來,移入京師日嚴寺塔之下。道宣在《集神州三寶感通錄》中詳述親身經歷:

余本住京師曲池日嚴寺,寺即隋煬所造。昔在晋蕃,作鎮淮海,京寺有塔未安舍利,乃發長干寺塔下取之入京,埋於日嚴塔下,施銘於上。於時江

---

[59] 《南史》卷一五《徐湛之傳》,中華書局,1975年,437頁。
[60] 妹尾達彦《隋唐長安與東亞比較都城史》,369—370、419—423頁。

南大德五十餘人咸言,京師塔下舍利非育王者,育王者乃〔在〕長干本寺。而不測其是非也。[61]

又有廬山西林寺石頭影像,本由天竺僧齎來禮謁梁武帝。楊廣鎮藩揚越時,"廣搜英異,文藝書記,並委讎括,乃於雜傳得《影像記》",依書往西林寺尋得此像。石像没有被固定收藏在某寺,而是隨晉王儀仗移動,"每有行往,常以烏漆函盛之,令人馬上捧而前行"[62]。開皇二十年,楊廣登上儲位,送此像至日嚴寺,"有令當寺看記封鎖,勿令外人見之",以獨占江南佛像的"神異之力和庇佑之功"[63];道宣在日嚴寺慧頵處學法時,也未曾瞻睹,自云"餘住此寺,亦未之信"[64]。這説明楊廣作爲日嚴寺的建造者和大檀越,在日嚴寺部分場所保留了私密空間。

日嚴寺是隋時南方佛教資源向北延展的中心基地,也是江南佛教向全國性的東都慧日道場中轉的重要渡口。隋煬帝即位後着力營造洛陽,將佛教重心轉移至東都,名僧隨之遷移。妹尾達彦先生提出,隋煬帝最初被建康"帝都的風景"深深吸引,開鑿大運河使新都洛陽與江南直接貫通,模仿江南園林的結構和文化,將洛陽建造成"中原的建康""風景的帝都"[65]。而在建康與洛陽的照應關係形成前,楊廣尚未登位時,先進行了從江都向大興搬運江南佛教的嘗試。楊廣選址在都城東南依山臨水之處建造佛寺,以主導者的身份延納江南僧衆群體,引導他們在近似於江南的勝景中宣研南朝佛義。日嚴寺這一佛教空間,可以説是楊廣有能力在洛陽重現建康風景之前,試探向北移植南朝文化的先行模本。

因此,當煬帝的江南理想轉向新都洛陽時,原本用作資助王化、具有一定家寺性質的日嚴寺,逐漸被抽去中堅力量。至大業末年,京城陷入混亂,日嚴寺守備懈弛,原本置於日嚴寺私屬空間的江南靈像不再是秘藏,京邑僧衆因而得以觀

---

[61] 《集神州三寶感通録》卷上,《大正藏》第 52 册,405—406 頁。

[62] 《集神州三寶感通録》卷中,《大正藏》第 52 册,421 頁。

[63] Victor Cunrui Xiong(熊存瑞)著,毛蕾、黄維瑋譯《隋煬帝:生平、時代與遺産》,廈門大學出版社,2018 年,213 頁。

[64] 《集神州三寶感通録》卷上,《大正藏》第 52 册,405—406 頁。

[65] 妹尾達彦《隋唐長安與東亞比較都城史》,423—439 頁。

瞻[66]。隋朝淪亡後，日嚴寺與皇室檀越的紐帶斷裂，失去了經濟支持和政治後盾，一時群賢畢集、聲名熾盛的日嚴寺消失在長安城中。道宣回憶道：

> 至武德七年，日嚴寺廢。僧徒散配，房宇官收，惟舍利塔無人守護，守堰屬官，事須移徙。餘師徒十人配住崇義。[67]

寺廢之後，慧頵、道宣師徒一支江南北移長安或承江左學脈的僧衆移至崇義寺。"像隨僧來"，日嚴寺原本的江南佛教文物也移入長壽坊崇義寺，且從貴族私藏走向對長安社會開放，"京城道俗咸就見之"，"備得觀仰"[68]。

至於唐長安城東南之地，貞觀末告成的大慈恩寺"南臨黄渠，水竹深邃，爲京都之最"[69]。寺塔、園池、林苑、歌賦，構建了人們心目中的"城市山林"景象[70]。唐長安東南大慈恩寺和芙蓉園池組合的勝景，承接了隋時曲池日嚴貴族園林式的佛地，並轉向"君民同樂"的城市公共空間性質，留存下無數遊人過客的印迹。

三、莊嚴總持：江南師衆挪移

都城西南隅和平、永陽二坊半以東爲大莊嚴寺，半以西爲大總持寺。此二寺前後由隋文、隋煬二帝主持修造，爲文獻皇后獨孤氏、文帝楊堅追福，兼具國家寺院和皇室紀念性寺院雙重特質[71]。日嚴寺在開皇後期爲北移僧衆建立起江南勝景，而後

---

[66]《續高僧傳》卷三〇《僧明傳》，1202—1203頁；《集神州三寶感通録》卷二，《大正藏》第52册，421頁；道宣《廣弘明集》卷一五，《大正藏》第52册，202頁；道世《法苑珠林》卷一四，《大正藏》第53册，390頁。
[67]《集神州三寶感通録》卷上，《大正藏》第52册，405頁。
[68]《續高僧傳》卷三〇《僧明傳》，1203頁。
[69]《唐兩京城坊考》卷三"晋昌坊"條，68頁。
[70] 榮新江《隋唐長安的寺觀與環境》，《唐研究》第15卷，北京大學出版社，2009年，12頁。
[71] 陳金華提出二禪定寺具有政治和宗教雙重性質，追索了二禪定寺的起源和命名變化。見 Chen Jinhua, "The multiple roles of the twin Chanding Monasteries in Sui-Tang Chang'an", *Studies in Chinese Religions*, 1:4, 2015, pp.344–347. 二寺研究另參 Chen Jinhua, *Monks and Monarchs, Kinship and Kingship: Tanqian in Sui Buddhism and Politics*, Chapter V；古田紹欽《禪定寺の變遷と其住僧》，《"支那"佛教史學》第3卷第2期，1939年，77—85頁；韓保全《大莊嚴寺》，《文博》2006年第2期，15—17頁；介永强《周閭等宫闕 林圃如天苑——古都長安木塔寺考》，《陝西歷史博物館館刊》第23輯，2016年，180—186頁；介永强《唐長安莊嚴寺與西安市木塔寺公園》，收入《西安唐代歷史文化研究》，陝西人民出版社，2018年，818—828頁。

在唐長安城存續江南學脈的樞紐則是隋朝後期的新國寺——莊嚴、總持二寺。

宿白先生劃分出唐長安佛寺等級：盡一坊之地，爲第一等級；占二分之一坊地或略强爲第二等級；占四分之一坊地、十六分之一坊地則爲第三、第四等級〔72〕。大莊嚴寺和大總持寺是隋唐都城中除興善寺外，明確占有一坊之地的兩處佛寺。又因永陽、和平二坊面積大於靖善坊，二寺實際規模甚至比大興善寺還要壯闊。二寺門額均爲書家殷令名所題，寺中常貢梨花蜜，"密竹翠松，垂陰擢秀"〔73〕，與日嚴寺同爲京城南郭清净幽雅的佛教空間。

據韋述《兩京新記》記載〔74〕，都城西南二寺的變遷綫索爲：

	文帝仁壽年間	煬帝時期	唐武德元年
和平、永陽二坊之東	禪定寺	禪定寺/禪定道場	（大）莊嚴寺
和平、永陽二坊之西	未建	大禪定寺/大禪定道場	（大）總持寺

二寺又依坊里位置被分别稱爲東禪定寺和西禪定寺。《隋書》記載"后每與上言及政事，往往意合，宫中稱爲'二聖'"〔75〕，二寺的東西相對位置與隋文帝、獨孤皇后並稱"二聖"的地位相合。

對於二寺的建立時間和得名淵源，目前許多研究仍沿承了史料的謬誤。第一，大總持寺何時建立？韋述《兩京新記》將建造時間繫於大業元年（605），而《長安志》及《唐兩京城坊考》均記爲大業三年〔76〕。《長安志》或據《續高僧傳·靈幹傳》"大業三年置大禪定，有敕擢爲道場上座"而繫年。然而，《續高僧傳》多處文例表明隋文帝崩逝後的大業元年，煬帝爲父追福而起大禪定寺，並在大業元年已延多名高僧住寺〔77〕。法琳《辯正論》亦直言"大業元年，爲文皇帝造西禪定

---

〔72〕 宿白《試論唐代長安佛教寺院的等級問題》，《文物》2009 年第 1 期，27—40 頁。

〔73〕 唐宣宗《重建總持寺敕》，收於《全唐文》卷八一，849 頁；《宋高僧傳》卷一六《慧靈傳》，中華書局，1987 年，392 頁。

〔74〕 韋述撰，辛德勇輯校《兩京新記輯校》卷三，中華書局，2019 年，135—138 頁。

〔75〕 《隋書》卷三六《后妃·文獻獨孤皇后傳》，1261 頁。

〔76〕 《長安志》卷一〇，344 頁；《唐兩京城坊考》卷四"永陽坊"條，127 頁。

〔77〕 《静端傳》："屬高祖升遐，隋儲嗣曆，造大禪定，上福文皇，召海内静業者居之。"《童真傳》："大業元年，營大禪定，下敕召真爲道場主。"《靖玄傳》："會高祖升遐，鬱興禪定，遂應詔住焉。"《僧辯傳》："大業初歲，召入大禪定道場。"《法常傳》："大業之始，榮唱轉高，爰下敕旨，入大禪定。"《寳襲傳》："至文帝升遐，起大禪定。"《道洪傳》："及隋祖升遐，禪定構立。"見《續高僧傳》680、412、341、517、519、421、543 頁。

寺"[78],故應取大業元年建大禪定寺説[79]。

第二,"莊嚴""總持"寺名從何而來？韋述《兩京新記》稱"莊嚴、總持即隋文、獻后(獨孤氏)宫中之號也",此説不知本於何處。而《景龍文館記》載景龍二年《閏九月九日幸總持寺應制》云:"隋主(煬帝)自立法號,稱總持,呼蕭后爲莊嚴,因以名寺。"[80]《長安志》留存韋説而添補此條,《唐兩京城坊考》從之。可以確知的是"總持"是楊廣鎮藩江都時,天台智者大師智顗爲其所取法名。開皇十一年十一月二十三日,晉王楊廣受菩薩戒,智顗弟子灌頂纂集《國清百録》記載:"王禀戒名'總持菩薩',書疏即用法諱'弟子總持和南'。"[81]此後與智顗的書信交流中,楊廣均以"弟子總持和南"或"菩薩戒弟子總持"自稱,班班可考[82]。大禪定寺爲文帝立、禪定寺爲獨孤皇后立,又以第二代帝后"總持""莊嚴"之號分别冠名,在承繼關係方面也順理成章[83]。因此,韋述之説誤,應從《景龍文館記》。

二寺落成後,再度集結了京邑乃至全國的高僧大德,其中不乏自江南北移的高僧。曇遷被指定爲禪定寺的首任寺主,並奉文帝敕令爲新寺搜揚高僧大德充實道場,全權掌握新建國立寺院的組織事宜:

> 今所立寺,既名禪定,望嗣前塵。宜於海内召名德禪師百二十人,各二侍者,並委遷禪師搜揚。有司具禮,即以遷爲寺主。[84]

大興善寺承續隋初百二十菩薩僧,形成隋王朝的初代國寺,而禪定寺再次在海内召選百二十僧,代表着隋都佛教資源的重新組合,禪定寺某種程度上成爲了新一

---

[78] 法琳《辯正論》卷三,《大正藏》第 52 册,509 頁。
[79] 小野勝年和陳金華亦持此説,見小野勝年《中國隋唐長安寺院史料集成·解説篇》,200 頁；Chen Jinhua, "The multiple roles of the twin Chanding Monasteries in Sui-Tang Chang'an", p. 345。
[80] 《景龍文館記》卷一《閏九月九日幸總持寺應制》,19 頁。
[81] 灌頂《國清百録》卷二《王受菩薩戒疏》注,《大正藏》第 46 册,804 頁。
[82] 《國清百録》收有楊廣與智顗往來書信和相關疏文四十余件,楊廣多署名"總持"。
[83] 也有學者推測大莊嚴寺和大總持寺的寺名是自北齊鄴城的大莊嚴寺和大總持寺承襲而來。據《續高僧傳》卷二六《圓通傳》,鄴都有莊嚴、定國、興盛、總持等官寺。參見 Chen Jinhua, *Monks and Monarchs*, *Kinship and Kingship: Tanqian in Sui Buddhism and Politics*, p. 185；郭濟橋《鄴都大總持寺及北齊密教信仰》,《殷都學刊》2014 年第 2 期,34—35 頁。
[84] 《續高僧傳》卷一八《曇遷傳》,666 頁。關於曇遷和禪定寺關係的研究,參 Chen Jinhua, *Monks and Monarchs*, *Kinship and Kingship: Tanqian in Sui Buddhism and Politics*, pp. 181–211。

代國立寺院的核心。寺主曇遷即前述大興善寺招納江南僧衆的組織者,深受"陳朝道軸、江表僧望"慧曉、智璀等沙門嘆賞推舉。隋代周統後,曇遷與北學同侶辭别建業,金陵高僧"去留哀感,各題篇什",河梁訣别之情藉詩賦留存:

>生平本胡越,關吴各異津。聯翩一傾蓋,便作法城親。
>
>清談解煩累,愁眉始得伸。今朝忽分手,恨失眼中人。
>
>子向涇河道,慧業日當新。我住邗江側,終爲松下塵。
>
>沉浮從此隔,無復更來因。此别終天别,迸淚忽沾巾。[85]

因此當曇遷在統一政權的新立國寺——禪定寺掌握招延寺僧的權力時,便引舊情,從建康棲霞寺延來慧曉禪師弟子保恭,並委托其繼任禪定寺主:

>帝造佛寺,綜御須人,僉委聲實,以狀聞奏。下敕徵入,〔保恭〕爲禪定道場主,綱正僧網,清肅有聞。[86]

保恭博採江南諸師之長:從靖嵩學法,而靖嵩得真諦弟子法泰傳業;又從丹陽大德僧定學《成實》(僧定亦北移隋都,保恭後於禪定寺親奉飲食)[87],後於南朝重僧攝山慧布處採聽三論,慧布臨終將徒衆委付保恭,保恭整理棲霞寺僧務近二十年,"德素尊嚴,見者皆憚","樹立綱位,引接禪宗,故得棲霞一寺道風不墜",治寺經驗深厚[88]。智凝亦從彭城靖嵩學《攝論》,北上赴西京辯才寺,後往禪定寺講弘攝論之學[89]。

與曇遷共事的禪定寺首任知事上座則是江南高僧慧因。曇遷與慧因的關聯亦源於曇遷曾詣鍾山慧曉、智璀禪師求學禪定之法。慧因,吴郡海鹽人,祖父干朴、仕任梁散騎常侍;父干元顯,梁中書舍人[90]。慧因初事南朝開善寺慧熙,聽建初寺寶瓊《成實》,又造長干寺玄辯稟學三論[91]。智閏聞江表大弘三論之學,往長干寺辯公處聽講;大業初爲煬帝延住東都慧日道場,稍後還於西京,或因同

---

[85]《續高僧傳》卷一八《曇遷傳》,662頁。

[86]《續高僧傳》卷一一《保恭傳》,388頁。

[87]《續高僧傳》卷一九《僧定傳》,696頁。

[88]《續高僧傳》卷一八《曇遷傳》,666頁。

[89]《續高僧傳》卷一〇《智凝傳》,352—353頁。

[90] 今中華書局點校本《續高僧傳》誤以慧因爲"海鹽于氏",其祖、父曰"于朴""于元顯",實誤,慧因一脈爲干寶後胤。

[91]《續高僧傳》卷一三《慧因傳》,431—432頁。

門之誼投於慧因,大業十年卒於禪定寺[92]。

除江南本土禪僧之外,禪定寺還有不少僧人具有遊歷南朝覓法的經歷。如北僧慧瓚至南陳"流聽群師,咸加芟改",開皇時返還北境[93]。曇藏"東漸海濱,南窮淮服,聽涉之最,無與爲儔";馮翊僧神迥"問道海西,包括幽奧,博採三藏,研尋百氏"[94]。

陳金華先生通過梳整曇遷與二禪定寺的關係,將二禪定寺僧衆劃歸於六個學脈團體,其中最重要的三派是分別沿襲僧稠、僧實禪定傳統的二大僧徒群體和由江南高僧智璀、慧曉引領的金陵禪定群體[95]。這表示與在大興善寺不同,藉由曇遷的招引,北移都城的江南僧衆在國立寺院的禪定系統中已分得一席之地。山崎宏也認爲,當南朝高僧慧因被招攬爲禪定寺知事上座時,大興善寺作爲國寺的使命大致暫告一個段落[96]。相比於散落在大興善寺的身單力薄、集聚在日嚴寺的"自娛自樂",北移的江南僧衆在都城新立國寺禪定寺中自成一派,這是南北統一後江南佛教北移長安的新進展。

楊廣即位後,開始傾心營造洛陽,將江南僧衆引入新的全國佛教中心。因此,相比東禪定寺,大業始造的西禪定寺中具備江南學統的僧人較少,有善冑、慧遷、道岳等[97]。僧鳳,蘭陵蕭氏,梁高族裔,曾祖蕭懿,梁侍中、宣武王;祖父蕭軌,梁明威將軍、番禺侯,均見於正史[98]。大業二年煬帝還京,在南郊令沙門拜君,明瞻與時爲崇敬寺主的僧鳳先後抗辯,煬帝因二人不避强禦,詔辟僧鳳住大

---

[92] 《續高僧傳》卷一〇《智閏傳》,342—343頁。

[93] 《續高僧傳》卷一八《慧瓚傳》,673—674頁。

[94] 《續高僧傳》卷一三《曇藏傳》,447頁;《續高僧傳》卷一三《神迥傳》,448頁。

[95] Chen Jinhua, *Monks and Monarchs, Kinship and Kingship: Tanqian in Sui Buddhism and Politics*, pp. 205-206、227.

[96] 參山崎宏《隋唐佛教史の研究》,62—63頁。

[97] 善冑齊破投陳,論難致斃陳僧三人,由此"發名振績,大光吳越";隋初渡北,依慧遠住京邑淨影寺,慧遠亡後任涅槃衆主,大業時與弟子慧威被召住大總持寺。慧遷,與善冑同爲瀛州人,師從慧遠,齊亡法毀,南奔陳國;隋初又歸鄉壤,行經洛下,重新歸附慧遠,後隨慧遠來京,住大興善寺,"故業新聞,備填胸臆",爲《十地》衆主,後召移住大禪定寺。道岳,十五歲出家依僧粲,後從道尼於長安受法,道尼即前述大興善寺南來攝論學派宗師;大業八年道岳被召入大總持寺,大總持寺僧衆三百餘人,同德沙門法常、智首、僧辯、慧明等推其登座首講,"少齒登器,莫匪先之"。見《續高僧傳》卷一二《善冑傳》,417頁;卷一二《慧遷傳》,422頁;卷一三《道岳傳》,454—455頁。

[98] 《續高僧傳》卷二五《明瞻傳》,936頁;《續高僧傳》卷一三《僧鳳傳》,450頁。

禪定寺、明瞻知任大禪定寺主。

原處京師江南義學中心的日嚴寺名僧，因已被安排充實洛陽新立道場的力量，少有移至二禪定寺者，二禪定寺中祇有少數受學於日嚴寺江南法師的新一代學僧。道撫住大總持寺，"俊穎標首，京城所貴"，精學《攝論》，師從日嚴寺法侃，法侃學《攝論》於真諦親傳弟子曹毗；道撫又曾與曇恭、日嚴寺南來僧慧賾（智矩門人）、紀國寺慧净同向日嚴寺辯義問學〔99〕。法侃同門僧榮於仁壽末亦被召入禪定寺，僧榮弟子慧璡隨師北移禪定寺〔100〕。

當二禪定寺承擔國家重大宗教事務時，其引領者依舊是江南高僧。如煬帝於二禪定寺建雙塔，特命日嚴南來高僧慧乘自洛陽返還西京奉送舍利：

> 帝在東都，於西京奉爲二皇雙建兩塔，七層木浮圖，又敕乘送舍利瘞於塔所。時四方道俗，百辟諸侯，各出名珍，於興善寺北、天門道南，樹列勝場三十餘所，高幢華蓋，接影浮空，寶樹香煙，望同雲霧。迎延靈骨至於禪定。僉共請乘開《仁王經》，化洽士庶，正道日登，咸嘉賞贊。〔101〕

據《開元釋教録》及《長安志》，此佛牙舍利本是南朝齊時沙門法獻從烏纏國迎至建康〔102〕，仁壽三年，豫章王楊暕自揚州持舍利入京，獻給文帝〔103〕。至大業八年，江南高僧慧乘奉送舍利入塔，並開講具有護國性質的《仁王經》。一系列儀式宣演牽動長安僧俗，自靖善坊興善寺北，至城西南隅禪定二寺，人們競相觀摩供養，原本相對偏居西南的國家大寺藉迎納舍利活動收穫了京城士庶的關注和嚮往。

迎送舍利儀式的重點落於禪定雙塔，禪定木浮圖"高三百卅尺，周匝百廿步"，"架塔七層，駭臨雲際，殿堂高竦，房宇重深，周閭等宫闕，林圃如天苑，舉國崇盛，莫有高者"〔104〕。都城西南的高大寺塔成爲佛教新的標誌性建築，民間俗

---

〔99〕《續高僧傳》卷一一《法侃傳》，391 頁；《續高僧傳》卷一一《辯義傳》，378 頁。

〔100〕《續高僧傳》卷二三《慧璡傳》，858 頁。

〔101〕《續高僧傳》卷二五《慧乘傳》，940 頁。

〔102〕法獻迎舍利至建康事另見《高僧傳》卷一三《法獻傳》，489 頁。《長安志》卷一〇"永陽坊"條載"宋時沙門法獻從烏踵國取以歸"，本文據《高僧傳·法獻傳》"佛牙本在烏纏國，自烏纏來芮芮，自芮芮來梁土，獻齊牙還京師"，取"烏纏國"之名。據廣中智之《佛牙與〈法華經〉——法獻在于闐的收穫》一文推測，"烏纏國"最有可能是"于闐國"之訛，二者在發音上可以互通，見同作者《漢唐于闐佛教研究》，新疆人民出版社，2013 年，76—77 頁。

〔103〕智昇撰，富世平點校《開元釋教録》卷六，中華書局，2018 年，372 頁。

〔104〕《兩京新記輯校》卷三，第 136 頁；《續高僧傳》卷一八《曇遷傳》，666 頁。

稱木塔寺,至今西安市木塔寨仍傳續着這一地名[105]。舍利入寺後,佛牙舍利道場由江南僧人法喜監護,"綱維供養,日夕承仰"。法喜曾於荆州青溪山修禪定,與智顗等在瓦官寺創弘禪法[106];仁壽年間文帝敕召,追隸京師,住禪定寺。禪定寺塔的佛牙舍利,"帝里所珍,擎以寶臺,處之上室,瑰寶溢目,非德不知"[107],由日嚴江南大德送來,交付禪定江南高僧守護,北移京師的江南佛教力量在大業年間的國寺體系中顯現出來。

大業末,隋室傾覆,京師板蕩。禪定寺僧衆以南僧慧璿爲首,保衛京師寺院:

> 大業末曆,郊壘多虞,禪定一衆,雅推璿善能禦敵,乃總集諸處人畜,普在昆池一莊,多設戰樓,用以防擬,璿獨號令,莫敢當鋒。時司竹群賊鼓行郊野,所至摧殄,無抗拒者,兵臨莊次,意在誅蕩。璿登樓一望,但見張旗十里,乃收束弓刀,反縛奴僕,大設肴饌,廣開倉廩,身先入陣,勞問軍主,引至莊中,命令就坐。既見盛設,相與開顔,各執璿手,健道人也,飽噉而旋,唯取牛十頭擬勞軍士。牽至中道,璿後從乞,以銜前顧,皆用還之。[108]

慧璿是揚州江都人,依曹毗弟子僧榮出家學習《攝論》,仁壽中跟從僧榮被召入禪定寺(大莊嚴寺)。隋末動亂中,慧璿統籌人員和物資,於昆池之莊設戰樓防禦抗敵,又身先入陣,帶領禪定僧衆開寺院倉廩,酬犒軍士,化險爲夷。昆池,應指京城西南昆明池,即宇文愷建禪定木浮圖處,禪定寺於該處擁有大量的田園產業。

與此同時,都城禪定道場作爲安定之處,接納了部分東都慧日道場遭逢戰亂的僧衆。如玄奘與其兄長捷法師,曾在東都慧日道場,值"大業餘曆,兵饑交貿,法食兩緣,投庇無所",於是跟從慧日道場沙門道基回到長安,住莊嚴寺避

---

[105] 王貴祥先生依據文獻嘗試復原了禪定寺塔的結構和造型,見王貴祥《隋大興禪定寺高層木塔形式探》,《建築史》2013年第1期,43—73頁,圖17、18。另,宿白先生認爲,煬帝莊嚴、總持雙塔東西對峙,或是淵源於江南長干、湘宫及梁武所建寺塔,又或摹自鄰近長安的澄城北魏暉福寺之制,極有可能是隋建寺取法南北新式樣的體現。見宿白《隋代佛寺布局》,《考古與文物》1997年第2期,30—31頁。

[106] 《續高僧傳》卷一七《智顗傳》,625頁。

[107] 《續高僧傳》卷一九《法喜傳》,729頁。

[108] 《續高僧傳》卷二三《慧璿傳》,858頁。

禍[109]。北移長安的江南佛僧慧璿等憑藉勇氣和謀略，竭力存續了大莊嚴寺的江南法脈和寺院文物，至義寧之初(617)，"通莊並潰，惟有禪定如舊無損"[110]。大莊嚴寺又爲後來長安的南僧留存了歸依之所，如蕭瑀兄蕭珣之子慧齡，於鄭氏東都剃度，武德初年自洛陽還長安，與弟智證(蕭瑀兄蕭璟之子)同擇大莊嚴寺棲止[111]；法恭，吳郡顧氏，建康高僧法寵付囑弟子，亦於唐時歸於大莊嚴寺，與其他江南出身僧伽相聚[112]。唐初長安遺留的江南高僧多與慧璿保全的大莊嚴寺有關。

四、枝分葉布：江南法脈承續

除却大興善寺、日嚴寺、大莊嚴寺和大總持寺，其他佛寺空間亦有南來僧衆的行止踪迹。隋末動亂中，北移的江南僧衆既有離散他鄉者，也有維護保全京輦寺院者。待到唐初，存續於西京的南僧及其弟子在長安佛教界積累下聲望，離散於他處的南僧部分得以返還長安，經歷長安佛寺資源的重組，再次投身於長安城各處，承續江南法脈。他們行止的長安寺院主要分三組——勝光寺和普光寺、浄影寺和定水寺、玄法寺和崇義寺。

勝光寺，本在豐樂坊横街之北，隋文敕令四子蜀王楊秀立。曇遷徒衆六十餘人被延請入駐，隋重臣高熲、虞慶則、蘇威等於"朝務之暇，執卷承旨"[113]，勝光寺自建寺之初即打下弘傳南來新義的底色。大業元年，勝光寺徙至西市東側南部的光德坊，坊西南隅原是隋幽州總管燕榮宅，一貫是長安城繁華之地。寺内壁畫也頗具江南風格，西院有中書令王定所寫行僧及團花，爲京城所重[114]。王定出身琅琊王氏，曾祖、祖、父三代在南朝梁、陳任職，大業時以"梁、陳衣冠子弟"身份入仕，次子璀"少參玄教，早襲緇裘"，爲千福寺上座[115]。

---

[109] 《續高僧傳》卷四《玄奘傳》，96頁。
[110] 《續高僧傳》卷二三《慧璿傳》，858頁。
[111] 慧齡自幼隨姑母蕭后長於宫闕，《景龍文館記》載"呼蕭后爲莊嚴，因以名寺"，蕭后與大莊嚴寺的聯繫是蕭氏出家子弟選擇該寺居止的重要原因。
[112] 《續高僧傳》卷一四《法恭傳》，493頁。
[113] 《續高僧傳》卷一八《曇遷傳》，663頁。
[114] 《唐兩京城坊考》卷四"光德坊"條，107頁。
[115] 參魯深《初唐畫家王定墓誌銘》，《文物》1965年第8期，44—46頁。

唐時勝光寺的特殊性在於李世民是該寺檀越，勝光寺名僧多由秦王延入、供養，其中多有隋時自江南北移長安的高僧。最有名望者當屬慧乘，即前文所述奉送舍利至禪定寺塔的江南高僧。慧乘師從其叔祖陳國大僧正智強，又至揚都追隨南朝重僧智嚼，在開皇年間由晉王楊廣延入江都慧日道場，跟從楊廣入京朝覲，並在泰山、長安等處多次作爲江南僧群的代表與關東大德論辯，後移住東都慧日道場。隋末慧乘依從王世充僞鄭政權，李世民平洛陽後解散原有道場，僅奏請將五位名僧還於長安，其中之一慧乘"素承風問，偏所顧屬，特蒙慰撫"[116]，由天策上將府別加供養。邀請出身江南的名僧慧乘、辯相駐錫勝光寺，是李世民收攬隋時遺留在洛陽的江南宗教資源的積極舉措。

勝光寺主僧珍是楊廣菩薩戒師智顗之弟子，同樣出身江南，在江都慧日道場時，慧乘、僧珍同處一寺，"同氣相求"，因而"秦國福供，併入勝光"[117]。李世民在西内苑弘義宫通宵法集，請慧乘、辯相與京邑二十餘僧，江南名僧吉藏亦預此會[118]。南來僧衆在唐初由李世民重聚於唐朝宫苑。慧乘進入勝光寺後，被推舉爲佛教導首，於國學叙論三宗，秦王在場指示慧乘陳説帝德，鞏固了慧乘在長安佛教的地位；而慧乘、僧珍等勝光寺南僧起舍利寶塔，建方等道場，北院"寶塔高華，堂宇綺飾，像設嚴麗，乃至畫繢瑰奇，冠絶區域"[119]，江南名僧又成爲秦王李世民的宗教後盾。南僧在勝光寺的營造一方面體現了他們與李世民緊密的政教聯繫，另一方面可就此推想勝光寺内景象也存續着江南風尚。

另外，與慧乘爲世共稱機辯之能的慧賾，隋文時住清禪寺，亦是日嚴寺智矩門人，大業末移居終南；武德初回到長安城中，秦王"擬爲師友"，欲延别第，慧賾不就，仍住清禪寺[120]。清禪寺在長安城東北興寧坊南門之東，鄰近通化門，隋開皇三年文帝爲沙門曇崇所立，寺内有吳郡畫家鄭法士畫作[121]，清禪寺佛塔"竦耀太虛，京邑稱最"，其上露盤爲楊廣鎮藩揚越時爲寺營飾[122]。

---

[116] 《續高僧傳》卷二五《慧乘傳》，940頁。
[117] 《集古今佛道論衡》卷丙，187—188頁。
[118] 《續高僧傳》卷二五《智實傳》，944頁。高祖特爲秦王世民建弘義宫，移其至此宫居住。
[119] 《集古今佛道論衡》卷丙，188頁。
[120] 《續高僧傳》卷三《慧賾傳》，69頁。
[121] 《唐兩京城坊考》卷三"興寧坊"條，82頁。
[122] 《續高僧傳》卷一七《曇崇傳》，639頁。

貞觀三年,創開波頗譯場,慧乘等證義,玄謩等譯語,慧賾、慧浄、慧明、法琳等綴文,蕭璟總知監護[123],此譯場先在大興善寺,後移勝光寺,譯場參與僧衆幾乎之與貞觀初期長安要僧群體重合,其中承江南佛教法脈者甚多。貞觀初在長安組織的波頗譯場再次集中了太宗李世民爲秦王時招延的僧衆力量,皇太子李承乾則藉由譯場這一契機,開始繼承其父延攬長安佛教資源的模式。貞觀五年,唐太宗爲太子李承乾祈福,建造普光寺[124]。

普光寺,在長安城頒政坊(皇城西之第一街西,從北第三坊)南門之東,坊内建法尼寺,爲陳臨賀王叔敖母捨宅擴充。頒政坊往東可進入唐朝中書南衙,經安福門可進入宫城與皇城之間的横街,向東即可到達東宫。也就是説,普光寺鄰近唐初政治要地,"東宫—南衙—普光寺在空間上形成了某種權力聯盟"[125]。孫英剛先生提出,李承乾資助普光寺並試圖將其打造成貞觀時期長安佛教中心的舉動,與其父爲秦王時資助勝光寺的做法並無二致,曇延系僧團也因與皇儲關係密切而在政治和佛教中扮演了重要角色[126]。

值得補充的是,除曇延系北朝僧衆外,李承乾資助的普光寺還有一條南朝綫索。隋時北移長安的江南僧人慧璡,曾在隋末領導護衛京師寺院,存續了長安的僧衆力量。慧璡因此在長安積累起名望和聲譽,貞觀初年由莊嚴寺轉調至常樂坊雲華寺擔任上座[127],太子承乾下令移徵慧璡入普光寺"綱理僧倫"[128]。普光寺知寺上座道岳則是大興善寺南來攝論宗師道尼之弟子,本住大總持寺,他與慧璡擁有相似的身份背景,同以宣弘《攝論》之學揚名長安[129]。玄琬,貞觀初住

---

[123] 《續高僧傳》卷三《波頗傳》,66頁。

[124] 關於普光寺,可參許棟《唐長安普光寺考》,《敦煌學輯刊》2011年第2期,54—61頁。

[125] 孫英剛《李承乾與普光寺僧團》,收於童嶺主編《皇帝・單于・士人:中古中國與周邊世界》,上海:中西書局,2014年,233—234頁。

[126] 孫英剛《從"衆"到"寺"——隋唐長安佛教中心的成立》,18頁;孫英剛《李承乾與普光寺僧團》,231—243頁。

[127] 雲華寺爲高祖太穆皇后之父所造。常樂坊隔東市與宣陽坊東西對望,宣陽坊南門之西另有竇毅一處宅第,宅西有皇后歸寧院,竇毅"護持三寶,體達五家,造寺建齋,以爲常業",捨宣陽坊宅爲浄域寺。見法琳《辯正論》卷四,《大正藏》第52册,519頁;《唐兩京城坊考》卷三"宣陽坊"條,59頁。

[128] 《續高僧傳》卷二三《慧璡傳》,859頁。

[129] 《續高僧傳》卷一三《道岳傳》,456—457頁。

普光寺,爲皇太子及諸王、皇后及諸宫妃受戒,爲皇室寫經,深受長孫皇后和太子承乾親重,亦曾在隋時師從曇遷修學《攝論》。

慧璡卒於普光寺後,其弟子滿德、善智、真懿、敬道等留住普光。太子承乾又延請紀國寺上座慧净、濟法寺上座曇恭擔任知普光寺任[130]。慧净數陳謝啓,李承乾便以提前昭告普光寺僧寺主任命的形式强邀慧净擔綱寺主。慧净、曇恭二人都曾與南學背景深厚的道撫、慧䕸一同問學於日嚴寺江南名僧辯義。可見,皇太子李承乾爲普光寺招納的引領者基本源於隋二禪定寺(總持寺、莊嚴寺)的僧衆學脈及其關係網絡,其中既包括曇延系僧人,也包括隋時北移於二禪定寺的江南高僧。李承乾選擇南僧慧璡成爲普光寺初任寺主,可同時對二禪定寺(總持寺、莊嚴寺)一衆隋時高僧和出身江南的長安僧衆表示友好邀攬之意;後來對普光寺三綱之任的選擇又體現出他或是當時長安佛教,擁戴具備南學背景的二禪定寺高僧的傾向。

勝光寺和普光寺分别受到李世民、李承乾任秦王或太子時的供養,兼具宗教和政治性質,而其中出身江南、北移長安的僧衆開始占據二寺的領軍位置。藉此,江南僧衆及其弟子進入長安核心城區發展。這一現象是隋朝江南僧衆北移後在長安延續下來的表現,是南僧慧璡等保全都城西南二寺的客觀成果;同時也是唐初兩代皇權角逐者針對長安佛教的形勢有意做出的政治抉擇。

定水寺,是自江南北移或具備南朝背景的僧伽棲居的另一處寺院,其較爲特殊之處在於其爲自隋至唐一直於核心城區中綿延江南文化性格的貴族資建寺院。開皇十年,楊文紀在太平坊(朱雀門街西第二街從北第一坊)西門之北捨宅立定水寺[131]。楊文紀晚年任荆州總管,是其與江南風尚緊密接觸的契機[132]。

---

[130] 《續高僧傳》卷一二《寶襲傳》,421 頁。

[131] 《兩京新記輯校》卷三,26 頁。原文"楊紀"即楊文紀。楊素父楊敷,敷叔寬,寬子文思、文紀。蕭紀女蕭妙瑜爲楊敷繼妻。

[132] 據《大隋大都督内史通事舍人普安縣開國男故楊府君(楊文愻)墓誌銘》《大隋使持節上開府儀同三司荆州總管上明恭公楊使君(楊紀)之墓誌》《大隋屯騎尉秘書郎上明國世子楊府君(楊孝偘)墓誌》,楊文愻開皇九年卒於太平坊舍,楊文紀子孝偘仁壽三年卒於京師太平坊宅,可知楊文紀捨部分宅第建造定水寺,同時保留了部分宅第用以居住。李君夫人楊十戒、鄭國公楊點、節湣太子妃楊氏均卒於長安太平里第,楊氏後代也在太平坊保持着家族宅院,參李健超《最新增訂唐兩京城坊考》,三秦出版社,2019 年,221—222 頁。

文紀從侄楊素,更於平陳時與江南人士、風物接觸密切,收斂大量南朝書畫名迹,其宅第多有江南風迹[133]。《隋書》卷四八《楊素傳》云:

> 時素貴寵日隆。其弟約、從父文思、弟文紀,及族父異,並尚書列卿……第宅華侈,制擬宮禁。有鮑亨者,善屬文,殷胄者,工草隸,並江南士人,因高智慧没爲奴。[134]

張彦遠《歷代名畫記》卷三記載了定水寺畫壁的情况,多有江南名家之作,體現了定水寺鮮明的江南藝術風格[135]:

> 定水寺。(注:王羲之題額,從荆州將來。)殿内東壁北二神、西壁三帝釋,並張僧繇畫(注:從上元縣移來);餘七神及下小神,並解倩畫。殿内東壁,孫尚子畫維摩詰;其後屏風,臨古迹帖,亦妙;中間亦孫尚子畫,東間不是孫,亦妙,失人名。[136]

季愛民先生已注意到,定水寺的江南因素是楊氏家族通過其與南方的地緣關係吸引而來的佛教資源[137]。定水寺的江南性格一方面來源於贊助者楊氏家族的經營和收藏;另一方面,它所招延的諸多南來名僧也充實了寺内江南佛教的力量。道宣《續高僧傳》所録六位定水寺僧中,其中五位確知有江南佛教背景:

1. 慧超,丹陽建康人,沈氏。從天台智者、仙城慧思禪師請業。初爲隋太子楊勇召入京師,後移住定水寺;又隱於藍田悟真寺,大禪定寺屢召而不就。唐初,南來名僧慧因、保恭等投慧超處棲止[138]。

2. 吉藏,生於金陵,自幼隨從興皇朗公。開皇末,晋王楊廣召入江都慧日道場,又延入大興駐錫日嚴寺,齊王楊暕之師,譽動京師。唐武德初重來長安,受任十大德之一,綱維法務。"實際、定水,欽仰道宗,兩寺連請,延而住止,遂通受雙

---

[133] 關於楊素與江左文士之交往,可參王永平《楊素、楊玄感父子與江左文士之交往——從一個側面看隋代江南文化的北傳》,《南京理工大學學報》2005年第5期,6—11頁。

[134] 《隋書》卷四八《楊素傳》,1288頁。

[135] 史睿《隋唐法書屏風考——從莫高窟220窟維摩詰經變談起》,榮新江主編《唐研究》第23卷,339—360頁。

[136] 張彦遠撰,畢斐點校《明嘉靖刻本歷代名畫記》卷三"兩京寺觀等畫壁",中國美術學院出版社,82—83頁。

[137] 季愛民《隋代大興城貴族寺院的營建》,《蘭州學刊》2012年第11期,43—44頁。

[138] 《續高僧傳》卷二九《慧超傳》,1176頁。

願,兩以居之"[139]。

3. 智凱,江表揚都人。智凱少時於陳氏臺省太極殿前號令,江總訝嘆其威風。智凱承三論師吉藏受學,隨同吉藏北上長安,住定水寺,通習子史集傳,且長於唱導,廣誦多能[140]。智凱之徒智琰亦住定水,"頗有節操,巧書無比"[141]。

4. 法稱,江南唱導名僧,僧傳記其"誦諸經聲,清響動衆,陳氏所化,舉朝奉之"。隋平陳後,法稱與白雲經師同住長安興善寺,二人以江南聲律誦唱及義旨得到親重。隋文帝於正殿常置經座,常引法稱於禁内讀經講論[142]。法稱晚年移住定水寺,與白雲同於仁壽年間卒。

5. 僧鳳,蘭陵蕭氏子弟。開皇初,僧鳳與僧鸞歸師於"三國論師"僧粲。《續高僧傳》載其家世族學:

> 梁高,其族祖也。曾祖懿,梁侍中、宣武王。大父軌,梁明威將軍、番禺侯。顯考長,陳招遠將軍、新昌守。鳳以族胄菁華,風望高遠,置情恢廓,立履標峻。昔在志學,聰慧夙成,文翰曾映,聲辯超挺,所製雜文百有餘首,冠出儒林,識者咸誦。固得早登延譽,令逸京皋。[143]

前文已述,僧鳳曾任崇敬寺主,因抗辯之勇被煬帝移至禪定寺(大莊嚴寺)[144]。貞觀中,僧鳳居普集寺(居德坊西北隅)任,"尋更右遷定水上座,綏緝二寺"[145],定水寺等級稍高。僧鳳得以掌定水寺務多年,與寺中江南僧衆聚集、江南風格顯著不無關係。

净影寺,在通化坊内南街之北,由慧遠師徒主持,京洛學風濃厚,本屬北地佛統。不過,慧遠門下辯相、寶安、寶儒、善冑、慧遷等,曾南投陳國,隋代北周後北返洛陽,重歸慧遠門下,後隨師入京住净影寺。辯相南投徐州時,採南朝新義,"皆披盡精詣,傳名東壤,光聞師資"[146];善冑曾在江南與南僧辯義;慧遷自南返

---

[139]《續高僧傳》卷一一《吉藏傳》,394頁。
[140]《續高僧傳》卷三一《智凱傳》,1260頁。
[141] 僧詳撰《法華傳記》卷七,《大正藏》第51册,81頁。
[142]《續高僧傳》卷三一《法稱傳》,1244頁。
[143]《續高僧傳》卷一三《僧鳳傳》,449頁。
[144]《續高僧傳》卷二五《明瞻傳》,936頁。
[145]《續高僧傳》卷一三《僧鳳傳》,450頁。
[146]《續高僧傳》卷一二《辯相傳》,419頁。

北,"故業新聞,備填胸臆"[147]。這批自陳國避難歸來的僧徒,雖然在江南時日未久,但或多或少可爲長安净影寺糅入些許江南佛學新義。

净影寺所在通化坊又是長安坊里中江南風尚尤其突出的空間,《長安志》卷九注云:

> 貞觀、永徽間,太常少卿歐陽詢、著作郎沈越賓亦住此坊。殷、顔即南朝舊族,歐陽與沈又江左人士,時人呼此坊爲"吴兒坊"。[148]

南來士族群體賦予通化坊濃厚的江南學風和文化性格,净影寺或許比其他寺院更易受到南風漸染。净影寺額爲南來士族殷仲容所題;居於通化坊的著名書家歐陽詢,自幼被崇佛的陳朝名臣江總收養,家族又素有奉佛傳統,其祖父廣州刺史歐陽頠、父歐陽紇先後供養真諦及其門人譯出《攝論》,北移長安的道尼、慧愷等南僧即出自歐陽家族支持的真諦學脉[149]。

太平坊、通化坊一帶在"天門之南,大街之右,東西衝要,遊聽不疲"[150],東倚朱雀大街,向南直至明德門,向西至金光門,向東至春明門,貫通長安城内出入要道,進一步可連入以都城長安爲中心的全國驛路網絡,位置極爲優越。定水寺和净影寺的江南性格在此中心地延續下來,有益於北移的江南佛教在長安的傳播。

而隋代蜚聲一時的江南義學中心日嚴寺,則於武德七年被廢。日嚴寺智脱、法琰,與慧乘俱爲南朝重僧智嚼弟子,智脱卒於大業年間,法琰則在武德時由日嚴寺移住玄法寺。

玄法寺,在東市之南安邑坊十字街之北。據段成式《寺塔記》載,玄法寺"東廊南觀音院,盧奢那堂内槽北面壁畫維摩變,屏風上有虞世南書……西北角院内有懷素書,顔魯公序,張謂侍郎、錢起郎中贊"[151],江南文藝之風於此寺沿承

---

[147] 《續高僧傳》卷一二《慧遷傳》,422頁。

[148] 《長安志》卷九"敦化坊"條,313頁。《長安志》誤將"通化坊"事繫於"敦化坊",徐松則誤將"通化坊"作"殖業坊"。相關考辨見福山敏男《校注〈兩京新記〉卷第三及び解説》,《美術研究》第170卷第9期,1953年,36頁;黄永年《述〈類編長安志〉》,《中國古都研究》第1輯,1983年,111—113頁;辛德勇《隋唐兩京叢考》,三秦出版社,2006年,30—31頁。

[149] 《續高僧傳》卷一《拘那羅陀傳》,20頁;《續高僧傳》卷一《法泰傳》,23頁。

[150] 《續高僧傳》卷八《慧遠傳》,284頁。

[151] 段成式撰,許逸民校箋《酉陽雜俎校箋》續集卷五《寺塔記》,中華書局,2015年,1823頁。

深久。

崇義寺，桂陽長公主再嫁楊師道後爲其立寺。崇義寺在長壽坊（西市以南第二坊，隋曰廣恩坊）十字街西之北，面向通衢，南臨長安城南部東、西二門要道，東臨朱雀街西第四街之永安渠，北近西市，極爲便利。日嚴寺於武德廢後，桂陽長公主久崇律師慧頵，延請慧頵、道宣一系日嚴僧衆居止，原藏日嚴寺的江南瑞像等也隨之轉徙至此。

長壽坊南門之東則是蕭后叔父蕭岑之宅，開皇時於此宅第立延興寺，隋亡後延興寺東院蕭琮宅第亦捨入擴寺。寺內東精舍有吳郡鄭法士所畫釋迦滅度變，行筆頗有江南之風[152]。蕭琮，即後梁末帝，蕭瑀、蕭后之兄。江左名僧曇瑎被轉入日嚴寺後，被蕭琮"合門昆季"奉爲家僧，"攜現大小，常處第內，晨夕歡娛，講論正理"[153]。慧頵、道宣等一衆日嚴師徒正適於既有崇佛之風，又備江南遺緒的長壽坊。

隋末動亂中，江南僧衆盡力守護禪定寺，存續了江南佛教的僧群和遺產；至於唐初，江南僧衆及其門徒或藉由新朝權貴的贊助選擇，或接續以往坊里空間江南文化性格，最終散布於長安中心區域的各大寺院空間之中，江南佛教之風脈逐漸在長安內城明晰起來。

結　論

當江南僧衆進入長安寺院的空間行止地圖描繪出來，則可窺知隋及唐初江南佛教北移長安的發展景況。

隋室肇興的開皇前半期，隋文帝再張佛教。新都大興建立起廣闊宏偉的國家寺院大興善寺，北朝最精華的佛教資源集結於此。在都城最核心的寺刹中，絶大多數高僧出身北地，承繼北朝佛教學統，僅有部分僧人具備遊歷南朝的學術經歷，他們多因周武毀佛，南渡避難，隋興復歸，既缺少根植於南朝學脈的教育背景，又往往在流離中身不由己，無暇顧他。

---

[152]《唐兩京城坊考》卷四"長壽坊"條，119頁。
[153]《續高僧傳》卷二八《曇瑎傳》，1096頁。

隋平陳後，文帝陸續徵召江南高僧進入大興善寺，但受到許多江左高僧的抵觸，祇是主要將攝論宗師道尼和唱導新聲引入興善系統。總體來説，隋文統治時期，江南佛教在都城的力量零散而孤弱，且需依托於曇遷等具有遊學江南經歷的北僧，緩慢釋放於以大興善寺爲中心的都城佛教空間，其他北統寺院則更少接觸江南佛教。

江南僧衆成批北移長安是在晉王楊廣的統籌下完成的，以江都慧日道場爲中轉點，楊廣得以招攬諸多江南高僧北入隋都。爲此，日嚴寺在大興城東南隅、芙蓉曲江池畔建立起來。林泉映帶、妙園修竹的日嚴勝景，與周邊的普耀寺、静覺寺共同構建出貴族園林式的佛地，在大興城重現着江南水鄉的秀美風景。江南高僧聚會於曲池日嚴，可以藉此地此景唤起南朝人的文化共識與群體感情。開皇末至仁壽時期，日嚴南僧講論辯義、著文立説，引起都城僧俗的關注和追隨，日嚴寺集聚的南來僧衆的群體力量逐漸顯現。

在文帝、煬帝權力過渡之際，都城西南隅和平、永陽二坊先後修造了二禪定寺（大莊嚴寺、大總持寺），再度徵召了一批江南僧衆北移，也有部分早先北移京壤的江南高僧及徒衆轉調至此。由南入北或知解江南佛教新義的僧衆，開始占據新建國家寺院的主導；藉助舍利入塔的儀式宣演，禪定二寺吸引了城内士庶的追逐造訪，都城西南隅的南僧力量增强。與此同時，日嚴寺的諸多江南高僧被遷移至新營建的東都洛陽，大興東南隅的江南僧衆力量相對減弱。

然而，終隋一代，江南僧衆北移京都的集聚寺院，主要偏安在城市空間的東南隅和西南隅，始終没有（或許是没能）深入到大興城區的核心區域。榮新江先生從長安城整體空間着眼，提出儒家傳統的禮儀空間偏居郊區，隋唐時期佛教和道教大量占據長安坊里空間，城區内的神聖空間被拱手交付佛教和道教，這一空間分布影響了隋唐長安社會文化的發展走向[154]。隋代江南佛教北移長安所占據的空間同樣出現了這一問題。隋及唐初，住宅和社會生活主要集聚於長安城區北部、中部或西部；郭城南緣則人煙稀少。直至唐武宗南郊祭天時，中書門下

---

[154] 榮新江《從王府到寺觀——隋唐長安佛道神聖空間的營造》，10—22頁。

奏稱仍云：“自威遠軍向南三坊，俗稱‘圍外地’，至甚閑僻，人鮮經過。”[155]威遠軍在安善坊教弩場，安善坊即靖善坊東南之坊，安善以南諸坊則被長安百姓稱爲“圍外地”，罕有人員聚居，零星布有寺觀、家廟、官員近郊別業等。隋文帝移都時，於朝堂出寺額一百二十枚於朝堂，下制云"有能修造，便任取之"[156]；至隋大業初，大興城已有寺一百二十。據統計，大興城内最大的寺院分布區以西市爲中心，包括皇城南面和西面的一些坊里，其次是以東市爲中心的分布區[157]。這基本與長安城區住宅分布情況相合。而建造時間明確的佛寺，開皇十年前有52座，開皇十年後則僅有10座[158]。開皇十年前，南北猶未統一，在大興都城内中心城區捨宅立寺的，自然多是關隴的貴族國戚或達官重臣。相對來説，此時期的關隴親貴扶持北統佛教，先行占據了長安城區核心地帶的佛教空間。而開皇十年後，雖然南北已然統一，但大多關隴人士對江左佛教不僅知之較少，還可能殘留有對立情緒，一般不會積極延納江南僧衆進入與他們聯繫密切的寺院空間。因此，隋時江南僧衆在大興城的行止空間落於地遠人渺的城區南郭，雖然環境廣闊清幽，曲池之景可唤引江南僧衆的情感共鳴，却也終究因空間位置未能更好地融入長安人群和社會之中。

隋末動亂，身處長安的江南僧衆竭力保全寺院，而移居洛陽的江南僧衆多陷於禍殃。武德中，平定洛陽的秦王李世民延請部分南僧返還長安，南僧多棲止於光德坊勝光寺；日嚴寺廢止後，慧頵、道宣等移住長壽坊崇義寺；和平、永陽二坊大莊嚴寺既有舊時南僧，又新有南僧來奔。常樂坊雲華寺、頒政坊普光寺、興寧坊清禪寺、太平坊定水寺等處，均有江南高僧及其門人依止乃至執掌寺任，通化坊净影寺亦頗染南風。至此，北移長安的江南僧衆枝葉延開於長安核心城區之内的寺院空間，存續了江南佛義和南朝遺風；另一方面，江南佛教僧衆也藉由空間上的交混雜糅，與北地佛教、關輔文化融合一體。經歷了隋朝的南北統合和

---

[155]《全唐文》卷六四三《請禁皇城南六坊内朱雀門至明德門夾街兩面坊即曲江側近不得置私廟奏》，6504頁。

[156]《長安志》卷一〇"頒政坊"條，328頁。

[157] 辛德勇《長安城寺院的分布與隋唐時期的佛教》，《文史知識》1992年第6期，96—97頁。

[158] 榮新江《從王府到寺觀——隋唐長安佛道神聖空間的營造》，12頁。此資料爲季愛民統計。

隋唐之際的亂世交雜,唐初的南來僧衆及其傳續的佛教學脈更加綜合、豐富,更易相互接納。此時江南僧衆居止長安的寺院空間,已與北統寺院一起,或圍繞在東市、西市周邊官民聚居的繁華地帶,或坐落於通化門邊、通衢大道近旁。看似散落,實際是在真正意義上融入了長安主城核心,融入到長安人群之中、長安社會之中。

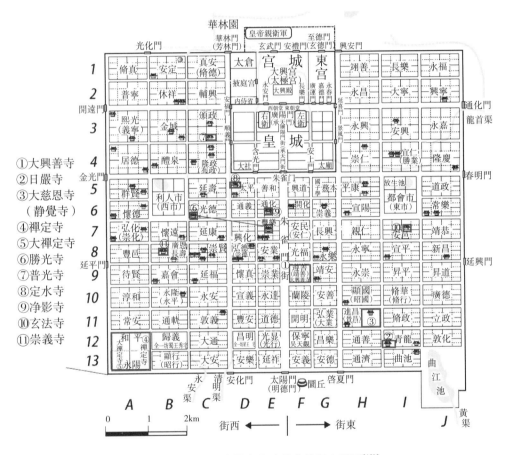

圖 2　隋及唐初江南僧衆北移長安的行止地圖[158]

---

[159] 底圖改自妹尾達彦《隋唐長安城の皇室庭園》,橋本義則編《東アジアの都城の比較研究》,京都:京都大學出版會,2011 年,290 頁圖 5。

Looking South, Heading North:
Trail Map of the South-to-North Sanghas in Chang'an during Sui and Early Tang Periods

Wan Ying

Sui and early Tang were the key stages for the integration of Buddhism from south to north. Buddhist elites all over the empire gradually gathered in the capital city Daxing 大興 which later renamed as Chang'an 長安. Most previous studies focused on the Buddhist scholarship nurtured in the Southern Dynasties and eventually spread to the north. This paper attempts to outline the trail map of how these southern sanghas arrived Chang'an. After Sui's conquest over the Southern Chen, southern sanghas had opportunities to move north to the capital city. However, Daxingshan Temple 大興善寺 which dominated national Buddhism affairs, was more in favour of the northern Buddhist tradition. Many south sanghas then gathered in Riyan Temple 日嚴寺. It was not only located at the southeast corner of the capital, the surrounding southern-style landscape also aroused their nostalgic consensus. The Two Chanding Temples 二禪定寺 at the southwest corner of the capital, reorganized the Buddhist resources and strengthened the influence of southern sanghas. Still, the central space in the capital was occupied by northern monasteries and southern sanghas were isolated on the fringes during the Sui Dynasty. The successors of the Two Chanding Temples were protected from turbulence due to the efforts of southern sanghas.

Afterwards, southern sanghas and their disciples scattered in the monastic spaces of capital city.

再論唐武德、貞觀年間的佛教政策

武海龍

佛教作爲一種外來宗教,自漢代傳入中國,經魏晋南北朝時期的發展,在唐代基本完成其中國化進程。在唐代佛教史的研究中,初唐武德、貞觀時期二帝對佛教的態度一直爲學界所看重,究其原因:一是高祖、太宗爲整個唐王朝奠定了對待佛教的政策基礎;二是李淵、李世民父子二人對佛教的態度經常出現反復,特別是在太宗時期表現尤爲明顯。基於此,學界內關於武德、貞觀二朝的佛教政策展開了許多經典的討論,出版了大量論著。

目前學界關於武德、貞觀時期佛教政策的探討因高祖在位時間較短,而主要集中於貞觀時期,對武德時期所論不多,但太宗佛教政策是對高祖的繼承與發展,二者在具體問題的處理上略有差異,在本質上確是一脈相承,對唐朝後世帝王影響深遠。湯用彤《隋唐佛教史稿》中認爲高祖早期篤信佛法,起義軍初亦多仰仗佛教,而後期受到傅奕反佛影響,逐漸疏遠佛教,但因道士敗檢與佛徒同,最終釀成沙汰僧尼並及道士[1]。郭朋《隋唐佛教》中對高祖沙汰佛教的原因做了進一步探討,認爲高祖限制佛教是爲了護法而非滅法,目的是整頓佛教而非廢除佛教[2]。日本學者礪波護對傳世文獻及日本學者對初唐佛教相關研究進行了細緻的梳理與總結,但對高祖朝的論述主要集中在傅奕與法琳的相互攻訐上[3]。斯坦利·威斯坦因《唐代佛教》一書認爲武德後期的佛道並裁,是對佛教的抑制,高祖對佛教的管理機構進行了改革,任命十大德集體領導佛教內部事

---

* 本文爲國家社科基金青年項目"4—8世紀高昌佛教史研究"(18CZS013);中國博士後科學基金面上資助(2020M670565)的階段性研究成果。

[1] 湯用彤《隋唐佛教史稿》,武漢大學出版社,2008年,7—10頁。
[2] 郭朋《隋唐佛教》,齊魯書社,1980年,276—282頁。
[3] 礪波護著,韓昇、劉建英譯《隋唐佛教文化》,上海古籍出版社,2004年,11—25頁。

務管理教團[4]。

就唐太宗李世民而言,湯用彤《唐太宗與佛教》一文探討了唐太宗與佛教的關係,例舉了其抑佛的種種表現,最早提出太宗不信佛的觀點[5]。而郭朋則持與此完全相反的觀點,通過對太宗護法事迹的種種考證,認爲太宗信佛[6]。李瑾認爲太宗一面限制佛教,一面又將佛教納入政府管理之下,成爲其統治工具[7]。郭紹林《唐太宗與佛教》一文對唐太宗與佛教的關係做了動態的考察,認爲唐太宗,"在世界觀和政治主張的關係上,在國家利益和個人利益的關係上,表現出不一致性"[8]。謝重光也持與此相近觀點,認爲唐太宗對於佛教既有嚴加限制的一面,又有多方面加以利用的一面,對其政治、經濟上多加限制,對其教化民衆方面多有利用[9]。朱立峰以貞觀朝崛起的四分律宗爲切入點,認爲太宗對於佛教有信仰、護持、利用、壓制四個方面[10]。李猛對貞觀十一至十六年(637—642)的幾件抑佛事件加以考證,認爲這一時期是初唐抑制佛教的定型與鞏固時期[11]。

日本學者在討論唐太宗與佛教關係時多以佛道之爭的重大事件或者重要人物而展開,滋野井恬深入討論唐太宗貞觀十三年(639)頒行《遺教經》的意圖與意義[12]。礪波護從法琳護法及太宗令僧尼拜君親等事件,探討了太宗與佛教

---

[4] 斯坦利·威斯坦因著,張煜譯《唐代佛教》,上海古籍出版社,2015年,7—10頁,該書的第一部分對太宗統治時期的佛教進行了詳細論證,認爲太宗對佛教態度複雜,不同階段因政治或個人需要進行調整,13—24頁。

[5] 湯用彤《唐太宗與佛教》,原刊《學衡》第75期,1931年3月。後收入氏著《湯用彤論文集》,中華書局,2016年。

[6] 郭朋《隋唐佛教》,282—305頁。

[7] 李瑾《唐太宗與佛教》,《雲南民族學院學報》1983年第1期,56—60頁。

[8] 郭紹林《唐太宗與佛教》,《史學月刊》1997年第2期,25—28頁。

[9] 謝重光《唐代佛教政策簡論》,《世界宗教研究》1988年第3期,51—64頁。

[10] 朱立峰《記智首、玄琬與唐初長安的受戒運動——兼論唐太宗崇重律僧與四分律宗之崛起》,《唐研究》第15卷,北京大學出版社,2009年,317—339頁。

[11] 李猛《初唐抑佛政策之定型與鞏固——基於貞觀十一至十六年間幾個佛教事件的考察》,《文史》2018年第3輯,151—186頁。

[12] 滋野井恬《唐貞觀中の遺教経施行について》,《印度學佛教學研究》第26卷第1號,280—283頁。

的關係[13]。

　　學界對唐代佛教的探討,更多是將高祖、太宗作爲唐代佛教政策確立的初始階段,或單獨論述,或放到整個唐代佛教中進行研究。施光明認爲唐代宗教政策的制定是爲維護統治服務的,有利時便利用,不利時便抑制,這也適用於唐初的佛教政策[14]。鄭顯文認爲唐初在政權鞏固後,皇權與佛教之前的友好關係發生了轉變,由單純的拉攏轉變爲限制與利用並存的政策[15]。潘桂明、寇養厚、劉立夫等從佛道二教或儒釋道三教的角度來分析唐初高祖、太宗的佛教政策[16]。

　　綜上可見,目前學界關於武德、貞觀朝佛教政策的討論主流觀點皆是利用初唐二帝崇佛或抑佛的相關文獻資料來論證高祖、太宗與佛教的關係。採用崇佛資料的學者會得出崇佛護持佛教的觀點,反之使用抑佛資料的又會得出相反的觀點,又或者是服務於政治的觀點。這樣難免走入極端,得出的結論過於片面。對初唐高祖、太宗二帝佛教政策的考察,應將有關支持與抑制佛教的文獻進行動態的分析考察,以此來明確同一位君主的佛教政策在不同時期也是順勢而變。高祖、太宗在總結前代佛教政策的基礎上,明顯地認識到佛教在社會各個階層有着十分龐大的信衆,如果完全忽視這股力量,勢必會引起各方勢力劇烈的反抗,因此初唐二帝對待佛教在不同階段及具體事件上較爲靈活。

一、唐高祖未成型的抑佛舉措

　　高祖李淵在位時間較短,僅短短九年,但其對佛教態度還是對唐朝後代帝王

---

[13] 礪波護《唐初的佛教、道教與國家——法琳事迹考》《唐代貫徹僧尼拜君親政策始末》,礪波護《隋唐佛教文化》,10—32、87—116 頁。

[14] 施光明《論唐代宗教政策》,《陝西師範大學學報》1985 年第 1 期,107—110 頁。

[15] 鄭顯文《唐代僧侶與皇權關係研究》,《法藏文庫》中國佛教學術論典 49,佛光山文教基金會印行,2001 年,23—76 頁。

[16] 潘桂明《唐初佛道之爭的實質和影響》,《安徽師範大學學報》1991 年第 1 期,54—61 頁。寇養厚《唐初三帝的三教共存與道先佛後政策——唐初三教並行政策形成的第一階段》,《文史哲》1998 年第 4 期,69—77 頁。劉立夫《唐代宮廷的三教論議》,《宗教學研究》2010 年第 1 期,147—154 頁。

産生了重要影響。唐朝初年朝堂上的佛道論衡便始於其在位期間,前後歷經二十餘年,到貞觀朝後期纔慢慢平息。其實高祖在登基前便與佛道二教有過密切接觸,其與佛道二教有關的記載有:

  鄭州刺史李淵,爲男世民因患,先於此寺求佛,蒙佛恩力,其患得損,今爲男敬造石碑像一鋪,願此功德資益弟子男及闔家大小,福德具足,永無災鄣,弟子李淵一心供養。[17]

  太原左近聞帝部分募兵備邊,所在影赴,旬日之頃,少長得數千人。兵司總帳以聞,請安營處。帝指興國寺曰:"勤王之師,不謀而至,此其興國者焉。宜於此寺安處。"恐威、雅猜覺,亦不之閒問。私謂秦王等曰:紀綱三千,足成霸業。處之興國,可謂嘉名。[18]

  隋大業七年辛未,煬帝親駕征遼,樓觀道士岐暉謂門弟子曰:"天道將改,吾猶及見之,不過數歲矣。"或問曰:"不知來者若何。"曰:"當有老君子孫治世,此後吾教大興,但恐微軀不能久保耳。"後數年,隋果亂。[19]

  高祖之龍潛也,遠知嘗密傳符命。[20]

  唐高祖皇帝初起義兵於晉陽,帝女平陽公主,柴紹妻也,亦起兵應帝,屯於宜壽宫。暉逆知真主將出,盡以觀中資糧給其軍。及帝至蒲津關,暉喜曰:"此真君來也,必乎定四方矣。"乃改名爲平定以應之,仍發道士八十餘人向關應接。[21]

材料一記載了李世民年幼患病,李淵爲其赴草堂寺祈福與還願之事。材料二、三、四、五則是記載李淵起兵前後,利用佛教、道教爲其大搞輿論聲勢,尤其是道教,其對道教圖讖的利用在初期取得了顯著效果。《歷代崇道記》中也記載了一些靈驗事迹,在太祖征戰的過程中,都得到了應驗[22],又有釋門高僧景輝曾經

---

[17] 《全唐文》卷三《草堂寺爲子祈疾疏》,中華書局,1983年,45頁。
[18] 温大雅《大唐創業起居注》,上海古籍出版社,1983年,6頁。
[19] 謝守灝《混元聖紀》卷八,《道藏》第17册,文物出版社、上海書店、天津古籍出版社,1988年,854頁上。
[20] 《舊唐書》卷一九二《隱逸傳》,中華書局,1975年,5125頁。《新唐書》與之記載略同,見《新唐書》卷二〇四《方技傳》,中華書局,1975年,5804頁。
[21] 謝守灝《混元聖紀》卷八,854頁上—中。
[22] 杜光庭《歷代崇道記》,《道藏》第11册,2頁上—中。

預言高祖會登基稱帝,高祖在奪得天下後還爲其修建勝業寺[23]。這種藉助他人之口宣示的讖緯之説[24],有相當一部分是高祖自己炮製出來的,以上材料如果單純從信仰的角度來看,無法看出其在宗教上的傾向性;僅從與佛道二教有關材料數量的比對來看,高祖似乎更對道教充滿好感,如對其起兵多有助益的王遠知,在唐朝建立後被高祖册封爲散朝大夫,贈與金冠紫袍,此後太宗、高宗、武後對其皆有封賞[25]。

高祖初登基,李淵與佛教曾有短暫的蜜月期,對佛教還多有尊崇。武德元年(618),高祖不但爲父母造栴檀等身像三軀,還在"朱雀門南通衢之上,普建道場,設無遮會"[26]。除此之外,又於京内造如會昌、勝業、慈悲、證果四寺,及集仙尼寺。又捨舊第爲興盛寺,並州造義興寺[27]。之後又有,"命沙門四十九人入内行道"[28]。道世評價有"爾後崇信,不墜於時",這顯然是其站在佛教徒角度做出的論斷,不足信。

從傳世文獻來看,高祖與佛教關係的轉變發生在武德四年(621)之後。佛教在經過隋代文帝、煬帝的大力提倡後,得到了極大發展,無論是寺院、僧人的數量,還是僧團所占據的財富,都達到了驚人的數量。當時僧人私度、濫度現象十分嚴重,這不僅造成了勞動力的大量流失,還影響到社會穩定。吕思勉先生在總結當時的僧徒亂象時説:"僧衆遊涉,究較平民爲自由,觀當時遭難者,或變形爲沙門,或由沙門加以隱匿可知。"[29]李淵稱帝後的武德元年河北沙門曇晟聚集僧徒作亂[30],武德四年又有李仲文與突厥通謀,其中一項罪名就是與妖僧智覺

---

[23] 志磐《佛祖統紀》卷三九,《大正藏》第49册,362頁上。
[24] 據史籍所載,高祖起兵造勢多利用道教圖讖,如當時社會上普遍流行的"李氏當爲天子""老子將度世"等類不確指的符讖。李淵也以"自姓名著於圖籙,太原王者所在"自居。其周邊輔佐之士也用此對其勸進,有"公姓名已著謡籙","公日角龍廷,姓協圖讖,係天下望久矣"之言。詳見李剛《唐高祖創業與道教圖讖》,《宗教學研究》1998年第3期,15—21頁。王娜《正統與神聖:老子之於唐高祖李淵的政治意義》,《唐史論叢》第30輯,三秦出版社,2020年,85—98頁。
[25] 杜光庭《歷代崇道記》,2頁中。
[26] 道世撰,周叔迦、蘇晋仁校注《法苑珠林》卷一〇〇《傳記篇》,中華書局,2003年,2894頁。
[27] 同上。
[28] 同上書,2895頁。
[29] 吕思勉《吕思勉讀史劄記》丙帙《魏晉南北朝·僧徒爲亂》,上海古籍出版社,1982年,980頁。
[30] 《資治通鑑》卷一八六《唐紀二》高祖武德元年八月條,中華書局,1956年,5833—5834頁。

有謀反語[31]。諸户立雄、劉淑芬在研究中也注意到了武德元年曇晟謀反案和四年并州總管李仲文謀反案的影響,但他們認爲高祖廢省寺院和僧尼的重要原因是出於軍事安全層面的考量[32]。但此時佛教界内的混亂已然對新生政權產生了一定影響,涉及經濟、軍事等重要領域,而高祖面臨的首要問題是鞏固新生政權,發展生產,恢復社會經濟,高祖隨之採取的宗教政策也是針對以上弊端的。如何破解困局,傅奕提出的沙汰僧尼的建議,則給了高祖一個很好的契機。傅奕是唐初反佛的領軍人物,而與之對應的則是被稱爲"護法菩薩"的法琳,二人的相互攻訐構成了唐初佛道論衡的主要内容。武德朝史有確載的傅奕提出沙汰佛教共有七次,影響較大的兩次爲武德四年與武德七年。武德四年六月二十日[33]傅奕上《減省寺塔僧尼益國利民十一條》(又稱《減省寺塔廢僧尼事十有一條》《廢佛法事十有一條》),傅奕上奏的原文現已不存,其部分内容保存在一些佛教典籍中[34]。傅奕上奏的主旨就是:沙汰僧尼,勒令還俗,充實勞動力,服役課税;減省寺塔,將僧團寺院財產收歸國有。傅奕提出的沙汰佛教的建議更多是出於其宗教情感的角度,但這也剛好契合當時國家發展經濟,鞏固政權的需要。高祖接到上奏後,便想採納其建議,但因當時的朝堂之上信奉佛教的大臣衆多,回應者甚寡。於是高祖下《問出家損益詔》[35],徵求沙門僧人意見,針對傅奕提出的反佛主張,佛教徒們奮起反擊,撰寫文章對其進行批判,如普應撰《破邪論》二卷,李師政撰《内德論》《正邪論》。而這些文章中影響最大的當屬法琳撰寫的《破邪論》,法琳認爲普應、李師政所撰寫的文章難以切中要害,由於法琳

---

[31] 《資治通鑑》卷一八八《唐紀二》高祖武德四年正月條,5904 頁。

[32] 諸户立雄《中國佛教制度史の研究》第四章第二節《唐高祖朝の佛教政策》,平河出版社,1990 年,第 513—551 頁。劉淑芬《中古佛教政策與社邑的轉型》,《唐研究》第 13 卷,北京大學出版社,2007 年,254 頁。

[33] 關於傅奕上奏的具體時間史載不一,法琳《破邪論》卷上記載爲"武德四年六月二十日",見法琳《破邪論》卷上,《大正藏》第 52 册,476 頁中。《磧砂藏》《龍藏》作"武德四年四月二十日",《法琳别傳》卷一記載爲"武德四年秋九月",見彦琮《唐護法沙門法琳别傳》卷一,《大正藏》第 50 册,198 頁中。筆者根據太宗在武德四年五月攻陷洛陽後"廢諸道場,城中僧尼,留有明德者各三十人,餘皆返初",認爲太宗應該是在洛陽已得知朝堂上關於沙汰僧尼的爭論,而採取了這一措施,雖然高祖没有命令沙汰僧尼,但太宗這一措施應有暗合高祖的意味。

[34] 道宣《廣弘明集》卷一一,《大正藏》第 52 册,160 頁上—下;《廣弘明集》卷七,134 頁—135 頁中。

[35] 道宣《廣弘明集》卷二四,283 頁上—中。

有道教背景,因此他作《破邪論》多利用道教經典,從中尋找證據對其進行駁斥。《破邪論》完成後,法琳也在朝堂上積極尋找支持[36],而其中給予佛教最大支持的就是皇太子李建成。傳統史籍對太子李建成信奉佛教的記載不多,但從其妃子名觀音,其東宮庶子虞世南爲《破邪論》作序及對法琳的支持可以看出,李建成應該是支持佛教的。高祖聽取了太子等人的建議,將傅奕上書的反佛主張擱置,佛教界在這第一波交鋒中暫時取得了些許優勢。

雖然傅奕的建議高祖並未採納,但傅奕已經看出高祖想要抑制佛教的意圖,因此依然執着地進行反佛活動。武德七年,傅奕上奏《請除去釋教疏》,又陳佛教"弊端",認爲佛教"故使不忠不孝,削髮而揖君親,遊手遊食,易服以逃租賦。……而愚僧矯詐,皆云由佛。竊人主之權,擅造化之力,其爲害政,良可悲矣"[37]。傅奕的建議是"今之僧尼,請令匹配,即成十萬餘户,産育男女,十年長養,一紀教訓,自然益國,可以足兵"[38]。高祖接到傅奕的上奏,再次召集百官詳議此事,但也祇有太僕卿張道源贊成這一提議,以蕭瑀爲代表的大臣則强烈表示反對,鑒於這種局面,高祖又一次擱置了傅奕的提議[39]。但傅奕的提議並非没有效果,高祖武德八年,下詔排三教先後,"老教、孔教,此土元基,釋教後興,宜崇客禮。今可老先次孔末後釋宗"[40]。之後傅奕更加緊其排佛活動,他暗中鼓動道教中人繼續製造排佛輿論,其中的代表人物是道士李仲卿和劉進喜,武德九年二人分別撰寫《十異九迷論》《顯正論》,委托傅奕上呈高祖,道教徒的不斷地攻擊、挑釁,終於使得高祖痛下決心在宗教領域進行"整頓",現根據《全唐文》載述如下:

  乃有猥賤之侶,規自尊高,浮惰之人,苟避徭役,妄爲剃度,托號出家,嗜

---

[36] 法琳在完成《破邪論》之後分別將添加了啓文的抄本《上殿下破邪論啓》《上秦王啓》呈給當時的太子李建成及秦王李世民,又有東宮庶子虞世南爲《破邪論》作序,詳見法琳《破邪論》卷上,《大正藏》第52册,474頁下—477頁中。
[37] 《舊唐書》卷七九《傅奕傳》,2715頁。《新唐書》所記略同,詳見《新唐書》卷一〇七《傅奕傳》,4060頁。
[38] 《舊唐書》卷七九《傅奕傳》,2716頁。
[39] 《唐會要》卷四七《議釋教上》,中華書局,1960年,835頁。
[40] 道宣《集古今佛道論衡》卷三《高祖幸國學當集三教問僧道是佛師事》,《大正藏》第52册,381頁上。

> 欲無厭,營求不息,出入閭里,周旋闤闠,驅策畜產,聚積貨物,耕織爲生,估販成業,事同編户,迹等齊人,進違戒律之文,退無禮典之訓……又伽藍之地,本曰净居,棲心之所,理尚幽寂。近代以來,多立寺舍,不求閑曠之境,唯趣喧雜之方,繕築崎嶇,薨宇舛錯,招來隱匿,誘納奸邪。[41]

高祖在詔書中詳細地羅列了佛教徒的罪行,認爲當下僧尼,道德敗壞,腐化墮落,寺院成了藏污納垢之所,對待佛教的貶斥之語要遠超道教,對道教僅是一句"驅馳世務,尤乖宗旨"簡略帶過。高祖出於平衡考慮,認爲佛道二教已經到了必須改造的時候,而其改造的具體措施:

> 諸僧、尼、道士、女冠等,有精勤練行、守戒律者,並令就大寺觀居住,官給衣食,勿令乏短。其不能精進、戒行有闕者,不堪供養,並令罷退,各還桑梓。……京城留寺三所、觀二所,其餘天下諸州,各留一所。餘悉罷之[42]。

可以看出高祖的《沙汰僧道詔》和傅奕的《請除去釋教疏》,兩者的出發點是完全不同的。傅奕是要求從根本上廢除佛教,而唐高祖則是爲了正本澄源[43],但二者却殊途同歸。面對道教徒的咄咄逼人,法琳撰寫《辯正論》八卷[44],以駁斥道教徒的文章。祇是令傅奕没有想到的是,高祖頒布的詔書不僅沙汰僧尼、佛寺,同時也淘汰道士、女冠及道觀。但經過隋代的發展,無論是佛寺還是僧尼數量都遠遠大於道觀及道士、女冠數量,所以此詔一下,佛教遭受的損失要遠大於道教。佛道二教並裁,正是高祖在天下初定之時,出於維護統治而進行的宗教改革,從實際效果來看,雖然二教並裁,但高祖抑制佛教的意圖是非常明顯的,道教成爲此詔書頒布後的實際受益者。

高祖所進行的宗教改革,如果真正得以實施,將使得佛道二教之間的差距不斷縮小,這可變相看作是對佛教的抑制,對道教的護持。而原因除前文提到的爲發展生産,恢復經濟,穩定社會,以及道教興唐有功之外,還有一個至關重要的因

---

[41] 《全唐文》卷三《沙汰佛道詔》,38頁。
[42] 《全唐文》卷三《沙汰佛道詔》,38頁。《舊唐書》卷一《高祖紀》所記略同,見《舊唐書》卷一《高祖紀》,16—17頁。
[43] 郭朋《隋唐佛教》,281頁。
[44] 在高祖下令沙汰佛道二教後,法琳開始針對李、劉二人的《十異九迷論》《顯正論》撰寫《辯正論》,但不久爆發玄武門之變,太宗繼位,實際法琳的《辯正論》完成於太宗朝。詳見礪波護《隋唐佛教文化》,26—27頁。

素,那便是受魏晉以降重視門第的觀念影響。李氏家族出身隴右軍事貴族集團,歷西魏、北周、隋,一直處於統治階級上層,隋末依靠軍事力量取得了天下,但其家族門第族望却並不高。高祖在與内史令寶威談及於此時也大爲不滿,"昔周朝有八柱国之貴,吾與公家咸登此職,今我已爲天子,公爲内史令,本同末異,無乃不可乎","比見關東人崔、盧爲婚,猶自矜伐,公世爲帝戚,不亦貴乎"〔45〕。李世民對此也大爲譏諷,"太宗嘗以山東士人尚閥閱,後雖衰,子孫猶負世望,嫁娶必多取貲,故人謂之賣婚"〔46〕。爲了抬高李氏家族在當時世家大族中的地位,高祖藉機與道教供奉的始祖老子攀上關係。道教尊崇老子爲其始祖,老子與李唐皇室同姓,被皇室認定爲始祖之後,道教中的道士自然便與皇室產生了一種族親關係。中國歷史上的歷代王朝皆是君權至上,宗教勢力皆積極攀附君權,爭取國家支持,藉以壯大自身的發展。高祖認老子爲始祖,這就給予道教徒們最好的機會,壓制佛教,縮小二教之間差距。在唐代的國家機構設置當中有"宗正寺"這一機構,其主要職能是"掌九族六親之屬籍,以別昭穆之序,並領崇玄署"〔47〕,崇玄署設立於隋代,隸屬於鴻臚寺,唐高祖保留了隋崇玄署,由品級較低的官吏掌管"京都諸觀之名數、道士之帳籍,與其齋醮之事"〔48〕,將管理道教及道士的崇玄署納入李氏家族的宗族管理裏面,顯然高祖這是把道士當作族親來看待。道教既然與李唐皇室同宗,在政治地位上高於佛教也就在情理之中。從高祖個人來說,無論是國家層面上爲了穩固新生政權的需要還是出於提升家族地位——雖然提升家族地位的最終目的還是爲了鞏固統治地位——傾心於道教在當時都應該是最正確的選擇,這一做法有唐一代(武周時期除外)基本都得以貫徹。

二、唐太宗對佛教的利用

武德九年夏五月,高祖下令沙汰佛道二教,《舊唐書》等傳統史籍對這道詔令的記載較爲詳細,但在結尾均記"事竟不行"。而導致"事竟不行"的直接原因就

---

〔45〕《唐會要》卷三六《氏族》,663頁。
〔46〕《新唐書》卷九五《高儉傳》,3841頁。
〔47〕《舊唐書》卷四四《職官志三》,1880頁。
〔48〕《舊唐書》卷四四《職官志三》,1881頁。

是同年六月發生"玄武門之變",太子建成、齊王元吉被襲殺。當日高祖下令大赦天下,"其僧尼道士女冠,宜依舊,軍國事皆受秦王處分"[49],這時的秦王李世民剛剛接手政權,便下了撤銷沙汰佛道二教的詔書。究其原因無外乎以下幾點:一是太宗是通過政變上位,爲了籠絡人心,達到與天下和解的目的。上文已提到傅奕攻擊佛教,法琳等僧人反擊過程中得到太子建成的支持,由此可知其立場是支持佛教的;太宗下令撤銷沙汰二教,可以争取原建成的支持者即佛教徒,使他們倒向自己的陣營,以顯示自己在護持佛教中的作用要高於建成。二是太宗上位後爲了削弱其弒兄殺弟,逼父退位的負面影響,史書中出現了大量粉飾過的内容,如建成、元吉"淫亂後宫","爲世充、建德報仇"欲殺太宗,太宗不得已先發制人[50],高祖主動讓賢,甘願爲太上皇[51];這些還遠遠不夠,太宗還採取一些新政策,以彰顯與高祖朝的不同,但頒布這些新政的前提是不會動搖其統治根基,如在高祖朝曾短暫恢復的"九品中正制"在太宗掌權伊始便遭廢黜,因此頒布撤銷沙汰僧道二教的詔書在此時是合適的。三是此詔令一出,可算作對道教徒助其奪取皇位的回報,拉攏了道教徒,得到道教支持。在玄武門之變發生前,"傅奕密奏:'太白見秦分,秦王當有天下。'"[52]傅奕這一做法在當時可謂兵行險着。同年四月高祖已經下令沙汰僧道,到六月時太子與秦王對皇位的争奪日益激烈,已經勢同水火,而太子支持同情佛教,登基後勢必會對道教地位産生不利影響,此言在李世民發動玄武門之變的過程中起到了推動作用,雖然有後來太宗登基後對傅奕的責問[53],但其並未受到不利影響,而這一道教圖讖使太宗奪取皇位又多出一條冠冕堂皇的理由。由此可見太宗頒布撤銷沙汰二教的詔令可謂一舉數得。

太宗李世民對待佛教的態度較爲複雜,大致分爲三個階段(即利用期、緊張期、緩和期),在每個階段表現出來的特點及具體政策實施上大有不同。在李世民以太尉、尚書令、秦王身份率兵圍攻洛陽的王世充時就曾藉助少林寺的僧兵,

---

[49]《全唐文》卷三《誅建成元吉大赦詔》,39頁。
[50]《舊唐書》卷六四《隱太子建成傳》,2418頁。
[51]《舊唐書》卷五七《裴寂傳》,2288頁。
[52]《資治通鑑》卷一九一《唐紀七》高祖武德九年六月己未,6009頁。
[53]《舊唐書》卷七九《傅奕傳》,2717頁。

他曾寫信給少林寺的僧人,表示要"護持正諦","化闡緇林","開八正之途,復九寓之迹"[54]。攻陷洛陽之後,在原王世充統治地區,每州祇能留下一座寺院,留有明德者各三十人,但有許多高僧大德都藉此機會進入秦王府,受到了秦王的供養。當時的秦王一面迎合高祖在新占領地區沙汰佛教,一面又將享有盛名的高僧納入自己的勢力範圍。如唐初著名高僧慧乘就受到天策府的供養,後又入住勝光寺[55],爲太宗所倚仗。此外《續高僧傳》中也記載了許多李世民爲秦王時與這些高僧的交往,武德年間,慧賾與吉藏在延興寺辯論,秦王"親觀論府,深相結納,擬爲師友,六使來召,今赴別第"[56]。又有"武德之歲初平鄭國,三大法師慧乘、道宗、辯相等西赴京師。主上時爲秦王,威明寓内,志奉釋門,乃請前三德並京邑能論之士二十餘僧弘義宫通宵法集"[57]。弘義宫是高祖爲表彰李世民的功績,特建供其居住的,李世民將辯相招入自己居住的弘義宫講法,後又安置在由其供養資助的勝光寺。可見秦王未登基前,既有沙汰佛寺、僧尼的抑佛舉動,又有供養寺院並與佛教界的眾多高僧保持着密切聯繫的行爲。

李世民登基後首先撤銷了《沙汰佛道詔》,與宗教界達成和解。太宗作爲帝王,在其位而謀其政,把抓綱治國、勵精圖治的重任放在個人信仰之上優先加以考慮[58]。太宗在即位之初就曾談及前朝梁武帝父子在佛道二教上的過失:

> 至如梁武帝父子志尚浮華,惟好釋氏、老氏之教,武帝末年,頻幸同泰寺,親講佛經,百寮皆大冠高履,乘車扈從,終日談論苦空,未嘗以軍國典章爲意。……朕今所好者,惟在堯、舜之道,周、孔之教,以爲如鳥有翼,如魚依水,失之必死,不可暫無耳。[59]

由以上太宗關於三教作用的論述,可以看出太宗在治理國家上以儒家學説的理論作爲治國安邦的首選,而指出了佛道二教的弊端,認爲二教爲方外勢力,十分消極,不能作爲治理國家的指導思想。但這不可看作太宗是在宗教信仰上做出

---

[54] 《全唐文》卷一〇《告柏谷塢少林寺上座書》,115頁。
[55] 道宣《集古今佛道論衡》卷三《高祖幸國學當集三教問僧道是佛師事》,382頁上。
[56] 道宣撰,郭紹林點校《續高僧傳》卷三《唐京師清禪寺沙門慧賾傳》,中華書局,2014年,69頁。
[57] 道宣撰,郭紹林點校《續高僧傳》卷二五《唐京師大總持寺釋智實傳》,944頁。
[58] 郭紹林《唐太宗與佛教》,26頁。
[59] 吳兢《貞觀政要》卷六《慎所好》,上海古籍出版社,1978年,195頁。

了選擇,雖然從高祖時期李氏家族就開始尊道教始祖老子爲先祖,藉以提升家族地位,太宗也與佛教若即若離,這都是出於其治理國家的需要而利用佛教,或者利用佛教滿足其在精神世界中的某些需求,現舉數例如下:

> 武德九年,高平王出使入蕃,因與〔波頗〕相見。……至〔貞觀〕三年三月,上以諸有非樂,物我皆空,眷言要,無過釋典,流通之極,豈尚翻傳! 下詔所司收揚碩德備經三教者一十九人,於大興善創開傳譯,沙門慧乘等證義……至六年冬,勘閱既周,繕寫云畢,所司詳讀,乃上聞奏。[60]

貞觀元年(627),天竺沙門波頗到達長安,貞觀三年太宗下詔在大興善寺翻譯佛經,由波頗主持翻譯工作,並配給十九位高僧及房玄齡、李孝恭、杜正倫等重要官員協助,歷時三年翻譯佛經合三部三十五卷。太宗繼位之初,除了大力支持東來弘法高僧譯經外,還熱衷於講經祈福活動,如"貞觀元年正月,詔京城德行沙門,並令入內殿行道七日,度天下僧尼三千人"[61];貞觀二年三月,太宗下《爲戰亡人設齋行道詔》,太宗在詔書提及自己"手所誅翦前後之數將近一千",導致他"疢懷無忘興寢",祇能藉助佛教"建齋行道竭誠禮懺",達到"萬劫之苦藉此弘濟,滅怨障之心,趣菩提之道"[62]的目的;貞觀二年五月,爲前朝先王舉辦法會,七月下令京城諸郡佛道轉經行道,爲民祈福,並下詔每年正月、七月永爲定式;貞觀三年正月,"詔京城沙門,每月二十七日行道轉仁王經,爲國祈福,官給齋供。三月,詔密州師净禪師至京祈雨"[63]。除以國家名義舉行法會,太宗還下詔修建寺院,李世民戎馬一生,轉戰黄河兩岸,戰功卓著,唐朝建立其可謂居功至偉,但也因戰爭造成過多的殺戮。貞觀三年歲末,太宗下《於行陣所立七寺詔》,於起兵以來發生戰鬥的七處地方,分别修建一座佛寺,爲的是"樹立福田,濟其營魂"[64]。太宗顯然十分重視這七座佛寺的修建,七寺在貞觀四年五月便全部修建完畢,爲了突出這些寺院的國家性質,太宗還命當時重臣,如褚遂良、虞世南等

---

[60] 道宣撰,郭紹林點校《續高僧傳》卷三《唐京師勝光寺中天竺沙門波頗傳》,66頁。
[61] 志磐《佛祖統紀》卷三九,363頁中。
[62] 道宣《廣弘明集》卷二八,329頁上,關於太宗下詔時間參看《佛祖統紀》卷三九,363頁中。
[63] 以上貞觀二、三年,太宗舉辦的法會、齋戒活動時間均見《佛祖統紀》卷三九,363頁中—下。
[64] 道宣《廣弘明集》卷二八,328頁下。

人撰寫碑文[65]。但值得注意的是，修建這七座佛寺的建議並不出於太宗，而是在高祖時期被任命爲"十大德"之一的明瞻[66]，太宗登基之後素聞明瞻"善識治方，有聞朝府"，請其講授"自古以來明君昏主制御之術"[67]，上述記載表明在太宗登基之初，對佛教徒中的飽學之士也是極力拉攏，引爲謀士，讓他們從宗教的角度爲其出謀劃策，可見太宗對佛教的利用多是出於國家層面的考慮。李世民通過政變取得帝位後，下令翻譯佛經、修建佛寺、舉辦法會祈福等活動都是有着明顯的政治意圖，"我們看不到太宗向僧人請教佛法，參加宗教討論，或者研讀佛經。他所下令舉行的法會也都是出於物質性而非精神性的考量，保佑國家免於災難，爲民祈福，五穀豐登等等"[68]，太宗的一系列措施争取到了社會各個階層的擁護，同時也向當時佛教界展示自己與高祖對待佛教上不同的一面，得到了佛教界的支持。

太宗出於穩定政局的目的，除以詔令的形式對僧人的譯經、建寺、舉辦法會活動大開方便之門外，還爲已故母后修建寺院、舉辦齋會，追崇冥福。

興聖寺　通義坊，本高祖潛龍舊宅。武德元年，以爲通義宮，貞觀元年立爲尼寺。[69]

永懷慈訓，欲報無從，静言因果，思憑冥福。通義宮皇家舊宅，制度宏敞，以崇神祠，敬增靈祐，宜捨爲尼寺，仍以興聖爲名。庶神道無方，微伸凱風之思，主者施行。[70]

皇帝菩薩戒弟子稽首和南，十方諸佛，菩薩聖僧，天龍大衆，若夫至理凝寂，道絶名言，大慈方便。……每念慈顔之遠，泣血崩心……惟以丹誠，皈依三寶，謹於宏福道場，奉施齋供……願心悟無爲，神遷妙喜，策紺馬以入香

---

[65]　志磐《佛祖統紀》卷三九，363頁下。
[66]　高祖時期保留了隋代的崇玄署，並委派官階較低的官員（主事者爲正八品）來負責佛、道二教事務，並在崇玄署之下於每座佛寺、道觀安置一名"監察"來監督活動。參見《新唐書》卷四八《百官志三》，1252頁。此後不久高祖開始推行"十大德"制度，來集體領導、處理宗教事務與管理教團，關於"十大德"的記載參見《續高僧傳》卷一一《保恭傳》《吉藏傳》，388、394頁。而明瞻就是這"十大德"之一。
[67]　道宣撰，郭紹林點校《續高僧傳》卷二五《唐終南山智炬寺釋明瞻傳》，934頁。
[68]　斯坦利·威斯坦因著，張煜譯《唐代佛教》，14頁。
[69]　《唐會要》卷四八《議釋教下》，845頁。
[70]　《全唐文》卷九《捨舊宅造興聖寺詔》，107頁。

城,躡金階而升寶殿……疾證菩提,早登正覺。[71]
太宗爲報答先母的養育之恩,爲亡母追崇冥福,貞觀元年將長安通義坊的父母故居改爲興聖寺。在《弘福寺施齋願文》中,太宗自稱菩薩戒弟子,"策紺馬以入香城"中的"紺馬"是轉輪王的七寶之一[72]。在《大興善寺鐘銘序》中也稱自己爲"金輪天王"的化身,而今降生帝王之家,是爲了普度衆生,太宗利用爲其母后施齋,試圖打造自己維護正法的帝王形象[73],這當中固然有寄托對母親哀思的意味,但其背後更深遠的目的是樹立自己賢孝之君形象,以挽回其殺兄弑弟、逼父退位的負面影響。

三、唐太宗對佛教的短暫抑制

自太宗登基後,太宗與佛教可謂度過了一段平穩時期,雖然中間也出現過諸如下令僧尼道士拜父母,頒行兩年後又撤回,以及貞觀七年,太子中書舍人辛諝與法琳等僧人辯論等事,但都較爲平和,未產生較大的影響。這種平和的局面在貞觀十一年被打破,太宗正式下《道士女冠在僧尼之上詔》規定,"自今以後,齋供行法,至於稱謂,道士、女冠可在僧尼之前,庶敦本之俗,暢於九有,尊祖之風,貽諸萬葉"[74]。此令一出立即在當時的佛教界引起軒然大波,長安城中的僧衆聞風展開了抗議活動,其中佛教界的領軍人物就是法常、法琳、慧净、智實等高

---

[71]《全唐文》卷一〇《弘福寺施齋願文》,124頁。

[72] 轉輪王的七寶除去紺馬寶外,另外六件是金輪寶、白象寶、神珠寶、玉女寶、居士寶、主兵寶,見《佛説長阿含經》卷六《轉輪聖王修行經》,《大正藏》第1册,42頁上。

[73] 隋唐時期,帝王都會給自己冠以轉輪王的稱呼,而太宗李世民也是自詡以護持正法的形象出現的,此外當時的朝臣與高僧也多在作品中將太宗描寫成轉輪王。詳見孫英剛《轉輪王與皇帝:佛教對中古君主概念的影響》,《社會科學戰綫》2013年第11期,78—88頁。轉輪王思想還影響到唐宋時期遠處河西的歸義軍政權,張氏、曹氏歸義軍雖都奉中原王朝爲正朔,但實爲地方割據政權,歷任節度使爲當地的最高統治者,幾乎每任節度使都將自身美化爲護持佛法的轉輪王,雖然這與敦煌地方佛教興盛有着莫大的關係,但也幫助統治者利用佛教中的轉輪王思想來達到標榜自己君權神授的目的。可見無論是中原的大一統王朝,還是地方政權,無論崇佛與否,將統治者美化爲轉輪王都是加强君權,維護統治的需要。詳見赤木崇敏《十世紀敦煌の王權と轉輪王觀》,《東洋史研究》第69卷,2010年,59—89頁;氏著《金輪聖王か菩薩の人王へ——一〇世紀敦煌の王權と仏教》,《歷史の理論と教育》第139號,2013年,3—17頁。

[74]《唐大詔令集》卷一一三《政事·道釋》,中華書局,2008年,587頁。

僧,他們在太宗去往洛陽的途中阻攔車駕,希望太宗收回這一命令,但抗議活動遭到了太宗的強烈壓制[75],這一階段太宗的政權得到了極大的鞏固,認爲没有必要再過多地遷就佛教徒,太宗派人叱喝衆僧"語諸僧等,明詔既下,如也不伏,國有嚴科"[76]。智實不服,公然反抗皇帝口諭,遭到杖擊,放逐出京,不久後染病去世[77],面對太宗的强勢態度,衆僧人也衹能無奈地接受這一結果。至於唐太宗下詔的目的,從一年後重新修訂完成頒行天下的《氏族志》中便可以很好地理解了。前文提到在高祖時期,就已經對李氏家族地位過低十分不滿,開始與道教始祖老子攀親,藉機提高家族地位。太宗登基後,也着手改變這一現狀。具體措施就是編纂《氏族志》,企圖通過皇權來提高李氏家族的地位:

> 貞觀六年,太宗謂尚書左僕射房玄齡曰:"比有山東崔、盧、李、鄭四姓,雖累葉陵遲,猶恃其舊地,好自矜大,稱爲士大夫。每嫁女他族,必廣索聘財,以多爲貴……理須改革。"乃詔吏部尚書高士廉、御史大夫韋挺、中書侍郎岑文本、禮部侍郎令狐德棻等,刊正姓氏……撰爲《氏族志》,士廉等及進定氏族等第,遂以崔幹爲第一等……太宗謂曰:"……我今定氏族者,誠欲崇樹今朝冠冕……"遂以崔幹爲第三等。至十二年書成,凡百卷,頒天下。[78]

歷時六年完成的《氏族志》數易其稿,最終纔真正體現了太宗的真實意願,而提前一年頒布的《道士女冠在僧尼之上詔》正是爲《氏族志》的頒行所採取的具體措施之一。此外,太宗還頒布《道僧格》以法律的形式規範道士、女冠及僧尼的行爲,該法是中國古代第一部由國家制定的具有强制約束力的宗教法典,表明此

---

[75] 關於此次長安僧徒的抗議活動可參見李猛《唐初抑佛政策之定型與鞏固——基於貞觀十一至十六年間幾個佛教事件的考察》,154—166 頁。
[76] 《唐護法沙門法琳别傳》卷二,204 頁上。
[77] 道宣撰,郭紹林點校《續高僧傳》卷二五《唐京師大總持寺釋智實傳》,947 頁。
[78] 吴兢《貞觀政要》卷七《禮樂》,226—227 頁。"士廉等及進定氏族等第,遂以崔幹爲第一等"此事在《貞觀政要》中無明確紀年,王仲犖先生認爲發生在貞觀八年,詳見王仲犖《〈唐貞觀編年條舉氏族事件〉殘卷考釋》,《文史》第 9 輯,53 頁。

時唐代中央集權的不斷强化,對宗教領域的控制在不斷加深[79]。

太宗頒布《道士女冠在僧尼之上詔》的兩年後,又發生了一件抑佛的重要事件。因西華觀道士秦世英舉報,法琳撰寫《辯正論》誹謗皇宗,加之法琳兩年前曾帶頭反對太宗詔令,這大大觸怒了太宗,下令將其逮捕入獄。關於法琳的此次牢獄之災前人已經做過了詳細的討論,兹不贅述[80]。但此次事件的直接後果便是導致太宗下敕頒布《遺教經》,這道敕令名爲《佛遺教經施行敕》:

> 往者,如來滅後,以末代澆浮,付囑國王大臣,護持佛法。然僧尼出家,戒行須備,若縱情淫佚,觸塗煩惱,關涉人間,動違經律,既失如來元妙之旨,又虧國王受付之義。《遺教經》者,是佛臨涅槃所説,誡勸弟子,甚爲詳要,末俗緇素,並不崇奉。大道將隱,微言且絶,永懷聖教,用思宏闡。宜令所司,差書手十人,多寫經本,務在施行。所需紙、筆、墨等,有司准給。其官宦五品已上,及諸州刺史,各付一卷,若見僧尼行業與經文不同,宜公私勸勉,必使遵行。[81]

宋代高僧志磐認爲"太宗知務僧之本在於遺教,故能戒有司寫經本令公私相勸,俾免於過,其有得於仁王護法之心也"[82],是護持佛教的。日本學者滋野井恬、礪波護等都對此持反對態度,以爲太宗此舉實則就是要將佛教置於王權之下,要求僧尼要嚴守戒律[83]。其實這一點在太宗的敕書中寫得非常明確,由官府出資抄寫《遺教經》,五品以上官員及刺史人手一册,命其按照上面的要求來規勸、監視僧尼違反戒律的行爲,這如何也不能理解爲對佛教的護持。

《遺教經》祇是一部疑僞經,太宗通過詔敕的形式使它成爲一部正經。太宗

---

[79] 《道僧格》是一部早已亡佚的宗教法典,目前中日學者根據傳世文獻及日本藏《令集解·僧尼令》做了大量復原工作,此外關於《道僧格》頒布的時間學界也頗多討論,但現主流觀點皆認爲在貞觀十一年左右,詳情參見趙晶《唐代〈道僧格〉再探——兼論〈天聖令·獄官令〉"僧道科法"條》,《華東政法大學學報》2013年第6期。鄭顯文《唐代〈道僧格〉研究》,《歷史研究》2004年第4期。

[80] 關於法琳事件詳情可參見礪波護《隋唐佛教文化》第二章《唐初的佛教、道教與國家——法琳事迹考》,10—32頁。

[81] 《全唐文》卷九《佛遺教經施行敕》,109頁。

[82] 志磐《佛祖統紀》卷三九,365頁中。

[83] 滋野井恬《唐貞觀中の遺教經施行について》,《印度學佛教學研究》第26卷第1號,280—283頁,礪波護著,韓昇譯《隋唐佛教文化》,30頁。

在敕文中引用佛涅槃時所說的話,"付囑國王大臣,護持佛法",使得國家有權力對僧團進行監督管理乃至處罰,這也是當時君權上升的重要表現。

如果將太宗抑制佛教的幾件重要事件串聯起來看,把頒行《道士女冠在僧尼之上詔》《道僧格》看作太宗抑佛或是加強對佛教管理的第一步,法琳事件與頒行《遺教經》爲第二步的話,那麼貞觀十四年(640),太宗下敕普責長安寺院則是第三步。《續高僧傳》載:

> 〔貞觀〕十四年,有僧犯過,下敕普責京寺大德綱維,因集於玄武門,召常上殿,論及僧過。常曰:"僧等蒙荷恩惠,得預法門,不能躬奉教綱,致有上聞天聽。特由常等寡於訓誨,耻愧難陳。"遂引涅槃付囑之旨。上然之,因有大理獄囚百有餘人,又延設供,食訖而退。[84]

法常是貞觀年間的一位重要高僧,既參與了波頗的譯經,又參與護法活動,此外他還是皇后與皇儲的戒師,而其所在的普光寺則是由太子李承乾所供養的佛寺,可見法常地位非同一般,爲當時長安佛教界的領袖人物,太宗召其上殿進行訓誡不難理解。至於這些僧人所犯何事,道宣並未明言,但從太宗對待此事的態度及涉事僧人數量來看,此事應該並不是簡單的"過"便可一筆帶過的。筆者推測或是捲入某件政治事件當中,或是因對太宗提出的抑制佛教政策不滿而進行反抗,這顯然極大地激怒了太宗,想要對犯過僧徒採取嚴厲的處罰措施。再看法常的應對,"不能躬奉教綱,致有上聞聽天。特由常等寡於訓誨,耻愧難陳",顯然將責任攬到了自己的身上;而"引涅槃付囑之旨",則是承認李世民是受正法囑托的君主,即轉輪王的身份,懇請太宗在處理這些僧人時,不要訴至法律,即依據《道僧格》來處罰他們,而是以佛教内部律法,即此前頒布的《遺教經》來處理涉事僧人。太宗聽從了法常的提議,把高高舉起的板子輕輕落下,寬嚴相濟,既達到了將佛教納入其管理之下的目的,也達到了收買人心的目的。

四、唐太宗對佛教界的安撫

貞觀十一年至十四年的這幾年中,太宗對待佛教可謂採取了較爲嚴厲的管

---

[84] 道宣撰,郭紹林點校《續高僧傳》卷一五《唐京師普光寺釋法常傳》,519—520頁。

理措施,將佛教納入王權統治之下,效果顯著。但太宗也並非一貫強硬,而是寬嚴相濟,這點在貞觀十五、十六年太宗去弘福寺爲太穆皇后祈福時表現得尤爲明顯。前文提到了太宗到弘福寺爲太穆皇后祈福並寫有願文,在願文中太宗自稱"皇帝菩薩戒弟子"和"皈依三寶"[85],表達了自己崇信佛教的態度。《弘福寺施齋願文》中並未提及祈福的時間,據道宣《集古今佛道論衡》卷丙《文帝幸弘福寺立願重施敘佛道先後事》中的記載,此事發生於貞觀十五年五月十四日,太宗在施齋結束後與諸大德就對待佛教的態度有過深入的交談:

> 帝謂僧曰:"比以老君是朕先宗,尊祖重親,有生之本,故令在前,師等大應恨恨。"寺主道懿奉對:"陛下尊重祖宗,使天下成式。僧等荷國重恩,安心行道。詔旨行下,咸大歡喜。豈敢恨恨?"帝曰:"朕以先宗在前,可即大於佛也。自有國已來,何處別造道觀?凡有功德,並歸寺家。國內戰場之始,無不一心歸命於佛。今天下大定,戰場之地並置佛寺,乃至本宅先妣,唯置佛寺。朕敬有處,所以盡命歸依,師等宜悉朕懷。彼道士者,止是師習先宗,故位在前。今李家據國,李老在前。若釋家治化,則釋門居上。可不平也。"僧等起謝,帝曰:"坐,是弟子意耳。"[86]

太宗的這番言論可以看作其對佛教採取強硬措施後的安撫措施,解釋了他採取道先佛後的政策,主要是因爲"老君是朕先宗,尊祖重親"。太宗之後所言更是姿態放低,列舉了他對佛教的種種護持行爲,在戰場上修建佛寺,捨棄家宅爲太后建寺,雖然令道在佛先,可李唐建國後修建的佛寺數量要遠大於道觀的數量,而且是"凡有功德,並歸寺家"。眾大德對太宗的言論態度則是"陛下尊重祖宗,使天下成式……咸大歡喜,豈敢恨恨?"這與之前佛教界與太宗的針鋒相對截然相反,這顯然是貞觀十一年以來太宗一系列針對佛教的整頓措施之後,僧團的真實反應,面對日漸強化的君權,這些高僧大德也不得不低頭,説一些違心的溜鬚拍馬之言,"安心行道"就已經最能表達此時他們的態度與立場了。

《册府元龜》記載了貞觀十六年五月,李世民再次在弘福寺爲太穆皇后祈福一事:

---

[85] 《全唐文》卷一〇《弘福寺施齋願文》,124頁。
[86] 道宣《集古今佛道論衡》卷丙《文帝幸弘福寺立願佛道先後事》,385頁下。

十六年五月，御製懺文於弘福寺曰："聖哲之所尚者，孝也；仁人之所愛者，親也。朕幼荷鞠育之恩，長蒙撫養之訓。蓼莪之念，何日忘之？罔極之情，昊天匪報。昔子路嘆千鍾之無養，虞丘嗟二親之不待，方寸亂矣，信可悲夫。朕每痛一月之中，再罹艱疚，興言興慕，哀切深衷。欲報靡因，唯資冥助，敬以絹二百匹奉於大道。儻至誠有感，冀消過去之愆；爲善有因，庶獲後緣之慶。"[87]

李猛在談及太宗兩次弘福寺祈福時，認爲太宗是藉追福之機安撫僧團，太宗抑佛的政策並未改變[88]。但太宗此舉恰恰説明這一階段其對佛教的政策在悄然發生轉變：經過數年的經營，太宗的政權已經穩固，而佛教當時有着廣泛信衆基礎，如一味打壓佛教，祇會於統治不利。如何扭轉前階段的緊張關係？這兩次弘福寺祈福似乎是太宗有意爲之。太宗在文中一再強調太祖與太后對其的"鞠育之恩"與"撫養之訓"，感嘆親恩難報。"朕每痛一月之中，再罹艱疚"是説一月之内經歷了太祖與太后的忌日，既然親恩難報，那他祇能通過"唯資冥助"的方式來表達哀思。通過太宗於貞觀十五、十六年兩次親自出席在弘福寺爲太穆皇后祈福活動並親自撰寫願文來看，太宗在滿足其宗教訴求的前提下，對佛教僧團進行了安撫，緩和了之前與佛教界的緊張關係，可謂一舉兩得。

太宗對佛教的態度轉變在其晚年表現得更爲明顯，特別是在他與玄奘結識之後。貞觀十九年玄奘返回長安，不久便奔赴洛陽覲見太宗，當時太宗十分看重玄奘的學識，特別是他西行途中的所見所聞，這是太宗所急需瞭解的，他希望玄奘能像明贍一樣在朝堂上充當顧問，玄奘以"少踐緇門，伏膺佛道，玄宗是習，孔教未聞"[89]爲藉口婉拒。雖然玄奘婉拒了太宗的邀請，但太宗對其譯經事業還是給予了大力支持，不久玄奘返回長安，便在弘福寺組織班底開始翻譯佛經。作爲對太宗的支持的回報，一部記載了西域歷史、地理、風土人情的傳世名著《大唐西域記》便這樣誕生了。此後的三年二人再未見面，太宗對其譯經事業不甚瞭解，在貞觀二十二年，太宗病重移居玉華宫，傳召玄奘並再次勸説玄奘還俗入

---

[87]《册府元龜》卷五一《帝王部·崇釋氏》，中華書局，1960年，574頁，又見《全唐文》卷一〇《爲太穆皇后追福手疏》，129頁。

[88] 李猛《唐初抑佛政策之定型與鞏固——基於貞觀十一至十六年間幾個佛教事件的考察》，181—184頁。

[89]《大唐大慈恩寺三藏法師傳》卷六，《大正藏》第50册，253頁中。

仕,而玄奘再次以同樣的理由婉拒了太宗的邀請。至此,太宗終於對玄奘所進行的事業產生了興趣,詢問所譯經典,由玄奘講解大意,並差人將玄奘新譯出的《瑜伽師地論》取來詳閱[90],後爲玄奘所譯經論撰寫《大唐三藏聖教序》,大肆褒揚佛教:

> 弘濟萬品,典御十方。……大之則彌於宇宙,細之則攝於毫厘。無滅無生,歷千劫而不古;若隱若顯,運百福而長今。……於是微言廣被,拯含類於三途,遺訓遐宣,導群生於十地。……引慈雲於西極,注法雨於東陲,聖教缺而復全,蒼生罪而還福。[91]

從文中可以看出,太宗對待佛教與玄奘態度的變化,從最初的反對玄奘西行取經,到後來對玄奘取經成功這一壯舉大肆贊揚,並且對佛教"導群生於十地"的作用給與了充分的肯定。此時的太宗身體每況愈下,他經常與玄奘"談玄論道,問因果報應",儼然將玄奘視爲其生命旅程最後階段的精神寄託。此時的太宗對佛教的態度已經發生了較大的轉變,爲積累功德,同年九月,太宗下詔"詔京城諸郡,各度僧,每寺五人,凡度一萬七千人"[92]。貞觀二十三年四月,太宗病重,再次離京到翠微宮休養,此次依然由玄奘陪同,大部分時間二人都是在探討佛理。衆所周知,太宗也曾寄希望長生,並長期服用道士所煉製的丹藥,但在其生命最後的一段時間裏,由玄奘陪在他的身邊宣講佛理,可能是太宗對那些丹藥已經完全失去了信心。太宗向玄奘詢問因果報應,既是出於對死亡的恐懼,也是因一代帝王面臨死亡時感到無力,太宗也感嘆:"朕共師相逢晚,不得廣興佛事。"[93]這也是太宗生命最後階段對佛教有着強烈宗教訴求的一個例證。

五、結論

唐朝建立後諸多政策是對隋朝的繼承和發展,但在對待佛教的態度上則是與前朝大相徑庭。唐初的武德時期,百廢待興,高祖出於恢復社會經濟,穩定新

---

[90] 《大唐大慈恩寺三藏法師傳》卷六,《大正藏》第 50 册,255 頁下—256 頁上。

[91] 道宣《廣弘明集》卷二二,258 頁上—中。

[92] 志磐《佛祖統紀》卷三九,366 頁中。

[93] 《大唐大慈恩寺三藏法師傳》卷七,260 頁上。

生政權,同時抬高自身家族地位的需要,開始親近道教,逐漸接受傅奕等人的建議,開始着手準備抑制佛教,經過法琳等僧人的努力,並未具體實施。貞觀朝對佛教所採取的政策是對武德朝的繼承和發展,縱觀貞觀一朝,太宗與佛教的關係可分爲利用期(武德九年至貞觀十一年)、緊張期(貞觀十一年至十四年)、緩和期(貞觀十五年以後),在每一階段太宗都會根據實際需要調整其相應的佛教政策,當然其對待佛教所採取的態度也是以服務於政治需要爲大前提的。李世民繼位之初爲達到與天下和解,需要宗教界的支持,曾積極利用佛教,這促成了一個平穩期的出現;在其政權鞏固後,出於提升李氏家族地位的目的,通過行政與立法的手段對佛教進行抑制,極大地提升了皇權;而到了貞觀晚期太宗出於宗教訴求的目的對佛教進行安撫,緩和了之前的緊張關係。從這三個時間段來看,緊張期時間較短,僅有四年,雖然稱之爲緊張期,太宗與佛教的關係也並未緊張到無可調和,還是爲後面緩和關係留出了很大的餘地,這也是貞觀時期佛教政策複雜、多變的真實原因。唐武德、貞觀二朝的佛教政策,是在皇權至上的前提下,根據帝王的好惡及政治需要而採取了相應的政策措施,貞觀朝以後的唐代帝王在宗教上所採取的政策基本上是太宗對待佛道二教政策的延續與發展。

A Research on the Buddhist Policy during the Years of Wude and Zhenguan in the Tang Dynasty

Wu Hailong

The Tang Dynasty inherited many institutions and policies from the Sui Dynasty, but in terms of Buddhism, it was quite different. At the beginning of the Tang Dynasty, Emperor Gaozu 高祖 intended to suppress Buddhism to consolidate his reign and enhance his family status. His intention was not fulfilled because of the fierce opposition of monks and the coup happened at the Xuanwu Gate. Emperor Taizong 太宗 had a complicated attitude towards Buddhism. Out of political necessities and personal feelings, he kept changing the policy towards Buddhism. His policies towards Buddhism can be divided into three stages: stage of manipulation, stage of tension and stage of détente.

唐代法詵華嚴學及其歷史地位

郭曉冬

一、引言

唐代法詵(718—778)是法藏(643—712)之後、澄觀(738—839)之前的華嚴學傳承者。雖然現存法詵著作已嚴重缺失，但尚存有唐代皎然[1]所作《法詵墓誌》和法詵所著《梵網經疏》上卷[2]，據此國内外學者對於法詵生平及其思想亦有關注。

首先，關於法詵的籍貫、師承和弟子，中日學者都有所討論。境野黄洋先生認爲法詵出生地當爲東京洛陽，其墓誌中所説的以《華嚴經》囑托法詵的"故地思貞大師"當指東京洛陽地區的慧苑[3]。坂本幸男先生認爲境野先生對於法詵籍貫和師承的考證在大體上是可靠的；他還考察了現存目録中所著録的法詵著作，介紹了法詵弟子，並梳理出了法順、智儼、法藏、慧苑、法詵、澄觀的華嚴學傳承體系[4]。

---

[1] 關於皎然的生卒年，史書記載頗爲雜亂。但根據學者的考證，皎然當生於開元八年(720)，卒於貞元十二年(796)到貞元十四年之間。見成亞林《皎然集考》，華中師範大學博士學位論文，2013年，18—23頁。

[2] 此上卷包括現存《大藏經》版本中所收録的絶大部分以及惠谷隆戒所整理的《大藏經》版本中所遺失的一部分。可參看惠谷隆戒《新出の唐法銑撰梵網經疏卷上之上に就いて》，《日華佛教研究會年報："支那"佛教研究》第二年，1937年，183—221頁。

[3] 境野先生的研究最初發表在1927年出版的《"支那"佛教史講話》一書，在此所引的是坂本幸男先生對於境野先生觀點的複述。可參看坂本幸男《華嚴教學の研究》，平樂寺書店，1964年，53—54頁。

[4] 坂本幸男《華嚴教學の研究》，51—56頁。

其後的日本學者對於法詵師承和弟子的認識基本上與上述兩位先生一致。其中鐮田茂雄先生認爲元代重修澄觀塔記中所記載的給予澄觀華嚴學教導的"東京大詵和尚"就是法詵,認爲這與《宋高僧傳》中所提到的澄觀曾在法詵處學習華嚴相呼應[5]。對此,木村清孝先生予以採納。而且他認爲從法詵作有注釋慧苑《續華嚴略疏刊定記》(以下簡稱《刊定記》)的《刊定記纂釋》來看,法詵大概是一個曾受教於慧苑,並忠實弘揚慧苑華嚴學之人[6]。而中西俊英先生也曾討論過法詵的師承,他亦認爲"故地思貞大師"就是慧苑[7]。

但中國學者對於法詵的師承,提出了不同於日本學者的看法。其中劉春生先生认爲"思貞大師"並不是指法藏弟子慧苑,慧苑可能是法詵十五歲辭親出家的受業之師。因爲没有任何資料證明"思貞大師"就是慧苑。而從現有資料來看,法詵生於江南並主要活動於蘇州、杭州、常州之間,並未去過關中和中原地區,他的交往範圍也祇限於東南一帶的人物,將慧苑看作"思貞大師"没有依據。即便法詵曾注釋研究過慧苑的《刊定記》,也不能代表法詵就是慧苑弟子[8]。

孫海科先生也曾對法詵生平有所關注,他亦認爲没有證據表明慧苑和"思貞大師"是同一人,法詵爲慧苑弟子的説法没有依據。根據墓誌中的描述,祇能得出法詵的華嚴學傳承脈絡爲:杜順—智儼—法藏—思貞—法詵。而且從法詵爲東吳孫氏後代來看,法詵可能爲吳地人。但孫先生仍然認同教授澄觀華嚴學的"東京大詵"就是指的法詵[9]。

其次,日本學者還曾討論過法詵的判教説。吉津宜英先生曾專門討論過法詵《梵網經疏》中的"五教五宗説"。他認爲:法詵的判教觀受到法寶"五時教説"的影響,將《華嚴經》和《法華經》視爲"一乘教",同時也將《梵網經》和《涅槃

---

[5] 鐮田茂雄《中國華嚴思想史の研究》,東京大學出版會,1965年,162頁。
[6] 木村清孝《中國華嚴思想史》,平樂寺書店,1992年,214—215頁;木村清孝著,李惠英譯《中國華嚴思想史》,東大圖書股份有限公司,2017年,188頁。
[7] 中西俊英《東大寺図書館所蔵の法詵〈梵網經疏〉:書誌情報と基礎的考察》,《불교학연구회(Korea Journal of Buddhist Studies)》第57卷,2018,불교학연구회(佛教學研究會),89—91頁。
[8] 劉春生《慧苑及〈華嚴經音義〉的幾點考證》,《貴州大學學報》1992年第2期,66—67頁。
[9] 孫海科《裴休撰清涼澄觀〈妙覺塔記〉考略兼唐本試復原》,《東亞佛學評論》第6輯,社會科學文獻出版社,2021年,24—26頁。

經》視作同一教門——"一性教"。而且從法詵將《梵網經》和《涅槃經》歸作最終教門來看,法詵更加重視的並不是"一乘教",而是闡發佛性思想的"一性教"[10]。

中西俊英先生也曾討論過法詵《梵網經疏》中的判教思想。與前人相比,他開始重視法詵判教思想中的"同時五教"與"異時五教"之分。他認爲"同時五教"是法詵從教化眾生的佛陀角度所判定的教門,是指佛陀根據眾生的不同根機授以不同教法;而"異時五教"則是從被教化的可以成佛的一切眾生角度所判定的教門,眾生從低到高依次接受不同教門,其中《涅槃經》是眾生最後接受的最高教門。同時他也指出了法藏"四宗說"對於法詵"五宗說"的影響,這也是吉津先生所曾注意到的[11]。

綜上所述,雖然前人對於法詵生平及其思想的研究作出了不少貢獻,但在筆者看來,前人關於法詵師承以及法詵判教思想的論述仍有缺陷。法詵"五教五宗說"體現着法詵華嚴學中濃厚的三論學色彩,這在《法詵墓誌》中亦有所體現,而前人並未注意。同時,前人將"一性教"看作法詵判教思想中最高教門的說法也是可以商榷的。至於法詵的師承,祇有在充分理解了法詵華嚴學特點後,結合現存資料中對於慧苑、"思貞大師"、法詵的記載,一直爭論不休的"思貞大師"身份問題和法詵與慧苑的關係問題纔能得到較好解決。同時,本文還欲在充分挖掘法詵華嚴學淵源和特點的基礎上,結合當時中國華嚴學發展的時代背景,對於法詵華嚴學歷史地位的變遷詳加論證。這對於了解唐代華嚴學,乃至中國華嚴學從學派化發展到宗派化發展的歷史進程具有重要意義。

二、法詵生平

現存關於法詵生平的記載,主要見於《法詵墓誌》和《宋高僧傳・法詵傳》。

---

[10] 吉津宜英《華嚴一乘思想の研究》,大東出版社,1991年,654—655頁。
[11] 中西俊英《天竺寺法詵の教學とその背景:〈梵網經疏〉斷簡を中心》,《印度學佛教學研究》第59卷第2號,2011年,1029—1030頁。

而《宋高僧傳·法詵傳》又是基本沿襲法詵墓誌原文[12]，因此我們在研究法詵生平時還是應以《法詵墓誌》爲主。現存《法詵墓誌》乃唐代詩僧皎然所作，記載於《皎然集》和《全唐文》。根據学者考證，《皎然集》初結於唐代貞元八年（792）。經過唐宋明三朝的流傳複刻，至明代《皎然集》主要分化爲兩种版本：源於宋本的鈔宋本和自明代開始在宋本基礎上不斷添加補遺後的補遺本。這兩种版本基本保持了唐代所結《皎然集》十卷本的完整編次。雖然在詩歌的著錄上，由於補遺本在後世不斷添加新的詩歌，造成與鈔宋本在數量和次序上存在差異；但在詩歌以外的二卷文上，兩種版本在數量和次序上完全一致[13]。也就是説，兩種版本都著錄有皎然所作《法詵墓誌》。而本文在引用《法詵墓誌》時，選擇參考民國年間刻印的《四部叢刊》本，該本以江安傅氏雙鑑樓藏本爲底本，屬於鈔宋本系統[14]。

關於法詵的地位與出身，其墓誌曰：

> 我唐聖曆中，大方廣梵文四譯斯備，雷霆始懼於魔耳，天地再造於人心，瞳瞳無邊，佛曰（日？）正出。其時弘道之士，有敦煌公得他心，稱是文殊後身，洎四葉傳於吾師。本孫氏之子，長沙桓王十有三世孫。[15]

引文中的"我唐聖曆中"即武周聖曆年間（697—700）。而《大方廣佛華嚴經》

---

[12] 《宋高僧傳·法詵傳》的記載屬於對於《法詵墓志》的節錄，並非完整抄錄，但在傳記的末尾處增加了澄觀求教於法詵的記載。見贊寧撰，范祥雍點校《宋高僧傳》卷五《唐錢塘天竺寺法詵傳》，中華書局，1987年，102—103頁。

[13] 關於皎然集的編纂和流傳，見成亞林《皎然集考》，43—148頁。

[14] 筆者通過將屬於鈔宋本系統的《四部叢刊》本和屬於補遺本系統的《文淵閣四庫全書》本作比對發現，兩個版本的《法詵墓誌》在文字上有些許差異。比如《四部叢刊》本"我唐聖曆中"，《文淵閣四庫全書》本作"故我唐聖曆中"；《四部叢刊》本"佛曰正出"，《文淵閣四庫全書》本作"佛日正出"；《四部叢刊》本"橫山當峻與天極"，《文淵閣四庫全書》本作"橫山當前，峻與天極"；《四部叢刊》本"大曆二年講於常州龍興寺"，《文淵閣四庫全書》本作"大曆三年講於常州龍興寺"；《四部叢刊》本"受業比丘太初"，《文淵閣四庫全書》本作"受業比邱大初"。鑒於鈔宋本系統是以較早的宋本爲基礎，應該比補遺本更接近宋本原文，所以本文引用的是屬於鈔宋本系統的《四部叢刊》本。可參看皎然《晝上人集》卷九《唐杭州靈隱山天竺寺大德詵法師塔銘並序》，張元濟輯《四部叢刊初編》第111册（商務印書館1926年版），上海書店，1989年，7—9頁；皎然《杼山集》卷九，《景印文淵閣四庫全書》第1071册，臺灣商務印書館，1986年，858頁上—859頁上。

[15] 皎然《晝上人集》卷九《唐杭州靈隱山天竺寺大德詵法師塔銘並序》，《四部叢刊初編》第111册（商務印書館1926年版），上海書店，1989年，8頁。

(以下簡稱《華嚴經》)也確實在武周年間經歷過前後四次翻譯。對此,《開元釋教錄》曾曰:

>《大方廣佛華嚴經續入法界品》一卷。(或無"續"字,續舊《華嚴經》闕文,見《大周錄》,垂拱元年於西太原寺歸寧院譯。)
>
>《大方廣佛華嚴經不思議佛境界分》一卷。(或二卷,十二紙,永昌元年於魏國東寺譯。見《大周錄》。初出,與後實叉難陀所譯《不思議境界經》同本。)
>
>《大方廣佛華嚴經修慈分》一卷。(天授二年於大周東寺譯。見《大周錄》。)
>
>《大方廣佛華嚴經》八十卷。(第二出,與東晉覺賢譯者同本,證聖元年三月十四日於東都大內大遍空寺譯,天后親受筆削,至聖曆二年十月八日於佛授記寺功畢。)[16]

從引文來看,武周時期的前三次翻譯都屬於對舊譯六十卷本《華嚴經》的小範圍添加。直到武則天專門派人去于闐取回大本梵文《華嚴經》,《華嚴經》的新譯纔取得較大成果,最終於聖曆二年(699)翻譯完成新譯八十卷本《華嚴經》[17]。所以《法詵墓誌》中的"我唐聖曆中,大方廣梵文四譯斯備"就應指的是武周時期前後四次翻譯《華嚴經》。

進而,所謂"其時弘道之士,有敦煌公得他心,稱是文殊後身,洎四葉傳於吾師",也應指的是一種華嚴學的傳承。其中"敦煌公"被視爲華嚴學的開創者,且在當時已被看作文殊菩薩化身。而在法詵所生活的時代確實有一位與華嚴學有關係的高僧被視作文殊菩薩化身,他就是後世華嚴宗人所尊奉的初祖法順(557—640),因爲俗姓杜,所以又被稱爲杜順。

關於法順在華嚴宗中初祖地位的討論,是近代以來華嚴學研究的重要課題。最早參與討論的是20世紀的三位日本學者。其中境野黃洋先生、鈴木宗忠先生認爲法順與華嚴宗相關聯的證據不足,而常盤大定先生認爲將法順視爲華嚴宗

---

[16] 智昇撰,富世平點校《開元釋教錄》卷九,中華書局,2018年,534、542、544頁。
[17] 關於《華嚴經》在唐代的翻譯,可參看段晴《于闐・佛教・古卷》,中西書局,2013年,170—178頁。

初祖是有道理的[18]。進入 21 世紀以來,國内學者如王頌先生又在前人基礎上進一步討論了法順的華嚴宗初祖地位,認爲將法順視作華嚴宗初祖並不合理,初祖應爲法藏業師智儼[19]。

而本文無意捲入上述争論當中。因爲即便是常盤大定先生,也認爲將法順視作華嚴宗初祖是法藏以後的事。他衹是力圖説明這種説法的合理性,認爲法藏和智儼對曾給予自己深刻影響的法順是有所仰慕的[20]。

澄觀《疏鈔》是現存最早明確將法順與"華嚴"緊密相連的著作。澄觀在《經疏》中曾有一段形容《華嚴經》翻譯和歷代造論、書寫、讀誦、觀行、講説《華嚴經》的文字[21]。由於此段疏文過於抽象,所以澄觀在《疏鈔》中又進行了一一解説。其中所謂"講説"之人乃指爲衆人宣講《華嚴經》義理之人,體現了一種華嚴學傳承。在《疏鈔》中,澄觀總結"講説"之人時曾提到劉宋求那跋陀羅、北魏勒那摩提以及唐代的法順、智儼、法藏[22]。其中求那跋陀羅和勒那摩提皆屬前代早期講説者,而對澄觀影響至深的還是唐代的法順、智儼、法藏[23]。

法詵生活的時代與澄觀相近,澄觀還曾求教於法詵。根據《法詵墓誌》,法詵去世於唐代宗大曆十三年(778),與澄觀寫作《經疏》的唐德宗興元元年(784)至貞元三年(787)相差不遠[24],《疏鈔》的寫作更在其後。而且法順爲文殊菩薩

---

[18] 關於常盤大定先生與境野黄洋先生、鈴木宗忠先生的争論,可参看常盤大定《"支那"佛教の研究》,春秋社,1938 年,311—434 頁。

[19] 王頌《關於杜順初祖説的考察》,《世界宗教研究》2000 年第 1 期,49—55 頁。

[20] 常盤大定《"支那"佛教の研究》,386 頁。

[21] 澄觀《大方廣佛華嚴經疏》卷三,《大正新修大藏經》第 35 册,524 頁上中。

[22] 澄觀《大方廣佛華嚴經隨疏演義鈔》卷一五,《大正新修大藏經》第 36 册,115 頁下—116 頁中。

[23] 法藏對於澄觀的影響自不待言。而智儼爲法藏的業師,首次提出了《華嚴經》屬於"别教一乘"的特殊地位,法藏對於華嚴學的理解深受其影響。所以澄觀在叙述法藏的"神光入宇"時,專門提及了法藏如何欽奉智儼,認爲"當有異人發弘大教",並從智儼的教導中獲得感悟,有了所謂"二度'神光入宇'"。至於杜順,澄觀曾爲據説是杜順所作的《大方廣佛華嚴法界觀門》(以下簡稱《法界觀門》)作注,結成《華嚴法界玄鏡》一書,由此可見杜順對於澄觀華嚴學的深刻影響。

[24] 關於澄觀寫作《經疏》的時間,觀復所引唐代塔記記載爲"興元元年甲子歲造疏,貞元丁卯歲功就",也即興元元年到貞元三年。見孫海科《裴休撰清涼澄觀〈妙覺塔記〉考略兼唐本試復原》,31 頁。

化身的説法,根據澄觀的表述,是所謂"别傳云"[25],即來自其他傳記所説。這説明此類説法在澄觀之前就已存在。那麽寫作時間與《經疏》和《疏鈔》年代相近的《法詵墓誌》,其所謂被視作文殊菩薩化身的"敦煌公"應該是指法順。

至於法順何以被稱作"敦煌公",從道宣所作《續高僧傳·法順傳》、法藏所作《華嚴經傳記》、澄觀《疏鈔》以及現存唐宣宗大中六年(852)所作《法順行記》[26]來看,皆未出現法順與敦煌有何特殊關係,祇記載法順出身於京兆杜氏。但北宋初期贊寧所作《宋高僧傳·法藏傳》中曾提及"昔者燉煌杜順傳華嚴法界觀,與弟子智儼講授此晋譯之本。智儼付藏"[27]。可見直到北宋之時還流傳有法順與敦煌的特殊關係。至於爲何會出現這種關聯,由於材料缺乏,筆者不敢妄加揣測[28]。

既然法詵至唐德宗時期還被江左中人[29]看作華嚴學的傳承者,那麽墓誌當中"洎四葉傳於吾師"的"四葉"[30]就應包括當時已被公認的法順、智儼、法藏這三位傳承者。如果我們將"洎四葉傳於吾師"理解爲到第四代時傳承到了法詵,那麽法詵就被視爲第四代傳人;若是理解爲到了第四代傳人時傳承給了法詵,那麽法詵就被視爲了第五代傳人。那麽我們到底應該選擇哪種理解呢?筆者以爲應以後一種理解爲準。

首先,從法藏和法詵生活年代來看,法藏去世數年后法詵纔出生,兩者所生活的時代没有任何交集,很難説法詵在華嚴學上直承法藏。其次,慧苑乃從教於

---

[25] 澄觀《大方廣佛華嚴經隨疏演義鈔》卷一五,116頁上。

[26] 此碑文行記乃法順同族後人杜殷所作。但由於碑文破碎嚴重,清人王昶在收錄時已感難以釋讀,以致發出"文義晦澀,破碎全不成説,使此和尚空有行記之石,千年在世與草木同腐,則何益哉"的感慨。見王昶《金石萃編》卷一一四《大唐華嚴寺杜順和尚行記》,《歷代碑誌叢書》第6册,江蘇古籍出版社,1998年,498頁下—499頁下。

[27] 贊寧撰,范祥雍點校《宋高僧傳》卷五《周洛京佛授記寺法藏傳》,89頁。

[28] 常盤先生推測法藏雖然出生於長安,但爲康居國人後裔。杜順有可能也是來到長安定居的敦煌人後裔。此推測雖對人頗有啓發,但尚無確切史料支撐。見常盤大定《"支那"佛教の研究》,316頁。

[29] 法詵去世於唐代宗大曆十三年,收藏《法詵墓誌》的《皎然集》初結於唐德宗貞元八年。所以法詵墓誌很有可能作於大曆末年或唐德宗時期;而且從法詵活動範圍來看,也主要限於江左地區。

[30] "葉"有世代之義。《後漢書·郭躬傳》曾曰:"三葉皆爲司隸,時稱其勝。"見范曄撰,李賢等注《後漢書》卷四六《郭躬傳》,中華書局,1965年,1546頁。因此此處的"四葉"當指四代。

法藏十九年的"上首弟子",雖然我們並未發現關於慧苑生卒年的確切記載,但是慧苑最重要的兩部著作《刊定記》和《新譯大方廣佛華嚴經音義》皆作於法藏去世以後。成書於開元十八年(730)的智昇《開元釋教錄》中也曾介紹過慧苑的生平和著作,但並未給出他的生卒年,這表明慧苑很有可能此時並未離世。因此法詵和慧苑的生活年代或有交集。再加上法詵還作有注釋慧苑《刊定記》的《刊定記纂釋》,其在華嚴學上應該是受到慧苑影響的[31]。所以"洎四葉傳於吾師"有可能是指第四代傳人慧苑將華嚴學傳承到法詵。日本學者基本上就是持這種看法。

然而,筆者以爲日本學者關於法詵籍貫和"故地思貞大師"的分析仍有可商榷之處。墓誌中雖然沒有明確記載法詵出生在何處,但曾記載法詵"本孫氏之子,長沙桓王十有三世孫"[32],乃三國時期孫吴皇族之後。而"故地"應指法詵的家鄉。從《法詵墓誌》和《宋高僧傳·法詵傳》來看,作爲東吴孫氏之後的法詵一生主要活躍於江左地區,法詵的家鄉也當爲江左一帶。因此所謂"故地思貞大師"當指江左地區的高僧。同時,從《宋高僧傳·慧苑傳》的記載來看,慧苑乃當時的京兆府長安人,一生主要活躍於長安、洛陽一帶,並未記載慧苑曾到訪過江左地區[33]。而且從《法詵墓誌》和《宋高僧傳》來看,也未記載慧苑、法詵二人有何來往[34]。

---

[31] 慧苑《新譯大方廣佛華嚴經音義》序言記載於慧琳所撰《一切經音義》卷二一,慧苑在此序言中曾提到"從師十有九載"。而智昇《開元釋教錄》也曾曰"沙門釋慧苑,京兆人,華嚴藏法師上首門人也。勤學無憚,内外兼通,華嚴一宗,尤所精逹"。而坂本幸男先生根據這些材料和法詵爲慧苑門人的結論得出慧苑生卒年大約爲673—743年,享年七十歲左右。然而,如後所述,法詵爲慧苑門人的可能性是没有的,坂本先生以此爲根據所推定的慧苑生卒年並不十分可靠。見慧琳《一切經音義》卷二一,《大正新修大藏經》第54册,433頁中;智昇撰,富世平點校《開元釋教錄》,569頁;坂本幸男《華嚴教學の研究》,5—6頁。

[32] 皎然《晝上人集》卷九《唐杭州靈隱山天竺寺大德詵法師塔銘並序》,8頁。

[33] 贊寧撰,范祥雍點校《宋高僧傳》卷六《唐洛京佛授記寺慧苑傳》,115頁。

[34] 皎然《晝上人集》卷九《唐杭州靈隱山天竺寺大德詵法師塔銘並序》,7—9頁;贊寧撰,范祥雍點校《宋高僧傳》卷五《唐錢塘天竺寺法詵傳》,102—103頁;《宋高僧傳》卷六《唐洛京佛授記寺慧苑傳》,115頁。另外,孫海科先生也注意到了《法詵墓誌》中的"本孫氏之子,長沙桓王十有三世孫",認爲由此可知法詵可能是吴地人。但是孫先生並未因此討論"故地思貞大師"的身份,雖然他不同意"思貞大師"一定是指慧苑,但也没有根據"故地"的含義判斷"思貞大師"是江左地區的僧人。見孫海科《裴休撰清涼澄觀〈妙覺塔記〉考略兼唐本試復原》,24—26頁。

除此之外,被鐮田先生和木村先生視爲研究澄觀生平重要資料的元代重修澄觀塔記和孫海科先生所輯錄的宋代觀復所引唐代所修澄觀塔記皆祇記載澄觀從"東京大詵和尚"處聽受"華嚴",並没有將"東京大詵和尚"看作法詵的直接證據[35]。而且根據《宋高僧傳·澄觀傳》,澄觀是在"天竺詵法師門,温習《華嚴》大經",此天竺寺應指《法詵墓誌》中所提到的"杭州靈隱山天竺寺",非東京洛陽地區的佛寺。另外《宋高僧傳·法詵傳》記載的也是"時越僧澄觀就席決疑,深得幽趣",並未提到在東京洛陽教導澄觀。再加上根據《法詵墓誌》和《宋高僧傳·法詵傳》,法詵從未去過北方洛陽一帶。

因此,前人關於"東京大詵和尚"即法詵、"故地思貞大師"即慧苑的分析缺乏依據。法詵當是一位出生於江左並一生活動於江左的高僧,"東京大詵和尚"與法詵並非一人。所謂"故地思貞大師"也當指江左地區的高僧,法詵在華嚴學上的造詣除了受到慧苑影響外,還應受到他的直接影響。而且從墓誌表述來看,筆者以爲所謂"洎四葉傳於吾師"也應指江左地區的"思貞大師"傳華嚴學於法詵,畢竟二者具有較爲明顯的師承關係。

在介紹完"故地思貞大師"對法詵的囑托後,墓誌中開始描述法詵體悟華嚴學的過程,曰:

> 心以静鋭,智與經冥,徹照淵玄,萬法一念。宵景盈空而不見,晨曦溢目而何有?有而不可有者,吾其見真師之心哉!受經彌時,乃疑未契。其夕夢乘大艑,直截滄溟。横山當峻與天極,不覺孤帆鳶戾,懷襄止濟。峰竦竦而忽焉,雲溶溶而在下。既寤,形若委衣,流汗輕醒。自此,句義不思而得,一部全文,常現心境,事事無礙之旨,如貫花焉。[36]

此段墓誌文字極其珍貴,乃體現法詵華嚴學特點的重要資料。墓誌中説法詵在接受了"思貞大師"的囑托後開始研習《華嚴經》,達到了"心以静鋭,智與經冥,徹照淵玄,萬法一念"的境界,體悟到了"宵景盈空而不見,晨曦溢目而何有?有而不可有者,吾其見真師之心哉"的佛法真諦。所謂"宵景盈空而不見,晨曦溢

---

[35] 武樹善《陝西金石志三十卷附補遺二卷》之《補遺下》,《歷代碑誌叢書》第17册,江蘇古籍出版社,1998年,473頁下;孫海科《裴休撰清凉澄觀〈妙覺塔記〉考略兼唐本試復原》,23頁。

[36] 皎然《晝上人集》卷九《唐杭州靈隱山天竺寺大德詵法師塔銘並序》,8頁。

目而何有"其實就是在説諸法本空,但這種空性乃一種"有而不可有"的狀態,即以安立因緣所生假有而存在的狀態,也即所謂"真空妙有"。在法詵看來,這種"真空妙有"又與《華嚴經》的"事事無礙之旨"相通。而法詵"受經彌時,乃疑未契",即認爲自己的思路可能並未真正契合《華嚴經》的教旨。但在得到夢境的印證後,法詵堅定了自己的信念,認爲自己得到了體悟《華嚴經》"事事無礙之旨"的法門。即所謂"自此,句義不思而得,一部全文,常現心境,事事無礙之旨,如貫花焉"。

從這段描述法詵體悟華嚴學過程的文字來看,法詵華嚴學明顯具有强調從空性出發貫通《華嚴經》"事事无礙之旨"的特點。這與慧苑具有一定的相似性。

根據陳英善先生的研究,慧苑雖然師從法藏,但在華嚴學的理解上與法藏不同。他依據《寶性論》改法藏小乘教、大乘始教、大乘終教、頓教、圓教"五教説"爲"四教説",强調以對於法性即如來藏的理解來分立諸教。即所謂:"初、迷真異執教,當彼凡夫;二、真一分半教,當彼聲聞及辟支佛;三、真一分滿教,當彼初心菩薩;四、真具分滿教,當彼識如來藏之根器。"[37] 在慧苑看來,所謂"理事無礙、事事無礙"是因爲諸法之性爲無性,因此諸法同一體性、不可分限,從而達到一即一切的圓融無礙。這是僅從"理性融通"的角度來理解華嚴學的"理事無礙、事事無礙"。而法藏的理解角度除了"理性融通"外,還有"緣起相由",即諸法自體因果緣起的角度,從一起一切起的緣起關係來發揮一即一切、一切即一的圓融無礙觀。慧苑僅從真如法性(或如來藏性)的角度來貫通"理事無礙、事事無礙"的做法,在陳先生看來是以法藏所判定的三乘終教真如緣起觀來理解作爲"別教一乘"的華嚴學思想[38]。吉津宜英先生也注意到了慧苑將代表如來藏思想的終教與《華嚴經》一起視作與"權教"相對應的"實教",這與法藏"實教"僅爲終教的立場不符,認爲慧苑並未真正繼承法藏獨尊《華嚴經》的"別教一乘"思想[39]。

---

[37] 慧苑《續華嚴經略疏刊定記》卷一,藏經書院編《新編卍續藏經》第5册,新文豐出版股份有限公司影印,1995年,23頁下。

[38] 關於智儼、法藏、慧苑、澄觀對於華嚴學緣起思想的理解,可參看陳英善《華嚴無盡法界緣起論》,華嚴蓮社,2013年,122—368頁。

[39] 吉津宜英《華嚴一乘思想の研究》,462—464頁。

由此來看，慧苑的華嚴學與其業師法藏是有明顯差異的。那麽曾經爲慧苑《刊定記》作注的法詵在華嚴學的理解上是否大同於慧苑呢？從《法詵墓誌》中所載法詵對於華嚴學的體悟來看，他確實存在從真如空性的角度來理解華嚴學"事事無礙之旨"的思路，與慧苑理解華严学的思路相似。但我們是否能夠以此斷定法詵就是忠實發揚慧苑華嚴學？要回答這一問題，並不簡單。畢竟墓誌中的表述比較簡單抽象，僅憑此尚不足體現法詵華嚴學的真正特點。而現存法詵《梵網經疏》中保留有法詵判教說的完整內容，從法詵的判教思想出發或許能夠爲我們深入了解法詵華嚴學與法藏、慧苑華嚴學的異同點提供更多綫索。這在後文還會詳釋，此不贅論。

在介紹完法詵對於華嚴學的體悟后，墓誌中開始記載法詵的講學，曰：

> 天寶六年，於蘇州常樂寺畫盧舍那像。寂念初萌，十身並現，日月何咎？唯吾師自知。大曆二年，講於常州龍興寺。纔登法座，忽有異光，如曳紅縷，漸大縈於香空，久修行者會中先睹。前後講大經十遍、制《義記》十二卷。誠感之事，此類固多，今略而不載。受業比丘太初付以香爐談柄，知其意有歸。深於吾道者，則有尋陽正覺、會稽神秀，亦猶儒門之有游夏荀孟。[40]

從引文來看，法詵開始體悟華嚴學的時間爲天寶六載（747）。至於法詵大力講學的時間，墓誌中祇提到了大曆二年一次講學。但是，從法詵開始體悟華嚴學的時間算起，法詵講學時間應大致在天寶後期和肅宗、代宗時期，即法詵講學主要是在安史之亂以後。同時，墓誌中還記載了法詵的受業弟子，其中傳承法詵衣鉢的是太初，精於法詵之學的是尋陽正覺和會稽神秀。正覺曾再次編修過法詵的《刊定記纂釋》，神秀曾著有《華嚴經疏》（三十卷）、《妙理圓成觀》（三卷）[41]。

最後，墓誌當中記載法詵於大曆十三年十一月七日去世，"春秋六十一，惠命

---

[40] 皎然《晝上人集》卷九《唐杭州靈隱山天竺寺大德詵法師塔銘並序》，8—9頁。

[41] 義天《新編諸宗教藏總錄》卷一，《大正新修大藏經》第55册，1166頁上下。亦可參看坂本幸男《華嚴教學の研究》，56頁。另外，日僧空海曾記載自己於元和元年（806）從越州神秀處得《金獅子章並緣起六相圓融義》，雖然並未明確提到此書爲神秀所作，但很有可能是神秀著作。關於空海從神秀處訪得此書的研究，可參看孫海科《裴休撰清涼澄觀〈妙覺塔記〉考略兼唐本試復原》，25頁。

三十二"〔42〕。也就是説法詵出生於開元六年,受具足戒成爲比丘的時間應爲天寶六載。而根據墓誌記載,法詵是十五歲"辭親從師,依年受具"〔43〕,這樣他出家爲沙彌的時間應爲開元二十年。如此來看,法詵應該是在他受具足戒的那年開始對華嚴學有所體悟,之後開始講學著述,一生活動於江左地區。

三、法詵《梵網經疏》中的"五教五宗説"

判教思想乃中國佛學發展中的重要思想。所謂判教,即是將當時已知的大小乘經論進行高下淺深的分類評判,往往體現着判教者自己的佛學傾向。因此,研究法詵的判教思想,對於我們理解法詵華嚴學的淵源、特點非常重要。

法詵在《梵網經疏》中主張將佛陀之教分爲"五教五宗"。首先,對於爲何要提出"五教五宗",法詵曾曰:

> 簡五時者,如《維摩經》云:佛以一音演説法。此有二義:一、如來一音同一切音,名爲圓音。故《花嚴》云:一切衆生語言法,一言演説盡無餘。二、如來一音説一切法,亦名圓音。故《花嚴》云:如來扵一語言中,演説無邊契經海。今所立義有其二門:一約乘分立,二約義爲五。〔44〕

從引文來看,法詵是根據《維摩詰經》和《華嚴經》中所表達的佛陀以"一音"或"圓音"説法來提出自己的兩種判教説:"約乘分立"和"約義爲五"。其中所謂"約乘分立"當指"小乘教、大乘教、三乘教、一乘教、一性教",而"約義分五"當指"我法俱有宗、有法無我宗、安立法相宗、實相中道宗、藏性緣起宗"。"五宗"主要介紹的是世間所有經論佛法所體現的五種宗義;"五教"主要介紹的是佛陀如何將五種宗義傳授給衆生,從而形成了諸多經論。因此,"五教"和"五宗"雖

---

〔42〕《宋高僧傳·法詵傳》記載法詵"慧命四十二",鑒於《宋高僧傳·法詵傳》關於法詵的記載基本沿襲法詵墓誌原文,所以筆者仍以法詵墓誌的"惠命三十二"爲準。見贊寧撰,范祥雍點校《宋高僧傳》卷五《唐錢塘天竺寺法詵傳》,103頁;皎然《畫上人集》卷九《唐杭州靈隱山天竺寺大德詵法師塔銘並序》,9頁。

〔43〕 皎然《畫上人集》卷九《唐杭州靈隱山天竺寺大德詵法師塔銘並序》,8頁。

〔44〕 此段關於法詵判教説的引文,轉引自惠谷隆戒先生所錄日本所藏法詵《梵網經疏》上卷所遺失部分,后文皆同此。見惠谷隆戒《新出の唐法銑撰梵網經疏卷上之上に就ゝて》,207—208頁。

然體現了不同的分類標準,但却是不可分割的整體。

前人多認爲法詵"五教説"受到了法寶"五時教説"的影響[45]。這無疑是正確的。但是法詵的"五教説"亦有與法寶"五時教説"相異之處,這從後文我們的分析中可以看出。

對於"五教説",法詵主要是從"同時五教"和"異時五教"兩方面解説。首先關於"同時五教",法詵認爲由於衆生根性具有五種差别,所以佛陀在最初宣説教法(即所謂"初轉法"或"初轉法輪")時,五類衆生會同時聽聞對應自己根機的五種不同教法:以《阿含經》爲代表的小乘教、大乘教、以《密迹力士經》爲代表的三乘教、以《華嚴經》爲代表的一乘教、以《梵網經》爲代表的一性教。此即所謂"一音隨類各解,以衆生根有五差别,使同時則有五教"[46]。在這里需要注意的是,法詵明確提出此"同時五教"乃佛陀最初所説法,這就意味着代表"同時五教"的五種經典乃佛陀最初所説教法。

至於"異時五教",法詵曾曰"若約此立小乘根不定故,從淺經深亦分五别,則異時分五"。也即"異時五教"是佛陀專門針對"小乘根不定"而立的從始到終五種教説。法詵將其分爲"初聞小乘""次説大乘""次説三乘""第四説《法華經》""第五説《涅槃經》"來論述。

所謂"小乘根不定"在法詵看來當指最初修習小乘法,但還未修到小乘不退位的衆生。此類衆生最先選擇修習小乘教,從而使得小乘根機逐漸成熟。但是在看到佛陀爲大乘菩薩宣説大乘教時又升起欣羨之心,由此開始發大乘心,熏得部分未成熟的大乘根機(即所謂"共於如來無量知見根機分熟")。然後此類衆生又聽聞《解深密經》中佛陀於三時爲三類衆生宣説小乘、大乘、"一切乘"的三乘教,從而使得自己的大乘根機逐漸成熟。

然而《解深密經》中的最高法門"一切乘"乃屬方便權説"一乘"法門的"密意

---

[45] 法寶"五時教"主要分爲:第一時小乘教;第二時大乘教,與《般若經》等對應;第三時三乘教,與《解深密經》等對應;第四時一乘教,與《法華經》等對應;第五時佛性教,與《涅槃經》等對應。關於法寶"五時教"及其對法詵的影響,可參看吉津宜英《華嚴一乘思想の研究》,314—315頁、654—655頁。

[46] 此處對於法詵"同時五教説"的引述,可參看惠谷隆戒《新出の唐法銑撰梵網經疏卷上之上に就いて》,207頁。

一乘",其所謂三乘歸於一乘,是説三乘人皆具備寂静無爲的"真如理性"。在這個層面上,佛陀針對三乘人所説的三乘教也可以説是爲具備同一"真如理性"的衆生所宣説的"一乘教"(即所謂"理性一乘")。但這並不意味着所有小乘根機的衆生就可以修得大乘佛果了。

正是由於《解深密經》的"一乘"説並不究竟,所以佛陀又進一步爲此類衆生宣説一切小乘聲聞皆可成佛的"一乘教"。然而,《法華經》還未直接説明一闡提也可成佛,因此佛陀在自己臨近涅槃之際又宣説了《大般涅槃經》,提出包括一闡提在内的所有衆生皆可成佛,從而使看似互相區别的小乘聲聞定性與緣覺定性、大乘菩薩定性、不定性、無性五類衆生從皆可成佛的意義上歸於一性,即所謂"惣會五性歸一性"[47]。

以上即是法詵"五教説"的主要内容。然後,我們再來看一下法詵的"五宗説"。所謂"五宗"是指:第一,以犢子部爲代表的"我法俱有宗";第二,以説一切有部爲代表的"有法爲我宗";第三,以"《瑜伽》等"(即《瑜伽師地論》等)爲代表的"安立法相宗";第四,以"《中論》等"爲代表的"實相中道宗";第五,以"《起信》等"(即《大乘起信論》等)爲代表的"藏性緣起宗"[48]。

其中,法詵認爲屬於小乘法門"我法俱有宗""有法無我宗"的犢子部、薩婆多部、經部乃分别依大乘法門"藏性緣起宗""安立法相宗""無相宗"(即"實相中道宗")而生,即所謂"如犢子部依如來藏宗起,薩婆多宗依法相宗起,經部等依無相宗起"。但從本質上小乘諸宗還是依第四"實相中道宗"所生。因爲大乘法門"安立法相宗"與"藏性緣起宗"亦是依第四"實相中道宗"所生,也即所謂"第三、第五依第四生"。換句話説,一切如來法門皆依第四"實相中道宗"而生。

而法詵在解釋"實相中道宗"時認爲"如《中論》等"所説。《中論》乃當時闡釋般若空性思想的核心論典。然而法詵所謂"實相中道宗"是否僅指傳統意義上的般若空學經典所説法?筆者以爲不是。與前人相比,法詵應賦予了"實相中道宗"更爲豐富的内涵,囊括了更多經典。

---

[47] 此處關於法詵"異時五教"説的引述,可參看惠谷隆戒《新出の唐法銑撰梵網經疏卷上之上に就いて》,207—208 頁。

[48] 惠谷隆戒《新出の唐法銑撰梵網經疏卷上之上に就いて》,209 頁。

比如法詵在具體解説"實相中道宗"如何生"安立法相宗"和"藏性緣起宗"時引用的經典包括《無量義經》《中論》《楞伽經》。另外其所謂"生第三法者,如經云不動真際,建立諸法"其實是在引述僧肇《不真空論》所概述的《放光般若經》和《摩訶般若經》中相關内容。僧肇原文爲"經云:甚奇,世尊! 不動真際,爲諸法立處"[49]。可見法詵在此所引用的經典還包括《大品般若經》。

在這幾部經典中,《中論》和《大品般若經》自然是般若空學的核心經典。而《無量義經》乃《法華經》中所提到的最早由遠古佛祖日月燈明佛爲衆生所説法,與《法華經》關係頗深[50]。至於《楞伽經》,在南北朝時期是北方重要的禪學經典,到了隋唐時期又多被視爲體現如來藏思想的經典。

總之,法詵在具體解説"實相中道宗"如何生"安立法相宗"與"藏性緣起宗"時雖然引用了《中論》《大品般若經》等傳統意義上的三論學核心經典,但亦引用了《無量義經》《楞伽經》等其他經典。也就是説在法詵看來,這些經典都體現了"實相中道宗"生"安立法相宗""藏性緣起宗"義。進而這些經典當然亦屬體現"實相中道宗"之經典。除此之外,法詵在具體解説"實相中道宗"如何生"我法俱有宗"和"有法無我宗"時,還引用了《大智度論》中所引述的《法華經·譬喻品》"火宅三車"之説。即所謂"第四亦攝前二,故《智論》云《法華》説火宅三車引諸子但名相説,而不壞第一義。明知三乘同一實也"。其實法詵是可以直接引述《法華經》的,但他刻意突出《大智度論》在此點上與《法華經》的共通之處,應該也是在强調《大智度論》與《法華經》一起表達了"實相中道宗"生小乘法門之義[51]。

綜上所述,法詵所謂可生一切法門的"實相中道宗"應不僅指傳統意義上的般若空學經典所説法。在他看來,"實相中道宗"或説"無相宗"十分强調諸法空性之"妙有"性,認爲諸法空性是産生小乘法門乃至諸多法相和衆生如來藏性的本源。能夠體現這種諸法空性之"妙有"性的經典也不僅包括傳統意義上的三論學核心經典,還包括有《無量義經》《楞伽經》和《法華經》等其他經典。

---

[49] 僧肇著,張春波校釋《肇論校釋》,中華書局,2010年,58、59頁。
[50] 鳩摩羅什《妙法蓮華經》卷一,《大正新修大藏經》第9册,2頁中—5頁中。
[51] 此處關於法詵"五宗"關係的論述,可參看惠谷隆戒《新出の唐法詵撰梵網經疏卷上之上に就いて》,209—210頁。

鑒於《法華經》被法詵看作"一乘教",那麼"一乘教"就應是與"實相中道宗"相呼應的。而在法詵"五教"說中《華嚴經》和《法華經》皆被視作"一乘教",那麼《華嚴經》和《法華經》自然皆屬"實相中道宗",而"實相中道宗"中就包含有諸般若經和中觀學諸論。換句話說,在法詵看來,《法華經》《華嚴經》和諸般若經、中觀學諸論是處在同一等級上的經典,它們在本質上是相通的,共同體現了"實相中道宗",當然也應同屬"一乘教"經典。這與智儼、法藏,甚至慧苑都不同。在他們看來,以闡發般若空性爲主的諸般若經和中觀學諸論多屬大乘始教、"真空無相宗"或"真一分滿教",非"一乘教"經典。因此,《法詵墓誌》中所體現的以般若空性思想貫通華嚴學"事事無礙之旨"的思路是與法詵的"五教五宗"說相呼應的,恰恰體現了法詵華嚴學的獨特之處。

　　進而,我們可以發現法詵"五教說"在繼承法寶"五時教"時並未繼承法寶般若系經典乃"大乘教"的說法。因爲對法詵來說,般若系經典應與《法華經》和《華嚴經》具有同等地位,屬於"實相中道宗"和"一乘教",是"五教五宗"的中心。而《華嚴經》更加特殊,不但屬於"一乘教",還屬於不共其他根機、教門的"一乘教"。這或許還能夠解釋爲何法詵會注解其他華嚴學人所未注解過的《維摩詰經》[52]。因爲在法詵看來,傳統意義上被視爲闡發般若空性思想的《維摩詰經》亦屬於重要的"實相中道宗"和"一乘教"經典。

四、法詵判教說的淵源

　　前人僅從法寶"五時教說"和法藏"四宗說"的角度分析法詵判教說的淵源。然而筆者認爲法詵"五教五宗"說的形成還應受到法藏"五教說"中"同時異處說"和"異時異處說"以及"十宗說"的影響,除此之外還應包括三論宗集大成者吉藏判教思想的影響。

　　法藏的"同時異處說"和"異時異處說"皆記載於法藏《華嚴一乘教義分齊章》(又稱《華嚴五教章》,以下簡稱《五教章》)。對於此二說,《五教章》中曾概

---

[52] 關於法詵注解其他華嚴學人所未注解過的《維摩詰經》,可參看坂本幸男《華嚴教學の研究》,54—55頁。

括曰：

> 第六教起前後者。於中有二：初明稱法本教，二明逐機末教。
>
> 初者，謂別教一乘……二逐機末教者，謂三乘等有二義：一與一乘同時異處說，二異時異處說。初義者，是同教故，末不離本故，依本而成故；後義者，本末相分故，與本非一故。此二各有二義：一三乘，二小乘。[53]

從法藏的表述來看，他認爲佛陀所說教法，從整體上看應分爲兩類：第一類是佛陀直接開顯自己所悟本法的"別教一乘"，也即所謂"稱法本教"；第二類是隨應衆生根機所說的各種不同教法，相對於"別教一乘"來說，可以稱爲隨應衆生根機的"逐機末教"。其中"別教一乘"自然是指佛陀在成道後第二七日所說的《華嚴經》教法；而"逐機末教"則分爲"同時異處說"與"異時異處說"兩類，兩類又都可分爲三乘教和小乘教。

關於"同時異處說"，法藏認爲當指佛陀在成道後第二七日於鹿野苑所轉法輪，屬佛陀最初所說法，也是佛陀在宣說"別教一乘"的同時又在別處所宣說的三乘教，如《密迹力士經》《大品般若經》《普曜經》所說；以及小乘教，如小乘廣律《彌沙塞律》（《五分律》）中所說，也即《阿含經》中所說的佛陀在鹿野苑最初所轉法輪。也就是說，這些經典中所提到的三乘教與小乘教其實都是佛陀在第二七日内於鹿野苑最初所說法，祇不過隨應衆生根機的不同，佛陀結成了不同教說。

至於爲何體現"別教一乘"的《華嚴經》與體現三乘教、小乘教的《密迹力士經》《大品般若經》《普曜經》《阿含經》在說法時間上相同、在說法位置上不同？法藏認爲那是因爲《華嚴經》乃佛陀在"菩提樹下說"，此處乃佛陀修得菩提道果處，佛陀在此說法即顯示此"別教一乘"乃佛陀直接開顯自己所悟之"本法"，與隨應衆生根機所說的其他教法不同。后者屬於"逐機末教"，絕不能與"別教一乘"相混同，故以"異處而說"來與之區別[54]。

由此來看，法藏其實在"同時異處說"的詮釋中已經體現了法詵後來所提到

---

[53] 法藏《華嚴一乘教義分齊章》卷一，《大正新修大藏經》第45册，482頁中下。

[54] 此處關於法藏"同時異處說"的引述，可參看法藏《華嚴一乘教義分齊章》卷一，482頁中—483頁上。

的"同時五教"之"一音隨類各解"義。他認爲佛陀最初在菩提樹下所說的《華嚴經》"別教一乘"與佛陀最初在鹿野苑所說的《密迹力士經》《大品般若經》《普曜經》《阿含經》等三乘教、小乘教屬於佛陀隨應衆生根機的不同而說的同時之教,但因爲佛陀不同化身說法位置的不同而體現了不同層次的教義。

而法詵在繼承法藏"同時異處說"的基礎上,又在法寶"五時教說"的影響下進一步區分出了大乘教和以《梵網經》爲代表的一性教,將它們都看作佛陀於成道後第二七日内所說教法。因此筆者以爲除了法寶"五時教"的影響外,法詵之所以要同時列出"同時五教"和"異時五教",是與法藏《五教章》中的"同時異處說"和"異時異處說"息息相關的。

至於法藏的"異時異處說",《五教章》中曰:

> 第二時處俱異者。由與一乘不即義故,時處俱别也。或三七日後說,如《法華經》。或六七日後說,如《四分律》及《薩婆多論》說。或七七日乃說,如《興起行經》。或八七日乃說,如《十誦律》說。或五十七日後說,如《大智論》說。或一年不說法,經十二年方度五人,如《十二遊經》說。有人解云:《智論》五十七日者,即五十箇七日,與《十二遊經》一年同也。以此等教證當知,三乘、小乘教,並非第二七日說,由與一乘教差别故,隨機宜故。餘可準知。[55]

從引文來看,法藏的"異時異處說"祇是將所謂與"一乘教"不相即的某些經典簡單羅列,認爲若從此等教說出發,則"三乘教""小乘教"與"一乘教"時、處俱別。但是法藏的"異時異處說"漏洞明顯,因爲他在《五教章》中曾明確將《法華經》判爲以三乘方便法門引導衆生歸於一乘真實教的"同教一乘"[56]。雖與向大菩薩直接開顯佛陀所悟本法的《華嚴經》不同,但亦不可說《法華經》非"一乘教"。而在此,法藏又以《法華經》乃"三七日後說"認爲此經與"一乘教"不相即,同時却將《阿含經》《密迹力士經》等與《華嚴經》同時說者判爲與"一乘教"相即。由此看來,法藏的"異時異處說"並不完善,而法詵在繼承它的同時,又通過吸收法寶的"五時教說"加以改進,從而得出了自己的"異時五教說"。

---

[55] 法藏《華嚴一乘教義分齊章》卷一,483頁上。
[56] 法藏《華嚴一乘教義分齊章》卷一,480頁上。

综上所述,法诜的"同时五教"与"异时五教"是在继承法藏"同时异处说"和"异时异处说"的基础上,通过吸收法宝的"五时教说"改造而成。然而法宝的"五时教说"将以《涅槃经》爲代表的"佛性教"作爲最终法门,非以《法华经》爲代表的"一乘教"作爲最终法门。受到法宝影响的法诜看似亦如此,但是其实在法诜的"五教五宗"中占据中心地位的仍然是"一乘教"和"实相中道宗"。进而笔者以爲法诜的判教说不仅是以"一乘教"爲中心的,同时还继承了法藏"同教一乘"与"别教一乘"思想。

比如,法诜认爲作爲"同时五教"中"一乘教"的《华严经》就是具备"一乘"根机的大菩萨所领受的佛陀之教,非"小乘、大乘、三乘、一性"四教之根机所能领受。这完全符合法藏"同时异处说"中《华严经》乃直接开显佛陀所悟"本法"、非其他三乘与小乘根机所能领悟的"别教一乘"之说。至于作爲"异时五教"中"一乘教"的《法华经》,法诜将其作爲"小乘不定根"所领受的"一乘教",此"小乘不定根"是先分别领受小乘、大乘、三乘教的。同时法诜在解说大乘教时还专门举出了《法华经·譬喻品》中舍利弗慨叹自己曾经"见诸菩萨授记作佛,而我等不豫斯事,甚自感伤"[57]一句来说明小乘根性也可发欣羡大乘之心。这完全符合法藏所主张的《法华经》乃"同教一乘",它通过方便权施小乘、大乘等教来引导众生通向"一乘"真实教,比法藏的"异时异处说"更符合法藏《法华经》乃"同教一乘"的原义。

除此之外,法诜的"五宗说"还受到了法藏"四宗说"与"十宗说"深刻影响。法藏曾在《大乘起信论义记》(以下简称《起信论义记》)中提出所谓"四宗说",曰:

> 现今东流一切经论,通大小乘,宗途有四:一、随相法执宗,即小乘诸部是也。二、真空无相宗,即《般若》等经、中观等论所说是也。三、唯识法相宗,即《解深密》等经、《瑜伽》等论所说是也。四、如来藏缘起宗,即《楞伽》

---

[57] 见惠谷隆戒《新出の唐法诜撰梵网经疏卷上之上に就いて》,207 页;鸠摩罗什《妙法莲华经》卷二,10 页下。

《密嚴》等經,《起信》《寶性》等論所説是也。[58]

從引文來看,法詵的"五宗説"是將法藏的小乘"隨相法執宗"進一步區分爲"我法俱有宗"和"有法無我宗",此二宗又應來源於法藏"十宗説"中的"我法俱有宗"和"法有我無宗"[59]。"藏性緣起宗"即法藏所説的"如來藏緣起宗","安立法相宗"即法藏所説的"唯識法相宗"。至於法詵的"實相中道宗",又被法詵稱爲"無相宗",應當與法藏所説的"真空無相宗"有關。法藏的"中觀等論所説"其實就對應着法詵所説的"如《中論》等"。但是法詵的"無相宗"又被稱爲"實相中道宗",如前所述,其含義應與法藏"真空無相宗"不同,不僅包括諸般若經和中觀學諸論所説法,還應包括《法華經》《華嚴經》《楞伽經》《無量義經》等許多大乘經典所説法。而筆者以爲法詵對於"實相中道宗"這種定義應與三論學的集大成者吉藏有關。

三論學起源於姚秦時期由鳩摩羅什(343—413)和弟子僧肇(384—414)所開創的般若空學,後來一度式微,直到南朝梁陳時期纔在江左之地復興。經過隋初吉藏(549—623)的大力發揚,形成所謂三論學。該學派的核心經典包括《中論》《百論》《十二門論》《大智度論》等中觀學論典,以及大小品諸般若經,強調諸法之空性無實,提倡非空非有、空有雙絶的中道實相義。另外《維摩詰經》也是該學派重視的經典,鳩摩羅什和僧肇皆曾爲該經作注[60]。

根據洪修平先生的研究,在吉藏的判教觀中,諸部般若經並不是唯一最高的經典,《華嚴經》和《法華經》同樣是十分重要的核心經典,三者皆屬所謂"根本法

---

[58] 法藏《大乘起信論義記》卷上,《大正新修大藏經》第44册,243頁中。關於四宗判,法藏在其他著述中還曾提到意義相同、表述不同的"有相宗、無相宗、法相宗、實相宗"。關於法藏四宗判的研究,可參看木村清孝著,李惠英譯《中國華嚴思想史》,117—120頁。

[59] 法藏《五教章》中曰"以理開宗,宗乃有十:一、我法俱有宗。此有二:一人天乘;二小乘,小乘中犢子部等……二、法有我無宗。謂薩婆多等"。這與法詵"五宗説"對於"我法俱有宗"和"有法無我宗"的定義一致。見法藏《華嚴一乘教義分齊章》卷一,481頁下。

[60] 僧祐所撰《出三藏記集》中祇著録有僧肇《維摩經注序》,但是在《道生法師傳》中記載有"關中沙門僧肇始注《維摩》,世咸翫味"。而道宣《大唐内典録》中却記載"後秦姚氏晉安帝世天竺沙門鳩摩羅什注《維摩經》,撰《實相論》。後秦京兆沙門釋僧肇撰論,注經如左:《注維摩經》"。而在《大正藏》中收録的《注維摩詰經》也確實録有鳩摩羅什和僧肇兩家注文。見僧祐撰,蘇晋仁、蕭鍊子點校《出三藏記集》卷一二、卷一五,中華書局,1995年,433、572頁;道宣《大唐内典録》卷一〇,《大正新修大藏經》第55册,330頁下;僧肇《注維摩詰經》,《大正新修大藏經》第55册,327頁上—429頁上。

輪",祇不過在教化對象上有所區別。吉藏所代表的三論學在判教觀上,對於諸大乘經實際上是等而視之的,這與天台學、華嚴學完全從抬高本宗出發的判教觀不同,有會通當時佛教諸說的傾向[61]。

而法詵就受到了吉藏三論學會通佛教諸說的影響。祇不過在法詵看來,諸大乘經並不是可以全部等而視之的,他承認《無量義經》《楞伽經》《華嚴經》《法華經》與諸部般若經的同等地位,皆屬能夠生一切法門的"實相中道宗"(或稱"無相宗")。但是《解深密經》《梵網經》《涅槃經》等並不屬於"實相中道宗",而是屬於"實相中道宗"所生的"安立法相宗""藏性緣起宗"[62]。這是因爲法詵還繼承了北方由智儼、法藏所開創的華嚴學,該學派在唯識學、攝論學、地論學等廣義上的"相宗"影響下已然成熟,並具有較大影響。因此,筆者以爲結合《法詵墓誌》和法詵《梵網經疏》中的判教説,法詵華嚴學乃是會聚融合了江左三論學傳統和以法藏爲代表的北方華嚴學傳統而成。

雖然由於法詵著作的遺失,我們現在很難深入考察法詵華嚴學的具體內容,但若認爲法詵祇是忠實發揚慧苑的思想應不準確。筆者以爲,從《法詵墓誌》和法詵判教説來看,法詵確實在華嚴學的理解上與慧苑存在相似性,比如二者都側重從真如性的角度(即"理性融通"的角度)來會通華嚴學的"事事無礙"。這或許也是法詵對慧苑的《刊定記》抱有興趣並爲該書作注的原因。

但是,法詵在思想上與慧苑並不一致,他直接受教於慧苑的可能性很低。所謂"故地思貞大師"應指江左地區的高僧,法詵也受到江左地區佛教文化很大影響。而且與慧苑相比,法詵在判教思想上仍然發揚了法藏所十分強調的《華嚴經》"別教一乘"特殊地位。

因此,法詵雖然也側重從真如性的角度會通"事事無礙",但他對於真如性的理解更多地結合了重視般若空學的江左三論學傳統,強調"有而不可有"的"真空妙有"與"事事無礙"的相通之處。而非像慧苑那樣從代表法性的如來藏思想出發來會通"事事無礙",依衆生對於如來藏的理解深淺來分立"四教"。體現真

---

[61] 關於吉藏判教觀的研究,可參看洪修平等《隋唐五代佛教史卷》,季羨林、湯一介主編《中華佛教史》,山西教育出版社,2013年,84—86頁。

[62] 在法詵看來,《涅槃經》和《梵網經》皆屬"一性教"經典,《梵網經》屬於"藏性緣起宗",《涅槃經》自當同屬"藏性緣起宗"。

如緣起或如來藏思想的《起信論》在法詵看來屬於"實相中道宗"所生的"藏性緣起宗",代表着"一性教",非"五教"的中心。這説明法詵華嚴學具有很强的三論學色彩。

自南朝以來三論學僧就有講説《華嚴經》的傳統,吉藏即著有《華嚴遊意》一書。這形成了江左地區特有的華嚴學傳統[63]。而法詵華嚴學就是這種傳統的繼承者。他通過進一步吸收當時已經崛起的以法藏、慧苑爲代表的北方華嚴學,將江左地區頗具三論學色彩的華嚴學研究向前推進,從而開創了頗具江左地區佛學文化特色的新華嚴學。這從廣義上來看,是將代表"相宗"傳統的北方華嚴學與代表"空宗"傳統的江左華嚴學相結合,是隋唐大一統時代南北佛教思想融合下的重要成果。

因此筆者認爲從法詵思想的淵源來看,墓誌中的"洎四葉傳於吾師"也應是指華嚴學經過法順、智儼、法藏、"思貞大師"四代人傳承到法詵。若是將慧苑直接看作"思貞大師",則法詵所傳承的華嚴學中就没有了江左地區華嚴學傳統的影響。這既不符合《宋高僧傳》和《法詵墓誌》中關於慧苑、法詵、"思貞大師"的記載,也不符合法詵華嚴學的淵源與特點。

後來的澄觀華嚴學雖然以繼承法藏華嚴學爲主,但是比法藏更多地受到僧肇影響。前人認爲這與澄觀曾在江左地區研習三論學有關[64]。然而筆者以爲澄觀能夠在自己的華嚴學中加入很多僧肇思想的元素,還應與他曾求教於法詵有關。這揭示了江左地區華嚴學傳統對於澄觀的影響,是我們在分析澄觀思想淵源時不可忽視的地方。

五、法詵華嚴學歷史地位的變遷

既然《法詵墓誌》的作者皎然(還應包括法詵門人)將法詵看作繼法順之後的華嚴學第五代傳人,那麽他在安史之亂以後的唐代宗和唐德宗時期,應該獲得

---

[63] 關於江左地區三論學僧研習華嚴學,可參看鎌田茂雄《中國華嚴思想史の研究》,325—326 頁;木村清孝《初期中國華嚴思想の研究》,春秋社,1977 年,40—43 頁、229—256 頁。

[64] 鎌田茂雄《中國華嚴思想史の研究》,339—354 頁。

了令江左之人認可的華嚴學影響力。即便到了唐憲宗元和元年(806),遊學中國的日僧空海還曾訪問過法詵的弟子越州(即會稽)神秀並獲神秀贈書[65]。這說明法詵及其弟子在江左地區的影響力至元和之初仍然存在,否則也不會引起遊學中國的日僧空海注意並親自拜訪。

但到兩宋年間,即便在江左地區,法詵也被完全排除出華嚴學祖統傳承之外了。北宋初期成書的《宋高僧傳·法藏傳》曾經提到"華嚴一宗付授澄觀,推藏爲第三祖也"[66],即以法藏爲華嚴宗第三祖,澄觀乃承接於法藏。北宋後期中興華嚴的晋水净源(1011—1088),作爲江左地區的高僧,提出了華嚴宗"五祖説"或"七祖説",將法藏之後的祖師列爲澄觀、宗密[67]。這導致南宋末年成書的《佛祖統紀》認爲在法藏去世後,"弟子慧苑悉叛其説,滅後百年而得澄觀"[68]。至於法詵,在兩宋之人記述華嚴學的祖統傳承中已經了無蹤影。

那麽我們不禁要問:曾經在江左地區具有影響力的法詵爲何會在後世被完全排除出華嚴學祖統傳承之外?

前人多認爲慧苑思想,尤其是其"四教説"偏離了法藏,將屬於法藏"五教説"中的終教如來藏思想與《華嚴經》"事事無礙"思想相會通,屬於僅從"理性融通"的角度來理解華嚴學"事事無礙"思想,其見地僅停留於法藏所説的終教位。而且慧苑還去除了法藏"五教説"中的"頓教",失去了吸收當時日益崛起的禪宗思想的渠道。這樣,慧苑不僅混亂了法藏"五教"説的判教結構,而且還未像澄觀那樣順應時代的變化將禪宗融攝進華嚴學之中。因此,慧苑被排除出華

---

[65] 孫海科《裴休撰清凉澄觀〈妙覺塔記〉考略兼唐本試復原》,25 頁。

[66] 贊寧撰,范祥雍點校《宋高僧傳》卷五《周洛京佛授記寺法藏傳》,90 頁。

[67] 根據前人的研究,華嚴宗的祖統説雖然發源於宗密,但最終真正提出祖統説的還是北宋後期中興華嚴的晋水净源。净源曾經提出了"五祖説"和"七祖説"。其中"五祖説"是指唐代的法順、智儼、法藏、澄觀、宗密。而"七祖説"是指在"五祖"的基礎上添加印度的馬鳴和龍樹,從而形成馬鳴、龍樹、法順、智儼、法藏、澄觀、宗密"七祖説"。而且净源最爲重視的是"七祖説",這與净源華嚴學思想中對於《起信論》的重視息息相關。見吉田剛《中国華厳の祖統説について》,鎌田茂雄博士古稀記念会編《華厳学論集》,大藏出版社,1997 年,485—497 頁;吉田剛《晋水净源と宋代華厳》,《禪學研究》第 77 號,1999 年,109—112 頁;王頌《宋代華嚴思想研究》,宗教文化出版社,2008 年,34—40 頁。

[68] 志磐撰,釋道法校注《佛祖統紀校注》卷三〇,上海古籍出版社,2012 年,654 頁。

嚴學祖統傳承之外具有思想發展上的必然性[69]。按照這樣的判斷,與法藏"五教說"具有很大差異性的法詵自然也是注定要被排除出華嚴學祖統傳承之外的。

然而筆者以爲上述觀點並不合理。思想家在思想史中的地位從來都不是單純由其思想特點所決定的,而是由當時的歷史環境、個人活動綜合影響的。其中所謂歷史環境應包括思想環境與社會環境兩方面,個人活動也應包括思想家的思想活動與社會活動兩方面。

比如在北宋時期中興華嚴的晉水淨源,他的華嚴學思想具有明顯抬高《起信論》的特色。淨源將法藏"五教說"中正處終教,又兼頓教的《起信論》抬高到了可通"圓教"的地步,甚至以《起信論》爲"五教之依憑",進而將傳說中的《起信論》作者馬鳴視作自己提出的華嚴"七祖"之首。淨源對於《起信論》的推崇源於其師長水子璿(965—1038),早在當時就出現了批評之聲。與淨源同時期的道亭(1023—1100)認爲宗密以《起信論》爲"終、頓,通詮本末,曾無圓教之文",若以"賢首五教出於《起信》",是"轉更參差,遂使慕道者猶豫於兩端"。到了南宋時期,又出現了觀復對淨源的批評,認爲"有以謂賢首依《起信》判教,宗於馬鳴,繼以龍樹者,謬之甚也","近人以《起信》收圓教,莽齒之甚"[70]。

雖然淨源的判教思想招致如此批評,南宋時期成書的《釋門正統》和《佛祖統紀》仍然將淨源及其師子璿列入華嚴學祖統傳承之內[71]。此二書皆爲天台學人所著,對於當時華嚴學祖統傳承的叙述應不摻雜華嚴學內部門户之見,代表了當時社會上普遍看法。因此,如果說慧苑因爲以終教如來藏思想會通華嚴圓教就會注定被排除出華嚴學祖統傳承之外,那麼爲何淨源和其師子璿却在後世

---

[69] 可參看張文良《澄觀對慧苑的批判與華嚴宗的祖統說》,《宗教研究》2014年第1期,108—120頁;韓焕忠《華嚴判教論》,齊魯書社,2014年,119—125頁;陳英善《華嚴無盡法界緣起論》,122—368頁。

[70] 關於淨源對《起信論》的推崇以及道亭、觀復對淨源的批判,可參看吉田剛《趙宋華嚴学の展開:法華経解釈の展開を中心として》,《駒澤大學佛教學部論集》第27號,1996年,215—223頁;吉田剛《中国華嚴の祖統說について》,486—497頁;吉田剛《北宋代に於ける華嚴興隆の経緯:華嚴教学史に於ける長水子璿の位置づけ》,《駒澤大學禪研究所年報》第9號,1998年,195—199頁;吉田剛《晉水淨源と宋代華嚴》,109—112、128—137頁;王頌《宋代華嚴思想研究》,36—38頁。

[71] 宗鑑《釋門正統》卷八,藏經書院編《新編卍續藏經》第130册,910頁下—914頁上;《佛祖統紀校注》,652—657頁。

一直被列入祖統傳承之内呢[72]？

還有,根據王頌先生的研究,觀復從"同教一乘"的角度强調終、頓二教亦屬一乘教,並且還從法藏別教"該攝門"的立場出發進一步彌合了終、頓二教與一乘教的區别,認爲祇有始教纔是真正的三乘教。這與净源、道亭以來調和《華嚴經》《法華經》教義區别的態度相似,是這種態度的進一步發展。直到師會,纔開始回復到法藏所强調的《華嚴經》"別教一乘"態度。師會認爲祇有一乘教纔是唯一真實的圓融法門,始、終、頓三乘皆爲方便法門,是非真實的。别教"分相門"中强調的是三乘教乃"方便無體,莫不皆空"的非真實法門,一乘教是"究竟正乘,坐斷法界"的真實法門;"該攝門"中强調的是根本不存在非真實的三乘教,所有法門皆是一乘教且祇有一乘教。在此,師會顯然强調了《華嚴經》"一乘教"别於三乘教的"别教一乘"殊勝性,體現了它與强調融會三乘教以歸一乘教的《法華經》"同教一乘"的不同特質。這是當初受到天台學影響的净源等前輩學人尚未達成的華嚴學正統教義的再現,是師會在净源復興華嚴學、樹立華嚴宗后開始具備宗派自信心、强調自身獨特性的表現[73]。

由此來看,我們很難說宋代净源的華嚴宗祖師地位完全是以在思想上更多地繼承了法藏等前輩祖師正統教義而獲得的。如果單從思想繼承來看,可能在宋代祇有師會較爲匹配。因此,筆者以爲解釋某位高僧在華嚴學發展史上的地位變遷不能取决於他的思想是否與前人更多地一致,而是要看他所處的歷史環境,以及在當時的歷史環境下這些高僧的思想活動與社會活動所産生的效果。

根據前人研究,净源所處的思想環境已與唐代不同。由於會昌法難和唐末五代的動亂,中國華嚴學典籍大量失傳,因此在净源中興華嚴之前,北宋華嚴學已非常衰弱。當時的江左地區天台學盛行,華嚴學依附於天台學存在。對於净源産生深刻影響的高僧是幾位精於《楞嚴經》《起信論》的天台學山外家高僧。因此净源的華嚴學思想受到他們影響,十分重視以《起信論》來會通華嚴學,也很重視融通《華嚴經》與《法華經》。這與法藏、澄觀、宗密對於"五教"的看法相

---

[72] 不僅在南宋時期净源被列入祖統傳承之内,道亭和觀復被排除在外,一直到清末民國時期,在當時南北方流傳的華嚴宗祖統説中都包含有净源,但無慧苑、法詵、道亭、觀復。可參看吉田剛《中國華嚴の祖統説について》,497—500頁。

[73] 王頌《宋代華嚴思想研究》,73—89頁。

異。但是净源通過與當地士大夫和高麗王子義天的交往,收集了不少早已遺散的華嚴學典籍,建立了獨立傳播華嚴學的寺院和教團組織,並且仿照天台宗制定了體現華嚴學特色的禮懺儀軌、禪觀法門。由此,華嚴學的中興乃至作爲一個宗派的確立都完成於净源[74]。也正因如此,即便净源的華嚴學思想繼承了當時天台學山外家的諸多特質,與法藏等前人相比抬高了《起信論》《法華經》的地位,净源也一直被後世華嚴宗人所推崇,位於祖師之列。

具體到慧苑、法詵,與澄觀的保守繼承相比[75],慧苑、法詵華嚴學在繼承法藏的同時還對其進行了改造創新。之所以會出現這種創新,與當時華嚴學發展的思想環境有關。當時的華嚴學判教思想尚未完全籠罩在法藏"五教説"之下,以"五教説"爲中心是澄觀、宗密之後華嚴學發展的思想環境。比如法藏的《起信論義記》明顯有將《起信論》如來藏思想置於最高位的傾向。前人多認爲《起信論義記》的"四宗説"祇是法藏針對《起信論》思想史定位所作的解説,是爲了確立《起信論》如來藏思想對於玄奘新譯唯識學的優勢[76],並未涉及《華嚴經》的思想定位。但正如王頌先生所説,法藏在闡述"四宗説"時是針對"東流一切經論"的,很難説没有涉及《華嚴經》。"四宗説"應該看作法藏一種新的理論嘗試,雖然它在法藏那裏並未取代"五教説"[77]。

由此可見,法藏在判教説上的多樣性本來就留給後人自由發展的空間。慧苑的"四教説"也不能説就是完全背離了法藏,法詵也是在大量吸收法藏判教説的基礎上提出了自己的"五教五宗説"。二者都屬於在法藏所留下的較爲開放

---

[74] 吉田剛《晋水净源と宋代華厳》,93—149 頁;王頌《宋代華嚴思想研究》,139—143 頁、280—291 頁。

[75] 澄觀對於法藏華嚴學的繼承比較保守,雖然也有一些創新之處,主要體現在對於李通玄、僧肇、禪宗、湛然思想的吸收,基本上還是以解釋補充法藏原義爲主。因此,與慧苑、法詵相比,澄觀對於法藏華嚴學的改造較少。可參看鎌田茂雄《中國華嚴思想史の研究》,253—573 頁;小島岱山《新たなる中国華厳思想史:中国華厳思想の二大潮流》,《印度學佛教學研究》第 39 卷第 1 號,1990 年,83—87 頁;木村清孝著,李惠英譯《中國華嚴思想史》,187—200 頁;韓焕忠《清凉澄觀的三聖圓融觀》,《五臺山研究》第 1 期,2007 年,29—31 頁;魏道儒《中國華嚴宗通史》,鳳凰出版社,2008 年,173—180 頁;陳英善《華嚴無盡法界緣起論》,122—368 頁;韓焕忠《華嚴判教論》,140—171 頁。

[76] 張文良《澄觀對慧苑的批判與華嚴宗的祖統説》,111—112 頁。

[77] 王頌《宋代華嚴思想研究》,70 頁。

的判教思想影響下,對於華嚴學的再發展。

因此,在慧苑、法詵所處的時代,華嚴學尚保持着一種較爲自由開放的發展態勢,後人敢於大膽改造創新法藏的思想。而且從法詵被推崇爲繼法藏、"思貞大師"之後的華嚴學第五代傳人來看,這種自由開放的發展是被法詵同時代的江左中人所認可的。其中慧苑的著作不僅在中國境内産生很大影響,甚至遠播日本,一度成爲日本講説《華嚴經》的權威[78]。而法詵將來自北方的華嚴學與江左地區的三論學傳統相結合,也擴大了北方華嚴學在江左地區的傳播效果。直到元和初年,遊學中國的日僧空海還注意在江左地區的法詵弟子那裏訪求華嚴學典籍。

但是隨着澄觀及其弟子宗密影響力的逐漸擴大,慧苑、法詵的歷史地位也開始逐漸衰微,直至兩宋時期被完全排除出祖統傳承之外。要解釋其中的歷史原因,還要從比較分析澄觀、法詵及其弟子們弘法的歷史環境和個人活動出發。

我們首先來看一下法詵、澄觀在弘法時所處的政治環境對各自弘法的影響。如前所述,法詵華嚴學的弘傳期應主要是安史之亂以後至法詵去世的大曆十三年。這段時期與法藏、慧苑所生活的武周、玄宗前期相比已大爲不同。由於安史之亂的衝擊,當時的北方地區戰亂頻仍,以長安、洛陽爲中心的關中、河南作爲當時的政治中心更是首當其衝。即便在安史之亂終結以後,還有吐蕃、回紇、党項對於關中、河東地區的不斷侵擾[79]。

與之相對,當時的山東地區(主要包括今河北、河南、山東一帶)也多爲歸順的安史叛將和來自河北地區的平盧系軍閥所把控[80]。即便唐代宗大曆年間中央政府的統治權威有所恢復,但這也是代宗君臣通過姑息藩鎮勢力所换來的,中央政府在全國的權威並未真正確立,藩鎮勢力反而愈益跋扈[81],以至於代宗朝後期的大曆十一年八月到十月又爆發了震動河南地區的李靈耀之亂[82]。

---

[78] 關於慧苑著作在日本的傳播與影響,可參看坂本幸男《華嚴教學の研究》,2、7頁。
[79] 李碧妍《危機與重構:唐帝國及其地方諸侯》,北京師範大學出版社,2015年,114—126頁。
[80] 李碧妍《危機與重構:唐帝國及其地方諸侯》,56—72頁。
[81] 胡平《未完成的中興:中唐前期的長安政局》,商務印書館,2018年,73頁。
[82] 《舊唐書》卷一一《代宗本紀》,中華書局,1975年,309—310頁。

因此,我們可以説安史之亂以後的肅宗、代宗時期,曾經在强大的唐朝中央支持下所形成的長安、洛陽佛教中心已受到很大衝擊。對於出生在江左地區的法詵來説,想像以前的法藏、慧苑那樣通過活躍於長安、洛陽這樣的佛教中心來提升自己的全國影響力已頗爲艱難。江左一隅較爲安定的政治環境可能更適合自己修行弘法,或許這也是法詵一生並未北上的原因之一。但這不可避免地限制了法詵華嚴學影響範圍,與法藏、慧苑當年較爲廣泛的影響力相比,法詵華嚴學是很難獲得江左地區以外之人呼應的。從現存資料來看,我們尚未見到任何江左地區以外的僧人仰慕、求教或受到法詵影響的記載。澄觀能够求教於法詵,應該也與他出生於越州並長期在江左遊學[83],因此能知曉法詵的華嚴學造詣有關。

而與法詵相比,澄觀也是弘法於安史之亂以後,但澄觀弘法的歷史環境已大不相同。從現有記載來看,澄觀弘法的主要時期應是在寫完《經疏》和《疏鈔》之後。根據筆者考證,《疏鈔》當在貞元七年(791)以後完成。至貞元十二年,澄觀根據唐德宗的詔請,從太原來到長安,參與"烏荼國王所進《華嚴》後分四十卷"的翻譯,從此留在長安修行弘法,直至去世[84]。而關於澄觀的去世時間,根據觀復所引唐代澄觀塔記,爲開成己未年,即開成四年(839)[85]。

從以上表述可以發現,澄觀弘法的歷史時期應主要在唐德宗貞元年間以後,尤以貞元十二年以後最爲重要,因爲就在此年澄觀參與了烏荼國王所進《華嚴經》的翻譯。對於弘揚華嚴學的澄觀來説,能够參與此次翻譯,對於提升自己華嚴學的影響力意義重大。比如在新進《華嚴經》翻譯完成後,唐德宗曾讓澄觀爲所譯新經作疏,並下令廣爲宣講[86]。這必然極大地提升了澄觀華嚴學影響力。與之相比,一生弘傳華嚴學的法詵就没能遇到這種良機。

同時,澄觀開始弘法的歷史時期也是唐朝中央在安史之亂後逐步恢復統治權威的時期。如胡平先生所説,唐德宗在貞元年間的軍事、經濟政策效果明顯,

---

[83] 拙文《華嚴四祖澄觀研究——以人際關係爲中心》,山東師範大學碩士學位論文,2018年,23—30頁、35—38頁。

[84] 拙文《華嚴四祖澄觀研究——以人際關係爲中心》,39—54頁。

[85] 孫海科《裴休撰清涼澄觀〈妙覺塔記〉考略兼唐本試復原》,31頁。

[86] 贊寧撰,范祥雍點校《宋高僧傳》卷五《唐代州五臺山清涼寺澄觀傳》,103頁。

爲後來唐憲宗打擊藩鎮、恢復中央統治權威的"元和中興"奠定了物質與軍事基礎,中晚唐近百年的穩定正是從貞元時期開始的[87]。

因此,我們可以說,澄觀弘法的歷史時期正是唐朝中央統治權威開始在全國真正恢復的時期。澄觀在此時進入長安,在唐朝中央的支持下開展自己的弘法事業,對於澄觀華嚴學的傳播頗有助益。而法詵弘法的時期,北方混亂複雜的政局和仍然屠弱的唐朝中央很難給法詵提供像澄觀這樣良好的弘法環境。

其次,法詵和澄觀在處理僧俗關係的態度上也大不相同。此處的僧俗關係主要是指僧人與皇室、士大夫間的關係。自道安法師以來就有"不依國主,則法事難立"[88]的說法,僧人的弘法事業離不開世俗政治勢力的支持,後者的代表就是皇室和士大夫群體。從現存資料來看,我們尚未發現法詵及其門人與皇室、士大夫來往的任何記載,爲《法詵墓誌》寫作頌文的"邗城蕭公"亦難知其身份。與之相反,澄觀和弟子宗密在結交皇室、士大夫方面頗爲活躍。除了與唐德宗有所交往外,澄觀還和時爲太子的唐順宗以及許多朝臣有所往來[89],後者包括宰相、中書舍人、兵部侍郎、地方節度使、地方觀察使。這些人或爲權盛一時的宰相,或爲天子近臣,或爲地方長官[90],能夠與他們結交,對於澄觀華嚴學在中央乃至地方的傳播都很有幫助。

另外,根據唐代澄觀塔記,澄觀在貞元己卯年,即貞元十五年受封爲清涼國師;元和五年又被唐憲宗授"僧統印",成爲了當時僧界領袖;唐穆宗、唐敬宗時期又受封爲大照國師;唐文宗大和辛亥年,即大和五年(831),授文宗以心印。對此,唐代澄觀塔記評價爲"歷九宗聖世,爲七帝門師"[91]。不僅是澄觀,澄觀弟子宗密亦通過積極傳教而收穫了頗高人望。比如當時的宰相裴休在爲宗密所寫墓誌中曾曰:

  議者以大師不守禪行,而廣講經論,遊名邑大都,以興建爲務,乃爲多聞

---

[87] 胡平《未完成的中興:中唐前期的長安政局》,25 頁、374—375 頁。
[88] 釋慧皎著,湯用彤校注《高僧傳》卷五《晋長安五級寺釋道安》,中華書局,1992 年,178 頁。
[89] 贊寧撰,范祥雍點校《宋高僧傳》卷五《唐代州五臺山清涼寺澄觀傳》,106 頁。
[90] 關於這些官員的背景介紹,可參看拙文《華嚴四祖澄觀研究——以人際關係爲中心》,58—67 頁。
[91] 孫海科《裴休撰清涼澄觀〈妙覺塔記〉考略兼唐本試復原》,29、31 頁。

之所役乎？豈聲利之所未忘乎？[92]

可見宗密已經因爲到處宣講自己的學説，"遊名邑大都，以興建爲務"而遭到他人的非議，認爲他有追求名望利益之嫌。然而正是因爲由此所獲得的巨大名望，宗密纔引起了唐朝中央的重視。墓誌中記載宗密於唐文宗大和二年"慶成節徵入内殿問法要，賜紫方袍，爲大德"[93]，獲得了與其業師澄觀相似的殊榮。

由此來看，澄觀及其弟子宗密在與世俗政權的代表皇室、士大夫來往上比法詵及其弟子積極很多，並由此獲得了巨大的聲望和支持。這必然導致澄觀華嚴學的極大推廣。唐代澄觀塔記稱澄觀"弟子爲人師者三十有八，海岸、寂光爲首，稟受學徒一千，唯東京僧睿、圭山宗密，獨得其奧，余即虚心而來，實腹而去"[94]。如果没有生前的巨大聲望，我們很難想象澄觀能够收穫如此之多的傳道弟子，澄觀、宗密的影響力也不會在後世超過慧苑、法詵，成爲華嚴學發展的主流。

再加上澄觀和法詵所生活的時代，正是禪宗影響力不斷攀升、宗派意識興起的時代。禪宗内部各派别争相提出自己的祖師傳承，努力使自己的法統成爲傳承弘忍或慧能禪法思想的正統。禪宗南宗的神會就是通過朝廷的支持獲得了對於北宗的優勢，並進而成爲受到朝廷承認的南宗正統，被敕封爲繼慧能之後的第七代祖師[95]。如同坂本先生所説，曾遍參禪師的澄觀應該受到了當時禪宗重視祖師傳承思想的影響，因此對於與業師法藏思想不一致，甚至批評自己業師"五教説"的慧苑十分不滿[96]。

受到澄觀影響的宗密法統意識進一步增强，最早的、比較清晰的華嚴學祖師説就發源於宗密。他曾在其《注華嚴法界觀門》一書中提出法順、智儼、法藏三祖説。雖然没有提到澄觀，但宗密在該書中曾經引用澄觀《經疏》的"四法界"説

---

[92] 王昶《金石萃編》卷一一四《唐故圭峰定慧禪師傳法碑並序》，《歷代碑誌叢書》第 6 册，508 頁上。
[93] 王昶《金石萃編》卷一一四《唐故圭峰定慧禪師傳法碑並序》，509 頁上。
[94] 孫海科《裴休撰清涼澄觀〈妙覺塔記〉考略兼唐本試復原》，32—33 頁。
[95] 關於神會及其所發展的菏澤宗的研究，可參看楊曾文《唐五代禪宗史》，中國社會科學出版社，1999 年，183—227 頁。
[96] 坂本幸男《華嚴教學の研究》，3 頁。

解釋書名中的"法界"一詞[97]。"法界"思想是華嚴學的重要思想,宗密選擇引用澄觀《經疏》而不是他人的注疏來解釋這一概念,本身就已經表明了他以澄觀爲尊的思想傾向。這説明宗密已經有了將澄觀視爲第四代祖師的意願。

而澄觀、宗密在弘法的歷史環境和個人活動上遠勝於法詵及其弟子,這必然會改變當時華嚴學發展方向。澄觀、宗密所主張的以法藏"五教説"爲中心的、法統意識較强的、相對保守的華嚴學發展方向開始凌駕於其他華嚴學思潮之上,成爲了當時華嚴學主流[98]。這種華嚴學發展思想環境的改變反過來限制了慧

---

[97] 宗密《注華嚴法界觀門》,《大正新修大藏經》第45册,684頁中下。
[98] 其實宗密雖然也繼承了法藏"五教説",但同時作爲禪僧的他在《禪源諸詮集都序》中還提出了具有禪教合一色彩的"三宗三教"説,即將禪門的"息妄修心宗、泯絶無寄宗、直顯心性宗"與教門的"密意依性説相教、密意破相顯性教、顯示真心即性教"一一對應。除此之外,宗密還十分關心儒佛道的統一性問題,所以在《原人論》中又提出了"人天教、小乘教、大乘法相教、大乘破相教、一乘顯性教"。但后兩種判教都不是以闡釋華嚴學爲中心的判教,並不能代表宗密在華嚴學上的根本判教觀。宗密在華嚴學上的判教觀還是以法藏"五教説"爲宗的。比如他曾在其《圓覺經大疏》中討論四種判教觀,在最後列出了他所認可的華嚴學判教觀,曰"第四,華嚴宗主賢首大師立五種教,廣有别章,大同天台,但加頓教。其五者何?一小乘教,二大乘始教,三終教,四頓教,五圓教"。見宗密《禪源諸詮集都序》卷上之二,《大正新修大藏經》第48册,402頁中;宗密《原人論》,《大正新修大藏經》第45册,708頁下;宗密《圓覺經大疏》卷上之一,《新編卍續藏經》第14册,230頁下。
但王頌認爲澄觀、宗密的判教説更接近於法藏的四宗説,突出了理性融通的終教的地位。這與他們吸收禪宗、提高華嚴學的實踐性有關。尤其是明確主張禪教合一的宗密,在他那裏華嚴學的别教一乘成了空洞的口號,《起信論》的"一心"成了無所不包的本源。他舉的例子即是宗密會通禪教的"三宗三教"説。然而筆者以爲王頌先生的觀點仍值得商榷。首先,宗密"三宗三教"説很難算作以闡發華嚴學爲主的判教説,如同《原人論》的判教説側重於融通儒釋道一樣,"三宗三教"説也祇是側重於禪教融合説的判教説。其次,如同陳英善先生所説,與法藏相比,澄觀在闡釋法界緣起思想上並未嚴格區别屬於三乘的"理事無礙"和屬於一乘的"理事無礙",而且有將終教置於"同教一乘"的傾向,確實比法藏更强調了理性融通的角度。但澄觀還是非常注重區分"理性融通"和"緣起相由"兩種角度的。祇是到了宗密纔開始在繼承澄觀思想的同時,又將澄觀的"四法界"説統爲"一心",即所謂"心融萬有,便成四種法界"。對於宗密的這種轉變,陳先生祇是表示宗密的思想是以真心、本心爲源之所在。至於此真心、本心與終教位的如來藏心有何關聯和區別,陳先生並未深入解讀。

而筆者以爲宗密對於"一心"的强調其實就是某種對於慧苑説法的回歸,這是他受到禪宗思想影響的結果。但是受到澄觀影響的宗密對於慧苑是持批評態度的,因此在判教説上仍然堅持以法藏"五教説"爲宗,並不認同慧苑。而宗密思想中的這種矛盾性,影響到了後來的净源等宋代華嚴學人。這一切反而證明了不管在宗密還是净源那裏,"五教説"都是不可挑戰的華嚴學根本判教説,即便要突出《起信論》"一心"的作用,也不能在批評"五教説"的情况下另立新説。可參看陳英善《華嚴無盡法界緣起輪》,310—319頁;王頌《宋代華嚴思想研究》,70—73頁。

苑、法詵思想的傳播，使二者的思想在後世受到漠視。即便後來中興華嚴的净源屬於江左地區的高僧，在思想上有與慧苑相似之處，但他對於慧苑、法詵的思想並不推崇[99]，他的"五祖説"和"七祖説"中也没有慧苑、法詵。他對於《起信論》如來藏思想的推崇是在法藏"五教説"範圍内的再詮釋，與慧苑、法詵的大膽創新並不同。

六、結語

聖凱法師在分析地論學派的發展史時曾經歸納過南北朝佛教學派的特點。在他看來，與宗派相比，學派内部更具有批判性和創新性，容易形成不同的思想集團和地域講説集團[100]，不像宗派那樣具有嚴格的祖師法統。而楊維中先生也歸納過宗派與學派相比的幾大特點，包括"第一，形成有一定排他性的創始者、傳授者及其信仰者系統；第二，具有獨特内容的教義體系；第三，具有獨特内涵的修行方法及其儀軌制度"[101]。

前人多認爲在法藏、智儼時代華嚴學尚未發展爲後來的華嚴宗，並不具有明顯的排他性的宗派意識；甚至認爲即便澄觀、宗密開始使用"華嚴宗"一詞，其所謂"宗"和"祖"，嚴格來説並非後世所應用的祖師和宗派之義，並不具有强烈的排他色彩；宗密的三祖説是在客觀上給宋代創建華嚴祖師譜系的華嚴宗人以重要靈感和理論依據[102]。然而本文認爲即便澄觀、宗密並未有樹立宗派的意識，但他們已明顯具有了排他性的法統意識。這是宗派建立的重要基礎，與之相對應的是獨特的教義體系、修行方法和儀軌制度[103]，這是後來北宋净源逐漸發展完備的。在澄觀生活的年代，除了慧苑、法詵華嚴學以外，還有李通玄華嚴學。

---

[99] 義天《新編諸宗教藏總録》著録有法詵《刊定記纂釋》，與義天來往密切並向義天收集華嚴學典籍的净源應該了解此書，但是從净源思想來看，他對於此書並不重視。可參看義天《新編諸宗教藏總録》卷一，《大正新修大藏經》第 55 册，1166 頁上。

[100] 聖凱《南北朝地論學派思想史》，宗教文化出版社，2021 年，2 頁。

[101] 楊維中《隋代成立"佛教宗派"新論》，《佛教文化研究》第 2 輯，江蘇人民出版社，2015 年，11 頁。

[102] 王頌《宋代華嚴思想研究》，35 頁。

[103] 楊維中《隋代成立"佛教宗派"新論》，31 頁。

他們的華嚴學思想與法藏相比都各具特色,而且都各具一方影響力[104]。從《法詵墓誌》來看,法詵門人也有了建立法統傳承的意識,但並不強烈,所謂"洎四葉傳於吾師"的表述略顯模糊。

與之相比,澄觀、宗密通過保守繼承法藏"五教説",抨擊慧苑"四教説",開始建立比較清晰的、具有排他性的法統意識。雖然是北宋净源樹立了華嚴學宗派地位,但如果没有之前澄觀、宗密排他性的法統意識興起以及二人遠超前人的傳法效果,就不會出現後來净源所主張的囊括澄觀、宗密而排斥他人的華嚴學法統。因此,華嚴學的發展應該是從澄觀、宗密開始逐漸由比較開放的學派化發展向由他們所引導的具有排他性的宗派化發展轉變,完成這一轉變的是北宋净源。

而這種華嚴學宗派特性的形成過程就是法詵、慧苑、李通玄影響力逐漸衰退的歷史過程。一方面批判吸收上述三者思想,同時又以法藏"五教説"爲中心,保守繼承法藏思想的澄觀成了後世華嚴宗思想的正統代表。

Fashen's Thought about Huayan School in the Tang Dynasty and Its Historical Status

Guo Xiaodong

After the death of Fazang 法藏, the development of Huayan School 華嚴宗 was still in a relatively open schooling period, and Fazang's theories were not regarded as unreformable. Fashen 法詵, who was regarded as the fifth descendant of Huayan School after Fashun 法順 even combined the Sanlun School 三論宗 in the eastern

---

[104] 關於李通玄華嚴學的特點與影響,可參看小島岱山《新たなる中国華嚴思想史:中國華嚴思想の二大潮流》,83—87 頁。而且小島岱山先生還曾注意到於貞元二十年七月到貞元二十一年五月遊學中國的日僧最澄,在後來(816 年)列舉中國華嚴宗代表人物時,提到了法藏、慧苑、李通玄、澄觀,而且還特意將澄觀稱作"新華嚴宗翻經沙門"。這説明澄觀華嚴學在當時被看作新華嚴學,並不特別高於慧苑、李通玄。見小島岱山《中國華嚴思想史再考》,《印度學佛教學研究》第 44 卷第 2 號,1996 年,589—590 頁。至於爲何未提法詵,或許是因爲最澄在提到上述説法時主要是在表達華嚴學人如何依天台學闡發華嚴學。而法詵華嚴學的判教思想與法藏不同,受到天台四教判影響較少,因此最澄在此並未提及。如前所述,於元和初年遊學中國的日僧空海還拜訪过法詵弟子越州神秀,並获神秀贈書。這説明此時的法詵弟子在江左地區依然具有一定聲譽。

region of Yangtze River and Northern Huayan Studies represented by Fazang 法藏. The "master named Sizhen at hometown 故地思貞大師" mentioned in the epitaph of Fashen was not Huiyuan 慧苑, a disciple of Fazang, but an eminent monk in in the eastern region of Yangtze River. The orthodoxy of the "Five Teachings" of Fazang was strengthened by the advocation of Chengguan 澄觀 and Zongmi 宗密. The two monks were far superior to other Huayan scholars in the importance of spreading the ideas of Huayan School. They influenced the Huanyan School to become more exclusive and sectarianized. As a result, Fashen's thought about Huayan School was gradually ignored and even almost forgotten in later generations.

9—11世紀的燕雲佛教與禪宗
——以薊州盤山碑刻爲綫索

聶　靖

南宗禪在河北的傳播情况是禪宗史研究中較受忽視的環節,現有的研究主要集中在臨濟義玄、趙州從諗等高僧大德的活動與思想,並未形成對南宗禪在河北發展狀况的整體認知,遑論具體區域的研究。義玄、從諗爲唐中後期時人,後晉割幽雲於契丹,我們對此後禪宗的發展情况幾乎一無所知[1]。

有關盤山的研究可以在一定程度上填補上述空白[2]。盤山在今天津市薊州區西北,唐中後期成爲佛教聖地,臨濟宗早期傳法的關鍵人物普化、存獎曾駐錫於此,事迹見諸僧傳與禪宗文獻,敦煌文書S.529v《諸山聖迹志》(又作《失名行記》)提供了唐末五代盤山的概括性介紹。碑刻方面,除《盤山千像祐唐寺創建講堂碑》等原石尚存外,方志中保留有十餘篇唐五代遼金時期的碑文,爲研究

---

[1] 主要研究有黄春和《唐幽州禪宗的傳播及其影響》,《法音》1994年第7期,18—21頁;馮金忠《唐代南禪在河北的早期傳播》,《宗教學研究》2013年第1期,125—131頁;馮金忠《唐後期河北藩鎮統治下的佛教》,《貴州社會科學》2013年第6期,70—74頁等,唐代幽州佛教的研究情况可參尤李《唐代幽州地區的佛教與社會研究現狀評述》,《中國國家博物館館刊》2012年第7期,53—61頁;關於臨濟宗的概述,見Yanagida Seizan(柳田聖山)"The Life of Lin-chi I-hsüan", *The Eastern Buddhist. New series*, Vol.5, No.2 (1972), pp.70–94。

[2] 涉及盤山佛教的主要研究有張國慶、陶莉《遼代高僧"杖錫""掛錫"及相關問題探究——以石刻文字資料爲中心》,《遼寧大學學報》2011年第6期,87—93頁;李若水《遼代佛寺院的營建與空間布局》,清華大學博士學位論文,2015年,146、301—302頁;尤李《唐代幽州地區的佛教與社會》第六章第二、三節,中國社會科學出版社,2019年,245—271頁。

該時期的盤山歷史提供了珍貴史料,詳情見表1[3]。

表1　唐五代遼金盤山相關碑銘

	碑銘	作者	年代	位置	出處
1	《上方寺道宗大師遺行碑》	知宗	868	盤山上方寺	蔣溥《盤山志》卷八;《全唐文》卷九二〇
2	《甘泉普濟禪院靈塔記》	朗肅	870	盤山甘泉普濟寺	蔣溥《盤山志》卷八;《唐代墓誌彙編》;有拓本
3	《魏州故禪大師獎公塔碑》	公乘億	889	唐魏州貴鄉縣薰風里	《文苑英華》卷八六八;蔣溥《盤山志》卷八
4	《感化寺智辛禪師塔記》	張明	952	盤山感化寺	《遼代石刻文編》太宗、世宗、穆宗、景宗編;《盤山志》闕載
5	《盤山千像祐唐寺創建講堂碑》	李仲宣	987	盤山千像祐唐寺	蔣溥《盤山志》卷五;《遼代石刻文編》聖宗編;原碑在官莊鎮聯合村北
6	《盤山甘泉寺新創净光佛塔記》	□庭用	1005	盤山甘泉寺	《遼代石刻文編》聖宗編;《盤山志》闕載;有拓本
7	《祐唐寺創建講堂碑側記》		1046	盤山千像祐唐寺	《遼代石刻文續編》;《盤山志》闕載;原碑在官莊鎮聯合村北
8	《純慧大師塔幢記》	真延	1063	遼南京奉福寺	蔣溥《盤山志》卷八;《遼代石刻文編》道宗編上
9	《非覺大師塔記》		1083	盤山甘泉普濟寺	《遼代石刻文編》道宗編下;《盤山志》闕載;有拓本
10	《上方感化寺故監寺澄方遺行碑》	即祁	1090	盤山上方感化寺	《遼代石刻文編》道宗編下;《盤山志》闕載;有拓本

---

〔3〕康熙三十年(1691)僧人智朴撰《盤山志》是盤山第一部志書,乾隆二十年(1755)協辦大學士蔣溥在康熙志的基礎上續修新志,卷帙由10卷增加到16卷,增刊了40幅圖,編排體例、卷次安排上多有創新。這次續修爲敕修,乾隆皇帝對盤山格外鍾情,修建行宮,多次駐蹕,又親爲本志作序。近年來,天津市地方志編修委員會辦公室在康熙、乾隆等志基礎上編撰新志,更新了文物古迹的留存情況。本文以諸志中品質最上的乾隆志爲基礎,參以康熙志與當代志的信息。

續　表

	碑銘	作者	年代	位置	出處
11	《上方感化寺碑》	南抃	1107	盤山上方感化寺	蔣溥《盤山志》卷五;《遼代石刻文編》天祚編;有拓本
12	《普濟寺嚴慧大德塔記銘》	南抃	1107	盤山普濟寺	蔣溥《盤山志》卷八;《遼代石刻文編》天祚編
13	《當寺則都和尚塔記》		1118	盤山千像寺	《遼代石刻文續編》;《盤山志》闕載;原碑在千像寺後坡
14	《黃龍祖師銅像碑》		遼	盤山自來峰無梁殿	蔣溥《盤山志》卷一六;《遼代石刻文編》補編
15	《香水寺頭陀大師靈塔實行碑》		1161	盤山香水寺	蔣溥《盤山志》卷六
16	《甘泉普濟寺通和尚塔記》	圓照	1165	盤山甘泉普濟寺	蔣溥《盤山志》卷八

僧傳、燈録、行記、碑刻、方志,共同構成了本文對9—11世紀盤山研究的基本材料,希望以此還原盤山佛教的發展沿革與空間結構,並進一步探討宗教聖地與區域社會的關係、由唐至遼的變革轉型以及盤山在禪宗史研究中的意義。

一、盤山的早期開發及空間特徵

S.529v《諸山聖迹志》有關盤山部分如下〔4〕:

　　第三盤山,在幽州。寺院五十餘所,僧尼一千餘人。戒净海畔山,永(?)□龍王〔5〕。業行孤高,碩德盛弘律席,兼濟大乘,博學情憂〔6〕,十經五論,

---

〔4〕 陳雙印在鄭炳林《敦煌地理文書彙輯校注》、郝春文《英藏敦煌社會歷史文獻釋録》的基礎上對《諸山聖迹志》進行了全面釋讀與研究,本文採用陳校。陳雙印《敦煌寫本〈諸山聖迹志〉校釋與研究》下編《S.529v〈諸山聖迹志〉校釋》,蘭州大學博士學位論文,2007年,157頁。核對圖版,釋讀有疑處見下注。

〔5〕 陳校作"戒净納拜,永爲龍王",鄭校作"□□□林,永爲龍王",郝校作"戒净納(?)拜(?),永爲龍王"。"納拜"不可解,第三字字形與下文"日出近觀滄海水"中的"海"相近,此句中間作者又添小字"山",前人未釋讀出。"永"字可能爲"泉",符合盤山地理。

〔6〕 陳校、郝校作"至博學情憂",鄭校作"博學惇憂",皆誤。

餘餘濟濟。重風光而拂照林廡,愛山水而附帶煙霞。爲儒學之宗師,作衆中之領袖。詩曰:"冲過浮雲數十重,經宵始到最高峰。日出近觀滄海水,齋〔時遥聽梵天鐘〕。千年松樹巢仙鶴,五個盆〔池〕隱毒龍。下方乞食上方去,塵俗難尋道者踪。"[7]

行記作者巡禮河北的時間大約在後梁末年[8]。"第三"指的是盤山在《諸山聖迹志》名山譜系中的序列,前文有"名山一十八所,佛舍利塔十九所,祖師塔六所,尊宿山門一所,呆山五所,四絶寺四所"[9]的總結性語句。通覽整件文書,祇見"第一五臺山""第二抱腹山""第三盤山",無第四以後序列,行記作者自幽薊南下巡禮大江南北,實際皆繫於盤山之後,故又可將"第三"理解爲作者第三次巡禮。

抱腹山即綿山,在今山西介休、靈石一帶,至盤山何止千里,中間的行程却是空白,行記作者似乎有意選擇盤山作爲第三次巡禮叙事的開端,顯示出盤山的重要地位[10]。同文書對整個河北巡禮的總結亦可佐證[11]:

大凡河北道六節廿四州,南北二千里,東〔西〕一千里。北□外□,度化

---

[7] 此詩又見敦煌文書 S.373《題幽州盤山》,相關考證見鄭炳林《敦煌文書 S373 號李存勗唐玄奘詩證誤》,《敦煌學輯刊》1991 年第 1 期,21—26 頁。

[8] 陳雙印《敦煌寫本〈諸山聖迹志〉校釋與研究》,9—27 頁,作者進一步將《諸山聖迹志》作者推定爲敦煌僧人范海印,筆者不能完全同意。

[9] 陳雙印《敦煌寫本〈諸山聖迹志〉校釋與研究》下編《S.529v〈諸山聖迹志〉校釋》,139 頁。

[10] 《諸山聖迹志》作者並未交代抱腹山至盤山的行程,之前的研究往往忽略了其間關係。太原方向前往幽薊地區通常是先東出太行,再從華北平原北上,《諸山聖迹志》作者的河北巡禮路綫爲盤山—幽州—石經山—定州—鎮州—邢州—鄴都(魏州)—滄州,其由晋入薊的路綫不太可能是從河北北上,否則他自幽薊南下時就更可能會先至滄州而非大段迂迴後折返。推測行記作者是從現在的山西境内北上,經蔚州進入幽薊,途經的五臺山在行記前文中已詳述過,故而該段行程空白。至於作者何以繞遠走"m"形迂迴,而不選擇更傳統、更合理的河北北上"n"字巡禮路綫,或與時局有關。自山西北部進入幽薊、從幽薊至魏博、從魏博到滄州,正是李存勗集團在 913 年至 916 年對桀燕、後梁系列攻勢的進軍方向,李氏在天祐十年(913)奪取幽州,十二年利用魏博節度使楊世厚死後的兵變占領魏州,十三年又占領了邢、滄等州,《諸山聖迹志》的作者並未直接從幽州到滄州或與滄州最晚納入晋軍控制有關。作者從太原方向出發,沿着晋軍行進路綫可以避免反復穿越國境和交戰區域。前引鄭炳林《敦煌文書 S373 號李存勗唐玄奘詩證誤》證明 S.373 與《諸山聖迹志》爲同一作者,S.373 有"皇帝癸未年應運滅梁再興迎太后七言詩",可見《諸山聖迹志》作者與李存勗集團頗有淵源,這層關係爲他的河北之旅增添了特殊的政治意味。

[11] 陳雙印《敦煌寫本〈諸山聖迹志〉校釋與研究》下編《S.529v〈諸山聖迹志〉校釋》,168 頁。

□法〔12〕,西皆崇山,東臨海濱〔13〕。桑麻暎日〔14〕,柳槐交陰(蔭),原野膏腴,關闠好邑。

盤山地處中原通往東北地區"薊遼走廊"的起點,"北□外□,度化□法"的描述是極其貼切的,以往的識讀將後半句的"度化"認作"屢犯",强調邊塞的緊張局勢,重新識讀後的文本則透露出佛教在行記作者心中的普世價值,凸顯了盤山"邊境聖地"的特殊地位。"東臨海濱"與盤山的關係不難理解,薊州是濱海州,盤山是"海畔山"。"西皆崇山"其實也與盤山相關聯,"崇山"固然指太行山,但古人心中的太行並不完全等同於今天地理學意義的太行山脈,《尚書·禹貢》言"太行、恒山,至於碣石,入於海"〔15〕,即是廣義概念,更接近於當時人的空間認知〔16〕。在《諸山聖迹志》作者眼中,盤山具有接山連海、華夷邊境、佛教中心等多重屬性,將其作爲河北巡禮的第一站頗具象徵意義。

盤山之名最早見於《水經注·鮑丘水》,其書載"洵水又左合盤山水,水出山上,其山峻險,人迹罕交,去山三十許里,望山上水,可高二十餘里。素湍皓然,頹波歷溪,沿流而下,自西北轉注於洵水"〔17〕。《水經注》未言及佛教傳入等信息,反而强調了這裏"人迹罕交"。魏晉到唐,有關盤山的文獻資料相當缺乏〔18〕。

在唐代後期的材料中,《甘泉普濟禪院靈塔記》(以下簡稱《曉方塔記》)有

〔12〕 陳校作"北是外界,屢犯地境",鄭校作"北是外界,南有大河",郝校作"北是外界,屢犯他(?)騎"。三位研究者第一句識讀無異議,筆者也認同句子表達了這個含義,但是"是""界"二字難以識讀,"界"字字形雖近,却與同文書其他"界"的寫法不同。第二句"屢犯"可以確定爲"度化","度"字字形與後文"從此南渡黄河"的"渡"的右半邊完全一致。

〔13〕 陳校作"東臨海濱",鄭校作"東臨海□(濱)",郝校作"東臨海濱",取"濱"。

〔14〕 陳校、鄭校作"桑麻映日",郝校作"桑麻暎日","映""暎"同義,文書中寫作"暎"。

〔15〕 《尚書正義》卷六《禹貢第一》,《十三經注疏》整理委員會整理《十三經注疏》,北京大學出版社,2000年,189頁。

〔16〕 安介生《從歷史地理看太行山精神與民族崛起》,《山西大學學報》2019年第1期,51頁。

〔17〕 酈道元著,陳橋驛校證《水經注校證》卷一四,中華書局,2007年,341頁。

〔18〕 歷代《盤山志》皆收唐人高適《同吕員外酬田著作幕門軍西宿盤山秋夜作》,詩中言"遥傳戍旅作,已報關山冷。上將頓盤阪,諸軍遍泉井"。詩題中的"幕門軍"(莫門軍)、詩句中的"關山"無不顯示出該詩所云盤山、盤阪在隴西而非薊州。"上將"即隴右、河西節度使哥舒翰。

"肇建靈龕於院西南一百步盤龍山首焉"[19],《盤山上方道宗大師遺行碑》(以下簡稱《道宗碑》)稱"薊門舊里田盤靈山"[20],則知唐代盤山至少又有盤龍、田盤之稱。"田盤"或與無終田氏有關,遼代《上方感化寺碑》稱該寺"魏太和十九年(495),無終縣民田氏茲焉營辦。……故碑遺像,文迹具存"[21]。田氏營辦了什麽語焉不詳,太和十九年的説法雖僅見於此,因其年代精確,蓋有"文迹具存"的出處。東漢末年,無終田疇率族人避難徐無山,"衆至五千家"[22],離盤山不遠。遼碑中的無終田氏是否即田疇後人不可考,很可能是後來攀附,唯可確認北魏時盤山有無終田氏在此活動,山名前冠以"田"字或即田氏族人對山岳開發權的聲明。佛教勢力進入盤山時,接受了當地原有的歷史叙述。

(一) 下方乞食上方去:盤山早期佛寺分布及發展趨勢

唐太和二年(828),僧人道宗來到盤山,"屆盤山峰頂,多逢獸迹,莫面人踪","偶因樵采之夫,始見住持之迹"[23]。道宗是盤山上方感化寺的創建者,碑文所記讓人聯想起《諸山聖迹志》中"下方乞食上方去,塵俗難尋道者踪"的詩句。"下方""上方"是時人對盤山的空間劃分,今天人們依海拔將盤山分爲上、中、下三盤,雖未必是唐五代便有的説法,却基於同樣的地理認知。盤山山勢自南向北逐級而上,佛寺分布於山陽,故而三盤亦與去平原遠近相對。《道宗碑》描述"上方"的荒蕪雖有誇張成分,但應基於一定的事實。此時距《諸山聖迹志》作者抵達盤山僅有八十餘年,盤山尚處於未被深度開發的階段,離"寺院五十餘所,僧尼一千餘人"相差甚遠。以下將通過對盤山早期佛寺的考證勾勒其發展足迹。

---

[19] 朗肅《甘泉普濟禪院靈塔記》,蔣溥《盤山志》卷八《方外一》,故宫博物院編《盤山志二種》,故宫珍本叢刊第 243 册,海南出版社,2001 年,342 頁上。又收入周紹良、趙超編《唐代墓誌彙編》,上海古籍出版社,1992 年,2452 頁。後者作《唐故甘泉院禪大師靈塔記》,兩版本中《盤山志》缺字更少,本文主要採用《盤山志》本,參校《唐代墓誌彙編》本。

[20] 知宗《上方寺道宗大師遺行碑》,蔣溥《盤山志》卷八《方外一》,341 頁下。又見董誥等編《全唐文》卷九二〇,中華書局,1983 年,9589 頁。後者作《盤山上方道宗大師遺行碑》,兩版本中《盤山志》缺字更少,本文主要採用《盤山志》本,參校《全唐文》本。

[21] 南抃《上方感化寺碑》,向南主編《遼代石刻文編》天祚編,河北教育出版社,1995 年,563 頁。又見蔣溥《盤山志》卷五《寺宇一》,296 頁下。

[22] 《水經注校證》卷一四,342 頁。

[23] 知宗《上方寺道宗大師遺行碑》,蔣溥《盤山志》卷八《方外一》,341 頁下。

千像祐唐寺 在盤山東南山麓,官莊鎮聯合村北側山坡,遼統和五年(987)"盤山千像祐唐寺創建講堂碑"(下文簡稱"講堂碑")[24]至今屹立,又有天慶八年(1118)"當寺則都和尚塔幢"[25],故寺遺址周圍巨石、崖壁上發現綫刻佛教造像500餘尊[26]。《盤山志》引明人《帝京景物略》繫創寺年代於唐開元年間(713—741),並不可靠[27]。今可確定該寺爲唐寺者原因有二,一是寺名,祇會出現於唐代(或後唐);二是《講堂碑》中言"此境舊有五寺,祐唐者,乃備其一"[28],應該是當時盤山僧衆共同認可的歷史叙述。

"五寺"的説法值得注意,意味着它們是盤山早期佛教活動的中心,擁有持續影響力。這提示我們與其根據後世文獻輯出"傳爲唐建"但並不可靠的寺名,不如抓住核心,考察祐唐之外哪些寺院可能位列"五寺"、它們的分布如何。"講堂碑"本身給出了一些綫索,遼重熙十五年(1046),祐唐寺與妙化寺發生土地糾紛,重新確認地界後勒石爲憑。連狀署名者除了妙化寺僧,還有山門首座、感化寺僧道文、報國寺尊宿僧雲晏、法興寺尊宿僧惠源[29],知當時盤山最受尊崇的寺院有感化、報國、法興,它們位列"五寺"的可能性是很大的。

上方感化寺(附降龍庵) 今上方寺,在中盤與上盤之間。唐咸通九年(868)《道宗碑》云:

> 太和二年,屆盤山峰頂,多逢獸迹,莫面人踪。境類虎豁,地蟠龍腹。師止棲處所,如在四禪。柏茶半勒,稻米數斗,二年所食,一半猶存。皎月銀河,借爲燈燭;松風石溜,指作笙簧。息煩焰於塵塗,瑩戒珠於巇岫。曾游絶

---

[24]《遼代石刻文編》作"祐唐寺創建講堂碑",據實物碑額改。

[25]《遼代石刻文續編》云無明確紀年,據當代《盤山志》改。天津市地方志編修委員會辦公室,天津市薊縣《盤山志》編修委員會編著《盤山志》,天津社會科學院出版社,2010年,141頁。

[26] 相關造像風化嚴重且未發現明確紀年,研究者據《講堂碑》與造像風格判斷造像主體爲遼刻。最新調查報導見北方網《追光逐影覓千像 天津市石窟寺(石刻)田野調查及其發現》(http://news.enorth.com.cn/system/2021/05/11/051366287.shtml,訪問時間:2021年5月11日)。

[27] 原書作者稱千像寺即"唐開元寺也",並無其他依據。開元寺乃唐代官寺,地位尊崇,《講堂碑》撰者沒有理由不提及這一榮耀,且各州開元寺僅爲改額,不足以確定創建年代。劉侗、于奕正《帝京景物略》卷八《畿輔名迹》,北京古籍出版社,1980年,373頁。

[28] 李仲宣《祐唐寺創建講堂碑》,《遼代石刻文編》聖宗編,89頁。

[29]《祐唐寺創建講堂碑側記》,向南等輯注《遼代石刻文續編》,遼寧人民出版社,2010年,97頁。録文作"法與寺尊宿僧惠源","與"應爲"興"之誤。

岳,墜地無傷。山現蓮池,龍降香水,猛虎每蹲於坐側,巨蛇長繞於階前。一上雲嶺,兩更歲華。[30]

碑文刻畫了山中修行的僧人形象,道宗所處的環境極少人煙,有龍蛇猛獸,更有絶壁墜傷的風險,體現了盤山上盤的早期風貌,可知感化寺應爲"上方"區域最早的寺廟之一。道宗坐化後,常實繼其法嗣,稱"伏虎禪師",《盤山志》記上方寺有伏虎塔[31]。

盤山絶頂又有雲罩寺,"相傳爲寶積卓錫地,構宇則始自道宗,舊名降龍庵"[32]。寶積在盤山的活動稍早於道宗,駐錫上方事無碑刻文獻佐證,應是杜撰。遼應曆二年(952)《感化寺智辛禪師塔記》稱智辛"禮朔兹寺降龍大師門人徹禪師"[33],證明"降龍"即道宗,後者曾"屆盤山峰頂",降龍庵址或是其修行所居。庵旁爲盤山主峰掛月、自來。掛月峰上今有定光佛舍利塔,傳爲唐建,可考的重修記録最早是遼大康年間(1075—1084)[34]。自來峰上舊有黄龍祖師殿,殿内有黄龍祖師像與遼碑[35],今俱不存。此外,盤山南麓尚有一感化寺,在清行宫西,或爲上方寺下院,亦不存[36]。

法興寺 今少林寺,在盤山中盤。始建年代不詳,寺名見諸《講堂碑側記》。寺東有紅龍池,北側石壁雕鑿塗赭紅龍一條,兼有"紅龍池"題刻,旁書"帶川隸,大定七年(1167)八月廿日"[37]。

報國寺 在法興、上方之間,今已不存。始建年代不詳,寺名見諸《講堂碑側

---

[30] 知宗《上方寺道宗大師遺行碑》,蔣溥《盤山志》卷八《方外一》,341 頁下。

[31] 蔣溥《盤山志》卷八《方外一》,342 頁上。

[32] 蔣溥《盤山志》卷五《寺宇一》,308 頁上。

[33] 張明《感化寺智辛禪師塔記》,《遼代石刻文編》太宗、世宗、穆宗、景宗編,6 頁。此碑《盤山志》闕載。

[34] 蔣溥《盤山志》卷四《名勝二》,291 頁上。

[35] 蔣溥《盤山志》卷三《名勝一》,275 頁上—下。

[36] 歷代《盤山志》均將道宗事跡繫於此寺,誤。康熙《盤山志》明言《道宗碑》在上方寺東南隅,乾隆時蔣溥應仍能見,所纂《盤山志》叙述混亂或因山下的感化寺爲乾隆十年敕修,皇帝權威大於學術考據。智樸《盤山志》卷三《建置》,故宫博物院編《盤山志二種》,故宫珍本叢刊第 243 册,海南出版社,2001 年,53 頁上。

[37] 天津市地方志編修委員會辦公室、天津市薊縣《盤山志》編修委員會編著《盤山志》,88 頁。

記》。寺前舊有黑龍池,今已乾涸,山崖上刻有"黑龍池"三字,亦雕有龍形[38]。

天香妙祥寺　在盤山南麓,先師臺下,清智朴《盤山志》記載該寺"内有石幢,刻云:當寺賜紫沙門圓明聰慧大師塔,貞元二年(786)建"[39]。寺與碑今皆不存,亦不見於蔣溥書,若所記無誤,則爲盤山佛教最早記録。妙祥寺名出現在《講堂碑側記》中段:"其立石者在感化寺東北雷頭坎上。妙祥寺出入車道,東道上有自古立石,上有字爲三寺中隔。"[40]。

天城福善寺　今天成寺,在盤山西南山麓,翠屏峰旁。寺内今存古佛舍利塔,未詳其始,《盤山志》記有碑刻載遼天慶中(1111—1120)重修,又云古佛舍利塔西南有普化和尚塔基[41]。普化爲寶積弟子,活動於晚唐時,《宋高僧傳》有傳。

香水寺　在盤山南麓,清行宫西,今不存。金正隆六年(1161)《香水寺頭陀大師靈塔實行碑》記新羅僧行及"覽兹香水,偶然挂錫,刱石頭庵。山精自竄,拓靈源脈,巇虎他之,於廣明元年(880)仲夏無疾而終"[42],雖是較晚的重修記,創寺故事頗合唐末盤山圖景。

甘泉院　又稱甘泉普濟寺,盤山早期最重要的寺院之一,大德曉方、存奬曾駐錫於此。《盤山志》載甘泉普濟寺在甘泉山,在盤山東南十五里,已不在狹義的盤山範圍。筆者推測該寺實位於古中盤附近,或即清正法禪院址,原因有下:

第一,相關碑刻皆云甘泉院在盤山,如《曉方塔記》"建靈龕於院西南一百步盤龍山首焉"[43],唐《魏州故禪大師奬公塔碑》(以下簡稱《奬公塔碑》)"遂於薊三河縣盤山甘泉院依止禪大德曉方"[44],遼《普濟寺嚴慧大德塔記銘》"餘盡歸於薊州盤山甘泉普濟寺"[45]。考諸文獻,稱寺在盤山者無不在盤山之陽今盤山

---

[38] 天津市地方志編修委員會辦公室,天津市薊縣《盤山志》編修委員會編著《盤山志》,88—89頁。
[39] 智朴《盤山志》卷三《建置》,59頁上。
[40] 《祐唐寺創建講堂碑側記》,《遼代石刻文續編》,97頁。
[41] 蔣溥《盤山志》卷四《名勝二》,293頁上、294頁下。
[42] 蔣溥《盤山志》卷六《寺宇二》,326頁下。
[43] 朗肅《甘泉普濟禪院靈塔記》,蔣溥《盤山志》卷八《方外一》,342頁上。
[44] 公乘億《魏州故禪大師奬公塔碑》,李昉等編《文苑英華》卷八六八,中華書局,1966年,4582頁上。又見蔣溥《盤山志》卷八《方外一》,343頁下。
[45] 《普濟寺嚴慧大德塔記銘》,《遼代石刻文編》天祚編,571頁。

風景區範圍内。除上述塔記外,尚有《盤山甘泉寺新創净光佛塔記》《非覺大師塔記》等遼塔塔記,知甘泉院應有塔林。《盤山志》稱普濟寺"前有三塔,列如鼎足"[46],數量不符。盤山諸寺有塔林者衆,古中盤爲其一。第二,《盤山志》載"甘泉在古中盤院内,普濟寺西南隅有泉同此名,今甃爲井"[47],或古中盤院内甘泉纔是甘泉院之甘泉。《盤山志》記甘泉寺"相傳昔爲毒龍湫,唐太和中,有曉方禪師結茅於此,龍讓之,徙山后,迄今三潭爲龍居焉"[48],此傳説雖未見於早期碑刻,但與道宗降龍故事類似,又與中盤報國、法興寺龍池傳説合,應流傳頗久。盤山多泉井,《盤山志》載甘澗三,"青溝前爲上甘澗,其下隔一小山,東爲東甘澗,西爲西甘澗"[49],皆距古中盤不遠,清人重修古中盤時復建龍王堂[50]。第三,古中盤附近新發現綫刻佛像30多尊,風格與千像寺造像相近[51],知此處遼代便有寺院,古中盤—正法禪院却無清代以前的沿革記録。第四,清康熙二十二年沈荃《重修甘泉寺碑記》載"皇上有事園陵嘗駐蹕於彼,題詩中盤,因勒石於殿左"[52],可證寺在中盤。

上文所考盤山早期佛寺可據海拔分爲三組,祐唐、妙祥、福善、香水在山脚,等高綫200米附近,臨近平原與聚落;報國、法興、甘泉在中盤,等高綫400米附近;感化寺最高,在等高綫600米處,降龍庵更在絶頂800米處。若除去没有明文記爲唐寺的報國、法興,可以看出早期盤山佛寺主要在山下接近平原處,隨着時間推移中盤寺院群越來越成規模,同時絶頂的降龍庵也從簡易落脚處發展爲寺院。

(二) 五個盆池隱毒龍:盤山山上空間的開發

《諸山聖迹志》盤山詩有"五個盆池隱毒龍"之語,上文所考中盤以上四寺皆

---

[46] 蔣溥《盤山志》卷六《寺宇二》,327頁上。
[47] 蔣溥《盤山志》卷四《名勝二》,287頁下。
[48] 蔣溥《盤山志》卷六《寺宇二》,327頁上。
[49] 蔣溥《盤山志》卷四《名勝二》,289頁上。
[50] 蔣溥《盤山志》卷五《寺宇一》,305頁下。
[51] 北方網《追光逐影覓千像 天津市石窟寺(石刻)田野調查及其發現》(http://news.enorth.com.cn/system/2021/05/11/051366287.shtml,2021.05.11)。
[52] 智朴、蔣溥皆録此碑却未作解釋。智朴《盤山志》卷三《建置》,55頁下。蔣溥《盤山志》卷六《寺宇二》,327頁下。

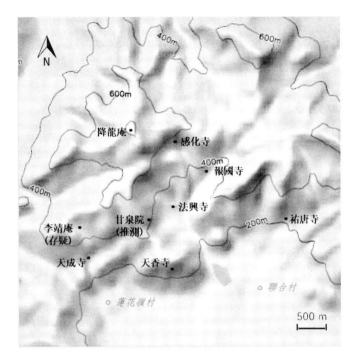

圖 1 盤山早期佛寺分布

與龍王傳說有關，絕非巧合。僧人降龍的神話在佛教史料中頗爲常見，如《舊五代史》記載五臺山僧人誠惠"自云能役使毒龍，可致風雨，其徒號曰降龍大師"，洛陽乾旱時，他被後唐莊宗請到京師祈雨，死後賜號"法雨大師"，立塔紀念[53]。降龍是僧人宗教神力的體現，它同伏虎等馴服猛獸的故事一樣，可看作僧人山林修行場景的隱喻[54]。所不同者，因龍亦有神力，故而帶有佛教勢力征服、改造當地信仰的意味[55]。

在盤山，歸順的龍王被納入佛教體系，由是香火不絕，生命力愈加頑强，不僅

---

[53] 《舊五代史》卷七一《許寂傳附》，中華書局，1976 年，945 頁。書中記載誠惠祈雨失敗，怕受責罰遁逃，據其死後朝廷追贈情況看，應該非實。《廣清涼傳·誠惠傳》詳記其降龍過程。延一《廣清涼傳》卷下《高德僧事迹》，高楠順次郎等編纂《大正新修大藏經》（以下簡稱《大正藏》）第 51 册，財團法人佛陀教育基金會出版部，1990 年，1121 頁下。

[54] 陳懷宇《動物與中古宗教政治秩序》第三章《中古佛教馴虎記》，上海古籍出版社，2012 年，151—209 頁。

[55] 代表性研究如宮川尚志《山岳仏教の成立》，收入氏著《六朝史研究·宗教篇》，平樂寺書店，1964 年，242—254 頁。

清代《盤山志》多有體現,今人恢復盤山佛寺時亦建有龍王廟和龍王殿。考慮到龍王信仰的延續性,晚近情況亦頗具參考價值,故將清代以來盤山龍王廟與唐五代遼時期相關記載比對如表2:

表2　盤山龍王廟與龍王傳說

龍王廟/傳說發生地	清代以來情況	唐五代遼的記載	備注
雲罩寺(降龍庵)	今重建廣濟龍王殿	唐代"降龍大師"道宗在此修行,自來峰有黃龍祖師殿與黃龍祖師像	黃龍祖師身份無明文
萬松寺(李靖庵)	今重建龍王廟		李靖庵年代未知,與佛教關係未知
少林寺(法興寺)	今重建龍王廟,寺東有紅龍池遺址	寺名見諸《講堂碑側記》	紅龍池有金代題刻
報國寺	寺前有黑龍池遺址	寺名見諸《講堂碑側記》	黑龍池之名起自何時未知
古中盤(甘泉院)	清代有龍王堂	唐代曉方建甘泉院	毒龍讓曉方傳說的起源時代未知
無明確地點		《諸山聖迹志》詩"五個盆池隱毒龍";《講堂碑》"絕頂有龍池焉,向旱歲而能興雷雨"[56]	

綜合表2可知,至少在五代時,盤山已形成"五個盆池隱毒龍"的神話敘事。清代至今,仍有五處寺廟留有從祀龍王的傳統,其中四座可以確認建成於遼以前,感化、甘泉更可追溯至唐。李靖庵年代不明,但其位置在盤山西麓半山,與另四寺一樣地處海拔400米等高綫上。可知龍王傳說發生地在盤山中盤以上,體現的是山上佛教的開發歷程。感化、甘泉二寺創寺始祖的降龍神話,也反映出這一事實。

---

[56] 李仲宣《祐唐寺創建講堂碑》,《遼代石刻文編》聖宗編,89頁。

"五個盆池隱毒龍"提示了龍與池的對應關係,可推測山上原有五龍池,法興寺紅龍池、報國寺黑龍池應該有較之文獻所見更悠久的傳承歷史。紅龍、黑龍很容易讓人與五方—五行—五色的對應關係聯繫起來。《講堂碑》云"絶頂有龍池",盤山絶頂乃道宗和尚傳說的發生地,也是感化寺—降龍庵所在之處,可推知這片區域古時應亦有龍池。如此,絶頂供奉之黃龍祖師就有進一步探討的必要。

黃龍祖師銅像高三尺,今不存。有遼碑記云:"歲饑,偷兒入山竊祖師像。至澗中,重不能舉,欲碎之。祖師大喝,響震崖谷,偷兒驚散。翌日,仍昇上山,一無所毀。"[57]佛教史上最有名的黃龍祖師當屬臨濟宗的黃龍慧南,然慧南活動時期在北宋中葉,他和門人幾無北上盤山傳教的可能,該法脈直到金代纔在華北有零星發展[58]。史籍可考的另一黃龍祖師爲神會弟子惟忠,《宋高僧傳》記載他曾於黃龍山降服毒龍[59],從年代上看,惟忠法脈傳至盤山更爲合理,然無任何史料表明盤山早期名僧寶積、曉方、道宗等與他有師承關係。剩下的可能,黃龍祖師即五龍之一,與紅龍、黑龍並列。龍在傳說中向主雲雨,《講堂碑》稱盤山龍"向旱歲而能興雷雨",《黃龍祖師銅像碑》言"歲饑,偷兒入山竊祖師像"。旱與饑相關,或爲黃龍爲龍王之旁證。在後世發展過程中,龍王信仰受到更有影響力的黃龍慧南,乃至佛道之爭中黃龍點化呂洞賓等傳說影響,發生混淆,《盤山志》尚有其他晚出的黃龍祖師傳說,便是此類。

至於五色與方位的關係,報國寺在法興寺北,紅龍、黑龍對應南北。盤山山勢爲主峰凸起,向四面傾斜,若以主峰爲中,則感化寺對應黃龍。《盤山志》記載古中盤下有"青龍橋"[60],又引明人徐昌祚《燕山叢録》云"薊州甘泉寺有蛇曰'小青龍',蚪之屬也。與人馴狎,時盤宿僧榻,禱之能致雨"[61]。這是青龍與甘泉院聯繫的證據,但材料年代較晚,並非鐵證。進一步推測,和甘泉院東西呼應

---

[57]《黃龍祖師銅像碑》,《遼代石刻文編》,707頁。又見蔣溥《盤山志》卷一六《雜綴》,474頁上。
[58] 李輝《金朝臨濟宗源流考》,《世界宗教研究》2011年第1期,27—28頁。
[59] 贊寧撰,范祥雍點校《宋高僧傳》卷九《唐黃龍山惟忠傳》,中華書局,1987年,208頁。
[60] 蔣溥《盤山志》卷四《名勝二》,288頁下。
[61] 蔣溥《盤山志》卷一六《雜綴》,472頁下。

的李靖庵龍王廟或與白龍有關。

較之其他文獻所見降龍神話,盤山的版本並未突出龍王何以歸順佛教,而是通過五龍與五池、五寺、五方位的對應關係,强調了盤山山上宗教空間以及資源劃分。種種資源中,水源無疑是最關鍵的,山脚下的祐唐寺因巖下有泉,恍惚間見千僧洗鉢故而建寺[62],五個龍池則是山上寺院選址的重要依據。五龍與方位的對應並不嚴謹,可知該神話的構建並非一蹴而就,正如祐唐寺宣稱"此境舊有五寺,祐唐者,乃備其一"一般,山上五寺通過"五個盆池隱毒龍"的神話敘事確立了各自地位以及對資源的支配權。最終,五龍成爲所在寺院的守護神,龍池本身成爲一種界碑。這一體系將使山上早期寺院在後來"寺院五十餘所,僧尼一千餘人"的時代裏受益良多。

二、禪門譜系與禪僧網絡:盤山興起的内在理路

禪宗興起後,僧人行脚參學的風氣亦隨之大盛,《諸山聖迹志》作者"退游江表,十有餘秋"[63]便是該背景下的産物。行脚僧巡禮的名山,除了傳統的五嶽、佛教歷史悠久的五臺、廬山、天台等,還有大量新興的禪宗山門,盤山即是其一。山門的聲望依靠名僧維繫,名僧的聲望除了自身的修爲學問,更重要是通過預流禪門法脈的譜系與敘事來實現的。

盤山禪門的開山祖師是寶積,《祖堂集》云"盤山和尚嗣馬大師,在北京。師諱寶積,未詳姓氏"[64],從他在禪宗文獻中被稱作"盤山寶積"或徑稱"盤山"便可知道他對盤山佛教聲望的貢獻。我們對寶積開拓盤山的事迹知之甚少,甚至不知道他駐錫何所寺院[65]。

《道宗碑》稱道宗爲寶積弟子,其碑文曰:

  元和九載(814),師年弱冠,於燕庭金閣寺受戒,禮志敬寺如琳爲師。聞盤山寶積大師直指心要,往詣參承。後至永泰大師所,與師契合,謂師曰:

---

[62] 李仲宣《祐唐寺創建講堂碑》,《遼代石刻文編》聖宗編,89頁。
[63] 陳雙印《敦煌寫本〈諸山聖迹志〉校釋與研究》下編《S.529v〈諸山聖迹志〉校釋》,135頁。
[64] 静筠二禪師編撰,孫昌武等點校《祖堂集》卷一五《盤山和尚》,中華書局,2007年,663頁。
[65] 《盤山志》中有寶積駐錫雲罩寺、古中盤的傳説,均無實據。

"薊門舊里田盤靈山,可構净居。"師蒙指教,驚喜難名。[66] 然關鍵處却存疑問,"聞盤山寶積大師直指心要,往詣參承"一句,見於智朴、蔣溥《盤山志》,而《日下舊聞考》與《全唐文》無[67]。永泰之語全然不似對一個從盤山來的僧人所言,道宗"驚喜難名"更顯得莫名其妙。無論是《道宗碑》對道宗開拓山林的描述,還是《上方感化寺碑》對本寺源流的回顧,均難以與寶積弟子的形象聯繫起來,故疑該句爲後人妄加。康熙時的一則趣聞也可佐證,有僧人在上方寺塔院見"寶積塔"字樣請求修建,被拒絶後該字樣亦消失不見,頗可知時人欲附會寶積故事之心情[68]。唐代的實際情況可能是,寶積、道宗同時居於盤山,一在山脚一在山頂。道宗赴盤山既得永泰建議,推知彼時盤山已進入佛教徒視野,或即由於盤山寶積的活動。

寶積可考的弟子是普化[69]。他曾"師事盤山密受真訣,而佯狂出言無度,暨盤山順世乃於北地行化"[70]。除了種種癲狂行迹,普化在禪宗史上被熟知,乃因其有一段與臨濟義玄共同弘法的經歷。按照禪宗譜系,義玄師黄檗,黄檗師百丈,百丈師馬祖,普化是義玄的師叔輩。考諸語録,普化在與義玄的禪機對峙中也往往是占上風者,如:

〔義玄〕師一日同普化赴施主家齋次。師問:"毛吞巨海、芥納須彌,爲是神通妙用,本體如然?"普化踏倒飯床。師云:"太粗生。"普化云:"這裏是什麽所在,説粗説細。"師來日又同普化赴齋。問:"今日供養,何似昨日?"普化依前踏倒飯床。師云:"得即得,太粗生。"普化云:"瞎漢,佛法説什麽粗細。"師乃吐舌。[71]

後世禪宗文獻則將普化定位爲義玄的輔佐者,《臨濟録》更爲此追加了一則仰山

---

[66] 知宗《上方寺道宗大師遺行碑》,蔣溥《盤山志》卷八《方外一》,341頁下。
[67] 智朴《盤山志》卷二《人物》,26頁下。《全唐文》卷九二〇,9589頁。于敏中等編《日下舊聞考》卷一一六《京畿 薊州三》,北京古籍出版社,2001年,1920頁。
[68] 蔣溥《盤山志》卷四《名勝二》,294頁下。
[69] 《景德傳燈録》記盤山寶積法嗣二人,有鎮州上方和尚與鎮州普化和尚。上方和尚"無機緣語句,不録",很可能指道宗,然既無其他證據,本文不採。道原撰,馮國棟點校《景德傳燈録》卷一〇,中州古籍出版社,2019年,226頁。
[70] 《景德傳燈録》卷一〇,248頁。
[71] 慧然集,楊曾文編校《臨濟録》,中州古籍出版社,2001年,32頁。

慧寂的預言：

> 〔義玄〕師辭溈山。仰山送出云："汝向後北去，有個住處。"師云："豈有與麼事？"仰山云："但去，已後有一人佐輔老兄在。此人祇是有頭無尾，有始無終。"師後到鎮州，普化已在彼中。師出世，普化佐贊於師。師住未久，普化全身脱去。[72]

禪宗譜系多爲反復構建的産物，普化佐輔義玄可視作盤山禪門與臨濟宗合流的隱喻。

《景德傳燈録》記臨濟法嗣 21 人，成書更早的《祖堂集》則僅記有寶壽沼和尚、灌溪志閑、興化存獎三人，其中志閑、存獎皆有求學盤山的經歷[73]。《獎公塔碑》稱存獎"未逾七歲，即悟三乘。啓白所親，懇求剃落。遂於薊三河縣盤山甘泉院依止禪大德曉方，乃親承杖履，就侍瓶盂"[74]。存獎早期的老師曉方，據《曉方塔記》載，"蘇州常熟縣人也，師事五洩山靈默大師，姓氏經遊，未之嘗言，故莫詳悉"[75]。五洩靈默亦馬祖弟子，《宋高僧傳》記有多則他遊方時的神異事，如在白砂道場馴服猛虎，在東白山中毒自愈，在五洩山呵斥青蛇，儼然一山中修行的神僧[76]。曉方事迹難考，唯來源不明的龍讓傳説頗有其師的影子。此外，《盤山志》記義玄法嗣灌溪志閑"潛修盤山黑塔峪久之"[77]，《宋高僧傳·靈默傳》後附有簡短的《志閑傳》，不知是否爲同一人[78]。

存獎在臨濟宗譜系的形成過程中扮演了重要角色，《臨濟録》是義玄弟子三聖慧然集，存獎校勘，然而語録中却記載義玄臨終時與慧然問答，慧然大喝，義玄

---

[72] 《臨濟録》，42 頁。

[73] 《景德傳燈録》所記義玄法嗣，《大正藏》本作 22 人，點校本據底本作 21 人，所差一人爲魏府大覺，後者被視作義玄法嗣，事迹亦被大正本移至本卷，點校本從之。然據《獎公塔碑》，"其真宗不泯不滅者，則我大覺大師固有系焉"（《文苑英華》卷八六八，4582 頁上），言存獎即大覺大師，所謂存獎與大覺同嗣臨濟實爲傳訛。《景德傳燈録》卷一二，283 頁。《祖堂集》卷二〇，892—896 頁。

[74] 公乘億《魏州故禪大師獎公塔碑》，《文苑英華》卷八六八，4582 頁上。

[75] 朗肅《甘泉普濟禪院靈塔記》，蔣溥《盤山志》卷八《方外一》，342 頁上。

[76] 《宋高僧傳》卷一〇《唐婺州五洩山靈默傳》，230 頁。

[77] 蔣溥《盤山志》卷八《方外一》，345 頁下。

[78] 《宋高僧傳》卷一〇《志閑附傳》，231 頁。

感嘆"誰知吾正法眼藏,向這瞎驢邊滅却!"[79]研究者推測義玄死後分有三聖派與興化派,隨着興化存獎一脈占得上風,臨濟譜系逐漸定型[80]。《祖堂集》義玄法嗣中没有慧然或亦以此爲背景。

概言之,馬祖弟子寶積開拓盤山,盤山作爲禪宗山門初獲聲望,隨着道宗、曉方、普化等僧人不斷彙聚,盤山聲譽漸隆。臨濟義玄北上是禪宗發展史上的大事件,盤山僧人與義玄發生關聯,部分進入臨濟宗譜系,盤山禪門的歷史也被整合至更宏大的禪宗敘事中。今日可考的唐代盤山僧人寶積、道宗、曉方、普化、存獎、志閑,這些本來相互難見關聯的僧人,無不因爲義玄的横空出世而被納入一張無形的禪宗之網。盤山作爲這張網上的重要節點,吸引了《諸山聖迹志》作者和其他行脚僧前來參訪巡禮。

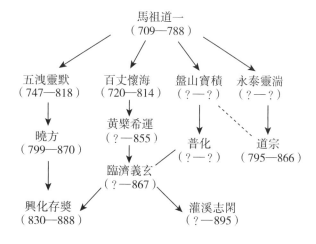

圖2　臨濟義玄與盤山禪宗網絡

---

[79]　《臨濟録》,47頁。
[80]　參見柳田聖山《語録の歷史——禪文獻の成立史的研究》,《東方学報》57册,1985年,575頁;衣川賢次《〈臨濟録〉文本的系譜》,收入氏著《禪宗語言叢考》,復旦大學出版社,2020年,184—185頁。此處補充另一細節。《景德傳燈録》記魏府大覺("師")批評存獎胡喝亂喝,存獎解釋説"平生於三聖處學得底"。前注指出大覺與存獎實爲一人,在這則語録最初的形態中,"師"應指義玄。儘管真實性存疑,該事迹批評慧然禪法的立場與義玄遷化故事相同。《景德傳燈録》卷一二,298頁。

三、河北藩鎮的滅佛運動：盤山興起的政治外因

上文所列盤山禪僧主要生活在 9 世紀中葉，他們不僅與臨濟義玄關係密切，同時也是會昌年間（841—846）武宗滅佛事件的親歷者。儘管僧傳與碑刻文獻對滅佛事諱莫如深，存獎的履歷還是為我們提供了一些綫索。《獎公塔碑》記存獎於文德元年（888）七月十二日遷化，"享齡五十九，僧臘四十一"，又稱他七歲依止盤山曉方，"大中五年（851），伏遇盧龍軍節度使張公奏致（置）壇場，和尚是時戒相方具"[81]。是年，存獎二十一歲，唐宣宗正式下令恢復度僧，詔"京畿及郡縣士庶，要建寺宇村邑，勿禁，兼許度僧尼住持營造"[82]。存獎的僧臘是從十八歲算起，是時雖然武宗已死，朝廷對佛教的恢復卻還有限，存獎應該是在盤山私自受戒，三年後又在官方壇場重受。

關於滅佛運動在河北藩鎮的執行情況，學者們多引圓仁的記錄："三四年已來，天下州縣准敕條流僧尼，還俗已盡……唯黃河已北鎮、幽、魏、路等四節度元來敬重佛法，不拆〔寺〕舍，不條流僧尼。佛法之事，一切不動之。"[83]並據此推斷會昌法難禍不及河北。然而從存獎的經歷可知，幽州地區執行了武宗的滅佛法令，在宣宗的詔書下達之前從未違禁發起度僧，祇是對城市郊外的盤山管理較鬆。

會昌時幽州節度張仲武對佛教頗為支持，《道宗碑》記載他"遥瞻道德，渴想音徽"，試圖招攬道宗[84]。但據幽州憫忠寺《重藏舍利記》，"洎會昌乙丑歲，大法淪墜，佛寺廢毀，時節制司空清河張公准敕於封管八州內寺留一所，僧限十人。越明年，有制再崇釋教，僧添二十"[85]。碑文描述的正是這年七月武宗下詔"天下節度、觀察使治所及同、華、商、汝州各留一寺，分為三等：上等留僧二十人，中

---

[81] 公乘億《魏州故禪大師獎公塔碑》，《文苑英華》卷八六八，4582 頁上—4583 頁上。
[82] 王溥《唐會要》卷四八《寺》，上海古籍出版社，1991 年，1000 頁。
[83] 圓仁著，白化文等校注《入唐求法巡禮行記校注》卷四，花山文藝出版社，2007 年，491 頁。
[84] 知宗《上方寺道宗大師遺行碑》，蔣溥《盤山志》卷八《方外一》，341 頁下—342 頁上。
[85] 《重藏舍利記》，《日下舊聞考》卷六〇《城市 外城西城二》，980 頁。

等留十人,下等五人。餘僧及尼並大秦穆護、祆僧皆勒歸俗"[86]。張仲武迅速地執行了朝廷的限佛令,在武宗死後限制放寬時也及時回應。滅佛初期,五臺僧多亡奔幽州,李德裕致書張仲武説,"五臺僧爲將必不如幽州將,爲卒必不如幽州卒,何爲虚取容納之名,染於人口!"致使後者下令嚴查遊僧入境,違者斬首[87]。房山《重修范陽白帶山雲居寺碑》云,"鄰鄰白石,甯懼始皇之焚;岌岌碧巖,不畏會昌之毁"[88],會昌法難已成爲幽州當地的歷史記憶,亦可證張仲武執行了朝廷禁令。

在成德,會昌年間北上鎮州的義玄似乎没有受到滅佛運動打擊[89],但普化在義玄身邊"有頭無尾,有始無終"的經歷却很難説與當時的佛教政策無關。特殊時期,重返盤山或許是擺在普化面前最合適的選項之一。

如果將視綫移開個人,盤山本身就是有關會昌法難的關鍵證據。寶積的活動時代推測在9世紀初,道宗到達盤山的時間則是文宗太和二年,即武宗繼位前十二年,曉方的活動年代應也近似。又據《諸山聖迹志》載盤山有"寺院五十餘所,僧尼一千餘人",可推導出該地區寺院以平均兩年新建一寺的速度增長。這樣的數據絶非基於當地信仰需求的自然增長,而應來自非常外力的激發。9世紀的河北,能够造成反常增長的外力一是戰争,一是滅佛。前者引發的僧人流動主要在城市内部以及城市之間,滅佛則驅動僧人從城市進入山林。盤山的興起似乎是主事者在王命與信仰之間某種變通的結果,法令的執行限於州縣治所,城市之外則聽之任之[90]。無怪乎會昌時道宗、曉方在盤山,史料中未見二人及僧團受滅佛運動波及;存獎在盤山,甚至還私自受戒;志閑在師從義玄之前潛修於盤山,極有可能也是受到會昌法難的影響。

寺院與僧衆非自然增長的重要後果是"僧多粥少",僧人的生活需求遠超本地信衆的供養能力。於是,寺院間的地界歸屬愈發需要明確,"五個盆池隱毒

---

[86] 《資治通鑑》卷二四八《唐紀六十四》會昌五年七月條,中華書局,1956年,8015—8016頁。
[87] 《資治通鑑》卷二四八《唐紀六十四》會昌五年八月壬午條,8019頁。
[88] 王正《重修范陽白帶山雲居寺碑》,《遼代石刻文編》太宗、世宗、穆宗、景宗編,32頁。
[89] 關於義玄北上時間的推測,參《臨濟録》附編二,118—120頁。
[90] 這一推斷來自遼代盤山碑刻中有關寺院支持者的題名,許多人居住在幽州、薊州。同時《道宗碑》《曉方塔記》中出現的世俗人名(主要是官員),證明藩鎮官員清楚地知道盤山佛寺的情況。

"龍"的傳説或由此興起。原先乞食、採摘野果、種植小菜園的模式被規劃過的田莊取代,"農禪合一"不再是一種理論,而是生計所需。遼以後的記載充分地體現出這種趨勢,乾統七年(1107)《上方感化寺碑》云:

> 布金之地,廣在山麓。法堂佛宇敞乎下,禪竇經龕出乎上。松杪雲際,高低相望。居然緇屬,殆至三百。自師資傳衣而後,無城郭乞食之勞。以其朔始以來,占籍斯廣。野有良田百餘頃,園有甘栗萬餘株。清泉茂林,半在疆域。斯爲計久之業,又當形勝之境,宜乎與法常住,如山不騫。是使居之則安,不爲爭者所奪。奈何大康初,鄰者侵競,割據巖壑,閒静堅固。適在此時,徒積訟源,久不能決。先於薊之屬縣三河北鄉,自乾亨(979—983)前有莊一所,闢土三十頃,間藝麥千畝,皆原濕沃壤,可謂上腴。營佃距今,即有年禩,利資日用,衆實賴之。大安中(1085—1094),燕地遣括天荒使者馳至,按視厥土,以豪民所首,謂執契不明,遂圍以官封,曠爲牧地。吞我林麓既如彼,廢我田壤又若此。使庖舍缺新蒸之供,齋堂乏餅餌之給。可嘆香火,而至於是。[91]

"城郭乞食之勞"應該是盤山佛寺早期的生計模式,唐末五代寺院經濟開始轉型。碑文記載了遼代感化寺兩次寺產被侵占的事件,第一次是大康初鄰人侵占山上林麓,"割據巖壑"的措辭不似祐唐、妙祥那般寺間糾紛,應是寺院與周圍百姓的利益衝突。《遼史·道宗紀》大康元年、二年皆記有南京發生饑荒事,連續免除本地租税[92],或即當地百姓上山占地的背景,前述偷兒竊黄龍像事可能也在此時。碑文所記第二次侵田,是大安中豪民串通官家占本寺在三河縣北鄉的田莊爲牧地。該田莊不在盤山,歷史可追溯至一百多年前,可見感化寺產業之廣。碑文作者南抃在乾統六年受感化寺僧委托爲復得兩地事撰文,此時距大康失地已過三十年,距大安失地亦十年,其間寺院長期維繼,更有其他資產不在話下。

碑文記感化寺"園有甘栗萬餘株",栗自古爲幽薊名産,《史記·貨殖列傳》

---

[91] 南抃《上方感化寺碑》,《遼代石刻文編》天祚編,563—564頁。
[92]《遼史》卷二三《道宗本紀三》,中華書局,1974年,277頁。

云"燕、秦千樹栗"[93],《新唐書·地理志》幽州土貢中有栗[94],《諸山聖迹志》稱幽州"地產綾羅,偏豐梨栗"[95]。栗的種植在盤山相當普遍,也極爲重要。《盤山志》記福善寺"原屬寺中果園有斷碑,載大遼天城福善寺贖舊業栗園事"[96],元人《辯僞錄》則記金元之際全真道侵占天香、報國等寺栗園[97],未見諸記載者應該更多。值得注意的是,這些明確擁有栗園的寺院都見於上文考證,爲盤山早期寺院。古寺地位與選址優勢,爲其長久發展帶來了可觀的資源與便利。

視綫回到唐末,當滅佛的陰雲漸散,存獎、志閑等僧離開盤山繼續求學。存獎成爲義玄生命最後幾年身邊最得力的助手,在咸通八年義玄死後接過衣鉢。乾符二年(875),幽州節度押兩蕃副使董廓、幽州臨壇律師惟信以及涿州石經寺監寺弘嶼等聯名請求存獎北歸盤山傳法,得到後者應允。存獎向魏博官員請辭時,節度使韓簡之叔韓贊中說:"南北兩地有何異也?魏人何薄,燕人何厚?如來之敬豈如是耶!"最終未能成行[98]。没有人會料到,僅僅六十餘年後,存獎没能回去的盤山從中原王朝的版圖上割出,成了遼國的一部分。

四、燕雲入遼與盤山禪宗的消退

今日可見的盤山史料主要是寺院碑刻,内容指向佛教發展。然而,在10世紀的盤山,無論是當地居民還是出世的僧衆,影響人們生活最大的事件莫過於後晉天福三年(938)石敬瑭割讓燕雲十六州於契丹。一夕之間,中原王朝的子民成了遼朝國家裏的漢人[99]。

---

[93] 《史記》卷一二九《貨殖列傳》,中華書局,1959年,3272頁。
[94] 《新唐書》卷三九《地理三》,中華書局,1975年,1019頁。
[95] 陳雙印《敦煌寫本〈諸山聖迹志〉校釋與研究》下編《S.529v〈諸山聖迹志〉校釋》,158頁。
[96] 蔣溥《盤山志》卷五《寺宇一》,299頁上。
[97] 祥邁《辯僞錄》卷三,《大正藏》第52册,767頁中—下。
[98] 公乘億《魏州故禪大師獎公塔碑》,《文苑英華》卷八六八,4582頁下。韓贊中的話體現了藩鎮間對佛教資源的競爭。
[99] 遼金境内漢人境遇的概况,可參劉浦江《說"漢人"——遼金時代民族融合的一個側面》,《民族研究》1998年第6期,57—65頁。

(一) 盤山地區對政治形勢變化的反應

目前没有明確史料可以説明割讓前後盤山的反應,"千像寺造像"或許可以提供一些綫索。文物專家把這批造像的年代推定於遼,而根據《講堂碑》,它們中最早的刊刻至少可追溯至晚唐五代。碑文叙述祐唐寺的創立與重建過程如下[100]:

  1. 祐唐寺爲盤山早期五寺之一,有尊者見千僧洗鉢於澄泉而選址。"厥後於谿谷澗石之面,刻千佛之像,而以顯其殊勝也。"

  2. "爰自大兵之後,並已燼滅。"

  3. 應曆十二年,僧希悟重蓋佛殿;保寧四年(972),又建廚庫、僧堂二座;保寧十年,創建講堂。期間"廄外井有甘泉,地多腴壤,間栽珍果,棋布蔬畦"。

  4. 統和五年,立《講堂碑》。

祐唐寺最初的造像在"大兵"之前。因爲立《講堂碑》時希悟尚在世,碑中言其"爰自聚沙之歲,禮當寺寺主在楚禪師授法",繼而"年二十詣長興寺"[101],知原寺在希悟年少時尚存,"大兵"在此之後。幽薊之地,比較重大的戰事有10世紀初劉守光兄弟之間的戰争、李存勖滅劉守光等,若此,希悟在立碑時應該是九十多歲的高齡了,碑文中却未曾體現。比較可能的情况是,希悟在統和五年時七十歲上下,"大兵"的年代在石敬瑭割地前後。是時,契丹屢屢南侵,雖未有大的戰役,毁田壞寺的情形却是很常見的。

在正式併入遼國以前,燕雲許多地區已在遼人控制之下,阿保機在此安置俘户、重建州縣、改易地名[102]。《盤山志》中記載"白巖寺在盤山東盡處,建自唐代。遼天顯十一年(936)重修"[103],這一年份應該是根據某通碑刻所記,事在割讓前而用遼代年號。大體可推知,10世紀上半葉的盤山籠罩於軍閥與契丹的戰火陰雲下,人們懷着驚恐的心情發起造像,安慰亡靈,祈禱國泰民安。

---

[100] 李仲宣《祐唐寺創建講堂碑》,《遼代石刻文編》聖宗編,89—91頁。
[101] 李仲宣《祐唐寺創建講堂碑》,《遼代石刻文編》聖宗編,90頁。
[102] 參見韓茂莉《遼金農業地理》第四章第二節《燕雲十六州地區的農業生産》,社會科學文獻出版社,1999年,94頁。
[103] 蔣溥《盤山志》卷六《寺宇二》,321頁上。

造像形式爲綫刻,除了山石爲黃崗岩不易雕刻外,似乎也可理解爲有短時期內進行大量雕刻的需求。造像題材中有大日如來、觀音、地藏、藥師、彌勒等,顯示出一定的密教傾向,與唐代盤山資料所見的禪宗氛圍有較大出入。已發現的造像大量集中在祐唐寺周圍,盤山山上區域僅在古中盤等少數幾處發現風格相近的遺物,贊助者選擇在祐唐寺附近進行造像,很難説與密教的護國思想以及"祐唐"二字的象徵意義毫無關係。據《講堂碑》,先有寺再有千像,祐唐爲本名,千像先爲俗稱,而後進入正式名稱。如同盤山上甘泉普濟、上方感化、天城福善等寺名一樣,千像祐唐作爲一個複合詞構成了一個令人浮想聯翩的意象,隱約暗示出造像的目的。這些造像刊刻年代、祈願詞、供養人姓名大多缺失,可能是風化導致,也可能是當時人有意隱去。

在希悟禪師創建講堂的次年,太平興國四年(979),宋軍北伐,直指燕京,沿途軍民多有歸附。僅在薊州,六月乙亥"薊縣民百餘人以牛酒迎犒王師",七月壬午"契丹知薊州劉守思與官屬十七人來降"[104]。高梁河之敗後,宋軍南撤。雍熙三年(986),宋軍捲土重來,又遭大敗於岐溝關。再後一年,"講堂碑"立於祐唐寺。

祐唐寺創建講堂看似與大歷史無直接關聯,然而講堂動工後九年纔立碑紀念,有些不可思議。即使戰爭導致工期停滯,宋太宗兩次北伐間長達七年的間歇期也足以修建一座法堂,《講堂碑》却云"華構方成,命修辭以序之",似乎立碑者有意選擇統和五年這一時間點宣稱某種成就。碑文祝願遼朝君臣百姓,"所冀皇朝永安神業矣!相國長調鼎鼐矣!京尹之仁,無秕稗矣!郡牧之信,及竹童矣!一切含靈,同霑利樂。一切惑溺,並向真如"[105]。碑陰今有三分之二漫漶不清,僅存的部分有施主人名約三百,可見有官銜者二十餘人,供職於薊州官府、軍隊。考慮到創建講堂到立碑的九年中,北宋兩次北伐,幽薊軍民立場曖昧,這篇署名者多達八九百人的碑文顯示出某種保證書的意味。

澶淵之盟後,宋臣路振使遼至幽州,追記太宗北伐事云:

---

[104] 李燾《續資治通鑑長編》卷二〇《太宗》太平興國四年六月乙亥條、同年七月壬午條,中華書局,2004年,456—457頁。
[105] 李仲宣《祐唐寺創建講堂碑》,《遼代石刻文編》聖宗編,91頁。

> 太宗皇帝平晋陽,知燕民之徯後也,親御六軍,傅於城下。燕民驚喜,謀欲劫守將出城而降。太宗皇帝以燕城大而不堅,易克難守,炎暑方熾,士卒暴露日久,遂班師焉。城中父老聞車駕之還也,撫其子嘆息曰:"爾不得爲漢民,命也。"[106]

宋人眼中燕薊民心若此,立《講堂碑》時,署名者八九百人心境如何就不得而知了。

《講堂碑》樹立三年後,遼聖宗巡幸盤山諸寺[107],這是盤山歷史上第一次獲得皇帝垂青。之後幾年中,遼軍發動了幾次南侵。最終,宋真宗景德元年(1004)十二月,澶淵之盟訂立。次年十月,盤山甘泉寺新創净光佛塔,塔記曰:

> 伏遇我承天皇太后,恩霑萬彙,德被兩朝。致率土以虞□,實含靈而有賴。況我昭聖皇帝,垂衣而御宇宙,握鏡以統黔黎。乃見邇肅之遠安,是致塗歌之里詠。我大元帥梁國大王,機宣虎帳,力贊龍圖。遐方畏威,生民懷惠。況州主司徒,牧民廉潔,作國忠貞。早揚去獸之謠,復著還珠之美。本縣侍御,才高吐鳳,詞逸懷蛟。此時屈帶於銅章,異日已達於金闕。維那薊州司馬張彥瓊等,興國軍節度巡官李玉,道心堅固,勝(服)事修崇。於漁陽之封,在甘泉之寺,創無垢净光佛舍利塔也。非因舊址,特立新規。[108]

碑文歌頌了承天太后與遼聖宗的盛德,又贊美了大元帥梁王耶律隆慶。隆慶爲承天太后子、聖宗弟,時兼南京留守,在遼軍南侵戰鬥中屢爲先鋒,被碑文作者盛贊爲"機宣虎帳,力贊龍圖"。碑文還稱贊了州主司徒、本縣侍御、維那薊州司馬張彥瓊、興國軍節度巡官李玉等人,他們是净光佛塔與碑記的主要贊助者,薊州司馬、節度巡官等官名也出現在"講堂碑"碑陰題名中。宋遼議和,南北兩隔,在盤山迅速建立起一座政治宣示意味濃厚的佛塔,即便不能得知觀看者睹物所思,但可以肯定時人都强烈地感受到了時代變換的信號。"非因舊址,特立新規"一句,明確表達了萬象更新的態度。

金世宗曾言"燕人自古忠直者鮮,遼兵至則從遼,宋人至則從宋,本朝至則從

---

[106] 路振《乘軺録》,賈敬顔《五代宋金元人邊疆行記十三種疏證稿》,中華書局,2004年,52頁。
[107] 《遼史》卷六八《遊幸表》,1053頁。
[108] □庭用《盤山甘泉寺新創净光佛塔記》,《遼代石刻文編》聖宗編,119頁。此碑《盤山志》闕載。

本朝,其俗詭隨,有自來矣。雖屢經遷變而未嘗殘破者,凡以此也"[109],放在歷史語境中看,恐怕未必是公允的。

(二) 宗教形勢變化對盤山禪宗的影響

燕雲入遼,對遼朝整體佛教格局以及燕雲本地的佛教發展產生了巨大影響,尤其是禪宗。學界對遼代禪宗的情況知之甚少,主要觀點即根據高麗僧統義天的說法,"近者遼國詔有司令義學沙門詮曉再定經錄,世所謂《六祖壇經》《寶林傳》等,皆與焚棄"[110],認爲禪宗幾乎不存。然既有焚棄事,則反證禪宗典籍曾經流行,祇因遼代僧人缺少傳記、語錄留存,無法更新於禪宗信息網絡,故而湮沒無聞。

入遼對盤山禪門最大的影響是改變了禪僧的活動範圍,衝擊了遊方行腳的禪修模式。唐時盤山僧人多有遊歷南方之經驗,寶積曾師馬祖,求法江西;曉方是蘇州常熟人,曾就學於浙江五洩山;存獎生於薊,後"西自京華,南經水國,至於攀蘿冒險,踏石眠雲,經吳會興廢之都,盡梁武莊嚴之地,無不追窮聖迹,探討禪宗"[111]。遼初感化寺僧智辛因成長於五代,亦有"訪真侶於江南,禮名山於湖外"[112]的經歷。

宋遼對峙時,因爲有"契丹遣蔚、應、武、朔等州人來五臺山出家,以探刺邊事"[113]之類的傳聞,宋對遼僧越界南下的管理頗爲嚴格。澶淵之盟前後,宋真宗曾下達兩道處置北界來歸僧人的詔書,核驗身份,安排返鄉[114],後又詔令河北緣邊寺院"不得留契丹界人爲行者"[115]。雖然史籍中仍有零星越境事見載,但可認爲南北通道大體斷絕。智辛這一代人去世後,盤山僧衆便再無行腳南方的經驗,更不用說南方僧人北上駐錫了。

雖然在宋代的禪宗譜系中被忽略,遼代盤山禪宗的傳承脈絡依舊可尋。大康九年《非覺大師塔記》稱甘泉寺爲"禪師宴息之所,〔非覺〕杖錫一往,遂有終焉

---

[109]《金史》卷八《世宗本紀下》,中華書局,1975 年,184 頁。
[110] 志磐撰,釋道法校注《佛祖統紀校注》卷一四,上海古籍出版社,330 頁。
[111] 公乘億《魏州故禪大師獎公塔碑》,《文苑英華》卷八六八,4582 頁下。
[112] 張明《感化寺智辛禪師塔記》,《遼代石刻文編》太宗、世宗、穆宗、景宗編,6—7 頁。
[113]《續資治通鑑長編》卷一七七《仁宗》至和元年九月丁亥條,4283 頁。
[114] 徐松輯,劉琳等校點《宋會要輯稿》道釋一,上海古籍出版社,2014 年,9982 頁。
[115]《續資治通鑑長編》卷八一《真宗》大中祥符六年七月乙未條,1839 頁。

之志"[116];《上方感化寺故監寺澄方遺行碑》稱誌主"後探祖道,悟以真空"[117];盤山不遠處的崆峒山,亦有寂照大師活動[118],此三人年齡相仿,活動年代均在11世紀中後期。此外,重熙十七年《薊州沽漁山寺碑銘》亦有"坐禪行道,不捨六時"[119]之語。

遼代中後期,盤山佛教呈現出淡化禪宗,兼修多宗的傾向。甘泉寺非覺"弘闡律藏,獨步幽燕"[120],非覺弟子等偉"肆習經律二,學者推之"[121],二人均以律學聞名。入遼後,盤山僧人外出參學的目的地主要爲南京析津府,從當地禪院沿革可知禪宗日趨式微的情況。清《順天府志》記大萬壽寺沿革云,"遼太宗會同年間(938—947)至世宗天禄(947—951)初,有開龍禪師智常弘潭柘之道,於燕創此寺,景宗保寧初賜名悟空,聖宗統和十九年改名萬壽禪院。至太平年間(1021—1031)改名太平寺,道宗太(大)康中改名華嚴寺"[122]。"潭柘"言京西潭柘寺從實禪師,曹洞宗傳人,智常或是其弟子。該寺從創寺到改名萬壽禪院,都顯示出禪門特徵,至道宗改名,該寺佛教思想的主流已成華嚴。遼金易代後,有禪僧希辯自青州來,時華嚴寺僧稱之爲"潭柘再來"[123],推知此前禪宗業已衰落。希辯法嗣行通大定五年時主持盤山甘泉普濟寺並坐化於斯,此外金代盤山還有廣温、圓新等禪師活動,從他們的傳記中可知,入金後幽薊地區行脚參學的風氣得到恢復[124]。

唐末五代,盤山禪宗興盛,入遼以後,這種基礎不會驟然消失,禪宗風氣依舊在盤山維持。然而,作爲禪宗活力來源之一的游方行脚在入遼後遭到極大限制,盤山僧人難以參訪大師獲得"印可",盤山禪門無法進入南方話語。同時,禪宗

---

[116] 《非覺大師塔記》,《遼代石刻文編》道宗編下,398頁。《盤山志》有傳而碑文闕載。
[117] 即祁《上方感化寺故監寺澄方遺行碑》,《遼代石刻文編》道宗編下,421頁。
[118] 《寂照大師並門資園湛身銘》,《遼代石刻文續編》,234頁。
[119] 《薊州沽漁山寺碑銘》,《遼代石刻文編》興宗編,255頁。
[120] 《非覺大師塔記》,《遼代石刻文編》道宗編下,398頁。
[121] 南抃《普濟寺嚴慧大德塔記銘》,《遼代石刻文編》天祚編,572頁。
[122] 繆荃孫輯《順天府志》卷七,北京大學出版社,1983年,8頁。據《日下舊聞考》卷六一《城市 外城北城》,大萬壽寺後來之永光寺,1005頁。又,路振《乘軺錄》載,"出北安門,道西有華嚴寺,即太宗皇帝駐蹕之地也",賈敬顔《五代宋金元人邊疆行記十三種疏證稿》,53頁。北安門即遼南京通天門,位置與永光不合,且此時《順天府志》所記華嚴寺尚稱悟空寺,應該不是同一寺院。
[123] 《順天府志》卷七,8—9頁。
[124] 蔣溥《盤山志》卷八《方外一》,347頁下—348頁下。

在遼代佛教體系中也被邊緣化，試想焚毀禪宗文獻的法令在北宋境內必引發激烈抵制，而遼朝禪宗勢力範圍局限於幽薊，更易壓制，遼帝推崇華嚴、密教，盤山禪宗的發展軌迹自不能與宋境禪門同日而語。

五、結論

通過考察盤山碑刻史料與相關文獻，本文已大體勾畫了晚唐五代遼時期盤山佛教的概況。就發展歷程而言，盤山寺廟群先是起源於山脚，逐步向中盤與峰頂發展。水源與山林資源是寺廟選址的重要考慮因素，"五個盆池隱毒龍"的傳說象徵了早期山上寺院的分布與邊界。

盤山佛教聲譽漸隆與本地禪僧寶積、道宗、曉方的弘法有關，至臨濟義玄興於鎮州，普化、存獎、志閑等盤山僧衆與臨濟宗發生聯繫，盤山禪門進一步鑲嵌入禪宗譜系與信息網絡，盤山成爲外地禪僧遊學參訪的聖地。同時，會昌滅佛的政策導致幽薊城市中的僧人避難盤山，本地寺院與僧人的數量驟增，一定程度上加速了農禪結合的進程。

石敬瑭割燕雲於遼，對盤山佛教與地域社會產生重大影響。我們雖無法真切體會時人心情，從南北局勢各關鍵節點所立碑刻中仍可感受當地敏感的政治氛圍。失去了與南方禪宗的聯繫，盤山禪門獨立發展，雖有零星禪僧痕迹，終淪爲禪宗網絡中的"失語者"，不可避免地走向衰落。

本文希望跳出傳統唐宋叙事，以舞臺邊緣的河北爲視角看待9至11世紀的歷史。這段歷史前半部分的關鍵詞是藩鎮，藩鎮官員在州縣城市嚴格執行武宗的滅佛法令而放任於山林，促使僧衆在短時間內大規模向盤山聚集；後半部分的關鍵詞是契丹，本文對遼代無禪宗的傳統觀點予以反駁，指出晚唐五代興盛一時的盤山禪門不會迅速銷聲匿迹。在呈現地域社會特殊性的同時，盤山禪門的興衰很好地展現了具體地方與全國整體的關係，本文試圖闡釋進入禪宗主流話語與信息網絡對一處山門的影響，盤山之興得乎"預流"，盤山衰落亦可歸因於網絡關係之斷絕。從唐至遼，由華夏邊緣到契丹邊緣，盤山佛教與區域社會均發生重大轉變，如何在遼宋夏金的多元世界格局中理解唐的遺產以及9至11世紀的社會轉型問題，希望本文所作嘗試能爲今後的研究提供一些參照。

Buddhism in the Yan and Yun Regions and Zen during the 9–11th Centuries: A Study Based on the Inscriptions at Mount Pan

Nie Jing

Based on the inscriptions at Mount Pan (Panshan 盤山) and S.529v *Records of Sacred Mountains and Relics* (*Zhushan shengji zhi* 諸山聖迹志) discovered at Dunhuang 敦煌, this paper restores the development and spatial structure of Buddhism at Mount Pan in the late Tang Dynasty, Five Dynasties and Liao Dynasty. It attempts to depict the historical scene of Yan 燕 and Yun 雲 regions beyond the narrative of the Tang-Song Transformation. The rise of Buddhism at Mount Pan began with activities of Zen monks such as Baoji 寶積 and Daozong 道宗. Buddhist temples were first constructed at the foot of the mountain and gradually developed to the middle and the top of the mountain. Water and wood are important consideration for the site selection of temples. The tale of "poisonous dragons hidden in five pools" symbolizes the allocation of early temples and the territorial boundary between different temples. After Yixuan 義玄 of Linji 臨濟 arrived in Zhenzhou 鎮州, monks at Mount Pan were associated with him, and some of them entered the Linji genealogy. The history of Mount Pan was integrated into the larger narration of Zen, and it became a holy mountain for Zen pilgrims. The Huichang Persecution of Buddhism 會昌法難 led monks in Yan and Yun regions to take refuge in Mount Pan. Temples and monks increased rapidly and it accelerated the process of integrating agriculture and Zen. The cession of Sixteen Prefectures had a significant impact on Buddhism at Mount Pan and the local society. Inscriptions reflect the sensitive political atmosphere of the transition from the frontier of Huaxia 華夏 to the frontier of Khitan during the Song-Liao Wars. Under the control of Liao regime, Zen of Mount Pan did not decline rapidly. However, travelling, as one of the vital practices of Zen, was greatly limited. The Zen at Mount Pan could not enter the mainstream discourse and information network of Southern Zen, and finally declined in the middle and late Liao Dynasty.

職官與墓誌:隋代墓葬官爵等級制度研究

李嘉妍

《隋書·百官志》開篇引《易》曰:"天尊地卑,乾坤定矣,卑高既陳,貴賤位矣。"中國古代以"位"之高低爲尊卑之序,以官階制度構築起一整套相對複雜、多元的政治序列,因此,在考古學研究中,針對墓葬材料禮制等級的分類與排序,也成爲最爲常見的認識方法之一。墓葬的主體對象是"人",是或擁有特殊社會身份的個體;當某一個體從帝國的政治架構中消解時,對於其墓葬的營建便成爲一種具有政治符號意義的儀禮;而多數個體所建構起的這一組身後墓葬等級體系便直接源於其生前所處的政治官階制度。

"分科分層"作爲官階制度最基本的特徵,提供了一個分配權力、責任和資源的等級架構,同時也提供了官僚個人獲得報酬、地位和聲望的基本級差[1]。其中自然也包括了死後喪制、凶禮的種種安排。誠然,這種以官階制度爲導向的墓葬等級制度研究在審視考古學物質材料時並未受到足夠的重視,尤其是在中古時期,自魏晋時期以九品官制容納各種位階的一元性框架形成,至唐帝國"職、階、勳、爵"複合式位階體制的完善,中國古代的官階制度成爲一個"一元化多序列的複式品位結構"[2]。這一框架能否被體現在目前可見的墓葬體系之中是值得被進一步討論與思考的。

社會分層中的地位是抽象的,也是具象的,體現在有形有象的禮物、禮數和

---

[1] Max Weber, *Economy and Society*, edited by G. Roth and C. Wittich, University of California Press, 1968, pp. 218. 220. 閻步克《品位與職位:秦漢魏晉南北朝官階制度研究》,中華書局,2009 年,2 頁。

[2] 閻步克《中國古代官階制度引論》,北京大學出版社,2010 年,3 頁。

禮節,空間的占位之中[3]。墓葬的等級序列就是極爲明顯的一個表現特徵,但在考古學墓葬研究中,學者往往出於材料的限制,將墓葬等級制度還原成爲一種略顯扁平化的一元性垂直結構模式,基本祇以"九品"官制進行概括排序,並多以一、三、五品爲界進行劃分,而全然不管魏晉南北朝至隋唐以來,官階制度本身所具有的複合式特殊結構,及時間維度上的職官演變。衡量的標準也主要集中於墓葬規模形制、隨葬品數量與規格等,而忽略歷史真實社會情境中政治官僚體制對墓葬禮制構建的決定性影響,以致在對墓葬等級制度的認知上出現偏差。

南北朝以降,臨隋之初建,正統未立,而遺臣衆多,歷仕不一。高祖受命,依前代之法,融(北)魏齊、梁陳及(西)魏周傳統,以建構新朝官制[4]。其中既得承沿北魏舊風,又必上溯周、漢之禮,同時需兼顧西魏北周以來關隴軍功集團的權益,頗顯猶豫遲疑。而同時搖擺不定、異向發展的,還有作爲官僚特權與禮遇物質表現的墓葬等級制度。因此,在這一承前啓後、百川朝海的歷史階段,如何具體認知官階品位與墓葬等級之間的關係,進一步細化墓葬等級制度與官僚品級框架之間的對應關係,構建出一套符合歷史邏輯與事實的制度理論,確應成爲考古學墓葬制度研究中的重中之重,也是未來相關學術發展的可能趨勢。

據上,本文將以墓誌材料與職官制度爲主,重點解讀隋代目前考古發掘可見的明確個體身份、官階的墓葬材料,研讀出土墓誌文本,以墓主人出仕廟堂、官爵升遷爲中心,考察其職官品級,並梳理相關墓葬形制、薦車馬明器及飾棺等各種考古物質現象;在歷史學職官研究的視角下,對隋代墓葬等級制度進行深層次剖析與闡釋,試圖構建起一套以職官品位爲核心、融合地方傳統、政治取向等多維度的墓葬等級體系。

一、隋初官制的改革與融合

隋文代周,改周之六官,制名多取前代之法。所謂前代之法即所謂漢魏之

---

[3] 閻步克《從爵本位到官本位——秦漢官僚品位結構研究》,生活·讀書·新知三聯書店,2017年,262頁。

[4] 陳寅恪《隋唐制度淵源略論稿 唐代政治史述論稿》,生活·讀書·新知三聯書店,2001年,3頁。

制,實則大抵自北魏太和傳授北齊之制〔5〕。而《隋書》又言高祖採北周之制,以上柱國、柱國等總十一等以酬勤勞。由此可見,文帝在隋初建制之時,爲平衡與中和各方集團的權益,在官制淵源之上始終搖擺不定,煬帝繼位後,又對官制進行了創制性的改革,直至唐貞觀年間,隋唐之際的職官制度纔最終塵埃落定,形成一種職事官、文散階、武散階、勳官與官品相互配合的複合體系〔6〕。誠然,這已是初唐以後的官制體系,較周、隋之際仍有偏差。

在北周隋唐的官爵系列中,大致可分爲職事官、散官、勳官和爵位,散官可以文、武相分,在唐以前幾乎衹見文散官,而武散官的前身應爲北周時期可見的"散號將軍",或可稱"軍號"。勳官亦是唐代建制後的名稱,前稱"戎秩",至隋爲"散實官"。散官與勳官在性質上較爲相似,並無具體職事,衹示身份之位次,但其歷史來源與政治屬性却各不相同,經歷了較爲複雜的演變過程〔7〕。西魏北周多以軍號與散官"雙授",即在授予軍號的同時,加授散官,一武一文,兩兩相間排列。隋初,在面對北周軍階(軍號)、文散階(散官)和戎秩(散實官)三者之時,文帝權衡各方,最終採取了廢止文散階而使散實官與軍號相銜接的措施,並通過擴展散實官、壓縮軍階的辦法,使二者在品級結構上較爲均勻合理,構成一個本階序列。煬帝時,又再次以散實官與文散官合二爲一成散職,以"九大夫加八尉"的序列全盤取代散實官與軍號,接管其"本階"功能〔8〕。

職事官,顧名思義,則爲官員的具體職權,一般可認爲是實職,以"事"爲中心,是對任務與權責的分等〔9〕。爵位則由來已久,西周晚期則有以"爵"稱等,分"諸侯公、侯、伯、子、男"五等爵,秦漢之際又有二十等爵之制。這幾類不同的品位與職位各有所用,相互之間又有所勾連,共同形成了北周隋唐之際的官僚體系,亦逐層勾勒規劃出清晰可見的社會等級體制。

歷史學研究中,對於這一時期各類官爵的演變、整合,以及其與本階、本品之間的關係等一系列問題多有探討爭論,以此説明官階研究中的核心問題——

---

〔5〕 陳寅恪《隋唐制度淵源略論稿 唐代政治史述論稿》,94 頁。
〔6〕 閻步克《品位與職位:秦漢魏晉南北朝官階制度研究》,608—609 頁。
〔7〕 陳蘇鎮《北周隋唐的散官與勳官》,《北京大學學報》1991 年第 2 期,31—38 頁。
〔8〕 閻步克《品位與職位:秦漢魏晉南北朝官階制度研究》,608—642 頁。
〔9〕 閻步克《中國古代官階制度引論》,14 頁。

"品位",即不含權責要素,却配置有薪俸、資格、特權及禮遇要素,而且具有個人屬性的官號[10]。而考古學在面對墓葬等級制度時,却基本忽略這一套官階體制的影響,僅以寬泛的品級指向大致的墓葬形制,演化出相應的墓葬等級制度。明人王鏊在其《震澤長語》一文中言及:

> 唐制,有勳,有階,有官,有爵。爵以定崇卑,官以分職務,階以叙勞,勳以叙功,四者各不相蒙。有官卑而勳階高者,亦有勳階卑而官爵高者。[11]

可知職、散、勳、爵各有所重,非一類也,亦不可將其混爲一談,視無差别也。特别是在對這一時期的墓葬進行考古學研究時,研究者亟需對部分文本材料(尤指墓誌),進行更爲深入的剖析解讀,再與物質資料相印證,方能對墓葬等級制度產生較爲清晰、合理的認識。

據此,筆者遂以隋開皇元年(581)至義寧二年爲界(618),對這一時間段内經由科學考古發掘並明確墓葬具體概況的墓誌文本逐一進行研讀,重點考察墓主人出仕、任職、加封、轉授等生平經歷,以此考證墓主人具體的官階品級[12]。

相關情況見文末附表1。

如前所言,隋時朝臣多爲周、齊舊臣,原即有封授,尤以開皇年間居首,文帝對這批官僚貴族的態度基本仍採撫恤之意,加授職事官,維持其爵位及"戎秩",或重新加封"散實官",以表明其身份之尊。另有先後歷任魏、齊、周三朝,間或隋四朝,而葬於開皇以後者,官階升遷跨度較明顯,如周故殄寇將軍益州陽安令

---

[10] 閻步克《中國古代官階制度引論》,268頁。

[11] 王鏊《震澤長語》卷上《官制》,載王鏊、王禹聲《元明史料筆記·震澤先生别集》,中華書局,2014年,21頁。

[12] 據目前可見的考古材料,隋墓多爲周、齊舊臣,或有魏始四朝重臣。因此,對於其人官職的考訂需依北魏以降至隋之官制,據時間序列與官制分化逐一確定。主要參考歷史文獻如下:《晋書》《梁書》《陳書》《南齊書》《北齊書》《周書》《隋書》《南史》《北史》《舊唐書》《新唐書》《通典》《唐六典》等;另有參考閻步克、陳蘇鎮等學者對北周"軍號""戎秩"及隋"散實官"等官職的考證。基本以墓主同一官階序列中的最高或最末品位爲主,或以其墓誌自題爲准。由於爵位及戎秩(或稱散實官)存在改朝前後的"如舊"或"依故"情形,一般會對此進行具體説明;若存在前朝加封後,後朝加授或降階亦會具體羅列。此外説明,後魏官階以"第—從"相稱,北齊及隋以"正—從"相稱,且均分"上階";北周於西魏末年參照《周禮》改制,官品取裁周制以"九命"爲等,加"正—從",以九爲尊,與前兩者不同。上、中、下州暫取開元年間爲標界,考《通志·地理略》。官制之變革,多則幾朝,少則幾年而改,需以個人生平年限爲准,且考證過程繁雜冗餘,故祇在正文附以筆者定論,不再示其緣由過程。

高潭、故駕部侍郎徐敏行等,這或與北周滅齊時所秉持的用官之策有關。《周書·宣帝紀》載曰:

  八月丙寅,夕月於西郊。長安、萬年二縣民居在京城者,給復三年。壬申,行幸同州。遣大使巡察諸州。詔制九條,宣下州郡……七曰,僞齊七品以上,已敕收用,八品以下,爰及流外,若欲入仕,皆聽預選,降二等授官。[13]

以此,北周在處置這批北齊舊臣時,多稍降以示改朝之意,但居高位者仍尊,這與隋初文帝之制可謂同源同質。此外,值得注意的是這一時期改葬與遷葬的現象集中,墓誌對其紀年相對較清晰,改遷時所依喪制多以新禮而葬。

二、統一規劃的墓葬分區體系

  在探討墓葬等級制度時,地方性因素始終是首要亟需甄別的特殊影響要素之一,尤其是對於一個新生的集權帝國而言,制度的規劃者仍在多源的制度可能中搖擺不定,嘗試追崇舊禮、復興漢魏,在既定的初步框架内尋求整合與統一。因此,隋代墓葬等級制度中的地方傳統仍具有極爲明顯的表現特徵,以墓葬形制爲代表,體現出強烈的地方性因素。

  這一類因素在墓葬等級制度的研究中,應當被進行視覺化的鑒識,以取捨性的方式納入等級制度考察的範圍之中。由於地方傳統本身的差異性並不能直接等同於等級的次序排列,而是更傾向於傳統的禮俗承襲,甚至是個人的取向選擇,因而亦能在一定程度上反映統治者的政治態度、安排與策略。

  以上文所列的墓葬爲考察對象,其地域分布仍主要集中於周、齊舊地,南方地區幾乎不見,這或許能夠窺見隋初以來對政權的營建並未較多涉及長江以南的地域。而針對北方區域内隋墓的地理排列,上層規劃者卻似是早有預判,在地方傳統上依據北齊、北周兩大葬制體系呈現出分化的特徵。誠然,這種文化傳統的分類是建立在對考古學文化判定的基礎上,主要依據物質文化所表現出的形式進行歸納。但是如若僅僅以此進行概括,較隋代上層統治者而言,未免稍顯簡略。如何對故舊之臣、身居要位之臣的墓葬進行統一規劃,應當是鞏固其政治統

---

[13] 令狐德棻等《周書》卷七《宣帝紀》,中華書局,2003年,116頁。

治的必要手段,亦是平衡各方利益集團的重要砝碼。隋文、煬兩帝,以這樣一種似乎可見規律的墓葬規劃體系,彰顯了自身的政治取向以及本位選擇。

據此,本文所要討論的隋墓分區絶不僅僅基於墓葬本身所反映出的考古學文化歸屬,對此問題也已有學者進行過相關研究,並將北方地區隋墓總體分爲關中與關東兩大文化區域[14],簡單而言,即是以土洞墓爲主的北周傳統與以磚室墓爲主的北齊傳統。兩者的分區主要以周、齊域界劃分,黄河以東爲關東、以西爲關中,呈現出相異的墓葬文化面貌。

而筆者所要闡述的是基於墓葬個體形成的群體性認知,即各個區域内的墓葬主體對象是否具有相似的政治官階屬性,换言之,即墓主的仕途經歷與品級官爵是否會影響其葬地的選擇。在對墓誌文本進行梳理整合後,以下主要依據墓主的出身郡望、起家經歷及出仕升遷等個人因素,初步將隋代可見官品的墓葬分爲以下五個區域範圍:關中京畿地區(即今陝西西安及其周邊區域)、并州地區(即今山西太原及其周邊區域)、北齊鄴城地區(即今河南安陽及其周邊區域)、青齊地區(即今山東、江蘇北部及安徽部分區域)以及恒山郡轄區(即今河北中部及其周邊區域)。

隋代北周,設都於大興,關中京畿地區爲當時的政治核心區域,墓葬形制衹見土洞墓,完全繼承北周以來的地方傳統[15]。可見的墓主身份多爲北周舊臣,出仕西魏、北周,未入齊"僞"朝或投誠入周,受封戎秩、爵位,且官階較高,爵位以開國郡縣公爲主,均屬九命之列,至隋又封襲如舊,尊位不改。或有至隋方起家者,任職事官,職品較高,但未有散勛或爵位,亦葬於此。由此,這一地域内的墓主多爲隋初政治中的砥柱之流,列核心之位,隷屬於北周關隴軍功集團;兼或有後起之輩,也爲掌握實權、品級較高的職事官,是政治運作施行中的重要環節。隋初將這兩類政治集團及群體的墓葬主要安置於政權統治的核心地帶,既符合高祖關隴本位的執政取向,亦是鞏固統治的必要選擇。京畿地區也是明確官品隋墓分布的主要區域,墓葬等級制度呈現較爲清晰的序列。

逐漸向東,其他四個分區均在東魏、北齊故地,墓葬形制仍沿襲前朝,以磚室墓

---

[14] 石文嘉《隋代墓葬的考古學研究》,南開大學博士學位論文,2014年5月,63—69頁。
[15] 陝西潼關稅村隋代壁畫墓採用磚室墓的葬制,該墓墓主人身份被推定爲隋廢太子勇,針對該墓的墓葬形制研究已有相關著述,主要與其政治取向有關,將在後文具體闡釋。

爲主,在墓室數量上規定並不嚴格。但各個區域之間所葬之貴族官吏互不相同。并州地區所葬者多爲北齊舊臣,周滅齊後,再入周出仕,至隋立,或受隋"板授"[16],不封實職,官階不高,並未進入政治的核心圈層。北齊鄴城地區亦有相似之處,葬者爲一批北齊舊臣,部分復歸北周,又受隋封;另見去世較早,未至周、隋者,也葬於相州地區。另有少數民族"領民酋長"或他國貴族也見葬於上述兩地[17]。

青齊地區所葬者幾乎均爲北齊舊臣,且多數始終未受周、隋之封,更有加授而拒奉者[18]。墓葬形制保留了相對完整的北齊舊制,但相較於中原地區出現了明顯的僭越之禮,或與其地方傳統有關。此外,其中也有統治者特賜而葬於青齊者,如儀同三司濟南郡守吕道貴[19]。高祖初建國時,便追贈其外祖爲上柱國太尉青州刺史封齊郡公,是爲從一品,並立廟於齊州,吕道貴即爲其子,後史載其"數犯忌諱,動致違忤"[20],上耻之,斥於齊地,終而葬。

北臨的恒山郡轄區是一個較爲特殊的墓葬分區,這一區域內可見的墓葬基

---

[16]《北史·周本紀》記曰:"己巳,板授高年刺史、守、令,恤鰥寡孤獨各有差。"《隋本紀》又曰"今既布政惟始,宜存寬大。可分遣使人,巡省方俗,宣揚風化,薦拔淹滯,申達幽枉。孝悌力田,給以優復。鰥寡孤獨不能自存者,量加振濟。義夫節婦,旌表門閭。高年之老,加以版授,並依別條,賜以粟帛。"又載:"今往涿郡,巡撫民俗。其河北諸郡及山西、山東年九十已上,版授太守;八十者,授縣令。"由此可知,周、隋之際以高齡之父板授官職,據宋循墓誌,其開皇四年蒙授"遂州刺史"一職時已八十有五,應非實職。李延壽《北史》卷九《周本紀上》,卷一二《隋本紀下》,中華書局,2003年,335、442、455頁。羅新、葉煒《新出魏晉南北朝墓誌疏證(修訂本)》,中華書局,2016年,376—378頁。

[17] 虞弘任并、代、介三州鄉團,檢校薩寶府職事,官階正九品。麴氏高昌國第一任國王麴嘉之孫麴慶,以北齊平陽王府參軍事遷司馬,封振威將軍。兩人均屬少數民族族裔而分別葬於并州、相州之地。此外,歿於隋大業年間、葬於唐貞觀元年的乞扶令和及其夫人郁久閭氏,由齊入周、歸隋,亦葬於衛州汲縣(今河南衛輝),隸屬相州周邊區域。山西省考古研究所、太原市考古研究所、太原市晉源區文物旅遊局《太原隋代虞弘墓清理簡報》,《文物》2001年第1期,1、27—52頁;《太原隋虞弘墓》,文物出版社,2005年。張慶捷《虞弘墓誌考釋》,榮新江編《唐研究》第7卷,北京大學出版社,2001年,145—176頁。孔德銘、周偉、胡玉君《河南安陽發現隋代漢白玉石棺床墓》,《中國文物報》2021年1月15日第8版。趙川、白彬、于孟洲《河南衛輝市大司馬村隋唐乞扶令和夫婦墓》,《考古》2015年第2期,2、32—70頁。

[18] 故駕部侍郎徐敏行之父徐之範爲北齊重臣,北齊年尋敕除太尉府法曹參軍,據其墓誌所載:"周大象元年,除司膳二命士,非其所好,辭事言歸。"可見,徐敏行在周滅齊後,拒受北周官號。山東省博物館《山東嘉祥英山一號隋墓清理簡報——隋代墓室壁畫的首次發現》,《文物》1981年第4期,28—33、97—98頁。羅新、葉煒《新出魏晉南北朝墓誌疏證(修訂本)》,342—344頁。

[19] 李銘、郭俊峰《濟南隋代吕道貴兄弟墓》,《文物》2005年第1期,29—32、98頁。

[20]《北史》卷八〇《隋文帝外家吕氏傳》,2695頁。

本均爲因遷葬而建,以家族墓地形式爲主;其墓主多是北魏至東魏、北齊的遺臣,出於某些特殊的緣由先後入周爲仕[21],其後再歸隋,去世後相隔多年,再由後人遷於故地而葬,建制是上仍使用北齊磚室墓的傳統。

總體而言,隋初在規劃新舊重臣墓葬的地理序列上初見體系,呈現出以關中京畿地區爲核心,向東延伸發展,青齊地方勢力逐漸加強的趨勢。這一現象既與歷史發展相關,又極度符合高祖以關隴本位爲主要政治選擇的歷史情境,在煬帝時又見動搖與衝擊。但由於後期墓葬材料的限制,這一轉變的表現並不明顯,本文因此不再贅述。在葬制的地方傳統上,隋較北朝時期幾乎一致,北齊起家後復歸的舊臣仍多使用磚室墓等北齊葬制傳統,上層制度的執舵者似乎對此也並未進行強制干涉,究其原因:一則國之初立,地方傳統的革新確需一定的時間過程;二則新生政權的穩定,以此作爲籠絡人心的方式也不失爲一種良策。

三、特權、禮遇與本階

特權與禮遇是品秩位元階的重要內容,官僚依品秩而享有各種特權,包括政治、文教、法律、經濟等方面的特殊待遇,同時依據等級禮制而保障自身作爲官貴的特殊生活方式[22]。其中,墓葬就是表達這種特權與禮遇的重要物質載體。下文將選擇墓葬作爲主要考察對象,從考古學研究的視角,就墓葬形制、葬具使用、隨葬器物以及裝飾壁畫等多個層面進行對比歸納,以審視古代政治社會中以階品構築起的一種等級尺度。相關墓葬概況見附表2。

就墓葬形制與規模而言,西安地區可見的墓葬多以單室土洞墓爲主,不見磚

---

[21] 河北崔氏一族爲北魏之後,後祖孝芬因遷都意見左右而爲高歡所殺,其族投誠北周,後由周入隋。考崔氏爲博陵郡安平縣人(今河北安平),故與其妻、子同遷回故地,以族葬。魏東梁州刺史閻靜,恒山靈壽人(今河北靈壽),北魏年間即死於東梁州(今陝西安康)任上,且與其四子同時死亡,或因公而亡,大業年間遷葬回河北,葬其故地。益州陽安令高潭、安平李孝公敬族均爲如此。劉連强、夏素穎、韓雙軍《河北平山縣西岳村隋唐崔氏墓》,《考古》2001年第2期,55—70、102—104頁。樊子林、劉友恒《河北獲鹿發現北魏東梁州刺史閻靜遷葬墓》,《文物》1986年第5期,42—45、97頁。何直剛《河北景縣北齊高氏墓發掘簡報》,《文物》1979年第3期,17—31頁。劉玉呆《饒陽縣王橋村隋墓清理簡報》,《文物》1964年第10期,47頁。

[22] 閻步克《中國古代官階制度引論》,15—17頁。

砌，雙室墓祇見三座，分別爲宋忻[23]、段威[24]及鹿善[25]墓，且形制較爲一致，於前室後壁直接構築長方形後室，並無甬道相連。其中宋忻爲大隋使持節上開府幽州總管潞州諸軍事潞州刺史宜遷縣開國公，職事三品，北周加戎秩"上開府（儀同大將軍）"，從九命，隋開皇元年進爵從一品；而段威及鹿善均爲開皇後合葬，官爵均封授於北周，爵級正九命。同授九命或一品爵位，加散實官、職事官者，亦有使用單室墓的情形，或與官階無關，出於個人選擇。可見隋時對墓室數量的規定未似後唐制般嚴苛，仍存在一定的空白餘地。北齊舊地的磚石墓更見多室墓的形制，與墓主的官階品級並無直接關係，使用者有皇親，亦有普通未見封階爵、祇任普通職事的官僚，或源於魏晉時期磚室墓的傳統，未完全脫離其影響。此外，由於形制的差異，墓葬規模並未形成嚴格的等級序列，即使是在單一的土洞墓或磚室墓範圍之内比較，也祇能得到似是而非的結論，加之早期發掘多是僅清理墓室，對墓道、甬道等的發掘記錄幾乎不見，故祇可見相對爵位較高或散實官加階較高者，墓葬規模較大，單室墓墓室或雙室墓前後室長、寬可至 4 米以上，但不符合者亦較多。

葬具的使用始終是墓葬等級制度研究中極爲重要的關注點。《通典·凶禮七》載唐朝曾明令禁止石槨石棺的使用：

> 大唐制，諸葬不得以石爲棺槨及石室。其棺槨皆不得雕鏤彩畫、施戸牖欄檻，棺内又不得有金寶珠玉。[26]

《唐六典·司儀署》亦有相關記載：

> 凡葬禁以石爲棺槨者。其棺槨禁雕鏤、彩畫、施戸牖欄檻者，棺内禁金寶珠玉而斂者。[27]

---

[23] 陝西省考古研究所隋唐研究室《陝西長安隋宋忻夫婦合葬墓清理簡報》，《考古與文物》1994 年第 1 期，32—41 頁。

[24] 孫秉根《西安隋唐墓葬的形制》，載徐元邦編《中國考古學研究——夏鼐先生考古五十年紀念論文集（二集）》，科學出版社，1986 年，151—190 頁。

[25] 陝西省考古研究院、咸陽市文物考古研究所《陝西咸陽隋鹿善夫婦墓發掘簡報》，《考古與文物》2013 年第 4 期，35—44、121 頁。

[26] 杜佑《通典》卷八五《凶禮七》，中華書局，1996 年，2299 頁。

[27] 李林甫等撰，陳仲夫點校《唐六典》卷一八《鴻臚寺》"司儀署"條，中華書局，2008 年，508 頁。

儘管如此,唐制內仍有以石槨石棺下葬者,學者一般將其稱爲"別敕葬"[28],以顯示身份之尊貴,隋墓中亦是如此。目前可見的材料中,使用石質葬具或石質墓門的墓葬,其墓主身份均較爲特殊,即不論職事、散勳如何,均加封爵位,且爵位均在九命或從一品以上[29]。

但值得注意的是,石質墓門的使用似乎祇適用於在隋以前就已被封九命或一品爵、至隋仍如舊封襲者。而開皇元年以後,進爵或加授者並不被允許使用。隋故汝南公張綝與其婦合葬墓[30]中即未發現石門的使用,僅以單磚封門。張綝北周時爲侯,至開皇元年進爵爲公,與前文提及的宋忻一致,均爲入隋後加封一品郡縣開國公。兩者墓中均未使用石門或石質葬具。北周入隋,文帝以關隴勢力而取天下,爲穩定朝局,或加授了一批原在北周爲仕,爵位不上九命或一品之人,進爵爲各郡縣開國公,階從一品。但他們在官爵地位上仍不能與北周原列貴胄之族相比,因此,在石料的使用上也頗受限制。

此外,這種特殊石質葬具與石門或還被允許在家族範圍內共同使用,以青齊地區的徐氏家族[31]爲例,父徐之範封襲西陽王,爵品位列正一,其墓使用石質墓門及蹲獅門砧,子敏行職事駕部侍郎,未見授爵,仍使用石門及臥獅門砧。河北崔氏家族墓地亦如此,崔仲方職事官至禮部尚書,加封固安縣公,爵位從一,由於其墓葬破壞嚴重,形制幾乎不存,故不知是否使用石門;但其妻李氏麗儀、子大善均設石門。崔大善僅封伯陽縣開國男,爵品爲正五上,更無職事、散階,却使用了更高等級的石質墓內設施,可見崔氏妻、子應均隨夫、父爵位而遷葬。

《唐六典·司儀署》記曰:

> 凡京官職事三品已上、散官二品已上遭祖父母、父母喪,京官四品及都

---

[28] 齊東方《試論西安地區唐代墓葬的等級制度》,載北京大學考古系編《紀念北京大學考古專業三十周年論文集(1952—1982)》,文物出版社,1990年,289—295頁;《略論西安地區發現的唐代雙室磚墓》,《考古》1990年第9期,789、858—862頁。

[29] 這一喪制在初唐時期安葬已故隋舊臣時仍適用。北周西河郡公乞扶令和,殁於隋大業六年(610),唐貞觀元年(627)合祔於其婦郁久閭氏墓,郁久閭募滿殁於開皇八年(588)。從墓中隨葬品的特徵風格來看,出土器物幾乎均具有較爲明顯的隋代早期特徵,當是郁久閭氏葬時依據乞扶令和官爵所設。墓中所用的石門、蹲獅門砧等也應爲隋時之制,至初唐合祔亦符合禮令,再未改。

[30] 西安市文物保護考古研究院《西安長安隋張綝夫婦合葬墓發掘簡報》,《文物》2018年第1期,1、26—46頁。

[31] 李衛星《山東嘉祥英山二號隋墓清理簡報》,《文物》1987年第11期,57—60頁。

督、刺史並內外職事若散官以理去官五品已上在京薨、卒,及五品之官死王事者,將葬,皆祭以少牢,司儀率齋郎執俎豆以往;三品已上又贈以束帛,一品加乘馬。既引,又遣使贈於郭門之外,皆以束帛,一品加璧。凡百官以理去職而薨、卒者,聽斂以本官之服;無官者,介幘、單衣。婦人有官品者,亦以其服斂。[32]

可見官品葬制可延及父母、祖父母之身,從尊者而葬也合乎禮制。石質葬具或石門的使用在非政治核心區域亦有例外,山東章丘大業三年的周皆墓[33],墓葬形制為方形穹隆頂石室墓,也使用石門,但無石獅門砧,石門扇面也未見綫刻或浮雕圖案,較這一時期其他可見的石門略顯粗濫,應非官造或上賜。周皆本人並無官階,其曾祖為平原郡守、祖義縣令、父郡主簿,均為地方官吏,位階較低,更無爵品。因此,其墓葬石門的使用或是繼承了青齊地區的傳統,又非中心區域,並未全然依據喪制。

隋京兆尹猗氏縣公李裕[34],職事京兆尹列正三品階,又加封縣公,從一爵等,其墓內使用木門封築,却未見石門。據墓誌載,李裕以祖蔭入仕,雖為京兆尹,任實職,但其"志輕軒冕,心狎林泉",後或隱退山林,未有建樹,晉封縣公亦祇是蒙其父曜之尊。其父李曜獲封"邢國公,位開府"[35],史籍祇載其子寬,無裕之名,或為次子,非享同禮。但木門亦非普通之用,周故上大將軍河內鹿壯公鹿善,職事歷北周正八命,戎秩加正九命上大將軍,授河內郡開國公,爵至正九命,其墓即用石門、木門兩道封門;陝西咸陽唐代蘇君墓[36]也在墓室與甬道之間使用多重漆木門。

石棺的使用者均另設石門,由此可見石質葬具應為統治者特賜於爵位尊者,

---

[32] 《唐六典》卷一八《鴻臚寺》"司儀署"條,507頁。
[33] 寧蔭棠《山東章丘隋代周皆墓》,《考古與文物》1996年第1期,95—96頁。
[34] 陝西省考古研究院《西安南郊隋李裕墓發掘簡報》,《文物》2009年第7期,1、4—20頁。
[35] 《北史》卷六〇《李曜傳》,2131頁。
[36] 王世和、韓偉、賈瑞原《陝西咸陽唐蘇君墓發掘》,《考古》1963年第9期,10—13、485、493—498頁。

即上文所言的"別敕葬",僅見於李和[37]、李椿[38]、段威及姬威[39]墓中。其中汾源開國公姬威自開皇元年任掌太子東宮的"禁内侍衛"和"宫中禁衛"之職,而成爲時任太子楊勇的"倖臣",後又受晋王楊廣利誘轉投其門下,在促使高祖下决心廢除太子勇過程中起到至關重要的作用[40]。以是,姬威於大業六年大限,上賜石棺而葬也就不無道理了。除此之外,虞弘墓内也設有石堂,與石棺形制不盡相同,却也同屬石質葬具。虞弘本人爵位雖祇封授廣興縣開國伯,爲北周正七命,不屬九命或一品序列,但仍被允許使用石質葬具,這可能是政治認同、文化信仰與民族關係等多方面原因共同促成的結果[41]。

　　隨葬品的組合與數量是體現官勛品階之間差異性的另一個重要表現。由於考古材料保存的有限性,對於隨葬品數量的統計並不精確,祇能總體上大致進行描述,《隋書》中亦無確切闡述。《貞觀禮》《顯慶禮》及《開元禮》的相關記述,對隨葬明器的規定爲"三品以上,九十事;五品以上,六十事;九品以上,四十事"[42]。後又因諫言,以敕令而減[43]。由此,隋時基本也應同制。隨葬品中陶瓷類模型明器組合並不見等級分異,以倉、磨、井、碓等爲中心的生活類模型明器,以及以豬、狗、羊或鴨爲序列的家畜類模型是隋墓的常見組合,不論墓主位元階高低,均以此隨葬;一套爲主,亦有合葬者多套。青、白瓷器是當時新興發展而來的器類,就材料而言,也未顯示出明顯的等位序列,結合北朝至隋初的窯址分布而言,多與產地相關,或取决於個人喜好。銅鏡則多出於夫妻合葬墓之中,具有較强的性別指向性意義。金、銀、玉等器類,則多爲墓主生前把玩愛好之物,或

[37] 王玉清《陝西省三原縣雙盛村隋李和墓清理簡報》,《文物》1966年第1期,27—42頁。
[38] 桑紹華《西安東郊隋李椿夫婦墓清理簡報》,《考古與文物》1986年第3期,22—31頁。
[39] 田醒農《西安郭家灘隋姬威墓清理簡報》,《文物》1959年第8期,4—7、81頁。
[40] 羅新、葉煒《新出魏晋南北朝墓誌疏證(修訂本)》,529—532頁。
[41] 北周至隋唐時期,出現了一批不屬漢文化群體的粟特裔貴族,他們多使用石質葬具下葬。沈睿文以康業、安伽、史君及虞弘墓爲例,重點探討了墓制與墓主國家和民族認同的關係,指出這一群體使用石質葬具在精神信仰上符合其祆教徒的宗教選擇,在政治制度上則與唐令中的"别敕葬"同屬一類。由於他們特殊的政治身份在處理民族乃至國家事務上發揮着重要作用,對王朝統治的穩定具有不可忽視的作用。因此,爲彰顯統治上層的重視,籠絡人心,特賜使用石質葬具也是被允許的。詳見沈睿文《中古中國祆教信仰與喪葬》,上海古籍出版社,2019年,17—37頁。
[42] 仁井田陞著,栗勁、霍存福、王占通、郭延德編譯《唐令拾遺》卷一八《儀制令》、卷三二《喪葬令》,長春出版社,1989年,434—444、741—775頁。
[43] 張藝恒《唐代官員喪葬的禮法規制》,蘇州大學碩士學位論文,2020年6月,12—14頁。

爲衣飾、配飾等，與其官階薪俸有關，應與品秩爵位相對應，但因多鑲嵌於有機質材質上，已無法窺見具體形制，暫不進行討論。

相對而言，墓内器物中陶(瓷)俑的隨葬組合目前較爲清晰可見並具有相對穩定性，這一組合能够反映墓主生前的某種權力或禮遇，是生前現實的死後折射，並在一定程度上能够與墓葬壁畫相對應。因此，將其作爲考察墓葬官階等級制度的研究對象，是較爲合理的。但需要再次指出的是，考古材料信息的流失性較强，下文在討論這一問題時，主要傾向於組合形制的探討，對陶(瓷)俑的具體數量不作細緻分析，僅以大致範圍進行描述[44]。

以墓葬中的位次排列爲序，立於墓門或甬道處的爲鎮墓獸與鎮墓武士，基本爲兩兩一對組合，分列兩側，階品不同的墓主在鎮墓俑類組合的數量上並不見差異，但在規格上存在分化，與《開元禮》中所記唐代喪葬儀制相對應，分爲一尺、加二寸、加五寸[45]。墓室前側或耳室多以出行儀仗爲中心構成陶俑組合，在器型與數量上均可見官階爵品的序列性。

漢蔡邕在《獨斷》中曾有記述："漢天子出，車駕次第，謂之鹵簿。"[46]應劭《漢官儀》曰："天子車駕次第謂之鹵簿。有大駕、法駕、小駕。大駕公卿奉引，大將軍參乘，太僕御，屬車八十一乘，備千乘萬騎，侍御史在左駕馬，詢問不法者。"[47]可見天子出行前後儀仗、車馬及隨從即爲"鹵簿"，漢以後"鹵簿"亦用於官僚貴冑[48]，作禮制而示位次之尊。唐令之於喪禮葬儀，將其列爲凶禮儀典之内，並據品級官位而授，以示殊榮，且規制前後有變。《唐律疏義箋解》載：

> 舊制：應給鹵簿，職事四品以上、散官二品以上及京官職事五品以上本身婚葬，皆給之。"《大唐開元禮》卷二序例中："應給鹵簿者，職事四品以上、散官二品以上、爵郡王以上及二王後依品給，國公準三品給；官、爵兩應給者，從高給。若京官職事五品身婚葬，並尚公主、娶縣主及職事官三品以上

---

[44] 《唐會要·服紀下·葬》及《新唐書》等文獻在記録官員的喪葬器物種類、數量和規格時，亦常未取具體數量，而兼或用"以上""不得過"等詞大致規範，可見其制或本身存有餘地可反復調整，不置定值。

[45] 《唐會要》卷三八《服紀下》"葬"條，中華書局，1960年，697—698頁。

[46] 蔡邕《獨斷》卷下，《景印文淵閣四庫全書》第850册，臺灣商務印書館，1983年，91頁。

[47] 應劭《漢官儀》卷下，載孫星衍輯《漢官六種》，中華書局，1990年，184頁。

[48] 董小梅《清代天子車輿禮制考述》，中南民族大學碩士學位論文，2011年5月，1—3頁。

有公爵者嫡子婚,並準四品給。"[49]

史料所記雖爲唐代墓上喪禮之制,却可厘定地下所見的陶俑組合;隋時,儀禮制度、典章規定的記叙較不清晰,但應與唐制不出二致。據此,以出行儀仗爲中心的陶俑組合應是反映墓主生前地位之尊貴、所享禮制之優待,爲地上喪葬活動"事死如生"的映射,亦是禮制等級制度的一種表現,其組合形制也必定與所屬者的身份位階、官品爵級有關。

依據現有的隋墓資料,設有明確以儀仗出行爲中心的陶俑組合的墓葬,所屬墓主身份均應加有"軍號"(即"散號將軍")或"戎秩"(即"散實官"),兩者爲同一本階序列,前者品級較低,後者品級較高。與此同時,組合中是否包括有以裝甲騎兵俑、甲馬俑爲代表的武衛前導類陶俑,其"散實官"分階處應在北周八命或隋二品上下,即以上者鹵簿出行帶裝甲武衛俑,以下者則祇置騎馬出行俑,且多以僕侍、侍吏俑爲主,並輔以伎樂、舞俑,兩者呈現出截然不同的風格面貌。

北周八命或隋制二品以上者,出行鹵簿加以甲騎具裝騎馬俑、裝甲武士俑等,另有籠冠俑、風帽俑、襆頭俑、小冠文武立俑等隨行,後加陶(鞍)馬、駱駝隨從。部分保存較爲完整的墓葬中,還可見"鼓吹"組合,以郁久閭可婆頭[50]爲例,其散實官加大將軍,爲北周正九命,墓内陶俑見騎馬擊提鼓俑、騎馬擊鼓俑、騎馬擊鼓搖鞀俑及騎馬儀仗俑等。周故崇國公斛律徹[51],授儀同大將軍,從九命,其墓中亦見鼓吹組合,可辨識的奏樂者爲"三棱形風帽騎俑",分别擊鼙鼓、吹排簫、吹觱篥、吹桃皮觱篥[52]。驃騎大將軍折婁羆[53],車騎大將軍張綝,上

---

[49] 劉俊文《唐律疏義箋解》卷一五《廄庫》,中華書局,1996年,1131頁。

[50] 陝西省考古研究院《長安高陽原隋郁久閭可婆頭墓發掘簡報》,《文博》2018年第4期,2、17—29、113頁。

[51] 朱華、暢紅霞《太原隋斛律徹墓清理簡報》,《文物》1992年第10期,1—14、97、99—100頁。

[52] 周楊《中古中國墓葬音樂文物與禮樂文化》,北京大學博士學位論文,2019年5月,56—57頁。

[53] 折婁羆墓内雖未見完整的騎馬鼓吹俑,但出土有陶鼓等樂器模型,當爲騎俑所執持。任筱虎《陝西銅川隋折婁羆墓發掘簡報》,《文物》2020年第10期,46—58頁。李皓、周曉薇《中古北族複姓折婁氏之新史料——耀州新出土隋開皇三年〈折婁羆墓誌〉疏證》,《文博》2021年第1期,74—77頁。

開府侯子欽[54]、宋忻等墓中均可見前置裝甲騎兵的"鹵簿鼓吹"陶俑組合。

據《唐律》,對京官職事五品以上者亦給鹵簿而婚葬。隋時雖未有明確史籍記載,但依考古學墓葬材料來看,這一制度在隋時應已施行。隋大都督左親衛車騎將軍吕武[55],職事官封左親衛車騎將軍正五品上階,是爲京官,散實官遷儀同三司,品階僅列正五品;京兆尹李裕,職事京官正三品,未授散實官。但兩人均在墓中使用"鹵簿"陶俑組合,且數量及規制都不低於加授散實官者。此外,這一套組合的使用,仍可見家族共用,從階高而置的情形,上文所提及的青齊徐氏與河北崔氏均是如此。

相反,"軍號"或"戎秩"品階在上制之下或未封,祇授職事、散階者,其隨葬的陶俑組合則不置"鹵簿鼓吹",僅有出行儀仗組合。職事官品從四、五品以上者,陶俑組合内見男女騎馬俑;有散官、軍號或爵位加授者,數量上較祇見職事者更多,組合上不見差異。隋涼甘瓜三州諸軍事趙國公獨孤羅[56],職事從三品,加散實官正三品,其墓内陶俑組合則設騎馬俑在前,置女侍吏俑、捧物俑等。李椿、李敬族[57]、高潭以及姬威等多屬此類。

職事官品從四、五品以下者,則呈現出以侍吏、僕從俑爲代表、更顯家居色彩的組合,或兼設伎樂、勞作俑等。陳湘東郡太守張静[58],職事從第七,封武衛將軍從第八,墓内陶俑以男女坐、侍從俑爲主要組合,不見"鹵簿鼓吹"。隋征虜將軍中散大夫張盛[59]、魏鎮遠將軍成武縣開國伯鄭平[60],均祇封授散勛或爵位,階品從三品下,不加職事,亦未使用"鹵簿"騎兵組合,以侍吏、伎樂或舞俑而葬。隋驃騎將軍遂州刺史宋循[61],軍號雖加"驃騎將軍",位列第二品,却未葬以"鹵

---

[54] 負安志《中國北周珍貴文物——北周墓葬發掘報告》,陝西人民美術出版社,1993年,146—156頁。

[55] 中國科學院考古研究所《西安郊區隋唐墓》,科學出版社,1966年,7頁。

[56] 趙强、姜寶蓮、郭明卿《隋獨孤羅墓的發現和研究》,《華夏考古》2017年第2期,121—127頁。

[57] 劉玉杲《饒陽縣王橋村隋墓清理簡報》,《文物》1964年第10期,47—48頁。

[58] 袁南征、周京京《合肥隋開皇三年張静墓》,《文物》1988年第1期,85—92頁。

[59] 考古研究所安陽發掘隊《安陽隋張盛墓發掘記》,《考古》1959年第10期,541—545、591—595頁。

[60] 周到《河南安陽琪村發現隋墓》,《考古》1956年第6期,71—72頁。

[61] 安陽縣文教局《河南安陽隋墓清理簡記》,《考古》1973年第4期,232—233、231頁。

簿"。考其生平,宋循累階"驃騎將軍",爲東魏興和二年之事,後不復封。北周滅齊後,對僞齊舊臣之策,或降階,或不加。因此,其未使用這一套陶俑組合亦能夠被解釋。隋寧州刺史王季族[62]、荆州刺史韓貴和[63],甚至包括遂州刺史宋循在内的職事官品在正三品上下的官員,其受隋封時,多已過天命,因此,均應爲高年"板授",不置實事。所用陶俑組合從四、五品以下,亦合乎禮法規制。

壁畫的繪製也與墓主的官階品級相關,多與爵位及散實官的加授相對應,但並非成定制,也有未見官階者在墓中使用。壁畫主題内容中的列戟、鹵簿等題材,據典制記載也受到明確的等級限制。基於墓葬壁畫材料大多殘破,衹餘白灰面或簡單紅白彩綫條,筆者在本文的討論中不再贅述。

除上述出仕於隋的官僚重臣、王公貴胄,隋墓中另見幾座帝室皇陵(墓)或比肩帝陵建制的特殊墓葬。針對其喪葬形制,應單獨分列進行勘定。北周武德皇后阿史那氏[64],與武帝合葬於孝陵,墓葬形制爲方形單室土洞墓,設四個壁龕及墓室後龕,採用土坯封門、木門雙重墓門,而未用石門,葬以木棺。若照隋例,阿史那氏從武帝而葬孝陵,按後者帝陵葬制,或應用石門。但據目前北周墓葬的發掘材料來看,石門的使用似乎並未形成定制,爵位正九命者的王、公,亦有多用木門者,位階從尊。此外,據《隋書·高祖紀》曰:

>開皇元年……己巳,以周帝爲介國公,邑五千户,爲隋室賓。旌旗車服禮樂,一如其舊。上書不爲表,答表不稱詔。周氏諸王,盡降爲公。[65]

阿史那氏於開皇二年葬於孝陵,雖依前法,或有降階之制,現已不得而知。隨葬陶俑組合見"鹵簿鼓吹"儀仗出行,與前文隋制中戎秩八命或散實官二品以上者一致,但數量上明顯增加,成一完整序列。陶制模型明器類以陶灶、陶磨、陶井、陶倉等爲主,動物模型見陶雞、陶犬等,並無特殊,可印證這一類隨葬明器確與等級無關,而衹是示意之用。玉器及金銀器出土極多,形制可見者爲金玉制帶銙、

---

[62] 翟盛榮、晋華《昔陽縣沾尚鎮瓦窑足村發現隋寧州刺史王季族墓葬》,山西省考古學會、山西省考古研究所編《三晋考古》第3輯,山西人民出版社,2006年,372—376、413頁。

[63] 郎保利、楊林中《山西沁源隋代韓貴和墓》,《文物》2003年第8期,37—43頁。

[64] 張建林、孫鐵山、劉呆運《北周武帝孝陵發掘簡報》,《考古與文物》1997年第2期,9—23、25—29頁。

[65] 魏徵、令狐德棻《隋書》卷一《高祖紀上》,中華書局,2002年,13—14頁。

蹀躞帶飾,均屬帝室專屬。

陝西潼關稅村隋代壁畫墓[66]被確定爲隋廢太子勇的墓寢,雖葬於關中地區,却在墓葬建制上選用北齊制度,這與廢太子勇生前嚮往北齊禮制,與山東人士交往,相互推重的政治立場相一致[67]。

甬道設石質墓門,墓室葬具爲綫刻石棺内置木棺的雙重棺。楊勇仁壽末年(604)受詔賜死,追封房陵王,爵位從正一品,使用石門、石棺等墓内石質設施、葬具等與儀制相合[68]。墓道内繪製"十八杆列戟",與東宫之禮無異,陶俑也見出行儀仗的"鹵簿鼓吹"組合,設甲騎具裝、騎馬鼓吹俑等。相比於前文梳理的隋時官胄所用的以裝甲騎兵爲中心的"鹵簿"組合,太子勇的"鹵簿鼓吹"組合明顯高於前者,屬於另設之禮[69]。由此可知,隋代墓葬官爵等級制度中的"鹵簿"組合至少可依據官爵品階分列三級。

隋光禄大夫岐州刺史李公第四女静訓[70],大業四年即殁於宫内,僅九歲。據墓誌載葬於京兆長安縣休祥縣萬善道場之内,"墳上構造重閣",可見其墓亦

---

[66] 陝西省考古研究院《陝西潼關稅村隋代壁畫墓發掘簡報》,《文物》2008年第5期,1—2、4—31頁。陝西省考古研究院《潼關稅村隋代壁畫墓》,文物出版社,2013年。

[67] 沈睿文《廢太子勇與圓形墓——如何理解考古學中的非地方性知識》,包偉民、劉後濱編《唐宋歷史評論》第1輯,社會科學文獻出版社,2015年,35—55頁。

[68] 廢太子勇之女豐寧公主楊静徽薨於大業六年,明年遷窆於長安城南萬年縣洪固鄉福潤里的韋圓照家族墓園,墓内也使用了北齊的墓葬形制和隨葬品樣式,但未設置石門,應受到其父爭儲未成、廢庶被殺的影響。煬帝雖在後來追封楊勇爲房陵王,但要求"不爲立嗣",可見其子女均無特赦、放流爲民。豐寧墓誌也隻字未言及父名,祇提是"高祖文皇帝之孫女也",想必也是在刻意避開身份之諱。其夫韋圓照出身京兆韋氏,襲封河南郡公,推算其年齡,或是隋時襲爵,本不應用石門。唐武德六年(623)坐罪賜死,品級也受到一定影響,更無法以石門入葬。直至貞觀八年(634),韋圓照縱又經獲釋與公主合祔,却也祇是重新利用墓穴,添置隨葬品,未改其他。詳戴應新《隋豐寧公主楊静徽駙馬韋圓照墓誌箋證》,《故宫學術季刊》1996年第14卷第1期,159—170頁;《隋豐寧公主與韋圓照合葬墓》,《故宫文物月刊》1998年第16卷第6期(總第186期),76—93頁。齊東方《讀豐寧公主與韋圓照合葬墓札記》,《故宫文物月刊》1999年第17卷第3期(總第195期),36—44頁。沈睿文《廢太子勇與圓形墓——如何理解考古學中的非地方性知識》,35—55頁。

[69] 《通典》卷一〇七《禮六十七》載:"皇太子鹵簿……次大鼓三十六面。次長鳴三十六具。次鐃吹一部,簫笳各六。次横吹一部,笛簫篳篥笳各六。次掆鼓金鉦各二面,一騎執,次小鼓三十六面,次中鳴三十六具。……次左右翊府郎將各一人,次左右衛翊衛二十四人。……次左右副率各一人。次親勛翊衛廂各中郎將一人,並領儀刀六行。"2784—2787頁。

[70] 唐金裕《西安西郊隋李静訓墓發掘簡報》,《考古》1959年第9期,471—472、506—507頁。中國社會科學院考古研究所《唐長安城郊隋唐墓》,文物出版社,1980年,3—28頁。

有祈佑之意，或是在下葬之時進行過某種特殊的齋醮科儀。其父李敏，職事岐州刺史，官階正三品，又授散官左光禄大夫，位列正二品，加授正二散實官上柱國，襲爵廣宗公，從一品爵。由此，李静訓墓中使用石質葬具的情形也就能够被理解了。雖然隋代史料中尚未記載對石棺、石槨及石室的明確禁令，僅有對金寶珠玉的限制，但房形石槨、石棺的雙重棺槨建制仍極顯奢靡，應是超過墓主人身份地位適用規格的"詔葬"或"別敕葬"[71]。

但或由於李静訓本人早年夭折，又葬於道場之内，在墓葬形制上，採用的是長方形豎井坑墓，不加石門。陶俑組合上也未列出行鹵簿，以侍吏、執物俑爲主，這或許與其身份、性別及年齡等因素有關，無法使用定制的儀仗序列以示位階之高。但静訓又身份尊貴，自小長於宫中，深受祖母北周太后楊麗華的喜愛，既無法在規定的禮制等第上，給予足够的喪葬儀典，便在金銀、玉石等制度之外的隨葬品上，表達其身份之尊。李静訓墓葬内出土的金銀飾品、碗杯，玉石裝飾，漆木盒具，絲綢麻布等，都遠多於隋代其他可見的貴族墓葬，甚至包括廢太子勇在内。除此之外，還葬以外國朝貢的玻璃製品、波斯銀幣等珍稀器類，生前所用的木馬俑等心愛玩物也一併置於墓中，足見其深受親貴憐愛。

雖然李静訓墓的墓葬規格、明器使用無法突破其身份位階的限制，亦無法使用典章儀禮之外的隨葬組合，但"李小孩"墓的發掘爲我們展現了隋代貴胄是如何以墓葬等級制度之外的隨葬品，來表達對葬者的溺愛與尊崇，並以此超越禮制等級本身的禁錮。

四、隋代墓葬的官爵等級制度

就以上的概述與闡釋，隋代墓葬體系中存在一套以官爵品階爲衡量標準的等級制度，即以爵位確定特殊材質的墓内設施，以散實官、職事官分置隨葬陶俑組合的禮法典制。爵位隋從一品或周九命以上者，可設石門；石質葬具的使用則或爲"別敕葬"者特例。散實官或戎秩隋二品或周八命以上者，供以"鹵簿鼓

---

[71] 王静《唐墓石室規制及相關喪葬制度研究——復原唐〈喪葬令〉第25條令文釋證》，榮新江編《唐研究》第14卷，北京大學出版社，2008年，439—464頁。

吹",並設裝甲騎兵俑在前;在京職事官五品以上者,亦授。二品及八命以下者,或職事官品四、五以上者,給"鹵簿"出行,加騎兵儀仗在前。職事官四、五品以下,不用"鹵簿",祇設僕侍、伎樂等。

其他隨葬鎮墓俑、模型明器等隨葬組合不受等級制度制約,多爲一墓一人一套或兩套,依唐制祇取三品、五品及九品分列,以規定尺寸及數量。陶、瓷質等日常生活使用器物依個人喜好、生產地區而葬,未見具體規制,或另與月例、薪俸有關。

據此,我們或能夠看到隋代墓葬等級制度中,有三個衡量墓主位階的重要因素,爵位、散實官與職事官,它們直接決定了墓主墓葬等級的高低,也進一步反映出墓主生前的社會地位與身份階次。

首先作爲標誌性因素的是"爵位"。爵位的品級高低決定了墓內特殊材質設施的使用,石、木門與石質葬具,從根本上將封一品爵者與普通官僚貴冑區別開來,實現對官、爵位階等級的分離。

顧江龍指出:"爵位作爲一種古老的位階,其超常穩定性是任何官階都不能比擬的。"[72]"爵"作爲一種身份性位元階,一種社會性等級,具有濃厚的貴族色彩。自周朝以來的五等爵,是標示貴族身份的位元階,也是社會等級與階級的主要尺度,是爲"爵本位";到戰國秦漢,二十等軍功爵出現,是國家權力通過爵號而塑造了社會等級秩序;至魏晉以降,在"周禮復古"思想推動下,五等爵制再次被使用,延續至隋唐時期[73]。越智重明認爲魏晉以來的"爵號"可被看作是"保證政治特權的第一因素"[74]。

我們暫不討論這一表述是否有誇大"爵位"之嫌,但是至少從考古學墓葬材料來看,"爵位"確實是保證政治特權與禮遇的重要衡量標準。閻步克認爲,雖然在制度上,中古爵位已被納入官僚等級管理的範疇之内;但在政治上,爵制的身份性依然很強,擁有爵位者是一個特殊的身份群體[75]。這一特殊性,即體現

---

[72] 顧江龍《漢唐間的爵位、勛官與散官——品位結構與等級特權視角的研究》,北京大學博士學位論文,2007年6月,199頁。

[73] 閻步克《中國古代官階制度引論》,380—384頁。

[74] 越智重明《晉爵與宋爵》,《史淵》(福岡)1961年第85期;後與同作者《劉宋的五等開國爵與貴族》,《東洋史學》(福岡)1956年第16輯合併,載越智重明《魏晉南朝的政治與社會》第二篇第四章《五等爵制》,吉川弘文館,1963年,249—353頁。閻步克《中國古代官階制度引論》,384頁。

[75] 閻步克《中國古代官階制度引論》,385頁。

在墓葬設施的使用上,以石(木)質墓門與石質棺槨入葬,標誌自身特殊群體的身份,彰顯地位之尊。

漢人重《禮記》、重《王制》,魏晋以下重《周禮》,從魏晋直至盛唐,"周禮"一直是王朝改制的參照物。曹魏便有史料記述有關周禮禮制與官僚等級之間差異的争論。南北朝時期,北周宇文氏更是直接改官品爲"九命",以爲周禮復古之舉[76]。可見,中古時期的中國社會確以"復古周禮"爲制度建設的首要標準,所謂"禮樂制度"也以爵位爲分等,冕服、車輿制度亦是如此。由此,墓葬等級制度以爵位爲首要標準,亦是符合古禮的一種表現。

其次,是"散實官",以此規定了以裝甲騎兵爲代表的"鹵簿鼓吹"組合的使用範圍。散實官源自北周戎秩,出現於西魏末年,是關隴政治集團文化傳統的象徵,是關隴貴族的重要身份標誌[77]。以散實官的官階作爲分列墓葬陶俑組合等級的決定性因素,在一定程度上體現了統治者及制度規劃者的政治取向,意味着在新興關隴貴族與山東舊士族的門第之争中,前者無疑是占據主導地位的;同時這也是隋初延續西魏北周以來一貫的傳統,以散實官記本階[78]的重要旁證。

最後,以職事官四、五品劃分隨葬陶俑組合的具體構成種類。以上者爲儀仗出行,以下者多爲侍吏、伎樂;前者出行,後者家居。這一制度的分化,應當是盛唐以後以職事爲官階品級主導趨勢的一種濫觴。《唐六典》卷二《尚書吏部》:

> 凡文武百僚之班序,官同者先爵,爵同者先齒。謂文武朝參行立:二王後位在諸王侯上,餘各以官品爲序。[79]

"職事官"是權力、事務、責任之所繫,乃是帝國命脈之所在,因而"職事官品"被規定爲朝位的最基本依據。文散官、武散官、勛官,均列在同品階的職事官之下[80]。隋代的墓葬等級制度中即可見這一導向,在京職事官五品以上者,亦可用出行鹵簿,與散實官可設"鹵簿鼓吹"同,此制同於唐,或爲唐代以後職事官逐漸爲重之源始。

---

[76] 閻步克《從爵本位到官本位——秦漢官僚品位結構研究》,254—262頁。
[77] 陳蘇鎮《北周隋唐的散官與勛官》,31—38頁。
[78] 閻步克《品位與職位:秦漢魏晋南北朝官階制度研究》,635頁。
[79] 《唐六典》卷二《尚書吏部》"吏部郎中"條,33頁。
[80] 閻步克《從爵本位到官本位——秦漢官僚品位結構研究》,266—267頁。

綜上，隋代墓葬等級制度或可被稱爲墓葬"官爵"等級制度，它是由職、散、勳、爵共同構成的魏晉以來的九品官制體系，以墓葬爲表現形式的外置。隋初，這一墓葬等級制度的形成，是綜合各方因素、各類集團、各種趨勢的共同結果；是魏晉以來"重推周禮"復古思潮的表現，是高祖以關隴本位作爲其自身政治取向的外化，更是中古時期隋唐官制發展方向的隱射。

誠然，在處理考古學墓葬的物質材料時，我們必須注意到，相比於文獻史料而言，物質材料始終呈現一定的滯後性。雖然在選取考古材料時，筆者將隋代墓葬的時間範圍定爲開皇元年至義寧二年，囊括了隋建國至唐初立國的整個時期，但相關的墓葬材料並不能將彼時的墓葬制度全然揭示，或祗能反映隋初至大業三年以前的面貌。因此本文在叙述時，也多取隋初或高祖、文帝年間而稱，以避免產生歧義。

隋大業三年，煬帝改制，《隋書·百官志下》：

> 煬帝即位，多所改革。三年定令，品自第一至於第九，唯置正從，而除上下階……舊都督已上，至上柱國，凡十一等，及八郎、八尉、四十三號將軍官，皆罷之。並省朝議大夫。自一品至九品，置光禄……等九大夫，建節……等八尉，以爲散職。開皇中，以開府儀同三司爲四品散實官，至是改爲從一品，同漢、魏之制，位次王公。[81]

至此，煬帝以"散職"的九大夫與八尉，取代隋初由散實官和軍號共同構成的一組序列，承擔起後者原來的"本階"功能，以同"漢魏之制"，更似北齊舊法，與開皇、仁壽年間之官制相異。但這一變化，似乎並未體現在目前可見的墓葬考古材料上，其原因有三：一則時間尺度過短，造成考古物質材料的缺乏，無法具體考察；二則官制的改革或未延及墓葬制度，後者仍從舊制；三則考古學物質材料本身存在滯後性，以至於無法體現這一官制的改變。

若要對隋煬帝時期或隋末唐初的墓葬等級制度做進一步深入的討論與探究，應當依賴於更多考古學墓葬材料的發現，以彌補空白。筆者在本文中所演發的墓葬官爵等級制度，當於隋大業三年之前無疑，至於其後，暫且認定爲如此，期待更多實物資料的印證。

---

[81]《隋書》卷二八《百官志下》，793—794頁。

附表 1　隋代墓葬出土墓誌可見官員品階及升遷[81]

* 人名旁的(數字)代表政治取向選擇或仕途集團。(1)爲北周出身，後隨北周人隋之官宦集團；(2)爲北齊出身，至死未受北周封或隋封；(3)爲北齊出身，後入周，再入隋者；(4)爲北齊出身，後入隋，或再入北周，或入北齊出身，後遷葬回出身故地者；(5)爲信息太少或祇能根據墓葬位置或形制大致確定其情況，或存在地方傳統影響者。"品階"項下的"職"指職位；"散"指文散官，北周稱"散"，"軍號""散官"多與軍號"雙授"；"爵"指爵位。至隋，武散官與"戎秩-散實官-勛官"共同構成同一序列，呈現承接互代關係的關隴集團利益，以散官爲本品，相當於一個"本階序列"。

墓主名	衔称	身份		品階		爵位	埋葬年代		備注
		職	散	軍號(散號將軍/武散散官)	戎秩-散實官-勛官		年號	公元	
阿史那氏	北周武德皇后						開皇二年合葬北周孝陵	582	
楊勇	房陵王					正一品	仁壽四年	604	
李靜訓	隋左光祿大夫岐州刺史李公第四女(父加授柱國 襲爵廣宗公後遷煬帝諱改經成縣公)	正三品	正二品		正二品	從一品	大業四年	608	
豐寧公主	楊勇之女，夫韋圀照襲封河南郡公					從一品（按其夫）	大業六年（大業七年葬）	610(611)	貞觀八年(634)，与其夫韋圀照合葬。

[81] 附表1所涉及的参考文献均爲各墓葬的調查發掘簡報或已經出版的正式發掘報告，以及趙超《漢魏南北朝墓誌彙編》，羅新、葉煒《新出魏晉南北朝墓誌疏證》等墓誌輯録，正文已有引述；另有部分墓誌考釋見附表2引文，故此處不再贅述。具體情況見參考文献。

續 表

墓主名	銜稱	身份					埋葬年代		備注
		職	散	品階		爵位	年號	公元	
				軍號(散號將軍)武散官	戎秩一散實官一勛官				
高潭(4)	故周修崟將軍益州陽安令高君墓誌補北齊官至琅耶王大司馬從事郎加平西將軍(正三品)司州成安縣令(從五品)授儀同三司(正二品)	正四命?(北周)	正二品(北齊)	正二命上(北周)			大象二年(開皇二年葬)	580(582)	周滅齊後,高覃繼續入朝而仕,但職官、軍號等品階皆有下降,與《周書》所記相同。
李和(1)	大隋使持節司徒公(徐兖邢沂海澗六州諸軍事徐州刺史)上柱國德廣郡開國公	正一品			正九命(北周建德六年加)	從一品(北周授,隋同)	開皇二年	582	
劉鑒(2)	齊故郡功曹州主簿	視從八品、從九品						開皇二年	582	
劉偉(弟)(1)	周故昌州刺史	正八命(北周)						保定四年(開皇二年合葬)	564(583)	
張静(2)	(南朝)陳武衛將軍湘東郡太守	第七品(陳)		第八品(陳)				開皇三年葬	583	墓誌僅一句述其仕途升遷,且未列時間,無法判定授官於何朝。按時間推斷,或為陳授,而後張君於開皇年間改葬,用隋紀年,但此時隋末滅陳,故發掘報告推斷其可能為降臣。

續 表

墓主名	銜稱	職	散	軍號(散號將軍)武散官	戎秩—散實官—勛官	爵位	年號	公元	備注
王季族 (5)	隋鄚州刺史(開皇元年詔授)	正三品(北周銘授太原郡守,七命)					開皇三年	583	其本身爲并州樂平郡人(在今山西)。
折婁熙 (1)	大隋使持節驃騎大將軍上開府儀同大將軍(曾封武威侯大夫,陝州諸軍事,長、鳳、陝三州刺史;後追贈徐、海三州諸軍事,三州刺史)	從八命(北周加鳳州諸軍事,陝三州刺史;追贈隋正三品)	從九命(北周授開府儀同三司爲從九命)	從九命(其父加驃騎大將軍,應制北周授;隋制無驃騎大將軍,祇有驃騎將軍,爲職事官)		正九命(北周)	開皇三年	583	據《北周六典》,武侯大夫,北周分上下,"下大夫,二人,正四命……上士,正三命……倅長下士,正一命"[82],具體情況不詳。
王士良 (3)	大隋使持節上大將軍本州并州刺史曹潛許鄭五州刺史行臺三總管廣昌肅公王使君	正八命(北周授,隋追賜)		正九命(北周)		正九命(北周)	開皇三年	583	至隋歸鄉。
徐之範 (2)	隋(開府)(儀同三司西陽王(封襲))據墓誌補征西將軍太常卿侍中	正三品(北齊)		正二品(北齊)	正一品(北齊或爲職事官)從九命(周建德六年,歸周改儀同大將軍)	正一品(北齊封授,襲)	開皇四年	584	

[82] 王仲犖《北周六典》,中華書局,1979年,377頁。

續表

墓主名	身份					埋葬年代		備注
	銜稱	職	散	品階 軍號(散號將軍)武散官	戎秩—散實官—勳官	爵位	年號	公元	
韓貴和(3)	隋荆州刺史(板授高年之贈)。據墓誌補東魏授中堅將軍賞賀拔安定王叅軍三州界合宿嶺防境大都督,北周授和州伊川隆州儀陽二郡守	正三品(板授或非真階)					開皇四年	584	
徐敏行(2)	故駕部侍郎(尚書駕部郎中)北周元年除司膳二命士(未奉授)	正六品上至從五品上?(開皇三年改從五)正二命(北周除司膳)					開皇四年	584	據《周書》記"僞齊七品以上,已敕收用,八品以下,爰及流外,若欲入仕,皆聽預選,降二等授官"[83]。
李敬族(4)	隋故使持節開府儀同三司定濰恒易四州諸軍事定州刺史安平李孝公(應表郡望)	正三品			正四品(開府儀同三司,隋賜散實官)		東魏孝靜帝武定五年(開皇五年贈授,見墓誌,遷葬應晚於其後)	547(585)	由子李德林遷葬,北齊轉北周後歸隋,李敬族本人爲安平人(在今河北),故遷回故地。

[83] 《周書》卷七《宣帝紀》,116頁。

续表

墓主名	衔称	身份 职	品阶 散	品阶 军号散号武散官将军散官	戎秩一散实官一勋官	爵位	埋葬年代 年号	埋葬年代 公元	备注
李麗儀(4)	隋使持節儀同三司鴻臚司農二少卿周司内史司成二大夫范陽縣開國公崔仲方故妻						天和六年（開皇五年遷葬）	571(585)	
侯子欽(1)	上開府(儀同)大將軍平陽縣公持節都督成州諸軍事成州刺史	正七命（北周）			從九命（北周）	正九命（北齊）	開皇四年（開皇六年遷葬）	584(586)	主動率衆入周。
劉穆(兄)(1)	隋故絳州刺史	正三品					開皇四年（開皇六年合葬）	584(586)	
伏波將軍(2)	墓誌不存，僅存一行，可見"伏波將軍"			從五品（北齊?）			開皇六年下葬	586	北齊遺臣，仍崇青齊之制。
宋忻(1)	大隋使持節上開府(儀同)大將軍(幽州總管諸州軍事幽州刺史諸縣開國公	正三品（隋開皇元年加）		從三品（龍驤）二品（驃騎）	從九命（北周大象元年加）	從一品（隋開皇元年進爵）	開皇七年	587	墓葬盜掘嚴重，墓道後部至墓室前部大片盜洞，塞誌已被移動。
韓邕(2)	北齊徐州司馬騎都尉龍驤將軍加驃騎	從四品（徐州司馬）從六品（騎都尉）均北齊授，至隋未封		從三品（龍驤）二品（驃騎）均北齊授，至隋未封			開皇七年	587	

續 表

墓主名	身份					埋葬年代		備注
	銜稱	職	散	品階		年號	公元	
				軍號(散號將軍)武散官	戎秩—散實官—勳官	爵位		
王昌(1)	周故使持節車騎將軍同軌鎮將儀同三司豐陽縣開國子王府君	同軌鎮將(《通典》曰"後周之通班制同"[84],隋制未具體說明;見隋制分上、中下,爲從四品、正六品)	從九命(北周)	正八命(北周)		建德二年(開皇九年遷葬)	573(589)	其子王瑱早亡於570年,後於589年遷葬,應未襲其爵;其子墓葬形制天井2,墓道18.2米,穹窿頂方形(2.2×2.3米),無隨葬品,因此應未襲其爵。據其子墓誌可能加封開國公,但其死於開皇之後,墓誌中却說開國子,而紙説開國位當爲開國子。
								正四品
宋循(3)	隋故驃騎將軍遂州使君(刺史,此職或爲板授)宋君據墓誌補北魏參軍,東魏慈山冶軍主累加驃騎將軍、北周順改部守	正四品上		第二品(東魏,至隋或未加未減)		開皇九年	589	

---

[84] 《通典》卷三三《職官十五》,925頁。

续 表

墓主名	銜稱	職	散	軍號(散號將軍)武散官	戎秩—散實官—勳官	爵位	年號	公元	備注
韓暨(5)	大都督韓府君				正六品(另開皇七年曾授大將軍貫散官正三品)		開皇十年	590	
郁久閭可婆頭(1)	隋故大將軍九隴公郁久閭公(隋授北道行軍總管,長州諸軍事,長州刺史,北道行軍元帥;周授上開府,九隴郡開國公;尋加大將軍)	正四品上(長州諸軍事長州刺史)			正九品(北周)	從一品(入周加九隴郡開國公)	開皇十年(開皇十二年遷葬)	590(592)	
慶弘(1)	大隋故儀同慶公(周授廣興縣開國伯,井,代,介三州鄉團,檢校薩保府;隋授儀同三司)	正九品			正五品	正七命(北周)	開皇十二年	592	"薩寶",《隋書·百官志下》:"諸州薩保,為視正九品。"[85] "檢校",胡三省注:"隋制:未除授正官而領其務者為檢校官。"[86] "鄉團",未見記官品。

[85]《隋書》卷二八《百官志下》,791頁。
[86]《資治通鑑》卷一七八《隋紀二》,5539頁。

续 表

墓主名	身份		品阶			埋葬年代		备注
	衔称	职	散	军号（散号将军）武散官	戎秩一散实官一勋官	爵位	年号	公元	
吕道贵（1）	仪同三司济南郡守（北周宣政二年豢补）	正六品（北周）			正五品（开皇四年加）		开皇十二年	592	皇亲，隋文帝位追赠外祖，隋上柱国大尉史封齐郡公爲从一品并立庙宇。其兄吕倉隨其下葬而與夫人廢殓盡葬，墓誌与其夫人灰陶罐2件存藏，形制不淸，据墓誌早逝未封。
吕武（1）	大隋大都督（仪同三司）左亲卫车骑将军吕使君	正五品上			正六品（大都督）正五（仪同三司）		开皇十二年	592	
李椿（1）	大隋骠骑将军开府仪同三司河東郡开國公	正四品上（隋初骠骑将军在隋初变爲兵将领，骠骑府的长官，非军阶爲職事）			正四品上	从一品（北周授，隋同，封如舊）	开皇十三年	593	北周保定六年除車骑大將軍，儀同三司爲從九品，軍號散官相應；大象二年，改上儀同大將軍，軍號仍同大將軍，從九命。建德四年改制有闕，戎秩未變，另封左司武中大夫，當舊，贈舊，爲職官；至隋，襲舊，序列重排，較次前朝略降。

續表

墓主名	衔稱	職	散	軍號(散號將軍)/武散官	戎秩-散實官-勛官	爵位	年號	公元	備注
張盛(3)	隋故征虜將軍中散大夫、魏景明蒙授積射將軍、秦州五泉縣令		第四品(北魏)	從三品(北魏)			開皇十四年	594	由於墓誌未言何時封授,故無法具體判定,按北魏而定,類似於北周軍號與散官的雙授制度,但不確定張盛仕於北周或北齊,從墓莽形制,隨葬品及父考情況而言,張盛或爲北齊遺臣,不屬北周關隴集團。隋立國後,他並未獲得加封,衹是保留原位,無實職。
斛律徹(3)	周故開府儀同大將軍襲祖崇國公隋加右車騎將軍崇國公墓蓋原文:故崇國公墓志	正五品上(隋授)				從一品(北周授,隋同,封爵如舊)	開皇十五年	595	
段威(1)	周故開府儀同三司洮甘二州刺史新楊(楊)段公(死後贈使持節,河兆二州諸軍事,兆州刺史)	正七命(北周)	從九命(北周)		從九命(北周)	正九命(北周)	建德四年(開皇十五年合葬)	575(595)	

續 表

墓主名	銜稱	身份 職	散	品階 軍號(散號將軍)武散官	戎秩一散官一勳官	爵位	埋葬年代 年號	公元	備注
鹿善(1)	周故上大將軍河內鹿壯公（河內郡爲司金大夫,同州總監,追授上大將軍,金安齊平廣,渚六州諸軍事,六州刺史,追封河內郡開國公（其夫人開皇二年拜河內國夫人）	正五命（北周授司金大夫）正八命（北周追授六州諸軍事六州刺史）			正九命（北周）	正九命（北周）	建德五年（開皇十五年合葬）	576(595)	
崔大善(4)	大隋伯陽縣開國男（崔仲方子襲爵）	正八命（北周授）正五品上（隋開皇任東宮右勳衛,車騎將軍,太子右監門副率）			從九命（北周大象二年授儀同大將軍,至隋儀同,或升爲上儀同大將軍）	正五品上（封）從一品（襲父?）	開皇七年（開皇十五年遷葬）	587(595)	年十一,領封爵,十七時早逝於其父前,母李麗儀可能因其而亡。墓誌載其父"冀承藉先緒",待其早夭"實傷尼父之心"。
羅達(1)	大隋使持節行軍總管齊州刺史巴渠伯羅府君					正七命（北周授,隋同）	開皇十六年	596	
鄭平(2)	魏鎮遠將軍成武縣開國伯(未知具體年代加授,魏指後魏或東魏?)			第四品（北魏）		第三品（北魏）	開皇十六年	596	

續 表

墓主名	銜稱	身份				埋葬年代		備注
		職	散	品階 軍號(散號將軍)武散官	戎秩—散實官—勳官	爵位	年號	公元	
獨孤羅(1)	大隋故使持節大將軍涼甘瓜三州諸軍事涼州刺史趙國獨孤德公	從三品(涼甘瓜三州諸軍事、涼州刺史)			正三品(隋開皇元年封)	從一品	開皇二十年	600	
王幹(5)	亳州總管府參軍	從四品?(僅遷發掘報告描述;開皇元年授幽州鎮將、官上、中、下、從四、正五、從六)					開皇十年(開皇二十年遷葬)	597(600)	
元威(1)	大隋使持節儀同三司潞縣潞縣開國伯元威君(晉爵潞國伯)元威終職河北道大使、壽州總管府司馬)				從九命(大象始授儀同大將軍)正五品(隋授儀同三司)	正三品(北周封開國子,隋進為開國伯)	開皇十一年(仁壽元年改葬)	591(601)	墓誌紙載開皇十一年葬於"大興之小陵原",未記與夫人合葬,故應在任夫人去世後,未遷入元威葬所,反而另葬,元威遷人元威夫人去世後,並可見其身份及遷葬地之特殊。墓誌曰"封長平郡君",或改封爵位。
蕭紹(1)	隋故司法蕭府君(北周任主鎧下士,隋遷東宮內率府司倉,後轉任漢王司法參軍)	從六品					開皇十七年(仁壽三年葬)	597(603)	

续 表

墓主名	衔称	身份 品阶 職	散	軍號（散號將軍）武散官	戎秩—散實官—勳官	爵位	埋葬年代 年號	埋葬年代 公元	備注
李裕（1）	隋京兆尹荀氏縣公	正三品					大業元年	605	史傳記其父封國公，本人雖歷職事官，不久便隱退。
楊素（1）	大隋鈞言上柱國光祿大夫司徒公尚書令太子太師太尉公楚景武公	正一品（司徒公）正二品（尚書令太子太師太尉公）	從一品（光祿大夫，隋大業七年初設，高於左右光祿大夫）		從一品	從一品（大業二年，清河郡公後改封楚公）	大業二年	606	楊素死後人葬不久由於其子楊玄感叛亂而被毀。
口羨（5）	北魏午城男大行臺軍正	正五命或正四命		從九命（北周）			北魏永熙二年（隋大業三年遷葬）	533（607）	
張綝（1）	大隋使持節驃騎大將軍儀同三司（車騎大將軍）集州刺史汝南公	從七命或正六命（北周）	從九命（北周）			從一品（隋開皇元年進爵）	開皇七年（開皇九年葬）	587（589）	夫人薛世蘭大業元年（605）歿，三年葬。
浩喆（3）	隋故魏郡太守浩府君	從四品上					大業三年	607	
周昔（2）	本人無官階（曾祖父原郡守，祖義縣令，父都主簿）						大業三年	607	

续 表

墓主名	简称	身份					埋葬年代		备注
		职	散	品阶 军号（散号将军）武散官	戎秩一散官一勋官	爵位	年号	公元	
史射勿(1)	大隋正议大夫右领军骠骑将军故史府君	从三品？（右领军）正四品（骠骑将军）	正四品		正七品（都督）正六品（大都督）正四品（开府仪同三司，开皇年间）		大业五年	609	
阎静(4)	魏东梁州刺史（使持节都督东梁州诸军事车骑大将军散骑常侍东梁州刺史）	第四品（北魏）	从三品（北魏，具体授官时间未知）	从一品？（北魏，具体授官时间未知）			北魏永安二年（大业六年改葬）	529(610)	阎静，恒山灵寿人（在今河北），其本人及子北魏年间即同时死于东梁州（在今陕西安康），应在任上，或因西公而亡，大业年间迁葬回河北，葬其故地。
姬威(1)	隋使持节金紫光禄大夫太子右卫率右备身将军司农卿龙泉敦煌二郡太守汾源县（608年改县）开国公	正四品上（太子右卫率）从三品（右备身将军）正三品（司农卿）从四品上（二郡太守）	从人命（北周）			从一品	大业六年	610	

續 表

墓主名	銜稱	身份 品階 職	散	軍號(散號將軍)/武散官	戎秩—散實官—勳官	爵位	埋葬年代 年號	公元	備注
田德元(1)	大隋故豫章郡西曹掾田府君(仁壽二年授涼州總管府掾,具體是否爲其人及品階,暫不清)	正七品					大業七年	611	
劉世恭(1)	隋左備身備驍果(無品級,禁衛兵)						大業十一年	615	隋煬帝時期置"驍果",身側禁衛,史料載"多關中人",死後復歸故地。
馮滄(1)	隋宣惠尉		正七品				大業十一年	615	
吕思禮(1)	魏故七兵尚書汶陽吕侯(改封汶陽縣開國侯)死後追授使持節車騎大將軍定州諸軍事定州刺史改封汶陽縣開國侯	正三品(北魏定,爲西魏授)正人命(定州諸軍事定州刺史,死後追授,具體時間不清)		從九命(車騎大將軍,死後追授,具體時間不清)		第二品(死後加封,具體時間不清)	大統四年(大業十二年遷葬)	538(616)	賜死,非正常死亡。

续 表

墓主名	衔稱	身份 職	品階 散	品階 軍號(散號將軍)武散官	品階 戎秩—散官—勳官	爵位	埋葬年代 年號	埋葬年代 公元	備注
田行達(1)	隋正議大夫虎賁郎將光禄卿	正三品（光禄卿）正四品（虎賁郎將）	正四品				大業十二年	616	
崔仲方(4)	隋故禮部尚書安固縣公	正三品（官階最高至禮部尚書）				從一品	大業十年（貞觀十一年遷葬）	614(637)	其墓破壞嚴重，形制已不清。崔仲方一族早期爲北魏所殺，其祖父爲高歡之後，後投奔北周，入周後再入隋。其族爲博陵郡安平縣人（在今河北），故遷回故地，其族人亦如此。
鄭公(5)	大隋故右光禄大夫貝州使君（使君即爲刺史）	正三品	正二品				未載	未載	墓葬有盜擾，未見墓誌銘，祇餘墓誌盖。
乞扶令和(3)	大隋柱國齊州刺史西河(郡開國)公	正三品（時年七十，不確定是否爲板授）			正九命（北周）	正九命（北周）	隋大業六年（唐貞觀元年合葬）	610(627)	其夫人郁久閭氏死於隋開皇八年，正值齊州刺史任上，唐貞觀元年合葬。

職官與墓誌：隋代墓葬官爵等級制度研究

附表 2 隋代官員墓葬具體形制及出土遺物概況[87]

墓主名	所在地區	墓葬方向	天井數量	墓葬形制	墓門	墓門相關設施	葬具	隨葬品			備注
								隨葬陶(瓷)俑	日常生活用具	模制明器 其他	
阿史那氏	陝西咸陽	坐北朝南	5	方形土洞墓，單室墓，四個壁龕，後龕	土坯封門，木門	木門砧、門墊	木棺	籠冠俑21；小冠俑15；風帽俑60；具兜鍪甲士俑1；具裝甲士騎俑12；鞍馬儀衛騎俑22；騎馬鼓樂俑1；跽坐俑1；持箕俑1；踏碓俑；鎮墓武士俑2；鎮墓獸2。	陶罐28；銅鬥1。	陶雞2；陶灶犬2；陶磨1；陶磑1；陶井1；陶倉2；陶餅狀物18。 玉佩2；玉璜2；玉嵌珠4；金花8；花瓣9；金套管3；金印璽1；銅帶具1套；帶扣1；條狀帶鉻1；活員帶鉻1；踝陵帶飾1；獸面紋圓帶飾13；扣眼片13；鉈尾1。	盜擾嚴重

* 注：由於表格篇幅的原因，暫略去墓上封土、墓葬附屬設施、墓葬附屬設施、墓葬面積以及壁畫等未進行深入討論的相關條目，並對部分信息進行省略，以明確研究重點，補充正文，以期未來能夠對隋代墓葬等級制度進行更加長遠、透徹的探討與研究。

[87] 附表2所涉及的參考文獻均為各墓葬的調查發掘簡報或經已出版的正式發掘報告，部分已在正文中列出，故此處不再贅述。

續表

墓主名	所在地區	墓葬方向	天井數量	墓葬形制	墓門	墓門相關設施	葬具	隨葬品				備注
								隨葬陶(瓷)俑	日常生活用具	模製明器	其他	
楊勇	陝西潼關	坐北朝南	6	弧圓形單室磚墓、雙層磚券、穹窿頂、四個壁龕	石門	不明	綫刻石槨	鎮墓武士俑 2;鎮墓獸 2;貼金甲冑騎具甲甲俑 11;貼金甲甲騎具裝甲俑 1;豹紋甲甲騎具裝甲俑 2;鱗甲甲騎具裝甲俑 4;白甲甲騎具裝甲俑 2;黑甲甲騎具裝甲俑 36 (籠冠 9,吹排簫 2,吹筒 3,擊提鼓 1,儀仗 3);風帽騎馬吹鼓騎俑 27;小型騎馬俑 1;籠冠俑 11;小冠俑 38;風帽俑 32;持盾俑 12;籠冠俑 17;單卒俑 8;持箕女俑 3;陶馬 10;陶牛 4。	陶瓶 7;陶罐 2;陶盞 3;陶碗 1;琉璃器皿 5。	陶豬 7;陶狗 2;陶雞 6;陶鴨 3;陶羊 5;陶倉 1;陶井 1;陶磨 2;陶碓 1;陶灶 1。	陶泡釘 1;弓形器 1;金鈴帶 1;金小花 1;銅泡釘 3;銅圓形箍 3(1組);銅丁字形箍 3(1組);銅飾件 2(1組);銅鍬 2(1組);鐵刀 1;琉璃串珠 28(1組);水晶串珠 22(1組);骨飾件 2(1對);泥冥錢 20餘件(1組)。	被認爲是廢太子楊勇之墓

續表

墓主名	所在地區	墓葬方向	天井數量	墓葬形制	墓門	墓門相關設施	葬具	隨葬陶(瓷)俑	日常生活用具	模制明器	其他	備注
李靜訓	陝西西安（據墓誌"京兆長安縣休祥里萬善道場之內"）	正南北向	無	長方形豎井坑墓	無	無	房形石槨、石棺	武士俑2；鎮墓獸2；文官俑24；風帽俑6；套衣俑26；侍僕女侍俑2；陶馬8；陶牛3。	瓷壺3；白瓷螭首雙身雙耳瓷盤口壺1；青瓷人身首壺1；青瓷兩耳罐4；青瓷三耳罐1；青瓷六耳罐1；瓷瓶2；陶罐4；陶罐3；陶碗2；銅鉢1；小瓶1；銅鏡2；銅鐎斗2；銅飾1；有孔銅飾品1；小銅鈴2；銅剪刀1；鐵剪1；鐵鐎斗2；鐵盒2；長方形器1。	陶羊2；陶豬2；陶狗2；陶雞2；陶鴨2；陶磨2；陶屋2；陶碓1；陶灶1；陶井欄1。	金高足杯1；金髮飾1；衣飾品8；金花1組；銀高足杯1；銀碗1；銀小杯1；銀小盒1；銀盤1；小銀爐1；銀筷子1雙；銀斧形指甲套10；銀指甲套1；波斯薩珊朝銀幣1；隋五銖5；玉杯1；玉戒指1；玉扣2；玉刀1；玉釵3；玉獸水晶頭釵3；水晶飾1；玉石飾器1；玉珠6；琥珀飾1；石磨1；殘玉2；玻璃飾板2；玻璃瓶2；玻璃珠杯2；玻璃器4；玻璃珠18；骨匕1；骨梳2；小骨筒1；木梳1；木鋤1；漆盒2；木馬俑1；漆盒2；漆器1；絲織物；核桃1；玉石帶1；絲帶；絲織品；麻布殘片；席；殘紙；黃紙1卷；貝2；蚌殼3。	

續表

墓主名	所在地區	墓葬方向	天井數量	墓葬形制	墓門	墓門相關設施	葬具	隨葬品 陶(瓷)俑	隨葬品 日常生活用具	隨葬品 模製明器	隨葬品 其他	備注
豐寧公主及其夫韋圓照	陝西西安	坐北朝南	≥1	梯形土洞墓，穹隆頂	磚封門	無	木棺	鎮墓獸 2；騎馬俑 1；鳳帽俑 2；文官俑 6；男俑 2；侍俑 9；女侍俑 10；陶駱駝 1；陶豬 1。	陶罐 15；青釉四繫罐 1；白瓷瓶 1；青瓷研磨器 1；綠釉印花蟠龍連瓣爐 1；博山爐 1；綠釉籠形薰爐 1；綠釉深腹罐 1；銅杯 1；金匜 1。			夫妻合葬墓破壞嚴重
高蕈	河北景縣	坐北朝南	不明	單室弧方形磚墓，穹隆頂	磚封門？	無	無	擊鼓俑 14；圓頂鳳帽俑 25；垂直帽俑 10；拱手侍立俑 26；細腰俑 19；跪坐俑 1；乘馬俑 2；牛車 2；陶牛 1；陶駱駝 1；鎮墓武士 2；鎮墓獸 3。	青瓷罐 2；青瓷碗 7；銅鏡 1；銅洗 1；鐵剪刀 1。	陶豬 1；陶狗 3；陶雞 2；陶灶 1；陶碓 1。	金環 1（西側死者口含）；水晶珠 1（東側死者口含）。	夫妻合葬墓，葬以陶俑，設牛車、鞍馬。據其墓誌載："臨終明瞭，遺命不須棺槨，祭奠不爾，勿用牲牢。"

職官與墓誌：隋代墓葬官爵等級制度研究

續表

墓主名	所在地區	墓葬方向	天井數量	墓葬形制	墓門	墓門相關設施	葬具	隨葬陶（瓷）俑	日常生活用具	模制明器	其他	備注
李和	陝西三原	坐北朝南	5	單室弧方形土洞墓，弧形頂	石門	門口石墩石獅2	石棺	侍吏俑2；儀仗俑43（著籠冠冒男俑19、袒右肩男俑10、著翻領窄袖服俑4、著風帽男俑5、著長袍俑2、女俑27（騎馬男文官俑15、騎馬武官俑12）；騎馬文官俑2；胡俑5；武士俑2；鎮墓獸1；陶馬3；陶牛11；陶駱駝2。	陶碗1；陶罐2。	陶羊1；陶豬3；陶狗4；陶雄雞2；舂米工具1；陶倉1；井欄1；陶磨1。	無	石門兩門扇正中各線刻衛士一人，相對站立，武士狀；門框飾忍冬等紋。
劉鑒[88]	江蘇徐州	坐北朝南	不明	長方形磚室墓？，券頂	不明	不明	不明	無	瓷盆；瓷碗；陶罐等（數量不清）。	陶豬；陶狗；陶雞等（數量不清）。	無	破壞嚴重
劉偉[89]（弟）	河南三門峽市陝州區	南北向	2	方形土壙單室墓，墓室東壁帶一耳室	不明	不明	不明	武士俑2；鎮墓獸2；文吏騎士俑1；武騎士俑1。	陶罐1；鐵剪刀2；鐵刀1；銅撮1；銅鏡1。	無	金指環1；銀帛？1；金頂針斯；銅幣2（薩珊波斯）；銅葉若干（或為木匣配件）。	家族墓地夫妻合葬墓

[88] 梁勇《江蘇徐州市茅村隋開皇三年劉鑒墓》，《考古》1998年第9期，50—52頁。

[89] 俞偉超《一九五六年河南陝縣劉家渠漢唐墓葬發掘簡報》，《考古通訊》1957年第4期，5—19頁。

續　表

墓主名	所在地區	墓葬方向	天井數量	墓葬形制	墓門	墓門相關設施	葬具	隨葬品 陶(瓷)俑	隨葬品 日常生活用具	隨葬品 模制明器	隨葬品 其他	備注
張静	安徽合肥	坐北朝南	無	長方形單室磚墓，券頂（南朝特徵）	磚封門	無	磚砌棺床	武士俑 1；女坐俑 1；男坐俑 1；女俑 1；侍從俑若干；侍女俑；跪拜俑；陶馬；異獸；鎮墓獸等若干。	青瓷盤口壺 2；青瓷碗 7；銅鏡 2。	陶豬 1；陶狗 1；陶兔 2（一雄一雌）；陶倉 1；陶井 1；陶碓 1。	金環 2；銀釵 3；銅帶扣 1；銅錢 80 多枚。	家族墓地懷疑爲夫妻合葬墓
王季族	山西昔陽縣	坐北朝南	不明	弧方形單室磚墓，穹窿頂	不明	不明	不明	女立俑 3；男立俑 2；儀仗俑 3；持肩俑 1。	無	陶灶 1。	無	破壞嚴重
折襄熙	陝西銅川	坐北朝南	3	單室土洞墓，穹窿頂	青石封門；石門	門口石敦石蹲獸（獅）2	磚砌土芯棺床	小冠俑 2；籠冠俑 2；鳳帽俑 3；裝甲騎馬俑 3；俑頭 1。	陶瓶 2；青釉碗 1；鐵鏡 1；漆盒 1。	陶狗 1；陶雄雞 2；陶磨 1；陶鼓 2；泥馬蹄金 1。	金釵 1；銅飾件 3；銅錢 2；玉璜 1；串珠 20 顆；骨片 3；貝殻 1。	

續 表

墓主名	所在地區	墓葬方向	天井數量	墓葬形制	墓門	墓門相關設施	葬具	隨葬品 隨葬陶(瓷)俑	隨葬品 日常生活用具	隨葬品 模製明器	其他	備注
王士良[90]	陝西咸陽	坐北朝南	無	豎穴雙室土洞墓，平頂	磚封門	無	木棺	騎馬儀仗俑1；男侍俑2；女侍俑5；儀仗俑1；跪俑1；鎮墓獸1。	陶罐6；陶瓶3；四耳瓷罐1；綠釉瓷唾壺1；銅熨斗1；銅鑷子1；銅剪刀1；鐵剪刀1；鐵鋤刀1；鐵鏡3。	陶磨1；陶灶1；陶碓1。	銅紐扣1；鎏金銅帶2；五行大布13；布泉16；五銖15；穿帶銅印章1；鐵劍1；鐵鏃8；玉環1；玉佩4；玉璜飾2；玉釵1；冠頂1；玉碗1；玻璃47；水晶珠146；骨牙2；蚌殼1。	夫妻三人合葬墓，保存較好，未盜擾。
徐之範	山東嘉祥縣	坐南朝北	未清理	圓形單室磚券，弓形拱頂	石門	門口石墩石蹲獸(獅)2	無	石門吏2	無	無	無	盜掘嚴重，石門左側飾青龍紋，右側卷雲白虎紋，卷草紋；門框卷草紋；石門設一門洞，東西壁龕，墓室之間各放置青石圓雕門吏1。

[90] 王士良本人雖卒於隋開皇三年並入葬，但墓冢在其妻董氏保定五年（565）下葬時即已修築完成，後再次打開以便遷葬。又使君墓誌記"遺令薄葬從儉"，故墓葬在形制規格、隨葬品組合上似乎並未進行新的規劃和營建，僅以董氏入葬時的禮制簡單。詳負安志《中國北周珍貴文物——北周墓葬發掘報告》，109—130頁。

续 表

墓主名	所在地區	墓葬方向	天井數量	墓葬形制	墓門	墓門相關設施	葬具	隨葬品 陶(瓷)俑	日常生活用具	模製明器	其他	備注
韓貴和	山西沁源縣	坐北朝南	不明	弧方形單室磚墓、穹隆頂	磚封門	無	磚砌棺床	籠冠俑9;小冠俑16;僕俑3;勞作女俑1;跪坐俑1;陶車1;陶馬1。	陶壺2;陶盆3;陶碗8。	陶雞2(雌雄各一);陶羊1;陶灶1;陶盆1。	常平五銖錢1	
徐敏行	山東嘉祥縣	不明	無	圓形單室磚墓、穹隆頂	石門	門口石臥獸(獅)2	不明	武士俑2;騎馬武士俑20多;陶馬1;殘鎮墓獸1;灰陶鎮墓獅1。	殘銅盒1;銅鏡1;青釉瓷壺。	陶倉1	白玉戒指1	破壞嚴重
李敬族	河北饒陽縣	坐北朝南?	未清理	弧方形單室磚墓	磚封門	無	木棺	圓頂風帽俑;雙手垂直俑若干;騎馬俑若干;陶駱駝等。	扁形瓶;平底小碗等(數量不清)。	陶豬;陶狗等(數量不清)。	無	夫婦合葬墓擾動嚴重
李麗儀	河北平山縣	坐北朝南	未清理	弧方形單室磚墓、四角攢尖頂	石門	不明(門外側未做清理)	不明	無	四繫青瓷罐1。	無	無	盜掘嚴重

續表

墓主名	所在地區	墓葬方向	天井數量	墓葬形制	墓門	墓門相關設施	葬具	隨葬陶(瓷)俑	日常生活用具	模製明器	其他	備注
侯子欽	陝西西安	坐北朝南	3	近方形土洞墓，左右耳室，後室，半球形頂	不明	不明	木棺？	甲武士俑4；騎馬儀仗俑5；說唱俑7（應為鼓吹）；文官俑12；綢袴武士俑8；絳騎帽俑3；男侍俑6；女侍俑17；陶馬3；陶馬1。	鐵鏡1。	陶屋2；陶井1；陶磨1。	無	盜掘破壞嚴重
劉樓[91]（兄）	河南三門峽市陝州區	南北向	2	方形土壙單室墓	無	無	不明	無	殘鐵鐮1。	無	隋五銖1	夫妻合葬墓盜掘嚴重
伏波將軍[92]	安徽合肥	坐北朝南	無	土壙磚砌墓；主室，後室，東西耳室	石門	門口石墩石臥獸（獅）2	磚砌棺墓	鎮墓獸2（千秋萬歲）；人面鳥守門按盾武士俑2；護衛武士俑6；文吏俑2；跪拜俑1；女俑1；女侍俑頭1；殘侍俑2；陶馬1；陶駱駝1；陶牛車1。	青瓷瓶1；青瓷碗1；青瓷盞1；青瓷燈盞3等。	陶狗1；陶豬1；陶雞1；雌鹿1；雙鬼1；雙碓1；陶倉1；陶廁所1；陶井1；陶磨1；陶碓1。	無	石墓誌立於棺槨前，基座長方形。

[91] 俞偉超《一九五六年河南陝縣劉家渠漢唐墓發掘簡報》，5—19頁。
[92] 胡悅謙《合肥西郊隋墓》，《考古》1976年第2期，77、134—140、150—152頁。

唐研究　第二十八卷

續表

墓主名	所在地區	墓葬方向	天井數量	墓葬形制	墓門	墓門相關設施	葬具	隨葬品 陶(瓷)俑	隨葬品 日常生活用具	隨葬品 模製明器	其他	備注
朱忻	陝西西安	坐北朝南	不明	雙室土洞墓(前後室,東西耳室)	不明	不明	無	武士俑 2;文官俑 9;風帽男俑 7;伎樂俑 5;風帽騎馬俑 8;鎮墓獸 2;陶駱駝若干。	銅鏡 1。	陶雞 2;陶碓 1;陶鼓 2。	金屬片飾 2。	夫妻合葬墓
韓邕[93]	河南安陽	不明	不明	磚室墓(具體形制不明)	不明	不明	不明	無	青瓷小碗 6;青瓷罐 4;繫盤 1;高足盤 1;硯 1。	無	無	
王昌[94]	陝西西安	坐北朝南	1	方形單室土洞墓	無	無	木棺	小冠鉤袴俑 20;籠冠文吏俑 6;風帽俑 6;風帽裝甲騎俑 2;持笏儀仗騎馬俑 6;陶駱駝 1。	無	陶犬 2;陶羊 4;陶井 1;陶灶 2;陶碓 1;陶倉 2;陶珠 1組。	銅帶具 1組;銅帶鉤 1;銅泡 1組;銅錢 3;殘鐵器 1組;玉垂飾 1。	夫妻合葬墓遷葬家族墓地

---

[93] 安陽市博物館《安陽活水村隋墓清理簡報》,《中原文物》1986 年第 3 期,42—43 頁。
[94] 張占民、倪潤安、張蘊《西安洪慶北朝、隋家族遷葬墓地》,《文物》2005 年第 10 期,47—67,98 頁。崔世平《王昌父子墓誌與北周京兆王氏》,《考古與文物》2009 年第 2 期,76—80 頁。

續 表

墓主名	所在地區	墓葬方向	天井數量	墓葬形制	墓門	墓門相關設施	葬具	隨葬陶(瓷)俑	日常生活用具	模制明器	其他	備注
朱俌	河南安陽	坐北朝南	無	長方形弧角單室土洞墓	磚封門	無	磚砌棺床	武士俑3；套衣俑2；侍俑13；女俑1；陶駱駝1。	四繫瓷罐3；瓷制單耳瓶1；瓷盤1；紅陶制八盅盤1；陶缸1。	陶狗4。	無	
韓暨	遼寧朝陽	不明	不明	近方形單室土洞墓	不明	不明	磚砌棺床	不明	不明	不明	不明	
郁久閭可婆頭	陝西西安	坐北朝南	3	外弧長方形單室土洞墓，拱頂窑洞式	磚封門、石門	門口石墩、石蹲獅2	木棺	門吏俑2；鎮墓武士俑2；鎮墓獸2；甲騎具裝騎馬俑7；騎馬擊提鼓俑1；騎馬摇鞀俑3；騎馬儀仗俑3；騎馬擊鼓俑4；騎馬鼓俑3；籠冠俑11；小冠俑23；樸頭俑23；鳳帽俑7；陶駱駝1；鞍馬1；馬駒8。	陶罐2；陶杯1。	陶倉1；陶磨1；陶井1；陶碓1；陶灶1。	蚌殼1；陶珠30。	過洞頂部有刻劃紋飾，繪紅白彩。

續表

墓主名	所在地區	墓葬方向	天井數量	墓葬形制	墓門	墓門相關設施	葬具	隨葬陶(瓷)俑	日常生活用具	模製明器	其他	備注
虞弘	山西太原	坐東北向西南	無	弧方形單室磚墓、券頂?	不明	不明	漢白玉石槨	男侍從俑2；女侍從俑10；伎樂俑2；拄劍文吏俑2。	無	無	無	夫妻合葬墓破壞嚴重
呂道貴	山東濟南	坐東向西	不明	石築雙室墓（魏晉雙室墓特徵）	石門（僅存門楣）	不明	不明	武士俑2。	無	無	無	破壞嚴重
呂武	陝西西安	坐北朝南	不明	長方形單室土洞墓；東壁內掏一長方形土洞	不明	不明	不明	鎮墓獸2；武士俑2；小冠男俑35；籠冠男俑10；風帽男俑34；鹵簿俑4；男騎俑3；女立俑16；女坐俑4；陶駱駝1等。	陶罐9；陶雙耳罐2；陶瓶1；陶盆1；陶磨1；瓷唾壺1；安施青釉陶壺2。	陶狗3；陶豬3；陶羊2；陶灶1；陶碓1；陶房屋2。	陶鼓形器1；天然蚌殼；水晶柱45；料杯等；五銖錢3。	發掘報告前後敘述矛盾

· 440 ·

續 表

墓主名	所在地區	墓葬方向	天井數量	墓葬形制	墓門	墓門相關設施	葬具	隨葬品 陶(瓷)俑	隨葬品 日常生活用具	隨葬品 模製明器	其他	備注
李椿	陝西西安	坐北朝南	不明	方形單室土洞墓,拱頂	石門	門口石墩石蹲獅2	不明	武士俑2;鎮墓獸10;籠冠套衣俑6;籠冠帽套盾俑5;風帽持盾俑14;襆頭俑9;文官侍俑5;殘女舞女侍俑4;男騎馬俑2;女騎馬俑4;籠頭馬25(小冠侍俑8,籠冠侍俑9);襆頭俑7,女侍俑1,陶駱駝1;陶牛。	四繫瓷罐1;瓷盂1;綠釉陶熏1(其中3件白瓷)。	陶羊1;陶狗1;陶豬3;陶雞2;陶灶1;陶磨1;陶碓1。	鐵棺箍1。	夫妻合葬墓
張盛	河南安陽	坐北朝南	不明	弧方形單室磚墓,方錐形頂;甬道兩側設小耳室	磚封門	無	磚砌棺床、木棺	侍吏俑2;鎮墓獸2;男儀仗俑10;女儀仗俑8;舞俑5;胡俑2;僕樂俑27;僧俑2;牛車俑1。	瓷壺6;瓷罐4;瓷瓶1;瓷罐4;三足瓷盤3;三足瓷盤3;博山瓷燈1;瓷燈4;雙耳瓷盌1;瓷柱盆1;瓷碗4;瓷盒25;盒狀器1;瓷缸1;環足盤1;銅鏡1。	家禽家畜俑9(鵝鴨鸛雞大豬);陶井、陶磨、陶房屋、碾、陶水桶、瓷案、瓷剪、瓷幾、瓷燭憑臺、陶靴履;瓷棋盤1;瓷櫃2;瓷凳1;瓷枕1;瓷座1;獸座1;陶馬鐙4。	陶珠、陶印等。	夫妻合葬墓

续表

墓主名	所在地區	墓葬方向	天井數量	墓葬形制	墓門	墓門相關設施	葬具	隨葬陶（瓷）俑	日常生活用具	模製明器	其他	備注
斛律徹	山西太原	坐南朝北	不明	弧方形單室磚墓	石門	門口石墩臥獸（獅）2	生土棺床、木棺?	女侍俑12；武士俑56；持盾俑54；武士騎俑2；甲騎具裝俑2；儀仗騎俑22；伎樂騎俑5；馬2；騎駱駝俑2；鎮墓獸2；按盾武士俑2；牛車1。	盤口壺2；捲沿罐4；圓唇罐2；陶碗12；青瓷盒8；青瓷尊2；青瓷罐1；白瓷硯1；白瓷杯1。	陶羊6；陶豬2；陶灶1；陶井1；陶倉1；筒形器1。	鐵環4；鐵器4；串珠1。	
段威	陝西西安	坐北朝南	3	長方形土洞雙室墓，穹窿頂；似未忻墓。	石門，磚封門	不明	石棺，木棺，磚砌棺床	不明	不明	不明	不明	夫妻合葬墓
鹿善	陝西咸陽	坐北朝南	5	雙室土洞墓（前後室），似未忻墓。	石門，木門	不明	不明	鎮墓武士俑2；鎮墓獸3；甲騎具裝騎馬俑10；騎俑9，小冠俑27；鳳帽俑17；勞作持箕女俑1；陶駱駝1；陶馬1。	陶雙耳瓶1	陶羊4；陶豬3；陶狗2；陶雞2；陶倉2；陶磨井1；陶碓1；陶灶1。	瑪瑙珠1；料珠1；琥珀飾1；銅釵1；泥質貼金飾4。	夫妻合葬墓

職官與墓誌：隋代墓葬官爵等級制度研究

續 表

墓主名	所在地區	墓葬方向	天井數量	墓葬形制	墓門	墓門相關設施	葬具	隨葬品 陶(瓷)俑	隨葬品 日常生活用具	隨葬品 模制明器	隨葬品 其他	備注
崔大善	河北平山縣	坐北朝南	不明	弧方形單室磚墓，攢尖頂四角	石門	門口石墩2	木棺？幔帳	按盾大武士俑2；騎馬俑3；籠冠俑5；小冠俑18；樸頭俑5；鳳帽俑18；持盾俑10；坐俑4；持物頭俑1；鎮墓身7；俑頭2；陶馬2；陶牛獸2；陶駱駝1。	陶罐5；陶碗11；陶盤口壺4；銅鏡2；銅帶銙10。	陶豬5；陶狗5；陶雞3；陶羊2；陶井1；陶灶2；陶磨1。	鐵器多件；五銖錢11。	
羅達[95]	陝西西安	坐東北朝西南	不明	斜方形單室土洞墓	不明	不明	不明	紅騎馬俑1；甲馬俑4；籠冠騎俑8；儀仗騎馬俑2；鳳帽袴褶立俑4；籠冠袴褶手立俑5；小冠袴褶短手立俑5；翻領執盾武士俑4；文官俑3；小俑1；鞍馬3；陶駱駝1；鎮墓獸2。	無	陶狗1；陶井1；陶欄1；陶碓4。	五銖錢2；象牙帶鉤1；象牙笏板1。	破壞嚴重

[95] 李域錚、關雙喜《隋羅達墓清理簡報》，《考古與文物》1984年第5期，28—31、45頁。

· 443 ·

續 表

墓主名	所在地區	墓葬方向	天井數量	墓葬形制	墓門	墓門相關設施	葬具	隨葬品 陶(瓷)俑	隨葬品 日常生活用具	隨葬品 模制明器	其他	備注
鄭平	河南安陽	不明	不明	橢圓形單室磚墓	不明	不明	磚砌棺床	持盾武士俑 2;文官俑 4;男侍俑 11;女侍俑 2;風帽俑 1;陶駱駝 2。	瓷罐 4。	陶灶 1。	無	雙人合葬墓
獨孤羅	陝西咸陽	坐北朝南	5	長方形單室土洞墓;墓北壁兩小龕	石門	不明	不明	拱手陶俑 27;捧物女俑 23;女陶俑 6;捧物俑 9;騎馬陶俑 9;騎馬陶俑 1;陶俑 2。	銅花小盒 1。	陶灶 1;陶雞首 1;陶臥羊 1;陶磨、陶磨房、陶磨等。	雲母片;金幣;銅環。	
王幹[96]	安徽亳州	坐北朝南	無	弧方形單室磚墓;南壁小耳室	無	無	磚砌棺墓	女樂俑 4;歌俑 4;女俑 2;炊事俑 1;磨坊俑 2;儀仗俑 27。	白瓷大盆 4;白瓷小盒 1;白瓷硯 1;青瓷四繫罐 1;青瓷瓶 1;黃釉高足磁碗 1;釉瓷碗片;黃灰殘陶壺 1。	陶牛 1;陶臥羊 1;陶灶 1;陶磨 1;水盆 1;小盒 1;燭臺 1;小水罐 1;小勺 1;簸箕 1;陶井 1;陶鞋 1。	石座 1。	四人合葬墓遷葬

[96] 亳縣博物館《安徽亳縣隋墓》,《考古》1977 年第 1 期,65—68、82—84 頁。

職官與墓誌:隋代墓葬官爵等級制度研究

續表

墓主名	所在地區	墓葬方向	天井數量	墓葬形制	墓門	墓門相關設施	葬具	隨葬品 隨葬陶(瓷)俑	隨葬品 日常生活用具	隨葬品 模制明器	隨葬品 其他	備注
元威[97]	陝西咸陽	坐北朝南	3	近方形單室土洞墓、拱形窿頂	砌築土坯封門	無	木棺	鎮墓武士俑1;鎮墓獸2;甲騎具裝俑2;騎馬鼓吹俑3;籠冠俑2;小冠俑3;風帽俑8;侍女俑1;持箕女俑1;掬盆女俑1;鞍馬1。	白瓷碗2;白瓷杯3;白瓷缽1;青瓷渣斗1;陶燈1;陶金1;銅鏡1。	陶羊1;陶雞1;陶井1;陶碓1。	五銖9;鐵鑷1;鐵剪1;蚌殼1;泥珠5。	夫妻合葬墓
蕭紹[98]	陝西咸陽	坐北朝南	2	近方形單室土洞墓、穹隆頂	不明	不明	不明	陶武士俑1;陶人面獅身鎮墓獸1;陶鎮墓獸1;陶風帽俑1;陶侍箕俑1;陶俑頭1。	陶碗2	陶羊1;陶碓支架1;陶磨1。	無	盗擾嚴重

[97] 陝西省考古研究院、咸陽市文物考古研究所《隋元威夫婦墓發掘簡報》,《考古與文物》2012年第1期,24—34、116—120頁。王靜《咸陽出土隋元威夫婦墓誌考說》,西安碑林博物館編《碑林集刊》第19輯,三秦出版社,2013年,66—77頁。
[98] 謝高文《咸陽隋代蕭紹墓》,《文物》2006年第9期,39—44頁。

· 445 ·

續 表

墓主名	所在地區	墓葬方向	天井數量	墓葬形制	墓門	墓門相關設施	葬具	隨葬品 陶（瓷）俑	日常生活用具	模製明器	其他	備注
李裕	陝西西安	坐北朝南	2	長方形單室土洞墓；甬道北壁設壁龕2	木門？	不明	木棺	武士俑2；鎮墓獸2；甲騎具裝俑6；騎馬鼓吹俑10；籠冠騎馬俑4；風帽騎馬俑6；籠冠俑12；小冠俑18；風帽俑11；單辛俑2；陶立俑1（形制不清）；持箕女俑2；陶駱駝1；陶馬4。	雙耳陶罐1；四繫罐1；首白瓷壺1；白瓷碗3；白瓷杯4；白瓷盤1；白瓷碟1；辟雍瓷硯1；漆盤1；銅鏡1。	陶豬1；陶羊2；陶雞2；陶狗1；陶倉2；陶磨井1；陶碓1；陶灶1。	銅錢1。	
楊素								具體情況暫不清				
口表[99]	安徽亳州	坐北朝南	無	長弧方形單室磚墓	無	無	磚砌棺臺	騎俑2；甲胄武士俑4；文俑4；胡俑1；跪俑1；拜俑1；鳥身俑1；陶駱駝1；陶馬1。	黃釉高足盤1；紅陶器座2。	無	無	遷葬

[99] 亳縣博物館《安徽亳縣隋墓》，65—68、82—84頁。

續 表

墓主名	所在地區	墓葬方向	天井數量	墓葬形制	墓門	墓門相關設施	葬具	隨葬品 陶(瓷)俑	隨葬品 日常生活用具	隨葬品 模制明器	隨葬品 其他	備注
張綝	陝西西安	坐北朝南	3	近方形單室土洞墓，穹窿頂？	土坯封門	無	木棺	鎮墓獸4；武士俑4；小冠俑20；樸頭俑5；鳳帽俑11；甲騎具裝俑8；鼓吹騎馬俑4；騎馬俑5（男3，女2）；男俑頭12；女俑頭1；持箕俑1；執盆俑1；陶馬4；陶牛2；陶駱駝2。	陶罐1；陶壺2；釉陶盤1；陶帽釘1；白陶杯4；銅鏡1；陽燧1。	陶羊2；陶狗6；陶豬1；陶雞2；陶倉1；陶雄井1；陶磨2；陶敦2。	合頁5；栓1；環2；鐵鋪1。	夫妻合葬墓
浩喆[100]	山西襄垣縣	坐北朝南	無	長方形雙室磚墓，前室設左右耳兩室，穹窿頂	磚封門	無	磚砌棺床、木棺	小冠男侍俑20；高冠男侍俑5；女侍俑12；女勞作俑2；男僕俑2。	陶罐2	陶灶1；鞍籠1；母豬猪仔1；母雞、小雞1。	無	15人家族合葬墓 墓誌為陶幅形
周皆	山東章丘	坐北朝南	不明	方形穹隆頂石室墓	石門	無	木棺？	石俑1	瓷碗1	無	無	雙人合葬墓

[100] 張慶捷、劉耀中、張繼民《山西襄垣隋代浩喆墓》，《文物》2004年第10期，4—17頁。

續 表

墓主名	所在地區	墓葬方向	天井數量	墓葬形制	墓門	墓門相關設施	葬具	隨葬品 陶(瓷)俑	隨葬品 日常生活用具	隨葬品 模制明器	隨葬品 其他	備注
史射勿[101]	寧夏固原	坐北朝南	2	近方形單室土洞墓,券頂?	土坯封門	無	生土棺床、木棺	無	四繫青瓷罐1;白瓷管1;銅鏡4。	無	金戒指1;金帶扣1;金鈴3;圓形金環飾3;鎏金鳥飾2;鎏金桃條形花飾;鑲玻璃珊瑚銅飾1;薩珊銀幣1;鳥形骨器1;水晶珠形飾2。	盗擾嚴重
閆靜	河北石家莊市鹿泉區獲鹿鎮	坐北朝南	不明	弧方形土洞磚砌單室墓	不明	不明	不明	鎮墓武士俑2;侍衛男俑6;侍從女跪立俑5;僕役女俑2;騎馬武士俑2;鎮墓獸2;陶馬1;陶駱駝1;陶牛車1。	鳳首曲柄勺1;陶器蓋1。	陶羊1;陶狗1;陶豬1;陶雞1;陶灶1。	磨形器。	
姬威	陝西西安市郭家灘	坐北朝南	7	近方形土洞墓,拱頂	石門	門口石墩石蹲獅2	石棺床、木棺	風帽俑、拱手俑、侍役俑、老人俑、牽馬俑、執物俑、披風衣武士俑、鎮馬頭俑、騎馬俑、鎮墓獸。	陶瓶2;陶罐3;瓷器小碗1;瓷碗3;銅鏡2。	陶雞3;陶鴨4;陶鵝4;陶羊2;陶狗2;陶豬9;陶灶2;陶磨1;陶米舂2;陶厠所1;陶倉1。	料器、玉飾22;鎏金銅飾(帶鈎)30餘件;髮簪、裝飾(等)件;鐵矛1;鉛龍笞。	

[101] 羅豐《固原南郊隋唐墓地》,文物出版社,1996年,7—30頁。

續 表

墓主名	所在地區	墓葬方向	天井數量	墓葬形制	墓門	墓門相關設施	葬具	隨葬陶(瓷)俑	日常生活用具	模制明器	其他	備注
田德元[102]	陝西西安	坐北朝南	不明	近方形土洞墓	不明	不明	不明	拱手俑38(風帽俑,持物俑?);武士俑2;鎮墓俑2;騎馬俑9;陶馬俑2。	陶罐;瓷瓶1;瓷硯1;四耳瓷罐3;瓷盂1;四獸銅鏡1;木劍1。	陶灶,陶磨。	五銖錢75;雜配玉料。	
劉世恭[103]	陝西西安	坐北朝南	無	近方形土洞墓,穹隆頂	土坯封門	無	不明	鎮墓獸1;武士俑2;駱駝俑1。	雙耳陶瓶1;黃釉三足陶罐5;黃釉陶瓶1;黃釉四繫壇1;陶盞2;陶杯1;器蓋4。	無	水晶含1;五銖錢13。	盜擾嚴重
馮滽[104]	陝西西安	坐北朝南	不明	長方形土洞墓,拱形頂	不明	不明	木棺	不明	不明	不明	不明	

[102] 雒忠如《西安郭家灘隋墓清理簡報》,《文物参考資料》1957年第8期,65—66頁。
[103] 俞偉超《西安白鹿原墓葬發掘報告》,《考古學報》1956年第3期,33—75、141—148、174頁。
[104] 孫秉根《西安隋唐墓葬的形制》,151—190頁。

續 表

墓主名	所在地區	墓葬方向	天井數量	墓葬形制	墓門	墓門相關設施	葬具	隨葬品 陶（瓷）俑	隨葬品 日常生活用具	隨葬品 模製明器	隨葬品 其他	備注
呂思禮[105]	陝西西安	坐北朝南	1	方形土洞單室墓	土坯封門	無	不明	武士俑 2；鎮墓獸 2；甲騎具裝俑 3；風帽騎馬俑 4；風帽俑 10；籠冠俑 8；小冠俑 3；女立俑 8；持箕俑 13；持駱駝 1。	黃釉陶壺 2；黃釉陶燭臺 1；銅鏡 1。	陶豬 2；陶雞 1；陶狗 1；陶磨 1；陶倉 1；陶灶 1；陶井 2。	玉器 7（半圓形玉飾 2，玉環 2，玉璜 3）。	夫妻合葬墓保存完好
田行達[106]	陝西西安	不明	不明	方形單室土洞墓	不明	不明	不明	不明	不明	不明	不明	
崔仲方	河北平山縣	坐北朝南	不明	不明	不明	不明	不明	按盾大武士俑 1；騎馬俑 3；胡人俑 1；襆頭俑 1；俑身 1；陶鎮墓獸 1；陶馬 1；陶駱駝 1。	陶碗 1；陶壺 1。	陶狗 1；陶磨 1；陶磨 1。	鐵棺環 1。	破壞嚴重不見形制

[105] 劉呆運、李明《隋吕思禮夫婦合葬墓清理簡報》，《考古與文物》2004 年第 6 期，1，21—30，97 頁。
[106] 孫秉根《西安隋唐墓葬的形制》，151—190 頁。岳紹輝《隋〈田行達墓誌〉考釋》，西安碑林博物館編《碑林集刊》第 6 輯，三秦出版社，2000 年，26—32 頁。

職官與墓誌：隋代墓葬官爵等級制度研究

續 表

墓主名	所在地區	墓葬方向	天井數量	墓葬形制	墓門	墓門相關設施	葬具	隨葬（瓷）俑	日常生活用具	模制明器	其他	備注
鄭公[107]	江蘇徐州市銅山區	東西向	不明	長方形單室磚墓、弧形拱形	不明	不明	不明	騎馬俑24；男俑3；武士俑1；文吏俑2；女舞俑5；女僕俑1；立俑3；女僕俑（千秋萬歲）2；鎮墓獸2；陶牛1；陶駱駝1。	青瓷碗3；青瓷胡蘆瓶1；白砂胎綠釉執壺1。	陶羊1；陶狗1；陶雞3（母）；陶灶1。	無	
乙扶令和	河南衛輝	坐北朝南	1	近方形單室土洞墓（？），道處有不規則小龕（內置動物骨，可能與鮮卑舊俗有關）	石門、磚封門	門口石墩、石蹲獅2	木棺？	鎮墓獸2；武士俑2；文吏俑2；武士俑2；持盾裝備8；甲騎儀仗俑14；鼓樂騎俑8；小冠俑4；風帽俑4；小風帽俑6；僕頭俑5；盤髻俑2；女侍俑6；陶牛1；陶馬2；陶駱駝1。	陶罐2；青瓷碗4；青瓷蓋盂4；青瓷缸1；青瓷罐蓮紋殘片1；白瓷器蓋1；鐵鏡1。	陶母子狗3；陶母豬2；陶雞2；陶灶1；陶皮6。	葉狀銅片6（1組）；銅器足（1組）；銅飾1；小銅泡2；銅飾。四神石刻4（1奎）；石燈6；石珠1；銅錢101。	夫妻合葬墓盜擾破壞嚴重

[107] 金澄、武利華《江蘇銅山縣茅村隋墓》，《考古》1983年第2期，149—151、199—200頁。

Official and Epigraph: A Study on the Hierarchy of Titles of Official and Nobility in Sui Dynasty Tombs

Li Jiayan

Based on the epitaphs and official system, this paper focuses on the interpretation of the tomb materials. These materials include unearthed epitaph texts, official rank of the tomb owner, tomb structure and other grave goods. Through studying these materials, this paper analyses the tomb hierarchy system of the Sui Dynasty. The tomb hierarchy system took official rank as the core and integrating local traditions and political orientations.

論唐代均田制的等級性及制度屬性

劉玉峰

一、引言

自北魏至唐中期推行了近三個世紀的"均田制",不能望文生義地理解爲平均分配土地的制度。學者們認同,所謂"均田制",是一種"自公卿以下至於吏民,名曰均田,皆有頃數,於品制中令均等"的田制[1]。用現代語言説,即一種按照上自公卿、下至吏民的"官""民"兩大社會階層及二者内部等級之高低,來規定各層級所占的土地頃畝數,並規定社會階層等級相同則土地頃畝數也相同的田制。如此"名曰均田"的"均田制",它所規定的不同社會階層等級之間,尤其是"官、民"兩大社會等級之間的土地頃畝數,必然是不相同的和不均等的,因而絕不是什麽均分土地的制度,在實質上是"不均"的。汪籛、鄭學檬和王永興先生對此還做了特别强調。汪先生指出,均田制"原意並不是平均分地,這法令能執行得通也正因爲不是平均分地"[2]。鄭先生指出,"按等制和各有其分是

---

[1] 近現代學界所用"均田制"概念,是中國古代"均田之制"概念的簡稱。據學界梳理,中國古代最早提出"均田之制"概念的,是西漢哀帝時的丞相王嘉,以指稱哀帝綏和二年(前7)的名田限田。三國曹魏明帝時人孟康對王嘉所謂"均田之制"做了注釋,最先揭示了"均田之制"概念的這一本義的内涵和特點,具體見《漢書》卷八六《王嘉傳》所引孟康注,中華書局,1974年,3497頁,注一三。

[2] 汪籛《兩漢至南北朝大族豪强大土地所有制的發展和衰落》,《漢唐史論稿》,北京大學出版社,1992年,141頁。據文末附記,該文出自《汪籛隋唐史講稿(1961—1963)》,由胡戟根據記録整理,並由吳宗國校閲。

所謂均田的原則,均田非平均分田"[3]。王先生説:"'均田制'的'均'字不能解釋爲'平均'或'均平',在剥削制度社會中,剥削階級政權怎能在全國範圍内平均計口授田呢?"[4]都强調均田制不是"平均"分配土地的制度,也是不可能"平均"的。

學者們雖然認同均田制不是平均分配土地的制度,認同它實質上是"不均"的,也大多認同它是一種國家授田制,並主要從貴族官僚按品級授永業田、個體農户丁男百畝授田,以及土地權益形態方面給予了闡述和論證。不過,認真梳理學術史會不難發現,認同的形成並没有建立在扎實完善的立論之上,迄今有關的闡述和論證多是概述性、籠統性和粗綫條的,關於土地權益形態複雜性的闡述,也不够全面清晰並多有歧義[5]。對於最爲典型的唐代均田制的"不均",也缺乏專門和深入的闡述論證,大型學術史著述《隋唐五代史研究概要》和《二十世紀唐研究》,均對唐代均田制的百年研究史做了系統梳理和評論,但都没有述及評論唐代均田制"不均"問題的成果,就説明有關的闡述論證也是不充分的,説明學界也没有進行扎實完善、系統深入的論證[6]。

---

[3] 鄭學檬《關於"均田制"的名稱、含義及其和"請田"關係之探討》,方行主編《中國社會經濟史論叢:吴承明教授九十華誕紀念文集》,中國社會科學出版社,2006年,215頁。

[4] 王永興《唐代土地制度研究——以敦煌吐魯番田制文書爲中心》,蘭州大學出版社,2014年,100頁。早在1987年發表的《論唐代均田制》一文中,王永興就説:"封建統治者是大私有者大剥削者,在他們的頭腦裏,怎麽可能有以行政權力去推行平均分配土地的思想呢!"《北京大學學報》1987年第2期,53—62頁,説見57頁。不過,這一表述不如上述2014年著作中的表述清晰明確。

[5] 胡如雷和吴宗國已有相關評論。1990年,胡如雷《中國經濟史研究中存在問題之我見》從六個方面回顧梳理了1949年之後中國經濟史研究存在的問題,其中説:"封建土地制度是多年來大家趨之若鶩的熱門課題,但總觀全局,絶大多數的論文都捲入了土地國有還是私有的争論,而對一朝一代或某一制度的具體深入研究則顯得薄弱。"《中國經濟史研究》1990年第1期,8—10頁,説見9頁。胡如雷所稱研究薄弱的土地制度就包括均田制。2006年,吴宗國在《我看隋唐史研究(下)》中,認爲學界對唐代經濟史進行了許多開創性研究,"但總的來説,還是粗綫條的,對於許多具體問題並没有搞清楚。其中最突出的例子就是關於均田制和曲轅犁的研究"。《文史知識》2006年第5期,23—29頁,説見23頁。

[6] 張國剛主編《隋唐五代史研究概要》和胡戟等主編《二十世紀唐研究》,是兩部大型學術史著作。前者分通論、均田制的施行、"自田"與四至的改寫、常田與部田、均田制實施細則、均田制的淵源和性質六個方面,梳理了唐代均田制研究史。天津教育出版社,1996年,238—252頁。後者分均田制實行與否,均田制的性質、作用,均田制外的私田問題,均田制中的永業口分、常田部田問題,均田制中的土地還授及標準,均田制度的敗壞幾個方面,也對唐代均田制研究史作了梳理。中國社會科學出版社,2002年,311—324頁。但是,兩部學術史著作都没有述及討論唐代均田制"不均"問題的成果,可見有關的闡述和論證是薄弱的,不具有加以梳理的專題性。

有鑒於此,本文擬專門論述北魏至隋、唐時期推行最爲典型的唐代均田制的"不均"。由於這種"不均"主要表現爲等級性的差額、差別和不同,本文因而以"唐代均田制的等級性"立題,來專論其"不均"的内容和表現,並就這種等級性授田制較爲豐富的制度屬性加以闡述,以揭示其所以具有等級性的更爲深刻的内在規定性,以期有益於推進關於唐代均田制制度特點及制度屬性的認識和討論。

二、唐代均田制等級性的主要内容和表現

唐王朝的成文法律主要有"律""令""格""式"四類,均田制是主要由"令"中的《田令》予以立法定制並得到切實實施的[7]。《田令》内容豐富,以近來發現的明鈔本宋《天聖令》所附唐《田令》最爲詳整[8],爲唐代均田制研究提供了更爲準確原始的令文,推進了對唐代均田制更加全面的理解和認識。《田令》中關於"官"與"民"兩大社會階層授田的内容,一般稱之爲唐代的均田制(均田

---

[7] 唐代均田制的"確鑿無疑"的實施,早在1950—1960年代已經由西嶋定生、西村元佑、周藤吉之等日本學者基於吐魯番和敦煌文書的精細嚴謹分析而得到實證,參見西嶋定生著,馮佐哲等譯《中國經濟史研究》第二部《土地制度史的若干問題》之第四章《從吐魯番出土文書看均田制實施情況——以給田文書、退田文書爲中心》,農業出版社,1984年,313—519頁。西嶋定生的這一長篇論文,原載《敦煌、吐魯番社會經濟資料(上、下)》,《西域文化研究》第2、第3,1959—1960年。該論文譯文,又見周藤吉之等著,姜鎮慶等譯《敦煌學譯文集——敦煌吐魯番出土社會經濟文書研究》,甘肅人民出版社,1985年,168—474頁。西村元佑和周藤吉之的代表性論文的譯文,也見該譯文集。新近的代表性研究,可參王永興《敦煌經濟文書導論》之第二章《田制文書考釋》,新文豐出版股份有限公司,1994年,81—200頁。

[8] 唐朝《田令》的内容,以近來戴建國發現的寧波天一閣博物館所藏明鈔本宋《天聖令》第21卷所附唐《田令》最爲詳整,保留了多達49條的唐《田令》原文。《唐〈開元二十五年令·田令〉研究》,《歷史研究》2000年第2期,36—50頁,其最終校證研究文本,見天一閣博物館、中國社會科學院歷史研究所天聖令整理課題組《天一閣藏明鈔本天聖令校證(附唐令復原研究)》,中華書局,2006年。(以下僅注書名)在此《天聖令》所附唐《田令》發現之前,傳世文獻《唐律疏議》《唐六典》《通典》《唐會要》《舊唐書》《新唐書》《資治通鑑》等史籍中,都有唐朝《田令》内容的摘抄記録,並以《通典》對唐玄宗開元二十五年《田令》的摘抄記録爲詳。這裏説近來發現的《天聖令》所附唐《田令》最爲詳整,是與上述傳世文獻所載内容相比較而言,不是説它囊括了上述傳世文獻的所有内容。本文對唐朝《田令》的徵引以此《天聖令》所附唐《田令》爲主,也徵引它未載而由其他傳世文獻所記載的條文。

令）〔9〕，是一種典型的等級性授田制。事實上，唐王朝自己並不諱言這種等級性授田。總結唐前期法律典制的國家行政法典《唐六典》，對包括均田制在內的"凡給田之制有差"做了概括性記載，並具體區別爲"凡天下百姓"和"凡官人"兩類人群，摘要記載了均田制授田的具體內容〔10〕。《唐六典》所謂均田制之"給田""有差"，即是說它對"官人"和"天下百姓"的授田的制度規定是有差別和不同的，即是有等級的。唐律則明言均田制授田的等級性，《户婚律》"占田過限"條律文疏議有云："王者制法，農田百畝，其官人永業準品，及老、小、寡妻受田，各有等級。"〔11〕疏議所謂王者所制之"法"，顯然是指均田法即均田制；所謂"農田百畝"和"老、小、寡妻受田"，是指對"天下百姓"如何授田；所謂"官人永業準品"，是指對"官人"按品級授給永業田；而"各有等級"，則明確指出均田制授田爲等級性授田。總之，唐王朝國家行政法典和法律是明確承認均田制的等級性的。

從《田令》具體令文來看，所謂"凡官人"，是對貴族和官僚的總稱，是爲"官階層"；所謂"凡天下百姓"，則指全國廣大的黎民百姓或稱黎庶百姓，以農户農民爲主體，還包括工商業者、道士、女冠、僧尼以及奴隸奴婢身份的官户、官奴等，是爲"民階層"〔12〕。由於"官人"和"天下百姓"都是以"家"，即以"户"，作爲生

---

〔9〕 關於唐代均田制（均田令）概念，因各人理解不同，學界形成了三種主要觀點：第一，僅指《田令》中關於官、民、僧道、工商、賤民授田占田的規定。第二，指《田令》的全部規定。第三，指國家"律""令"（包括《田令》）"格""式"中關於土地占有的全部規定。具體參見宋家鈺《唐朝户籍法與均田制研究》，中州古籍出版社，1988年，185頁。筆者認爲，第一種觀點的理解是最爲恰當的，並依此觀點來使用唐代均田制（均田令）概念。

〔10〕 《唐六典》卷三《尚書户部》"户部司郎中員外郎"條，中華書局，1992年，74—75頁。《唐六典》所載是對《田令》內容的概括性記載，"凡給田之制"，共記載了《田令》所規定的均田制、公廨田制和職分田制。關於均田制授田，先記載授給"凡天下百姓"（具體包括"良口"身份的農户丁男、中男、老男、篤疾、廢疾、寡妻妾、道士、女冠、僧、尼，以及"賤口"身份的官户）"永業田""口分田""園宅地"的制度規定，再記載授給"凡官人"（包括爵、職、勳、散四個系列的貴族和官僚）"永業田"的制度規定，是有著明確的記載順序和"百姓"與"官人"的階層群體分類區別的。

〔11〕 《唐律疏議》卷一三《户婚律》"占田過限"條，中華書局，1983年，244頁。

〔12〕 在唐律中，"百姓"，又稱爲"庶人""民庶""良人""凡人""常人""平民"等。唐朝還有"良賤"制度，"百姓"屬於良民（良人）身份，而奴隸奴婢身份的官户和官奴屬於賤民（賤人）身份。由於官户和官奴的人數很少，本文不擬嚴格區分其間的良賤不同，將官户和官奴也一並視爲"民階層"。

產生活的基本單位和户籍登録的具體單位,筆者因此使用"貴族官僚户"和"廣大民户"代稱"官人户"和"天下百姓户",來指稱"官階層"和"民階層"。

唐代均田制主要由《田令》予以立法定制,從法權角度觀察[13],均田制的等級性主要表現在如下三個方面。

(一)均田制對貴族官僚户和廣大民户兩大社會階層的授田數額做了差距很大的規定,體現了在"官階層"與"民階層"之間配置土地資源多寡的等級性。

對貴族官僚户的授田數額,《天聖令》所附唐《田令》"唐5"條[14]和"唐15"條[15]令文最爲完整[16],按照爵、職、勳、散四個系列等級做出了明確規定。對廣大民户的授田數額,《天聖令》所附唐《田令》"唐1""唐2""唐3""唐4""唐19""唐28"和"唐29"諸條,有明確令文[17]。學界熟知這些令文,兹不具引。如

---

[13] 從法權角度觀察,是指從唐王朝國家立法所確定的權益角度觀察,而不是從唐王朝國家最終(最高)所有權、主權和統治權(三種權力又是合一的)角度觀察。由於均田制主要由《田令》成文法來立法定制,故從法權角度具體論述其等級性表現。

[14] "唐5"條令文對授給貴族官僚的"永業田"做了詳細規定,其中明確記載職事官"六品、七品各二頃五十畝,八品、九品各二頃"。在此條令文發現之前,六品至九品職事官授給永業田的規定,不見於《唐律疏議》《唐六典》《通典》《舊唐書》,僅《新唐書》卷五五《食貨志五》載:"六品、七品二頃五十畝,八品、九品二頃。"中華書局,1975年,1394頁。由於僅此一見,有學者因此不相信新志的記載,而認爲六品以下職事官授給永業田的規定與授給農户的規定相同,如汪籛《唐田令試釋》依據《通典》《唐六典》《册府元龜》《唐會要》的記載,認爲新志的記載係"不可取"的"訛誤",指出"唐六品以下官吏,所受永業田之數,與庶人同"。汪籛《漢唐史論稿》,161頁。盧向前的觀點更有拓展,他統計了敦煌天寶至大曆年間的户籍,認爲德宗貞元以前六品以下職事官和散官均無受永業田之法令,新志所謂"六品、七品二頃五十畝,八品、九品二頃"永業田之規定,可能定於德宗兩税法之後,而實際上並未施行,或爲歐陽修之錯簡。《唐代六品以下職散官受永業田質疑——敦煌户籍勳職官受田之分析》,《文史》第34輯,中華書局,1992年,119—128頁。此"唐5"條令文,證實了新志記載的正確,也證明汪籛、盧向前所持觀點是錯誤的。當然,形成這種錯誤觀點,是因爲没有看到近來發現的《天聖令》所附唐《田令》,不能苛責這些學者。

[15] "唐15"條令文的發現具有重要價值。學界以往認爲對貴族官僚的授田衹有"永業田",該條令文云"諸流内九品以上口分田,雖老不在追收之限,聽終其身。其非品官年六十以上,仍爲官事驅使者,口分亦不追減,停私之後,依例追收",證明對貴族官僚(甚至流外吏員)也授給"口分田"。不過,由於衹有《新唐書》卷五五《食貨志五》在記載官人授永業田後,又載"流内九品以上口分田終其身,六十以上停私乃收"(1394頁),可視爲是對"唐15"條令文的摘要概括,而缺乏更多的史籍記載,以致迄今難以講清授給貴族官僚"口分田"的數額、還授等具體情况,故暫不將貴族官僚"口分田"授田納入本文的討論。

[16] 《天一閣藏明鈔本天聖令校證(附唐令復原研究)》,386頁。

[17] 《天一閣藏明鈔本天聖令校證(附唐令復原研究)》,385—387頁。

所周知,對貴族官僚户和廣大民户的授田或給田數額,是規定授給的最高數額,亦稱最高限額。從"唐5"條令文所規定官人之授田數額,以及"唐1—4"條和"唐19""唐28—29"諸條令文所規定民户人口之授田數額,可清楚看出,《田令》是按照"官"與"民"兩大社會階層作了區別規定的。

廣大民户的主體無疑是廣大的個體農户,"唐1—4"條令文對個體農户人口之授田做了具體規定,其授田數額是所有民户中最多的。這些被授田而納入均田制之下的廣大個體農户,可稱之爲"均田農户"。將有關令文所規定的對均田農户與貴族官僚户授田數額加以比較,不難發現兩者之間的數額差距以及這種差距所體現的等級性。以下簡述之。

貴族官僚户中封爵最高的親王的"永業田"授田數額爲一百頃,即一萬畝,而均田農户中丁男的"永業田"和"口分田"授田總額爲一百畝,前者爲後者的100倍,所體現的等級性最爲明顯。若是均田農户地處狹鄉,丁男授田減半,則這種等級性更加突出。貴族官僚户中正一品的職事官的"永業田"授田數額爲六十頃,封爵爲郡王以及從一品的職事官的"永業田"授田數額均爲五十頃,與均田農户中丁男的總授田數額相比,也是其60倍和50倍。如果細緻比較貴族官僚户諸品制等級授田數額和均田農户丁男授田數額,特別是貴族官僚多身兼爵、職、勳、散,以及貴族官僚户内常有多人爲權貴、官僚等,其與均田農户授田數額的差距和等級性,也是明顯可見的。

授田最多的均田農户與貴族官僚户之間的授田數額的差距如此明顯,工商業户以及道士、女冠、僧尼、官户、官奴等的授田數額比均田農户更少甚至没有,他們與貴族官僚户授田數額的差距就更大和更明顯,在此無需予以細述。要之,均田制對貴族官僚户和廣大民户的授田數額作了差距很大的明確規定,具體體現了在"官"與"民"兩大社會階層之間配置土地資源數額多寡的等級性。

(二)均田制對貴族官僚户和廣大民户兩大社會階層的授田數額的規定,在兩大社會階層内部又是有差額和再分層級的,體現了更加細緻的等級性。

授給貴族官僚户"永業田"數額,具見"唐5"條令文。從中可見,所授"永業田"數額的多少,是按照爵、職、勳、散四個序列的等級制度和品秩高低來確定和安排的,數額多少與身份等級和等制品秩高低呈正相關關係,但兼有多序列等級品秩時,要"唯從多,不並給",即以其中之最高品秩授給"永業田",而不能諸等級品秩累計疊加而俱授。具體説來：

其一，按封爵等級高低確定安排。爵位最高的"親王"，皇族身份顯要，地位崇重，授田數額最多，爲一百頃。其他爵位，自"郡王"五十頃，"國公"四十頃，"郡公"三十五頃，"縣公"二十五頃，"侯"十四頃，"伯"十一頃，"子"八頃，到"男"五頃，逐級減少，共九個序列層級[18]，最多者爲最少者的20倍。

其二，按職事官品階高低確定安排。自職事官"正一品"六十頃，"從一品"五十頃，"正二品"四十頃，"從二品"三十五頃，"正三品"二十五頃，"從三品"二十頃，"正四品"十四頃，"從四品"十一頃，"正五品"八頃，"從五品"五頃，"正、從六品"及"正、從七品"均二頃五十畝，"正、從八品"及"正、從九品"均二頃，也是逐級減少，共十二個序列層級[19]，最多者爲最少者的30倍。

其三，按官勳等級高低確定安排。自"上柱國"三十頃，"柱國"二十五頃，"上護軍"二十頃，"護軍"十五頃，"上輕車都尉"十頃，"輕車都尉"七頃，"上騎都尉"六頃，"騎都尉"四頃，"驍騎尉"和"飛騎尉"均八十畝，到"雲騎尉"和"武騎尉"均六十畝，同樣逐級減少，共十二轉，具體分爲十個序列層級[20]，最多者爲最少者的50倍。

---

[18] 爵位授給皇帝親族和有大功勞的文武大臣，按階品高低分爲九個等級，其中，"親王"專封皇帝之子，襲爵"親王"者稱"嗣王"，階品同"郡王"，皇帝親族其他成員和文武功臣可受封"郡王"以下的爵位。貞觀十一年六月，太宗敕"郡公"以下悉冠以"開國"二字。形成"親王"（正一品）、"郡王"或"嗣王"（從一品）、"國公"（從一品）、"開國郡公"（正二品）、"開國縣公"（從二品）、"開國縣侯"（從三品）、"開國縣伯"（正四品上）、"開國縣子"（正五品上）、"開國縣男"（從五品上）的爵位階品序列，主要體現貴族官僚身份等級的高低。參張國剛《唐代官制》，三秦出版社，1987年，166頁。唐朝爵位階品都在五品以上，主要體現皇室貴族及高級官僚身份等級秩序的尊卑。

[19] 職事官表示官員的實際行政職掌，按"品"和"階"來分等和排列。唐朝職事官分九品三十階，又以三品以上、五品以上和六品至九品，區別爲三大層級。三品以上職事官任職朝廷省部臺寺長官或地方重要府州長官，由皇帝親自任命；四品和五品職事官多任職朝廷諸司貳官或司署長官，一般由宰相提名再由皇帝批准任命；六品以下職事官多數爲低級官員，由尚書省吏部、兵部銓選注擬即可。

[20] 勳官等級於唐高宗咸亨五年（674）加以釐定，共有十二轉，"上柱國"爲十二轉（視正二品）、"柱國"爲十一轉（視從二品）、"上護軍"爲十轉（視正三品）、"護軍"爲九轉（視從三品）、"上輕車都尉"爲八轉（視正四品）、"輕車都尉"爲七轉（視從四品）、"上騎都尉"爲六轉（視正五品）、"騎都尉"爲五轉（視從五品）、"驍騎尉"爲四轉（視正六品）、"飛騎尉"爲三轉（視從六品）、"雲騎尉"爲二轉（視正七品）、"武騎尉"爲一轉（視從七品）。參張國剛《唐代官制》，167頁。

其四,按散官品階高低確定安排。唐朝散官包括文散官和武散官,没有實際職掌,是表示資歷和身份地位的等級稱號。太宗貞觀初,厘定文武散官官階,文散官自"開府儀同三司"(從一品)至"將仕郎"(從九品下),凡二十九階;武散官自"驃騎大將軍"(從一品)至"陪戎副尉"(從九品下),也是二十九階[21]。"唐5"條令文,僅載"散官五品以上,同職事官給",即散官一至五品視同對應於職事官一至五品授給永業田,也劃分爲若干品階層級,而没有載明六品至九品的散官如何授給永業田。由於其他史籍也無相關的明確記載,關於有没有六品至九品散官授給永業田的規定,學界曾有討論,認爲没有的意見成爲一種主要觀點。如汪籛先生指出,散官"永業田之授給,止於五品以上官",没有關於六品至九品散官授永業田的規定。盧向前先生則認爲德宗貞元以前,六品以下職事官和散官均無受(授)永業田之法令[22]。

没有六品至九品散官授給永業田規定的觀點,基本上是正確的。但是,爲何没有如此之規定?尚需予以必要的論證和説明。在學界討論中,兩條記載於《舊唐書·職官志》的重要史料被忽視了。一是唐太宗貞觀時定制:"凡九品已上職事〔官〕,皆帶散位,謂之本品。"[23]二是"〔文〕武散官,舊謂之散位,不理職務,加官而已"[24]。可見定制所云"散位"是"散官"的舊稱而已,實即"散官"。張國剛《唐代官制》也指出:"散官又稱散位。凡九品以上職事所帶散位,謂之本品;凡無職事官者所帶散位,謂之散品。"[25]結合這兩條史料和張國剛先生的研究,對没有六品至九品散官授給永業田的規定,可作如下理解:第一,六品至九品的職事官皆帶散位(散官),根據"唯從多,不並給",則可按其職事官品階授給永業田,而不必再規定按其散官"本品"品階授給。第二,没有職事官品級而祇有"散品"的六品至九品散官,則不按其"散品"品階授給永業田,原因是這類散官

---

[21] 參張國剛《唐代官制》,161頁。
[22] 汪籛《唐田令試釋》,《漢唐史論稿》,161頁。盧向前《唐代六品以下職散官受永業田質疑——敦煌户籍勳職官受田之分析》,《文史》第34輯,128頁。王永興《論唐代均田制》持謹慎態度,説:"史籍没有記載散官六品到九品受永業田,不知何故,待考。"《北京大學學報》1987年第2期,53頁。
[23] 《舊唐書》卷四二《職官志一》,中華書局,1975年,1785頁。
[24] 《舊唐書》卷四二《職官志一》,1805頁。
[25] 張國剛《唐代官制》,164頁。

"不理職務",没有實際的職任,僅是"加官而已"。如此,具有六品至九品散官品階的官員,實際上被區分爲兩種情況:一是以職事官帶散官的,則按其職事官品階授給永業田,二是僅有"散品"而無職事官品階的,則不授給永業田。正是由於這樣的區分和差別,也就不必對六品至九品散官授給永業田做出具體的制度規定。至於專門規定"散官五品以上,同職事官給",是對五品以上散官的崇重,這是唐朝官制的重要特點。當然,對六品至九品散官雖做了上述的區分和差別,並不影響散官授田的序列層級。

本條令文雖規定兼有爵、職、勳、散多序列等級品秩時"唯從多,不並給",但不影響其授田數額的層級性,反倒能夠以"從多不從少"的方式,保證授田數額的充分滿足和層級間的差額。簡言之,均田制對貴族官僚户授給永業田,是按照爵、職、勳、散四個序列等制品秩的高低,來規定授田數額多寡和其間的差額與層級的,具有明顯劃分層級的等級性。當然,其相同等制品秩內部,又是均等的,即所謂"於品制中令均等"。

均田制對廣大民户的授田,則是根據民户類型來區別規定授田數額多寡的。據有關民户授田的令文,民户類型主要有農户、工商業户和道士、女冠、僧尼以及奴隸奴婢身份的官户、官奴等,其主體部分是均田農户。又據令文,工商業户的授田數額比農户要減半甚至不授,道士、女冠、僧尼、官户(奴)等的授田數額也大爲減少,這就在制度規定上,確定了不同民户類型之間授田多寡的差額與不均。

對民户主體的均田農户的授田,還做了進一步的類型劃分。"唐1"和"唐2"條令文,是對均田農户授田的主要內容。仔細審讀這兩條令文,尤其是注意"唐1"條"諸丁男給永業田二十畝,口分田八十畝。其中男年十八以上,亦依丁男給。老男、篤疾、廢疾各給口分田四十畝,寡妻妾各給口分田三十畝"和"唐2"條"諸黄、小、中男女及老男、篤疾、廢疾、寡妻妾當户者,各給永業田二十畝、口分田三十畝"之間的邏輯關係,以及"唐2"條"當户者"(即户主)的表述[26],再結

---

[26]《天一閣藏明鈔本天聖令校證(附唐令復原研究)》,385頁。

合唐朝"黄小中丁老"之制度規定[27],可以推知,均田制實際上將均田農户劃分爲兩種類型:第一種類型,是以丁男(21—59 歲)和十八歲以上中男(年齡 18—20 歲,不包括 16—17 歲的中男)爲户主的農户。第二種類型,是以黄(始生—3 歲)、小(4—15 歲)、十八歲以下中男(16—17 歲的中男)、中女(16—20 歲)[28]以及老男、篤疾、廢疾、寡妻妾爲户主的農户。第一種類型農户,丁男和 18—20 歲中男各授給永業田二十畝、口分田八十畝,老男、篤疾、廢疾各授給口分田四十畝,寡妻妾各授給口分田三十畝。第二種類型農户,户主各授給永業田二十畝、口分田三十畝,户内其他人口不予授田。這也就是説,均田制又是將均田農户劃分爲兩種農户類型,來區别規定其授田數額的,並將所授之田分爲"永業田"和"口分田",規定了授給的不同畝數,這就必然在均田農户内部造成授田數額的事實上的差額和不均。這種情况,已由出土的大量敦煌吐魯番農户户籍文書"應受田""已受田""未受田"的數額及其計算方法,加以證實[29]。

又據"唐3"條令文,在狹鄉的農户授田,要"減寬鄉口分之半"。這即是説,均田制對地處寬鄉和狹鄉的均田農户規定了不同的授田數額。以農户丁男和十

---

[27] 唐朝按年齡大小,將人口區分爲黄、小、中、丁、老五個稱謂的具體年齡段,並有過幾次調整,但以高祖武德七年(624)四月定令(《户令》)爲基本,即《通典》卷七《食貨七·丁中》所載"武德七年定令:'男女始生爲黄,四歲爲小,十六歲爲中,二十一爲丁,六十爲老。'"中華書局,1988 年,155 頁。《唐六典》卷三《尚書户部》亦載:"凡男女,始生爲'黄',四歲爲'小',十六歲爲'中',二十有一爲'丁',六十爲'老'。" 73—74 頁。具體説來,高祖武德七年規定,年齡稱謂自始生至三歲爲"黄",四歲至十五歲爲"小",十六歲至二十歲爲"中",二十一歲至五十九歲爲"丁",六十歲以上爲"老"。均田制所遵循的"黄小中丁老"制度,正是武德七年之"定令"。

[28] 唐朝法令上的"中女",包含 16—20 歲年齡段的女子以及未出嫁的成年在室女子,並不恪守 16—20 歲的年齡段。具體參見張榮强《唐代吐魯番籍的"丁女"與敦煌籍的成年"中女"》,《歷史研究》2011 年第 1 期,25—35 頁。

[29] 唐朝均田制下所謂的"授田"和"受田",是有明確的含義區别和嚴格界定的。"授田",又稱"給田",是站在國家立場而言,指均田土地由國家授給或授予;"受田"則是站在均田農户立場而言,指農户接受國家所授之土地。從"授"和"受"所站的不同立場,均田制也可稱之爲"土地授受制"。敦煌吐魯番户籍文書中所載均田農户"應受田",是指按均田制的規定該户應由國家授給的土地,若站在國家的立場,"應受田"則可表述爲"應授田"。同樣,文書中所載農户"已受田",是指該户實際授得的土地,若站在國家立場,"已受田"則可表述爲"已授田";文書中所載農户"未受田",是指該户"應受田"與"已受田"之間的缺額,即按均田制規定應授給而實際未授的土地,若站在國家立場,則可表述爲"未授田"。總之,"授"與"受"兩詞的含義不同,所站的立場不同,是站在國家立場和站在均田農户立場的對稱概念。

八歲以上中男授田爲例,在寬鄉,一個丁男或中男授田一百畝,其中二十畝永業田,八十畝口分田;若在狹鄉,則授給二十畝永業田,四十畝口分田,共授田六十畝。顯然,這樣的制度規定,必然會造成地處寬鄉、狹鄉之均田農户之間授田數額的差額和不均。而且,在均田制的實際推行過程中,寬鄉與寬鄉之間,狹鄉與狹鄉之間,均田農户的實際所得授田也都是存在差額和不均的,這也已爲許多敦煌吐魯番文書所證實。總體觀察,均田制規定的廣大民户內部授田數額的多寡,雖不具所規定的貴族官僚户內部明顯的層級性特點,但也表現出多樣性差額和不均的特點。

(三)均田制對授給貴族官僚户和廣大民户的土地法權權益的完整程度,有着明確的區別和界定,規劃安排了不同的權益形態,體現出權益形態上的等級性。

對授給貴族官僚户的"永業田"的土地法權權益,《天聖令》所附唐《田令》之"唐6"條和"唐21"條作了明確規定。"唐6"條云:"諸永業田,皆傳子孫,不在收授之限。即子孫犯除名者,所承之地亦不追。"[30]"唐21"條云:"其官人永業田及賜田欲賣及貼賃、質者,不在禁限。"[31]由這兩條令文可知,貴族官僚户的"永業田"一經授給和確認後,便具有永久的繼承權,即使在子孫"犯除名"的情況下[32],也不影響其繼承的權益。而且,這種永久的"皆傳子孫"的繼承權,"不在收授之限",即不再以均田制的"收授"規定加以限制,其繼承權權益是十分完整的。同時,貴族官僚户的"永業田"還具有出賣權、貼賃權和抵押權,也都"不在禁限",亦即都不在禁止範圍內,其權益也是十分完整的。要而言之,貴族官僚户的"永業田",不但有永久的和十分完整的繼承權,而且有完整的出賣權、貼賃權和抵押權,其私有權權益在立法上是十分明確和完整的。

授給廣大民户的土地法權權益,則不具有貴族官僚户"永業田"這樣明確和完整的私有權權益。先來看一看授給廣大均田農户的"永業田"和"口分田"的

---

[30]《天一閣藏明鈔本天聖令校證(附唐令復原研究)》,386頁。
[31]《天一閣藏明鈔本天聖令校證(附唐令復原研究)》,387頁。"賜田"由皇帝恩賜給貴族官僚,不屬於均田制授田,於兹不論。
[32]"除名",是指削除官員的在身官爵,恢復其本來的出身,是對貴族官僚犯罪的一種處罰。"犯除名",即因犯罪而"除名"。

法權權益。《唐會要》卷八三《租稅上》載唐高祖武德七年《田令》關於均田農户授田有云:"所授之田,十分之二分爲世業,餘以爲口分。世業之田,身死則承户者授之。口分則收入官,更以給人。"[33]此條令文所云"世業",指"永業田";所云"口分",指"口分田"。"世業"二字,未避唐太宗李世民名諱,可證記載的是高祖武德七年頒布的《田令》原文。從"世業之田(永業田),身死則承户者授之"可看出,均田農户的"永業田"有法定的繼承權。不過,與即使在子孫"犯除名"情況下貴族官僚户的"永業田"也具有永久的繼承權相比較,均田農户"永業田"的法定繼承權是不够完整的。這主要體現在如下兩個方面:第一,均田農户"永業田"繼承權的實現要有前提,即受得"永業田"者死亡之後要有"承户者",亦即要有編造入户籍的繼續承擔國家賦役的人爲户主[34]。若没有"承户者"這一前提,其"永業田"是要被政府官司收回並另行他授的。第二,在有"承户者"前提下,其"永業田"的繼承要按照均田制的規定,由當地政府官司"授之",即要由政府官司履行授給和確認的程式並登記入該户户籍之中,以保證國家賦役的繼續徵收。這樣的有前提和接受政府官司具體管理的繼承權,顯然没有貴族官僚户"永業田"永久繼承權的完整性。

與貴族官僚户"永業田"有完整的出賣權不同,均田農户的"永業田"没有完整的出賣權。這主要體現在以下三個方面:第一,《天聖令》所附唐《田令》之"唐17"條云:"諸庶人有身死家貧無以供葬者,聽賣永業田。即流移者亦如之。樂遷就寬鄉者,並聽賣口分田。(賣充住宅、邸店、碾磑者,雖非樂遷,亦聽私賣。)"[35]細審該條令文,可以看出,令文規定在"身死家貧無以供葬""流移"[36]"樂遷就寬鄉""賣充住宅、邸店、碾磑"諸種情況下,允許均田農户出賣永業田(在

---

[33]《唐會要》卷八三《租税上》,上海古籍出版社,1991年,1813頁。《舊唐書》卷四八《食貨志上》亦載武德七年《田令》令文有:"所授之田,十分之二爲世業,八爲口分。世業之田,身死則承户者便授之。口分,則收入官,更以給人。"2088頁。這是對《唐會要》所載令文的概括性記載。此條令文,不見於近來新發現的宋《天聖令》所附唐《田令》。

[34] 唐朝編户之"户主",又稱爲"户頭",也常稱爲"當户者""爲户者"。"承户者",則指繼承户主(户頭),其具體形式有承父、承兄、承弟等多種。

[35]《天一閣藏明鈔本天聖令校證(附唐令復原研究)》,387頁。

[36] 流移,應指兩種情形。流,指因犯罪而被判"流刑";移,指"移鄉",参中國社會科學院歷史研究所《天聖令》讀書班《〈天聖令·田令〉譯注稿》,中國政法大學法律古籍整理研究所編《中國古代法律文獻研究》第十一輯,社會科學文獻出版社,2017年,294頁。

"樂遷就寬鄉"和"賣充住宅、邸店、碾磑"情況下,還可一並出賣口分田,詳下文)〔37〕,其出賣權顯然是有前提條件的,即是受前提條件限制的。第二,均田農戶在具備上述前提條件出賣"永業田"後,不得再請求授給"永業田",《天聖令》所附唐《田令》之"唐18"條令文明確規定——"其賣者,不得更請"〔38〕。第三,均田農戶在具備上述前提條件下出賣"永業田",也絕非自主或自由的行爲,是要接受當地政府官司具體管理的,"唐18"條令文又云:"凡賣買,皆須經所部官司申牒,年終彼此除附。若無文牒輒賣買者,財没不追,地還本主。"〔39〕明確規定農戶出賣"永業田",要向當地官司具牒文申請,得到官司批准並於年終在户籍上"彼此除附"(賣買雙方在户籍的田籍部分删除和增加)後,纔是合法的出賣行爲,否則便是不合法的擅自出賣行爲,要被處罰以"財没不追,地還本主"〔40〕。綜上可知,均田農戶"永業田"的出賣權,是受多種限制和政府官司具體管理的,是不完整的。

均田農戶的"口分田"則没有繼承權。前引《唐會要》卷八三《租税上》載唐高祖武德七年《田令》均田農户"永業田"有繼承權之後,又載:"口分〔田〕則收入官,更以給人。"〔41〕這是指在入老、身死之後,其"口分田"要"收入官",由政

---

〔37〕 學界在研讀該條《田令》令文時,多不够細緻,尤其是多不注意"樂遷就寬鄉者,並聽賣口分田"句中"並"字的含義,如上引《〈天聖令·田令〉譯注稿》釋句意爲"自願移居到寬鄉的,都允許出賣口分田"(294頁),就是不確切的。筆者認爲,承上文文意,"樂遷就寬鄉者,並聽賣口分田"句中的"並"字,是"一並"的意思,是指允許"樂遷就寬鄉"的均田農户可出賣永業田的同時,也一並允許其可出賣口分田。細緻審讀包括括注文字在内的該條令文,可知它具有豐富的層次性的規定内涵:第一,"庶人有身死家貧無以供葬者"和"流移者",允許出賣永業田。第二,"樂遷就寬鄉者",不但允許出賣永業田,還一並允許出賣口分田。第三,"賣充住宅、邸店、碾磑者","雖非樂遷,亦聽私賣"的允許更爲寬泛——既可出賣永業田,又可出賣口分田。該條《田令》令文的這種規定,與唐律《户婚律》"賣口分田"條疏議所云口分田"受之於公,不得私自鬻賣",是不矛盾的。律疏所云也是不能私自出賣,祇能是在具有條件之下纔能出賣。
〔38〕 《天一閣藏明鈔本天聖令校證(附唐令復原研究)》,387頁。本條田令,還明確規定"諸買地者,不得過本制。雖居狹鄉,亦聽依寬鄉制",是對土地買方的立法限制,因不是本文的出賣權,故不贅論。
〔39〕 《天一閣藏明鈔本天聖令校證(附唐令復原研究)》,387頁。這一規定,旨在保證將土地買賣限制在一定的範圍和數額之内,防止過度買賣對於均田制造成瓦解和破壞。
〔40〕 學界對"財没不追,地還本主"的内涵尚無確解。筆者認爲,其含義是非法土地買賣被政府官司查實後,買方所支出的買地錢財被官司没收,不退回給買方,而且買方所買土地要歸還給賣方。當然,這祇是一種合理的解釋,其確切内涵尚需研究。
〔41〕 《唐會要》卷八三《租税上》,1813頁。

府官司收回,並由政府官司"更以給人",另行他授。雖然"更以給人"的另行他授,更可能是還授給該户的其他人口,但已經是土地收回之後的官司重新授田,而不是户内的合法繼承,均田農户對"口分田"顯然是没有明確的繼承權的。

均田農户的"口分田"也没有完整的出賣權。這也主要體現在三個方面:第一,均田農户"口分田"的出賣是有前提條件的。前引"唐17"條令文規定,祇有"樂遷就寬鄉者"及"賣充住宅、邸店、碾磑者",其口分田纔"聽私賣",亦即纔允許均田農户出賣。本條令文之規定,還得到唐律的重申和强化,《户婚律》"賣口分田"條及疏議規定,在非"賣充〔住〕宅及碾磑、邸店之類,狹鄉樂遷就寬〔鄉〕者"情况下,均田農户的"口分田",因"受之於公,不得私自鬻賣。違者,一畝笞十,二十畝加一等,罪止杖一百。……地還本主,財没不追"[42]。可見均田農户出賣"口分田",是有明確的前提條件的。若不具備這些前提條件而"私自鬻賣",則是嚴重的違法犯罪行爲,是要被量刑定罪加以懲處的。第二和第三方面的體現,與前述出賣"永業田"的制度規定相同,即出賣"口分田"之後也"不得更請",出賣"口分田"也"皆須經所部官司申牒,年終彼此除附"。於兹不再贅論。由《田令》令文和唐律律疏可知,均田農户"口分田"的出賣權也是不完整的。

與貴族官僚户"永業田"有完整的貼賃權和抵押權不同,均田農户的"永業田"和"口分田"祇是在特定情况下纔准許貼賃和抵押。《天聖令》所附唐《田令》之"唐21"條令文有云:"諸田不得貼賃及質,違者財没不追,地還本主。若從遠役外任,無人守業者,聽貼賃及質。"[43]就是針對均田農户"永業田"和"口分田"貼賃權及抵押權的明確規定。本條令文的關鍵在於,"從遠役外任,無人守業"情况下的"聽貼賃及質",屬於特定情况下的特許,而不是適用普遍性情况的立法允許。在立法上,均田農户的"永業田"和"口分田",均没有貼賃權和抵押權,不是特定情况下的特許而私自貼賃和抵押,是要被懲處的。

綜括言之,均田制所規定的廣大均田農户的"永業田"和"口分田"的權益形態是多樣的,然而都達不到貴族官僚户"永業田"私有權權益的完整程度[44]。

---

[42] 《唐律疏議》卷一二《户婚律》"賣口分田"條及疏議,242 頁。
[43] 《天一閣藏明鈔本天聖令校證(附唐令復原研究)》,387 頁。
[44] 貴族官僚户和廣大民户之間土地權益形態還有使用權和收益權上的差異,本文不擬作進一步的論述,主要是這兩個方面的權益多規定於《户令》和《賦役令》,超出了《田令》範疇。

其他民户如工商業户,由於在寬鄉者減半授田,在狹鄉者全不授田,其權益形態同均田農户一樣也是不完整的,甚至是没有的。道士、女冠、僧尼的授田,雖按人數授給,但不是授給其"本身或其家庭,而是授給寺觀"[45],他們對所授給的土地,是没有什麽權益可言的。由於官户和官奴的身份是奴隸、奴婢,他們對所授給的土地,也是没有什麽權益可言的。要之,作爲廣大民户主體的均田農户的"永業田"和"口分田"的私有權權益是不完整的,其他人户的權益則更不完整甚或完全没有。

三、唐代均田制的制度屬性:等級性具有的内在規定性

制度都是具有内在規定性,即屬性的制度,或者説制度都有其制度屬性,規格越高越正式的制度,其所具有的制度屬性就越豐富。唐代均田制主要由《田令》予以立法定制,是高規格的國家正式制度,無疑也具有豐富的制度屬性。關於唐代均田制的制度屬性,學界基本上是以"均田制的性質"問題進行研究,研究又集中在"均田制的所有制性質"的争論上。這一研究和争論,作爲重要議題之一,自1950年代之後,捲入中國封建社會土地所有制形式和封建社會經濟形態的大討論之中。大討論中,中國封建社會的土地所有制形式是土地國有制占支配地位,還是土地私有制(地主土地所有制)占支配地位,抑或是土地國有制和私有制並存又存在着前者向後者的轉化,成爲争鳴論難的焦點。在此背景下,關於唐代"均田制(所有制)性質"的争論,除了鄧廣銘先生認爲唐代均田制實際上是一種具文外[46],許多學者參與了研討,提出了衆多觀點。

---

[45] 楊際平《北朝隋唐均田制新探》,岳麓書社,2003年,87頁。
[46] 鄧廣銘《唐代租庸調法研究》,《歷史研究》1954年第4期,65—86頁。鄧廣銘在文中指出:"唐初的均田令實際上還應算是一種具文,在其時社會經濟的發展上是不曾起過任何作用的"(72頁);"而唐初所定的均田令,則自其制定公布之日起便已是一種具文"(77頁)。鄧先生的論文和觀點最具代表性,已被證明是不正確的。事實上,中國學者曾了若在1936年就認爲"隋唐兩代之所謂均田制度,僅屬具文,自開國以迄敗亡,始終未嘗實行"。曾了若《隋唐之均田》,《食貨》第4卷第2期,1936年。日本學者鈴木俊也在同年提出了唐代均田制是有名無實的、根本没有在現實中實施過的觀點。鈴木俊《在敦煌發現的唐代户籍和均田制》,《史學雜誌》47卷7期,1936年。這也被證明是不正確的。

1954年,侯外廬先生發表著名論文《中國封建社會土地所有制形式的問題》,引發了大討論。侯先生指出,"在封建社會,所謂土地爲國家所有乃是皇族壟斷","中國中古封建是以皇族地主的土地壟斷制爲主要内容",即"皇族土地所有制(壟斷制)"居於支配的地位,且"秦漢以來這種土地所有制形式是以一條紅綫貫串着全部封建史",而均田制又是其具體形式之一,而且是"制度化"的具體形式[47]。1956年,在《論中國封建制的形成及其法典化》一文中,侯先生將"皇族土地所有制"更明確地稱之爲"土地國有制"[48],則其觀點可進而歸納爲,秦漢以來土地國有制以一條紅綫貫串着全部封建史,居於支配地位,而均田制是封建土地國有制的"制度化"的具體形式之一。

侯外廬先生的論文影響巨大,後來的大討論主要以其首先提出的土地所有制形式和性質而展開[49]。侯先生認爲均田制是封建土地國有制"制度化"的具體形式之一的觀點,得到了烏廷玉、李必忠、唐長孺、李埏、楊志玖、賀昌群、韓國磐、金寶祥、高敏等先生的基本認同和進一步申論,認爲均田制是土地國有制(或稱國家土地所有制),或者是土地國有制的表現形式、具體形式、運用形式、特殊形式的觀點,成爲主要的觀點。如1955年,烏廷玉先生指出,"在唐朝中葉以前,國家土地所有制的支配形態就是均田制度"。同年,李必忠先生指出,"均田制是國家土地所有制表現得最爲明顯的一種土地制度……唐代的均田制,也仍然是國家土地所有制"[50]。1956年,唐長孺先生指出,均田制是具備着農村

---

[47] 侯外廬《中國封建社會土地所有制形式的問題——中國封建社會發展規律商兑之一》,《歷史研究》1954年第1期,17—32頁。該文引發了關於中國封建社會土地所有制形式的大討論,成爲1950—1960年代學界討論的"五朵金花"之一。

[48] 侯外廬《論中國封建制的形成及其法典化》,《歷史研究》1956年第8期,23—45頁。早在1950年,侯外廬在所著《漢代社會史緒論》的《校後補遺》中,就提出了"中國封建制的'國家——最高的土地所有主'的土地制度"的觀點。北京師範大學印刷所,1950年,59頁。侯外廬1956年論文中明確使用的"土地國有制",實際上是這一觀點的更簡潔明確的表達。

[49] 李埏在爲自己和武建國主編的《中國古代土地國有制史》撰寫的《前言》中明確指出,侯外廬1954年刊布的著名論文,"對於我國土地制度史的研究,樹立了一塊重要的里程碑",這是因爲,"作爲社會經濟史的基本問題,從所有制形式方面加以系統考察",是"未之前聞"的。雲南人民出版社,1997年,1頁。

[50] 烏廷玉《關於唐朝均田制度的幾個問題》,《東北人民大學人文科學學報》1955年第1期,178—195頁,説見190頁。李必忠《唐代均田制的一些基本問題的商榷——兼質鄧廣銘先生》,《四川大學學報》1955年第2期,181—192頁,説見187頁。

公社特徵的"封建國家土地所有制的特殊形式"。同年,李埏先生將侯外廬先生所謂"皇族土地所有制(壟斷制)"稱之爲"土地國有制",申論了侯先生的觀點,並認爲封建的土地國有制、大土地占有制、大土地所有制,以及小農土地所有制、殘存的村社所有制,都是中國封建土地所有制形式,持多種所有制形式並存説,而均田制是"土地國有制的復蘇","到了唐初,又復更大規模地加以推行"[51]。1957年,楊志玖先生指出,均田制"是承認土地私有的一種國家所有制,也就是和土地私有制平行的國家土地所有制"。1962年,楊先生做了進一步申説,認爲"均田制是在北魏初期土地國有、計口授田的基礎上,針對豪族對土地和人口的兼併蔭庇,農民的流亡和起義而頒行的一種制度……看起來它具有土地國有的性質,但實際上卻是在承認土地私有的前提下的一種國有制"[52]。1958年,賀昌群先生指出,從漢初到唐玄宗九百多年間的漢唐間的"封建土地所有制形式,如一條紅綫貫穿着,是公田制即封建的國有土地制占主導地位,均田、屯田、占田、名田、限田等田制、田令的規定,都是建築在這個基礎之上的"。1960年,賀先生又指出,封建社會是土地國有制,認爲秦漢到隋唐的封建社會前期,統治者掌握大量國有土地,漢魏隋唐的均田、府兵、租庸調三者,"以封建的土地國有制爲其樞紐"。1964年,賀先生重申了自己的觀點,認爲漢唐間"是以公田制爲基礎的封建國家土地所有制占主導地位,均田、屯田、占田、名田、限田等田制、田令的規定,都是建築在這個基礎之上的"[53]。賀昌群先生所謂均田制是建築在國有土地制基礎之上的田制,實際上認同均田制的國有土地性質。1959年,韓國磐先生指出,均田制是封建土地國有制具體運用的一種形式。1960年,韓先生又指出,魏晉隋唐時期,封建土地國有制處於支配地位,均田制"表示着封建土

---

[51] 唐長孺《均田制度的産生及其破壞》,《歷史研究》1956年第2期,1—30頁,説見15頁。李埏《論我國的"封建的土地國有制"》,《歷史研究》1956年第8期,47—69頁。

[52] 楊志玖《關於北魏均田制的幾個問題》,《南開大學學報》1957年第4期,144—154頁,説見151頁;《論均田制的實施及其相關問題》,《歷史教學》1962年第4期,5—11頁,説見11頁。

[53] 賀昌群《漢唐間封建的國有土地制與均田制》,上海人民出版社,1958年,7頁;《關於封建的土地國有制問題的一些意見》,《新建設》1960年2月號,17—26頁,説見23—26頁;《漢唐間封建國家土地所有制和均田制》,載《漢唐間封建土地所有制形式研究》,上海人民出版社,1964年,283頁。

地國有制"[54]。1984年,韓先生較大程度地修訂了其觀點,指出"自北魏時產生、經歷隋唐的均田制,是封建國家用法令規定下來的田制,是封建土地所有制在法律上的表現形式。它既體現着'溥天之下,莫非王土'的觀念,也包含着私有的内容;它既限制土地買賣,又在一定條件下容許買賣",並認爲北魏實行均田制時,"均田制是拓跋部在氏族公社解體後,由分土定居、勸課農桑等辦法發展而來,因此,必然會帶有公社特徵";"不過,某些公社特徵在實行過程中逐步消失了。封建經濟進一步發展,封建土地私有制進一步發展時,就必然會反過來否定這種定期還受的均田制"[55]。1959年,金寶祥先生指出,唐代均田制"正是國家土地所有制的形式之一",但"始終衹是從屬於世族地主所有制的一種所有制形式,不可能作爲主要的土地所有制"。1978年,金先生進一步明確其觀點,認爲均田制是"以地主所有制爲前提、小土地所有制爲内容的國家所有制",是國家土地所有制形式之一,其實質"是國家佃農對國家政權依附關係的强化"[56],其觀點可以説是認爲均田制是國家土地所有制的特殊形式。1981年,高敏先生指出,均田制"首先,它是一種封建的國有土地制的特殊形式……是一種特殊的封建國有土地制,是漢魏以來封建的國有土地制的變態延續……也是

---

[54] 韓國磐《從均田制到莊園經濟的變化》,《歷史研究》1959年第5期,29—64頁。韓國磐在論文中經常互换使用"封建土地國有制"和"封建國有土地制",從論證主旨看,"封建土地國有制"是更爲準確的概念和觀點。韓國磐《關於中國封建土地所有制的幾點意見》,《新建設》1960年5月號,43—54頁。

[55] 韓國磐《北朝隋唐的均田制度》,上海人民出版社,1984年,前言2頁、64頁、225頁。1954年,李亞農提出均田制是前封建性的農村公社土地制度的觀點。《周族的氏族制與拓跋族的前封建制》,華東人民出版社,1954年。唐長孺和韓國磐認爲均田制具有農村(氏族)公社特徵的觀點,也可視爲是對李亞農觀點的認同和申論。李亞農觀點的具體闡述見於三處,認爲北魏均田制"和家長奴役制或農村公社時期的土地制度没有什麽區别"(120頁);是一種"氏族制社會末期或農村公社的土地制度"(148頁);"均田制實際上是一種前封建社會的土地制度"(149頁)。1988年,王仲犖指出,北魏均田制是鮮卑人帶來的"先封建的村社殘餘形態",是"帶有村社殘餘性質的一種封建土地所有制度";認爲這種制度在唐前期能够存在,"決定於農業技術水平相對地説還比較低下,商品貨幣也還不太發展的情况",但到了唐中葉,由於農業生產力的進一步提高,手工業有了較大發展,商品貨幣關係也有了初步的發展等,而"逐漸瓦解了"。《隋唐五代史》,上海人民出版社,1988年,序言3頁、270頁。王仲犖的觀點,也可視爲是對李亞農觀點的申論。

[56] 金寶祥《論唐代的土地所有制》,《歷史教學與研究——甘肅師範大學報副刊》1959年第3期;《北朝隋唐均田制研究》,《甘肅師大學報》1978年第3期,10—35頁,説見16頁、23頁。

一種封建土地私有制與封建的土地國有制相結合的制度[57]，也持"特殊形式"的觀點。

胡如雷先生也參與了討論，其觀點前後多有修訂和修改。1956年，胡先生對侯外廬先生的觀點進行商榷，不認同侯先生土地國有制占支配地位的觀點，但認同均田制的土地國有的性質，指出"中國封建土地所有制，包括國家土地所有制及地主土地所有制，而占支配地位的却是地主土地所有制"，"土地國有的性質尤其集中地表現在西晉的占田制與北魏至隋唐的均田制。土地的'還'、'授'制更雄辯地説明了此點"。1962年，胡先生對均田制土地國有性質觀點作了修改，認爲魏晉隋唐時期在土地關係總和中占支配地位的是地主土地所有制，但均田制兼有國有、私有兩種性質，不能籠統地稱作國有土地。到1979年，在所著《中國封建社會形態研究》一書中，胡先生認爲，國家土地所有制、封建地主土地所有制、自耕農土地所有制是中國封建社會同時存在的三種土地所有制形式，但占支配地位的"却祗能是封建主的大土地所有制"（地主土地私有制），並進一步修訂均田制兼有國有、私有兩種性質的觀點，指出均田制下的永業田是私田，但口分田"是具有國有和私有兩重性質的土地，並且在歷史發展過程中，其私有性質還有逐漸加强的趨勢"[58]。武建國和趙雲旗先生延續並申論了胡如雷先生均田制兼有國有、私有兩種（兩重）性質的觀點。1992年，武先生指出，"均田制的土地所有制性質成爲具有土地國有制與土地私有制並存的兩重性質的特殊形態"。1994年，趙先生提出了兩個"兩重性"，指出在均田制中，農民受田是歷代的主要內容，所受田主要有永業、口分和園宅地。這三種類型的土地，都不同程度地存在着公有和私有兩種成分的事實，充分證明了均田制是一種具有兩重性的土地制度；從受田對象方面分析，均田制本身又包含着官田與民田兩種成分的

---

[57] 高敏《北魏均田法令校勘與試釋》，《社會科學戰綫》編輯部編《中國古史論集》，吉林人民出版社，1981年，271—272頁。

[58] 胡如雷《試論中國封建社會的土地所有制形式——對侯外廬先生意見的商榷》，1956年9月13日《光明日報》；《魏晉隋唐時期的封建土地所有制形式》，《教學與研究》1962年第3期，59—61頁及1962年第4期，57—60頁；《中國封建社會形態研究》，生活·讀書·新知三聯書店，1979年，9頁、18頁。

對立,又是一種兩重性[59]。趙儷生先生則提出了另一種兩重性,稱之爲"二重性"。1981 年,趙先生指出,"均田制是代表國家權力來對私有財産企圖進行干預的制度","均田制是國家對土地所有權又企圖干預、又不得不妥協——這樣的一種二重性的表現"[60]。

齊陳駿和楊際平先生則明確認爲均田制是地主土地所有制或土地私有制。1960 年,齊先生指出,均田制"是封建主大土地所有制的一種補充形式,是爲了保護封建主所有制所採取的一種必要手段,是封建主土地所有制派生出來的一種土地制度"[61]。1991 年,楊先生指出,從令文的角度看,北朝隋唐的"均田制"似乎是一種國有的土地制度,但是從實際情況來看,均田制下繼續存在着永業、口分之外的私田,且數量不少,因此,"均田制雖具土地國有形式,但在具體實施時,實質上還是一種土地私有制,它並未改變秦漢以來我國土地所有制的性質"[62]。

也有學者認爲均田土地爲私有土地,均田制是國家對私有土地進行管理或審核、限額的制度。如 1987 年,王永興先生指出,"唐代均田制是中央集權封建國家對私田的管理制度,不是土地分配制度"[63],即認爲均田制不是國家授田分配土地的制度,均田土地都是私田,國家祇是對私田進行具體管理。又如 1988 年,宋家鈺先生通過結合户籍法的研究,認爲唐代均田令(均田制)實際上是國家關於土地占有最高限額的規定,户籍上的"已受田"是來自祖業的私田,它們被劃分爲"口分田"與"永業田",是"爲了便於根據田令來審核民户土地的繼承、轉讓是否合乎法律的規定"[64],也認爲均田土地實際上都是私田,均田制祇是根據《田令》的法律規定來予以審核和限額,其觀點與王永興先生的觀點

---

[59] 武建國《均田制研究》,雲南人民出版社,1992 年版,216 頁。趙雲旗《論均田制的兩重性及其發展與作用》,《古今農業》1994 年第 1 期,18—28 頁。

[60] 趙儷生《有關均田制的一些辯析》,《文史哲》1981 年第 3 期,48—53 頁,説見 48 頁、52 頁。

[61] 齊陳駿《均田制是地主土地所有制的補充形式——對韓國磐賀昌群兩先生看法的一些意見》,《歷史教學與研究——甘肅師範大學學報副刊》1960 年第 5—6 期,24—33 頁,説見 29 頁。

[62] 楊際平《均田制新探》,廈門大學出版社,1991 年,360 頁。

[63] 王永興《論唐代均田制》,《北京大學學報》1987 年第 2 期,53 頁。

[64] 宋家鈺《唐朝户籍法與均田制研究》,中州古籍出版社,1988 年,285 頁。

相近。

　　上述主要觀點外,大討論中還出現了其他觀點[65]。國際學界以日本學者的成績最爲突出,對於"均田制性質"也有熱烈爭論,其開始研究的時間實際上要更早,並與中國史的"時代區分學說"密切聯繫[66],"尤其明顯地反映了各自在中國古代社會分期問題上的立場"[67]。西嶋定生先生對此作了概要闡述,説:"圍繞均田制還存在很多爭論。譬如,均田制是意味着土地國家所有制? 還是意味着由國家權力加以限制的土地私有制? 這是關係到中國土地所有權的歷史性質問題。又譬如,由均田制所體現出來的社會結構是以國家爲最高地主,以均田農民爲農奴的封建社會結構? 還是皇帝作爲專制君主擁有全國的整個土地和人民,這種亞洲特有的古代社會結構? 這是關係到時代劃分論的問題。"[68]氣賀澤保規先生也有系統性的回顧和評論,指出自1922年玉井是博發表《唐代土地問題管見》和岡崎文夫發表《關於唐代均田法》之後,日本史學界開始了對於均田制的"真正研究",其中所關注的基本問題之一是均田制的本質,而"從根本上來説,最大的問題是怎樣理解産生均田制這種土地制度形態的時代性質";還指出"土地所有制論與均田制"也是日本史學界關注的問題,説"均田制的土地所有關係屬於公(國)有制還是私有制,是一個頗受關注的問題",並列舉了強調公有制的有玉井是博、宮崎市定、西嶋定生、堀敏一、小口彥太等,主張私有制的有中田薰、仁井田陞、志田不動麿、渡辺信一郎等[69]。可見日本史學界也主要存在土地國(公)有制和土地私有制兩種學術觀點。不過,氣賀澤保規對堀敏一觀點的歸納並不準確。堀敏一雖認爲"均田制的根本問題,是如何認識中國古

---

[65] 具體情況可參見武建國《建國以來均田制研究綜述》,《雲南社會科學》1984年第2期,65—72頁、86頁;吴宗國《均田制討論綜述》,《文史知識》1986年第4期,124—128頁;張國剛主編《隋唐五代史研究概要》,251—252頁;胡戟等主編《二十世紀唐研究》,316—317頁;張國剛《改革開放以來唐史研究若干熱點問題述評》,《史學月刊》2009年第1期,5—29頁。

[66] 高明士《戰後日本的中國史研究》,中西書局,2019年,68—69頁。

[67] 宋家鈺《唐朝户籍法與均田制研究·附録:日本學者關於唐代均田制問題的研究和討論述評》,348頁。

[68] 西嶋定生著,馮佐哲等譯《中國經濟史研究》,農業出版社,1984年,314頁。

[69] 氣賀澤保規《均田制研究的展開》,劉俊文主編《日本學者研究中國史論著選譯》第二卷《專論》,中華書局,1993年,392—423頁,説見393頁、403頁。

代的土地所有制的問題"[70],但在所著《均田制的研究》一書中指出,"單純地進行土地到底是國有還是私有,二者非此即彼的爭論是沒有意義的",認爲均田制下,"私田有它本身的固有權利,同時也不能無視在它背後的國家的權利。因此,研究中國的所謂所有權問題,必須結合私田的權利和國家權利兩者進行考慮,决不能排除其中一方"[71]。其觀點,實際上可以稱之爲國有、私有並存説或二元説[72]。

今天從學術史回顧和反思的角度審視,學界關於中國封建社會土地所有制形式和唐代均田制(所有制)性質的研究和爭論,取得了重要成績,特別是有力推動了包括唐代在內的中國封建社會時期社會經濟形態和社會結構、社會形態的研究。理論上,以侯外廬先生依據馬恩經典著作,"從辯證唯物主義的高度",以"全部社會生産關係的總和"的"涵義"來理解和使用所有制概念並進行所有制形式研究,最爲正確和深刻,是重要的理論成就[73]。但是,毋庸諱言,研究和爭論中也不是沒有問題和缺陷。2006年,吳宗國先生在《我看隋唐史研究》一文中指出,學界"圍繞均田制的性質而展開的討論,往往是言不及義。因爲不論是對於土地所有制的理論,對於中外各國的土地法令,對於土地所有制和土地法令的關係,對於中國古代土地〔法〕令的特點,還是對於土地實際占有情況,大家都不甚了了"[74]。

吳先生的這一評論雖然尖銳,却是中肯的,没有低估均田制的整體研究水準,並具有學術反思的警醒意義。關於唐代均田制研究中所存在的缺陷,王永興

---

[70] 李慶《日本漢學史》(修訂本)第四部第七編第五章《代表性的史學研究學者·堀敏一》,上海人民出版社,2016年,190頁。

[71] 堀敏一著,韓國磐等譯《均田制的研究》,福建人民出版社,1984年,《原序》6頁;373頁。

[72] 據谷川道雄《魏晋南北朝隋唐史的基本問題總論》一文的回顧和分析,20世紀80年代之後,日本學界失去了關於中國歷史時代分期的研究熱情而轉而進行"研究的細分化"。谷川道雄主編,李憑等譯《魏晋南北朝隋唐史學的基本問題》,中華書局,2010年,1—23頁。這與中國學界的情況大體一致。

[73] 馬克垚《關於封建土地所有制形式討論中的幾個問題》,《歷史研究》1964年第2期,183—194頁,説見183頁。馬克垚在文中還指出,馬克思正是"把所有制關係認作是社會生産關係的總和,而這樣對所有制的理解也是唯一正確的理解",184頁。但是,當時大討論中的很多其他觀點都或少或多地偏離了這種正確理解,引起了許多概念混亂和理解歧義,筆者已另文予以初步梳理和討論。

[74] 吳宗國《我看隋唐史研究(下)》,《文史知識》2006年第5期,23頁。

先生也有評論。2014年,王先生指出,中、日學者關於唐代均田制的研究已取得了重要成果,"但是,不可否認,一些關於唐[代]均田制的重要問題還沒有徹底解決,有些重大矛盾現象還不能明確解釋"[75]。張國剛先生在對20世紀隋唐五代史研究進行系統回顧並予以"展望與反思"時,也評論道:"當前的問題是,表面看來隋唐史幾乎所有的問題都被研究了,沒有新題目可做,實際情況是許多課題都沒有完全做到位、許多問題都沒能徹底解決。"[76]這一評論,實際上也切中唐代均田制研究所存在的問題和缺陷。筆者認爲,關於"均田制的性質"的研究,由於集中因而也就局限在"均田制的所有制性質"的爭論上,糾纏於國有制、私有制或者兼而有之的二元制的紛爭中,而沒有認真研究均田制較爲豐富的制度屬性,就是仍然存在着的缺陷。筆者認爲,除了具有等級性的明顯特點外,唐代均田制還具有如下較爲豐富的制度屬性,而這些制度屬性内在性地決定了它必然是具有等級性的,必然是"不均"的。

如前文所述,唐朝均田制既按照"貴族官僚户"和"廣大民户",規劃安排了"官"與"民"兩大社會階層之間授給土地數額多寡和土地權益大小的很大差額和不同,也規劃安排了兩大社會階層内部更加細緻的層級差額和實際不同,其等級性規劃安排是多層級的和細緻的,可進一步稱之爲多層的細緻的等級性授田制。而且,這種等級性的規劃安排主要由《田令》立法定制,並由唐律和《唐六典》加以確認,是明之於國家律令典制的,或者説是由國家律令典制明確規制了的。因而,更爲準確地説,唐代均田制是國家律令典制形態的一種等級性授田制,所以立法屬性或稱法律屬性,是其最爲顯明的制度屬性。但這裏需要強調的是,律令典制形態的均田制,是在全部土地資源最終歸唐王朝國家所有的原則和前提之下立法定制的,是在全部土地資源最終歸唐王朝國家所有這一最高所有制之下的具體的土地立法制度。《田令》明確地説均田土地由政府官司來"給"、來"授"、來"追收"、來"收授",而由官人和天下百姓來"受",以及《唐六典》更明確地記載"凡天下之田"都是由國家來"度其肥瘠寬狹,以居其人"的[77],所宣

---

[75] 王永興《唐代土地制度研究——以敦煌吐魯番田制文書爲中心》,99頁。
[76] 張國剛《二十世紀隋唐五代史研究的回顧與展望》,《歷史研究》2001年第2期,148—170頁,説見170頁。
[77] 《唐六典》卷三《尚書户部》"户部司郎中員外郎"條,74頁。

示的正是所授給的土地都是最終(最高)歸王朝國家所有的土地,宣示的正是王朝國家擁有全部土地資源的所有制。侯外廬先生對此有着明確闡述,指出全部土地資源最終歸以皇帝爲代表的封建王朝國家所有,在秦始皇滅六國統一全國後就完成了法典化規定,即秦始皇二十八年(前219)琅邪臺刻石所明確宣布的"六合之内,皇帝之土",是"用一種封建法度所固定的國家土地所有制",到漢武帝時期,又得到了進一步的"法典化","使土地國有制成爲定式"[78]。到唐代,土地所有權仍"是排他地支配在封建專制君主的手中,法律授予君主以最高所有者的名分",仍是土地國有制[79]。也可以説,唐代均田制是土地國有制之下的具體的土地立法制度,其立法屬性遵循着土地國有制的原則和前提。

在階級社會裏,具有立法屬性的制度必然體現着國家意志和統治階級意志,律令典制形態的唐朝均田制,同樣體現着唐王朝國家意志和統治階級意志。唐朝是中國封建帝制時代等級制階級社會的典型和代表。唐王朝建立後,以王朝國家意志和統治階級意志爲旨意,制定推行等級性授田的均田制,實質上是按照當時社會身份等級、政治等級、階層等級諸等級的高低,來對土地資源和土地權益進行等級性的規劃配置。或者説,通過制定推行均田制,唐王朝國家來具體實施對貴族官僚户和廣大民户兩大社會階層及其階層内部土地資源多寡和土地權益大小的等級性的規劃配置,並進而規劃安排與等級性相對應的土地資源配置狀況和土地關係狀況。因此,唐代均田制還體現着王朝國家意志屬性和統治階級意志屬性,體現着王朝國家政權對土地資源和權益進行等級性謀篇布局和規劃安排的政治屬性,不能視之爲單純的經濟制度或者僅僅是對私田進行管理的制度。

唐代又是以農業經濟爲主體的社會經濟時代,而土地資源是農業經濟最爲核心的資源和財富,也是當時社會經濟最爲核心的資源和財富。均田制按照貴族官僚户和廣大民户兩大社會階層及其等級高低,對授給土地的數額多寡和權益大小做了差距很大的規劃安排,就在最爲核心的土地資源和財富的謀篇布局

---

[78] 侯外廬《論中國封建制的形成及其法典化》,《歷史研究》1956年第8期,23—45頁。
[79] 侯外廬主編:《中國思想通史》第四卷上册第一章《中國封建制社會的發展及其由前期向後期轉變的特徵》第一節《中國封建土地所有制在唐代發生相對變化的特徵》,人民出版社,1959年,7頁。

上實現了等級制階級社會的必然要求,實現了王朝國家在社會經濟領域進行等級制的階級性配置。這種必然要求的實現,説明均田制還具有明確的階級性,它對貴族官僚户和廣大民户兩大社會階層授田數額和權益大小的規劃安排和配置布局,祇能是等級性的和不均不等的,絶不會是没有等級的和平均平等的。這種等級性的不均和不等的實現,也就從社會經濟最核心的領域實際反映着唐朝社會等級制的社會結構,反映着唐朝社會形態是等級制的階級社會。

作爲律令典制形態的國家正式制度,唐代均田制還必然具有强制性屬性,以上已有所述及。就社會經濟構成及實際運行而言,均田制的强制性,還突出地表現在它對於貴族官僚户和作爲廣大民户主體的均田農户的農業經濟的規模,做了立法上的强制性的規制,並通過這種强制規制,進而對社會經濟結構組成予以規劃和布局。具體説來,其一,均田制規劃安排了貴族官僚户(尤其是五品以上高等級貴族官僚户)的大土地所有,但又對其加以授田限額上的規制,限制其過大過强,如規定授給身份地位、政治地位最高的"親王"永業田一百頃,但這一百頃是其合法授田的最高限額,若超過此限額而多占土地,則是違法私占,是均田制所不允許的。其他如前文所述爵、職、勳、散諸品制等級貴族官僚户的永業田授給,也遵循同樣的規制。其二,均田制規劃安排了均田農户永業田及口分田的小土地私有和占有,同時也予以了限額規制,如以丁男爲户主的均田農户的丁男,其合法私有占有的永業田及口分田總額爲一百畝,若超過此數額而多占土地,同樣是違法私占,也是均田制所不允許的[80]。其他如前文所述以非丁男爲户主的均田農户人口的授田,也遵循同樣的規制。這樣的兩個方面的規劃安排和限額規制,體現着唐王朝國家對於"官"與"民"兩大社會階層農業經濟規模的規劃和規制,在實際上也布局和形塑了官階層農業經濟規模的"大"和"强",以及民階層農業經濟規模的"小"和"弱",而這也正是當時等級制階級社會的必然要求和具體實現。

唐代均田制較爲豐富的制度屬性,大抵如上所述。這些制度屬性,是其等級

---

[80] 堀敏一以"個別人身的支配"體制作概括,就特別强調這種强制性,認爲均田制"作爲中國古代國家統治人民的方式出現",參見堀敏一《均田制的研究》,205頁。高明士對此亦有介紹,稱堀敏一認爲均田制是"北朝隋唐時代,國家用以直接支配小農民最重要的手段",參見《戰後日本的中國史研究》,62頁。

性具有的更爲深刻的内在規定性,即内在性地規定了均田制必然是等級性的,必然是"不均"的。需要申明的是,均田制具有這些制度屬性,並不説明它具有所有制屬性。2020年,在出版的隋唐史講義中,吴宗國先生就均田制的性質問題作了明確闡述:"所謂均田制,不是一種土地所有制,而是由政府所頒布的田令、户令所規定的關於土地登記、占有和處理的法令。"[81]提出均田制不是一種土地所有制,而是一種土地法令制度的觀點[82]。筆者認同這一觀點,認爲它正確區分了土地所有制和土地法令制度,是對均田制制度性質客觀平實的準確判定。筆者也認同前述侯外廬先生以"全部社會生産關係的總和"的"涵義"來理解和使用所有制概念,以及"秦漢以來土地國有制以一條紅綫貫串着全部封建史"的土地所有制觀點,認爲在最終(最高)意義上,包括唐朝在内的中國封建社會時期,祇有全部土地資源歸王朝國家所有的一種土地所有制,即土地國有制,具有着"全部社會生産關係的總和"的所有制涵義[83]。而如前所述,均田制是土地國有制之下的具體的土地立法制度,它關於"官"與"民"兩大社會階層土地資源數額多寡和土地權益大小的規定都是法權形態的,與土地國有制的所有制形態

---

[81] 吴宗國《説不盡的盛唐——隋唐史二十講》,北京大學出版社,2020年,364頁。這一明確闡述,顯然是在2006年刊發《我看隋唐史研究》一文對均田制性質問題研究予以評論之後所形成的進一步認識。

[82] 與吴宗國的觀點相近,實際上也不認爲均田制是一種土地所有制的,是《劍橋中國隋唐史》所持觀點。該書認爲北魏到隋唐的均田制是"國家土地分配制","由國家控制土地使用和土地分配",見崔瑞德編,中國社會科學院歷史研究所西方漢學研究課題組譯《劍橋中國隋唐史》,中國社會科學出版社,1990年,25頁、176頁。楊際平新進刊文,也明確指出:"北朝隋唐《地令》或《田令》祇是土地法規,屬於上層建築的範疇,並不決定土地所有制的性質。"《論北朝隋唐的土地法規與土地制度》,《中國社會科學》2021年第2期,144—164頁,説見144頁摘要。這是楊際平對此前所持均田制實質上是一種土地私有制觀點的修正。另,本文前述王永興和宋家鈺所持均田制是國家對私有土地進行管理或審核、限額的制度的觀點,也不以土地所有制來論析均田制性質。不過,這些觀點都没有吴宗國講得清晰明確。

[83] 侯外廬對其所理解和使用的"土地國有制"概念還有着進一步的闡述。1959年,在所主編《中國思想通史》第二、三、四卷的序論補之《封建主義生産關係的普遍原理與中國封建主義》論文中,侯外廬説:"在封建專制主義國家則更不隱藏地表現出'主權是皇帝的私有財産',這就是我們説的封建的土地國有制形式。"具體見第四卷上册卷首,人民出版社,1959年,23頁。該論文是侯外廬發表於《新建設》1959年第4期《關於封建主義生産關係的一些普遍原理》一文的修訂版。顯然,侯外廬是從國家主權的角度來嚴格理解和使用封建的土地國有制(封建的土地國家所有制)概念的,而這樣的土地所有制在中國封建社會是唯一屬於皇帝或封建國家的。

是有着明顯不同的,是達不到所有制涵義的具體土地法令制度,並不具有所有制屬性,也不必以所有制形式和性質來論析之[84]。或者説,均田制不是所有制形態的土地制度,祇是法律形態的土地制度,把均田制稱之爲一種土地所有制,或者稱之爲一種土地所有制形式,都存在着對所有制含義和概念的把握不清與使用不當。

(本文是國家社科基金重點項目"唐代等級性制度安排與社會結構形態研究"[22AZS006]階段性成果)

On the Hierarchy and Institutional Attribute of the Equal-field System in the Tang Dynasty

Liu Yufeng

The equal-field system in the Tang Dynasty was mainly legislated by the *Administrative Statute of Field* (*Tianling* 田令). The equal-field system carried out detailed hierarchical planning and arrangement for the amount of land and land rights according to social classes. These social classes included aristocratic bureaucratic households households and commoner households with peasant households as the majority and their inner classes. As a typical national hierarchical land grant system, it was essentially "unequal". The equal-field system in the Tang Dynasty had rich institutional attributes as well. They included legislative attribute, national will attribute, the ruling class will attribute, political attribute, class nature, and mandatory. However, the equal-field system was a land law system instead of a land ownership system.

---

[84] 鄭學檬在爲新近出版的個人文集《敦煌吐魯番經濟文書和海上絲路研究》所寫的相當於前言的《絲路履痕與希望——我與敦煌吐魯番出土經濟文書和海上絲路研究》一文中,也表述了不必就均田制的性質"在'國有制'、'私有制'上打轉",而應"從土地法、産權上去分析"的觀點。浙江大學出版社,2021年,1頁。

唐律同罪異罰法理與身份制

高明士

前　言

就傳統法律而言，犯罪之成立與行爲人之身份具有莫大關係，而且根據身份定刑則有加減或輕重，這樣的身份，可稱爲"加減身份"或稱"刑罰身份"[1]，以唐律而言，大致可分爲責任年齡身份與尊卑貴賤身份兩類。責任年齡身份方面，學界討論甚詳，此處從略，拙稿此處擬特就尊卑貴賤身份進行探討。

關於唐代的身份制社會，筆者先前已有專文撰述，讀者可參看[2]。此稿可視爲該文的姊妹篇。何謂"身份"？傳統時期，從政治（如官民之別、丁中制）、教育（如學齡、入學資格限制）、社會（如主奴、良賤）、經濟（如貧富）、法律（如後述）等各方面，可有不同定義與作用，但並非截然有別，相互交錯、重疊運用是很正常的。雖是如此，所謂身份，指個人在社會上的角色與地位，應該是較有共識。傳統時期，每個人的身份，爲何如此重要？可由三方面説明，一是作爲施政準繩，二是作爲量刑依據，三是社會禮俗所據。前兩者均由統治者藉身份掌控個人，後者則由禮俗而成爲習慣法，身份是地方秩序運行的主軸，尤其是對於人倫關係的

---

[1] 參看黄仲夫（黄源盛）編著《簡明刑法總則》，犁齋社公司，2015 修訂四版，364—366 頁。黄氏此處雖説明現代刑法概念，惟其"加減身份"或稱"刑罰身份"概念，似亦可藉用來説明傳統法律。

[2] 參看高明士《唐代的身分制社會》，收入劉翠溶主編《中國歷史的再思考》，聯經出版公司，2015 年，197—220 頁。亦收入武漢大學中國三至九世紀研究所編《魏晋南北朝隋唐史資料》第 31 輯，上海古籍出版社，2015 年，229—246 頁。亦收入高明士《中國中古禮律綜論續編：禮教與法制》，元照出版公司，2020 年，221—243 頁。

維持。

身份制下的同罪異罰,是中國法史上的特色,拙稿特舉唐律爲例,除説明唐律對同罪異罰的法理外,亦探討執法者量刑定罪時,考量當時情境的常與變,或經與權的原理,彈性因應現實環境的條件,並非硬性僵化。另外,從情、理裁定刑責輕重,筆者已亦有撰述[3],此處亦不再贅述。

從傳統到近代,就法制而言,或謂"從身份到契約"的演變。乍看之下,似言之成理,但若細加思量,仍有待檢討。蓋契約社會的前提是人人平等,也就是法律之前人人平等;身份社會則是人人不平等。所以從近代看傳統身份社會,傳統常被批評爲落伍、封建;就法律而言,在身份社會結構下,同罪異罰成爲常態,所以不公平、不平等,這種評論是不客觀的。若將此問題作爲歷史研究題目,首先要思考的,是身份制下的同罪異罰,爲何在中國史上能存在二千年以上?一個制度在歷史上能夠存在百年,該制度就有其存在的理由或價值,何況能夠存在二千年以上,非同小可,必須正面思考它爲何會被朝野接受,也就是爲何能夠長久存在,而非以今論古地臧否評斷。

一、同罪同罰、異罰諸先例的檢討

人類自出現聚落生活以來,不免發生爭鬥,於是發展規範秩序,以定分止爭。中國最古老的刑事規範,見於《尚書·舜典》,其曰:

> 象以典刑,流宥五刑,鞭作官刑,扑作教刑,金作贖刑;眚災肆赦,怙終賊刑。欽哉,欽哉,惟刑之恤哉![4]

---

[3] 參看高明士《唐律中的"理"——斷罪的第三法源》,《臺灣師大歷史學報》第 45 期,2011 年,1—40 頁。亦收入黃源盛主編《唐律與傳統法文化》,元照出版社,2011 年,1—40 頁。亦收入高明士《律令法與天下法》,193—237 頁,五南圖書出版公司,2012 年;簡體版,上海古籍出版社,2013 年,152—186 頁。高明士《傳統法文化核心價值芻議——情理平恕的實踐》,《法律史譯評》第 7 卷,中西書局,2019 年,1—11 頁。亦收入高明士《中國中古禮律綜論續編:禮教與法制·序言》,1—12 頁。

[4] 《尚書正義》卷三《舜典》,收入李學勤主編《十三經注疏》,北京大學出版社,1999 年,88 頁。

此即訂定所謂九刑的規範,說明此時已建立有罪就有罰的原則及其法理[5]。其後歷代規範秩序,容有方式、手段、目的等之差異,仍不脫罪刑因果原則。這個原則,大致可分爲同罪同罰與同罪異罰兩類,但異罰原則可能導致罪責的懸殊差異性,因而又有罪刑均衡原則,或謂罪刑相當原則[6]。《管子·正》說:"制斷五刑,各當其名,罪人不怨,善人不驚,曰刑。"又曰:"罪人當名曰刑。"凡此都在強調罪刑相當,也就是斷罪要合乎罪名[7]。《唐律疏議·名例律》【疏】議序曰:

> 名訓爲命,例訓爲比,命諸篇之刑名,比諸篇之法例。但名因罪立,事由犯生,命名即刑應,比例即事表,故以《名例》爲首篇。[8]

所謂"名因罪立,事由犯生,命名即刑應,比例即事表",意即刑罰與罪名依犯罪行爲而確定,犯罪事實因犯罪行爲而產生,罪名一旦確立,就隨之施加相應的刑罰。設置凡例,就有了處置犯罪的標準[9]。易言之,唐律業已確立罰因罪生、罪刑相當原則,施行重罪重罰,輕罪輕罰,實現《尚書·呂刑》所說的:

> 上下比罪……刑罰世輕世重,惟齊非齊,有倫有要。[10]

這樣的刑罰原則,廣義而言,依然屬於同罪異罰範圍,因此把同罪異罰視爲固有法的常態,並不爲過。所謂常態,並非指都是如此,事實上仍有不同情況出現,爲何如此發展?拙稿擬就此等問題進行探討。

(一)《左傳》同罪異罰非刑說

同罪異罰非刑說見於《左傳》,有兩例,其一爲僖公二十八年(前632)條,其二爲襄公六年(前567)條。

就僖公二十八年條而言,此爲著名的晉楚城濮之戰(前632)前後的一段故事。曹、衛本爲楚之盟國,楚之有曹、衛,猶晉之有宋。戰前,晉即侵曹伐衛,並分

---

[5] 參看高明士《〈尚書〉的刑制規範及其影響——中華法系基礎法理的祖型》,《荊楚法學》2021年第2期,134—160頁。

[6] 黃仲夫(黃源盛)編著《簡明刑法總則》,41—42頁。

[7] 趙守正《管子通解(下)》第四十三《正》,北京經濟學院出版社,1989年,83頁。羅根澤以爲《管子·正》篇,出於戰國末雜家,參看羅根澤《管子探源叙目》,收入《古史辨》第四册下編,明倫出版社,根據樸社初版重印,1970年,621頁。

[8] 長孫無忌等撰,劉俊文點校《唐律疏議》卷一《名例律》,中華書局,1983年,2頁。

[9] 有關此段白話翻譯,可參看錢大群《唐律疏義新注》,南京師範大學出版社,2007年,3頁。

[10] 《尚書正義》卷一九《呂刑》,788頁。

其地於宋,以激怒楚國。城濮之戰,晋勝楚敗,隨後晋以衞積極參與盟約,而恢復衞侯君位。曹君派人遊説晋侯(文公),其中提到:"同罪異罰,非刑也。"即曹與衞應屬同罪,但衞已復而曹未復,故曰異罰。後來晋亦恢復曹伯君位,參加會盟[11]。

襄公六年春條,記載宋國的樂轡,有一次在朝廷發怒時,用弓套住華弱的脖子,自己握其弦,有如使之帶上枷鎖。宋平公見了,説:"司武(按,指華弱)而桎於朝,難以勝矣。"於是"逐之"。至夏季,宋之華弱逃至魯國。後來司城子罕曰:"同罪異罰,非刑也。專戮於朝,罪孰大焉?"結果,樂轡也被驅逐。按,華、樂兩氏俱是宋戴公後裔,世代爲宋國卿大夫。兩人小時候很親暱,長大後彼此常相諧謔,甚至常相誹謗。華弱此時爲司武,即司馬,掌武事,宋平公見樂轡在朝中戲弄華弱,以爲華弱以掌管軍事之長官,在朝中被人桎梏,其懦弱不足以勝敵,所以驅逐出國,對卿大夫而言,在當時這是重刑。後來子罕(亦爲戴公後裔)當國,以"同罪異罰,非刑"之理由,也驅逐樂轡[12]。

以上兩例,僖公二十八年條涉及春秋時期的諸侯國與諸侯國,襄公六年春條則指春秋時期的卿大夫之間,相互均屬同一層級,犯同罪而出現異罰情況,所以被指爲"非刑",即不合刑制,《左傳》藉此案申明《春秋》之義,以彰顯公平、正義[13]。

由此看來,"非刑"説是指同罪應當同罰,也就是同刑,這是就同一等級而言,似不應廣義解爲包括上下貴賤等級的同刑,當然也不是戰國法家所主張的"刑無等級"。

(二) 戰國秦及漢初刑制概説

法家主張罪刑平等,《商君書·賞刑》曰:

---

[11] 楊伯峻《春秋左傳注》,源流出版社,1982 年,474 頁。

[12] 按,司武即司馬,司城即司空。有關此條之注解,參看楊伯峻《春秋左傳注》946—947 頁。樂轡,又曰樂喜,參看《史記》卷八三《鄒陽傳》曰:"宋信子罕之計而囚墨翟。"《索隱》曰:"案《左氏》,司城子罕,姓樂,名喜,乃宋之賢臣也。"中華書局,1982 年,2473—2474 頁。《漢書》卷二七上《五行志》"襄公九年"條,引"《左氏傳》曰,宋災,樂喜爲司城"云云。中華書局,1962 年,1324 頁。《禮記正義》卷一《曲禮》上"積而能散"一句,鄭玄注曰"樂氏",孔穎達【疏】曰:"樂氏者,宋司城官,姓樂,名喜,字子罕。"收入李學勤主編《十三經注疏》,北京大學出版社,1999 年,10 頁。

[13] 參看程政舉《〈左傳〉所反映的春秋訴訟及其對後世的啓示》,《法學》2013 年第 7 期,49—50 頁。

> 聖人之爲國也,壹賞,壹刑,壹教。……所謂壹刑者,刑無等級。自卿相、將軍以至大夫、庶人,有不從王令,犯國禁,亂上制者,罪死不赦。[14]

《史記》卷一三〇《太史公自序》曰:

> 法家不別親疏,不殊貴賤,一斷於法,則親親尊尊之恩絕矣。[15]

此意即施行刑罰時,除國君以外,衆人平等。但就秦國所實施的爵制看來,並非都是如此。如《商君書·境內》曰:

> 爵自二級以上有刑罪則貶,爵自一級以下有刑罪則已。[16]

漢衛宏《漢舊儀》卷下《中宮及號位》曰:

> 秦制二十爵,男子賜爵一級以上,有罪以減,年五十六免。無爵爲士伍,年六十乃免老。有罪,各盡其刑。[17]

此即指有爵者可減免刑罰。從近來發現的秦簡秦律規定,可知透過爵制依然呈現同罪異罰。栗勁在《秦律通論》指出:

> 同樣的犯罪行爲,有爵與無爵、爵高與爵低以及其他不同等級所受的處罰又不相同,即"同罪不同罰",這又是不平等的。因此,秦律同一切封建社會的法律制度一樣,浸透了濃厚的等級身份觀念。

接着舉若干秦律事例作說明:①家庭內的等級身份,包括作爲家長的父親在家庭中的特權;夫妻關係上是保證夫權的前提下,給妻以相對平等權利。②主奴同罪異罰。③官吏和百姓同罪異罰。④有爵者和士伍(指無爵位的成年人)同罪異罰。⑤士伍和其他身份更低下者的同罪異罰。[18]

張家山漢簡《二年律令》發現後,可知自漢高祖至吕后問政的十餘年間,二十等爵制亦曾認真執行。唯自漢文帝以後,此等爵制則朝向輕、濫方向發展,以致效用減弱。接着由於普賜民爵,有爵者之權益喪失殆盡。至東漢以後,二十等爵

---

[14] 蔣禮鴻撰《商君書錐指》卷四《賞刑第十七》,中華書局,1986年,96頁、100頁。
[15] 《史記》卷一三〇《太史公自序》,3291頁。
[16] 《商君書錐指》卷五《境內第十九》,120頁。
[17] 孫星衍等輯、周天游點校《漢官六種》,中華書局,1990年,85頁,其"年六十乃免者"一句注曰:"案:('者')本作'老',今改。"睡虎地秦墓竹簡整理小組編《睡虎地秦墓竹簡》之《倉律》曰"其老當免老",《法律答問》亦曰"免老告人",文物出版社,1990年,35頁、117頁。據此可知"老"字無誤,孫輯改字,不妥。
[18] 參看栗勁《秦律通論》,山東人民出版社,1985年,222—235頁。

制名存實亡。所以從近來發現秦、漢簡牘,可知以爵制減免刑責仍有其限度,至漢以後,甚至流爲形式化[19]。雖是如此,至少透過爵制,秦及漢初仍不免呈現同罪異罰。所以法家"壹刑"説,並不能充分説明可實現法前平等。爵制在漢代流於形式化,並不説明同罪異罰自此消失,由於實施獨尊儒術之故,代之而起的是透過贖、減、爵償和上請等方式,達到同罪異罰。發展至唐代,如唐律所見,對官人有議、請、減、贖、除免、官當等優待,對親屬則重視尊長卑幼身份之别,乃至夫妻、良賤身份不等,藉由同罪異罰制度充分表現貴賤尊卑秩序[20]。

(三) 漢唐間同罪異罰争論及其實例

到後世,其實也常見反對一事殊法、同罪異誅、同罪異論等事例,理論上仍指同一等級事件而言。例如漢武帝以後,任用酷吏,"禁罔寖密,律令煩苛",遂出現"罪同而論異,奸吏因緣爲市"[21]。又如後漢光武帝時,桓譚爲議郎給事中,上疏陳時政,曰:

> 又見法令決事,輕重不齊,或一事殊法,同罪異論,奸吏得因緣爲市,所欲活則出生議,所欲陷則與死比,是爲刑開二門也。今可令通義理,明習法律者,校定科比,一其法度,班下郡國,蠲除故條。如此,天下知方,而獄無怨濫矣。

---

[19] 探討秦漢有爵者可減免刑罰,較早的代表作,可舉西嶋定生《中國古代帝國の形成と構造》第三章第二節之二《刑罰減免の特權》,東京大學出版會,1961 年,330—345 頁。對西嶋氏的批判,以爲爵制減免刑罰有其限度,可舉冨谷至《秦漢刑罰制度の研究》第Ⅳ編《秦漢二十等爵制と刑罰の減免》,同朋社,1998 年,289—335 頁;宫宅潔《中國古代刑制史の研究》附論《漢初の二十等爵制——制度史的考証》,京都大學學術出版會,2010 年,309—346 頁;李均明《張家山漢簡所反映的二十等爵制》,《中國史研究》2002 年第 2 期,收入中國社會科學院簡帛研究中心編《張家山漢簡二年律令研究文集》,廣西師範大學出版社,2007 年,81—93 頁;高敏《從〈二年律令〉看西漢前期的賜爵制度》,《文物》2002 年第 9 期,收入中國社會科學院簡帛研究中心編《張家山漢簡二年律令研究文集》,60—66 頁。

[20] 參看陳紅太《從秦漢律到唐律的變化看齊儒學對中國刑律的影響》,《政法論壇》2006 年第 6 期,58—73 頁,尤其 67 頁以下。謝淑芬、曹旅寧以爲唐律"對於親屬相犯實行'同罪異罰',包含着很强的社會倫理基礎,雖然我國現行法律不認可親屬相犯的特殊性,但親屬相犯的倫理理論仍有一定的借鑒價值"。此説亦可參考,參看謝淑芬、曹旅寧《從〈唐律疏議〉看中國古代的親屬相犯異罰》,《魯東大學學報》第 31 卷第 2 期,2014 年,7—11 頁。

[21] 《漢書》卷二三《刑法志》,1101 頁。

結果没被採納〔22〕。此即到後漢初期，刑獄依然存在"輕重不齊，或一事殊法，同罪異論"。

唐太宗也處理過同罪異罰案件。《唐會要》卷三九《議刑輕重》有如下記載：

> 〔貞觀〕十八年九月，茂州童子張仲文忽自稱天子，口署其流輩數人爲官司。大理以爲"指斥乘輿"，雖會赦猶斬。太常卿、攝刑部尚書韋挺奏："仲文所犯，止當妖言，今既會赦，准法免死。"上怒挺曰："去十五年，懷州人吳法至浪入（人？）先置鉤陳，口稱天子，大理、刑部皆言指斥乘輿，咸斷處斬。今仲文稱妖，乃同罪異罰。卿乃作福於下，而歸虐於上耶！"挺拜謝趨退。自是憲司不敢以聞。數日，刑部尚書張亮復奏："仲文請依前以妖言論。"上謂亮曰："韋挺不識刑典，以重爲輕，當時怪其所執，不爲處斷。卿今日復爲執奏，不過欲自取刪正之名耳。屈法要名，朕所不尚。"亮默然就列。上謂之曰："爾無恨色，而我有猜心。夫人君含容，屈在於我，可申君所請，屈我所見。其仲文宜處以妖言。"〔23〕

這是唐太宗英明裁斷事例之一。此案基本上是環繞同罪同罰抑或異罪異罰的爭辯。同罪之罪責爲"指斥乘輿"，依法當死（斬或絞）；異罰或斬或免死，最後以異罪異罰定案，張仲文免死。

案情發生在貞觀十八年（644）九月，被告者爲茂州（四川茂縣）童子張仲文，忽然自稱"天子"，同時以口頭署其同輩數人爲官司。由州府移送至大理寺，定罪爲"指斥乘輿，雖會赦猶斬"，上請皇帝定奪。廷議時，太常卿攝刑部尚書韋挺奏："仲文所犯，止當妖言，今既會赦，准法免死。"韋挺所奏，重點有二：一爲童子張仲文罪名當是"妖言"，而非"指斥乘輿"；二爲此時適逢恩赦，大理寺以爲"會赦猶斬"，但刑部韋挺認爲"准法免死"。

---

〔22〕《後漢書》卷二八上《桓譚傳》，中華書局，1965年，959頁。

〔23〕《唐會要》卷三九《議刑輕重》，上海古籍出版社，1991年，827—828頁。《通典》卷一六九《刑法典·刑法七·守正》（中華書局，1988年，4372—4373頁）誤植多處，所以此處以《唐會要》爲據。周勛初等校訂《册府元龜》卷六一七《刑法部九·守法》略簡，鳳凰出版社，2006年，7134—7135頁，亦可參看。惟《册府元龜》曰："懷州人吳法至浪入"，頗疑"浪入"當係"浪人"之誤植。又，"吳法至"者，《唐會要》《通典》同，《册府元龜》則曰"吳法良"。《文獻通考》卷一六九《刑考八·詳讞·平反》曰"吳至"，"吳"字之後，當脱"法"字，新興書局，1963年，1469頁。此處仍據《唐會要》《通典》所載。

張仲文者,其人史載不明,所謂童子,此處當指十五歲至十九歲未成年人[24]。大理寺定罪爲"指斥乘輿",係十惡之第六曰:"大不敬"之一,《唐律疏議·職制律》"指斥乘輿及對捍制使"條(總 122 條)曰:"諸指斥乘輿,情理切害者,斬。"所謂"會赦猶斬",即適用《斷獄律》"赦前斷罪不當"條(總 488 條)規定:"其常赦所不免者,依常律。"注曰:

  常赦所不免者,謂雖會赦,猶處死及流,若除名、免所居官及移鄉者。

大理寺所據或許在此。但同條規定:

  即赦書定罪名,合從輕者,又不得引律比附入重,違者各以故、失論。

【疏】議曰:

  "赦書定罪名,合從輕者",假如貞觀九年三月十六日赦:"大辟罪以下並免。其常赦所不免、十惡、妖言惑衆、謀叛已上道等,並不在赦例。"據赦,十惡之罪,赦書不免;"謀叛"即當十惡,未上道者,赦特從原。叛罪雖重,赦書定罪名合從輕,不得引律科斷,若比附入重。違者,以故、失論。[25]

韋挺所謂"准法免死"之"法",或許依據上引【疏】議曰:"妖言惑衆……未上道者,赦特從原。"其實若根據《唐律疏議·賊盜律》"造妖書及妖言"條(總 268 條),妖言惑衆最重處絞,最輕之"言理無害者,杖六十",即未上道,仍有罰則。律文所謂"衆"者,指三人以上[26]。張仲文"以口頭署其同輩數人爲官司",數人者,通常指二人以上九人以下,所以不一定可適用"衆"字。依據韋挺奏曰"今既會赦,准法免死",既然免死,就不適用上述唐律 268 條。問題是此赦書頒布於

---

[24] 所謂童子,當指未成年。《儀禮注疏》卷三四《喪服》鄭玄注"童子"曰:"未冠之稱也。"唐賈公彥【疏】曰:"'童子,未冠之稱'者,謂十九已下。"上海古籍出版社,2008 年,1023 頁。但十九以下至幾歲? 杜佑《通典》卷八一《禮典·沿革·凶禮三·童子喪服議》揭載漢以來的不同説法,2211—2212 頁。按,根據《唐律疏議》卷四《名例律》"老小及疾有犯"條規定責任能力看來,十五歲至六十九歲爲負完全責任能力的人,兒童在十五歲以下、八歲以上,則刑責遞減;七歲以下是完全無責任能力。80—84 頁。由此可知所謂"童子"應負完全刑事責任時,其年齡宜設定在十五歲至十九歲,正是符合前述杜佑《通典》引漢戴德《變除》曰:"童子當室,謂十五至十九。"2211 頁。至於唐朝貢舉有"童子科",規定十歲以下(《新唐書》卷四四《選舉志》,中華書局,1975 年,1162 頁),在前引唐律的規範屬於"相對無能力"者(參看蔡墩銘《唐律與近世刑事立法之比較研究》,"中國學術著作獎助委員會",1972 年,135 頁),所以不適合此處的"童子"定義。

[25] 《唐律疏議》卷一〇《職制律》"指斥乘輿及對捍制使"條,207 頁;同書卷三〇《斷獄律》"赦前斷罪不當"條,566—567 頁。

[26] 《唐律疏議》卷一八《賊盜律》"造妖書及妖言"條,345 頁。

何時？從"今既"來看，韋挺發言時已頒行赦書。前引文所稱貞觀十八年九月之時間，宜是此案發生後，由大理寺、刑部上請，至廷議時期。張亮復奏，在隔數日以後，所以頒布赦書宜在貞觀十八年九月以後，至遲在十月。但史籍所載，祇見是年十一月戊寅（初八）有慮囚之舉[27]，所以頒行赦書之時間，就目前之史料而言，祇能繫於此時。惟由前述該案發生過程看來，十一月之時間似嫌晚。今若無其他史籍資料可證明十一月之前已頒行赦書，祇能暫定為是年十一月戊寅（初八）為頒赦之時間。

對於以上韋挺的奏言，太宗生氣地說，先前在貞觀十五年，發生過懷州（河南沁陽）浪人吳法至建置"鈎陳"，也就是建置王者所掌控之兵衛（一說指後宮）[28]，同時口稱天子之事。大理、刑部以其"指斥乘輿"，都裁斷處斬。現在對於張仲文案，却認為是"妖言"，成為"同罪異罰"。因此，太宗指責說："卿作福於下，而歸虐於上耶！"韋挺乃拜謝而退，從此憲司不敢再上奏。數日以後，刑部尚書張亮復奏："仲文請依前以妖言論。"太宗回答張亮，先指責韋挺之論是不懂"刑典"，以重為輕，將張仲文案斷為妖言而免死；其背後原因，或許以為韋挺正職是太常卿，當時攝刑部尚書，"攝"指檢校[29]。張亮纔是刑部尚書，祇是張亮所奏，依然贊同韋挺的妖言說。太宗原先批評韋挺"不識刑典，以重為輕"，此時又批評張亮"屈法要名"，結果，張亮亦無言而退。太宗氣焰太盛，使臣子不敢再辯。但太宗終究非為常人，此時忽然醒悟，具有自明功夫，正是太宗能成為英君的道理所在。太宗立即改變立場，對張亮說："爾無恨色，而我有猜心。夫人君

---

[27]《新唐書》卷二《太宗本紀》，43頁。陳俊強《皇恩浩蕩——皇帝統治的另一面》"隋唐恩赦總表"，五南圖書出版公司，2005年，314頁。

[28]《漢書》卷八七上《揚雄傳》"甘泉賦"曰："伏鈎陳使當兵"，顏師古注引服虔曰："鈎陳，紫宮外營陳星。"3523頁。《後漢書》卷四〇上《班固傳》引《兩都賦》曰："周以鈎陳之位。"李賢等注引服虔《前書（漢書）音義》曰："鈎陳，紫宮外星也，宮衛之位亦象之。"1341、1345頁。蕭統編，李善注，華慧等點校《文選》卷五六《陸佐公"石闕銘"一首》，曰："於是我皇帝拯之，乃操斗極，把鈎陳"，注曰："我皇，梁武帝也。斗極，天下之所取法；鈎陳，兵衛之象；故王者把操焉。……樂汁圖曰：鈎陳，後宮也。服虔漢書音義曰：紫宮外營陳星。"岳麓書社，1995年，1968、1971頁。《隋書》卷一九《天文志·經星中宮》曰："北極五星，鈎陳六星，皆在紫宮中。……鈎陳，後宮也，太帝之正妃也，太帝之坐也。"中華書局，1973年，529頁。

[29]《唐律疏議》卷二《名例律》"無官犯罪"條【疏】議問曰："依令：'內外官敕令攝他司事者，皆為檢校。若比司，即為攝判。'"43頁。仁井田陞《唐令拾遺·公式令》"三六〔開二五〕"條，東京大學出版會，1964年覆刻發行（原刊1933年），594頁。

含容,屈在於我,可申君所請,屈我所見。"這幾句話,正提示所謂開明專制的一面,亦可窺知貞觀所以能成爲史上有名治世的道理所在。最後太宗裁斷張仲文犯"妖言"罪,適逢頒赦而免死結案。

《唐會要》此條記事,其實是兩案,一爲貞觀十五年,懷州浪人吳法至案,一爲貞觀十八年茂州(四川茂縣)童子張仲文案。兩案表面上同是侵犯"天子",所以唐太宗以爲是"同罪異罰",但廷議結果,成爲異罪異罰。這是因爲吳法至案已見具體施行(已經上道),犯十惡之"大不敬",雖會赦,仍處斬;張仲文案祇見口説,未見具體施行(未上道),所以罪止妖言,會赦免死。

韋挺、張亮站在刑部立場,於廷議據理力争,終獲採納,結果雖爲異罪異罰,但因據實情而斷,可謂平允。兩案被告均屬庶民,身份上爲同類,其成爲異罰,並非基於有無特殊身份。史上雖有同罪異罰的存在,但不能一概貶爲專制君主的擅斷,實際司法的運作,仍有其可稱贊的地方。史籍所見的司法案件,大多屬於特例,一般説來,應能依法論罪,所以檔案日久而流失。後世論史,常據特例推論一般現象,並非公正史法,迄今仍未見矯正。

兹再舉一例,五代時期南唐元宗保大初(943?),御史中丞江文蔚的彈劾案提及"同罪異誅"。當時馮延巳主政,與弟延魯及魏岑、陳覺狼狽爲奸,矯詔出兵攻打福州(閩)大潰,起初詔斬延魯、覺,而延巳、岑不問。《資治通鑑》卷二八六《後漢紀·高祖》"天福十二年(947,南唐元宗保大五年)四月壬申(十七日)"條,記載御史中丞江文蔚上奏曰:

> 陛下踐阼以來,所信任者,延巳、延魯、岑、覺四人而已,皆陰狡弄權,壅蔽聰明,排斥忠良,引用群小,諫争者逐,竊議者刑,上下相蒙,道路以目。今覺、延魯雖伏辜,而延巳、岑猶在,本根未殄,枝幹復生。同罪異誅,人心疑惑。[30]

陸游《南唐書》卷一〇《江文蔚傳》曰:

> 馮延巳當國,與弟延魯、魏岑、陳覺竊弄威福,及伐閩敗績,詔斬覺及延魯,以謝國人,而延巳、岑置不問。文蔚對仗彈奏曰:"陛下踐阼以來,所信

---

[30] 《資治通鑑》卷二八六《後漢紀》"天福十二年(南唐元宗保大五年)四月壬申(十七日)"條,世界書局,1970年,9355頁。

重者,馮延巳、延魯、魏岑、陳覺四人……陰狡圖權,引用群小。……今陳覺、馮延魯雖已伏辜……未塞群情,盡去四凶,方祛衆怒。……延巳不忠不孝,在法難原,魏岑同罪異誅,觀聽疑惑。請行典法,以謝四方。"[31]

文蔚"持憲平直,無所阿枉",但南唐元宗以文蔚所言太過分,怒貶文蔚爲江州司士參軍。陳覺、馮延魯因宋齊丘之陳請而免死改流,馮延巳、魏岑則貶官。

此案就江文蔚看來,是將馮延巳與弟延魯及魏岑、陳覺四人視爲"四凶",從平時至戰時言行,論其違法性及有責性,應不分首從處死,即同罪同罰。但元宗顯然依情節而分首從,即福州之役,是以馮延魯爲監軍使,樞密使陳覺則矯詔起邊兵,命延魯將之,所以二人爲主犯,按軍法應處斬。馮延巳主政、魏岑監軍應援使則不問,其後貶官,實以從犯處罰。所以問罪"四凶",結果成爲"同罪異誅"[32]。

以上從《左傳》所載到漢唐間諸事例,檢討所謂同罪異罰問題,或謂非刑,或謂應然,何者爲是,看似紛紜,其實可得出共識,即行爲者不論諸侯國之間,抑或大臣之間,抑或庶民之間,均屬同一層級的案件,並非上下尊卑、貴賤等階級問題。此其一。罪責可以異罰,可以同罰,均視其情節而定,不能一概而論。此其二。事關人命時,廷議甚爲重要,惟最後決定權,在於君主的裁斷,至唐朝甚爲明顯。貞觀案例,太宗本持同罪同罰之論,最後接受刑部主張同罪異罰,實爲"開明專制"樹立最佳事例。此其三。至於不同身份所出現的同罪異罰問題,較爲複雜,以下兹舉唐律爲例進行討論。

二、唐律同罪異罰的法理

(一) 通論唐律的基本法理

唐律的基本法理,從《唐律疏議》卷一《名例律》【疏】議開章前言即可窺知,其曰:

---

[31] 陸游《南唐書》,卷一〇《江文蔚傳》,收入傅璇琮等主編《五代史書彙編·玖》,杭州出版社,2004年,5545—5547頁。
[32] 參看《南唐書》卷一〇《江文蔚傳》,5545頁;卷一一《馮延巳、馮延魯傳》,5549—5553頁;卷一五《魏岑傳》,5586頁。對此役過程較詳細的描述,可參看《南唐書·馮延魯》,5551頁。

> 夫三才肇位,萬象斯分。禀氣含靈,人爲稱首。莫不憑黎元而樹司宰,因政教而施刑法。……易曰:"天垂象,聖人則之。"[33] 觀雷電而制威刑,睹秋霜而有肅殺,懲其未犯而防其未然,平其徽纆而存乎博愛,蓋聖王不獲已而用之。……尚書大傳曰:"丕天之大律。"注云:"奉天之大法。"法亦律也,故謂之爲律。……德禮爲政教之本,刑罰爲政教之用,猶昏曉陽秋相須而成者也。[34]

此即指出天、地、人三者開始形成定位,萬物紛紛呈現時,禀受天地之氣,蘊含靈性,以人類爲最。爲治理百姓進而設置官府,爲實施政教而訂定刑法。這一切,都是聖王效法天象的作爲。説的雖是天、地、人三者,其實可化約爲天象與聖王二者,天象爲自然秩序之首,聖王爲人倫秩序之首。就聖王而言,例如看到雷電而制定嚴厲的刑法,看到秋霜而有殺戮,這一切都是趁犯罪發生之前所做的防患,如此可達到刑罰公平,心存博愛。所以刑罰是聖王不得已纔使用的。漢初,作爲《尚書》解釋書的《尚書大傳》(著者待考)説:"遵奉天的大律",鄭玄注解説:"奉行天的大法",將律稱爲法。

至於説:"德禮爲政教之本,刑罰爲政教之用,猶昏曉陽秋相須而成者也。"這是唐律(《永徽律》)最基本的立法原則,德禮與刑罰各居本、用角色,有如"昏曉陽秋"相須相成。南宋此山貰冶子(范遂良)著《唐律釋文》釋曰:

> 《論語》,道之以德,齊之以禮。德禮猶曉與陽,刑罰猶昏與秋。言德禮與刑罰,猶昏曉相須而成一晝夜,春陽與秋陰相須而成一歲也。[35]

此即德禮與刑罰之關係,有如昏曉相須而成爲一晝夜、春陽與秋陰相須而成爲一年歲。德禮如同曉與陽,刑罰如同昏與秋,兩者相輔相成,遵循自然法則之晝夜、四時運行原理,以示其永恒價值。

德禮與刑罰之本用關係,也可説是以德禮作爲政教的根本,刑罰則作爲政教

---

[33] 易曰:"天垂象,聖人則之。"此句是《周易·繫辭上》"是故,天生神物,聖人則之。天地變化,聖人效之。天垂象,見吉凶,聖人象之。河出圖,洛出書,聖人則之"的簡化引用。參看《周易正義》卷七,阮元校刻,《十三經注疏》上册,中華書局,1980年第1版,1982年第2次印刷,82頁。

[34] 《唐律疏議》卷一《名例律》,1—3頁。

[35] 《唐律疏議》卷一《名例律》校勘記〔二〕附南宋此山貰冶子(范遂良)著《唐律釋文》,28頁。

的手段。爲何如此説？答案還是要回到【疏】議首言："三才肇位,萬象斯分。禀氣含靈,人爲稱首。"意思是人既然在天地間最具靈氣,所以人間秩序主要是以德禮爲本。

《四庫提要》説："論者謂唐律一準乎禮。"何謂禮？孔穎達曰：

> 夫禮者,經天地,理人倫。[36]

此即禮遵循自然秩序(經天地),而建立人倫秩序(理人倫)。這是對禮的定義,給予最簡單且最具體的説明。所謂自然秩序,指天體自然發生的現象及其運行規律。南懷瑾在解釋《老子》的"人法地,地法天,天法道,道法自然"時的"自然"説,最爲簡練,其曰：

> 什麽是自然的法則呢？自,便是天道自己的本身。然,便是天道自己本身本來當然的如此而已,更没有别的理由可説。合起來講,自然,便是天道本身自己當然的法則是如此的。[37]

此處以天道解自然,但其他古聖先賢也有用天理、天秩、天則等來表示自然的。唯若具體指稱自然,文獻上常見的是指天地(天高地低),或單稱天,其運行規律如陰陽、四時、二十四節氣等自然變化。因應這種自然法則而建立人間秩序,就中國而言,具體展現於禮律。反過來説,禮律要成爲人間秩序的準則,其最基本的法理依據,就是自然法則,所以德禮爲政教的根本。

所謂人倫秩序,指基於名分而取得身份,依此身份而建立的人倫關係。《禮記正義》卷一三《王制》："凡制五刑,必即天論。"[38]《大戴禮記》卷九《虞戴德第七十》曰："順天作刑,地生庶物。"[39]説明制刑斷罪,建立人間秩序(人倫社會的自然法則),必須合於天意(自然的自然法則)。所以禮法所見人倫關係的尊卑、貴賤等差身份,源自天地秩序原理,刑罰衹是政教的手段。

唐律確立禮刑本用法理,其實也來自古典經説的規範。試看以下諸經典

---

[36]《禮記正義·上》卷一首"禮記"兩字,孔穎達【疏】正義,1頁。
[37] 南懷瑾《禪宗與道家》,東方出版社,2017年,243頁。
[38]《禮記正義》卷一三《王制》,鄭玄注曰："制,斷也；即,就也。'必即天論',言與天意合。"411頁。
[39] 黄懷信等校注《大戴禮記彙校集注》卷九《虞戴德第七十》,三秦出版社,2005年,1030頁。

論説。

《禮記正義》卷二二《禮運》曰：

聖人作則，必以天地爲本，以陰陽爲端，以四時爲柄。（下略）[40]

又曰：

禮必本於大一，分而爲天地，轉而爲陰陽，變而爲四時，列而爲鬼神。其降曰命，其官於天也。[41]

《禮記正義》卷三七《樂記》曰：

大樂與天地同和，大禮與天地同節。

又曰：

樂者，天地之和也。禮者，天地之序也。和，故百物皆化；序，故群物皆別。[42]

《禮記正義》卷六三《喪服四制》曰：

凡禮之大體，體天地，法四時，則陰陽，順人情，故謂之禮。訾之者，是不知禮之所由生也。[43]

夫禮吉凶異道，不得相干，取之陰陽也。喪有四制，變而從宜，取之四時也。有恩有理，有節有權，取之人情也。恩者，仁也；理者，義也；節者，禮也；權者，知也；仁義禮智，人道具矣。[44]

董仲舒《春秋繁露·奉本》曰：

---

[40] 關於此段，孔穎達【疏】正義曰："'以陰陽爲端'者，端，猶首也。用天地爲根本，又自陰陽爲端首也。猶如劍戟以近柄處爲根本，以鋒杪爲端首也。聖人制法，左右法陰陽，及賞以春夏，刑以秋冬，是法陰陽爲端首也。以'四時爲柄'者，春生夏長，秋斂冬藏，是法四時爲柄也。劍戟須柄而用之，聖人爲教象，須法四時而通也。"參看《禮記正義·中》卷二二《禮運》，698、706—707頁。

[41] 此段之"其官於天也"，鄭玄注曰："官，猶法也，此聖人所以法於天也。"孔穎達【疏】正義對於此段曰："制禮必本於天，以爲教也。……'轉而爲陰陽'者，天地二形既分，而天之氣運轉爲陽，地之氣運轉爲陰，而制禮者，貴左以象陽，貴右以法陰。又因陽時而行賞，因陰時而行罰也。'變而爲四時'，陽氣則變爲春夏，陰氣則變爲秋冬。……'官，猶法也。'言聖人所以下爲教命者，皆是取法於天也。"參看《禮記正義·中》卷二二《禮運》，706—707頁。

[42] 《禮記正義·中》卷三七《樂記》，1087—1088頁。

[43] 對於此段，孔穎達【疏】正義曰："'訾之者，是不知禮之所由生也'者，言若訾毀，不信禮之體天地、法四時、則陰陽、順人情，如此之人，是不識知禮之所由生也。言不知禮之有法則也。"《禮記正義·下》卷六三《喪服四制》，1672頁。

[44] 《禮記正義·下》卷六三《喪服四制》，1672—1673頁。

禮者,繼天地、體陰陽,而慎主客,序尊卑、貴賤、大小之位,而差外内、遠近、新故之級者也。[45]

據此可知《禮運》《喪服四制》所載類似,以爲禮的基本原則,是本着天地自然,取法季節,遵循陰陽變化等自然秩序,順應人情,實現治道。《喪服四制》是説明喪服,所以用"吉凶異道"來解陰陽。但在《禮運》篇,孔穎達的解説,則以爲禮除以天地自然爲本外,同時也以陰陽爲端首,正如劍戟以近柄處爲根本,以鋒杪爲端首。聖人制法,左右法陰陽,賞以春夏,刑以秋冬,就是取法陰陽爲端首之意。孔穎達在另一處更詳細説明天地既然二分,天之氣運轉爲陽,地之氣運轉爲陰,所以聖王制禮,貴左以象陽,貴右以法陰。陽時行賞,陰時行罰。《禮運》篇所謂以"四時爲柄"者,指春生夏長,秋斂冬藏,劍戟須柄而用之。"變而爲四時"者,指陽氣變爲春夏,陰氣變爲秋冬。所以行賞是在春夏,取其陽氣;行罰在秋冬,取其陰氣。董仲舒强調禮别異的作用,指區别天地、陰陽、主客、尊卑、貴賤、大小、外内、遠近、新故等之差别序列。也就是説禮的作用在於"序",而"樂"則以樂達成"和"的境界。

所以聖王制禮用刑,是效法自然秩序,以維護人倫社會的和諧。後世詆毁禮者,是"不知禮之有法則"(前引《禮記正義·喪服四制》孔穎達疏),也就是不知人間的禮(即人倫秩序)取法自然秩序,所以不明禮的真義。

基於以上諸典籍規定,《唐律疏議·名例律》【疏】議序一開始就重視天、地、人三才的自然秩序原理,而禮刑有本用之分,即由於此故。

(二)唐律同罪異罰的法理

傳統法實施時期,一直存在同罪同罰、同罪異罰的爭辯問題,何者爲是,難以一言蔽之。一般説來,同罪同罰是理所當然,同罪異罰較有爭議。蔡墩銘指出唐律缺點之一,在於"含有階級色彩,故同罪不同罰""唐律之缺點,要非唐律所獨有,中外法律皆然,實不能以此獨責唐律,指爲落後保守之法典也"[46]。這裏所説的"階級色彩",或相當於戴炎輝所説的"身分",其《唐律通論》第一編"總論"

---

[45] 董仲舒著,蘇輿撰,鍾哲點校《春秋繁露義證》卷九《奉本第三十四》,中華書局,1992年,275—276頁。

[46] 蔡墩銘《唐律與近世刑事立法之比較研究》,337頁。

第三章"身分與罪刑之關係"第一節"總說"之第一項"概說",指出:"唐律常以行爲人有一定身分爲犯罪構成要件。"又説:

> 身分不但爲犯罪之主體及客體,且爲情況,對犯罪之成否及刑之加减,亦有影響。……引起刑加减之基準有數種,一爲尊卑,二爲長幼,三爲親疏,四爲主客體,五爲行爲(毆、傷及殺)。尊長犯卑幼减免,卑幼犯尊長則加重或始罰之。此爲最根本原理;但又以親疏而差之。其親屬關係愈親,刑之加減等數之幅度(擬稱爲刑幅)愈大。例外情形,有雙面同加,即兄妻與夫之弟妹之相毆(鬥三一·一)。

第三章"身分與罪刑之關係"共分五節,分別是:一、總説;二、親屬與罪刑;三、夫妻妾與罪刑;四、賤人與罪刑;五、官人與罪刑。每節再分若干單元,每單元之下分若干項,詳引唐律條文進行分析,是研究此一課題必讀之專著[47]。

黄源盛是用"'身分秩序'的等差性"作説明,簡單説:"罪刑因身分而異。"黄氏説:

> 中國舊律,自唐以降,其立法基礎既植根於禮教,而禮教又是建立於五倫之上。由於人倫有尊卑之別、上下之分、昭穆之序。因此,即使行爲人所犯的罪行相同,法律每因犯人及被害人的身分、輩分、性別,甚至職業的不同,而差異其罪之適用,或分別其刑之輕重,有其明顯的"身分秩序"的等差性。[48]

黄氏接着分四項説明身份秩序的等差性:一、皇室及官人官親的優遇;二、尊長權;三、男尊女卑;四、良賤有等[49]。

戴、黄二位師生説法,看來一脈相承,憑其深厚法學素養,歸納出具體若干項,使讀者一目了然,嘉惠學界,功不可没。其中黄氏説的"尊長權",即是戴氏的"親屬";黄氏説的"皇室及官人官親"一項,戴氏使用"官人"一詞;戴氏的"夫

---

[47] 戴炎輝編著,戴東雄、黄源盛校訂《唐律通論》,元照出版公司,2010年校訂版,33—93頁,尤其33、38頁。

[48] 黄源盛《中國傳統法制與思想》,五南圖書出版公司,1998年,372頁;黄源盛《漢唐法制與儒家傳統》,元照出版公司,2009年,187頁;簡體本《漢唐法制與儒家傳統(增訂本)》第五章,廣西師範大學出版社,2020年,214頁。

[49] 參看黄源盛《中國傳統法制與思想》,372—382頁。

妻妾"一項,黄氏分别在"二、尊長權,三、男尊女卑"作説明。歸納兩氏的分類,似可統合爲如下幾項:親屬、官人、男女、良賤四項,均詳引唐律條文作證明,具有一定的説服力,尤其戴氏的論證。惟因作者歸納論述,不免含有作者主觀意識,所以出現用詞不一致,有時亦會造成讀者困擾。因此,對於上述諸項分類,拙稿不再重複贅詞説明。

唐律的"罪刑因身分而異"説法,無誤,説明由於身份不同,以致出現同罪異罰。這樣的法理,如前所述,實來自唐律所依據的自然法則,以及遵循自然法則而呈現的人倫秩序。對此問題,以下擬進一步探討。

1. 自然的自然法則

兹先舉若干史書《刑法志》,説明修撰此志遵循自然法則之旨趣。此等史志編撰於《唐律疏議》之前,自當有參考作用。

A. 史書《刑法志》

正史體例,稱爲"志"而列有《刑法志》者,共有如下諸史:《漢書》《晋書》、《魏書》(稱爲《刑罰志》)、《隋書》《舊唐書》《新唐書》《舊五代史》《宋史》《遼史》、《金史》(稱爲"刑[志]")、《元史》《新元史》《明史》和《清史稿》,計十四史[50]。其文首叙述刑法之規範,遵循自然秩序者,計有《漢書》《魏書》《隋書》《宋史》《遼史》等。完成於《唐律疏議》之前的史志,有《漢書》《魏書》《隋書》,兹舉爲例作説明。

《漢書》卷二三《刑法志》,文首曰:

> 夫人宵天地之䫉,懷五常之性,聰明精粹,有生之最靈者也。……《洪範》曰:"天子作民父母,爲天下王。"聖人取類以正名,而謂君爲父母,明仁愛德讓,王道之本也。愛待敬而不敗,德須威而久立,故制禮以崇敬,作刑以明威也。聖人既躬明悊之性,必通天地之心,制禮作教,立法設刑,動緣民情,而則天象地。故曰先王立禮,"則天之明,因地之性"也。刑罰威獄,以類天之震曜殺戮也;温慈惠和,以效天之生殖長育也。書云"天秩有禮",

---

[50] 有關正史《刑法志》之研究,可參看趙晶《正史刑法志"文本"研究路徑舉要》,《法制史研究》第29期,2016年,243—271頁;七野敏光《九朝律考および漢唐間正史刑法志》,收入滋賀秀三編《中國法制史——基本資料の研究》,東京大學出版会,1993年,153—172頁;陳俊强《漢唐正史〈刑法志〉的形成與變遷》,《臺灣師大歷史學報》第43期,2010年,1—48頁。

"天討有罪"。故聖人因天秩而制五禮,因天討而作五刑。[51]

《魏書》卷一一一《刑罰志》,文首曰:
> 二儀既判,彙品生焉,五才兼用,廢一不可。金木水火土,咸相愛惡。陰陽所育,禀氣呈形,鼓之以雷霆,潤之以雲雨,春夏以生長之,秋冬以殺藏之。斯則德刑之設,著自神道。聖人處天地之間,率神祇之意。……是以明法令,立刑賞。[52]

《隋書》卷二五《刑法志》文首曰:
> 夫刑者,制死生之命,詳善惡之源,翦亂誅暴,禁人為非者也。聖王仰視法星,旁觀習坎,彌縫五氣,取則四時,莫不先春風以播恩,後秋霜而動憲。是以宣慈惠愛,導其萌芽,刑罰威怒,隨其肅殺。仁恩以為情性,禮義以為綱紀,養化以為本,明刑以為助。[53]

以上,闡述如下幾個重點:

a.《漢志》謂人在天地萬物間是最有靈性。又稱聖王因能通曉天地意旨,體察民情,而勵行效法天地。聖王是依據天(自然)的秩序而制定五禮,遵循天意討伐有罪而作五刑。《漢志》去古未遠,宜加重視。

b.《魏志》謂聖王秉持天地神靈之意旨,陰陽五行四時之變化,設立刑賞,推行德治。

c.《隋志》謂聖王之用刑,是仰觀星象(熒惑星,天理),旁觀坎卦(易理),協調五行之氣的運行,遵循四時變化,推行以養化為本,明刑為助的施政準則。

此等論述,與前述"唐律的基本法理"均有相通之處。

B. 唐律的規範

就唐律規定而言,在律文中連稱"天地"有兩種情況,一為大祀場合,一為尊崇君主,其立法意旨在於效法天地自然法則。

按,隋唐國家祭祀禮儀分大、中、小祀三等級,隨時間之不同,而有若干變遷,此處不擬敘述其變遷過程,就大祀的規定而言,依據《祠令》,天地、宗廟、神州等

---

[51] 《漢書》卷二三《刑法志》,1079頁。
[52] 《魏書》卷一一一《刑罰志》,中華書局,1974年,2871頁。
[53] 《隋書》卷二五《刑法志》,695頁。

均規定爲大祀,下列兩種違法情況,唐律有罰:

《職制律》"大祀不預申期及不如法"條(總98條)曰:

> 諸大祀不預申期及不頒所司者,杖六十;以故廢事者,徒二年。(下略)〔54〕

《賊盜律》"盜大祀神御物"條(總270條)曰:

> 諸盜大祀神御之物者,流二千五百里。(注曰:謂供神御者,帷帳几杖亦同。)(下略)〔55〕

《雜律》"棄毀亡失神御之物"條(總435條)曰:

> 諸棄毀大祀神御之物,若御寶、乘輿服御物及非服而御者,各以盜論(據【疏】議,指絞刑、流二千五百里、徒一年半);亡失及誤毀者,準盜論減二等。〔56〕

足見前引大祀不如法,輕者從杖六十到最重爲流二千五百里(其他細節規定,此處從略)。而侵犯前引270條者,亦列入"十惡"之六曰:"大不敬"。

所謂祀天地者,《名例律》"十惡・大不敬"條(總6條)【疏】議曰:

> 大祀者,依祠令:"昊天上帝、五方上帝、皇地祇、神州、宗廟等爲大祀。"〔57〕

但前引總98條、435條【疏】議曰:

> 依令:大祀,謂天地、宗廟、神州爲大祀。

此處之《令》亦指《祠令》,唐律270條雖無"依令"二字,但【疏】議仍曰:"大祀,謂天地、宗廟、神州等。"

總98、270、435三條【疏】議釋"大祀"皆同,有別於"十惡・大不敬"條(總6條)【疏】議,爲何如此?可能有兩種情況,一爲同指一事,祇是文字有詳略不同而已;另一種情況,則是二者反映不同時代的情況。淺見以爲同指一事,其理由,自隋(《開皇令》)及唐初(《武德令》),乃至《貞觀令》與《永徽令》之《祠令》、《貞觀禮》等,均遵循鄭玄說,將"天"釋爲"昊天上帝、五方上帝",即採用六天説;

---

〔54〕《唐律疏議》卷九《職制律》"大祀不預申期及不如法"條,187頁。
〔55〕《唐律疏議》卷一九《賊盜律》"盜大祀神御物"條,348頁。
〔56〕《唐律疏議》卷二七《雜律》"棄毀亡失神御之物"條,512頁。
〔57〕《唐律疏議》卷一《名例律》"十惡・大不敬"條,10頁。

"地"釋爲"皇地祇、神州",分爲二。至高宗顯慶二年(657)七月,採納禮部尚書許敬宗等禮官之議,改依王肅説,釋天爲一,即祇遵昊天上帝,並廢神州之祀,祇祀皇地祇。此一變動,雖附於"禮令"(《顯慶禮》《永徽·祠令》),但至乾封初(666),高宗又詔:"依舊祀感帝及神州。"[58]即復舊制。長孫無忌等所完成的《律疏》,是在永徽四年(653)十一月,所以許敬宗等人之議改,並未納入《律疏》。再者,《大唐開元禮》卷一《序例上》"擇日"條曰:

> 昊天上帝、五方上帝、皇地祇、神州、宗廟皆爲大祀。[59]

此項禮制,全同於前引唐律"十惡·大不敬"條(總6條)【疏】議。其中關於神州之祀,《大唐開元禮》卷一《序例上》"神位"條,於"立冬後,祭神州地祇於北郊"注曰:

> 鄭康成云:祭地有二:一是大地崑崙,爲皇地祇,則宗伯黄琮所祭者;一是帝王封域之内,謂之神州,則兩圭有邸所祭者。大唐後禮(《顯慶禮》)則不立神州之祀;今依大唐前禮(《貞觀禮》)爲定。[60]

所以《大唐開元禮》有關"大祀"禮儀,直接是源自大唐前禮(《貞觀禮》),採納鄭玄義。而前引唐律三條【疏】議釋"大祀"文字,當是"十惡·大不敬"條【疏】議的略稱,引用時自以"十惡·大不敬"條【疏】議爲宜[61]。

其次,關於尊崇君主,係指人君與天地合德。《賊盜律》"謀反及大逆"條(總248條)曰:

> 諸謀反及大逆者,皆斬;父子年十六以上皆絞,十五以下及母女、妻妾、(注曰:子妻妾亦同。)祖孫、兄弟、姊妹若部曲、資財、田宅並没官,男夫年八十及篤疾,婦人年六十及廢疾者並免;(注曰:餘條婦人應緣坐者,準此。)伯叔父、兄弟之子皆流三千里,不限籍之同異。

【疏】議曰:

---

[58] 《舊唐書》卷二一《禮儀志一》,中華書局,1975年,825頁。

[59] 池田温解題,古典研究會發行《大唐開元禮》卷一《序例上》"擇日"條,汲古書院,1972年,1頁a(總12頁)。

[60] 《大唐開元禮》卷一《序例上》"神位"條,8頁b,9頁a(總15—16頁)。

[61] 關於唐朝前期祀天地禮儀之變遷,簡單説明,參看高明士《中國中古禮律綜論——法文化的定型》,元照出版公司,2014年,242—250頁;簡體版,商務印書館,2017年,299—309頁。

　　　　人君者,與天地合德,與日月齊明,上祗寶命,下臨率土。[62]

因爲人君與天地合德,所以謀反及大逆者刑罰最重,依據親屬身份之別,刑罰有異,誅連甚廣。根據以上諸規定,可知唐律在服膺自然法則的前題下,依據身份而採取同罪異罰原則。

　　2. 人倫社會的自然法則

　　人間的人倫秩序,是用自然發生的禮來辨定身份,藉以建立人間的尊卑、貴賤秩序。其法理,源自天地高低、尊卑的自然現象[63]。根據這樣的理論,唐律有如下諸規定:

　　A.《唐律疏議·厩庫律》"畜産抵踢嚙人"條(總207條)【疏】議曰:

　　　　其犯貴賤、尊卑、長幼親屬等,各依本犯應加減爲罪。[64]

　　B.《唐律疏議·賊盜律》"以毒藥藥人"條(總263條)【疏】議曰:

　　　　問曰:毒藥藥人合絞。其有尊卑、長幼、貴賤,得罪並依律以否？

　　　　答曰:律條簡要,止爲凡人生文。其有尊卑、貴賤,例從輕重相舉。若犯尊長及貴者,各依謀殺已殺法;如其施於卑、賤,亦準謀殺已殺論。如其藥而不死者,並同謀殺已傷之法。[65]

　　C.《唐律疏議·賊盜律》"發冢"條(總277條)曰:

　　　　諸發冢者,加役流;(注曰:發徹即坐。招魂而葬,亦是。)已開棺槨者,絞;發而未徹者,徒三年。

【疏】議曰:

　　　　問曰:"發冢者,加役流。"律既不言尊卑、貴賤,未知發子孫冢,得罪同凡人否？

　　　　答曰:五刑之屬,條有三千,犯狀既多,故通比附。然尊卑、貴賤,等數不同,刑名輕重,粲然有别。尊長發卑幼之墳,不可重於殺罪;若發尊長之冢,

---

[62] 參看《唐律疏議》卷一七《賊盜律》"謀反及大逆"條,321頁。

[63] 林端以爲君臣、父子、兄弟、夫婦、朋友的五倫,也可説是自然發生的社會關係的一種歸納。參看林端《儒家倫理與法律文化——社會學觀點的探索》,巨流圖書公司,1994年,86—92頁。拙稿此處不列孟子"五倫"説中的"朋友"一倫,是因朋友關係平等,既非等級制中的人,也不是家族制中的人,所以規範尊卑、貴賤等差秩序,排除朋友一倫。

[64] 參看《唐律疏議》卷一五《厩庫律》"畜産抵踢嚙人"條,286頁。

[65] 《唐律疏議》卷一八《賊盜律》"以毒藥藥人"條,339頁。

據法止同凡人。律云"發冢者,加役流",在於凡人,便減殺罪一等;若發卑幼之冢,須減本殺一等而科之:已開棺槨者絞,即同已殺之坐;發而未徹者徒三年,計凡人之罪減死二等,卑幼之色亦於本殺上減二等而科;若盜屍柩者,依減三等之例。其於尊長,並同凡人。[66]

D.《唐律疏議·鬥訟律》"兩相毆傷論如律"條(總310條),曰:

諸鬥兩相毆傷者,各隨輕重,兩論如律;後下手理直者,減二等。(注曰:至死者,不減。)

【疏】議曰:

"鬥兩相毆傷者",假有甲乙二人,因鬥兩相毆傷,甲毆乙不傷,合笞四十;乙毆甲傷,合杖六十之類。或甲是良人,乙是賤隸,甲毆乙傷,減凡人二等,合笞四十;乙毆甲不傷,加凡人二等,合杖六十之類。……其間尊卑、貴賤,應有加減,各準此例。

問曰:尊卑相毆,後下手理直得減,未知伯叔先下手毆姪,兄姊先下手毆弟妹,其弟、姪等後下手理直,得減以否?

答曰:凡人相毆,條式分明。五服尊卑,輕重頗異。祇如毆緦麻兄姊杖一百,小功、大功遞加一等;若毆緦麻以下卑幼,折傷減凡人一等,小功、大功遞減一等。據服雖是尊卑,相毆兩俱有罪,理直則減,法亦無疑。若其毆親姪、弟妹,至死然始獲罪,傷重律則無辜。罪既不合兩論,理直豈宜許減?舉伯叔兄姊,但毆傷卑幼無罪者,並不入此條。[67]

E.《唐律疏議·鬥訟律》"部曲、奴婢詈毆舊主"條(總337條),曰:

諸部曲、奴婢詈舊主者,徒二年;毆者,流二千里;傷者,絞;殺者,皆斬;過失殺傷者,依凡論。

【疏】議曰:

問曰:部曲、奴婢毆詈舊主期以下親,或舊主親屬毆傷所親舊部曲、奴婢,得減凡人以否?

答曰:五服尊卑,各有血屬,故毆尊長,節級加之。至如奴婢、部曲,唯繫

---

[66] 《唐律疏議》卷一九《賊盜律》"發冢"條,354—355頁。
[67] 《唐律疏議》卷二一《鬥訟律》"兩相毆傷論如律"條,393頁。

於主。爲經主放，顧有宿恩，其有毆詈，所以加罪。非主之外，雖是親姻，所有相犯，並依凡人之法。[68]

F.《唐律疏議·鬥訟律》"戲殺傷人"條（總338條），曰：

　　諸戲殺傷人者，減鬥殺傷二等。

【疏】議曰：

　　"戲殺傷人者"，謂以力共戲，因而殺傷人，減鬥罪二等。若有貴賤、尊卑、長幼，各依本鬥殺傷罪上減二等。[69]

G.《唐律疏議·雜律》"奸父祖妾等"條（總413條），【疏】議問答曰：

　　婦人尊卑，緣夫立制。[70]

以上共舉七條律文及其【疏】議，可知用以規範人倫社會的身份等差秩序，以A、B、F條最典型且具體，其要有二：一是侵犯特別身份者，二是罪責各依本犯作加減，通常是相差二等，如C、D、F、G條所示。

所謂特別身份者，指貴賤、尊卑、長幼親屬等，既曰"等"，按理還有其他，淺見以爲尚應包括夫婦（如G條），計有四類：貴賤、尊卑、長幼（親屬二字省略，詳下說明）、夫婦。通常是以"尊卑、貴賤"作爲概括說明，具有階級身份的良賤，如B、C、D條，仍依尊卑、貴賤作加減處理；E條的主奴，亦在尊卑項下處理。所以上列四類可說是唐律所規範最基本的人倫身份秩序。

兹需再檢討者，爲唐律有關"親屬""親疏"以及"義屬"用詞與上述四類的關係。先說"親屬"，如A條（207條）所示"親屬"宜作何解？A條【疏】議未解釋"親屬"，其釋義見於《唐律疏議·職制律》"役使所監臨"條（總120條），注曰："親屬，謂緦麻以上及大功以上婚姻之家。餘條親屬準此。"【疏】議曰：

　　"餘條親屬準此"者，謂一部律內，稱"親屬"處，悉據本服內外緦麻以上及大功以上共爲婚姻之家，故云"準此"。

劉俊文釋曰：

　　唐律規定，親屬包括"血屬"和"義屬"兩類。所謂"血屬"，指由天然血

---

[68]《唐律疏議》卷二三《鬥訟律》"部曲、奴婢毆舊主"條，424—425頁。
[69]《唐律疏議》卷二三《鬥訟律》"戲殺傷人"條，425頁。
[70]《唐律疏議》卷二六《雜律》"奸父祖妾等"條，494—495頁。

緣紐帶聯結在一起的親屬;所謂"義屬",指由婚姻或契約關係聯結在一起的親屬。前者如父子、兄弟等皆是,後者如夫妻妾、養父子等皆是。無論"血屬"或"義屬",均分爲内親和外親。父宗是爲内親,母宗是爲外親。内親親而外親疏,内親的範圍,上至高祖,下及玄孫,共有九族;外親的範圍,則僅及母之父母、兄弟姊妹和姪甥三世。正如疏議所解:"一部律内,稱親屬處,悉據本服以(按,"以"爲"内"之誤)外緦麻以上,及大功以上共爲婚姻之家。"[71]

錢大群對 A 條所謂"其犯貴賤、尊卑、長幼親屬等",分别稱爲貴賤犯、尊卑犯、長幼犯、親屬犯,並列舉唐律諸條文作説明。其所謂"親屬犯",舉總 329 條"詈毆祖父母、父母"、"祖父母、父母毆(按,當脱'殺')子孫";總 332 條"毆兄之妻及夫之弟妹""妾毆夫之妾子""妻之子毆傷父妾""妾子毆傷父妾"諸條[72],淺見以爲不妥。蓋尊卑、長幼皆屬於親屬的構成法理,也就是親屬的構成本來就含有尊卑、長幼關係,如前引劉俊文的解析。錢氏所舉兩條唐律規範對象,不脱親屬的尊卑、長幼的身份關係。所以上述引文之斷句,宜爲:"其犯貴賤、尊卑、長幼親屬等。"如前所述,貴賤通常用於官序,尊卑、長幼則爲親屬身份,所以無需另列"親屬犯"。此其一。貴賤、尊卑、長幼三項與親屬並列,唐律祇見總 207 條一例,但在前引 B、F 條【疏】議以及《雜律》"向城官私宅射"條(總 393 條)[73],則列舉貴賤、尊卑、長幼三項,無提及親屬,足見尊卑、長幼之後的親屬二字可省略。此其二。從以上二項理由,個人以爲身份犯無需特列"親屬犯"。至於"義屬",於"親疏"處一併説明。

關於"親疏",比較具體的規定,見於《唐律疏議·賊盜律》"親屬爲人殺私和"條(總 260 條),【疏】議曰:

其有五服内親自相殺者,疏殺親,合告;親殺疏,不合告;親疏等者,卑幼殺尊長得告,尊長殺卑幼不得告(按,親疏等者仍有尊卑)。其應相隱者,疏殺親,義服殺正服,卑幼殺尊長(按,可分親疏、正義服、尊卑),亦得論告;其

---

[71] 劉俊文《唐律疏議箋解》,中華書局,1996 年,《序論》48 頁。

[72] 錢大群於注解此條(總 207 條,前引 A 條)時,特稱爲貴賤犯、尊卑犯、長幼犯、親屬犯,並列舉其加減刑責條文,參看錢大群《唐律疏議新注》,488 頁注 5。

[73] 《唐律疏議》卷二六《雜律》"向城官私宅射"條,482 頁。

不告者,亦無罪。若殺祖父母、父母應償死者,雖會赦,仍移鄉避讎,以其與子孫爲讎,故令移配。若子孫知而不告,從"私和"及"不告"之法科之。[74]

按,唐律對親疏無定義,此處所見的"親疏",指五服關係而言。若親疏相同,仍依尊長、卑幼關係處理。其應相容隱的場合,亦須分辨親疏、正義服、尊卑關係,也就是親屬的各種身份。

正義服方面,《唐律疏議‧名例律》"稱期親祖父母等"條(總52條)【疏】議曰:

> 義服者,妻妾爲夫,妾爲夫之長子及婦爲舅姑之類,相犯者並與正服同。[75]

這是義服的詳細定義,前引劉俊文解釋"義屬",指由婚姻或契約關係聯結在一起的親屬,如夫妻妾、養父子等。《唐律疏議》對正義服未作明確定義,惟南宋此山貰冶子(范遂良)《唐律釋文‧鬥訟律》曰:

> "正服義服":正服,謂五服内之親也。義服,謂若服外之親也,若妾爲妻黨服之類也,此等並是以義制服也。"妻之言齊":按周禮云:"妻者,敵體齊眉謂之妻。"故律:妻爲齊,謂與夫義齊。若有毆妻,以卑故減,至死以凡人論。若妻毆夫,以尊故加。[76]

可見正服指五服内之親,義服爲服外之親,這是最簡明定義。義服若有相犯,如前引總52條規定,處罰與正服同,即需依據尊卑法理處理。而前引總260條,最值得注意的是"親疏等者,卑幼殺尊長得告,尊長殺卑幼不得告"。此即親疏關係相同時,仍按尊卑法理處理。

所謂尊卑,指尊長、卑幼,《唐律疏議‧户婚律》"卑幼自娶妻"條(總188條)【疏】議曰:

> "卑幼",謂子、孫、弟、姪等。……"尊長",謂祖父母、父母及伯叔父母、姑、兄姊。[77]

依據《天聖令‧喪葬令》附《喪葬年月》規定,上列卑幼尊長之服制如下。"卑

---

[74] 《唐律疏議》卷一九《賊盜律》"親屬爲人殺私和"條,333—334頁。
[75] 《唐律疏議》卷六《名例律》,137頁。
[76] 《唐律疏議》附錄南宋此山貰冶子(范遂良)著《唐律釋文》卷二二《鬥訟》,643頁。
[77] 《唐律疏議》卷一四《户婚律》"卑幼自娶妻"條,267頁。

幼":謂子(父爲嫡子斬衰三年,爲衆子齊衰期)、孫(爲嫡孫齊衰期,庶孫大功九月)、弟(齊衰期)、姪(齊衰期)等。"尊長":謂祖父母(齊衰期)、父母(子爲父斬衰三年,子爲母齊衰三年)及伯叔父母(齊衰期)、姑(齊衰期)、兄姊(齊衰期)。[78] 足見親屬同爲卑幼服仍有長幼之分,如衆子與嫡孫;同爲尊長服亦然,如己之祖父母與己之兄姊。因此,論尊卑其實包含尊長與卑幼,纔能充分説明服制原理,而尊長與卑幼亦可重組爲尊卑長幼。《唐律疏議·名例律》"十惡"條(總6條)八曰:"不睦",注曰:"謂謀殺及賣緦麻以上親,毆告夫及大功以上尊長、小功尊屬。"【疏】議曰:

> 但有謀殺及賣緦麻以上親,無問尊卑長幼,總入此條。[79]

此處即指緦麻以上親屬,不受尊卑長幼之限,均適用此條。足見尊卑長幼是親屬基本身份秩序。《唐六典》卷三十"京縣畿縣天下諸縣官吏"條曰:

> 每歲季冬之月(按,指十二月),行鄉飲酒之禮,六十已上坐堂上,五十已下立侍於堂下,使人知尊卑長幼之節。[80]

此即規定全國諸縣每年十二月,於縣學對鄉賢舉行鄉飲酒禮時,讓年六十以上坐於堂上,年五十以下立侍於堂下,使縣民知曉"尊卑長幼"的禮節。此處的尊卑長幼的身份,並非基於親屬,而是依據齒序。

據以上的解説,拙稿以貴賤、尊卑、長幼、夫婦四項,作爲唐律規範人倫身份秩序最基本的要素,其中尊卑、長幼二項,亦可適用於親屬、親疏、義屬、齒序,以及良賤、主奴等人際關係。

關於夫婦關係(如G條),唐律是"婦人以夫爲天"來處理。例如《唐律疏議·職制律》"匿父母及夫等喪"條(總120條),曰:

> 諸聞父母若夫之喪,匿不舉哀者,流二千里;喪制未終,釋服從吉,若忘哀作樂,徒三年;雜戲,徒一年;即遇樂而聽及參預吉席者,各杖一百。

【疏】議曰:

---

[78] 寧波天一閣博物館、中國社會科學院歷史研究所天聖令整理課題組校證《天一閣藏明鈔本天聖令校證 附唐令復原研究》,《校録本·喪葬令》附《喪葬年月》,中華書局,2006年,359—361頁。

[79] 《唐律疏議》卷一《名例律》,14頁。

[80] 《唐六典》卷三〇"京縣畿縣天下諸縣官吏"條,中華書局,1992年,753頁。

父母之恩,昊天莫報,荼毒之極,豈若聞喪。婦人以夫爲天,哀類父母。[81]

此條是規範子女聞父母喪及妻聞夫喪不如法等的處罰。其中規定妻對夫如同子女對父母,所以【疏】議解説:"婦人以夫爲天,哀類父母。"這樣的觀念,當來自《儀禮》。《儀禮注疏》卷二九《喪服》"妻爲夫"條:

> 傳曰:"夫,至尊也。"
>
> 【疏】:"妻爲夫。傳曰夫,至尊也。"釋曰:自此已下,論婦人服也,婦人卑於男子,故次之。……傳言"夫,至尊"者,雖是體敵齊等,夫者猶是妻之尊敬,以其在家天父,出則天夫;又婦人有三從之義,在家從父,出嫁從夫,夫死從子,是其男尊女卑之義,故云"夫至尊",同之於君父也。[82]

又,《儀禮注疏》卷三〇《喪服》"女子子適人者,爲其父母、昆弟之爲父後者"條:

> 傳曰:"爲父何以期也?婦人不貳斬也。婦人不貳斬者何也?婦人有三從之義,無專用之道,故未嫁從父,既嫁從夫,夫死從子。故父者,子之天也。夫者,妻之天也。婦人不貳斬者,猶曰不貳天也。婦人不能貳尊也。"
>
> 【疏】:然則此"婦人不貳斬"者,在家爲父斬,出嫁爲夫斬,爲父期,此其常事。……云"婦人不能二尊"者,欲見不二斬之義。[83]

儒家最重視喪禮,妻以夫爲天,如同子以父爲天,所以夫喪如同父喪守禮。

另一方面,夫妻齊體,妻從屬於夫,若有相互傷害,則以兄長卑幼來處罰。先説夫妻齊體,《唐律疏議·户婚律》"有妻更娶"條(總177條),曰:"諸有妻更娶妻者,徒一年。"【疏】議曰:

> 依禮,日見於甲,月見於庚,象夫婦之義。一與之齊,中饋斯重。[84]

南宋此山貰冶子(范遂良)著《唐律釋文》曰:

> "日見於甲",謂日出於東,象夫也。"月見於庚",謂月出於西,象婦也。

---

[81] 《唐律疏議》卷一〇《職制律》"匿父母及夫等喪"條,204頁。

[82] 《儀禮注疏》卷二九《喪服》"妻爲夫"條,收入張豈之總主編《十三經注疏》,上海古籍出版社,2008年,887—888頁。

[83] 《儀禮注疏·中》,卷三〇《喪服》"女子子適人者,爲其父母、昆弟之爲父後者"條,920—921頁。

[84] 《唐律疏議》卷一三《户婚律》,255頁。

> 日之與月,陰陽相對;夫之與婦,男女相齊也。此皆取陰陽位正,方可爲夫婦,如不正則以奸論。[85]

所謂"依禮",係指《禮記正義》卷二四《禮器》曰:

> 大明生於東,月生於西,此陰陽之分,夫婦之位也。[86]

《禮記正義》卷四七《祭義》曰:

> 日出於東,月生於西,陰陽長短,終始相巡,以致天下之和。[87]

此即以日月東西、陰陽夜晝長短來比喻夫婦男女相齊之位。《唐律疏議·鬥訟律》"毆傷妻妾"條(總325條),曰:

> 諸毆傷妻者,減凡人二等;死者,以凡人論。毆妾折傷以上,減妻二等。

【疏】議曰:

> 妻之言齊,與夫齊體,義同於幼,故得"減凡人二等"。[88]

根據以上說明,可知夫妻在唐律之身份地位不對等,其禮之嚴格者如同父子(尊卑之序),次則如同兄長卑幼(長幼之序)[89]。

綜合而言,拙稿此處以貴賤、尊卑、長幼、夫婦四類,作爲唐律規範身份的基本項目,也可視爲唐律規範罪責的基本法理。這四類均屬人倫基本關係,拙稿定位爲法理上的身份制。究其原始個體而言,實由夫婦開始,其下可歸爲兩類,一爲貴賤,一爲尊卑。劉俊文指出禮的精神最基本的是"異貴賤"和"別尊卑",反映到唐律則爲等級制和家族制[90]。

唐律規範尊卑、貴賤的法理依據何在?【疏】議並未說明淵源於何種典故,但是當時的士人,尤其孔穎達、長孫無忌等貞觀編纂禮律之儒臣,透過儒教基本經典教養當有其共識。

儒教基本經典教養是指什麼?茲檢討如下諸經典記載,或許可解答這些

---

[85] 《唐律疏議》附錄南宋此山貰冶子(范遂良)著《唐律釋文》卷一三《户婚》,635頁。

[86] 鄭玄注曰:"大明,日也。"《禮記正義·中》卷二四《禮器》,754頁。

[87] 孔穎達【疏】正義曰:"陰,謂夜也。陽,謂晝也。夏則陽長而陰短,冬則陽短而陰長,是陰陽長短。"《禮記正義》卷四七《祭義》,1323頁。

[88] 《唐律疏議》卷二二《鬥訟律》"毆傷妻妾"條,409頁。

[89] 詳細探討,可參看劉燕儷《唐律中的夫妻關係》,尤其第三章第一節之二,五南圖書出版公司,2007年,175—188頁。

[90] 劉俊文《唐律疏議箋解》,《序論》36頁。

問題。

經 A.《周易正義》卷七《繫辭上》曰：

　　天尊地卑，乾坤定矣。卑高以陳，貴賤位矣。[91]

經 B.《禮記正義》卷三七《樂記》曰：

　　樂者爲同，禮者爲異。[92]

經 B-1. 又曰：

　　禮義立，則貴賤等矣。[93]

經 B-2. 又曰：

　　樂者天地之和也，禮者天地之序也。和，故百物皆化；序，故群物皆別。[94]

經 B-3 又曰：

　　天尊地卑，君臣定矣。卑高巳陳，貴賤位矣。[95]

經 C.《禮記正義》卷三九《樂記》"祭先王之廟"，曰：

　　所以官序貴賤，各得其宜也，所以示後世有尊卑長幼之序也。[96]

---

[91] 對於此段，孔穎達【疏】正義曰："天以剛陽而尊，地以柔陰而卑，則乾坤之體安定矣。"又曰："卑謂地體卑下，高謂天體高上，卑、高既以陳列，則物之貴賤得其位矣。"又曰："此貴賤總兼萬物，不唯天地而已。"《周易正義》卷七《繫辭上》，收入李學勤主編《十三經注疏》，北京大學出版社，1999年，257頁。

[92] 對於此段，鄭玄注曰："同，謂恊好惡也；異，謂別貴賤也。"孔穎達【疏】正義曰："'禮者爲異'，謂尊卑各別，恭敬不等也。"《禮記正義》卷三七《樂記》，1085頁。

[93] 對於此段，鄭玄注曰："等，階級也。"孔穎達【疏】正義曰："義，宜也；等，階級也。若行禮得其宜，則貴賤各有階級矣。"《禮記正義》卷三七《樂記》，1085頁。

[94] 對於此段，孔穎達【疏】正義曰："'禮者天地之序也'，禮明貴賤，是天地之序也。"參看《禮記正義》卷三七《樂記》，1090頁。

[95] 對於此段，鄭玄注曰："'卑、高'，謂山澤也。'位矣'，尊卑之位，象山澤也。"孔穎達【疏】正義曰："卑謂澤也，高謂山也，山澤列在天地之中，故云巳陳也。貴賤，即公卿以下，象山川而有貴賤之位也，所以鄭云'位矣，尊卑之位，象山澤'，故鄭注《周易》云：'君臣尊卑之貴賤，如山澤之有高卑也。'"又查《周易》鄭注無"君臣尊卑之貴賤，如山澤之有高卑也"句，當是孔穎達就上句鄭注根據經文作綜合說明。《禮記正義》卷三七《樂記》，1094—1095頁。

[96] 對於此段，鄭玄注曰："'官序貴賤'，謂尊卑樂器列數有差次。"孔穎達【疏】正義曰："'所以官序貴賤，各得其宜也'者，又用樂體別尊卑於朝廷，使各得其宜也，天子八佾，諸侯六佾是也。'所以示後世有尊卑長幼之序也'者，聞樂知德，及施於子孫，是示後世。又宗族長幼同聽之，莫不和順；閨門之內，父子兄弟同聽之，莫不和親，是長幼之序也。"《禮記正義》卷三九《樂記》，1126頁。

根據以上各則記載,可有以下幾點認識:

a. 天地呈現尊卑,是以天爲高、爲上,地爲卑、爲下,萬物亦然。尊卑對萬物而言,亦是貴賤。(經 A)

b. 禮的作用,在於別異。異者,在於識別貴賤或尊卑的等級(階級)。(經 B、經 B-1、經 B-2)

c. 君臣尊卑所呈現的貴賤之位,正如天地、山澤之有高卑。(經 B-3)所以尊卑、貴賤用以象天地,亦用以象君臣、長幼。天地者,可稱爲自然秩序,君臣、長幼者,可稱爲人倫秩序,其實都是"禮"所規範的秩序。

d. 從以上諸例(含經 C),得知尊卑、貴賤可互訓,鄭玄、孔穎達看法皆如此。

e. 區別律文所謂尊卑、貴賤,若由人倫身份的正面意義來考察時,似可曰:"貴賤"一詞用以表示"官序";"尊卑"一詞用以表示長幼,如 B、C、D 條,尤其經 C 條所示。但因可互訓,這樣的區別,並非絕對。

《孟子·公孫丑章句下》曰:

> 天下有達尊三:爵一,齒一,德一。朝廷莫如爵,鄉黨莫如齒,輔世長民莫如德。[97]

這是孟子告訴齊王,天下最重視的道理有三,一爲爵,一爲齒,一爲德,齊王祇重視爵,忽視齒、德二者,但匡輔世道,治理民衆,應該最重視德行。從戰國中期諸國政治形態看來,要建立制度與秩序,爵與齒二者也是需要的,所以宋人孫奭疏曰:

> 自朝廷之間,莫如以爵爲之尊;自鄉黨之間,莫如以齒爲之尊;自輔治其世,長養其民,莫如以德爲之尊。以其朝廷貴貴在爵,故以爵爲朝廷之所尊。鄉黨長長在齒,故以齒爲鄉黨之所尊。賢者有德,故以之輔世而佐佑之,則天下待之而後治;以之長民,則天下之民待之而後安,故以德爲輔世長民之所尊。[98]

此處所説的"爵",正可提示"官序",有貴賤,所以朝廷最重視爵位;"齒"正可提

---

[97]《孟子注疏》卷四上《公孫丑章句下》,《景印文淵閣四庫全書》,臺灣商務印書館,1986年,96頁上。

[98]《孟子注疏》卷七《公孫丑章句下》,97頁下。

示長幼,有尊卑,所以鄉里最重視年齡。而要國泰民安,則須用賢,蓋賢者有德,施行"德"政,纔能"輔世長民"。何謂"德"?《禮記·樂記》曰:"禮樂皆得,謂之有德。德者,得也。"又曰:"禮義立,則貴賤等矣;樂文同,則上下和矣。"也就是説貴賤等、上下和的境界,就是禮樂皆得,也就是施行德政。由此可引申理解,建立尊卑貴賤的等差秩序,即可達到均衡和諧,或説"齊平"社會,寓有"和平"之意。所以孟子此説,暗合此後建立制度與秩序的歷史發展,唐律以尊卑、貴賤作爲量刑定罪的基本原則,或據此背景而來。

三、唐律實踐"惟齊非齊"

如前所述,同罪異罰規定,淵源於"自然的自然法則",落實於人倫關係,因而重視尊卑、貴賤的身份差等,拙稿稱爲"人倫社會的自然法則",簡稱爲人倫秩序,到唐律全面法制化。這樣的法律秩序,可謂實現《尚書·吕刑》所説的"惟齊非齊,有倫有要"。

(一)"惟齊非齊"釋義

前引《尚書正義》卷一九《吕刑》曰:

> 上下比罪……輕重諸罰有權,刑罰世輕世重,惟齊非齊,有倫有要。

《吕刑》這段話,用白話説:

> 上比其重罪,下比其輕罪,以定其罪。……刑罰的輕重,要隨個人的情况作衡量,同時也隨時代不同而有輕重。這樣的現象,看來非齊等,其實正是以非齊等來呈現刑罰能根據實際的情境,作客觀處斷,所以也可説是齊其不齊。這樣的做法,是有倫理的,理所當然的,不是任意而爲。

漢孔安國傳曰:

> 言刑罰隨世輕重也。刑新國用輕典,刑亂國用重典,刑平國用中典。凡刑所以齊非齊,各有倫理,有要善。[99]

宋人夏僎《尚書詳解·周書》卷二五《吕刑》曰:

---

[99]《尚書正義》卷一九《吕刑》,收入李學勤主編《十三經注疏》,北京大學出版社,1999年,788頁。

  所謂輕重兩刑,謂如某罪今法當如此,然從恕言之,則有時又未可以如此,或輕或重,更取聖斷。嗚呼!穆王之時,周道衰矣,不謂乃有哀矜慘怛如呂侯者,豈非去成康不試之時尚未遠,故猶有遺風餘韻也歟。[100]

夏僎指出周穆王時,周道已衰,其誥呂侯之辭,論刑罰輕重,能夠秉持哀矜恕心,因而贊嘆猶有成康之遺風。《呂刑》論刑罰輕重,背後含有仁恕思想,影響後世深遠,若再參照《舜典》,可知"平恕"仁心早已成爲傳統法最高核心價值,刑罰並非一味追求嚴刑峻法[101]。

  關於《呂刑》此段前半論刑罰輕重,蔡沉於其著《書集傳》卷六《周書·呂刑》進一步釋曰:

  若謂罰之輕重,亦皆有權焉。權者,進退推移,以求其輕重之宜也。"刑罰世輕世重"者,《周官》"刑新國用輕典,刑亂國用重典,刑平國用中典"。隨世而爲輕重者也。"輕重諸罰有權"者,權一人之輕重也。"刑罰世輕世重"者,權一世之輕重也。"惟齊非齊"者,法之權也。"有倫有要"者,法之經也。言刑罰雖惟權變是適,而齊之以不齊焉。至其倫要所在,蓋有截然而不可紊者矣。此兩句總結上意也。[102]

蔡沉對《呂刑》所謂刑罰輕重這段話,分爲二個層次,一是輕重有權,而有"權一人之輕重"與"權一世之輕重"。此處之"權",指"進退推移",也就是衡量輕重,做到"惟齊非齊",這是"法之權"。一是輕重適度,也就是衡量要適度,做到"有倫有要",這是"法之經",這樣纔能實現"齊之以不齊"。"惟齊非齊"是以"有倫有要"爲前提,蔡沉以爲"有倫有要"是"法之經","惟齊非齊"是"法之權"。其

---

[100] 引文據"中研院史語所"漢籍電子文獻資料庫,清乾隆敕刻武英殿聚珍本,34—1頁。(http://hanchi.ihp.sinica.edu.tw/ihpc/hanji?@132^944639476^807^^^60527018000800100001^1@@871770#top,訪問時間:2022年6月8日)。

[101] 參看高明士《中國中古禮律綜論續編:禮教與法制》,《序言:傳統法文化核心價值芻議——情理平恕的實踐》,1—12頁。高明士《〈尚書〉的刑制規範及其影響——中華法系基礎法理的祖型》,134—160頁。例如唐太宗貞觀元年,殿中侍御史崔仁師曰:"凡治獄當以平恕爲本。"《資治通鑑》卷一九二《唐紀八》,6042頁。《舊唐書·崔仁師傳》(2620頁)、《新唐書·崔仁師傳》(3920頁)作"仁恕"。貞觀十六年,太宗謂大理卿孫伏伽曰:"朕常問法官刑罰輕重,每稱法網寬於往代。仍恐主獄之司利在殺人,危人自達,以釣聲價。今之所憂,正在此耳!深宜禁止,務在寬平。"吳兢撰,謝保成集校《貞觀政要集校》卷八《論刑法》,中華書局,2003年,446頁。

[102] 蔡沉撰,王豐先點校《書集傳》卷六《周書·呂刑》,中華書局,2018年,293—294頁。

經、權論,或受董仲舒影響。

董仲舒《春秋繁露》卷二《竹林第三》曰:

  《春秋》之道,固有常有變,變用於變,常用於常,各止其科,非相妨也。[103]

同書卷三《玉英第四》曰:

  《春秋》有經禮,有變禮。爲如安性平心者,經禮也。至有於性,雖不安,於心,雖不平,於道,無以易之,此變禮也。……天子三年然後稱王,經禮也。有故則未三年而稱王,變禮也。……明乎經變之事,然後知輕重之分,可與適權矣。[104]

仲舒從《春秋》立論,蔡沉則從法論刑,出發點不同,但其大義則無二致。近人張中秋指出:經與權的關係就是不變與變在傳統法中的延伸。如果從現代法理學出發,經與權亦可以表達爲原則性與靈活生,或穩定性與變動性。總的來講,或如張中秋所說,"一體化與多樣性的有機統一",實是傳統中國法最早提出辯證發展的有機一體特質。

但是朱子對於經權常變,又提出"義",乃至"道"的更高層次說法。《朱文公文集》卷一四《奏劄二·甲寅行宮便殿奏劄一》曰:

  臣竊聞之,天下之事,有常有變,而其所以處事之術,有經有權。君臣、父子,定位不易,事之常也。君令臣行,父傳子繼,道之經也。事有不幸,而至於不得盡如其常,則謂之變;而所以處之之術,不得全出於經矣,是則所謂權也。

  當事之常而守其經,雖聖賢不外乎此,而衆人亦可能焉;至於遭事之變而處之以權,則唯大聖大賢爲能不失其正,而非衆人之所及也。故孔子曰:"可與立,未可與權。"蓋言其難如此。[105]

《朱子語類》卷三七《論語十九·子罕篇下·可與共學章》曰:

  經者,道之常也;權者,道之變也。道是個統體,貫乎經與權。……所謂

---

[103] 《春秋繁露義證》卷二《竹林第三》,53頁。
[104] 《春秋繁露義證》卷三《玉英第四》,74—75頁。
[105] 《晦庵先生朱文公文集·壹》,收入朱傑人等主編《朱子全書》第20册,上海古籍出版社,2002年,665—666頁。

經,衆人與學者皆能循之;至於權,則非聖賢不能行也。"

又曰:

經是萬世常行之道,權是不得已而用之,須是合義也。

又曰:

經,是常行道理。權,則是那常理行不得處,不得已而有所通變底道理。權得其中,固是與經不異,畢竟權則可暫而不可常。

又引孔子語"可與立,未可與權"而曰:

"立"便是經,"可與立",則能守個經,有所執立矣,却說"未可與權"。以此觀之,權乃經之要妙微密處,非見道理之精密、透徹、純熟者,不足以語權也。"[106]

由上所述,可知朱子以爲"經"是常行之道,"權"是不得已而有所通變,但須合"義",此處提出"義"的概念。再引用孔子說:"可與立,未可與權。""權"祇有聖賢纔能行。朱子進而又提出"道",曰:"經者,道之常也;權者,道之變也。道是個統體,貫乎經與權。"即指出"道"是貫穿經與權,爲最高層次的法理。朱熹、蔡沉這樣的說法,是從理學精義加以發揮,值得深思。

關於《吕刑》此段後半論"惟齊非齊",在於說明不齊也是齊,而齊也是不齊。《漢書》卷二一上《律曆志·權衡》曰:

禮者齊,齊者平,故爲衡也。

此即視禮爲齊,齊爲平,也就是平衡。漢許慎《說文解字》釋"齊"曰:

禾麥吐穗上平也。象形。

班固、許慎均釋齊爲平,這是有關"齊平"最早的釋義。清段玉裁注曰:

從二者,象地有高下也。禾麥隨地之高下爲高下,似不齊而實齊。參差其上者,蓋明其不齊而齊也,引伸爲凡齊等之義。

段玉裁注亦舉禾麥爲例,而曰:"似不齊而實齊。"允得《吕刑》"惟齊非齊"之義。清王先謙亦曰:

---

[106] 《朱子語類》卷三七《論語十九·子罕篇下·可與共學章》,收入朱傑人等主編《朱子全書》第15册,1378—1382頁。

《書·吕刑》言維齊一者,乃在不齊,以諭有差等,然後可以爲治也。[107] 此即以爲齊者在於"齊之以不齊",維護等差秩序的治道。爲何能做到個境界?《吕刑》下句已作說明,此即:"有倫有要。"倫是理,有倫是明理,也就是明人倫;要是當、約,也就是恰當其分,即所謂"平",分指身份。《説文解字》釋"平"曰:"語平舒也。"段玉裁注曰:"分之而匀適則平舒矣。"這也是恰如其分的意思。《荀子集解·王制》曰:

> 分均則不偏……先王惡其亂也,故制禮義以分之,使有貧富貴賤之等,足以相兼臨者,是養天下之本也。《書》曰:"維齊非齊。"此之謂也。

王先謙集解曰:"分均,謂貴賤敵也。分,扶問反。"[108] 此即"分"讀爲去聲,身份之意。"均"是"不偏","分均"指尊卑、貴賤之差等不偏頗,也就是恰當其分。

歷來對《吕刑》此段解析最爲貼切者,淺見以爲莫如清儒朱駿聲(1788—1858),其曰:

> 齊,猶一也。倫,猶理也。要,猶中也。……言惟在齊其參差不一者而使之平,則凡刑罰無不理,而順中而正矣。[109]

朱氏雖曰:"齊,猶一也。"並非指齊即是一,而是齊其不齊使之平,也就是"齊平"之意。所以"齊之以不齊",並非如商鞅所説的"壹刑",一杆打到底地齊刑。重點不在"壹刑",而是依據身份之不同量刑,以求"順中而正",無不匀適,此即"有倫有要"。因此,淺見以爲《吕刑》所謂"有倫有要"的具體思維,當由現實的身份(或地位)制去推展倫理,以求恰當其分,執法者抱持仁恕之心,刑罰輕重,始可平允。這種仁恕之心,當來自前述孟子所謂"德"的教養。

(二)唐律實踐"惟齊非齊"及其歷史意義

傳統中國社會,自荀子提出天地、先祖、君師爲"禮之三本"以後,在儒家思想指導下,直至清末民初,"天地君親師"成爲士大夫家供奉的牌位,而"孝親尊師"則是中華文化首要德目,人倫社會秩序因而極爲重視親、師之倫理,藉以建立尊卑、貴賤之序。到唐代將這種德目充分入律,完成制度化,而爲後世所遵循。在

---

[107] 王先謙撰,沈嘯寰、王星賢點校《荀子集解》卷五《王制》,中華書局,1988年,152頁。
[108] 《荀子集解》卷五《王制》,152頁。
[109] 朱駿聲《尚書古注便讀》卷四下,25頁上(總263頁),廣文書局,1977年。

這個前提下,若能秉持"平恕"法理治獄,即可達成"齊之以不齊"、各當其分的《吕刑》思想。禮爲天地之序,已説明於前,此處再就唐律對人倫社會有關親(先祖)、師(君師)倫理的規範作檢討。

《唐律疏議·鬥訟律》"鬥毆以手足他物傷"條(總302條)曰:

> 諸鬥毆人者,笞四十;傷及以他物毆人者,杖六十。[110]

此爲凡人(自然人)之間的鬥毆處罰。但若毆祖父母、父母者斬。《唐律疏議·鬥訟律》"毆詈祖父母、父母"條(總329條)曰:

> 諸詈祖父母、父母者,絞;毆者,斬。[111]

列入十惡之不孝罪,用刑極爲嚴厲。

再者,妻毆夫,處罰亦重,《唐律疏議·鬥訟律》"妻毆詈夫"條(總326條)曰:

> 諸妻毆夫,徒一年。[112]

較凡人毆罪加重七等。

良賤之毆罪,亦皆有加減,《唐律疏議·鬥訟律》"兩相毆傷論如律"條(總310條)曰:

> 諸鬥兩相毆傷者,各隨輕重,兩論如律。

【疏】議曰:

> 或甲是良人,乙是賤隸,甲毆乙傷,減凡人二等,合笞四十;乙毆甲不傷,加凡人二等,合杖六十之類。其間尊卑、貴賤,應有加減,各準此例。

接着問答,答曰:

> 凡人相毆,條式分明。五服尊卑,輕重頗異。[113]

此處所謂"尊卑、貴賤,應有加減""五服尊卑,輕重頗異",已明顯提示唐律依據尊卑、貴賤法理作規範。

其毆師者,加凡人二等,《唐律疏議·鬥訟律》"毆妻前夫子"條(總333條)曰:

---

[110] 《唐律疏議》卷二一《鬥訟律》"鬥毆以手足他物傷"條,383頁。
[111] 《唐律疏議》卷二二《鬥訟律》"毆詈祖父母、父母"條,414頁。
[112] 《唐律疏議》卷二二《鬥訟律》"妻毆詈夫"條,410頁。
[113] 《唐律疏議》卷二一《鬥訟律》"兩相毆傷論如律"條,393頁。

毆傷見受業師,加凡人二等。死者,各斬。

【疏】議曰:

《禮》云(按,《禮記·學記》):"凡教學之道,嚴師爲難。師嚴道尊,方知敬學"。如有親承儒教,伏膺函丈,而毆師者,加凡人二等。

問曰:毆見受業師,加凡人二等。其博士若有高品,累加以否?

答曰:毆見受業師,加凡人二等,先有官品,亦從品上累加。若鬥毆無品博士,加凡人二等,合杖六十;九品以上,合杖八十;若毆五品博士,亦於本品上累加之。[114]

戴炎輝指出:官儒學之師生關係,雖無比諸尊卑屬之文;但毆師者,仍加凡鬥二等(鬥三二·二)。此等身份關係,乃以義相從,但亦同尊卑之例。名六·九疏曰:"禮之所尊,尊其義也。此條元非血屬,本止以義相從,背義乖仁,故曰不義。"在此,卑殺尊者,仍入十惡(不義=名六·九)[115]。戴氏説甚是。

有關僧道師主關係,《名例律》"稱道士女官"條(總57條)如下規定:"諸稱道士、女官者,僧、尼同。若於其師,與伯叔父母同。"【疏】議曰:

師,謂於觀寺之内,親承經教,合爲師主者。若有所犯,同伯叔父母之罪。依鬥訟律:"詈伯叔父母者,徒一年。"若詈師主,亦徒一年。餘條犯師主,悉同伯叔父母。

此條律文又規定:"其於弟子,與兄弟之子同。"【疏】議曰:

謂上文所解師主,於其弟子有犯,同俗人兄弟之子法。依鬥訟律:"毆殺兄弟之子,徒三年。"《賊盜律》云:"有所規求而故殺期以下卑幼者,絞"。兄弟之子是期親卑幼,若師主因嗔競毆殺弟子,徒三年;如有規求故殺者,合當絞坐。[116]

根據此條規定及【疏】議解説,道士、女官(亦稱女冠)、僧、尼於其師主的關係視同俗人侄子與伯叔父母,若毆其師,徒三年;傷其師,流二千里。(參看前引《鬥訟律》"毆兄姊等"條[總328條])而師主對其弟子的關係,情同俗人對其兄弟之

---

[114]《唐律疏議》卷二三《鬥訟律》"毆妻前夫子"條,420頁。
[115] 戴炎輝編著,戴東雄、黃源盛校訂《唐律通論》第一編第二章《唐律之特質》之(三)"名分",24頁。
[116]《唐律疏議》卷六《名例律》"稱道士女官"條,143—144頁。

子的關係,【疏】議引《鬥訟律》(即前引總 328 條),"毆殺兄弟之子,徒三年"。蓋伯叔父母、兄弟之子均屬於服制的期親。就徒三年之刑責而言,官學之生徒要毆到議貴身份者(三品以上),祇有國子祭酒一人而已,機率可説微乎其微,足見寺觀犯禁實較官學爲嚴。

所以唐律基本上雖是依身份定罪,但亦重視"情理""事理"的"理"[117],也就是行爲人的動機、手段、目的,而有首從之差别,情理法兼顧。近人戴炎輝的説法可供參考,戴氏指出人倫本於天,即法律亦同,故刑罰權亦源於天。以天子代天行命之尊,仍須藉父子之倫理以明之。是故唐律十惡之中,違背親屬倫理者占其半[118]。此説可舉孟子學説爲證,《孟子·滕文公上》曰:

> 三年之喪,齋疏之服,飦粥之食,自天子達於庶人,三代共之。

《孟子·滕文公下》又曰:

> 夫物之不齊,物之情也。或相倍蓰,或相什百,或相千萬。子比而同之,是亂天下也。[119]

孟子指出君民身份雖有尊卑貴賤(不齊),但面對親喪服制(三年之喪、粗布孝服、稀飯薄粥),君民之情理心皆同,且自三代以來即如此,正是"惟齊非齊"之意。孟子以爲天下事物本來就不一致,其相差數倍,乃至百千萬倍,是很自然的事。如果一定要把它同等看待,就是混亂天下。所以重大犯罪案件,迄今民間常用"傷天害理"來形容,可謂相當貼切。

從以上所述,可知唐律的規範仍在實踐"惟齊非齊",認同不齊而使之齊,其刑罰乃依據身份制倫理(非齊)問責,當可獲得合理公平(齊其非齊)。《四庫提要》對《唐律疏議》的説明,提到:"論者謂唐律一準乎禮,以爲出入得古今之平。"所謂"唐律一準乎禮",旨在説明唐律係實踐禮之通則;"出入得古今之平",指刑之輕重出入有其平,此處之"平",研究者從前通常以爲指水平,包括我自己,但如上所述,透過檢討《尚書》等文獻之法制規範,可知當指"齊",也就是齊平,而非水平。若指水平,很容易陷入《商書君》的"壹刑"論。齊是齊其不齊,其目標

---

[117] 參看高明士《唐律中的"理"——斷罪的第三法源》,《臺灣師大歷史學報》第 45 期,2011 年,1—40 頁。

[118] 參看戴炎輝編著,戴東雄、黄源盛校訂《唐律通論》,23 頁。

[119] 《孟子注疏》卷五上《滕文公上》,116 頁;同書卷五下《滕文公下》,129 頁。

在於做到恰如其分,或約當其分,不偏不倚,合乎中正,所以不齊也是齊。這種境界,纔是《尚書》所說的"有倫有要"。《論語·爲政》指出德禮政刑的治道原理,《禮記·樂記》也說:"禮以道其志,樂以和其聲,政以一其行,刑以防其奸。禮樂刑政,其極一也;所以同民心而出治道也。"[120]《論語》的"禮"是總稱,可以包含樂、義等,而"德"可說是最高的治道境界,也就是所謂"其極一也",從"齊之以禮"到"道之以德",齊其不齊,治道即可得齊平。

唐律無"齊平"一詞,但如《唐律疏議·職制律》"長吏輒立碑"條(總134條)規定:

> 內外百司長官以下,臨統所部者,未能導德齊禮,而輒立碑頌者,徒一年。[121]

所謂"導德齊禮",指的是"有恥且格"(《論語·爲政》)的境界,也可解爲齊平的社會。《尚書》的齊平理念,有如"樂記"所說的"和""同"的治道概念,"和平"指標當亦是循此途徑而來。《樂記》因而指出:"使親疏、貴賤、長幼、男女之理,皆形見於樂,故曰:樂觀其深矣。"[122]說明透過"樂"也可呈現人倫等差秩序之和、同境界,這個境界,實是齊平的另一種表現。

凡此議論,皆可說是先秦儒家依據身份制所規定的刑制法理,具有異曲同工之辯證法意義,實是過去論傳統刑制者較忽視的地方,而傳統法文化可貴處正在於此。中國自古以來以農立國,農業社會的特色,生活穩定。一二千年以來,雖有不斷更迭的王朝,但儒教文化依然成爲傳統文化的主流,其與儒教文化息息相關的法文化當中,因爲尊卑、貴賤的身份一直存在於傳統社會,所以如同唐律所見,"同罪異罰"現象也就一直存在。依據尊卑、貴賤的法理所見的身份制,力求齊平的境界,至唐律已達於法制化,且影響後世深遠。中華法系能夠成立,而且在東亞地區行用達千餘年之久,其因在此。

試將以上所述,製成表1如下。

---

[120] 《唐律疏議》卷一一《職制律》,217頁。
[121] 《禮記正義》卷三八《樂記》,1106頁。
[122] 同上。

表1　唐律"惟齊非齊"法理一覽表

禮的秩序	人倫社會:齊之以不齊			齊平: 秉持平恕之心,用刑恰當其分。
	經(常):有倫	權(變):有要	倫理精要	
	君(長)	制法(立法)		
	官(長)	執法(刑罰)		
	民　家:尊長	教令	孝親尊師	
	學:師長	教令		
	寺:師主	教令		
	觀:師主	教令		

結　論

從以上所述,可知唐律所見的身份制倫理,指貴賤、尊卑、長幼、夫婦四類,簡稱尊卑、貴賤,可說是法文化中最基本的人倫身份秩序。唐律依尊卑、貴賤的身份定其刑責,理論上,同罪同罰出現在同一身份的犯罪,同罪異罰則出現在不同身份的犯罪。但即使同一身份,在量刑定罪時,從情、理考量行爲人之動機、手段、目的等要素,區分首從,刑罰也就有輕重,導致同罪異罰,所以同罪異罰成爲普遍現象。據此而言,唐律的規範,即在實踐惟齊非齊而使之平。無論如何,同罪異罰是唐律的特色,也可說是固有法的特質。其刑罰的目標,在於達到身份秩序的齊平。這樣的法理,是基於自然法則(經天地)以及人倫秩序(理人倫),而人倫秩序又源於自然法則。其淵源則來自先秦儒家聖賢的教化以及歷史法文化的傳承。所以《唐律疏議》所建構的法理,實是傳統法文化的集大成。

近代以來,在西方法學影響下,"同罪異罰"現象備受批評。雖是如此,若由董仲舒的"春秋折獄"計起[123],中經西晋"準五服以制罪"(《晋書·刑法志》),

---

[123] 參看黃源盛《漢唐法制與儒家傳統》上篇《經義折獄與儒家法學》所收第一至第四章;簡體本,黃源盛《漢唐法制與儒家傳統(增訂本)》亦同。

至唐律的法制化，以迄晚清，"同罪異罰"現象，可謂存在二千多年，甚至更久[124]。惡評者常就個案而論，但論其實際，傳統中國自縣級以上至中央，斷案文獻龐大到無法估算，其無爭議者，應占絕大部分，但這些文獻都失傳了。史上流傳下來的個案文獻，因爲具有特殊性，所以被保存下來。其中確實存在恣意擅斷的案件，但不能以偏蓋全。就此意義而言，按常理而論，官府應該大多能依法判案，至少目標是如此。

爲何如此推斷？此即自古以來，儒教重視實踐，執法者在正常的情況下，能夠依據行爲人之身份與動機，秉持仁恕之心，正如佛菩薩之慈悲心，善用法律加減輕重法理，如唐律的規範，審理刑案，以求恰當其分，達乎齊平，有良知的儒吏，應該瞭解儒教的真諦。這樣的認知，是從漢以來透過官私教育事業的推展，使朝野士人獲得之共識。蓋官私教育事業所教導的，不外爲天理、人情、義理，爲官者仁恕之心即由此而出；在地方社會，可形成一股鄉論以及鄉禮、鄉法的自治秩序，即所謂道德力量，對官府之擅斷亦可產生某種壓力。以唐朝爲例，官學規定《孝經》《論語》以及儒家經書必讀，私學、家學即仿此而教。這樣的士人教養，普遍出現在當時的東亞世界[125]。《尚書》自是當時士人必讀教材之一，《尚書》所重視的法天及明刑弼教的法理思想，成爲當時君臣的基本認知[126]。易言之，《尚書》等儒家經書所規範的基本法理，如刑罰輕重，事涉經權常變，永恒與變通，絕對與相對關係，除天地之分、男女之別有其永恒、絕對性存在外，其餘君臣、父子、師生等上下人倫身份關係却是相對性，即其内涵可隨時間、環境之不同而修正與改變，在量刑定罪時，參酌情與理，如唐律規範所見，以求"惟齊非齊"。這就是一二千年來，傳統法文化不隨政權興替而能夠持續穩定存在的道理。今傳法例，

---

[124] 馮爾康從清律檢討同罪異罰規定，以爲除血親外，還適用於非血親關係，如官民、夫妻、師徒、主奴等，歸納爲八種類型，同時説明等級制度和名分觀念適用於所有的人際關係。馮氏所論，重點與拙稿不盡相同，但對於同罪異罰實乃固有法重要特質之一，提供具體的注脚，可供參考。參看馮爾康《略述清律的諸種同罪異罰及制訂原則》，《文史哲》2007年第3期，112—126頁。

[125] 參看高明士《東亞古代士人的共通教養》，《臺大歷史學報》第30期，2002年，17—32頁。亦收入高明士《東亞古代的政治與教育》，臺灣大學出版中心，2004年，285—302頁；增訂簡體版書名改爲《天下秩序與文化圈的探索》，上海古籍出版社，2008年，251—265頁。

[126] 參看高明士《〈尚書〉的刑制規範及其影響——中華法系基礎法理的祖型》，134—160頁。

其判文頗多可窺知禮教與法律的有機結合,遵守禮主刑輔、失禮入刑原則,較少直接引用法律條文,當是由這種背景而來[127]。反過來説,對於惡人或罪人通常並非以違法深重來指責,而是用傷天害理,或没天理,或失德等道德要目來約束。因此,對法律所規範的同罪異罰,如唐律所見,重視身份制下的尊卑、貴賤秩序,表面上看不公平,但它是傳統社會長期的産物,有一定存在的道理,不能一概抹殺。

The Legal Theory of Punishing the Same Crime Differently in the Tang Law and the System of Status

Kao Ming-shih

The status-based ethics seen in the Tang Law refers to the four categories of superiority and inferiority(尊卑), nobleness and lowliness(貴賤), senior and junior (長幼), and husband and wife(夫婦). The four categories can be roughly reduced to the first two categories, which are the most basic ethical status order in its legal culture. The Tang Law assigned different punishments and liability according to the offender's status. At the same time, it took into account the constancy(常) and change(變) of the situation, or the principle of regularity(經) and expedience(權), and flexibly responded to the conditions of the real environment instead of rigidly sticking to the regulations. Therefore, it was common to have different punishments for the same crime and it can be considered a characteristic of the inherent law. The goal of punishment was to achieve equality of status order. Such jurisprudence was

---

[127] 參看陳登武《白居易"百道判"試析——兼論經義折獄的影響》,收入歷史語言研究所會議論文集之八《傳統中國法律的理念與實踐》,"中研院"歷史語言研究所,2008年,343—411頁;郭成偉《〈龍筋鳳髓判〉初步研究》,收入張鷟著,田濤、郭成偉校注《龍筋鳳髓判》"附録",中國政法大學出版社,1996年,188—202頁;陳智超《宋史研究的珍貴史料——明刻本〈名公書判清明集〉介紹》,收入中國社會科學院歷史研究所宋遼金元史研究室點校《名公書判清明集》附録七,中華書局,1987年,645—686頁,陳氏特舉卷六《户婚門·贖屋類》"已賣而不離業"篇爲例,説明此集所載書判,"在實際運用法律作出判決時,往往不是簡單照搬條文,而且要考慮其他因素,實際判決一般從輕。"所謂"其他因素",就是判詞中所説的"參酌人情",667頁。

based on natural law and ethical order, which in turn was derived from natural law. Its origins were the teachings of pre-Qin Confucian sages and the inheritance of the historical legal culture. Therefore, the jurisprudence constructed in the *Tang Code and Commentaries* 唐律疏議 is indeed the crystal of traditional legal culture.

從"家庭户"到"納税户":论南北朝至唐前期"户"的內涵變動*

高 濱

一、引言:"家"與"户"的分野

中古時期的家庭形態問題是中古社會史研究的重要議題之一,長期以來得到學界高度關注,成果頗豐[1]。然而既有研究議題仍存在一些缺憾。具體表現是:多關注私法領域的"同居"概念、分家制度等議題,較爲忽視家庭形態變動在公法領域的意義。日本學者滋賀秀三曾敏鋭地指出,中國古代"法的原則是儘可能想把作爲社會性的現實的私家的家,還要作爲一户來把握",家在公法意義上就是國家權力掌握人民的單位——户。這也正是唐《户令》"諸户主皆以家長爲之"呈現出的國家立法意圖[2]。

不過,正如滋賀氏所注意到的,唐前期的"家""户"是兩個不完全相同的範

---

* 本文爲國家社科基金青年項目"官階優免與唐代賦役體系運行研究"(批准號:21CZS020)階段性成果之一。

[1] 代表性的成果有牧野巽《"支那"家族研究》,生活社,1944年;仁井田陞《中國法制史論集 奴隸農奴法・家族村落法》,東京大學出版會,1991年;守屋美都雄《中國古代的家族與國家》,上海古籍出版社,2010年;邢鐵《唐宋分家制度》,商務印書館,2010年;張國剛《唐代家庭與社會》,中華書局,2014年;羅彤華《同居共財——唐代家庭研究》,政大出版社,2015年;其餘專文甚多,不一一列出。

[2] 《通典》卷七《丁中》,中華書局,1988年,155頁。滋賀秀三《中國家族法原理》,商務印書館,2013年,57—58頁。相關户令文字復原可參看仁井田陞著,栗勁等譯《唐令拾遺》,長春出版社,1989年,131—132頁;宋家鈺《唐朝户籍法與均田制研究》,中州古籍出版社,1988年,41—42頁。

疇,"同居""共籍"也並不完全等同[3]。具有同居關係的人可以不必共籍,即"同居家口,不限籍之同異"[4]。唐前期的同居指"同財共居",没有喪服關係的人也可以構成同居關係。"同居共財"的人在法律上可稱爲"同居家口"或"同居親屬"。《唐律》規定,一些罪行的處罰會以是否"同居"爲標準,與户籍同異没有關係[5]。與此同時,唐代法律對家人的範圍也有較爲明確的規定。《盗賊律》稱"同籍及期親爲一家",疏議解釋説"同籍不限親疏,期親雖別籍亦是"。據此可知,同籍者屬於家人,但可以没有服制關係。具有期親關係的人屬於家人,但可以不共籍。分析上述律條可知,唐前期的"家人"應至少包括三種身份人群:(一)同籍者;(二)期親;(三)同居家口。同居者不一定同籍,但屬於家内成員。

或許是基於上述理由,滋賀秀三提出了一個重要論斷:中國社會的一個特色是家的公法關係和私法關係是截然分開的[6]。如果僅着眼於法條的規定,這個論斷並無疑問。但若着眼於國家户籍賦役管理與運作實態,則亦不難看到"家""户"形態上的關聯性,以及家的公法關係與私法間的互動關係。如前所述,《唐律》承認同居者有親屬關係,同籍者屬於家人,"同居""同籍"顯然有關。唐前期涉及户口、賦役管理的法條也常將"同居""同籍"等而視之,如《户婚律》規定脱户、漏口皆罪其家長,《賦役令》規定課役蠲免群體中有"孝子、順孫、義夫、節婦,志行聞於鄉閭者",法令稱"同籍悉免課役"[7]。此條文中的"同籍"

---

[3] 滋賀秀三《中國家族法原理》,58、96頁。
[4] 劉俊文《唐律疏議箋解》卷一七《賊盗律》"殺一家三人支解人"條,卷一八《賊盗律》"造畜蠱毒"條,中華書局,1996年,1285、1300頁。
[5] 劉俊文《唐律疏議箋解》卷六《名例律》"同居相爲隱"條,卷一六《擅興律》"征人冒名相代"條,卷一七《賊盗律》"緣坐非同居"條,466、1176、1246頁。羅彤華對唐代同居家庭的類型有詳細討論,參看同作者《唐代的"同居"家庭——兼論其與户籍的關聯》,《同居共財——唐代家庭研究》,141—190頁。
[6] 滋賀秀三《中國家族法原理》,58頁。
[7] 劉俊文《唐律疏議箋解》卷一二《户婚律》"脱漏户口增減年狀"條,914頁。李錦繡《唐賦役令復原研究》,天一閣博物館、中國社會科學院歷史研究所天聖令整理課題組《天一閣藏明鈔本天聖令校證》,中華書局,2006年,475頁。

顯然包括累世同居,甚至異姓同居的大家庭[8]。此外,《唐律》規定祖父母、父母在,子孫不得別籍、異財。"別籍、異財"指"籍別財同,或户同財異"的情形[9],那麽正常情況下同居也會同籍。

鑒於此,本文將主要關注滋賀氏較爲忽略的議題——家的公法關係和私法關係的歷史互動。具體言之,南北朝至唐前期國家如何確定"户"的規模與形態以實現有效的户籍賦役管理? 它與百姓維持生計的生活共同體,即"家"之間關係爲何? 當時百姓又如何對國家的户籍賦役管理方式加以反饋? 這種反饋是否影響到了百姓的家庭形態,乃至影響到了"户"的形態與内涵? 國家户籍賦役管理方式是否也會隨之變化?

討論南北朝至唐前期"家"與"户"的歷史互動,需要考察"同居共財"與"共籍"的關係。這是因爲:中國古代的家是共同保持家系或家計的人們的觀念性或現實性的集團,將這種關係用法律概念表述便是"同居共財",而國家掌握編户數額則依賴於籍帳制度[10]。本文以下將在梳理南北朝至唐前期"同居""共籍"關係的基礎上,揭示其間存在的"户"的内涵變動。

二、南北朝至唐初的同居與共籍

南北朝時期,南北家族形態存在較爲明顯的差異。北方士庶多累世同居,而南朝士庶常常與父母、兄弟分財。《宋書·周朗傳》載周朗啓送孝武帝劉駿書,稱"今士大夫以下,父母在而兄弟異計,十家而七矣。庶人父子殊產,亦八家而五矣"[11]。《魏書·裴植傳》稱"植雖自州送禄奉母及贍諸弟,而各別資財,同居異爨,一門

---

[8] 《舊唐書》卷一八八《孝義·宋興貴傳》《孝義·梁文貞傳》,中華書局,1973 年,4919、4920、4934 頁。羅彤華也注意到唐代律令有意將政府掌握的户與社會單位的家牽合起來,參看同作者《"諸户主皆以家長爲之"——唐代户主之身份研究》,《同居共財——唐代家庭研究》,27 頁。

[9] 劉俊文《唐律疏議箋解》卷一二《户婚律》"子孫別籍異財"條,936 頁。

[10] 滋賀秀三《中國家族法原理》,60—61 頁。池田温《中國古代籍帳研究》"序",中華書局,2007 年,1 頁。

[11] 《宋書》卷八二《周朗傳》,中華書局,1974 年,2097 頁,《魏書》卷九五《島夷·劉駿傳》略同,中華書局,1974 年,2142 頁。

數灶,蓋亦染江南之俗也"[12]。魏收認爲裴植"同居異爨"正是沾染南朝的分家之俗。上述論斷大體上是準確的,史籍所見北方士庶確實多有累世同居之例,如盧淵、盧昶、李幾、楊愔、辛威、王閭、劉業興、蓋儁等人皆累世同居共財[13]。

不惟如此,北朝地方官在推行教化時也要求子女成家之後仍與父母同居。《周書·薛慎傳》載北周湖州"蠻俗,婚娶之後,父母雖在,即與別居",薛慎於是"親自誘導,示以孝慈",使得數户蠻人歸奉父母。本傳贊揚薛慎教化之功,稱"於是風化大行,有同華俗",也從側面説明當時北方民間社會風氣也是婚娶之後仍與父母居住在一起,共爲一家[14]。北朝時期子女與父母同居,一般是共財的,如《魏書·元丕傳》稱:"丕前妻子隆同産數人,皆與別居。後得宫人,所生同宅共産。父子情因此偏。"[15]元丕再娶,他與前妻所生孩子別居,理應分財,但仍與後妻所生子女同宅共財。

南朝累世同居共財的案例要少許多,主要見於《孝義傳》所載被旌表之家。南朝被旌表之家大體有篤行、孝行、義行三類,或免其身租調,或蠲免三世租布,如元嘉七年(430)南豫州西陽縣人董陽因"三世同居,外無異門,内無異煙",被詔榜門曰"篤行董氏之閭",得以蠲免"一門租布"[16]。"内無異煙"即共衣食,同財之意[17]。"一門"應包括了其同居所有家口[18]。董陽的例子在南朝比較

---

[12]《魏書》卷七一《裴植傳》,1571—1572頁。

[13]《魏書》卷四七《盧昶傳》,1062頁。《北史》卷四一《楊愔傳》、卷七三《節義傳》,1500、2848—2849頁。《周書》卷二七《辛威傳》,中華書局,1974年,448頁。

[14]《周書》卷三五《薛慎傳》,625—626頁,亦可參《魏書》卷七《高祖紀下》太和十八年十月庚午詔,175頁;《周書》卷四五《儒林·樂遜傳》,818頁。北周湖州由南襄州改名而來,即隋代湖陽縣,屬今南陽地區。南陽地區自魏晉以來即被視爲"中州",《晉書·周處傳附周玘傳》稱"吴人謂中州人曰傖"(1574頁)。"傖荒"是南人對北人的通稱,因此北周的湖州在廣義上可以視爲北方地區。參看《周書》卷二《文帝紀下》,34頁;《隋書》卷三一《地理志下》,892頁;胡寶國《兩晉時期的"南人""北人"》《晚渡北人與東晉中期的歷史變化》,《將無同——中古史研究論文集》,中華書局,2020年,119—125、142—143頁。

[15]《魏書》卷一四《神元平文諸帝子孫列傳》,361頁。

[16]《南史》卷七三《孝義·董陽傳》,中華書局,1975年,1799頁。

[17]《南齊書》卷五五《孝義·封延伯傳》,中華書局,1972年,961頁。韓樹峰《漢魏法律與社會》,社會科學文獻出版社,2011年,201、203頁。

[18] 武周證聖元年四月九日敕"其得旌表者,孝門復終孝子之身,義門復終旌表時同籍人身"。據此,唐代也有孝門、義門的區分,義門亦免除其同籍課役。參看劉俊文《敦煌吐魯番唐代法制文書考釋》,中華書局,1989年,277頁。

罕見，所以特別加以表彰。總之，南北朝時期民間習慣將同居等同於同財[19]。

學者曾指出，對南北朝一般百姓而言，同居與共籍之間並不存在必然聯繫[20]。這是有道理的。十六國至北魏前期，北方長期存在"或百室合戶，或千丁共籍""五十、三十家方爲一户"的情況，"家""户"人口規模不同，甚至存在小家合爲大户的情形[21]。南朝也有"同籍別居"的情形，蕭梁時郭祖深曾言及徵役之弊法："闔家又叛，則取同籍，同籍又叛，則取比伍，比伍又叛，則望村而取。"[22]這表明當時同籍可能包含兩個以上家庭。

不過，若着眼於當時國家户籍賦役管理模式，則無論户籍製作、賦役徵發與蠲免，都需以確定該户的家庭人口規模爲前提。對此，北魏孝文帝在推行三長制的詔書中說的很清楚：

> 自昔以來，諸州户口，籍貫不實，包藏隱漏，廢公罔私。富強者併兼有餘，貧弱者糊口不足。賦稅齊等，無輕重之殊；力役同科，無衆寡之別。雖建九品之格，而豐埆之土未融；雖立均輸之楷，而蠶績之鄉無異。致使淳化未樹，民情偷薄。[23]

宗主督護制下"家""户"人口規模差異巨大，户調制又使得每户稅額等同，這顯然是不合理的。因此，北魏政權在推行三長制時也"定民户籍"，使"苞蔭之户可出"[24]。可以說，北魏朝廷"定民户籍"的目的正是使户籍人口規模與家庭人口規模大致相當。北魏後期至隋代山東地區"俗薄"，百姓多機巧奸詐，隱漏户口，規避租稅。隋代大索貌閱時要求"大功已下，兼令析籍，各爲户頭，以防容隱"[25]。大功親包括堂兄弟。按照詔令要求，三世同居也不被允許。詔令將另立"户頭"的家庭規模特別限定在"大功以下"，恰恰證明當時國家力圖以一般家

---

[19] 韓樹峰《漢魏法律與社會》，196—206頁。
[20] 韓樹峰《漢魏法律與社會》，207頁。
[21] 《晉書》卷一二七《慕容德載記》，中華書局，1974年，3170頁。《魏書》卷五三《李冲傳》，1180頁。楊際平《北朝隋唐均田制新探》，岳麓書社，2003年，53—55頁，張雨《賦稅制度、租佃關係與中國中古經濟研究》，上海古籍出版社，2015年，67—73頁。
[22] 《南史》卷七〇《循吏·郭祖深傳》，1722頁。
[23] 《魏書》卷一一〇《食貨志》，2856頁。
[24] 《魏書》卷七《高祖紀下》、卷四二《堯暄傳》、卷五三《李冲傳》、卷八三《外戚·閭毗傳》，161、954、1180、1816頁。
[25] 《隋書》卷四六《趙煚傳》、卷二四《食貨志》，1251、676、681頁。

庭人口規模來限制户籍人口規模。《西魏大統十三年(547)計帳》現存有 7 户完整資訊,其中與兄弟、母親同籍者 1 户,與母親同籍者 1 户,其餘 5 户皆是核心家庭[26]。據此,當時每户的家庭規模上限不過是"三世同居"而已。因此,南北朝後期同籍包含多個家庭似乎不能視爲常態。前引郭祖深所述"同籍别居"可能也有特殊緣由。南朝本據"户"徵發徭役[27],但由於元嘉以後户籍巧僞嚴重,官府歷次檢籍均未成功,故不得已據"家"徵發徭役,客觀上造成了同籍包含兩個以上家庭的現象[28]。

户籍人口規模由家庭人口規模決定,也就使同居與共籍之間關係密切,甚至可以説南北朝時期的"户"具有顯著的同居家庭户特徵。對此,可以從如下三點加以觀察。

第一,南朝兄弟同居之家中,家長也是户主。《宋書・孫棘傳》:

> 世祖大明五年(461),發三五丁,弟薩應充行,坐違期不至,依制,軍法,人身付獄。未及結竟,棘詣郡辭:"不忍令當一門之苦,乞以身代薩。"薩又辭列:"門户不建,罪應至此,狂愚犯法,實是薩身,自應依法受戮。兄弟少孤,薩三歲失父,一生恃賴,唯在長兄,兄雖可垂愍,有何心處世。"太守張岱疑其不實,以棘、薩各置一處……棘妻許又寄語屬棘:"君當門户,豈可委罪小郎。且大家臨亡,以小郎屬君,竟未妻娶,家道不立,君已有二兒,死復何恨。"[29]

《南史・孫棘傳》引孫棘辭爲"棘爲家長,令弟不行,罪應百死,乞以身代薩"[30]。"家長"一詞不知是李延壽以唐人觀念改易舊文,還是别有所據,但孫薩無疑與孫棘一家同居。玩味孫棘妻子之語,孫薩因没有娶妻而"門户不建",祇能寄居其家。孫薩也以此爲由認爲其本應自爲一門,不應罪其兄長,而孫棘則將孫薩視爲其門户内的一員。顯然在李延壽看來,孫棘的説法更有道理。雖然

---

[26] 池田温《中國古代籍帳研究》録文二,13—22 頁。
[27] 《宋書》卷二《武帝紀》稱"凡租税調役,悉宜以見户爲正",29 頁。
[28] 關於南朝時期户籍巧僞的具體情形及官府歷次檢籍之舉措,可參看池田温《中國古代籍帳研究》(概觀),44—49 頁;唐長孺《士人蔭族特權和士族隊伍的擴大》,《魏晉南北朝史論拾遺》,中華書局,2011 年,64—78 頁。
[29] 《宋書》卷九一《孝義・孫棘傳》,2256 頁。
[30] 《南史》卷七三《孝義・孫棘傳》,1811 頁。

材料中没有談到户主的問題,但劉宋"三五發丁"是據户徵役,兄弟同居之時一般亦是兄長爲户主[31],孫棘爲户主應無疑問。北朝雖没有這樣明確的例子,但兄弟同居的情形更爲普遍,家内之主理應亦是户主。孫棘、孫薩兄弟自然是居住在一起,而兩人共籍必定是以共財爲前提[32]。

第二,南北朝時人在徙民、賦役徵調與蠲免等層面並不刻意區分"家""户"兩者。劉裕北伐時曾修楚元王廟,並下令"蠲復近墓五家,長給灑掃",元嘉十九年宋文帝也蠲免孔子墓旁五户百姓課役,"供給灑掃"[33]。北朝亦然。《魏書·張濟傳》載楊佺期與張濟的問答。楊佺期問:"魏定中山,徙幾户於北?"張濟回答:"七萬餘家。"北魏後期元誕任齊州刺史,被責貪墨。他辯解道:"齊州七萬户,吾至來,一家未得三十錢,何得言貪?"[34]時人不區分"家""户",也意味着賦税徵發實際需要以"家"爲單位來落實。《魏書·元孝友傳》載北魏三長制的令制:"百家爲黨族,二十家爲閭,五家爲比鄰。"[35]北齊《河清令》的條文與之類似:"人居十家爲比鄰,五十家爲閭里,百家爲族黨。"[36]魏齊時期的三長兼有督課百姓繳納賦税的責任,張普惠説當時州郡收租調如有濫惡,則"鞭户主,連三長",《關東風俗傳》更稱北齊時三長需要"賣其口田",以補足百姓所欠租税[37]。三長本以"家"爲單位而設,但實際却負責"户租",似也表明當時的户仍以家庭户爲主。

第三,對部曲、奴婢而言,與主人同居是其附籍於主人户下的重要前提。北周建德六年(577)周武帝下詔"自永熙三年(534)七月已來,去年十月已前,東土之民,被抄略在化内爲奴婢者;及平江陵之後,良人没爲奴婢者:並宜放免。所在

---

[31]《南史》卷七三《孝義·蔣恭傳》,1807頁。
[32]《北史》卷八〇《外戚·常英傳》,2676頁。羅彤華此前已對此現象有所揭示,參看羅彤華《同居共財——唐代家庭研究》,25頁。
[33]《文選》卷三六《修楚元王廟教》,上海古籍出版社,2019年,1673頁;《宋書》卷五《文帝紀》,90頁。
[34]《魏書》卷三三《張濟傳》,卷一九《景穆十二王列傳》,787、448頁。
[35]《魏書》卷一八《太武五王王列傳》,422頁。元孝友上奏在東魏孝静帝時,但所述應爲北魏舊制。可參看渡辺信一郎《中国古代の財政と国家》,汲古書院,2010年,337頁。
[36]《隋書》卷二四《食貨志》,677頁。
[37]《魏書》卷七八《張普惠傳》,1736頁;《通典》卷二《田制下》,28頁。可參看侯旭東《北朝村民的生活世界》,商務印書館,2005年,128頁。

附籍,一同民伍。若舊主人猶須共居,聽留爲部曲及客女"〔38〕。南北朝都存在部曲、奴婢與主人同居,從事生産活動的情形,同時他們也附籍於主人户下〔39〕。從此詔可以看出,同居是其附籍主人户下的前提條件。

隋及唐初延續北朝社會風氣,不乏累世同居之例〔40〕。除史籍所載外,P.3818《文明判集殘卷》中記載"趙州人趙壽,兄弟五十餘人,同居已經三紀"。此判集雖編成於文明年間,但主要反映的是唐初情形〔41〕。此外,吐魯番文書也提供了一些同居案例。在約寫於貞觀末至高宗前期的家信中,李賀子特意囑問"合家大小千萬,並通兩兄弟"〔42〕,還特别提到了"阿郎、阿婆、阿兄、李師及容仁、容子"等人。從家信內容看,李賀子、舉仁兩兄弟都在洛州,但西州家中尚有伯父母及兄長。容仁、容子很可能是其兄長的兒子,由祖父母撫養長大〔43〕。這説明貞觀時期西州存在三世同居的情形〔44〕。貞觀二十年(646)趙義深從洛州給西州家中寫信,除問候母親、兄長外,還特別問候"家中大小,內外親眷悉平安否?"其中就包括阿舅、阿姨以及妹夫張隆訓,在另一封家信中,趙義深"問訊阿嫂男女奴婢盡平己安不?"又聽聞"阿嫂共阿婆一處活在",因而喜不自勝。趙義

---

〔38〕《周書》卷六《武帝紀下》,104頁。詔書中的"同居"應理解爲居住在一起,而非"共財"或"同籍",參看韓樹峰《漢魏法律與社會》,207頁;羅彤華《同居共財——唐代家庭研究》,154—155頁。

〔39〕 劉宋時沈慶之説"治國譬如治家,耕當問奴,織當訪婢",參看《宋書》卷七七《沈慶之傳》,1999頁,亦可參唐長孺《三至六世紀江南大土地所有制的發展》,中華書局,2011年,76—85頁,唐長孺《魏晉南北朝時期的客和部曲》,《魏晉南北朝史論拾遺》,11—21頁。池田温《中國古代籍帳研究》"概觀",44頁。《前秦建元二十年(384)三月高昌郡高寧縣都鄉安邑里籍》,文書號:2006TSYIM4:5-1,5-2,榮新江、李肖、孟憲實主編《新獲吐魯番出土文獻》,中華書局,2008年,176—179頁。

〔40〕《隋書》卷七二《孝義·郭儁傳》《孝義·郎方貴傳》,1667—1668頁。《舊唐書》卷七七《劉審禮傳》,卷九〇《朱敬則傳》,2678、2912頁。

〔41〕 劉俊文《敦煌吐魯番唐代法制文書考釋》,445、451頁。

〔42〕《唐李賀子上阿郎阿婆書一》,文書號:64TAM5:78(a),唐長孺主編《吐魯番出土文書》第三册,文物出版社,1996年,202頁。"闔家大小千萬"是唐代書信中的套話,參看《唐某人與某都師索要書牘》,文書號:73TAM518:2/4-2,唐長孺主編《吐魯番出土文書》第三册,469頁。

〔43〕 家信中有"容子隨從阿兄""阿郎、阿婆養二人,時得長命"之語,唐長孺主編《吐魯番出土文書》第三册,204—205頁。

〔44〕 亦可參看《唐西州高沙彌等户家口籍》中辛延熹户的情形,其户內有孫男四人,又有"入京仁妻鞠年卅九",可推測延熹子辛仁入京,孫男養於祖父之家,見唐長孺主編《吐魯番出土文書》第二册,文物出版社,1994年,10頁。

深家與外服、奴婢等人亦屬同居[45]。

與南北朝時期類似,唐初同居與共籍亦直接相關。在大約總章、咸亨(668—674)年間的《唐趙須章等貌定簿》中,□□塠戶爲第三戶,即三等戶,其戶內有隆隆、隆塠兩位兄長,還有"一侄來年丁",可知是兄弟同居之家[46]。兄弟同居共籍呈現在戶籍上就是存在大量的兼丁之戶。例如,在永徽年間的《唐□意等戶籍》中,戶主與弟弟共籍,戶內有兩個丁妻。約在乾封年間的《唐趙惡奴等戶內丁口課役文書》中楊□□、龍勝海兩戶戶內均有三丁,陰安奴戶內有四丁。《唐總章元年(668)里正牒爲申報□相戶內欠田及丁男數事》中也能看到"戶□見有三丁"的情形[47]。

三、從吐魯番文書看唐前期的兵役徵發與分居別籍

唐前期兄弟同居共籍,家有兼丁之戶普遍存在[48],與當時頻繁的兵役徵發有一定關聯。以往學者對此已有討論,本文再做進一步分析[49]。唐前期的兵役徵發採取"財均者取強,力均者取富,財力又均先取多丁"[50]的辦法,雖然首重資財,次及丁口,但實際上富室之家亦多強丁[51]。到了高宗後期,隨着邊境

---

[45] 《唐貞觀二十年(646)趙義深自洛州致西州阿婆家書》,文書號:64TAM24:27(b),《唐趙義深與阿婆家書》,文書號:64TAM24:30,唐長孺主編《吐魯番出土文書》第二册,172—174頁。關於文中所引李賀子、趙義深書信的詳細研究,可參看裴成國《唐朝初年西州人與洛州親屬間的幾通家書》,《唐研究》第22卷,北京大學出版社,2016年,322—338頁。

[46] 《唐趙須章等貌定簿》,文書號:60TAM330:14/1-3(a),唐長孺主編《吐魯番出土文書》第三册,231頁。

[47] 文書號分別爲:69TKM39:9/7(b);64TAM5:71(b);64TAM5:97(b),102(b),67(b),唐長孺主編《吐魯番出土文書》第三册,57、170—171、175頁。

[48] 凍國棟早已指出唐初西州家庭多爲戶主和戶主之父母、兄弟、子女所組成的複合家庭或核心家庭,每戶擁有二至三名男丁並不罕見,參看同作者《唐代人口問題研究》,武漢大學出版社,1993年,380—381、389頁。

[49] 唐長孺《吐魯番出土文書中所見的西州府兵》,《山居存稿三編》,中華書局,2011年,237—260頁。下引史料唐文均已徵引,但唐文意在論證唐初至開元時期揀點衛士原則的變化,本文則意在從逃戶普遍化考察分居、別籍情形,着眼點有所不同。

[50] 劉俊文《唐律疏議箋解》,1173頁。

[51] 《舊唐書》卷七〇《戴胄傳》,2534頁。谷霽光《府兵制度考釋》,中華書局,2011年,171—179頁。唐長孺《唐書兵志箋正》,中華書局,2011年,17頁。

形勢的變化,兵役日趨沉重,即使兼丁大户也無法承受沉重的兵役。永隆二年(681)衛士索天柱特意向西州都督府呈辭文,請求不要徵發其兄索智德充征行之役。因爲先前高昌縣已經點充征人完畢,索天柱祇能請西州都督府取消此事。唐制規定府兵揀點"若父兄子弟,不並遣之"[52],高昌縣的做法明顯違制。西州都督府給出的意見是"差兵先取軍人""其人等白丁兄弟,請不差行",支持了索天柱的意見[53]。但此舉並没有改變多丁之户承受重役的現實,勳官之户有時也不得不以子代役[54]。在《唐神龍三年(707)高昌縣崇化鄉點籍樣》中,勳官安善才户内有八口,丁男三人,其中一人安難及就是衛士。衛士竹畔德户有九口,丁男祇有他和弟弟竹僧奴二人,結果都成了衛士。這表明武周以降"家有兼丁"户内多數丁男被徵點爲衛士的情形較爲普遍。由於存在衛士逃亡現象,兼丁衛士的番期也延長了[55]。由此帶來的問題是:以往那些累世同居的兼丁大户開始出現整户逃亡的情形。較爲典型的案例是《神龍三年點籍樣》中的何莫潘户和康阿子户,兹將其户情况臚列如下:

33　户主何莫潘年八十　　職資

34　口大小總十一　老男一　老男妻一　丁男二　丁妻二　小女二
　　　黄女三

35　丁男秃子年卅六　　衛士

36　丁男安實年卅五　　丁品子

38　户主康阿子　　廢疾

39　口大小總九　老男一　老男妻一　丁男二　老寡一　丁女三
　　　小女三

40　丁男射毗年卅七　　衛士

---

[52]《唐六典》卷五《尚書兵部》,156頁。

[53]《唐永隆二年衛士索天柱辭爲兄被高昌縣點充差行事》,文書號:73TAM191:104(a)(b),唐長孺主編《吐魯番出土文書》第三册,285頁。

[54]《武周久視二年沙州敦煌縣懸泉鄉上柱國康萬善牒爲以男代赴役事》,文書號:72TAM225:22(a),唐長孺主編《吐魯番出土文書》第三册,410頁。

[55]《武周兵曹牒爲申報前庭等府逃兵名事》,文書號:72TAM209:85/16(a),《武周牒爲請處分前庭府諸折留衛士事》,文書號:72TAM209:85/6(a)、85/5(a),唐長孺主編《吐魯番出土文書》第三册,329、323頁。

41　丁侄男婆解盆年五十　　衛士[56]

照下文所説,康阿子户逃亡已滿十年,按規定其户已受田廿三畝卌步均應還公。康阿子户是典型的兄弟共籍之户。其户内之老寡應是侄男婆解盆的母親。兩户逃亡既滿十年,則其逃亡之時應在神功元年(697)前後。這恰與時人的觀察一致。聖曆元年(698)狄仁傑上書稱"近緣軍機,調發傷重,家道悉破,或至逃亡"[57],開元十二年(724)五月詔書中説"至如百姓逃散,良有所由。當天册、神功之時,北狄西戎作梗,大軍之後,必有凶年。水旱相仍,逋亡滋甚"[58]。在《開元二年帳後西州柳中縣康安住等户籍》中也出現了康安住與弟弟康安定、康安義"一户没落"的情況。而另一户户主雖不詳,但其弟爲衛士,其兄白丁建通永昌元年(689)逃走[59]。

這種"兼丁大户"整户逃亡的情形帶來了以下幾方面的問題:(1)從開元初年開始衛士揀點開始向八九等户傾斜。(2)出現了很多分房別財的案例,表現爲"同籍別財"和"別籍異財"兩種情形,兩者都構成了"家""户"分離。(3)出現了大量寡妻、小男承户的現象,由此引發了官府檢括户口後使親屬"合户"的問題。關於第一點,唐長孺結合敦煌吐魯番文書已有詳論[60],後兩點學者亦有關注,但仍有待深入討論[61]。

前已述及,《唐律》規定祖父母、父母在,子孫不得別籍、異財,因此父母在世而子女私出,不贍養父母是違法行爲。儀鳳二年四月,西州寧昌鄉人卜老師向高昌縣呈辭,稱其子卜石德和妻子漢姜從咸亨二年(672)"遂即私出",而他本人"雙眼俱盲",因此告劾兒子、兒媳不加贍養之事[62]。卜石德雖與父母別居分

---

[56] 文書號:64TAM35:49(a),50(a),唐長孺主編《吐魯番出土文書》第三册,535—536頁。
[57] 《唐會要》卷七七《諸使上》,上海古籍出版社,2006年,1673頁。
[58] 《唐大詔令集》卷一一一《置勸農使安撫户口詔》,中華書局,2008年,576頁。
[59] 文書號:72TAM184:12/6(a),唐長孺主編《吐魯番出土文書》第四册,127頁。
[60] 較爲典型的案例是《唐開元十九年西州柳中縣高寧鄉籍》中衛士户主□者德爲下下户,文書號:72TAM228:15,唐長孺主編《吐魯番出土文書》第四册,193頁,亦可參看唐長孺《吐魯番出土文書中所見的西州府兵》,《山居存稿三編》,245—254頁。
[61] 凍國棟《唐代人口問題研究》,408—410頁;凍國棟《隋唐時期的人口政策與家族法》,《中國中古經濟與社會史論稿》,湖北教育出版社,2005年,148—154頁。
[62] 《唐儀鳳二年西州高昌縣寧昌鄉卜老師辭爲訴男及男妻不養贍事》,文書號:67TAM363:7/1,唐長孺主編《吐魯番出土文書》第三册,569頁。

財,但理應與父母同籍,即所謂"同籍別居"。儘管無法瞭解案件的處理結果,但或可從中知曉當時分家情況較爲少見。然而武周以降"同籍別居"的現象開始普遍化了。吐魯番所出《唐景龍三年(709)十二月至景龍四年正月西州高昌縣處分田畝案卷》爲討論此議題提供了絕好材料,兹將相關部分錄文如下:

26　景□三年十二月　日寧昌鄉人嚴令子妻白辭
27　夫堂弟住君
28　縣司:阿白夫共上件堂弟同籍,各自別居,一
29　户總有四丁,三房別坐。籍下見授常田十
30　畝以上,除夫堂兄和德爲是衛士,取四畝分
31　外,餘殘各合均收。乃被前件夫堂弟見
32　阿白夫並小郎等二人逃走不在,獨取四畝,
33　唯與阿白二畝充二丁分。每年被徵阿白
34　兩丁分租庸,極理辛苦,請乞處分,謹辭。[63]

按照嚴令子妻子阿白的説法,嚴令子與堂兄嚴和德、堂弟嚴住君已分爲三房,雖然同籍,但因爲分財分家的緣故存在土地糾紛。阿白的丈夫、小叔子都已經逃走,但她却要負擔二人的租庸額。她認爲自己所得土地過少,理應和堂弟嚴住君均分。案件經過了長時間的處理,最後高昌縣得到坊正白君才所述情狀,得知"三家同籍別財,其地先來各□均分迄,不敢編並授田"。換言之,在嚴令子逃亡之前,三家已將土地均分。當時的分配方法是:十畝半的常田,六畝半屬於嚴和德及其父親,二畝歸嚴令子,二畝歸嚴住君。這與唐《户令》規定的"應分田宅及財物者,兄弟均分"的原則大體一致[64]。

嚴令子爲什麽要與兩位堂兄弟分房呢？第一,普通家庭"分居異財"雖然存在經濟、社會、倫理各方面的動機[65],但可以肯定"分居異財"有利於減輕兵役。

---

[63]　文書號:75TAM239:9/4(b),唐長孺主編《吐魯番出土文書》第三册,556頁。
[64]　劉俊文《唐律疏議箋解》卷一二《户婚律》,960頁。凍國棟認爲嚴住君爲新入丁者,本未授土地。筆者認爲新入丁者應指嚴令子的弟弟。凍國棟説參《唐代人口問題研究》,367頁。
[65]　凍國棟注意到中古時期預分家產的情況,並指出在現實中儒家禮教與家族經濟生活存在較大矛盾,大家族ые不斷走向分解,頗有洞見,參看同作者《讀姚崇〈遺令〉論唐代的"財產預分"與家族形態》,《中國中古經濟與社會史論稿》,203—216頁。

唐前期府兵征人大多揀點自富室多丁之家,容易發生"同居親屬冒名相代"的問題。這反過來說明"同居多丁"之家會帶來沉重的兵役。武周萬歲通天元年(696)敕文規定應入役者不得析户以求蠲免。李嶠在神龍二年(706)上疏中談到高户多丁之家"重賂貴近,補府若史,移没籍產,以州縣甲等更爲下户"[66],藉以避役。分房異財自然可以藉機隱没財產,降低户等,減少賦役徵發[67]。

第二,析財分居是躲避某些法律懲罰的有效方式。《神龍散頒刑部格》中有如下内容:"若家人共犯罪,其家長資財並没;家長不知,坐其所由者一房資財。"[68]這個規定涉及民間私鑄錢的懲罰措施。唐前期民間私鑄銅錢的現象比較普遍,對其加以嚴懲也不始於此。永淳元年(682)五月敕中就稱私自鑄錢"若家人共犯,坐其家長;老疾不坐者,則罪歸其以次家長"[69]。永淳敕文和《神龍刑部格》的規定有所區别。敕文中提到歸罪"以次家長",就是完全申明《唐律》的立法精神。唐《名例律》規定"家人共犯,止坐尊長",注文補充説"於法不坐者,歸罪於其次尊長"。疏議進一步解釋:

> "於法不坐者",謂八十以上,十歲以下及篤疾。歸罪於其次者,假有尊長與卑幼共犯,尊長老、疾,依律不坐者,即以共犯次長者當罪,是名"歸罪於其次尊長"。[70]

但是,《神龍刑部格》却以家長是否知情爲據以定其罪,如家長不知,即坐其所由之房,没其資財。這一方面説明當時家内分房的現象比較普遍,另一方面也減輕了家長的法律責任。格是副次法典,其法律適用效力優先於律[71]。因此,《神

---

[66] 《唐會要》卷八五《定户等第》,1485頁;《新唐書》卷一二三《李嶠傳》,中華書局,1975年,4370頁。

[67] 《武周智通擬判爲康隨風詐病避軍役等事》,文書號:73TAM193:38(a),唐長孺主編《吐魯番出土文書》第四册,236頁。凍國棟《唐代人口問題研究》,365—366頁。

[68] 劉俊文《敦煌吐魯番唐代法制文書考釋》,249頁。

[69] 《通典》卷九《錢幣下》,200頁。

[70] 劉俊文《唐律疏議箋解》卷五《名例律》,416頁。關於本條律文中"尊長"與"家長"的關係,學者有不同理解。本文從劉俊文之説,認爲本條律文"尊長"實指家長。相關討論可參看羅彤華《家長與尊長——唐代家庭權威的構成》,《同居共財——唐代家庭研究》,70—71頁。

[71] 《唐律疏議·名例》"彼此俱罪之贓"條疏議曰"其鑄錢見有別格,從格斷"。參看劉俊文《唐律疏議箋解》,第316—317頁,滋賀秀三《法典編纂の歷史》,《中國法制史論集——法典と刑罰》,創文社,2003年,77—78頁。疏議所言可能是開元時期修訂增補者。

龍刑部格》的規定可視爲唐王朝在面對民間日益普遍的"分居異財"現象時,對原有家庭法做出的彈性調整。翻檢吐魯番文書可以看到唐前期整户丁男逃亡的情形基本都是兄弟、父子。如嚴令子案所示,父子、兄弟屬於一房,而非一家。分房之後,嚴令子及兄弟如果觸犯某些刑律,在家長不知情的情況下,僅由本人負責,嚴和德及其父親没有法律責任。"三家同籍别財"可能是嚴家人有意爲之。嚴和德一家人不願承擔過多法律義務,所以主動選擇分家。

國家法規的調整爲民間自發性行爲提供更大的操作空間。《唐律》規定,户内如有脱户漏口現象,即坐其家長。但是"若不由家長",即"家長不知脱户之情",則"罪其所由,家長不坐"[72]。這個規定與上述《神龍刑部格》的立法精神類似,可能是開元年間的新規定。這種政策實際是對民間"分居異財"行爲的讓步,暗自助長了分家的社會風氣。

到了開元、天寶之際,普通家庭已不祇是别居異財,"别籍"的現象也多了起來。開元二十八年西州女子阿毛稱其與兄長"别籍,又不同居,恐兄更有番役,浪有牽挽",所以"客作傭力,日求升合養性命"[73]。按照阿毛的説法,與其兄分居别籍也是爲了減輕自身負擔。天寶元年(742)正月赦文説:"如聞百姓之内,有户高丁多,苟爲規避,父母見在,乃别籍異居,宜令州縣勘會。一家之中,有十丁以上者,放兩丁征行賦役;五丁以上者,放一丁。即令同籍共居,以敦風教。"[74]顯然,朝廷想用蠲免賦役的方式改變"别籍異居"的社會風氣,但收效不大。在《唐天寶六載敦煌郡敦煌縣龍勒鄉都鄉里籍》中,程什住、程仁貞兄弟即别籍異居爲兩户,程大忠、程大慶兄弟也是别籍異居爲兩户[75]。

---

[72] 劉俊文《唐律疏議箋解》卷一二《户婚律》,914頁。
[73] 《唐開元二十八年土右營下建忠趙伍那牒爲訪捉配交河兵張式玄事一》,文書號:72TAM178:4,唐長孺主編《吐魯番出土文書》第四册,184頁。
[74] 《通典》卷六《賦税下》,108頁。
[75] 池田温《中國古代籍帳研究》録文一四,59—64頁;宋家鈺《唐朝户籍法與均田制研究》,212—213頁。

四、敦煌吐魯番文書所見"合户"現象與户的内涵變化

武周已降"兼丁大户"整户丁男逃亡後,許多户内僅剩寡妻、小男,他們不得不承户爲户主。這使得户主身份出現結構性變化。另一方面,"分居别籍"的普遍化使脱漏户口增多。開元初期國家檢括漏口,許多"分家""别籍"人口被重新編入原有户籍,催生了"合户"現象。在兩者共同作用下,"户"的内涵發生了變化。

唐初的户主大多爲丁男,在貞觀時期的《西州高昌縣順義鄉户别計數帳》中,和平里的户主結構如下:丁户 77 户,老户 7 户,小户 5 户,寡户 1 户,次户 1 户,禪讓里的情況也類似,丁户 75 户,老户 10 户,小户 7 户,寡户 4 户[76]。考察現存吐魯番出土太宗、高宗時期户口類文書,可知這個比例大體符合實際[77]。到了天寶年間,籍帳文書中出現了不少"大女"承户的例子。在《唐天寶二年籍後高昌縣户等帳簿》中,九等户有 350 户,現存文書中可確定户主身份者有 85 户,大女承户者 23 户,小女承户者 1 户[78],女子爲户主的比例遠遠高於貞觀時期。

這種現象不能視爲偶然,其出現應與武周以降整户丁男逃亡的現象有關。《神龍三年點籍樣》中現存可確定户主身份者有 45 户,其中"户主大女"有 8 户,身份包括老寡、丁寡、丁女、中女。除此之外,還有丁寡、老寡、小女、黄女承户者各一户,小男承户者亦有 9 户,其比例與《天寶二年户等帳簿》已較爲接近[79]。

---

[76] 文書號:67TAM78:4,唐長孺主編《吐魯番出土文書》第二册,50 頁。次户即中男爲户主之户,參看《唐會要》卷八五《雜録》,1845 頁;《唐請地簿》,文書號:68TAM103:18/6,唐長孺主編《吐魯番出土文書》第二册,134 頁。

[77] 參看《唐西州高沙彌等户家口籍》,文書號:64TKM1:33(b)、34(b)、32(b)、36(b),《唐何延相等户家口籍》,文書號:64TKM15:24、26,《唐侯菜園子等户佃田簿》,文書號:64TAM103:35,唐長孺主編《吐魯番出土文書》第二册,10、33、135 頁。《唐西州高昌縣□慶友等户家口田畝簿帳》,文書號:69TKM39:9/7(a),《唐諸户丁口配田簿(甲件)》《唐諸户丁口配田簿(乙件)》《唐諸户丁口配田簿(丙件)》,唐長孺主編《吐魯番出土文書》第三册,63、186—200 頁。

[78] 文書號:72TAM187:195/1(a),唐長孺主編《吐魯番出土文書》第四册,208 頁。

[79] 學者已注意到《神龍三年點籍樣》中丁中數量鋭减和《天寶二年户等帳簿》中大女承户比例較高的現象,參看唐長孺《唐西州諸鄉户口帳試釋》,《山居存稿三編》,155 頁;凍國棟《唐代人口問題研究》,399、418 頁。

在武周時期的敦煌吐魯番户籍中,也能看到"大女代男貫""寡妻代夫承户"的例子,這種小男、中女、丁男代父承户的情况一直持續到開元初期[80]。

不僅如此,《神龍三年點籍樣》顯示括附新户均爲老寡、小男、小女、黄女當户者,其户内僅有一兩人。這類户口乃是"括附别生户貫"[81],類似畸零之户,不具備賦役徵調意義。因此,讓新括附之户口盡可能因親屬關係併爲一户,就成爲武周至開元時期户口檢括的重要工作之一,以往學者對此已有關注[82],本文試作進一步討論。

在《開元十年敦煌縣懸泉鄉籍(草案)》中,郭玄昉户下丁妻、男思宗、思楚均稱開元"七年十二月十三日符從尊合貫附"[83],這屬於核心家庭的合户。除此之外,非直系親屬的合户現象更爲普遍。以前引《開元四年柳中縣高寧鄉籍》中江義宣户爲例,其户永業田13畝10步,但户内丁男僅江義宣一人,依西州田制丁男永業田實授10畝,剩餘的3畝田應爲其寡叔母俎渠的永業田額,據此可判定江義宣與叔母合户[84]。本户籍中有明顯檢括痕迹,江義宣叔母雖非括附之口,但考慮到官府認可了原有兩户的永業田額,則江義宣與叔母合户未必是自發行爲。《開元十九年(731)西州柳中縣高寧鄉籍》中有一户户主身份雖未知,但登載其"姑漢足,老寡,開元拾陸年籍柒十玖",則此户可能存在合户迹象[85]。在開元十五年稍後西州高昌縣武城鄉人田門孔上呈官府的辭文中也稱"昨蒙併合一户"[86]。《開元二十九年前後西州高昌縣退田簿及有關文書》中記載和静敏死後退常田2畝,部田3畝。里正孫鼠居在牒文中却稱"户俱第六,家有母及

---

[80] 《周(天授三年?)西州籍》《周大足元年沙州敦煌縣效穀鄉籍》《開元二年帳後西州柳中縣康安住等户籍》《唐開元四年西州柳中縣高寧鄉籍》《唐開元十年沙州敦煌縣懸泉鄉籍(草案)》,池田温《中國古代籍帳研究》録文二〇、四、三〇、七,95、25、101、104、38頁。唐長孺主編《吐魯番出土文書》第四册,127頁。

[81] 《武周大足元年西州柳中縣籍》,文書號:65TAM341:28/1(a)之三,唐長孺主編《吐魯番出土文書》第四册,55頁。

[82] 池田温《中國古代籍帳研究》(概觀),124頁;凍國棟《唐代人口問題研究》,408、430—433、443頁。

[83] 池田温《中國古代籍帳研究》録文七,37頁。

[84] 盧向前《唐代西州土地關係述論》,上海古籍出版社,2001年,113頁。

[85] 《唐開元十九年西州柳中縣高寧鄉籍》,文書號:72TAM228:15,唐長孺主編《吐魯番出土文書》第四册,193頁,凍國棟《唐代人口問題研究》,416頁;張國剛《唐代家庭與社會》,21頁。

[86] 池田温《中國古代籍帳研究》録文一五一,212頁。

叔母二人丁寡,合授常田三畝,部田五畝"[87],高於丁寡的受田額,因此和静敏的母親和叔母也屬於合户。

值得注意的是,從現存開元初年沙州地區户籍中可以觀察到當時存在"同居別籍"的情形。例如在《唐开元四年(716)沙州敦煌县慈惠乡籍》中,杨法子户被登记了兩次[88],颇爲怪异。池田温推测該户籍并非开元四年所写,而是后来检括时将开元四年籍的相关部分抄录而成,颇有道理。杨法子在成丁婚娶时别立一户而获得了登籍权力,但他在开元四年屬於一户兩貫,違反了《唐律》祖父母、父母在,子孫不得別籍、異財的規定,是不法行爲。楊法子是與母親、妻子居住在一起的,因爲在楊法子與妻子兒女構成的"核心家庭户籍"中並無"一畝居住園宅"的記録,因此楊法子户可以視爲當時"同居別籍"的一個顯例。

從楊法子與母親"同居別籍"的情形推斷,上述"合户"案例可能屬於"同居別籍"之人被要求重新"合户"。但實際上"合户"也應適用於原本"別居異籍"的情況。《天寶六載敦煌縣龍勒鄉都鄉里籍》提供了以下一個值得關注的案例。曹思禮户下有"亡兄男瓊璋",曹瓊璋、曹思禮二人曾祖、祖父名相同,理應是堂兄弟[89]。瓊璋名下注稱"天寶四載帳後漏附",則可以肯定其原來與曹思禮別籍,從其户内應授田額和實授永業田額考察,曹思禮户應受田三頃六十四畝,實受永業田六十畝。應受田三頃六十四畝應該包括户主丁男曹思禮百畝,弟丁男令休百畝,男令璋十八歲中男百畝,母寡口分三十畝,亡弟妻口分三十畝,四畝居住園宅,實受永業田六十畝應包括曹思禮、令休、令璋永業各二十畝,兩者與曹瓊璋都没有關係。則即使在官府檢括户籍,將曹瓊璋與曹思禮合爲一户之後,曹瓊璋仍應與曹思禮別居異財,則此前"別籍"之時,曹瓊璋户與曹思禮户必定別居異財。此外,《天寶六載敦煌縣龍勒鄉都鄉里籍》中所載杜懷奉、程思楚兩户的

---

[87] 池田温《中國古代籍帳研究》録文一六四,269、272頁。

[88] 池田温《中國古代籍帳研究》録文六,30—33頁。

[89] 曹思禮與曹瓊璋應是堂兄弟,但本户籍却將曹瓊璋稱爲户主曹思禮的"亡兄男",令人費解。如果户籍内容不誤,則可能曹思禮是"代父承户"。曹思禮56歲,弟曹令休28歲,母孫氏僅60歲。孫氏顯然是繼母,因此曹思禮户本應屬於三世同居之家。曹瓊璋是"天寶四載帳後附籍",當時曹思禮父親健在,以户主身份稱"亡兄男瓊璋"並無不妥,其後曹思禮父親去世。在編造本户籍的天寶六載,户主姓名已經更改爲曹思禮,但造籍人員可能並未認真核對曹瓊璋的信息,造成此疑點。

情況也與曹思禮户類似,他們與兄弟也很可能並非同居。

《天寶六載都鄉里籍》中每户口數較大,女口偏多,疑點重重,學者認爲其主要原因是户籍僞濫,其次是合户[90]。這種户籍僞濫現象有助於思考開元天寶時期"户"的内涵。池田温曾指出,開元初年籍中保留的租調記録在天寶籍中消失了。他强調此時唐王朝已不憂慮丁數和繳納租調者的減少,因此以掌握丁男爲目的的造籍工作水準也降低了[91]。其實,與其説造籍水準降低,不如説户籍登載信息的重心發生了轉移。開元天寶時期的户籍中存在嚴重的"丁口虚掛"現象[92],但並不影響租調收繳。國家通過"合籍"手段將别居、同居的親屬總爲一户,租調收繳僅需問責户主即可。唐制規定課丁繳納調物時,其布帛兩端需由户主注明所居州縣鄉里及輸納者姓名[93],親屬"合籍"之後反而有利於統計租調總額,注明"丁口虚掛"也使得地方官在考課和徵納賦税時存在一些操作空間[94],至於户内成員是否同居,國家已不再關心。例如,嚴住君和弟弟逃亡後,住君妻子阿白仍然需要承擔二人租調,她需要先將賦税交給户主,再由户主轉交給官府。此時户主已經類似於後代的"包攬人",成爲國家財賦管理的中介角色。由於户主必須充分掌握户内人口財産等信息完成賦税繳納,因此國家也必須賦予其一定公權力。唐中期以後"户主"對户内成員處於主導甚至主宰地位,也應與之有一定關係[95]。

顯然,此時的"户"已經不再是北朝唐初的"同居家庭户",而轉變爲親屬間的"納税聯合户"。安史之亂後唐代民户家庭規模有所擴大,中晚唐時期禁止民户"析籍異居"的詔敕也很少[96]。元和六年敕文中説"自定兩税以來,刺史以户

---

[90] 池田温《中國古代籍帳研究》"概觀",139—141頁,凍國棟《唐代人口問題研究》,444—446頁。

[91] 池田温《中國古代籍帳研究》"概觀",141頁。

[92] 關於"丁口虚掛"現象的詳細研究,可參看凍國棟《關於唐代前期的丁口虚掛——以敦煌吐魯番文書爲中心》,《中國中古經濟與社會史論稿》,182—194頁。

[93] 《唐六典》卷三《尚書户部》,76頁。仁井田陞《吐魯番發見唐代の庸調布と租布》,《東方學報》第11号,此據同作者《補訂 中國法制史研究 土地法・取引法》,東京大學出版会,1991年,250—265頁。

[94] 凍國棟《唐代人口問題研究》,426頁。

[95] 滋賀秀三《中國家族法原理》,300—317頁;韓樹峰《漢魏法律與社會》,125頁。

[96] 凍國棟《唐代人口問題研究》,369頁。

口增減爲其殿最,故有析户以張虛數,或分産以繫户名"[97]。"析户"應指將"同居共籍"改爲"同居別籍"。"分産"不可能是官府率意爲之,應指將"同籍別財"改爲"異籍別財",即在官方籍簿上標明百姓原本分家析産的結果。這些都是地方官爲應對考課而修改帳簿的權宜舉措,與民間家庭形態無直接聯繫。這間接説明民間"同籍別財"的現象已比較普遍。無論如何,對於地方官府而言,普通家庭"同居"與否已經不重要了。對於賦税徵收而言,"納税聯合户"更爲簡單高效。對於考課而言,利用民間家庭形態的多樣性在帳簿上加以修改,也很方便。地方官府賦税徵收文書與申報帳簿的分離,凸顯了"户"在賦税管理中的意義,也造成了"家""户"分離。

當"家""户"分離日漸普遍,户的内涵轉變爲"納税聯合户"後,國家的賦税管理模式也會隨之調整。唐前期計帳中登記當年的課户數與不課户數,課户見輸與課户見不輸數,課口數與不課口數,課口見輸與課口見不輸數等内容,具有財政預算報告的性質[98],其中祇有"課口見輸"者纔是繳納租庸調的課丁。每年"課口見輸"數是一個變數,因此祇有完全掌握準確的民户家口信息,纔不至於影響國家財政預算的準確性。雖然唐前期"課口見輸"的數量始終增長[99],但隨着百姓"分家""別籍"現象的普遍化,要準確掌握民户家口信息,無疑需要更大的行政成本。開元初年宇文融括户雖然取得了極大成效,但並不能解决百姓流移導致的户籍中"丁口不實"的問題。開元二十九年詔書中即説"其浮寄逃户等,亦頻處分,頃來招攜,未有長策"[100]。

在此背景下,國家不再追求準確的户内家口數字統計,而是通過加強對"户"的掌控確保原有租調數額能順利收繳。於是,在户籍上丁口數字日趨不實的同時,還能看到計帳中課口數額凝固化的現象。杜佑記録天寶八載(749)計帳中"課丁八百二十餘萬",到了天寶十四載"課口八百二十萬八千三百二十

---

[97] 《唐會要》卷八四《雜録》,1839 頁。
[98] 宋家鈺《唐朝户籍法與均田制研究》,第 134—136 頁。李錦繡《唐代財政史稿》(上卷),北京大學出版社,1995 年,18—24 頁。
[99] 陳明光《唐代財政史新編》,中國財政經濟出版社,1991 年,9—12、29—30 頁。
[100] 宋敏求《唐大詔令集》卷一〇四《遣使黜陟諸道敕》,532 頁。

一"[101],幾乎没有什麽變化。這表明國家對準確的丁口數統計已經失去了興趣。某種意義上説,此時的課丁僅僅是國家課役總額的計量單位。

五、結語

結合上文考述,可將南北朝至唐前期"户"的内涵變動過程概括爲以下三個階段。

(1)南北朝至唐高宗時期的"户"具有較爲典型的同居家庭户特徵。劉宋時期兄弟同居之家中,家長也是户主。北魏孝文帝推行三長制,更比户籍後,户籍人口規模由家庭人口規模决定,隋代"大索貌閲"仍舊延續這種思路。南北朝時人在賦役徵調與蠲免等層面並不刻意區分"家""户"兩者,北朝賦税徵發實際上需要以"家"爲單位來落實。

(2)武周以降至開元時期出現"家""户"分離的現象,户籍中登載的家口數額與百姓日常生計單位的家庭規模並不吻合。其原因是:唐前期沉重的兵役造成"兼丁大户"整户逃亡,百姓爲减輕徭役,躲避法律懲罰,開始分房别財,具體表現爲"同籍别財"乃至"别籍異財"。與南北朝時期"别居"主要指異財不同,唐代的"别居"不僅包括異財,開元以後的"别居"中也包括大量"異籍"情形。

(3)開元以後出現了"同居别籍"與"别居異籍"的家庭重新"合户"的現象。當"合户"家庭不再與是否"同居共財"相關聯時,"户"的内涵便不再是同居家庭户,而轉變爲納税聯合户。這也使得國家的賦税管理模式發生變化。政府不再追求準確的户籍人口資料,而通過掌握户數確保租税額能順利地足量收繳。

---

[101] 《通典》卷六《賦税下》,110 頁,繫年據《册府元龜》卷四八七《邦計部・賦税》,中華書局,1960 年,5830 頁下欄,《通典》卷七《歷代盛衰户口》,153 頁。

From Family Household to Taxpaying Household:
A Study on the Transformation of Connotation of "Household" from the Southern and Northern Dynasties to the Tang Dynasty

Gao Bin

During the Southern and Northern Dynasties, family 家 and household 户 had the same meaning in the exemption of levies 蠲免. This indicated the households were family households. In the early Tang, this cohabitation of family members continued. After Empress Wu seized the title of emperor, many cohabitating family households were separated. Under the reign of Emperor Xuanzong 玄宗, households transformed from family households to taxpaying households. This undermined the government's effectiveness to register the population and collect poll tax. The government then strengthened its control over households to ensure the collection of taxes.

從河源到赤嶺：論唐高宗時期吐蕃在隴右的東擴

胡 康

　　每當提起唐高宗在位時期的唐、吐蕃隴右競争[1]，人們最先想到的往往是發生於咸亨元年（670）的大非川之戰。大非川之戰是高宗時期唐、吐蕃、吐谷渾三方關係中的重大事件。大非川之戰後，吐谷渾徹底失去了復國的希望，吐蕃完全控制了吐谷渾之地，唐朝則因此戰的失敗而在隴右陷入了被動局面。正因爲大非川之戰在唐蕃關係史上具有重要的轉折意義，故此戰一直以來都受到學者們的高度關注，相關研究成果也極爲豐富[2]。對大非川之戰的集中關注，雖然

---

　　[1] 所謂"隴右"，一般指的是隴山以西、黄河以東的地區（關於"隴右"地理範圍的界定，可參見宋翔《中古時代的大區控制——以唐代的"隴右道"爲例》，廈門大學博士學位論文，2017年，11—22頁。）天寶時期，唐代的隴右道包括秦、成、渭、鄯、蘭、臨、河、武、洮、岷、廓、疊、宕十三州，參見《舊唐書》卷四〇《地理三·隴右道》，中華書局，1975年，1630—1639頁。不過，唐朝初年，唐朝在隴右的實際勢力範圍並不局限於以上數州。貞觀九年（635），唐朝擊敗吐谷渾後，吐谷渾"稱臣内附"（《舊唐書》卷一九八《吐谷渾傳》，5299頁），唐朝勢力由此進入吐谷渾之地，此時的吐谷渾南部地域，即西到河源，東到唐朝隴右諸州間的廣大地域可以視爲唐朝勢力自隴右的西擴。考慮到這一背景，本文也將原吐谷渾的南部地域納入廣義的"隴右"範圍進行討論。

　　[2] 相關成果衆多，如謝全堂《試論唐蕃大非川之戰》，《青海社會科學》1991年第4期，72—78頁；尕藏吉《論大非川戰役與唐蕃政策的轉變》，《青海師範大學學報》，2014年第4期，44—48頁。除了單篇論文外，舉凡涉及唐蕃關係、吐蕃史的專著也會重點談到大非川之戰，如林冠群《玉帛干戈——唐蕃關係史研究》，聯經出版事業股份有限公司，2016年，177—182頁；朱悦梅《吐蕃王朝歷史軍事地理研究》，中國社會科學出版社，2017年，120—134頁。其他專著涉及大非川之戰的還有很多，不再一一列舉。

使我們對此戰有了更深入的認識[3],却也導致了對其他議題關注不足。實際上,在大非川之戰外,唐蕃雙方在隴右還有着一系列的競争,要理解整個高宗時期的唐蕃隴右角逐,我們不能僅僅將目光局限於大非川之戰,還應該關注到大非川之戰前的吐蕃東擴以及戰後的唐蕃較量。

對於大非川之戰前的唐蕃關係,學者們大都衹是在談及大非川之戰爆發的背景或梳理唐蕃關係演變時簡略提及[4],目前還缺乏細緻的梳理。大非川之戰後,唐蕃之間又相繼爆發了青海之戰、良非川之戰等一系列戰争,除了規模較大的青海之戰外,其餘戰争鮮有學者措意[5],即使是青海之戰,現在得到深入討論的也僅是戰争與唐朝鎮戍體制轉化的關係[6],對於戰争本身的意義以及戰後唐蕃雙方勢力範圍的變化等問題都還缺乏深入討論。

除了傳統的以戰争、事件爲中心的研究,在討論唐蕃對隴右的争奪時,或許

---

[3] 在對大非川之戰的長期關注下,不少學者也嘗試從新的角度對戰争進行分析。于賡哲從醫療史角度對大非川之戰中唐軍失敗的原因做了分析,參見于賡哲《疾病與唐蕃戰争》,《歷史研究》2004 年第 5 期,42—44 頁;吕博則從星象對薛仁貴影響的角度對戰争做了分析,參見吕博《唐蕃大非川之役與星象問題》,《魏晋南北朝隋唐史資料》(第 26 輯),武漢大學文科編輯部,2010 年,131—145 頁。

[4] 上述討論大非川之戰的論著曾對戰前的唐蕃關係進行過簡單回顧,不再一一列舉。林冠群從地理角度出發,對大非川戰前唐蕃在青海的競逐做過比較與分析,但他最後的落脚點依然是大非川之戰,即使是大非川之戰前的唐蕃關係,討論也比較宏觀,尚有不少問題有待討論。參見林冠群《唐代前期唐蕃競逐青海地區之研究》,收入《唐代吐蕃史論集》,中國藏學出版社,2006 年,264—285 頁;周偉洲在梳理吐蕃與吐谷渾關係時也涉及大非川戰前的唐蕃關係,但比較簡略,衹是一筆帶過,參見周偉洲《吐蕃與吐谷渾》,收入《唐代吐蕃與近代西藏史論稿》,中國藏學出版社,2006 年,69—76 頁;陳楠在討論唐蕃對吐谷渾的争奪時,也涉及了大非川戰前的唐蕃關係並做了初步探討,參見陳楠《公元七世紀中後期唐、蕃對吐谷渾的争奪》,收入《藏史叢考》,民族出版社,1998 年,95—102 頁。陳楠的不少討論都具有啟發意義,但仍可進一步深入。

[5] 林冠群在討論完大非川之戰後,僅簡略提及戰後的形勢,之後便轉入武則天時期,參見林冠群《玉帛干戈——唐蕃關係史研究》,182—186 頁;朱悦梅亦是在大非川之戰後就緊接着開始論述玄宗時期的唐蕃關係,大非川後的其他戰争基本未涉及,參見朱悦梅《吐蕃王朝歷史軍事地理研究》,135—148 頁;佐藤長倒是對青海之戰以及青海戰後的形勢進行了分析,但他關注的重點在於吐蕃的内政,對戰争本身的影響分析不足,參見佐藤長著,金偉等譯《古代西藏史研究》,新文豐出版公司,2019 年,240—251 頁。

[6] 孟憲實對青海之戰後隴右新軍鎮的形成過程做過分析,可參孟憲實《唐前期軍鎮研究》,北京大學博士學位論文,2001 年,58—60、63—64 頁。鄭紅翔除討論青海之戰與新軍鎮的關係外,還對青海之戰的相關史料和史事做了進一步辨證,參見鄭紅翔《唐蕃青海之戰與隴右軍事力量的初創》,《敦煌學輯刊》2016 年第 4 期,54—61 頁。

我們還可以從雙方勢力範圍變化的角度切入〔7〕。從這一視角出發,我們不僅可以梳理出一條相對清晰的吐蕃東進時間綫,還可以對大非川之戰、青海之戰等戰役提出新的看法。以下,筆者希望抓住唐蕃勢力範圍變化這一核心綫索,對唐高宗時期吐蕃的東擴歷程以及唐蕃雙方在隴右的爭奪再做一些討論〔8〕。不當之處,祈請方家指正。

一、從河源到大非川:大非川之戰爆發前的吐蕃東擴考

貞觀十二年(638),唐朝與吐蕃之間爆發了第一場戰争——松州之戰。松州之戰的發生有諸多原因〔9〕,吐谷渾問題就是引發戰争的重要原因之一。貞觀九年,唐朝出動大軍消滅了與唐朝敵對的吐谷渾可汗伏允,吐谷渾之地至此轉歸唐朝控制。在松州之戰前,吐蕃"與羊同連,發兵以擊吐谷渾"〔10〕,吐谷渾"不能支,遁於青海之上,以避其鋒,其國人畜並爲吐蕃所掠"〔11〕。今青海湖周邊區域

---

〔7〕 鈴木隆一在討論河西九曲的問題時,就敏鋭地意識到唐蕃的勢力範圍曾有過變化,但未及展開,參見鈴木隆一著,鍾美珠譯《吐谷渾與吐蕃之河西九曲》,《民族譯叢》1985年第3期,47—51頁。楊長玉對唐朝西部疆域在不同時期的變化做過通盤梳理,其中也涉及了高宗時期唐朝西部疆域在隴右發生的變化,但討論比較簡略,對相關史事的分析也不足,參見楊長玉《唐西部疆域地理研究》,復旦大學博士學位論文,2018年,174—180頁。李宗俊也從吐蕃擴張的角度對高宗時期唐朝和吐蕃在隴右的數次戰争做過分析,但重在勾勒綫索,不少問題仍可進一步補充。參見李宗俊《吐谷渾喜王慕容智墓誌及相關問題》,《烟臺大學學報(哲學社會科學版)》2022年第4期,98—100頁。

〔8〕 鄭紅翔對高宗時期唐朝和吐蕃在隴右的爭奪歷程進行了初步梳理,在一些問題,比如青海之戰的爆發背景以及影響上提出了不少值得重視的看法,但在其他問題的討論上稍顯薄弱,許多細節問題也仍有待進一步挖掘和辨析,參見鄭紅翔《安史之亂前唐王朝對吐蕃的軍事對策——以隴右節度爲中心》,蘭州大學博士學位論文,2018年,14—24頁。

〔9〕 關於松州之戰的討論,可參見王學軍《松州之戰與貞觀年間唐蕃關係變遷》,《史學月刊》2009年第9期,22—27頁;楊思奇《唐與吐蕃松州之戰始末》,《民族史研究》第11期,中央民族大學出版社,2012年,56—74頁;魏迎春、張旭《唐蕃松州之戰探微》,《中國藏學》2016年第1期,132—138頁。關於此問題的最新討論,可參見拙文《唐蕃松州之戰新探——從〈拓跋馱布墓誌〉談起》,《西藏研究》2022年第3期,48—56頁。

〔10〕 《舊唐書》卷一九六《吐蕃傳》,5221頁。

〔11〕 同上。

爲吐谷渾核心區域，吐谷渾都城伏俟城就位於青海湖西[12]，從吐蕃逼於青海之上看，吐蕃已經進入了吐谷渾核心區，這是吐蕃勢力第一次東擴至吐谷渾之地。圍繞對吐谷渾的爭奪，唐蕃最終爆發了松州之戰。不過，吐蕃此次並未長時間占據吐谷渾之地，至遲在貞觀十五年文成公主入藏時，吐蕃就已撤出了吐谷渾，雙方此後大致以柏海（即今扎陵湖、鄂陵湖）一帶的河源爲界[13]，吐谷渾之地依然歸唐朝控制。然而，在咸亨元年大非川之戰爆發時，位於今青海共和縣西南切吉草原的大非川[14]已經成爲了雙方的主要交戰區域，吐蕃的勢力顯然已經從河源擴展到了吐谷渾的核心地區。也就是說，在大非川之戰爆發前，吐蕃的勢力曾經過了一個東擴過程，大非川之戰的爆發實際上是吐蕃東擴的結果。關於大非川戰前的吐蕃東擴，目前還缺乏細緻的梳理，以下，筆者結合相關史料，先對吐蕃的這一東擴進程進行討論。

貞觀十四年與唐朝和親後，吐蕃東部邊境進入和平狀態，松贊干布開始專注於南境和北境事務。據 P. T. 1288《大事紀年》，文成公主下嫁後，松贊干布"殺泥婆羅之'宇那孤地'，立'那日巴巴'爲〔泥〕王"[15]。之後，又"'滅李聶秀'，

---

[12] 伏俟城即今天青海省共和縣石乃亥鄉的鐵卜卡古城，參見黃盛璋、方永《吐谷渾故都——伏俟城發現記》，《考古》1962年第8期，436—440頁。

[13] 貞觀十五年，文成公主入藏時，松贊干布"率其部兵次柏海，親迎於河源"，《舊唐書》卷一九六《吐蕃傳》，5221頁。松贊干布在柏海迎接，説明柏海的河源一帶可能是吐蕃勢力範圍的東界。此後，顯慶四年，吐蕃東擴時，吐蕃軍隊又與唐朝在距柏海不遠的烏海發生戰爭，烏海一帶顯然處在唐蕃勢力的交界區。兩相綜合，松州之戰後，吐蕃與唐朝、吐谷渾之間很有可能是以柏海的河源爲界。本文的河源即黃河源的省稱，唐人認爲黃河源頭就在柏海附近，貞觀九年討伐吐谷渾時，唐軍"至於柏海，頻與虜遇，皆大克獲。北望積石山，觀河源之所出焉"，《舊唐書》卷六九《侯君集傳》，2510頁。李道宗也提到"柏海近河源，古來罕有至者"，《資治通鑑》卷一九四《唐紀十》貞觀九年閏四月癸酉條《考異》引《太宗實録》，中華書局，1956年，6111頁。

[14] 對大非川位置的比定一直有不同意見，大多數學者均認爲切吉草原是大非川，參見范文瀾《中國通史簡編》（修訂本）第三編第2册，人民出版社，1965年，459頁；張雲、林冠群主編《西藏通史》（吐蕃卷），中國藏學出版社，2016年，519—520頁；劉子凡《2017年度"唐蕃古道"國情調研紀要》，《隋唐遼宋金元史論叢》第8輯，上海古籍出版社，2018年，366—370頁。本文贊同這一觀點。關於大非川位置的學術史回顧，可參見夏吾交巴《"大非川"地理位置考》，《中國藏學》2015年第4期，187—193頁。

[15] 王堯、陳踐《敦煌本吐蕃歷史文書》，《王堯藏學文集》第1卷，中國藏學出版社，2012年，192頁。吐蕃介入泥婆羅事務的背景，可參看張雲、林冠群主編《西藏通史》（吐蕃卷），19頁。

將一切象雄部落均收於治下,列爲編氓"[16],北境和南境的威脅至此被消除。松贊干布去世後,禄東贊執掌國政,在吐蕃國内進行了一系列改革[17],並開始大量徵收賦税,準備草料[18],爲進一步東進做準備,唐蕃的和平關係開始受到挑戰。

高宗時期,唐蕃之間的首次交戰是顯慶四年(659)的烏海之戰。據《大事紀年》,該年"大論東贊前往吐谷渾,達延莽布支於烏海之'東岱'處與唐朝蘇定方交戰。達延亦死,以八萬之衆敗於一千。是爲一年"[19]。顯慶四年,蘇定方正在西域平定都曼之亂[20],次年正月,"定方獻俘於乾陽殿"[21]。從時間上看,蘇定方並無到烏海之可能,正因如此,周偉洲等學者認爲此記載有誤[22]。達延莽布支曾在永徽四年(653)徵收農田貢賦[23],是吐蕃的顯赫人物,對於其死因,吐蕃記錯的可能性很小。從地理角度看,位於今青海瑪多縣境内的烏海(冬給措那湖)已近河源[24],且處於唐蕃大道上[25],吐蕃要進入吐谷渾,勢必要經過烏海。此前,吐蕃勢力已退至河源一帶,吐蕃再次進入屬於吐谷渾、唐朝勢力範圍内的烏海後,與唐朝發生衝突,是完全有可能的。因此,《大事紀年》所載顯慶

---

[16] 王堯、陳踐《敦煌本吐蕃歷史文書》,《王堯藏學文集》第1卷,192頁。
[17] 關於禄東贊在吐蕃國内的改革及其意義,可參見張雲、林冠群主編《西藏通史》(吐蕃卷),44頁。
[18] 王堯、陳踐《敦煌本吐蕃歷史文書》,《王堯藏學文集》第1卷,192頁。
[19] 同上書,193頁。
[20] 顯慶四年"思結俟斤都曼帥疏勒、朱俱波、謁般陀三國反,擊破于闐。癸亥,以左驍衛大將軍蘇定方爲安撫大使以討之"。《資治通鑑》卷二〇〇《唐紀十六》顯慶四年十一月,6319頁。
[21] 《資治通鑑》卷二〇〇《唐紀十六》顯慶五年正月,6319頁。
[22] 周偉洲《吐蕃與吐谷渾》,收入《唐代吐蕃與近代西藏史論稿》,73頁;吳均認爲《大事紀年》的繫年有誤,烏海之戰更有可能是吐蕃與吐谷渾龍朔三年黃河之戰的延續,參見吳均《對日本佐藤長〈西藏歷史地理研究〉中一些問題的商榷》,收入《吳均藏學文集》,中國藏學出版社,2007年,438頁。
[23] 王堯、陳踐《敦煌本吐蕃歷史文書》,《王堯藏學文集》第1卷,193頁。
[24] 冬給措那湖又名托索湖,位於瑪多縣花石峽,參見任乃强《〈吐蕃傳〉地名考釋》,收入《任乃强藏學文集》,中國藏學出版社,2009年,477頁。劉子凡《2017年度"唐蕃古道"國情調研紀要》,《隋唐遼宋金元史論叢》第8輯,372頁。
[25] 關於唐蕃古道的詳細走向,可參見陳小平《唐蕃古道》,三秦出版社,1989年,110—195頁;劉子凡《2017年度"唐蕃古道"國情調研紀要》,《隋唐遼宋金元史論叢》第8輯,360—389頁。

四年的唐蕃交戰應是可信的[26],祇不過唐軍將領不太可能是蘇定方,或許另有其人。

顯慶四年的唐蕃衝突也不是突然發生的,雙方的矛盾早已經歷了一段時間的演化,在烏海之戰前,唐蕃就圍繞對生羌、党項部落的爭奪,在劍南爆發了爭端。顯慶元年十二月,"吐蕃大將禄東贊率兵一十二萬擊白蘭氏,苦戰三日,吐蕃初敗後勝,殺白蘭千餘人,屯軍境上,以侵掠之"[27]。白蘭的地望,一直存有爭議,目前學界主要有三種意見,即青海湖西南説、四川阿壩説、青海果洛説[28]。三種意見都有史料支持,要完全確定哪一種意見是正確的,不僅存在很大難度,很可能也是徒勞的。白蘭"左屬党項,右與多彌接"[29],党項與多彌本身就間隔甚遠[30],白蘭與二者接,意味着白蘭的分布也極爲廣泛。目前來看,還是將白蘭的分布確定爲北至青海湖西南,南至阿壩較爲合適[31]。如此,可將白蘭大致劃分爲南、北兩部分,北部白蘭部落在今通天河至青海湖西南區域内,扼守吐蕃通往吐谷渾的大道。南部白蘭則與党項部落有着密切聯繫,吐蕃要完成對臨近唐朝党項部落的征服,也必須先制服白蘭。貞觀十二年松州之戰時,吐蕃曾擊敗白蘭、党項,進至松州西境,從地理考慮,此時的白蘭應屬於南部白蘭。那麽,禄東贊顯慶元年攻打的白蘭屬於哪一部分呢?

《唐會要》"白狗羌"條下載:"永徽二年十一月,特浪生羌卜樓莫各,率衆萬餘户詣茂州歸附。其年正月,生羌大首領凍就,率部落内附,以其地置建州。顯慶中,白蘭爲吐蕃所併,收其兵以爲軍鋒。"[32]特浪生羌居於茂州附近,《唐會要》在生羌之後緊接着叙述白蘭爲吐蕃所併之事,或許意味着白蘭居地也與生羌接近,即此白蘭應屬南部白蘭。另據《大事紀年》,禄東贊顯慶四年纔進入吐

---

[26] 陳楠《公元七世紀中後期唐、蕃對吐谷渾的爭奪》,收入《藏史叢考》,100頁。

[27]《册府元龜》卷九九五《外臣部·交侵》,中華書局,1960年,11687頁上欄。

[28] 相關學術史可參見周偉洲《白蘭與多彌》,收入《唐代吐蕃與近代西藏史論稿》,35頁。

[29]《新唐書》卷二二一《党項傳》,中華書局,1975年,6215頁。

[30] 党項廣泛分布在阿尼瑪卿山以東,唐劍南道西北的廣大區域,多彌則"濱犁牛河",見《新唐書》卷二二一《蘇毗傳》,6257頁。犁(氂)牛河即今通天河,參見余小洪、席琳主編《唐蕃古道路網結構及沿綫文物遺存考古調查與研究》,中山大學出版社,2018年,79頁。

[31] 周偉洲結合史料,論證了白蘭分布在南北不同區域,參見《白蘭與多彌》一文,收入《唐代吐蕃與近代西藏史論稿》,35—41頁。

[32] 王溥《唐會要》卷九八《白狗羌》,上海古籍出版社,2006年,2078頁。

谷渾,此前一直居於別處[33]。禄東贊一進入吐谷渾,就在烏海和唐軍發生了激戰,這説明直到顯慶四年,吐蕃的勢力也纔擴展到烏海一帶,烏海以北的北部白蘭部落顯然還未被吐蕃征服,因此顯慶元年禄東贊征服的白蘭應是南部白蘭[34]。

《崔玄籍墓誌》也提供了同一時期吐蕃在劍南道活動的證據。墓誌載:"永徽四年,加遊擊將軍、守右武衛崇節府果毅都尉。已而吐蕃揚言,將出於蜀。彼之小國,且未通和。我之邊郡,兹焉預視,乃除君雅州長史。攻守之際,策謀居多。疆境獲安,軍國攸賴。"[35]從"已而"看,吐蕃"出於蜀"距離永徽四年並不遠,與顯慶元年也很接近。也就是説,吐蕃很可能在永徽四年不久後,就開始侵擾雅州,到了顯慶元年則進一步東進,開始征服白蘭。禄東贊此時發動對白蘭的戰争,既是其東出戰略的延續,也可能與生羌的大量附唐有關。除上引永徽二年降唐的生羌部落外,顯慶元年十一月丙寅,"生羌酋長浪我利波等帥衆內附,以其地置柘、栱二州"[36],同年,"生羌首領董係比射内附,乃於地置悉州"[37]。三州均在松州西,吐蕃此前曾在此駐軍[38]。大量的生羌附唐,勢必會影響到吐蕃對生羌、党項之地的經營,禄東贊征服白蘭很可能是爲了下一步與唐爭奪諸羌之地做準備。乾封二年(667)二月,"生羌十二州爲吐蕃所破"[39],也可説明吐蕃確實希望東進控制諸羌之地。

顯慶元年禄東贊對南部白蘭的征服,意味着吐蕃打破了松州之戰後的唐蕃邊界劃分協議[40],開始大舉東進,唐蕃蜜月期事實上在顯慶元年就已宣告結

---

[33] 王堯、陳踐《敦煌本吐蕃歷史文書》,《王堯藏學文集》第 1 卷,193 頁。

[34] 朱悦梅認爲禄東贊征服的應是青海湖西南的白蘭,即北部白蘭,參見朱悦梅《吐蕃王朝歷史軍事地理研究》,125 頁。但如上文所論,顯慶四年時吐蕃勢力纔擴至烏海一帶,顯慶元年恐不可能越過唐朝、吐谷渾,直接進攻白蘭。

[35] 吳鋼主編《全唐文補遺》第 3 輯《大周故銀青光禄大夫使持節利州諸軍事行利州刺史上柱國清河縣開國子崔君墓誌銘》,三秦出版社,1996 年,508 頁。

[36] 《資治通鑑》卷二〇〇《唐紀十六》唐高宗顯慶元年十一月丙寅,6299 頁。

[37] 《舊唐書》卷四一《地理四》,1703 頁。

[38] 貞觀十二年,吐蕃"進兵攻破党項及白蘭諸羌,率其衆二十余萬,頓於松州西境"。《舊唐書》卷一九六上《吐蕃傳上》,5221 頁。

[39] 《資治通鑑》卷二〇一《唐紀十七》唐高宗乾封二年二月,6351 頁。

[40] 松州之戰後,隨着唐蕃達成和親,吐蕃也逐步從之前攻占的吐谷渾、党項、西羌之地撤出,關於松州之戰後唐蕃勢力範圍的變化,可參看楊思奇《唐與吐蕃松州之戰始末》,《民族史研究》第 11 期,70—73 頁。

束。顯慶元年,唐朝正在西域與西突厥阿史那賀魯激戰[41],但還是關注到了吐蕃的東進,並對隴右的軍事格局做出了調整。顯慶元年十二月,"罷蘭州都督,鄯州置都督"[42]。鄯州處在唐朝與吐谷渾交界處,是唐朝處理吐谷渾事務的重要基地。貞觀十五年吐谷渾丞相宣王叛亂時,諾曷鉢"率輕騎走鄯城"[43],之後,"鄯州刺史杜鳳舉與威信王合軍擊丞相王,破之,殺其兄弟三人"[44]。在《册張允恭鄯州都督文》中,也提到"今方違夐,羌戎薦居,降節監撫,綏懷攸屬"[45],鄯州還肩負着撫慰羌戎的任務。在鄯州設置都督府,並督鄯、蘭、河、儒、廓、淳等州[46],意味着唐朝的防禦重點已開始西移,鄯州取代蘭州成爲了唐朝在隴右的軍事中心。唐朝從吐蕃擊白蘭的軍事行動中,看到了吐谷渾面臨的威脅,故強化了鄯州的軍事地位。

顯慶二年,吐蕃"遣使獻金城"[47],三年"冬,十月,庚申,吐蕃贊普來請婚"[48]。吐蕃連續遣使,並在文成公主還在世的情況下,再次請求通婚,除了可能有緩和擊白蘭所造成的雙方關係緊張的考慮外,使節本身或許也肩負着和唐朝談判的任務。吐蕃遣使的同時,唐朝也向吐蕃派出了使節,《李思諒墓誌》載:

  皇華擁節,銜命吐蕃。……遠人未附,疆場唯憂。揚旆宣風,迢逓清肅。無虞異域,厥功爲重。方當撫翼雲衢,驤首天路。而輔仁莫驗,福善徒言。未申大夏之材,遽掩荆山之玉。以顯慶四年十月十五日,遘疾終於萬年之里第,春秋五十八。[49]

李思諒卒於顯慶四年,則墓誌所述出使吐蕃事當在顯慶四年前。據李思諒子李

---

[41] 顯慶元年,"賀魯又犯邊,詔程知節、蘇定方、任雅相、蕭嗣業領兵並回紇大破賀魯於陰山,再破於金牙山,盡收所據之地,西逐至耶羅川"。《舊唐書》卷一九五《回紇傳》,5197頁。
[42] 《舊唐書》卷四《高宗紀》,76頁。
[43] 《册府元龜》卷三五八《將帥部·立功十一》,4241頁上欄。
[44] 《舊唐書》卷一九八《吐谷渾傳》,5300頁。
[45] 宋敏求編《唐大詔令集》卷六二《册張允恭鄯州都督文》,中華書局,2008年,338頁。
[46] 《册張允恭鄯州都督文》明確提到"是用命爾爲使持節、都督鄯、蘭、河、儒、廓、淳、蒙七州諸軍事鄯州刺史"。《唐大詔令集》卷六二《册張允恭鄯州都督文》,338頁。
[47] 《册府元龜》卷九七〇《外臣部·朝貢三》,11402頁上欄。
[48] 《資治通鑑》卷二〇〇《唐紀十六》唐高宗顯慶三年十月庚申,6310頁。
[49] 胡戟、榮新江主編《大唐西市博物館藏墓誌》,北京大學出版社,2012年,137頁。

節之墓誌,李思諒"頻使吐蕃,戎虜悅服"[50],曾出使過吐蕃多次。李思諒幾次出使吐蕃的時間雖無法確定,但墓誌所描述的這一次出使有很大可能是在顯慶年間。從"方當撫翼雲衢"到"遽掩荆山之玉"一段看[51],李思諒應是在出使返回不久就已去世,也就是說,李思諒的出使很可能距離顯慶四年並不遠。墓誌中值得注意的還有"遠人未附,疆場唯憂"一句,所謂"遠人"指的應是李思諒前往出使的吐蕃,從"疆場唯憂"看,此時唐朝和吐蕃的關係並不融洽,甚至在邊疆已發生了衝突,故李思諒出使吐蕃後,"無虞異域,厥功爲重",邊境形勢穩定了下來。雖然墓誌免不了有溢美之詞,但墓誌提到的唐蕃矛盾,還是爲我們確定李思諒出使吐蕃的時間提供了綫索。從貞觀十四年吐蕃求親成功到顯慶元年禄東贊進攻白蘭,唐朝與吐蕃之間大體維持了較爲和平的關係。顯慶元年後,唐蕃之間逐漸有了利益衝突,如此,則李思諒出使吐蕃的時間有很大可能是在顯慶元年後[52]。顯慶四年前,唐蕃尚未在西域發生直接的衝突[53],因此,此處的疆場祇可能是在隴右或者劍南西部的党項、諸羌之地,李思諒出使吐蕃有極大可能是與白蘭或者吐谷渾問題相關。唐朝和吐蕃在顯慶年間的通使,應與此時雙方的邊境形勢密切相關,在顯慶四年前,唐蕃或許已就邊境問題進行了多次商談。

到了顯慶四年,唐朝再次派遣劉仁願出使吐蕃,"四年入吐谷渾及吐蕃宣

---

[50] 吴鋼主編《全唐文補遺》第 8 輯《唐故資州司倉參軍李君墓誌銘》,三秦出版社,2005 年,325 頁。

[51] 這幾句話是當時墓誌流行的"套語",類似的話語還見於管基、管思禮墓誌,參見宋建建《唐〈李思諒墓誌〉疏證》,《黑河學院學報》2020 年第 8 期,179 頁。這些套語一般出現在墓主生平事迹和去世日期之間,套語前的事迹即墓主生前的最後事迹。

[52] 陳明迪、陸離認爲李思諒的出使可能與貞觀十二年的松州之戰有關,參見陳明迪、陸離《唐入蕃使者補遺四則——以出土墓誌爲中心》,《西藏民族大學學報》2019 年第 6 期,36 頁。貞觀十二年距離顯慶四年還有 21 年,若李思諒早在貞觀十二年就已出使吐蕃,則墓誌不太可能在叙述完出使吐蕃事後就緊接着叙述墓主去世。此外,從《李思諒墓誌》所載"羌戎之地,雜種寔繁;白蘭之南,薦居非一。綿亘恃險,亟多翻叛"(胡戟、榮新江主編《大唐西市博物館藏墓誌》,137 頁)看,李思諒出使時,吐谷渾之地的諸部落已經降附了唐朝,這也與貞觀十二年吐蕃東進至青海湖附近的吐谷渾核心區的形勢不符。綜合這兩點,筆者認爲陳明迪、陸離的觀點恐難成立。

[53] 唐蕃首次在西域交鋒,發生直接的軍事衝突是在龍朔二年(662),參見王小甫《唐、吐蕃、大食政治關係史》,中國人民大學出版社,2009 年,56 頁。

勞"[54]。從"宣勞"一語看,唐蕃關係還未破裂,因此劉仁願出使應是在同年達延莽布支與唐軍開戰前。吐蕃在完成對白蘭的征服後,下一個目標就是吐谷渾,禄東贊也從顯慶四年開始進入吐谷渾[55]。吐蕃很可能在此時,發動了對吐谷渾的攻擊,而唐朝則試圖調解二者的爭端,故派遣劉仁願同時宣慰兩國。但此次宣勞並没有取得效果,先前雙方的談判也未達成一致意見,唐蕃很快就在烏海發生了戰爭。烏海之戰的爆發並不是偶然的,而是從顯慶元年開始,唐蕃因邊界問題再次發生爭端後的結果。以烏海之戰爲開端,唐蕃關係開始急劇惡化。

從顯慶四年到麟德二年(665)的六年中,除龍朔二年(662)外,禄東贊一直駐扎在吐谷渾[56],充分表現了吐蕃對經略吐谷渾的重視。顯慶五年八月,即烏海之戰一年後,"吐蕃禄東贊遣其子起政將兵擊吐谷渾,以吐谷渾內附故也"[57],由此揭開了吐蕃大舉進攻吐谷渾的序幕。按《資治通鑑》此段記載,吐蕃發動進攻的藉口是吐谷渾內附。《新唐書·吐蕃傳》亦言:"未幾,吐谷渾內附,禄東贊怨忿,率鋭兵擊之。"[58]兩書所記相同,則吐谷渾內附事當非出自宋人概括,或有共同史源。吐谷渾自貞觀九年被唐朝擊敗後,已經成爲了唐朝事實上的屬國,此處爲何會再次出現吐谷渾內附的記載呢?吐蕃又爲何以吐谷渾內附爲藉口開戰呢?

陳楠也注意到了內附的問題,她認爲所謂"內附"指的應該是顯慶四年達延莽布支在烏海戰死後,他所統帥的吐谷渾部落歸降了唐朝[59],但這一觀點很難讓人信服。達延莽布支戰死後,他麾下的部落去向如何,史無明載,如果是歸附了唐朝,吐蕃應該直接與唐朝交涉,而不應以此爲藉口進攻吐谷渾諾曷鉢部。既然內附是吐蕃進攻諾曷鉢部的藉口,那麼內附的對象就祇可能是諾曷鉢部。聯繫到從貞觀時期開始的唐、吐蕃、吐谷渾之間錯綜複雜的關係以及顯慶五年前的三方交涉,筆者認爲此處的內附應該是指吐谷渾藉助唐朝兵力來公開對抗吐蕃。

---

[54] 董誥等《全唐文》卷九九〇《唐劉仁願紀功碑》,中華書局,1983年,10250頁上欄。原文作"四年入吐谷渾及吐茯宣勞",吐茯應爲吐蕃之誤。
[55] 王堯、陳踐《敦煌本吐蕃歷史文書》,《王堯藏學文集》第1卷,193頁。
[56] 王堯、陳踐《敦煌本吐蕃歷史文書》,《王堯藏學文集》第1卷,193—194頁。
[57] 《資治通鑑》卷二〇〇《唐紀十六》唐高宗顯慶五年八月,6321頁。
[58] 《新唐書》卷二一六《吐蕃傳》,6075頁。
[59] 陳楠《公元七世紀中後期唐、蕃對吐谷渾的爭奪》,收入《藏史叢考》,100頁。

松州之戰後,吐蕃雖退出了吐谷渾之地,但對吐谷渾依然有一定的影響力,不少吐谷渾部落首領歸附了吐蕃[60]。唐朝雖將吐谷渾納爲屬國,但對吐谷渾諸部落的控制並不强,上引《李思諒墓誌》載:

> 又善將順,奉使絶域。皇華擁節,銜命吐蕃。但葱嶺遼夐,懸度迢阻。鹽海際天,蒼山蔽日。羌戎之地,雜種寔繁;白蘭之南,薦居非一。綿亘恃險,亟多翻叛。[61]

葱嶺、懸度都位於西域,此處應是指李思諒曾出使西域[62],這正好可與前文的"絶域"對應。後文所述則應與出使吐蕃有關,從"羌戎""白蘭"看,李思諒應是沿着唐蕃古道前往吐蕃的。所謂"鹽海"當指青海湖[63],羌戎和白蘭應該是經過青海湖後纔看到的。此處的白蘭即北部白蘭,從墓誌所述看,直到顯慶四年,吐蕃都未征服白蘭,這有力地支持了筆者前文所論的顯慶元年禄東贊征服的白蘭是南部白蘭的觀點。所謂羌戎、雜種,應該指吐谷渾及其周邊部落,此時的吐谷渾之地還遍布着各類部落,且數量衆多。更重要的是,這些部落"綿亘恃險,亟多翻叛",分布極廣,且已有很多部落恃險反叛唐朝,唐朝對吐谷渾之地的統治並不穩固。

由此觀之,松州之戰後,吐谷渾並未完全倒向唐朝,在强大的唐朝與吐蕃之間,吐谷渾實際上保持了兩屬狀態[64]。隨着吐蕃的東進以及唐蕃關係由好轉壞,吐蕃與吐谷渾的關係也隨之發生了變化,劉仁願顯慶四年出使雙方前,吐蕃與吐谷渾很可能就已爆發了矛盾。之後,吐蕃向吐谷渾境内推進,烏海之戰爆發,唐

---

[60] 貞觀十五年,吐谷渾丞相宣王就"因欲襲擊公主,劫諸曷鉢奔於吐蕃",《舊唐書》卷一九八《吐谷渾傳》,5300 頁。在吐蕃内部,也有出身吐谷渾的將領,如達延莽布支就極有可能是吐谷渾人,關於達延莽布支的身份及活動,可參見陳楠《論噶氏家族專權時期吐蕃的内政建設及唐蕃關係》,收入《藏史新考》,中央民族大學出版社,2009 年,107 頁。

[61] 胡戟、榮新江主編《大唐西市博物館藏墓誌》,137 頁。

[62] 陳明迪、陸離《唐入蕃使者補遺四則——以出土墓誌爲中心》,35 頁。

[63] 陳明迪、陸離認爲鹽海指的是柴達木盆地東部的茶卡鹽池,參見《唐入蕃使者補遺四則——以出土墓誌爲中心》,35 頁。茶卡鹽池並不在唐蕃古道上,而且從"鹽海際天"看,鹽海的面積並不小,相比於茶卡鹽池,作爲鹹水湖的青海湖不僅在唐蕃古道附近,面積也更大,因此此處的鹽海更可能是青海湖。

[64] 鄭紅翔也認爲從太宗到高宗初期,吐谷渾同時依附於吐蕃和唐朝兩個强大政權,參見鄭紅翔《安史之亂前唐王朝對吐蕃的軍事對策——以隴右節度爲中心》,16 頁。

朝出兵支援吐谷渾,唐蕃走向公開對抗。吐谷渾向唐朝借兵使得吐谷渾更加依賴唐朝的保護,烏海之戰後吐谷渾兩屬狀態結束,諾曷鉢徹底倒向唐朝。吐蕃以内附爲藉口發動的對吐谷渾戰爭,實際上是對吐谷渾完全倒向唐朝不滿的表現。

吐蕃發動進攻後,龍朔三年,吐蕃與吐谷渾"各遣使上表論曲直"[65],高宗"皆不許"[66],決定不加干涉。吐谷渾"更來求援"[67],唐朝亦未答應。顯慶四年時,唐朝還有餘力介入兩國爭端,並出兵幫助吐谷渾,但從顯慶四年末開始,唐朝一方面要征伐百濟、高句麗[68],另一方面要應付西域的鐵勒、龜兹叛亂[69],對吐谷渾事務已經力不從心,祇能不加干涉。從顯慶五年到龍朔三年的四年間,吐蕃一直在不遺餘力地進攻吐谷渾,龍朔二年時甚至出現在了西域[70],這表明吐谷渾的戰事已不足爲慮,吐蕃已經有餘力與唐朝爭霸西域了。

就在吐蕃步步緊逼,唐朝無暇西顧時,吐谷渾内部也産生了分化,"吐谷渾之臣素和貴有罪,逃奔吐蕃"[71]。素和貴逃至吐蕃後,"具言吐谷渾虛實"[72],並"招其叛士"[73]。從郭元振後來談到的素和貴叛走,"失少許吐渾"[74]看,素和貴確實帶走了一部分吐谷渾部落,吐谷渾内部在此時發生了明顯的分裂。藉助素和貴的情報,吐蕃很快便"出兵搗虛,破其衆黄河上"[75],進逼黄河。此處的黄河位於何處呢?吐蕃進至黄河不久,"吐谷渾可汗曷鉢與弘化公主帥數千帳

---

[65] 《資治通鑑》卷二〇一《唐紀十七》唐高宗龍朔三年五月壬午,6335 頁。

[66] 同上。

[67] 同上。

[68] 永徽六年二月,高宗"遣營州都督程名振、左衛中郎將蘇定方發兵擊高麗",《資治通鑑》卷一九九《唐紀十五》,6287 頁。自此開始了長達數年的討伐高麗、百濟的戰爭,朝鮮半島的戰爭到總章年間纔逐漸結束。關於唐高宗時期的唐、高句麗、百濟、新羅的戰爭,可參見韓昇《東亞世界形成史論》,復旦大學出版社,2009 年,234—262 頁。

[69] 關於顯慶四年後到龍朔年間的西域形勢,可參見王小甫《唐、吐蕃、大食政治關係史》,53—61 頁。

[70] 龍朔二年,"弓月部復引吐蕃之衆來,欲與唐兵戰;海政以師老不敢戰,以軍資賂吐蕃,約和而還"。《資治通鑑》卷二〇一《唐紀十七》唐高宗龍朔二年十二月戊申,6333 頁。王小甫《唐、吐蕃、大食政治關係史》,56 頁。

[71] 《資治通鑑》卷二〇一《唐紀十七》唐高宗龍朔三年五月壬午,6336 頁。

[72] 同上。

[73] 《册府元龜》卷九六二《外臣部·才智》,11322 頁下欄。

[74] 《通典》卷一九〇《邊防六》,中華書局,1988 年,5166 頁。

[75] 《新唐書》卷二二一《吐谷渾傳》,6227 頁。

棄國走依涼州"[76]，禄東贊也隨即"屯兵於青海之地"[77]，以此觀之，此處的黄河已處於吐谷渾的核心之地，很有可能就在河西九曲附近[78]。也就是說，吐蕃此時已經從顯慶四年的烏海，一路擴張到了青海湖地區，吐谷渾之地幾乎全被納入到了吐蕃的統治下。《舊唐書·吐谷渾傳》言吐谷渾"至龍朔三年爲吐蕃所滅"[79]，則在唐朝看來，吐蕃在進至青海湖、黄河一帶的吐谷渾核心區後，吐谷渾已宣告滅亡。

吐谷渾的滅亡震動了唐朝，高宗立即"以涼州都督鄭仁泰爲青海道行軍大總管，帥右武衛將軍獨孤卿雲、辛文陵等分屯涼、鄯二州，以備吐蕃"[80]。吐蕃此前已進至黄河，唐朝屯兵鄯州實屬必要，而在涼州屯兵，則意味着青海湖以北地區很可能已被吐蕃控制，涼州已經直接面臨威脅。隨後，"六月，戊申，又以左武衛大將軍蘇定方爲安集大使，節度諸軍，爲吐谷渾之援"[81]。唐朝出兵後，禄東贊"遣使者論仲琮入見，表陳吐谷渾之罪，且請和親"[82]。吐蕃對吐谷渾的戰事之所以如此順利，根本原因在於唐朝未介入，唐朝接連派遣鄭仁泰、蘇定方防禦吐蕃後，吐蕃已經意識到了唐朝介入的決心，故首先上表向唐朝解釋。至於和親，祇是吐蕃試圖讓唐朝承認現狀的手段而已。高宗"不許"，並"遣左衛郎將劉文祥使於吐蕃，降璽書責讓之"[83]，明確表達了對吐蕃的不滿。

兩年後的麟德二年，"正月，丁卯，吐蕃遣使入見，請復與吐谷渾和親，仍求赤水地畜牧"[84]。吐蕃此時提出與吐谷渾聯姻，其目的與之前請求和唐朝聯姻是一樣的，都是希望以聯姻换取唐朝、吐谷渾對吐蕃占有吐谷渾之地的承認，而求

---

[76] 《資治通鑑》卷二〇一《唐紀十七》唐高宗龍朔三年三年五月壬午，6336頁。
[77] 《册府元龜》卷九九六《外臣部·責讓》，11696頁下欄。
[78] 據楊長玉研究，河西九曲即黄河以西，以今共和縣恰卜恰鎮爲中心的地區，參見《唐蕃接觸中的河西九曲》，《中國史研究》2020年第3期，112—116頁。
[79] 《舊唐書》卷一九八《吐谷渾傳》，5301頁。
[80] 《資治通鑑》卷二〇一《唐紀十七》唐高宗龍朔三年五月壬午，6336頁。
[81] 同上。
[82] 同上。
[83] 同上。
[84] 《資治通鑑》卷二〇一《唐紀十七》唐高宗麟德二年正月丁卯，6343頁。

赤水地也大有深意。赤水即今日流經共和縣境内的恰不恰河[85],該河周邊區域一直以來都是吐谷渾的核心區[86],占據赤水地後,吐蕃的勢力便可直接拓展至鄯、廓二州。赤水地此時還處於唐朝控制下[87],吐蕃求赤水地實際上是希望通過談判的方式,兵不血刃地獲得這一要地。换言之,麟德二年左右,吐蕃已經東擴到了赤水地以西地區,而據下文的分析,這一地區正是大非川。吐蕃在麟德二年的兩個要求,究其本質都是希望完全獲得吐谷渾之地。高宗"不許"[88],再次回絕了吐蕃的要求,隴右的形勢也因唐蕃的互相制衡而暫時歸於平静。

二、從大非川到青海湖:大非川之戰與吐蕃的進一步東擴

從總章元年(668)開始,隴右的平静狀態逐漸被打破。據《大事紀年》,吐蕃於總章元年在"Ji ma khol 建造堡壘"[89]。Ji ma khol 一般認爲指大非川[90],吐蕃在此建造堡壘,一方面説明大非川應當是此時唐蕃勢力的分界,大非川以西被吐蕃占據,大非川以東,包括前文提到的赤水地則被唐朝控制,另一方面也表明吐蕃已做好了長期防守的準備。同年,"吐蕃入寇",阿史那貞"拜使持節青海道行軍大總管"[91]。根據《通典·吐蕃傳》所言:"總章中,以兵臨吐谷渾。吐谷

---

[85] 佐藤長著,張鐵綱譯《再論"河西九曲"之地》,收入《國外藏學研究譯文集》第13輯,西藏人民出版社,1997年,53頁。
[86] 鈴木隆一著,鍾美珠譯《吐谷渾與吐蕃之河西九曲》,《民族譯叢》1985年第3期,49頁。
[87] 同上。
[88] 《資治通鑑》卷二〇一《唐紀十七》唐高宗麟德二年正月丁卯,6343頁。
[89] 王堯、陳踐《敦煌本吐蕃歷史文書》,《王堯藏學文集》第1卷,194頁。
[90] 王堯、陳踐譯爲"且末國",參見王堯、陳踐《敦煌本吐蕃歷史文書》,《王堯藏學文集》第1卷,194頁。黄布凡、馬德譯爲大非川,參見黄布凡、馬德《敦煌藏文吐蕃史文獻校注》,甘肅教育出版社,2000年,41頁。大部分學者都認爲應以大非川爲是,參見白桂思著,付建河譯《吐蕃在中亞中古早期吐蕃、突厥、大食、唐朝争奪史》,新疆人民出版社,2012年,21頁;森安孝夫《吐蕃の中央アジア進出》,收入《東西ウイグルと中央ユーラシア》,名古屋大學出版會,2015年,141—142頁;王小甫《唐、吐蕃、大食政治關係史》,66—67頁;劉子凡《瀚海天山——唐代伊、西、庭三州軍政體制研究》,中西書局,2016年,168頁。
[91] 周紹良主編《唐代墓誌彙編》上元〇一四《大唐故右驍衛大將軍贈荆州大都督上柱國薛國公阿史那貞公墓誌之銘》,上海古籍出版社,1992年,602頁。

渾告急"[92],可知所謂入寇,指的是吐蕃侵擾吐谷渾,阿史那貞的青海道行軍主要任務就是援助吐谷渾。

龍朔三年,吐谷渾被擊敗後,諾曷鉢逃往涼州,追隨諾曷鉢的吐谷渾部落應該分布在涼州附近,吐蕃此次對吐谷渾部落的進攻不僅威脅到了吐谷渾自身的生存,還對涼州造成了衝擊,無論從哪個方面看,唐朝的出兵實屬必要。《阿史那貞墓誌》記此次出征"長策遠振,群凶□迹"[93],《阿史那貞碑》則言"將軍有百勝之功,天子緩一隅之慮"[94],可知阿史那貞擊敗了吐蕃,吐谷渾的危急形勢得到了緩解[95]。到了總章二年(669),"吐谷渾諸部前來致禮,徵其人貢賦稅"[96],吐蕃强化了對被征服吐谷渾部落的控制,並通過徵收賦稅,使吐谷渾成爲了吐蕃前進的基地。

對於還在諾曷鉢控制下的吐谷渾部落,吐蕃則再次發動了襲擊。總章二年,"七月癸巳,左衛大將軍契苾何力爲烏海道行軍大總管,以援吐谷渾"[97]。從行軍的名稱看,唐朝已打算從南路進軍烏海,以緩解吐谷渾的壓力。在吐蕃的一連串攻擊下,吐谷渾内部乃至河西的形勢都變得動盪起來。《馮師訓碑》載:

〔總章〕二年,加宣威將軍,守右監門衛中郎將,敕於渾衙鎮壓,並於蘭、涼、鄯、廓、甘、瓜等州經略叛渾,討擊山賊。公喻之以恩惠,申之以威嚴。數歲之間,晏然清怙。[98]

諾曷鉢此前已内遷至涼州,所謂"渾衙"應指涼州的吐谷渾衙帳。從龍朔三年開始,諾曷鉢即一直居於涼州,在唐朝的庇護下,帶領殘餘的吐谷渾部落抗擊吐蕃。但到了總章二年,内遷的吐谷渾部落也開始背叛諾曷鉢和唐朝了。碑文中提到的涼州叛渾即追隨諾曷鉢的吐谷渾内附部落,從唐朝需要派馮師訓專門"於渾

---

[92]《通典》卷一九〇《邊防六》,5173頁。

[93] 周紹良主編《唐代墓誌彙編》上元〇一四《大唐故右驍衛大將軍贈荆州大都督上柱國薛國公阿史那貞公墓誌之銘》,602頁。

[94] 陳尚君輯校《全唐文補編》卷一四九《大唐故右驍衛大將軍薛國貞阿史那府君之碑》,中華書局,2005年,1810頁。

[95] 劉安志《從吐魯番出土文書看唐高宗咸亨年間的西域政局》,收入《敦煌吐魯番文書與唐代西域史研究》,商務印書館,2011年,82頁。

[96] 王堯、陳踐《敦煌本吐蕃歷史文書》,《王堯藏學文集》第1卷,194頁。

[97]《新唐書》卷三《高宗紀》,67頁。

[98] 吴鋼主編《全唐文補遺》第3輯《唐故左武威衛將軍上柱國張掖郡公馮府君碑》,5—6頁。

衙鎮壓"看,叛亂的規模並不小,諾曷鉢事實上已經喪失了對吐谷渾部落的掌控。除涼州外,隴右的蘭、鄯、廓三州也有吐谷渾部落叛亂,三州均是唐朝的正州,這些叛亂部落應該是來自安置在三州的吐谷渾部衆[99]。在吐蕃的持續進攻下,從涼州到隴右,内附的吐谷渾部落已發生了大範圍的叛亂。

比較值得注意的是甘、瓜二州的叛渾。諾曷鉢率領的吐谷渾部落一直居於涼州附近,總章年間並無在甘、瓜二州安置吐谷渾的記録,因此可以排除二州叛渾來自諾曷鉢部的可能。甘、瓜二州與吐谷渾故地之間雖有祁連山阻擋,但祁連山有多條可供穿越的通道[100],吐蕃此後也經由這些通道多次進攻河西,因此,侵擾甘、瓜二州的吐谷渾有很大可能是來自吐谷渾故地。换言之,在祁連山以南的吐谷渾故地被吐蕃征服後,原活動於此的吐谷渾部落已轉而成爲吐蕃進攻河西的先頭部隊,所謂"山賊",指的就是這些活躍在祁連山一帶,頻繁騷擾唐朝的吐谷渾部落。

由此可見,總章二年,吐蕃的攻擊目標並不局限於吐谷渾,在吐蕃的鼓動下,大量的吐谷渾叛亂部落已威脅到了唐朝治下的隴右、河西諸州。此次進攻打破了貞觀初年伏允侵擾涼州後,河西四十餘年未遇到過來自祁連山以南威脅的局面,使河西從内地轉而成爲邊地。同年八月,高宗發布詔書,"以十月幸涼州"[101],但"時隴右虚耗,議者多以爲未宜遊幸"[102]。面對群臣的質疑,高宗親自召見五品以上的官員進行解釋,並對群臣進行了斥責,以致"宰相以下莫敢對"[103],很顯然,高宗爲此次西巡下了很大的決心。聯繫到此年河西的動盪局勢,就可以明白高宗之所以堅持西巡,主要目的還是在於希望通過西巡震懾吐蕃,穩定河西局勢。儘管西巡被來敏阻止,但高宗還是堅持"止度隴"[104],最大

---

[99] 郭元振在武則天時期的上書中曾提到"至如鉗爾乙句貴,往年王孝傑奏請自河源軍徙居靈州,用爲愜便",《通典》卷一九〇《邊防六》,5166頁。鉗爾乙句貴爲吐谷渾首領,河源軍在鄯州,可知以鄯州爲代表的隴右諸州境内應該安置着大量吐谷渾部落。

[100] 李宗俊將通往瓜、沙二州的道路稱爲玉門軍道,通往甘州的稱爲建康軍道,參見李宗俊《唐代河西走廊南通吐蕃道考》,《敦煌研究》2007年第3期,45—46頁。

[101] 《資治通鑑》卷二〇一《唐紀十七》唐高宗總章二年八月丁未,6359頁。

[102] 同上。

[103] 同上。

[104] 《唐會要》卷二七《行幸》,602頁。

程度地表現出了對西部邊境局勢的關注。之後,"九月,詔吐谷渾慕容諾曷鉢部落移涼州南近山安置"[105]。諾曷鉢此前一直居於涼州,此次下詔將吐谷渾部落南徙,意味着唐朝已試圖將內附部落的活動中心向靠近吐蕃勢力範圍的一側移動,唐朝援助吐谷渾返回故地的計劃於此已初見端倪。但問題在於吐谷渾南移勢必會引起吐蕃的反應,要保證南遷完成,唐朝就必須發兵擊吐蕃。圍繞是否發兵,群臣展開了辯論,最終因意見不統一,唐朝没能發兵,吐谷渾也未按計劃南徙。

次年,即咸亨元年,"夏,四月,吐蕃陷西域十八州,又與于闐襲龜兹撥換城,陷之。罷龜兹、于闐、焉耆、疏勒四鎮。辛亥,以右衛大將軍薛仁貴爲邏娑道行軍大總管,左衛員外大將軍阿史那道真、左衛將軍郭待封副之,以討吐蕃,且援送吐谷渾還故地"[106]。大非川之戰由此打響。劉安志認爲唐朝在此時派遣薛仁貴出擊吐蕃,有減緩西域戰場唐軍壓力的考慮[107],從此時的西域形勢看,確實不能排除這種可能。不過,除去支援西域守軍的考慮,站在隴右的角度看,大非川之戰的爆發也有其自身邏輯。

首先,唐蕃之間的矛盾是結構性的。自貞觀九年擊敗吐谷渾開始,吐谷渾之地基本屬於唐朝的勢力範圍。吐蕃雖在貞觀十二年一度逼近吐谷渾核心區域,但很快便退兵了,唐蕃之所以能維持長時間的和平,原因即在於松州之戰後,雙方已達成南北兩處勢力範圍的劃分。從顯慶元年起,吐蕃開始打破原有的界綫,向東發展,先是征服白蘭,進而在顯慶四年進軍吐谷渾,侵入唐朝的勢力範圍,唐蕃關係至此已無法挽回。此前,唐朝因忙於朝鮮半島事務,一直無暇顧及隴右,到了總章元年攻滅高句麗後,唐朝的注意力轉向了隴右。此時決定出兵,並不僅僅是爲了減緩西域壓力,而是有解決自顯慶四年以來唐蕃在隴右矛盾的用意,即通過出兵恢復唐朝對吐谷渾之地的控制。

其次,吐谷渾問題也與唐朝的邊境安全密切相關。在總章二年的討論中,姜恪提到了援助吐谷渾的意義,"儻若不救,坐見滅亡,此則邊境憂虞,無所控告,

---

[105] 《册府元龜》卷九九一《外臣部·備禦四》,11642 頁上欄。
[106] 《資治通鑑》卷二〇一《唐紀十七》唐高宗咸亨元年四月,6363 頁。
[107] 劉安志《從吐魯番出土文書看唐高宗咸亨年間的西域政局》,收入《敦煌吐魯番文書與唐代西域史研究》,92—94 頁。

既虧聖德,又沮國威"[108]。一方面是有損唐朝的國威,另一方面則關係到邊境的安全。總章二年,吐蕃與附蕃吐谷渾部落一起發動了對河西、隴右諸州的襲擊,震動了高宗。從現實層面出發,唐朝也需要出兵進攻吐蕃來保證邊境安全。

再次,大非川之戰的發動實際上是總章二年政策的延續。總章二年的廷議雖未能達成一致,但吐谷渾南移和發兵擊吐蕃兩個議題已被提出,群臣意見不一致使這兩個計劃被擱置,但並不意味着放棄,咸亨元年發兵就是在繼續推行這兩個政策,且走得更遠,直接從將吐谷渾涼州南近山安置轉變爲"還故地"。因此,大非川之戰的發生並不是偶然的,而是有着自身的演變邏輯,無論是從唐蕃的深層矛盾,還是從邊境安全、政策的延續性上來說,唐蕃在隴右都必有一戰。

大非川之戰的經過,《舊唐書·薛仁貴傳》記載最詳,具引如下:

> 軍至大非川,將發赴烏海,仁貴謂待封曰:"烏海險遠,車行艱澀,若引輜重,將失事機,破賊即回,又煩轉運。彼多瘴氣,無宜久留。大非嶺上足堪置栅,可留二萬人作兩栅,輜重等並留栅內。吾等輕鋭倍道,掩其未整,即撲滅之矣。"仁貴遂率先行至河口,遇賊擊破之,斬獲略盡,收其牛羊萬餘頭,回至烏海城,以待後援。待封遂不從仁貴之命,領輜重繼進。比至烏海,吐蕃二十余萬悉衆來救,邀擊,待封敗走趨山,軍糧及輜重並爲賊所掠。仁貴遂退軍屯於大非川。吐蕃又益衆四十余萬來拒戰,官軍大敗,仁貴遂與吐蕃大將論欽陵約和。[109]

關於大非川之戰中,唐朝失敗的原因,前人已經結合這段史料做過不少研究[110],筆者較爲關注的是這段記載中反映出的唐蕃勢力範圍。薛仁貴大軍未遇抵抗即到達大非川,這説明大非川以東一直是由唐軍控制,結合前文提到的吐蕃在大非川建築堡壘,則大非川確爲唐蕃勢力之分界綫。薛仁貴意圖將輜重置於大非川,表明大非川實際上已成爲唐軍往西進攻的重要基地。在出征前,薛仁貴即已有明確的作戰計劃,即直驅烏海,烏海還建有烏海城,吐蕃二十萬大軍之後也是奔赴烏海支援的,這説明烏海是吐蕃在吐谷渾之地的一個重要軍事中心。

---

[108] 《册府元龜》卷九九一《外臣部·備禦四》,11642 頁下欄。
[109] 《舊唐書》卷八三《薛仁貴傳》,2782—2783 頁。
[110] 相關研究可參見前文的學術史回顧。

前年唐朝以契苾何力爲烏海道行軍大總管,正是試圖拔除烏海的吐蕃軍隊。當薛仁貴進至河口,一路消滅吐蕃軍隊後,從大非川到烏海的吐谷渾之地暫時轉歸唐朝控制,此戰的戰略目標已經完成。薛仁貴之所以要在烏海等待救援,就是試圖集中力量一舉消滅增援的吐蕃援軍,鞏固唐朝的戰果。但因吐蕃軍隊數量衆多,薛仁貴遲遲未等到救援,祇好放棄烏海城,返回大非川,吐蕃最終全殲唐軍。此戰對唐蕃雙方都有重要意義,除了援助吐谷渾復國的計劃失敗外,唐朝在吐谷渾之地的勢力範圍還進一步縮小了。

《舊唐書·吐蕃傳》與《高宗紀》在大非川之戰失敗後,都提到"吐谷渾全國盡没,唯慕容諾曷鉢及其親信數千帳來内屬"[111]。按照唐人的記録,龍朔三年時吐谷渾就已滅亡了,此處的"全國盡没",指的是吐谷渾之地全部陷蕃。也就是説,此前唐蕃以大非川爲界的局面不復存在,大非川及其以東的吐谷渾之地已脱離了唐朝控制。大非川之戰失敗後,吐蕃"既又寇逼涼州,欲陷城堡"[112],唐朝在閏九月"甲寅,以左相姜恪爲涼州道行軍大總管,以禦吐蕃"[113]。《高質墓誌》提到高質"咸亨元年,奉敕差邏娑、涼州"[114],涼州即涼州道行軍。據此可知,大非川之戰後,吐蕃已開始侵擾涼州,唐朝則在薛仁貴的邏娑道行軍後,又組織了一次涼州道行軍。

咸亨三年(672)二月,唐朝再次試圖將吐谷渾部落南徙,"吐谷渾慕容諾曷鉢部落自涼州徙於鄯州浩亹河之南,發兵以送之"[115]。浩亹河即今青海北部的大通河,浩亹河一帶處於鄯州北部,北經大斗拔谷可進入河西,南可達隴右,西近青海湖,往東亦可越姑臧南山進入涼州[116],戰略位置十分重要。大業五年(609)時,隋煬帝即從鄯州北上"梁浩亹"[117],經大斗拔谷入張掖。隋朝討伐吐

---

[111] 《舊唐書》卷一九六《吐蕃傳》,5223頁。
[112] 《册府元龜》卷九六二《外臣部·才智》,11322頁下欄。
[113] 《資治通鑑》卷二〇一《唐紀十七》唐高宗咸亨元年閏月甲寅,6365頁。
[114] 《大周故鎮軍大將軍行左金吾衛大將軍贈幽州都督上柱國柳城郡開國公高公墓誌銘》,吳鋼主編《全唐文補遺·千唐志齋新藏專輯》,三秦出版社,2006年,80頁。
[115] 《册府元龜》卷一七〇《帝王部·來遠》,2052頁下欄。
[116] 李宗俊將此道稱爲洪源谷道,參見李宗俊《唐代河西走廊南通吐蕃道考》,47—48頁。
[117] 《隋書》卷三《煬帝紀》,中華書局,1973年,73頁。

谷渾時,吐谷渾可汗伏允"率衆保覆袁川"[118],覆袁川即位於此地[119]。唐朝此前即已多次做出吐谷渾南徙的決定,但均以失敗告終,此次南徙是大非川之戰後的又一次嘗試,或許有試圖藉助吐谷渾部落防守浩亹河區域的意圖。但此次南徙依然不成功,"既屬吐蕃熾盛,諾曷鉢不安其居,又鄯州地窄,尋徙於靈州之境"[120]。吐蕃此前已將勢力擴展至青海湖北,所謂"不安其居"指的就是吐谷渾部落經常受到吐蕃的侵擾。比較難理解的是"鄯州地窄"一説。浩亹河以南,就其面積而言並不算狹窄,今日置於此處的門源縣總面積即達6902平方公里[121],非常遼闊,如果僅是供内附吐谷渾部落活動的話,此區域已足够。

在諾曷鉢遷於靈州之後,還有一段值得注意的記載,"其吐谷渾故地並没於吐蕃"[122]。大非川之戰後是"全國盡没",此處是"故地並没",二者並不相同。"全國盡没"即大非川以東的原吐谷渾統治的地區落入吐蕃之手,"故地並没"則是指原屬吐谷渾的土地陷蕃,那麽應該如何理解"故地並没"呢？陳明迪從此後聖曆二年(699)吐蕃直接進至涼州昌松縣洪源谷一事出發,認爲吐蕃此役是從今青海省東部出發,跨過大通河(浩亹河)流域而到達洪源谷的,並就此提出浩亹河流域此時已經被吐蕃控制[123]。筆者雖贊同浩亹河流域已被吐蕃控制的觀點,但僅以吐蕃在洪源谷之戰中的行軍路綫爲依據,論證還是稍顯薄弱,以下,筆者希望就此問題做進一步討論。

唐朝和吐蕃曾對隴右的一些戰略要地展開過數次爭奪,這些戰略要地除了著名的石堡城外,還有吐蕃新城,而新城的地望就是我們解開吐谷渾"故地並没"的鑰匙。新城長時間被吐蕃占據,開元二十六年(739)"杜希望率衆攻吐蕃新城,拔之,以其城爲威戎軍"[124],但唐朝控制新城的時間並不長。天寶元年

---

[118] 《隋書》卷三《煬帝紀》,73頁。
[119] 周偉洲認爲覆袁川在今門源西北俄博河一帶,參見周偉洲《吐谷渾史》,寧夏人民出版社,1985年,70頁。
[120] 《册府元龜》卷一七〇《帝王部·來遠》,2052頁下欄。
[121] 門源回族自治縣志編纂委員會編《門源縣志》,甘肅人民出版社,1993年,52頁。
[122] 《册府元龜》卷一七〇《帝王部·來遠》,2052頁下欄。
[123] 陳明迪《墓誌所見唐代邊疆與民族若干問題研究》,南京師範大學博士學位論文,2020年,148—149頁。
[124] 《舊唐書》卷一九六上《吐蕃傳上》,第5234頁。

(742)十二月,河西軍隊自大斗拔谷南下,"十二日至新城南,吐蕃已燒盡野草,列火如晝。……因躡其烽燧。高揭旌旗。氣雄雷霆。聲疾風雨。十五日至清海北界"[125]。可知,天寶元年時新城已再次被吐蕃攻占。天寶五載王忠嗣就任河西、隴右節度使後,以哥舒"爲大斗軍副使,嘗使翰討吐蕃於新城"[126],新城依然在吐蕃控制之下。關於新城的地望,目前主要有兩種觀點,即海晏說與門源說[127],海晏位於青海湖東,門源則位於祁連山以南,大通河(浩亹河)穿城而過。今海晏縣以東的湟水流域,是唐朝重兵布防的地區,安人軍、白水軍都在附近[128],河源軍也離此不遠,如果唐朝要進攻新城,調動近在咫尺的以上諸軍顯然更爲合適。但天寶年間,唐朝兩次進攻新城的軍事行動,動用的都是大斗拔谷的軍隊,很難想像唐軍會捨近求遠,幾次三番調動遠在河西的大斗軍,這是海晏說難以解釋的矛盾之處。相反,從唐軍兩次進攻新城的軍事行動看,大斗拔谷與新城相距並不遙遠。天寶元年河西軍隊南下後,先到了新城,過了三天後纔到青海湖北,這說明新城距離青海湖也有一定距離。反觀海晏,青海湖近在咫尺,如果唐軍從海晏出發,短時間内就可以抵達青海湖北,並不需要三日之久[129]。

綜合以上考慮,筆者贊同新城在今門源縣境内的觀點,也就是說,隨着新城這一軍事據點的設置,浩亹河流域已被吐蕃控制。結合聖曆二年的洪源谷之戰中,吐蕃一路長驅直入,未在浩亹河遭遇抵抗便直達河西,筆者認爲浩亹河流域應早在高宗時期就已被吐蕃攻占。咸亨三年,吐谷渾諾曷鉢部被安置在浩亹河南不久,就因遭到吐蕃的襲擊而遷往靈州,吐蕃極有可能就是在此時占據了浩亹河以南的鄯州北部區域。

浩亹河以南,是吐谷渾此前的活動區域,唐朝擊敗吐谷渾後,這塊區域納入

---

[125] 《文苑英華》卷六四八《河西破蕃賊露布》,中華書局,1966年,3333頁下欄。此露布反映的應是天寶元年河西節度使王倕出擊吐蕃的軍事行動,相關分析可參見李學東《〈河西破蕃賊露布〉所見史事探微》,《唐都學刊》2020年第3期,11—16頁。

[126] 《舊唐書》卷一○四《哥舒翰傳》,3212頁。

[127] 關於此問題的學術史回顧,可參見趙青山、劉滿《唐威戎軍位置考》,《中國邊疆史地研究》2018年第4期,39—40頁。崔永紅進一步將新城的遺址定在今門源縣北部的金巴臺古城,參見崔永紅《唐代青海若干疑難歷史地理問題考證》,《青海民族大學學報》2017年第3期,37—38頁。

[128] 崔永紅《唐代青海若干疑難歷史地理問題考證》,38—40頁。

[129] 崔永紅《唐代青海若干疑難歷史地理問題考證》,37頁。

唐朝控制之下,不再屬於吐谷渾,因此稱爲故地,"故地並没"實際上指的是吐蕃攻占浩亹河流域。鄯州南部區域爲湟水谷地,農業發達,人口稠密,並不適合安置遊牧的吐谷渾部落。所謂"鄯州地窄"應該指的是鄯州北部陷蕃後,鄯州以南無法容納吐谷渾部落。諾曷鉢遷移的原因也並不僅僅是因爲"不安其居",而是浩亹河流域已陷蕃,吐谷渾部落已無處可去。至此,吐蕃完成了對整個吐谷渾故地的占領,並掌握了進入河西的要道,唐朝河西、隴右州縣已經直接面臨吐蕃的攻擊,在與吐蕃的隴右競爭中,唐朝已經完全處於下風。

隨着大非川和浩亹河流域的先後喪失,吐蕃的勢力範圍進一步往東擴展。上元三年(676),閏三月"吐蕃入寇鄯、廓、河、芳等四州"[130],八月寇疊州[131],次年五月,"寇扶州之臨河鎮,擒鎮將杜孝升"[132]。吐蕃能直接進攻扶州、疊州,說明吐蕃勢力已進入了扶州、疊州以西的黨項之地,唐朝在隴右南部也逐漸陷入了困境。在吐蕃的持續東進之下,控遏河西與隴右兩地的青海湖周邊地區逐漸成爲了唐蕃雙方的爭奪焦點,上元元年(674),唐朝就曾組織青海道行軍[133]。上元二年(675)正月,"吐蕃遣其大臣論吐渾彌來請和,且請與吐谷渾復脩鄰好",高宗"不許"[134],唐蕃關係仍未顯現出改善的迹象。不久之後,圍繞對青海湖的爭奪,唐蕃爆發了更大規模的戰爭。

三、赤嶺:青海之戰與唐蕃隴右邊界的初步確立

在吐蕃接連不斷的進攻後,上元三年(即儀鳳元年)閏三月,高宗"詔洛州牧周王顯爲洮州道行軍元帥,領工部尚書劉審禮等十二總管;并州大都督相王輪爲

---

[130]《舊唐書》卷五《高宗紀》,101頁。
[131]《舊唐書》卷五《高宗紀》,102頁。
[132]《資治通鑑》卷二〇二《唐紀十八》唐高宗儀鳳二年五月,6383頁。
[133]《張仁楚墓誌》載"上元元年,從崔智晉於清海道破吐蕃",可知上元元年,唐朝曾組織過崔智晉率領的青海道行軍。墓誌參見吴鋼主編《全唐文補遺》第2輯《□周故岷州刺史張府君墓誌銘》,382頁。晉爲"辯"的異體字,崔智晉即崔智辯,《唐代墓誌彙編》録爲"崔智言",不確,參見周紹良主編《唐代墓誌彙編》長安〇四四《大周故岷州刺史張府君墓誌銘並序》,1022頁。
[134]《資治通鑑》卷二〇二《唐紀十八》唐高宗上元二年正月辛未,6375頁。

涼州道行軍元帥,領左衛大將軍契苾何力、鴻臚卿蕭嗣業等以討吐蕃"[135],唐軍大舉出動,計劃從涼州、鄯州兩個方向同時開展反擊。此役雖未成行,但規模空前的出征計劃已足以展現出唐朝徹底消除吐蕃威脅的決心,雙方大戰一觸即發。

儀鳳三年(678),洮河鎮守使李敬玄"奏吐蕃已入龍支"[136],龍支位於鄯州東南,龍支被攻説明吐蕃已具備了深入唐朝境内的實力。同年,"吐蕃寇涼州"[137],再次威脅河西,唐朝於是發動了大非川之戰後的又一次大規模進攻,"李敬玄將兵十八萬與吐蕃將論欽陵戰於青海之上"[138],即青海之戰。青海之戰中,雙方的主要交戰區域也在青海湖周邊。此次青海之戰,唐軍共分兩路大軍,一路是劉審禮率領的前軍,一路是李敬玄率領的後軍。劉審禮除擔任此次洮河道行軍的總管外[139],還兼任赤水軍大使[140],即赤水道行軍大使[141],從行軍名稱看,此前已被吐蕃占據的赤水一帶應是劉審禮的重點進攻目標。劉審禮一路北上,"領前軍深入"[142],進展順利,最終"與吐蕃將論欽陵戰於青海之上"[143],到達青海湖。王孝傑也曾參與了此戰,"從工部尚書劉審禮西討吐蕃,

---

[135] 《册府元龜》卷九八六《外臣部·征討第五》,11580頁上欄。洮州道,《舊唐書》卷五《高宗紀》同(101頁)、《新唐書》卷三《高宗紀》(72頁)作"洮河道"。洮河道,據《舊唐書》卷一九六上《吐蕃上》,"高宗命尚書左僕射劉仁軌往洮河軍鎮守以禦之。儀鳳三年,又命中書令李敬玄兼鄯州都督,往代仁軌於洮河鎮守"(5223頁)。可知,洮河鎮守在鄯州,從此時的隴右形勢看,洮州道應爲洮河道之誤。

[136] 《册府元龜》卷一一○《帝王部·宴享二》,1307頁下欄。

[137] 《舊唐書》卷七七《劉審禮傳》,2678頁。

[138] 《資治通鑑》卷二○二《唐紀十八》唐高宗儀鳳三年九月丙寅,6385頁。

[139] 此次出征,李敬玄爲"洮河道行軍大總管",《舊唐書》卷五《高宗紀下》,103—104頁。劉審禮爲"洮河軍總管",《通典》卷一九○《邊防六》,5173頁。所謂"洮河軍總管"應即洮河道行軍下的子總管或副總管。

[140] 《黑齒常之墓誌》載"於時,中書令李敬玄爲河源道經略大使,諸軍取其節度。赤水軍大使尚書劉審禮既以敗没,諸將莫不憂懼"。吳鋼主編《全唐文補遺》第2輯《大周故左武威衛大將軍檢校左羽林軍贈左玉鈐衛大將軍燕國公黑齒府君墓誌文》,三秦出版社,1995年,359頁。

[141] 河西有赤水軍,但《黑齒常之墓誌》中的赤水軍並非河西的赤水軍。河西的赤水軍爲新型軍鎮,新型軍鎮是在青海之戰後纔大量出現的,據孟憲實研究,赤水軍在長壽元年(692)前後纔得以設立(孟憲實《唐前期軍鎮研究》,49頁),因此此處的赤水軍應該是赤水道行軍的簡稱,赤水道行軍應爲洮河道行軍下的一個二級行軍。

[142] 《册府元龜》四四三《將帥部·敗衄三》,5254頁下欄。

[143] 《資治通鑑》卷二○二《唐紀十八》唐高宗儀鳳三年九月丙寅,6385頁。

戰於大非川,爲賊所獲"[144]。前軍此前已抵達青海湖,這裏的戰於大非川應該是劉審禮大軍在青海湖被吐蕃擊敗後,往南撤退到大非川後纔發生的,劉審禮、王孝傑實際上是在大非川戰敗後纔被吐蕃俘虜的。

　　劉審禮、王孝傑在青海、大非川與吐蕃鏖戰時,李敬玄率領的後軍也在趕往戰場途中。《朝野僉載》:"中書令李敬玄爲元帥討吐蕃,至樹墩城,聞劉尚書没蕃,着鞾不得,狼狽而走。"[145]樹墩城即今共和縣境內的察汗古城[146],與同處鄯州西南的赤水地很近,李敬玄從鄯州趕往青海湖,沿途需經過樹墩城所在的吐蕃防守區。從已進至樹墩城看,赤水一帶的吐蕃軍隊應該在此前的赤水道行軍中就已被劉審禮消滅,李敬玄出師初期尚屬順利。但劉審禮戰敗後,情況開始急轉直下,戰敗消息傳來,"諸將莫不憂懼"[147]。李敬玄"按軍不敢救。俄而收軍却出,頓於承風嶺,阻泥溝不敢動"[148]。真正使諸將憂懼的恐怕是前軍在大非川的失敗,前軍覆没後,李敬玄北上青海之路已被阻斷,且隨時面臨近在咫尺的大非川吐蕃軍隊的襲擊,在諸將皆無鬥志的情況下[149],李敬玄祇能撤退。吐蕃一路追趕,深入唐境,"屯於高岡以壓之"[150],之後若非黑齒常之夜襲成功,則唐軍早已全軍覆没。長期以來,相比於大非川之戰,青海之戰受到的關注並不算多,然而,無論是從戰爭對唐朝隴右軍事格局產生的影響,還是從唐蕃勢力進退的角度看,青海之戰的意義一點也不比大非川之戰遜色,甚至更爲重要。

　　大非川之戰,唐軍出動了十餘萬[151],青海之戰則是十八萬。早在戰爭開始

---

[144]　《舊唐書》卷九三《王孝傑傳》,2977頁。
[145]　張鷟《朝野僉載》卷四,中華書局,1979年,89頁。
[146]　關於樹墩城的地點考證,可參見嚴耕望《唐代交通圖考》第2卷《河隴磧西區》,上海古籍出版社,2007年,536—537頁。
[147]　吳鋼主編《全唐文補遺》第2輯《大周故左武威衛大將軍檢校左羽林軍贈左玉鈐衛大將軍燕國公黑齒府君墓誌文》,359頁。
[148]　《舊唐書》卷一九六《吐蕃傳》,5224頁。
[149]　劉審禮前軍失利後,後軍"將軍王杲、副總管曹懷舜等驚退,遺却麥飯,首尾千里,地上尺餘。時軍中謠曰'姚河李阿婆,鄯州王伯母。見賊不能鬥,總由曹新婦'"。參見張鷟《朝野僉載》卷四,89頁。諸將自李敬玄以下都已失去鬥志。
[150]　《舊唐書》卷一九六《吐蕃傳》,5224頁。
[151]　《通典》卷一九〇《邊防六》,5173頁。

前,唐朝就已先後在儀鳳二年(677)十二月、儀鳳三年正月[152]兩次下詔募猛士從軍,從軍隊人數、準備時間上看,青海之戰都要超過大非川之戰。青海之戰失敗後,李敬玄"使郎將衛山馳驛奏其覆敗之狀"[153],但"高宗怒,不見之"[154],高宗本人顯然也對這次戰爭抱有厚望。種種迹象均顯示出,青海之戰的發生是有其特定背景和目的的。如果説大非川之戰,唐朝的主要目的是援助吐谷渾復國並奪回吐谷渾之地的話,那麽青海之戰就純粹是爲了改變唐朝在隴右的不利局面了。大非川戰前,唐朝還有大非川以東的地域可以堅守,吐蕃尚不能對隴右諸州産生致命威脅。大非川之戰後,先是吐谷渾之地喪失,繼而是處於戰略要地的浩亹河以南區域陷蕃,唐朝已再無緩衝之地,河西、隴右都面臨着吐蕃的嚴重威脅。要改變這一不利局面,祇能重新奪回對大非川和青海湖區域的控制權,青海之戰的主要戰略目標也正在於此,故劉審禮的前軍從一開始就將赤水地作爲進攻目標,在完成對赤水地的攻擊後,纔轉而往北進至青海湖。李敬玄的後軍在進至樹墩城後,也是按原計劃繼續北上青海湖的,青海之戰從發動之初就有明確的收復青海湖周邊區域的企圖[155]。但隨着整個青海之戰的失敗,唐朝不僅没能改變不利處境,局勢反而變得比戰前更爲嚴峻。

戰後,婁師德"奉使收敗亡於洮河,因使吐蕃。其首領論贊婆等自赤嶺操牛酒迎勞"[156]。赤嶺即今日月山,青海湖與鄯州分據赤嶺兩側,唐朝占據赤嶺時,可由此進入青海湖及吐谷渾之地,反之亦然。贊婆等人於赤嶺迎接婁師德,説明赤嶺已被吐蕃占據,鄯州再無屏障,已直接暴露在吐蕃兵鋒之下。隨後數年,鄯

---

[152] 《新唐書》卷三《高宗紀》載,儀鳳二年"十二月乙卯,募關内、河東猛士,以伐吐蕃",73頁。三年正月丙子,"李敬玄爲洮河道行軍大總管,以伐吐蕃。癸未,遣使募河南、河北猛士,以伐吐蕃",74頁。

[153] 《册府元龜》卷四四三《將帥部・敗衄三》,5255頁上欄。

[154] 同上。

[155] 鄭紅翔也注意到了大非川之戰與青海之戰的戰略目標並不相同,他認爲青海之戰主要是討伐青海地區的吐蕃勢力,肅清吐蕃對唐邊境的侵擾,參見《安史之亂前唐王朝對吐蕃的軍事對策——以隴右節度爲中心》,19—20頁。這一看法與筆者基本相同,不過,從高宗對此役的重視以及前軍劉審禮等人的行軍計劃看,唐軍此戰的目標恐怕並不局限於肅清吐蕃的騷擾,更主要的應該還是在於收復青海周邊地域,以改變不利處境。

[156] 《新唐書》卷一〇八《婁師德傳》,4092頁。

州屢受吐蕃侵擾[157]。調露二年(680)七月,"吐蕃大將贊婆及素和貴等帥衆三萬進寇河源,屯兵於良非川"[158],河源即置於鄯城的河源軍,是唐朝在隴右最爲重要的軍事力量。李敬玄"統衆與賊戰於湟川,官軍敗績"[159],湟川即鄯州以西的湟水平原[160]。永淳元年(682),吐蕃再次入寇河源軍,婁師德"將兵擊之於白水澗,八戰八捷"[161],白水位於湟水上游[162]。河源軍、湟川、白水均已處於鄯州的核心區域,吐蕃多次侵擾鄯州,正是青海之戰後唐軍防綫進一步後撤,吐蕃勢力東進的反映,唐蕃較量的戰場已經從戰前的青海湖東移到了鄯州湟水流域。

青海之戰前,唐朝已在隴右先後設置了河源軍、積石軍,開啓了行軍轉鎮軍的先河。青海之戰失敗後,儀鳳三年九月,圍繞隴右對蕃政策,唐廷又展開了一場討論,最終"咸以備邊不深討爲上策"[163],兵募長期鎮守的制度最終確立。關於青海之戰與鎮軍制形成的關係,學者們已經做了不少討論[164],不過這些討論更多的是從唐朝角度做出的,在唐朝之外,吐蕃在隴右軍事力量的存在也是促使唐朝轉變制度的重要原因。

---

[157] 《舊唐書》卷一九九《靺鞨傳》提到靺鞨人李謹行"累拜右領軍大將軍,爲積石道經略大使。吐蕃論欽陵等率衆十萬人入寇湟中,謹行兵士樵採,素不設備,忽聞賊至,遂建旗伐鼓,開門以待之。吐蕃疑有伏兵,竟不敢進。上元三年,又破吐蕃數萬衆於青海,降璽書勞勉之"。5359 頁。按此記載,似乎上元三年前,吐蕃軍隊就已可以入寇湟中,而不用等到青海之戰後,但這一記載顯然不符合當時的形勢。岑仲勉、馬馳已經從多個方面論證了這一記載的不可靠,岑仲勉認爲上元當是儀鳳之誤,論欽陵寇湟中應發生在青海之戰中,馬馳則認爲李謹行應該是儀鳳二年纔被派到隴右戰場的,上元三年不可能出現在青海。參見岑仲勉《金石論叢・李秀碑》,上海古籍出版社,1981 年,298—299 頁;馬馳《〈新唐書・李謹行傳〉補闕及考辯》,《文博》1993 年第 1 期,17 頁。兩位學者雖具體觀點不同,但都認爲上述記載的時間是錯誤的,因此這條記載不能用作上元三年前吐蕃已越過赤嶺,進攻湟水流域的證據。

[158] 《資治通鑑》卷二〇二《唐紀十八》唐高宗永隆元年七月,《考異》引《高宗實錄》,6395 頁。

[159] 同上。

[160] 任乃强《〈吐蕃傳〉地名考釋》,收入《任乃强藏學文集》,506 頁。

[161] 《資治通鑑》卷二〇三《唐紀十九》唐高宗永淳元年十月,6412 頁。

[162] 唐朝曾在白水置白水軍,白水軍當即今青海湟源縣境内的北古城,參見崔永紅《唐代青海若干疑難歷史地理問題考證》,39—40 頁。白水軍城的位置既已確定,則白水也應在北古城周邊,此地處於湟水上游。

[163] 《舊唐書》卷五《高宗紀》,104 頁。

[164] 關於青海之戰與唐朝鎮戍體制轉變的關係,可參看鄭紅翔《唐蕃青海之戰與隴右軍事力量的初創》,52—61 頁。孟憲實對隴右諸軍的產生背景和過程也做過詳細研究,參看孟憲實《唐前期軍鎮研究》,57—60 頁。

在九月的討論中,群臣關於吐蕃的分析頗值得注意。劉景先認爲"攻之則兵威未足,鎮之則國力有餘"[165]。郭正一也認爲"近討則徒損兵威,深入則未傾巢穴"[166]。兩人均已認識到吐蕃軍事實力較强,唐朝不可能短時間内擊敗吐蕃。隴右諸州處於唐蕃對峙前綫,所謂"攻之"指的主要是進攻隴右的吐蕃軍隊,從兩人的上奏中可以獲知吐蕃此時在隴右已布置了强大的軍事力量。實際上,從青海之戰中也能看出吐蕃軍事力量的變化。大非川之戰中,薛仁貴直驅烏海,一方面説明烏海纔是吐蕃軍隊駐扎的重地,另一方面則説明吐蕃在吐谷渾之地的軍事力量並不强大,此後吐蕃雖有四十萬大軍救援,但可能是從西域而來[167],並不是原本就駐守隴右。到了青海之戰,吐蕃已在青海湖周邊布置了重兵,故劉審禮敗於青海之上,王孝傑、李敬玄相繼被吐蕃擋在大非川、樹墩城,説明吐蕃在大非川周邊區域也有重兵。據《大事紀年》,儀鳳元年(676)"多布(贊聶)躬身親往青海大行軍衙"[168],青海大行軍衙應即設置於青海湖附近的吐蕃軍事中心。這意味着至遲在儀鳳元年,吐蕃就已在吐谷渾之地設立了專門的軍事機構,青海之戰中的吐蕃大軍應該就來自青海行軍衙。

除了設置青海行軍衙,論欽陵兄弟還長期駐守在東境,經略吐谷渾[169],吐蕃對吐谷渾之地的重視於此可見一斑。與大非川之戰時的兵力空虛相比,青海之戰前,吐蕃不僅已駐扎了重兵,還通過設置行軍衙的方式在青海湖周邊建立了軍事據點。早在唐朝兵募久鎮之前,吐蕃就已實現了大軍在吐谷渾之地的長期駐扎。青海之戰的失敗促使唐朝君臣認識到短期内無法消滅這支吐蕃軍隊,因此祇能像吐蕃一樣繼續久鎮,從這個角度來説,或許吐蕃首先駐扎大軍纔是迫使唐朝由行軍轉向鎮軍的最重要因素。以雙方的長期駐軍爲標誌,儀鳳三年後,唐蕃軍事力量在隴右逐漸達成了平衡。

明瞭儀鳳三年青海之戰的目的和影響後,現在再來看儀鳳三年後的唐蕃競

---

[165] 《册府元龜》卷九九一《外臣部·備禦四》,11643頁上欄。
[166] 同上。
[167] 劉安志《從吐魯番出土文書看唐高宗咸亨年間的西域政局》,收入《敦煌吐魯番文書與唐代西域史研究》,93—94頁。
[168] 王堯、陳踐《敦煌本吐蕃歷史文書》,《王堯藏學文集》第1卷,195頁。
[169] 關於噶爾家族與吐蕃經營吐谷渾的關係,可參見旗手瞳《吐蕃による吐谷渾支配とガル氏》,《史學雜誌》第123卷第1號,2014年,38—53頁。

争就能看得比較清楚了。如前所述,儀鳳三年後,吐蕃已占據了赤嶺,將勢力範圍東擴到了鄯州境内,唐軍處境極其不利。調露二年的吐蕃入寇被黑齒常之擊退後,黑齒常之被擢爲河源軍大使,黑齒常之隨即進行了一系列新的軍事調整,"常之以河源軍正當賊冲,欲加兵鎮守,恐有運轉之費,遂遠置烽戍七十餘所,度開營田五千餘頃,歲收百余萬石"[170]。"河源密邇青海,鄯府控帶湟川"[171],要維持對隴右的控制,河源軍和鄯州是關鍵。黑齒常之一方面增加了烽戍,擴大了唐軍的探候、防守範圍,另一方面則大開營田,以確保唐軍能夠久鎮。在黑齒常之的經營下,唐朝逐漸穩住了陣脚,一步一步將吐蕃勢力逐出了赤嶺。

永隆二年(681),黑齒常之"率兵以討吐蕃,軍至良非川,吐蕃大將贊婆引退,常之進軍追討,獲其羊馬甲仗而還"[172]。良非川一般認爲在今青海湟源、海晏一帶的湟水上游[173],位於赤嶺以東,是吐蕃的重要軍事基地,調露二年贊婆和素和貴入寇河源軍時即"屯兵於良非川"。黑齒常之此次進軍,不僅順利進至良非川,還主動進軍,逼退了贊婆,説明唐朝的不利處境已逐漸改變。在贊婆撤退後,作爲吐蕃進攻鄯州基地的良非川事實上已經轉歸唐朝控制,唐軍面對的軍事壓力大爲減輕。隨後,"開耀中,贊婆等屯於青海,常之率精兵一萬騎襲破之,燒其糧貯而還"[174]。青海是吐蕃在隴右的另一個軍事中心,黑齒常之在短時間内接連進攻吐蕃的兩大軍事基地,表明唐軍已恢復了主動出擊的能力,青海之戰失敗後的不利局面得到了改觀。青海湖已在赤嶺以西,黑齒常之能進軍至青海,意味着赤嶺的吐蕃勢力應該已被驅逐,赤嶺很可能又回到了唐軍控制之下,唐蕃較量的戰場又西移到了青海湖周邊。

到了高宗末期,唐軍甚至具備了往南進入党項之地的實力。《朝野僉載》載:

---

[170] 《舊唐書》卷一〇九《黑齒常之傳》,3295 頁。
[171] 吴鋼主編《全唐文補遺》第 3 輯《大唐故議大夫使持節都督鄯河蘭廓緣淳麗津超罕永定等一十二州諸軍事守鄯州刺史上柱國新蔡縣開國男河源道經略副使元府君之墓誌銘》,469 頁。
[172] 《册府元龜》卷三五八《將帥部・立功十一》,4242 頁下欄。
[173] 河源軍在鄯城,即今西寧,吐蕃進攻河源軍,又屯兵於良非川,説明良非川應在河源軍西北,即今湟源、海晏二縣境内。任乃强認爲在湟源縣西,參見任乃强《〈吐蕃傳〉地名考釋》,收入《任乃强藏學文集》,506 頁。《青海通史》編者也認爲在湟源縣西,參見崔永紅等主編《青海通史》,青海人民出版社,1999 年,188 頁。吴均認爲在剛察、海晏間,參見吴均《吐蕃的冲木與赤雪冲、青海海北霍爾與土族的傳説》,收入《吴均藏學文集》,52 頁。兩種意見者的大致方位一致,均在湟源縣西。
[174] 《舊唐書》卷一〇九《黑齒常之傳》,3295 頁。

"(黑齒常之)奏討三曲党項,奉敕許,遂差將軍李謹行充替。謹行到軍,旬日病卒。"[175]李謹行卒於永淳二年(683)[176],可知黑齒常之奏討党項在永淳二年前。從今瑪曲縣到共和縣的黄河以東區域是九曲之地的一部分[177],唐初曾在此設置過十六個党項羈縻府州[178],所謂"三曲党項"亦應分布於此。黑齒常之能在吐蕃軍事壓力之下,南討党項,可以進一步説明唐朝在隴右的軍事力量已足以制衡吐蕃。史載,"常之在軍七年,吐蕃深畏憚之,不敢復爲邊患"[179],吐蕃又爲婁師德"數年不犯邊"[180]。所謂不復爲邊患或不犯邊,並非指吐蕃不入寇,永淳元年吐蕃就曾進至白水澗與婁師德八戰,而是指吐蕃不能對隴右産生實質性的威脅。在黑齒常之和婁師德的經營下,唐朝在青海之戰失敗後的不利局面已經逐漸扭轉,以收復赤嶺爲標誌,唐軍的勢力範圍又大致恢復到了青海之戰前的狀態。隨着唐蕃先後大規模駐軍,唐朝已很難收復青海或吐谷渾之地,同樣地,吐蕃也無法輕易突破唐朝在河湟的防守,雙方逐漸形成了力量平衡下的對峙狀態。赤嶺一綫則在此後成爲了雙方争奪的重點區域,能否越過赤嶺也成爲了唐蕃力量消長的標誌。

四、結語

唐高宗在位期間是吐蕃不斷東擴,唐蕃在隴右的勢力範圍不斷變化的時期。高宗即位初期,唐蕃依然維持了貞觀十二年松州之戰後以河源爲界的局面,河源以東的吐谷渾成爲了唐朝的屬國,吐蕃則在吐谷渾的内部政局中保有一定影響力。禄東贊執政後,吐蕃開始往東擴張。顯慶元年,吐蕃進攻白蘭,唐朝在党項、

---

[175] 張鷟《朝野僉載》卷六,145 頁。

[176] 據《李謹行墓誌》,李謹行"以永淳二年七月二日薨於鄯州河源軍",參見陳尚君輯校《全唐文補編》卷一五一《大唐故積石道經略使□□右衛員外大將軍檢校左羽林軍兼檢校廓州刺史上柱國燕國公贈鎮軍大將軍幽州刺史〔李公墓誌銘〕》,1845 頁。

[177] 楊長玉認爲九曲的範圍包括今青海東南部、甘肅南部、四川西北部在内的廣闊區域,可參看楊長玉《唐蕃接觸中的河西九曲》,113 頁。

[178] 關於河曲的党項羈縻府州,可參見郭聲波《党項發祥地——唐初"河曲十六州"研究》,《歷史地理》第 11 輯,上海人民出版社,1993 年,209—223 頁。

[179] 《舊唐書》卷一〇九《黑齒常之傳》,3295 頁。

[180] 《資治通鑑》卷二〇二《唐紀十八》唐高宗儀鳳三年九月,6386 頁。

生羌等問題上逐漸和吐蕃產生矛盾,雙方關係開始由和平轉向對立。

顯慶四年,烏海之戰爆發,吐蕃正式開始向吐谷渾挺進,吐谷渾聯合唐軍擊敗吐蕃後,吐谷渾可汗諾曷鉢徹底倒向唐朝。此後數年,由於唐朝忙於朝鮮半島和西域事務,無力對吐谷渾進行援助,吐谷渾最終在龍朔三年被吐蕃所滅,吐谷渾之地的大部分地區轉歸吐蕃控制。龍朔三年後,唐蕃之間大致以大非川爲界,大非川以東地區,包括赤水地以及青海湖東部地區處於唐朝控制,大非川以西則爲吐蕃控制。

咸亨元年的大非川之戰是唐朝試圖一舉擊敗吐蕃,重新控制吐谷渾之地的嘗試,但戰爭的失敗使得唐朝最終丟掉了剩餘的吐谷渾之地,吐蕃再次東進。咸亨元年後,吐蕃進一步攻占了鄯州南部的浩亹河流域,青海湖東部區域成爲雙方激烈角逐的區域。儀鳳三年,爲了徹底扭轉在隴右的不利局面,重新奪回對赤水、青海湖的控制權,在高宗的主導下,唐朝又發動了青海之戰。青海之戰再次失敗後,吐蕃勢力越過赤嶺,唐蕃較量的場地進一步東移至唐朝境內的湟水流域,唐朝處境極端不利。

爲了扭轉這一不利局面,在吐蕃駐扎重兵後,唐朝也隨之在隴右設置了新軍鎮,開始久鎮。在黑齒常之、婁師德等人的努力下,高宗後期,唐朝收復了良非川、赤嶺,唐蕃的戰場又轉移到了青海湖,赤嶺逐漸成爲唐蕃雙方的穩定界綫。高宗之後,能否越過赤嶺,成爲了唐蕃勢力消長的重要標誌。

(附記:本文承蒙仇鹿鳴老師及匿名評審專家先後惠示寶貴修改意見,謹致謝忱!)

From the Source of the Yellow River to the Red Mountain
—A research on the eastward expansion of Tibetan in western area of the Long Mountain during the regin of Tang Gaozong

Hu Kang

Due to the Tibetan eastward expansion, the border of the sphere of influence between the Tang Dynasty and Tibet changed during the reign of Emperor Gaozong 高宗. Before the fourth year of Xianqing 顯慶四年(659), the source of the Yellow River in today's Erling Lake 鄂陵湖 and Zhaling Lake 扎陵湖 served as the border marker. The kingdom of Tuyuhun 吐谷渾 at the east of the source of the river belonged to the sphere of influence of Tang. After the Battle of Wuhai 烏海 in the fourth year of Xianqing, Tibetan began to expand eastward. After defeating Tuyuhun in the third year of Longshuo 龍朔三年(663), Tibetan expanded to the Dafei Plain 大非川 area. After the Battle of Dafei Plain, Tibetan established its control over Tuyuhun and the battling area between Tang and Tibet moved eastward to the east of Qinghai Lake 青海湖. After the Battle of Qinghai in the third year of Yifeng 儀鳳三年(678), Tibetan captured the Red Mountain (Chiling 赤嶺), and the main battlefield moved further eastward to the Huang River 湟水 where belonged to the territory directly controlled by Tang. After the Battle of Qinghai, the Tang Dynasty began to set garrison and deployed a large number of troops at the western area of the Long Mountain 隴右. At the last years of Emperor Gaozong, Tang eventually drove the Tibetan forces out of the Red Mountain and the Red Mountain served as a border marker between the two empires.

杜甫天寶六載應制舉説獻疑
——兼説獻賦前後杜詩之内涵與繫年

李煜東

關於杜甫之生平,已成學界定説的是杜甫在天寶六載(747)應制舉、被黜落——古今最具代表性的成果如仇兆鰲《杜詩詳注》、蕭滌非主編《杜甫全集校注》和謝思煒《杜甫集校注》就均在所附年譜中的天寶六載條下稱杜甫就制舉而落選[1]。這也導致頗有學者提出杜甫詩風以天寶六載制舉失敗爲界,發生了很大的轉變[2]。然而詩風之變化尚關涉唐詩自身的發展理路[3],在解讀上又頗依靠研究者對詩歌的感性體悟,難免存在自由心證,加之受到存留詩歌數量的影響,有一定局限。部分研究毋寧説是先存有杜甫制舉失敗之成思,再順勢從杜詩中尋求符合時間叙述之詩句與風格,恐致舛誤。

倘若重檢相關史料與杜詩,杜甫應天寶六載制舉一事不無可疑之處。實際上,遲至兩宋之際,纔有趙子櫟提出杜甫曾應天寶六載制舉,經由南宋魯訔、黄鶴發揮後,成爲通説。然而細檢其説其證,都存在相當的疑問。而且,杜甫詩文中亦無證據能確證他曾參與六載制舉。

---

[1] 仇兆鰲《杜詩詳注》,中華書局,1979 年,13 頁;蕭滌非主編《杜甫全集校注》附錄,人民文學出版社,2014 年,6521 頁;謝思煒《杜甫集校注》附錄,上海古籍出版社,2015 年,3103 頁。

[2] 新近研究見谷曙光、愈凡《天寶六載:杜甫詩歌嬗變的關節點》(上)(下),《杜甫研究學刊》2016 年第 4 期 23—29 頁、2017 年第 1 期 16—21 頁。

[3] 錢志熙《論安史之亂前的杜詩對初盛唐主流詩風的承與變》,《社會科學戰線》2020 年第 6 期,185—200 頁。

一、天寶六載制舉之概貌

最接近天寶六載制舉歷史現場之史料是元結《喻友》一文,内稱:

> 天寶丁亥中,詔徵天下士人有一藝者,皆得詣京師就選。相國晉公林甫以草野之士猥多,恐洩漏當時之機,議於朝廷曰:"舉人多卑賤愚聵,不識禮度,恐有俚言,污濁聖聽。"於是奏待制者悉令尚書長官考試,御史中丞監之,試如常吏。已而布衣之士無有第者,遂表賀人主,以爲野無遺賢。元子時在舉中,將東歸,鄉人有苦貧賤者,欲留長安依托時權,徘徊相謀,因喻之曰……[4]

天寶丁亥即六載。元結作爲制舉的參與者,《喻友》可以說是一手史料,且是後世史書編纂的原材料。《資治通鑑》補充説明了李林甫害怕洩露的"當時之機":

> 上欲廣求天下之士,命通一藝以上皆詣京師。李林甫恐草野之士對策斥言其姦惡,建言:"舉人多卑賤愚聵,恐有俚言污濁聖聽。"乃令郡縣長官精加試練,灼然超絶者,具名送省,委尚書覆試,御史中丞監之,取名實相副者聞奏。既而至者皆試以詩、賦、論,遂無一人及第者,林甫乃上表賀野無遺賢。[5]

《資治通鑑》認爲李林甫是害怕草野之人言其奸惡。天寶五載,李林甫大肆清除異己,針對太子李亨及其周圍士人如韋堅、杜有鄰等興起了多次大獄[6]。當時,李林甫心腹羅希奭自青州至嶺南,"所過殺遷謫者,郡縣惶駭"[7],可見一斑。六載制舉正是處於這樣的政治背景下,也難怪呈現出了異常的面貌:制舉通

---

[4] 元結著,孫望點校《元次山集》卷四,中華書局,2022年,58—59頁。

[5] 司馬光《資治通鑑》卷二一五《唐紀三十一》,中華書局,1956年,6876頁。《資治通鑑》與《喻友》有一處文字不同:《喻友》稱"布衣之士無有第者",而《資治通鑑》云"無一人及第"。有學者認爲這是《資治通鑑》篡改了元結之語,是對李林甫一貫的負面書寫,參見鍾志輝《李林甫與盛唐文士關係考辨》,《文藝研究》2018年第4期,65—74頁。反駁者參見劉暢《唐天寶六載制舉重考》,《江漢論壇》2019年第10期,114—119頁。

[6] 關於此次制舉的最新研究,參見劉暢《唐天寶六載制舉重考》,114—119頁。李林甫在此前後的活動,參見丁俊《李林甫研究》,鳳凰出版社,2014年,404—452頁。

[7] 司馬光《資治通鑑》卷二一五《唐紀三十一》,6875頁。

常不測詩、賦、論,而是另有名目,且當由皇帝親自主持,玄宗此次未親自測試,終唐一代都爲少見[8]。

需要説明的是,元結《喻友》文僅能證明元結自己參與了此次制舉。從元結日後與杜甫的交往來看[9],他們二人之間從未提及六載制舉。

二、早期史料未載杜甫應制舉之事

早期的關於杜甫的傳記史料中,均未載其在天寶六載曾應制舉。完成於唐大曆六年(771)前後的樊晃《杜工部小集序》云:

> 杜甫,字子美,膳部員外郎審言之孫。至德初,拜左拾遺。[10]

之後,元和八年(813)元稹所撰《唐故工部員外郎杜君墓係銘并序》云:

> 甫字子美,天寶中,獻三大禮賦,明皇奇之,命宰相試文。[11]

唐代的杜甫傳記史料都相當簡略,但可注意者是元稹提到了杜甫獻三大禮賦之事,此事在其後的諸傳記中均有稱述。

成書於後晉的《舊唐書·杜甫傳》稱:

> 杜甫字子美……甫天寶初應進士不第。天寶末,獻三大禮賦,玄宗奇之,召試文章。[12]

關於杜甫在天寶中的行止,僅言其進士不第(此爲誤記,杜甫進士不第在開元年間)與獻三大禮賦。至北宋寶元二年(1039),編纂了今日杜集祖本的王洙在《杜工部集記》中稱:

> 甫少不羈,天寶十三年獻三賦,召試文章。[13]

亦未舉獻賦之前的經歷。而後,修成於嘉祐五年(1060)的《新唐書·杜甫

---

[8] 王勳成《唐代銓選與文學》,中華書局,2001年,240—241頁。
[9] 元結與杜甫之關係的最新研究見徐希平、彭超《元結與杜甫關係再探》,《中國文學研究》2020年第4期,77—84頁。
[10] 仇兆鰲《杜詩詳注》附録,2237頁。
[11] 元稹撰,冀勤點校《元稹集》卷五六,中華書局,1982年,691—692頁。
[12] 劉昫等《舊唐書》卷一九〇下《杜甫傳》,中華書局,1975年,5054頁。
[13] 王洙《杜工部集記》,(宋本)《杜工部集》,北京圖書館出版,2004年,中華再造善本據上海圖書館藏宋刻本影印,第1册第1頁。

傳》云：

> 甫字子美，少貧不自振，客吴越、齊趙間。李邕奇其材，先往見之。舉進士不第，困長安。天寶十三載，玄宗朝獻太清宫，饗廟及郊，甫奏賦三篇。帝奇之，使待制集賢院，命宰相試文章。[14]

相較前述幾種文獻，《新唐書》在内容上更爲豐富。雖然傳中細節上疏漏頗多，但也僅僅提及進士不第與獻賦，未及制舉。

宋代有不少人爲杜甫編纂年譜[15]，現存有五種。目前可見編纂時間最早的乃北宋元豐七年（1084）吕大防《杜工部年譜》，其内甚至未列天寶六載之條目。另一部編於北宋的蔡興宗之《杜工部年譜》亦未列六載之目[16]。

由此可見，從唐至宋，截止到《新唐書》與蔡興宗所編年譜，無論是官方修撰還是私人所編，都未提及杜甫參與六載制舉之事。這十分引人矚目。

三、杜甫天寶六載應制舉説在宋代的生成與所據

杜甫天寶六載參與制舉之説是從何而來，此説所依據的證據爲何，又是如何從提出走向確立爲通説的呢？本節即將闡明這些問題。

今存史料中，最早是由北宋末趙子櫟之《杜工部年譜》（以下簡稱趙譜）提出杜甫參加了六載制舉。

莊綽在《雞肋編》中云"宗室子櫟字夢援，宣和中以進韓文、杜詩二譜"[17]，趙譜可能是他編杜詩譜的副產品，也可能趙譜即杜詩譜。趙譜内載：

> 天寶六載丁亥
>
> 詔天下有一藝詣轂下。時李林甫相國命尚書省試，皆下之，遂賀野無遺賢於庭。其年，甫、元結皆應詔而退。[18]

曾祥波謂趙譜有諸多貢獻：其一是指出杜甫參加科舉的時間爲開元二十五年

---

[14] 歐陽脩、宋祁《新唐書》卷二〇一《杜甫傳》，中華書局，1975年，5736頁。
[15] 吴洪澤《宋代年譜考論》，四川大學博士學位論文，2006年，45—50頁。
[16] 以上兩譜參見蔡志超《宋代杜甫年譜五種校注》，萬卷樓，2014年。
[17] 莊綽撰，蕭魯陽點校《雞肋編》卷中，中華書局，1983年，82頁。
[18] 蔡志超《宋代杜甫年譜五種校注》，14頁。

(737);其二便是首次提出杜甫在天寶六載應舉失敗,稱贊説"確定這兩個坐標,在杜甫研究史上是關鍵的一筆"[19]。然問題在於不能毫無保留地信奉宋人——譬如趙子櫟將杜甫參加科舉繫在開元二十五年便是錯誤的[20],而是應在現代學術規範的視角來看待宋人的論説:趙子櫟僅僅是提出了一種假説,其真實與否尚需進一步檢驗和論證其所提出的論據。

趙譜在各年份下多有舉杜詩以佐證,唯"天寶六載"條下未徵引任何文獻,是在證據上已有缺陷。當時之人就已經認爲趙譜多是穿鑿附會。莊綽在《雞肋編》中進一步評價稱:

> 然〔趙子櫟〕必欲次序作文歲月先後,頗多穿鑿。又喜吟詩,每對客使其甥諷誦,源源不已。嘗作《杜鵑詩》,誇於人,謂雖李、杜思索所不至。其首句云"杜鵑不是蜀天子,前身定是陶淵明",聞者笑不能忍。[21]

莊綽與趙子櫟基本是同時代人,其説應有相當的真實性和普遍性。莊綽本人非常熟悉杜詩[22],他認爲趙子櫟頗多穿鑿應非無據。加上趙子櫟自謂詩超李杜,是極度自信乃至自負之人,但觀其詩又相當不堪。如此反差又加之不舉證據,其提出的六載應制舉之觀點實難作定論。

趙子櫟後,南宋趙次公在注釋杜詩《奉贈鮮于京兆二十韻》時,認爲其中部分詩句描述的是制舉之事。從現存趙次公注可知,他注杜時參考了趙子櫟的年譜[23],制舉之説或當淵源自趙子櫟。不過,他僅僅是就詩句論詩句,没有其他證據(分析見後文)。

其後,魯訔在成稿於紹興二十三年(1153)的杜甫年譜(以下簡稱魯譜)中的天寶六載條下云:

> 公應詔退下。元結《喻友》曰:天寶六載,詔天下有一藝,詣轂下。李林甫相國命尚書省皆下之。遂賀野無遺賢於庭。公《上韋左相》曰"主上頃見

---

[19] 曾祥波《現存五種宋人"杜甫年譜"平議——以魯訔譜對趙子櫟譜、蔡興宗譜的承襲爲主要綫索》,《文學遺產》2016年第4期,收入《杜詩考釋》,上海古籍出版社,2016年,216頁。

[20] 曾祥波《杜詩考釋》,216頁。

[21] 莊綽《雞肋編》卷中,82頁。

[22] 吳明賢、李珏坤《試論莊綽〈雞肋編〉中的杜甫與杜詩》,《杜甫研究學刊》2013年第2期,31—40頁。

[23] 林繼中《杜詩趙次公先後解輯校》甲帙卷三,上海古籍出版社,2012年,75頁。

徵,儵然欲求伸。青冥却垂翅,蹭蹬無縱鱗"。《上鮮于京兆》曰"獻納紓皇眷,中間謁紫宸……破膽遭前政,陰謀獨秉鈞",正謂此邪。[24]
魯譜部分承襲自趙譜,此處謂杜甫應六載制舉失敗即是其一,且被學者目爲魯譜在趙譜的基礎上"進一步提供證據……以杜證杜,可謂犁然有當"[25]。

相較趙譜,魯譜新舉出了《喻友》與《上韋左相》和《上鮮于京兆》爲據[26],然其中不無疑問。如前文第一節可見,《喻友》未提及其他人曾參與制舉。同時,魯譜引錯了詩題,所謂《上韋左相》實際應該是《奉贈韋左丞丈二十二韻》,可見疏漏。魯譜有"集成"之性質,在當時影響極大。現存宋人注杜中,最早的兩種編年集注本蔡夢弼《草堂詩箋》和托名王十朋《王狀元集百家注編年杜陵詩史》,在編年上都參考了魯譜[27]。趙譜提出的觀點,在經過魯譜添加"證據"後,逐漸成爲了主流之説。

魯譜之後,黄鶴所編杜甫年譜(或名《杜工部年譜》《年譜辨疑》等,以下簡稱黄譜)最爲豐富。黄譜完成於南宋嘉定九年(1216),內載:

天寶五載丙戌
是年,先生以天子詔天下有一藝詣轂下,遂西歸應詔……
天寶六載丁亥
是年,先生應詔退下,作《天狗賦》,序云:"天寶中,上冬幸華清宫,甫因至獸坊,怪天狗院列在諸獸院。"又云:"尚恨其與凡獸近。"《賦》云:"吾君儻意耳尖之有長毛兮,寧久被斯人終日馴狎已。"蓋喻己也。案《舊史》:天寶六載冬十月,幸温泉,改爲華清宫。明年冬,公又至東都,故知賦在今年作。十一載,《上鮮于京兆》詩云:"且隨諸彦集,方覬薄才伸。破膽傷前政,陰謀獨秉鈞。微生霑忌刻,萬事益酸辛",正謂是年應詔,李林甫忌人斥己,

---

[24] 蔡志超《宋代杜甫年譜五種校注》,53 頁。
[25] 曾祥波《杜詩考釋》,224 頁。
[26] 前文已云趙次公業已舉出《奉贈鮮于京兆二十韻》,不過魯譜是否在這首詩的觀點上承襲了趙次公則無法完全確證。林繼中認爲魯訔編纂的杜甫年譜和杜詩編次都淵源自趙次公編次(《杜詩趙次公先後解輯校》,前言 11—12 頁)。但是由於趙次公注中杜甫移居夔州前的詩作編次今基本不存,因此難以完全斷言。
[27] 曾祥波《蔡夢弼〈草堂詩箋〉整理芻議——兼議現存最早兩種宋人杜詩編年集注本之優劣》,《中國典籍與文化》2014 年第 4 期,收入《杜詩考釋》,78—87 頁。

建言:草茅徒以狂言亂聖聽,請付尚書試問。無一中者,故云。魯《譜》謂《上韋左丞》詩在是年。不考。是年,濟未拜左丞。[28]

黄譜先是錯誤地把玄宗下詔求賢的時間繫在了天寶五載,之後又誤以爲魯譜將《奉贈韋左丞丈二十二韻》繫在六載,可見黄譜處理此問題不甚精當。當然,黄鶴没有否定此詩在證據鏈上的作用,可知《奉贈韋左丞丈二十二韻》與《奉贈鮮于京兆二十韻》二詩是魯、黄二人堅持杜甫六載應制舉説的關鍵證據。此二詩事關杜甫獻三大禮賦前後之動向,將在下文予以詳細討論。在此,先分析黄譜新提出的補充證據《天狗賦》。

黄譜謂《天狗賦》撰於六載,是因制舉黜落而發,實無憑據。玄宗將温泉宫改爲華清宫固在六載十月,但《天狗賦》僅言"天寶中,上冬幸華清宫"云云,無法斷作六載,祇能説《天狗賦》的寫作年代在六載十月之後。其後,論者或贊同黄鶴,或在編集杜集時使用以類相從的方法,大體編在天寶中後期。近年,孫微指出《天狗賦》表達的情感與杜甫獻賦後仍然不遇的狀況相合,並根據《册府元龜》所記天寶十載二月"寧遠國獻天狗"之事認爲《天狗賦》當作於十載秋[29],頗具啓發性。而從《天狗賦》所涉獸坊之性質及杜甫的身份來看,仍有可補論之處。

《唐會要》載有"五坊宫苑使",稱"五坊,謂雕、鶻、鷹、鷂、狗,共爲五坊,宫苑舊以一使掌之"[30]。杜甫所謂的獸坊與天狗院應該指的就是五坊與狗坊。五坊在唐高祖時就已經設置,主要職責是陪同皇帝狩獵、巡遊,或是管理鷹犬,包含處理各地進貢與搜捕事務[31]。此種獸坊當屬宫内機構。《舊唐書·李琰傳》載:

> [李琰]寵二孺人,孺人又不相協。至十一載,孺人乃密求巫者,書符置於琰履中以求媚。琰與監院中官有隙,中官聞其事,密奏於玄宗,云琰厭魅聖躬。玄宗使人掩其履而獲之。玄宗大怒,引琰詰責之……及推問之,竟孺人也。玄宗猶疑琰知情,怒未解,太子已下皆爲請,命囚於鷹狗坊,絶朝請,

---

[28] 蔡志超《宋代杜甫年譜五種校注》,93 頁。
[29] 孫微《杜甫〈天狗賦〉作年新考》,《杜甫研究學刊》2022 年第 3 期,1—7 頁。
[30] 《唐會要》卷七八《諸使》,中華書局,1960 年,1421 頁。
[31] 李錦秀《唐代財政史稿》,社會科學文獻出版社,2007 年,428—429 頁;徐成《北朝隋唐内侍制度研究》,上海師範大學博士學位論文,2012 年,198—200 頁。

憂懼而死。[32]

可知鷹狗坊可以作爲暫時囚禁政治犯人之地，恐怕尋常人等無法靠近、進入。

杜甫謂"天寶中，上冬幸華清宫，甫因至獸坊"，似乎表明杜甫去的是華清宫獸坊。《杜甫全集校注》就認爲"唐玄宗於驪山華清宫建獸坊，在驪山西北山麓繚牆外……在驪山華清宫獸坊中，御馬院在最下，天狗院在最上"[33]。今日關於華清宫之研究，亦徑稱華清宫西禁苑附近有天狗院[34]，然均未能給出史料依據。實際上，1991年出版的《臨潼縣志》尚非常謹慎地稱"據傳，宫内又有……五聖殿、少府監、天狗院"[35]。遍檢史籍，似乎僅有杜甫將狗坊稱作天狗院，亦僅有杜甫暗示華清宫有狗坊。今日研究華清宫者徑稱狗坊爲天狗院，頗疑並非得自史籍與考古，而是從《天狗賦》中得來。當然，杜甫説他是"因至獸坊"，似乎是有乘玄宗幸華清宫的機會而至獸坊的内涵。但無論杜甫前往的是長安城還是華清宫的狗坊，兩處都屬於尋常人無法進入的區域，暗示杜甫已非白身。再結合《天狗賦》表達出了杜甫因不被賞識而産生的不滿[36]，賦之作年更可能在天寶十一載杜甫參選却未直接得官之後。無論如何，《天狗賦》之繫年應非六載，與制舉無涉。

除了黄鶴，没有其他注家再稱《天狗賦》與制舉有關。在趙譜、魯譜和黄譜等年譜發展的基礎上，杜甫在天寶六載曾應制舉之説開始流行，最終成爲定説，主要還是因爲《奉贈韋左丞丈二十二韻》與《奉贈鮮于京兆二十韻》二詩成爲注家普遍用以判定的證據。然而，此二詩果真叙述了制舉失敗嗎？

四、杜甫獻賦與相關杜詩繫年新論

既然早期關於杜甫的傳記史料中不言杜甫曾參加天寶六載之制舉，那麽顯

---

[32]《舊唐書》卷一〇七《李琰傳》，3260—3261頁。
[33] 蕭滌非主編《杜甫全集校注》卷二一，6113頁。
[34] 如駱希哲編《唐華清宫》，文物出版社，1998年，531頁；李宗昱《唐華清宫的營建與布局研究》，陝西師範大學碩士學位論文，2011年。
[35] 陝西省臨潼縣志編纂委員會編《臨潼縣志》，上海人民出版，1991年，862頁。
[36] 這一點，古今注家學者都有揭示，祇不過有一部分論者將這種情感視作對制舉的不滿。

然還是應該回到杜甫詩文本身來考察這一問題。

杜甫是如何回憶自己在天寶時期的經歷呢？在最豐富、全面回顧自己過往經歷的《壯遊》中，杜甫稱：

> ……歸帆拂天姥，中歲貢舊鄉。氣劘屈賈壘，目短曹劉牆。忤下考功第，獨辭京尹堂。放蕩齊趙間，裘馬頗清狂。春歌叢臺上，冬獵青丘旁。呼鷹皂櫪林，逐獸雲雪岡……快意八九年，西歸到咸陽。許與必詞伯，賞遊實賢王。曳裾置醴地，奏賦入明光。天子廢食召，群公會軒裳。脫身無所愛，痛飲信行藏……[37]

杜甫並不遮掩自己的過往經歷。趙次公對此詩評價甚高，謂"公之平生出處，莫詳於此篇。而史官爲傳，當時之人爲墓誌，後人爲集序，皆不能考此以書之，甚可惜也"[38]。《壯遊》依時間順序書寫，全篇主題雖然在"壯"字，但也會記錄"忤下考功第"這種不順遂之事，更不用說在前引詩句的未盡之處都是頗不得意的表態。因此，倘若杜甫確曾參與六載制舉，此事竟在這生平最詳之篇中缺席，實殊不可解。實際上除了魯訔、黄鶴提出的《奉贈韋左丞丈二十二韻》《奉贈鮮于京兆二十韻》兩首外，找不出其他可能與制舉有關的杜詩。這意味着倘若這兩首亦與制舉無涉的話，在杜詩内部也就没有確鑿的證據能證明杜甫曾參加制舉。

《壯遊》着重書寫的天寶經歷乃"奏賦入明光"，即獻三大禮賦之事。在另一首詩《莫相疑行》中，獻賦亦是杜甫自滿之事：

> 男兒生無所成頭皓白，牙齒欲落真可惜。憶獻三賦蓬萊宮，自怪一日聲輝赫。集賢學士如堵牆，觀我落筆中書堂。往時文彩動人主，此日飢寒趨路傍。晚將末契托年少，當面輸心背面笑。寄謝悠悠世上兒，不争好惡莫相疑。[39]

此詩或謂喻嚴武幕府同僚，或謂永泰元年（765）與郭英乂不和，杜甫計劃離去時所作。無論何者，都體現出杜甫落魄被欺辱時，反思自己乃是因獻賦而聲名煊赫，甚至一度被集賢學士環繞、能够"動人主"之人，不應與爾等"世上兒"争論是非。

---

[37] 謝思煒《杜甫集校注》卷六，932 頁。
[38] 林繼中《杜詩趙次公先後解輯校》戊帙卷一〇，1198—1199 頁。
[39] 謝思煒《杜甫集校注》卷五，736 頁。

《壯遊》和《莫相疑行》表現出在杜甫心中獻三大禮賦有着非同尋常的意義。同時,在前文所引的杜甫傳記史料中,亦頗稱述此事,可見唐宋之人亦已察覺。在獻賦前後,以及後續爲求官的奔走中,杜甫寫有諸多詩篇,其中就有通常被視作與天寶六載制舉有關的《奉贈韋左丞丈二十二韻》《奉贈鮮于京兆二十韻》二首,但其實表現的應是對獻賦及其後續的評論。以下,本文將重新梳理並挖掘杜甫的獻賦及後續的求官經歷的細節,並對相關杜詩的繫年、內涵進行考辨。

(一)杜甫獻三大禮賦及後續未立即得官

所謂三大禮,即天寶十載正月"壬辰,朝獻太清宫。癸巳,朝饗太廟。甲午,有事於南郊,合祭天地"[40]之事。這場禮制改革重提"唐承周漢"與土運,拋棄曹魏、西晉、北魏、北周和隋代。此議肇始於處士崔昌的上書,有衛包支持,背後是由投玄宗所好,希望在政治鬥爭中博取有利位置的李林甫推動[41]。

杜甫在九載(750)冬[42]獻三大禮賦後的經歷,兩《唐書》的記載都非常簡略,特別是《新唐書·杜甫傳》云"帝奇之,使待制集賢院,命宰相試文章,擢河西尉,不拜,改右衛率府胄曹參軍"[43],將諸事連書,讓人誤以爲是短時間內連續發生之事,但實際情況更爲複雜。

杜甫在《進封西嶽賦表》中云"頃歲國家有事於郊廟,幸得奏賦,待制於集賢,委學官試文章。再降恩澤,乃猥以臣名實相副,送隸有司,參列選序"[44],看似順遂,也並無不滿,然實際遠非順利。杜甫先是待制於集賢,其後參加文章試。杜詩《奉留贈集賢院崔于二學士》云"天老書題目,春官驗討論",可見時已完成試文章。此詩留贈對象之一的崔國輔,約在十一載(752)四月被貶爲竟陵郡司馬[45]。因此,杜甫肯定在十一載初就完成了試文章。

然而,"參列選序"後杜甫並未立即得官。有學者認爲是李林甫從中作梗,亦

---

[40] 《舊唐書》卷九《玄宗紀下》,224頁。
[41] 仇鹿鳴《五星會聚與安禄山起兵的政治宣傳》,《長安與河北之間:中晚唐的政治與文化》,北京師範大學出版社,2018年,4—13頁。
[42] 張忠綱《杜甫獻〈三大禮賦〉時間考辨》,《文史哲》2006年第1期,66—69頁。
[43] 《新唐書》卷二〇一《杜甫傳》,5736頁。
[44] 謝思煒《杜甫集校注》卷一九,2938頁。
[45] 傅璇琮編《唐才子傳校箋》卷二,中華書局,1995年,231—232頁。

有學者認爲這是守選之故,目前後者乃學界主流意見[46]。不過,唐代的守選制度在玄宗時期仍比較模糊。據陳鐵民的總結,文職六品以下的前資官的守選制雖然在開元十八年施行,但針對新及第者,包括進士、明經等科的守選,要在肅宗、代宗時期纔逐步形成[47]。《奉留贈集賢院崔于二學士》末杜甫自注云"甫獻三大禮賦出身,二公常謬稱述"。所謂"出身",《通典》云:

> 其制詔舉人,不有常科……文策高者特授以美官,其次與出身。[48]

杜甫未立即得官,或許就是因爲他僅是獲得了"出身"這一做官資格而已。

更重要的是,在玄宗朝類似杜甫此種"上書拜官"的通例並不用"守選"。天寶九載,就在杜甫獻賦前稍早,先朝"以白衣上書,試經及第,拜右威衛倉曹、集賢待制",薛須"以白衣上書,試經及第,拜左驍衛冑曹、集賢待制"[49]。類似情況還有開元二十二年,徐闓"上《博聞奇要》二十卷,試文章及第,留院校理"[50]。甚至還有不需經過文章考試即授官者,如杜甫之友房琯:"開元十二年,玄宗將封岱岳,琯撰《封禪書》一篇及箋啓以獻。中書令張說奇其才,奏授秘書省校書郎。"[51]可以想見,與房琯上《封禪書》性質類似的杜甫自覺應免於文章考試,或至少應在文章考試後即授官集賢院,但最終却未被立即授官,祇得到了"出身"。杜甫對此之不滿,可謂溢於言表。《奉留贈集賢院崔于二學士》云:

> 昭代將垂白,途窮乃叫閽。氣衝星象表,詞感帝王尊。天老書題目,春官驗討論。倚風遺鶂路,隨水到龍門。竟與蛟螭雜,寧無燕雀喧。青冥猶契闊,陵厲不飛翻。儒術誠難起,家聲庶已存。故山多藥物,勝概憶桃源。欲整還鄉旆,長懷禁掖垣。謬稱三賦在,難述二公恩。[52]

此詩贈崔國輔、于休烈二學士,此二人應是杜甫的贊賞者,故杜甫頗爲直抒胸臆。

---

[46] 韓成武、韓夢澤《杜甫獻賦出身而未能立即得官之原因考》,《杜甫研究學刊》2008年第3期,8—11頁;王勳成《杜甫授官、貶官與罷官說》,《天水師範學院學報》2010年第4期,22—33頁;孫微《杜甫的官階變遷及其相關問題考辨》,《吉林師範大學學報》2017年第2期,28—33頁。

[47] 陳鐵民《唐代守選制的形成與發展研究》,《唐代文史研究叢稿》,中國社會科學出版社,2013年,223頁。

[48] 杜佑《通典》卷一五《選舉三》,中華書局,1988年,357頁。

[49] 韋述撰,陶敏輯校《集賢注記》卷下,中華書局,2015年,341頁。

[50] 《集賢注記》卷下,334頁。

[51] 《舊唐書》卷一一一《房琯傳》,3320頁。

[52] 謝思煒《杜甫集校注》卷九,1503—1504頁。

在"隨水到龍門"前,都是得意之情,隨後就轉入了失落,謂自己難攀青冥,秉持之儒術亦無從施展,不若還鄉歸隱。甚至在多年後的《壯遊》中仍有"天子廢食召,群公會軒裳。脱身無所愛,痛飲信行藏。黑貂不免弊,斑鬢兀稱觴"[53]之句體現出此種氣憤與失望。

(二) 獻賦與張垍、張均、杜位、李林甫的關係

杜甫所獻的三篇賦強調唐受天命、承漢統,抹去了隋的正統性。之所以能得到賞識,顯然還是因爲貼合了玄宗這次改革的政治需求。這三篇賦完成速度相當快[54],而且雖然是在九載寫作,却已經點明十載正月各禮的舉行時間:《朝享太廟賦》中,先云"壬辰既格於道祖",後云"甲午方有事於採壇紺席"[55],分別預告了太清宮祭老子與南郊祭天地的時間。身爲布衣的杜甫,如何能夠迅速捕捉到朝廷的動向,並被玄宗看重呢?

玄宗雖然一直以來都喜歡改易制度,尤其喜歡"古道",但在舉行此三大禮前稍早的天寶七載五月,他纔剛剛下令將北魏皇室後裔設立爲"三恪",首次將北魏納入唐的正統淵源,並在八載正式册封[56]。除非是深入瞭解宫内情形之人,否則孰能料到僅僅過了一年多,玄宗就要再次改變正統敘述,廢去北魏、北周與隋的正統性?同時,杜甫之三賦是"謹稽首投延恩匭獻納"[57]。延恩匭設於武后秉政的睿宗垂拱時期,最初不設限制,導致"不逞之徒,或至攻訐陰私,謗訕朝政",祇好規定"中書、門下官一人,專監其所投之狀,仍責識官,然後許進封"[58],表明需要有官員保舉,纔可投匭。杜甫作爲一介布衣,他能提前把握朝廷動向,他獻出的賦能上達天聽被玄宗欣賞,必然是有朝中之人相助。

就此問題,陳貽焮和孫微都有措意。陳貽焮據《贈翰林張四學士垍》《奉贈

---

[53] 謝思煒《杜甫集校注》卷六,932頁。
[54] 孫微認爲三大禮賦的創作時間是十一月至十二月,參見《"以土代火"與"四星聚尾":杜甫獻〈三大禮賦〉的政治文化背景及相關問題考述》,《文史哲》2020年第3期,160頁。
[55] 謝思煒《杜甫集校注》卷一九,2892、2894頁。
[56] 吕博《唐代德運之爭與正統問題——以"二王三恪"爲綫索》,《中國史研究》2012年第4期,115—141頁。
[57] 謝思煒《杜甫集校注》卷一九《進三大禮賦表》,2868頁。
[58] 《舊唐書》卷五〇《刑法志》,2143頁。

太常張卿垍二十韻》，認爲應是張垍、張均相助[59]。孫微認爲杜甫是通過接近杜位，依靠杜位乃李林甫女婿的關係獲知消息，再加上杜甫還與最初上書議禮的崔昌有親戚關係，所以纔能迅速涉足此事[60]。然而，陳、孫二人所論都有可議之處。

陳貽焮首先揭出杜甫必是有人相助，誠爲卓識。杜甫確實曾干謁張均、張垍兄弟，但有兩個問題需要釐清：杜甫何時干謁二張？杜詩中是否能夠看出二張給予了杜甫一定的幫助？

《贈翰林張四學士》是杜甫干謁張垍之詩。黃鶴謂"此題云'贈翰林張學士'，則在未貶司馬前……意是天寶九年自河南歸時作"[61]，但張垍貶爲盧溪郡司馬在十三載初，在這之前他從開元二十六年起就一直供職翰林[62]。因此，這首詩很難準確繫年。《奉贈太常張卿二十韻》亦獻給張垍。張垍任太常卿最早在天寶十三載年中[63]，因此當繫在十三載年中或之後。雖然詩中有"顧深慚鍛鍊，才小辱提攜"之語，但僅是抽象而言的客套話[64]。二詩時間上不能排除皆作於獻賦之後，杜甫進一步活動求官時。再加上杜甫在與二張的交往中處於被動求賞識的狀態，因此很難得出杜甫是通過張垍的關係，得以掌握朝廷內情並成功獻賦的結論[65]。

其次來討論孫微的觀點。杜詩《奉使崔都水翁下峽》云"無數涪江筏，鳴橈總發時。別離終不久，宗族忍相遺。白狗黃牛峽，朝雲暮雨祠。所過頻問訊，到日自題詩"[66]。從"宗族忍相遺"可知崔都水翁應與杜甫有一定的親戚關係。

---

[59] 陳貽焮《杜甫評傳》，北京大學出版社，2003年，151、154頁。

[60] 孫微《"以土代火"與"四星聚尾"：杜甫獻〈三大禮賦〉的政治文化背景及相關問題考述》，159—162頁。

[61] 黃希、黃鶴《黃氏補千家注紀年杜工部詩史》卷一八，北京圖書館出版社，2006年，中華再造善本據山東省博物館藏元至元二十四年詹光祖月崖書堂刻本影印，12冊20頁。

[62] 韋執誼《翰林院故事》，洪遵輯《翰苑群書》，中華書局，1991年，12頁。

[63] 《舊唐書》卷九七《張垍傳》，3058頁。

[64] 謝思煒《杜甫集校注》卷九，1377頁。類似的客套話，還可見於《贈特進汝陽王二十韻》"招要恩屢至，崇重力難勝"之句，《杜甫集校注》卷九，1392頁。

[65] 實際上，張垍似乎並不樂於、善於賞識和推薦人才。如李白開元時期初入長安時，就未受張垍重視；天寶初，更因張垍之讒而被賜金放還。見郁賢皓《李白與張垍交遊新證》，《南京師大學報》1978年第1期，64—66頁。

[66] 謝思煒《杜甫集校注》卷一八，2835頁。

歷來注家均不明此人姓名，孫微認爲是崔昌，論據有二：一是上元二年(761)崔昌被誅時，官至都水使者；二是杜甫能涉足三大禮，必定是與崔昌相識之故。然後，又根據此詩中的"宗族忍相遺"一句來反證杜甫與崔昌乃宗族關係。

無論"崔都水翁"是崔昌的論斷能否成立，都不能從宗族關係直接推導出杜甫"在崔昌上'以土代火'說之前定有較爲密切的交往"[67]，且兩人的關係甚至到了杜甫能通過崔昌涉足三大禮之事的地步。倘若杜甫是依靠崔昌、杜位、李林甫一方獲取信息而抓住時機，那麽深入李林甫陣營並旗幟鮮明支持李林甫改革的杜甫，何以能夠躲過天寶十二載李林甫去世後楊國忠對崔昌等人的清算呢？孫微認爲杜甫"祇是此事的鼓譟者和宣傳者，況且這種鼓譟又是皇帝決定採納崔昌的建言之後，政治上毫無風險"，進而稱"未立即授官，對他來說反而是一種保護了"[68]。此解釋在政治生存與清算上很難説通——崔昌又何嘗不是揣摩玄宗之意而提出改制的呢？而且又會產生新的問題：在李林甫尚當權之時，杜甫何以未能立即得官呢？

《杜位宅守歲》雖然表明杜甫與杜位有來往，但要注意詩云"守歲阿戎家，椒盤已頌花……四十明朝過，飛騰暮景斜。誰能更拘束，爛醉是生涯"[69]，其中"四十明朝過"一句，表明此詩作於天寶十載歲末。固然不必隱諱杜甫一度希望通過李林甫謀得一官半職，但單就此詩的寫作時間點來看，實情更可能是如此：天寶十載，待制集賢院的杜甫即將參加十一載的文章試，他決定利用杜位與李林甫的關係，以求在考試中獲得佳績而得官。總之，此詩並不能證明在十載歲末之前，甚至九載崔昌上書時，杜甫就已經通過杜位來攀附李林甫了。

(三) 獻賦與韋濟：《奉贈韋左丞丈二十二韻》繫年新論

那麽杜甫到底是從何得知三大禮及背後的政治信息，並成功獻賦的呢？朝臣之中與杜甫關係密切者尚有韋濟。據《韋濟墓誌》，他"天寶七載，轉河南尹，兼水陸運使，事彌殷而政彌簡，保清静而人自化。九載，遷尚書左丞，累加正議大

---

[67] 孫微《"以土代火"與"四星聚尾"：杜甫獻〈三大禮賦〉的政治文化背景及相關問題考述》，161頁。

[68] 孫微《"以土代火"與"四星聚尾"：杜甫獻〈三大禮賦〉的政治文化背景及相關問題考述》，164頁。

[69] 謝思煒《杜甫集校注》卷九，1477頁。

夫,封奉明縣子。十二載,出爲馮翊太守。在郡無幾,又除儀王傅"〔70〕,從九載至十二載,均在朝任高官。

韋濟頗與當時文人交往,墓誌稱"其所遊者,若吳郡陸景融、范陽張均、彭城劉昇、隴西李昇期……皆一時之彦"〔71〕。相較張均、張垍和杜位,當時韋濟與杜甫的關係顯然更加密切〔72〕,而且不僅僅是杜甫單方面的干謁。天寶七載,杜甫有《奉寄河南韋尹丈人》云:

> 有客傳河尹,逢人問孔融。青囊仍隱逸,章甫尚西東。鼎食分門户,詞場繼國風。尊榮瞻地絶,疏放憶途窮。濁酒尋陶令,丹砂訪葛洪。江湖漂短褐,霜雪滿飛蓬……〔73〕

詩題下有杜甫自注之語謂"甫敝廬在偃師,承韋公頻有訪問,故有下句",此詩前四句便應是韋濟派人到偃師杜甫舊宅傳話。杜甫寫作此詩作爲回信,訴説近况,表達感激之情。可見,杜甫與韋濟之間是互動的關係。

天寶九載韋濟就任尚書左丞後,杜甫便立即前往干謁。《贈韋左丞丈濟》云:

> 左轄頻虚位,今年得舊儒。相門韋氏在,經術漢臣須。時議歸前列,天倫恨莫俱。鴒原荒宿草,鳳沼接亨衢。有客雖安命,衰容豈壯夫。家人憂几杖,甲子混泥途。不謂矜餘力,還來謁大巫。歲寒仍顧遇,日暮且踟躕。老驥思千里,飢鷹待一呼。君能微感激,亦足慰榛蕪。〔74〕

"左轄"即尚書左丞的代指,故從"左轄頻虚位,今年得舊儒"可知作於天寶九載。這首詩的干謁意圖較爲明顯,前半稱贊朝廷得人與韋濟之能,從"有客"句開始叙述自己的悲慘生活,最後説自己雖是老驥,仍志在千里,懇請韋濟提供幫助。憑藉杜甫與韋濟的多年交情,以及杜甫如此這般的懇托,韋濟是否給予了杜甫什麼幫助呢? 按照舊日注家的編年,在此詩前後,僅有《奉贈韋左丞丈二十二韻》編於同年。之後,韋濟就從杜甫的生命中消失了,頗讓人費解。在前文分析杜甫

---

〔70〕 周紹良、趙超主編《唐代墓誌彙編續集》,上海古籍出版社,2001年,654頁。
〔71〕 周紹良、趙超主編《唐代墓誌彙編續集》,654—655頁。
〔72〕 杜甫與京兆韋氏宗族都頗有交往,且其妹爲韋氏婦,概説見胡可先《杜甫與唐代京兆韋氏關係述論》,《復旦學報》2017年第6期,54—64頁。
〔73〕 謝思煒《杜甫集校注》卷九,1412頁。
〔74〕 同上書,1360頁。

參與制舉的史料,並考察獻賦的背景及杜甫與韋濟關係的基礎上,結合杜甫獻賦後的經歷和詩文,《奉贈韋左丞丈二十二韻》的繫年問題便浮出了水面:此詩極有可能是獻賦後所作。

《奉贈韋左丞丈二十二韻》詩云:

> 紈袴不餓死,儒冠多誤身。丈人試靜聽,賤子請具陳。甫昔少年日,早充觀國賓。讀書破萬卷,下筆如有神。賦料揚雄敵,詩看子建親。李邕求識面,王翰願卜鄰。自謂頗挺出,立登要路津。致君堯舜上,再使風俗淳。此意竟蕭條,行歌非隱淪。騎驢三十載,旅食京華春。朝扣富兒門,暮隨肥馬塵。殘杯與冷炙,到處潛悲辛。主上頃見徵,欻然欲求伸。青冥却垂翅,蹭蹬無縱鱗。甚愧丈人厚,甚知丈人真。每於百寮上,猥誦佳句新。竊效貢公喜,難甘原憲貧。焉能心怏怏,祇是走踆踆。今欲東入海,即將西去秦。尚憐終南山,回首清渭濱。常擬報一飯,況懷辭大臣。白鷗波浩蕩,萬里誰能馴。[75]

此詩歷來注家均繫在天寶七載,但由於《韋濟墓誌》載其九載始任尚書左丞,所以陳鐵民繫此詩於九載[76]。然墓誌記韋濟在九載至十二載均爲尚書左丞,何以必然繫在九載呢?陳鐵民雖然沒有明言,但當是因爲普遍認爲詩中"主上頃見徵,欻然欲求伸。青冥却垂翅,蹭蹬無縱鱗"一句寫的是天寶六載杜甫制舉失敗之事,而且全詩又未涉及獻賦,因此纔繫在獻賦前的九載。

張忠綱在《杜甫全集校注》中稱杜甫於十一載春暫時從長安歸洛陽,因此憑藉"今欲東入海,即將西去秦"一句,可將此詩繫在天寶十一載[77]。同時,在附錄《杜甫年譜簡編》"天寶十一載"條下云,"暮春,暫歸東都。與尚書左丞韋濟告別,有《奉贈韋左丞丈二十二韻》……又與集賢院直學士崔國輔、于休烈告別,有《奉留贈集賢院崔于二學士》……秋,與高適、薛據、岑參、儲光羲等同登長安慈恩寺塔"[78]。《杜甫全集校注》對此詩進行了細緻的注釋,但未對具體內容予以全面分析。更重要的是,所謂"今欲東入海,即將西去秦"未必真的就是將要乃

---

[75] 謝思煒《杜甫集校注》卷一,1—2頁。
[76] 陳鐵民《由新發現的韋濟墓誌看杜甫天寶中的行止》,《唐代文史研究叢稿》,134頁。
[77] 蕭滌非主編《杜甫全集校注》卷二,276頁。
[78] 蕭滌非主編《杜甫全集校注》附錄,6525—6526頁。

至實際已經發生的行爲,更可能衹是杜甫經常在此種干謁詩中表現出的一種情緒和態度——聞一多早已指出,"或曰遠遊,或曰歸隱,但故爲憤詞以自解,非本意如此也"[79]——不能直接等同於杜甫真的要辭别韋濟,離開長安暫歸洛陽。因此,張忠綱雖然提供了思考問題的新視角,但問題並没有真正被解决。

"主上頃見徵,欻然欲求伸。青冥却垂翅,蹭蹬無縱鱗"被注家視作叙述六載制舉失敗之情緒,主要還是因爲此詩先前被毫無懷疑地繫在緊隨制舉的七載。既然現已辨明此詩最早作於九載,就應該首先摒棄此種先見之念,從詩歌本身來加以梳理。

全詩從"甫昔少年日"開始至"蹭蹬無縱鱗",是依照時間順序叙述,其中較爲明確的時間截點是"騎驢三十載,旅食京華春"一句。《杜詩詳注》將"三十載"改作"十三載",理由是"公兩至長安,初自開元二十三年赴京兆之貢,後以應詔到京,在天寶六載爲十三載也。他本作三十載,斷誤"[80]。語氣雖然十分篤定,但其實仇兆鰲衹是根據同爲清人的盧元昌的看法進行了臆改,無任何版本依據,且宋本均作"三十載"。仇兆鰲之臆改,就是爲了彌合杜甫參加天寶六載制舉之年數。

"騎驢三十載"起始於何時呢?《壯遊》云"往者十四五,出遊翰墨場。斯文崔魏徒,以我似班揚",自稱十四五歲時便出遊文壇與士人交往,時大約在開元十三年,此應是"騎驢"之始年。既然《奉贈韋左丞丈二十二韻》是依照時間順序叙述,那麼"主上頃見徵"之事應該就發生在"騎驢三十載""到處潛悲辛"之後的轉折了。陳鐵民和謝思煒都認爲"三十載"是約舉成數,不能看作確指三十年,誠是。但即便是約舉,也不會過度誇張。譬如陶淵明《歸園田居》"誤落塵網中,一去三十年"之"三十年",就幾乎確指三十年[81]。就杜甫的情況來說,乾元元年(748)《因許八奉寄江寧旻上人》詩云"不見旻公三十年"[82],杜甫遊吴越(開元二十年前後)至乾元元年,共二十六七年。又《八哀詩·故秘書少監武功

---

[79] 聞一多《少陵先生年譜會箋》,《唐詩雜論》,上海古籍出版社,2019年,81頁。
[80] 仇兆鰲《杜詩詳注》卷一,76頁。
[81] 袁行霈《陶淵明集箋注》卷二,中華書局,2003年,77—78頁。
[82] 謝思煒《杜甫集校注》卷一〇,1622頁。

蘇公源明》云與蘇源明"結交三十載"[83]，蘇源明於廣德二年(764)去世，而杜甫是科舉下第後不久，在開元二十六年前後與蘇源明結交，即二十七八年。

倘若如魯訔、黄鶴直至仇兆鰲等人所言的那樣，"主上頃見徵"指的是六載制舉，但開元十三年至天寶六載僅有二十二三年，約舉爲三十年未免過於誇張。假若能挣脱杜甫參與了制舉這一舊思維的束縛，便不會輕易排除"主上頃見徵"乃指獻賦後玄宗召見之事的可能性：從開元十三年到天寶十載，約有二十七年，更有可能被約舉爲三十年。

其次可以横向比較杜詩。杜甫在獻賦後待制集賢院却未能立即得官，時有《奉留贈集賢院崔于二學士》，前已引及。《奉贈韋左丞丈二十二韻》與《奉留贈集賢院崔于二學士》在情感態度，甚至遣詞造句上，都驚人相似（見表1）：

表1

《奉贈韋左丞丈二十二韻》	《奉留贈集賢院崔于二學士》
紈袴不餓死，儒冠多誤身。	儒術誠難起，家聲庶已存。
青冥却垂翅，蹭蹬無縱鱗。	青冥猶契闊，陵厲不飛翻。
每於百寮上，猥誦佳句新。	謬稱三賦在，難述二公恩。
今欲東入海，即將西去秦。	故山多藥物，勝概憶桃源。
尚憐終南山，回首清渭濱。	欲整還鄉斾，長懷禁掖垣。

這兩首詩都抱怨了儒術之難成。無論生活再艱辛、不遇，杜甫都未在獻三大禮賦之前對儒的身份表達過不滿，乃至直接抨擊。此類抱怨之句，如"儒術於我何有哉，孔丘盜跖俱塵埃"，"多病休儒服，冥搜信客旌"，"有儒愁餓死，早晚報平津"等[84]，都集中在獻賦後的幾年内。杜甫長年以儒與家風自居，非經巨大的失望，應不會作此類激憤之語。這能從側面印證《奉贈韋左丞丈二十二韻》寫於獻賦之後。

其次，這兩首詩共同使用了不達"青冥"之意象，又從"却垂翅"與"猶契闊"透露出未能功成的狀况。同時，杜甫謂韋濟"每於百寮上，猥誦佳句新"，非常具

---

[83] 謝思煒《杜甫集校注》卷七，1104頁。
[84] 分見謝思煒《杜甫集校注》卷一《醉時歌》、卷九《敬贈鄭諫議十韻》《奉贈鮮于京兆二十韻》，66、1382—1383、1386頁。

體,恐非虛詞。留贈崔國輔、于休烈詩云"謬稱"與"恩",二人或是在集賢院同僚前對杜甫有所誇贊。就當時的情況而言,杜甫雖然先前已經從遊於京城高官,交遊於李邕、李白等名士,但名聲不顯。通過獻賦一舉成名後,杜甫方上升爲可被稱頌於百僚前之人,也就是説韋濟與崔國輔、于休烈二人的稱贊是共享了同一個背景。最後,兩詩在表達此後的去向上,也採取了同樣的似隱非隱的叙述模式:打算返回家鄉隱居,但同時又懷念京城。

既然兩詩在叙事模式和情感態度上有如此多的相似之處,而且杜甫祇在獻賦後纔開始抱怨儒業,這兩首詩的創作時間可能非常接近。再加上《奉贈韋左丞丈二十二韻》詩歌内的時間邏輯,庶幾可以認定此詩當創作於天寶十一載初年,"主上頃見徵"叙説的是獻賦及後續未被立即授官的遭遇。詩内最後杜甫對韋濟幫助自己的感謝之情便不難理解了:正是韋濟向杜甫透露了玄宗改制之機要,促使杜甫成功獻上三賦。由於杜甫未被立即授官,因此他自覺辜負了韋濟之恩,加上自己頗爲失落,便作了歸鄉的激憤之語。

(四)《奉贈鮮于京兆二十韻》與制舉無關

除了《奉贈韋左丞丈二十二韻》外,魯訔、黄鶴等還認爲《奉贈鮮于京兆二十韻》"破膽遭前政,陰謀獨秉鈞"與制舉有關,但這亦似是而非。

《奉贈鮮于京兆二十韻》詩云:

> 王國稱多士,賢良復幾人?異才應間出,爽氣必殊倫。始見張京兆,宜居漢近臣……雲霄今已逼,臺袞更誰親?鳳穴雛皆好,龍門客又新。義聲紛感激,敗績自逡巡。途遠欲何向,天高難重陳。學詩猶孺子,鄉賦忝嘉賓。不得同晁錯,吁嗟後郤詵。計疏疑翰墨,時過憶松筠。獻納紆皇眷,中間謁紫宸。且隨諸彦集,方覬薄才伸。破膽遭前政,陰謀獨秉鈞。微生霑忌刻,萬事益酸辛。交合丹青地,恩傾雨露辰。有儒愁餓死,早晚報平津。[85]

鮮于仲通任京兆尹在天寶十一載,又在十二載八月貶爲邵陽郡司馬。鮮于仲通乃楊國忠一派,杜甫寫作此詩干謁的目的很明確,但恐怕不會在李林甫未被徹底否定前就肆意攻擊。謝思煒謂此詩當作於李林甫被追削官職的天寶十二載二月以後,不爲無據。

---

[85] 謝思煒《杜甫集校注》卷九,1385—1386頁。

此詩前半奉承鮮于仲通，後半則轉寫自己。與《奉贈韋左丞丈二十二韻》相似，此詩亦遵循時間順序叙事："學詩猶孺子，鄉賦忝嘉賓"，指貢舉之鄉試；"不得同晁錯，吁嗟後郄詵"，用晁錯和郄詵舉賢良事，叙己之進士不第；"計疏疑翰墨，時過憶松筠"，嘆思歸山林，略指漫遊；"獻納紆皇眷，中間謁紫宸"，稱獻三大禮賦；"且隨諸彦集，方覬薄才伸"，叙待制集賢院，與集賢學士共處一室。依此順序，則"破膽遭前政"的直接叙述對象應是獻賦後未立即被授官之事[86]。

趙次公以爲"中間謁紫宸"寫的是制舉：

  今兩句鋪叙其赴闕就選之語……紫宸殿，在東内大明宫，即内衙之正殿。"中間謁紫宸"，則未對詔問，豈亦見帝乎？[87]

可是如前所言，六載制舉未經玄宗親自召問，僅是由尚書代勞，沒有發生"中間謁紫宸"之事。趙次公爲了彌補推理疏漏，懷疑"亦見帝"，這是純粹的推測。況且，"中間謁紫宸"之前句"獻納紆皇眷"，着重的仍是"獻納"，即獻三大禮賦，可知"謁紫宸"乃是獻納之後的事情。倘若視作制舉黜落，則"中間謁紫宸""破膽遭前政"都當置於"獻納紆皇眷"之前方合。由此可見，此詩亦不能確證杜甫曾參加六載之制舉。

結　語

自北宋末年趙子櫟揭出杜甫曾參與天寶六載制舉並被黜落後，經過南宋魯訔和黃鶴補充證據，遂成爲杜甫生平之通説。不過，直至北宋末年，早期的史料都未記載杜甫曾參與六載制舉。進一步考察趙子櫟、魯訔和黃鶴編纂的杜甫年譜中六載制舉説的生成及證據的擴展，可見一方面趙譜存在先天不足——未舉出證據，且時人已覺頗多穿鑿附會。另一方面，《天狗賦》與制舉無關，由此魯訔和黃鶴僅有《奉贈韋左丞丈二十二韻》《奉贈鮮于京兆二十韻》二詩作爲證據。而且遍檢杜甫詩文，也似乎僅有此二詩疑似與制舉有關。事實上，此二詩均不能

---

[86] 至於究竟是否是李林甫之陰謀導致杜甫未被授官，則尚可討論，但此詩此處應是爲了得到鮮于仲通和楊國忠的賞識，特别强調自己是李林甫的反對派而曾受到迫害。

[87] 林繼中《杜詩趙次公先後解輯校》甲帙卷三，75頁。

作爲證據。身爲布衣的杜甫之所以能迅速掌握朝廷的政治動向,成功獻賦並得到玄宗賞識,極可能是得到了有多年交情、時任尚書左丞的韋濟的幫助。然而,杜甫最終並未立即得官。從《奉贈韋左丞丈二十二韻》的内在叙述邏輯,以及與《奉留贈集賢院崔于二學士》等杜詩在情感態度、遣詞造句的横向比較之上,《奉贈韋左丞丈二十二韻》都當繫在天寶十一載初。此詩與《奉贈鮮于京兆二十韻》中被魯訔、黄鶴等視作與制舉有關的詩句,實際上都指的是獻賦事件,表達了未得官的不滿。因此,杜甫詩文中,亦無一處顯示他曾參加了六載制舉。

通過對史料的梳理可知宋人所能依據的論證材料,如元結《喻友》,杜甫《奉贈韋左丞丈二十二韻》《奉贈鮮于京兆二十韻》及《天狗賦》,與今日並無不同。單就此問題,今日學者其實與千年前的宋人處於同一基礎史料的條件下。況且眼下還擁有一批新出的石刻史料,譬如關鍵的《韋濟墓誌》。在現代學術規範的前提下,此情此景要求學界將宋人提出的看法也視作一種需要被檢驗的論説。

在史料較少的研究中,常面臨"説有易,説無難"的困境。一旦注家與研究者先有了杜甫六載應制舉之成思,再反身從杜甫詩文中尋求貌似符合之句,做似是而非的解讀並不困難。倘若抛開成思,力圖做"無"的論證,在史料不够豐富的情況下就變得較爲困難。不過如前可見,杜甫天寶六載應制舉説之論者,其"説有易"實際上祇是利用了前人未做檢討的假説,與其説是"以杜證杜",倒不如説是先入爲主,利用了未經反思的杜甫"生平"。因此,就本文所論而言,已足可懷疑杜甫應天寶六載制舉之事爲無。

(附記:通過排比唐宋杜甫傳記材料,發現差異並展開檢討,是筆者研究杜甫、反思宋人論杜的核心思路之一。《安史之亂初期杜甫行蹤的史料生成與建構》[初稿於 2018 年,後刊《中國文學研究》2022 年第 3 期]是最早的嘗試,延續這一思路完成的便是本文。2023 年 2 月 19 日,筆者才獲知盧多果先生的大名,欣喜地了解到盧先生 2019 年的碩士學位論文《杜甫與玄肅兩朝政治》第一章爲《杜甫應天寶六載制舉事質疑——杜甫與玄宗朝政治》。由此足見這一議題的重要性。盧先生大作乃筆者 2 月 19 日得見,未及參考,敬請讀者一併參讀。)

A Query about Du Fu's Participation in the Decree Examination in the Sixth Year of Tianbao

—Concurrently discussing the Connotation and Chronology of Du Fu's Poems before and after the offering of poetic expositions

Li Yudong

In the end of the Northern Song Dynasty, Zhao Zili 趙子櫟 pointed out that Du Fu 杜甫 participated in the decree examination in the sixth year of Tianbao 天寶六載 (747) and finally failed. This idea became popular after Lu Yin 魯訔 and Huang He 黃鶴 provided supplementary evidence in the Southern Song Dynasty. However, there are some doubtful points. Up to the end of the Northern Song Dynasty, there was no record of Du Fu's participation in the decree examination. Even Song people suspected Zhao Zili did not rigorously compiled the chronology of Du Fu. Besides, Lu Yin and Huang He had only two poems and one poetic exposition as evidence: *Respectfully Presented to Vice-Director of the Left, the Senior Wei* (*Fengzeng Wei Zuochengzhang Er'shi'er'yun* 奉贈韋左丞丈二十二韻), *Respectfully Presented to Xianyu, Governor of the Capital Region* (*Fengzeng Xianyu Jingzhao Er'shiyun* 奉贈鮮于京兆二十韻) and *The Poetic Exposition on the Lynx* (*Tiangou Fu* 天狗賦). In fact, the *Tiangou Fu* has no element that relates to the decree examination. Moreover, Du Fu should compose the first poem at the beginning of the eleventh year of Tianbao because of the internal logic of the poem as well as the fact that Du Fu didn't get an official immediately after offering the three poetic expositions. Both poems are related to the offering of poetic expositions. Therefore, neither Du Fu's poems nor historical materials can prove the participation of Du Fu in the decree examination.

再論唐睿宗朝政局
——以政事堂與御史臺爲中心

姚魯元

唐前期御史臺掌彈劾,御史爲風霜之任,"彈糾不法,百僚震恐,官之雄峻,莫之比焉"[1]。政事堂作爲帝國的權力中樞,參總軍國政務,並掌握着大部分高級官員的任免[2]。宰相和御史雖然執掌、地位不同,但却存在許多聯繫,宋洪邁稱"唐世臺官,雖職在抨彈,然進退從違,皆出宰相"[3],此言雖未經詳考,不足以總括唐世,但其中反映的宰相、御史間的聯動關係却是存在過的。

唐中宗、睿宗時期御史臺一系列制度的調整[4],就曾使得宰相與御史兩大群體的動向緊密相聯。彈劾程式方面,唐初御史一旦掌握官僚違法事實即可實施彈劾,無需稟告臺中長官,但到了唐中宗景龍三年(709),御史彈劾却多了一

---

[1] 《通典》卷二四《御史臺》,中華書局,1988年,659—660頁。
[2] 有關唐代宰相制度的通論,可參吳宗國主編《盛唐政治制度研究》第二章《隋與唐前期的宰相制度》,上海辭書出版社,2003年,11—67頁。
[3] 《容齋隨筆》卷一一,中華書局,2005年,768頁。
[4] 關於唐代御史臺制度整體性的研究,具有代表性的有八重津洋平《唐代御史制度について(一)(二)》,《法と政治》1970年21-3期、1971年22-3期;王壽南《唐代御史制度》,收入許倬雲等著《中國歷史論文集》,臺灣商務印書館,1986年,163—206頁;徐連達、馬長林《唐代監察制度述論》,《歷史研究》1981年第5期;胡滄澤《唐代御史制度研究》,文津出版社,1993年;胡寶華《唐代監察制度研究》,商務印書館,2005年;賴瑞和《唐代中層文官》第一章《監察御史、殿中侍御史和侍御史》,中華書局,2011年,49—92頁;張雨《御史臺、奏彈式與唐前期中央司法政務運行》,《中國古代法律文獻研究》第13輯,社會科學文獻出版社,2019年,157—174頁;牟學林《唐代御史臺運行機制變遷研究》,中國人民大學博士學位論文,2019年。以上研究主要關注於制度的本身及内在演變邏輯,對於制度變化背後的政治因素關注較少。其中胡寶華、牟學林的研究尤其注意到在宰相的干預下御史彈劾增加的"進狀"環節,與本文的討論密切相關。其他研究可參牟學林博論緒論部分的整理以及高明士主編《中國史研究指南2》,聯經出版社,1990年,218—219、323頁;胡戟主編《二十世紀唐研究》第二章《監察制度》,中國社會科學出版社,2002年,93—94頁。

道"進狀"的程序[5]。即彈劾前須進彈劾狀,經中書門下[6]審查,得到許可後方能實施,御史彈劾自主權因此受到了宰相的嚴重限制[7];此外,選任制度的調整也使得御史的進退與宰相高度相關。高宗朝以降監察御史逐漸敕授[8],到了景龍元年(707),中宗下敕選任御史"令本司長官共中書門下商量,並録由歷進奏者"[9],至此宰相對御史選任的影響最終制度化。王德權指出宰相奏擬官員人事權的持續擴大是朋黨政治的制度基礎之一[10],隨着這一時期御史選任和彈奏程式的改變,御史與宰相漸有聯動之勢,這就提示我們,在此時段政治史的考察中,宰司、憲司人事與制度方面的變動是一個有價值的觀察視角。

關於唐睿宗朝的政治史[11],近年來,李錦繡、唐雯先後以太平公主、睿宗集

---

[5]《唐會要》卷二五《百官奏事》,上海古籍出版社,2006年,556頁。

[6]"中書門下"指代政事堂而非中書、門下二省,後文皆同此例,不做贅述。

[7]關於"進狀"的對象目前存在兩種觀點,胡寶華據《唐六典》御史大夫條下小字"其百僚有奸非隱伏,得專推劾。若中書門下五品已上、尚書省四品已上、諸司三品已上,則書而進之,並送中書門下"斷定進狀乃送中書門下。葉煒、牟學林則認爲進狀的對象是皇帝。本文贊同第一種觀點,《隋唐嘉話》記載出臺"進狀"事稱"因詔每彈人,必先進内狀",而内狀的進呈,《唐會要》神龍三年二月敕記載:"諸色理訴兼抑論内狀,出付中書。應制敕處分者,留爲商量。自餘並封本狀。牒送所司處分。"可知神龍三年後,"内狀"雖然在程序與形式上直接進呈於皇帝,體現其首要的知情權,但實際上初步的處理仍"出付中書",重要者纔"留爲商量"。見《唐六典》卷一三《御史臺》,中華書局,1992年,378頁;劉餗《隋唐嘉話》卷下,中華書局,1979年,44頁;《唐會要》卷五四《中書省》,1087頁;胡寶華《唐代監察制度研究》,31—45頁;葉煒《論唐代皇帝與高級官員政務溝通方式的制度性調整》,《唐宋歷史評論》第3輯,社會科學文獻出版社,2017年,54—55頁;牟學林《唐代御史臺運行機制變遷研究》,66—68頁;關於神龍三年二月敕的解讀可參劉後濱《唐代中書門下體制研究》第四章《使職的發展及其文書體現與中書門下體制的建立》,齊魯書社,2004年,163—164頁。

[8]《唐會要》卷六〇《監察御史》,1242頁。

[9]《唐會要》卷六二《雜録》,1280頁。

[10]王德權《爲士之道》第三章《孤寒與子弟——制度與政治結構層次的探討》,政大出版社,2012年,182頁。

[11]更爲經典的研究可參陳寅恪《記唐代之李武韋楊婚姻集團》,《金明館叢稿初編》,生活·讀書·新知三聯書店,2001年,266—295頁;黄永年《六至九世紀中國政治史》第六章《李武政權》,上海書店出版社,2004年,217—220頁。在陳寅恪、黄永年之後睿宗朝的政治史研究呈現出兩大脈絡,一條脈絡繼續在宏觀的高度上對陳、黄二人婚姻集團學說進行反思與解構,另一條脈絡則拋棄了宏大理論,聚焦於政治史的微觀層面,回歸以人物與事件爲中心的實證分析。前者可參看寧志新《略論唐太平公主的政治傾向》,《河北師院學報》1985年第2期;章群《論唐開元前的政治集團》,收入中國唐代學會編《唐代研究論集》第1輯,新豐出版公司,1992年;雷家驥《隋唐中央權力結構及其演進》第一章第三節《"革命"餘波與復辟政潮》,東大圖書公司,1995年,87—152頁;孫英剛《唐前期宮廷革命研究》,《唐研究》第7卷,北京大學出版社,2001年,263—287頁。

團與玄宗集團之間矛盾的發展爲綫索,勾勒出當時政局演進的整體圖景,成爲目前這一時期政治史進一步討論的基礎。前者受陳寅恪劄記啓發,圍繞睿宗時期的政治大事與宰相人事展開[12];後者則從北衙禁軍的制度變化與人事布局切入,對景雲、先天年間李隆基與太平公主、睿宗雙方在禁軍中的爭奪進行討論[13]。

通過以上研究,我們已經能夠大體瞭解睿宗朝宰相與北衙禁軍人事格局的演變及其政治影響,然而,傳世文獻對這一時期御史的相關記載却是零散且不完整的,目前尚無系統的整理與研究。所幸近年來封禛、韋虛心、李邕、柳澤、慕容珣、張敬興、鄧光賓等一批睿宗時期御史墓誌陸續出土,補充了部分景雲、先天年間御史人事變動與政治事件的具體細節。雖然這些墓誌中有關御史歷官與事迹的文字較爲零散,大多不具備進行單篇考釋的潛質,但若將碎片化的信息同傳世文獻連綴成綫,進一步結合政事堂以及與之相關的中書、門下兩省人事格局[14],將能夠解決這一時期記載中許多懸而未決的問題,從而勾畫出景雲、先天年間政局演變的隱秘圖景。

本文以御史臺、政事堂制度與人事的變動爲切入點考察唐睿宗時期的政局演變,兼論當時中書、門下兩省的格局。正文部分依據宰司、憲司格局的變動將睿宗朝政局大致分爲睿宗即位至景雲二年(711)初、景雲二年初至太極元年(712)初、太極元年初至玄宗即位、玄宗即位後至先天政變四個時段展開討論。本文認爲:睿宗朝政事堂與御史臺制度、人事上的劇烈變動,一方面直接源於景

---

[12] 李錦繡《讀陳寅恪〈讀史劄記·新唐書之部〉》,《中國文化》第5期,生活·讀書·新知三聯書店,1991年,209—212頁;《試論唐睿宗、玄宗地位的嬗代》,《原學》第3輯,中國廣播電視出版社,1995年,161—179頁;《"蒲州刺史充關内鹽池使"與景雲政治》,收於《唐代制度史略論稿》,中國政法大學出版社,1998年,178—182頁。

[13] 唐雯《新出葛福順墓誌疏證——兼論景雲、先天年間的禁軍爭奪》,《中華文史論叢》2014年第4期,99—139頁,《唐國史中的史實遮蔽與形象建構——以玄宗先天二年政變書寫爲中心》,《中國社會科學》2012年第3期,182—204、208頁。

[14] 吴宗國曾將唐前期的決策從高到低分爲御前會議,政事堂會議,中書、門下二省處理的日常政務,尚書省六部所執行的政令四個層級,除皇帝外,政事堂、中書省、門下省在政治決策中地位崇重,與政局的演變息息相關。睿宗時期,中書、門下兩省長官中書令、侍中本身便爲宰相,其餘以中書、門下兩省官入相者也在同列宰相中具有更高的權勢。考慮到這些因素,本文以政事堂爲中心考察政局演變時兼論中書、門下二省格局。參吴宗國主編《盛唐政治制度研究》第三章《隋與唐前期的尚書省》,68—118頁。

雲、先天年間玄宗與太平公主勢力的角逐,另一方面也是處在兩派政治勢力間的睿宗對雙方進行制衡的結果。餘論部分在此基礎上對學界當前主流的"玄睿矛盾説"進行反思。

一、"天子故人"執政時期的憲司與宰司

睿宗朝初期,御史臺最引人注目的現象便是出現了彈劾的高潮,所謂"詔二臺並察京師,資位既等,競爲彈糾,百僚被察,殆不堪命"[15]。這種現象的出現一方面與御史臺制度的改易直接相關,左右御史臺原本依"左以察朝廷,右以澄郡縣"[16]進行職能劃分,而經睿宗改革,二臺監察區域重疊於京師,致使"資位既等,競爲彈糾"[17]。

另一方面,彈劾高潮背後的政治動向也不容忽視。唐隆元年(710)六月相王李旦即位,中樞政局出現擁立功臣與政變功臣並立的局面,前者以薛稷、蕭至忠等中宗舊人爲代表,後者則以跟隨李隆基參與政變的劉幽求、鍾紹京、崔日用爲首。爾後的六月末至七月中旬,隨着兩大功臣群體的邀功爭權,睿宗不得已兩罷之。鍾紹京、崔日用、薛稷先後出相,被罷出機要的中書、門下二省。劉幽求雖仍在政事堂,且自中書舍人擢爲尚書左丞,但實際上名升而權降。與此同時,御史臺也開始對韋后臨朝時中宗舊人的表現進行清算,曾經狎暱於女眷人物的蕭至忠、韋嗣立、趙彦昭等擁立功臣接連出爲外州刺史,崔湜也被罷爲尚書左丞[18]。值得注意的是,彈劾高潮中被貶者多爲修文館學士,所謂"館中學士多以罪被貶

---

[15] 《通典》卷二四《御史臺》,660頁。

[16] 同上。

[17] 據考,這一時期右臺大夫先後以朔方大總管張仁愿、解琬兼任,似乎仍然因循中宗朝以邊將遥領的舊例。但右臺中丞與御史在當時確有轉而監察京師的記録,韋抗、王志愔歷任右臺中丞兼京、畿按察使,中丞而非大夫應是右臺在京的實際負責人。右臺御史唐紹也曾在圜丘祭祀時彈劾盧雅、侯藝。張仁愿、解琬事可見《資治通鑑》卷二〇八、卷二〇九、卷二一〇,中華書局,2011年,6727、6737、6784、6789頁;韋抗事見《唐會要》卷七五《藻鑑》,1607頁;王志愔事見《舊唐書》卷一〇〇《王志愔傳》,中華書局,1975年,3122—3123頁;唐紹事見《舊唐書》卷二一《禮儀志》,820頁。

[18] 《資治通鑑》卷二〇九《唐紀二十五》,6652頁。

黜"[19]。已知的除了韋嗣立、趙彥昭、崔湜外,另有李嶠、岑羲、宋之問等人,如"憲司發嶠附會韋庶人,左授滁州别駕而終"[20]。修文館由中宗創置,延攬文學清流人物入館,在宫中頻繁遊宴賦詩,館中學士因此與韋后、安樂公主、上官婉兒多有唱和[21]。《新唐書·畢構傳》稱其時任左臺大夫,"會平諸韋,治其黨,衣冠多坐"[22],而據《封禎墓誌》,畢構與當時在任的左臺中丞封禎[23]都是李隆基在唐隆政變當夜親自擢授的:"今上剪除凶悖之夕,擢授御史中丞,與大夫東平畢構連制,夜拜明朝,急於用賢,宵分軫慮。"又稱封禎"雖窮竟回邪,寬而不縱,至於僚辟胥懼,權豪屏息"[24],以上雖有一定虚飾的嫌疑,但多少透露出封禎當時的表現。基於以上背景,可以認爲景雲初的彈劾高潮一定程度上也是政變功臣與擁立功臣之争的緒餘。

兩大功臣群體的被貶造成了中樞機構的權力真空,填補左遷者空白的是睿宗藩邸時期的故吏,姚崇出任中書令,張説任中書侍郎並不久後入相。神龍年間的相王府長史韋安石留任侍中,魏知古、徐堅則以故人拜黄門侍郎[25]。唐前期

---

[19] 《唐會要》卷六四《弘文館》,1317頁。
[20] 《大唐新語》卷八《文章》,中華書局,1984年,126頁。其餘被貶者事迹可見《舊唐書》各本傳。另外,薛稷與崔日用也是修文館學士,但兩人被貶因在中書省忿争。
[21] 這些唱和記録集中保存於《景龍文館記》,詳武平一撰,陶敏輯校《景龍文館記》,中華書局,2015年。
[22] 《新唐書》卷一二八《畢構傳》,中華書局,1975年,4460頁。
[23] 時御史臺長官另有姚珽,其新出墓誌記載"太上即位,又除太子賓客……景雲元年,遷户部尚書……尋有制,命東都留守,仍兼左御史臺事。無幾,又爲太子賓客,留守、知臺如故。今上納麓,以宫臣之優,加金紫光禄大夫,餘各如故。"可知姚珽在改元景雲後至先天元年玄宗即位前爲東都留守兼左御史臺事。姚珽前任東都留守盧玠據墓誌景雲元年十一月廿九日卒於任上,故姚珽爲東都留守兼左御史臺事當在此年末。不過據墓誌尚無法確定姚珽具體爲何官、是否占據正員員額,且其一直在東都,與長安中央政局無涉,故本文對其不作贅述。《姚珽墓誌》高清拓片見陝西漢唐石刻博物館官方網站,網址:http://www.htmuseum.com/collections/mausoleum/1304.html,訪問時間:2023年3月2日;《盧玠墓誌》見周紹良主編《唐代墓誌彙編》景雲〇一四《大唐故左屯衛將軍盧府君墓誌銘並序》,上海古籍出版社,1992年,1126頁。
[24] 吴鋼主編《全唐文補遺》第4輯《唐故銀青光禄大夫行大理少卿上柱國渤海縣開國公□封公墓誌銘並序》,三秦出版社,2007年,16—17頁。
[25] 姚崇、韋安石、魏知古爲相王舊屬,見兩《唐書》各本傳。張説,永昌中"説所對第一,后署乙等,授太子校書郎,遷左補闕"。時李旦爲太子,見《新唐書》卷一二五《張説傳》,4404頁;徐堅"天子故人"的身份見張九齡著,熊飛校注《張九齡集校注》卷一九《大唐故光禄大夫右散騎常侍集賢院學士贈太子少保東海徐文公神道碑並序》,中華書局,2008年,1022頁。

以中書省爲中心的表狀運作及需要皇帝敕裁的政務審批,與以門下省爲中心的奏抄的運作和律令格式規定範圍內的政務裁決,構成了公文運作和政務裁決的兩個主要途徑[26]。睿宗故吏領銜政事堂,入主中書、門下二省,實際上主導了這一時期宰相會議以及日常政務的決策。

而景雲元年(710)的御史臺官長多與主政的睿宗故吏之間存在着密切的關係。左臺大夫畢構曾聯合姚崇、宋璟奏罷斜封官,繼任的薛謙光亦是黄門侍郎徐堅的故識[27]。基於中宗時期御史選任"令本司長官共中書門下商量"的機制,睿宗故吏與御史臺官長聯合提擢了一批新的三院御史。景雲初年齊澣被中書令姚崇取爲監察御史[28],而此前他已爲時任黄門侍郎魏知古所薦:"知古初爲黄門侍郎,表薦洹水令吕太一、蒲州司功參軍齊澣、前右内率府騎曹參軍柳澤。"魏知古所推薦的三人此後也都被擢爲御史[29]。另一員中書侍郎陸象先則引蕭嵩爲監察御史,後來隨着陸象先入相,蕭嵩又驟遷殿中侍御史[30]。

隨着睿宗立李隆基爲太子後以故吏入相並兼領東宫僚屬,景雲初年宰司與憲司官員間的人際網絡逐漸成爲東宫可以憑恃的政治資源。徐堅在當時出任右庶子,張説所撰《徐堅神道碑》明確道出選拔宫相的要求:"宫相四員,特難其選,二以宰臣兼領,一則天子故人。"[31]從此後的情況來看,景雲初進入中樞的姚崇、張説、韋安石、魏知故等睿宗故吏幾乎無一例外地成爲東宫在朝的中堅力量,而在與太平公主的暗鬥明争中,御史臺方面薛謙光、柳澤等人的身影也不時出現[32]。由是,景雲初睿宗爲太子培植的相王故吏與早先李隆基以臨淄王出閣時期結交的地方豪傑兩部分共同構成了東宫的親信勢力。

---

[26] 劉後濱《唐代中書門下體制研究》第三章《三省制下中央機構的公文運作》,88頁。

[27] 《册府元龜》卷八八二《總録部·交友》,中華書局,1960年,10449頁。

[28] 《新唐書》卷一二八《齊澣傳》,4468頁。

[29] 《舊唐書》卷九八《魏知古傳》,3064頁。柳澤見《舊唐書》卷七七《柳澤傳》,2688頁,墓誌《唐故右庶子鄭州刺史贈兵部侍郎河東柳府君墓誌並序》見於齊運通《洛陽新獲七朝墓誌》,中華書局,2012年,213頁。吕太一見《大唐新語》卷八,125頁。

[30] 《舊唐書》卷九九《蕭嵩傳》,3094頁。此外,楊瑒當時也被執政者拔擢爲殿中侍御史,見《舊唐書》卷一八五《楊瑒傳》,4819頁。

[31] 《張九齡集校注》卷一九《大唐故光禄大夫右散騎常侍集賢院學士贈太子少保東海徐文公神道碑並序》,1022頁。

[32] 薛謙光可見下文慧範彈劾案,柳澤見《舊唐書》卷七七,2682—2686頁。

二、景雲年間憲司、宰司中的爭奪與制衡

本文第一節曾關注睿宗朝初期的彈劾高潮，但僅過了一年，情況就發生了很大轉變。《册府元龜·帝王部·審官門》記載睿宗景雲二年（711）十月下敕斥責宰臣與御史：

> 寅亮天工，弼諧庶績，宰臣之任也；彰善癉惡，激濁揚清，御史之職也。政之理亂，實由此焉……然耳不聞彈劾之聲，目未覩剛正之舉，豈内外寮吏，咸未循公邪？將有司迴避，隱惡不聞邪？每念於此，怒焉如疚。言而不行，責在薄德；知而不奏，誰其過歟？御史等不樹朝綱，合從屏黜，但緣未親處分，志在含忍，宜許自新，以圖遠效。[33]

敕書稱御史"耳不聞彈劾之聲""御史等不樹朝綱，合從屏黜，但緣未親處分，志在含忍"，與一年前的彈劾高潮形成了鮮明對比。要解釋這種劇變，我們還需回到這一年間宰司與憲司具體的變化當中去。

景雲二年初，以姚崇、宋璟上疏請太平公主蒲州安置爲導火索，李隆基與太平公主的矛盾公開激化，姚崇、宋璟、畢構等人被貶爲外州刺史[34]，劉幽求亦罷相，代以韋安石、李日知執大政。伴隨東宫與太平公主矛盾的進一步擴大，憲司與宰司中逐漸呈現出二元對立的格局。

御史臺方面，東宫首先向太平公主發難。太平公主蒲州安置後，左臺大夫畢構被貶，較爲中立的李日知短暫接任[35]。景雲二年四月李日知升任侍中，薛謙光繼任左臺大夫[36]，在位期間便彈劾了依附於太平公主的僧人慧範：

> 薛謙光拜御史大夫。時僧惠範恃太平公主權勢，逼奪百姓店肆，州縣不

---

[33]《册府元龜》卷六九《帝王部·審官》，777頁。

[34]《舊唐書》卷九六《姚崇傳》，3023頁；同書《宋璟傳》，3032頁；同書卷一〇〇《畢構傳》，3113頁；同書卷一〇〇《王志愔傳》，3123頁。

[35]《舊唐書》卷七《睿宗紀》，156—157頁。

[36]《資治通鑑》繫此事於景雲二年五月壬戌條下，按御史大夫員闕，薛謙光當自四月任御史大夫。又據下引《唐統紀》，薛謙光彈劾時太平公主尚在蒲州，已知太平五月庚戌以前方還京師，《資治通鑑》繫此事於此當指薛謙光被貶時間，彈劾應發生在景雲二年四月，見《資治通鑑》卷二一〇《唐紀二十六》景雲二年五月壬戌條及其下《考異》，6783—6784頁。

能理。謙光將加彈奏,或請寢之。謙光曰:"憲臺理冤滯,何所迴避？朝彈暮黜亦可矣。"遂與殿中慕容珣奏彈之。[37]

這次彈劾由薛謙光發起,以御史被貶告終。彈劾表面上是正義之舉,但背後東宮的勢力若隱若現,參與彈劾的還有殿中侍御史慕容珣[38]與崔隱甫[39],後者據《新唐書·李邕傳》記載深受李隆基恩寵:"玄宗在東宮,邕及崔隱甫、倪若水同被禮遇,羲等忌之,貶邕舍城丞。"[40]瞭解此中關係,我們便不難理解睿宗爲何要將薛謙光等人的彈劾定性爲"狀涉離間骨肉"[41]進行貶謫。慧範案與早前"元之、璟離間姑、兄"[42]的姚宋上疏案有相似之處,睿宗均視之爲東宮對太平公主的攻擊。

慧範案牽涉到的御史實際上祇是東宮與御史臺關係網絡中的冰山一角。上文引《新唐書·李邕傳》的記載很可能源自開元年間李邕所上《謝恩慰喻表》:

> 實荷陛下誅韋氏之後,收正人之餘,特拜臣左臺侍御史……岑羲、崔湜之輩,以臣再用往還,並忌崔隱甫、倪若水等,恐爲陛下之助,與臣同制各貶官,仍聯翩左遷,爲崖州舍城縣丞。及陛下正位紫宸,臣又自嶺南九品遠惡官除朝散大夫、户部郎中。[43]

李邕在表中回憶中宗、睿宗朝往事,他同表中提及的崔隱甫、倪若水在李隆基太子時期都是御史。李邕與李隆基早有淵源,其墓誌所謂"譙王之難,韋后之亂,公之忠力,焜燿今昔",因而在唐隆政變後被擢爲左臺侍御史,又在先天政變後

---

[37] 《宋本册府元龜》卷五二〇《憲官部·彈劾》,中華書局,1989年,1352頁。太平以慧範爲梵王,見《朝野僉載》卷五,中華書局,1979年,114頁。

[38] 慕容珣"擢拜左御史,□監察御史,尋遷本臺殿中侍御史内供奉。有僧惠梵者,左道之魁渠也。崇聚貨財,交結□習,賄通貴主,賂入寵臣,公肆奸回,莫之禁禦。公廷奏其罪,爲凶黨所斥,出爲密州員外司馬"。見周紹良、趙超主編《唐代墓誌彙編續集》開元一四九《唐中散大夫守秘書監致仕上柱國慕容公墓誌銘》,上海古籍出版社,2001年,555—556頁。

[39] 《新唐書》卷一三〇《崔隱甫傳》,4497頁,事不見《舊唐書》。

[40] 《新唐書》卷二〇二《李邕傳》,5755頁。

[41] 《資治通鑑》卷二一〇《唐紀二十六》景雲二年五月壬戌條《考異》,6783頁。司馬光在此不取《統紀》説法,而取《舊唐書》之記載。《唐統紀》約大唐實錄而成,具有相當高的可信度,見張固也、熊展釗《陳岳〈唐統紀〉考論》,《古籍整理研究學刊》2017年第1期。《新唐書》關於此事的記載即與《統紀》類似,兩者似同源,見《新唐書》卷八三《高宗三女傳》,3651頁。

[42] 《資治通鑑》卷二一〇《唐紀二十六》,6781頁。

[43] 《文苑英華》卷五九八《謝恩慰喻表》,中華書局,1966年,3103頁。

被玄宗迅速召回[44]。而李邕爲岑羲、崔湜所貶顯示,李隆基、太平公主圍繞着御史臺的種種舉動並非無意,而是出於雙方的自覺。前已提及,早在唐隆政變當夜李隆基就任命了御史大夫畢構、中丞封禎、侍御史李邕,而就太平公主陣營而言,崔湜、岑羲都意識到崔、倪等御史正爲太子所用,因此將他們外貶。

有鑒於慧範案與姚宋上疏案的教訓,景雲二年五月太平公主自蒲州歸來後一方面開始掌握憲司的控制權,另一方面也在宰司中培植自己的親信勢力。

在御史臺的高層,太平公主親信益州長史竇懷貞在薛謙光貶後被召回京師,出任左臺大夫,與此同時,竇懷貞又引其門生楊茂謙爲左臺中丞[45];三院御史方面,景雲二年歷任殿中侍御史、右臺中丞的和逢堯[46],曾爲殿中侍御史、左臺侍御史的崔蒞[47],自監察御史遷殿中侍御史的崔液[48]也都與太平公主關係緊密。

除與太平公主直接相關的御史外,這一時期公主陣營的親戚在御史臺也多有滲透。禁軍中大將常元楷子彥暐任侍御史[49],竇懷貞自益州入朝前夕曾薦外姪孫張敬興爲監察御史[50],蕭至忠妹夫蔣欽緒、盧藏用之弟盧微明也曾出任

---

[44] 周紹良主編《唐代墓誌彙編》大曆〇〇九《唐故北海郡守贈秘書監江夏李公墓誌銘並序》,1766頁。此外,李邕還與李隆基的親信崔氏兄弟頗有聯繫,他與崔日知一同平定譙王叛亂並因此受到引薦,入朝之後又交好崔日用,《文苑英華》卷五九八《謝恩慰喻表》,3103頁。

[45] 《舊唐書》卷一八五《楊茂謙傳》,4819頁。之前任侍御史見趙鉞、勞格《御史臺精舍題名考》卷一,中華書局,1997年,6頁。

[46] 《舊唐書》卷一八五《良吏下》,4817頁。和氏景雲二年四月爲殿中侍御史,七月以御史中丞身份出使,《資治通鑑》卷二一〇《唐紀二十六》,6782、6783、6787頁。

[47] 《新唐書》卷四五《選舉志》,1176頁。崔蒞任御史見趙鉞、勞格《唐御史臺精舍題名考》卷一,6、7、9頁。

[48] 崔液與崔蒞俱爲太平另一親信崔湜的兄弟,見《舊唐書》卷七四《崔液傳》,2624頁。其監察御史、殿中侍御史見趙鉞、勞格《御史臺精舍題名考》卷二,36頁。

[49] 《朝野僉載》稱:"羽林將軍常元楷,三代告密得官。男彥暐告劉誡之破家,彥暐處侍御。"説明此前已在任,見《朝野僉載》卷二,31頁;此事據《册府元龜》在太極初年,《宋本册府元龜》卷九二二《總錄部·妖妄》,3660頁。

[50] 蒙仇鹿鳴惠示未刊《大唐故義王傅南陽張府君墓誌銘並序》,特爲致謝。竇懷貞正是張敬興的外叔祖。

御史[51]。以上太平公主人際網絡中的御史臺官員即便沒有作爲鷹犬參與政治搏擊,至少也成爲憲司中相對可控的穩定因素。應是由於太平公主加强了對御史臺的控制,進一步限制了御史彈劾的自主權,我們看到了本節開頭睿宗對御史臺不作爲的斥責。

宰司在太平公主蒲州歸來後的動向與御史臺相一致,景雲二年五月以來太平公主在宰相中廣立黨羽[52]。隨着是年竇懷貞入相並兼任御史大夫,東宫宰相韋安石、張説先後被削權。韋安石從中書令降爲左僕射兼太子賓客、同中書門下三品,"太平公主以安石不附己,故崇以虚名,實去其權也"[53]。睿宗時代的尚書省早已從唐初默認的宰相機構變爲最高行政機構,尚書僕射若不帶同中書門下三品雖然已無宰相之實,但在品秩與禮儀上依然是"端揆",雄踞百官之首,故所謂"崇以虚名,實去其權"[54];張説則"俄而太平公主引蕭至忠、崔湜等爲宰相,以説爲不附己,轉爲尚書左丞,罷知政事,仍令往東都留司"[55]。至此,東宫一方自睿宗即位以來第一次失去了對政事堂與中書省的主導權。而在門下省,景雲二年九月竇懷貞又加侍中[56]。我們知道景龍三年以後御史彈劾需經過宰相審核批准後方可進行,因此竇懷貞以侍中檢校御史大夫,作爲當時兩員首相之一,很大程度上使得太平公主一方在政事堂獲得了相當的話語權,並加强了對門下省、御史臺的掌控力。

李旦似乎意識到太平公主勢力的迅速膨脹,很快便在東宫與太平之間施以平衡。據《通鑑》記載,景雲二年十月,睿宗臨御承天門,向諸宰相宣制進行責

---

[51] 蔣見王讜撰,周勳初校證《唐語林校證》卷三,中華書局,1997年,271—272頁;《御史臺精舍題名考》卷一,8頁。盧微明見《盧君妻李晋墓誌》,收於趙文成、趙君平編選《新出唐墓誌百種》,西泠印社出版社,2010年,124頁。

[52] 李錦繡《試論唐睿宗、玄宗地位的嬗代》,161—179頁。

[53] 《資治通鑑》卷二一〇《唐紀二十六》,6785頁。

[54] 這方面的研究可參吳宗國主編《盛唐政治制度研究》第三章《隋與唐前期的尚書省》,68—118頁。

[55] 《舊唐書》卷九七《張説傳》,3051頁。

[56] 《舊唐書》卷七《睿宗紀》,158頁。

備[57],比勘内容梗概可知此制與本節開頭對御史的批評當屬同一制書[58]。表面上看,此制宣稱斥責的是太子、公主雙方的全體宰臣、御史,然而結合人事方面的實際調動我們不難發現,睿宗實際上在壓制太平公主並扶植東宫。

一方面,雖然太子與太平公主雙方的宰相竇懷貞、韋安石、張説被悉數罷相,但新引入的四員宰臣却無一員出自太平公主陣營,並且明顯有利於太子。其中從龍功臣劉幽求、東宫僚屬魏知古明顯屬於李隆基方面[59],前者代替了竇懷貞,成爲當時唯一的侍中,領銜政事堂並執門下省大權。剩餘兩員宰相則分別是中立守正的陸象先與依違於雙方之間的太子詹事崔湜,二人皆以中書侍郎入相,共同掌領中書省直至先天二年一月。陸象先入相雖然源於太平公主的引薦,但其始終與太平公主陣營保持距離,"唯象先孤立,未嘗造謁"。與此同時我們也很難將陸氏劃入東宫勢力,本傳記載"先天二年,至忠等伏誅,象先獨免其難"[60]。崔湜入相同樣得到太平公主的支持,但他自李隆基被立爲太子之時便是東宫僚屬,直至玄宗即位。其與李隆基私交匪淺,"玄宗在東宫,數幸其第,恩意甚密",甚至到先天政變前夜玄宗仍然試圖托崔湜爲心腹[61]。可以認爲,睿宗最終應允矛盾雙方都能够接受的崔湜、陸象先入相並長期主管最爲核心的中書省,是對當時局勢的一種妥協。而李旦以劉幽求爲首相、執掌機要的門下省,則在平衡的同時透露出對東宫的傾斜。

另一方面,大致在訓斥宰臣、御史的敕書發布後,東宫的宫門大夫張暐及其

---

[57]《資治通鑑》卷二一〇《唐紀二十六》,6785頁。
[58]《册府元龜》卷六九《帝王部·審官》,777頁。《册府元龜》僅記載此敕書發於景雲二年十月,主要内容僅涉及對御史的批評。但從敕書起首的總括句"寅亮天工,弼諧庶績,宰臣之任也;彰善癉惡,激濁揚清,御史之職也"來看,此敕書必然包含對宰相的責備,《册府元龜》引用的衹是該敕書的一部分。考慮到這一點再結合景雲二年十月發生的事件,此敕書爲睿宗於承天門所宣制書無疑。
[59]《資治通鑑》卷二一〇《唐紀二十六》,6785頁。《通鑑》所謂"皆太平公主之志"並不妥當。
[60]《舊唐書》卷八八《陸象先傳》,2876頁。
[61]《册府元龜》卷七二《帝王部·命相》,826頁;《舊唐書》卷七四《崔湜傳》《崔滌傳》,2623、2624頁。

弟張晤[62]出任左臺中丞和御史[63]。早在景龍年間,張暐便已經與李隆基在潞州結識,到了景雲時"每與諸王、姜皎、崔滌、李令問、王守一、薛伯陽在太子左右以接歡"[64]。在右臺,王志愔與張暐大致同時出任右臺中丞[65]。以上人事調動打破了太平公主在御史臺的壟斷地位,對留任的左臺大夫竇懷貞構成了掣肘。

綜上所述,太平公主蒲州安置期間,與東宮密切相關的御史們發起了對慧範的彈劾,這次彈劾意在打擊太平,却被李旦視爲離間骨肉而失敗。有鑒於姚宋上疏和慧範彈劾案的教訓,太平公主回京後開始在宰司、憲司培植自己的勢力。竇懷貞入相並兼御史大夫,許多太平公主黨羽也被擢爲御史。與此同時,東宮宰相張説、韋安石紛紛被暗中削權。公主勢力的迅速膨脹引起了睿宗的平抑之舉,景雲二年十月至年底,李旦對宰司、憲司進行大幅度人事調整,東宮再次占據二司中的相對優勢。

三、竇懷貞與右御史臺之廢

景雲二年末睿宗的人事調動曾使得宰司、憲司中出現了短暫的和平,但好景不長,到了太極元年(712)[66]初,岑羲、竇懷貞出任宰相以及崔湜入相後的逐漸傾附使得太平公主在宰司的勢力有所恢復。在這年上半年宰司表面上的平靜之下,雙方的"攻伐"在憲司悄然展開。

先是李邕《謝恩慰喻表》提到的,新入相的岑羲貶謫了深受太子禮遇的李邕、倪若水,其後右臺中丞王志愔被出爲外州刺史。緊接着,御史臺制度也突然發生了反常的變化,實際上與再入相的竇懷貞密切相關。

---

[62] 張暐弟張晤曾任監察御史、殿中侍御史,見《御史臺精舍題名考》卷二,37 頁。此外,與張暐同時,其子張履冰也被提拔入太子率府之中,見《唐故雲麾將軍右金吾將軍上柱國鄧國公張府君墓誌銘並序》,收錄於趙君平、趙文成編《秦晉豫新出墓誌搜佚》,國家圖書館出版社,2011 年。

[63] 《舊唐書》卷一〇六《張暐傳》,3248 頁。

[64] 同上。

[65] 《舊唐書》卷一〇〇《王志愔傳》,3123 頁。

[66] 公元 712 年先後有太極(一至五月)、延和(五至八月)、先天(八月睿宗禪讓玄宗後)三個年號,以下不另做說明。

太極元年一月[67],左右御史臺各增置中丞一員,似乎爲增強二臺職能之舉。然而一個月後,右御史臺却被廢除了[68]。關於廢右臺的原因與後續的交接工作,《通典》記載:

> 太極元年,以尚書省悉隸左臺。月餘,右臺復請分綰尚書西行事。左臺大夫竇懷貞乃表請依貞觀故事,遂廢右臺,而本御史臺官復舊,廢臺之官並隸焉。[69]

從制度的層面來看,武則天時增設右御史臺,"左臺專在京,管百司及監軍旅,右臺案察京師外文武官僚"[70],睿宗以二臺並察京師自然會帶來左右二臺管轄權劃分的衝突,竇懷貞之所以要求廢右臺、恢復"貞觀故事"似乎源於此。不過,爲何竇懷貞如此在意尚書省,以至於要求廢除右臺呢?解決問題的關鍵在於確定當時在位的尚書省長官,相關記載不多,但從太極元年前後尚書省人事任命記錄出發,仍有迹可循[71]。

右御史臺被廢之前的景雲二年十月,時任尚書省長官左僕射韋安石罷知政事,以原職充東都留守[72]。據《通鑑》,景雲二年十月韋安石便已啓程前往東都,長安尚書省的事務自然不可能再由他主管。換言之,廢右臺時朝中已無尚書僕射。我們知道唐前期尚書僕射職事逐漸虛化且不常置,在不設僕射時以左右丞總理省事。而兩員尚書左右丞亦不常具員,"若右丞闕,〔左丞〕則並行之""若左丞闕,右丞兼知其事"[73]。景雲二年十月睿宗敕以張説爲尚書左丞,同韋安石一樣,張説也前往了東都留司[74],但至於啓程的具體時間,相關記載皆語焉不詳。嚴耕望先生考證認爲張説於先天元年(712)八九月前往東都[75],但這一

---

[67]《舊唐書》卷七《睿宗紀》,159頁。《舊紀》繫此事於二月丁酉,而太極元年二月無丁酉,一月有丁酉二十七日,故暫作一月。

[68]《舊唐書》卷七《睿宗紀》,159頁。

[69]《通典》卷二四《御史臺》,660頁。

[70]《册府元龜》卷五一二《憲官部・總序》,6131頁。

[71] 牟學林亦曾關注到太極元年右臺被廢一事,但並未就其原因展開討論。牟學林《唐代御史臺運行機制變遷研究》,92頁。

[72]《資治通鑑》卷二一〇《唐紀二十六》,6785頁。

[73]《舊唐書》卷四三《職官志二》,1830頁。

[74]《舊唐書》卷九七《張説傳》,3051頁。

[75] 嚴耕望《唐僕尚丞郎表》卷七,中華書局,1986年,418頁。

推論值得商榷。張説分司洛陽時曾作《酬崔光禄冬日述懷贈答並序》，憑藉此序提供的信息我們可以推知張説前往東都的時間範圍："太極殿衆君子分司洛城，自春涉秋，日有遊討。既而韋公出守，兹樂便廢。"[76]序中的"韋公出守"指韋安石自尚書僕射貶蒲州刺史，此事根據左右僕射員闕當在先天元年七八月間[77]，故所謂"自春涉秋"。與此同時，"自春涉秋"之"春"則説明張説、韋安石等"太極殿衆君子"在這一年的春天就已經在東都了。至於此序創作的年份，先天二年七月政變後玄宗便召張説回朝任中書令，《酬崔光禄冬日述懷贈答並序》如題作於冬天，張説顯然不可能在先天二年冬天時還在東都。因此可以斷定，此序祇可能作於先天元年冬天，張説至少在這一年春天就已經在東都任職了。

如此一來，不難發現韋安石與張説都在景雲二年末就已前往東都，長安尚書省的長官位上似乎出現了空缺。據《通鑑》、兩《唐書》紀、表，韋安石之後下一任尚書僕射爲竇懷貞，但時間在延和元年（712）七月。那麼景雲二年末至延和元年七月之間的八九個月又是誰主管了長安尚書省呢？關於這一時期尚書省的長官目前尚無直接的記載，但有數條材料間接顯示，竇懷貞在景雲二年十月至太極元年四月曾出任尚書僕射：

其一，竇懷貞曾以僕射的身份主持公主道觀的營建。景雲二年五月，睿宗下詔爲金仙、玉真二公主修道觀，至太極元年四月因受群臣反對而被迫停修[78]，其間竇懷貞主持修觀事甚勤，《舊唐書·竇懷貞傳》載：

> 代韋安石爲尚書左僕射，監脩國史，賜爵魏國公。睿宗爲金仙、玉真二公主創立兩觀，料功甚多，時議皆以爲不可，唯懷貞贊成其事，躬自監役……時人爲之語曰："竇僕射前爲韋氏國奢，後作公主邑丞。"言懷貞伏事公主，

---

[76] 張説著，熊飛校注《張説集校注》卷七《酬崔光禄冬日述懷贈答並序》，中華書局，2013年，316頁。

[77] 竇懷貞是年爲尚書右僕射、八月轉左僕射，而八月時劉幽求尚爲右僕射，按左右僕射各祇設一員，韋安石出守蒲州應在七八月間。

[78] 二觀修繕經過考證參見丁放、袁行霈《玉真公主考論——以其與盛唐詩壇的關係爲歸結》，《北京大學學報》2004年第2期。

同於邑官也。[79]

《舊唐書·尹司貞傳》亦稱"時左僕射竇懷貞興造金仙、玉真兩觀"[80],顯示竇氏修觀期間確實擔任僕射。從公主道觀營建的起訖來看,竇懷貞作爲僕射主持營建必然在延和元年七月代韋安石爲僕射之前。

其二,韋虛心曾與時任僕射竇懷貞產生衝突,時間也在其代韋安石爲僕射之前。關於此事,《舊唐書》《韋虛心神道碑》以及新出《韋虛心墓誌》記載:

> 神龍年,推按大獄,時僕射竇懷貞、侍中劉幽求意欲寬假,虛心堅執法令,有不可奪之志。[81]

> 曩者竇懷貞奸佞之尤,欲行私惠,劉幽求勳庸既茂,將復私讎,各有愛憎。[82]

> 時大夫竇懷貞蓄縮自賢,蓬蕬好佞,內倚蓋主,外交上官,衆惡元規之塵,且防息夫之口。公挺然固守,不附回邪,由是爲懷貞所忌,及有彈按,皆以直繩,不能上下其手。又爲時宰所惡,乃移公判倉部員外郎。[83]

《韋虛心傳》與碑、誌的記載雖有出入,但通核各自文本對韋虛心整體歷官的敘事,三者實出同源,很可能都是據行狀加工而成,祇是因處理的不同產生了差異。問題的關鍵在於確定此事的時間,劉幽求的官職提供了綫索:《韋虛心傳》作"侍中劉幽求",《神道碑》作"劉幽求勳庸既茂",劉氏在唐隆政變前是一介布衣,從龍後升任侍中在景雲二年十月至延和元年七月之間,故稱其"勳庸既茂"祇可能在這一時間段,《舊唐書》繫之於神龍有誤[84]。不過《韋虛心傳》所反映的竇氏

---

[79] 《舊唐書》卷一八三《竇懷貞傳》,4725頁。《通鑑》據《太上皇實錄》繫此事於景雲二年九月庚辰竇氏出任侍中事後,與此同時其《考異》也引時人語云"竇僕射前爲皇后國奢,今爲公主邑丞",文字略與《舊傳》不同,不知其所據。《資治通鑑》卷二一〇《唐紀二十六》景雲二年九月庚辰條《考異》,6785頁。

[80] 《舊唐書》卷一〇〇《尹思貞傳》,3110頁。

[81] 《舊唐書》卷一〇一《韋虛心傳》,3147頁。

[82] 《文苑英華》卷九一八,孫逖《東都留守韋虛心神道碑》,4831頁。

[83] 崔宗之《大唐故工部尚書東都留守上柱國南皮縣開國子贈揚州大都督韋公墓誌銘並序》,收於陝西省考古研究院編《長安高陽原新出土隋唐墓誌》,文物出版社,2016年,177—178頁。崔宗之是宰相崔日用之子。

[84] 《韋虛心墓誌》稱"時大夫竇懷貞",而竇氏在神龍、景雲、延和年間都曾任御史大夫,很可能是《舊傳》誤將此事繫於"神龍年"的原因。

僕射一職當屬事實，時間在景雲二年十月至延和元年七月之間。

總之，通過以上考證我們可以確定兩員尚書省長官在景雲二年末就已經出守洛陽，而韋安石、張説前往東都時並無右僕射、右丞者見在，二人又不可能處理長安政務，御史大夫竇懷貞很可能代行了尚書僕射，獨掌尚書省大權。基於這一認識，我們就不難理解竇懷貞對"右臺復請分縋尚書西行事"的耿耿於懷。太極元年初可考左臺中丞爲張暐，右臺中丞應是王志愔，或許就是因爲王志愔"復請分縋尚書西行事"，他不久後便被出爲魏州刺史[85]。

右御史臺的廢除是景雲、先天年間東宫、太平公主雙方勢力消長過程中的一個轉折點。制度上，右臺之廢與竇懷貞代行僕射很大程度上意味着太平公主一黨對御史臺的深度控制。一方面二臺合併，御史臺的權力進一步集中；另一方面僕射又具有彈糾御史的職權，能夠加强對御史的掌控[86]。人事上，景雲二年末以來御史臺中相對平衡的狀態在右臺廢後逐漸被打破。兩員御史大夫[87]位上，除一直任職的竇懷貞外，李傑曾短時間出任大夫[88]。而到了這一年的六七月，親附太平公主的蕭至忠很可能接任了李傑[89]；御史中丞位上，一員仍是張暐，代替王志愔的另一員則是竇懷貞引薦的楊茂謙：

> 太常主簿李元澄，即安石之子堉，其妻病死，安石夫人薛氏疑元澄先所幸婢厭殺之。其婢久已轉嫁，薛氏使人捕而捶之致死。由是爲御史中丞楊茂謙所劾，出爲蒲州刺史。[90]

上面已考證韋安石貶蒲州刺史大致在先天元年七八月之間。楊茂謙彈劾韋安石意味太平公主在御史臺的力量已經强大到可以主動攻擊東宫重臣；三院御史方面，如上文《韋虛心墓誌》所見，拒絶服從竇氏的韋虛心被罷黜："公挺然固守，不

---

[85]《舊唐書》卷一〇〇《王志愔傳》，3123 頁。

[86]《唐六典》卷一《尚書都省》，7 頁。

[87] 原來左右御史臺各大夫、中丞各一員合併爲御史臺設大夫、中丞各兩員。

[88] "先天元年，御史大夫李傑奏稱清謹過人，授本府折冲"，見周紹良主編《唐代墓誌彙編》開元一三一《大唐故岳嶺軍副使王府君墓誌銘》，1247 頁。

[89] 蕭至忠"召拜刑部尚書、右御史大夫，再遷吏部尚書。先天二年，復爲中書令"，蕭至忠入爲刑部尚書在太極元年二月，次年由吏部尚書入爲中書令，可見其間在任大夫。見《舊唐書》卷九二《蕭至忠傳》，2971 頁；《資治通鑑》卷二一〇《唐紀二十六》，6789、6797 頁；嚴耕望《唐僕尚丞郎表》卷九，502 頁。二月辛酉時右御史臺已廢，右字或爲誤記。

[90]《舊唐書》卷九二《韋安石傳》，2957 頁。

附回邪,由是爲懷貞所忌,及有彈按,皆以直繩,不能上下其手。又爲時宰所惡,乃移公判倉部員外郎。"[91]於是,景雲二年末彈劾罕見的情形到了太極元年仍然没有起色,睿宗於三月再次責備御史彈劾不力:"如聞百司,非常寬縱,凡是與奪,公然囑請。及其不遂,即生謗鑠,御史縱知,亦不彈糾。"[92]

本節着重關注了太極元年右御史臺的廢除以及竇懷貞在其中的作用。太極元年初岑羲、竇懷貞的入相打破了景雲二年末朝中的短暫和平,宰司中太平公主的勢力再度興起,逐漸形成了二元對立的局面。而在御史臺,蟄伏的公主黨羽、御史大夫兼尚書僕射竇懷貞隨着這一年春季的到來開始猛烈反撲——太子重視的御史左遷、右御史臺被廢。韋安石出守蒲州後,竇懷貞以御史大夫、尚書僕射之職獨掌臺省大權,太子親信御史中丞張暐變得孤掌難鳴。

四、劉幽求事件與局勢的失衡

太極元年一月,竇懷貞和岑羲同時入相曾使得太平公主與東宫在宰司中處於一種均勢的狀態,但最爲重要的相位還一直由東宫或中立人物執掌:劉幽求獨任侍中,守中的陸象先以中書侍郎爲相,魏知古也尚在政事堂,惟有立場摇擺的中書侍郎崔湜逐漸向太平公主接近。然而這種均勢的情態並没有保持太久,六月岑羲升任侍中,在門下省與劉幽求抗禮,同列政事堂之首。而隨着先天元年八月玄宗的即位,雙方很快變得劍拔弩張。

一方面,即位後的玄宗在保留了原有東宫人事架構的同時[93]獲得了號令天下的資質,崔日用曾言道:"太平謀逆有日,陛下往在東宫,猶爲臣子,若欲討之,須用謀力。今既光臨大寶,但下一制書,誰敢不從?"[94]

另一方面,爲了平抑太平公主對玄宗即位的憤怒,睿宗禪讓後調整了宰相的

---

[91] 陝西省考古研究院編《長安高陽原新出土隋唐墓誌》,177—178頁。
[92] 《册府元龜》卷六三《帝王部·發號令》,707頁。
[93] 如顔元孫神道碑顯示李隆基東宫時期的太子舍人在玄宗即位後均遷爲中書舍人:"遷洛陽丞著作佐郎太子舍人,時玄宗監國,獨掌令誥……玄宗登極,同列皆遷中書舍人。"見《顔魯公文集》卷九《朝議大夫守華州刺史上柱國贈祕書監顔君神道碑銘》,《四部叢刊》景明錫山安氏館本。
[94] 《資治通鑑》卷二一○《唐紀二十六》,6800頁。

人事架構,使得政事堂中的形勢進一步向太平公主傾斜:六員宰相除陸象先、岑羲繼續擔任中書侍郎、侍中外,魏知古代劉幽求爲侍中,後者"志求左僕射,兼領中書令",最終却僅得右僕射,其所執念的中書令、左僕射則落入崔湜、竇懷貞之手,致使"幽求心甚不平,形於言色"〔95〕。

劉幽求之所以力求以左僕射兼中書令,是因爲兩職分別爲當時禮儀與權力之首。睿宗時代正處於唐廷中央政治體制變革的前夜,隨着使職差遣的發展,奏狀逐漸代替奏抄成爲主要的政務文書,文書行政的樞紐由門下省向中書省轉移。自弘道元年政事堂自門下省遷至中書省後,中書令"執政事筆",地位漸在侍中之上。因此,崔湜出任當時唯一的中書令,實際上成爲政事堂的首相,並且使得太平公主在中書省開始占據優勢;尚書僕射在禮儀上的尊崇前文已作介紹,而唐時又以左爲尊,劉幽求以右僕射屈居左僕射竇懷貞之下,失侍中又不得中書令,對其個人而言可謂權力與顏面俱失。

於是,在形勢轉變與李隆基即位的背景下,劉幽求的怨望最終成了矛盾爆發的導火索。先天元年八月,失意的劉幽求和張暐密謀發動兵變,本文稱之爲"劉幽求事件"。史書中關於此事的記載多有齟齬之處,值得仔細辨析,《舊唐書·劉幽求傳》記載:

> 先天元年,拜尚書右僕射、同中書門下三品,監修國史。幽求初自謂功在朝臣之右,而志求左僕射,兼領中書令。俄而竇懷貞爲左僕射,崔湜爲中書令,幽求心甚不平,形於言色。湜又托附太平公主,將謀逆亂。幽求乃與右羽林將軍張暐請以羽林兵誅之,乃令暐密奏玄宗曰:"宰相中有崔湜、岑羲,俱是太平公主進用,見作方計,其事不輕。殿下若不早謀,必成大患。一朝事出意外,太上皇何以得安?古人云:'當斷不斷,反受其亂。'唯請急殺此賊。劉幽求已共臣作定謀計訖,願以身正此事,赴死如歸。臣既職典禁兵,若奉殿下命,當即除翦。"上深以爲然。暐又洩其謀於侍御史鄧光賓,玄宗大懼,遽列上其狀,睿宗下幽求等詔獄,令法官推鞫之。法官奏幽求等以疏間親,罪當死。玄宗屢救獲免,乃流幽求於封州,暐於峰州。〔96〕

---

〔95〕《舊唐書》卷九七《劉幽求傳》,3040頁。
〔96〕 同上書,3040—3041頁。

《舊唐書·張暐傳》記載則與以上記載不同：

> 先天元年，太子即位，帝居武德殿。太平公主有異謀，廣樹朋黨，暐與僕射劉幽求請先爲備。太平聞之，白於睿宗，乃流暐於嶺南峰州，幽求謫於嶺外。[97]

兩傳的記載不乏令人疑惑之處：一、據《劉幽求傳》，兵變敗露的關鍵在於侍御史鄧光賓，問題在於爲何張暐要將此事告訴鄧光賓，又爲何玄宗在張暐洩謀於鄧氏後會大爲懼怕？二、向睿宗告發的究竟是太平公主還是李隆基？如果是太平公主，那麼兵變的計劃是如何被她知道的，是否源於鄧光賓的洩密？如果是李隆基，那麼他在對兵變計劃"深以爲然"的情況下，又是出於什麼原因要在鄧光賓知道計劃後主動告發劉幽求、張暐呢？下面試對這兩個疑問進行辨析。

關於鄧光賓，張暐之所以會把兵變的機密告訴他，極可能是因爲兩人在御史臺共事，並且同屬於東宮勢力。據《册府元龜》，張暐被貶前除羽林將軍一職尚兼任御史中丞[98]，前文已經探討了李隆基在御史臺中的勢力，鄧光賓很可能就是其中的一部分。然而令人不解的是玄宗因鄧光賓知道了計劃而大爲懼怕，甚至主動告發了劉幽求、張暐。不過，鄧光賓墓誌業已出土，爲我們解决這一疑問提供了更多的細節：

> 先天初，歸妹竊權，嗣皇養正，陰有奪宗之計，潛窺偶都之隙。公義形於色，奮□□不顧身，與左丞相劉幽求等同心戮力，以輔一人，廷奏奸謀，反爲太平主所伺，言且不密，君幾失臣，遂謫居秀州。明年，皇帝清問下人，芟夷元惡，且有後命，克昭乃勳，即徵公爲岐州司兵參軍，未拜，累遷河北、蒲城二縣令。[99]

誌文稱鄧光賓"與左丞相劉幽求等同心戮力，以輔一人"，雖然墓誌往往爲尊者諱，文過飾非，但結合鄧氏在先天政變後稍有升遷的情況，我們仍然傾向於判定其爲李隆基親信，不太可能主動向太平公主洩密。墓誌中更爲關鍵的信息是"廷奏奸謀"，如前文所述，景龍三年以後御史彈奏需要經宰相批准，當時劉幽

---

[97]《舊唐書》卷一〇六《張暐傳》，3248頁。
[98]《册府元龜》卷一七六《帝王部·姑息》，2114頁。
[99] 周紹良主編《唐代墓誌彙編》開元一九五《大唐故閬州司馬鄧府君誌石銘》，1292—1293頁。

求、魏知古尚在宰相之位，大抵鄧光賓彈劾案的上奏因此被批准，如此一來鄧光賓彈劾牽扯到劉幽求便可以得到解釋。那麼鄧光賓的彈奏又是怎樣將張暐"暴露"的呢？御史彈奏按場合有仗彈和仗下彈兩種，所謂"仗彈"即在皇帝朝會升堂之時彈奏，需服豸冠，公開宣讀彈文。"仗下彈"則指在百官退朝、衛士放散後進行秘密彈劾[100]，睿宗景雲二年十二月時曾下令禁止仗下奏事[101]，鄧光賓彈劾當屬公開的"仗彈"。前文已經介紹，中宗時期規定御史若要在朝堂彈奏，奏狀需要經長官署名、宰相批准，彈劾時有同僚對仗以作擔保，所謂"諸司欲奏大事，並向前三日録所奏狀一本，先進，令長官親押，判官對仗面奏"[102]。鄧光賓當時的身份是侍御史，《墓誌》所謂"廷奏奸謀"當指鄧光賓在朝堂之上仗彈崔湜、竇懷貞圖謀不軌[103]，而親押鄧光賓的就應是御史中丞張暐[104]。既然是仗彈，發生在朝堂之上，唐前期常朝"五品已上及供奉官、員外郎、監察御史、太常博士，每日朝參"[105]，當時見證者應當不少。又按唐制，彈劾時被彈劾者必須立於朝堂待罪[106]。換言之，鄧光賓彈奏時李隆基、太平雙方權要必然在場。但無論如何，睿宗都是間接知道劉幽求、張暐密謀的。我們知道先天元年玄宗即位後，太上皇"命曰誥，五日一受朝於太極殿"，玄宗"命曰制、敕，日受朝於武德殿"[107]。可以推定鄧光賓彈奏當天應是玄宗武德殿常朝之時，這也就是爲什麼《舊唐書·張暐傳》描述此事前鋪墊"先天元年，太子即位，帝居武德殿"。

總而言之，劉幽求密謀的暴露很可能是因爲鄧光賓在李隆基常朝時進行公開彈劾，這一情況是我們解決兩個問題的關鍵。可能的情況是，鄧光賓彈劾時對

---

[100] 相關研究參見韓國磐《"仗下後會議"釋》，《文獻》1988年第4期；松本保宣《唐王朝の宮城と御前會議——唐代聽政制度の展開》，晃洋書房，2006年，128—129頁；葉煒《論唐代皇帝與高級官員政務溝通方式的制度性調整》，《唐宋歷史評論》第3輯，54—55頁。
[101] 《唐大詔令集》卷一一〇《不許群臣干請詔》，中華書局，2008年，571—572頁。
[102] 《唐會要》卷二五《百官奏事》，556頁。
[103] 唐代御史有對百官進行"風聞彈奏"的權力，即彈劾不必驗證所彈內容的真假。
[104] 上述景雲二年薛謙光、慕容珣彈劾慧範事，《慕容珣墓誌》亦描述爲"廷奏其罪"，當時薛謙光、慕容珣大抵也是對仗彈劾，誌文見周紹良、趙超《唐代墓誌彙編續集》開元一四九，555—556頁。
[105] 《唐六典》卷四《尚書禮部》，114頁。
[106] 《資治通鑑》卷二〇九《唐紀二十五》，6750頁。
[107] 《資治通鑑》卷二一〇《唐紀二十六》，6792頁。

竇懷貞、崔湜進行了猛烈的抨擊甚至諫言誅殺,太平公主勢力當時就在朝堂中,所謂"反爲太平主所伺,言且不密"。當日臨朝聽政的李隆基大爲驚恐,不得不棄卒保車,主動向睿宗告發了劉幽求、張暐的計劃。

劉幽求事件的影響是巨大的,此前宰司中東宮與太平的平衡自此打破。隨着劉幽求以"疏間親"的罪名被貶,太平公主勢力在宰司占據上風,其優勢在先天二年一月蕭至忠出任中書令後變得更爲明顯。至此,政事堂中兩員中書令皆聽命於太平公主[108],岑羲則與另一員侍中魏知古並立,竇懷貞以左僕射執掌尚書省。可以説,太平公主勢力幾乎打通了政務從制定、裁決到執行的各個關鍵節點。這種格局一直延續到先天政變的前一個月,史稱"宰相七人,五出公主門"[109]。

而在御史臺,張暐被貶後憲司已爲太平公主壟斷,蕭至忠、竇懷貞兩員大夫聽命於太平。先天二年蕭至忠入相後,趙彦昭又代其任:"入爲吏部侍郎,持節按邊。遷御史大夫。蕭至忠等誅,郭元振、張説言彦昭與祕謀,改刑部尚書。"[110]先天政變中趙彦昭或許真的倒戈參與了密謀,但先天政變前御史臺的大勢並未因此改變。

綜上所述,太極元年上半年太平公主勢力在宰司、憲司的節節進逼使得玄宗親信的宰相劉幽求與御史中丞兼羽林將軍張暐備感危機。先天元年八月玄宗即位後已有皇帝之名,劉幽求、張暐恃此意圖發動兵變。二人又將計劃告知了東宮御史鄧光賓,後者在李隆基武德殿常朝時對太平公主方的宰相進行公開彈劾,言論中或許透露出兵變之意,致使劉、張計劃敗露。劉幽求事件影響巨大,睿宗禪讓前宰司二元對峙的相對平衡自此打破,形勢向太平公主傾斜,御史臺也進一步爲太平公主壟斷。不過如若考慮到玄宗的即位,李隆基與太平公主雙方勢力總體上仍然保持着一種動態的平衡。

---

[108] 崔湜也於這一時期明顯倒向了公主陣營,《舊唐書》卷八八《陸象先傳》記載"太平公主時既用事,同時宰相蕭至忠、岑羲及湜等咸傾附之",2876頁。按蕭、岑、崔、陸同時爲相在先天二年一月後至先天政變之前。

[109]《舊唐書》卷一八三《太平公主傳》,4739頁。

[110]《新唐書》卷一二三《趙彦昭傳》,4377頁。

餘　論

　　關於唐睿宗朝的政治史,李錦繡、唐雯均以睿宗、太平公主聯合對抗李隆基爲主綫的"玄睿矛盾説"勾勒睿宗朝政局演變的整體圖景,二人的研究因精密的論證過程爲學界廣泛認可。由是,當前主流觀點下李旦的種種行爲都被置於"玄睿矛盾説"的框架中進行解釋。

　　然而根據本文的考察,"玄睿矛盾説"值得商榷,李旦面對李隆基與太平公主的矛盾實際上選擇了隱忍與制衡,並且明顯偏向於太子,尤其體現於宰司、憲司的人事布局之中。李隆基早年被囚於深宮,到中宗復辟方出閣至地方。唐隆政變後,李隆基除禁軍外在朝中無多政治資源,而其父李旦在第二次即位前已作爲皇帝和儲君長達十五年之久,在整個中宗朝都存在着相當的相王勢力[111]。基於這種背景,景雲初年李隆基剛被立爲太子,睿宗便將自己的藩邸舊屬向東宮傾囊相授,這些兼領宮僚的宰臣連帶他們在憲司中的人際網絡在景雲、先天年間都成爲太子陣中與太平搏擊的要員。在此面向上,李隆基的儲權很大程度是君權的延伸與授受。由是我們看到,當景雲二年十月太平公主勢力逐漸籠罩宰司與憲司,是睿宗下詔罷黜太平一方的大臣,同時引入太子僚屬以及相對中立的官員予以制衡。更不用説先天元年上半年隨着太平公主勢力在宰司與憲司的步步進逼,睿宗又突然禪讓,將部分大權直接予以李隆基。

　　史家經常援引《舊唐書·太平公主傳》中的"其時宰相七人,五出公主門"來概述太平公主對整個睿宗時期宰司的掌控程度[112],但這一記載並不能代表景雲、先天時期的整體情況。實際上,仰賴睿宗的制衡,景雲二年五月太平公主自蒲州歸來至先天政變前的大部分時間内東宮都占據着宰司員額方面的相對優勢。太平公主黨羽占據多數的情形僅出現在劉幽求事件以後,當時距離先天政變的爆發已不足一年。《資治通鑑》將這段《舊唐書》本傳中難以定位時間的叙

---

[111] 關於相王勢力的討論,可參孫英剛《唐代前期宮廷革命研究》,《唐研究》第 7 卷,263—287 頁。

[112] 《舊唐書》卷一八三《太平公主傳》,4739 頁。

述繫於先天二年六月丙辰條下,爲緊接着發生的政變張本[113],對史料的編排可謂有識。如果進一步考慮宰相的職任與實際權力,實際上除景雲元年九月竇懷貞得以與另一員侍中李日知並立爲首相外,傾心於東宫的宰相也長期領銜政事堂,並在機要的中書、門下兩省占據相對優勢,直到劉幽求事件的爆發。

此外,"玄睿矛盾説"立論的出發點也存在很大問題。唐隆元年六月李隆基誅殺韋武之後,曾將時任宰相蕭至忠、崔湜等人外貶。然而,隨着數日後睿宗的即位,這些人却官復原職,並很快與李隆基手下的鍾紹京、劉幽求、崔日用等人發生了衝突。由於蕭至忠、崔湜等都是日後的太平公主黨羽,在這一邏輯的推演下,他們的貶而復起以及與李隆基陣營的衝突便被歸因於睿宗、太平公主集團與李隆基集團的鬥法,是"玄睿矛盾"的起點。然而,近出數通《鍾紹京告身》所提供的"現場記録"顯示,唐隆政變至睿宗即位期間,這些所謂的"太平黨羽"一直在朝,並不存在着一個從貶謫到召回的過程,如此一來,睿宗即位後聯合太平公主顛覆李隆基政治安排一説便完全失去了依據。而從傳世文獻出發,也不難發現太平黨羽與公主的交結實際上始於景雲二年二月,换言之,唐隆政變後數日内不存在所謂的太平公主集團。關於這些問題,由於本文的主題與篇幅所限,筆者將另文討論[114]。

解構"玄睿矛盾説"之後,可以認爲唐睿宗朝李隆基與太平公主的矛盾並非君權(睿宗、太平公主)與儲權(太子)之爭,而是雙方圍繞着儲權展開的争奪。這種局面的出現有其歷史背景:李唐立國之初便發生了二儲相争的玄武門事變,太宗的勝利致使嫡長子繼承制失去了應有的約束力,此後的武周革命又使得儲君不必限於李氏、男性,異姓、女性的加入令儲位的不確定性進一步增强。於是,唐前期的歷朝大多存在着兩個潛在儲君集團争奪儲位的情況,兩大政治集團與握有實權的君主共同構成了三方力量,孫英剛概括爲"一君二儲三方"格局。在睿宗朝,太子李隆基與太平公主爲"二儲",後者既是李氏與武氏之女,又是武氏

---

[113] 《資治通鑑》卷二一〇《唐紀二十六》,6799頁。
[114] 參待刊拙文《重返歷史"現場":〈鍾紹京告身〉所見唐隆政争》,《魏晋南北朝隋唐史資料》第49輯。

的媳婦，其對皇權的覬覦便成爲李氏獨尊地位的障礙[115]，這也就是爲什麽李旦在東宫與太平公主的鬥争中會往往偏向於太子。

不過，睿宗在支持太子、維護李姓皇權延續的基礎上，依然希望保持宗族内部的和睦，不願做出非此即彼的抉擇。唐代史臣曾對武周代唐以後三十年的歷史評論道："端揆出阿黨之語，冕旒有和事之名。"[116] "端揆"即宰相，"冕旒"指皇帝，"和事之名"源出中宗。時監察御史崔琬仗彈宗楚客、紀處訥潛通戎狄，中宗却對此不追究，反命崔琬與楚客結爲兄弟和解，時人諷中宗爲"和事天子"。若中宗是"和事天子"，睿宗也未嘗不是。中古帝王兼具宗族長和天下統治者的雙重身份，兩者之間的界限並不明晰，太平公主與太子的矛盾兼具宗族與政治的雙重性質。李旦在内調和子妹矛盾，延伸到外朝，其制衡則體現於宰司、憲司的人事布局與政争的調和。睿宗雖然在人事布局方面多數情况下偏向於太子，但從不縱容東宫對太平公主的攻擊，在本文涉及的姚宋上疏案、慧範彈劾案、劉幽求兵變案中屢屢可以看到一種貶謫東宫大臣的罪名——離間骨肉。恰恰是因爲李旦調和矛盾、不在子妹中做抉擇的態度，最終使得李隆基與太平公主兵戎相見，《舊唐書·睿宗紀》後的史臣論贊可謂得當："此雖鎮國之尤，亦是臨軒之失。夫君人孝愛，錫之以典刑，納之於軌物，俾無僭逼，下絶覬覦，自然治道惟新，亂階不作。"[117]

（附記：感謝仇鹿鳴、黄壽成、張越祺等師友的批評指正。）

---

[115] 參孫英剛《唐前期宫廷革命研究》，《唐研究》第 7 卷，263—287 頁。不過，孫英剛更多地聚焦於唐代前期的歷次宫廷革命，並未對李旦在三方格局中的作用以及睿宗朝的政局演變展開論述。

[116] 《舊唐書》卷九《玄宗紀下》，235—236 頁。

[117] 《舊唐書》卷七《睿宗紀》，162 頁。

The Political Situation in Emperor Ruizong's Period of the Tang Dynasty: Centered on Zhengshitang and Yushitai

Yao Luyuan

Since the reform of Censorate (Yushitai 御史臺) and the selection system during the reign of Emperor Zhongzong 中宗, the relationship between censors and grand councilors became increasingly intimate. This article analyses the political development of Emperor Ruizong's 睿宗 period based on this perspective. In the early years of Jingyun 景雲, the social network of grand councilors with censors was an important political resource of the heir of the emperor. In the second year of Jingyun 景雲二年(711), the heir launched political attacks on Princess Taiping 太平公主 with the help of grand councilors and censors. The princess learnt a lesson from it and attempted to strengthen her influence on grand councilors and censors. The first attempt was unsuccessful because it alerted Emperor Ruizong. But she eventually made a success in the first year of Taiji 太極元年(712). Until the political coup after the heir succeed the throne in the first year of Xiantian 先天元年(712), she had even greater influence on censors and grand councilors than the heir. The rapid changes in Administration Chamber (Zhengshitang 政事堂) and Censorate reflect the intense political rivalry between the heir and the princess as well as the emperor's attempts to balance the two blocs.

北京大學圖書館 2022 年入藏唐代碑刻拓本文獻目録

楊楠楠

1　席暉華墓誌並蓋

首題：魏席嬪墓誌銘並序；蓋題：魏文皇帝之嬪開皇四年歲次甲之墓誌。隋開皇四年（584）七月十三日葬。陝西西安出土。

　　典藏號：D302：10406

2　邊莀墓誌並蓋

首題：大隋上開府清水公故邊君墓誌；蓋題：隋上開府清水公故邊君墓誌。隋開皇十二年（592）正月十五日葬。陝西西安出土。

　　典藏號：D302：10407

3　皇甫紘墓誌

首題：大隋故帥都督井州司馬皇甫君墓誌銘。隋仁壽三年（603）十一月十八日葬。陝西西安出土。

　　典藏號：D302：10408

4　元禪墓誌

首題：隋故朝散大夫歷陽太守元禪墓誌銘。隋大業五年（609）八月八日葬。河南洛陽出土。

　　典藏號：D303：1829

5　張倈墓誌

首題：大唐故建節尉張君墓誌。唐貞觀十三年（639）二月十一日。陝西出土。

　　典藏號：D302：10409

6　李孝恭妃竇大石墓誌

首題：大唐故司空公河間王妃竇氏墓誌並序。唐貞觀十六年（642）正月十六日葬。陝西咸陽獻陵出土。

典藏號：D302：10410

7　胡質妻馬弟男墓誌並蓋

首題：故北澧州司法參軍胡質妻馬夫人墓誌；蓋題：澧州司法胡君妻馬銘。唐貞觀二十一年（647）九月二十三日葬。河南洛陽出土。

典藏號：D302：10411

8　楊全墓誌

首題：大唐故將仕郎楊君墓誌銘並序。唐貞觀二十三年（649）七月二十一日。河南洛陽出土。

典藏號：D303：1830

9　劉初墓誌

首題：大唐故劉君墓誌銘並序。唐永徽二年（651）正月二日葬。河南洛陽出土。

典藏號：D303：1831

10　□君妻和姬墓誌

首題：唐故□君夫人鞏縣大德鄉君和氏墓誌銘並序。唐永徽二年（651）閏九月二十四日葬。河南洛陽出土。

典藏號：D303：1832

11　袁石墓誌

首題：大唐故番禺府折衝都尉上柱國陽夏縣開國子袁府君墓誌銘並序。唐永徽三年（652）正月十五日葬。陝西西安出土。

典藏號：D302：10412

12　杜孝獎墓誌

首題：大唐撫州刺史杜君墓誌銘並序。唐永徽六年（655）十月十三日葬。陝西西安出土。

典藏號：D302：10413

13　韋君妻李瑤墓誌

首題：大唐周王府主簿韋君妻故成德縣主墓誌銘並序。唐顯慶四年（659）閏十月二十九日葬。陝西西安出土。

  典藏號：D302：10414

 14 王楨墓誌

首題：大唐故處士王君墓誌銘並序。唐顯慶五年（660）五月二日葬。河南洛陽出土。

  典藏號：D303：1833

 15 王孫墓誌

首題：大唐故王君墓誌銘。唐龍朔元年（661）七月十六日葬。河南洛陽出土。

  典藏號：D303：1834

 16 張獜墓誌

首題：唐故張君墓誌銘並序。唐龍朔元年（661）十月八日葬。河南洛陽出土。

  典藏號：D303：1835

 17 王孝義墓誌

首題：唐故太原王君墓誌銘並序。唐龍朔元年（661）十一月三十日葬。河南洛陽出土。

  典藏號：D303：1836

 18 樊師墓誌

唐龍朔元年（661）十一月十二日卒。河南洛陽出土。

  典藏號：D302：10415

 19 馮美墓誌

唐龍朔二年（662）二月二十四日葬。山西長治出土。

  典藏號：D302：10416

 20 李辨墓誌

首題：大唐故韓王府錄事參軍李君墓誌銘。唐麟德元年（664）正月十三日葬。河南洛陽出土。

  典藏號：D303：1837

21　公孫君妻馬氏墓誌

首題:唐故鎮軍大將軍沔陽公孫公妻安福郡夫人故馬氏墓誌銘並序。唐麟德元年(664)十月十一日葬。陝西西安出土。

典藏號:D302:10417

22　蕭弘義墓誌並蓋

首題:大唐泉州長樂縣令蕭君墓誌。蓋題:大唐長樂縣令蕭君銘。張慎撰。唐麟德元年(664)十一月二日葬。河南洛陽出土。

典藏號:D302:10418

23　□涕墓誌

唐麟德元年(664)十一月二十八日葬。山西沁縣出土。

典藏號:D302:10419

24　周君妻郭氏墓誌

首題:唐故衡州刺史長樂公夫人墓誌銘並序。唐麟德二年(665)七月三日葬。河南洛陽出土。

典藏號:D303:1838

25　李奴墓誌

首題:大唐故文林郎李君墓誌之銘並序。唐麟德二年(665)十月二十二日葬。陝西西安出土。

典藏號:D302:10420

26　孔琮妻裴氏墓記

唐總章元年(668)十一月二十六日葬。陝西西安出土。

典藏號:D302:10421

27　吕道墓誌

首題:唐故隋車騎將軍吕君墓誌銘並序。唐咸亨元年(670)十月十六日葬。河南洛陽出土。

典藏號:D303:1839

28　康敬本墓誌

首題:大唐故康敬本墓誌銘。唐咸亨元年(670)□月十四日葬。河南洛陽出土。

典藏號：D303：1840

29　鄭道墓誌

首題：大唐故陪戎副尉鄭君墓誌銘並序。唐咸亨二年(671)七月十二日葬。河南洛陽出土。

典藏號：D302：10422

30　李祖墓誌

首題：大唐故李府君墓誌銘並序。唐咸亨三年(672)五月十九日葬。河南洛陽出土。

典藏號：D303：1841

31　宋季墓誌

首題：大唐故宋君墓誌銘並序。唐咸亨三年(672)十二月十五日葬。河南洛陽出土。

典藏號：D303：1842

32　郝普墓誌

首題：唐故郝君之墓誌。唐咸亨四年(673)九月十九日葬。山西長治出土。

典藏號：D302：10423

33　李辯墓誌

首題：唐故許州長葛縣丞李君墓誌銘並序。唐咸亨五年(674)五月十七日葬。河南洛陽出土。

典藏號：D303：1843

34　胡三墓誌

首題：大唐逸士故胡府君墓誌銘並序。唐上元元年(674)十二月十日葬。陝西西安出土。

典藏號：D302：10424

35　尚武及妻張氏合葬墓誌

首題：大唐故處士尚君夫妻墓誌銘並序。唐上元三年(676)十月十五日葬。河南洛陽出土。

典藏號：D303：1844

36　王式墓誌

首題：大唐故上騎都尉王君墓誌銘並序。唐儀鳳三年（678）三月二十七日葬。河南洛陽出土。

典藏號：D303：1845

37　顏萬石墓誌

首題：大唐故桂州始安縣丞雲騎尉顏府君墓誌銘並序。唐調露元年（679）十二月八日葬。河南洛陽出土。

典藏號：D303：1846

38　馬伏恩墓誌並蓋

首題：大唐故馬公墓誌銘並序；蓋題：大唐故馬公墓誌之銘。唐調露元年（679）十二月十四日葬。陝西渭南富平縣出土。

典藏號：D302：10425

39　皇甫德□墓誌

首題：唐故雋州陽山縣主簿皇甫府君墓誌銘並序。唐永淳元年（682）十月十四日葬。河南洛陽出土。

典藏號：D303：1847

40　王鴻儒墓誌並蓋

首題：唐故韓王府隊正王君墓誌之銘並序；蓋題：唐故王君墓誌之銘。唐永淳元年（682）十月十四日葬。山西長治出土。

典藏號：D302：10426

41　亡宮六品墓誌

首題：大唐亡宮六品墓誌。唐文明元年（684）閏五月九日葬。河南洛陽出土。

典藏號：D303：1848

42　亡宮八品墓誌

首題：亡宮八品墓誌。唐文明元年（684）八月五日葬。河南洛陽出土。

典藏號：D303：1849

43　賈節墓誌

首題：唐故雍州富平縣右武侯宜昌府折衝墓誌。唐垂拱元年（685）二月二十六日葬。河南洛陽緱氏出土。

典藏號：D302：10427

44　張夐墓誌

首題：大唐故左[臺]□□監察御史張府君墓誌銘並序。唐垂拱四年（688）七月十七日葬。河南洛陽出土。

典藏號：D303：1850

45　沈齊文墓誌

首題：唐故右金吾衛胄曹參軍沈君墓誌銘。韋承慶撰。唐垂拱四年（688）十月十七日葬。河南洛陽出土。

典藏號：D303：1851

46　韋師墓誌並蓋

首題：大唐故博州刺史韋府君墓誌銘並序。蓋題：大唐故博州刺史京兆韋府君墓誌之銘。唐垂拱四年（688）正月十三日葬。河南洛陽出土。

典藏號：D302：10428

47　張宗墓誌

首題：唐故張君墓誌銘並序。唐永昌元年（689）四月二十七日葬。河南洛陽出土。

典藏號：D303：1852

48　裴君妻王氏墓誌

首題：周右豹韜衛倉曹參軍裴公夫人王氏墓誌銘並序。武周天授元年（690）十月六日葬。河南洛陽出土。

典藏號：D303：1853

49　屈突伯起墓誌

首題：故朝議郎行辰州司倉參軍事屈突墓誌銘並序。武周天授二年（691）十月十八日葬。河南洛陽出土。

典藏號：D303：1854

50　高玄墓誌

首題：大周故冠軍大將軍行左豹韜衛翊府中郎將高府君墓誌銘並序。武周天授二年（691）十月十八日葬。河南洛陽出土。

典藏號：D303：1855

51　王君妻宋尼子墓誌

首題：唐故邢州任縣主簿王君夫人宋氏之墓誌銘並序。武周長壽二年（693）二月十二日葬。河南洛陽出土。

典藏號：D303：1856

52　安懷及妻史氏合葬墓誌

首題：大周故陪戎副尉安府君夫人史氏合葬墓誌銘並序。武周長壽二年（693）八月三日葬。河南洛陽出土。

典藏號：D303：1857

53　施君妻唐氏墓誌

首題：大周北海唐夫人墓誌銘並序。武周長壽二年（693）十二月十日葬。河南洛陽出土。

典藏號：D303：1858

54　張德墓誌

首題：大周故上騎都尉張君墓誌並序。武周延載元年（694）五月二十六日葬。河南洛陽出土。

典藏號：D303：1859

55　王乾福墓誌

首題：大周故太原王公墓誌銘並序。武周延載元年（694）七月二十日葬。河南洛陽出土。

典藏號：D303：1860

56　戴恭紹妻閻履墓誌並蓋

首題：大周清廟臺令戴君故夫人樂壽郡君閻氏墓誌銘並序。蓋題：大周戴君故夫人墓誌。武周天册萬歲二年（696）正月二十八日葬。陝西西安出土。

典藏號：D302：10429

57　路綜墓誌

首題：周故右衛翊衛路府君墓誌銘並序。武周神功元年（697）十月二十一日葬。河南洛陽出土。

典藏號：D303：1861

58　崔玄泰墓誌

首題:唐故益州綿竹縣令崔君墓誌銘並序。武周神功元年(697)十月二十二日葬。河南洛陽偃師出土。

　　典藏號:D302:10430

59　于君妻王媛墓誌

首題:唐故同州孝德府右果毅都尉東海于府君夫人太原王氏墓誌銘並序。王匡國撰。武周聖曆三年(700)一月二十二日葬。河南洛陽出土。

　　典藏號:D303:1862

60　姚憪墓誌

首題:大周故朝議大夫行京苑樞監上柱國河東縣開國男姚府君墓誌銘並序。武周聖曆三年(700)二月五日葬。河南洛陽出土。

　　典藏號:D303:1863

61　馬大信墓誌

首題:大周故朝請大夫上柱國行漢州什邡縣令馬府君墓誌銘並序。武周聖曆三年(700)一月十一日葬。陝西西安出土。

　　典藏號:D302:10431

62　劉叡墓誌

首題:大周故彭城劉府君墓誌並序。武周聖曆三年(700)一月二十二日。河南洛陽宜陽縣出土。

　　典藏號:D302:10432

63　戴恭紹墓誌並蓋

首題:大周故銀青光祿大夫使持節涪州諸軍事涪州刺史柱國譙縣男戴府君墓誌並序。蓋題:周故涪州刺史柱國譙縣男戴府君墓誌。武周聖曆三年(700)二月二日葬。陝西西安出土。

　　典藏號:D302:10433

64　李隆悌墓誌並蓋

首題:大周故汝南郡王墓誌。蓋題:大周故汝南王墓誌銘。武周長安二年(702)四月二十日葬。陝西西安出土。

　　典藏號:D302:10434

65　王瑬墓誌

首題：唐故上柱國吏部常選王君墓誌銘並序。武周長安三年（703）十月十二日葬。河南洛陽出土。

典藏號：D303：1864

66　王瓘及妻仵氏墓誌

首題：大周王府君仵夫人墓誌銘並序。武周長安三年（703）十月十五日葬。河南洛陽出土。

典藏號：D303：1865

67　崔岳墓誌

首題：大唐故衛州新鄉縣令崔府君墓誌銘並序。武周長安三年（703）二月二十八日葬。河南洛陽出土。

典藏號：D302：10435

68　王通墓誌

首題：故王公墓誌銘並序。武周長安四年（704）十一月八日葬。河南洛陽出土。

典藏號：D303：1866

69　沈訓之妻朱武姜墓誌

首題：唐故右金吾胄曹參軍沈君夫人朱氏墓誌銘並序。唐神龍二年（706）四月二十三日葬。河南洛陽出土。

典藏號：D303：1867

70　陳君妻藺氏墓誌

首題：大唐荆州大都□□□□□明府故藺夫人墓誌銘並序。唐景龍二年（708）十一月十二日葬。河南洛陽出土。

典藏號：D303：1868

71　王震墓誌

首題：大唐故朝議大夫行洋州長史上柱國王府君墓誌銘並序。梁載言撰，王蒙書。唐景龍三年（709）十月二十六日葬。河南洛陽出土。

典藏號：D303：1869

72　楊君妻垣氏墓誌

首題：大唐故右衛勳衛弘農楊公夫人故垣氏墓誌並序。唐景龍四年（710）六月十日葬。河南洛陽出土。

典藏號:D303:1870

73 張伏寶墓誌並蓋

首題:張文林墓誌並序。蓋題:大唐故張府君墓誌銘。司馬道撰,吕光庭書。唐景雲二年(711)二月二十七日葬。河南洛陽出土。

典藏號:D302:10436

74 李護墓誌

首題:唐故上騎都尉吏部常選李府君墓誌銘並序。唐開元二年(714)十一月六日葬。山西長治出土。

典藏號:D302:10437

75 王鼎墓誌

首題:唐故沁州和川縣令王府君墓誌銘並序。唐開元三年(715)十月二十五日葬。河南洛陽出土。

典藏號:D302:10438

76 郭臣墓誌

首題:大唐故處士郭君墓誌銘並序。唐開元三年(715)十一月十二日葬。山西長治出土。

典藏號:D302:10439

77 崔同穎墓誌

首題:大唐故朝議郎行岐王府西閣祭酒□府君之誌銘並序。唐開元七年(719)閏七月五日葬。河南洛陽出土。

典藏號:D303:1871

78 龐承訓墓誌

首題:唐故正議大夫行將作監少匠上柱國龐君墓誌之銘並序。胡晧撰,殷承業書。唐開元十二年(724)十一月四日葬。陝西西安出土。

典藏號:D302:10440

79 孫德成墓誌

首題:大唐故上騎都尉孫府君墓誌並序。唐開元十四年(726)正月十八日葬。河南洛陽出土。

典藏號:D303:1872

80 郭湛墓誌

首題:大唐故冠軍大將軍左衛大將軍涼州都督御史大夫同紫微黄門平章兵馬事安西大都護上柱國潞國公墓銘並序。蘇晋撰,諸葛嗣宗書。唐開元十四年(726)十二月三十日葬。河南洛陽出土。

典藏號:D302:10441

81 程德譽墓誌

首題:故前安樂州兵曹參軍京兆程君墓誌銘並序。唐開元十五年(727)五月十二日葬。河南洛陽出土。

典藏號:D303:1873

82 陳頤墓誌

首題:大唐故荆州大都督府司馬陳墓誌銘並序。王少伯書。唐開元十五年(727)八月九日葬。河南洛陽出土。

典藏號:D303:1874

83 裴友直妻封氏墓誌並蓋

首題:有唐平原夫人墓誌銘並序。蓋題:大唐裴府君妻封墓誌。吕向撰,宋儋書。唐開元十五年(727)二月二十九日葬。河南洛陽出土。

典藏號:D302:10442

84 韋矣妻盧氏墓誌並蓋

首題:故衛州刺史韋府君夫人范陽郡君盧氏墓誌銘並序。蓋題:大唐故盧夫人墓誌銘。唐開元十八年(730)二月十七日葬。

河南洛陽出土。

典藏號:D302:10443

85 藺楚珎墓誌並蓋

首題:墓誌銘並序。蓋題:大唐故藺府君墓誌銘。唐開元十八年(730)四月七日葬。河南洛陽出土。

典藏號:D302:10444

86 路循範墓誌

首題:大唐故道州唐興縣尉路府君墓誌銘並序。唐開元十九年(731)七月三日葬。河南洛陽出土。

  典藏號：D303：1875

87　李登墓誌

首題：唐故大中大夫使持節沁州諸軍事守沁州刺史致仕上柱國李公墓誌銘並序。吳鞏撰，張懷瓌書。唐開元十九年（731）七月十五日葬。陝西西安出土。

  典藏號：D302：10445

88　薛璿墓誌

首題：大唐故右領軍衛將軍上柱國新城縣開國伯薛府君墓誌文並序。王仲丘撰，陽伯成書。唐開元二十年（732）八月二十日葬。河南洛陽出土。

  典藏號：D303：1876

89　韋鎣墓誌並蓋

首題：大唐故隴州司倉參軍京兆韋公墓誌銘並序。蓋題：大唐故韋府君墓誌銘。唐開元二十年（732）正月十七日葬。陝西西安出土。

  典藏號：D302：10446

90　蕭浮丘墓誌

首題：唐故唐州別駕蕭君墓誌銘並序。唐開元二十一年（733）二月十六日葬。河南洛陽出土。

  典藏號：D303：1877

91　王原墓誌並蓋

首題：大唐王君墓誌銘並序；蓋題：大唐故王府君墓誌銘。唐開元二十一年（733）七月二十日葬。陝西鄠縣出土。

  典藏號：D302：10447

92　韋誠美妻張素墓誌

首題：唐故京兆韋誠美故夫人范陽張氏墓誌。唐開元二十一年（733）九月二十一日葬。陝西西安出土。

  典藏號：D302：10448

93　崔嘉祉墓誌

唐開元二十二年（734）四月六日葬。河南洛陽出土。

  典藏號：D303：1878

94　王大器妻盧氏墓誌

首題:大唐故長安尉王府君盧夫人墓誌銘並序。王佐撰並書。唐開元二十三年(735)葬。河南洛陽出土。

典藏號:D302:10449

95　薛璿妻楊祁麗墓誌

首題:大唐故隴州刺史薛府君妻弘農楊夫人墓誌銘並序。楊仲昌撰。唐開元二十四年(736)五月十七日葬。河南洛陽出土。

典藏號:D303:1879

96　米欽道墓誌並蓋

首題:故正議大夫行寓州別駕米君墓誌並序。蓋題:故寓州別駕米君墓誌。唐開元二十五年(737)十一月十四日葬。河南洛陽出土。

典藏號:D302:10450

97　邵承墓誌

首題:唐故朝散大夫壽州長史安陽邵府君墓誌銘並序。權澈撰。唐開元二十六年(738)正月二十七日葬。河南洛陽出土。

典藏號:D303:1880

98　鄭俌墓誌

首題:大唐故陳州司户鄭公墓誌銘並叙。唐開元二十六年(738)八月十三日葬。河南洛陽出土。

典藏號:D302:10451

99　周誠墓誌

首題:大唐故朝議郎行監察御史周府君墓誌銘並序。唐開元二十七年(739)正月二十八日葬。河南洛陽出土。

典藏號:D303:1881

100　王元琰墓誌

首題:大唐故蔚州刺史兼橫野軍使上柱國王府君墓誌並序。唐開元二十七年(739)二月十日葬。河南洛陽出土。

典藏號:D303:1882

101　王智言墓誌

首題：唐故處士太原王府君墓誌銘並序。唐開元二十七年(739)十月二十五日葬。河南洛陽出土。

　　典藏號：D303：1883

　　102　左適墓誌並蓋

首題：故黃州司馬齊郡左府君墓誌並序；蓋題：大唐故左府君墓誌銘。王杲撰。唐開元二十七年(739)四月十二日葬。河南洛陽偃師出土。

　　典藏號：D302：10452

　　103　崔從客墓誌

首題：唐故朝議大夫彭州司馬崔府君墓誌銘並序。劉鍠撰。唐開元二十七年(739)十一月二十六日葬。河南洛陽出土。

　　典藏號：D302：10453

　　104　崔恕墓誌

首題：唐故朝議郎前行括蒼令崔墓誌銘並序。唐開元二十八年(740)十二月二十六日卒。河南洛陽出土。

　　典藏號：D303：1884

　　105　王元琰妻樊氏墓誌

首題：大唐故蔚州刺史王府君夫人南陽郡君樊氏墓誌銘並序。翁偉撰。唐開元二十九年(741)三月二十一日葬。河南洛陽出土。

　　典藏號：D303：1885

　　106　張伏生墓誌

首題：大唐故寧遠將軍左龍武軍中郎將賜紫金魚袋上柱國張公墓誌並序。郭眺撰。唐天寶元年(742)七月七日葬。河南洛陽出土。

　　典藏號：D303：1886

　　107　李符彩墓誌

首題：大唐故右金吾衛冑曹參軍隴西李府君墓誌銘並序。王端撰，趙曄書。唐天寶元年(742)七月十九日葬。河南洛陽出土。

　　典藏號：D303：1887

　　108　王文成墓誌

首題：大唐故王府君墓誌銘並序。唐天寶四年(745)二月二十一日葬。河南洛陽出土。

典藏號:D303:1888

109　宋和仲墓誌並蓋

首題:唐故通川郡東鄉縣丞宋君墓誌。蓋題:大唐故宋府君墓誌銘。唐天寶四年(745)十月十三日葬。河南洛陽出土。

典藏號:D302:10454

110　韋戀墓誌

首題:大唐故朝請大夫平陽郡洪洞縣令韋府君墓誌銘並序。蕭欻撰。唐天寶六年(747)五月二十一日葬。陝西西安出土。

典藏號:D302:10455

111　裴系墓誌並蓋

首題:唐故太中大夫河南少尹上柱國裴府君墓誌銘並序。蓋題:唐故河南尹裴公墓誌。段諒撰,史惟則書,裴袞書蓋。唐天寶六年(747)十一月十日葬。河南洛陽緱氏出土。

典藏號:D302:10456

112　姚彝妻李媛墓誌並蓋

首題:唐故正議大夫行光祿少卿上柱國虢縣開國子姚府君夫人隴西郡君李氏墓誌銘並序。蓋題:唐隴西郡君李氏墓誌。徐浩撰並書。唐天寶八年(749)八月十一日葬。河南洛陽出土。

典藏號:D302:10457

113　趙憬墓誌

首題:大唐故漢中郡都督府倉曹參軍天水趙府君墓誌銘並序。唐天寶十年(751)十一月五日葬。河南洛陽出土。

典藏號:D303:1889

114　劉氏墓誌

首題:唐故彭城縣君劉氏墓誌銘(下泐)。唐天寶九年(750)二月二十六日葬。河南洛陽偃師出土。

典藏號:D302:10458

115　吳曄墓誌

首題:唐故南陽郡内鄉縣丞吴府君墓誌銘並序。唐天寶十二年(752)十一月二十三日葬。河南洛陽出土。

典藏號:D303:1890

116　朱君墓誌

首題:大唐故 信 都郡武强縣尉朱府君墓誌。宇文遲撰序,包何撰銘。唐天寶十三年(754)閏十一月十一日葬。河南洛陽出土。

典藏號:D303:1891

117　邢君妻光氏墓誌並蓋

首題:唐故儒林郎行將作監右校署丞河間邢氏故夫人光氏墓誌銘並序。蓋題:大唐故夫人光氏墓誌。唐天寶十三年(754)閏十一月十一日葬。河南洛陽出土。

典藏號:D302:10459

118　向君妻李氏墓誌

首題:(上泐)金吾衛□軍試太常卿上柱國衛國公向公故夫人趙國夫人李(下泐)。裴士淹撰,焦昇書。唐寶應二年(763)十月四日葬。陝西西安出土。

典藏號:D302:10460

119　牛惟彦墓誌

首題:唐故開府儀同三司試太常卿上柱國隴西郡開國公牛府君墓誌銘並序。牛聳撰。唐大曆三年(768)七月十四日葬。陝西西安出土。

典藏號:D302:10461

120　李君妻韋氏墓誌

首題:唐故韋氏墓誌銘並序。唐大曆九年(774)十二月二日葬。河南洛陽出土。

典藏號:D303:1892

121　杜佚妻李氏墓誌

首題: 唐 故 連 州 桂 陽 縣 主簿杜府君之夫人隴西李氏墓誌銘 並 序。劉啟撰,李㧾書。唐大曆九年(774)十二月七日葬。河南洛陽出土。

典藏號:D303:1893

122　同蹄望雲墓誌

首題:唐故守左武衛將軍同蹄府君墓誌銘並序。唐大曆十三年(778)九月二十八日葬。山西長治出土。附注:首題"蹄"原作"琋"。

典藏號:D302:10462

123　皇甫悟墓誌

首題:唐贈太子司議郎皇甫府君墓誌銘並序。唐建中元年(780)八月十一日葬。河南洛陽出土。

典藏號:D303:1894

124　李八政墓誌並蓋

首題:唐故□公太夫人隴西李氏墓誌。蓋題:大唐故李夫人墓誌銘。唐興元元年(784)閏十月十七日葬。河南洛陽出土。

典藏號:D302:10463

125　蕭伯准墓誌

首題:大唐故京兆府華原縣丞蘭陵蕭公墓誌並序。唐貞元五年(789)十月二十九日葬。陝西西安出土。

典藏號:D302:10464

126　盧巽墓誌並蓋

首題:唐故京兆府雲陽縣□盧府君墓誌銘並序。蓋題:大唐故盧府君墓誌銘。杜賢撰。唐貞元九年(793)正月二十三日葬。河南洛陽出土。

典藏號:D302:10465

127　孟遂墓誌並蓋

首題:唐故太府寺丞孟公墓誌。蓋題:大唐故孟府君墓誌銘。唐貞元十七年(801)二月二十九日葬。河南洛陽出土。

典藏號:D302:10466

128　元成墓誌並蓋

首題:唐故朝議郎都水監丞賜緋魚袋河南元君墓誌銘並序。蓋題:大唐故元府君墓誌銘。唐貞元五年(789)二月十一日。河南洛陽出土。

典藏號:D302:10467

129　裴君妻柳政墓誌

首題：唐故滁州別駕裴府君夫人河東柳氏墓誌銘並序。鄭綜撰。唐元和三年（808）二月二十日葬。安徽壽縣出土。

典藏號：D302：10468

130　李昇妻鄭氏墓誌並蓋

首題：唐故銀青光禄大夫守太子詹事贈同州刺史李公榮陽郡夫人鄭氏墓誌銘並序；蓋題：唐故榮陽鄭夫人墓誌。李汭撰。唐元和五年（810）七月十一日葬。陝西西安出土。

典藏號：D302：10469

131　沈群妻楊氏墓誌

首題：唐陝州安邑縣丞沈君妻弘農楊夫人墓誌銘並序。楊玼撰，楊珙書。唐元和七年（812）十一月三十日葬。河南洛陽出土。

典藏號：D303：1895

132　司徒倚墓誌

首題：唐故天威軍正將雲麾將軍守左金吾衛大將軍員外置同正員兼殿中監上柱國彭城縣開國男食邑三百户司徒公墓誌銘並序。胡直方撰。唐元和八年（813）四月二十七日葬。陝西西安出土。

典藏號：D302：10470

133　柳氏墓誌

首題：大唐河東柳氏女墓誌銘並叙。柳璟撰，柳季輔書。唐元和十二年（817）六月二十七日葬。陝西西安出土。

典藏號：D302：10471

134　郭渭墓誌並蓋

首題：大唐故太原郭公墓誌銘。蓋題：大唐故郭府君墓誌銘。唐元和十五年（820）四月二日葬。河南洛陽出土。

典藏號：D302：10472

135　王式妻曹氏墓誌

首題：唐太原王公故夫人曹氏墓誌銘並序。趙儒立撰，簡大書。唐長慶四年（824）十一月二十五日葬。河南洛陽出土。

典藏號：D303：1896

136　南昇墓誌

首題：唐故討擊使試太子通事舍人南府君墓誌銘並序。胡道興撰。唐大和元年(827)十月二十一日葬。河南洛陽出土。

典藏號：D303：1897

137　包陳墓誌

首題：國子祭酒致仕包府君墓誌銘並序。張賈撰，柳汶書。唐大和二年(828)二月十六日葬。河南洛陽出土。

典藏號：D303：1898

138　崔樅墓誌

首題：唐故汴州雍丘縣尉清河崔府君墓誌銘並序。崔干撰。唐大和二年(828)二月二十八日葬。河南洛陽出土。

典藏號：D303：1899

139　王師正墓誌

首題：唐故知鹽鐵福建院事監察御史裏行王府君墓誌銘並序。李躔撰。唐大和二年(828)十月十四日葬。河南洛陽出土。

典藏號：D303：1900

140　袁俠墓誌並蓋

首題：唐故河□□河陰縣主簿袁君墓誌銘並序；蓋題：唐故袁府君墓誌銘。張仁師撰。唐大和二年(828)十月二十六日葬。河南洛陽出土。

典藏號：D302：10473

141　李益墓誌

首題：唐故銀青光祿大夫守禮部尚書致仕上輕車都衛安城縣開國伯食邑七百户贈太子少師隴西李府君墓誌銘並序。崔郾撰，李行方書，習緩篆蓋。唐大和三年(829)十二月十四日葬。河南洛陽偃師出土。

典藏號：D302：10474

142　王日進墓誌

首題：唐昭義軍鷹坊十將游擊將軍試光祿卿太原故王公墓誌銘並序。唐大和四年(830)四月二十九日葬。山西長治出土。

典藏號：D302：10475

143　崔君妻鄭氏墓誌

首題:唐右衛倉曹參軍崔君夫人滎陽鄭氏墓誌銘並序。皇甫弘撰。唐大和五年(831)五月十七日葬。河南洛陽出土。

典藏號:D303:1901

144　王亮第六女墓記

唐元和九年(814)□月十九日葬,唐大和五年(831)五月二十四日遷葬。河南洛陽出土。

典藏號:D303:1902

145　柳正封墓誌

首題:唐故陳州宛丘縣尉河東柳府君墓誌。□好濡撰。唐開成四年(839)十月二十二日葬。河南洛陽出土。

典藏號:D303:1903

146　楊牢妻鄭瓊墓誌

首題:滎陽鄭夫人墓誌銘。楊牢撰。唐會昌元年(841)十月七酉日葬。河南洛陽出土。

典藏號:D303:1904

147　王頊墓誌

首題:太原王府君墓誌銘。韓述撰。唐會昌二年(842)十月三十日葬。河南洛陽出土。

典藏號:D303:1905

148　姚合墓誌

首題:唐故朝請大夫守秘書監贈禮部尚書吳興姚府君墓銘並序。姚勗撰。唐會昌三年(843)八月二十八日葬。河南洛陽伊川出土。

典藏號:D302:10476

149　王翱墓誌

首題:唐故處士太原王府君墓誌銘並序。王愷撰並書並篆蓋。唐大中元年(847)二月七日葬。河南洛陽出土。

典藏號:D303:1906

150　曾君妻張氏墓誌

首題:有唐右神武軍大將軍知軍事銀青光禄大夫檢校左散騎常侍兼御史大夫曾公故夫人清河張氏墓誌銘並序。王弘禮撰,張模書。唐大中三年(849)十一月五日葬。陝西西安出土。

典藏號:D302:10477

151　姚合妻盧綺墓誌

首題:唐故秘書監姚府君夫人范陽縣君盧氏墓銘並序。姚潛撰,李洙書。唐大中四年(850)十一月二十二日葬。河南洛陽出土。

典藏號:D302:10478

152　崔樅及妻盧氏合祔墓誌

首題:唐故汴州雍丘縣尉清河崔府君夫人范陽盧氏合祔墓誌銘兼序。崔元範撰,崔居中書並篆蓋。唐大中七年(853)八月二十六日葬。河南洛陽出土。

典藏號:D303:1907

153　萬季衡墓誌並蓋

首題:大唐故銀青光禄大夫行袁王府長史兼御史中丞(下泐)。蓋題:大唐故萬府君墓誌銘。陳滂撰。唐大中七年(853)十一月十四日葬。陝西西安出土。附注:蓋或錯配,誌主或姓魏。

典藏號:D302:10479

154　孫例墓誌

首題:唐故鄉貢進士孫府君墓誌。孫向撰。唐大中九年(855)閏四月二十四日葬。河南洛陽出土。

典藏號:D303:1908

155　王公政墓誌

首題:唐故太原王府君墓誌銘並序。唐大中九年(855)七月二十五日葬。山西長治出土。

典藏號:D302:10480

156　韋都師墓誌

首題:故京兆韋氏室女都娘子墓誌銘並叙。韋承範撰。唐大中十年(856)十二月十三日葬。河南洛陽出土。

典藏號:D303:1909

157　楊松年墓誌

首題:唐故河南府河南縣令賜緋魚弘農楊公墓誌銘並序。李紉撰。唐大中十二年(858)二月二十一日葬。河南洛陽出土。

典藏號:D303:1910

158　崔彥温墓誌

首題:唐故博陵崔府君墓誌銘並序。崔彥佐撰,崔彥宗書。唐大中十二年(858)十月二十六日葬。河南洛陽出土。

典藏號:D303:1911

159　封君妻崔氏墓誌並蓋

首題:唐故博陵崔夫人墓誌銘並序。蓋題:唐故博陵崔夫人墓誌。封望卿撰。唐咸通九年(868)四月九日葬。河南洛陽出土。

典藏號:D302:10481

160　魏項墓誌

首題:唐故留守右厢都押衙都虞侯黃州長史兼監察御史銀青光祿大夫檢校太子賓客上柱國魏府君誌銘。郝乘撰,李玄通書。唐咸通十一年(870)十一月二十二日葬。河南洛陽出土。

典藏號:D303:1912

161　劉鼃墓誌

劉崇魯撰,王有刻。唐咸通十一年(870)二月二十七日葬。河南洛陽出土。

典藏號:D302:10482

162　蔡勛墓誌並蓋

首題:唐故朝議郎使持節都督銀州諸畢事守銀州刺史兼度支營田使上柱國蔡府君墓誌銘。蓋題:大唐故蔡府君墓誌銘。陳當撰。唐咸通十一年(870)八月(下泐)葬。陝西西安出土。

典藏號:D302:10483

163　裴氏墓誌

首題:(上泐)夫人河東裴氏墓誌銘並序。裴冔撰,崔深書。唐咸通年間。河南洛陽出土。

典藏號:D303:1913

164　李寂妻劉氏墓誌

首題:大唐故京兆府好畤縣丞李府君夫人劉氏墓誌銘並序。李鄲撰,李冠章書。唐乾符二年(875)五月十四日葬。陝西西安出土。

典藏號:D302:10484

165　李當墓誌並蓋

首題:唐故金紫光禄大夫刑部尚書上柱國隴西縣開國子食邑五百户贈尚書左僕射姑臧李公墓誌銘並序。蓋題:唐故刑部尚書姑臧李公墓銘。李昭撰,李誨題諱,李藻書,崔循篆蓋。唐乾符四年(877)十月十八日葬。河南洛陽偃師出土。

典藏號:D302:10485

166　朱甫妻包氏墓誌

首題:唐故上黨包氏太夫人墓誌銘並序。唐乾符六年(879)閏十月二十八日葬。陝西西安出土。

典藏號:D302:10486

167　陸廣成墓誌

首題:唐故隋州司法參軍陸府君墓誌銘並序。丁仙之撰。唐□□年(618—907)正月乙酉葬。河南洛陽出土。

典藏號:D303:1914

168　唐門神圖案墓誌蓋

唐(618—907)。

典藏號:D302:10487

169　苗含液墓誌

唐(618—907)。河南洛陽出土。

典藏號:D303:1915

170　孫令名墓誌

首題:唐故滑州韋城縣尉孫府君墓誌銘。唐(618—907)。河南洛陽出土。

典藏號:D303:1916

171　賀蘭君妻豆盧氏墓記

燕聖武二年(757)二月十八日葬。河南洛陽出土。

典藏號：D303:1917

172　楊敬千墓誌

首題：⬚大⬚漢故青州刺史弘農楊公墓誌銘並序。後漢乾祐元年（948）三月十一日葬。河南洛陽出土。

典藏號：D303:1918

173　劉琪墓誌

首題：周故樞密副承旨銀青光禄大夫檢校兵部尚書兼御史大夫上柱國彭城劉府君墓誌銘並序。劉仁濟撰，常令顗書。後周廣順二年（952）十月十四日葬。河南洛陽出土。

典藏號：D303:1919

174　劉彥融墓誌

首題：大周故將仕郎檢校尚書庫部郎中守太子左贊善大夫賜紫金魚袋彭城郡劉公墓誌銘並序。王德成撰並書。後周顯德元年（954）四月二十九日葬。河南洛陽出土。

典藏號：D303:1920

175　天授二年授武承嗣左相並封魏王册書

武周天授二年（691）二月二十五日。陝西咸陽出土。

典藏號：A341800

書　評

The Writ of the Three Sovereigns: From Local Lore to Institutional Daoism（by Dominic Steavu，University of Hawaii Press，2019，xiv + 370pp.）

吴楊　李翔

　　《三皇文：從地方傳統到制度道教》（*The Writ of the Three Sovereigns: From Local Lore to Institutional Daoism*）是美國宗教史家多米尼克·史德阿夫（Dominic Steavu）於2019年出版的專著，位列夏威夷大學出版社與香港中文大學出版社聯合出版的"新道教研究系列"（New Daoist Studies Series）第一種。作者2010年在斯坦福大學獲博士學位，現爲加利福尼亞大學圣塔芭芭拉分校東亞語言與文化研究系副教授，其主要研究領域包括中國佛教、道教史，治學取向以醫學史爲重點。作者也熟稔於運用物質文化和思想史的新方法，並關注治療和生物精神科學領域的新觀點及新發現。此外，作者還主編過數種有關佛教、身體、歷史的論文集與學術特刊。

　　如書名所示，本書的主題是中古道教經典群"三洞"之一的《洞神經》。書中勾勒出由東晉至唐之間，此經群的核心文獻《三皇文》從南方當地方士傳統衍生爲三洞經典組成部分的歷史，探討了《三皇文》及洞神部中相關文獻的性質，並着重評述了《三皇文》作爲江南地區文化的代表地位，及其包含的符、圖、金丹在内的鮮明元素。全書主體分爲5章，以下簡要介紹各章節的内容。

　　第一章《中古早期南方的三皇文》以葛洪《抱朴子》爲主要文獻，從社會歷史的角度評述了書中所見在江南地區流傳的《三皇文》。《抱朴子》對《三皇文》評價很高，盛贊其效用。在葛洪的描述中，《三皇文》的符圖靈驗有力，能辟除災禍，也能召致鬼神，兼具辟邪和預言功能。《抱朴子》記有鮑靚所傳的《大有三皇文》與帛和所傳的《小有三皇文》，兩組經文都傳至葛洪。作者認可這一記載，又論述了五胡亂華時期，北方貴族南遷對於江南本地信仰的影響。

　　第二章《物的宗教生命：三皇文之符及其殘存》，關注作爲經典的《三皇文》本身。本章從文化史的角度切入，焦聚於符作爲信仰的度量標準這一角色。作者認爲，符誠然不可辨識，但這一點反而强化了其可被感知的物質性，也就展示了某種可被解讀的語義邏輯。《三皇文》的符圖更接近於圖像而非文字，反映的是超自然存在的宇宙真實形態（真形）。本章此後以《八帝妙精經》與《無上秘要·三皇要用品》爲基礎,探討了符的文獻歷史。

第三章《符之外:與三皇文有關的煉丹術、圖及存思》,繼續關注前揭章節論及的物質性文化。本章對象與《三皇文》發展出的實踐聯繫密切。作者首先考察煉製金丹的活動,重點關注煉丹與符的相同功能,揭示太清一脈的丹經傳授譜系與《三皇文》相應譜系之間的緊密聯繫;接下來討論了作爲《三皇文》傳授之補充的《五岳真形圖》。以此爲基礎,作者在一個更廣泛的範圍内討論了圖與符、丹藥在功能上的重疊。本章此後探討了《九皇圖》於存想之術的必要作用。

第四章《從地方傳統到普世之道:洞神和早期道藏》考察了《三皇文》如何從江南方士秘術轉變成爲統一性道教的支柱。作者按時間順序補論了第一章未論及之處,追溯了《三皇文》在陸修静、陶弘景等道經整理者手中所經歷的傳承。本章分析了《三皇文》從最初的三卷到後來的十一卷《洞神經》的增衍過程,並考察了三皇與上清、靈寶傳統的關係,以及它在構建三洞體系中的角色。

最後一章《三皇文及其經系:組織化道教中洞神部之興衰》與第四章主題相似,但聚焦於傳授的細節。在6世紀左右增衍到十一卷之後,《洞神經》迅速增長爲成熟的十四卷形式。第一部分的三卷是關於三皇的,中間八卷關於八卦之神,最後三卷是儀式文獻。本章除了考察這些内容,還辨析了殘存於明《道藏》中的片段。作者指出,7世紀左右開始,《洞神經》是組織化的道教中的重要傳授内容。因此,三皇的儀式内容,包括其中大量的戒律,重要性逐漸增加。因洞神處於三洞系統中最容易達到的授職標準,其道經喪失了部分秘傳的特徵,但《三皇文》及相關文獻保留了有關政治的内容。本章以對648年唐朝政府焚禁《三皇文》的分析結束。

本書結論部分涉及了《洞神經》在後世的復興,特别是論述了少部分宋代産生的代表性道經。此外,本節還討論了發現於日本的《三皇五帝繪卷》。其時代可以初步追溯到室町時期(1336—1573),内容由十三位人物組成,大部分與《三皇文》流傳初期所記載的中國神話統治者一致。《三皇文》出世的"前史"在此亦被論及,也就是與緯書、方士、漢朝國家信仰相關的一些綫索。

本書是在作者博士學位論文《三皇傳統:中國中古早期的符、丹與存想》(*The Three Sovereigns Tradition: Talismans, Elixirs, and Meditation In Early Medieval China*)基礎之上修訂完成的,尤其是調整了章節安排。從現在的章節可見,本書的側重點分成了兩個部分：第二、三章着重分析《三皇文》的内部要素，第四、五章强調《三皇文》的傳授與洞神部的發展。這樣的安排是與現存材料過少、過散的性質分不開的。事實上，學界關於三皇傳統的研究也以這兩方面居多。作者曾簡略提到該領域的研究現狀，但未及詳細展開。以下便略擇數種重要文獻介紹。

中文論著方面，陳國符《道藏源流考·三洞四輔經淵源及其傳授》"三皇文考證"條及同書《道藏札記》"帛和與帛家道"條最早梳理了《三皇文》的傳承譜系與文獻歷史。[1]小有、大有兩種《三皇文》分別對應帛和—鄭隱—葛洪、鮑靚—葛洪兩支早期傳承譜系。葛書後爲陸修静所得，傳弟子孫遊岳，孫遊岳再傳陶弘景。陳國符也涉及了唐代焚毁《三皇經》事，指出了《三皇文》與《五岳真形圖》的關係。

王承文《敦煌古靈寶經與晉唐道教》書中，又更詳細地討論了《三皇文》的流傳，提出此經在當時爲葛氏家族所重，其召劾鬼神之術被早期靈寶經所吸收，如《太極左仙公請問經》《元始五老赤書玉篇真文天書經》等。[2]此外，陸修静在編撰《三洞經書目録》之時，曾專門整理過三皇經典，在其靈寶九齋的齋法中，第七齋就是"洞神三皇齋"——這反應了《洞神三皇經》，在當時可能已具有比較完全的科儀齋法，進一步推測，當時的江南可能有專門崇奉《三皇經》的教團。

吕鵬志從儀式角度討論了六朝時期，《洞神三皇經系》的卷帙、流傳等問題。[3]首先，在三洞概念形成的過程中，《三皇文》被經典化，演繹爲來自天上的"天文"。其次，施舟人和傅飛嵐推測過大有與小有分屬《三皇文》的不同版本，由於鮑靚是葛洪的岳父，又是許邁的老師，所以可以説，鮑靚受《大有三皇文》是重寫古代宗教經文的靈寶、上清經作者的先驅。吕鵬志將帛和所受稱爲"古三皇文"，最早祇有天皇、地皇、人皇内文各一卷。陸修静傳孫遊岳時增爲四卷，至陶弘景時已有十一卷。加上三皇齋儀、朝儀、傳授儀三卷儀式的大有本三皇經共十四卷，小有本未加。第三，三皇經系尚有《八史圖》《五岳真形圖》一類經文，吕

---

[1] 陳國符《道藏源流考》（新修訂版），中華書局，2014年，58—62頁、224—225頁。
[2] 王承文《敦煌古靈寶經與晉唐道教》，中華書局，2002年，159—266頁。
[3] 吕鵬志《唐前道教儀式史綱》，中華書局，2008年，56—70頁。

書並以《五岳真形圖》的傳授儀爲主,詳細分析了其結合南方方士傳統醮儀和天師道儀式的特徵。

謝世維探討了《三皇文》在3世紀到13世紀道教歷史發展中展現的不同面貌,以《三皇文》的傳授儀爲重點,剖析其結構、意義與實踐,並以此構建《三皇文》傳授的時代與社會環境。[4]謝文重申了《三皇文》源於南方方士傳統的原始屬性,但它也被不斷重構、融合,通過"文化共用性"將相關方術吸納在一起。尤其是《八帝妙精經》,不僅保存《三皇文》諸多古老文獻的部分原貌,而且也是主流道教所認知的三皇傳統,作爲經典集結被保存了下來。

日本學者的研究以大淵忍爾與山田俊爲代表。大淵的《從三皇文到洞神經》是整個道教領域對《三皇文》研究最重要的一篇文獻。[5]除了詳盡地分析記載三皇經從四卷增衍至十一卷的文獻,大淵更進一步提出"洞神"之名成於靈寶派道士之手。通過充分辨析《三皇要用品》,大淵提出三皇內文(即天皇文、地皇文、人皇文)與天文大字的兩分,二者都是雲篆樣的符文,但前者成立較早;更敏銳指出三皇傳統是三洞經書中最明確帶有政治實用性的一類。山田《洞神經の基礎的研究》[6]則主要考察了《三皇文(經)》到《洞神經》的發展過程,對散落在《道藏》中的《洞神經》與《三皇文》做了輯佚整理。

英文方面的研究較少,以安保羅(Poul Andersen)《通靈:早期道教傳統中的召劾神占》[7]爲代表。安氏關注三皇傳統中召喚神靈以作占卜的實踐,梳理了該實踐的不同種類、與南方方士傳統的關係,並分析其所依據的具體儀式。

不過,上列諸語種文獻絕大多數均爲論文,而《三皇文:從地方傳統到制度道教》是首部較全面探討中古時期道教三皇傳統的專書,填補了該領域的一大空白。"新道教研究"編者在前言中總結了本書的三個具體貢獻。首先,本書證實了南方方士實踐的因素對道教三洞體系的構建起了基礎性的作用。本書厘清的

---

[4] 謝世維《中古道教史中的三皇文傳統研究》,《清華學報》2014年新44卷第1期,20—60頁。

[5] 大淵忍爾《道教とその經典》,創文社,1997年,頁219—296

[6] 山田俊《〈洞神經〉の基礎的研究》,熊本縣立大学研究報告,2009年。

[7] Poul Andersen, "Talking to the Gods: Visionary Divination in Early Taoism," *Taoist Resources* 5.1 (1994): 1—24.

The Writ of the Three Sovereigns: From Local Lore to Institutional Daoism

一些基礎性實踐活動和義理,包括利用政治上的隱喻去構建儀式、對符和圖章的有效利用,以及建立在形象化基礎上的存思實踐等,也爲道藏經典中上清和靈寶的形成,提供了有益的參考。其次,作者着重考察了符、圖和丹藥,將三者作爲互相關聯之物來認識。這些對象自身就是它們所代表的、强力的宇宙之力。最後,本書證明了一個區域性的傳統可以通過操控其政治、宗教符號而在文化上變得重要,進而爲諸多實踐鋪陳基礎,最後再取代這個傳統。這種區域傳統之後便成爲道教在政治領域發揮作用的基本載體。

除了以上諸端,本書在不少細節之處也做出了新意。如第一章分列兩節,專門介紹教内材料中《三皇文》的早期傳授以及歷史文獻所見《三皇文》在江南地區的流傳,並於後者探討天師道、靈寶、上清的信衆與三皇傳統間可能的交流。第二章將《抱朴子》與《無上秘要》所見辟除水厄的三皇符文聯繫起來考察,證明了4至6世紀之間三皇符文的穩定性發展。第四章考述了"三皇"與"三元""三洞"等義理概念的聯繫,提示三皇傳統在道教三洞說形成過程中可能扮演的重要角色。在這些地方,作者不但做出了扎實的文獻工作,還展現出較敏銳的宗教學素養,在前人未曾措意之處挖掘出豐富的歷史信息。

不過,也是由於材料的限制,本書在推進學術前沿的同時,在某些方面可能求之過深。如作者先已指出帛和與鮑靚所傳的兩種《三皇文》在南北朝時期都有流傳,二者的内容,包括口訣和符文,存在顯著差異。但現存材料雖包含了這兩種《三皇文》的因素,却無從再作區分(41頁)。而本書此後根據《八帝妙精經·抱朴秘言》"三皇文及大字,皆仙人王君所集撰,抄撮次第爲一卷,可按而用之",判斷包含有"大字"或"三皇天文大字"者,均指西城真人王君——帛和一系的《三皇文》(65頁)。作者並再以此爲標準,將《無上秘要·三皇要用品》所列諸符分爲帛和所傳與鮑靚所傳。按此點實未知所據。《七籤》卷六"三洞"條引《序目》言,"(小有、大有三皇文)作字似符文,又似篆文,又似古書。各有字數"。亦即兩種版本的《三皇文》所含道符之文類型相同。不寧唯是,如細讀《三皇要用品》所列各種符文,其形式、内涵、功能解說大體一致,並没有出現支撑起劃分版本的内部依據。而且,該品開頭列出16種未命名的符文,介紹所含字數與功能。作者將之歸爲帛和所傳(66頁)。其中第一種"三十字是九天印文,不可妄觸訶也。可召九天校事,刺姦吏"。而《三皇序目》(《御覽》卷六七六引,傳

· 659 ·

爲鮑靚所作,以下簡稱《序目》)却有"九天印文以君九天校事也"的記載。那麽,如果不是作者歸類有誤,便是大、小有《三皇文》確已難做區分。在這裏,可能作者先前觀點成立的可能性更高。

此外,與政治的内在關涉導致唐初《三皇文》被燒禁,是本書主要論點之一,但關於這點論證篇幅較弱(185—190頁),而且所用證據僅有兩條,即《無上秘要》引《三皇經》"三皇曰:天道廣大,賢愚混同。强者在西,弱者在東。九天定横,九地合縱。下成君臣,以立國邦。順天者吉,不順者凶",與唐代道書《太上洞神行道授度儀》"洞神三皇之法,通靈使鬼役召萬神。安國寧家匡濟兆民。學士修行可以昇仙度世"。細繹原文,似乎祇能得出《三皇文》可助國撫民的結論。相同或近似的功能,不僅在道教金籙、玉籙齋等儀式早有體現,而且佛教《仁王經》與部分密教經典也都具備,但並未留下這些儀式和經典觸犯世俗法禁的記載。唐初焚毁《三皇經》的深層原因,恐怕並不出於經典本身。

本書也存在論證尚欠圓滿之處。《雲笈七籤》卷一零六《清虛真人王君内傳》提到,傳主王褒道成之後,"領太素清虛真人,領小有天王、三元四司、右保上公,治王屋山洞天之中"。由於傳中王褒之師也是一位"西城真人",作者於是將此處洞天之名的"小有"與標示《三皇文》版本的"小有"聯繫起來,再引用《七籤》卷六"三洞"條"《玉緯》云:《洞神經》是神寶君所出,西靈真人所傳。此文在小有之天,玉府之中。《序目》曰:《小有三皇文》,本出《大有》",認爲《内傳》中的記載折射出早期上清經典所認識的《三皇文》之出世均與"小有""大有"洞天有關[8]。按《玉緯》即齊梁間道士孟智周所作《玉緯七部經書目錄》。在三洞四輔的七部經書體制之下,各傳統經典成書淵源及意義都被重新解釋,以期適應這一融合貫通的經教體系。其距上清經初降之時已有數代之遠。作者隨後引六朝、唐代道典有"小有經""大有經"的説法,以此構建起上清傳統對《三皇文》流傳的影響,似也有文獻難徵之虞。

最後如下表所示,書中英譯也許還有一些可供商榷的餘地。

---

[8] 論證過程見作者舊文,"The Many Lives of Lord Wang of the Western Citadel: A Note on the Transmission of the Sanhuang wen 三皇文 (Writ of the Three Sovereigns)," *Journal of the International College for Postgraduate Buddhist Studies* 国際仏教学大学院大学研究紀要 13 (March 2009): 130–138。

The Writ of the Three Sovereigns: From Local Lore to Institutional Daoism

1. 31頁（下畫綫表示英譯對應原文，引文標點有調整。下同）：晋時鮑靚學道於嵩高。以惠帝永康年中，於劉君石室清齋思道。<u>忽有《三皇文》刊成字，仍依經，以四百尺絹告玄而受</u>。後亦授葛玄子孫。

英譯：Suddenly, the Writ of the Three Sovereigns appeared, carved into characters. In conformance with the scriptures, he made a request to [Ge] Xuan by means of four hundred feet of silk and received [the oral instructions].

按："告玄而受"指受經者直接通過神啓或顯聖得到經書，而非藉由人間之師傳授。作者讀"玄"作"葛玄"之名，誤。

2. 61頁：人皇文者，皆知死生之録，識百鬼之名，記萬神姓名。三皇天文大字。黄帝得神圖天文字，以知九天名山川靈之字。<u>若能按文致諸神者，可以長生</u>：可令召司命削死籍，必爲人除之。然後修道求術，必得神仙矣。

英譯：If one can rely on its writing to order and summon various gods, then one can also use it to extend one's life, to make the Director of Destinies descend and strike one's name from the Register of Death, or even to erase names for other people.

按：英譯將"可以長生""可令召司命削死籍""必爲人除之"並列，讀作據《三皇文》以招神之後所得的三種結果，不確。召司命削死籍云云是按文致諸神者的一個例子，二者是遞進的關係。

3. 65頁：洪嘗聞：李先生道經之宗。李先生自說往在瀛州，詣董仲君。……仲君言："此文非世上文也，乃三天[元]八會之大章也。一字有三十三字，<u>東西上下，隨形所用分集之</u>。"指摘大有上數字見授，真上宿之奧典也。以此方三皇內文，天文大字，何緣四卷無四萬言也。又鮑先生節解說：三皇大字，抄出大小有文，而別名之耳。如是而論，益了了也。

英譯：From left to right and top to bottom, they are used and organized according to their form. This indicates that the several graphs from the [Heaven of] Great Existence that were transmitted [to humans] are the true and oldest arcane classics.

按："分集"是說由元氣凝成的大字分合不一，各堪所用。英譯漏"分"。"指摘"的主語是董仲君，董選擇别出了若干大字授予李先生。英譯此

661

句誤。

4. 76 頁: <u>右用繒廣九寸丹書於室中,隨方面所用色也</u>。

英譯:For [all talismans] on the right [i. e., above], use silk nine inches across, cinnabar writing, and [employ them] inside a [ritual] chamber. Following the method, the recto side should be colored.

按:作者讀爲"隨方,面所用色",不確。"方面"即方向、方位;方面之色即東方青色、西方白色之類。

5. 163 頁:又通靈八符,威制八方之神。<u>皇符難服,故別祭。如受之,以威使八神也</u>。

英譯:The Talismans of the Sovereigns are difficult to use, therefore, make a separate offering as when receiving them in order to coerce the eight gods into service.

按:服符指吞服道符,非泛指符的使用,故譯爲"use"不確。作者不斷"故別祭如受之",亦不確。

不過瑕不掩瑜,作爲中古道教研究領域首部系統論述《三皇文》的專著,本書對於《三皇文》《洞神經》乃至早期《道藏》研究的推進,均有重大意義。作者在前人基礎上闡幽發微,對方士傳統與三洞經系、《三皇文》的構成元素等問題的闡述,值得業內研究人員參考;對普通讀者,此書亦是了解早期道教史的佳作。此外,在謀篇布局上,本書邏輯環環相扣,體系完整。作者不僅討論《三皇文》本書,還兼及"前史"和焚禁後史,地域上更兼及東亞,顯示出寬廣的視野。因此,不論從何種角度出發,不論以何種身份研讀,此書皆值得静心品鑒。

《成都下同仁路——佛教造像坑及城市生活遺址發掘報告》(成都文物考古研究院編著,文物出版社,2017年10月,196+90頁,360圓)

趙 川

　　書如其名,該書並非一般意義上的考古學或歷史學研究論著,而是一本卷帙並不算大的考古報告。該書所報導的下同仁路遺址位於成都市青羊區下同仁路126號的原成都市水錶廠廠區,屬原舊城西部,西臨西郊河,東臨下同仁路,北臨實業街,東南200餘米即爲著名的寬窄巷子。整個遺址面積約8000平方米,考古工作者從既有考古經驗和遺址現場實際情況出發,將遺址分爲東西兩個部分,西部爲勘探區,東部爲發掘區,實際發掘面積約450平方米。《成都下同仁路——佛教造像坑及城市生活遺址發掘報告》一書就是對該遺址東部發掘區的詳細報導。與成都市區的其他遺址相比,下同仁路遺址的遺迹現象並不算特別複雜,遺存具有兩方面的特點:一是時代跨度大,從十二橋文化早期(相當於商代晚期)一直到明清時期,出土遺物涉及多個朝代;二是出土遺物種類較豐富,包括石質造像、陶瓷器、石製品、窰具、建築構件、金屬器等幾大類,其中造像與陶瓷器較爲典型,是該遺址最爲耀眼奪目的兩類遺物。要整理好該報告,並非易事。不過好在參與發掘與整理的工作人員各有所長,如易立是長期從事成都城市考古和陶瓷考古的青年考古學家,張雪芬與江滔專長於佛教考古,楊盛主要從事科技考古,盧引科、寇小石爲技術嫻熟的考古繪圖師,嚴彬、戴福堯則是川内經驗豐富的拓片能手。有賴於團隊的高效合作,考古發掘與資料整理都進展較快。發掘工作自2014年9月中旬開始,至12月底基本結束;資料整理工作自2015年1月開始,至12月基本完成。最終,文物出版社於2017年出版了這樣一部文字、綫圖、拓片、照片臻備的考古工作報告。

　　該報告由4章主體内容、2篇附録以及後記、英文提要構成。第1章爲緒言,按照考古報告編寫慣例,介紹了成都的地理位置與自然環境、歷史沿革和發掘概況。

　　第2章介紹了下同仁路遺址的地層堆積與遺迹單位。遺址地層堆積的保存情況較好,報告以T3東壁剖面爲例對各地層的土質、土色、包含物做了簡要介紹。發掘區內發現並清理的遺迹單位數量較少,且類别相對較單一,衹有16座灰坑(編號爲H1~H16)和2口井(編號爲J1、J2)。灰坑包括2座佛教造像坑(編號爲H3、H6)和14座生活遺物坑(編號爲H1、H2、H4、H5、H7~H16)。前者出土遺物以殘損的佛像爲主,間雜有數量較多的陶瓷器等;後者以日常生活使用的陶、瓷器殘片爲主,間雜較多的以建築構件爲主的碎瓦礫。2口井均爲土壙磚井,出土遺物較豐富。總的來看,各遺迹單位的地層關係並不複雜,間有打破。

第3章篇幅最大,對出土遺物做了詳盡的介紹:(1)造像共127件,包括佛像、菩薩像、天王像、阿育王像、背屏式組合造像及各類造像殘塊和佛教建築構件殘塊等。報告編寫者對造像做了細緻的文字描述,並附有精美的綫圖和高清的彩色圖版,造像記的拓片也一並予以公布。(2)瓷器數量很多,釉色品種和器形組合豐富。報告先劃分窰口,再按照器類進行型式劃分。窰口以成都平原本地的琉璃廠窰、邛窰爲主,器類也最豐富;青羊宫窰、龍泉窰、湖田窰、定窰、耀州窰以及未定窰口的瓷器均衹有零星幾件。瓷器器類包括碗、盤、盞、杯、鉢、罐、壺、瓶、爐、盒、硯臺、器蓋、供果等,以碗、盞、罐爲大宗。(3)陶器器類和數量也相對較多,按陶胎質地可分爲泥質陶和夾砂陶兩類,器類包括鉢、罐、甕、盆、盃、燈、杯、豆、盞、盤、爐、瓶、器蓋、器足、器柄、器座、器耳、紡輪、俑、動物模型等,以鉢、罐、盆、豆、器足爲大宗,這可能跟陶器的時代跨度較大有一定關係——部分陶器甚至可早至十二橋文化早期。(4)窰具僅有2件支釘。(5)石製品數量較多,以打制或磨制的璧、鑿、盤狀器爲主。(6)建築構件數量較多,包括瓦當、滴水、筒瓦、板瓦等。(7)金屬器有少量銅錢、銅權、銅鈎飾、鐵器殘件等。

第4章是對遺址的初步研究。首先是對遺迹的年代予以判定,這是學者們利用這批考古資料開展有關研究的基礎。遺址地層可分爲4層,第1層爲現代建築垃圾,其下第2、3、4層的形成年代被分別定在清代晚期前後、明代早期、東漢末至蜀漢時期。就遺迹而言,J1的使用年代主要在北宋中晚期,廢棄年代在明代早期以前;J2的使用年代主要在蜀漢時期。H1、H4的形成年代在西漢中晚期,H2、H13的形成年代在南朝中晚期至隋代,H3、H6的形成年代在北宋早期,H5、H7、H8、H12、H14、H15的形成年代在蜀漢時期或略晚,H10的形成年代在南宋中晚期,H11的形成年代在明代早期或略早,H16的形成年代在五代末至北宋早期。上述遺迹的形成年代是根據出土典型器物的時代和地層關係推導出來的,但遺迹的形成年代與遺迹内器物的製作和使用年代並不是同一個概念。比如,H7 出土有較多的十二橋文化早期的夾砂陶器,陶器的年代相當於殷墟三、四期的商代晚期,但灰坑内出土的 Bb 型陶盆、A 型陶燈、C 型陶盤則主要流行於東漢末至蜀漢,所以纔將 H7 的形成年代定在蜀漢時期或略晚。類似情況在該遺址中較爲常見,讀者若不仔細閱讀前後文,則容易混淆上述幾種年代關係,值得注意。在斷代的基礎上,報告將下同仁路遺址地點的遺迹大致分爲六期,即西漢中晚期、東漢末蜀漢時期、南朝中晚期至隋代、五代末至北宋早期、北宋中晚期至南宋、明代早期。

其後,報告分析了 H3、H6 兩個造像坑的形成原因和時空背景。下同仁路遺址所處位置靠近秦漢時期的成都少城。東晉末年,少城被焚毁,逐漸成爲成都的宗教文化區。發掘者觀察注意到 H3、H6 内的"造像大多呈横倒側卧狀,出土位置凌亂不堪,且表面往往有破損或殘斷痕迹,與之共存的還見有大量破碎的生活日用陶、瓷器",從而認爲兩個造像坑並非窖藏,"應當屬於人爲破壞後形成的廢棄、掩埋堆積"(167 頁)。具體來説,出土造像原屬的寺院可能在北宋早期遭受了戰火的波及,戰亂環境直接導致了兩座造像坑的形成。作者還對出土造像進行了斷代與分期研究,與李裕群、雷玉華、陳悦新等學者就成都地區南北朝造像所作分期研究不一樣的是,報告編寫者將下同仁路出土佛像分爲五期:第一期爲南齊永明年前後,第二期爲梁天監年間至普通年間,第三期爲梁普通年間至西魏佔領成都以前,第四期爲西魏佔領成都以後至隋,第五期爲唐代。其中,第三、四、五期造像數量較多,第一、二期造像均祇有 1 件。報告細緻地分析了各期造像的特點,並指出成都南朝造像淵源來自建康地區,且與北方地區有一定關聯,北周至隋代的菩薩造像與西安地區關係尤爲密切。最後,報告還分析了天王和彌勒菩薩像的題材内容及圖像特徵。

報告正文後附有《成都下同仁路城牆遺址發掘簡報》與《成都市下同仁路出土佛像表面裝飾用材料檢測分析報告》。整理者檢測了一件造像上的金箔殘片的成分,認爲分析結果符合宋代《營造法式》記載的古代"貼金"工藝的用料和做法。

雖然遺址的發掘面積僅約 450 平方米,遺迹現象也不多,但出土遺物的種類和數量都比較豐富,正因如此,也纔能支撐起一部體量尚可的考古報告。與其他歷史學類專著不同的是,考古報告更注重公布資料的科學、準確與全面。顯然,報告編寫者很好地做到了這一點。以綫圖爲例,書中一共附有插圖(含拓片圖版)189 幅,其中尤以繪製造像綫圖的難度最大。造像普遍高度不足 40 厘米,所着服飾殊爲複雜,加上自然風化與人爲破壞導致很多細節都已模糊難辨,要繪製好綫圖並非易事,既需要仔細觀察造像衣紋細節,保證綫圖能夠充分體現造像的整體面貌與細節特徵,還要對綫條的流暢與粗細有充分的把握。毫無疑問,儘管難免略有瑕疵,但絕大多數造像綫圖都很好地做到了翔實、準確與美觀,可以説是本報告一大亮點,讓報告增色不少。

總的來看,《成都下同仁路——佛教造像坑及城市生活遺址發掘報告》體例完備,在文字描述、綫圖、拓片、斷代研究等方面都有極具優長,堪稱一部典範的佛教遺址考古發掘報告。報告的編寫是對發掘者田野水準和材料駕馭能力的忠實反映,是"是檢驗考古工作者學術研究水準高下的著作"(張忠培),也足以展現考古學的研究方法。在現代學術體系中,研究方法的差異,雖有學者個人學術旨趣與價值取向的影響,但學科間分野可能是更深層的普遍因素。因此,毋庸置喙的是,就成都下同仁路遺址展開的研究,必然無法單靠一本考古報告就竟其全功。

自上世紀以來,成都地區先後發掘出土了爲數不少的佛教造像及零星的道教造像,比較重要的遺址有西安路、商業街、寬窄巷子、萬佛寺以及彭州龍興寺、石爐山等,引起了學術界的大量關注,有關研究成果層出不窮。既有的考古學研究多側重於造像的類型、分期與藝術風格,對造像所反映的佛教史與佛教義理等問題則往往淺嘗輒止,有些重要的海外研究成果(如諏訪義純《中國南朝仏教史の研究》、大內文雄《南北朝仏教史の研究》)甚至都未見提及;而長於文獻的佛教史研究者又往往對考古報告中複雜的文字描述、類型學分析與藝術風格的區分產生畏懼心理,望而卻步,偶有在論著中提及造像者也多爲錦上添花,甚至還出現造像年代張冠李戴的情況。造像如此,對與造像伴出的器物如陶瓷器則更是乏人問津,一般僅當作生活日用器予以介紹,爲數不多的研究也是側重於窑口與斷代,缺少對器物與儀式的關係進行深入研究。

成都下同仁路遺址出土有種類和數量都較爲可觀的陶瓷器,僅 H3、H6 兩個造像坑出土的就有近 130 件,生活日用器固然會占有一定比例,但部分器物應與宗教儀式有關,比如爐、供果、燈等。以爐爲例,包括琉璃廠窰瓷爐8件、邛窰爐8件、邛窰爐足4件、陶爐3件,僅造像坑出土的就至少有11件,占比近50%。翻檢文獻,不難發現,爐作爲香具,在中國傳統社會日常生活與宗教儀式中曾廣泛使用。至少從東漢開始,燒香就已經見諸漢譯佛經。安世高譯《佛說八正道經》載:"信祠者懸繒燒香散花燃燈。"燒香與散花、燃燈,習見於後世內典和教外文獻。場合不同,使用的香爐也會有所不同:行香時往往手捧小香爐,稍晚還出現鵲尾香爐;供養時使用的香爐較大;而在舉行大型的集體法會時,則需要在儀式空間顯眼處安奉尺寸較大的香爐。深受佛教影響的中古道教,在很多儀式場合也需要燒香,但道教燒香的來源、香具與儀式則與佛教不盡相同,對此筆者另有專文討論,此處不再展開。下同仁路遺址中,造像與爐共存的現象,絕非偶然。兩個造像坑絕大多數爐的爐身殘高不超過6厘米,有的更矮小,僅H6:85殘高20.3厘米,尺寸的大小與形制的差異,有可能與使用方法和場合的不同有關。對比北朝造像碑,推測H6:85可能爲直接安奉於儀式空間的大型香爐。H10:28爲唐代及以後常見的杯式香爐,屬於下同仁路出土尺寸最小的爐,北宋《聽琴圖》中香案所陳之爐與之形制較爲接近,類似的瓷爐在定窰、耀州窰、磁州窰、登封窰、靈武窰、龍泉窰等都有燒製。由於形制太小,此類香爐一般捧在手上或置於香案。遺址出土其餘諸爐,多帶三足,形制與唐代造像中主尊身前雕刻的香爐比較接近,其性質亦應相當,或屬供養用具。

考古報告在材料的忠實性與解釋的合理性之間,往往難以兩全,畫地爲牢與過度解釋在近年發表的一些論著中均較爲常見。報告編寫者的謹慎態度在書中有明確的體現,比如編號H3:21的佛像背面題記記載該像爲南朝梁普通五年(524)海安寺僧人爲亡父母所造。作者根據文獻記載,指出梁代海安寺約在今通惠門路北側附近,靠近下同仁路佛教造像坑,"推測這批造像中的一部分或與梁代海安寺之間存在某種聯繫"(168頁)。這是一種相對比較嚴謹的表述,海安寺並不一定就是造像原來所在的位置。在沒有發掘出指向性更明確的證據之前,過多的文字猜測不僅沒有必要,還容易給讀者造成誤導。因此筆者上文對遺址出土陶瓷爐的推測,在無法確認其是否確屬宗教器物的前提下,多少顯得有些大膽而突兀,尚有待更深入的研究和考古材料驗證。

金無足赤,《成都下同仁路》難免也存在一些問題,試舉幾例如下:

第一,出土器物定名的問題,如第三章第一節"造像"中的"天王(武士像)",收録有4件造像,其中兩件坐像(H3:16、H3:56)爲典型的天王像,這一點應無疑義。不過另外兩件頭像(H6:4、H6:58)與兩件坐像的頭部完全不同,在没有充足證據下,將其定名爲"天王像"或有不確。報告編寫者可能也意識到了這一問題,但並未能找到妥善的解決方案,而是在進行文字描述時將其中一件稱爲"天王頭像",另一件稱爲"武士頭像",令人錯愕(53頁)。同章節在介紹出土建築構件時將其中6件定名爲"華蓋殘塊",亦略顯粗疏(84—87頁)。

第二,報告内容尚有增補的餘地:一是造像的年代在報告中有比較明確的結論,而造像之外其他遺物的年代則不夠明晰。讀者雖然可根據遺迹的形成年代反推出土遺物所屬年代的上下限,但難免有所不便,也未必能做到精準。二是缺少對各遺迹出土器物的種類與數量,以及各類器物的遺迹分布情况的統計數據,讀者衹能被動地從文字描述中去計算、還原,增加了報告的閱讀難度。

第三,文字表述亦有不夠精准之處。如第二章第二節"遺迹單位"介紹H3、H6出土造像分別爲70、57件(10頁),第三章第一節"造像"開頭部分繼續沿用了這一資料(20頁),即出土佛教造像共127件。但後文描述的造像有佛像25件(包括坐佛7件、立佛4件、佛頭及佛像殘塊14件);菩薩像30件(包括立像15件、坐像3件、菩薩頭像及菩薩像殘塊12件);天王(武士)像4件(包括坐像2件、頭像2件);背屏式組合造像9件;羅漢像及羅漢頭殘塊、頭背光殘塊、像(基)座殘塊、佛教建築構件、裝飾和其他殘塊共60件。以上資料相加,實得128件,與前述127件不合。第四章第三節"出土造像的基本認識",對造像進行了分期。其中第二期爲"梁天監年間(502—519)至普通年間(520—526)",第三期爲"梁普通年間至梁益州爲西魏占領前(553)",兩期都包含有普通年間(169頁),明顯重複不清。事實上,學者們早就注意到蕭梁普通年間及以後的造像與之前天監年間有較大的區别。報告編寫者劃入第二期的造像僅有1件,即天監十五年(516)蔡僧和造釋迦牟尼背屏式組合造像(H3:11)。這種情况下,自然没必要將稍晚的普通年間也劃歸第二期時代範圍。從前後内容來看,作者是清楚這一點的,可能在行文時産生了筆誤。又如,H3:26背屏正面圖像的香爐兩邊各有二人,雖然圖像模糊,但似爲雙膝跪地,而報告則描述其跪姿爲"胡跪"(72頁)。

此外，H3∶48的造像記拓片展開和拼接順序有誤，正確順序應該是造像的背面—左側面—正面—右側面，報告誤拼爲正面—右側面—背面—左側面（62頁），致使釋文與拓片無法對應。報告對造像記的釋文亦有少許疏漏，限於篇幅，此處不再展開。不過好在書中附有清晰的拓片，讀者在閱讀時可就釋文參照拓片自行核驗。

最後，必須說明的是，瑕不掩瑜，本書以科學系統考古發掘爲基礎，出土器物和數量均較豐富，整理者各有所長，報告編寫者具有良好的學術背景和專業素養。報告既做到了科學、細緻，又爲研究者帶來了一系列新的問題，對過去長期爭論的老問題提供了新的視角，具有很高的學術水準和參考價值。事實上，學術界已就下同仁路出土佛教造像做了諸多研究，取得了一些有價值的成果，我們也期待未來這批珍貴的考古資料能夠發揮更大的作用。

（本文係教育部人文社會科學研究青年項目"南北朝隋唐道教造像碑記調查、整理與研究"［20YJCZH239］階段性成果之一。）

《日本古代律令制と中国文明》(大津透編,山川出版社 2020年11月,xii+298頁,4200円)

趙 晶

大津透是東京大學教授,著名的日本古代史、日唐法制比較研究者。自1999年《天聖令》殘卷存世的消息公布以來,他領銜的團隊始終密切追踪研究動態,推動中、日兩國學者之間的合作與交流,深入推進日唐法制的比較研究。迄今爲止,他主持的研究課題計有"唐律令、禮在日本的繼受與展開"(1999—2000、2001—2002)、"日唐律令比較研究的新階段"(2005—2008)、"日唐宋律令法的比較研究與《新唐令拾遺》的編纂"(2009—2011)、"律令制式的人民統治的綜合研究——以日唐宋令的比較爲中心"(2013—2016)、"日本古代國家對中國文明的接受及其展開——以律令制爲中心"(2018—2021),相關的階段性成果也多結集出版,既有專著《日唐律令制的財政構造》(岩波書店,2006年)、《律令制爲何》(山川出版社,2013年)、《律令國家與隋唐文明》(岩波書店,2020年),也包括他主編的論文集《日唐律令比較研究的新階段》(山川出版社,2008年)、《律令制研究入門》(名著刊行會,2011年)等。

2019年11月,大津氏藉由第117回史學會大會古代史分會策劃了"日本律令制與中國文明"專場研討會,並未將討論主題限定在使用《天聖令》進行律令比較研究的範圍内,希望通過不同學脈研究者的參與,從更廣闊的視野來思考日本律令制的意義。當時受邀與會發表的學者有市大樹、古田一史、山下洋平、榎本淳一,由坂上康俊擔任評議。此外,大津氏自2007年開始藉由東方學會舉辦的國際東方學者會議,每兩年組織一場聚焦《天聖令》的唐日律令制論壇,參與其課題的成員也多有發表。這些會議報告修改成文,外加課題組成員撰寫的其他專論,即構成了這本《日本古代律令制與中國文明》。

除"代序"、凡例外,本書共分三編"古代律令制的探究""中國禮法與日本律令制""律令制的諸階段與東亞文明的接受",每編收文四篇,總計十二篇論文,外加一篇附録。十川陽一曾根據内容對這些論文加以分類,如第(1)、(5)篇關於天皇爲中心的統治秩序,第(2)、(3)篇關於地方統治,第(4)、(5)、(6)篇考察的是不限於唐代的中國史,第(6)篇對唐令復原條文和復原方法進行再檢討,第

(7)篇關注的是格式,第(7)、(10)、(11)、(12)篇考察法典編纂的實像,第(8)篇着眼於行政結構、文書,第(9)、(10)、(11)篇探究日本對中國文化、文明的需求。[1]由此可見,本書主題豐富,論域廣泛。

在作者中,僅辻正博爲東洋史研究者,其作也是純粹的唐代法制研究論文;其他十二位執筆者皆是日本古代史學者。從學術世代來看,吉田孝(1933—2016)的年輩最高,其後依次是1950年代出生者二人(坂上氏、榎本氏),1960年代出生者四人(大津氏、辻氏、丸山裕美子、三谷芳幸),1970年代出生者二人(市氏、山下氏),1980年代出生者三人(吉永匡史、武井紀子、西本哲也),1990年代出生者一人(古田一史),可謂研究梯隊整齊、代際銜接緊密。其中,辻氏出身京都大學,市氏出身大阪大學,山下氏出身九州大學,其餘學者皆求學東京,除丸山氏出身御茶水女子大學外,自坂上氏以下皆出身東京大學,而1980年代以後出生的四人皆出自大津氏門下。

正因如此,這些論文看似主題分散,但在方法與論旨上皆輻輳於唐日律令制比較研究這一學術傳統之下。大津氏在"回憶前輩——代序"中除交代該書的編集經過外,還旗幟鮮明地標舉了相關"學統":日唐律令比較研究的方法主要襲自東洋史學者池田温主持的東京大學東洋文化研究所的律令研究會,日本古代史的學術傳統則上接青木和夫(1926—2009)。青木氏的代表性論文《雇役制的成立》(1958)與《净御原令與古代官僚制》(1954)分別開啓了兩大方向:其一是通過日本與隋唐律令法的綿密比較,闡明日本律令制納庸雇役的特色;其二是對官位制與考選制的分析,論述《净御原令》的劃時代性,否定了《近江令》的存在。後一方向所涉官僚制研究,由早川莊八(1935—1998)加以推進,其代表作有《日本古代官僚制的研究》(1986)和論及天武、持統朝官制的《律令制的形成》一文(1975);前一方向所展現的律令制比較研究方法,則爲該書附録的作者吉田氏所繼承,其專著《律令國家與古代的社會》(1983)從日唐《賦役令》中雜徭的比較研究出發,將班田收授制與編户制等與中國的均田制進行比較,闡明日本古代公地公民制的特色。至於吉田氏遺著《續 律令國家與古代的社會》(2018)對

---

[1] 十川陽一《新刊紹介:大津透〈日本古代律令制と中國文明〉》,《史學雜誌》第130編第7號,2021年,104頁。

《令集解》所載《古記》進行了實證研究,也接續了青木氏後一方向的問題意識。

筆者以下將逐次概述本書所收各篇論文,然因學力有限,尤其是在日本古代史研究上的積累不足,難以始終貫徹夾叙夾議的寫法,對於部分篇什祇能述而不論。即使如此,也難免錯謬之見,祈請各篇作者及學界先進不吝賜教。

(1)市大樹[2]《圍繞門籍制與門牓制的日唐比較試論》

市氏以門籍、門牓爲中心,細繹日本《養老令·宮衛令》四條、《養老令·儀制令》一條、《延喜式·中務式》一條以及《唐令拾遺》復原兩條《宮衛令》所據的《唐六典》原文、《天聖令·倉庫令》唐令一條、《唐六典》卷三金部郎中員外郎條所載庫藏物出納的格式條文,逐項比較日唐門籍制、門牓制的適用範圍、適用對象、負責官司,以及門籍的更換頻次、宿衛人的處置等,指出大別有三:①日本的門籍制重視平時在禁中任職者的通行管理,而唐制則着眼於因朝參而進入宮城者的通行管理;②日本的門牓制主要管理從宮内搬出至宮外的物資,而唐制則着眼於宮城内倉庫物資的出入管理;③日本的門籍、門牓主要由天皇的秘書機構中務省管理,而唐代的門籍、門牓則由監門衛負責。這些不同緣於日本的王宮是天皇的私人空間,天皇必須對其中的人、物進行直接管理。

該文對部分史料的解說有別舊說,如《唐六典》所載"以門司送於監門"一句,顯見"門司"與"監門"有別,青木場東認爲監門是指監門衛派出的檢校官的辦公場所,而門司是指負責禁門警備的諸衛職員的辦公場所[3];羅彤華認爲監門是指監門衛,"門司可能指的是諸衛大將軍以下、衛士以上之宿衛宮殿者"[4];市氏則認爲監門是指監門衛的本府,而門司是指監門衛在各門所設的辦公場所(14、34頁),似較合理。至於其說所謂唐代門籍制與朝參的關係,其實也可由開元以後常參官被稱爲"通籍"的現象加以旁證[5];針對《養老令·宮衛令》第2條所定"無籍應入禁中"的情況,似應留意顔真卿奏疏所引太宗時的《司

---

[2] 市氏現任大阪大學大學院文學研究科教授,代表作有《飛鳥藤原木簡的研究》(塙書房,2010年)、《日本古代都鄙間交通的研究》(塙書房,2017年)等。

[3] 青木場東《帝賜の構造——唐代財政史研究 支出編》,中國書店,1997年,112、125頁。

[4] 羅彤華《唐代宮廷的門禁制度》,《唐研究》第26卷,北京大學出版社,2021年,356頁;後收入氏著《唐代宮廷防衛制度研究》,元華文創股份有限公司,2021年,55頁。

[5] 陳文龍《唐"通籍"考》,《中華文史論叢》2011年第2期,207—220頁。

門式》:"其有無門籍人,有急奏者,皆令監門司與仗家引奏,不許關礙。"[6]若藉此加以發揮,唐代皇權對門籍制採取的彈性、臨時性調整,如别敕召入等[7],反倒是彰顯了宫城的皇帝私人屬性。

(2)古田一史[8]《日本營繕令與律令軍制》

古田氏以日本《養老令·營繕令》在繼受唐令時删掉了地方營造的相關條文爲立足點,概括日本令三大變化:其一,因改歲役制爲雇役制,徵發勞動力的規定也被替换爲雇直等物資徵發的規定;其二,地方營造事業所用物資也委諸地方財政,基本採用事後報告的自律性模式,删除了唐令所定事前申報的規則;其三,日本令將兵士的職能嚴格限定在軍事範疇,删除了唐《營繕令》所定兵士的營造雜役。這些變化的背景是日本採用雇役制與雜徭,以及郡司與軍團都爲地方豪族把控,由國司統一行使行政與軍政之權。然而,由於令條没有對國郡的行政加以規定,所以國司得以非法役使兵士,最終導致826年軍團制的廢止,郡司等地方豪族勢力被排除,國司實現軍事集權,兵役和雜徭再度合流。

(3)西本哲也[9]《日唐厩牧令的動物管理條文所見地方行政》

西本氏逐一比勘了《養老令·厩牧令》官私馬牛條、官馬牛條、國郡條與相應的唐令,析出日本令在帳簿管理、動物屍體利用、闌畜管理等三個方面的變化,如較諸《永徽令》,《大寶令》可能在"官馬牛"上增補了"私"字;又如《養老令》特别增加"若得牛黄者,别進",可能是因爲在佛教傳入時見載牛黄之名的《金光明經》受到重視,再加上對其稀缺性與藥效的認識,所以國家特别立法加以確保;至於《養老令》删掉了官畜烙印的條文,是因爲日本對烙印的使用極爲有限。在

---

[6] 劉昫等《舊唐書》卷一二八《顔真卿傳》,中華書局,1975年,3593頁;歐陽修、宋祁《新唐書》卷一五三《顔真卿傳》,中華書局,1975年,4858頁。樓勁否定《貞觀式》的存在,並以後世所稱此式之名多有混亂(如《門司式》《司馬式》《司門令式》),認爲此式名之不可信;拙評曾質疑。參見樓勁《魏晉南北朝隋唐立法與法律體系:敕例、法典與唐法系源流》,中國社會科學出版社,2014年,409—411頁;趙晶《書評:〈魏晉南北朝隋唐立法與法律體系:敕例、法典與唐法系源流〉》,《唐研究》第21卷,北京大學出版社,2015年,567頁。

[7] 羅彤華《唐代宫廷的門禁制度》,364—371頁;《唐代宫廷防衛制度研究》,64—72頁。

[8] 古田氏現爲東京大學大學院人文社會系研究科在讀博士生,已發表《雜工户的變質與造兵司的解體》(2019年)、《在律令國家軍事行政中的鞠智城》(2020年)等論文。

[9] 西本氏現任東京大學史料編纂所學術支援專門職員,已發表《鞠智城與大宰府》(2015)、《九世紀初的郡司與地方官人制》(2018)等論文。

剖析唐、日之別後，他又進一步考察了國司與郡司在動物管理層面的職能與權限，及其與日本令修改唐令規定的相關性，如將私馬牛納入管理，除軍事考慮外，或許還爲掌控郡司的財産；而別立牛黄的規定，可能也是中央獨占所需。總之，這些都體現了國家加強控制地方的意圖。

西本氏以《出雲國計會帳》爲據，認爲在《大寶令》施行後出現了私馬牛的帳簿，所以《大寶令》所定帳簿管理可能並不限於"官馬牛"，而是全面覆蓋"官私馬牛"（66 頁）。然而，在討論唐令規定死畜的筋腦皮肉處理時，他又認爲長行馬文書所見死畜部位的處理之所以較令文規定更寬泛，可能是因爲法律僅設定最低限度的義務而已（69 頁）。若套用這種立法與實踐二分的解釋邏輯，《大寶令》也可能並未增加"私"字，《出雲國計會帳》或許衹是表明當時的實踐採用了更高的義務標準。此外，他還認爲唐代的河南道靠近朝鮮半島，所以那裏所貢牛黄也許來自朝鮮半島（68 頁）。但牛黄在中國的使用以及交易起源頗早，如《後漢書》卷六四《延篤傳》載："時皇子有疾，下郡縣出珍藥，而大將軍梁冀遣客齎書詣京兆，並貨牛黄。"[10] 即使在唐代的邊陲，牛黄也非稀見之物，如《唐課錢帳曆（三九）》（73TAM206:42/9-9[a]）第 2 行載"用廿二文三百文付趙老將歸充牛黄價"[11]。又根據唐代《新修本草》新增的注文"牛黄，今出萊州、密州、淄州、青州、巂州、戎州……多生於榛特牛，其吳牛未聞有黄也"[12]，可知河南道本就是當時牛黄的主要產地，似乎無需從朝鮮半島引入。

（4）武井紀子[13]《日唐律令財政中的牓示》

武井氏詳細檢討了《天聖令·賦役令》宋 23 與相應的唐令、《養老令·賦役令》第 36 條的異同，結合唐、宋、日本的財政結構及其運作，尤措意於唐宋令的"牓縣門及村坊"與《養老令》的"立牌坊里"，指出唐宋縣衙製作、頒下徵稅公文並加以牓示的目的並不僅是周知百姓，還爲官府的徵稅行爲提供法律依據，保證

---

[10] 范曄撰，李賢等注《後漢書》，中華書局，1965 年，2104 頁。
[11] 唐長孺主編《吐魯番出土文書》（貳），文物出版社，1992 年，327 頁。
[12] 蘇敬等撰，尚志鈞輯校《新修本草（輯復本第二版）》，安徽科學技術出版社，2005 年，208 頁。
[13] 武井氏現任日本大學文理學部史學科準教授（在該書所附作者介紹中，其身份還是弘前大學人文社會科學部準教授，而在該書出版後的 2021 年 4 月調入日本大學），已發表《律令財政與貢納制》（2014）、《日唐律令制中的官物管理——圍繞監臨官的違法與官物填補》（2018）等論文。

其正當性;而在日本,調物具有地方貢納給中央的性質,實際徵收主要被作爲地方權勢者的郡司把控,所以無需製作與徵稅相關的公文,"立牌"的目的僅僅是周知百姓而已。此外,她還指出日本令在徵發的税目上剔除了唐代的租、庸,反映了制定者不盲從唐制的意圖,但仍與日本國郡以下的徵稅實態未盡相合,導致這條立牌周知的令文在財政結構中的地位較爲曖昧。

因唐、宋令載"印署,牓縣門及村坊",所以武井氏推測,從"印署"來看,唐宋之"牓"很可能是紙文書,而日本則限於木札(86—87頁)。然而,《天聖令·關市令》唐9載:"諸官私斛斗秤尺,每年八月詣太府寺平校。不在京者,詣所在州縣平校,並印署然後聽用。"[14]而在宋代,作爲官方頒降的度量衡標準器,都有專門的"火印"標識等[15]。由此可知,使用"印署"者並不限於紙文書,恐難據此立論。當然,宋牓的主要形制仍是抄録的紙文書,還包括刻印的"鏤牓"或"印牓",高柯立已論之甚詳,尤其是宋代官民圍繞"牓"展開的實際互動,或可參考[16]。

(5)山下洋平[17]《日中的臣下服喪、舉哀儀所見律令官僚機構的一個側面》

山下氏以臣下服喪禮儀以及舉哀儀是否體現官僚制式的秩序爲視角,逐一檢證了中國西晉、北魏、唐代與日本8至9世紀的相關事例,指出:在中國,西晉時門下省的近侍官員(侍中、散騎常侍、中書令等)以及左右衛將軍等高階宿衛武官在釋服後繼續跟隨皇帝行心喪,內廷與外廷這種官僚制上的二分發揮著一定的作用,北魏也是如此;而到了唐代,與皇帝服喪保持同步的主要官員有高階的供奉官以及尚書省、九寺五監的部分長官、次官等,可見喪禮體現了官僚制式的秩序。而在日本,8世紀時天皇的近侍官以及議政官等皆服喪,統率授刀舍人

---

[14] 天一閣博物館、中國社會科學院歷史研究所天聖令整理課題組校證《天一閣藏明鈔本天聖令校證 附唐令復原研究》,中華書局,2006年,309、406頁。

[15] 郭正忠《三至十四世紀中國的權衡度量》,中國社會科學出版社,1993年,431頁。

[16] 高柯立《宋代州縣官府的牓諭》,《國學研究》第17卷,北京大學出版社,2006年;後加改訂,併入《宋代的粉壁與牓諭:以州縣官府政令傳布爲中心》,鄧小南主編《政績考察與信息渠道:以宋代爲重心》,北京大學出版社,2008年;現又收入氏著《宋代地方的官民信息溝通與治理秩序》,國家圖書館出版社,2021年,89—116頁。

[17] 山下氏現任九州大學大學院人文科學研究院專門研究員,已發表《律令國家中臣下服喪儀禮的特徵——通過與唐制的比較》(2012)、《北魏文明太后崩御時孝文帝的服喪禮儀》(2018)等論文。

的天皇近衛官坂上犬養等被敕許奉陵,可見當時的喪禮並未貫徹官僚制式的秩序,在其官僚機構中發揮作用的是氏族制式的秩序或與天皇之間的人格性關聯;到了9世紀,天皇逝去時,百官在紫宸殿前舉哀,而公卿、侍臣以下在東宮舉哀,這反映了官僚制式的秩序,但從嵯峨太上天皇逝去之例可見,作爲天皇私人的伺候者,近臣、近侍服喪、舉哀又體現了與天皇之間的人格性關聯;由於重視這種人格性關聯、輕視官僚制式的秩序,到了10世紀,在天皇的喪禮中,百官的服喪、舉哀就被停止了。

就唐代而言,《唐會要》卷三八《服紀下》載:"貞元二年十一月,德宗王皇后崩。……其月,詔百官及宗室諸親舉哀兩儀殿。臨畢,百辟素服視事,及大殮成服,百官服三日,及甲辰之夕,釋之,用晉文明皇后崩,天下發哀三日止之義。其文武六品以(上)〔下〕非常參官及士庶等,各於本家素服臨,外命婦各於本家素縵朝夕臨五日。"[18] 由此可知,"服三日"的"百官"與"於本家素服臨"的"文武六品以下非常參官"不同,"百官"所指爲文武五品以上和六品以下常參官。這就與山下氏據以立論的《通典》卷八七《小祥變》所引《大唐元陵儀注》劃定的範圍有別。吴麗娛業已指出,爲皇后行服雖非國家禮制的要求,但也體現了一種"親疏有別"的官僚制秩序[19]。

(6)辻正博[20]《唐令的復原與所據史料——以天聖雜令"造道士女冠僧尼籍"條爲例》

辻氏圍繞《天聖令·雜令》宋40"造道士女冠僧尼籍"條復原唐令的問題,首先開列相應的《養老令·雜令》條文與《唐六典》的記載,以及《唐令拾遺補》追加的"參考資料",如《唐會要》的兩條記載、《新唐書》的一條記載和一條《慶元條法事類·道釋令》;然後以僧籍編制的頻次爲中心,引據《事物紀原》《永樂大典》所存四條《唐會要》佚文,勾勒三年一造、十年一造、五年一造的變化過程;最後檢討後周僧籍編制頻次由一年一造變爲三年一造,宋初也經歷了這一變化,至

---

[18] 王溥《唐會要》,中華書局,1960年,685—686頁。

[19] 吴麗娛《終極之典——中古喪葬制度研究》,中華書局,2012年,228—229、255—257頁。

[20] 辻氏現任京都大學大學院人間環境學研究科教授,代表作有《唐宋時代刑罰制度の研究》(京都大學學術出版會,2010年)等。

遲在咸平年間再次回歸三年一造[21]，最終體現在《天聖令》中。

辻氏引《續資治通鑑長編》卷一八太平興國二年三月條"癸亥，工部郎中侯陟言'祠部給僧尼牒，每通納百錢於有司，請罷之。歲令諸州上僧尼之籍於祠部。下其牒，俾長吏親給之'。詔從其請"，認爲此時僧尼籍爲每年一造（144頁）。然而，《宋會要輯稿》道釋一之一四載："太宗太平興國（元年二月）〔二年三月〕，户部郎中侯陟言：'沙彌童行剃度文牒，每道納錢百緡，自今望令罷納，委〔逐〕處據名申奏，於祠部給牒送逐處。'詔祠部實封下本州，令長吏與本州判官給付。"[22]可見《長編》所録之文存在節略、改寫[23]，此事與僧尼籍編造無關，祗是由各州申奏剃度者信息，以便給付度牒而已，目的是取消發放度牒的手續費。白固文認爲宋朝延續後周制度，僧道籍帳三年一供，名爲全帳；至太宗朝"歲令諸州上僧尼之籍於祠部"，又產生了每年一造的籍帳，即爲刺帳[24]。此説亦採《長編》所載立論，恐不可取，而其所言全帳、刺帳之別，見載於《慶元條法事類·道釋令》"諸僧道及童行帳三年一供，每一供全帳，三供刺帳，周而復始，限三月以前申尚書禮部"，亦可參見《道釋式》所録"僧道童行等帳""僧道童行等刺帳"[25]。高雄義堅將此二分之帳追溯至後周，以《五代會要》所載"周顯德二年五月六日敕：兩京諸州府，每年造僧帳兩本，一本申奏，一本申祠部"，[26]認爲周世宗在沿襲唐代三年一造的僧籍之外，又創設了一年一造的僧帳，可供祠部核對原簿，前者爲全帳，後者爲刺帳[27]。然前引《五代會要》在此條史料之後又載"至五年七月敕：今後僧帳，每三年一造，其程限准元敕施行"，可知一年一造與

---

[21] 汪聖鐸亦曾整理宋人對本朝僧籍制度沿用自唐還是後周的看法，並引據真宗大中祥符六年詔中"三年造僧帳"之句，亦可爲從唐令至《天聖令》發展過程之一環。參見氏著《宋代對釋道二教的管理制度》，《中國史研究》1991年第2期，132頁。

[22] 劉琳等點校《宋會要輯稿》第16册，上海古籍出版社，2014年，9980頁。

[23] 《長編》此文被引甚夥，如竺沙雅章在討論宋代賣牒現象時亦以此爲據；黃敏枝則兼引《宋會要輯稿》之文。參見竺沙雅章《中國佛教社會史研究》，同朋舍，1982年，27頁；黃敏枝《宋代佛教社會經濟史論集》，學生書局，1989年，384、408頁。

[24] 白固文《宋代僧籍管理制度管見》，《世界宗教研究》2002年第2期，123頁。

[25] 謝深甫等撰，戴建國點校《慶元條法事類》卷五一《道釋門二·供帳》，黑龍江人民出版社，2000年，715—719頁。

[26] 王溥《五代會要》卷一六《祠部》，中華書局，1998年，204頁。

[27] 高雄義堅《宋代仏教史研究》，百華苑，1975年，30頁。

三年一造是前後相續的制度變革,而非並行的兩種僧帳,故而辻氏對後周的梳理可從。

(7)坂上康俊[28]《日唐格法典的編纂與體裁特徵》[29]

坂上氏此前就曾撰文辨析傳世文獻中關於唐格立法的記載分歧,立足敦煌、吐魯番法律文獻,歸納唐格的體例並修改了部分文獻的定名[30]。此文先仔細地梳理了唐格編纂史,逐一考訂西域所出唐格殘片,辨析唐代原敕、格後敕、格的條文體例,回應近年來戴建國、樓勁等學者的不同意見,又藉由對日本格編纂史的考察,指出唐格條文簡潔,日本格文多爲太政官符,大幅度保留了法令頒行時的原始樣態和內容,抽象化程度低,缺乏廣泛適用性,其模仿的對象不是唐格,而是唐格後敕。

應當説,關於唐格體例的問題,目前所見史料極爲有限,西域所出"唐格"文本大多爲學者推定而來,原卷明確標記爲格者,如 P.3078＋S.4673《散頒刑部格卷》體例又頗與衆不同,由此鋪衍的學術爭議恐難遽然定讞。如黃正建最近也加入到唐格的爭論中,就唐格條文是否附加年月日的問題,他較認同戴建國的觀點,質疑坂上氏"在文章中沒有舉出一件唐代附有年月日的格的實例";對於 P.4978《開元兵部選格》殘片的定名,他參考後唐天成元年(926)尚書考功條奏的"格例",指出這類彙集各種法律條文的文本並非"選格",而應被稱爲"格例""條件""條流"[31]。

(8)大津透《日唐古文書學比較研究的一個視點——以文書處理爲中

---

[28] 坂上氏現爲九州大學名譽教授(在該書所附作者介紹中,其身份還是九州大學大學院人文科學研究院教授,他在該書出版後的2021年4月榮休),代表作有《日本的歷史》第5卷《律令國家的轉换與"日本"》(講談社,2009年)、合著《唐令拾遺補》(東京大學出版會,1997年)等。

[29] 這一日文本祇是節本,全本已逐譯爲漢語。參見坂上康俊著,林娜譯《日唐格典的編纂與體裁的特徵》,《中外論壇》2021年第3期,159—196頁。

[30] 坂上康俊撰,田由甲譯,戴建國、何東校《有關唐格的若干問題》,戴建國主編《唐宋法律史論集》,上海辭書出版社,2007年;後收入趙晶主編《法律文化研究》第13輯,社會科學文獻出版社,2019年,302—315頁。

[31] 黃正建《唐代的兩種格及其演變》,《史學月刊》2022年第5期,26—35頁。

心》[32]

　　大津氏以大谷文書2836號爲例,展現唐代文書從受理到判官、通判官、長官先後裁斷的"三判制"運作過程,又關注到大谷文書3160、3159號上的"日期＋署名",認爲這是州郡接收文書時長官所寫的日期與名字,並藉此反觀"傳教大師入唐牒"上的"日期＋署名",推定這出自接收明州牒的台州長官之手,而明州牒後又黏連了台州批復最澄申請回明州的公驗,體現了唐代文書在流轉過程中的複合性功能。在他看來,相比於唐代,在没有繼受"三判制"的日本古代,勾檢事務由判官與主典分擔,主典口頭報告申請事項,在判官、通判官、長官"共知"的情況下,採用合議的方式作出口頭裁斷,由主典記錄下來做成文書,再由作出裁斷者署名確認。這種合議制在日本當時的最高決策中亦有體現,即由太政官議政官(公卿)以"陣定"的方式彙總對某些重要議題的不同意見,向天皇奏上"定文",而唐代的宰相會議則是作出一致決定,在奏狀上全員署名後呈報皇帝。

　　劉欣寧以居延甲渠候官爲例,說明漢代的政務溝通在文書之外也存在口頭的方式,視實際條件及需要而定,由此反思以往所持漢代嚴格、徹底地施行"文書行政"的觀點[33]。實則唐代也存在文書以外的"聲音的世界"[34]。又,雖然渡邊信一郎也認爲"中國古代的國家,從最末端的機構到最上層的、作爲國家最高意志形成機構的公卿百官會議,是由文書主義貫穿起來的……在中國,辯論術不發達,而文章技巧、文體論發達,這至少有一半是中國古代會議的那種特質所導致的",但在他的筆下,漢唐之際官僚集團的最高決策並非都是作出全體一致的決定再奏報皇帝,朝議會形成不同意見,持見者各自撰寫議文或議狀,贊同某一意見者分别加以聯署[35]。如唐龍朔二年(662)司文正卿蕭嗣業的繼母在改

---

[32]　此文的漢譯本先出,日文本在第二部分最後增加了唐代宰相會議作出一致決議奏報皇帝的論述,以此體現日本"定文"分列不同意見的特色。參見大津透撰,安洪鑌譯,田衛衛校《日唐古文書學比較研究的一個視角——以文書處理爲中心》,黄正建主編《中國古文書學研究初編》,上海古籍出版社,2019年,160—174頁。

[33]　劉欣寧《漢代政務溝通中的文書與口頭傳達:以居延甲渠候官爲例》,《"中研院"歷史語言研究所集刊》第89本第3分,2018年,451—513頁。

[34]　參見東野治之《大宝令成立前後の公文書制度——口頭伝達との關係カろ》,氏著《長屋王家木簡の研究》,塙書房,1996年,362—376頁。

[35]　渡辺信一郎《天空の玉座——中国古代帝國の朝政と儀礼》,柏書房,1996年,20—54頁。

嫁後死亡,朝廷圍繞他應服之喪和是否解官的問題展開討論,由司禮太常伯隴西郡王李博乂等上奏:"依集文武官九品已上議。得司衛正卿房仁裕等七百三十六人議,請一依司禮狀,嗣業不解官。得右金吾衛將軍薛孤吳仁等二十六人議,請解嗣業官,不同司禮狀者。……依房仁裕等議,總加修附,垂之不朽。其禮及律疏有相關涉者,亦請準此改正。嗣業既非嫡母改醮,不合解官。"[36]因此,唐代官僚群體的不同意見也會同時奏報皇帝,這似非日本"定文"獨有的特色。

(9) 丸山裕美子[37]《古代的移民與奈良時代的文化——東大寺寫經所的百濟、高句麗移民》

丸山氏首先概述了日本令有關移民制度的規定,並與唐令進行比較,認爲《養老令·户令》規定"並給糧遞送,使達前所"更加厚待化外人、《大寶令·户令》規定"若有才伎者,奏聞聽敕"體現了更加現實、務實的特色,即積極招徠有學術、技術的外來移民,並非貫徹中國式的王化思想;其次從日本古代史籍中輯出百濟、高句麗移民的姓氏以及在日本所改之姓,以此分析正倉院文書中的東大寺寫經所文書,依次統計天平十六年(744)、天平寶字二年(758)、寶龜四年(773)百濟、高句麗移民充任經師、裝潢、校生的人數,勾勒出其人數比例逐漸減少的趨勢;最後梳理從優先賜姓"有才伎者"到大規模賜姓移民的政策演變以及由此導致的8世紀"外蕃""化外"意識抬頭的後果,結合東大寺寫經所文書所見百濟、高句麗移民的姓名,指出即使到了寶龜年間,移民依然或保持原本姓氏、或改姓,二者並存,而且在8世紀前半期的天平年間他們取名的風格本已基本日本化,但到了8世紀後半期又多見保留原本姓氏者。

丸山氏在結尾處談道,移民在寫經生中的比例減少、他們的"和俗化"、他們的替代者等都是將來擬討論的問題。這確實令人好奇,兼田信一郎就追問道:之所以比例減少,是否因爲這些移民將自己的書法技藝運用到了別的事業上? 又或是將其寫經技藝傳授給日本寫經生的結果?[38]

---

[36] 《舊唐書》卷二七《禮儀七》,1021—1023頁。
[37] 丸山氏現任愛知縣立大學日本文化學部教授,代表作有《日本古代的醫療制度》(名著刊行會,1998年)、《正倉院文書的世界》(中央公論新社,2010年)等。
[38] 兼田信一郎《書評:大津透編〈日本古代律令制と中国文明〉》,《唐代史研究》第24號,2021年,169頁。

(10)吉永匡史[39]《〈唐令私記〉所見唐文化受容的一個樣態》

吉永氏從《日本國見在書目録》所載《唐令私記》的條目出發，推測此書與《令集解》《倭名類聚抄》所引《唐令私記》爲同一種書，出自留學唐朝、熟諳律令、曾參與養老律令編纂的大和宿禰長岡之手，是一部唐令的注釋書，書名之所以未明確所注爲唐代哪部令典，恐是因爲制定《養老令》時仍以《永徽令》爲檢討對象，長岡入唐時所攜立法疑問以《永徽令》爲準，而唐朝方面的答疑則以現行法《開元三年令》爲據，兩部唐令的内容並無太大差異，故以"唐令"（唐國之令）加以泛稱。

吉永氏在結論處稱該文"缺乏實證性檢討，因史料的限制而多有雙重推測的部分，祇是提供一個假説而已"（245頁）。這雖是自謙之語，但也在一定程度上反映出這一領域史料闕如、解釋叢脞的狀態。如該文將《唐令私記》的成書與日本天台宗的"唐決"相聯繫（日本僧人向中國僧人提出教義上的疑問，然後獲得解答，主要是在平安時代前期比叡山的僧人與唐宋的天台山僧人之間進行），推測《令集解》所引"上抄"的佚文可能是長岡入唐後詢問有識之士獲得的答案（243頁）。若以此發散想象，"私記"之名或許也與當時佛教文化東傳有關。吉永氏已列出《新唐書·藝文志》所收以"私記"爲名的三種著作（梁簡文帝《老子私記》、僧灌頂《私記天台智者詞旨》、慧旻《十誦私記》，236頁），佛教文獻占其二，二書在《續高僧傳》中亦有載："〔灌頂〕其私記智者詞旨，及自製義記並雜文等題目"，"〔惠旻〕著《十誦私記》十三卷"[40]。其中，灌頂之作應是聆聽智顗講授的筆記，"智者弘法三十餘年，不蓄章疏……大莊嚴寺法慎私記《禪門》，初分得三十卷，尚未删定而法慎終。國清寺灌頂私記《法華玄》，初分得十卷，《止觀》初分得十卷。方希再聽畢，其首尾會，智者涅槃"[41]，這與吉永氏推測的《唐令私記》成書方式有相似之處。此外，慧稜臨終前"取一生私記焚之，曰：'此私記，

---

[39] 吉永氏現任金澤大學人間社會研究域歷史語言文化學系準教授，代表作有《律令國家的軍事構造》，同成社，2016年。

[40] 道宣撰，郭紹林點校《續高僧傳》卷一九《習禪四·唐天台山國清寺釋灌頂傳》、卷二三《明律下·唐蘇州通玄寺釋惠旻傳》，中華書局，2014年，720、881頁。

[41] 灌頂《隋天台智者大師别傳》，石峻等編《中國佛教思想資料選編》（隋唐五代卷），中華書局，2014年，169頁。

於他讀之,不得其致矣'",法冲也曾爲《楞伽經》"作疏五卷,題爲私記"[42],可見"私記"在唐代佛門的流行,這自然也在日本文化中有所反映,如被推定爲8世紀日本人撰成的《新譯華嚴經音義私記》[43]。

(11)榎本淳一[44]《律令制中的法與學術》

榎本氏認爲在律令制中法是硬件、學術是軟件,如《户令》《田令》《賦役令》等與算學相關,《醫疾令》與醫學、藥學相關,《宫衛令》《軍防令》與兵學相關,《營繕令》與工藝技術、土木建築之學相關,此外還有天文學、曆學、五行學等皆與法相關,因此探討中、日律令制,也須引入法與學術的關係這一視角。他首先通過比較唐、日本、新羅《學令》所定算學、明經的文本,推測新羅令、《養老令》所定未見於唐令的《六章》《三開》是中國南北朝的學術經由朝鮮半島傳入日本的結果,新羅令、《養老令》未載而見於唐令的《公羊傳》《穀梁傳》,則是隋令對朝鮮半島、日本的輻射,至於日本律的"八虐"與輕刑主義、《大寶律》所定謀叛者家口没官等皆可能源自隋朝《大業律》,南北朝、隋朝法制對於日本律令的影響是經由浄御原律令、再爲大寶律令、養老律令所繼承的;其次以日本《學令》所載明經、算學、書法文本以及其他令篇所載書籍爲例,推斷大寶律令階段,日本依賴的是隋唐以前南北朝時期的學術,而從天平寶字元年(757)敕開始,日本積極地吸收唐代學術,進入了律令制的新階段,因此日本律令制的完成並非是在大寶律令施行時期,而是在養老律令施行後,格式、儀注等皆完備,從法制到學術都與唐代保持同步的階段;最後製作了"《日本國見在書目録》與《新唐書》藝文志的卷數對照表""唐代的主要書籍舶載入日本的狀况表",指出大量唐代學術書籍即使未見於日本令,但也都傳入日本,且這些書籍的成書時間與唐代法典基本相同,皆是8世紀前半期,可見日本律令制建立時對中國文明的廣泛吸收狀况。

---

[42] 《續高僧傳》卷一四《義解篇十·唐襄州紫金寺釋慧稜傳》、同書卷二七《感通篇中·唐兖州法集寺釋法冲傳》,499、1081頁。

[43] 梁曉虹《四部日本古寫本佛經音義述評》,張伯偉主編《域外漢籍研究集刊》第9輯,中華書局,2013年,135—136頁。

[44] 榎本氏現任大正大學文學部教授,代表作有《唐王朝與古代日本》(吉川弘文館,2008年)、《日唐賤人制度的比較研究》(同成社,2019年)等。

(12) 三谷芳幸[45]《飛鳥净御原令的法律性質》

三谷氏首先回顧了有關《净御原令》的學術史,如單行法令集結的定性、與其前的《近江令》和其後的《大寶令》的關係、受朝鮮半島或經由朝鮮半島傳入日本的中國南北朝時代制度的影響等;其次以《净御原令》頒布後"神官"改稱"神祇官"爲綫索,梳理祭祀機構的變革,推定《净御原令》絶非對既往單行法令的集結,而是編纂出來的立法文本;再次以庚寅年籍製作必須以《户令》的體系化規定爲前提,推測《净御原令·户令》也像《大寶令·户令》《養老令·户令》那樣具有編户、造籍的所有規範,且條文之間具有邏輯性與組織性;最後以《净御原令》合中國"選舉令"(在《大寶令》爲"選任令",在《養老令》爲"選叙令")與"考課令"爲"考仕令"、删"宫衛令"(爲《大寶令》所繼承)、獨創《官員令》爲例,推論《净御原令》的製作者並未一味繼受中國令,而是對篇目内容作了仔細的比較檢討,對彼此的不同之處有充分的自覺。總而言之,在他看來,《净御原令》的先進性在於它是"單行法令的集結"與"對唐令的逐條繼受"之間的過渡階段。

附録:吉田孝[46]《町代制與條里制》

此文原發表於《歷史學論集》第 12 集(山梨大學教育學部歷史學教室,1969年),因篇幅短小,大津氏在爲吉田氏編集《續 律令國家與古代的社會》時並未收入,但因此文是吉田氏研究《净御原令》的一環,與三谷氏的論文有關,故而收爲本書附録。

吉田氏以慶雲三年九月廿日格所載"准令"與"令前租法"爲據,推定《净御原令》在土地面積的計算單位上採用"町代制",《大寶令》則發展爲"町段步制",以此商榷虎尾俊哉提出的《净御原令》採用"町段步制"的通説,以及植松考穆所持的《净御原令》採用"町代步"制。他還推測,町代制主要適用於水田,而畠與野則還採用此前的"代制"。

總體而言,本書主要聚焦於唐日之間的法制異同,尤其是日本在移植唐制之

---

[45] 三谷氏現任筑波大學人文社會系準教授,代表作有《律令國家與土地支配》(吉川弘文館,2013 年)、《大地的古代史》(吉川弘文館,2020 年)等。
[46] 吉田氏出身於東京大學國史學專業,歷任山梨大學教育學部、青山學院大學文學部等,退職後受聘爲青山學院大學名譽教授,著有《律令國家與古代的社會》(岩波書店,1983 年)、《續 律令國家與古代的社會》(岩波書店,2018 年)等。

外所保持的本土特色,這在比較法史層面的學術價值自不待言;更爲重要的是,這種"域外之眼"也給唐代法制史研究帶來了別樣的問題意識,這是我們理應加以重視的方面。手嶋大侑也指出,本書從禮法、古文書、書籍、移民、學術等多元性的主題出發,充分展現了不局限於律令的中、日比較研究的重要意義[47]。

作爲日本古代法制史的外行,筆者在拜讀全書的過程中也産生了些許感想,在此一併提出。如《日本國見在書目》所載"大律",吉永氏根據以往通説,判爲日本《大寶律》(237頁),而榎本氏認爲是隋朝《大業律》(250頁),這些判斷似無明確證據,取捨由論者的核心觀點所決定,不由令人感慨史料缺乏的無奈;古田氏、西本氏、武井氏三篇論文皆涉及日本古代的地方行政,然而古田氏與武井氏以《營繕令》《賦役令》的部分條文説明日本令對唐令的修改是中央對地方的妥協,畢竟豪族勢力把持着地方,但西本氏藉由《厩牧令》的條文認爲日本立法者試圖通過修改唐令來強化中央對地方的掌控,如此就帶來一個疑問:不同令篇的立法宗旨爲何有如此大的差別?這又體現了當時日本的何種實況呢?

---

[47] 手嶋大侑《書評紹介:大津透編〈日本古代律令制と中國文明〉》,《日本歷史》第887號,2022年,85頁。

從職官志到公文書——《盛唐政治制度研究》再版新讀*（吳宗國主編,中國人民大學出版社,2019年5月,4＋333頁,69圓）

謝守華

唐代政治制度史是唐史研究的核心領域之一。自20世紀40年代陳寅恪《隋唐制度淵源略論稿》肇端之後,數十年來這一領域涌現了一大批專家學者,主要有築山治三郎、濱口重國、嚴耕望、唐長孺、谷霽光、内藤乾吉、陳仲安、王永興、礪波護、吳宗國、徐連達、張國剛、寧志新、何汝泉、劉後濱、王素、袁剛、謝元魯、雷家驥、杜文玉、寧欣、郁賢浩、樓勁、周道濟和孫國棟等人。與此相應,以隋唐政治制度爲研究對象的論著也層出不窮。舉其著者,主要有築山治三郎《唐代政治制度研究》(日本大阪創元社,1967年)、沈任遠《隋唐政治制度》(臺灣商務印書館,1977年)、楊樹藩《唐代政制史》(臺灣正中書局,1969年)、張國剛《唐代官制》(三秦出版社,1987年)、謝元魯《唐代中央政權決策研究》(臺灣文津出版社,1992年)和礪波護《唐代的行政機構與官僚》(日本中央公論社,1998年)等。1980年以後,隋唐政治制度史研究領域掀起了一股熱潮,產生了大量學術成果,主要集中在皇帝制度、中央職官、地方職官、管理制度和科舉制等五大板塊[1]。進入21世紀以後,囿於制度史料的相對匱乏與研究範式的逐漸固化,唐代政治制度史研究似乎陷入了一個瓶頸期。2003年,吳宗國率領其弟子劉後濱、雷聞、孟憲實和葉煒等人,推出了他們十餘年來潛心鑽研隋與唐前期政治制度史的階段性成果,此即由上海辭書出版社出版的《盛唐政治制度研究》。2019年,該書由中國人民大學出版社再版,並未增訂。

---

* 本文係2020年度國家社會科學基金重大項目"三到九世紀北方民族譜系研究"(項目編號:20&ZD212)階段性成果之一。

[1] 關於20世紀唐代政治制度史的主要學術成果的詳情,可參閲胡戟等主編《二十世紀唐研究》"政治卷"第二章《帝制與官制》,中國社會科學出版社,2002年,86—116頁。

一、本書基本内容與學術理路

本書研究時段名爲"盛唐",實際上涵括隋代與唐前期,即公元 581—755 年。這一時期正是隋唐帝國建立、發展和走向鼎盛的階段,各項制度處於不斷建設、調整和揚棄的動態過程中,以便更有針對性、更有效率地治國理政。本書是教學相長的産物,是一部彙集了吴宗國及其數位弟子學術成果的集體作品[2]。本書分工爲:吴宗國撰寫緒論,第一、二章;雷聞撰寫第三章;葉煒撰寫第四、八章;劉後濱撰寫第五、七、九章;孟憲實撰寫第六章。作爲本書的統籌者,吴宗國在北大學習、任教長達六十餘年,早年曾擔任汪籛助手,深受其影響,因而善於運用黨派政治與地域集團理論探討隋唐政治權力的分化與重組等重大問題。此外,北大作爲中國制度史研究大本營,具有悠久的制度史研究傳統。因此,吴氏也擅長結合時刻變動的政局具體分析政治制度的變遷,即從政治史視角考索制度史。這一點,在由其撰寫的三個章節中體現得尤爲明顯。

以下依據篇章順序,簡介其基本内容:

在緒論中,吴宗國精確總結了唐代政治制度的五個基本特點,重申了其對門閥政治隋朝終結説和關隴集團唐初消失説的支持。基於此,吴氏引入現代政治學分析方法,提出"皇帝官僚政治體制"這一統攝性概念,用以概括唐代政治制度的根本特徵。需要指出的是,吴氏高度重視《唐六典》,認爲該書是唐前期政治制度的總結,强調其在唐代政治制度史與法制史領域具有重要史料價值與無可替代的意義。

第一章的議題爲"三省的發展與三省體制的建立"。首先,藉助有力考證,吴氏對南朝三省的發展歷程進行了階段劃分:宋齊大體是一個階段,至梁又一大變。關於北齊、北周三省發展過程,吴氏指出南北朝時期中書、門下二省仍然是皇帝的秘書、諮詢和侍從機關,尚未形成一個獨立於皇帝之外的決策、發令系統。

---

[2] 當前學界興起了一股聯合多位專家學者從事集體科研項目的熱潮,其效果也得到部分學者的認可,參見段偉《集體項目既出成果也出人才——訪鄒逸麟先生》,《中國史研究動態》2019 年第 4 期,75—85 頁。

在考察隋代三省體制的建立過程中,吳氏在接受陳寅恪"隋唐制度三淵源論"的同時,有力批駁了其"隋官制承北齊不承北周說"。此外,吳氏提醒讀者不能忽視隋朝三省制度取得重大突破的人事因素,尤其是隋煬帝的貢獻。

第二章的議題爲"隋與唐前期的宰相制度"。吳氏將隋代宰相制度的演變脈絡歸結爲:從尚書左右僕射專掌朝政局面的形成與破壞轉變爲以他官參掌機密格局的興起與固定化。吳氏採用"知政事官"這一概念,將唐代行使宰相職權的官員囊括其中。"知政事官"作爲一個動態的宰相羣體,時時處於更新狀態。關於唐代宰相名號的演變,吳氏通過綿密考證,否定了廣爲流傳的參預朝政/參議朝政/平章政事等名號爲頭銜的假說。尚書僕射退出宰相行列的時間,也是本章重點關注的問題之一。關於這一問題,衆說紛紜,主要分爲兩派:一、以劉希爲、楊際平和雷家驥等人爲代表,主張貞觀二十三年說[3];二、以張國剛爲代表,主張長安四年說[4]。吳氏顯然支持前者。此外,吳氏對唐朝宰相職掌問題也進行了探討。政事堂議事制度的創立時間也是學界懸而未決的經典課題之一。吳氏認爲該制度是在唐太宗貞觀初年最後形成的,議事之所在門下省。關於唐前期各朝宰相人數,吳氏進行了詳盡的統計。在此基礎上,吳氏從統治階級的升降這一研究取徑出發,深入剖析了宰相人員變動與時局的密切關係,敏銳地指出政治形勢的需要是宰相人員更替的源動力之一。

在第二章中,細心的讀者不難發現陳寅恪、汪籛的研究理路對吳宗國的強烈影響。例如吳氏對唐太宗時期宰相配置情況的分析,從方法到觀點,顯然都受到了汪籛《唐太宗之拔擢山東微族與各集團人士之並進》[5]的啓發。再如吳氏認爲廢王立武事件"不僅標誌着關隴貴族最後退出了歷史舞臺,也最終結束了貴族門閥政治的殘餘"(48頁),明顯是對汪籛《唐高宗王武二后廢立之爭》核心觀點的闡發與深化。由此可知,在隋唐政治史領域中存在這樣一條學術理路:以黨

---

[3] 詳見劉希爲《唐朝宰相制度初探》,《中國史研究》1984年第3期,107—118頁;楊際平《隋唐宰相制度的幾個問題》,《浙江學刊》1988年第3期,111—115頁;雷家驥《隋唐中央權力結構及其演進》,東大圖書公司,1995年,376頁。

[4] 張國剛《唐代官制》,三秦出版社,1987年,6頁。

[5] 該文是汪氏代表性論文之一,原收入汪籛《汪籛隋唐史論稿》,中國社會科學出版社,1981年,132—141頁;後收入汪籛《汪籛漢唐史論稿》,北京大學出版社,2016年,365—379頁。

派政治與地域集團理論的構建、闡發和拓展爲核心,以政治勢力的消長、分化和重組爲分析工具,深入探究北朝後期至唐前期複雜多變的政治史。該學術理路的傳承脈絡可簡要概括如下:陳寅恪—汪籛—吴宗國。需要説明的是,吴宗國對"關隴集團"説的運用範圍是較爲清醒和審慎的,他明確指出到唐初關隴貴族"是否還叫它集團。可以研究"(45 頁),或是受到了黄永年之説的影響[6]。

第三章以"隋與唐前期的尚書省"爲議題。雷聞首先從隋代尚書省的制度建設與調整問題入手,考證隋代尚書都省的職能完成了向政務化的轉變。其次,雷氏論證唐初尚書省的性質也悄然發生了變化:從宰相機構轉變爲最高行政機構。再次,雷氏還從六部與都省、六部内部、六部與寺監的關係等三個維度詳細論述了唐前期尚書省的機構設置特色。此外,六部的獨立化與使職化趨勢也是一個重要課題。雷氏認爲六部與使職是一種合作、互補的關係,並不贊同傳統的"使職侵奪職事官職官説"。

第四章關注的議題爲"隋與唐前期的門下省"。關於隋朝門下省的機構變遷問題,葉煒認爲通過隋文帝開皇元年、開皇六年和隋煬帝大業三年對門下省的三次機構調整,門下省擺脱了皇帝侍從組織的性質,成爲處理政務的純粹的國家行政機構。關於門下内省的位置,葉氏通過考證,指出至遲到隋煬帝大業初年興建東都時,門下内省已不在内朝,而位於中朝了。關於隋朝門下省在國家行政中的地位與作用,葉氏推測隋朝門下省可能取得了中樞政治中的樞紐地位。此後,通過詳密考察門下省在審批上行文書和審核下行文書的政務運行流程中所發揮的職能,提出了"唐初門下省在處理日常政務時處於樞紐地位"的假説。

第五章探究的課題爲"隋與唐前期的中書省"。首先,劉後濱從隋朝内史省相關問題切入,指出隋朝内史省的主要職掌是起草、宣行詔敕。其次,劉氏對唐前期中書舍人的六大職掌進行了考述。再次,劉氏對唐代中書省在文書運行中的宣署申覆問題進行了翔實考辨,通過仔細分析告身、制書等第一手資料,揭示了唐代政務運行的實況。還有一點值得注意,劉氏創造性地提出"政務運行"概念,以動態視角對唐代制(詔)敕文書的分類、使用場合及其職能等問題進行了

---

[6] 黄永年認爲唐初關隴集團之不復存在確是無可否認的事實,詳見氏著《關隴集團到唐初是否繼續存在》,《黄永年文史論文集》第一册《國史探賾(上)》,中華書局,2015 年,275—289 頁。

细致入微的考辨分析,并总结了唐代中央政务裁决的多层次特点。

第六章探究的是唐前期的使职问题。唐前期使职运用重点在军事、财政与外交等领域,本章重点讨论前两者。关于唐前期军事使职问题,孟宪实首先对唐代军制变迁及其研究做了简明扼要的学术史回顾。其次,孟氏简要总结了唐前期军镇的发展历程。再次,孟氏着重探究了地方长官兼任军事使职、军镇内部的官僚组织、节度使与军使等军事使职领域的课题。关于唐前期财政使职问题,孟氏认为唐前期的制度有不足,而后来的使职差遣体制有进步。另,孟氏敏锐地察觉到宇文融括户既是唐代财政使职的滥觞,又受到了武周长安三年(703)御史括户事件的启发与影响。

第七章以"唐前期中书省地位的变化与中书门下体制的建立"为议题。关于唐前期中书舍人的参议表章权,据刘后滨考察,经历了从六押到五花判事的演变,即权力变小,其背后是君主政务裁决权的增强。关于中书省职掌及其地位的变化,经刘氏考证,最迟到唐玄宗开元前期中书省职权与内部机制的嬗变已经完成。与此同时,原作为宰相议事之所的政事堂,也演变成以中书令为首相的宰相裁决政务的常设机构。于此,刘氏提出"中书门下体制"这一统摄性概念,用以涵盖从开元十一年(723)形成,贯穿唐朝后半段,沿用至北宋的新型中央最高国家政务裁决体制。此概念的提出,大大推进了唐宋政治制度史的研究。

第八章以"隋与唐前期中央文官机构的文书胥吏"为核心议题。胥吏由三个部分组成,本章的研究对象主要是文书胥吏。叶炜先后考察了隋朝中央文书胥吏系统的初步形成过程和唐前期中央文书胥吏组织系统的发展过程。他指出,唐前期中央文官机构整个胥吏系统的规范化,主要体现于三个相对独立胥吏职位序列的形成。此后,叶氏采用职位迁转视角,从非流内文书吏内部和流外文书吏入流以后两个维度,考察了唐前期文书胥吏职系的构成问题。诚然,在借鉴宫崎市定和阎步克研究成果的基础上[7],叶氏大大推进了中古时期吏阶层的研究,抉发出中古时期吏阶层丰富多元之面相。

---

[7] 据笔者管见,中古吏阶层的研究,似发源于日本学者宫崎市定《九品官人法研究:科举前史》(宫崎市定著;韩昇、刘建英译;韩昇校译;生活·读书·新知三联书店,2020年)一书。另,阎步克对中古时期的吏阶层虽无直接的专门探讨,但其关于中古时期官阶制度的研究成果无疑启发了叶氏的思考,参见氏著《品位与职位:秦汉魏晋南北朝官阶制度研究》,中华书局,2009年。

第九章以"唐前期文官的出身與銓選"爲議題。有唐一代,考試原則和才學標準逐步貫徹到選官的一切出身途徑之中。劉後濱通過綿密論證吏部銓選的規程、薦舉制與制敕授官的區別及聯繫,指出分層考試是唐代銓選體系的顯著特徵之一。關於唐前期文官銓選制度問題,劉氏論述了其建立和調整的動態過程。他認爲文官銓選制度與科舉制互爲表裏。隨着政治局勢、社會經濟與文化風尚的演變,文官銓選制度不斷調整以適應時勢。循資格與科目選是唐代選官制度研究中的重要課題之一,劉氏對此也有簡要的述論,並對其作用給予了高度評價。

二、本書在方法論與材料挖掘方面的貢獻

本書視野宏闊,創見甚多,爲隋唐政治制度史研究提供了新方法、新思路、新範式。在方法論層面,本書至少有兩處值得我們學習:

一、政治史與制度史的有機結合。本書的研究對象側重於唐代體制變化。本書重視制度變遷中的政治因素,敏鋭察覺到政治鬥爭的需要與政治形勢的變化是制度演變的源動力之一。例如隋代宰相制度的變化,即與隋朝皇帝加強皇權、平衡三省權力的政治意圖密不可分。吳宗國不厭其煩地考論唐前期各朝宰相人員的配置,孟憲實將宇文融括户及其前後的政治形勢與玄宗時代財政使職的創生聯繫起來考察,目的就是在錯綜複雜的政局嬗變中爲讀者揭示制度變遷的源動力。本書巧妙地揭櫫這樣一條重要規律:政治制度隨政局變動而變遷,政治往往在政治制度規定的框架中運作。這一創見在錢穆提出的制度與人事二元關係的論斷上更進一步[8],達到一個全新高度,與韓昇對制度與人事的見解有異曲同工之妙[9]。值得一提的是,本書之所以能將政治史與制度史巧妙結合,主要源於吳宗國對陳寅恪、汪籛研究路數的繼承、實踐與拓展。衆所周知,吳宗

---

[8] 錢穆認爲:人事比較易於變動,制度由人創立亦由人改訂,亦屬人事而比較穩定,也可以規定人事,限制人事。參見氏著《中國歷代政治得失》,生活・讀書・新知三聯書店,2001年,11頁。

[9] 韓昇指出:有制度就有規矩,一定的準則實際上有利於官府的具體執行,却限制不了特權者的法外運作。準則和特權反映爲常例和破例的情況,兩者並存,並不是非此即彼或者相互否定的關係,參見氏著《宫崎市定和〈九品官人法的研究〉》,《學術研究》2007年第9期,29頁。

國在隋唐政治史領域也頗有造詣。他在隋唐政治史方面的論著主要有《中國史綱要(增訂本)》上册隋唐部分、《隋唐五代簡史》《唐太宗與貞觀之治》《唐玄宗的真相》等書。尤其是《隋唐五代簡史》一書,深受學界好評[10]。此外,《唐玄宗的真相》初版時(1989年),也受到時人稱贊[11]。

二、運用全程動態視角考察政治制度的變遷。本書反對試圖以一種模式來概括唐朝政治制度的固化或靜態史觀,着眼於唐前期政治制度整體的發展變化,着重探究各時期實際運行的制度,而不是停留在有關制度記載的條文上,以便真實地掌握唐前期政治制度的實際情況和政治體制發展變化的脈絡。這一研究取徑與鄧小南提出的"做'活的'制度史"[12]不謀而合。吴宗國曾向學界揭示唐代的歷史特性之一是過渡性[13]。誠然,這種過渡性不僅體現在唐代政治、社會、軍事、文化、經濟、財政等方面,在政治制度方面也鮮明地呈現出來。譬如在中央最高政治體制方面,從三省制的完善與崩潰過渡到中書門下體制的萌芽與確立,堪稱唐宋中樞行政體制史上一次劃時代巨變。

在材料挖掘方面,本書也有三處值得學人借鑒:

一、職官志與正史人物傳記的結合。職官志有重點地記載或歸納了一代制度條文,藉此學人可以對該王朝制度有比較全面的瞭解。但是,條文畢竟是"死"的,是靜態的,學人僅從條文本身是無法透徹理解制度運行實況的。因此,需要藉助正史人物傳記中關於制度運行實況的記載來揣摩體會。畢竟制度靠人執行,制度體現在事務的處理細節上。本書在此路徑上做了有益嘗試。例如在探究隋代三省制度的形成過程與運作實況時,本書利用了《隋書》中的《蘇威傳》《李德林傳》《裴政傳》和《儒林·劉炫傳》等隋代重要政治人物的傳記,摘取其中關於施政或議政的片段,作爲核心材料詳加剖析,以求更加全面細緻地考察隋代三省制度運作實況與政治體制變遷的動力問題。這樣的案例比比皆是。此

---

[10] 胡戟稱《隋唐五代簡史》一書對唐代歷史的底蘊作了努力的發掘,參見胡戟等主編《二十世紀唐研究》,19—20頁。

[11] 初版標題作《唐玄宗》。馮慧福、拜根興《〈唐玄宗〉評介》,《晋陽學刊》1991年第3期,112、51頁。

[12] 鄧小南《走向"活"的制度史——以宋代官僚政治制度史研究爲例的點滴思考》,《浙江學刊》2003年第3期,99—103頁。

[13] 吴宗國《中古社會變遷與隋唐史研究》,中華書局,2019年,4頁。

外,本書亦藉助墓誌考索制度變遷。誠然,制度史的研究不能局限於職官志,更要將搜索觸角深入到正史人物傳記乃至碑刻墓誌中去。這是一片蘊含豐富寶藏的藍海,值得學人重視。值得一提的是,將職官志與正史人物傳記相結合的研究思路,也啟發了其他學者,從而得以發揚光大[14]。

二、本書核心研究對象之一是政務運行機制,因此在史料挖掘上,本書大大超出了職官志的範圍,將搜索觸角深入到記載政務運行全貌或片段的奏議、詔令、判文、敕書與露布等材料中。這些材料散見在《唐六典》《通典》《唐會要》《唐律疏議》《文苑英華》《唐大詔令集》、《全唐文》系列、《龍筋鳳髓判》《册府元龜》《玉海》《唐摭言》文人文集和文人筆記等重要典籍中。本書尤其重視與依賴《唐六典》,多處以《唐六典》的正文或小注中的片段作爲基本材料或研究對象,體現了《唐六典》對唐代政務運行研究的高度重要性。本書之所以如此重視《唐六典》一書,是因爲它的注文中散布了大量關於"事"的記載,這些記載"事"的片段實爲唐前期政務運行實況的反映。對《唐六典》的高度重視與依賴,是本書在材料使用方面的重要特徵之一。這一點也爲其他學者所指出[15]。

三、從"職官志本位"到"公文書本位"的大幅度轉變。這是本書在材料挖掘與詮釋方面最引人注目的創新點。所謂"公文書本位",是一種以代表當時國家意志和展現政務運行實況的公文書爲核心史料的分析模式。本書重點研討的公文書,主要有《開元公式令》殘卷中的"移式""關式""省符""制授告身式"與"奏授告身式",《天寶令式表》殘卷、《唐景龍三年(709)八月尚書比部符》《儀鳳三年(678)度支奏抄、四年金部旨符》《唐乾封二年(667)郭某某勳告》《臨川郡公主告身》《天寶十四載(755)秦元騎都尉告身》《會昌二年(842)李紳守中書侍郎同中書門下平章事告身》《建中二年(781)敕旨文書》、大谷2835號文書、《垂拱三年(687)西州高昌縣楊大智租田契》《置十道勸農判官制》《科禁諸州逃亡制》《處分朝集使敕》、《散頒刑部格》殘卷、《沙州進奏院狀》和《永徽東宮諸府職員令殘卷》等。這些公文書主要散布在敦煌文書、吐魯番文書、《大正新修大藏經》

---

[14] 賴瑞和倡導"在傳記中考掘制度史",正是對這一研究思路的深化與擴大,參見氏著《唐代高層文官》"聯經版自序",中華書局,2017年,3頁。

[15] 趙璐璐《再讀〈盛唐政治制度研究〉》,《國學學刊》2019年第4期,136—138頁。

和《唐大詔令集》等文獻中。公文書中包含了大量關於唐代政務運行的第一手材料,基本上是文書行政狀況的真實再現,因此對於制度史研究具有極高的史料價值。

　　值得一提的是,這一"公文書本位"研究範式的確立,得益於日本學者的先行研究成果[16]。尤其是中村裕一先生,對這一研究領域具有奠基之功。中村氏對散見在史料中的公文書進行了系統的爬梳、整理與彙總,並傾注大量心血加以研究,其成果結集爲三本著作:《唐代制敕研究》《唐代官文書研究》和《唐代公文書研究》。目前,這一研究模式得到繼承和發揚。本書所探討的課題,由各章作者在其後作中進一步發揚光大。關於中書門下體制與政務運行相關問題,劉後濱在《唐代中書門下體制研究:公文形態·政務運行與制度變遷》一書中進行了更爲精闢系統的闡發。2022年,劉氏對該書進行了增訂,補充了其近年來的部分制度史研究成果,由中國人民大學出版社再版,隱隱有漸成經典之相。關於文書胥吏系統的發展背景、形成過程,以及針對文書胥吏羣體的特殊管理方式等問題,葉煒在其著作《南北朝官吏分途研究》中進行了深入細緻的考辨分析。對於唐代官員銓選這一重大問題,劉後濱後推出《唐代選官政務研究》一書,從官員選任制度的基本流程、主要原則切入,以官職與差遣分離的宏觀視角,具體分析官員選任各個環節及其產生的政務文書的具體形態,提煉出唐宋間官員選任制度變化的基本綫索。最新成果有《唐研究》第二十五卷由孟憲實組織的"唐代王言制度"專欄,召集數位中青年學者,對散見在諸書中的唐代制敕文書等材料進行了一次深入挖掘與考辨研討。

三、本書的失誤與可開拓空間

　　本書論證嚴密,邏輯清晰,但百密一疏,仍存在一些思慮不嚴密或行文不規範之處,舉例如下:

　　一、緒論第9頁第4段第5行所述"實際上,僕射領導尚書省自永徽二年

---

[16] 據筆者管見,較早對唐代官文書進行研究的日本學者當數內藤乾吉,參見氏著《西域發現的唐代官文書研究》,真田有美、清田寂雲編《西域文化研究第三》,法藏館,1961年,1—14頁。

(651)廢尚書令已經開始"一事存在疑問,此事既不見備注史料出處,又不見引證今人研究成果,遽下斷言,屬於未經驗證的結論,委實不妥。實際上,關於廢尚書令一事的確切時間,《唐六典》無載,《舊唐志》繫其事於高宗龍朔二年(662)二月七日[17],《新唐志》亦繫其事於高宗龍朔二年(662)[18],《通典》則繫其事於高宗龍朔三年(663)[19]。不知作者所述"永徽二年(651)廢尚書令"一事,史料依據何在?考證過程爲何?恐誤。

二、第二章第 45 頁認爲包括房玄齡在内的八人皆爲關隴貴族,恐有不妥。關於房玄齡的郡望,《新唐書·宰相世系表》繫之於清河房氏[20]。據《舊唐書》本傳,房玄齡乃"齊州臨淄人",曾祖房翼爲北魏郡守,祖父房熊和父親房彦謙皆爲小官,並不見遷居關隴並融入關隴集團迹象[21]。另查《隋書》房彦謙本傳,亦明言其"本清河人",然仕宦不顯,並未融入關隴權貴圈子中[22],不知吴氏何以得出此結論?史料依據何在?考證過程何在?即便是現代學者,也不見有認同房玄齡爲關隴集團成員者。如汪籛指出房玄齡出身於清河房氏,其所在的遷居濟南的清河房氏這一支乃山東地區第二流有數的閥閱[23]。黄永年明確指出房玄齡並非關隴集團人物[24]。王立霞認爲房玄齡所出身的清河房氏在濟南等地屬於一般望族,而不是所謂的關隴貴族成員[25]。因此,從現存史料和當今研究成果兩方面來看,吴氏此論恐誤。

在校勘方面,本書頗爲精審,少有錯訛,筆者僅發現幾處,列舉如下:

一、第 3 頁第 2 段第 8 行"連續十六年不設僕射"之"十",根據上下文意判斷,似爲衍文,宜删。

二、第 31 頁第 3 段第 1 行"有兩層意思"之"兩"爲錯字,根據下文,應爲

---

[17] 《舊唐書》卷四二《職官志一》,中華書局,1975 年,1787 頁。
[18] 《新唐書》卷四六《百官志一》,中華書局,1975 年,1185 頁。
[19] 杜佑撰,王文錦等點校《通典》卷二二《職官四·尚書上》,中華書局,1988 年,594 頁。
[20] 《新唐書》卷七一下《宰相世系表一下》,2398 頁。
[21] 《舊唐書》卷六六《房玄齡傳》,2459 頁。
[22] 《隋書》卷六六《房彦謙傳》,中華書局,1975 年,1561—1566 頁。
[23] 汪籛《唐太宗之拔擢山東微族與各集團人士之並進》,《汪籛漢唐史論稿》,366 頁。
[24] 黄永年《六至九世紀中國政治史》,上海書店出版社,2004 年,71 頁。
[25] 王立霞《也論唐代名相房玄齡的"賢良無迹"》,《江西社會科學》2011 年第 11 期,155—156 頁。

"三"。

三、第112頁腳注②所引用的俞鋼論文《唐後期宰相結構研究——專論六部侍郎平等事職權的變化》的"等"爲"章"之誤。

四、第171頁腳注②所引用的礪波護論文《關於三使司的成立——唐宋變革與使職》之"三使司"有誤,應爲"三司使"。

在唐代政務運行研究領域,雖然本書有開拓之功,但仍然存在可深化與推進餘地,主要體現在材料和方法兩個層面:

一、在材料層面,鑒於政務運行研究並不完全等同"公文書研究",公文書祇是政務運行研究領域的取材對象之一。因此,要深入推進唐代政務運行研究,一方面需要繼續在出土文書中發掘有研究價值的公文書,另一方面可將搜索範圍擴大到筆記小説、文集、總集乃至碑刻墓誌中。本書雖然從筆記小説和文集中搜尋了一些有關政務運行的材料,但數量較少,仍嫌不夠。在今後的研究中,學者們應該擴大搜索範圍與力度,從唐代宰相、著名政治家和"詞臣"的文集中搜集奏議、表、狀或代筆的"王言"〔26〕之類的材料。這類可供深入挖掘材料的文集,主要有《新編魏徵集》《張説集校注》《張九齡集校注》《王維集校注》《陸贄集》《權德輿詩文集編年校注》《韓愈文集彙校箋注》《元稹集》《新編元稹集》《白居易文集校注》《李德裕文集校箋》《杜牧集繫年校注》《李商隱文編年校注》《全唐文補編》《全唐文補遺》系列等。另,《唐大詔令集補編》收藏了大量詔令,而詔令是下達行政命令的原始文獻,是政務運行的起點。因此,該書是一筆值得學者重視的豐富寶藏。

二、在方法層面,唐代政務運行研究可與唐代法制史研究、古文書學交叉融合、交流互鑒。律令格式和格後敕等皆可作爲我們研究唐代政務運行的基本材料,因爲其中包含大量關於"事"的記載,是可以用來考察唐代中央和地方行政運作實況的原始材料。因此,除《唐令拾遺》《唐令拾遺補》和《天一閣藏明鈔本天聖令校證》等經典性成果以外,我們還需大力開拓唐代令格式和格後敕等法

---

〔26〕 "王言"可分爲七種類型:一、册書,二、制書,三、慰勞制書,四、發日敕,五、敕旨,六、論事敕書,七、敕牒,詳情參見李林甫等撰,陳仲夫點校《唐六典》卷九《中書省集賢院史館匦使》,中華書局,1992年,273—274頁。

令條文的復原與輯佚工作,以期反哺唐代政治制度史研究。目前唐代法制史研究取得了豐碩成果,詳情可參閲周東平《二十世紀之唐律令研究回顧》一文以及趙晶等人的相關成果。古文書學的研究對象之一是公文書。隨着古文書學的日益發展,其研究方法、研究理路與研究成果也可供唐代政務運行研究領域參考與借鑒,尤其是其中的公文書樣式研究值得我們高度重視[27]。

---

[27] 關於古文書學中的公文書樣式研究成果,可參見黄正建《中國古文書中的公文書樣式研究綜述——以中國大陸研究成果爲中心》,《隋唐遼金宋元史論叢》第9輯,上海古籍出版社,2019年,418—437頁。

《唐代宮廷防衛制度研究》(羅彤華著,元華文創股份有限公司,2021年5月,NT＄580圓)

王　静

　　都城防禦乃維護皇權之關鍵,爲人事、制度與物質實體互爲作用的綜合系統,且彼此調適與加强,以拱衛權力中心。學界論唐代都城的防禦體系,尤以府兵、禁軍爲要[1],對權力的核心——宫城而言,宫禁之軍事力量在宫廷鬥爭中至關重要,唐前期玄武門的禁軍與宫廷政治變亂的密切關係的討論已很充分[2]。禁衛系統是維持皇帝與皇權的主要軍事力量,配以嚴格的律令用以規制與懲戒,確保都城、宫禁的政治、生活穩定運行,這關涉制度、人員部署等方面,它在宫廷防衛中的具體運行尚無專門討論。羅彤華的《唐代宫廷防衛制度研究》措意於以皇帝爲中心的防衛系統,從宫廷防衛與後宫政治兩個角度探析"宫廷學"的奥秘。作者在書中提出"宫廷學"這一統攝全書主題的概念,並從廣義、狹義兩方面對其給予了簡明的解釋:廣義上,包括宫廷事務影響及作用於都城、宫外者,都可謂宫廷學;狹義的宫廷學祇探討宫内人物、事件、制度與決策,作者强調自己的研究偏重於狹義的宫廷學(2頁)。本書正文部分主要觀察宫廷在制度上如何規定防禁的措置,以及怎樣隨勢調適制度以應時變,同時結合史實討論在這樣的系統下存在的人事糾葛、人爲疏漏而影響宫廷安全;附論是關於宫官與宫女群体在宫廷政治中的作用與影響的研究。

　　本書主體從日常管理的角度分析宫廷的防衛,分爲五部分,依次爲:《唐代宫門的開與閉》《唐代宫廷的門禁制度》《唐代官吏入宫車馬與僕從的管理——兼論命婦入宫規範》《唐代宫廷防衛體系的建構及其演變》《唐代宫中的監獄》,主

---

[1] 可參考唐長孺《魏晋南北朝隋唐史三論》第三章《軍事制度的變化》第四節《北門軍的發展》,中華書局,2012年,422—441頁;趙雨樂《唐前期北衙的騎射部隊——"北門長上"到"北門四軍"的幾點考察》,《陝西師範大學學報》2002年第2期,74—81頁;趙雨樂《唐宋變革期之軍政制度——官僚機構與等級之編成》,文史哲出版社,1997年;蒙曼《唐代前期北衙禁軍制度研究》,中央民族大學出版社,2005年;林美希《唐前期的北衙禁軍研究——從宫廷政變、閑廄與其關係的角度》,清華青年史學論壇,2013年。

[2] 陳寅恪《唐代政治史述論稿》中篇《政治革命及黨派分野》,生活・讀書・新知三聯書店,2017年,236—246頁。

要從檢查、巡防方面探討了唐代宮廷中日常運行的防禦機制,圍繞着唐代宮廷與皇權討論警衛制度的執行與防非系統,探析各項制度中"重中禁,重皇居"的意圖。又結合具體制度與實例分析制度如何因勢而變,分析宮中各類人在政治運行中如何確保日常穩定以及對不確定性因素的防範能力,這是作者區別已有研究的方面。

"敬上防非,於事尤重",爲了維護皇權,保障宮廷的安全與秩序,唐代從出入宮廷、禮儀、朝參的儀衛,到皇帝出行鹵簿與行在的宿衛,都有明確的制度安排與人事部署。因係乎皇帝與王朝之安危,唐代宮廷警衛之法在《唐律》十二篇中列於《名例律》之後,其重要性不言而喻;以皇帝與宮廷安全爲核心,一旦觸犯則爲重罪,從而達到維護中樞穩定的目的[3]。

唐代長安宮城中,太極宮、興慶宮、大明宮爲不同時期皇帝起居和聽政的處所,均築牆加以拱衛,宮門(宮廷與禁苑各門)爲出入宮禁之通道,爲確保安全無虞,唐代規定宮門、外廓城門、坊市門依時間啓閉,並輔以巡查制度以維持秩序:"閉門鼓後,開門鼓前,有夜行者,皆爲犯禁。"《唐律疏議》"夜禁宮殿出入"條規定:

> 諸於宮殿門雖有籍,皆不得夜出入。若夜入者,以闌入論;無籍入者,加二等;即持仗入殿門者,絞。夜出者,杖八十。[4]

唐宮門的啓閉規程約束了進入宮廷的人員行爲,作者認爲這是宮廷安全保障之重要環節。宮門啓閉與宮內日常起居、政務活動相關,也是構建宮廷防衛體系最基本的一道防守措施。書中具體結合唐人的計時與報時方式,宮門常時、非時的啓閉程式,援引具體的律令規制和個案,把制度規定與人的因素聯繫起來,分析宮門啓閉所起的防衛作用,指出這樣的制度運行確保了宮廷的神聖性、安全性與隱蔽性。每一職司各慎所履,每一個體式遵規章,是日常安全的基礎保障,是本書重點視角。

同時,爲了"衛君""守民",唐代對出入宮城執行周密嚴格的門禁制度,通過

---

[3] 可參閱桂齊遜《唐代宮禁制度在政治與法律上的意義與作用》,《華岡文科學報》第27期,2005年,45—102頁。

[4] 劉俊文《唐律疏議箋解》卷七《衛禁》,中華書局,1996年,601頁。

門籍、監搜、勘契等查驗以嚴其事。本書的新意在於從官吏入宮、別敕召入、宮内人出入、庶民出入、夜間及非時出入五方面檢討唐代如何按身份、目的、需求來實施門禁制度。書中結合唐代的制度與律令規定，周詳而細緻地剖析了唐代京城的宮門啓閉與門禁制度是如何與其空間結構嚴密結合而進行管理，呈現了唐代宮城日常管理的過程與細節，區分了出入宮廷的不同狀態的查驗體系，從常態性、臨時性、特殊性三個方面，探討唐代宮禁如何實現"防冒偽、禁詐入、止留宿"的。本書除了探討常規運作，還論證了宮廷的應急防衛措施。作者特别分析了夜間或特殊狀態下宮門啓動開閉的原因，以考察非時開閉的程式及禁忌時的異常處置，並觀察其對宮廷生活與政治的影響。作者強調，唐代按照身份採用不同查驗標準與方式，區別入宮差異性，建立了較爲靈活的查驗體系，以此防冒偽、禁詐入、止留宿，維護皇宮的安全，從而提高防衛的準確性。

亦應承認文中一些文獻的解讀稍顯武斷。比如作者以唐詩中"長信重門掩關""寂寥宮殿鎖閑門""宮門深鎖綠楊天"這樣文學性的表述則徑斷後宮諸門不依時啓閉，有欠縝密（8頁）。此外，一些解讀則存在錯誤，如書中據《舊唐書·李峴傳》對李輔國"日於銀臺門決天下事，須處分，便稱制敕，禁中符印，悉佩之出入"的記載，認爲宦官也如官人一樣有職印之類的證件，以防冒名而入。但實際此處是指李輔國把持宮中權力，禁中符印都由他掌控，故"禁中符印"非僅指宦官職印符籍之類（394頁）。

《宮廷防衛體系的建構及其演變》一節以皇帝爲核心，着眼於宮廷防護體系的部署，通盤考察多樣態的防衛措施，試圖勾勒出一個完整的防禦體系，並結合突發事態來分析宮廷防禦的能力。由朝會儀衛與御所守備、皇帝鹵簿與行在宿衛、宮中警衛與禁苑防備等方面探討唐代如何圍繞皇帝布建周密有序的防衛，體現了宮廷防禦是以皇帝爲中心的性質。

關於唐朝朝會的既往研究大都集中在皇帝權威、禮儀制度等角度，作者認爲朝會是觀察宮廷防衛嚴密與否的途徑之一，此時的皇帝儀衛隊伍（包括儀式性旗幡與禮器性的儀仗隊）以及由諸衛率領披甲執銳的武裝勁旅二者結合爲大朝會中保護皇帝與防衛宮廷的主要力量。本章以皇帝爲中心，分别考察了皇帝舉行典禮、巡幸時，禁衛系統是如何守禦的，意在討論以皇帝爲中心的各種場合的防衛布署。在"朝會儀衛與御所守備"一節，以元正、冬至大朝會爲主，考察了朝會的儀衛與御所守備。作者整理元日的朝會儀衛,分析其以御座爲中心的布列位置、次序、布陣方式、統屬關係、人數等(138—140頁),從防衛的角度審視禮儀性的仗衛所具的護衛作用。作者細緻探討了除儀式、禮制之外,朝會儀衛實際的護衛安全的功用。此外,作者分析皇帝大駕鹵簿的五個駕次與大約二十隊儀衛,仔細討論了鹵簿的構成與布列,認爲除了體現皇帝身份與權力,其儀仗與禁衛軍結合,表明宫廷的防禦體系在皇帝行幸時一並隨行,深入探討了鹵簿的警衛能力。"六甲""八陣""千旗万戟",其儀仗宏大、部伍嚴整,不僅祇是展示皇帝威儀,更具备護衛的作用。作者亦聚焦於宫廷的禁苑駐防力量,探討隨着唐代政治、軍事制度的變化,宫禁防衛兵力組成的變動:前期由府兵負責,而後期則主要由禁軍執掌。總而言之,作者認爲儘管在制度與人爲因素上,唐代宫廷防禦存在缺陷與隱患,但整體而言,唐代的宫廷防衛是系統静態儀衛與動態巡警結合,隱蔽式的防守與機動性的調度相結合,從制度到人力部署都周密而有效。這是已有長安城、宫城的防禦等研究所未仔細討論的,即作者不滿足於考證宫城防衛的軍事力量,還結合宫廷防衛制度的日常執行情况去探討宫禁安全施行。

宫廷爲理政之中心,唐朝官員需入宫朝參、當直等,對官員出入宫禁,唐代律法令式在身份、服飾、車馬等方面都有明確的規定,入宫須謹守禁衛與儀衛方面的制令。唐詩中對唐代早朝、元日朝會等都有吟詠。王維的《早朝》詩記載了官員與隨從在宫門外等待的情况:

皎潔明星高,蒼茫遠天曙。槐霧暗不開,城鴉鳴稍去。

始聞高閣聲,莫辨更衣處。銀燭已成行,金門儼騶馭。[5]

禁中不能乘車馬,這是規定,故對個别入宫官員賜予交通工具是殊遇。例如高宗"乾封初,以許敬宗年老,不能行步,特令與司空李勣,每朝日各乘小馬入禁門至内省"[6]。唐玄宗特許馬懷素乘肩與以入閤門,《舊唐書·馬懷素傳》記載:

懷素雖居吏職,而篤學,手不釋卷,謙恭謹慎,深爲玄宗所禮,令與左散騎常侍褚无量同爲侍讀。每次閤門,則令乘肩輿以進。上居别館,以路遠,

---

[5] 王維著,陳鐵民校注《王維集校注》卷七《早朝》,中華書局,1997年,577頁。
[6] 《舊唐書》卷八二《許敬宗傳》,中華書局,1975年,3164頁。

則命宮中乘馬,或親自送迎,以申師資之禮。[7]
可知唐令禁止官員車馬入宮門,故准予臣僚宮中乘馬是優禮。《資治通鑑》卷二五記載文宗大和九年(835)十一月"癸亥,百官入朝,日出,始開建福門,惟聽以從者一人自隨"[8],知官員入朝可帶侍從,員數亦有規定。然而,作爲宮禁防禦的一部分,他們的隨行人員與車馬如何安置是一個被忽視的問題。書中《唐代官吏入宮車馬與僕從的管理——兼論命婦入宮規範》一章探討了入宮官員、命婦等的車輿、騎乘和隨行人員的管理方法。作者把官員上朝、入宮的交通工具與宮中的具體地理相結合展開論證,梳理歸納官吏入宮車馬、隨行僕從的管理、命婦的入宮管理運作,就其入宮規制分析宮禁日常防禦系統。將史籍關於官員朝參禮儀、輿服制度的記述從宮禁管理角度總體分析,提供了別樣的視角。

望仙門、建福門位於大明宮丹鳳門東西兩邊,是官員入宮上朝必經之門,那麽,官員入宮之車馬止於何處?對內、外命婦入宮由光順門至命婦朝堂的車馬怎樣規定?這些規定體現了制度制定者怎樣的管理意識是这一節關切的主題之一。作者綜合大明宮望仙、建福門下馬橋、太極宫承天門外橫街的上馬所(處),興慶宮勤政、務本樓南門對街的下馬陵,從地名與地理空間展開考察,細緻的解讀頗有意义。

但在處理部分史料時,作者解讀似存在着一些偏差,需結合具體的語境加以區別。如書中所引《貞元二年九月敕》:"諸衛上將軍,自今以後,每朝,下馬至朝堂以來,宜令左右金吾作等級,差人引接。其朝退,亦送至上馬處。"[9]實際上,這一敕文強調的是諸衛將軍上朝、退朝由金吾衛"作等級,差人引接",而非整體官員如此。此外,作者將官員的出行鹵簿與朝參(朝參亦存在元日、冬至、朔望、常朝的區別)混一來談,沒有結合不同朝儀,亦未細緻區別貴戚、宰執、普通官員的朝參,以及個人入宮與當直之間的差異,使得論證稍顯混亂模糊。在總結入宮官員車馬、僕從管理,論證金吾衛參與諸門的守衛時,若能比對與監門衛的職能差異,可能會對相關研究有更大的推進(131頁)。

---

[7]《舊唐書》卷一〇二《馬懷素傳》,3164頁。
[8]《資治通鑑》卷二四五《唐紀六十一》大和九年十一月癸亥條,中華書局,2020年,8036頁。
[9]《唐會要》卷七一《十二衛》,中華書局,1960年,1284頁。

《唐代宫中的監獄》一節從宫廷的保密性視角來分析宫中監獄。首先,對行文中所言"宫中",作者予以了界定:包括兩京諸宫與禁苑、離宫别館,同時外延至附苑諸王宅,以及在宫城門外或含元殿前之朝堂、金吾仗院。同時指出,宫中監獄以内侍省、禁衛軍所屬獄所爲最重要的體系。其中内侍獄以掖廷獄、内侍獄爲主,分别收治女性囚犯與宦官;衛軍獄主要是金吾獄,禁軍獄則有羽林獄、北軍獄等,輔以臨時的、短期的、非常設的或具不確定性的拘所。爲了方便行文,作者的書中統稱爲"宫獄"。對於宫中案件,處理方式可分爲三種:一是由執法者加以行政監督;二是皇帝行使其特有的政治裁决權;三是經司法審判來定罪。作者審視宫獄立足於宫中的特點,指出由於宫中防衛者及各式服勤者得稽查嚴管,爲了避免外在法司介入皇家事務,故在宫内設置獨立監獄。即自宫廷的隱秘性角度,來論述宫獄在維護宫廷安全與秩序事務中的作用。當然,作者也强調唐代宫中的監獄,原本以拘繫宫中人、審理宫中事爲主,但中期後愈發不限於宫中人、宫中事,甚至向外廷法司、府縣争權。

但是,行文中,作者還需要結合相關史實對一些概念進行細緻的辨别,如前期的内侍獄,内侍詔獄與内侍獄實質上的差别,内侍詔獄與唐前期的詔獄、制獄的聯繫等。如可據武則天時杜景儉入爲司刑,與徐有功、來俊臣專治詔獄;中宗時,節愍太子誅武三思後,有三思黨與宗楚客、紀處訥令侍御史冉祖雍奏,言安國相王及鎮國太平公主亦與太子連謀舉兵,請收付制獄;睿宗時,嚴善思坐譙王重福事捕送詔獄等事件,從而能更好地理解内侍詔獄與皇權之間的關係。

又,作者在行文中提及内侍獄與北軍獄的區别。從屬從關係上來説,内侍獄隸於内侍省,神策、神威獄轄屬北軍(216 頁注 61)。但二者軍、民分理的問題則有待更細緻的分析。《新唐書·魏謩傳》記載:

> 中尉仇士良捕妖民賀蘭進興及黨與治軍中,反狀具,帝自臨問,詔命斬囚以徇。御史中丞高元裕建言:"獄當與衆共之。刑部、大理,法官也,决大獄不與知,律令謂何?請歸有司。"未報。謩上言:"事繫軍,即推軍中。如齊民,宜付府縣。今獄不在有司,法有輕重,何從而知?"帝停决,詔神策軍以官兵留仗内,餘付御史臺。臺憚士良,不敢異,卒皆誅死。[10]

---

[10] 《新唐書》卷九七《魏謩傳》,中華書局,1975 年,3883 頁。

此外，也有宰臣不合鞫於仗内的情況。如元載大曆十二年被收拘於臺獄，但"辯罪問端，皆出自禁中"[11]，憲宗元和八年(813)年于頔由内侍獄出付臺獄[12]，文宗大和九年(835)甘露之變令狐楚等論"内仗非宰相繫所"[13]，此三例都表明仗内獄與外司職掌之別，故不可以宦官侵奪司法統而論之，應就事件性質與權力範疇進行更爲細緻的論證。如能從皇權的維持來論證宮獄的司法職能，更能明示宫廷的安全防衛。

書中附錄是關於唐代後宫女性群體的討論，文中將後宫女性分爲分妃嬪、宫官、宫女幾類角色，重點分析唐代的宫人這一群體在政治中的角色與作用。細緻梳理探討了宫女的來源、類型、工作性質以及對宫女的管理方式，主要關注這一群體在後宫運作系統中的作用，作爲宫廷政治的一個補充視角來考察後宫政治、生活運作，意在從後宫秩序的建立方面輔助理解皇權與宫廷日常秩序的維護。

與已有整體討論都城的防衛或者集中討論宫廷的禁軍守衛不同，本書强調以"宫廷學"角度觀察宫廷防衛，以皇權爲中心討論宫禁防衛網絡的建立。作者從身份、制度角度，在熟知的軍事尤其是禁軍防衛之外，勾連、梳理了唐代宫廷防禦體系，這是唐代宫廷維持日常運行與秩序的基礎，研究具體而細緻地展現了制度與政治日常運作的結合，爲我們結合行政運作了解律令具文提供了範例。

---

[11]《舊唐書》卷一一八《元載傳》，3412—3413頁。
[12]《舊唐書》卷一五六《于頔傳》，4131頁。
[13]《新唐書》卷一六六《令狐楚傳》，5100頁。

《武則天研究》(孟憲實著,四川人民出版社,2021年8月,644頁,108圓)

董海鵬

武則天是中國歷史上爭議最大的歷史人物。千百年來,曾有許多學者對她進行過研究和評價,但觀點衆説紛紜,莫衷一是。究其原因,主要是人們掌握的史料不同,研究的方法不同,評價的標準不同,甚至存在故意妖魔化的問題。2021年8月,四川人民出版社出版了孟憲實教授撰寫的《武則天研究》。此書對傳統史學、新史學和公共史學中有關武則天的論述進行了全面審視,挖掘新材料,採取新方法,具體探討了武則天研究中所存在的爭議問題,有破有立,推陳出新,是武則天研究的重大成果。

一、彌補前人研究之不足

一百多年來,中國學者撰寫的有關武則天論著已達七千餘種,除去再版的論著,數量也相當可觀。海外學者的武則天研究方興未艾,亦有很多論著問世。應當説,前人對武則天的研究成果是豐富的。但另一方面,海内外學者的武則天研究仍存在着不少問題。比如"有些文章衹注重教條的理論而不注意事實的考證,甚至因爲政治服務而任意歪曲歷史;有些文章衹在一些細小的問題上糾纏,沒有對武則天進行全面研究就急於給武則天下結論。評價武則天的文章極多,但多爲重複勞動,有新意有突破的論文並不多見"[1]。孟憲實教授從傳統史學入手,抓住武則天研究的核心問題進行深入探討,從某些方面彌補了前人研究的不足。

關於武則天的出生地,文獻中沒有明確記載。郭沫若在五幕歷史劇《武則天》劇本中提出武則天生於四川廣元的觀點。吳晗、陳振、羅元貞等人不贊同郭老的説法[2]。郭老又根據李商隱詩注及五代廣政碑對自己的觀點進行補充,

---

[1] 王雙懷《武則天大傳》,河北人民出版社,2019年,第475頁。
[2] 吳晗《關於歷史人物評價的問題》,《新建設》1961年1月。

認爲《資治通鑑》所載武則天生年來自《則天實錄》,而《則天實錄》是不可信的[3]。董家遵等人則支持郭老的觀點[4]。汪籛認爲應當相信《實錄》的記載,"武則天是武士彠在長安時生的"[5]。此後,還有學者支持郭老的觀點,認爲《資治通鑑》對武則天年齡的記載不可信。至於爲什麽不可信,並沒有進行認真分析。孟憲實教授對《資治通鑑》所引《則天實錄》進行了深入考察,他指出《則天實錄》有兩個版本,《資治通鑑》所引是著名史學家吳兢所撰寫的《則天實錄》。他通過細密的考證,認爲吳兢所撰《則天實錄》在品質上是可靠的[6]。這就彌補了汪籛論證之不足,有力地支持了武則天生於長安的觀點。

永徽六年(655)的皇后廢立之爭,是武則天上位的關鍵性事件,許多重要人物捲入其中。當時,朝廷中圍繞皇后廢立形成兩大派別:長孫無忌、褚遂良、于志寧、韓瑗、來濟等人反對立武則天爲皇后,而李勣、李義府、許敬宗、崔義玄、王德儉、袁公瑜等人則支持立武則天爲皇后。兩派之間水火不容,鬥爭十分激烈。其結果是長孫無忌等人被貶被戮,李勣等得到擢升;王皇后被廢,武則天當上皇后[7]。爲什麽長孫無忌等人要反對?爲什麽李勣等人要支持?爲什麽唐高宗廢立皇后能夠成功?對於這些問題,不少學者在其論著中有所涉及,但多歸結爲地緣政治或士庶之爭,認爲唐高宗昏懦,聽任武則天擺布,最終出現了廢王立武的結果。黃永年先生專門對此事進行了研究,指出這些觀點是錯誤的,認爲排擠長孫無忌等元老重臣是唐高宗的一貫政策,由於柳奭與長孫無忌打成了一片,王皇后自然是非廢不可的。這都是唐高宗乾綱獨斷,談不上一切都聽武則天指揮[8]。至於唐高宗爲什麽一定要打擊長孫無忌等人而要利用李勣等人,以及爲什麽一定要立武則天爲皇后,則未展開論述。孟憲實教授用四章的篇幅,通過對"永徽時期的政治""吳王李恪之死""高宗功臣李義府""李勣與'廢王立武'"等專題的深入探討,在前人研究的基礎上,提出了一系列新的觀點。認爲永徽年間

---

[3] 郭沫若《武則天生在廣元的根據》,《光明日報》1961年5月28日。
[4] 董家遵《武則天父親兩任利州都督》,《羊城晚報》1962年8月9日。
[5] 汪籛《汪籛隋唐史論稿》,中國社會科學出版社,1981年,118—131頁。
[6] 孟憲實《武則天研究》,四川人民出版社,2021年,22—26頁。
[7] 趙文潤、王雙懷《武則天評傳》(修訂本),三秦出版社,2000年,34—44頁。
[8] 黃永年《説永徽六年廢立皇后事真相》,《陝西師大學報》1981年第3期,81—89頁。

形成了以唐高宗和長孫無忌爲核心的"二元政治"結構,由於長孫無忌沒有及時完成權力交替,並且對皇帝進行了種種制約,導致兩個中心發生衝突,最終圍繞最高權力的鬥爭以"廢王立武"事件爆發出來。吳王恪被長孫無忌陷害而死,説明長孫無忌已凌駕於皇帝之上。這就爲唐高宗清算長孫無忌埋下了重要伏筆。唐高宗要從長孫無忌手中奪回大權,需要强而有力的助手。爲此,唐高宗重用了李義府和李勣等。原因是李義府在唐高宗當晉王、太子和皇帝時都是他的屬官,曾受到長孫無忌的打壓。李勣在高宗當晉王時擔任晉王府長史,後來又成爲高宗的"東宫舊臣",一直受到唐高宗的信任而遭到長孫無忌的排擠。事實證明,李義府和李勣在唐高宗打擊長孫無忌及"廢王立武"的過程中發揮了重要作用。而後來李義府的惡行牽連到武則天,成爲史學家妖魔化武則天的口實,説李義府與武則天建立了排斥唐高宗的集團,由於唐高宗昏懦,武則天作威作福,纔導致"廢王立武",這在邏輯上是大錯特錯的[9]。孟憲實教授的研究揭示了永徽六年皇后廢立事件的真相,將皇后廢立問題的研究推進了一大步。

天授元年(690)武則天稱帝,改唐爲周,開創千古未有之奇局。陳寅恪先生認爲,武則天稱帝是唐朝歷史上的重大事件,"武周之代唐,不僅爲政治之變遷,實亦社會之革命。若依此義言,則武周之代李唐較李唐之代楊隋其關係人群之演變,尤爲重大也"[10]。在陳先生看來,武則天稱帝的階級基礎是關隴集團的式微和山東豪傑勢力的崛起,而汪籛、吳宗國諸先生則從制度的視角來解釋這一問題[11]。還有一種流行的觀點,認爲武則天一開始就具有稱帝的野心,她所從事的一切重要活動都與稱帝陰謀有關。雖然有人對此提出異議,但未提出令人信服的觀點。孟憲實教授對"地域論""制度論"和"女禍論"進行了剖析,認爲地域論不足以描述概括武則天。而制度上士族政治的結束,並不等同於武則天稱帝的成功,並不代表爲武則天稱帝提供了制度性的支援。武則天稱帝的程式是首先控制了政治,然後利用制度,保證自己的政治發展達到預定目標。至於説武則天在一開始就有稱帝的野心,這種觀點是從"女禍論"派生出來的。事實

---

[9] 《武則天研究》,99—200頁。
[10] 陳寅恪《唐代政治史述論稿》,生活·讀書·新知三聯書店,2009年第2版,202頁。
[11] 汪籛《汪籛漢唐史論稿》,北京大學出版社,1992年,133—143頁;吳宗國《唐代士族及其衰落》,刊《唐史學會論文集》,陝西人民出版社,1986年。

上,武則天稱帝是政治事件。這一事件經歷了發生發展變化的過程。武則天的皇帝夢,祇有在唐高宗去世之後纔可能出現。換言之,武則天稱帝的思想,是從她以皇太后的身份臨朝稱制纔開始的。武則天以太后的身份稱制,與唐中宗即位後的政治環境有關,與唐高宗去世前的安排也有很大關係。武則天臨朝稱制絶不是稱帝陰謀在發揮作用,而是唐高宗的接班人確實存在着問題,而未來的政治又不能不做認真策劃。不斷的計劃與調整,導致最終祇能賦予武則天以巨大的權力。所以臨朝稱制是武則天登上權力巔峰的重要基礎。雖然皇帝制度是爲男性設計的,但武則天不僅享用了皇帝制度,而且充分利用了包括皇帝制度在内的一切制度性因素爲自己的發展提供保障。武則天的政治經營,是她稱帝成功的關鍵[12]。這種認識顯然比前人的認識更深刻,更符合歷史的實際情況。

關於武周政權的歷史命運,以往學者也曾做過多種解釋,但一般都是從"唐周革命"的角度出發看問題。有人認爲是"酷吏政治"與"五王政變"造成了武周政權的悲劇[13]。也有人認爲"武則天最終無法突破血祭(封建夫權的血統承襲)和儒教(祖先崇拜)的社會傳統觀念制約",導致武周"一世而斬"[14]。孟憲實教授從宏觀與微觀相結合的角度,對這一問題進行審視,認爲武周政權存在了十五年,類似唐朝歷史上的重要"插曲"。從武周政權建立的第一天起,接班人問題就成了武周的最大癥結。武則天67歲稱帝,降其子李旦爲"皇嗣",而以自己的侄子武承嗣等人爲宗室,並没有確立皇太子。武則天當了皇帝爲什麽不確立太子?因爲她心裏清楚:如果由兒子繼承皇位,則武周政權無法延續,必然要回到唐朝去;如果侄子爲太子,則無法確保自己的宗法地位,自己的兒子也會因此沉淪。但不立太子,就在皇帝繼承問題上留下了極大的模糊空間,爲皇位繼承人之争埋下了伏筆。後來武承嗣多次營求太子地位,武則天均未應允。舊史稱武則天接受大臣狄仁傑等人的建議,纔下決心立李顯爲皇太子。事實上,母子與姑侄誰親是一個常識問題,武則天除了自己的兒子之外,無法選定接班人。因此,武周的短命具有社會的必然性。這些見解,入木三分,讓人茅塞頓開。

---

[12] 《武則天研究》,385—419頁。
[13] 胡戟《酷吏政治與五王政變》,《西北大學學報》1983年第3期,3—12頁。
[14] 胡阿祥《武則天革"唐"爲"周"略説》,《江蘇社會科學》2001年第2期,121—124頁。

二、糾正前人的錯誤觀點

學術界對武則天的爭議,主要是圍繞着三個問題展開的:其一,武則天是否荒淫殘暴。否定她的人認爲她荒淫殘暴,陰鷙好殺,罪大惡極。肯定她的人則認爲所謂"荒淫殘暴"都是後人加給她的污蔑不實之辭。其二,武則天是否能用人納諫。否定她的人説武則天專制獨裁,所用之人皆昧死要利之徒。肯定她的人則説武則天能够用人納諫,選拔任用了許多優秀的人才。其三,武則天是否有歷史功績。否定她的人説武則天在位期間毫無政績可言。肯定她的人則説武則天是傑出的政治家,促進了唐代社會的繁榮與發展〔15〕。同一件事情,真相祇有一個。同一個武則天,怎麽能判若二人呢? 顯然,上述觀點中,必定有些是錯誤的。持不同觀點的學者往往各説各話,似乎都有一些論據,長期爭論不休。孟憲實教授以敏鋭的目光對這些有爭議的問題進行了全面的審視,看到了問題的癥結所在。他把武則天放在唐代特定的歷史環境中,選取武則天政治生涯中的重要問題,對爭論雙方的主要論據進行了深入分析。通過全面系統的研究,從根本上糾正了前人的一些錯誤觀點。

否定武則天的人,往往在"殺"字上大作文章,説武則天用心疑忌、殘暴成性。理由是武則天爲了當上皇后,長期專權,再當皇帝,殺李唐宗室,殺文武大臣,殺老百姓,甚至連自己的兒女也殺害了〔16〕。其中最典型的事例莫過於武則天爲當皇后親手殺死自己的女兒,然後嫁禍給王皇后〔17〕。對此,雖然有學者予以否定,但未做仔細探討。本書認爲,這些説法都是傳統史學因忌憚"女禍"而編造出來的罪名。小公主之死本係夭折,與"扼殺"無涉。《唐會要》記載"昭儀所生女暴卒,又奏王皇后殺之",祇是爲了説明武則天利用小公主之死攻擊情敵王皇后而已。但《新唐書》和《資治通鑑》在記載這件事時,就變成了武則天親自殺死

---

〔15〕 王雙懷《日月當空:武則天與武周社會》,陝西人民出版社,2019 年,295—302 頁。

〔16〕 趙翼著,王樹民校證《廿二史劄記校證》卷一九《武后之忍》,中華書局,1984 年,414 頁。詳參熊德基《論武則天》,吉林人民出版社,1979 年。

〔17〕 勾利軍《武則天殺女應屬事實》,《史學月刊》1996 年第 4 期,114—116 頁;胡戟《武則天本傳》,三秦出版社,1987 年,24 頁。

小公主,然後嫁禍給王皇后,從而將武則天描繪成禽獸不如的人。按照《新唐書》和《資治通鑑》的説法,武則天是在用自己女兒的生命作代價,换取唐高宗廢后的舉措。但皇帝是否會因此產生廢后的想法具有不確定性,因爲小公主不是王皇后殺的,不可能將她當場"抓獲",衹能事後"推導"。從推導王皇后扼殺公主,到皇帝確認,再到廢后,中間要經過一系列環節,是否能够成功,事先無法預料,但可以確定的是,如果實施這一計劃,她的親生女兒將會死去,這是真真切切的事。何况小公主是武則天與唐高宗所生的第一個女兒,唐高宗對她十分喜愛。按理來説,小公主的存在,會加强武則天與唐高宗的關係,而殺掉小公主則要冒很大的風險。武則天是位"通文史,權變多智"的人,她不可能不知道其中的道理。《唐會要》説小公主"暴卒",就是意外夭折,並不是被武則天扼殺。後來駱賓王在所撰《代李敬業傳檄天下文》中列舉了武則天的許多罪狀,其中也没有扼殺公主這一條。可見扼殺小公主之説,是《新唐書》等傳統史學爲防止"女禍"而故意給武則天抹黑[18]。

麟德元年(664)十二月,發生了宰相上官儀請唐高宗廢掉皇后武則天的事。史書記載説,武則天在當皇后期間,"專作威福,上欲有所爲,動爲后所制,上不勝其忿。有道士郭行真,出入禁中,嘗爲厭勝之術,宦者王伏勝發之。上大怒,密詔西臺侍郎、同東西臺三品上官儀議之。儀因言:'皇后專恣,海内所不與,請廢之。'上意亦以爲然,即命儀草詔。左右奔告於后,后遽詣上自訴。詔草猶在上所,上羞縮不忍,復待之如初;猶恐后怨怒,因給之曰:'我初無此心,皆上官儀教我。'儀先爲陳王諮議,與王伏勝俱事故太子忠,后於是使許敬宗誣奏儀、伏勝與忠謀大逆"。結果,上官儀被殺,其家也籍没[19]。這件事是唐高宗時期的大事,具有政治分水嶺的意義。陳寅恪先生將上官儀看作是廢王立武的反對派,因爲上官儀也屬於關隴集團,因爲過去曾反對廢王立武,所以又捲入了這場皇后廢立之爭[20]。孟憲實教授對新出《上官婉兒墓誌》和傳世文獻進行了深入解讀,認爲地緣性並不能決定上官儀的政治立場。上官儀在麟德元年確實參與了謀廢皇

---

[18] 《武則天研究》,201—222頁。
[19] 《資治通鑑》卷二〇一《唐紀十七》麟德元年十二月條,中華書局,1956年,6342—6343頁。
[20] 陳寅恪《金明館叢稿初編》,生活・讀書・新知三聯書店,2009年,276頁。

后之事,但他從前並非長孫無忌一派,並未參加反對廢王立武事件。因爲在武則天當上皇后以後,上官儀的升遷之路依舊暢通,如果他曾參與反對立武則天爲皇后的活動,這是無法解釋的。他從史源學的角度分析了這場風波的起因,認爲並不是因爲武則天專權或厭勝,很可能是由於唐高宗與武則天在魏國夫人的名分問題上產生了爭執[21]。

《舊唐書》載:"自誅上官儀後,上每視朝,天后垂簾於御座後,政事大小皆預聞之,内外稱爲'二聖'。"[22]《新唐書》和《資治通鑑》也有類似的説法。對此,當代學者多深信不疑,有人還寫文章專論武則天與唐高宗並稱"二聖"的重大意義。[23]但孟憲實教授發現,唐人對"二聖"一詞的使用,祇有屬於宫中範圍的兩例,既不見"群臣朝、四方奏章"的使用,更没有民間的應用。因此,他懷疑有關"二聖"格局的説法是有問題的。通過對傳世文獻和石刻史料的系統梳理及對"二聖"之稱使用時間和範圍的考察,認爲"二聖"之稱,屬於宫中之稱,可當作家禮來理解。在家禮範圍内,使用"二聖"是適當的,但是家禮絶非機密。唐代以後的學者爲了防止女性專權的事再度發生,有意將家禮中所稱"二聖"移接到國家的政治活動中,無非是要營造"天下大權,悉歸中宫,黜陟、生殺,決於其口,天子拱手而已"的氣氛,達到警示世人的目的。[24]這種全新的觀點,無疑是對"二聖格局"説的否定。

三、發前人之所未發

本書不僅在彌補前人研究不足、糾正前人錯誤方面下了很大功夫,而且根據文獻記載和考古資料,發前人之所未發,探討了一些前人尚未發現或很少關注的問題,提出了一些新的觀點。

武則天在給唐太宗當才人期間,曾發生過一件離奇的"李君羨案件":貞觀二

---

[21] 《武則天研究》,288—315頁。
[22] 《舊唐書》卷五《高宗本紀》,中華書局,1975年,100頁。
[23] 王炎平《論"二聖"格局》,刊《中國唐史學會論文集》,三秦出版社,1989年,196—204頁。
[24] 《武則天研究》,251—287頁。

十二年(648)七月,太白星多次在白天出現,太史經過占卜得出了"女主昌"的結論。與此同時,民間流傳着一種《秘記》,上面也說"唐三世之後,女主武王代有天下"。唐太宗聽到這些消息,心裏非常煩惱。在一次宴會上的行酒令環節,唐太宗讓與會者說出自己的小名。左武衛將軍、武連縣公、武安縣人李君羨說他的小名叫五娘。太宗想李君羨的官稱和封邑上都有"武"字,小名又叫五娘,說不定就是那位要奪大唐江山的"女子"。於是,在宴會後下令把他貶出京城去當華州刺史。幾天以後,便把他殺掉了。這件事後來被史學家多次重構,認爲是武則天天命的暴露,而李君羨充當了武則天的替罪羊。對此學術界很少有人關注。孟憲實教授對李君羨案件的前因後果進行了仔細分析,認爲他是唐初有名的猛將,又在長安城擔任過守衛將軍及雍州刺史,確實犯有"與妖人交通"的罪行。但在李君羨被殺43年後,即在武則天天授二年(691),李君羨的家屬上書訴冤,說李君羨之死與當時社會上流傳的"女主昌"及"當有女武王者"有關,實際上李君羨是冤枉的,他的死印證了武則天的天命。而武則天認爲這件事對宣傳自己的天命有利,"亦欲自托",便予以平反,恢復了李君羨的官爵,並依禮改葬。後來的《舊唐書》和《新唐書》根據這些情況和民間傳說,成功地將武則天的天命與李君羨事件連接起來。而司馬光在叙述了李君羨被殺原因之後,又加上了李淳風勸太宗的一段話:太宗問太史令李淳風:"《秘記》所云,信有之乎?"淳風答道:"臣仰稽天象,俯察曆數,其人已在陛下宫中,爲親屬,自今不過三十年,當王天下,殺唐子孫殆盡,其兆即成矣。"太宗又問:"疑似者盡殺之,何如?"答曰:"天之所命,人不能違也。王者不死,徒多殺無辜。且自今以往三十年,其人已老,庶幾頗有慈心,爲禍或淺。今借使得而殺之,天或生壯者肆其怨毒,恐陛下子孫,無遺類矣!"於是,唐太宗不再追究此事[25]。司馬光完成了對李君羨案件的第三度解釋。他之所以這樣做,是因爲他受理學影響頗深,相信天人感應和天命是真實存在的[26]。

武則天在參與朝政的過程中,曾使用過"北門學士"。《新唐書·元萬頃傳》載:"武后諷帝召諸儒論撰禁中,萬頃與周王府户曹參軍范履冰、苗神客、太子舍

---

[25]《資治通鑑》卷一九九《唐紀十五》貞觀二十二年七月,6259—6260頁。
[26]《武則天研究》,63—98頁。

人周思茂、右史胡楚賓與選,凡撰《列女傳》、《臣軌》、《百寮新戒》、《樂書》九(當爲凡)千餘篇。至朝廷疑議表疏皆密使參處,以分宰相權,故時謂'北門學士'。"[27]司馬光在《資治通鑑》中説"朝廷奏議及百司表疏,時密令參決,以分宰相之權"[28],進一步將"北門學士"與武則天奪權聯繫起來。因此,有學者認爲"北門學士"是武則天參與朝政、奪取政權的智囊[29]。孟憲實教授在追溯史源、系統考察北門學士經歷的基礎上認爲,將"北門學士"與武則天的權力之路聯繫起來的寫法,是後來史家的一種春秋筆法,其真實目的是要否定武則天,與歷史實際相去甚遠。《資治通鑑》説武則天在麟德元年(664)已經大權在握,"天下大權,悉歸中宫",在上元二年(675)又説武則天煞費苦心,利用北門學士分割相權。這在邏輯上是前後矛盾的。核實而論,北門學士屬於翰林學士系列,在高祖、太宗時期已經存在,其職責主要是草詔,其他皆爲兼涉。誇大武則天在北門學士問題上的作用,甚至認爲武則天以此分宰相之權,完全是一種曲筆,是對武則天進行妖魔化的寫作模式[30]。

在武則天改唐爲周的過程中,武承嗣、武三思等外戚勢力曾發揮不小作用。特別是魏王武承嗣,在武周革命期間,積極行動,爲改朝换代立下了汗馬功勞。在傳統的歷史書寫中,武承嗣是一個典型的反面人物。後人在評論武則天時,也往往把武承嗣作爲外戚的代表來看待,並未對他進行深入研究。孟憲實教授根據新出《武承嗣墓誌》及傳世文獻,對武承嗣事迹進行了專門考釋。武承嗣墓誌詳細地記載了武承嗣的家庭背景及仕宦經歷,對其擔任尚輦奉御、宗正卿、麟臺監、檢校太子左衛率、春官尚書、司禮卿同中書門下三品,降爲春官尚書,遷天官尚書,升任文昌左相、同鳳閣鸞臺二品,兼知鳳閣事、兼修國史,再遷特進、太子太保的事迹均有描述,但並未涉及他爲武則天製造符瑞及頻繁打擊政敵之事。這與墓誌敘事的基本特徵有關。武承嗣曾多次謀求成爲武則天的接班人,但均被武則天拒絕,在50歲時便"鞅鞅憤死"。孟教授認爲,武承嗣之死,象徵武周政

---

[27]《新唐書》卷二〇一《文藝上·元萬頃傳》,中華書局,1975年,5744頁。《舊唐書》卷六《則天紀》、卷八七《劉禕之傳》、卷一九〇《元萬頃傳》等所載略同。

[28]《資治通鑑》卷二〇二《唐紀十八》上元二年三月,6376頁。

[29] 吴楓、常萬生《女皇武則天》,遼寧教育出版社,1986年,114—115頁。

[30]《武則天研究》,223—250頁。

權已經走到了盡頭。此後,武則天的工作重點是安排武周的後事,努力避免武氏遭到政治清算。這種見解是很深刻的,對我們認識武周政權的歷史命運具有重要的啓發作用。

總之,研究歷史貴在求實,貴在糾謬,貴在補缺,貴在創新,貴在揭示歷史的真相。孟憲實教授的《武則天研究》在這些方面均有創獲。可以説,本書是武則天研究的最新成果,是武則天研究的扛鼎之作,將武則天研究向前推進了一大步。正如孟教授在本書《導論》中所説:"本書的具體論題都是傳統史學重視的問題,也是武則天研究中論爭紛紜的問題。"對於這些問題,孟教授逐一進行了研究,不僅探討了問題本身,而且分析了隱藏在問題背後的重要信息,這是非常難能可貴的。武則天是中國歷史上唯一的女皇帝。到底是哪些因素爲女皇的事業鋪平了道路？本書爲我們提供了答案。爲什麼女皇在中國成了絶唱？本書也進行了解釋。在男尊女卑的社會裏,武則天是一個傳奇。她用畢生的精力挑戰不可能,並且把不可能變成了可能。這正是她的魅力所在。相信廣大讀者通過閱讀本書,可以加深對武則天和武周社會的認識。

文化大視野與學術新創造——讀《唐代文學的文化視野》(杜曉勤著,中華書局,2022年4月,894+4頁,148圓)

吴夏平

創新無疑是學者努力追求的學術目標,但要真正實現學術創新又極爲不易。程千帆先生曾説,創新有三種情况:一、前人所未涉及或未論述過的東西,你論述了,這叫創新。二、前人已做過一些研究,但做得還不够充分,有繼續補充和擴展的必要,或是前人解釋尚不够圓滿,不能讓人完全信服,有必要作進一步的解釋。這種在前人基礎上的進一步擴充和重新解釋,也是一種創新。三、就是前人對某一問題已有涉及和論述,但其論斷並不正確,需要加以修正,也是一種創新[1]。因此,評價一部研究著作是否具有創新價值和學術意義,應將其置於相關學術史中考察,纔能獲得準確認識。從這層意義上説,杜曉勤教授新著《唐代文學的文化視野》(以下簡稱"杜著"),在文化視野創造性發展、解决文學史複雜疑難問題、提供研究新思路和新方法等方面都取得了重要成績,爲推進唐代文學深入研究奠定了堅實基礎。以下試從這幾方面進行分析。

一、20世紀以來古典文學研究視野的三次轉向

一般而言,文化視野是指研究者從社會歷史文化等角度對研究對象進行分析、研判、總結所涉及的認知範圍。可見,研究對象本身的文化屬性是文化視野形成的一個基本要素。但從研究主體來看,文化視野的選擇更多地與研究者所處時代、知識結構、學術目標等因素有關。受這些因素交互作用的影響,20世紀以來古典文學研究的文化視野不斷發生變化,大致經歷了三次轉向。

第一次轉向發生於晚清民初至共和國成立時期。此期爲傳統學術向現代學術轉變的起步階段。與傳統學術相較,晚清民初的學術研究,總體呈現爲舊學與

---

[1] 鞏本棟編《程千帆沈祖棻學記》,貴州人民出版社,1997年,129—130頁。

新知交匯的特點,湧現出一批具有學術思想的大家以及深藴真知卓識的成果。梁啓超、王國維、胡適、魯迅、聞一多、陳寅恪等人堪爲代表。這些學者既有深厚的傳統文化底藴,又受西方學術思想浸潤,故能在廣泛汲取清代考據學精華的基礎上,以西方學術思想和研究方法豐富傳統研究。例如,王國維以叔本華悲劇理論闡釋《紅樓夢》,胡適從民俗學、社會學解釋《詩經》,梁啓超從民衆意識、社會運動論述小説的作用等。文化視野轉向自然引起研究方法改變,此階段特別注意新材料的發現和利用,由此提出多重證據法等新方法。此期另一特點是馬克思文藝思想逐漸對中國學術產生作用。一些學者開始運用馬克思有關社會學方法從事學術研究。例如,郭沫若先生1944年2月發表《從周代農事詩論到周代社會》,自覺運用社會學分析方法,結合出土金文與彝族調查資料,揭示周代社會性質[2]。

第二次轉向發生於20世紀50年代至70年代。此期最突出的特點是社會學方法由此前的潛流轉成學術主流。例如,中國社會科學院文學所編寫《中國文學史》,其原則是:"力圖遵循馬克思列寧主義的觀點,比較系統地介紹中國古代文學的發展過程,並給古代作家作品以較爲恰當的評價。"[3]游國恩先生等編寫《中國文學史》,也直接説:"本書的編者力圖遵循馬克思列寧主義、毛澤東思想的原則來叙述和探究我國文學歷史發展的過程及其規律,給各時代的作家和作品以應有的歷史地位和恰當的評價。"[4]這些文學史著作,作爲高校文科教材,曾對廣大學生產生重要影響。此期唐代文學研究的整體成就,正如葛曉音先生所言:"首先,運用歷史唯物主義和辯證法,將文學和時代的變化聯繫起來,強調了社會經濟、政治、哲學和文化對文學的影響;其次,明晰地描述了詩文、小説、變文、詞等各體文學的發展流變;再次,對重大文學現象初步進行了縱貫性的系統的研究;最後,大、中、小作家在文學史上的地位和作用基本上得到了恰當的評

---

[2] 郭沫若《郭沫若全集》歷史編第1卷,人民出版社,1982年,405—433頁。
[3] 中國社會科學院文學所中國文學史編寫組《中國文學史》,人民文學出版社,1962年,1頁。
[4] 游國恩等《中國文學史》,人民文學出版社,1963年,1頁。

價。"[5]顯然,相對第一次轉向而言,此階段已爲唐代文學研究建構了一個比較完整的體系。

第三次轉向發生於改革開放至今。此期學術研究是建立在對前一階段學術研究反思基礎之上的:一方面是學術"撥亂反正"與重塑學術精神;另一方面,是對西方文藝理論饑渴式的學習,由此產生了大量古典文學作品選本、文學鑒賞辭典之類的著作,使作品分析成爲八九十年代古代文學研究的主流。此期值得注意的另一個特點,是由程千帆、傅璇琮等先生開創並推動的"制度與文學"研究範式。受傅先生《唐代科舉與文學》影響,唐代幕府、文館、貶謫、銓選、音樂、政治、交通、教育、諫議等制度及其與文學之關係,得到學界積極關注,並以唐代爲基點,朝縱橫兩個方向展開[6]。

20世紀以來古典文學研究文化視野的三次轉向,既是杜著生成的歷史文化背景,也是評價其學術創造的重要參照。事實上,祇有在這樣的對照中,纔能發現杜著文化視野的新創造以及取得的重要研究成就。

二、文化大視野的創造性發展

將杜著置於20世紀以來中國古典文學研究史中考察,其文化視野的創造性發展,可從整體與系統、多元與流動以及國際性等層面加以綜合理解和認識。

其一,文化視野的整體性與系統性。視野與視角既有聯繫又有區别。視角是觀察和分析研究對象的角度,呈現出來的是對象的某一面相,猶如蘇軾所言"橫看成嶺側成峰"。視野則一定是多維的,觀察和展示的是對象的立體空間,具有"潮平兩岸闊"與"會當凌絶頂"的綜合品格。杜著文化視野的整體性和系統性,主要是從其大開大合的研究模式和縱橫交錯的文本結構來理解的。全書以唐代文學爲主體,但在上溯成因和下述影響過程中,又分别論及魏晉南北朝文學和兩宋文學。因此,該書實際上是一部中古文學史,勾勒了魏晉至兩宋文學發

---

[5] 葛曉音《唐代文學研究百年隨想——〈20世紀隋唐五代文學研究述論〉序》,杜曉勤《20世紀隋唐五代文學研究述論》,中華書局,2021年,3頁。
[6] 吴夏平《"制度與文學"研究的成就、困境及出路》,《北京大學學報》2017年第5期。

展的主脈。這種大開大合的研究模式,顯然與常規"截斷衆流"的做法有些不同,其好處也顯而易見,能使讀者更清晰地認識唐代文學的淵源流變。這種處理方式,體現了作者系統性的文學史觀,亦即唐代文學自成系統,但又與漢魏文學、晋宋文學、齊梁文學、兩宋文學等系統産生千絲萬縷的聯繫。

杜著勾勒唐代文學發展主脈,以各階段關鍵事件和重要人物爲中心。如論述初唐詩歌,抓住了南北文化交融的關鍵歷史事件,以及世風和詩風變化中的重要人物,如隋煬帝、王績、唐太宗、武則天、陳子昂等。論述盛唐詩歌,緊扣吏治與文學之爭這一關鍵事件,以及與此事件密切相關的唐中宗、唐玄宗、姚崇、宋璟、張説、張九齡等人。杜甫作爲横跨盛唐與中唐的代表詩人,可謂唐代詩歌史的轉捩點。對中唐元稹、白居易等人盛唐文化記憶的論述,亦有綰合盛唐和中唐的意味。而在大一統政治觀念下分析柳宗元的文學思想,則又以點帶面地糅合了中晚唐主要文學家的文學思想成就。在唐宋文化轉型視域中討論文人茶的文化意藴,具有明顯的由唐之宋的文學源流意識。此爲其文本結構縱向的歷時性的一面。在横向上,作者選擇了草原絲綢之路和隋唐典籍東傳兩個要點,從東西兩個大方向考察唐代文學對國際及周邊地區的影響。將唐代海上絲綢之路與陸上絲綢之路聯結起來,可以看到唐代文學在當時世界格局中的位置和價值。這種縱横交錯的論述框架與上述大開大合的研究模式,充分體現了作者研究視野的整體性和系統性。

其二,文化視野的多元性與流動性。文學史由一系列關鍵節點構成。每一關鍵節點,又由特定時空中的事物關係凝定而成。促推一個節點發展到下一個節點,其作用力來自多方面。以往不少論著,囿於對象和體例,多强調某一事物對文學的單方面作用。事實上,文學發展往往是一果多因的,文學現象是多重複雜關係凝結後的外現。這就要求研究者在更加宏闊的文化視野中,綜合考察各種因素形成的合力。顯然,杜著幾乎涵攝了影響唐代文學發展的各種因素,如政治形態、社會制度、地域文化、文人心態、文化思潮、美學思想、文獻傳播等,由此可見其文化視野的多元性。

文學史之所以能波浪式推進,是因爲影響文學發展的各事物及其關係不斷變化,因而在不同階段,各因素形成的合力大小也不盡相同。其背後的學理是時空關係變換。時空變換決定了物、事、人、情等要素的變化。在歷史坐標軸上,所有特定時空點都是由一系列變化凝定而成的。衹有解開這個結點,纔能看到其背後各種事物錯綜複雜關係的流動變化。例如,表面上看來,初唐詩歌是其時三大地域文化(關隴、山東、江左)交融的結果。但仔細分析會發現,每一階段各地域文化都有新變化。江左文化在南朝本質上是一種士族文化,其特徵是不干庶務,以閑雅相尚。但到了隋朝,經歷朝代更迭後的江左士族,原來的文化精神發生變異,逐漸形成較强烈的功名意識。初唐江左文人大多爲齊梁和隋朝江左士族的後代,在關隴集團有意識的打壓下,他們大都謹小慎微。如岑文本,"自以出自書生,每懷搞抱。平生故人,雖微賤必與之抗禮。居處卑陋,室無茵褥帷帳之飾"。有人勸他經營產業,文本嘆曰:"南方一布衣,徒步入關,疇昔之望,不過秘書郎、一縣令耳。而無汗馬之勞,徒以文墨致位中書令,斯亦極矣。荷俸禄之重,爲懼已多,何得更言產業乎?"[7]同理,山東舊族與關隴軍事豪族也在發生變化。南北朝時期山東文士頗有慷慨激昂的一面,但在北齊爲北周所滅後,由齊入周再入隋的山東士人,情緒低落,因而有不少慨嘆人生無常和世事反復之作。入唐後的山東士人,他們原來所具的優勢不復存在,因而大多也衹能憑藉科舉方式入仕。北朝時期的關隴軍事豪族質木少文,但經歷入隋、入唐後與江左、山東士人的交往,其文風和詩風也在發生變化。因此,論述初唐詩歌的藝術特質,不僅要看到其時三大地域文化的交融匯合,更要細心辨識各階段的不同特點。這就意味着,研究初盛唐詩歌藝術精神,既要着眼於當前的文化近源,同時也要看到南北朝至隋的文化遠源。

對形成初唐詩歌特質的遠近之源的區分,體現了杜著文化視野的流動性。文化視野的流動性,還表現在對文學家個體的研究中。例如,以往比較强調杜甫民胞物與的儒家情懷以及"沉鬱頓挫"的藝術風格。但事實上,杜甫的思想及詩歌寫作都經歷了一個漫長而複雜的動態變化過程。杜著特別指出,詩人的思想既有"致君堯舜上"的一面,同時還有"獨往之願"的一面,二者共同構成了杜甫完整的人生價值體系。杜甫早期詩歌多爲模仿之作,藝術方法還處在不斷探索過程中,雖有一些作品體現出很高水平,但不能代表其早期詩歌總體成就。因此,其詩歌在開元、天寶年間並不爲時人所重。至德、大曆年間,因其詩歌傳播方

---

[7] 劉昫等《舊唐書》卷七〇《岑文本傳》,中華書局,1975年,2538頁。

式的局限性以及與時人異趣的審美觀念,故亦未得到時人理解。祇有到中唐貞元、元和時期,杜詩的集大成纔得到韓孟元白等人的情感共鳴。故此,一味强調杜詩的高大上,其實並不能真正揭示杜甫其人其詩的歷史真相。

其三,世界格局與國際視野。主要有三方面突出表現:一是對唐代草原絲綢之路與唐代詩路的論述,二是論唐代文學對東亞漢語文化圈的作用和影響,三是對唐宋文化轉型問題的關切和回應。

"一帶一路"合作倡議提出後,得到學界高度關注。杜著認爲,相對於沙漠絲綢之路、海上絲綢之路及西南茶馬古道而言,草原絲綢之路開闢時間最早,持續時間最長,但因歷史遺存分散等原因,學界關注不够。因此,依據中西交通史料及現當代考古發現,結合歷代史傳等文獻,對草原絲綢之路的發展與延伸過程做歷史性發掘,確爲當下亟需解决的重要問題。杜著對唐代草原絲路的歷史還原研究,有助於更清晰地認識唐朝與中亞、歐洲、東北亞的政治、經濟、文化交流。其中對草原絲綢之路東段與東方海上絲綢之路連通的揭示,有利於對7—9世紀東西方文化交流路徑的深入理解。駱賓王西域之行,創作了不少描寫西域風情的詩歌,因而可視爲絲綢之路與詩歌之路結合的典型個案。草原絲綢之路與駱賓王西域之行的研究,其意義在於從世界格局考察唐代文學,以展示唐王朝在建構和維護國際政治和文化秩序中的重要作用。

國際文化視野的第二個表現是對隋唐典籍東傳日本的論述。隋唐典籍東傳,不僅關乎唐代文學的國際化,而且也關乎新時期唐代文學研究材料的新發現。20世紀以來,學界聚焦於敦煌文獻,對數量更大的日本古代典籍則關注不够。若將隋唐時期東傳日本的漢籍及其流傳情況弄清楚,實際上等於打開了一個新的文獻寶庫。對於這個問題,杜著的着眼點主要在四個方面:一是論述隋唐文學文獻在日本的流播,大致還原了7—9世紀隋唐文學文獻流傳日本的情況。二是日本古代典籍中反映的唐日詩人創作交流盛況,其中對有關渤海國遣日使的漢詩創作的論述尤爲有識。以往研究唐朝與日本的交通路徑,大多關注兩條:一條是唐朝與日本的直接往來,其信息載體主要是唐日互遣的使者,以及日本遣唐學問生和學問僧等;另一條是以新羅爲中介的間接交往。現在看來,在此兩條路徑之外,還有一條經由渤海國的間接交往線路。三是日本古代典籍保存的唐詩學資料,其中尤可注意者是《本朝文粹》所載日本平安朝省試詩考評對"病犯"

問題的討論,爲研究唐代省試詩考核判等時的聲病規定及其執行情況提供了重要物證。四是以京都大學圖書館藏明黃用中注《新刻注釋駱丞集》,以及周弼《唐詩三體家法》中日版本流傳爲例,闡述日藏中國古籍的文獻研究價值。前者的核心指向是,藉由日藏古籍揭開了現藏於北京大學圖書館等地的明代林紹刻、陳魁士注的《新刻注釋駱丞集》十卷本,實爲詹海鯨刻、黃用中注本的剜改重印本。其研究結論具有重要的書籍史意義,爲認識明代書籍刊刻的複雜關係提供了典型案例。後者對南宋周弼編《唐詩三體家法》的元僧圓至注本、裴庾注本及二注合編而成的增補本的版本情況,以及元刊本東傳日本後的流傳過程作了清晰梳理,指出和刻增注本系統中最典型的五山版爲明應版,因其爲覆刻元刊本,故在五山版中最具文獻價值。顯然,這些研究不僅解答了東亞唐詩學的疑難問題,而且爲其進一步研究指明了具體方向。

國際文化視野的第三個表現是對中日學者關於唐宋文化轉型問題討論的回應。自20世紀初日本學者内藤湖南提出"唐宋變革論"以來,唐宋文化轉型問題持續爲學界關注。内藤湖南提出"唐宋變革論",主要基於對中國文化史分期的考察,認爲唐代是中世的結束,而宋代是近世的開始。有不少學者認同這個說法,但也有人反對,如最近有學者認爲要用演進與延續的視角重審此說,"走出"變革論。[8]杜著強調,無論是否發生文化變革,唐宋社會確實發生了各種變化,這是不可否認的事實。以茶文化爲例,唐人好酒而宋人愛茶現象,既隱含着唐宋文化發生變化的事實,同時又内蘊了唐宋之際士人文化心態嬗變的軌跡。正如日本學者吉川幸次郎所指出的,唐詩是酒,宋詩是茶,宋代的茶詩集中表現了宋代文人對生命快樂的寧靜追求。

三、以解決文學史重要問題爲指歸

在文化大視野的觀照下,不僅可以發現新的文學史問題,而且還可以對已有研究重加考察,糾正以往錯誤認識。杜著解決的主要問題,大致可分三個層次:一是習焉不察而積非成是的問題,二是非常重要但被忽略的問題,三是被遮蔽的

---

[8] 包偉民《"唐宋變革論":如何"走出"?》,《北京大學學報》2022年第4期。

文學史新問題。

(一) 對積非成是問題的辨析

以往習焉不察而積非成是、需要進一步辨析的問題有三個顯例,包括南朝士族政治、南北文風優劣、初唐詩歌革新。杜著對這些問題重加考辨,提出了自己的看法。

一是對南朝士族政治問題的辨析。有些學者在援引田餘慶先生《東晉門閥政治》中的觀點時,認爲劉宋政權的建立結束了士族專權的歷史,標誌着庶族階層在政治上的崛起,進而認爲庶族文人已成爲南朝文學集團中的重要組成部分。杜著指出,這是对田餘慶先生觀點的誤讀,因爲田先生也曾指出,門閥政治並不能等同於士族政治[9],而且田先生也從未説過南朝不是士族政治時期。杜著認爲,所謂"士族政治",是指以門閥士族爲主要社會基礎和政治主體的一種政治體制,實相當於廣義的門閥政治。而宋齊梁陳四朝,仍可視爲士族政治時期。首先,從出身來考察,宋齊梁三朝皇室均出自士族而非庶族寒人[10]。祇有陳氏不是士族,但陳氏政權時間較短,可視爲士族政治的式微期。以往將宋齊梁三朝皇室理解爲庶族,是因爲混淆了史傳記載中的"素族"與"庶族"的含義。實際上,史傳中的"素族"並非"寒門""庶族"的意思,而是指與皇室相對的清流士族,因其非皇室的身份,故稱之爲"素"。此外,生活上的貧困與寒、庶也無必然聯繫。其次,在士族政治大背景下,南朝後期逐漸興起的"寒人",雖然執掌機要,成爲一股新興的不可忽視的政治力量,但並不意味這些掌權的"寒人"具有同等的社會文化地位。也就是説,這些"寒人"雖然既富且貴,但社會上並不視他們爲高門。更爲重要的是,南朝士族與寒門的區別在文學上的表現也很明顯,寒門絶少以詩名世,而詩人多爲士族。由此可見,士族政治是南朝詩歌崇尚玄虚、罕關庶務文化特質形成的重要政治根源。南朝詩歌本質上屬於士族文學,而

---

[9] 田餘慶《東晉門閥政治·再版序》云:"《自序》中曾説門閥政治即士族政治,正文中也有類似的提法,這個提法易生歧義,再版中删去了。"北京大學出版社,1991 年,1 頁。

[10] 祝總斌曾對劉裕家族做了深入細緻考察,指出"認爲劉裕出身庶族最主要的根據是他家貧窮,甚至以賣履爲業,受人歧視。但僅僅根據貧窮是無法分辨士庶的"。"劉裕上代一直當縣令、太守,到父翹時下降爲郡功曹,因而生活貧困當亦屬此類。而這是不足爲劉裕出身庶族的主要根據的。"祝總斌《劉裕門第考》,《北京大學學報》1982 年第 1 期。

非寒素文學。

二是對"南北文風優劣"的辨析。魏徵《隋書·文學傳序》說"江左宮商發越,貴於清綺;河朔詞義貞剛,重乎氣質",認爲在南北朝時期,生活於中原和關隴一帶的北朝文人也逐漸形成了自己獨特風貌的、可與江左文學相抗衡的文學傳統。長期以來,此說被奉爲圭臬,似乎北朝確實具有與南朝相頡頏的文學成就。但仔細考察會發現,所謂反映河朔"詞義貞剛"之作,多爲江左文人創作。不僅如此,北地詩人一味步趨江左輕豔、綺靡詩風,很少有表現其尚武任俠、粗獷剛健風格的作品。據杜著中的《東晉至隋文人邊塞題材樂府詩一覽表》,可知這些題材的詩歌多爲南人所寫。而同題材的樂府詩,在現存北朝文人作品中祇有4首。即便以《鼓角橫吹曲》六十六曲爲代表的、充分表現北地生活特點、民族特性的北朝樂府民歌,自梁陳迄唐宋,也一直被認爲是南朝樂府詩歌之一部分。由此可知,河朔詩人大多以學南爲時尚,並未形成魏徵所說的"詞義貞剛,重乎氣質"的藝術風格。魏徵之所以要批判南朝文學而抬高北朝文學成就,其原因不外乎兩個:一是作爲史臣擔心齊梁亡國之音復萌於世,二是模仿《顔氏家訓》論南北語言之異而成此說,對北朝文學成就故意誤讀或有意虛構。

三是對初唐詩歌革新問題的辨析。學界在研究這段文學史時,常將初唐四傑作爲上官儀、許敬宗所代表的宮廷詩風的對立面進行描述。但事實上,初唐四傑的詩歌主張並非一成不變,而具有明顯的階段性變化。四傑在求仕和初仕階段,其詩歌理論和作品實際上與上官儀、許敬宗等人並無本質區別。不僅如此,他們還以"上官體"爲模仿對象,其作品也多有"糅之金玉龍鳳,亂之朱紫青黄"的特點。但當他們被迫遠離宮廷,蹭蹬下僚時,其詩歌主張開始發生變化,轉而追求"言志抒懷"。由此可見,四傑詩歌理論與創作的變化,與其社交活動、生活場景、身份角色的轉換密切相關。此其一。其二,陳子昂批判的"骨氣都盡,剛健不聞"到底指哪些人?以往多認爲是自"上官體""文章四友"及沈宋不斷發展的宮廷形式主義詩風和文風,認爲武周宮廷詩人人品卑下,詩文多諂媚而少剛健之氣。實際上,陳子昂批判的仍然是龍朔詩風及其餘響,而非"文章四友"和沈宋等人。這是因爲,從交往來看,"文章四友"、沈宋等人與陳子昂同處一個時代,交往甚密,感情較深。從詩歌作品來看,武周宮廷詩人在應制唱和詩歌之外,也還寫有不少直抒胸臆、表露懷抱之作。即便是宮廷應制的頌體詩,也多能從大處着眼、宏觀把握,注重以氣勢取勝。這與武則天有意識地提倡慷慨激昂的詩風有一定關係。而龍朔詩人,無論從人格還是詩格看,都存在"骨氣都盡,剛健不聞"的缺陷。陳子昂之所以要繼續批判龍朔詩風,是因爲他認爲四傑的批評尚未觸及本質,四傑的人生理想其實與上官儀、許敬宗等人一樣,也是希望當個宫廷文人。陳子昂的布衣寒士身份,決定了他的求仕方式,既要像戰國縱横家那樣聳人視聽,又必須與君主保持一定的距離,祇有這樣纔能因人格獨立而產生政治批判意識。陳子昂的理想並非做一個宫廷文人,而是出將入相,這與四傑的追求不同,所以他的批判意識更爲强烈。他提出的風骨、興寄等詩歌革新理論,其實踐和推廣,與盧思道、薛道衡等山東詩人的後人有密不可分的關係。陳子昂在登進士第後,曾以文章干謁薛元超,深得元超賞識。薛元超是薛稷之子、薛道衡之孫。盧藏用是盧思道的五世侄孫。陳子昂去世後,盧藏用爲其整理别集,高度評價和推崇陳的文學成就。由此可見,初唐文學革新理論與北朝後期山東文學傳統之間具有千絲萬縷的聯繫。而此種聯繫的產生,又是以庶族寒士雖然身份卑微,但又以國士自任的人格精神爲基礎的。關於這一點,我們還可以補充一些材料。後人評價陳子昂,主要着眼於其文之正與清,如"近日陳拾遺子昂文體最正"[11],"陳子昂、李白,皆五百年矣"[12],"天后朝,廣漢陳子昂,獨溯頹波,以趣清源"[13];"文章三變,初則廣漢陳子昂以風雅革浮侈"[14],"唐興以來,稱是選而不作者,梓潼陳拾遺"[15],"思得如高宗朝拾遺陳公"[16]等。可見,後世高標陳子昂文學革新旗幟,根本原因是對其人格精神的尊崇和認同。

(二) 發現被忽略的重要文學家及相關文學問題

在文學史上具有重要地位,但前人不大注意的重要文學家,主要有隋煬帝和唐太宗兩個著例。

以往論隋煬帝楊廣,大多集中於他的生活作風和施政特點,忽視了他在文化

---

[11] 李華《揚州功曹蕭穎士文集序》,《全唐文》卷三一五,中華書局,1983年,3198頁。
[12] 魏顥《李翰林集序》,《全唐文》卷三七三,3798頁。
[13] 李舟《獨孤常州集序》,《全唐文》卷四四三,4520頁。
[14] 梁肅《補闕李君前集序》,《全唐文》卷五一八,5261頁。
[15] 柳宗元《大理評事楊君集後序》,《全唐文》卷五七七,5832頁。
[16] 顧雲《唐風集序》,《全唐文》卷八一五,8585頁。

建設、詩風融合方面所作的貢獻。隋文帝楊堅在政治上統一了南北,但其文化政策阻礙了當時關隴軍事豪族、山東舊族以及江左士族在文化上的統一,他們貌合神離,甚至互相傾軋對立。楊廣改變了這種做法,對三大地域文士分別採用不同策略,努力使其融合。面對江左士族的不馴服,楊廣團結、籠絡江南佛教高僧和道教人士,利用他們在江左士人中的威望來安撫民眾,消除隔閡。同時,擢拔重用梁陳舊臣,如虞世基、裴蘊等人先後參掌機密。對於關隴舊臣,楊廣則有意識地削弱他們的權勢和地位。由於有南儒參與,在禮樂制度方面,楊廣創造出兼採南北之長的文化體系。在文學藝術方面,楊廣並不衹重南人,對山東詩人、關隴詩人也十分欣賞。楊廣在促進南北文風融合方面所做的努力,最關鍵的一點是他本人的詩歌創作。他早期很長一段時間生活於江都,深得南方藝術精神的浸潤,但其類比南朝民歌的一些作品,又能自出機杼,跳出南朝詩人多寫豔情的套路。如《春江花月夜》雖是陳後主創制的豔曲,但楊廣的二首作品不但意境優美,而且具有北地粗獷、豪雄的特點。楊廣提倡雅麗、典則的詩歌理論,並身體力行,爲隋代詩壇創造了新風氣。魏徵在《隋書·文學傳序》中對此大加肯定,認爲"當時綴文之士,遂依而取正焉"。楊廣對於隋唐文學史的意義,正如杜著所指出的,初唐魏徵等構建的文學理想,"是建立在以楊廣爲首的隋代詩人創作實踐的基礎之上的"[17]。我們認爲,對於楊廣的文學成就,還可從唐人對其態度的轉變獲得進一步認識。例如,成書於武德年間的《藝文類聚》未收錄他的作品,但成書於開元年間的《初學記》却收錄其詩歌 15 首。這種轉變,表明唐人對楊廣評價的理性回歸。

以往雖有不少研究唐太宗及其與初唐詩風之關係的論著,但李世民與齊梁詩風的關係,却少有關注者。李唐立國後,唐高祖李淵重用關隴軍事貴族,打壓由隋入唐的江左士族和山東舊族。這種做法,與隋文帝楊堅如出一轍。有意思的是,李世民融合三大地域士族的努力,又與楊廣非常類似。但隋煬帝時代,三大地域文化終究合而未融。李世民任秦王時,延攬江左文士,秦府十八學士中有七人來自江左。李世民即位後,這些人多兼任弘文館學士,起到了很好的參政議

---

[17] 杜曉勤《唐代文學的文化視野》,中華書局,2022 年,105 頁。後文引用此書,僅在文中注明頁碼。

政作用。李世民親近江左文士,並非簡單的文化調和行爲,而是建立在他對音樂、文學與政治關係的通脱觀念基礎上的。他認爲並不存在所謂的"亡國之音",國家興衰與文學藝術之間没有必然聯繫。梁陳隋之所以亡國,並非宫體詩風造成,而是統治者未能推行德政,未能以民爲本,没有把國家治理好。這種通透的藝術觀念對其詩歌寫作影響甚大。質言之,他認爲詩歌祗是一種遊戲、娛樂的工具,文學對治道並無多少幫助。所以,在政治上,他把楊廣當作亡國之君的前車之鑒,但在文學藝術上,他又對楊廣心儀不已。李世民的早期詩歌,有不少模仿楊詩。如《飲馬長城窟行》,在篇章、體制上均追踵楊廣《飲馬長城窟行示從征群臣》。不必諱言,李世民的早期創作確有粗糙、輕豔之弊。但在即位後,李世民開始注重修纂經史典籍,編撰大型類書,與群臣討論墳籍,故其詩歌也開始朝着繁密、縟麗的方向發展。這個特點經由與群臣多次宫廷詩會,漸成初唐宫廷詩歌的基本風格。因此,李世民與齊梁詩風的關係,可概括爲三點:一是繼承齊梁以來感時應景、吟風賞月的創作傳統。二是對典麗雅正、歌功頌德"頌體詩"的提倡,客觀上起到了摒棄梁陳宫體以悲愁哀思爲美的創作趣味的作用。三是因虞世南之諫,不再創作豔詩,有利於唐詩在題材方面的健康發展。顯然,這個評價實事求是、切中肯綮,爲理解李世民的文學史貢獻提供了新認識。

(三) 揭示被遮蔽的文學史新問題

有些文學史問題前人雖已關注,但還有必要進一步解釋。這類問題有四個重要個案:一是王績的文學風格與歸隱問題,二是殷璠所言"開元十五年(727)後,聲律風骨始備"的具體内涵,三是盛唐背後的"盛世悲鳴"現象,四是柳宗元《封建論》中的政治邏輯。

在隋末唐初詩壇中,王績以率真、疏狂的人生態度和詩歌作品獨標異幟。前人在論述王績文學風格時已注意到這一點,但在溯其淵源時,往往簡單地認爲王績受到阮籍、嵇康、陶淵明的影響。也有不少人將王績納入隱士行列,認爲他是隋末唐初隱逸詩的代表詩人。這兩個問題相互關聯,有必要重新考察。其實,把王績當成隱士,是受了陸淳的誤導。王績去世後,好友吕才整理其文集,並撰寫了文集序。但到了中唐,陸淳爲了突出王績的隱士形象,對吕序作了删改。從現存删改後的陸序,很難看出陸淳是如何删改的。筆者曾據現存清代研録山房李氏抄本《王無功文集》所附吕序中的原注,發現删改共九處。[18] 爲配合塑造王績隱士形象,陸淳將吕才整理的王績集五卷本也作了删節。這樣一來,王績的真實面貌就被遮蔽了。杜著依據《王無功文集》五卷本,對王績其人其詩重新作了還原研究,認爲王績並非什麽真正甘於淡泊的隱士,"王績在武德五年(622)應朝廷徵召,再度入仕,以及他在貞觀中仿效陶潛,托以'家貧'赴選,都是他以隱釣名釣位意圖的親身踐履"(181頁)。經杜著提示,我們認爲對王績的歸隱行爲,當從守選制重加考察。簡言之,守選制是按參選者類别規定待選的不同年限,以解決官闕少而選人多問題的一項選官制度。在開元十八年(730)裴光庭制定"循資格"之前,五品以下官員的選任多以"待選"方式進行。這就意味着,這些官員在任職期滿後,並不能馬上改官或升職,必須等待一定時間,纔有資格再次參加吏部銓選。王績在隋所任六合丞,在唐所任太樂丞,都是六品以下低級官員,要再次參加吏部銓選,必須等待相當長的時間。王績本人對"待選"有深刻體會,其《自作墓誌文並序》直言"起家以禄仕,歷數職而進一階",由於待選時間確實太長,而新任職務又不理想,所以最後無可奈何,衹得選擇"退歸,以酒德遊於鄉里"。據此可知,王績詩文的複雜性,其實正是守選制之下初唐文人心態的集中反映。當然,王績還有其特殊性。受兄長王通等人影響,王績自幼便有博取功名的強烈願望。所以在他早期詩歌寫作中,多學習山東詩人,特別是盧思道、薛道衡這樣的大詩人,以表達積極進取的意願。由此可知,其詩歌文化精神中的近源是隸屬於山東文化體系的河汾文化。仕途失意後,王績一方面憤懣不平,慨嘆世事不公,有意模仿阮籍、嵇康的狂放,以紓其鬱積之氣;另一方面,"退歸"之後,他也開始學習陶淵明,以獲得内心慰藉。此爲其詩學遠源。遠近之源的交互作用,是王績詩歌獨特性形成的文化根源。

殷璠在《河岳英靈集·叙》中説:"景雲中,頗通遠調;開元十五年後,聲律風骨始備矣。"對於殷璠的判斷,學界多從近體詩聲律、意境成熟等方面進行解釋。杜著聯繫中宗至開元初期宮廷詩風的發展變化,認爲這個論斷實際上隱含了三個重要文學問題:一是開元初期宮廷詩風是對武周及中宗朝詩風的繼承,本質上並未有多少改變。中宗設置的修文館二十四學士,是當時宮廷應制唱和活動的

---

[18] 吳夏平《唐代書籍活動與文學秩序》,上海古籍出版社,2021年,290頁。

主體。這批學士是銜接武周詩壇與開元詩壇的紐帶,他們中的大部分,既是武周時期的"珠英學士",又在中宗朝兼任修文館學士。據統計,睿宗景雲年間修文館學士群體的分流主要有誅殺、流放、貶官、升職四種類型,其中遭流放和貶謫者共十三人[19]。此或爲殷璠"景雲中,頗通遠調"一説的歷史依據。在升遷群體中,有李適、劉憲、劉子玄、蘇頲、褚無量、張説、李迥秀、徐彦伯、杜審言、馬懷素、沈佺期等人,他們繼續留在京城長安,保存了從武周、中宗以來的宫廷詩風一脈。二是,玄宗即位後,在"吏治與文學之争"的政治環境中,原來的學士群體再次分流。其中影響最大的是張説一貶相州,再貶岳州。玄宗即位之初,確有一番雄心,故而重吏治之才,擢用姚崇、宋璟等,同時也很少進行宫廷文藝活動。因此,開元初期宫廷詩壇相對寂静。而張説外貶,擺脱宫廷詩風束縛後,重新思考人生命運,詩歌創作由此發生重大轉變。張説貶謫期間多學陶淵明、王績,以表達達觀、蕭散、隱逸之自適;又學阮籍、陳子昂,感慨懷抱,興寄遥深;還學謝靈運、謝朓悠遊山水,創制了不少描寫山水的詩作。同時,他還結識、提攜、舉薦了大量年輕才俊,這些人後來成爲盛唐詩壇的中堅力量。京城與地方之間詩歌格局的變化,爲開元十五年後詩風變化藴積了力量。三是,張説結束貶謫,重返京城詩壇,引發了詩壇風氣的轉變。開元十三年(725)集賢院成立,張説以宰相兼知院事。此時,玄宗在執政十餘年後,也開始留意文藝,宫廷應制唱和活動漸次增多。而張説以詩壇盟主身份,開展各種詩文評騭活動,詩壇風氣爲之一變。以上三點,對殷璠"開元十五年後,聲律風骨始備"一説提出新解,可補充以往對此問題理解和認識之不足。

以往論著和文學史教材,大都以"盛唐氣象"來概括盛唐詩壇的整體風貌。實際上,這個論斷遮蔽了盛唐之音下的盛世悲鳴現象。盛世悲鳴,一方面表現爲有良知的知識分子對傳統"聖代""明主"的理性態度,他們透過表像,感覺到隱藏於盛世之下的時代危機,表達對國運的憂慮。另一方面,也表現爲盛世之下,才識之士命運多舛,無法實現其建功立業的願望,因而多有"不才明主棄"式的悲凉和鬱憤。這種現象既反映了盛唐人才選拔競争的酷烈,也表明寒士階層真正參與國政希望之渺茫。究其實質,盛世悲鳴是庶族士子"致君堯舜"的政治理

---

[19] 吴夏平《初唐文館學士角色流動及其影響》,《國學研究》第33卷,北京大學出版社,2014年。

想與封建國家集權體制之間矛盾和衝突的結果。顯然,揭示該現象,有助於深入認識唐代文士爲實現政治理想所走過的痛苦歷程,進而發掘其中隱含的深層文化意藴和重要歷史意義。

柳宗元《封建論》一文,在中國古代思想史和政治理論史上,都具有很高的地位。以往研究,多着力於柳宗元的"法家"身份。杜著指出,其根本原因是柳宗元進步而清晰的政治邏輯。在柳宗元看來,歷史是一個不斷前進發展的過程,而且這一過程是客觀的,是不以任何人尤其是聖人的意志爲轉移的。這與傳統的歷史循環論,或者歷史倒退論完全不同。周之"封建"制之所以爲秦之"郡縣"制所取代,是歷史發展趨勢之必然。郡縣制本是一種先進的政治制度,秦朝滅亡與這種制度没有關係。秦朝之失,不在郡縣制而在於暴政。柳宗元認爲唐代藩鎮割據雖不同於周之"封建",但藩鎮獨霸一方,蔑視朝廷,危害尤甚。因此,既要削藩,同時也要在郡縣制之下,改進用人等方面的舉措,纔能使社會長治久安,人民安居樂業。據此可知,《封建論》真正展示的,是柳宗元深刻的歷史洞察力和强烈的現實批判精神。

四、文化視野與學術方法

與文化大視野相應,杜著使用的研究方法也發生一系列新變化。具體表現在以下幾方面。

一是通脱的學術態度。美國勒内·維勒克(René Wellek)和奧斯丁·沃倫(Austin Warren)曾在《文學理論》中,將文學研究分爲外部研究與内部研究。受此理論啓發,有一段時間,學界對文學外部研究與内部研究的論争較爲激烈。杜著開宗明義地指出:"這兩種研究方法和研究觀念,祇要都是以解決文學或文學史本身問題爲指歸,即可相輔相成,並無高下優劣。"(1頁)宏闊視野與通脱立場是相互聯繫的,唯其宏闊,故而通脱,反之亦然。這種通脱的學術主張,在全書中表現爲一切以發現並解決文學史重要問題爲學術目標。

二是兼採中西之法。從前述辨析、糾謬、發現新問題等方面取得的成就,可知杜著始終堅持對古代作家作品秉持"同情之理解""尊重之研究"的治學理念。這種理念反映了承繼和發揚中國學術傳統的一面,使其特別關注唐代文學家的生存狀態、文學形態、社會心態、文化生態,尤其重視作品所體現的文學精神、文化品格、政治理念。因此,在行文中,再三表彰雖爲庶族寒士但却以國士自任的"唐型"人格,肯定他們對獨立品格和自由精神的追求,感佩他們深刻的歷史洞察力和强烈的社會批判意識。

在具體研究中,杜著還借鑒了不少西方文學理論和學術方法,主要有法國泰納、保羅·韋納等有關文藝心理學、文化心態學理論;美國 C. 克魯柯亨的"顯型文化"與"隱型文化"理論;馬克思《1844 年經濟學哲學手稿》對自然主義與人道主義的分析;德國 H. R. 姚斯、R. C. 霍拉勃的"視野融合"理論;德國揚·阿斯曼的歷史記憶理論;列寧《黑格爾〈哲學史講演録〉一書摘要》對歷史哲學"嚴格的歷史性"的分析等。借鑒這些理論的主要目的,是爲了解决研究中的具體問題。例如,借鑒西方文藝心理學和文化心態學理論,主要解决的是盛唐文士求仕心理問題。"分析一種心態就是分析一種集體性"(362 頁),因此,透過盛唐文士詩歌作品所反映的心態,可求得該群體的集體性。顯型文化與隱型文化理論,有助於理解杜甫思想結構的複雜性。馬克思認爲人的"自我異化"通常表現爲人的"自然主義"與"人道主義"之間的衝突。這個理論有助於重新認識杜甫的"性""情"矛盾。杜甫對"真情"和"真性"追求的執着真摯,是其人生悲劇産生的重要文化根源。接受美學的"視野融合"理論,意思是祇有讀者的期待視野和文學文本相融合,纔談得上接受和理解。從這個角度看,中唐韓孟元白對杜詩的接受,在時代大背景、文壇新思潮之外,又與他們的人生觀和藝術觀密切相關。這是中唐文人與杜甫情感共鳴産生的心理機制。文化記憶理論認爲,"四十年意味着一個時代的門檻"(568 頁),中唐貞元、元和距離安史之亂的時間長度與此大致相同,可見元白對安史之亂的歷史記憶的書寫行爲,有其不得不然的内在性。列寧從歷史哲學嚴格的歷史性出發,反對把後人能瞭解但古人尚未有的思想硬掛到古人名下。但事實上,這種情況並不少見。例如,有人對柳宗元所言"美不自美,因人而彰"過度闡釋,認爲其中含有"審美客體的價值和意義,要由它與審美主體的關係而定"(630 頁)的審美意義。杜著强烈反對這種將現代某些人的看法强加到古人身上的做法,認爲這不符合科學的歷史的研究態度。這種實事求是的學術態度,對當下研究確有警醒意義。

三是層累式推進。一切學術創新都必須建立在對已有相關成果全面把握和通透理解的基礎之上。杜著亦不例外。20世紀末,杜老師應邀參加"20世紀中國文學研究"叢書編寫工作,獨立承擔"隋唐五代文學卷"。該書近140萬字,全面系統地梳理了20世紀隋唐五代文學研究成果。據此可知,杜老師對已有相關成果和學術發展趨勢了然於心。此外,若將杜老師此前相關著作納入考察範圍,則可發現從《齊梁詩歌向盛唐詩歌的嬗變》到《初盛唐詩歌的文化闡釋》,再到《唐代文學的文化視野》這樣一條清晰的層累推進的學術脈絡。因此可以説,此書是杜老師對唐代文學近三十年思考的集中展示。

2022 年唐史研究書目

A Dictionary of Early Middle Turkic, by Hendrik Boeschoten, Brill, 2022.

Avalokiteśvara-Sūtras. Edition altuigurischer Übersetzungen nach Fragmenten aus Turfan und Dunhuang, edited by Peter Zieme, György Kara, and Liliya Tugusheva, Brepols, 2022.

《半學術:讀書與存真》,張劍光著,上海人民出版社,2022 年 11 月。

Belitung: The Afterlives of a Shipwreck, by Natali Pearson, University of Hawai'i Press, 2022.

Biographical Dictionary of Tang Dynasty Literati, edited by William H. Nienhauser Jr. and Michael E. Naparstek, Indiana University Press, 2022.

《波斯錦與鎖子甲:中古中國與薩珊文明》,韓香著,社會科學文獻出版社,2022 年 8 月。

Buddhism in Central Asia II: Practices and Rituals, Visual and Material Transfer, edited by Yukiyo Kasai and Henrik H. Sørensen, Brill, 2022.

Buddhist Historiography in China, by John Kieschnick, Columbia University Press, 2022.

Buddhist Statecraft in East Asia, edited by Stephanie Balkwill and James A. Benn, Brill, 2022.

《禅僧たちの生涯:唐代の禅》,小川隆著,春秋社,2022 年 4 月。

《長安:考古所見唐代生活與藝術》,吴中博物館編,上海古籍出版社,2022 年 8 月。

《長安學研究》第 6 輯,黄留珠、賈二強主編,科學出版社,2021 年 10 月。

《承續與變遷:唐宋之際的田税》,吴樹國著,社會科學文獻出版社,2021 年 12 月。

China during the Tang-Song Interregnum, 878–978: New Approaches to the Southern Kingdoms, by Hugh R. Clark, Routledge, 2022.

China und die Seidenstraße Kultur und Geschichte von der frühen Kaiserzeit bis zur Gegenwart, by Thomas O. Höllmann, C. H. Beck, 2022.

Chinese Art and Dynastic Time, by Wu Hung, Princeton University Press, 2022.

Chinese Buddhism and the Scholarship of Erik Zürcher, edited by Jonathan A. Silk and Stefano Zacchetti, Brill, 2022.

Chinese Poetry as Soul Summoning: Shamanistic Religious Influences on Chinese Literary Tradition, by Nicholas Morrow Williams, Cambria Press, 2022.

《重走天山路:東天山吐魯番古道考察與研究》,巫新華著,廣西師範大學出版社,2022 年 9 月。

《出入高下窮煙霏:復旦内外的師長》,陳尚君著,商務印書館,2022 年 3 月。

《出土文獻與中國中古史研究》,張銘心著,廣西師範大學出版社,2022 年 7 月。

《從張騫到馬可·波羅:絲綢之路十八講》,榮新江著,江西人民出版社,2022 年 11 月。

《大唐創業起居注箋證(附壺關録)》,温大雅、韓昱撰,仇鹿鳴箋證,中華書局,2022 年 8 月。

《大唐氣象:唐代審美意識研究》,陳望衡、范明華等著,江蘇人民出版社,2022 年 1 月。

《耽玄與塵居:唐宋道教思想與社會研究》,程樂松著,宗教文化出版社,2021年11月。
《道性、詩性、女性:從唐宋詩詞中看女冠》,劉楊著,學苑出版社,2022年6月。
《地域文化與唐詩之路》,戴偉華著,中華書局,2022年8月。
Du Fu's Laments from the South, by David McCraw, University of Hawaii Press, 2022.
《都城與陵墓研究:段鵬琦考古文集》,段鵬琦著,文物出版社,2022年3月。
《讀圖觀史:考古發現與漢唐視覺文化研究》,賀西林著,北京大學出版社,2022年4月。
《杜甫:超越憂愁的詩人》,興膳宏著,楊維公譯,生活‧讀書‧新知三聯書店,2022年1月。
《杜甫十講》,莫礪鋒著,北京聯合出版公司,2022年9月。
《敦煌變文語法研究(修訂本)》,吳福祥著,商務印書館,2022年3月。
《敦煌公文研究》,王使臻著,光明日報出版社,2022年1月。
《敦煌蒙書校釋與研究‧語對卷》,王三慶著,文物出版社,2022年6月。
《敦煌山水畫史》,趙聲良著,中華書局,2022年10月。
《敦煌石窟藝術》,常書鴻著,劉進寶、宋翔編,浙江大學出版社,2022年1月。
《敦煌吐魯番研究》第21卷,郝春文主編,上海古籍出版社,2022年9月。
《敦煌文獻通讀字》,王繼如、吳蘊慧著,商務印書館,2022年8月。
《敦煌寫本醫籍與日本漢籍比較研究》,王亞麗著,上海古籍出版社,2022年10月。
Eurasian Musical Journeys: Five Tales, by Gabriela Currie and Lars Christensen, Cambridge University Press, 2022.
《法華玄義校注》,智顗講,灌頂記,夏德美校注,中華書局,2022年5月。
《佛足迹尋踪:佛教美術樣式的跨文化傳播》,祁姿妤著,上海古籍出版社,2022年7月。
《耿昇先生與中國中外關係史研究紀念文集》,萬明、李雪濤、戴冬梅主編,中國社會科學出版社,2022年8月。
《古代韓中外交史:遣唐使研究》,權悳永著,樓正豪譯,秀威出版,2022年7月。
《古代石刻書人身份與書法史研究》,王力春著,科學出版社,2022年4月。
《觀我生:壁畫上的中國史》,苗子兮著,北京大學出版社,2022年9月。
《漢唐經學研究》,陳鴻森著,中西書局,2021年11月。
《漢唐論語學史》,丁紅旗著,上海古籍出版社,2021年11月。
《漢唐陶瓷考古初學集》,楊哲峰著,上海古籍出版社,2022年8月。
《漢唐之際絲綢之路上的遺址美術》,高明主編,陝西師範大學出版總社,2022年5月。
《和田出土唐代于闐漢語文書》,榮新江編著,中華書局,2022年9月。
Heavenly Masters: Two Thousand Years of the Daoist State, by Vincent Goossaert, University of Hawai'i Press, 2021.
《壺蘭軒雜錄》,游自勇著,鳳凰出版社,2022年7月。
《浣花溪の女校書:薛濤の詩を読む》,薛濤研究會編著,汲古書院,2022年3月。
《皇權、禮儀與經典詮釋:中國古代政治史研究(增訂版)》,甘懷真著,臺大出版中心,2022年7月。
《慧超的旅行》,唐納德‧洛佩茲著,馮立君譯,社會科學文獻出版社,2022年8月。
《火與冰:後唐莊宗李存勖》,戴仁柱著,劉廣豐譯,重慶出版集團,2022年7月。
Inscribing Death: Burials, Representations, and Remembrance in Tang China, by Jessey J. C. Choo,

University of Hawai'i Press, 2022.

In the Forest of the Blind: The Eurasian Journey of Faxian's Record of Buddhist Kingdoms, by Matthew W. King, Columbia University Press, 2022.

《堅固萬歲人民喜：劉平國刻石與西域文明學術研討會論文集》，朱玉麒、李肖主編，鳳凰出版社，2022 年 4 月。

《劍虹序跋與書評》，柴劍虹著，中國書籍出版社，2022 年 7 月。

《晋唐道教の展開と三教交渉》，李穌書著，汲古書院，2022 年 3 月。

《經典釋文》，陸德明撰，浙江大學出版社，2022 年 3 月。

《〈廄牧令〉與唐代驛傳廄牧制度論稿》，侯振兵著，社會科學文獻出版社，2021 年 12 月。

《空間・制度・社會：中國古代史地新探》，魯西奇著，崇文書局，2022 年 8 月。

《李杜韓柳的文學世界》，李芳民著，中華書局，2022 年 7 月。

《歷代石經考》，張國淦編撰，姚文昌點校，北京聯合出版公司，2021 年 6 月。

《歷史學家寫給所有人的絲路史：游牧、商業與宗教，前近代歐亞世界體系的形成》，森安孝夫著，陳嫺若譯，臺灣商務印書館，2022 年 9 月。

《柳宗元文獻輯刊》，袁曉聰、曹辛華主編，北京燕山出版社，2022 年 4 月。

《論佛教對中國傳統法律之影響》，周東平等著，中國社會科學出版社，2021 年 8 月。

《羅馬–拜占庭帝國嬗變與絲綢之路：以考古發現錢幣爲中心》，郭雲艷著，中央編譯出版社，2022 年 4 月。

《洛陽考古與絲綢之路人文交流》，商春芳著，甘肅文化出版社，2021 年 7 月。

《美源：中國古代藝術之旅》（第 2 版），楊泓、李力著，生活・讀書・新知三聯書店，2022 年 2 月。

《明代唐詩選本與詩歌批評》，孫欣欣著，中華書局，2022 年 4 月。

《墓葬中的禮與俗》，沈睿文著，上海古籍出版社，2022 年 8 月。

《南北朝隋唐宋方言學史料考論》，王耀東著，科學出版社，2022 年 8 月。

《寧可文集》第 1 至 3 卷，郝春文、寧欣主編，人民出版社，2022 年 8 月。

《歐亞草原歷史研究》，陳浩主編，商務印書館，2022 年 7 月。

《品味唐朝：唐人的文化、經濟和官場生活》，賴瑞和著，中西書局，2022 年 10 月。

Protecting the Dharma through Calligraphy in Tang China: A Study of the Ji Wang shengjiao xu, by Pietro De Laurentis, Routledge, 2022.

Qarakhanid Roads to China: A History of Sino-Turkic Relations, by Dilnoza Duturaeva, Brill, 2022.

《千唐誌齋碑銘全集》，陳振濂主編，朝華出版社，2022 年 10 月。

《遣唐使と古代対外関係の行方：日唐・日宋の交流》，森公章著，吉川弘文館，2022 年 12 月。

《去唐朝：帝王和帝國事》，常華著，廣西師範大學出版社，2022 年 2 月。

《權力與正統：五代政治史論稿》，羅亮著，中國社會科學出版社，2022 年 8 月。

《融通與建構：〈唐聲詩〉研究》，張之爲著，社會科學文獻出版社，2022 年 8 月。

《儒法國家：中國歷史新論》，趙鼎新著，徐峰、巨桐譯，浙江大學出版社，2022 年 6 月。

《儒學轉型與經學變古》，楊世文著，上海古籍出版社，2022 年 3 月。

《陝西新見唐朝墓誌》，劉文、杜鎮編著，三秦出版社，2022 年 2 月。

《身份與權利：唐代士族家庭婦女研究》，焦傑著，人民出版社，2021 年 9 月。

《神話與儀式:破解古代于闐氍毹上的文明密碼》,段晴著,生活·讀書·新知三聯書店,2022年9月。

《神秘體驗與唐代世俗社會:戴孚〈廣異記〉解讀》,杜德橋著,楊為剛、查屏球譯,吳晨審校,江蘇人民出版社,2022年12月。

《〈昇仙太子碑〉源流考》,趙汗青著,河南美術出版社,2022年8月。

《盛唐之子:唐玄宗的成敗》,閻守誠、吳宗國著,山西人民出版社,2022年8月。

《詩中"詩":〈全唐詩〉中論詩詞彙之考察》,吳品萱著,臺大出版中心,2022年8月。

《世界秩序の変容と東アジア》,川本芳昭著,汲古書院,2022年2月。

《誰在統治地方:唐宋地方治理文化打造史》,盧建榮著,暖暖書屋,2022年3月。

《絲綢之路上的中華文明》,榮新江主編,商務印書館,2022年3月。

《絲綢之路研究集刊》第7輯,陝西師範大學歷史文化學院、陝西歷史博物館、陝西師範大學人文社會科學高等研究院編,社會科學文獻出版社,2021年12月。

《絲綢之路研究集刊》第8輯,陝西師範大學歷史文化學院、陝西歷史博物館、陝西師範大學人文社會科學高等研究院編,社會科學文獻出版社,2022年9月。

《絲路豹斑:不起眼的交流,不經意的發現(再續)》,冉萬里著,科學出版社,2021年12月。

《絲路文明》第7輯,劉進寶主編,上海古籍出版社,2022年11月。

《死亡文化史:唐宋性別與婦女死後解放》,盧建榮著,暖暖書屋,2022年9月。

Silk Road Traces: Studies on Syriac Christianity in China and Central Asia, edited by Li Tang and Dietmar W. Winkler, Lit Verlag, 2022.

Slavery in East Asia, by Don J. Wyatt, Cambridge University Press, 2022.

《宋本李太白文集》,李白撰,國家圖書館出版社,2022年6月。

《宿白紀念文集》,北京大學考古文博學院編,文物出版社,2022年1月。

《隋代史射勿墓葬壁畫修復研究》,寧夏回族自治區固原博物館、陝西歷史博物館編著,王澤華、楊文宗、王效軍主編,科學出版社,2022年7月。

《〈隋書·經籍志〉校讀》,杜雲虹著,山東大學出版社,2021年6月。

《隋唐方術述要》,王逸之、李浩淼、張千帆著,花木蘭文化事業有限公司,2022年9月。

《隋唐遼宋金元史論叢》第12輯,中國社會科學院古代史研究所隋唐五代十國史研究室、宋遼西夏金史研究室、元史研究室編,上海古籍出版社,2022年9月。

《隋唐洛陽城城門遺址研究》,洛陽市文物考古研究院編,三秦出版社,2022年8月。

《隋唐僧尼碑誌塔銘集錄》,介永強編,上海古籍出版社,2022年8月。

《隋唐史》,王壽南著,三民書局,2022年2月。

《隋唐五代城市史》,馮兵著,人民出版社,2021年12月。

《探掘梵迹:中國佛教美術考古概說》,楊泓著,生活·讀書·新知三聯書店,2022年1月。

《唐朝人的日常生活》,于賡哲著,上海文化出版社,2022年1月。

《唐代婦女生活》(插圖本),高世瑜著,中國工人出版社,2022年1月。

《唐代關中畿甸政區地緣建構研究》,顧乃武著,人民出版社,2021年10月。

《唐代河東道軍政關聯問題研究》,岳鵬著,綫裝書局,2022年5月。

《唐代皇帝行幸禮儀制度研究》,張琛著,上海三聯書店,2022年10月。

《唐代金銀器研究》,齊東方著,上海古籍出版社,2022年12月。
《唐代嶺南國家化進程研究》,董文陽著,花木蘭文化事業有限公司,2022年3月。
《唐代秘書省研究》,郭偉玲著,武漢大學出版社,2021年11月。
《唐代女道士的生命之旅》,賈晉華著譯,社會科學文獻出版社,2022年1月。
《唐代女性詩人研究序説:上官昭容、李冶、薛濤、魚玄機と詩作》,横田むつみ著,汲古書院,2022年1月。
《唐代銓選與文學論稿》,王勛成著,中華書局,2022年1月。
《唐代史研究》第25號,日本唐代史研究會編,日本唐代史研究會,2022年8月。
《唐代司法官員的法律秩序觀》,楊曉宜著,上海古籍出版社,2021年11月。
《唐代四川農業發展與社會變遷研究》,李釗著,新華出版社,2021年12月。
《唐代文學的文化視野》,杜曉勤著,中華書局,2022年4月。
《唐代文學研究》第21輯,李浩主編,社會科學文獻出版社,2022年7月。
《唐代點戛斯歷史研究》,王潔著,商務印書館,2022年12月。
《唐代飲食器械史》,曹仲文著,中國紡織出版社有限公司,2022年9月。
《唐代中書門下體制研究:公文形態、政務運行與制度變遷(增訂版)》,劉後濱著,中國人民大學出版社,2022年1月。
《唐帝国の滅亡と東部ユーラシア:藩鎮体制の通史的研究》,新見まどか著,思文閣出版,2022年12月。
《唐帝国の統治体制と"羈縻":〈新唐書〉の再検討を手掛かりに》,西田祐子著,山川出版社,2022年3月。
《唐風拂檻:織物與時尚的審美游戲》,陳步雲著,廖靖靖譯,社會科學文獻出版社,2022年12月。
《唐虢國夫人文本與日常生活》,李志生著,陝西師範大學出版社,2022年12月。
《唐末五代十國時期的城市攻防戰》,關棨匀著,萬卷樓,2021年9月。
《唐末五代州縣與其城池變動研究》,劉闖著,花木蘭文化事業有限公司,2022年9月。
《唐史論叢》第33輯,杜文玉主編,三秦出版社,2021年9月。
《唐史論叢》第34輯,杜文玉主編,三秦出版社,2022年3月。
《唐史論叢》第35輯,杜文玉主編,三秦出版社,2022年10月。
《唐宋変革研究通訊》第13輯,日本唐宋変革研究会編,日本唐宋変革研究会,2022年3月。
《唐宋禪籍俗成語研究》,付建榮著,商務印書館,2021年9月。
《唐宋回鶻史研究》,楊富學等,科學出版社,2022年11月。
《唐宋歷史評論》,第9輯,包偉民、劉後濱主編,社會科學文獻出版社,2022年3月。
《唐宋詩詞叢考》,宇野直人著,研文出版,2022年3月。
《唐宋詩詞的語言藝術》,蔣紹愚著,商務印書館,2022年8月。
《唐宋時期的村落與鄉村治理研究》,谷更有、王文兵著,中國社會科學出版社,2022年8月。
《唐宋之際:五代十國墓葬研究》,崔世平著,上海古籍出版社,2022年11月。
《唐五代翰林待詔研究》,王溪著,北京時代華文書局,2021年7月。
《唐五代宋初都市社會中下階層研究》,寧欣著,人民出版社,2021年10月。
《"唐物"とは何か:舶載品をめぐる文化形成と交流》,河添房江、皆川雅樹編,勉誠出版,2022年

10月。

《唐修國史研究》,李南暉著,中山大學出版社,2022年4月。

《唐玄宗》,蒙曼著,浙江教育出版社,2022年4月。

《唐研究》第27卷,葉煒主編,北京大學出版社,2022年3月。

Temples in the Cliffside: Buddhist Art in Sichuan, by Sonya S. Lee, University of Washington Press, 2022.

The Luminous Way to the East Texts and History of the First Encounter of Christianity with China, by Matteo Nicolini-Zani, Oxford University Press, 2022.

The Making of Barbarians: Chinese Literature and Multilingual Asia, by Haun Saussy, Princeton University Press, 2022.

The Oasis of Bukhara, Volume 2: An Archaeological, Sociological and Historical Study, by Rocco Rante, Florian Schwarz, and Luigi Tronca, Brill, 2022.

The Rise and Fall of Imperial China: The Social Origins of State Development, by Yuhua Wang, Princeton University Press, 2022.

The Thousand and One Lives of the Buddha, by Bernard Faure, University of Hawai'i Press, 2022.

《天之子李世民:唐王朝的奠基者》,費子智著,童嶺譯,社會科學文獻出版社,2022年3月。

Treasured Oases: A Selection of Jao Tsung-i's Dunhuang Studies, by Jao Tsung-i, translated and edited by David J. Lebovitz, Brill, 2022.

《吐魯番出土文書補編》,朱雷著,新疆維吾爾自治區博物館編,巴蜀書社,2022年4月。

《吐魯番出土文書新探》(第二編),劉安志主編,武漢大學出版社,2021年12月。

Urban Life and Intellectual Crisis in Middle-Period China, 800 – 1100, by Christian de Pee, University of Amsterdam Press, 2022.

Von Briefen und Kompilatoren: Zur Einbindung von Texten des Genres shu in Geschichts- und Sammelwerken, by Clara Luhn, Harrassowitz Verlag, 2022.

《晚唐五代詩史:甘露之變到汴京殘夢》,陳曦駿著,天津人民出版社,2022年1月。

《王權的祭典:傳統中國的帝王崇拜》,廖宜方著,浙江古籍出版社,2022年1月。

《魏晉南北朝隋唐史資料》第44輯,武漢大學中國三至九世紀研究所編,上海古籍出版社,2021年11月。

《魏晉南北朝隋唐史資料》第45輯,武漢大學中國三至九世紀研究所編,上海古籍出版社,2022年5月。

《吴越国:10世紀東アジアに華開いた文化国家》,瀧朝子主編,勉誠出版,2022年10月。

《五代的文武僧庶》,山口智哉、李宗翰、劉祥光、陳韻如編著,廣西師範大學出版社,2022年3月。

《五代十國墓誌彙編》,仇鹿鳴、夏婧輯校,上海古籍出版社,2022年8月。

《五代著述考證初編》,楊超著,光明日報出版社,2022年9月。

《五季宋初史論探》,曾育榮著,花木蘭文化事業有限公司,2022年3月。

《五行大義》,蕭吉撰,錢杭校定,中華書局,2022年9月。

《西北地區唐代農牧業地理研究》,張開著,齊魯書社,2022年9月。

《西域文化與唐詩之路》,海濱著,中華書局,2022年10月。

《西域文史》第 16 輯,朱玉麒主編,科學出版社,2022 年 6 月。
《想像的世界:唐宋觀念與思想》,馮志弘著,香港城市大學出版社,2022 年 7 月。
《項楚先生八十華誕賀壽文集》,四川大學中國俗文化研究所編,巴蜀書社,2022 年 3 月。
《心鏡孤懸:〈大通禪師碑〉校釋與研究》,韓傳強著,商務印書館,2022 年 8 月。
《新羅・唐関係と百済・高句麗遺民:古代東アジア国際関係の変化と再編》,植田喜兵成智著,山川出版社,2022 年 3 月。
《新史學》第 14 卷"中古時代的知識、信仰與地域",魏斌主編,社會科學文獻出版社,2021 年 12 月。
《信息傳遞與帝國統治:唐代朝集使研究》,于曉雯著,花木蘭文化事業有限公司,2021 年 9 月。
Xuanzangs Leben und Werk. Teil 12: Die alttürkische Xuanzang-Biographie IV. Nach der Handschrift von Paris sowie nach dem Transkript von Annemarie v. Gabain ediert, übersetzt und kommentiert, edited by Ablet Semet, Mehmet Ölmez, and Klaus Röhrborn, Harrassowitz Verlag, 2022.
《夜宴:浮華背後的五代十國(增訂本)》,杜文玉著,陝西師範大學出版總社,2022 年 6 月。
《一堂二内:中國古代的平民住宅及其演變》,魯西奇著,巴蜀書社,2022 年 8 月。
《儀禮與佛教研究》,太史文著,余欣、翟旻昊編譯,生活・讀書・新知三聯書店,2022 年 3 月。
《移民與中國傳統文化》,葛劍雄、安介生著,三秦出版社,2022 年 2 月。
《英藏敦煌社會歷史文獻釋錄》第 18 卷,郝春文主編,社會科學文獻出版社,2022 年 4 月。
《英藏敦煌寫本文獻研究》,吕麗軍著,中國書店出版社,2022 年 4 月。
《余恕誠唐詩研究論集》,余恕誠著,安徽師範大學出版社,2022 年 1 月。
《域外漢籍研究集刊》第 23 輯"隋唐中國與域外文獻專號",童嶺編,中華書局,2022 年 7 月。
《援經入律:〈唐律疏議〉立法樞軸與詮釋進路》,劉怡君著,萬卷樓,2022 年 5 月。
《遠邇終南:隋唐五代史論文集》,杜文玉主編,陝西師範大學出版總社,2021 年 12 月。
《閱讀唐律——由法制而文化》,張中秋著,中國政法大學出版社,2022 年 1 月。
《再增訂本中國禪思想史:從 6 世紀到 10 世紀》,葛兆光著,北京大學出版社,2022 年 1 月。
《瞻彼淇奥:篠原亨一先生杖朝之年頌壽集》,陳金華編,World Scholastic,2022 年 12 月。
《張九齡研究:長安二年科舉及開鑿大庾嶺路考辨》,張效民著,商務印書館,2022 年 9 月。
《張旭華教授七十壽辰紀念文集》,本書編委會編,鄭州大學出版社,2022 年 8 月。
《昭陵探珠》,高春林著,三秦出版社,2022 年 7 月。
《浙東唐詩之路唐詩全編》,盧盛江編撰,中華書局,2022 年 6 月。
《浙東唐詩之路學術文化編年史》,李招紅著,中華書局,2022 年 3 月。
《正倉院:寶物與交流》,東野治之著,龔婷譯,社會科學文獻出版社,2022 年 8 月。
《中古道教仙傳文學研究》,張玉蓮著,中華書局,2022 年 12 月。
《中古京兆韋氏的變遷》,馬建紅著,商務印書館,2022 年 8 月。
《中古文獻考論:以敦煌和宋代爲重心》,李偉國著,上海古籍出版社,2022 年 11 月。
《中古祆教東傳及其華化研究》,張小貴著,上海古籍出版社,2022 年 11 月。
《中古音講義》,平山久雄著,汲古書院,2022 年 8 月。
《中國古代藩屬與朝貢研究》,李大龍、劉清濤主編,華夏出版社,2022 年 10 月。
《中國古代戰爭的地理樞紐(修訂版)》,宋傑著,北京科學技術出版社,2022 年 4 月。
《中國繪畫:遠古至唐》,巫鴻著,上海人民出版社,2022 年 3 月。

《中國禮學思想發展史研究——從中古到近世》,王啓發著,中國社會科學出版社,2021 年 9 月。
《中國美術全史》第 2 卷《魏晋南北朝·隋·唐》,金維諾著,古田真一監修、翻譯,科學出版社(東京),2022 年 2 月。
《中國石窟寺》,李裕群著,科學出版社,2022 年 7 月。
《中國史研究歷程·隋唐五代卷》,中國社會科學院《中國史研究動態》編輯部編,商務印書館,2022 年 4 月。
《中國唐宋建築木作營造詮釋》,李永革、鄭曉陽著,科學出版社,2022 年 3 月。
《中國哲學通史·隋唐卷》,龔雋、李大華、夏志前等著,江蘇人民出版社,2022 年 6 月。
《中國中古法史論衡》,周東平著,中西書局,2022 年 10 月。
《中國中古文學史》,顧農著,鳳凰出版社,2022 年 1 月。
《中華禮制變遷史·秦漢魏晋南北朝隋編》,湯勤福總主編,梁滿倉主編,梁滿倉、張鶴泉著,中華書局,2022 年 6 月。
《中華禮制變遷史·唐五代遼宋金編》,湯勤福總主編,史睿主編,史睿等著,中華書局,2022 年 6 月。
《中兹神州:絢爛的唐代洛陽城》,中國大運河博物館編,江蘇鳳凰文藝出版社,2022 年 3 月。
《众望同归:丝绸之路的前世今生》,赵豐主編,商務印書館,2022 年 6 月。
《朱雷新刊布吐魯番文獻研究》,王啓濤著,巴蜀書社,2022 年 7 月。
《朱雷學記》,劉進寶編,浙江古籍出版社,2022 年 5 月。
《追謚杜甫與元明時代政治文化研究》,翟墨著,中國社會科學出版社,2021 年 11 月。
《資治通鑑考異》,司馬光撰,丘居里點校,上海人民出版社,2022 年 10 月。
《〈資治通鑑〉通識》,張國剛著,中華書局,2022 年 7 月。

(本篇所收書目涵蓋上卷至本卷定稿時所見相關出版物,標注時間爲上市時間。)

第二十八卷作者研究或學習單位及文章索引

陳志遠　　　　中國社會科學院古代史研究所　XXVIII/67
董海鵬　　　　陝西師範大學歷史文化學院(博士研究生)　XXVIII/707
高　濱　　　　北京大學歷史學系(博士研究生)　XXVIII/525
高明士　　　　臺灣大學歷史學系　XXVIII/481
郭津嵩　　　　北京大學中國古代史研究中心　XXVIII/29
郭立暄　　　　上海圖書館　XXVIII/195
郭曉冬　　　　衡水學院馬克思主義學院　XXVIII/331
胡　康　　　　復旦大學歷史學系(博士研究生)　XXVIII/547
李嘉妍　　　　北京大學考古文博學院(博士研究生)　XXVIII/393
李　翔　　　　西南交通大學人文學院(碩士研究生)　XXVIII/655
李煜東　　　　中國社會科學院文學研究所(博士後)　XXVIII/579
劉慧婷　　　　南京大學文學院(博士研究生)　XXVIII/101
劉玉峰　　　　山東大學歷史文化學院　XXVIII/453
聶　靖　　　　武漢大學歷史學院暨中國三至九世紀研究所(博士研究生)
　　　　　　　XXVIII/365
史　睿　　　　北京大學中國古代史研究中心　XXVIII/47
唐　雯　　　　復旦大學中國古代文學研究中心　XXVIII/141
宛　盈　　　　北京大學歷史學系(博士研究生)　XXVIII/275
王　静　　　　中國人民大學歷史學院　XXVIII/699
王天然　　　　中國社會科學院古代史研究所　XXVIII/171
吳　杨　　　　西南交通大學人文學院　XXVIII/655
武海龍　　　　中國人民大學歷史學院(博士後)、吐魯番學研究院　XXVIII/309
謝守華　　　　復旦大學歷史學系(博士研究生)　XXVIII/687

楊楠楠	北京大學圖書館　XXVIII/627
姚魯元	復旦大學文史研究院（博士研究生）　XXVIII/601
于　溯	南京大學文學院　XXVIII/3
章名未	中央美術學院人文學院　XXVIII/251
趙　川	西南交通大學人文學院　XXVIII/663
趙　晶	中國政法大學法律古籍整理研究所　XXVIII/671

《唐研究》簡介及稿約

　　《唐研究》由美國羅傑偉（Roger E. Covey）先生創辦的唐研究基金會資助，自第 16 卷開始，與北京大學中國古代史研究中心合辦，每年由北京大學出版社出版一卷，論文和書評以中文爲主，也包括英文論文和書評。

　　《唐研究》以唐代及相關時代的研究爲主，内容包括歷史、地理、美術、考古、語言、文學、哲學、宗教、政治、法律、經濟、社會等各方面的傳統學術問題。其特色是論文之外，發表新史料、書評和學術信息。

　　來稿請附作者簡歷。中文論文用繁體字書寫，須附中英文提要；英文稿件須用 A4 型紙單面隔行打印。注釋放在頁脚。詳細書寫格式附於本書最後。

　　論文作者可得到論文抽印本二十份及該卷書一册。内地作者，酌付稿酬。

　　論文、書評以及作者或出版社寄贈本刊之待評圖書均請寄至：

　　　　（100871）　北京大學歷史系　葉煒收。

　　訂閲請與北京大學出版社郵購部聯繫。電話：（010）62752019，電傳：（010）62556201。

Journal of Tang Studies (*JTS*)

　　The *Journal of Tang Studies* was founded under the auspices of the Tang Research Foundation founded by Mr. Roger E. Covey. From the 16th volume, it is jointly supported by the Foundation and the Center for Studies of Ancient Chinese History of Peking University. It is published annually by the Peking University Press. Most of the articles and reviews are presented in Chinese, with some in English as well.

　　The subject matter of the papers is the Tang dynasty and related periods, including issues in history, geography, fine arts, archaeology, language, literature, philosophy, religion, political science, law, economics, and sociology, etc. The *JTS* features new sources, book reviews and professional news in addition to research articles.

　　Prospective authors should send a brief resume. Manuscripts submitted in Chinese must be accompanied by English abstracts, and those in English must be typed double spaced. Footnotes should appear at the bottom of the same page. The style-sheet appears at the end of this issue.

　　Contributors will receive 20 offprints of their articles, and one copy of the Journal.

Please address all manuscripts of articles, reviews, and book reviews to Professor Ye Wei, Department of History, Peking University, Beijing 100871, China.

Subscription enquiries should be addressed to the Peking University Press (tel. 010-62752019, fax. 010-62556201).

稿件書寫格式

一、手寫稿件，必須用橫格稿紙單面書寫；字體使用規範繁體字，除專論文章外，俗字、異體字改用繁體字；引用西文，則必須打字。歡迎用電腦打字，請用與方正系統兼容的 WPS、Word 等軟件，用 A4 型紙隔行打印。

二、一律使用新式標點符號，除破折號、省略號各占兩格外，其他標點均占一格。書刊及論文均用《　》，此點尤請海外撰稿人注意。

三、第一次提及帝王年號，須加公元紀年；第一次提及外國人名，須附原名。中國年號、古籍卷、葉數用中文數字，如貞觀十四年，《新唐書》卷五八，《西域水道記》葉三正。其他公曆、雜誌卷、期、號、頁等均用阿拉伯數字。引用敦煌文書，用 S.、P.、Ф.、Дх.、千字文、大谷等縮略語加阿拉伯數字形式。

四、注釋號碼用阿拉伯數字表示，作〔1〕、〔2〕、〔3〕……其位置放在標點符號前（引號除外）的右上角。再次徵引，用"同上"×頁或"同注〔1〕，×頁"形式，不用合併注號方式。

五、注釋一律寫於頁脚；除常見的《舊唐書》《新唐書》《册府元龜》《資治通鑑》等外，引用古籍，應標明著者、版本、卷數、頁碼；引用專書及新印古籍，應標明著者、章卷數、出版者及出版年代、頁碼；引用期刊論文，應標明期刊名、年代卷次、頁碼；引用西文論著，依西文慣例，如 P. Demiéville, *Le concile de Lhasa*, Paris 1952, pp. 50-100。書刊名用斜體；論文加引號。

六、中文論文必須附五百字的中、英文摘要，同時提供大作的英文名稱。

七、來稿請寫明作者姓名、性別、工作單位和職稱、詳細地址和郵政編碼，以及來稿字數。

投稿須知

爲提高本刊的工作效率,特作如下規定,請各位學者投稿時注意。

1. 從第十卷起,所收到的來稿不論採用與否,一律不退稿,請各位作者自留底稿;如果您希望退還稿件,請來稿時説明。

2. 本刊每年一季度出版,因此投稿件截止日期爲前一年 5 月底,請務必遵守截稿日期。每年 5 月 31 日以後的來稿,視作投給下一卷,敬希留意,以免大作在本刊放置太久。

3. 來稿請務必遵守本刊書寫規範,引文正確,中英文摘要齊備,並用規範繁體字書寫。如不遵守本刊規範,將不予處理。

4. 本刊已許可中國知網及北京大學期刊網以數字化方式複製、彙編、發行、資訊網絡傳播本刊全文。本刊支付的稿酬已包含中國知網及北京大學期刊網著作權使用費,所有署名作者向本刊提交文章發表之行爲視爲同意上述聲明。如有異議,請在投稿時説明,本刊將按作者説明處理。

《唐研究》編委會
2021 年 2 月 21 日